資治通鑑

二

〔北宋〕司馬光 編撰　邬国义 校点

中国史学要籍丛刊

上海古籍出版社

资治通鉴卷第五十八

翰林学士兼侍读学士朝散大夫右谏议大夫知制诰判尚书都省兼提举万寿观公事上护军河内郡开国侯食邑一千三百户赐紫金鱼袋臣　司马光　奉敕编集

汉纪五十起重光作噩（辛酉），尽强圉单阏（丁卯），凡七年。

孝灵皇帝中

光和四年（辛酉、181）

春，正月，初置骡骥厩丞，领受郡国调马。豪右辜榷，马一匹至二百万。

夏，四月，庚子，赦天下。

交阯乌浒蛮久为乱，牧守不能禁。交阯人梁龙等复反，攻破郡县。诏拜兰陵令会稽朱儁为交阯刺史，击斩梁龙，降者数万人，旬月尽定。以功封都亭侯，征为谏议大夫。

六月，庚辰，雨雹如鸡子。

秋，九月，庚寅朔，日有食之。

太尉刘宽免，卫尉许馘为太尉。

闰月，辛酉，北宫东掖庭永巷署灾。

司徒杨赐罢。

冬，十月，太常陈耽为司徒。

鲜卑寇幽、并二州。檀石槐死，子和连代立。和连才力不及父而贪淫，后出攻北地，北地人射杀之。其子骞曼尚幼，兄子魁头立。后骞曼长大，与魁头争国，众遂离散。魁头死，弟步度根立。

是岁，帝作列肆于后宫，使诸采女贩卖，更相盗窃争斗。帝著商贾服，从之饮宴为乐。又于西园弄狗，著进贤冠，带绶。又驾四驴，帝躬自操辔，驱驰周旋，京师转相仿效，驴价遂与马齐。

帝好为私稸，收天下之珍货，每郡国贡献，先输中署，名为"导行费"。中常侍吕强上疏谏曰："天下之财，莫不生之阴阳，归之陛下，岂有公私？而今中尚方敛诸郡之宝，中御府积天下之缯，西园引司农之藏，中厩聚太仆之马，而所输之府，辄有导行之财。调广民困，费多献少，奸吏因其利，百姓受其敝。又，阿媚之臣，好献其私，容谄姑息，自此而进。旧典，选举委任三府，尚书受奏御而已。受试任用，责以成功，功无可察，然后付之尚书举劾，请下廷尉覆案虚实，行其罪罚。于是三公每有所选，参议掾属，咨其行状，度其器能，然犹有旷职废官，荒秽不治。

今但任尚书,或有诏用,如是,三公得免选举之负,尚书亦复不坐,责赏无归,岂肯空自劳苦乎!"书奏,不省。

何皇后性强忌,后宫王美人生皇子协,后鸩杀美人。帝大怒,欲废后,诸中官固请,得止。

大长秋华容侯曹节卒,中常侍赵忠代领大长秋。

五年(壬戌、182)

春,正月,辛未,赦天下。

诏公卿以谣言举刺史、二千石为民蠹害者。太尉许馘、司空张济承望内官,受取货赂,其宦者子弟、宾客,虽贪污秽浊,皆不敢问,而虚纠边远小郡清修有惠化者二十六人,吏民诣阙陈诉。司徒陈耽上言:"公卿所举,率党其私,所谓放鸱枭而囚鸾凤。"帝以让馘、济,由是诸坐谣言征者,悉拜议郎。

二月,大疫。

三月,司徒陈耽免。

夏,四月,旱。

以太常袁隗为司徒。

五月,庚申,永乐宫署灾。

秋,七月,有星孛于太微。

板楯蛮寇乱巴郡,连年讨之,不能克。帝欲大发兵,以问益州计吏汉中程包,对曰:"板楯七姓,自秦世立功,复其租赋。其人勇猛善战。昔永初中,羌入汉川,郡县破坏,得板楯救之,羌死败殆尽,羌人号为神兵,传语种辈,勿复南行。至建和二年,羌复大入,实赖板楯连摧破之。前车骑将军冯绲南征武陵,亦倚板楯以成其功。近益州郡乱,太守李颙亦以板楯讨而平之。忠功如此,本无恶心。长吏乡亭,更赋至重,仆役棰楚,过于奴虏,亦有嫁妻卖子,或乃至自刭割。虽陈冤州郡,而牧守不为通理,阙庭悠远,不能自闻,含怨呼天,无所叩诉,故邑落相聚,以致叛戾,非有谋主僭号以图不轨。今但选明能牧守,自然安集,不烦征伐也。"帝从其言,选用太守曹谦,遣宣诏赦之,即时皆降。

八月,起四百尺观于阿亭道。

冬,十月,太尉许馘罢,以太常杨赐为太尉。

帝校猎上林苑,历函谷关,遂狩于广成苑。十二月,还,幸太学。

桓典为侍御史,宦官畏之。典常乘骢马,京师为之语曰:"行行且止,避骢马御史!"典,焉之孙也。

六年(癸亥、183)

春,三月,辛未,赦天下。

夏,大旱。

爵号皇后母为舞阳君。

秋,金城河水溢出二十余里。

五原山岸崩。

初,钜鹿张角奉事黄、老,以妖术教授,号"太平道"。咒符水以疗病,令病者跪拜首过,或时病愈,众共神而信之。角分遣弟子周行四方,转相诳诱,十余年间,徒众数十万,自青、徐、幽、冀、荆、扬、兖、豫八州之人,莫不毕应。或弃卖财产,流移奔赴,填塞道路,未至病死者亦以万数。郡县不解其意,反言角以善道教化,为民所归。

太尉杨赐时为司徒,上书言:"角诳耀百姓,遭赦不悔,稍益滋蔓。今若下州郡捕讨,恐更骚扰,速成其患。宜切敕刺史、二千石,简别流民,各护归本郡,以孤弱其党,然后诛其渠帅,可不劳而定。"会赐去位,事遂留中。司徒掾刘陶复上疏申赐前议,言:"角等阴谋益甚,四方私言,云角等窃入京师,觇视朝政,鸟声兽心,私共鸣呼。州郡忌讳,不欲闻之,但更相告语,莫肯公文。宜下明诏,重募角等,赏以国土,有敢回避,与之同罪。"帝殊不为意,方诏陶次第《春秋》条例。

角遂置三十六方,方犹将军也。大方万余人,小方六七千,各立渠帅。讹言:"苍天已死,黄天当立,岁在甲子,天下大吉。"以白土书京城寺门及州郡官府,皆作"甲子"字。大方马元义等先收荆、扬数万人,期会发于邺。元义数往来京师,以中常侍封谞、徐奉等为内应,约以三月五日内外俱起。

中平元年(甲子、184)

春,角弟子济南唐周上书告之。于是收马元义,车裂于雒阳。诏三公、司隶案验宫省直卫及百姓有事角道者,诛杀千余人,下冀州逐捕角等。角等知事已露,晨夜驰敕诸方,一时俱起,皆著黄巾以为标帜,故时人谓之"黄巾贼"。二月,角自称"天公将军",角弟宝称"地公将军",宝弟梁称"人公将军"。所在燔烧官府,劫略聚邑,州郡失据,长吏多逃亡。旬月之间,天下响应,京师震动。安平、甘陵人各执其王应贼。

三月,戊申,以河南尹何进为大将军,封慎侯,率左右羽林、五营营士屯都亭,修理器械,以镇京师。置函谷、太谷、广成、伊阙、镮辕、旋门、孟津、小平津八关都尉。

帝召群臣会议。北地太守皇甫嵩以为宜解党禁,益出中藏钱、西园厩马以班军士。嵩,规之兄子也。上问计于中常侍吕强,对曰:"党锢久积,人情怨愤,若不赦宥,轻与张角合谋,为变滋大,悔之无救。今请先诛左右贪浊者,大赦党人,料简刺史、二千石能否,则盗无不平矣。"帝惧而从之。壬子,赦天下党人,还诸徙者,唯张角不赦。发天下精兵,遣北中郎将卢植讨张角,左中郎将皇甫嵩、右中郎将朱儁讨颍川黄巾。

是时中常侍赵忠、张让、夏恽、郭胜、段珪、宋典等皆封侯贵宠,上常言:"张常侍是我公,赵常侍是我母。"由是宦官无所惮畏,并起第宅,拟则宫室。上尝欲登永安候台,宦官恐望见其居处,乃使中大人尚但谏曰:"天子不当登高,登高则百姓虚散。"上自是不敢复升台榭。及封谞、徐奉事发,上诘责诸常侍曰:"汝曹常言党人欲为不轨,皆令禁锢,或有伏诛者。今党人更为国用,汝曹反与张角通,为可斩未?"皆叩头曰:"此王甫、侯览所为也。"于是诸常侍人人求退,各自征还宗亲、子弟在州郡者。

赵忠、夏恽等遂共潜吕强,云"与党人共议朝廷,数读《霍光传》。强兄弟所在并皆贪秽。"帝使中黄门持兵召强。强闻帝召,怒曰:"吾死,乱起矣。丈夫欲尽忠国家,岂能对狱吏乎!"遂自杀。忠、恽复潜曰:"强见召,未知所问而就外自屏,有奸明审。"遂收捕其宗亲,没入财产。

侍中河内向栩上便宜,讥刺左右。张让诬栩与张角同心,欲为内应,收送黄门北寺狱,杀之。郎中中山张钧上书曰:"窃惟张角所以能兴兵作乱,万民所以乐附之者,其源皆由十常侍多放父兄、子弟、婚亲、宾客典据州郡,辜榷财利,侵掠百姓,百姓之冤,无所告诉,故谋议不轨,聚为盗贼。宜斩十常侍,县头南郊,以谢百姓。遣使者布告天下,可不须师旅而大寇自消。"帝以钧章示诸常侍,皆免冠徒跣顿首,乞自致雒阳诏狱,并出家财以助军费。有诏,皆冠履视事如故。帝怒钧曰:"此真狂子也!十常侍固当有一人善者不?"御史承旨,遂诬奏钧学黄巾道,收掠,死狱中。

庚子,南阳黄巾张曼成攻杀太守褚贡。

帝问太尉杨赐以黄巾事,赐所对切直,帝不悦。夏,四月,赐坐寇贼免。以太仆弘农邓盛为太尉。已而帝阅录故事,得赐与刘陶所上张角奏,乃封赐为临晋侯,陶为中陵乡侯。

司空张济罢,以大司农张温为司空。

皇甫嵩、朱儁合将四万余人,共讨颍川,嵩、儁各统一军。儁与贼波才战,败,嵩进保长社。

汝南黄巾败太守赵谦于邵陵。广阳黄巾杀幽州刺史郭勋及太守刘卫。

波才围皇甫嵩于长社。嵩兵少,军中皆恐。贼依草结营,会大风,嵩约敕军士皆束苣乘城,使锐士间出围外,纵火大呼,城上举燎应之,嵩从城中鼓噪而出,奔击贼陈,贼惊乱奔走。会骑都尉沛国曹操将兵适至,五月,嵩、操与朱儁合军,更与贼战,大破之,斩首数万级。封嵩都乡侯。

操父嵩,为中常侍曹腾养子,不能审其生出本末,或云夏侯氏子也。操少机警,有权数,而任侠放荡,不治行业,世人未之奇也,唯太尉桥玄及南阳何颙异焉。玄谓操曰:"天下将乱,非命世之才,不能济也。能安之者,其在君乎!"颙见操,叹曰:"汉家将亡,安天下者,必此人也!"玄谓操曰:"君未有名,可交许子将。"子将者,训之从子劭也,好人伦,多所赏识,与从兄靖俱有高名,好共覈论乡党人物,每月辄更其品题,故汝南俗有月旦评焉。尝为郡功曹,府中闻之,莫不改操饰行。曹操往造劭而问之曰:"我何如人?"劭鄙其为人,不答。操乃劫之,劭曰:"子,治世之能臣,乱世之奸雄。"操大喜而去。

朱儁之击黄巾也,其护军司马北地傅燮上疏曰:"臣闻天下之祸不由于外,皆兴于内。是故虞舜先除四凶,然后用十六相,明恶人不去,则善人无由进也。今张角起于赵、魏,黄巾乱于六州,此皆衅发萧墙而祸延四海者也。臣受戎任,奉辞伐罪,始到颍川,战无不克。黄巾虽盛,不足为庙堂忧也。臣之所惧,在于治水不自其源,末流弥增其广耳。陛下仁德宽容,多所不忍,故阉竖弄权,忠臣不进。诚使张角枭夷,黄巾变服,臣之所忧,甫益深耳。何者? 夫邪正之人不宜共国,亦犹冰炭不可同器。彼知正人之功显而危亡之兆见,皆将巧辞饰说,共长虚伪。夫孝子疑于屡至,市虎成于三夫。若不详察真伪,忠臣将复有杜邮之戮矣。陛下宜思虞舜四罪之举,速行谗佞之诛,则善人思进,奸凶自息。"赵忠见其疏而恶之。燮击黄巾,功多当封,忠谮诉之。帝识燮言,得不加罪,竟亦不封。

张曼成屯宛下百余日。六月,南阳太守秦颉击曼成,斩之。

交阯土多珍货,前后刺史多无清行,财计盈给,辄求迁代,故吏民怨叛,执刺史及合浦太守来达,自称"柱天将军"。三府选京令东郡贾琮为交阯刺史。琮到部,讯其反状,咸言"赋敛过重,百姓莫不空单,京师遥远,告冤无所,民不聊生,故聚为盗贼"。琮即移书告示,各使安其资业,招抚荒散,蠲复徭役,诛斩渠帅为大害者,简选良吏试守诸县,岁间荡定,百姓以安。巷路为之歌曰:"贾父来晚,使我先反;今见清平,吏不敢饭。"

皇甫嵩、朱儁乘胜进讨汝南、陈国黄巾,追波才于阳翟,击彭脱于西华,并破之。余贼降散,三郡悉平。嵩乃上言其状,以功归儁,于是进封儁西乡侯,迁镇贼中郎将。诏嵩讨东郡,儁讨南阳。

北中郎将卢植连战破张角,斩获万余人,角等走保广宗。植筑围凿堑,造作云梯,垂当拔之。帝遣小黄门左丰视军,或劝植以赂送丰,植不肯。丰还,言于帝曰:"广宗贼易破耳。卢中郎固垒息军,以待天诛。"帝怒,槛车征植,减死一等。遣东中郎将陇西董卓代之。

巴郡张脩以妖术为人疗病,其法略与张角同,令病家出五斗米,号"五斗米师"。秋,七月,脩聚众反,寇郡县,时人谓之"米贼"。

八月,皇甫嵩与黄巾战于苍亭,获其帅卜已。董卓攻张角无功,抵罪。乙巳,诏嵩讨角。

九月,安平王续坐不道,诛,国除。

初,续为黄巾所虏,国人赎之得还,朝廷议复其国。议郎李燮曰:"续守藩不称,损辱圣朝,不宜复国。"朝廷不从。燮坐谤毁宗室,输作左校,未满岁,王坐诛,乃复拜议郎。京师为之语曰:"父不肯立帝,子不肯立王。"

冬,十月,皇甫嵩与张角弟梁战于广宗,梁众精勇,嵩不能克。明日,乃闭营休士,以观其变,知贼意稍懈,乃潜夜勒兵,鸡鸣,驰赴其陈,战至晡时,大破之,斩梁,获首三万级,赴河死者五万许人。角先已病死,剖棺戮尸,传首京师。十一月,嵩复攻角弟宝于下曲阳,斩之,斩获十余万人。即拜嵩为左车骑将军,领冀州牧,封槐里侯。嵩能温恤士卒,每军行顿止,须营幔修立,然后就舍,军士皆食,尔乃尝饭,故所向有功。

北地先零羌及枹罕、河关群盗反,共立湟中义从胡北宫伯玉、李文侯为将军,杀护羌校尉泠徵。金城人边章、韩遂素著名西州,群盗诱而劫之,使专任军政,杀金城太守陈懿,攻烧州郡。

初,武威太守倚恃权贵,恣行贪暴,凉州从事武都苏正和案致其罪。刺史梁鹄惧,欲杀正和以免其负,访于汉阳长史敦煌盖勋。勋素与正和有仇,或劝勋因此报之,勋曰:"谋事杀良,非忠也;乘人之危,非仁也。"乃谏鹄曰:"夫继食鹰隼,欲其鸷也。鸷而亨之,将何用哉?"鹄乃止。正和诣勋求谢,勋不见,曰:"吾为梁使君谋,不为苏正和也。"怨之如初。

后刺史左昌盗军谷数万,勋谏之。昌怒,使勋与从事辛曾、孔常别屯阿阳以拒贼,欲因军事罪之,而勋数有战功。及北宫伯玉之攻金城也,勋劝昌救之,昌不从。陈懿既死,边章等进围昌于冀。昌召勋等自救,辛曾等疑不肯赴。勋怒曰:"昔庄贾后期,穰苴奋剑。今之从事,岂重于古之监军乎!"曾等惧而从之。勋至冀,诮让章等以背叛之罪。皆曰:"左使君若早从君言,以兵临我,庶可自改。今罪已重,不得降也。"乃解围去。

叛羌围校尉夏育于畜官,勋与州郡合兵救育,至狐槃,为羌所败。勋余众不及百人,身被三创,坚坐不动,指木表曰:"尸我于此。"句就种羌滇吾以兵扞众曰:"盖长史贤人,汝曹杀之者为负天。"勋仰骂曰:"死反虏,汝何知,促来杀我!"众相视而惊。滇吾下马与勋,勋不肯上,遂为羌所执。羌服其义勇,不敢加害,送还汉阳。后刺史杨雍表勋领汉阳太守。

张曼成余党更以赵弘为帅,众复盛,至十余万,据宛城。朱儁与荆州刺史徐璆等合兵围之,自六月至八月不拔。有司奏征儁,司空张温上疏曰:"昔秦用白起、燕任乐毅,皆旷年历载,乃能克敌。儁讨颍川,已有功效,引师南指,方略已设,临军易将,兵家所忌,宜假日月,责其成功。"帝乃止。儁击弘,斩之。

贼帅韩忠复据宛拒儁,儁鸣鼓攻其西南,贼悉众赴之。儁自将精卒掩其东北,乘城而入。忠乃退保小城,惶惧乞降。诸将皆欲听之,儁曰:"兵固有形同而势异者。昔秦、项之际,民无定主,故赏附以劝来耳。今海内一统,唯黄巾造逆。纳降无以劝善,讨之足以惩恶。今若受之,更开逆意,贼利则进战,钝则乞降,纵敌长寇,非良计也。"因急攻,连战不克。儁登土山望之,顾谓司马张超曰:"吾知之矣。贼今外围周固,内营逼急,乞降不受,欲出不得,所以死战也。万人一心,犹不可当,况十万乎!不如彻围,并兵入城。忠见围解,势必自出,自出则意散,易破之道也。"既而解围,忠果出战,儁因击,大破之,斩首万余级。

南阳太守秦颉杀忠,余众复奉孙夏为帅,还屯宛。儁急攻之,司马孙坚率众先登,癸巳,拔宛城。孙夏走,儁追至西鄂精山,复破之,斩万余级。于是黄巾破散,其余州郡所诛,一郡数千人。

十二月,己巳,赦天下,改元。

豫州刺史太原王允破黄巾,得张让宾客书,与黄巾交通,上之。上责怒让,让叩头陈谢,竟亦不能罪之。让由是以事中允,遂传下狱,会赦,还为刺史。旬日间,复以它罪被捕。杨赐不欲使更楚辱,遣客谢之曰:"君以张让之事,故一月再征。凶愿难量,幸为深计。"诸从事好气决者,共流涕奉药而进之。允厉声曰:"吾为人臣,获罪于君,当伏大辟以谢天下,岂有乳药求死乎!"投杯而起,出就槛车。既至廷尉,大将军进与杨赐、袁隗共上疏请之,得减死论。

二年(乙丑、185)

春,正月,大疫。

二月,己酉,南宫雲台灾。庚戌,乐城门灾。

中常侍张让、赵忠说帝敛天下田,亩十钱,以修宫室、铸铜人。乐安太守陆康上疏谏曰:"昔鲁宣税亩而蝝灾自生,哀公增赋而孔子非之。岂有聚夺民物,以营无用之铜人,捐舍圣戒,自蹈亡王之法哉!"内幸谮康援引亡国,以譬圣明,大不敬,槛车征诣廷尉。侍御史刘岱表陈解释,得免归田里。康,续之孙也。

又诏发州郡材木文石,部送京师。黄门常侍辄令谴呵不中者,因强折贱买,仅得本贾十分之一,因复货之,宦官复不为即受,材木遂至腐积,宫室连年不成。刺史、太守复增私调,百姓呼嗟。又令西园驺分道督趣,恐动州郡,多受赇赂。刺史、二千石及茂才、孝廉迁除皆责助军、修宫钱,大郡至二三千万,余各有差。当之官者,皆先至西园谐价,然后得去,其守清者乞不之官,皆迫遣之。时钜鹿太守河内司马直新除，以有清名，减责三百万。直被诏，怅然曰："为民父母而反割剥百姓以称时求，吾不忍也。"辞疾，不听。行至孟津，上书极陈当世之失，即吞药自杀。书奏，帝为暂绝修宫钱。

以朱儁为右车骑将军。

自张角之乱，所在盗贼并起，博陵张牛角、常山褚飞燕及黄龙、左校、于氐根、张白骑、刘石、左髭丈八、平汉大计、司隶缘城、雷公、浮云、白雀、杨凤、于毒、五鹿、李大目、白绕、眭固、苦蝤之徒，不可胜数，大者二三万，小者六七千人。

张牛角、褚飞燕合军攻廮陶，牛角中流矢且死，令其众奉飞燕为帅，改姓张。飞燕名燕，轻勇趫捷，故军中号曰"飞燕"。山谷寇贼多附之，部众浸广，殆至百万，号"黑山贼"。河北诸郡县并被其害，朝廷不能讨。燕乃遣使至京师，奏书乞降，遂拜燕平难中郎将，使领河北诸山谷事，岁得举孝廉、计吏。

司徒袁隗免。

三月，以廷尉崔烈为司徒。烈，寔之从兄也。是时，三公往往因常侍、阿保入钱西园而得之，段颎、张温等虽有功勤名誉，然皆先输货财，乃登公位。烈因傅母入钱五百万，故得为司徒。及拜日，天子临轩，百僚毕会。帝顾谓亲幸者曰："悔不小靳，可至千万。"程夫人于傍应曰："崔公，冀州名士，岂肯买官？赖我得是，反不知姝邪！"烈由是声誉顿衰。

北宫伯玉等寇三辅，诏左车骑将军皇甫嵩镇长安以讨之。

时凉州兵乱不解，征发天下役赋无已，崔烈以为宜弃凉州。诏会公卿百官议之，议郎傅燮厉言曰："斩司徒，天下乃安。"尚书奏燮廷辱大臣。帝以问燮，对曰："樊哙以冒顿悖逆，愤激思奋，未失人臣之节，季布犹曰'哙可斩也'。今凉州天下要冲，国家藩卫。高祖初兴，使郦商别定陇右；世宗拓境，列置四郡，议者以为断匈奴右臂。今牧御失和，使一州叛逆。烈为宰相，不念为国思所以弭之之策，乃欲割弃一万里之土，臣窃惑之。若使左衽之虏得居此地，士劲甲坚，因以为乱，此天下之至虑，社稷之深忧也。若烈不知，是极蔽也；知而故言，是不忠也。"帝善而从之。

夏，四月，庚戌，大雨雹。

五月，太尉邓盛罢，以太仆河南张延为太尉。

六月，以讨张角功，封中常侍张让等十二人为列侯。

秋，七月，三辅螟。

皇甫嵩之讨张角也，过邺，见中常侍赵忠舍宅逾制，奏没入之。又中常侍张让私求钱五千万，嵩不与。二人由是奏嵩连战无功，所费者多，征嵩还，收左车骑将军印绶，削户六千。八月，以司空张温为车骑将军，执金吾袁滂为副，以讨北宫伯玉。拜中郎将董卓为破虏将军,与荡寇将军周慎并统于温。

九月,以特进杨赐为司空。冬,十月,庚寅,临晋文烈侯杨赐薨。以光禄大夫许相为司空。相,训之子也。

谏议大夫刘陶上言:"天下前遇张角之乱,后遭边章之寇,今西羌逆类已攻河东,恐遂转盛,豕突上京。民有百走退死之心,而无一前斗生之计。西寇浸前,车骑孤危,假令失利,其败不救。臣自知言数见厌,而言不自裁者,以为国安则臣蒙其庆,国危则臣亦先亡也。谨复陈当今要急八事。"大较言天下大乱,皆由宦官。宦官共谮陶曰:"前张角事发,诏书示以威恩,自此以来,各各改悔。今者四方安静,而陶疾害圣政,专言妖孽。州郡不上,陶何缘知?疑陶与贼通情。"于是收陶下黄门北寺狱,掠按日急。陶谓使者曰:"臣恨不与伊、吕同畴,而以三仁为辈。今上杀忠謇之臣,下有憔悴之民,亦在不久,后悔何及!"遂闭气而死。前司徒陈耽为人忠正,宦官怨之,亦诬陷,死狱中。

张温将诸郡兵步骑十余万屯美阳,边章、韩遂亦进兵美阳,温与战,辄不利。十一月,董卓与右扶风鲍鸿等并兵攻章、遂,大破之。章、遂走榆中,温遣周慎将三万人追之。参军事孙坚说慎曰:"贼城中无谷,当外转粮食。坚愿得万人断其运道,将军以大兵继后,贼必困乏而不敢战,走入羌中,并力讨之,则凉州可定也。"慎不从,引军围榆中城,而章、遂分屯葵园峡,反断慎运道,慎惧,弃车重而退。

温又使董卓将兵三万讨先零羌,羌、胡围卓于望垣北,粮食乏绝,乃于所度水中伪立堰以捕鱼,而潜从堰下过军。比贼追之,决水已深,不得度,遂还屯扶风。

张温以诏书召卓,卓良久乃诣温。温责让卓,卓应对不顺。孙坚前耳语谓温曰:"卓不怖罪而鸱张大语,宜以召不时至,陈军法斩之。"温曰:"卓素著威名于河、陇之间,今日杀之,西行无依。"坚曰:"明公亲率王师,威震天下,何赖于卓?观卓所言,不假明公,轻上无礼,一罪也。章、遂跋扈经年,当以时进讨,而卓云未可,沮军疑众,二罪也。卓受任无功,应召稽留,而轩昂自高,三罪也。古之名将仗钺临众,未有不断斩以成功者也。今明公垂意于卓,不即加诛,亏损威刑,于是在矣。"温不忍发,乃曰:"君且还,卓将疑人。"坚遂出。

是岁,帝造万金堂于西园,引司农金钱、缯帛牣积堂中,复藏寄小黄门、常侍家钱各数千万,又于河间买田宅,起第观。

三年(丙寅、186)

春,二月,江夏兵赵慈反,杀南阳太守秦颉。

庚戌,赦天下。

太尉张延罢。遣使者持节就长安拜张温为太尉。三公在外始于温。

以中常侍赵忠为车骑将军。帝使忠论讨黄巾之功,执金吾甄举谓忠曰:"傅南容前在东军,有功不侯,天下失望。今将军亲当重任,宜进贤理屈,以副众心。"忠纳其言,遣弟城门校尉延致殷勤于傅燮。延谓燮曰:"南容少答我常侍,万户侯不足得也。"燮正色拒之曰:"有功不论,命也。傅燮岂求私赏哉!"忠愈怀恨,然惮其名,不敢害,出为汉阳太守。

帝使钩盾令宋典缮修南宫玉堂,又使掖庭令毕岚铸四铜人,又铸四钟,皆受二千斛。又铸天禄、虾蟆吐水于平门外桥东,转水入宫。又作翻车、渴乌,施于桥西,用洒南北郊路,以为可省百姓洒道之费。

五月,壬辰晦,日有食之。

六月,荆州刺史王敏讨赵慈,斩之。

车骑将军赵忠罢。

冬,十月,武陵蛮反,郡兵讨破之。

前太尉张延为宦官所谮,下狱死。

十二月,鲜卑寇幽、并二州。

征张温还京师。

四年(丁卯、187)

春,正月,己卯,赦天下。

二月,荥阳贼杀中牟令。三月,河南尹何苗讨荥阳贼,破之,拜苗为车骑将军。

韩遂杀边章及北宫伯玉、李文侯,拥兵十余万,进围陇西,太守李相如叛,与遂连和。凉州刺史耿鄙率六郡兵讨遂。鄙任治中程球,球通奸利,士民怨之。汉阳太守傅燮谓鄙曰:"使君统治日浅,民未知教。贼闻大军将至,必万人一心。边兵多勇,其锋难当,而新合之众,上下未和,万一内变,虽悔无及。不若息军养德,明赏必罚,贼得宽挺,必谓我怯,群恶争势,其离可必。然后率已教之民,讨成离之贼,其功可坐而待也。"鄙不从。夏,四月,鄙行至狄道,州别驾反应贼,先杀程球,次害鄙,贼遂进围汉阳。城中兵少粮尽,燮犹固守。

时北地胡骑数千随贼攻郡,皆叩怀燮恩,共于城外叩头,求送燮归乡里。燮子幹,年十三,言于燮曰:"国家昏乱,遂令大人不容于朝。今兵不足以自守,宜听羌、胡之请,还乡里,徐俟有道而辅之。"言未终,燮慨然叹曰:"汝知吾必死邪!圣达节,次守节。殷纣暴虐,伯夷不食周粟而死。吾遭世乱,不能养浩然之志,食禄又欲避其难乎?吾行何之,必死于此。汝有才智,勉之勉之。主簿杨会,吾之程婴也。"

狄道人王国使故酒泉太守黄衍说燮曰:"天下已非复汉有,府君宁有意为吾属帅乎?"燮按剑叱衍曰:"若剖符之臣,反为贼说邪!"遂麾左右进兵,临陈战殁。耿鄙司马扶风马腾亦拥兵反,与韩遂合,共推王国为主,寇掠三辅。

太尉张温以寇贼未平,免,以司徒崔烈为太尉。五月,以司空许相为司徒,光禄勋沛国丁宫为司空。

初,张温发幽州乌桓突骑三千以讨凉州,故中山相渔阳张纯请将之,温不听,而使涿令辽西公孙瓒将之。军到蓟中,乌桓以牢禀逋县,多叛还本国。张纯忿不得将,乃与同郡故泰山太守张举及乌桓大人丘力居等连盟,劫略蓟中,杀护乌桓校尉公綦稠、右北平太守刘政、辽东太守阳终等,众至十余万,屯肥如。举称天子,纯称弥天将军、安定王,移书州郡,云举当代汉,告天子避位,敕公卿奉迎。

冬,十月,长沙贼区星自称将军,众万余人,诏以议郎孙坚为长沙太守,讨击平之,封坚乌程侯。

十一月,太尉崔烈罢,以大司农曹嵩为太尉。

十二月,屠各胡反。

是岁,卖关内侯,直五百万钱。

前大丘长陈寔卒,海内赴吊者三万余人。寔在乡间,平心率物,其有争讼,辄求判正,晓譬曲直,退无怨者,至乃叹曰:"宁为刑罚所知,不为陈君所短。"杨赐、陈耽,每拜公卿,群僚毕贺,辄叹寔大位未登,愧于先之。

资治通鉴卷第五十九

翰林学士兼侍读学士朝散大夫右谏议大夫知制诰判尚书都省兼提
举万寿观公事上护军河内郡开国侯食邑一千三百户赐紫金鱼袋臣　司马光　奉敕编集

汉纪五十一起著雍执徐（戊辰），尽上章敦牂（庚午），凡三年。

孝灵皇帝下

中平五年（戊辰、188）

春，正月，丁酉，赦天下。

二月，有星孛于紫宫。

黄巾余贼郭大等起于河西白波谷，寇太原、河东。

三月，屠各胡攻杀并州刺史张懿。

太常江夏刘焉见王室多故，建议以为："四方兵寇，由刺史威轻，既不能禁，且用非其人，以致离叛。宜置牧伯，选清名重臣以居其任。"焉内欲求交阯牧。侍中广汉董扶私谓焉曰："京师将乱，益州分野有天子气。"焉乃更求益州。会益州刺史郤俭赋敛烦扰，谣言远闻，而耿鄙、张懿皆为盗所杀，朝廷遂从焉议，选列卿、尚书为州牧，各以本秩居任。以焉为益州牧，太仆黄琬为豫州牧，宗正东海刘虞为幽州牧。州任之重，自此而始。焉，鲁恭王之后；虞，东海恭王之五世孙也。虞尝为幽州刺史，民夷怀其恩信，故用之。董扶及太仓令赵韪皆弃官，随焉入蜀。

诏发南匈奴兵配刘虞讨张纯，单于羌渠遣左贤王将骑诣幽州。国人恐发兵无已，于是右部醢落反，与屠各胡合，凡十余万人，攻杀羌渠。国人立其子右贤王於扶罗为持至尸逐侯单于。

夏，四月，太尉曹嵩罢。

五月，以永乐少府南阳樊陵为太尉。六月，罢。

益州贼马相、赵祇等起兵绵竹，自号黄巾，杀刺史郤俭，进击巴郡、犍为，旬月之间，破坏三郡，有众数万，相自称天子。州从事贾龙率吏民攻相等，数日破走，州界清静。龙乃选吏卒迎刘焉。焉徙治绵竹，抚纳离叛，务行宽惠，以收人心。

郡国七大水。

故太傅陈蕃子逸与术士襄楷会于冀州刺史王芬坐，楷曰："天文不利宦者，黄门、常侍真族灭矣。"逸喜。芬曰："若然者，芬愿驱除。"因与豪杰转相招合，上书言黑山贼攻劫郡县，欲因以起兵。会帝欲北巡河间旧宅，芬等谋以兵徼劫，诛诸常侍、黄门，因废帝，立合肥侯，以其谋告议郎曹操。操曰："夫废立之事，天下之至不祥也。古人有权成败、计轻重而行之者，伊、霍是也。伊、霍皆怀至忠之诚，据宰辅之势，因秉政之重，同众人之欲，故能计从事立。今诸君徒见曩者之易，未睹当今之难，而造作非常，欲望必克，不亦危乎！"芬又呼平原华歆、陶丘洪共定计。洪欲行，歆止之曰："夫废立大事，伊、霍之所难。芬性疏而不武，此必无成。"洪乃止。会北方夜半有赤气，东西竟天，太史上言："北方有阴谋，不宜北行。"帝乃止。敕芬罢兵，俄而征之。芬惧，解印绶亡走，至平原，自杀。

秋，七月，以射声校尉马日磾为太尉。日磾，融之族孙也。

八月，初置西园八校尉。以小黄门蹇硕为上军校尉，虎贲中郎将袁绍为中军校尉，屯骑校尉鲍鸿为下军校尉，议郎曹操为典军校尉，赵融为助军左校尉，冯芳为助军右校尉，谏议大夫夏牟为左校尉，淳于琼为右校尉，皆统于蹇硕。帝自黄巾之起，留心戎事，硕壮健而有武略，帝亲任之，虽大将军亦领属焉。

九月，司徒许相罢，以司空丁宫为司徒，光禄勋南阳刘弘为司空。

以卫尉条侯董重为票骑将军。重，永乐太后兄子也。

冬，十月，青、徐黄巾复起，寇郡县。

望气者以为京师当有大兵，两宫流血。帝欲厌之，乃大发四方兵，讲武于平乐观下。起大坛，上建十二重华盖，高十丈，坛东北为小坛，复建九重华盖，高九丈。列步骑数万人，结营为陈。甲子，帝亲出临军，驻大华盖下，大将军进驻小华盖下。帝躬擐甲、介马，称"无上将军"，行陈三匝而还，以兵授进。帝问讨虏校尉盖勋曰："吾讲武如是，何如？"对曰："臣闻先王曜德不观兵。今寇在远而设近陈，不足以昭果毅，只黩武耳。"帝曰："善。恨见君晚，群臣初无是言也。"勋谓袁绍曰："上甚聪明，但蔽于左右耳。"与绍谋共诛嬖幸，蹇硕惧，出勋为京兆尹。

十一月，王国围陈仓，诏复拜皇甫嵩为左将军，督前将军董卓，合兵四万人以拒之。

张纯与丘力居钞略青、徐、幽、冀四州，诏骑都尉公孙瓒讨之。瓒与战于属国石门，纯等大败，弃妻子，逾塞走，悉得所钞男女。瓒深入无继，反为丘力居等所围于辽西管子城，二百余日，粮尽众溃，士卒死者什五六。

董卓谓皇甫嵩曰："陈仓危急，请速救之。"嵩曰："不然，百战百胜，不如不战而屈人兵。陈仓虽小，城守固备，未易可拔。王国虽强，攻陈仓不下，其众必疲，疲而击之，全胜之道也，将何救焉！"国攻陈仓八十余日，不拔。

六年(己巳、189)

春，二月，国众疲敝，解围去，皇甫嵩进兵击之。董卓曰："不可。兵法，穷寇勿迫，归众勿追。"嵩曰："不然。前吾不击，避其锐也。今而击之，待其衰也。所击疲师,非归众也。国众且走,莫有斗志,以整击乱,非穷寇也。"遂独进击之,使卓为后拒。连战,大破之,斩首万余级。卓大惭恨,由是与嵩有隙。

韩遂等共废王国,而劫故信都令汉阳阎忠使督统诸部。忠病死,遂等稍争权利,更相杀害,由是浸衰。

幽州牧刘虞到部,遣使至鲜卑中,告以利害,责使送张举、张纯首,厚加购赏。丘力居等闻虞至,喜,各遣译自归。举、纯走出塞,余皆降散。虞上罢诸屯兵,但留降虏校尉公孙瓒,将步骑万人屯右北平。三月,张纯客王政杀纯,送首诣虞。公孙瓒志欲扫灭乌桓,而虞欲以恩信招降,由是与瓒有隙。

夏,四月,丙子朔,日有食之。

太尉马日磾免,遣使即拜幽州牧刘虞为太尉,封容丘侯。

蹇硕忌大将军进,与诸常侍共说帝遣进西击韩遂,帝从之。进阴知其谋,奏遣袁绍收徐、兖二州兵,须绍还而西,以稽行期。

初,帝数失皇子,何皇后生子辩,养于道人史子眇家,号曰"史侯"。王美人生子协,董太后自养之,号曰"董侯"。群臣请立太子。帝以辩轻佻无威仪,欲立协,犹豫未决。会疾笃,属协于蹇硕。丙辰,帝崩于嘉德殿。硕时在内,欲先诛何进而立协,使人迎进,欲与计事,进即驾往。硕司马潘隐与进早旧,迎而目之。进惊,驰从儳道归营,引兵入屯百郡邸,因称疾不入。

戊午,皇子辩即皇帝位,年十四。尊皇后曰皇太后。太后临朝。赦天下,改元为光熹。封皇弟协为渤海王,协年九岁。以后将军袁隗为太傅,与大将军何进参录尚书事。

进既秉朝政,忿蹇硕图己,阴规诛之。袁绍因进亲客张津,劝进悉诛诸宦官。进以袁氏累世贵宠,而绍与从弟虎贲中郎将术皆为豪桀所归,信而用之。复博征智谋之士何颙、荀攸及河南郑泰等二十余人,以颙为北军中侯,攸为黄门侍郎,泰为尚书,与同腹心。攸,爽之从孙也。蹇硕疑不自安,与中常侍赵忠、宋典等书曰:"大将军兄弟秉国专朝,今与天下党人谋诛先帝左右,扫灭我曹,但以硕典禁兵,故且沉吟。今宜共闭上阁,急捕诛之。"中常侍郭胜,进同郡人也,太后及进之贵幸,胜有力焉,故亲信何氏,与赵忠等议,不从硕计,而以其书示进。庚午,进使黄门令收硕,诛之,因悉领其屯兵。

票骑将军董重,与何进权势相害,中官挟重以为党助。董太后每欲参干政事,何太后辄相禁塞,董后忿恚,詈曰:"汝今辀张,怙汝兄邪? 吾敕票骑断何进头,如反手耳。"何太后闻之,以告进。五月,进与三公共奏:"孝仁皇后使故中常侍夏恽等交通州郡,辜较财利,悉入西省。故事,蕃后不得留京师,请迁宫本国。"奏可。辛巳,进举兵围票骑府,收董重,免官,自杀。六月,辛亥,董后忧怖,暴崩。

民间由是不附何氏。

辛酉，葬孝灵皇帝于文陵。何进惩蹇硕之谋，称疾，不入陪丧，又不送山陵。

大水。

秋，七月，徙渤海王协为陈留王。

司徒丁宫罢。

袁绍复说何进曰："前窦武欲诛内宠而反为所害者，但坐言语漏泄，五营兵士皆服畏中人，而窦氏反用之，自取祸灭。今将军兄弟并领劲兵，部曲将吏皆英俊名士，乐尽力命，事在掌握，此天赞之时也。将军宜一为天下除患，以垂名后世，不可失也。"进乃白太后，请尽罢中常侍以下，以三署郎补其处。太后不听，曰："中官统领禁省，自古及今，汉家故事，不可废也。且先帝新弃天下，我奈何楚楚与士人共对事乎？"进难违太后意，且欲诛其放纵者。绍以为中官亲近至尊，出纳号令，今不悉废，后必为患。而太后母舞阳君及何苗数受诸宦官赂遗，知进欲诛之，数白太后，为其障蔽。又言："大将军专杀左右，擅权以弱社稷。"太后疑以为然。进新贵，素敬惮中官，虽外慕大名而内不能断，故事久不决。

绍等又为画策，多召四方猛将及诸豪杰，使并引兵向京城，以胁太后。进然之。主簿广陵陈琳谏曰："谚称'掩目捕雀'，夫微物尚不可欺以得志，况国之大事，其可以诈立乎？今将军总皇威，握兵要，龙骧虎步，高下在心，此犹鼓洪炉燎毛发耳。但当速发雷霆，行权立断，则天人顺之。而反委释利器，更征外助，大兵聚会，强者为雄，所谓倒持干戈，授人以柄，功必不成，只为乱阶耳。"进不听。典军校尉曹操闻而笑曰："宦者之官，古今宜有，但世主不当假之权宠，使至于此。既治其罪，当诛元恶，一狱吏足矣，何至纷纷召外兵乎！欲尽诛之，事必宣露，吾见其败也。"

初，灵帝征董卓为少府，卓上书言："所将湟中义从及秦、胡兵皆诣臣言：'牢直不毕，禀赐断绝，妻子饥冻。'率挽臣车，使不得行。羌、胡憋肠狗态，臣不能禁止。辄将顺安慰。增异复上。"朝廷不能制。及帝寝疾，玺书拜卓并州牧，令以兵属皇甫嵩。卓复上书言："臣误蒙天恩，掌戎十年，士卒大小，相狃弥久，恋臣畜养之恩，为臣奋一旦之命，乞将之北州，效力边垂。"嵩从子郦说嵩曰："天下兵柄，在大人与董卓耳。今怨隙已结，势不俱存，卓被诏委兵而上书自请，此逆命也。彼度京师政乱，故敢踌躇不进，此怀奸也。二者刑所不赦。且其凶戾无亲，将士不附。大人今为元帅，杖国威以讨之，上显忠义，下除凶害，无不济也。"嵩曰："违命虽罪，专诛亦有责也。不如显奏其事，使朝廷裁之。"乃上书以闻。帝以让卓。卓亦不奉诏，驻兵河东，以观时变。

何进召卓使将兵诣京师。侍御史郑泰谏曰："董卓强忍寡义，志欲无厌，若借之朝政,授以大事,将恣凶欲,必危朝廷。明公以亲德之重,据阿衡之权,秉意独断,诛除有罪,诚不宜假卓以为资援也。且事留变生,殷鉴不远,宜在速决。"尚书卢植亦言不宜召卓,进皆不从。泰乃弃官去,谓荀攸曰:"何公未易辅也。"

进府掾王匡、骑都尉鲍信,皆泰山人,进使还乡里募兵;并召东郡太守桥瑁屯成皋,使武猛都尉丁原将数千人寇河内,烧孟津,火照城中,皆以诛宦官为言。

董卓闻召,即时就道,并上书曰:"中常侍张让等,窃幸承宠,浊乱海内。臣闻扬汤止沸,莫若去薪,溃痈虽痛,胜于内食。昔赵鞅兴晋阳之甲,以逐君侧之恶。今臣辄鸣钟鼓如雒阳,请收让等,以清奸秽。"太后犹不从。何苗谓进曰:"始共从南阳来,俱以贫贱,依省内以致富贵。国家之事,亦何容易。覆水不收,宜深思之,且与省内和也。"卓至渑池,而进更狐疑,使谏议大夫种邵宣诏止之。卓不受诏,遂前至河南。邵迎劳之,因譬令还军。卓疑有变,使其军士以兵胁邵。邵怒,称诏叱之,军士皆披,遂前质责卓。卓辞屈,乃还军夕阳亭。邵,嵩之孙也。

袁绍惧进变计,因胁之曰:"交构已成,形势已露,将军复欲何待而不早决之乎?事久变生,复为窦氏矣。"进于是以绍为司隶校尉,假节,专命击断;从事中郎王允为河南尹。绍使雒阳方略武吏司察宦者,而促董卓等使驰驿上奏,欲进兵平乐观。太后乃恐,悉罢中常侍、小黄门使还里舍,唯留进素所私人以守省中。诸常侍、小黄门皆诣进谢罪,唯所措置。进谓曰:"天下匈匈,正患君等耳。今董卓垂至,诸君何不早各就国?"袁绍劝进便于此决之,至于再三,进不许。绍又为书告诸州郡,诈宣进意,使捕案中官亲属。

进谋积日,颇泄,中官惧而思变。张让子妇,太后之妹也。让向子妇叩头曰:"老臣得罪,当与新妇俱归私门。唯受恩累世,今当远离宫殿,情怀恋恋,愿复一入直,得暂奉望太后、陛下颜色,然后退就沟壑,死不恨矣。"子妇言于舞阳君,入白太后,乃诏诸常侍皆复入直。

八月,戊辰,进入长乐宫,白太后,请尽诛诸常侍。中常侍张让、段珪相谓曰:"大将军称疾,不临丧,不送葬,今欻入省,此意何为?窦氏事竟复起邪?"使潜听,具闻其语。乃率其党数十人持兵窃自侧闼入,伏省户下。进出,因诈以太后诏召进,入坐省阁。让等诘进曰:"天下愦愦,亦非独我曹罪也。先帝尝与太后不快,几至成败,我曹涕泣救解,各出家财千万为礼,和悦上意,但欲托卿门户耳。今乃欲灭我曹种族,不亦太甚乎!"于是尚书方渠穆拔剑斩进于嘉德殿前。让、珪等为诏,以故太尉樊陵为司隶校尉,少府许相为河南尹。尚书得诏板,疑之,曰:"请大将军出共议。"中黄门以进头掷与尚书曰:"何进谋反,已伏诛矣。"

进部曲将吴匡、张璋在外,闻进被害,欲引兵入宫,宫门闭。虎贲中郎将袁术与匡共斫攻之,中黄门持兵守阁。会日暮,术因烧南宫青琐门,欲以胁出让等。

让等入白太后,言大将军兵反,烧宫,攻尚书闼,因将太后、少帝及陈留王,劫省内官属,从复道走北宫。尚书卢植执戈于阁道窗下,仰数段珪。珪惧,乃释太后,太后投阁,得免。袁绍与叔父隗矫诏召樊陵、许相,斩之。绍及何苗引兵屯朱雀阙下,捕得赵忠等,斩之。吴匡等素怨苗不与进同心,而又疑其与宦官通谋,乃令军中曰:"杀大将军者即车骑也,吏士能为报仇乎?"皆流涕曰:"愿致死!"匡遂引兵与董卓弟奉车都尉旻攻杀苗,弃其尸于苑中。绍遂闭北宫门,勒兵捕诸宦者,无少长皆杀之,凡二千余人,或有无须而误死者。绍因进兵排宫,或上端门屋,以攻省内。

庚午,张让、段珪等困迫,遂将帝与陈留王数十人步出穀门,夜,至小平津,六玺不自随,公卿无得从者,唯尚书卢植、河南中部掾闵贡夜至河上。贡厉声质责让等,且曰:"今不速死,吾将杀汝!"因手剑斩数人。让等惶怖,叉手再拜,叩头向帝辞曰:"臣等死,陛下自爱。"遂投河而死。

贡扶帝与陈留王夜步逐萤光南行,欲还宫,行数里,得民家露车,共乘之,至雒舍止。辛未,帝独乘一马,陈留王与贡共乘一马,从雒舍南行,公卿稍有至者。董卓至显阳苑,远见火起,知有变,引兵急进,未明,到城西,闻帝在北,因与公卿往奉迎于北芒阪下。帝见卓将兵卒至,恐怖涕泣。群公谓卓曰:"有诏却兵。"卓曰:"公诸人为国大臣,不能匡正王室,至使国家播荡,何却兵之有!"卓与帝语,语不可了,乃更与陈留王语,问祸乱由起,王答,自初至终,无所遗失。卓大喜,以王为贤,且为董太后所养,卓自以与太后同族,遂有废立之意。

是日,帝还宫,赦天下,改光熹为昭宁。失传国玺,余玺皆得之。以丁原为执金吾。骑都尉鲍信自泰山募兵适至,说袁绍曰:"董卓拥强兵,将有异志,今不早图,必为所制;及其新至疲劳,袭之,可禽也。"绍畏卓,不敢发。信乃引兵还泰山。

董卓之入也,步骑不过三千,自嫌兵少,恐不为远近所服,率四五日辄夜潜出军近营,明旦,乃大陈旌鼓而还,以为西兵复至,雒中无知者。俄而进及弟部曲皆归于卓,卓又阴使丁原部曲司马五原吕布杀原而并其众,卓兵于是大盛。乃讽朝廷,以久雨,策免司空刘弘而代之。

初,蔡邕徙朔方,会赦得还。五原太守王智,甫之弟也,奏蔡邕谤讪朝廷。邕遂亡命江海,积十二年。董卓闻其名而辟之,称疾不就。卓怒,詈曰:"我能族人!"邕惧而应命,到,署祭酒,甚见敬重,举高第,三日之间,周历三台,迁为侍中。

董卓谓袁绍曰:"天下之主,宜得贤明,每念灵帝,令人愤毒。董侯似可,今欲立之,为能胜史侯否?人有小智大痴,亦知复何如?为当且尔。刘氏种不足复遗。"绍曰:"汉家君天下四百许年,恩泽深渥,兆民戴之。今上富于春秋,未有不善宣于天下。公欲废嫡立庶,恐众不从公议也。"卓按剑叱绍曰:"竖子敢然!天下之事,岂不在我?我欲为之,谁敢不从!尔谓董卓刀为不利乎!"绍勃然曰:"天下健者,岂惟董公!"引佩刀横揖径出。卓以新至,见绍大家,故不敢害。绍县节于上东门,逃奔冀州。

九月,癸酉,卓大会百寮,奋首而言曰:"皇帝暗弱,不可以奉宗庙,为天下主。今欲依伊尹、霍光故事,更立陈留王,何如?"公卿以下皆惶恐,莫敢对。卓又抗言曰:"昔霍光定策,延年按剑。有敢沮大议,皆以军法从事!"坐者震动,尚书卢植独曰:"昔太甲既立不明,昌邑罪过千余,故有废立之事。今上富于春秋,行无失德,非前事之比也。"卓大怒,罢坐。将杀植,蔡邕为之请,议郎彭伯亦谏卓曰:"卢尚书海内大儒,人之望也。今先害之,天下震怖。"卓乃止,但免植官,植遂逃隐于上谷。卓以废立议示太傅袁隗。隗报如议。

甲戌,卓复集群僚于崇德前殿,遂胁太后策废少帝,曰:"皇帝在丧,无人子之心,威仪不类人君,今废为弘农王,立陈留王协为帝。"袁隗解帝玺绶,以奉陈留王,扶弘农王下殿,北面称臣。太后鲠涕,群臣含悲,莫敢言者。卓又议:"太后踧迫永乐宫,至令忧死,逆妇姑之礼。"乃迁太后于永安宫。赦天下,改昭宁为永汉。丙子,卓鸩杀何太后,公卿以下不布服,会葬,素衣而已。卓又发何苗棺,出其尸,支解节断,弃于道边,杀苗母舞阳君,弃尸于苑枳落中。

诏除公卿以下子弟为郎,以补宦官之职,侍于殿上。

乙酉,以太尉刘虞为大司马,封襄贲侯。董卓自为太尉,领前将军事,加节传、斧钺、虎贲,更封郿侯。

丙戌,以太中大夫杨彪为司空。

甲午,以豫州牧黄琬为司徒。

董卓率诸公上书,追理陈蕃、窦武及诸党人,悉复其爵位,遣使吊祠,擢用其子孙。

自六月雨至于是月。

冬,十月,乙巳,葬灵思皇后。

白波贼寇河东,董卓遣其将牛辅击之。

初,南单于於扶罗既立,国人杀其父者遂叛,共立须卜骨都侯为单于。於扶罗诣阙自讼。会灵帝崩,天下大乱,於扶罗将数千骑与白波贼合兵寇郡县。时民皆保聚,钞掠无利,而兵遂挫伤。复欲归国,国人不受,乃止河东平阳。须卜骨都侯为单于一年而死,南庭遂虚其位,以老王行国事。

十一月,以董卓为相国,赞拜不名,入朝不趋,剑履上殿。

十二月,戊戌,以司徒黄琬为太尉,司空杨彪为司徒,光禄勋荀爽为司空。

初,尚书武威周毖、城门校尉汝南伍琼,说董卓矫桓、灵之政,擢用天下名士,以收众望,卓从之,命惢、琼与尚书郑泰、长史何颙等沙汰秽恶,显拔幽滞。于是征处士荀爽、陈纪、韩融、申屠蟠。复就拜爽平原相,行至宛陵,迁光禄勋,视事三日,进拜司空。自被征命及登台司,凡九十三日。又以纪为五官中郎将,融为大鸿胪。纪,寔之子;融,韶之子也。爽等皆畏卓之暴,无敢不至。独申屠蟠得征书,人劝之行,蟠笑而不答,卓终不能屈,年七十余,以寿终。卓又以尚书韩馥为冀州牧,侍中刘岱为兖州刺史,陈留孔伷为豫州刺史,东平张邈为陈留太守,颍川张咨为南阳太守。卓所亲爱,并不处显职,但将校而已。

诏除光熹、昭宁、永汉三号。

董卓性残忍,一旦专政,据有国家甲兵、珍宝,威震天下,所愿无极,语宾客曰:"我相,贵无上也。"侍御史扰龙宗诣卓白事,不解剑,立挝杀之。是时,洛中贵戚,室第相望,金帛财产,家家充积,卓纵放兵士,突其庐舍,剽虏资物,妻略妇女,不避贵贱。人情崩恐,不保朝夕。

卓购求袁绍急,周毖、伍琼说卓曰:"夫废立大事,非常人所及。袁绍不达大体,恐惧出奔,非有它志。今急购之,势必为变。袁氏树恩四世,门生故吏遍于天下,若收豪杰以聚徒众,英雄因之而起,则山东非公之有也。不如赦之,拜一郡守,绍喜于免罪,必无患矣。"卓以为然,乃即拜绍勃海太守,封邟乡侯。又以袁术为后将军,曹操为骁骑校尉。

术畏卓,出奔南阳。操变易姓名,间行东归。过中(率)〔牟〕,为亭长所疑,执诣县。时县已被卓书,唯功曹心知是操,以世方乱,不宜拘天下雄俊,因白令释之。操至陈留,散家财,合兵得五千人。

是时,豪杰多欲起兵讨卓者,袁绍在勃海,冀州牧韩馥遣数部从事守之,不得动摇。东郡太守桥瑁,诈作京师三公移书与州郡,陈卓罪恶,云"见逼迫,无以自救,企望义兵,解国患难"。馥得移,请诸从事问曰:"今当助袁氏邪,助董氏邪?"治中从事刘子惠曰:"今兴兵为国,何谓袁、董!"馥有惭色。子惠复言:"兵者凶事,不可为首。今宜往视他州,有发动者,然后和之。冀州于他州不为弱也,他人功未有在冀州之右者也。"馥然之。馥乃作书与绍,道卓之恶,听其举兵。

孝献皇帝甲

初平元年(庚午、190)

春,正月,关东州郡皆起兵以讨董卓,推渤海太守袁绍为盟主。绍自号车骑将军,诸将皆板授官号。绍与河内太守王匡屯河内,冀州牧韩馥留邺,给其军粮,豫州刺史孔伷屯颍川,兖州刺史刘岱、陈留太守张邈、邈弟广陵太守超、东郡太守桥瑁、山阳太守袁遗、济北相鲍信与曹操俱屯酸枣,后将军袁术屯鲁阳,众各数万。豪杰多归心袁绍者，鲍信独谓曹操曰："夫略不世出，能拨乱反正者，君也，苟非其人，虽强必毙。君殆天之所启乎！"

辛亥，赦天下。

癸酉，董卓使郎中令李儒鸩杀弘农王辩。

卓议大发兵以讨山东。尚书郑泰曰："夫政在德，不在众也。"卓不悦曰："如卿此言，兵为无用邪？"泰曰："非谓其然也，以为山东不足加大兵耳。明公出自西州，少为将帅，闲习军事。袁本初公卿子弟，生处京师。张孟卓东平长者，坐不窥堂。孔公绪清谈高论，嘘枯吹生。并无军旅之才，临锋决敌，非公之俦也。况王爵不加，尊卑无序，若恃众怙力，将各棋峙，以观成败，不肯同心共胆，与齐进退也。且山东承平日久，民不习战；关西顷遭羌寇，妇女皆能挟弓而斗。天下所畏者，无若并、凉之人与羌、胡义从，而明公拥之，以为爪牙，譬犹驱虎兕以赴犬羊，鼓烈风以扫枯叶，谁敢御之！无事征兵以惊天下，使患役之民相聚为非，弃德恃众，自亏威重也。"卓乃悦。

董卓以山东兵盛，欲迁都以避之，公卿皆不欲而莫敢言。卓表河南尹朱儁为太仆，以为己副。使者召拜，儁辞，不肯受，因曰："国家西迁，必孤天下之望，以成山东之衅，臣不知其可也。"使者曰："召君受拜而君拒之，不问徙事而君陈之，何也？"儁曰："副相国，非臣所堪也；迁都非计，事所急也。辞所不堪，言其所急，臣之宜也。"由是止不为副。

卓大会公卿议，曰："高祖都关中，十有一世，光武宫雒阳，于今亦十一世矣。案《石包谶》，宜徙都长安，以应天人之意。"百官皆默然。司徒杨彪曰："移都改制，天下大事，故盘庚迁亳，殷民胥怨。昔关中遭王莽残破，故光武更都雒邑，历年已久，百姓安乐。今无故捐宗庙，弃园陵，恐百姓惊动，必有糜沸之乱。《石包谶》，妖邪之书，岂可信用？"卓曰："关中肥饶，故秦得并吞六国。且陇右材木自出，杜陵有武帝陶灶，并功营之，可使一朝而办。百姓何足与议！若有前却，我以大兵驱之，可令诣沧海。"彪曰："天下动之至易，安之甚难，惟明公虑焉。"卓作色曰："公欲沮国计邪？"太尉黄琬曰："此国之大事，杨公之言得无可思？"卓不答。司空荀爽见卓意壮，恐害彪等，因从容言曰："相国岂乐此邪？山东兵起，非一日可禁，故当迁以图之，此秦、汉之势也。"卓意小解。琬退，又为驳议。二月，乙亥，卓以灾异奏免琬、彪等，以光禄勋赵谦为太尉，太仆王允为司徒。城门校尉伍琼、督军校尉周珌固谏迁都，卓大怒曰："卓初入朝，二君劝用善士，故卓相从。而诸君到官，举兵相图，此二君卖卓，卓何用相负！"庚辰，收琼、珌，斩之。杨彪、黄琬恐惧，诣卓谢，卓亦悔杀琼、珌，乃复表彪、琬为光禄大夫。

卓征京兆尹盖勋为议郎，时左将军皇甫嵩将兵三万屯扶风，勋密与嵩谋讨卓。会卓亦征嵩为城门校尉,嵩长史梁衍说嵩曰:"董卓寇掠京邑,废立从意,今征将军,大则危祸,小则困辱。今及卓在雒阳,天子来西,以将军之众,迎接至尊,奉令讨逆,征兵群帅,袁氏逼其东,将军迫其西,此成禽也。"嵩不从,遂就征。勋以众弱不能独立,亦还京师。卓以勋为越骑校尉。河南尹朱儁为卓陈军事,卓折儁曰:"我百战百胜,决之于心,卿勿妄说,且污我刀。"盖勋曰:"昔武丁之明,犹求箴谏,况如卿者,而欲杜人之口乎?"卓乃谢之。

卓遣军至阳城,值民会于社下,悉就斩之,驾其车重,载其妇女,以头系车辕,歌呼还雒,云攻贼大获。卓焚烧其头,以妇女与甲兵为婢妾。

丁亥,车驾西迁,董卓收诸富室,以罪恶诛之,没入其财物,死者不可胜计。悉驱徙其余民数百万口于长安。步骑驱蹙,更相蹈藉,饥饿寇掠,积尸盈路。卓自留屯毕圭苑中,悉烧宫庙、官府、居家,二百里内室屋荡尽,无复鸡犬。又使吕布发诸帝陵及公卿以下冢墓,收其珍宝。卓获山东兵,以猪膏涂布十余匹,用缠其身,然后烧之,先从足起。

三月,乙巳,车驾入长安,居京兆府舍,后乃稍葺宫室而居之。时董卓未至,朝政大小皆委之王允。允外相弥缝,内谋王室,甚有大臣之度,自天子及朝中皆倚允。允屈意承卓,卓亦雅信焉。

董卓以袁绍之故,戊午,杀太傅袁隗、太仆袁基,及其家尺口以上五十余人。

初,荆州刺史王叡,与长沙太守孙坚共击零、桂贼,以坚武官,言颇轻之。及州郡举兵讨董卓,叡与坚亦皆起兵。叡素与武陵太守曹寅不相能,扬言当先杀寅。寅惧,诈作按行使者檄移坚,说叡罪过,令收,行刑讫,以状上。坚承檄,即勒兵袭叡。叡闻兵至,登楼望之,遣问:"欲何为?"坚前部答曰:"兵久战劳苦,欲诣使君求资直耳。"叡见坚惊曰:"兵自求赏,孙府君何以在其中?"坚曰:"被使者檄诛君。"叡曰:"我何罪?"坚曰:"坐无所知。"叡穷迫,刮金饮之而死。坚前至南阳,众已数万人。南阳太守张咨不肯给军粮,坚诱而斩之,郡中震栗,无求不获。前到鲁阳,与袁术合兵。术由是得据南阳,表坚行破虏将军,领豫州刺史。

诏以北军中候刘表为荆州刺史。时寇贼纵横,道路梗塞,表单马入宜城,请南郡名士蒯良、蒯越,与之谋曰:"今江南宗贼甚盛,各拥众不附,若袁术因之,祸必至矣。吾欲征兵,恐不能集,其策焉出?"蒯良曰:"众不附者,仁不足也;附而不治者,义不足也。苟仁义之道行,百姓归之如水之趣下,何患征兵之不集乎?"蒯越曰:"袁术骄而无谋,宗贼帅多贪暴,为下所患,若使人示之以利,必以众来。使君诛其无道,抚而用之,一州之人有乐存之心,闻君威德,必襁负而至矣。兵集众附,南据江陵,北守襄阳,荆州八郡可传檄而定。公路虽至,无能为也。"表曰:"善。"乃使越诱宗贼帅,至者五十五人,皆斩之而取其众。遂徙治襄阳,镇抚郡县,江南悉平。

董卓在雒阳,袁绍等诸军皆畏其强,莫敢先进。曹操曰:"举义兵以诛暴乱,大众已合,诸君何疑!向使董卓倚王室,据旧京,东向以临天下,虽以无道行之,犹足为患。今焚烧宫室,劫迁天子,海内震动,不知所归,此天亡之时也,一战而天下定矣。"遂引兵西,将据成皋。张邈遣卫兹分兵随之。进至荥阳汴水,遇卓将玄菟徐荣,与战,操兵败,为流矢所中,所乘马被创。从弟洪以马与操,操不受。洪曰:"天下可无洪,不可无君。"遂步从操,夜遁去。荣见操所将兵少,力战尽日,谓酸枣未易攻也,亦引兵还。操到酸枣,诸军十余万,日置酒高会,不图进取。操责让之,因为谋曰:"诸君听吾计,使渤海引河内之众临孟津,酸枣诸将守成皋,据敖仓,塞镮辕、太谷,全制其险,使袁将军率南阳之军军丹、析,入武关,以震三辅,皆高垒深壁,勿与战,益为疑兵,示天下形势,以顺诛逆,可立定也。今兵以义动,持疑不进,失天下望,窃为诸君耻之!"邈等不能用。操乃与司马沛国夏侯惇等诣扬州募兵,得千余人,还屯河内。

顷之,酸枣诸军食尽,众散。刘岱与桥瑁相恶,岱杀瑁,以王肱领东郡太守。青州刺史焦和亦起兵讨董卓,务及诸将西行,不为民人保障,兵始济河,黄巾已入其境。青州素殷实,甲兵甚盛,和每望寇奔北,未尝接风尘、交旗鼓也。性好卜筮,信鬼神。入见其人,清谈干云,出观其政,赏罚涊乱,州遂萧条,悉为丘墟。顷之,和病卒,袁绍使广陵臧洪领青州以抚之。

夏,四月,以幽州牧刘虞为太傅,道路壅塞,信命竟不得通。先是,幽部应接荒外,资费甚广,岁常割青、冀赋调二亿有余以足之。时处处断绝,委输不至,而虞敝衣绳屦,食无兼肉,务存宽政,劝督农桑,开上谷胡市之利,通渔阳盐铁之饶,民悦年登,谷石三十。青、徐士庶避难归虞者百余万口,虞皆收视温恤,为安立生业,流民皆忘其迁徙焉。

五月,司空荀爽薨。

六月,辛丑,以光禄大夫种拂为司空。拂,邵之父也。

董卓遣大鸿胪韩融、少府阴脩、执金吾胡母班、将作大匠吴脩、越骑校尉王瑰安集关东,解譬袁绍等。胡母班、吴脩、王瑰至河内,袁绍使王匡悉收系杀之。袁术亦杀阴脩,惟韩融以名德免。

董卓坏五铢钱,更铸小钱,悉取雒阳及长安铜人、钟虡、飞廉、铜马之属以铸之,由是货贱物贵,谷石至数万钱。

冬,孙坚与官属会饮于鲁阳城东,董卓步骑数万猝至,坚方行酒谈笑,整顿部曲,无得妄动。后骑渐益,坚徐罢坐,导引入城,乃曰:"向坚所以不即起走,恐兵相蹈藉,诸君不得入耳。"卓兵见其整,不敢攻而还。

王匡屯河阳津，董卓袭击，大破之。

左中郎将蔡邕议："孝和以下庙号称宗者，皆宜省去，以遵先典。"从之。

中郎将徐荣荐同郡故冀州刺史公孙度于董卓，卓以为辽东太守。度到官，以法诛灭郡中名豪大姓百余家，郡中震栗。乃东伐高句骊，西击乌桓。语所亲吏柳毅、阳仪等曰："汉祚将绝，当与诸卿图王耳。"于是分辽东为辽西、中辽郡，各置太守。越海收东莱诸县，置营州刺史。自立为辽东侯、平州牧，立汉二祖庙，承制，郊祀天地，藉田，乘鸾路，设旄头、羽骑。

资治通鉴卷第六十

翰林学士兼侍读学士朝散大夫右谏议大夫知制诰判尚书都省兼提举万寿观公事上护军河内郡开国侯食邑一千三百户赐紫金鱼袋臣　司马光　奉敕编集

汉纪五十二 起重光协洽(辛未)，尽昭阳作噩(癸酉)，凡三年。

孝献皇帝乙

初平二年(辛未、191)

春，正月，辛丑，赦天下。

关东诸将议：以朝廷幼冲，逼于董卓，远隔关塞，不知存否，幽州牧刘虞，宗室贤俊，欲共立为主。曹操曰："吾等所以举兵而远近莫不响应者，以义动故也。今幼主微弱，制于奸臣，非有昌邑亡国之衅，而一旦改易，天下其孰安之！诸君北面，我自西向。"韩馥、袁绍以书与袁术曰："帝非孝灵子，欲依绛、灌诛废少主、迎立代王故事，奉大司马虞为帝。"术阴有不臣之心，不利国家有长君，乃外托公义以拒之。绍复与术书曰："今西名有幼君，无血脉之属，公卿以下皆媚事卓，安可复信！但当使兵往屯关要，皆自蹙死。东立圣君，太平可冀，如何有疑？又室家见戮，不念子胥，可复北面乎？"术答曰："圣主聪睿，有周成之质。贼卓因危乱之际，威服百寮，此乃汉家小厄之会，乃云今主'无血脉之属'，岂不诬乎！又曰'室家见戮，可复北面'，此卓所为，岂国家哉？偻偻赤心，志在灭卓，不识其他。"馥、绍竟遣故乐浪太守张岐等赍议上虞尊号。虞见岐等，厉色叱之曰："今天下崩乱，主上蒙尘，吾被重恩，未能清雪国耻。诸君各据州郡，宜共戮力，尽心王室，而反造逆谋，以相垢污邪！"固拒之。馥等又请虞领尚书事，承制封拜，复不听，欲奔匈奴以自绝，绍等乃止。

二月，丁丑，以董卓为太师，位在诸侯王上。

孙坚移屯梁东，为卓将徐荣所败，复收散卒进屯阳人。卓遣东郡太守胡轸督步骑五千击之，以吕布为骑督。轸与布不相得，坚出击，大破之，枭其都督华雄。

或谓袁术曰："坚若得雒，不可复制，此为除狼而得虎也。"术疑之，不运军粮。坚夜驰见术，画地计校曰："所以出身不顾者，上为国家讨贼，下慰将军家门之私仇。坚与卓非有骨肉之怨也，而将军受浸润之言，还相嫌疑，何也？"术踧踖，即调发军粮。

坚还屯，卓遣将军李傕说坚，欲与和亲，令坚疏子弟任刺史、郡守者，许表用之。坚曰:"卓逆天无道,今不夷汝三族,县示四海,则吾死不瞑目,岂将与乃和亲邪?"复进军大谷,距雒九十里。卓自出,与坚战于诸陵间,卓败走,却屯渑池,聚兵于陕。坚进至雒阳,击吕布,复破走。坚乃扫除宗庙,祠以太牢,得传国玺于城南甄官井中,分兵出新安、渑池间以邀卓。

卓谓长史刘艾曰:"关东军败数矣,皆畏孤,无能为也。惟孙坚小戆,颇能用人,当语诸将,使知忌之。孤昔与周慎西征边、韩于金城,孤语张温,求引所将兵为慎作后驻,温不听。温又使孤讨先零叛羌,孤知其不克而不得止,遂行,留别部司马刘靖将步骑四千屯安定以为声势。叛羌欲截归道,孤小击辄开,畏安定有兵故也。虏谓安定当数万人,不知但靖也。而孙坚随周慎行,谓慎求先将万兵造金城,使慎以二万作后驻。边、韩畏慎大兵,不敢轻与坚战,而坚兵足以断其运道。儿曹用其言,凉州或能定也。温既不能用孤,慎又不能用坚,卒用败走。坚以佐军司马,所见略与人同,固自为可;但无故从诸袁儿,终亦死耳。"乃使东中郎将董越屯渑池,中郎将段煨屯华阴,中郎将牛辅屯安邑,其余诸将布在诸县,以御山东。辅,卓之婿也。卓引还长安。孙坚修塞诸陵,引军还鲁阳。

夏,四月,董卓至长安,公卿皆迎拜车下。卓抵手谓御史中丞皇甫嵩曰:"义真,怖未乎?"嵩曰:"明公以德辅朝廷,大庆方至,何怖之有!若淫刑以逞,将天下皆惧,岂独嵩乎!"卓党欲尊卓比太公,称尚父。卓以问蔡邕,邕曰:"明公威德,诚为巍巍,然比之太公,愚意以为未可。宜须关东平定,车驾还反旧京,然后议之。"卓乃止。

卓使司隶校尉刘器籍吏民有为子不孝、为臣不忠、为吏不清、为弟不顺者,皆身诛,财物没官。于是更相诬引,冤死者以千数。百姓嚣嚣,道路以目。

六月,丙戌,地震。

秋,七月,司空种拂免,以光禄大夫济南淳于嘉为司空。太尉赵谦罢,以太常马日磾为太尉。

初,何进遣云中张杨还并州募兵,会进败,杨留上党,有众数千人。袁绍在河内,杨往归之,与南单于扶罗屯漳水。韩馥以豪杰多归心袁绍,忌之,阴贬节其军粮,欲使其众离散。会馥将麹义叛,馥与战而败,绍因与义相结。

绍客逢纪谓绍曰:"将军举大事而仰人资给,不据一州,无以自全。"绍曰:"冀州兵强,吾士饥乏,设不能办,无所容立。"纪曰:"韩馥庸才,可密要公孙瓒使取冀州,馥必骇惧,因遣辩士为陈祸福,馥迫于仓卒,必肯逊让。"绍然之,即以书与瓒。瓒遂引兵而至,外托讨董卓而阴谋袭馥,馥与战不利。会董卓入关,绍还军延津,使外甥陈留高幹及馥所亲颍川辛评、荀谌、郭图等说馥曰:"公孙瓒将燕、代之卒乘胜来南,而诸郡应之,其锋不可当。袁车骑引军东向,其意未可量也。窃为将军危之。"馥惧,曰:"然则为之奈何?"谌曰:"君自料宽仁容众为天下所附,孰与袁氏?"馥曰:"不如也。""临危吐决,智勇过人,又孰与袁氏?"馥曰:"不如也。""世布恩德,天下家受其惠,又孰与袁氏?"馥曰:"不如也。"谌曰:"袁氏一时之杰,将军资三不如之势,久处其上,彼必不为将军下也。夫冀州,天下之重资也,彼若与公孙瓒并力取之,危亡可立而待也。夫袁氏,将军之旧,且为同盟,当今之计,若举冀州以让袁氏,彼必厚德将军,瓒亦不能与之争矣。是将军有让贤之名,而身安于泰山也。"馥性恇怯,因然其计。馥长史耿武、别驾闵纯、治中李历闻而谏曰:"冀州带甲百万,谷支十年。袁绍孤客穷军,仰我鼻息,譬如婴儿在股掌之上,绝其哺乳,立可饿杀。奈何欲以州与之?"馥曰:"吾袁氏故吏,且才不如本初。度德而让,古人所贵,诸君独何病焉?"

先是,馥从事赵浮、程涣将强弩万张屯孟津,闻之,率兵驰还。时绍在朝歌清水,浮等从后来,船数百艘,众万余人,整兵鼓,夜过绍营,绍甚恶之。浮等到,谓馥曰:"袁本初军无斗粮,各已离散,虽有张杨、於扶罗新附,未肯为用,不足敌也。小从事等请自以见兵拒之,旬日之间,必土崩瓦解。明将军但当开阁高枕,何忧何惧?"馥又不听,乃避位,出居中常侍赵忠故舍,遣子送印绶以让绍。绍将至,从事十人争弃馥去,独耿武、闵纯杖刀拒之,不能禁,乃止,绍皆杀之。

绍遂领冀州牧,承制以馥为奋威将军,而无所将御,亦无官属。绍以广平沮授为奋武将军,使监护诸将,宠遇甚厚。魏郡审配、钜鹿田丰并以正直不得志于韩馥,绍以丰为别驾,配为治中,及南阳许攸、逄纪、颍川荀谌皆为谋主。

绍以河内朱汉为都官从事。汉先为韩馥所不礼,且欲徼迎绍意,擅发兵围守馥第,拔刃登屋,馥走上楼,收得馥大儿,槌折两脚。绍立收汉,杀之。馥犹忧怖,从绍索去,往依张邈。后绍遣使诣邈,有所计议,与邈耳语。馥在坐上,谓为见图,无何,起至溷,以书刀自杀。

鲍信谓曹操曰:"袁绍为盟主,因权专利,将生自乱,是复有一卓也。若抑之,则力不能制,只以遘难。且可规大河之南以待其变。"操善之。会黑山、于毒、白绕、眭固等十余万众略东郡,王肱不能御。曹操引兵入东郡,击白绕于濮阳,破之。袁绍因表操为东郡太守,治东武阳。

南单于劫张杨以叛袁绍,屯于黎阳。董卓以杨为建义将军、河内太守。

太史望气,言当有大臣戮死者。董卓使人诬卫尉张温与袁术交通,冬,十月,壬戌,笞杀温于市以应之。

青州黄巾寇勃海,众三十万,欲与黑山合。公孙瓒率步骑二万人逆击于东光南,大破之,斩首三万余级。贼弃其辎重,奔走度河。瓒因其半济薄之,贼复大破,死者数万,流血丹水,收得生口七万余人,车甲财物不可胜算,威名大震。

　　刘虞子和为侍中，帝思东归，使和伪逃董卓，潜出武关诣虞，令将兵来迎。和至南阳，袁术利虞为援，留和不遣，许兵至俱西，令和为书与虞。虞得书，遣数千骑诣和。公孙瓒知术有异志，止之，虞不听。瓒恐术闻而怨之，亦遣其从弟越将千骑诣术，而阴教术执和，夺其兵，由是虞、瓒有隙。和逃术来北，复为袁绍所留。

　　是时关东州、郡务相兼并以自强大，袁绍、袁术亦自相离贰。术遣孙坚击董卓未返，绍以会稽周昂为豫州刺史，袭夺坚阳城。坚叹曰：“同举义兵，将救社稷，逆贼垂破而各若此，吾当谁与戮力乎！”引兵击昂，走之。袁术遣公孙越助坚攻昂，越为流矢所中死。公孙瓒怒曰：“余弟死，祸起于绍。”遂出军屯磐河，上疏数绍罪恶，进兵攻绍。冀州诸城多畔绍从瓒。绍惧，以所佩勃海太守印绶授瓒从弟范，遣之郡，而范遂背绍，领勃海兵以助瓒。瓒乃自署其将帅严纲为冀州刺史，田楷为青州刺史，单经为兖州刺史。又悉改置郡、县守、令。

　　初，涿郡刘备，中山靖王之后也。少孤贫，与母以贩履为业。长七尺五寸，垂手下膝，顾自见其耳。有大志，少语言，喜怒不形于色。尝与公孙瓒同师事卢植，由是往依瓒。瓒使备与田楷徇青州有功，因以为平原相。备少与河东关羽、涿郡张飞相友善，以羽、飞为别部司马，分统部曲。备与二人寝则同床，恩若兄弟，而稠人广坐，侍立终日，随备周旋，不避艰险。常山赵云为本郡将吏兵诣公孙瓒，瓒曰：“闻贵州人皆愿袁氏，君何独迷而能反乎？”雲曰：“天下汹汹，未知孰是，民有倒县之厄，鄙州论议，从仁政所在，不为忽袁公，私明将军也。”刘备见而奇之，深加接纳，雲遂从备至平原，为备主骑兵。

　　初，袁术之得南阳，户口数百万，而术奢淫肆欲，征敛无度，百姓苦之，稍稍离散。既与袁绍有隙，各立党援以相图谋。术结公孙瓒而绍连刘表，豪桀多附于绍。术怒曰：“群竖不吾从，而从吾家奴乎！”又与公孙瓒书曰：“绍非袁氏子。”绍闻大怒。

　　术使孙坚击刘表，表遣其将黄祖逆战于樊、邓之间，坚击破之，遂围襄阳。表夜遣黄祖潜出发兵，祖将兵欲还，坚逆与战，祖败走，窜岘山中。坚乘胜夜追祖，祖部兵从竹木间暗射坚，杀之。坚所举孝廉长沙桓阶诣表请坚丧，表义而许之。坚兄子贲率其士众就袁术，术复表贲为豫州刺史。术由是不能胜表。

　　初，董卓入关，留朱儁守雒阳，而儁潜与山东诸将通谋，惧为卓所袭，出奔荆州。卓以弘农杨懿为河南尹，儁复引兵还雒，击懿，走之。儁以河南残破无所资，乃东屯中牟，移书州郡，请师讨卓。徐州刺史陶谦上儁行车骑将军，遣精兵三千助之，余州郡亦有所给。谦，丹阳人。朝廷以黄巾寇乱徐州，用谦为刺史。谦至，击黄巾，大破走之，州境晏然。

　　刘焉在益州阴图异计。沛人张鲁，自祖父陵以来世为五斗米道，客居于蜀。

鲁母以鬼道常往来焉家,焉乃以鲁为督义司马,以张脩为别部司马,与合兵掩杀汉中太守苏固,断绝斜谷阁,杀害汉使。焉上书言:"米贼断道,不得复通。"又托他事杀州中豪强王咸、李权等十余人,以立威刑。犍为太守任岐及校尉贾龙由此起兵攻焉,焉击杀岐、龙。焉意渐盛,作乘舆车具千余乘,刘表上"焉有似子夏在西河疑圣人"之论。时焉子范为左中郎将,诞为治书御史,璋为奉车都尉,皆从帝在长安,惟小子别部司马瑁素随焉。帝使璋晓喻焉,焉留璋不遣。

公孙度威行海外,中国人士避乱者多归之,北海管宁、邴原、王烈皆往依焉。宁少时与华歆为友,尝与歆共锄菜,见地有金,宁挥锄不顾,与瓦石无异,歆捉而掷之,人以是知其优劣。邴原远行游学,八九年而归,师友以原不饮酒,会米肉送之。原曰:"本能饮酒,但以荒思废业,故断之耳。今当远别,可一饮燕。"于是共坐饮酒,终日不醉。宁、原俱以操尚称,度虚馆以候之。宁既见度,乃庐于山谷。时避难者多居郡南,而宁独居北,示无还志,后渐来从之,旬月而成邑。宁每见度,语唯经典,不及世事。还山,专讲《诗》《书》,习俎豆,非学者无见也。由是度安其贤,民化其德。邴原性刚直,清议以格物,度已下心不安之。宁谓原曰:"潜龙以不见成德。言非其时,皆招祸之道也。"密遣原逃归,度闻之,亦不复追也。王烈器业过人,少时名闻在原、宁之右。善于教诱,乡里有盗牛者,主得之,盗请罪,曰:"刑戮是甘,乞不使王彦方知也。"烈闻而使人谢之,遗布一端。或问其故,烈曰:"盗惧吾闻其过,是有耻恶之心。既知耻恶,则善心将生,故与布以劝为善也。"后有老父遗剑于路,行道一人见而守之,至暮,老父还,寻得剑,怪之,以事告烈,烈使推求,乃先盗牛者也。诸有争讼曲直将质之于烈,或至涂而反,或望庐而还,皆相推以直,不敢使烈闻之。度欲以为长史,烈辞之,为商贾以自秽,乃免。

三年(壬申、192)

春,正月,丁丑,赦天下。

董卓遣牛辅将兵屯陕,辅分遣校尉北地李傕、张掖郭汜、武威张济将步骑数万击破朱儁于中牟,因掠陈留、颍川诸县,所过杀掳无遗。

初,荀淑有孙曰彧,少有才名,何颙见而异之,曰:"王佐才也。"及天下乱,彧谓父老曰:"颍川四战之地,宜亟避之。"乡人多怀土不能去,彧独率宗族去依韩馥。会袁绍已夺馥位,待彧以上宾之礼。彧度绍终不能定大业,闻曹操有雄略,乃去绍从操。操与语,大悦,曰:"吾子房也。"以为奋武司马。其乡人留者,多为傕、汜等所杀。

袁绍自出拒公孙瓒,与瓒战于界桥南二十里。瓒兵三万,其锋甚锐。绍令麹义领精兵八百先登,强弩千张夹承之。瓒轻其兵少,纵骑腾之。义兵伏楯下不动,未至十数步,一时同发,谨呼动地,瓒军大败。斩其所置冀州刺史严纲,获甲首千余级。追至界桥，瓒敛兵还战，义复破之，遂到瓒营，拔其牙门，余众皆走。

初，兖州刺史刘岱与绍、瓒连和，绍令妻子居岱所，瓒亦遣从事范方将骑助岱。及瓒击破绍军，语岱令遣绍妻子，别敕范方："若岱不遣绍家，将骑还。吾定绍，将加兵于岱。"岱与官属议，连日不决，闻东郡程昱有智谋，召而问之。昱曰："若弃绍近援而求瓒远助，此假人于越以救溺子之说也。夫公孙瓒非袁绍之敌也，今虽坏绍军，然终为绍所禽。"岱从之。范方将其骑归，未至而瓒败。

曹操军顿丘，于毒等攻东武阳。操引兵西入山，攻毒等本屯。诸将皆请救武阳。操曰："使贼闻我西而还，武阳自解也，不还，我能败其本屯；虏不能拔武阳必矣。"遂行。毒闻之，弃武阳还。操遂击眭固及匈奴於扶罗于内黄，皆大破之。

董卓以其弟旻为左将军，兄子璜为中军校尉，皆典兵事。宗族内外，并列朝廷。卓侍妾怀抱中子皆封侯，弄以金紫。卓车服僭拟天子，召呼三台，尚书以下皆自诣卓府启事。又筑坞于郿，高厚皆七丈，积谷为三十年储。自云："事成，雄据天下；不成，守此足以毕老。"

卓忍于诛杀，诸将言语有蹉跌者，便戮于前，人不聊生。司徒王允与司隶校尉黄琬、仆射士孙瑞、尚书杨瓒密谋诛卓。中郎将吕布，便弓马，膂力过人，卓自以遇人无礼，行止常以布自卫，甚爱信之，誓为父子。然卓性刚褊，尝小失卓意，卓拔手戟掷布，布拳捷避之，而改容顾谢，卓意亦解。布由是阴怨于卓。卓又使布守中閤，而私于傅婢，益不自安。王允素善待布，布见允，自陈卓几见杀之状，允因以诛卓之谋告布，使为内应。布曰："如父子何？"曰："君自姓吕，本非骨肉。今忧死不暇，何谓父子？掷戟之时，岂有父子情邪？"布遂许之。

夏，四月，丁巳，帝有疾新愈，大会未央殿。卓朝服乘车而入，陈兵夹道，自营至宫，左步右骑，屯卫周匝，令吕布等扞卫前后。王允使士孙瑞自书诏以授布，布令同郡骑都尉李肃与勇士秦谊、陈卫等十余人伪著卫士服，守北掖门内以待卓。卓入门，肃以戟刺之，卓衷甲不入，伤臂堕车，顾大呼曰："吕布何在？"布曰："有诏讨贼臣。"卓大骂曰："庸狗，敢如是邪！"布应声持矛刺卓，趣兵斩之。主簿田仪及卓仓头前赴其尸，布又杀之，凡所杀三人。布即出怀中诏版以令吏士曰："诏讨卓耳，余皆不问。"吏士皆正立不动，大称万岁。百姓歌舞于道，长安中士女卖其珠玉衣装市酒肉相庆者，填满街肆。弟旻、璜等及宗族老弱在郿，皆为其群下所研射死。暴卓尸于市。天时始热，卓素充肥，脂流于地。守尸吏为大炷，置卓脐中然之，光明达曙，如是积日。诸袁门生聚董氏之尸，焚灰扬之于路。坞中有金二三万斤，银八九万斤，锦绮奇玩积如丘山。以王允录尚书事，吕布为奋威将军、假节，仪比三司，封温侯，共秉朝政。

卓之死也，左中郎将高阳侯蔡邕在王允坐，闻之惊叹。允勃然叱之曰："董卓国之大贼,几亡汉室。君为王臣,所宜同疾,而怀其私遇,反相伤痛,岂不共为逆哉?"即收付廷尉。邕谢曰:"身虽不忠,古今大义,耳所厌闻,口所常玩,岂当背国而向卓也? 愿黥首刖足,继成汉史。"士大夫多矜救之,不能得。太尉马日磾谓允曰:"伯喈旷世逸才,多识汉事,当续成后史,为一代大典。而所坐至微,诛之无乃失人望乎?"允曰:"昔武帝不杀司马迁,使作谤书,流于后世。方今国祚中衰,戎马在郊,不可令佞臣执笔在幼主左右。既无益圣德,复使吾党蒙其讪议。"日磾退而告人曰:"王公其无后乎! 善人,国之纪也;制作,国之典也;灭纪废典,其能久乎!"邕遂死狱中。

初,黄门侍郎荀攸与尚书郑泰、侍中种辑等谋曰:"董卓骄忍无亲,虽资强兵,实一匹夫耳,可直刺杀也。"事垂就而觉,收攸系狱,泰逃奔袁术。攸言语饮食自若,会卓死,得免。

青州黄巾寇兖州,刘岱欲击之,济北相鲍信谏曰:"今贼众百万,百姓皆震恐,士卒无斗志,不可敌也。然贼军无辎重,唯以钞略为资。今不若畜士众之力,先为固守。彼欲战不得,攻又不能,其势必离散。然后选精锐,据要害,击之可破也。"岱不从,遂与战,果为所杀。

曹操部将东郡陈宫谓操曰:"州今无主,而王命断绝,宫请说州中纲纪,明府寻往牧之,资之以收天下,此霸王之业也。"宫因往说别驾、治中曰:"今天下分裂而州无主,曹东郡,命世之才也,若迎以牧州,必宁生民。"鲍信等亦以为然,乃与州吏万潜等至东郡,迎操领兖州刺史。操遂进兵击黄巾于寿张东,不利。贼众精悍,操兵寡弱,操抚循激励,明设赏罚,承间设奇,昼夜会战,战辄禽获,贼遂退走。鲍信战死,操购求其丧不得,乃刻木如信状,祭而哭焉。诏以京兆金尚为兖州刺史,将之部,操击之,尚奔袁术。

五月,以征西将军皇甫嵩为车骑将军。

初,吕布劝王允尽杀董卓部曲,允曰:"此辈无罪,不可。"布欲以卓财物班赐公卿、将校,允又不从。允素以剑客遇布,布负其功劳,多自夸伐,既失意望,渐不相平。允性刚稜疾恶,初惧董卓,故折节下之。卓既歼灭,自谓无复患难,颇自骄傲,以是群下不甚附之。

允始与士孙瑞议,特下诏赦卓部曲,既而疑曰:"部曲从其主耳。今若名之恶逆而赦之,恐适使深自疑,非所以安之也。"乃止。又议悉罢其军,或说允曰:"凉州人素惮袁氏而畏关东,今若一旦解兵开关,必人人自危。可以皇甫义真为将军,就领其众,因使留陕以安抚之。"允曰:"不然。关东举义兵者,皆吾徒也。今若距险屯陕,虽安凉州,而疑关东之心,不可也。"

时百姓讹言当悉诛凉州人,卓故将校遂转相恐动,皆拥兵自守,更相谓曰:

"蔡伯喈但以董公亲厚尚从坐,今既不赦我曹而欲使解兵,今日解兵,明日当复为鱼肉矣。"吕布使李肃至陕,以诏命诛牛辅,辅等逆与肃战,肃败,走弘农,布诛杀之。辅恇怯失守,会营中无故自惊,辅欲走,为左右所杀。李傕等还,辅已死,傕等无所依,遣使诣长安求赦。王允曰:"一岁不可再赦。"不许。傕等益惧,不知所为,欲各解散,间行归乡里。讨虏校尉武威贾诩曰:"诸君若弃军单行,则一亭长能束君矣。不如相率而西,以攻长安,为董公报仇。事济,奉国家以正天下,若其不合,走未后也。"傕等然之,乃相与结盟,率军数千,晨夜西行。王允以胡文才、杨整脩皆凉州大人,召使东,解释之,不假借以温颜,谓曰:"关东鼠子,欲何为邪?卿往呼之。"于是二人往,实召兵而还。

傕随道收兵,比至长安,已十余万,与卓故部曲樊稠、李蒙等合围长安城,城峻不可攻,守之八日。吕布军有叟兵内反,六月,戊午,引傕众入城,放兵虏掠。布与战城中,不胜,将数百骑以卓头系马鞍出走,驻马青琐门外,招王允同去。允曰:"若蒙社稷之灵,上安国家,吾之愿也。如其不获,则奉身以死之。朝廷幼少,恃我而已,临难苟免,吾不忍也。努力谢关东诸公,勤以国家为念。"太常种拂曰:"为国大臣,不能禁暴御侮,使白刃向宫,去将安之!"遂战而死。

傕、汜屯南宫掖门,杀太仆鲁馗、大鸿胪周奂、城门校尉崔烈、越骑校尉王颀。吏民死者万余人,狼藉满道。王允扶帝上宣平门避兵,傕等于城门下伏地叩头,帝谓傕等曰:"卿等放兵纵横,欲何为乎?"傕等曰:"董卓忠于陛下,而无故为吕布所杀,臣等为卓报仇,非敢为逆也。请事毕诣廷尉受罪。"傕等围门楼,共表请司徒王允出,问:"太师何罪?"允穷蹙,乃下见之。己未,赦天下,以李傕为扬武将军,郭汜为扬烈将军,樊稠等皆为中郎〔将〕。傕等收司隶校尉黄琬,下狱,杀之。

初,王允以同郡宋翼为左冯翊,王宏为右扶风,傕等欲杀允,恐二郡为患,乃先征翼、宏。宏遣使谓翼曰:"郭汜、李傕以我二人在外,故未危王公。今日就征,明日俱族,计将安出?"翼曰:"虽祸福难量,然王命所不得避也。"宏曰:"关东义兵鼎沸,欲诛董卓,今卓已死,其党与易制耳。若举兵共讨傕等,与山东相应,此转祸为(祸)〔福〕之计也。"翼不从,宏不能独立,遂俱就征。甲子,傕收允及翼、宏,并杀之。允妻子皆死。宏临命诟曰:"宋翼竖儒,不足议大计。"傕尸王允于市,莫敢收者,故吏平陵令京兆赵戬弃官收而葬之。始,允自专讨卓之劳,士孙瑞归功不侯,故得免于难。

臣光曰:《易》称"劳谦君子有终吉",士孙瑞有功不伐,以保其身,可不谓之智乎!

傕等以贾诩为左冯翊,欲侯之,诩曰:"此救命之计,何功之有!"固辞不受。又以为尚书仆射,诩曰:"尚书仆射,官之师长,天下所望,诩名不素重,非所以服人也。"乃以为尚书。

吕布自武关奔南阳,袁术待之甚厚。布自恃有功于袁氏,恣兵钞掠。术患之,布不自安,去从张杨于河内。李傕等购求布急,布又逃归袁绍。

丙子,以前将军赵谦为司徒。

秋,七月,庚子,以太尉马日磾为太傅,录尚书事。八月,以车骑将军皇甫嵩为太尉。

诏太傅马日磾、太仆赵岐杖节镇抚关东。

九月,以李傕为车骑将军、领司隶校尉、假节。郭汜为后将军,樊稠为右将军,张济为骠骑将军,皆封侯。傕、汜、稠管朝政,济出屯弘农。

司徒赵谦罢。

甲申,以司空淳于嘉为司徒,光禄大夫杨彪为司空,录尚书事。

初,董卓入关,说韩遂、马腾与共图山东,遂、腾率众诣长安。会卓死,李傕等以遂为镇西将军,遣还金城,腾为征西将军,遣屯郿。

冬,十月,荆州刺史刘表遣使贡献。以表为镇南将军、荆州牧,封成武侯。

十二月,太尉皇甫嵩免,以光禄大夫周忠为太尉,参录尚书事。

曹操追黄巾至济北,悉降之,得戎卒三十余万,男女百余万口,收其精锐者,号青州兵。

操辟陈留毛玠为治中从事,玠言于操曰:"今天下分崩,乘舆播荡,生民废业,饥馑流亡,公家无经岁之储,百姓无安固之志,难以持久。夫兵义者胜,守位以财,宜奉天子以令不臣,修耕植以畜军资,如此则霸王之业可成也。"操纳其言,遣使诣河内太守张杨,欲假涂西至长安,杨不听。

定陶董昭说杨曰:"袁、曹虽为一家,势不久群。曹今虽弱,然实天下之英雄也,当故结之。况今有缘,宜通其上事,并表荐之,若事有成,永为深分。"杨于是通操上事,仍表荐操。昭为操作书与李傕、郭汜等,各随轻重致殷勤。

傕、汜见操使,以为关东欲自立天子,今曹操虽有使命,非其诚实,议留操使。黄门侍郎钟繇说傕、汜曰:"方今英雄并起,各矫命专制,唯曹兖州乃心王室,而逆其忠款,非所以副将来之望也。"傕、汜乃厚加报答。繇,皓之曾孙也。

徐州刺史陶谦与诸守相共奏记,推朱儁为太师,因移檄牧伯,欲以同讨李傕等,奉迎天子。会李傕用太尉周忠、尚书贾诩策,征儁入朝,儁乃辞谦议而就征,复为太仆。

公孙瓒复遣兵击袁绍,至龙凑,绍击破之。瓒遂还幽州,不敢复出。

扬州刺史汝南陈温卒,袁绍使袁遗领扬州。袁术击破之,遗走至沛,为兵所杀。术以下邳陈瑀为扬州刺史。

四年(癸酉、193)

春,正月,甲寅朔,日有食之。

丁卯,赦天下。

曹操军鄄城。袁术为刘表所逼,引军屯封丘,黑山别部及匈奴於扶罗皆附之。曹操击破术军,遂围封丘。术走襄邑,又走宁陵。操追击,连破之。术走九江,扬州刺史陈瑀拒术不纳。术退保阴陵,集兵于淮北,复进向寿春。瑀惧,走归下邳,术遂领其州,兼称徐州伯。李傕欲结术为援,以术为左将军,封阳翟侯,假节。

袁绍与公孙瓒所置青州刺史田楷连战二年,士卒疲困,粮食并尽,互掠百姓,野无青草。绍以其子谭为青州刺史,楷与战,不胜。会赵岐来和解关东,瓒乃与绍和亲,各引兵去。

三月,袁绍在薄落津。魏郡兵反,与黑山贼于毒等数万人共覆邺城,杀其太守。绍还屯斥丘。

夏,曹操还军定陶。

徐州治中东海王朗及别驾琅邪赵昱说刺史陶谦曰:"求诸侯莫如勤王,今天子越在西京,宜遣使奉贡。"谦乃遣昱奉章至长安。诏拜谦徐州牧,加安东将军,封溧阳侯。以昱为广陵太守,朗为会稽太守。

是时,徐方百姓殷盛,谷实差丰,流民多归之。而谦信用谗邪,疏远忠直,刑政不治,由是徐州渐乱。许劭避地广陵,谦礼之甚厚,劭告其徒曰:"陶恭祖外慕声名,内非真正,待吾虽厚,其势必薄。"遂去之。后谦果捕诸寓士,人乃服其先识。

六月,扶风大雨雹。

华山崩裂。

太尉周忠免,以太仆朱儁为太尉,录尚书事。

下邳(阎)〔阙〕宣聚众数千人,自称天子,陶谦击杀之。

大雨,昼夜二十余日,漂没民居。

袁绍出军入朝哥鹿肠山,讨于毒,围攻五日,破之,斩毒及其众万余级。绍遂寻山北行,进击诸贼左髭丈八等,皆斩之。又击刘石、青牛角、黄龙左校、郭大贤、李大目、于氐根等,复斩数万级,皆屠其屯壁。遂与黑山贼张燕及四营屠各、雁门乌桓战于常山。燕精兵数万,骑数千匹。绍与吕布共击燕,连战十余日,燕兵死伤虽多,绍军亦疲,遂俱退。

吕布将士多暴横,绍患之,布因求还雒阳。绍承制以布领司隶校尉,遣壮士送布,而阴图之。布使人鼓筝于帐中,密亡去,送者夜起,斫帐被皆坏。明旦,绍闻布尚在,惧,闭城自守。布引军复归张杨。

前太尉曹嵩避难在琅邪,其子操令泰山太守应(邵)〔劭〕迎之。嵩辎重百余两,陶谦别将守阴平,士卒利嵩财宝,掩袭嵩于华、费间,杀之,并少子德。秋,操引兵击谦,攻拔十余城,至彭城,大战,谦兵败,走保郯。初,京、雒遭董卓之乱,民流移东出,多依徐土,遇操至,坑杀男女数十万口于泗水,水为不流。操攻郯不能克,乃去,攻取虑、睢陵、夏丘,皆屠之,鸡犬亦尽,墟邑无复行人。

冬,十月,辛丑,京师地震。

有星孛于天市。

司空杨彪免。丙午,以太常赵温为司空,录尚书事。

刘虞与公孙瓒积不相能,瓒数与袁绍相攻,虞禁之,不可,而稍节其禀假。瓒怒,屡违节度,又复侵犯百姓。虞不能制,乃遣驿使奉章陈其暴掠之罪,瓒亦上虞禀粮不周,二奏交驰,互相非毁,朝廷依违而已。瓒乃筑小城于蓟城东南以居之。虞数请会,瓒辄称病不应。虞恐其终为乱,乃率所部兵合十万人以讨之。时瓒部曲放散在外,仓卒掘东城欲走。虞兵无部伍,不习战,又爱民庐舍,敕不听焚烧,戒军士曰:“无伤余人,杀一伯珪而已。”攻围不下。瓒乃简募锐士数百人,因风纵火,直冲突之,虞众大溃。虞与官属北奔居庸,瓒追攻之,三日,城陷,执虞并妻子还蓟,犹使领州文书。会诏遣使者段训增虞封邑,督六州事;拜瓒前将军,封易侯。瓒乃诬虞前与袁绍等谋称尊号,胁训斩虞及妻子于蓟市。故常山相孙瑾、掾张逸、张瓒等相与就虞,骂瓒极口,然后同死。瓒传虞首于京师,故吏尾敦于路劫虞首,归葬之。虞以恩厚得众心,北州百姓流旧莫不痛惜。

初,虞欲遣使奉章诣长安,而难其人,众咸曰:“右北平田畴,年二十二,年虽少,然有奇材。”虞乃备礼,请以为掾,具车骑。将行,畴曰:“今道路阻绝,寇虏纵横,称官奉使,为众所指。愿以私行,期于得达而已。”虞从之。畴乃自选家客二十骑,俱上西关,出塞,傍北山,直趣朔方,循间道至长安致命。

诏拜畴为骑都尉。畴以天子方蒙尘未安,不可以荷佩荣宠,固辞不受。得报,驰还,比至,虞已死,畴谒祭虞墓,陈发章表,哭泣而去。公孙瓒怒,购求获畴,谓曰:“汝不送章报我,何也?”畴曰:“汉室衰颓,人怀异心,唯刘公不失忠节。章报所言,于将军未美,恐非所乐闻,故不进也。且将军既灭无罪之君,又仇守义之臣,畴恐燕、赵之士皆将蹈东海而死,莫有从将军者也。”瓒乃释之。

畴北归无终,率宗族及他附从者数百人,扫地而盟曰:“君仇不报,吾不可以立于世!”遂入徐无山中,营深险平敞地而居,躬耕以养父母。百姓归之,数年间至五千余家。畴谓其父老曰:“今众成都邑,而莫相统一,又无法制以治之,恐非久安之道。畴有愚计,愿与诸君共施之,可乎?”皆曰:“可。”畴乃为约束,相杀伤、犯盗、诤讼者,随轻重抵罪,重者至死,凡一十余条。又制为婚姻嫁娶之礼,与学校讲授之业,班行于众,众皆便之,至道不拾遗。北边翕然服其威信,乌桓、鲜卑各遣使致馈,畴悉抚纳,令不为寇。

十二月,辛丑,地震。

司空赵温免。乙巳,以卫尉张喜为司空。

资治通鉴卷第六十一

翰林学士兼侍读学士朝散大夫右谏议大夫知制诰判尚书都省兼提
举万寿观公事上护军河内郡开国侯食邑一千三百户赐紫金鱼袋臣 司马光 奉敕编集

汉纪五十三 起阏逢阉茂(甲戌),尽旃蒙大渊献(乙亥),凡二年。

孝献皇帝丙

兴平元年(甲戌、194)

春,正月,辛酉,赦天下。

甲子,帝加元服。

二月,戊寅,有司奏立长秋宫。诏曰:"皇妣宅兆未卜,何忍言后宫之选乎!"壬午,三公奏改葬皇妣王夫人,追上尊号曰灵怀皇后。

陶谦告急于田楷,楷与平原相刘备救之。备自有兵数千人,谦益以丹阳兵四千,备遂去楷归谦,谦表为豫州刺史,屯小沛。曹操军食亦尽,引兵还。

马腾私有求于李傕,不获而怒,欲举兵相攻。帝遣使者和解之,不从。韩遂率众来和腾、傕,既而复与腾合。谏议大夫种邵、侍中马宇、左中郎将刘范谋使腾袭长安,已为内应,以诛傕等。壬申,腾、遂勒兵屯长平观。邵等谋泄,出奔槐里。傕使樊稠、郭汜及兄子利击之,腾、遂败走,还凉州。又攻槐里,邵等皆死。庚申,诏赦腾等。夏,四月,以腾为安狄将军,遂为安降将军。

曹操使司马荀彧、寿张令程昱守鄄城,复往攻陶谦,遂略地至琅邪、东海,所过残灭。还,击破刘备于郯东。谦恐,欲走归丹阳。会陈留太守张邈叛操迎吕布,操乃引军还。

初,张邈少时,好游侠,袁绍、曹操皆与之善。及绍为盟主,有骄色,邈正议责绍,绍怒,使操杀之。操不听,曰:"孟卓,亲友也,是非当容之。今天下未定,奈何自相危也!"操之前攻陶谦,志在必死,敕家曰:"我若不还,往依孟卓。"后还见邈,垂泣相对。

陈留高柔谓乡人曰:"曹操军虽据兖州,本有四方之图,未得安坐守也。而张府君恃陈留之资,将乘间为变,欲与诸君避之,何如?"众人皆以曹、张相亲,柔又年少,不然其言。柔从兄幹自河北呼柔,柔举宗从之。

吕布之舍袁绍从张杨也,过邈,临别,把手共誓。绍闻之,大恨。邈畏操终为绍杀己也,心不自安。前九江太守陈留边让尝讥议操,操闻而杀之,并其妻子。

让素有才名,由是兖州士大夫皆恐惧。陈宫性刚直壮烈,内亦自疑,乃与从事中郎许汜、王楷及邈弟超共谋叛操。宫说邈曰:"今天下分崩,雄杰并起,君以千里之众,当四战之地,抚剑顾眄,亦足以为人豪,而反受制于人,不亦鄙乎!今州军东征,其处空虚,吕布壮士,善战无前,若权迎之,共牧兖州,观天下形势,俟时事之变,此亦纵横之一时也。"邈从之。

时操使宫将兵留屯东郡,遂以其众潜迎布为兖州牧。布至,邈乃使其党刘翊告荀彧曰:"吕将军来助曹使君击陶谦,宜亟供其军食。"众疑惑,彧知邈为乱,即勒兵设备,急召东郡太守夏侯惇于濮阳。惇来,布遂据濮阳。时操悉军攻陶谦,留守兵少,而督将、大吏多与邈、宫通谋。惇至,其夜,诛谋叛者数十人,众乃定。

豫州刺史郭贡率众数万来至城下,或言与吕布同谋,众甚惧。贡求见荀彧,彧将往,惇等曰:"君一州镇也,往必危,不可。"彧曰:"贡与邈等,分非素结也,今来速,计必未定,及其未定说之,纵不为用,可使中立。若先疑之,彼将怒而成计。"贡见彧无惧意,谓鄄城未易攻,遂引兵去。

是时,兖州郡县皆应布,唯鄄城、范、东阿不动。布军降者言:"陈宫欲自将兵取东阿,又使汜嶷取范。"吏民皆恐。程昱本东阿人,或谓昱曰:"今举州皆叛,唯有此三城,宫等以重兵临之,非有以深结其心,三城必动。君,民之望也,宜往抚之。"昱乃归过范,说其令靳允曰:"闻吕布执君母、弟、妻子,孝子诚不可以为心。今天下大乱,英雄并起,必有命世能息天下之乱者,此智者所宜详择也。得主者昌,失主者亡。陈宫叛迎吕布而百城皆应,似能有为,然以君观之,布何如人哉?夫布粗中少亲,刚而无礼,匹夫之雄耳。宫等以势假合,不能相君也。兵虽众,终必无成。曹使君智略不世出,殆天所授。君必固范,我守东阿,则田单之功可立也。孰与违忠从恶而母子俱亡乎?唯君详虑之。"允流涕曰:"不敢有贰心。"时汜嶷已在县,允乃见嶷,伏兵刺杀之,归,勒兵自守。

> 徐众评曰:允于曹公,未成君臣。母至亲也,于义应去。卫公子开方仕齐,积年不返,管仲以为不怀其亲,安能爱君!是以求忠臣必于孝子之门,允宜先救至亲。徐庶母为曹公所得,刘备遣庶归北,欲为天下者恕人子之情也。曹公亦宜遣允。

昱又遣别骑绝仓亭津,陈宫至,不得渡。昱至东阿,东阿令颍川枣祗已率厉吏民拒城坚守,卒完三城以待操。操还,执昱手曰:"微子之力,吾无所归矣。"表昱为东平相,屯范。吕布攻鄄城不能下,西屯濮阳。曹操曰:"布一旦得一州,不能据东平,断亢父、泰山之道,乘险要我,而乃屯濮阳,吾知其无能为也。"乃进攻之。

五月,以扬武将军郭汜为后将军,安集将军樊稠为右将军,并开府如三公,合为六府,皆参选举。李傕等各欲用其所举,若一违之,便忿愤喜怒。主者患之,乃以次第用其所举。先从傕起,汜次之,稠次之,三公所举,终不见用。

河西四郡以去凉州治远,隔以河寇,上书求别置州。六月,丙子,诏以陈留邯郸商为雍州刺史,典治之。

丁丑,京师地震。戊寅,又震。

乙酉晦,日有食之。

秋,七月,壬子,太尉朱儁免。

戊午,以太常杨彪为太尉,录尚书事。

甲子,以镇南将军杨定为安西将军,开府如三公。

自四月不雨至于是月,谷一斛直钱五十万,长安中人相食。帝令侍御史侯汶出太仓米豆为贫人作糜,饿死者如故。帝疑禀赋不实,取米豆各五升于御前作糜,得二盆。乃杖汶五十,于是悉得全济。

八月,冯翊羌寇属县,郭汜、樊稠等率众破之。

吕布有别屯在濮阳西,曹操夜袭破之。未及还,会布至,身自搏战,自旦至日昳,数十合,相持甚急。操募人陷阵,司马陈留典韦将应募者进当之,布弓弩乱发,矢至如雨。韦不视,谓等人曰:"虏来十步,乃白之。"等人曰:"十步矣。"又曰:"五步乃白。"等人惧,疾言"虏至矣!"韦持戟大呼而起,所抵无不应手倒者。布众退。会日暮,操乃得引去。拜韦都尉,令常将亲兵数百人,绕大帐左右。

濮阳大姓田氏为反间,操得入城,烧其东门,示无反意。及战,军败,布骑得操而不识,问曰:"曹操何在?"操曰:"乘黄马走者是也。"布骑乃释操而追黄马者。操突火而出,至营,自力劳军,令军中促为攻具,进复攻之,与布相守百余日。蝗虫起,百姓大饿,布粮食亦尽,各引去。九月,操还鄄城。布到乘氏,为其县人李进所破,东屯山阳。

冬,十月,操至东阿。袁绍使人说操,欲使操遣家居邺。操新失兖州,军食尽,将许之。程昱曰:"意者将军殆临事而惧,不然,何虑之不深也!夫袁绍有并天下之心,而智不能济也。将军自度能为之下乎?将军以龙虎之威,可为之韩、彭邪?今兖州虽残,尚有三城,能战之士,不下万人,以将军之神武,与文若、昱等收而用之,霸王之业可成也,愿将军更虑之。"操乃止。

十二月,司徒淳于嘉罢,以卫尉赵温为司徒,录尚书事。

马腾之攻李傕也,刘焉二子范、诞皆死。议郎河南庞羲,素与焉善,乃募将焉诸孙入蜀。会天火烧城,焉徙治成都,疽发背而卒。州大吏赵韪等贪焉子璋温仁,共上璋为益州刺史,诏拜颍川扈瑁为刺史。璋将沈弥、娄发、甘宁反,击璋,不胜,走入荆州。诏乃以璋为益州牧。璋以韪为征东中郎将,率众击刘表,屯朐䏰。

徐州牧陶谦疾笃,谓别驾东海麋竺曰:"非刘备不能安此州也。"谦卒,竺率州人迎备。备未敢当,曰:"袁公路近在寿春,君可以州与之。"典农校尉下邳陈登曰:"公路骄豪,非治乱之主。今欲为使君合步骑十万,上可以匡主济民,下可以割地守境。若使君不见听许,登亦未敢听使君也。"北海相孔融谓备曰:"袁公路岂忧国忘家者邪? 冢中枯骨,何足介意! 今日之事,百姓与能,天与不取,悔不可追。"备遂领徐州。

初,太傅马日磾与赵岐俱奉使至寿春,岐守志不桡,袁术惮之。日磾颇有求于术,术侵侮之,从日磾借节视之,因夺不还,条军中十余人,使促辟之。日磾从术求去,术留不遣,又欲逼为军师。日磾病其失节,呕血而死。

初,孙坚娶钱唐吴氏,生四男策、权、翊、匡及一女。坚从军于外,留家寿春。策年十余岁,已交结知名。舒人周瑜与策同年,亦英达凤成,闻策声问,自舒来造焉,便推结分好,劝策徙居舒,策从之。瑜乃推道南大宅与策,升堂拜母,有无通共。及坚死,策年十七,还葬曲阿。已乃渡江,居江都,结纳豪俊,有复仇之志。

丹阳太守会稽周昕与袁术相恶,术上策舅吴景领丹阳太守,攻昕,夺其郡,以策从兄贲为丹阳都尉。策以母弟托广陵张纮,径到寿春见袁术,涕泣言曰:"亡父昔从长沙入讨董卓,与明使君会于南阳,同盟结好,不幸遇难,勋业不终。策感惟先人旧恩,欲自凭结,愿明使君垂察其诚!"术甚奇之,然未肯还其父兵,谓策曰:"孤用贵舅为丹阳太守,贤从伯阳为都尉,彼精兵之地,可还依召募。"策遂与汝南吕范及族人孙河迎其母诣曲阿,依舅氏。因缘召募,得数百人,而为泾县大帅祖郎所袭,几至危殆。于是复往见术。术以坚余兵千余人还策,表拜怀义校尉。策骑士有罪,逃入术营,隐于内厩。策指使人就斩之,讫,诣术谢。术曰:"兵人好叛,当共疾之,何为谢也!"由是军中益畏惮之。术初许以策为九江太守,已而更用丹阳陈纪。后术欲攻徐州,从庐江太守陆康求米三万斛。康不与,术大怒,遣策攻康,谓曰:"前错用陈纪,每恨本意不遂。今若得康,庐江真卿有也。"策攻康,拔之,术复用其故吏刘勋为太守,策益失望。

侍御史刘繇,岱之弟也,素有盛名,诏书用为扬州刺史。州旧治寿春,术已据之,繇欲南渡江,吴景、孙贲迎置曲阿。及策攻庐江,繇闻之,以景、贲本术所置,惧为袁、孙所并,遂构嫌隙,迫逐景、贲。景、贲退屯历阳。繇遣将樊能、于麋屯横江,张英屯当利口以拒之。术乃自用故吏惠衢为扬州刺史,以景为督军中郎将,与贲共将兵击英等。

二年(乙亥、195)

春,正月,癸丑,赦天下。

曹操败吕布于定陶。

诏即拜袁绍为右将军。

董卓初死,三辅民尚数十万户,李傕等放兵劫略,加以饥馑,二年间,民相食略尽。李傕、郭汜、樊稠各相与矜功争权,欲斗者数矣,贾诩每以大体责之,虽内不能善,外相含容。

樊稠之击马腾、韩遂也,李利战不甚力,稠叱之曰:“人欲截汝父头,何敢如此!我不能斩卿邪!”及腾、遂败走,稠追至陈仓,遂语稠曰:“本所争者非私怨,王家事耳。与足下州里人,欲相与善语而别。”乃俱却骑,前接马,交臂相加,共语良久而别。军还,李利告傕:“韩、樊交马语,不知所道,意爱甚密。”傕亦以稠勇而得众,忌之。稠欲将兵东出关,从傕索益兵。二月,傕请稠会议,便于坐杀稠。由是诸将转相疑贰。

傕数设酒请郭汜,或留汜止宿。汜妻恐汜爱傕婢妾,思有以间之。会傕送馈,妻以豉为药,擿以示汜曰:“一栖不两雄,我固疑将军信李公也。”他日,傕复请汜,饮大醉,汜疑其有毒,绞粪汁饮之。于是各治兵相攻矣。

帝使侍中、尚书和傕、汜,傕、汜不从。汜谋迎帝幸其营,夜有亡者,告傕。三月,丙寅,傕使兄子暹将数千兵围宫,以车三乘迎帝。太尉杨彪曰:“自古帝王无在人家者,诸君举事,奈何如是!”暹曰:“将军计定矣。”于是群臣步从乘舆以出,兵即入殿中,掠宫人、御物。帝至傕营,傕又徙御府金帛置其营,遂放火烧宫殿、官府、民居悉尽。帝复使公卿和傕、汜,汜留杨彪及司空张喜、尚书王隆、光禄勋刘渊、卫尉士孙瑞、太仆韩融、廷尉宣璠、大鸿胪荣郃、大司农朱儁、将作大匠梁邵、屯骑校尉姜宣等于其营为质。朱儁愤懑发病死。

夏,四月,甲子,立贵人琅邪伏氏为皇后,以后父侍中完为执金吾。

郭汜飨公卿,议攻李傕。杨彪曰:“群臣共斗,一人劫天子,一人质公卿,可行乎?”汜怒,欲手刃之。彪曰:“卿尚不奉国家,吾岂求生邪!”中郎将杨密固谏,汜乃止。傕召羌、胡数千人,先以御物缯彩与之,许以宫人、妇女,欲令攻郭汜。汜阴与傕党中郎将张苞等谋攻傕。丙申,汜将兵夜攻傕门,矢及帝帷幄中,又贯傕左耳。苞等烧屋,火不然。杨奉于外拒汜,汜兵退,苞等因将所领兵归汜。

是日,傕复移乘舆幸北坞,使校尉监坞门,内外隔绝,侍臣皆有饥色。帝求米五斗、牛骨五具以赐左右。傕曰:“朝晡上饭,何用米为?”乃以臭牛骨与之。帝大怒,欲诘责之。侍中杨琦谏曰:“傕自知所犯悖逆,欲转车驾幸池阳黄白城,臣愿陛下忍之。”帝乃止。司徒赵温与傕书曰:“公前屠陷王城,杀戮大臣,以争睚眦之隙,以成千钧之仇。朝廷欲令和解,诏命不行,而复欲转乘舆于黄白城,此诚老夫所不解也。于《易》,一为过,再为涉,三而弗改,灭其顶,凶。不如早共和解。”傕大怒,欲杀温,其弟应谏之,数日乃止。

催信巫觋厌胜之术,常以三牲祠董卓于省门外。每对帝或言"明陛下",或言"明帝",为帝说郭汜无状,帝亦随其意应答之。催喜,自谓良得天子欢心也。

闰月,己卯,帝使谒者仆射皇甫郦和催、汜。郦先诣汜,汜从命。又诣催,催不肯,曰:"郭多,盗马虏耳,何敢欲与吾等邪?必诛之!君观吾方略士众,足办郭多否邪?郭多又劫质公卿,所为如是,而君苟欲左右之邪?"郦曰:"近者董公之强,将军所知也,吕布受恩而反图之,斯须之间,身首异处,此有勇而无谋也。今将军身为上将,荷国宠荣,汜质公卿而将军胁主,谁轻重乎?张济与汜有谋,杨奉,白波贼帅耳,犹知将军所为非是,将军虽宠之,犹不为用也。"催呵之令出。郦出,诣省门,白"催不肯奉诏,辞语不顺。"帝恐催闻之,亟令郦去。催遣虎贲王昌呼,欲杀之,昌知郦忠直,纵令去,还答催,言"追之不及"。

辛巳,以车骑将军李催为大司马,在三公之右。

吕布将薛兰、李封屯钜野,曹操攻之,布救兰等,不胜而走,操遂斩兰等。操军乘氏,以陶谦已死,欲遂取徐州,还乃定布。荀彧曰:"昔高祖保关中,光武据河内,皆深根固本以制天下,进足以胜敌,退足以坚守,故虽有困败而终济大业。将军本以兖州首事,平山东之难,百姓无不归心悦服。且河、济,天下之要地也,今虽残坏,犹易以自保,是亦将军之关中、河内也,不可以不先定。今已破李封、薛兰,若分兵东击陈宫,宫必不敢西顾,以其间勒兵收熟麦,约食畜谷,一举而布可破也。破布,然后南结扬州,共讨袁术,以临淮、泗。若舍布而东,多留兵则不足用,少留兵则民皆保城,不得樵采,布乘虚寇暴,民心益危,唯鄄城、范、卫可全,其余非己之有,是无兖州也。若徐州不定,将军当安所归乎?且陶谦虽死,徐州未易亡也。彼惩往年之败,将惧而结亲,相为表里。今东方皆已收麦,必坚壁清野以待将军,攻之不拔,略之无获,不出十日,则十万之众未战而自困耳。前讨徐州,威罚实行,其子弟念父兄之耻,必人自为守,无降心,就能破之,尚不可有也。夫事固有弃此取彼者,以大易小可也,以安易危可也,权一时之势,不患本之不固可也。今三者莫利,愿将军熟虑之。"操乃止。

布复从东缗与陈宫将万余人来战,操兵皆出收麦,在者不能千人,屯营不固。屯西有大堤,其南树木幽深,操隐兵堤里,出半兵堤外。布益进,乃令轻兵挑战,既合,伏兵乃悉乘堤,步骑并进,大破之,追至其营而还。布夜走,操复攻拔定陶,分兵平诸县。

布东奔刘备,张邈从布,使其弟超将家属保雍丘。布初见备,甚尊敬之,谓备曰:"我与卿同边地人也。布见关东起兵,欲诛董卓。布杀卓东出,关东诸将无安布者,皆欲杀布耳。"请备于帐中,坐妇床上,令妇向拜,酌酒饮食,名备为弟。备见布语言无常,外然之而内不悦。

李傕、郭汜相攻连月，死者以万数。六月，傕将杨奉谋杀傕，事泄，遂将兵叛傕，傕众稍衰。庚午，镇东将军张济自陕至，欲和傕、汜，迁乘舆权幸弘农。帝亦思旧京，遣使宣谕，十反，汜、傕许和，欲质其爱子。傕妻爱其男，和计未定，而羌、胡数来窥省门，曰："天子在此中邪！李将军许我宫人，今皆何在？"帝患之，使侍中刘艾谓宣义将军贾诩曰："卿前奉职公忠，故仍升荣宠。今羌、胡满路，宜思方略。"诩乃召羌、胡大帅饮食之，许以封赏，羌、胡皆引去，傕由此单弱。于是复有言和解之计者，傕乃从之，各以女为质。

秋，七月，甲子，车驾出宣平门，当度桥，汜兵数百人遮桥曰："此天子非也。"车不得前。傕兵数百人，皆持大戟在乘舆车前，兵欲交，侍中刘艾大呼曰："是天子也。"使侍中杨琦高举车帷，帝曰："诸兵何敢迫近至尊耶？"汜兵乃却。既度桥，士众皆称万岁。夜到霸陵，从者皆饥，张济赋给各有差。傕出屯池阳。

丙寅，以张济为票骑将军，开府如三公；郭汜为车骑将军，杨定为后将军，杨奉为兴义将军，皆封列侯。又以故牛辅部曲董承为安集将军。

郭汜欲令车驾幸高陵，公卿及济以为宜幸弘农，大会议之，不决。帝遣使谕汜曰："弘农近郊庙，勿有疑也。"汜不从。帝遂终日不食。汜闻之曰："可且幸近县。"八月，甲辰，车驾幸新丰。丙子，郭汜复谋胁帝还都郿，侍中种辑知之，密告杨定、董承、杨奉令会新丰。郭汜自知谋泄，乃弃军入南山。

曹操围雍丘，张邈诣袁术求救，未至，为其下所杀。

冬，十月，以曹操为兖州牧。

戊戌，郭汜党夏育、高硕等谋胁乘舆西行。侍中刘艾见火起不止，请帝出幸一营以避火。杨定、董承将兵迎天子幸杨奉营，夏育等勒兵欲止乘舆，杨定、杨奉力战，破之，乃得出。壬寅，行幸华阴。

宁辑将军段煨具服御及公卿以下资储，欲上幸其营。煨与杨定有隙，定党种辑、左灵言煨欲反，太尉杨彪、司徒赵温、侍中刘艾、尚书梁绍皆曰："段煨不反，臣等敢以死保。"董承、杨定胁弘农督邮令言郭汜来在煨营，帝疑之，乃露次于道南。

丁未，杨奉、董承、杨定将攻煨，使种辑、左灵请帝为诏，帝曰："煨罪未著，奉等攻之而欲令朕有诏耶？"辑固请，至夜半，犹弗听。奉等乃辄攻煨营，十余日不下。煨供给御膳，禀赡百官，无有二意。诏使侍中、尚书告喻定等，令与煨和解，定等奉诏还营。

李傕、郭汜悔令车驾东，闻定攻煨，相招共救之，因欲劫帝而西。杨定闻傕、汜至，欲还蓝田，为汜所遮，单骑亡走荆州。张济与杨奉、董承不相平，乃复与傕、汜合。十二月，帝幸弘农，张济、李傕、郭汜共追乘舆，大战于弘农东涧，承、奉军败，百官、士卒死者不可胜数，弃御物、符策、典籍，略无所遗。射声校尉沮儁被创坠马,傕谓左右曰:"尚可活否?"儁骂之曰:"汝等凶逆,逼劫天子,使公卿被害,宫人流离。乱臣贼子,未有如此也!"傕乃杀之。

壬申,帝露次曹阳。承、奉乃谲傕等与连和,而密遣间使至河东,招故白波帅李乐、韩暹、胡才及南匈奴右贤王去卑,并率其众数千骑来,与承、奉共击傕等,大破之,斩首数千级。

于是董承等以新破傕等,可复东引。庚申,车驾发东,董承、李乐卫乘舆,胡才、杨奉、韩暹、匈奴右贤王于后为拒。傕等复来战,奉等大败,死者甚于东涧。光禄勋邓渊、廷尉宣璠、少府田芬、大司农张义皆死。司徒赵温、太常王绛、卫尉周忠、司隶校尉管郃为傕所遮,欲杀之,贾诩曰:"此皆大臣,卿奈何害之!"乃止。李乐曰:"事急矣,陛下宜御马。"上曰:"不可舍百官而去,此何辜哉!"兵相连缀四十里,方得至陕,乃结营自守。

时残破之余,虎贲、羽林不满百人,傕、汜兵绕营叫呼,吏士失色,各有分散之意。李乐惧,欲令车驾御船过砥柱,出孟津。杨彪以为河道险难,非万乘所宜乘。乃使李乐夜渡,潜具船,举火为应。上与公卿步出营,皇后兄伏德扶后,一手挟绢十匹。董承使符节令孙徽从人间斫之,杀旁侍者,血溅后衣。河岸高十余丈,不得下,乃以绢为辇,使人居前负帝,余皆匍匐而下,或从上自投,冠帻皆坏。既至河边,士卒争赴舟,董承、李乐以戈击之,手指于舟中可掬。帝御船,同济者,皇后及杨彪以下才数十人。其宫女及吏民不得渡者,皆为兵所掠夺,衣服俱尽,发亦被截,冻死者不可胜计。卫尉士孙瑞为傕所杀。傕见河北有火,遣骑候之,适见上渡河,呼曰:"汝等将天子去邪!"董承惧射之,以被为幔。既到大阳,幸李乐营。河内太守张杨使数千人负米来贡饷。乙亥,帝御牛车,幸安邑。河东太守王邑奉献绵帛,悉赋公卿以下。封邑为列侯,拜胡才为征东将军,张杨为安国将军,皆假节开府。其垒壁群帅竞求拜职,刻印不给,至乃以锥画之。乘舆居棘篱中,门户无关闭,天子与群臣会,兵士伏篱上观,互相镇压以为笑。

帝又遣太仆韩融至弘农与傕、汜等连和,傕乃放遣公卿百官,颇归所掠宫人及乘舆器服。已而粮谷尽,宫人皆食菜果。

乙卯,张杨自野王来朝,谋以乘舆还雒阳,诸将不听,杨复还野王。

是时,长安城空四十余日,强者四散,赢者相食,二三年间,关中无复人迹。

沮授说袁绍曰:"将军累叶台辅,世济忠义。今朝廷播越,宗庙残毁,观诸州郡虽外托义兵,内实相图,未有忧存社稷恤民之意。今州域粗定,兵强士附,西迎大驾,即宫邺都,挟天子而令诸侯,畜士马以讨不庭,谁能御之!"颍川郭图、淳于琼曰:"汉室陵迟,为日久矣,今欲兴之,不亦难乎!且英雄并起,各据州郡,连徒聚众,动有万计,所谓秦失其鹿,先得者王。今迎天子自近,动辄表闻,从之则权轻,违之则拒命,非计之善者也。"授曰:"今迎朝廷,于义为得,于时为宜,若不早定,必有先之者矣。"绍不从。

初,丹阳朱治尝为孙坚校尉,见袁术政德不立,劝孙策归取江东。时吴景攻樊能、张英等,岁余不克,策说术曰:"家有旧恩在东,愿助舅讨横江。横江拔,因投本土召募,可得三万兵,以佐明使君定天下。"术知其恨,以有刘繇据曲阿,王朗在会稽,谓策未必能定,乃许之。表策为折冲校尉,将兵千余人,骑数十匹。行收兵,比至历阳,众五六千。时周瑜从父尚为丹阳太守,瑜将兵迎之,仍助以资粮。策大喜,曰:"吾得卿,谐也。"进攻横江、当利,皆拔之,樊能、张英败走。

策渡江转斗,所向皆破,莫敢当其锋者。百姓闻孙郎至,皆失魂魄。长史委城郭,窜伏山草。及策至,军士奉令,不敢房略,鸡犬菜茹,一无所犯,民乃大悦,竞以牛酒劳军。策为人,美姿颜,能笑语,性阔达听受,善于用人,是以士民见者莫不尽心,乐为致死。

策攻刘繇牛渚营,尽得邸阁粮谷、战具。时彭城相薛礼、下邳相丹阳笮融依繇为盟主,礼据秣陵城,融屯县南,策皆击破之。又破繇别将于梅陵,攻湖孰、江乘,皆下之,进击繇于曲阿。

繇同郡太史慈时自东莱来省繇,会策至,或劝繇可以慈为大将。繇曰:"我若用子义,许子将不当笑我邪?"但使慈侦视轻重。时独与一骑卒遇策于神亭,策从骑十三,皆坚旧将辽西韩当、零陵黄盖辈也。慈便前斗,正与策对,策刺慈马,而揽得慈项上手戟,慈亦得策兜鍪。会两家兵骑并各来赴,于是解散。

繇与策战,兵败,走丹徒。策入曲阿,劳赐将士,发恩布令,告喻诸县:"其刘繇、笮融等故乡部曲来降首者,一无所问;乐从军者,一身行,复除门户;不乐者不强。"旬日之间,四面云集,得见兵二万余人,马千余匹,威震江东。

丙辰,袁术表策行殄寇将军。策将吕范言于策曰:"今将军事业日大,士众日盛,而纲纪犹有不整者,范愿暂领都督,佐将军部分之。"策曰:"子衡既士大夫,加手下已有大众,立功于外,岂宜复屈小职,知军中细事乎?"范曰:"不然。今舍本土而托将军者,非为妻子也,欲济世务也。譬犹同舟涉海,一事不牢,即俱受其败。此亦范计,非但将军事也。"策笑,无以答。范出,便释褠,著裤褶,执鞭诣阁下启事,自称领都督,策乃授传,委以众事。由是军中肃睦,威禁大行。

策以张纮为正议校尉,彭城张昭为长史,常令一人居守,一人从征讨,及广陵秦松、陈端等亦参与谋谟。策待昭以师友之礼,文武之事,一以委昭。昭每得北方士大夫书疏,专归美于昭,策闻之,欢笑曰:"昔管子相齐,一则仲父,二则仲父,而桓公为霸者宗。今子布贤,我能用之,其功名独不在我乎!"

袁术以从弟胤为丹阳太守。周尚、周瑜皆还寿春。

刘繇自丹徒将奔会稽,许(邵)〔劭〕曰:"会稽富实,策之所贪,且穷在海隅,不可往也。不如豫章,北达豫壤,西接荆州;若收合吏民,遣使贡献,与曹兖州相闻,虽有袁公路隔在其间,其人豺狼,不能久也。足下受王命,孟德、景升必相救济。"繇从之。

初,陶谦以笮融为下邳相,使督广陵、下邳、彭城粮运。融遂断三郡委输以自入,大起浮屠祠,课人读佛经,招致旁郡好佛者至五千余户。每浴佛,辄多设饮食,布席于路,经数十里,费以巨亿计。及曹操击破陶谦,徐土不安,融乃将男女万口走广陵,广陵太守赵昱待以宾礼。先是彭城相薛礼为陶谦所逼,屯秣陵,融利广陵资货,遂乘酒酣杀昱,放兵大掠,因过江依礼,既而复杀之。

刘繇使豫章太守朱皓攻袁术所用太守诸葛玄,玄退保西城。及繇溯江西上,驻于彭泽,使融助皓攻玄。许(邵)〔劭〕谓繇曰:"笮融出军,不顾名义者也。朱文明喜推诚以信人,宜使密防之。"融到,果诈杀皓,代领郡事。繇进讨融,融败走,入山,为民所杀。诏以前太傅掾华歆为豫章太守。

丹阳都尉朱治逐吴郡太守许贡而据其郡,贡南依山贼严白虎。

张超在雍丘,曹操围之急,超曰:"惟臧洪当来救吾。"众曰:"袁、曹方睦,洪为袁所表用,必不败好以招祸。"超曰:"子源天下义士,终不背本,但恐见制强力,不相及耳。"洪时为东郡太守,徒跣号泣,从绍请兵,将赴其难,绍不与;请自率所领以行,亦不许。雍丘遂溃,张超自杀,操夷其三族。洪由是怨绍,绝不与通。

绍兴兵围之,历年不下。绍令洪邑人陈琳以书喻之,洪复书曰:"仆小人也,本乏志用,中因行役,蒙主人倾盖,恩深分厚,遂窃大州,宁乐今日自还接刃乎!当受任之初,自谓究竟大事,共尊王室。岂悟本州被侵,郡将遘厄,请师见拒,辞行被拘,使сою故君遂至沦灭,区区微节,无所获申,岂得复全交友之道,重亏忠孝之名乎!斯所以忍悲挥戈,收泪告绝。行矣孔璋,足下侥利于境外,臧洪投命于君亲;吾子托身于盟主,臧洪策名于长安。子谓余身死而名灭,仆亦笑子生而无闻焉!"

绍见洪书,知无降意,增兵急攻。城中粮谷已尽,外无强救,洪自度必不免,呼将吏士民谓曰:"袁氏无道,所图不轨,且不救洪郡将,洪于大义,不得不死。念诸君无事,空与此祸,可先城未败,将妻子出。"皆垂泣曰:"明府与袁氏本无怨隙,今为本朝郡将之故,自致残困,吏民何忍当舍明府去也。"初尚掘鼠煮筋角,后无可复食者。主簿启内厨米三升,请稍以为饘粥,洪叹曰:"何能独甘此邪!"使作薄糜,遍班士众,又杀其爱妾以食将士。将士咸流涕,无能仰视者。男女七八千人相枕而死,莫有离叛者。

城陷,生执洪。绍大会诸将见洪,谓曰:"臧洪,何相负若此!今日服未?"洪据地瞋目曰："诸袁事汉，四世五公，可谓受恩。今王室衰弱，无扶翼之意，欲因际会，希冀非望，多杀忠良以立奸威。洪亲见呼张陈留为兄，则洪府君亦宜为弟，同共戮力，为国除害，奈何拥众观人屠灭！惜洪力劣，不能推刃为天下报仇，何谓服乎！"绍本爱洪，意欲令屈服，原之；见洪辞切，知终不为己用，乃杀之。

洪邑人陈容少亲慕洪，时在绍坐，起谓绍曰："将军举大事，欲为天下除暴，而先诛忠义，岂合天意！臧洪发举为郡将，奈何杀之！"绍惭，使人牵出，谓曰："汝非臧洪俦，空复尔为！"容顾曰："仁义岂有常，蹈之则君子，背之则小人。今日宁与臧洪同日而死，不与将军同日而生也！"遂复见杀。在坐无不叹息，窃相谓曰："如何一日杀二烈士！"

公孙瓒既杀刘虞，尽有幽州之地，志气益盛，恃其才力，不恤百姓，记过忘善，睚眦必报。衣冠善士名在其右者，必以法害之，有材秀者，必抑困使在穷苦之地。或问其故，瓒曰："衣冠皆自以职分当贵，不谢人惠。"故所宠爱，类多商贩、庸儿，与为兄弟，或结婚姻，所在侵暴，百姓怨之。

刘虞从事渔阳鲜于辅等，合率州兵欲共报仇，以燕国阎柔素有恩信，推为乌桓司马。柔招诱胡、汉数万人，与瓒所置渔阳太守邹丹战于潞北，斩丹等四千余级。乌桓峭王亦率种人及鲜卑七千余骑，随辅南迎虞子和与袁绍将麹义，合兵十万共攻瓒，破瓒于鲍丘，斩首二万余级。于是代郡、广阳、上谷、右北平各杀瓒所置长吏，复与鲜于辅、刘和兵合，瓒军屡败。

先是有童谣曰："燕南垂，赵北际，中央不合大如砺，唯有此中可避世。"瓒自谓易地当之，遂徙镇易。为围堑十重，于堑里筑京，皆高五六丈，为楼其上；中堑为京，特高十丈，自居焉。以铁为门，斥去左右，男人七岁以上不得入门，专与姬妾居。其文簿、书记皆汲而上之。令妇人习为大声，使闻数百步，以传宣教令。疏远宾客，无所亲信，谋臣猛将，稍稍乖散。自此之后，希复攻战。或问其故，瓒曰："我昔驱畔胡于塞表，扫黄巾于孟津，当此之时，谓天下指麾可定。至于今日，兵革方始，观此非我所决，不如休兵力耕，以救凶年。兵法，百楼不攻。今吾诸营楼橹数十重，积谷三百万斛，食尽此谷，足以待天下之事矣。"

南单于於扶罗死，弟呼厨泉立，居于平阳。

资治通鉴卷第六十二

翰林学士兼侍读学士朝散大夫右谏议大夫知制诰判尚书都省兼提举万寿观公事上护军河内郡开国侯食邑一千三百户赐紫金鱼袋臣 司马光 奉敕编集

汉纪五十四 起柔兆困敦（丙子），尽著雍摄提格（戊寅），凡三年。

孝献皇帝丁

建安元年（丙子、196）

春，正月，癸酉，大赦，改元。

董承、张杨欲以天子还雒阳，杨奉、李乐不欲，由是诸将更相疑贰。二月，韩暹攻董承，承奔野王。韩暹屯闻喜，胡才、杨奉之坞乡。胡才欲攻韩暹，上使人谕止之。

汝南、颍川黄巾何仪等拥众附袁术，曹操击破之。

张杨使董承先缮修雒阳宫。太仆赵岐为承说刘表，使遣兵诣雒阳，助修宫室；军资委输，前后不绝。夏，五月，丙寅，帝遣使至杨奉、李乐、韩暹营，求送至雒阳，奉等从诏。六月，乙未，车驾幸闻喜。

袁术攻刘备以争徐州，备使司马张飞守下邳，自将拒术于盱眙、淮阴，相持经月，更有胜负。下邳相曹豹，陶谦故将也，与张飞相失，飞杀之，城中乖乱。袁术与吕布书，劝令袭下邳，许助以军粮。布大喜，引军水陆东下。备中郎将丹阳许耽开门迎之。张飞败走，布虏备妻子及将吏家口。备闻之，引还，比至下邳，兵溃。备收余兵东取广陵，与袁术战，又败，屯于海西。饥饿困踧，吏士相食，从事东海麋竺以家财助军。备请降于布，布亦忿袁术运粮不继，乃召备，复以为豫州刺史，与并势击术，使屯小沛。布自称徐州牧。

布将河内郝萌夜攻布，布科头袒衣，走诣都督高顺营。顺即严兵入府讨之，萌败走。比明，萌将曹性击斩萌。

庚子，杨奉、韩暹奉帝东还，张杨以粮迎道路。秋，七月，甲子，车驾至雒阳，幸故中常侍赵忠宅。丁丑，大赦。八月，辛丑，幸南宫杨安殿。张杨以为己功，故名其殿曰杨安。杨谓诸将曰："天子当与天下共之，朝廷自有公卿大臣，杨当出扞外难。"遂还野王。杨奉亦出屯梁，韩暹、董承并留宿卫。癸卯，以安国将军张杨为大司马，杨奉为车骑将军，韩暹为大将军、领司隶校尉，皆假节钺。

是时，宫室烧尽，百官披荆棘，依墙壁间。州郡各拥强兵，委输不至，群僚饥乏,尚书郎以下自出采稆,或饥死墙壁间,或为兵士所杀。

袁术以谶言"代汉者当涂高",自云名字应之。又以袁氏出陈,为舜后,以黄代赤,德运之次,遂有僭逆之谋。闻孙坚得传国玺,拘坚妻而夺之。及闻天子败于曹阳,乃会群下议称尊号;众莫敢对。主簿阎象进曰:"昔周自后稷至于文王,积德累功,参分天下有其二,犹服事殷。明公虽奕世克昌,未若有周之盛;汉室虽微,未若殷纣之暴也。"术默然。术聘处士张范,范不往,使其弟承谢之。术谓承曰:"孤以土地之广,士民之众,欲徼福齐桓,拟迹高祖,何如?"承曰:"在德不在强。夫用德以同天下之欲,虽由匹夫之资而兴霸王之功,不足为难。若苟欲僭拟,干时而动,众之所弃,谁能兴之!"术不悦。

孙策闻之,与术书曰:"成汤讨桀,称'有夏多罪';武王伐纣,曰'殷有重罚'。此二主者,虽有圣德,假使时无失道之过,无由逼而取也。今主上非有恶于天下,徒以幼小,胁于强臣,异于汤、武之时也。且董卓贪淫骄陵,志无纪极,至于废主自兴,亦犹未也,而天下同心疾之,况效尤而甚焉者乎!又闻幼主明智聪敏,有夙成之德,天下虽未被其恩,咸归心焉。使君五世相承,为汉宰辅,荣宠之盛,莫与为比,宜效忠守节,以报王室,则旦、奭之美,率土所望也。时人多惑图纬之言,妄牵非类之文,苟以悦主为美,不顾成败之计,古今所慎,可不孰虑!忠言逆耳,驳议致憎,苟有益于尊明,无所敢辞。"术始自以为有淮南之众,料策必与己合,及得其书,愁沮发疾。既不纳其言,策遂与之绝。

曹操在许,谋迎天子。众以为"山东未定,韩暹、杨奉,负功恣睢,未可卒制"。荀彧曰:"昔晋文公纳周襄王而诸侯景从,汉高祖为义帝缟素而天下归心。自天子蒙尘,将军首唱义兵,徒以山东扰乱,未遑远赴。今銮驾旋轸,东京榛芜,义士有存本之思,兆民怀感旧之哀。诚因此时,奉主上以从人望,大顺也;秉至公以服天下,大略也;扶弘义以致英俊,大德也。四方虽有逆节,其何能为?韩暹、杨奉,安足恤哉!若不时定,使豪杰生心,后虽为虑,亦无及矣。"操乃遣扬武中郎将曹洪将兵西迎天子,董承等据险拒之,洪不得进。

议郎董昭以杨奉兵马最强而少党援,作操书与奉曰:"吾与将军闻名慕义,便推赤心。今将军拔万乘之艰难,反之旧都,翼佐之功,超世无畴,何其休哉!方今群凶猾夏,四海未宁,神器至重,事在维辅;必须众贤以清王轨,诚非一人所能独建,心腹四支,实相恃赖,一物不备,则有阙焉。将军当为内主,吾为外援。今吾有粮,将军有兵,有无相通,足以相济,死生契阔,相与共之。"奉得书喜悦,语诸将军曰:"兖州诸军近在许耳,有兵有粮,国家所当依仰也。"遂共表操为镇东将军,袭父爵费亭侯。

韩暹矜功专恣,董承患之,因潜召操,操乃将兵诣雒阳。既至,奏韩暹、张杨之罪。暹惧诛,单骑奔杨奉。帝以暹、杨有翼车驾之功,诏一切勿问。辛亥,以曹操领司隶校尉、录尚书事。操于是诛尚书冯硕等三人,讨有罪也;封卫将军董承等十三人为列侯,赏有功也;赠射声校尉沮儁为弘农太守,矜死节也。

操引董昭并坐,问曰:"今孤来此,当施何计?"昭曰:"将军兴义兵以诛暴乱,入朝天子,辅翼王室,此五伯之功也。此下诸将,人殊意异,未必服从,今留匡弼,事势不便,惟有移驾幸许耳。然朝廷播越,新还旧京,远近跂望,冀一朝获安,今复徙驾,不厌众心。夫行非常之事,乃有非常之功,愿将军算其多者。"操曰:"此孤本志也。杨奉近在梁耳,闻其兵精,得无为孤累乎?"昭曰:"奉少党援,心相凭结,镇东、费亭之事,皆奉所定,宜时遣使厚遗答谢,以安其意。说'京都无粮,欲车驾暂幸鲁阳,鲁阳近许,转运稍易,可无县乏之忧。'奉为人勇而寡虑,必不见疑,比使往来,足以定计,奉何能为累!"操曰:"善。"即遣使诣奉。庚申,车驾出辕辕而东,遂迁都许。己巳,幸曹操营,以操为大将军,封武平侯。始立宗庙社稷于许。

孙策将取会稽,吴人严白虎等众各万余人,处处屯聚,诸将欲先击白虎等。策曰:"白虎等群盗,非有大志,此成禽耳。"遂引兵渡浙江。会稽功曹虞翻说太守王朗曰:"策善用兵,不如避之。"朗不从,发兵拒策于固陵。策数渡水战,不能克。策叔父静说策曰:"朗负阻城守,难可卒拔。查渎南去此数十里,宜从彼据其内,所谓攻其无备,出其不意者也。"策从之,夜,多然火为疑兵,分军投查渎道,袭高迁屯。朗大惊,遣故丹阳太守周昕等帅兵逆战,策破昕等,斩之。朗遁走,虞翻追随营护朗,浮海至东冶。策追击,大破之,朗乃诣策降。

策自领会稽太守,复命虞翻为功曹,待以交友之礼。策好游猎,翻谏曰:"明府喜轻出微行,从官不暇严,吏卒常苦之。夫君人者不重则不威,故白龙鱼服,困于豫且,白蛇自放,刘季害之。愿少留意。"策曰:"君言是也。"然不能改。

九月,司徒淳于嘉、太尉杨彪、司空张喜皆罢。

车驾之东迁也,杨奉自梁欲邀之,不及。冬,十月,曹操征奉,奉南奔袁术,遂攻其梁屯,拔之。

诏书下袁绍,责以"地广兵多,而专自树党,不闻勤王之师,但擅相讨伐"。绍上书深自陈诉。戊辰,以绍为太尉,封邺侯。绍耻班在曹操下,怒曰:"曹操当死数矣,我辄救存之,今乃挟天子以令我乎!"表辞不受。操惧,请以大将军让绍。丙戌,以操为司空,行车骑将军事。

操以荀彧为侍中,守尚书令。操问彧以策谋之士,彧荐其从子蜀郡太守攸及颍川郭嘉。操征攸为尚书,与语,大悦,曰:"公达,非常人也。吾得与之计事,天下当何忧哉!"以为军师。

初，郭嘉往见袁绍，绍甚敬礼之，居数十日，谓绍谋臣辛评、郭图曰："夫智者审于量主，故百全而功名可立。袁公徒欲效周公之下士，而不知用人之机，多端寡要，好谋无决，欲与共济天下大难，定霸王之业，难矣。吾将更举以求主，子盍去乎！"二人曰："袁氏有恩德于天下，人多归之，且今最强，去将何之？"嘉知其不寤，不复言，遂去。操召见，与论天下事，喜曰："使孤成大业者，必此人也。"嘉出，亦喜曰："真吾主也。"操辟嘉为司空祭酒。

操以山阳满宠为许令，操从弟洪有宾客在许界数犯法，宠收治之，洪书报宠，宠不听。洪以白操，操召许主者，宠知将欲原客，乃速杀之。操喜曰："当事不当尔邪！"

北海太守孔融，负其高气，志在靖难，而才疏意广，讫无成功。高谈清教，盈溢官曹，辞气温雅，可玩而诵，论事考实，难可悉行。但能张磔网罗，而目理甚疏。造次能得人心，久久亦不愿附也。其所任用，好奇取异，多剽轻小才。至于尊事名儒郑玄，执子孙礼，易其乡名曰郑公乡，及清俊之士左承祖、刘义逊等，皆备在座席而已，不与论政事，曰："此民望，不可失也。"

黄巾来寇，融战败，走保都昌。时袁、曹、公孙首尾相连，融兵弱粮寡，孤立一隅，不与相通。左承祖劝融宜自托强国，融不听而杀之，刘义逊弃去。青州刺史袁谭攻融，自春至夏，战士所余裁数百人，流矢交集，而融犹隐几读书，谈笑自若。城夜陷，乃奔东山，妻子为谭所虏。曹操与融有旧，征为将作大匠。

袁谭初至青州，其土自河而西，不过平原。谭北排田楷，东破孔融，威惠甚著。其后信任群小，肆志奢淫，声望遂衰。

中平以来，天下乱离，民弃农业，诸军并起，率乏粮谷，无终岁之计，饥则寇略，饱则弃余，瓦解流离，无敌自破者，不可胜数。袁绍在河北，军人仰食桑椹。袁术在江淮，取给蒲蠃，民多相食，州里萧条。羽林监枣祗请建置屯田，曹操从之，以祗为屯田都尉，以骑都尉任峻为典农中郎将。募民屯田许下，得谷百万斛。于是州郡例置田官，所在积谷，仓廪皆满。故操征伐四方，无运粮之劳，遂能兼并群雄。军国之饶，起于祗而成于峻。

袁术畏吕布为己害，乃为子求婚，布许之。术遣将纪灵等步骑三万攻刘备，备求救于布。诸将谓布曰："将军常欲杀刘备，今可假手于术。"布曰："不然。术若破备，则北连泰山诸将，吾为在术围中，不得不救也。"便率步骑千余驰往赴之。灵等闻布至，皆敛兵而止。布屯沛城西南，遣铃下请灵等，灵等亦请布，布往就之，与备共饮食。布谓灵等曰："玄德，布弟也，为诸君所困，故来救之。布性不喜合斗，喜解斗耳。"乃令军候植戟于营门，布弯弓顾曰："诸君观布射戟小支，中者当各解兵，不中可留决斗。"布即一发，正中戟支。灵等皆惊，言："将军天威也。"明日复欢会,然后各罢。

备合兵得万余人,布恶之,自出兵攻备。备败走,归曹操,操厚遇之,以为豫州牧。或谓操曰:"备有英雄之志,今不早图,后必为患。"操以问郭嘉,嘉曰:"有是。然公起义兵,为百姓除暴,推诚杖信以招俊杰,犹惧其未也。今备有英雄名,以穷归己而害之,是以害贤为名也。如此,则智士将自疑,回心择主,公谁与定天下乎? 夫除一人之患,以沮四海之望,安危之机也,不可不察。"操笑曰:"君得之矣。"遂益其兵,给粮食,使东至沛,收散兵以图吕布。

初,备在豫州,举陈郡袁涣为茂才。涣为吕布所留,布欲使涣作书骂辱备,涣不可,再三强之,不许。布大怒,以兵胁涣曰:"为之则生,不为则死。"涣颜色不变,笑而应之曰:"涣闻唯德可以辱人,不闻以骂。使彼固君子邪,且不耻将军之言;彼诚小人邪,将复将军之意,则辱在此不在于彼。且涣他日之事刘将军,犹今日之事将军也,如一旦去此,复骂将军,可乎?"布惭而止。

张济自关中引兵入荆州界,攻穰城,为流矢所中死。荆州官属皆贺,刘表曰:"济以穷来,主人无礼,至于交锋,此非牧意,牧受吊,不受贺也。"使人纳其众,众闻之喜,皆归心焉。济族子建忠将军绣代领其众,屯宛。

初,帝既出长安,宣威将军贾诩上还印绶,往依段煨于华阴。诩素知名,为煨军所望,煨礼奉甚备。诩潜谋归张绣,或曰:"煨待君厚矣,君安之?"诩曰:"煨性多疑,有忌诩意,礼虽厚,不可恃久,将为所图。我去必喜,又望吾结大援于外,必厚吾妻子。绣无谋主,亦愿得诩,则家与身俱全矣。"诩遂往,绣执子孙礼,煨果善视其家。诩说绣附于刘表,绣从之。诩往见表,表以客礼待之。诩曰:"表,平世三公才也,不见事变,多疑无决,无能为也。"

刘表爱民养士,从容自保,境内无事,关西、兖、豫学士归之者以千数。表乃起立学校,讲明经术,命故雅乐郎河南杜夔作雅乐。乐备,表欲庭观之。夔曰:"今将军号不为天子,合乐而庭作之,无乃不可乎!"表乃止。

平原祢衡,少有才辩,而尚气刚傲,孔融荐之于曹操。衡骂辱操,操怒,谓融曰:"祢衡竖子,孤杀之犹雀鼠耳。顾此人素有虚名,远近将谓孤不能容之。"乃送与刘表,表延礼以为上宾。衡称表之美盈口,而好讥贬其左右,于是左右因形而谮之曰:"衡称将军之仁,西伯不过也,唯以为不能断,终不济者,必由此也。"其言实指表短,而非衡所言也。表由是怒,以江夏太守黄祖性急,送衡与之,祖亦善待焉。后衡众辱祖,祖杀之。

二年(丁丑、197)

春,正月,曹操讨张绣,军于淯水,绣举众降。操纳张济之妻,绣恨之;又以金与绣骁将胡车儿,绣闻而疑惧,袭击操军,杀操长子昂。操中流矢,败走,校尉典韦与绣力战,左右死伤略尽,韦被数十创。绣兵前搏之,韦双挟两人击杀之,瞋目大骂而死。操收散兵,还住舞阴。绣率骑来追,操击破之,绣走还穰,复与刘表合。

是时,诸军大乱,平虏校尉泰山于禁独整众而还,道逢青州兵劫掠人,禁数其罪而击之。青州兵走,诉操。禁既至,先立营垒,不时谒操。或谓禁:"青州兵已诉君矣,宜促诣公辨之。"禁曰:"今贼在后,追至无时,不先为备,何以待敌?且公聪明,谮诉何缘得行!"徐凿堑安营讫,乃入谒,具陈其状。操悦,谓禁曰:"淯水之难,吾犹狼狈,将军在乱能整,讨暴坚垒,有不可动之节,虽古名将,何以加之!"于是录禁前后功,封益寿亭侯。操引军还许。

袁绍与操书,辞语骄慢。操谓荀彧、郭嘉曰:"今将讨不义而力不敌,何如?"对曰:"刘、项之不敌,公所知也。汉祖唯智胜项羽,故羽虽强,终为所禽。今绍有十败,公有十胜,绍虽强,无能为也。绍繁礼多仪,公体任自然,此道胜也。绍以逆动,公奉顺以率天下,此义胜也。桓、灵以来,政失于宽,绍以宽济宽,故不摄,公纠之以猛,以上下知制,此治胜也。绍外宽内忌,用人而疑之,所任唯亲戚子弟,公外易简而内机明,用人无疑,唯才所宜,不间远近,此度胜也。绍多谋少决,失在后事,公得策辄行,应变无穷,此谋胜也。绍高议揖让以收名誉,士之好言饰外者多归之,公以至心待人,不为虚美,士之忠正远见而有实者皆愿为用,此德胜也。绍见人饥寒,恤念之形于颜色,其所不见,虑或不及,公于目前小事,时有所忽,至于大事,与四海接,恩之所加,皆过其望,虽所不见,虑无不周,此仁胜也。绍大臣争权,谗言惑乱,公御下以道,浸润不行,此明胜也。绍是非不可知,公所是进之以礼,所不是正之以法,此文胜也。绍好为虚势,不知兵要,公以少克众,用兵如神,军人恃之,敌人畏之,此武胜也。"操笑曰:"如卿所言,孤何德以堪之!"嘉又曰:"绍方北击公孙瓒,可因其远征,东取吕布。若绍为寇,布为之援,此深害也。"或曰:"不先取吕布,河北未易图也。"操曰:"然。吾所惑者,又恐绍侵扰关中,西乱羌、胡,南诱蜀、汉,是我独以兖、豫抗天下六分之五也。为将奈何?"或曰:"关中将帅以十数,莫能相一,唯韩遂、马腾最强。彼见山东方争,必各拥众自保。今若抚以恩德,遣使连和,虽不能久安,比公安定山东,足以不动。侍中、尚书仆射钟繇有智谋,若属以西事,公无忧矣。"操乃表繇以侍中守司隶校尉,持节督关中诸军,特使不拘科制。繇至长安,移书腾、遂等,为陈祸福,腾、遂各遣子入侍。

袁术称帝于寿春,自称仲家,以九江太守为淮南尹,置公卿百官,郊祀天地。沛相陈珪,球弟子也,少与术游。术以书召珪,又劫质其子,期必致珪。珪答书曰:"曹将军兴复典刑,将拨平凶慝,以为足下当戮力同心,匡翼汉室。而阴谋不轨,以身试祸,欲吾营私阿附,有死不能也。"术欲以故兖州刺史金尚为太尉,尚不许而逃去,术杀之。

三月,诏将作大匠孔融持节拜袁绍大将军,兼督冀、青、幽、并四州。

夏,五月,蝗。

袁术遣使者韩胤以称帝事告吕布,因求迎妇,布遣女随之。陈珪恐徐、扬合从,为难未已,往说布曰:"曹公奉迎天子,辅赞国政,将军宜与协同策谋,共存大计。今与袁术结昏,必受不义之名,将有累卵之危矣。"布亦怨术初不己受也,女已在涂,乃追还绝昏,械送韩胤,枭首许市。

陈珪欲使子登诣曹操,布固不肯。会诏以布为左将军,操复遗布手书,深加慰纳。布大喜,即遣登奉章谢恩,并答操书。登见操,因陈布勇而无谋,轻于去就,宜早图之。操曰:"布狼子野心,诚难久养,非卿莫究其情伪。"即增珪秩中二千石,拜登广陵太守。临别,操执登手曰:"东方之事,便以相付。"令阴合部众以为内应。

始,布因登求徐州牧不得,登还,布怒,拔戟斫几曰:"卿父劝吾协同曹操,绝婚公路;今吾所求无获,而卿父子并显重,但为卿所卖耳!"登不为动容,徐对之曰:"登见曹公言:'养将军譬如养虎,当饱其肉,不饱则将噬人。'公曰:'不如卿言。譬如养鹰,饥即为用,饱则飏去。'其言如此。"布意乃解。

袁术遣其大将张勋、桥蕤等与韩暹、杨奉连势,步骑数万趣下邳,七道攻布。布时有兵三千,马四百匹,惧其不敌,谓陈珪曰:"今致术军,卿之由也,为之奈何?"珪曰:"暹、奉与术,卒合之师耳,谋无素定,不能相维,子登策之,比于连鸡,势不俱栖,立可离也。"布用珪策,与暹、奉书曰:"二将军亲拔大驾,而布手杀董卓,俱立功名,今奈何与袁术同为贼乎! 不如相与并力破术,为国除害。"且许悉以术军资与之。暹、奉大喜,即回计从布。布进军,去勋营百步,暹、奉兵同时叫呼,并到勋营,勋等散走,布兵追击,斩其将十人首,所杀伤堕水死者殆尽。布因与暹、奉合军向寿春,水陆并进,到钟离,所过虏略,还渡淮北,留书辱术。术自将步骑五千扬兵淮上,布骑皆于水北大哈笑之而还。

泰山贼帅臧霸袭琅邪相萧建于莒,破之。霸得建资实,许以赂布而未送,布自往求之。其督将高顺谏曰:"将军威名宣播,远近所畏,何求不得,而自行求略。万一不克,岂不损邪?"布不从。既至莒,霸等不测往意,固守拒之,无获而还。

顺为人清白有威严,少言辞,所将七百余兵,号令整齐,每战必克,名"陷陈营"。布后疏顺,以魏续有内外之亲,夺其兵以与续,及当攻战,则复令顺将,顺亦终无恨意。布性决易,所为无常,顺每谏曰:"将军举动,不肯详思,忽有失得,动辄言误,误岂可数乎?"布知其忠而不能从。

曹操遣议郎王诵以诏书拜孙策为骑都尉,袭爵乌程侯,领会稽太守,使与吕布及吴郡太守陈瑀共讨袁术。策欲得将军号以自重,诵便承制假策明汉将军。

策治严,行到钱唐,瑀阴图袭策,潜结祖郎、严白虎等,使为内应。策觉之,遣其将吕范、徐逸攻瑀于海西,瑀败,单骑奔袁绍。

初,陈王宠有勇,善弩射。黄巾贼起,宠治兵自守,国人畏之,不敢离叛。国相会稽骆俊素有威恩,是时王侯无复租禄,而数见房夺,或并日而食,转死沟壑,而陈独富强,邻郡人多归之,有众十余万。及州郡兵起,宠率众屯阳夏,自称辅汉大将军。袁术求粮于陈,骆俊拒绝之,术忿恚,遣客诈杀俊及宠,陈由是破败。

秋,九月,司空曹操东征袁术。术闻操来,弃军走,留其将桥蕤等于蕲阳以拒操。操击破蕤等,皆斩之。术走渡淮,时天旱岁荒,士民冻馁,术由是遂衰。

操辟陈国何夔为掾,问以袁术何如,对曰:“天之所助者顺,人之所助者信。术无信顺之实而望天人之助,其可得乎!”操曰:“为国失贤则亡,君不为术所用,亡,不亦宜乎!”操性严,掾属公事,往往加杖,夔常畜毒药,誓死无辱,是以终不见及。

沛国许褚,勇力绝人,聚少年及宗族数千家,坚壁以御外寇,淮、汝、陈、梁间皆畏惮之。操徇淮、汝,褚以众归操,操曰:“此吾樊哙也。”即日拜都尉,引入宿卫,诸从褚侠客,皆以为虎士焉。

故太尉杨彪与袁术昏姻,曹操恶之,诬云欲图废立,奏收下狱,劾以大逆。将作大匠孔融闻之,不及朝服,往见操曰:“杨公四世清德,海内所瞻。《周书》,父子兄弟,罪不相及,况以袁氏归罪杨公乎!”操曰:“此国家之意。”融曰:“假使成王杀邵公,周公可得言不知邪?”操使许令满宠按彪狱,融与尚书令荀彧皆属宠曰:“但当受辞,勿加考掠。”宠一无所报,考讯如法。数日,求见操,言之曰:“杨彪考讯无他辞语。此人有名海内,若罪不明白,必大失民望,窃为明公惜之。”操即日赦出彪。初,彧、融闻宠考掠彪,皆怒,及因此得出,乃更善宠。彪见汉室衰微,政在曹氏,遂称脚挛,积十余年不行,由是得免于祸。

马日磾丧至京师,朝廷议欲加礼,孔融曰:“日磾以上公之尊,秉旄节之使,而曲媚奸臣,为所牵率,王室大臣,岂得以见胁为辞!圣上哀矜旧臣,未忍追案,不宜加礼。”朝廷从之。金尚丧至京师,诏百官吊祭,拜其子玮为郎中。

冬,十一月,曹操复攻张绣,拔湖阳,禽刘表将邓济。又攻舞阴,下之。

韩暹、杨奉在下邳,寇掠徐、杨间,军饥饿,辞吕布,欲诣荆州,布不听。奉知刘备与布有宿憾,私与备相闻,欲共击布,备阳许之。奉引军诣沛,备请奉入城,饮食未半,于座上缚奉,斩之。暹失奉,孤特,与十余骑归并州,为抒秋令张宣所杀。胡才、李乐留河东,才为怨家所杀,乐自病死。郭汜为其将伍习所杀。

颍川杜袭、赵俨、繁钦避乱荆州,刘表俱待以宾礼。钦数见奇于表,袭喻之曰:"吾所以与子俱来者,徒欲全身以待时耳,岂谓刘牧当为拨乱之主,而规长者委身哉?子若见能不已,非吾徒也,吾与子绝矣!"钦慨然曰:"请敬受命。"及曹操迎天子都许,俨谓钦曰:"曹镇东必能匡济华夏,吾知归矣。"遂还诣操,操以俨为朗陵长。

阳安都尉江夏李通妻伯父犯法,俨收治,致之大辟。时杀生之柄,决于牧守,通妻子号泣以请其命。通曰:"方与曹公戮力,义不以私废公。"嘉俨执宪不阿,与为亲交。

三年(戊寅、198)

春,正月,曹操还许。三月,将复击张绣。荀攸曰:"绣与刘表相恃为强;然绣以游军仰食于表,表不能供也,势必乖离。不如缓军以待之,可诱而致也;若急之,其势必相救。"操不从,围绣于穰。

夏,四月,使谒者仆射裴茂诏关中诸将段煨等讨李傕,夷其三族。以煨为安南将军,封闅乡侯。

初,袁绍每得诏书,患其有不便于己者,欲移天子自近,使说曹操以许下坤湿,雒阳残破,宜徙都鄄城,以就全实。操拒之。田丰说绍曰:"徙都之计,既不克从,宜早图许,奉迎天子,动托诏书,号令海内,此算之上者。不尔,终为人所禽,虽悔无益也。"绍不从。

会绍亡卒诣操,云田丰劝绍袭许,操解穰围而还,张绣率众追之。五月,刘表遣兵救绣,屯于安众,守险以绝军后。操与荀彧书曰:"吾到安众,破绣必矣。"及到安众,操军前后受敌,操乃夜凿险伪遁。表、绣悉军来追,操纵奇兵步骑夹攻,大破之。它日,或问操:"前策贼必破,何也?"操曰:"虏遏吾归师,而与吾死地,吾是以知胜矣。"

绣之追操也,贾诩止之曰:"不可追也,追必败。"绣不听,进兵交战,大败而还。诩登城谓绣曰:"促更追之,更战必胜。"绣谢曰:"不用公言,以至于此。今已败,奈何复追?"诩曰:"兵势有变,促追之。"绣素信诩言,遂收散卒更追,合战,果以胜还,乃问诩曰:"绣以精兵追退军,而公曰必败;以败卒击胜兵,而公曰必克。悉如公言,何也?"诩曰:"此易知耳。将军虽善用兵,非曹公敌也。曹公军新退,必自断后,故知必败。曹公攻将军,既无失策,力未尽而一朝引退,必国内有故也。已破将军,必轻军速进,留诸将断后,诸将虽勇,非将军敌,故虽用败兵而战必胜也。"绣乃服。

吕布复与袁术通,遣其中郎将高顺及北地太守雁门张辽攻刘备。曹操遣将军夏侯惇救之,为顺等所败。秋,九月,顺等破沛城,虏备妻子,备单身走。

曹操欲自击布,诸将皆曰:"刘表、张绣在后,而远袭吕布,其危必也。"荀攸曰:"表、绣新破,势不敢动,布骁猛,又恃袁术,若从横淮、泗间,豪杰必应之。今乘其初叛,众心未一,往可破也。"操曰:"善。"比行,泰山屯帅臧霸、孙观、吴敦、尹礼、昌豨等皆附于布。操与刘备遇于梁。进至彭城。陈宫谓布:"宜逆击之,以逸击劳,无不克也。"布曰:"不如待其来攻,蹙著泗水中。"冬,十月,操屠彭城。广陵太守陈登率郡兵为操先驱,进至下邳。布自将屡与操战,皆大败,还保城,不敢出。

操遗布书,为陈祸福。布惧,欲降。陈宫曰:"曹操远来,势不能久。将军若以步骑出屯于外,宫将余众闭守于内。若向将军,宫引兵而攻其背;若但攻城,则将军救于外。不过旬月,操军食尽,击之可破也。"布然之,欲使宫与高顺守城,自将骑断操粮道。布妻谓布曰:"宫、顺素不和,将军一出,宫、顺必不同心共城守也,如有蹉跌,将军当于何自立乎? 且曹氏待公台如赤子,犹舍而归我。今将军厚公台不过曹氏,而欲委全城,捐妻子,孤军远出,若一旦有变,妾岂得复为将军妻哉!"布乃止,潜遣其官属许汜、王楷求救于袁术。术曰:"布不与我女,理自当败,何为复来?"汜、楷曰:"明上今不救布,为自败耳。布破,明上亦破也。"术乃严兵为布作声援。布恐术为女不至,故不遣救兵,以绵缠女身缚著马上,夜自送女出,与操守兵相触,格射不得过,复还城。

〔河〕内太守张杨素与布善,欲救之,不能,乃出兵东市,遥为之势。十一月,杨将杨丑杀杨以应操,别将眭固复杀丑,将其众北合袁绍。杨性仁和,无威刑,下人谋反发觉,对之涕泣,辄原不问,故及于难。

操掘堑围下邳,积久,士卒疲敝,欲还,荀攸、郭嘉曰:"吕布勇而无谋,今屡战皆北,锐气衰矣。三军以将为主,主衰则军无奋意。陈宫有智而迟。今及布气之未复,宫谋之未定,急攻之,布可拔也。"乃引沂、泗灌城。月余,布益困迫,临城谓操军士曰:"卿曹无相困,我当自首于明公。"陈宫曰:"逆贼曹操,何等明公! 今日降之,若卵投石,岂可得全也!"

布将侯成亡其名马,已而复得之,诸将合礼以贺成,成分酒肉先入献布。布怒曰:"布禁酒而卿等酝酿,为欲因酒共谋布邪?"成忿惧,十二月,癸酉,成与诸将宋宪、魏续等共执陈宫、高顺,率其众降。布与麾下登白门楼。兵围之急,布令左右取其首诣操,左右不忍,乃下降。

布见操曰:"今日已往,天下定矣。"操曰:"何以言之?"布曰:"明公之所患不过于布,今已服矣。若令布将骑,明公将步,天下不足定也。"顾谓刘备:"玄德,卿为坐上客,我为降虏,绳缚我急,独不可一言邪?"操笑曰:"缚虎不得不急。"乃命缓布缚。刘备曰:"不可。明公不见吕布事丁建阳、董太师乎?"操颔之。布目备曰:"大耳儿,最叵信!"

操谓陈宫曰:"公台平生自谓智有余,今竟何如?"宫指布曰:"是子不用宫言,以至于此。若其见从,亦未必为禽也。"操曰:"奈卿老母何?"宫曰:"宫闻以孝治天下者不害人之亲。老母存否,在明公,不在宫也。"操曰:"奈卿妻子何?"宫曰:"宫闻施仁政于天下者不绝人之祀,妻子存否,在明公,不在宫也。"操未复言。宫请就刑,遂出不顾,操为之泣涕,并布、顺皆缢杀之,传首许市。操召陈宫之母,养之终其身,嫁宫女,抚视其家,皆厚于初。

前尚书令陈纪、纪子群在布军中,操皆礼用之。张辽将其众降,拜中郎将。臧霸自亡匿,操募索得之,使霸招吴敦、尹礼、孔观等,皆诣操降。操乃分琅邪、东海为城阳、利城、昌虑郡,悉以霸等为守、相。

初,操在兖州,以徐翕、毛晖为将。及兖州乱,翕、晖皆叛。兖州既定,翕、晖亡命投霸。操语刘备,令霸送二首,霸谓备曰:"霸所以能自立者,以不为此也。霸受主公生全之恩,不敢违命。然王霸之君,可以义告,愿将军为之辞。"备以霸言白操,操叹息谓霸曰:"此古人之事,而君能行之,孤之愿也。"皆以翕、晖为郡守。陈登以功加伏波将军。

刘表与袁绍深相结约。治中邓羲谏表,表曰:"内不失贡职,外不背盟主,此天下之达义也。治中独何怪乎?"羲乃辞疾而退。

长沙太守张羡,性屈强,表不礼焉。郡人桓阶说羡举长沙、零陵、桂阳三郡以拒表,遣使附于曹操,羡从之。

孙策遣其正议校尉张纮献方物,曹操欲抚纳之,表策为讨逆将军,封吴侯;以弟女配策弟匡,又为子彰取孙贲女;礼辟策弟权、翊;以张纮为侍御史。

袁术以周瑜为居巢长,以临淮鲁肃为东城长。瑜、肃知术终无所成,皆弃官渡江从孙策。策以瑜为建威中郎将。肃因家于曲阿。

曹操表征王朗,策遣朗还。操以朗为谏议大夫,参司空军事。

袁术遣间使赍印绶与丹阳宗帅祖郎等,使激动山越,共图孙策。刘繇之奔豫章也,太史慈遁于芜湖山中,自称丹阳太守。策已定宣城以东,惟泾以西六县未服,慈因进住泾县,大为山越所附。于是策自将讨祖郎于陵阳,禽之。策谓郎曰:"尔昔袭孤,斫孤马鞍,今创军立事,除弃宿恨,惟取能用,与天下通耳,非但汝,汝勿恐怖。"郎叩头谢罪,即破械,署门下贼曹。又讨太史慈于勇里,禽之,解缚,捉其手曰:"宁识神亭时邪?若卿尔时得我云何?"慈曰:"未可量也。"策大笑曰:"今日之事,当与卿共之。闻卿有烈义,天下智士也,但所托未得其人耳。孤是卿知己,勿忧不如意也。"即署门下督。军还,祖郎、太史慈俱在前导,军人以为荣。

会刘繇卒于豫章,士众万余人,欲奉豫章太守华歆为主。歆以为因时擅命,非人臣所宜,众守之连月,卒谢遣之。其众未有所附,策命太史慈往抚安之,谓慈曰:"刘牧往责吾为袁氏攻庐江,吾先君兵数千人,尽在公路许。吾志在立事,安得不屈意于公路以求之乎?其后不遵臣节,谏之不从。丈夫义交,苟有大故,不得不离。吾交求公路及绝之本末如此,恨不及其生时与共论辨也。今儿子在豫章,卿往视之,并宣孤意于其部曲。部曲乐来者与俱来,不乐来者且安慰之。并观华子鱼所以牧御方规何如。卿须几兵,多少随意。"慈曰:"慈有不赦之罪,将军量同桓、文,当尽死以报德。今并息兵,兵不宜多,将数十人足矣。"左右皆曰:"慈必北去不还。"策曰:"子义舍我,当复从谁!"饯送昌门,把腕别曰:"何时能还?"答曰:"不过六十日。"慈行,议者犹纷纭言遣之非计。策曰:"诸君勿复言,孤断之详矣。太史子义虽气勇有胆烈,然非纵横之人,其心秉道义,重然诺,一以意许知己,死亡不相负,诸君勿忧也。"慈果如期而反,谓策曰:"华子鱼,良德也,然无他方规,自守而已。又,丹阳僮芝,自擅庐陵,番阳民帅别立宗部,言'我已别立郡海昏上缭,不受发召',子鱼但睹视之而已。"策拊掌大笑,遂有兼并之志。

袁绍连年攻公孙瓒,不能克,以书谕之,欲相与释憾连和。瓒不答,而增修守备,谓长史太原关靖曰:"当今四方虎争,无有能坐吾城下相守经年者明矣。袁本初其若我何!"绍于是大兴兵以攻瓒。先是瓒别将有为敌所围者,瓒不救,曰:"救一人,使后将恃救,不肯力战。"及绍来攻,瓒南界别营,自度守则不能自固,又知必不见救,或降或溃。绍军径至其门,瓒遣子续请救于黑山诸帅,而欲自将突骑出傍西山,拥黑山之众侵掠冀州,横断绍后。关靖谏曰:"今将军将士莫不怀瓦解之心,所以犹能相守者,顾恋其居处老小,而恃将军为主故耳。坚守旷日,或可使绍自退。若舍之而出,后无镇重,易京之危,可立待也。"瓒乃止。绍渐相攻逼,瓒众日蹙。

资治通鉴卷第六十三

翰林学士兼侍读学士朝散大夫右谏议大夫知制诰判尚书都省兼提
举万寿观公事上护军河内郡开国侯食邑一千三百户赐紫金鱼袋臣 司马光 奉敕编集

汉纪五十五 起屠维单阏(己卯),尽上章执徐(庚辰),凡二年。

孝献皇帝戊

建安四年(己卯、199)

　　春,三月,黑山帅张燕与公孙续率兵十万,三道救之。未至,瓒密使行人赍书告续,使引五千铁骑于北隰之中,起火为应,瓒欲自内出战。绍候得其书,如期举火。瓒以为救至,遂出战。绍设伏击之,瓒大败,复还自守。绍为地道,穿其楼下,施木柱之,度足达半,便烧之,楼辄倾倒,稍至京中。瓒自计必无全,乃悉缢其姊妹、妻子,然后引火自焚。绍趣兵登台,斩之。田楷战死。关靖叹曰:"前若不止将军自行,未必不济。吾闻君子陷人危,必同其难,岂可以独生乎!"策马赴绍军而死。续为屠各所杀。

　　渔阳田豫说太守鲜于辅曰:"曹氏奉天子以令诸侯,终能定天下,宜早从之。"辅乃率其众以奉王命。诏以辅为建忠将军,都督幽州六郡。

　　初,乌桓王丘力居死,子楼班年少,从子蹋顿有武略,代立,总摄上谷大人难楼、辽东大人苏仆延、右北平大人乌延等。袁绍攻公孙瓒,蹋顿以乌桓助之。瓒灭,绍承制皆赐蹋顿、难楼、苏仆延、乌延等单于印绶。又以阎柔得乌桓心,因加宠慰以安北边。其后难楼、苏仆延奉楼班为单于,以蹋顿为王,然蹋顿犹秉计策。

　　眭固屯射犬。夏,四月,曹操进军临河,使将军史涣、曹仁渡河击之。仁,操从弟也。固自将兵北诣袁绍求救,与涣、仁遇于犬城,涣、仁击斩之。操遂济河,围射犬。射犬降,操还军敖仓。

　　初,操在兖州举魏种孝廉。兖州叛,操曰:"唯魏种且不弃孤。"及闻种走,操怒曰:"种不南走越、北走胡,不置汝也!"既下射犬,生禽种,操曰:"唯其才也。"释其缚而用之,以为河内太守,属以河北事。

　　以卫将军董承为车骑将军。

　　袁术既称帝,淫侈滋甚,媵御数百,无不兼罗纨,厌粱肉,自下饥困,莫之收恤。既而资实空尽,不能自立,乃烧宫室,奔其部曲陈简、雷薄于灊山,复为简等所拒,遂大穷,士卒散走,忧懑不知所为。乃遣使归帝号于从兄绍曰:"禄去汉室久矣，袁氏受命当王，符瑞炳然。今君拥有四州，人户百万，谨归大命，君其兴之！"袁谭自青州迎术，欲从下邳北过。曹操遣刘备及将军清河朱灵邀之，术不得过，复走寿春。六月，至江亭，坐簧床而叹曰："袁术乃至是乎！"因愤慨结病，欧血死。术从弟胤畏曹操，不敢居寿春，率其部曲奉术柩及妻子奔庐江太守刘勋于皖城。故广陵太守徐璆得传国玺，献之。

袁绍既克公孙瓒，心益骄，贡御稀简。主簿耿包密白绍，宜应天人，称尊号。绍以包白事示军府。僚属皆言包妖妄，宜诛。绍不得已，杀包以自解。

绍简精兵十万、骑万匹，欲以攻许。沮授谏曰："近讨公孙瓒，师出历年，百姓疲敝，仓库无积，未可动也。宜务农息民，先遣使献捷天子。若不得通，乃表曹操隔我王路，然后进屯黎阳，渐营河南，益作舟舡，缮修器械，分遣精骑抄其边鄙，令彼不得安，我取其逸。如此，可坐定也。"郭图、审配曰："以明公之神武，引河朔之强众，以伐曹操，易如覆手，何必乃尔！"授曰："夫救乱诛暴，谓之义兵；恃众凭强，谓之骄兵。义者无敌，骄者先灭。曹操奉天子以令天下，今举师南向，于义则违。且庙胜之策，不在强弱。曹操法令既行，士卒精练，非公孙瓒坐而受攻者也。今弃万安之术而兴无名之师，窃为公惧之。"图、配曰："武王伐纣，不为不义。况兵加曹操，而云无名！且以公今日之强，将士思奋，不及时以定大业，所谓'天与不取，反受其咎'，此越之所以霸，吴之所以灭也。监军之计在于持牢，而非见时知几之变也。"绍纳图言。图等因是谮授曰："授监统内外，威震三军，若其浸盛，何以制之！夫臣与主同者亡，此《黄石》之所忌也。且御众于外，不宜知内。"绍乃分授所统为三都督，使授及郭图、淳于琼各典一军。骑都尉清河崔琰谏曰："天子在许，民望助顺，不可攻也。"绍不从。

许下诸将闻绍将攻许，皆惧，曹操曰："吾知绍之为人，志大而智小，色厉而胆薄，忌克而少威，兵多而分画不明，将骄而政令不一，土地虽广，粮食虽丰，适足以为吾奉也。"孔融谓荀彧曰："绍地广兵强，田丰、许攸智士也为之谋，审配、逢纪忠臣也任其事，颜良、文丑勇将也统其兵，殆难克乎！"彧曰："绍兵虽多而法不整，田丰刚而犯上，许攸贪而不治，审配专而无谋，逢纪果而自用，此数人者，势不相容，必生内变。颜良、文丑，一夫之勇耳，可一战而禽也。"

秋，八月，操进军黎阳，使臧霸等将精兵入青州以扞东方，留于禁屯河上。九月，操还许，分兵守官渡。

袁绍遣人招张绣，并与贾诩书结好。绣欲许之，诩于绣坐上，显谓绍使曰："归谢袁本初，兄弟不能相容，而能容天下国士乎？"绣惊惧曰："何至于此！"窃谓诩曰："若此，当何归？"诩曰："不如从曹公。"绣曰："袁强曹弱，又先与曹为仇，从之如何？"诩曰："此乃所以宜从也。夫曹公奉天子以令天下，其宜从一也。绍强盛,我以少众从之,必不以我为重,曹公众弱,其得我必喜,其宜从二也。夫有霸王之志者,固将释私怨以明德于四海,其宜从三也。愿将军无疑!"冬,十一月,绣率众降曹操,操执绣手,与欢宴,为子均取绣女,拜扬武将军;表诩为执金吾,封都亭侯。

关中诸将以袁、曹方争,皆中立顾望。凉州牧韦端使从事天水杨阜诣许,阜还,关右诸将问:"袁、曹胜败孰在?"阜曰:"袁公宽而不断,好谋而少决;不断则无威,少决则后事,今虽强,终不能成大业。曹公有雄才远略,决机无疑,法一而兵精,能用度外之人,所任各尽其力,必能济大事者也。"

曹操使治书侍御史河东卫觊镇抚关中,时四方大有还民,关中诸将多引为部曲。觊书与荀彧曰:"关中膏腴之地,顷遭荒乱,人民流入荆州者十万余家,闻本土安宁,皆企望思归。而归者无以自业,诸将各竞招怀,以为部曲,郡县贫弱,不能与争,兵家遂强,一旦变动,必有后忧。夫盐,国之大宝也,乱来放散,宜如旧置使者监卖,以其直益市犁牛。若有归民,以供给之,勤耕积粟,以丰殖关中,远民闻之,必日夜竞还。又使司隶校尉留治关中以为之主,则诸将日削,官民日盛,此强本弱敌之利也。"或以白操,操从之。始遣谒者仆射监盐官,司隶校尉治弘农。关中由是服从。

袁绍使人求助于刘表,表许之而竟不至,亦不援曹操。从事中郎南阳韩嵩、别驾零陵刘先说表曰:"今两雄相持,天下之重在于将军。若欲有为,起乘其敝可也;如其不然,固将择所宜从。岂可拥甲十万,坐观成败,求援而不能助,见贤而不肯归!此两怨必集于将军,恐不得中立矣。曹操善用兵,贤俊多归之,其势必举袁绍,然后移兵以向江、汉,恐将军不能御也。今之胜计,莫若举荆州以附曹操,操必重德将军。长享福祚,垂之后嗣,此万全之策也。"蒯越亦劝之。表狐疑不断,乃遣嵩诣许,曰:"今天下未知所定,而曹操拥天子都许,君为我观其衅。"嵩曰:"圣达节,次守节。嵩,守节者也。夫君臣名定,以死守之。今策名委质,唯将军所命,虽赴汤蹈火,死无辞也。以嵩观之,曹公必得志于天下。将军能上顺天子,下归曹公,使嵩可也;如其犹豫,嵩至京师,天子假嵩一职,不获辞命,则成天子之臣,将军之故吏耳。在君为君,则嵩守天子之命,义不得复为将军死也。惟加重思,无为负嵩。"表以为惮使,强之。至许,诏拜嵩侍中、零陵太守。及还,盛称朝廷、曹公之德,劝表遣子入侍。表大怒,以为怀贰,大会寮属,陈兵,持节,将斩之,数曰:"韩嵩敢怀贰邪!"众皆恐,欲令嵩谢,嵩不为动容,徐谓表曰:"将军负嵩,嵩不负将军。"且陈前言。表妻蔡氏谏曰:"韩嵩,楚国之望也,且其言直,诛之无辞。"表犹怒,考杀从行者,知无它意,乃弗诛而囚之。

扬州贼帅郑宝欲略居民以赴江表,以淮南刘晔,高族名人,欲劫之使唱此谋,晔患之。会曹操遣使诣州,有所案问,晔要与归家,宝来候使者,晔留与宴饮,手刃杀之,斩其首以令宝军曰:"曹公有令,敢有动者,与宝同罪!"其众数千人皆詟服,推晔为主。晔以其众与庐江太守刘勋,勋怪其故,晔曰:"宝无法制,其众素以钞略为利。仆宿无资,而整齐之,必怀怨难久,故以相与耳。"勋以袁术部曲众多,不能赡,遣从弟偕求米于上缭诸宗帅,不能满数,偕召勋使袭之。

孙策恶勋兵强,伪卑辞以事勋曰:"上缭宗民数欺鄙郡,欲击之,路不便。上缭甚富实,愿君伐之,请出兵以为外援。"且以珠宝、葛越赂勋。勋大喜,外内尽贺,刘晔独否,勋问其故,对曰:"上缭虽小,城坚池深,攻难守易,不可旬日而举也。兵疲于外而国内虚,策乘虚袭我,则后不能独守。是将军进屈于敌,退无所归,若军必出,祸今至矣。"勋不听,遂伐上缭。至海昏,宗帅知之,皆空壁逃迁,勋了无所得。时策引兵西击黄祖,行及石城,闻勋在海昏,策乃分遣从兄贲、辅将八千人屯彭泽,自与领江夏太守周瑜将二万人袭皖城,克之,得术、勋妻子及部曲三万余人。表汝南李术为庐江太守,给兵三千人以守皖城,皆徙所得民东诣吴。勋还至彭泽,孙贲、孙辅邀击,破之。勋走保流沂,求救于黄祖,祖遣其子射率船军五千人助勋。策复就攻勋,大破之,勋北归曹操,射亦遁走。

策收得勋兵二千余人,船千艘,遂进击黄祖。十二月,辛亥,策军至沙羡,刘表遣从子虎及南阳韩晞,将长矛五千来救祖。甲寅,策与战,大破之,斩晞。祖脱身走,获其妻子及船六千艘,士卒杀溺死者数万人。

策盛兵将徇豫章,屯于椒丘,谓功曹虞翻曰:"华子鱼自有名字,然非吾敌也。若不开门让城,金鼓一震,不得无所伤害。卿便在前,具宣孤意。"翻乃往见华歆曰:"窃闻明府与鄱郡故王府君齐名中州,海内所宗,虽在东垂,常怀瞻仰。"歆曰:"孤不如王会稽。"翻复曰:"不审豫章资粮器仗,士民勇果,孰与鄱郡?"歆曰:"大不如也。"翻曰:"明府言不如王会稽,谦光之谭耳;精兵不如会稽,实如尊教。孙讨逆智略〔起〕〔超〕世,用兵如神,前走刘扬州,君所亲见,南定鄱郡,亦君所闻也。今欲守孤城,自料资粮,已知不足,不早为计,悔无及也。今大军已次椒丘,仆便还去,明日日中迎檄不到者,与君辞矣。"歆曰:"久在江表,常欲北归;孙会稽来,吾便去也。"乃夜作檄,明旦,遣吏赍迎。策便进军,歆葛巾迎策,策谓歆曰:"府君年德名望,远近所归;策年幼稚,宜修子弟之礼。"便向歆拜,礼为上宾。

> 孙盛曰:歆既无夷、皓邈然之风,又失王臣匪躬之操,栖心于邪儒之说,交臂于陵肆之徒,位夺节堕,咎孰大焉!

策分豫章为庐陵郡,以孙贲为豫章太守,孙辅为庐陵太守。会僮芝病,辅遂进屯庐陵,留周瑜镇巴丘。

孙策之克皖城也,抚视袁术妻子;及入豫章,收载刘繇丧,善遇其家。士大夫以是称之。

会稽功曹魏腾尝迕策意，策将杀之，众忧恐，计无所出。策母吴夫人倚大井谓策曰："汝新造江南，其事未集，方当优贤礼士，舍过录功。魏功曹在公尽规，汝今日杀之，则明日人皆叛汝。吾不忍见祸之及，当先投此井中耳。"策大惊，遂释腾。

初，吴郡太守会稽盛宪举高岱孝廉，许贡来领郡，岱将宪避难于营帅许昭家。乌程邹伦、钱铜及嘉兴王晟等各聚众万余或数千人，不附孙策。策引兵扑讨，皆破之，进攻严白虎。白虎兵败，奔余杭，投许昭。程普请击昭，策曰："许昭有义于旧君，有诚于故友，此丈夫之志也。"乃舍之。

曹操复屯官渡。操常从士徐他等谋杀操，入操帐，见校尉许褚，色变，褚觉而杀之。

初，车骑将军董承称受帝衣带中密诏，与刘备谋诛曹操。操从容谓备曰："今天下英雄，惟使君与操耳，本初之徒，不足数也。"备方食，失匕箸，值天雷震，备因曰："圣人云：'迅雷风烈必变'，良有以也。"遂与承及长水校尉种辑、将军吴子兰、王服等同谋。会操遣备与朱灵邀袁术，程昱、郭嘉、董昭皆谏曰："备不可遣也。"操悔，追之，不及。术既南走，朱灵等还。备遂杀徐州刺史车胄，留关羽守下邳，行太守事，身还小沛。东海贼昌豨及郡县多叛操为备。备众数万人，遣使与袁绍连兵。操遣司空长史沛国刘岱、中郎将扶风王忠击之，不克。备谓岱等曰："使汝百人来，无如我何；曹公自来，未可知耳！"

五年（庚辰、200）

春，正月，董承谋泄，壬子，曹操杀承及王服、种辑，皆夷三族。

操欲自讨刘备，诸将皆曰："与公争天下者，袁绍也。今绍方来而弃之东，绍乘人后，若何？"操曰："刘备，人杰也，今不击，必为后患。"郭嘉曰："绍性迟而多疑，来必不速。备新起，众心未附，急击之，必败。"操师遂东。冀州别驾田丰说袁绍曰："曹操与刘备连兵，未可卒解。公举军而袭其后，可一往而定。"绍辞以子疾，未得行。丰举杖击地曰："嗟乎！遭难遇之时，而以婴儿病失其会，惜哉，事去矣！"

曹操击刘备，破之，获其妻子。进拔下邳，禽关羽。又击昌豨，破之。备奔青州，因袁谭以归袁绍。绍闻备至，身去邺二百里迎之，驻月余，所亡士卒稍稍归之。

曹操还军官渡，绍乃议攻许，田丰曰："曹操既破刘备，则许下非复空虚。且操善用兵，变化无方，众虽少，未可轻也。今不如以久持之。将军据山河之固，拥四州之众，外结英雄，内修农战，然后简其精锐，分为奇兵，乘虚迭出以扰河南，救右则击其左,救左则击其右,使敌疲于奔命,民不得安业,我未劳而彼已困,不及三年,可坐克也。今释庙胜之策而决成败于一战,若不如志,悔无及也。"绍不从。丰强谏忤绍,绍以为沮众,械系之。于是移檄州郡,数操罪恶。二月,进军黎阳。

沮授临行,会其宗族,散资财以与之曰:"势存则威无不加,势亡则不保一身,哀哉!"其弟宗曰:"曹操士马不敌,君何惧焉?"授曰:"以曹操之明略,又挟天子以为资,我虽克伯珪,众实疲敝,而主骄将怯,军之破败,在此举矣。扬雄有言:'六国蚩蚩,为嬴弱姬。'其今之谓乎!"

振威将军程昱以七百兵守鄄城。曹操欲益昱兵二千,昱不肯,曰:"袁绍拥十万众,自以所向无前,今见昱少兵,必轻易,不来攻。若益昱兵,过则不可不攻,攻之必克,徒两损其势,愿公无疑。"绍闻昱兵少,果不往,操谓贾诩曰:"程昱之胆,过于贲、育矣!"

袁绍遣其将颜良攻东郡太守刘延于白马,沮授曰:"良性促狭,虽骁勇,不可独任。"绍不听。夏,四月,曹操北救刘延。荀攸曰:"今兵少不敌,必分其势乃可。公到延津,若将渡兵向其后者,绍必西应之,然后轻兵袭白马,掩其不备,颜良可禽也。"操从之,绍闻兵渡,即分兵西邀。操乃引军兼行趣白马,未至十余里,良大惊,来逆战。操使张辽、关羽先登击之。羽望见良麾盖,策马刺良于万众之中,斩其首而还,绍军莫能当者。遂解白马之围,徙其民,循河而西。

绍渡河追之,沮授谏曰:"胜负变化,不可不详。今宜留屯延津,分兵官渡,若其克获,还迎不晚,设其有难,众弗可还。"绍弗从。授临济叹曰:"上盈其志,下务其功,悠悠黄河,吾其济乎!"遂以疾辞。绍不许而意恨之,复省其所部,并属郭图。

绍军至延津南,操勒兵驻营南阪下,使登垒望之,曰:"可五六百骑。"有顷,复白:"骑稍多,步兵不可胜数。"操曰:"勿复白。"令骑解鞍放马。是时,白马辎重就道。诸将以为敌骑多,不如还保营。荀攸曰:"此所以饵敌,如何去之!"操顾攸而笑。绍骑将文丑与刘备将五六千骑前后至。诸将复白:"可上马。"操曰:"未也。"有顷,骑至稍多,或分趣辎重。操曰:"可矣。"乃皆上马。时骑不满六百,遂纵兵击,大破之,斩丑。丑与颜良,皆绍名将也,再战,悉禽之,绍军夺气。

初,操壮关羽之为人,而察其心神无久留之意,使张辽以其情问之,羽叹曰:"吾极知曹公待我厚,然吾受刘将军恩,誓以共死,不可背之。吾终不留,要当立效以报曹公乃去耳。"辽以羽言报操,操义之。及羽杀颜良,操知其必去,重加赏赐。羽尽封其所赐,拜书告辞,而奔刘备于袁军。左右欲追之,操曰:"彼各为其主,勿追也。"

操还军官渡,阎柔遣使诣操,操以柔为乌桓校尉。鲜于辅身见操于官渡,操以辅为右渡辽将军,还镇幽土。

广陵太守陈登治射阳,孙策西击黄祖,登诱严白虎余党,图为后害。策还击登,军到丹徒,须待运粮。初,策杀吴郡太守许贡,贡奴客潜民间,欲为贡报仇。策性好猎,数出驱驰,所乘马精骏,从骑绝不能及,卒遇贡客三人,射策中颊,后骑寻至,皆刺杀之。策创甚,召张昭等谓曰:"中国方乱,以吴、越之众,三江之固,足以观成败,公等善相吾弟!"呼权,佩以印绶,谓曰:"举江东之众,决机于两陈之间,与天下争衡,卿不如我;举贤任能,各尽其心以保江东,我不如卿。"丙午,策卒,时年二十六。

权悲号,未视事,张昭曰:"孝廉,此宁哭时邪!"乃改易权服,扶令上马,使出巡军。昭率僚属,上表朝廷,下移属城,中外将校,各令奉职。周瑜自巴丘将兵赴丧,遂留吴,以中护军与张昭共掌众事。时策虽有会稽、吴郡、丹阳、豫章、庐江、庐陵,然深险之地,犹未尽从,流寓之士,皆以安危去就为意,未有君臣之固,而张昭、周瑜等谓权可与共成大业,遂委心而服事焉。

秋,七月,立皇子冯为南阳王。壬午,冯薨。

汝南黄巾刘辟等叛曹操应袁绍,绍遣刘备将兵助辟,郡县多应之。绍遣使拜阳安都尉李通为征南将军,刘备亦阴招之,通皆拒焉。或劝通从绍,通按剑叱之曰:"曹公明哲,必定天下。绍虽强盛,终为之虏耳。吾以死不贰。"即斩绍使,送印绶诣操。

通急录户调,朗陵长赵俨见通曰:"方今诸郡并叛,独阳安怀附,复趣收其绵绢,小人乐乱,无乃不可乎?"通曰:"公与袁绍相持甚急,左右郡县背叛乃尔,若绵绢不调送,观听者必谓我顾望,有所须待也。"俨曰:"诚亦如君虑,然当权其轻重。小缓调,当为君释此患。"乃书与荀彧曰:"今阳安郡百姓困穷,邻城并叛,易用倾荡,乃一方安危之机也。且此郡人执守忠节,在险不贰,以为国家宜垂慰抚。而更急敛绵绢,何以劝善!"彧即白操,悉以绵绢还民,上下欢喜,郡内遂安。通击群贼瞿恭等,皆破之,遂定淮、汝之地。

时操制新科,下州郡,颇增严峻,而调绵绢方急。长广太守何夔言于操曰:"先王辨九服之赋以殊远近,制三典之刑以平治乱。愚以为此郡宜依远域新邦之典,其民间小事,使长吏临时随宜,上不背正法,下以顺百姓之心。比及三年,民安其业,然后乃可齐之以法也。"操从之。

刘备略汝、颍之间,自许以南,吏民不安,曹操患之。曹仁曰:"南方以大军方有目前急,其势不能相救,刘备以强兵临之,其背叛故宜也。备新将绍兵,未能得其用,击之可破也。"操乃使仁将骑击备,破走之,尽复收诸叛县而还。

备还至绍军,阴欲离绍,乃说绍南连刘表。绍遣备将本兵复至汝南,与贼龚都等合,众数千人。曹操遣将蔡杨击之,为备所杀。

袁绍军阳武,沮授说绍曰:"北兵虽众,而劲果不及南;南军谷少,而资储不如北。南幸于急战,北利在缓师。宜徐持久,旷以日月。"绍不从。八月,绍进营稍前,依沙塠为屯,东西数十里。操亦分营与相当。

九月,庚午朔,日有食之。

曹操出兵与袁绍战,不胜,复还坚壁。绍为高橹,起土山,射营中,营中皆蒙楯而行。操乃为霹雳车,发石以击绍楼,皆破。绍复为地道攻操,操辄于内为长堑以拒之。操众少粮尽,士卒疲乏,百姓困于征赋,多叛归绍者。操患之,与荀彧书,议欲还许,以致绍师。彧报曰:"绍悉众聚官渡,欲与公决胜败。公以至弱当至强,若不能制,必为所乘,是天下之大机也。且绍,布衣之雄耳,能聚人而不能用。以公之神武明哲而辅以大顺,何向而不济!今谷食虽少,未若楚、汉在荥阳、成皋间也。是时刘、项莫肯先退者,以为先退则势屈也。公以十分居一之众,画地而守之,扼其喉而不得进,已半年矣。情见势竭,必将有变。此用奇之时,不可失也。"操从之,乃坚壁持之。

操见运者,抚之曰:"却十五日为汝破绍,不复劳汝矣。"绍运谷车数千乘至官渡。荀攸言于操曰:"绍运车旦暮至,其将韩猛锐而轻敌,击可破也。"操曰:"谁可使者?"攸曰:"徐晃可。"乃遣偏将军河东徐晃与史涣邀击猛,破走之,烧其辎重。

冬,十月,绍复遣车运谷,使其将淳于琼等将兵万余人送之,宿绍营北四十里。沮授说绍:"可遣蒋奇别为支军于表,以绝曹操之钞。"绍不从。

许攸曰:"曹操兵少而悉师拒我,许下余守,势必空弱。若分遣轻军,星行掩袭,许可拔也。许拔,则奉迎天子以讨操,操成禽矣。如其未溃,可令首尾奔命,破之必也。"绍不从,曰:"吾要当先取操。"会攸家犯法,审配收系之,攸怒,遂奔操。

操闻攸来,跣足迎之,抚掌笑曰:"子卿远来,吾事济矣!"既入坐,谓操曰:"袁氏军盛,何以待之?今有几粮乎?"操曰:"尚可支一岁。"攸曰:"无是,更言之。"又曰:"可支半岁。"攸曰:"足下不欲破袁氏邪?何言之不实也!"操曰:"向言戏之耳。其实可一月,为之奈何?"攸曰:"公孤军独守,外无救援而粮谷已尽,此危急之日也。袁氏辎重万余乘,在故市、乌巢,屯军无严备,若以轻兵袭之,不意而至,燔其积聚,不过三日,袁氏自败也。"操大喜,乃留曹洪、荀攸守营,自将步骑五千人,皆用袁军旗帜,衔枚缚马口,夜从间道出,人抱束薪,所历道有问者,语之曰:"袁公恐曹操钞略后军,遣军以益备。"闻者信以为然,皆自若。既至,围屯,大放火,营中惊乱。会明,琼等望见操兵少,出陈门外,操急击之,琼退保营,操遂攻之。

绍闻操击琼，谓其子谭曰："就操破琼，吾拔其营，彼固无所归矣！"乃使其将高览、张郃等攻操营。郃曰："曹公精兵往，必破琼等，琼等破，则事去矣，请先往救之。"郭图固请攻操营。郃曰："曹公营固，攻之必不拔。若琼等见禽，吾属尽为虏矣。"绍但遣轻骑救琼，而以重兵攻操营，不能下。

绍骑至乌巢，操左右或言："贼骑稍近，请分兵拒之。"操怒曰："贼在背后，乃白！"士卒皆殊死战，遂大破之，斩琼等，尽燔其粮谷，杀士卒千余人，皆取其鼻，牛马割唇舌，以示绍军。绍军将士皆恟惧。郭图惭其计之失，复潜张郃于绍曰："郃快军败。"郃忿惧，遂与高览焚攻具，诣操营降。曹洪疑，不敢受，荀攸曰："郃计画不用，怒而来奔，君何疑！"乃受之。于是绍军惊扰，大溃，绍及谭等幅巾乘马，与八百骑渡河。操追之不及，尽收其辎重、图书、珍宝。余众降者，操尽坑之，前后所杀七万余人。

沮授不及绍渡，为操军所执，乃大呼曰："授不降也，为所执耳。"操与之有旧，迎谓曰："分野殊异，遂用圮绝，不图今日乃相禽也。"授曰："冀州失策，自取奔北。授知力俱困，宜其见禽。"操曰："本初无谋，不相用计，今丧乱未定，方当与君图之。"授曰："叔父、母弟，县命袁氏，若蒙公灵，速死为福。"操叹曰："孤早相得，天下不足虑也。"遂赦而厚遇焉。授寻谋归袁氏，操乃杀之。

操收绍书中，得许下及军中人书，皆焚之，曰："当绍之强，孤犹不能自保，况众人乎！"

冀州城邑多降于操。袁绍走至黎阳北岸，入其将军蒋义渠营，把其手曰："孤以首领相付矣。"义渠避帐而处之，使宣号令。众闻绍在，稍复归之。

或谓田丰曰："君必见重矣。"丰曰："公貌宽而内忌，不亮吾忠，而吾数以至言迕之。若胜而喜，犹能赦我，今战败而恚，内忌将发，吾不望生。"绍军士皆拊膺泣曰："向令田丰在此，必不至于败。"绍谓逢纪曰："冀州诸人闻吾军败，皆当念吾，惟田别驾前谏止吾，与众不同，吾亦惭之。"纪曰："丰闻将军之退，拊手大笑，喜其言之中也。"绍于是谓僚属曰："吾不用田丰言，果为所笑。"遂杀之。初，曹操闻丰不从戎，喜曰："绍必败矣。"及绍奔遁，复曰："向使绍用其别驾计，尚未可知也。"

审配二子为操所禽，绍将孟岱言于绍曰："配在位专政，族大兵强，且二子在南，必怀反计。"郭图、辛评亦以为然。绍遂以岱为监军，代配守邺。护军逢纪素与配不睦，绍以问之，纪曰："配天性烈直，每慕古人之节，必不以二子在南为不义也。愿公勿疑。"绍曰："君不恶之邪？"纪曰："先所争者，私情也；今所陈者，国事也。"绍曰："善。"乃不废配，配由是更与纪亲。冀州城邑叛绍者，绍稍复击定之。

绍为人宽雅,有局度,喜怒不形于色,而性矜愎自高,短于从善,故至于败。

冬,十月,辛亥,有星孛于大梁。

庐江太守李术攻杀扬州刺史严象,庐江梅乾、雷绪、陈兰等各聚众数万在江淮间。曹操表沛国刘馥为扬州刺史。时扬州独有九江,馥单马造合肥空城,建立州治,招怀乾、绪等,皆贡献相继。数年中,恩化大行,流民归者以万数。于是广屯田,兴陂堨,官民有畜,乃聚诸生,立学校。又高为城垒,多积木石,以修战守之备。

曹操闻孙策死,欲因丧伐之。侍御史张纮谏曰:"乘人之丧,既非古义,若其不克,成仇弃好,不如因而厚之。"操即表权为讨虏将军,领会稽太守。

操欲令纮辅权内附,乃以纮为会稽东部都尉。纮至吴,太夫人以权年少,委纮与张昭共辅之。纮思惟补察,知无不为。太夫人问扬武都尉会稽董袭曰:"江东可保不?"袭曰:"江东有山川之固,而讨逆明府恩德在民,讨虏承基,大小用命,张昭秉众事,袭等为爪牙,此地利人和之时也,万无所忧。"权遣张纮之部,或以纮本受北任,嫌其志趣不止于此,权不以介意。

鲁肃将北还,周瑜止之,因荐肃于权曰:"肃才宜佐时,当广求其比,以成功业。"权即见肃,与语,悦之。宾退,独引肃合榻对饮,曰:"今汉室倾危,孤思有桓、文之功,君何以佐之?"肃曰:"昔高帝欲尊事义帝而不获者,以项羽为害也。今之曹操,犹昔项羽,将军何由得为桓、文乎?肃窃料之,汉室不可复兴,曹操不可卒除,为将军计,惟有保守江东以观天下之衅耳。若因北方多务,剿除黄祖,进伐刘表,竟长江所极,据而有之,此王业也。"权曰:"今尽力一方,冀以辅汉耳,此言非所及也。"张昭毁肃年少粗疏,权益贵重之,赏赐储偫,富拟其旧。

权料诸小将兵少而用薄者,并合之。别部司马汝南吕蒙,军容鲜整,士卒练习。权大悦,增其兵,宠任之。

功曹骆统劝权尊贤接士,勤求损益,飨赐之日,人人别进,问其燥湿,加以密意,诱谕使言,察其志趣。权纳用焉。统,俊之子也。

庐陵太守孙辅恐权不能保江东,阴遣人赍书呼曹操。行人以告,权悉斩辅亲近,分其部曲,徙辅置东。

曹操表征华歆为议郎、参司空军事。庐江太守李术不肯事权,而多纳其亡叛。权以状白曹操曰:"严刺史昔为公所用,而李术害之,肆其无道,宜速诛灭。今术必复诡说求救。明公居阿衡之任,海内所瞻,愿敕执事,勿复听受。"因举兵攻术于皖城。术求救于操,操不救。遂屠其城,枭术首,徙其部曲二万余人。

刘表攻张羡,连年不下。曹操方与袁绍相拒,未暇救之。羡病死,长沙复立其子怿。表攻怿及零、桂,皆平之。于是表地方数千里,带甲十余万,遂不供职贡,郊祀天地,居处服用,僭拟乘舆焉。

　　张鲁以刘璋暗懦,不复承顺,袭别部司马张脩,杀之而并其众。璋怒,杀鲁母及弟,鲁遂据汉中,与璋为敌。璋遣中郎将庞羲击之,不克。璋以羲为巴郡太守,屯阆中以御鲁。羲辄召汉昌賨民为兵,或构羲于璋,璋疑之。赵韪数谏不从,亦恚恨。

　　初,南阳、三辅民流入益州者数万家,刘焉悉收以为兵,名曰东州兵。璋性宽柔,无威略,东州人侵暴旧民,璋不能禁。赵韪素得人心,因益州士民之怨,遂作乱,引兵数万攻璋;厚赂荆州,与之连和。蜀郡、广汉、犍为皆应之。

资治通鉴卷第六十四

翰林学士兼侍读学士朝散大夫右谏议大夫知制诰判尚书都省兼提举万寿观公事上护军河内郡开国侯食邑一千三百户赐紫金鱼袋臣 司马光 奉敕编集

汉纪五十六 起重光大荒落（辛巳），尽旃蒙作噩（乙酉），凡五年。

孝献皇帝己

建安六年（辛巳、201）

春，三月，丁卯朔，日有食之。

曹操就谷于安民。以袁绍新破，欲以其间击刘表。荀彧曰："绍既新败，其众离心，宜乘其困，遂定之。而欲远师江、汉，若绍收其余烬，承虚以出人后，则公事去矣。"操乃止。夏，四月，操扬兵河上，击袁绍仓亭军，破之。秋，九月，操还许。

操自击刘备于汝南，备奔刘表，龚都等皆散。表闻备至，自出郊迎，以上宾礼待之，益其兵，使屯新野。备在荆州数年，尝于表坐起至厕，慨然流涕。表怪问备，备曰："平常身不离鞍，髀肉皆消。今不复骑，髀里肉生。日月如流，老将至矣，而功业不建，是以悲耳。"

曹操遣夏侯渊、张辽围昌豨于东海，数月，粮尽，议引军还。辽谓渊曰："数日已来，每行诸围，豨辄属目视辽，又其射矢更稀。此必豨计犹豫，故不力战。辽欲挑与语，傥可诱也。"乃使谓豨曰："公有命，使辽传之。"豨果下与辽语。辽为说操神武，方以德怀四方，先附者受大赏，豨乃许降。辽遂单身上三公山，入豨家，拜妻子，豨欢喜，随辽诣操。操遣豨还。

赵韪围刘璋于成都。东州人恐见诛灭，相与力战，韪遂败退，追至江州，杀之。庞羲惧，遣吏程祁宣旨于其父汉昌令畿，索赍兵。畿曰："郡合部曲，本不为乱，纵有谗谀，要在尽诚，若遂怀异志，不敢闻命。"羲更使祁说之，畿曰："我受牧恩，当为尽节；汝为郡吏，自宜效力。不义之事，有死不为。"羲怒，使人谓畿曰："不从太守，祸将及家！"畿曰："乐羊食子，非无父子之恩，大义然也。今虽羹祁以赐畿，畿啜之矣。"羲乃厚谢于璋。璋擢畿为江阳太守。朝廷闻益州乱，以五官中郎将牛亶为益州刺史。征璋为卿，不至。

张鲁以鬼道教民，使病者自首其过，为之请祷，实无益于治病，然小人昏愚，竞共事之。犯法者，三原，然后乃行刑。不置长吏，皆以祭酒为治。民、夷便乐之，流移寄在其地者，不敢不奉其道。后遂袭取巴郡，朝廷力不能征，遂就宠鲁为镇民中郎将,领汉宁太守,通贡献而已。

民有地中得玉印者,群下欲尊鲁为汉宁王。功曹巴西阎圃谏曰:"汉川之民,户出十万,财富土沃,四面险固;上匡天子,则为桓、文,次及窦融,不失富贵。今承制署置,势足斩断,不烦于王。愿且不称,勿为祸先。"鲁从之。

七年(壬午、202)

春,正月,曹操军谯,遂至浚仪,治睢阳渠。遣使以太牢祀桥玄。进军官渡。

袁绍自军败,渐愤,发病呕血。夏,五月,薨。

初,绍有三子:谭、熙、尚。绍后妻刘氏爱尚,数称于绍,绍欲以为后而未显言之。乃以谭继兄后,出为青州刺史。沮授谏曰:"世称万人逐兔,一人获之,贪者悉止,分定故也。谭长子,当为嗣,而斥使居外,祸其始此矣。"绍曰:"吾欲令诸子各据一州,以视其能。"于是以中子熙为幽州刺史,外甥高幹为并州刺史。

逢纪、审配素为谭所疾,辛评、郭图皆附于谭,而与配、纪有隙。及绍薨,众以谭长,欲立之。配等恐谭立而评等为害,遂矫绍遗命,奉尚为嗣。谭至,不得立,自称车骑将军,屯黎阳。尚少与之兵,而使逢纪随之。谭求益兵,审配等又议不与。谭怒,杀逢纪。秋,九月,曹操渡河攻谭。谭告急于尚,尚留审配守邺,自将助谭,与操相拒。连战,谭、尚数败,退而固守。

尚遣所置河东太守郭援,与高幹、匈奴南单于共攻河东,发使与关中诸将马腾等连兵,腾等阴许之,援所经城邑皆下。河东郡吏贾逵守绛,援攻之急,城将溃,父老与援约,不害逵乃降,援许之。援欲使逵为将,以兵劫之,逵不动。左右引逵使叩头,逵叱之曰:"安有国家长吏为贼叩头!"援怒,将斩之,或伏其上以救之。绛吏民闻将杀逵,皆乘城呼曰:"负约杀我贤君,宁俱死耳!"乃因于壶关,著土窖中,盖以车轮。逵谓守者曰:"此间无健儿邪,而使义士死此中乎?"有祝公道者,适闻其言,乃夜往,盗引出逵,折械遣去,不语其姓名。

曹操使司隶校尉钟繇围南单于于平阳,未拔而援至。繇使新丰令冯翊张既说马腾,为言利害。腾疑未决。傅幹说腾曰:"古人有言:'顺道者昌,逆德者亡。'曹公奉天子诛暴乱,法明政治,上下用命,可谓顺道矣。袁氏恃其强大,背弃王命,驱胡虏以陵中国,可谓逆德矣。今将军既事有道,不尽其力,阴怀两端,欲以坐观成败,吾恐成败既定,奉辞责罪,将军先为诛首矣。"于是腾惧。幹因曰:"智者转祸为福。今曹公与袁氏相持,而高幹、郭援合攻河东。曹公虽有万全之计,不能禁河东之不危也。将军诚能引兵讨援,内外击之,其势必举。是将军一举,断袁氏之臂,解一方之急,曹公必重德将军,将军功名无与比矣。"腾乃遣子超将兵万余人与繇会。

初,诸将以郭援众盛,欲释平阳去。钟繇曰:"袁氏方强,援之来,关中阴与之通,所以未悉叛者,顾吾威名故耳。若弃而去,示之以弱,所在之民,谁非寇仇?纵吾欲归,其得至乎?此为未战先自败也。且援刚愎好胜,必易吾军,若渡汾为营,及其未济击之,可大克也。”援至,果径前渡汾,众止之,不从。济水未半,縯击,大破之。战罢,众人皆言援死而不得其首。援,縯之甥也。晚后,马超校尉南安庞德于鞍中出一头,縯见之而哭。德谢縯,縯曰:“援虽我甥,乃国贼也,卿何谢之有!”南单于遂降。

刘表使刘备北侵,至叶,曹操遣夏侯惇、于禁等拒之。备一旦烧屯去,惇等追之。裨将军钜鹿李典曰:“贼无故退,疑必有伏。南道窄狭,草木深,不可追也。”惇等不听,使典留守而追之,果入伏里,兵大败。典往救之,备乃退。

曹操下书责孙权任子,权召群僚会议,张昭、秦松等犹豫不决。权引周瑜诣吴夫人前定议,瑜曰:“昔楚国初封,不满百里之地,继嗣贤能,广土开境,遂据荆、扬,至于南海,传业延祚,九百余年。今将军承父兄余资,兼六郡之众,兵精粮多,将士用命,铸山为铜,煮海为盐,境内富饶,人不思乱,有何逼迫而欲送质?质一人,不得不与曹氏相首尾,与相首尾,则命召不得不往,如此,便见制于人也。极不过一侯印,仆从十余人,车数乘,马数匹,岂与南面称孤同哉!不如勿遣,徐观其变。若曹氏能率义以正天下,将军事之未晚;若图为暴乱,彼自亡之不暇,焉能害人!”吴夫人曰:“公瑾议是也。公瑾与伯符同年,小一月耳,我视之如子也,汝其兄事之。”遂不送质。

八年(癸未、203)

春,二月,曹操攻黎阳,与袁谭、袁尚战于城下,谭、尚败走,还邺。夏,四月,操追至邺,收其麦。诸将欲乘胜遂攻之,郭嘉曰:“袁绍爱此二子,莫适立也。今权力相侔,各有党与,急之则相保,缓之则争心生。不如南向荆州,以待其变;变成而后击之,可一举定也。”操曰:“善。”五月,操还许,留其将贾信屯黎阳。

谭谓尚曰:“我铠甲不精,故前为曹操所败。今操军退,人怀归志,及其未济,出兵掩之,可令大溃,此策不可失也。”尚疑之,既不益兵,又不易甲。谭大怒,郭图、辛评因谓谭曰:“使先公出将军为兄后者,皆审配之谋也。”谭遂引兵攻尚,战于门外。谭败,引兵还南皮。

别驾北海王脩率吏民自青州往救谭,谭欲更还攻尚,脩曰:“兄弟者,左右手也。譬人将斗而断其右手,曰‘我必胜’,其可乎?夫弃兄弟而不亲,天下其谁亲之!彼谗人离间骨肉以求一朝之利,愿塞耳勿听也。若斩佞臣数人,复相亲睦,以御四方,可横行于天下。”谭不从。谭将刘询起兵漯阴以叛谭,诸城皆应之。谭叹曰:“今举州皆叛,岂孤之不德邪?”王脩曰:“东莱太守管统,虽在海表,此人不反,必来。”后十余日,统果弃其妻子来赴谭,妻子为贼所杀。谭更以统为乐安太守。

秋，八月，操击刘表，军于西平。

袁尚自将攻袁谭，大破之。谭奔平原，婴城固守。尚围之急，谭遣辛评弟毗诣曹操请救。

刘表以书谏谭曰："君子违难不适仇国，交绝不出恶声，况忘先人之仇，弃亲戚之好，而为万世之戒，遗同盟之耻哉！若冀州有不弟之傲，仁君当降志辱身，以济事为务，事定之后，使天下平其曲直，不亦为高义邪？"又与尚书曰："金、木、水、火以刚柔相济，然后克得其和，能为民用。今青州天性峭急，迷于曲直。仁君度数弘广，绰然有余，当以大包小，以优容劣，先除曹操，以卒先公之恨，事定之后，乃议曲直之计，不亦善乎！若迷而不反，则胡夷将有讥诮之言，况我同盟，复能戮力为君之役哉？此韩卢、东郭自困于前，而遗田父之获者也。"谭、尚皆不从。

辛毗至西平见曹操，致谭意，群下多以为刘表强，宜先平之，谭、尚不足忧也。荀攸曰："天下方有事，而刘表坐保江、汉之间，其无四方之志可知矣。袁氏据四州之地，带甲数十万，绍以宽厚得众心，使二子和睦以守其成业，则天下之难未息也。今兄弟遘恶，其势不两全。若有所并则力专，力专则难图也。及其乱而取之，天下定矣，此时不可失也。"操从之。

后数日，操更欲先平荆州，使谭、尚相敝，辛毗望操色，知有变，以语郭嘉。嘉白操，操谓毗曰："谭必可信，尚必可克不？"毗对曰："明公无问信与诈也，直当论其势耳。袁氏本兄弟相伐，非谓他人能间其间，乃谓天下可定于己也。今一旦求救于明公，此可知也。显甫见显思困而不能取，此力竭也。兵革败于外，谋臣诛于内，兄弟谗阋，国分为二，连年战伐，介胄生虮虱，加以旱蝗，饥馑并臻，天灾应于上，人事困于下，民无愚智，皆知土崩瓦解，此乃天亡尚之时也。今往攻邺，尚不还救，即不能自守；还救，即谭踵其后。以明公之威，应困穷之敌，击疲敝之寇，无异迅风之振秋叶也。天以尚与明公，明公不取而伐荆州。荆州丰乐，国未有衅。仲虺有言，'取乱侮亡'。方今二袁不务远略而内相图，可谓乱矣；居者无食，行者无粮，可谓亡矣。朝不谋夕，民命靡继，而不绥之，欲待他年；他年或登，又自知亡而改修厥德，失所以用兵之要矣。今因其请救而抚之，利莫大焉。且四方之寇，莫大于河北，河北平，则六军盛而天下震矣。"操曰："善。"乃许谭平。

冬，十月，操至黎阳。尚闻操渡河，乃释平原还邺。尚将吕旷、高翔畔归曹操，谭复阴刻将军印以假旷、翔。操知谭诈，乃为子整娉谭女以安之，而引军还。

孙权西伐黄祖，破其舟军，惟城未克，而山寇复动。权还，过豫章，使征虏中郎将吕范平鄱阳、会稽，荡寇中郎将程普讨乐安，建昌都尉太史慈领海昏，以别部司马黄盖、韩当、周泰、吕蒙等守剧县令长，讨山越，悉平之。建安、汉兴、南平民作乱,聚众各万余人,权使南部都尉会稽贺齐进讨,皆平之,复立县邑,料出兵万人,拜齐平东校尉。

九年(甲申、204)

春,正月,曹操济河,遏淇水入白沟以通粮道。

二月,袁尚复攻袁谭于平原,留其将审配、苏由守邺。曹操进军至洹水,苏由欲为内应,谋泄,出奔操。操进至邺,为土山、地道以攻之。尚武安长尹楷屯毛城,以通上党粮道。夏,四月,操留曹洪攻邺,自将击楷,破之而还。又击尚将沮鹄于邯郸,拔之。

易阳令韩范、涉长梁岐皆举县降。徐晃言于操曰:"二袁未破,诸城未下者倾耳而听,宜旌赏二县以示诸城。"操从之,范、岐皆赐爵关内侯。黑山贼帅张燕遣使求助,操拜平北将军。

五月,操毁土山、地道,凿堑围城,周回四十里,初令浅,示若可越。配望见,笑之,不出争利。操一夜浚之,广深二丈,引漳水以灌之;城中饿死者过半。

秋,七月,尚将兵万余人还救邺,未到,欲令审配知外动止,先使主簿钜鹿李孚入城。孚研问事杖,系著马边,自著平上帻,将三骑,投暮诣邺下。自称都督,历北围,循表而东,步步呵责守围将士,随轻重行其罚。遂历操营,前至南围,当章门,复责怒守围者,收缚之。因开其围,驰到城下,呼城上人,城上人以绳引,孚得入。配等见孚,悲喜,鼓噪称万岁。守围者以状闻,操笑曰:"此非徒得入也,方且复出。"孚知外围益急,不可复冒,乃请配悉出城中老弱以省谷,夜,简别数千人,皆使持白幡,从三门并出降。孚复将三骑作降人服,随辈夜出,突围得去。

尚兵既至,诸将皆以为:"此归师,人自为战,不如避之。"操曰:"尚从大道来,当避之;若循西山来者,此成禽耳。"尚果循西山来,东至阳平亭,去邺十七里,临滏水为营。夜,举火以示城中,城中亦举火相应。配出兵城北,欲与尚对决围。操逆击之,败还,尚亦破走,依曲漳为营,操遂围之。未合,尚惧,遣使求降,操不听,围之益急。尚夜遁,保祁山,操复进围。尚将马延、张颛等临陈降,众大溃,尚奔中山。尽收其辎重,得尚印绶、节钺及衣物,以示城中,城中崩沮。审配令士卒曰:"坚守死战! 操军疲矣,幽州方至,何忧无主!"操出行围,配伏弩射之,几中。

配兄子荣为东门校尉,八月,戊寅,荣夜开门内操兵。配拒战城中,操兵生获之。辛评家系邺狱,辛毗驰往,欲解之,已悉为配所杀。操缚配诣帐下,毗逆以马鞭击其头,骂之曰:"奴,汝今日真死矣!"配顾曰:"狗辈,正由汝曹破我冀州,恨不得杀汝也!且汝今日能杀生我邪?"有顷,操引见,谓配曰:"曩日孤之行围,何弩之多也?"配曰:"犹恨其少!"操曰:"卿忠于袁氏,亦自不得不尔。"意欲活之。

配意气壮烈,终无桡辞,而辛毗等号哭不已,遂斩之。冀州人张子谦先降,素与配不善,笑谓配曰:"正南,卿竟何如我?"配厉声曰:"汝为降虏,审配为忠臣,虽死,岂羡汝生邪!"临行刑,叱持兵者令北向,曰:"我君在北也。"操乃临祀绍墓,哭之流涕;慰劳绍妻,还其家人宝物,赐杂缯絮,禀食之。

初,袁绍与操共起兵,绍问操曰:"若事不辑,则方面何所可据?"操曰:"足下意以为何如?"绍曰:"吾南据河,北阻燕、代,兼戎狄之众,南向以争天下,庶可以济乎!"操曰:"吾任天下之智力,以道御之,无所不可。"

九月,诏以操领冀州牧,操让还兖州。

初,袁尚遣从事安平牵招至上党督军粮,未还,尚走中山,招说高干以并州迎尚,并力观变,干不从。招乃东诣曹操,操复以为冀州从事。又辟崔琰为别驾,操谓琰曰:"昨案户籍,可得三十万众,故为大州也。"琰对曰:"今九州幅裂,二袁兄弟亲寻干戈,冀方蒸庶,暴骨原野,未闻王师存问风俗,救其涂炭,而校计甲兵,唯此为先,斯岂鄙州士女所望于明公哉!"操改容谢之。

许攸恃功骄嫚,尝于众坐呼操小字曰:"某甲,卿非我,不得冀州也。"操笑曰:"汝言是也。"然内不乐,后竟杀之。

冬,十月,有星孛于东井。

高干以并州降,操复以干为并州刺史。

曹操之围邺也,袁谭复背之,略取甘陵、安平、勃海、河间,攻袁尚于中山。尚败,走故安,从袁熙,谭悉收其众,还屯龙凑。操与谭书,责以负约,与之绝婚,女还,然后进讨。十二月,操军其门,谭拔平原,走保南皮,临清河而屯。操入平原,略定诸县。

曹操表公孙度为武威将军,封永宁乡侯。度曰:"我王辽东,何永宁也!"藏印绶于武库。是岁,度卒,子康嗣位,以永宁乡侯封其弟恭。

操以牵招尝为袁氏领乌桓,遣诣柳城,抚慰乌桓。值峭王严五千骑欲助袁谭,又,公孙康遣使韩忠假峭王单于印绶。峭王大会群长,忠亦在坐。峭王问招:"昔袁公言受天子之命,假我为单于;今曹公复言当更白天子,假我真单于;辽东复持印绶来。如此,谁当为正?"招答曰:"昔袁公承制,得有所拜假;中间违错天子命,曹公代之,言当白天子,更假真单于,是也。辽东下郡,何得擅称拜假也!"忠曰:"我辽东在沧海之东,拥兵百余万,又有扶余、濊貊之用,当今之势,强者为右,曹操何得独为是也?"招呵忠曰:"曹公允恭明哲,翼戴天子,伐叛柔服,宁静四海。汝君臣顽嚣,今恃险远,背违王命,欲擅拜假,侮弄神器,方当屠戮,何敢慢易咎毁大人!"便捉忠头顿筑,拔刀欲斩之。峭王惊怖,徒跣抱招,以救请忠,左右失色,招乃还坐,为峭王等说成败之效,祸福所归;皆下席跪伏,敬受教,便辞辽东之使,罢所严骑。

丹阳大都督妫览、郡丞戴员杀太守孙翊。将军孙河屯京城,驰赴宛陵,览、员复杀之;遣人迎扬州刺史刘馥,令住历阳,以丹阳应之。览入居军府中,欲逼取翊妻徐氏。徐氏绐之曰:“乞须晦日,设祭除服,然后听命。”览许之。徐氏潜使所亲语翊亲近旧将孙高、傅婴等与共图览,高、婴涕泣许诺,密呼翊时侍养者二十余人与盟誓合谋。到晦日,设祭,徐氏哭泣尽哀,毕,乃除服,薰香沐浴,言笑欢悦。大小凄怆,怪其如此。览密觇,无复疑意。徐氏呼高、婴置户内,使人召览入。徐氏出户拜览,适得一拜,徐大呼:“二君可起!”高、婴俱出,共杀览,余人即就外杀员。徐氏乃还缞绖,奉览、员首以祭翊墓。举军震骇。孙权闻乱,从椒丘还。至丹阳,悉族诛览、员余党,擢高、婴为牙门,其余赏赐有差。

河子韶,年十七,收河余众屯京城。权引军归吴,夜至京城下营,试攻惊之;兵皆乘城,传檄备警,讙声动地,颇射外人。权使晓谕,乃止。明日见韶,拜承烈校尉,统河部曲。

十年(乙酉、205)

春,正月,曹操攻南皮,袁谭出战,士卒多死。操欲缓之,议郎曹纯曰:“今县师深入,难以持久,若进不能克,退必丧威。”乃自执桴鼓以率攻者,遂克之。谭出走,追斩之。

李孚自称冀州主簿,求见操曰:“今城中强弱相陵,人心扰乱,以为宜令新降为内所识信者宣传明教。”操即使孚往入城,告谕吏民,使各安故业,不得相侵,城中乃安。操于是斩郭图等及其妻子。

袁谭使王脩运粮于乐安,闻谭急,将所领兵往赴之,至高密,闻谭死,下马号哭曰:“无君焉归!”遂诣曹操,乞收葬谭尸,操许之,复使脩还乐安,督军粮。谭所部诸城皆服,唯乐安太守管统不下。操命脩取统首,脩以统亡国忠臣,解其缚,使诣操,操悦而赦之,辟脩为司空掾。

郭嘉说操多辟青、冀、幽、并名士以为掾属,使人心归附,操从之。官渡之战,袁绍使陈琳为檄书,数操罪恶,连及家世,极其丑诋。及袁氏败,琳归操,操曰:“卿昔为本初移书,但可罪状孤身,何乃上及父祖邪?”琳谢罪,操释之,使与陈留阮瑀俱管记室。

先是渔阳王松据涿郡,郡人刘放说松以地归操,操辟放参司空军事。

袁熙为其将焦触、张南所攻,与尚俱奔辽西乌桓。触自号幽州刺史,驱率诸郡太守令长,背袁向曹,陈兵数万,杀白马而盟,令曰:“敢违者斩!”众莫敢仰视,各以次歃。别驾代郡韩珩曰:“吾受袁公父子厚恩,今其破亡,智不能救,勇不能死,于义阙矣。若乃北面曹氏,所不能为也。”一坐为珩失色。触曰:“夫举大事,当立大义,事之济否,不待一人,可卒珩志,以厉事君。"乃舍之。触等遂降曹操,皆封为列侯。

夏,四月,黑山贼帅张燕率其众十余万降,封安国亭侯。

故安赵犊、霍奴等杀幽州刺史及涿郡太守,三郡乌桓攻鲜于辅于犷平。秋,月,操讨犊等,斩之,乃渡潞水救犷平,乌桓走出塞。

冬,十月,高幹闻操讨乌桓,复以并州叛,执上党太守,举兵守壶关口。操遣其将乐进、李典击之。河内张晟,众万余人,寇崤、渑间,弘农张琰起兵以应之。

河东太守王邑被征,郡掾卫固及中郎将范先等诣司隶校尉钟繇,请留之,繇不许。固等外以请邑为名,而内实与高幹通谋。曹操谓荀彧曰:"关西诸将,外服内贰,张晟寇乱殽、渑,南通刘表,固等因之,将为深害。当今河东,天下之要地也,君为我举贤才以镇之。"彧曰:"西平太守京兆杜畿,勇足以当难,智足以应变。"操乃以畿为河东太守。钟繇促王邑交符,邑佩印绶,径从河北诣许自归。

卫固等使兵数千人绝陕津,杜畿至,数月不得渡。操遣夏侯惇讨固等,未至,畿曰:"河东有三万户,非皆欲为乱也。今兵迫之急,欲为善者无主,必惧而听于固。固等势专,必以死战。讨之不胜,为难未已;讨之而胜,是残一郡之民也。且固等未显绝王命,外以请故君为名,必不害新君。吾单车直往,出其不意,固为人多计而无断,必伪受吾。吾得居郡一月,以计縻之,足矣。"遂诡道从郖津度。

范先欲杀畿以威众,且观畿去就,于门下斩杀主簿已下三十余人,畿举动自若。于是固曰:"杀之无损,徒有恶名;且制之在我。"遂奉之。畿谓固、先曰:"卫、范,河东之望也,吾仰成而已。然君臣有定义,成败同之,大事当共平议。"以固为都督,行丞事,领功曹;将校吏兵三千余人,皆范先督之。固等喜,虽阳事畿,不以为意。固欲大发兵,畿患之,说固曰:"今大发兵,众情必扰,不如徐以赏募兵。"固以为然,从之,得兵甚少。畿又喻固等曰:"人情顾家,诸将掾史,可分遣休息,急缓召之不难。"固等恶逆众心,又从之。于是善人在外,阴为己援;恶人分散,各还其家。

会白骑攻东垣,高幹入濩泽。畿知诸县附己,乃出,单将数十骑,赴坚壁而守之,吏民多举城助畿者,比数十日,得四千余人。固等与高幹、张晟共攻畿,不下,略诸县,无所得。曹操使议郎张既西钟关中诸将马腾等,皆引兵会击晟等,破之,斩固、琰等首,其余党与皆赦之。

于是杜畿治河东,务崇宽惠。民有辞讼,畿为陈义理,遣归谛思之,父老皆自相责怒,不敢讼。劝耕桑,课畜牧,百姓家家丰实。然后兴学校,举孝弟,修戎事,讲武备,河东遂安。畿在河东十六年,常为天下最。

秘书监、侍中荀悦作《申鉴》五篇,奏之。悦,爽之兄子也。时政在曹氏,天子恭已，悦志在献替，而谋无所用，故作是书。其大略曰："为政之术，先屏四患，乃崇五政。伪乱俗，私坏法，放越轨，奢败制，四者不除，则政末由行矣，是为四患。兴农桑以养其生，审好恶以正其俗，宣文教以章其化，立武备以秉其威，明赏罚以统其法，是谓五政。人不畏死，不可惧以罪；人不乐生，不可劝以善。故在上者，先丰民财以定其志，是谓养生。善恶要乎功罪，毁誉效于准验。听言责事，举名察实，无或诈伪，以荡众心。故俗无奸怪，民无淫风，是谓正俗。荣辱者，赏罚之精华也。故礼教荣辱，以加君子，化其情也；桎梏鞭扑，以加小人，化其形也。若教化之废，推中人而坠于小人之域；教化之行，引中人而纳于君子之涂，是谓章化。在上者必有武备，以戒不虞，安居则寄之内政，有事则用之军旅，是谓秉威。赏罚，政之柄也。人主不妄赏，非爱其财也，赏妄行则善不劝矣；不妄罚，非矜其人也，罚妄行则恶不惩矣。赏不劝，谓之止善，罚不惩，谓之纵恶。在上者能不止下为善，不纵下为恶，则国法立矣。是谓统法。四患既蠲，五政又立，行之以诚，守之以固，简而不怠，疏而不失，垂拱揖让，而海内平矣。"

资治通鉴卷第六十五

翰林学士兼侍读学士朝散大夫右谏议大夫知制诰判尚书都省兼提
举万寿观公事上护军河内郡开国侯食邑一千三百户赐紫金鱼袋臣 司马光 奉敕编集

汉纪五十七 起柔兆阉茂（丙戌），尽著雍困敦（戊子），凡三年。

孝献皇帝庚

建安十一年（丙戌、206）

春，正月，有星孛于北斗。

曹操自将击高幹，留其世子丕守邺，使别驾从事崔琰傅之。操围壶关，三月，壶关降。高幹自入匈奴求救，单于不受。幹独与数骑亡，欲南奔荆州，上洛都尉王琰捕斩之，并州悉平。

曹操使陈郡梁习以别部司马领并州刺史。时荒乱之余，胡、狄雄张，吏民亡叛，入其部落，兵家拥众，各为寇害。习到官，诱喻招纳，皆礼召其豪右，稍稍荐举，使诣幕府；豪右已尽，次发诸丁强以为义从；又因大军出征，令诸将分请以为勇力。吏兵已去之后，稍移其家，前后送邺凡数万口；其不从命者，兴兵致讨，斩首千数，降附者万计。单于恭顺，名王稽颡，服事供职，同于编户。边境肃清，百姓布野，勤劝农桑，令行禁止。长老称咏，以为自所闻识，刺史未有如习者。习乃贡达名士避地州界者河内常林、杨俊、王象、荀纬及太原王凌之徒，操悉以为县长，后皆显名于世。

初，山阳仲长统游学至并州，过高幹，幹善遇之，访以世事。统谓幹曰："君有雄志而无雄才，好士而不能择人，所以为君深戒也。"幹雅自多，不悦统言，统遂去之。幹死，荀彧举统为尚书郎。著论曰《昌言》，其言治乱，略曰："豪杰之当天命者，未始有天下之分也。无天下之分，故战争者竞起焉。角智者皆穷，角力者皆负，形不堪复伉，势不足复校，乃始羁首系颈，就我之衔继耳。及继体之时，豪杰之心既绝，士民之志已定，贵有常家，尊在一人。当此之时，虽下愚之才居之，犹能使恩同天地，威侔鬼神。周、孔数千，无所复角其圣；贲、育百万，无所复奋其勇矣。彼后嗣之愚主，见天下莫敢与之违，自谓若天地之不可亡也，乃奔其私嗜，骋其邪欲，君臣宣淫，上下同恶，荒废庶政，弃忘人物。信任亲爱者，尽佞谄容说之人也；宠贵隆丰者，尽后妃姬妾之家也。遂至熬天下之脂膏，斫生民之骨髓，怨毒无聊，祸乱并起，中国扰攘，四夷侵叛，土崩瓦解，一朝而去。昔之为我哺乳之子孙者，今尽是我饮血之寇雠也。至于运徙势去，犹不觉悟者，岂非富贵生不仁，沉溺致愚疾邪？存亡以之迭代，治乱从此周复，天道常然之大数也。"

秋，七月，武威太守张猛杀雍州刺史邯郸商，州兵讨诛之。猛，奂之子也。

八月，曹操东讨海贼管承，至淳于，遣将乐进、李典击破之，承走入海岛。

昌狶复叛，操遣于禁讨斩之。

是岁，立故琅邪王容子熙为琅邪王。齐、北海、阜陵、下邳、常山、甘陵、济阴、平原八国皆除。

乌桓乘天下乱，略有汉民十余万户，袁绍皆立其酋豪为单于，以家人子为己女妻焉。辽西乌桓蹋顿尤强，为绍所厚，故尚兄弟归之，数入塞为寇，欲助尚复故地。曹操将击之，凿平虏渠、泉州渠以通运。

孙权击山贼麻、保二屯，平之。

十二年（丁亥、207）

春，二月，曹操自淳于还邺。丁酉，操奏封大功臣二十余人，皆为列侯。因表万岁亭侯荀彧功状，三月，增封彧千户。又欲授以三公，彧使荀攸深自陈让，至于十数，乃止。

曹操将击乌桓，诸将皆曰："袁尚亡虏耳，夷狄贪而无亲，岂能为尚用？今深入征之，刘备必说刘表以袭许。万一为变，事不可悔。"郭嘉曰："公虽威震天下，胡恃其远，必不设备。因其无备，卒然击之，可破灭也。且袁绍有恩于民夷，而尚兄弟生存。今四州之民，徒以威附，德施未加，舍而南征，尚因乌桓之资，招其死主之臣，胡人一动，民夷俱应，以生蹋顿之心，成觊觎之计，恐青、冀非己之有也。表坐谈客耳，自知才不足以御备，重任之则恐不能制，轻任之则备不为用，虽虚国远征，公无忧矣。"操从之。行至易，郭嘉曰："兵贵神速。今千里袭人，辎重多，难以趋利，且彼闻之，必为备；不如留辎重，轻兵兼道以出，掩其不意。"

初，袁绍数遣使召田畴于无终，又即授将军印，使安辑所统，畴皆拒之。及曹操定冀州，河间邢颙谓畴曰："黄巾起来二十余年，海内鼎沸，百姓流离。今闻曹公法令严。民厌乱矣，乱极则平，请以身先。"遂装还乡里。畴曰："邢颙，天民之先觉者也。"操以颙为冀州从事。畴忿乌桓多杀其本郡冠盖，意欲讨之而力未能。操遣使辟畴，畴戒其门下趣治严。门人曰："昔袁公慕君，礼命五至，君义不屈。今曹公使一来而君若恐弗及者，何也？"畴笑曰："此非君所识也。"遂随使者到军，拜为蓨令，随军次无终。

时方夏水雨，而滨海洿下，泞滞不通，虏亦遮守蹊要，军不得进。操患之，以问田畴。畴曰："此道，秋夏每常有水，浅不通车马，深不载舟船，为难久矣。旧北平郡治在平冈，道出卢龙，达于柳城。自建武以来，陷坏断绝，垂二百载，而尚有

微径可从。今虏将以大军当由无终，不得进而退，懈弛无备。若嘿回军，从卢龙口越白檀之险，出空虚之地，路近而便，掩其不备，蹋顿可不战而禽也。"操曰："善。"乃引军还，而署大木表于水侧路傍曰："方今夏暑，道路不通，且俟秋冬，乃复进军。"虏候骑见之，诚以为大军去也。操令畴将其众为乡导，上徐无山，堑山堙谷，五百余里，经白檀，历平冈，涉鲜卑庭，东指柳城。未至二百里，虏乃知之。尚、熙与蹋顿及辽西单于楼班、右北平单于能臣抵之等将数万骑逆军。八月，操登白狼山，卒与虏遇，众甚盛。操车重在后，被甲者少，左右皆惧。操登高，望虏阵不整，乃纵兵击之，使张辽为先锋，虏众大崩，斩蹋顿及名王已下，胡、汉降者二十余万口。

辽东单于速仆丸与尚、熙奔辽东太守公孙康，其众尚有数千骑。或劝操遂击之，操曰："吾方使康斩送尚、熙首，不烦兵矣。"九月，操引兵自柳城还。公孙康欲取尚、熙以为功，乃先置精勇于厩中，然后请尚、熙入，未及坐，康叱伏兵禽之，遂斩尚、熙，并速仆丸首送之。诸将或问操："公还而康斩尚、熙，何也？"操曰："彼素畏尚、熙，吾急之则并力，缓之则自相图，其势然也。"操枭尚首，令三军："敢有哭之者斩！"牵招独设祭悲哭，操义之，举为茂才。

时天寒且旱，二百里无水，军又乏食，杀马数千匹以为粮，凿地入三十余丈方得水。既还，科问前谏者，众莫知其故，人人皆惧。操皆厚赏之，曰："孤前行，乘危以徼幸，虽得之，天所佐也，顾不可以为常。诸君之谏，万安之计，是以相赏，后勿难言之。"

冬，十月，辛卯，有星孛于鹑尾。

乙巳，黄巾杀济南王赟。

十一月，曹操至易水，乌桓单于代郡普富卢、上郡那楼皆来贺。师还，论功行赏，以五百户封田畴为亭侯。畴曰："吾始为刘公报仇，率众遁逃，志义不立，反以为利，非本志也。"固让不受。操知其至心，许而不夺。

操之北伐也，刘备说刘表袭许，表不能用。及闻操还，表谓备曰："不用君言，故为失此大会。"备曰："今天下分裂，日寻干戈，事会之来，岂有终极乎！若能应之于后者，则此未足为恨也。"

是岁，孙权西击黄祖，虏其人民而还。

权母吴氏疾笃，引见张昭等，属以后事而卒。

初，琅邪诸葛亮寓居襄阳隆中，每自比管仲、乐毅。时人莫之许也，惟颍川徐庶与崔州平谓为信然。州平，烈之子也。

刘备在荆州，访士于襄阳司马徽。徽曰："儒生俗士，岂识时务，识时务者在乎俊杰。此间自有伏龙、凤雏。"备问为谁，曰："诸葛孔明、庞士元也。"徐庶见备于新野,备器之。庶谓备曰:"诸葛孔明,卧龙也,将军岂愿见之乎?"备曰:"君与俱来。"庶曰:"此人可就见,不可屈致也,将军宜枉驾顾之。"

备由是诣亮,凡三往,乃见。因屏人曰:"汉室倾颓,奸臣窃命,孤不度德量力,欲信大义于天下,而智术浅短,遂用猖蹶,至于今日。然志犹未已,君谓计将安出?"亮曰:"今曹操已拥百万之众,挟天子而令诸侯,此诚不可与争锋。孙权据有江东,已历三世,国险而民附,贤能为之用,此可与为援而不可图也。荆州北据汉、沔,利尽南海,东连吴会,西通巴、蜀,此用武之国,而其主不能守,此殆天所以资将军也。益州险塞,沃野千里,天府之土;刘璋暗弱,张鲁在北,民殷国富而不知存恤,智能之士思得明君。将军既帝室之胄,信义著于四海,若跨有荆、益,保其岩阻,抚和戎、越,结好孙权,内修政治,外观时变,则霸业可成,汉室可兴矣。"备曰:"善。"于是与亮情好日密。关羽、张飞不悦,备解之曰:"孤之有孔明,犹鱼之有水也。愿诸君勿复言。"羽、飞乃止。

司马徽,清雅有知人之鉴。同县庞德公素有重名,徽兄事之。诸葛亮每至德公家,独拜床下,德公初不令止。德公从子统,少时朴钝,未有识者,惟德公与徽重之。德公常谓孔明为卧龙,士元为凤雏,德操为水鉴,故德操与刘备语而称之。

十三年(戊子、208)

春,正月,司徒赵温辟曹操子丕。操表"温辟臣子弟,选举故不以实",策免之。

曹操还邺,作玄武池以肄舟师。

初,巴郡甘宁将僮客八百人归刘表,表儒人,不习军事,宁观表事势终必无成,恐一朝众散,并受其祸,欲东入吴。黄祖在夏口,军不得过,乃留,依祖三年,祖以凡人畜之。孙权击祖,祖军败走,权校尉凌操将兵急追之。宁善射,将兵在后,射杀操,祖由是得免。军罢,还营,待宁如初。祖都督苏飞数荐宁,祖不用。宁欲去,恐不免,飞乃白祖,以宁为邾长。宁遂亡奔孙权。周瑜、吕蒙共荐达之,权礼异,同于旧臣。

宁献策于权曰:"今汉祚日微,曹操终为篡盗。南荆之地,山川形便,诚国之西势也。宁观刘表,虑既不远,儿子又劣,非能承业传基者也。至尊当早图之,不可后操。图之之计,宜先取黄祖。祖今昏耄已甚,财谷并乏,左右贪纵,吏士心怨,舟船战具,顿废不修,怠于耕农,军无法伍。至尊今往,其破可必。一破祖军,鼓行而西,据楚关,大势弥广,即可渐规巴、蜀矣。"权深纳之。张昭时在坐,难曰:"今吴下业业,若军果行,恐必致乱。"宁谓昭曰:"国家以萧何之任付君,君居守而忧乱,奚以希慕古人乎?"权举酒属宁曰:"兴霸,今年行讨,如此酒矣,决以付卿。卿但当勉建方略,令必克祖,则卿之功,何嫌张长史之言乎!"

权遂西击黄祖。祖横两蒙冲，挟守沔口，以枍間大绁系石为矴，上有千人，以弩交射，飞矢雨下，军不得前。偏将军董袭与别部司马凌统俱为前部，各将敢死百人，人被两铠，乘大舸，突入蒙冲里。袭身以刀断两绁，蒙冲乃横流，大兵遂进。祖令都督陈就以水军逆战。平北都尉吕蒙勒前锋，亲枭就首。于是将士乘胜，水陆并进，傅其城，尽锐攻之，遂屠其城。祖挺身走，追斩之，虏其男女数万口。

权先作两函，欲以盛祖及苏飞首。权为诸将置酒，甘宁下席叩头，血涕交流，为权言飞畴昔旧恩，"宁不值飞，固已损骸于沟壑，不得致命于麾下。今飞罪当夷戮，特从将军乞其首领。"权感其言，谓曰："今为君置之。若走去何？"宁曰："飞免分裂之祸，受更生之恩，逐之尚必不走，岂当图亡哉！若尔，宁头当代入函。"权乃赦之。凌统怨宁杀其父操，常欲杀宁，权命统不得仇之，令宁将兵屯于它所。

夏，六月，罢三公官，复置丞相、御史大夫。癸巳，以曹操为丞相。操以冀州别驾从事崔琰为丞相西曹掾，司空东曹掾陈留毛玠为丞相东曹掾，元城令河内司马朗为主簿，弟懿为文学掾，冀州主簿卢毓为法曹议令史。毓，植之子也。

琰、玠并典选举，其所举用皆清正之士，虽于时有盛名而行不由本者，终莫得进。拔敦实，斥华伪，进冲逊，抑阿党。由是天下之士莫不以廉节自励，虽贵宠之臣，舆服不敢过度，至乃长吏还者，垢面羸衣，独乘柴车，军吏入府，朝服徒行。吏洁于上，俗移于下。操闻之，叹曰："用人如此，使天下人自治，吾复何为哉！"

司马懿少聪达，多大略。崔琰谓其兄朗曰："君弟聪亮明允，刚断英特，非子所及也。"操闻而辟之，懿辞以风痹。操怒，欲收之，懿惧，就职。

操使张辽屯长社，临发，军中有谋反者，夜，惊乱起火，一军尽扰。辽谓左右曰："勿动。是不一营尽反，必有造变者，欲以惊动人耳。"乃令军中："其不反者安坐。"辽将亲兵数十人中陈而立，有顷，皆定，即得首谋者，杀之。

辽在长社，于禁屯颍阴，乐进屯阳翟，三将任气，多共不协。操使司空主簿赵俨并参三军，每事训谕，遂相亲睦。

初，前将军马腾与镇西将军韩遂结为异姓兄弟，后以部曲相侵，更为仇敌。朝廷使司隶校尉钟繇、凉州刺史韦端和解之，征腾入屯槐里。曹操将征荆州，使张既说腾，令释部曲还朝，腾许之。已而更犹豫，既恐其为变，乃移诸县促储偫，二千石郊迎，腾不得已，发东。操表腾为卫尉，以其子超为偏将军，统其众，悉徙其家属诣邺。

秋，七月，曹操南击刘表。

八月，丁未，以光禄勋山阳郗虑为御史大夫。

壬子，太中大夫孔融弃市。融恃其才望，数戏侮曹操，发辞偏宕，多致乖忤。操以融名重天下，外相容忍而内甚嫌之。融又上书言："宜准古王畿之制，千里寰内，不以封建诸侯。"操疑融所论建渐广，益惮之。融与郗虑有隙，虑承操风旨，构成其罪，令丞相军谋祭酒路粹奏："融昔在北海，见王室不静，而招合徒众，欲规不轨。及与孙权使语，谤讪朝廷。又，前与白衣祢衡跌荡放言，更相赞扬。衡谓融曰'仲尼不死'，融答'颜回复生'，大逆不道，宜极重诛。"操遂收融，并其妻子皆杀之。

初，京兆脂习与融善，每戒融刚直太过，必罹世患。及融死，许下莫敢收者，习往抚尸曰："文举舍我死，吾何用生为！"操收习，欲杀之，既而赦之。

初，刘表二子琦、琮，表为琮娶其后妻蔡氏之侄，蔡氏遂爱琮而恶琦。表妻弟蔡瑁、外甥张允并得幸于表，日相与毁琦而誉琮。琦不自宁，与诸葛亮谋自安之术，亮不对。后乃共升高楼，因令去梯，谓亮曰："今日上不至天，下不至地，言出子口，而入吾耳，可以言未？"亮曰："君不见申生在内而危，重耳居外而安乎？"琦意感悟，阴规出计。会黄祖死，琦求代其任，表乃以琦为江夏太守。表病甚，琦归省疾。瑁、允恐其见表而父子相感，更有托后之意，乃谓琦曰："将军命君抚临江夏，其任至重。今释众擅来，必见谴怒。伤亲之欢，重增其疾，非孝敬之道也。"遂遏于户外，使不得见。琦流涕而去。表卒，瑁、允等遂以琮为嗣。琮以侯印授琦，琦怒投之地，将因奔丧作难。会曹操军至，琦奔江南。

章陵太守蒯越及东曹掾傅巽等劝刘琮降操，曰："逆顺有大体，强弱有定势。以人臣而拒人主，逆道也；以新造之楚而御中国，必危也；以刘备而敌曹公，不当也。三者皆短，将何以待敌？且将军自料何如刘备？若备不足御曹公，则虽全楚不能以自存也；若足御曹公，则备不为将军下也。"琮从之。九月，操至新野，琮遂举州降，以节迎操。诸将皆疑其诈，娄圭曰："天下扰攘，各贪王命以自重，今以节来，是必至诚。"操遂进兵。

时刘备屯樊，琮不敢告备。备久之乃觉，遣所亲问琮，琮令其官属宋忠诣备宣旨。时曹操已在宛，备乃大惊骇，谓忠曰："卿诸人作事如此，不早相语，今祸至方告我，不亦太剧乎！"引刀向忠曰："今断卿头，不足以解忿，亦耻丈夫临别复杀卿辈！"遣忠去。乃呼部曲共议。或劝备攻琮，荆州可得。备曰："刘荆州临亡托我以孤遗，背信自济，吾所不为，死何面目以见刘荆州乎！"备将其众去，过襄阳，驻马呼琮，琮惧，不能起。琮左右及荆州人多归备。备过辞表墓，涕泣而去。比到当阳，众十余万人，辎重数千两，日行十余里，别遣关羽乘船数百艘，使会江陵。或谓备曰："宜速行保江陵，今虽拥大众，被甲者少，若曹公兵至，何以拒之？"备曰："夫济大事必以人为本，今人归吾，吾何忍弃去！"

习凿齿论曰：刘玄德虽颠沛险难而信义愈明，势逼事危而言不失道。追景升之顾，则情感三军；恋赴义之士，则甘与同败。终济大业，不亦宜乎！

刘琮将王威说琮曰："曹操闻将军既降，刘备已走，必懈弛无备，轻行单进。若给威奇兵数千，徼之于险，操可获也。获操，即威震四海，非徒保守今日而已。"琮不纳。

操以江陵有军实，恐刘备据之，乃释辎重，轻军到襄阳。闻备已过，操将精骑五千急追之，一日一夜行三百余里，及于当阳之长坂。备弃妻子，与诸葛亮、张飞、赵云等数十骑走，操大获其人众辎重。

徐庶母为操所获，庶辞备，指其心曰："本欲与将军共图王霸之业者，以此方寸之地也。今已失老母，方寸乱矣，无益于事，请从此别。"遂诣操。

张飞将二十骑拒后，飞据水断桥，瞋目横矛曰："身是张益德也，可来共决死！"操兵无敢近者。

或谓备："赵云已北走。"备以手戟擿之曰："子龙不弃我走也。"顷之，云身抱备子禅，与关羽船会，得济沔，遇刘琦众万余人，与俱到夏口。

曹操进军江陵，以刘琮为青州刺史，封列侯，并蒯越等，侯者凡十五人。释韩嵩之囚，待以交友之礼，使条品州人优劣，皆擢而用之。以嵩为大鸿胪，蒯越为光禄勋，刘先为尚书，邓羲为侍中。

荆州大将南阳文聘别屯在外，琮之降也，呼聘，欲与俱。聘曰："聘不能全州，当待罪而已。"济汉，聘乃诣操。操曰："来何迟邪？"聘曰："先日不能辅弼刘荆州以奉国家，荆州虽没，常愿据守汉川，保全土境，生不负于孤弱，死无愧于地下，而计不在己，以至于此。实怀悲惭，无颜早见耳。"遂歔欷流涕。操为之怆然，字谓之曰："仲业，卿真忠臣也。"厚礼待之，使统本兵，为江夏太守。

初，袁绍在冀州，遣使迎汝南士大夫。西平和洽，以为冀州土平民强，英杰所利，四战之地，不如荆州土险民弱，易依倚也，遂从刘表。表以上客待之。洽曰："所以不从本初，辟争地也。昏世之主，不可黩近，久而不去，谗慝将兴。"遂南之武陵。表辟南阳刘望之为从事，而其友二人皆以谗毁为表所诛，望之又以正谏不合，投传告归。望之弟廙谓望之曰："赵杀鸣犊，仲尼回轮。今兄既不能法柳下惠和光同尘于内，则宜模范蠡迁化于外。坐而自绝于时，殆不可也。"望之不从，寻复见害，廙奔扬州。南阳韩暨避袁术之命，徙居山都山。刘表又辟之，遂逃居孱陵。表深恨之，暨惧，应命，除宜城长。河东裴潜亦为表所礼重，潜私谓王畅之〔子〕〔孙〕粲及河内司马芝曰："刘牧非霸王之才，乃欲西伯自处，其败无日矣。"遂南适长沙。于是操以暨为丞相士曹属，潜参丞相军事，洽、廙、粲皆为掾属，芝为菅令，从人望也。

冬，十月，癸未朔，日有食之。

初，鲁肃闻刘表卒，言于孙权曰："荆州与国邻接，江山险固，沃野万里，士民殷富,若据而有之,此帝王之资也。今刘表新亡,二子不协,军中诸将,各有彼此。刘备天下枭雄,与操有隙,寄寓于表,表恶其能而不能用也。若备与彼协心,上下齐同,则宜抚安,与结盟好;如有离违,宜别图之,以济大事。肃请得奉命吊表二子,并慰劳其军中用事者,及说备使抚表众,同心一意,共治曹操,备必喜而从命。如其克谐,天下可定也。今不速往,恐为操所先。"权即遣肃行。

到夏口,闻操已向荆州,晨夜兼道,比至南郡,而琮已降,备南走,肃径迎之,与备会于当阳长坂。肃宣权旨,论天下事势,致殷勤之意,且问备曰:"豫州今欲何至?"备曰:"与苍梧太守吴巨有旧,欲往投之。"肃曰:"孙讨虏聪明仁惠,敬贤礼士,江表英豪,咸归附之,已据有六郡,兵精粮多,足以立事。今为君计,莫若遣腹心自结于东,以共济世业。而欲投吴巨,巨是凡人,偏在远郡,行将为人所并,岂足托乎?"备甚悦。肃又谓诸葛亮曰:"我,子瑜友也。"即共定交。子瑜者,亮兄瑾也,避乱江东,为孙权长史。备用肃计,进住鄂县之樊口。

曹操自江陵将顺江东下。诸葛亮谓刘备曰:"事急矣,请奉命求救于孙将军。"遂与鲁肃俱诣孙权。亮见权于柴桑,说权曰:"海内大乱,将军起兵江东,刘豫州收众汉南,与曹操并争天下。今操芟夷大难,略已平矣,遂破荆州,威震四海。英雄无用武之地,故豫州遁逃至此,愿将军量力而处之。若能以吴、越之众与中国抗衡,不如早与之绝;若不能,何不按兵束甲,北面而事之!今将军外托服从之名,而内怀犹豫之计,事急而不断,祸至无日矣。"权曰:"苟如君言,刘豫州何不遂事之乎?"亮曰:"田横,齐之壮士耳,犹守义不辱;况刘豫州王室之胄,英才盖世,众士慕仰,若水之归海,若事之不济,此乃天也,安能复为之下乎!"权勃然曰:"吾不能举全吴之地,十万之众,受制于人。吾计决矣!非刘豫州莫可以当曹操者,然豫州新败之后,安能抗此难乎?"亮曰:"豫州军虽败于长坂,今战士还者及关羽水军精甲万人,刘琦合江夏战士亦不下万人。曹操之众,远来疲敝,闻追豫州,轻骑一日一夜行三百余里,此所谓'强弩之末势不能穿鲁缟'者也。故《兵法》忌之,曰'必蹶上将军'。且北方之人,不习水战;又,荆州之民附操者,逼兵势耳,非心服也。今将军诚能命猛将统兵数万,与豫州协规同力,破操军必矣。操军破,必北还,如此则荆、吴之势强,鼎足之形成矣。成败之机,在于今日。"权大悦,与其群下谋之。

是时,曹操遗权书曰:"近者奉辞伐罪,旌麾南指,刘琮束手。今治水军八十万众,方与将军会猎于吴。"权以示群下,莫不响震失色。长史张昭等曰:"曹公,豺虎也,挟天子以征四方,动以朝廷为辞,今日拒之,事更不顺。且将军大势可以拒操者,长江也。今操得荆州,奄有其地,刘表治水军,蒙冲斗舰乃以千数,操悉浮以沿江,兼有步兵,水陆俱下,此为长江之险已与我共之矣,而势力众寡又不可论。愚谓大计不如迎之。"鲁肃独不言。权起更衣，肃追于宇下，权知其意，执肃手曰："卿欲何言？"肃曰："向察众人之议，专欲误将军，不足与图大事。今肃可迎操耳，如将军，不可也。何以言之？今肃迎操，操当以肃还付乡党，品其名位，犹不失下曹从事，乘犊车，从吏卒，交游士林，累官故不失州郡也。将军迎操，欲安所归乎？愿早定大计，莫用众人之议也。"权叹息曰："诸人持议，甚失孤望。今卿廓开大计，正与孤同。"

时周瑜受使至番阳，肃劝权召瑜还。瑜至，谓权曰："操虽托名汉相，其实汉贼也。将军以神武雄才，兼仗父兄之烈，割据江东，地方数千里，兵精足用，英雄乐业，当横行天下，为汉家除残去秽。况操自送死，而可迎之邪？请为将军筹之：今北土未平，马超、韩遂尚在关西，为操后患；而操舍鞍马，杖舟楫，与吴、越争衡；今又盛寒，马无藁草，驱中国士众远涉江湖之间，不习水土，必生疾病。此数者用兵之患也，而操皆冒行之。将军禽操，宜在今日。瑜请得精兵数万人，进住夏口，保为将军破之。"权曰："老贼欲废汉自立久矣，徒忌二袁、吕布、刘表与孤耳。今数雄已灭，惟孤尚存，孤与老贼，势不两立。君言当击，甚与孤合，此天以君授孤也。"因拔刀斫前奏案曰："诸将吏敢复有言当迎操者，与此案同！"乃罢会。

是夜，瑜复见权曰："诸人徒见操书言水步八十万而各恐慑，不复料其虚实，便开此议，甚无谓也。今以实校之，彼所将中国人不过十五六万，且已久疲，所得表众亦极七八万耳，尚怀狐疑。夫以疲病之卒御狐疑之众，众数虽多，甚未足畏。瑜得精兵五万，自足制之，愿将军勿虑。"权抚其背曰："公瑾，卿言至此，甚合孤心。子布、元表诸人，各顾妻子，挟持私虑，深失所望。独卿与子敬与孤同耳，此天以卿二人赞孤也。五万兵难卒合，已选三万人，船粮战具俱办，卿与子敬、程公便在前发，孤当续发人众，多载资粮，为卿后援。卿能办之者诚决，邂逅不如意，便还就孤，孤当与孟德决之。"遂以周瑜、程普为左右督，将兵与备并力逆操。以鲁肃为赞军校尉，助画方略。

刘备在樊口，日遣逻吏于水次候望权军。吏望见瑜船，驰往白备，备遣人慰劳之。瑜曰："有军任，不可得委署，傥能屈威，诚副其所望。"备乃乘单舸往见瑜，问曰："今拒曹公，深为得计。战卒有几？"瑜曰："三万人。"备曰："恨少。"瑜曰："此自足用，豫州但观瑜破之。"备欲呼鲁肃等共会语，瑜曰："受命不得妄委署，若欲见子敬，可别过之。"备深愧喜。

进，与操遇于赤壁。时操军众已有疾疫，初一交战，操军不利，引次江北。瑜等在南岸，瑜部将黄盖曰："今寇众我寡，难与持久。操军方连船舰，首尾相接，可烧而走也。"乃取蒙冲斗舰十艘，载燥荻、枯柴，灌油其中，裹以帷幕，上建旌旗，豫备走舸，系于其尾。先以书遗操，诈云欲降。时东南风急，盖以十舰最著前，中江举帆,余船以次俱进。操军吏士皆出营立观,指言盖降。去北军二里余,同时发火,火烈风猛,船往如箭,烧尽北船,延及岸上营落。顷之,烟炎张天,人马烧溺死者甚众。瑜等率轻锐继其后,雷鼓大进,北军大坏。操引军从华容道步走,遇泥泞,道不通,天又大风,悉使羸兵负草填之,骑乃得过。羸兵为人马所蹈藉,陷泥中,死者甚众。刘备、周瑜水陆并进,追操至南郡。时操军兼以饥疫,死者太半。操乃留征南将军曹仁、横野将军徐晃守江陵,折冲将军乐进守襄阳,引军北还。

周瑜、程普将数万众,与曹仁隔江未战。甘宁请先径进取夷陵,往,即得其城,因入守之。益州将袭肃举军降,周瑜表以肃兵益横野中郎将吕蒙。蒙盛称:"肃有胆用,且慕化远来,于义宜益,不宜夺也。"权善其言,还肃兵。曹仁遣兵围甘宁,宁困急,求救于周瑜,诸将以为兵少不足分,吕蒙谓周瑜、程普曰:"留凌公绩于江陵,蒙与君行,解围释急,势亦不久。蒙保公绩能十日守也。"瑜从之,大破仁兵于夷陵,获马三百匹而还。于是将士形势自倍,瑜乃渡江,屯北岸,与仁相距。十二月,孙权自将围合肥,使张昭攻九江之当涂,不克。

刘备表刘琦为荆州刺史,引兵南徇四郡,武陵太守金旋、长沙太守韩玄、桂阳太守赵范、零陵太守刘度皆降。庐江营帅雷绪率部曲数万口归备。备以诸葛亮为军师中郎将,使督零陵、桂阳、长沙三郡,调其赋税以充军实。以偏将军赵雲领桂阳太守。

益州牧刘璋闻曹操克荆州,遣别驾张松致敬于操。松为人短小放荡,然识达精果。操时已定荆州,走刘备,不复存录松。主簿杨脩白操辟松,操不纳。松以此怨,归,劝刘璋绝操,与刘备相结,璋从之。

　　习凿齿论曰:昔齐桓一矜其功而叛者九国,曹操暂自骄伐而天下三分,皆勤之于数十年之内而弃之于俯仰之顷,岂不惜乎!

曹操追念田畴功,恨前听其让,曰:"是成一人之志,而亏王法大制也。"乃复以前爵封畴。畴上疏陈诚,以死自誓。操不听,欲引拜之,至于数四,终不受。有司劾畴:"狷介违道,苟立小节,宜免官加刑。"操下世子及大臣博议。世子丕以"畴同于子文辞禄,申胥逃赏,宜勿夺以优其节。"尚书令荀彧、司隶校尉钟繇,亦以为可听。操犹欲侯之,畴素与夏侯惇善,操使惇自以其情喻之。惇就畴宿而劝之,畴揣知其指,不复发言。惇临去,固邀畴,畴曰:"畴,负义逃窜之人耳,蒙恩全活,为幸多矣。岂可卖卢龙之塞以易赏禄哉!纵国私畴,畴独不愧于心乎!将军雅知畴者,犹复如此,若必不得已,请愿效死刎首于前。"言未卒,涕泣横流。惇具以答操,操喟然,知不可屈,乃拜为议郎。

操幼子仓舒卒,操伤惜之甚。司空掾邴原女早亡,操欲求与仓舒合葬,原辞曰:"嫁殇,非礼也。原之所以自容于明公,公之所以待原者,以能守训典而不易也。若听明公之命,则是凡庸也,明公焉以为哉!"操乃止。

孙权使威武中郎将贺齐讨丹阳黟、歙贼。黟帅陈仆、祖山等二万户屯林历山,四面壁立,不可得攻,军住经月。齐阴募轻捷士,于隐险处,夜以铁戈拓山潜上,县布以援下人。得上者百余人,令分布四面,鸣鼓角。贼大惊,守路者皆逆走,还依众。大军因是得上,大破之。权乃分其地为新都郡,以齐为太守。

资治通鉴卷第六十六

翰林学士兼侍读学士朝散大夫右谏议大夫知制诰判尚书都省兼提举万寿观公事上护军河内郡开国侯食邑一千三百户赐紫金鱼袋臣 司马光 奉敕编集

汉纪五十八 起屠维赤奋若(己丑),尽昭阳大荒落(癸巳),凡五年。

孝献皇帝辛

建安十四年(己丑、209)

春,三月,曹操军至谯。

孙权围合肥,久不下。权率轻骑欲身往突敌,长史张纮谏曰:"夫兵者凶器,战者危事也。今麾下恃盛壮之气,忽强暴之虏,三军之众,莫不寒心。虽斩将搴旗,威震敌场,此乃偏将之任,非主将之宜也。愿抑贲、育之勇,怀霸王之计。"权乃止。

曹操遣将军张喜将兵解围,久而未至。扬州别驾楚国蒋济密白刺史,伪得喜书,云步骑四万已到雩娄,遣主簿迎喜。三部使赍书语城中守将,一部得入城,二部为权兵所得。权信之,遽烧围走。

秋,七月,曹操引水军自涡入淮,出肥水,军合肥,开芍陂屯田。

冬,十月,荆州地震。

十二月,操军还谯。

庐江人陈兰、梅成据灊、六叛,操遣荡寇将军张辽讨斩之,因使辽与乐进、李典等将七千余人屯合肥。

周瑜攻曹仁岁余,所杀伤甚众,仁委城走。权以瑜领南郡太守,屯据江陵;程普领江夏太守,治沙羡;吕范领彭泽太守;吕蒙领寻阳令。刘备表权行车骑将军,领徐州牧。会刘琦卒,权以备领荆州牧,周瑜分南岸地以给备。备立营于油口,改名公安。

权以妹妻备。妹才捷刚猛,有诸兄风,侍婢百余人,皆执刀侍立,备每入,心常凛凛。

曹操密遣九江蒋干往说周瑜。干以才辩独步于江、淮之间,乃布衣葛巾,自托私行诣瑜。瑜出迎之,立谓干曰:"子翼良苦,远涉江湖,为曹氏作说客邪?"因延干,与周观营中,行视仓库、军资、器仗讫,还饮宴,示之侍者服饰珍玩之物。因谓干曰:"丈夫处世,遇知己之主,外托君臣之义,内结骨肉之恩,言行计从,祸福共之,假使苏、张共生,能移其意乎?"幹但笑,终无所言。还白操,称瑜雅量高致,非言辞所能间也。

丞相掾和洽言于曹操曰:"天下之人,材德各殊,不可以一节取也。俭素过中,自以处身则可,以此格物,所失或多。今朝廷之议,更有著新衣、乘好车者,谓之不清;形容不饰,衣裳敝坏者,谓之廉洁。至令士大夫故污辱其衣,藏其舆服;朝府大吏,或自挈壶飧以入官寺。夫立教观俗,贵处中庸,为可继也。今崇一概难堪之行以检殊涂,勉而为之,必有疲瘁。古之大教,务在通人情而已。凡激诡之行,则容隐伪矣。"操善之。

十五年(庚寅、210)

春,下令曰:"孟公绰为赵、魏老则优,不可以为滕、薛大夫。若必廉士而后可用,则齐桓其何以霸世!二三子其佐我明扬仄陋,唯才是举,吾得而用之。"

二月,乙巳朔,日有食之。

冬,曹操作铜爵台于邺。

十二月,己亥,操下令曰:"孤始举孝廉,自以本非岩穴知名之士,恐为世人之所凡愚,欲好作政教以立名誉,故在济南,除残去秽,平心选举。以是为强豪所忿,恐致家祸,故以病还乡里。时年纪尚少,乃于谯东五十里筑精舍,欲秋夏读书,冬春射猎,为二十年规,待天下清乃出仕耳。然不能得如意,征为典军校尉,意遂更欲为国家讨贼立功,使题墓道言'汉故征西将军曹侯之墓',此其志也。而遭值董卓之难,兴举义兵。后领兖州,破降黄巾三十万众;又讨击袁术,使穷沮而死;摧破袁绍,枭其二子;复定刘表,遂平天下。身为宰相,人臣之贵已极,意望已过矣。设使国家无有孤,不知当几人称帝,几人称王。或者人见孤强盛,又性不信天命,恐妄相忖度,言有不逊之志,每用耿耿,故为诸君陈道此言,皆肝鬲之要也。然欲孤便尔委捐所典兵众以还执事,归就武平侯国,实不可也。何者?诚恐己离兵为人所祸,既为子孙计,又己败则国家倾危,是以不得慕虚名而处实祸也!然封兼四县,食户三万,何德堪之!江湖未静,不可让位;至于邑土,可得而辞。今上还阳夏、柘、苦三县户二万,但食武平万户,且以分损谤议,少减孤之责也。"

刘表故吏士多归刘备,备以周瑜所给地少,不足以容其众,乃自诣京见孙权,求都督荆州。瑜上疏于权曰:"刘备以枭雄之姿,而有关羽、张飞熊虎之将,必非久屈为人用者。愚谓大计宜徙备置吴,盛为筑宫室,多其美女玩好,以娱其耳目,分此二人,各置一方,使如瑜者得挟与攻战,大事可定也。今猥割土地以资业之,聚此三人俱在疆场,恐蛟龙得云雨,终非池中物也。"吕范亦劝留之。权以曹操在北,方当广揽英雄,不从。备还公安,久乃闻之,叹曰:"天下智谋之士,所见略同。时孔明谏孤莫行,其意亦虑此也。孤方危急,不得不往,此诚险涂,殆不免周瑜之手!"

周瑜诣京见权曰:"今曹操新败,忧在腹心,未能与将军连兵相事也。乞与奋威俱进,取蜀而并张鲁,因留奋威固守其地,与马超结援,瑜还与将军据襄阳以蹙操,北方可图也。"权许之。奋威者,孙坚弟子奋威将军、丹阳太守瑜也。

周瑜还江陵为行装,于道病困,与权笺曰:"修短命矣,诚不足惜,但恨微志未展,不复奉教命耳。方今曹操在北,疆埸未静,刘备寄寓,有似养虎,天下之事,未知终始,此朝士旰食之秋,至尊垂虑之日也。鲁肃忠烈,临事不苟,可以代瑜。傥所言可采,瑜死不朽矣。"卒于巴丘。权闻之哀恸,曰:"公瑾有王佐之资,今忽短命,孤何赖哉!"自迎其丧于芜湖。瑜有一女、二男,权为长子登娶其女;以其男循为骑都尉,妻以女;胤为兴业都尉,妻以宗女。

初,瑜见友于孙策,太夫人又使权以兄奉之。是时权位为将军,诸将、宾客为礼尚简,而瑜独先尽敬,便执臣节。程普颇以年长,数陵侮瑜,瑜折节下之,终不与校。普后自敬服而亲重之,乃告人曰:"与周公瑾交,若饮醇醪,不觉自醉。"

权以鲁肃为奋武校尉,代瑜领兵,令程普领南郡太守。鲁肃劝权以荆州借刘备,与共拒曹操,权从之。乃分豫章为番阳郡,分长沙为汉昌郡;复以程普领江夏太守,鲁肃为汉昌太守,屯陆口。

初,权谓吕蒙曰:"卿今当涂掌事,不可不学。"蒙辞以军中多务。权曰:"孤岂欲卿治经为博士邪?但当涉猎,见往事耳。卿言多务,孰若孤?孤常读书,自以为大有所益。"蒙乃始就学。及鲁肃过寻阳,与蒙论议,大惊曰:"卿今者才略,非复吴下阿蒙!"蒙曰:"士别三日,即更刮目相待,大兄何见事之晚乎!"肃遂拜蒙母,结友而别。

刘备以从事庞统守耒阳令,在县不治,免官。鲁肃遗备书曰:"庞士元非百里才也,使处治中、别驾之任,始当展其骥足耳。"诸葛亮亦言之。备见统,与善谭,大器之,遂用统为治中,亲待亚于诸葛亮,与亮并为军师中郎将。

初,苍梧士燮为交阯太守。交州刺史朱符为夷贼所杀,州郡扰乱,燮表其弟壹领合浦太守,黪领九真太守,武领南海太守。燮体器宽厚,中国士人多往依之。雄长一州,偏在万里,威尊无上,出入仪卫甚盛,震服百蛮。

朝廷遣南阳张津为交州刺史。津好鬼神事,常著绛帕头,鼓琴烧香,读道书,云可以助化,为其将区景所杀。刘表遣零陵赖恭代津为刺史。是时苍梧太守史璜死,表又遣吴巨代之。朝廷赐燮玺书,以燮为绥南中郎将,董督七郡,领交阯太守如故。后巨与恭相失,巨举兵逐恭,恭走还零陵。

孙权以番阳太守临淮步骘为交州刺史,士燮率兄弟奉承节度。吴巨外附内违,骘诱而斩之,威声大震。权加燮左将军,燮遣子入质。由是岭南始服属于权。

十六年(辛卯、211)

春,正月,以曹操世子丕为五官中郎将,置官属,为丞相副。

三月,操遣司隶校尉钟繇讨张鲁,使征西护军夏侯渊等将兵出河东,与繇会。仓曹属高柔谏曰:"大兵西出,韩遂、马超疑为袭己,必相扇动。宜先招集三辅,三辅苟平,汉中可传檄而定也。"操不从。

关中诸将果疑之,马超、韩遂、侯选、程银、杨秋、李堪、张横、梁兴、成宜、马玩等十部皆反,其众十万,屯据潼关。操遣安西将军曹仁督诸将拒之,敕令坚壁勿与战。命五官将丕留守邺,以奋武将军程昱参丕军事,门下督广陵徐宣为左护军,留统诸军,乐安国渊为居府长史,统留事。秋,七月,操自将击超等。议者多言:"关西兵习长矛,非精选前锋,不可当也。"操曰:"战在我,非在贼也。贼虽习长矛,将使不得以刺,诸君但观之。"

八月,操至潼关,与超等夹关而军。操急持之,而潜遣徐晃、朱灵以步骑四千人渡浦阪津,据河西为营。闰月,操自潼关北渡河。兵众先渡,操独与虎士百余人留南岸断后。马超将步骑万余人攻之,矢下如雨,操犹据胡床不动。许褚扶操上船,船工中流矢死,褚左手举马鞍以蔽操,右手刺船。校尉丁斐,放牛马以饵贼,贼乱取牛马,操乃得渡。遂自蒲阪渡西河,循河为甬道而南。超等退拒渭口,操乃多设疑兵,潜以舟载兵入渭,为浮桥,夜,分兵结营于渭南。超等夜攻营,伏兵击破之。超等屯渭南,遣信求割河以西请和,操不许。九月,操进军,悉渡渭。超等数挑战,又不许;固请割地,求送任子。贾诩以为可伪许之。操复问计策,诩曰:"离之而已。"操曰:"解。"

韩遂请与操相见,操与遂有旧,于是交马语移时,不及军事,但说京都旧故,拊手欢笑。时秦、胡观者,前后重沓,操笑谓之曰:"尔欲观曹公邪?亦犹人也,非有四目两口,但多智耳。"既罢,超等问遂:"公何言?"遂曰:"无所言也。"超等疑之。他日,操又与遂书,多所点窜,如遂改定者;超等愈疑遂。操乃与克日会战,先以轻兵挑之,战良久,乃纵虎骑夹击,大破之,斩成宜、李堪等。遂、超奔凉州,杨秋奔安定。

诸将问操曰:"初,贼守潼关,渭北道缺,不从河东击冯翊而反守潼关,引日而后北渡,何也?"操曰:"贼守潼关,若吾入河东,贼必引守诸津,则西河未可渡,吾故盛兵向潼关。贼悉众南守,西河之备虚,故二将得擅取西河。然后引军北渡,贼不能与吾争西河者,以二将之军也。连车树栅,为甬道而南,既为不可胜,且以示弱。渡渭为坚垒,虏至不出,所以骄之也,故贼不为营垒而求割地。吾顺言许之,所以从其意,使自安而不为备,因畜士卒之力,一旦击之,所谓疾雷不及掩耳。兵之变化,固非一道也。"

始,关中诸将每一部到,操辄有喜色。诸将问其故,操曰:"关中长远,若贼各依险阻,征之,不一二年不可定也。今皆来集,其众虽多,莫相归服,军无适主,一举可灭,为功差易,吾是以喜。"

冬,十月,操自长安北征杨秋,围安定。秋降,复其爵位,使留抚其民。

十二月,操自安定还,留夏侯渊屯长安。以议郎张既为京兆尹。既招怀流民,兴复县邑,百姓怀之。

遂、超之叛也,弘农、冯翊县邑多应之,河东民独无异心。操与超等夹渭为军,军食一仰河东。及超等破,余畜尚二十余万斛,操乃增河东太守杜畿秩中二千石。

扶风法正为刘璋军议校尉,璋不能用,又为其州里俱侨客者所鄙,正邑邑不得志。益州别驾张松与正善,自负其才,忖璋不足与有为,常窃叹息。松劝璋结刘备,璋曰:"谁可使者?"松乃举正。璋使正往,正辞谢,佯为不得已而行。还,为松说备有雄略,密谋奉戴以为州主。

会曹操遣钟繇向汉中,璋闻之,内怀恐惧。松因说璋曰:"曹公兵无敌于天下,若因张鲁之资以取蜀土,谁能御之!刘豫州,使君之宗室而曹公之深仇也,善用兵,若使之讨鲁,鲁必破矣。鲁破,则益州强,曹公虽来,无能为也。今州中诸将庞羲、李异等,皆恃功骄豪,欲有外意。不得豫州,则敌攻其外,民攻其内,必败之道也。"璋然之,遣法正将四千人迎备。主簿巴西黄权谏曰:"刘左将军有骁名,今请到,欲以部曲遇之,则不满其心,欲以宾客礼待,则一国不容二君。若客有泰山之安,则主有累卵之危。不若闭境以待时清。"璋不听,出权为广汉长。从事广汉王累,自倒县于州门以谏,璋一无所纳。

法正至荆州,阴献策于刘备曰:"以明将军之英才,乘刘牧之懦弱;张松,州之股肱,响应于内;以取益州,犹反掌也。"备疑未决。庞统言于备曰:"荆州荒残,人物殚尽,东有孙车骑,北有曹操,难以得志。今益州户口百万,土沃财富,诚得以为资,大业可成也。"备曰:"今指与吾为水火者,曹操也。操以急,吾以宽;操以暴,吾以仁;操以谲,吾以忠。每与操反,事乃可成耳。今以小利而失信义于天下,奈何?"统曰:"乱离之时,固非一道所能定也。且兼弱攻昧,逆取顺守,古人所贵。若事定之后,封以大国,何负于信!今日不取,终为人利耳。"备以为然。乃留诸葛亮、关羽等守荆州,以赵云领留营司马,备将步卒数万人入益州。

孙权闻备西上,遣舟船迎妹,而夫人欲将备子禅还吴,张飞、赵云勒兵截江,乃得禅还。

刘璋敕在所供奉备,备入境如归,前后赠遗以巨亿计。备至巴郡,巴郡太守严颜拊心叹曰:"此所谓'独坐穷山,放虎自卫'者也。"备自江州北由垫江水诣涪。

璋率步骑三万余人，车乘帐幔，精光耀日，往会之。张松令法正白备，便于会袭璋。备曰："此事不可仓猝。"庞统曰："今因会执之，则将军无用兵之劳而坐定一州也。"备曰："初入他国，恩信未著，此不可也。"璋推备行大司马，领司隶校尉；备亦推璋行镇西大将军，领益州牧。所将将士，更相之适，欢饮百余日。璋增备兵，厚加资给，使击张鲁，又令督白水军。备并军三万余人，车甲、器械、资货甚盛。璋还成都，备北到葭萌，未即讨鲁，厚树恩德以收众心。

十七年（壬辰、212）

春，正月，曹操还邺。诏操赞拜不名，入朝不趋，剑履上殿，如萧何故事。

操之西征也，河间民田银、苏伯反，扇动幽、冀。五官将丕欲自讨之，功曹常林曰："北方吏民，乐安厌乱，服化已久，守善者多。银、伯犬羊相聚，不能为害。方今大军在远，外有强敌，将军为天下之镇，轻动远举，虽克不武。"乃遣将军贾信讨之，应时克灭。余贼千余人请降，议者皆曰："公有旧法，围而后降者不赦。"程昱曰："此乃扰攘之际，权时之宜。今天下略定，不可诛；纵诛之，宜先启闻。"议者皆曰："军事有专无请。"昱曰："凡专命者，谓有临时之急耳。今此贼制在贾信之手，故老臣不愿将军行之也。"丕曰："善。"即白操，操果不诛。既而闻昱之谋，甚悦，曰："君非徒明于军计，又善处人父子之间。"

故事，破贼文书，以一为十，国渊上首级，皆如其实数。操问其故，渊曰："夫征讨外寇，多其斩获之数者，欲以大武功，耸民听也。河间在封域之内，银等叛逆，虽克捷有功，渊窃耻之。"操大悦。

夏，五月，癸未，诛卫尉马腾，夷三族。

六月，庚寅晦，日有食之。

秋，七月，螟。

马超等余众屯蓝田，夏侯渊击平之。

郿贼梁兴寇略冯翊，诸县恐惧，皆寄治郡下，议者以为当移就险阻。左冯翊郑浑曰："兴等破散，藏窜山谷，虽有随者，率胁从耳。今当广开降路，宣谕威信。而保险自守，此示弱也。"乃聚吏民，治城郭，为守备，募民逐贼，得其财物妇女，十以七赏。民大悦，皆愿捕贼。贼之失妻子者，皆还求降，浑责其得他妇女，然后还之。于是转相寇盗，党与离散。又遣吏民有恩信者分布山谷告谕之，出者相继，乃使诸县吏各还本治，以安集之。兴等惧，将余众聚郿城。操使夏侯渊助浑讨之，遂斩兴，余党悉平。浑，泰之弟也。

九月，庚戌，立皇子熙为济阴王，懿为山阳王，邈为济北王，敦为东海王。

初，张纮以秣陵山川形胜，劝孙权以为治所；及刘备东过秣陵，亦劝权居之。权于是作石头城，徙治秣陵，改秣陵为建业。

吕蒙闻曹操欲东兵,说孙权夹濡须水口立坞。诸将皆曰:"上岸击贼,洗足入船,何用坞为?"蒙曰:"兵有利钝,战无百胜,如有邂逅,敌步骑蹙人,不暇及水,其得入船乎?"权曰:"善。"遂作濡须坞。

冬,十月,曹操东击孙权。董昭言于曹操曰:"自古已来,人臣匡世,未有今日之功。有今日之功,未有久处人臣之势者也。今明公耻有惭德,乐保名节。然处大臣之势,使人以大事疑己,诚不可不重虑也。"乃与列侯诸将议,以丞相宜进爵国公,九锡备物,以彰殊勋。荀彧以为:"曹公本兴义兵以匡朝宁国,秉忠贞之诚,守退让之实。君子爱人以德,不宜如此。"操由是不悦。及击孙权,表请彧劳军于谯,因辄留彧,以侍中、光禄大夫、持节、参丞相军事。操军向濡须,彧以疾留寿春,饮药而卒。彧行义修整而有智谋,好推贤进士,故时人皆惜之。

臣光曰:孔子之言仁也重矣,自子路、冉求、公西赤门人之高第,令尹子文、陈文子诸侯之贤大夫,皆不足以当之,而独称管仲之仁,岂非以其辅佐齐桓,大济生民乎!齐桓之行若狗彘,管仲不羞而相之,其志盖以非桓公则生民不可得而济也。汉末大乱,群生涂炭,自非高世之才不能济也。然则荀彧舍魏武将谁事哉!

齐桓之时,周室虽衰,未若建安之初也。建安之初,四海荡覆,尺土一民,皆非汉有。荀彧佐魏武而兴之,举贤用能,训卒厉兵,决机发策,征伐四克,遂能以弱为强,化乱为治,十分天下而有其八,其功岂在管仲之后乎!管仲不死子纠而荀彧死汉室,其仁复居管仲之先矣!

而杜牧乃以为"彧之劝魏武取兖州则比之高、光,官渡不令还许则比之楚、汉,及事就功毕,乃欲邀名于汉代,譬之教盗穴墙发匮而不与同挈,得不为盗乎?"臣以为孔子称"文胜质则史",凡为史者记人之言,必有以文之。然则比魏武于高、光、楚、汉者,史氏之文也,岂皆彧口所言邪?用是贬彧,非其罪矣。且使魏武为帝,则彧为佐命元功,与萧何同赏矣,彧不利此而利于杀身以邀名,岂人情乎!

十二月,有星孛于五诸侯。

刘备在葭萌,庞统言于备曰:"今阴选精兵,昼夜兼道,径袭成都,刘璋既不武,又素无豫备,大军卒至,一举便定,此上计也。杨怀、高沛,璋之名将,各杖强兵,据守关头,闻数有笺谏璋,使发遣将军还荆州。将军遣与相闻,说荆州有急,欲还救之,并使装束,外作归形,此二子既服将军英名,又喜将军之去,计必乘轻骑来见将军,因此执之,进取其兵,乃向成都,此中计也。退还白帝,连引荆州,徐还图之,此下计也。若沉吟不去,将致大困,不可久矣。"备然其中计。

及曹操攻孙权,权呼备自救。备贻璋书曰:"孙氏与孤本为唇齿,而关羽兵弱,今不往救,则曹操必取荆州,转侵州界,其忧甚于张鲁。鲁自守之贼,不足虑也。"因求益万兵及资粮,璋但许兵四千,其余皆给半。备因激怒其众曰:"吾为益州征强敌,师徒勤瘁,而积财吝赏,何以使士大夫死战乎!"张松书与备及法正曰:"今大事垂立,如何释此去乎!"松兄广汉太守肃,恐祸及己,因发其谋。于是璋收斩松,敕关戍诸将文书皆勿复得与备关通。备大怒,召璋白水军督杨怀、高沛,责以无礼,斩之,勒兵径至关头,并其兵,进据涪城。

十八年(癸巳,213)

春,正月,曹操进军濡须口,号步骑四十万,攻破孙权江西营,获其都督公孙阳。权率众七万御之,相守月余。操见其舟船器仗军伍整肃,叹曰:"生子当如孙仲谋,如刘景升儿子,豚犬耳!"权为笺与操,说:"春水方生,公宜速去。"别纸言:"足下不死,孤不得安。"操语诸将曰:"孙权不欺孤。"乃彻军还。

庚寅,诏并十四州,复为九州。

夏,四月,曹操至邺。

初,曹操在谯,恐滨江郡县为孙权所略,欲徙令近内,以问扬州别驾蒋济,曰:"昔孤与袁本初对军官渡,徙燕、白马民,民不得走,贼亦不敢钞。今欲徙淮南民,何如?"对曰:"是时兵弱贼强,不徙必失之。自破袁绍以来,明公威震天下,民无他志,人情怀土,实不乐徙,惧必不安。"操不从。既而民转相惊,自庐江、九江、蕲春、广陵,户十余万皆东渡江,江西遂虚,合肥以南,惟有皖城。济后奉使诣邺,操迎见,大笑曰:"本但欲使避贼,乃更驱尽之!"拜济丹阳太守。

五月,丙申,以冀州十郡封曹操为魏公,以丞相领冀州牧如故。又加九锡:大辂、戎辂各一,玄牡二驷;衮冕之服,赤舄副焉;轩县之乐,六佾之舞;朱户以居;纳陛以登;虎贲之士三百人;钺、钺各一;彤弓一,彤矢百,玈弓十,玈矢千;秬鬯一卣,珪、瓒副焉。

大雨水。

益州从事广汉郑度闻刘备举兵,谓刘璋曰:"左将军悬军袭我,兵不满万,士众未附,军无辎重,野谷是资。其计莫若尽驱巴西、梓潼民内、涪水以西,其仓廪野谷,一皆烧除,高垒深沟,静以待之。彼至,请战,勿许。久无所资,不过百日,必将自走,走而击之,此必禽耳。"刘备闻而恶之,以问法正。正曰:"璋终不能用,无忧也。"璋果谓其群下曰:"吾闻拒敌以安民,未闻动民以避敌也。"不用度计。

璋遣其将刘璝、冷苞、张任、邓贤、吴懿等拒备,皆败,退保绵竹;懿诣军降。璋复遣护军南阳李严、江夏费观督绵竹诸军,严、观亦率其众降于备。备军益强,分遣诸将平下属县。刘璝、张任与璋子循退守雒城,备进军围之。任勒兵出战于雁桥,军败,任死。

秋，七月，魏始建社稷、宗庙。

魏公操纳三女为贵人。

初，魏公操追马超至安定，闻田银、苏伯反，引军还。参凉州军事杨阜言于操曰："超有信、布之勇，甚得羌、胡心，若大军还，不设备，陇上诸郡非国家之有也。"操还，超果率羌、胡击陇上诸郡县，郡县皆应之，惟冀城奉州郡以固守。

超尽兼陇右之众，张鲁复遣大将杨昂助之，凡万余人，攻冀城，自正月至八月，救兵不至。刺史韦康遣别驾阎温出，告急于夏侯渊，外围数重，温夜从水中潜出。明日，超兵见其迹，遣追获之。超载温诣城下，使告城中云："东方无救。"温向城大呼曰："大军不过三日至，勉之！"城中皆泣，称万岁。超虽怒，犹以攻城久不下，徐徐更诱温，冀其改意。温曰："事君有死无二，而卿乃欲令长者出不义之言乎！"超遂杀之。

已而外救不至，韦康及太守欲降。杨阜号哭谏曰："阜等率父兄子弟以义相励，有死无二，以为使君守此城。今奈何弃垂成之功，陷不义之名乎！"刺史、太守不听，开城门迎超。超入，遂杀刺史、太守，自称征西将军，领并州牧，督凉州军事。

魏公操使夏侯渊救冀，未到而冀败。渊去冀二百余里，超来逆战，渊军不利。氐王千万反应超，屯兴国，渊引军还。

会杨阜丧妻，就超求假以葬之。阜外兄天水姜叙为抚夷将军，拥兵屯历城。阜见叙及其母，歔欷悲甚。叙曰："何为乃尔？"阜曰："守城不能完，君亡不能死，亦何面目以视息于天下！马超背父叛君，虐杀州将，岂独阜之忧责，一州士大夫皆蒙其耻。君拥兵专制而无讨贼心，此赵盾所以书弑君也。超强而无义，多衅易图耳。"叙母慨然曰："咄！伯奕，韦使君遇难，亦汝之负，岂独义山哉！人谁不死，死于忠义，得其所也。但当速发，勿复顾我，我自为汝当之，不以余年累汝也。"叙乃与同郡赵昂、尹奉、武都李俊等合谋讨超，又使人至冀，结安定梁宽、南安赵衢使为内应。超取赵昂子月为质，昂谓妻异曰："吾谋如是，事必万全，当奈月何？"异厉声应曰："雪君父之大耻，丧元不足为重，况一子哉！"

九月，阜与叙进兵，入卤城，昂、奉据祁山，以讨超。超闻之，大怒，赵衢因谲说超，使自出击之。超出，衢与梁宽闭冀城门，尽杀超妻子。超进退失据，乃袭历城，得叙母。叙母骂之曰："汝背父之逆子，杀君之桀贼，天地岂久容汝，而不早死，敢以面目视人乎！"超杀之，又杀赵昂之子月。杨阜与超战，身被五创。超兵败，遂南奔张鲁。鲁以超为都讲祭酒，欲妻之以女。或谓鲁曰："有人若此，不爱其亲，焉能爱人！"鲁乃止。操封讨超之功，侯者十一人，赐杨阜爵关内侯。

冬，十一月，魏初置尚书、侍中、六卿。以荀攸为尚书令，凉茂为仆射，毛玠、崔琰、常林、徐奕、何夔为尚书,王粲、杜袭、卫觊、和洽为侍中,钟繇为大理,王脩为大司农,袁涣为郎中令、行御史大夫事,陈群为御史中丞。袁涣得赏赐,皆散之,家无所储,乏则取之于人,不为皦察之行,然时人皆服其清。时有传刘备死者,群臣皆贺,唯涣独否。

　　魏公操欲复肉刑,令曰:"昔陈鸿胪以为死刑有可加于仁恩者,御史中丞能申其父之论乎?"陈群对曰:"臣父纪以为汉除肉刑而增加于笞,本兴仁恻而死者更众,所谓名轻而实重者也。名轻则易犯,实重则伤民。且杀人偿死,合于古制;至于伤人,或残毁其体,而裁剪毛发,非其理也。若用古刑,使淫者下蚕室,盗者刖其足,则永无淫放穿窬之奸矣。夫三千之属,虽未可悉复,若斯数者,时之所患,宜先施用。汉律所杀殊死之罪,仁所不及也,其余逮死者,可易以肉刑。如此,则所刑之与所生足以相贸矣。今以笞死之法易不杀之刑,是重人支体而轻人躯命也。"当时议者,唯钟繇与群议同,余皆以为未可行。操以军事未罢,顾众议而止。

资治通鉴卷第六十七

翰林学士兼侍读学士朝散大夫右谏议大夫知制诰判尚书都省兼提
举万寿观公事上护军河内郡开国侯食邑一千三百户赐紫金鱼袋臣 司马光 奉敕编集

汉纪五十九 起阏逢敦牂（甲午），尽柔兆涒滩（丙申），凡三年。

孝献皇帝壬

建安十九年（甲午、214）

春，马超从张鲁求兵，北取凉州，鲁遣超还围祁山。姜叙等告急于夏侯渊，诸将议欲须魏公操节度。渊曰："公在邺，反覆四千里，比报，叙等必败，非救急也。"遂行，使张郃督步骑五千为前军。超败走。

韩遂在显亲，渊欲袭取之，遂走。渊追至略阳城，去遂三十余里，诸将欲攻之，或言当攻兴国氐。渊以为："遂兵精，兴国城固，攻不可卒拔，不如击长离诸羌。长离诸羌多在遂军，必归救其家。若舍羌独守则孤，救长离则官兵得与野战，必可虏也。"渊乃留督将守辎重，自将轻兵到长离，攻烧羌屯，遂果救长离。诸将见遂兵众，欲结营作堑乃与战。渊曰："我转斗千里，今复作营堑，则士众罢敝，不可复用。贼虽众，易与耳。"乃鼓之，大破遂军。进围兴国。氐王千万奔马超，余众悉降。转击高平、屠各，皆破之。

三月，诏魏公操位在诸侯王上，改授金玺、赤绂、远游冠。

夏，四月，旱。五月，雨水。

初，魏公操遣庐江太守朱光屯皖，大开稻田。吕蒙言于孙权曰："皖田肥美，若一收熟，彼众必增，宜早除之。"闰月，权亲攻皖城。诸将欲作土山，添攻具，吕蒙曰："治攻具及土山，必历日乃成，城备既修，外救必至，不可图也。且吾乘雨水以入，若留经日，水必向尽，还道艰难，蒙窃危之。今观此城，不能甚固，以三军锐气，四面并攻，不移时可拔，及水以归，全胜之道也。"权从之。蒙荐甘宁为升城督，宁手持练，身缘城，为士卒先，蒙以精锐继之，手执枹鼓，士卒皆腾踊。侵晨进攻，食时破之，获朱光及男女数万口。既而张辽至夹石，闻城已拔，乃退。权拜吕蒙为庐江太守，还屯寻阳。

诸葛亮留关羽守荆州，与张飞、赵雲将兵溯流克巴东。至江州，破巴郡太守严颜，生获之。飞呵颜曰："大军既至，何以不降，而敢拒战？"颜曰："卿等无状，侵夺我州，我州但有断头将军，无降将军也。"飞怒，令左右牵去斫头，颜容止不变，曰:"斫头便斫头,何为怒邪!"飞壮而释之,引为宾客。分遣赵云从外水定江阳、犍为,飞定巴西、德阳。

刘备围雒城且一年,庞统为流矢所中,卒。法正笺与刘璋,为陈形势强弱,且曰:"左将军从举兵以来,旧心依依,实无薄意。愚以为可图变化,以保尊门。"璋不答。雒城溃,备进围成都。诸葛亮、张飞、赵云引兵来会。

马超知张鲁不足与计事,又鲁将杨昂等数害其能,超内怀於邑。备使建宁督邮李恢往说之,超遂从武都逃入氐中,密书请降于备。备使人止超,而潜以兵资之。超到,令引军屯城北,城中震怖。

备围城数十日,使从事中郎涿郡简雍入说刘璋。时城中尚有精兵三万人,谷帛支一年,吏民咸欲死战。璋言:"父子在州二十余年,无恩德以加百姓。百姓攻战三年,肌膏草野者,以璋故也,何心能安!"遂开城,与简雍同舆出降,群下莫不流涕。备迁璋于公安,尽归其财物,佩振威将军印绶。

备入成都,置酒,大飨士卒。取蜀城中金银,分赐将士,还其谷帛。备领益州牧,以军师中郎将诸葛亮为军师将军,益州太守南郡董和为掌军中郎将,并署左将军府事,偏将军马超为平西将军,军议校尉法正为蜀郡太守、扬武将军,裨将军南阳黄忠为讨虏将军,从事中郎麋竺为安汉将军,简雍为昭德将军,北海孙乾为秉忠将军,广汉长黄权为偏将军,汝南许靖为左将军长史,庞羲为司马,李严为犍为太守,费观为巴郡太守,山阳伊籍为从事中郎,零陵刘巴为西曹掾,广汉彭羕为益州治中从事。

初,董和在郡,清俭公直,为民夷所爱信,蜀中推为循吏,故备举而用之。备之自新野奔江南也,荆楚群士从之如云,而刘巴独北诣魏公操。操辟为掾,遣招纳长沙、零陵,桂阳。会备略有三郡,巴事不成,欲由交州道还京师。时诸葛亮在临蒸,以书招之,巴不从,备深以为恨。巴遂自交阯入蜀依刘璋。及璋迎备,巴谏曰:"备,雄人也,入必为害。"既入,巴复谏曰:"若使备讨张鲁,是放虎于山林也。"璋不听,巴闭门称疾。备攻成都,令军中曰:"有害巴者,诛及三族。"及得巴,甚喜。是时益州郡县皆望风景附,独黄权闭城坚守,须璋稽服,乃降。于是董和、黄权、李严等,本璋之所授用也;吴懿、费观等,璋之婚亲也;彭羕,璋之所摈弃也;刘巴,宿昔之所忌恨也;备皆处之显任,尽其器能,有志之士,无不竞劝,益州之民,是以大和。初,刘璋以许靖为蜀郡太守。成都将溃,靖谋逾城降备,备以此薄靖,不用也。法正曰:"天下有获虚誉而无其实者,许靖是也。然今主公始创大业,天下之人,不可户说,宜加敬重,以慰远近之望。"备乃礼而用之。

成都之围也,备与士众约:"若事定,府库百物,孤无预焉。"及拔成都,士众皆舍干戈赴诸藏,竞取宝物。军用不足,备甚忧之,刘巴曰:"此易耳。但当铸直百钱,平诸物价,令吏为官市。"备从之。数月之间,府库充实。

时议者欲以成都名田宅分赐诸将,赵云曰:"霍去病以匈奴未灭,无用家为。今国贼非但匈奴,未可求安也。须天下都定,各反桑梓,归耕本土,乃其宜耳。益州人民,初罹兵革,田宅皆可归还,令安居复业,然〔后〕可役调,得其欢心,不宜夺之以私所爱也。"备从之。

备之袭刘璋也,留中郎将南郡霍峻守葭萌城。张鲁遣杨昂诱峻求共守城。峻曰:"小人头可得,城不可得!"昂乃退。后璋将扶禁、向存等帅万余人由阆水上,攻围峻,且一年。峻城中兵才数百人,伺其怠隙,选精锐出击,大破之,斩存。备既定蜀,乃分广汉为梓潼郡,以峻为梓潼太守。

法正外统都畿,内为谋主,一飡之德,睚眦之怨,无不报复,擅杀毁伤己者数人。或谓诸葛亮曰:"法正太纵横,将军宜启主公,抑其威福。"亮曰:"主公之在公安也,北畏曹操之强,东惮孙权之逼,近则惧孙夫人生变于肘腋。法孝直为之辅翼,令翻然翱翔,不可复制。如何禁止孝直,使不得少行其意邪!"

诸葛亮佐备治蜀,颇尚严峻,人多怨叹者。法正谓亮曰:"昔高祖入关,约法三章,秦民知德。今君假借威力,跨据一州,初有其国,未垂惠抚;且客主之义,宜相降下,愿缓刑弛禁,以慰其望。"亮曰:"君知其一,未知其二。秦以无道,政苛民怨,匹夫大呼,天下土崩,高祖因之,可以弘济。刘璋暗弱,自焉已来,有累世之恩,文法羁縻,互相承奉,德政不举,威刑不肃。蜀土人士,专权自恣,君臣之道,渐以陵替。宠之以位,位极则贱;顺之以恩,恩竭则慢。所以致敝,实由于此。吾今威之以法,法行则知恩;限之以爵,爵加则知荣。荣恩并济,上下有节,为治之要,于斯而著矣。"

刘备以零陵蒋琬为广都长。备尝因游观,奄至广都,见琬众事不治,时又沉醉。备大怒,将加罪戮。诸葛亮请曰:"蒋琬社稷之器,非百里之才也。其为政以安民为本,不以修饰为先,愿主公重加察之。"备雅敬亮,乃不加罪,仓卒但免官而已。

秋,七月,魏公操击孙权,留少子临菑侯植守邺。操为诸子高选官属,以邢颙为植家丞。颙防闲以礼,无所屈桡,由是不合。庶子刘桢美文辞,植亲爱之。桢以书谏植曰:"君侯采庶子之春华,忘家丞之秋实,为上招谤,其罪不小,愚实惧焉。"

魏尚书令荀攸卒。攸深密有智防,自从魏公操攻讨,常谋谟帷幄,时人及子弟莫知其所言。操尝称:"荀文若之进善,不进不休;荀公达之去恶,不去不止。"又称:"二荀令之论人,久而益信,吾没世不忘。"

初,枹罕宋建因凉州乱,自号河首平汉王,改元,置百官,三十余年。冬,十月,魏公操使夏侯渊自兴国讨建,围枹罕,拔之,斩建。渊别遣张郃等渡河,入小湟中,河西诸羌皆降,陇右平。

帝自都许以来,守位而已,左右侍卫莫非曹氏之人者。议郎赵彦尝为帝陈言时策,魏公操恶而杀之。操后以事入见殿中,帝不任其惧,因曰:“君若能相辅,则厚;不尔,幸垂恩相舍。”操失色,俯仰求出。旧仪,三公领兵朝见,令虎贲执刃挟之。操出,顾左右,汗流浃背,自后不复朝请。

董承女为贵人,操诛承,求贵人杀之。帝以贵人有妊,累为请,不能得。伏皇后由是怀惧,乃与父完书,言曹操残逼之状,令密图之,完不敢发。至是,事乃泄,操大怒,十一月,使御史大夫郗虑持节策收皇后玺绶,以尚书令华歆为副,勒兵入宫,收后。后闭户,藏壁中。歆坏户发壁,就牵后出。时帝在外殿,引虑于坐,后被发、徒跣、行泣,过诀曰:“不能复相活邪?”帝曰:“我亦不知命在何时!”顾谓虑曰:“郗公,天下宁有是邪?”遂将后下暴室,以幽死。所生二皇子,皆鸩杀之,兄弟及宗族死者百余人。

十二月,魏公操至孟津。

操以尚书郎高柔为理曹掾。旧法,军征士亡,考竟其妻子。而亡者犹不息。操欲更重其刑,并及父母、兄弟,柔启曰:“士卒亡军,诚在可疾,然窃闻其中时有悔者。愚谓乃宜贷其妻子,一可使诱其还心。正如前科,固已绝其意望,而猥复重之,柔恐自今在军之士,见一人亡逃,诛将及己,亦且相随而走,不可复得杀也。此重刑非所以止亡,乃所以益走耳。”操曰:“善。”即止不杀。

二十年(乙未、215)

春,正月,甲子,立贵人曹氏为皇后,魏公操之女也。

三月,魏公操自将击张鲁,将自武都入氐,氐人塞道,遣张郃、朱灵等攻破之。夏,四月,操自陈仓出散关至河池,氐王窦茂众万余人恃险不服,五月,攻屠之。西平、金城诸将麴演、蒋石等共斩送韩遂首。

初,刘备在荆州,周瑜、甘宁等数劝孙权取蜀。权遣使谓备曰:“刘璋不武,不能自守,若使曹操得蜀,则荆州危矣。今欲先攻取璋,次取张鲁,一统南方,虽有十操,无所忧也。”备报曰:“益州民富地险,刘璋虽弱,足以自守。今暴师于蜀、汉,转运于万里,欲使战克攻取,举不失利,此孙、吴所难也。议者见曹操失利于赤壁,谓其力屈,无复远念。今操三分天下已有其二,将欲饮马于沧海,观兵于吴会,何肯守此坐须老乎!而同盟无故自相攻伐,借枢于操,使敌承其隙,非长计也。且备与璋托为宗室,冀凭英灵,以匡汉朝。今璋得罪于左右,备独悚惧,非所敢闻,愿加宽贷。”权不听,遣孙瑜率水军住夏口。备不听军过,谓瑜曰:“汝欲取蜀,吾当被发入山,不失信于天下也。”使关羽屯江陵,张飞屯秭归,诸葛亮据南郡,备自住屏陵,权不得已召瑜还。

及备西攻刘璋,权曰:"猾虏,乃敢挟诈如此!"备留关羽守江陵,鲁肃与羽邻界,羽数生疑贰,肃常以欢好抚之。及备已得益州,权令中司马诸葛瑾从备求荆州诸郡。备不许,曰:"吾方图凉州,凉州定,乃尽以荆州相与耳。"权曰:"此假而不反,乃欲以虚辞引岁也。"遂置长沙、零陵、桂阳三郡长吏。关羽尽逐之。权大怒,遣吕蒙督兵二万以取三郡。

蒙移书长沙、桂阳,皆望风归服,惟零陵太守郝普城守不降。刘备闻之,自蜀亲至公安,遣关羽争三郡。孙权进住陆口,为诸军节度,使鲁肃将万人屯益阳以拒羽,飞书召吕蒙,使舍零陵,急还助肃。蒙得书,秘之,夜召诸将,授以方略,晨当攻零陵,顾谓郝普故人南阳邓玄之曰:"郝子太闻世间有忠义事,亦欲为之,而不知时也。今左将军在汉中为夏侯渊所围;关羽在南郡,至尊身自临之。彼方首尾倒县,救死不给,岂有余力复营此哉?今吾计力度虑而以攻此,曾不移日而城必破,城破之后,身死何益于事,而令百岁老母戴白受诛,岂不痛哉!度此家不得外问,谓援可恃,故至于此耳。君可见之,为陈祸福。"玄之见普,具宣蒙意,普惧而出降。蒙迎,执其手与俱下船,语毕,出书示之,因拊手大笑。普见书,知备在公安,而羽在益阳,惭恨入地。蒙留孙河,委以后事,即日引军赴益阳。

鲁肃欲与关羽会语,诸将疑恐有变,议不可往。肃曰:"今日之事,宜相开譬。刘备负国,是非未决,羽亦何敢重欲干命!"乃邀羽相见,各驻兵马百步上,但诸将军单刀俱会。肃因责数羽以不返三郡,羽曰:"乌林之役,左将军身在行间,戮力破敌,岂得徒劳,无一块土,而足下来欲收地邪?"肃曰:"不然。始与豫州觊于长阪,豫州之众不当一校,计穷虑极,志势摧弱,图欲远窜,望不及此。主上矜愍豫州之身无有处所,不爱土地士民之力,使有所庇阴以济其患,而豫州私独饰情,愆德堕好。今已藉手于西州矣,又欲翦并荆州之土,斯盖凡夫所不忍行,而况整领人物之主乎!"羽无以答。会闻魏公操将攻汉中,刘备惧失益州,使使求和于权。权令诸葛瑾报命,更寻盟好,遂分荆州,以湘水为界,长沙、江夏、桂阳以东属权,南郡、零陵、武陵以西属备。诸葛瑾每奉使至蜀,与其弟亮但公会相见,退无私面。

秋,七月,魏公操至阳平。张鲁欲举汉中降,其弟卫不肯,率众数万人拒关坚守,横山筑城十余里。初,操承凉州从事及武都降人之辞,说"张鲁易攻,阳平城下南北山相远,不可守也",信以为然。及往临履,不如所闻,乃叹曰:"他人商度,少如人意。"攻阳平山上诸屯,山峻难登,既不时拔,士卒伤夷者多,军食且尽。操意沮,便欲拔军截山而还,遣大将军夏侯惇、将军许褚呼山上兵还。会前军夜迷惑,误入张卫别营,营中大惊退散。侍中辛毗、主簿刘晔等在兵后,语惇、褚,言

"官兵已据得贼要屯,贼已散走",犹不信之。惇前自见,乃还白操,进兵攻卫,卫等夜遁。

张鲁闻阳平已陷,欲降,阎圃曰:"今以迫往,功必轻;不如依杜濩赴朴胡,与相拒,然后委质,功必多。"乃奔南山入巴中。左右欲悉烧宝货仓库,鲁曰:"本欲归命国家,而意未得达。今之走避锐锋,非有恶意。宝货仓库,国家之有。"遂封藏而去。操入南郑,甚嘉之。又以鲁本有善意,遣人慰喻之。

丞相主簿司马懿言于操曰:"刘备以诈力虏刘璋,蜀人未附,而远争江陵,此机不可失也。今克汉中,益州震动,进兵临之,势必瓦解。圣人不能违时,亦不可失时也。"操曰:"人苦无足,既得陇,复望蜀邪!"刘晔曰:"刘备,人杰也,有度而迟,得蜀日浅,蜀人未恃也。今破汉中,蜀人震恐,其势自倾。以公之神明,因其倾而压之,无不克也。若小缓之,诸葛亮明于治国而为相,关羽、张飞勇冠三军而为将,蜀民既定,据险守要,则不可犯矣。今不取,必为后忧。"操不从。居七日,蜀降者说"蜀中一日数十惊,守将虽斩之而不能安也。"操问晔曰:"今尚可击不?"晔曰:"今已小定,未可击也。"乃还。以夏侯渊为都护将军,督张郃、徐晃等守汉中;以丞相长史杜袭为驸马都尉,留督汉中事。袭绥怀开导,百姓自乐出徙洛、邺者八万余口。

八月,孙权率众十万围合肥。时张辽、李典、乐进将七千余人屯合肥。魏公操之征张鲁也,为教与合肥护军薛悌,署函边曰:"贼至乃发。"及权至,发教,教曰:"若孙权至者,张、李将军出战,乐将军守,护军勿得与战。"诸将以众寡不敌,疑之。张辽曰:"公远征在外,比救至,彼破我必矣。是以教指及其未合逆击之,折其盛势,以安众心,然后可守也。"进等莫对。辽怒曰:"成败之机,在此一战。诸君若疑,辽将独决之。"李典素与辽不睦,慨然曰:"此国家大事,顾君计何如耳,吾可以私憾而忘公义乎!请从君而出。"于是辽夜募敢从之士,得八百人,椎牛犒飨。明旦,辽被甲持戟,先登陷阵,杀数十人,斩二大将,大呼自名,冲垒入至权麾下。权大惊,不知所为,走登高冢,以长戟自守。辽叱权下战,权不敢动,望见辽所将众少,乃聚围辽数重。辽急击围开,将麾下数十人得出。余众号呼曰:"将军弃我乎?"辽复还突围,拔出余众。权人马皆披靡,无敢当者。自旦战至日中,吴人夺气。乃还修守备,众心遂安。

权守合肥十余日,城不可拔,彻军还。兵皆就路,权与诸将在逍遥津北,张辽觇望知之,即将步骑奄至。甘宁与吕蒙等力战扞敌,凌统率亲近扶权出围,复还与辽战,左右尽死,身亦被创,度权已免,乃还。权乘骏马上津桥,桥南已彻,丈余无版,亲近监谷利在马后,使权持鞍缓控,利于后著鞭以助马势,遂得超度。贺齐率三千人在津南迎权,权由是得免。

权入大船宴饮,贺齐下席涕泣曰:"至尊人主,常当持重,今日之事,几致祸败。群下震怖,若无天地,愿以此为终身之诫!"权自前收其泪曰:"大惭谨已刻心,非但书绅也。"

九月,巴、賨夷帅朴胡、杜濩、任约,各举其众来附。于是分巴郡,以胡为巴东太守,濩为巴西太守,约为巴郡太守,皆封列侯。

冬,十月,始置名号侯以赏军功。

十一月,张鲁将家属出降。魏公操逆拜鲁镇南将军,待以客礼,封阆中侯,邑万户。封鲁五子及阎圃等皆为列侯。

> 习凿齿论曰:阎圃谏鲁勿王,而曹公追封之,将来之人,孰不思顺!塞其本源而末流自止,其此之谓与!若乃不明于此而重焦烂之功,丰爵厚赏止于死战之士,则民利于有乱,俗竞于杀伐,阻兵杖力,干戈不载矣。曹公之此封,可谓知赏罚之本矣。

程银、侯选、庞德皆随鲁降,魏公操复银、选官爵,拜德立义将军。

张鲁之走巴中也,黄权言于刘备曰:"若失汉中,则三巴不振,此为割蜀之股臂也。"备乃以权为护军,率诸将迎鲁,鲁已降,权遂击朴胡、杜濩、任约,破之。魏公操使张郃督诸军徇三巴,欲徙其民于汉中,进军宕渠。刘备使巴西太守张飞与郃相拒,五十余日,飞袭击郃,大破之。郃走还南郑,备亦还成都。

操徙出故韩遂、马超等兵五千余人,使平难将军殷署等督领,以扶风太守赵俨为关中护军。操使俨发千二百兵助汉中守御,殷署督送之,行者不乐。俨护送至斜谷口,还,未至营,署军叛乱。俨自随步骑百五十人,皆叛者亲党也,闻之,各惊,被甲持兵,不复自安。俨徐谕以成败,慰励恳切,皆慷慨曰:"死生当随护军,不敢有二。"前到诸营,各召料简诸奸结叛者八百余人,散在原野。俨下令惟取其造谋魁率治之,余一不问,郡县所收送皆放遣,乃即相率还降。俨密白:"宜遣将诣大营,请旧兵镇守关中。"魏公操遣将军刘柱将二千人往,当须到乃发遣,俄而事露,诸营大骇,不可安谕。俨遂宣言:"当差留新兵之温厚者千人,镇守关中,其余悉遣东。"便见主者内诸营兵名籍,立差别之。留者意定,与俨同心,其当去者亦不敢动。俨一日尽遣上道,因使所留千人分布罗落之。东兵寻至,乃复胁谕,并徙千人,令相及共东。凡所全致二万余口。

二十一年(丙申、216)

春,二月,魏公操还邺。

夏,五月,进魏公操爵为王。

初,中尉崔琰荐钜鹿杨训于操,操礼辟之。及操进爵,训发表称颂功德。或笑训希世浮伪,谓琰为失所举。琰从训取表草视之,与训书曰:"省表,事佳耳。

时乎,时乎! 会当有变时。"琰本意讥论者好谴呵而不寻情理也。时有与琰宿不平者,白琰"傲世怨谤,意指不逊",操怒,收琰付狱,髡为徒隶。前白琰者复白之云:"琰为徒,对宾客虬须直视,若有所瞋。"遂赐琰死。

尚书仆射毛玠伤琰无辜,心不悦。人复白玠怨谤,操收玠付狱,侍中桓阶、和洽皆为之陈理,操不听。阶求案实其事。王曰:"言事者白玠不但谤吾也,乃复为崔琰觖望。此捐君臣恩义,妄为死友怨叹,殆不可忍也。"洽曰:"如言事者言,玠罪过深重,非天地所覆载。臣非敢曲理玠以枉大伦也,以玠历年荷宠,刚直忠公,为众所惮,不宜有此。然人情难保,要宜考覈,两验其实。今圣恩不忍致之于理,更使曲直之分不明。"操曰:"所以不考,欲两全玠及言事者耳。"洽对曰:"玠信有谤主之言,当肆之市朝;若玠无此言,言事者加诬大臣以误主听。不加检覈,臣窃不安。"操卒不穷治,玠遂免黜,终于家。

是时西曹掾沛国丁仪用事,玠之获罪,仪有力焉,群下畏之侧目。尚书仆射何夔及东曹属东莞徐奕独不事仪,仪潜弈,出为魏郡太守,赖桓阶左右之得免。尚书傅选谓何夔曰:"仪已害毛玠,子宜少下之。"夔曰:"为不义,适足害其身,焉能害人? 且怀奸佞之心,立于明朝,其得久乎!"

崔琰从弟林,尝与陈群共论冀州人士,称琰为首,群以智不存身贬之。林曰:"大丈夫为有邂逅耳,即如卿诸人,良足贵乎!"

五月,己亥朔,日有食之。

代郡乌桓三大人皆称单于,恃力骄恣,太守不能治。魏王操以丞相仓曹属裴潜为太守,欲授以精兵。潜曰:"单于自知放横日久,今多将兵往,必惧而拒境,少将则不见惮,宜以计谋图之。"遂单车之郡,单于惊喜。潜抚以恩威,单于詟服。

初,南匈奴久居塞内,与编户大同而不输贡赋。议者恐其户口滋蔓,浸难禁制,宜豫为之防。秋,七月,南单于呼厨泉入朝于魏,魏王操因留之于邺,使右贤王去卑监其国。单于岁给绵、绢、钱、谷如列侯,子孙传袭其号。分其众为五部,各立其贵人为帅,选汉人为司马以监督之。

八月,魏以大理钟繇为相国。

冬,十月,魏王操治兵击孙权;十一月,至谯。

资治通鉴卷第六十八

翰林学士兼侍读学士朝散大夫右谏议大夫知制诰判尚书都省兼提
举万寿观公事上护军河内郡开国侯食邑一千三百户赐紫金鱼袋臣 司马光 奉敕编集

汉纪六十 起强圉作噩(丁酉),尽屠维大渊献(己亥),凡三年。

孝献皇帝癸

建安二十二年(丁酉、217)

春,正月,魏王操军居巢,孙权保濡须,二月,操进攻之。

初,右护军蒋钦屯宣城,芜湖令徐盛收钦屯吏,表斩之。及权在濡须,钦与吕蒙持诸军节度,钦每称徐盛之善。权问之,钦曰:"盛忠而勤强,有胆略器用,好万人督也。今大事未定,臣当助国求才,岂敢挟私恨以蔽贤乎!"权善之。

三月,操引军还,留伏波将军夏侯惇都督曹仁、张辽等二十六军屯居巢。权令都尉徐详诣操请降,操报使修好,誓重结婚。权留平虏将军周泰督濡须,朱然、徐盛等皆在所部,以泰寒门,不服。权会诸将,大为酣乐,命泰解衣,权手自指其创痕,问以所起,泰辄记昔战斗处以对。毕,使复服,权把其臂流涕曰:"幼平,卿为孤兄弟战如熊虎,不惜躯命,被创数十,肤如刻画,孤亦何心不待卿以骨肉之恩,委卿以兵马之重乎?"坐罢,住驾,使泰以兵马道从,鸣鼓角作鼓吹而出。于是盛等乃服。

夏,四月,诏魏王操设天子旌旗,出入称警跸。

六月,魏以军师华歆为御史大夫。

冬,十月,命魏王操冕十有二旒,乘金根车,驾六马,设五时副车。

魏以五官中郎将丕为太子。

初,魏王操娶丁夫人,无子;妾刘氏,生子昂;卞氏生四子:丕、彰、植、熊。王使丁夫人母养昂。昂死于穰,丁夫人哭泣无节,操怒而出之,以卞氏为继室。植性机警,多艺能,才藻敏赡,操爱之。操欲以女妻丁仪,丕以仪目眇,谏止之。仪由是怨丕,与弟黄门侍郎廙及丞相主簿杨脩,数称临菑侯植之才,劝操立以为嗣。脩,彪之子也。操以函密访于外,尚书崔琰露板答曰:"《春秋》之义,立子以长。加五官将仁孝聪明,宜承正统,琰以死守之。"植,琰之兄女婿也。尚书仆射毛玠曰:"近者袁绍以嫡庶不分,覆宗灭国。废立大事,非所宜闻。"东曹掾邢颙曰:"以庶代宗,先世之戒也,愿殿下深察之。"

丕使人问太中大夫贾诩以自固之术,诩曰:"愿将军恢崇德度,躬素士之业,朝夕孜孜,不违子道,如此而已。"丕从之,深自砥砺。它日,操屏人问诩,诩嘿然不对。操曰:"与卿言,而不答,何也?"诩曰:"属有所思,故不即对耳。"操曰:"何思?"诩曰:"思袁本初、刘景升父子也。"操大笑。

操尝出征,丕、植并送路侧,植称述功德,发言有章,左右属目,操亦悦焉。丕怅然自失,济阴吴质耳语曰:"王当行,流涕可也。"及辞,丕涕泣而拜,操及左右咸欷歔,于是皆以植多华辞而诚心不及也。植既任性而行,不自雕饰,五官将御之以术,矫情自饰,宫人左右并为之称说,故遂定为太子。

左右长御贺卞夫人曰:"将军拜太子,天下莫不喜,夫人当倾府藏以赏赐。"夫人曰:"王自以丕年大,故用为嗣。我但当以免无教导之过为幸耳,亦何为当重赐遗乎!"长御还,具以语操,操悦,曰:"怒不变容,喜不失节,故最为难。"

太子抱议郎辛毗颈而言曰:"辛君知我喜不?"毗以告其女宪英,宪英叹曰:"太子,代君主宗庙、社稷者也。代君不可不戚,主国不可不惧。宜戚宜惧,而反以为喜,何以能久? 魏其不昌乎!"

久之,临菑侯植乘车行驰道中,开司马门出。操大怒,公车令坐死。由是重诸侯科禁,而植宠日衰。植妻衣绣,操登台见之,以违制命,还家赐死。

法正说刘备曰:"曹操一举而降张鲁,定汉中,不因此势以图巴、蜀,而留夏侯渊、张郃屯守,身遽北还,此非其智不逮而力不足也,必将内有忧逼故耳。今策渊、郃才略,不胜国之将帅,举众往讨,必可克之。克之之日,广农积谷,观衅伺隙,上可以倾覆寇敌,尊奖王室,中可以蚕食雍、凉,广拓境土,下可以固守要害,为持久之计。此盖天以与我,时不可失也。"备善其策,乃率诸将进兵汉中,遣张飞、马超、吴兰等屯下辨。魏王操遣都护将军曹洪拒之。

鲁肃卒,孙权以从事中郎彭城严畯代肃,督兵万人镇陆口。众人皆为畯喜,畯固辞以"朴素书生,不闲军事",发言恳恻,至于流涕。权乃以左护军虎威将军吕蒙兼汉昌太守以代之。众嘉严畯能以实让。

定威校尉吴郡陆逊言于孙权曰:"方今克敌宁乱,非众不济,而山寇旧恶,依阻深地。夫腹心未平,难以图远,可大部伍,取其精锐。"权从之,以为帐下右部督。会丹阳贼帅费栈作乱,扇动山越。权命逊讨栈,破之。遂部伍东三郡,强者为兵,羸者补户,得精卒数万人。宿恶荡除,所过肃清,还屯芜湖。会稽太守淳于式表"逊枉取民人,愁扰所在"。逊后诣都,言次,称式佳吏,权曰:"式白君,而君荐之,何也?"逊对曰:"式意欲养民,是以白逊。若逊复毁式以乱圣听,不可长也。"权曰:"此诚长者之事,顾人不能为耳。"

魏王操使丞相长史王必典兵督许中事。时关羽强盛,京兆金祎睹汉祚将移,乃与少府耿纪、司直韦晃、太医令吉本、本子邈、邈弟穆等谋杀必,挟天子以攻魏,南引关羽为援。

二十三年(戊戌、218)

春,正月,吉邈等率其党千余人,夜攻王必,烧其门,射必中肩,帐下督扶必奔南城。会天明,邈等众溃,必与颍川典农中郎将严匡共讨斩之。

三月,有星孛于东方。

曹洪将击吴兰,张飞屯固山,声言欲断军后,众议狐疑。骑都尉曹休曰:“贼实断道者,当伏兵潜行。今乃先张声势,此其不能明矣。宜及其未集,促击兰,兰破,飞自走矣。”洪从之,进,击破兰,斩之。三月,张飞、马超走。休,魏王族子也。

夏,四月,代郡、上谷乌桓无臣氐等反。先是,魏王操召代郡太守裴潜为丞相理曹掾,操美潜治代之功,潜曰:“潜于百姓虽宽,于诸胡为峻。今继者必以潜为治过严而事加宽惠。彼素骄恣,过宽必弛,既弛又将摄之以法,此怨叛所由生也。以势料之,代必复叛。”于是操深悔还潜之速。后数十日,三单于反问果至。操以其子鄢陵侯彰行骁骑将军,使讨之。彰少善射御,膂力过人。操戒彰曰:“居家为父子,受事为君臣,动以王法从事,尔其戒之!”

刘备屯阳平关,夏侯渊、张郃、徐晃等与之相拒。备遣其将陈式等绝马鸣阁道,徐晃击破之。张郃屯广石,备攻之不能克,急书发益州兵。诸葛亮以问从事犍为杨洪,洪曰:“汉中,益州咽喉,存亡之机会,若无汉中则无蜀矣。此家门之祸也,发兵何疑!”时法正从备北行,亮于是表洪领蜀郡太守,众事皆办,遂使即真。

初,犍为太守李严辟洪为功曹,严未去犍为而洪已为蜀郡;洪举门下书佐何祗有才策,洪尚在蜀郡,而祗已为广汉太守。是以西土咸服诸葛亮能尽时人之器用也。

秋,七月,魏王操自将击刘备。九月,至长安。

曹彰击代郡乌桓,身自搏战,铠中数箭,意气益厉,乘胜逐北,至桑乾之北,大破之,斩首、获生以千数。时鲜卑大人轲比能将数万骑观望强弱,见彰力战,所向皆破,乃请服,北方悉平。

南阳吏民苦繇役,冬,十月,宛守将侯音反。南阳太守东里衮与功曹应余进窜得出,音遣骑追之,飞矢交流,余以身蔽衮,被七创而死,音骑执衮以归。时征南将军曹仁屯樊以镇荆州,魏王操命仁还讨音。功曹宗子卿说音曰:“足下顺民心,举大事,远近莫不望风;然执郡将,逆而无益,何不遣之。”音从之。子卿因夜逾城从太守收余民围音,会曹仁军至,共攻之。

二十四年(己亥、219)

春,正月,曹仁屠宛,斩侯音,复屯樊。

初,夏侯渊战虽数胜,魏王操常戒之曰:"为将当有怯弱时,不可但恃勇也。将当以勇为本,行之以智计,但知任勇,一匹夫敌耳。"及渊与刘备相拒逾年,备自阳平南渡沔水,缘山稍前,营于定军山。渊引兵争之。法正曰:"可击矣。"备使讨虏将军黄忠乘高鼓噪攻之,渊军大败,斩渊及益州刺史赵颙。张郃引兵还阳平。是时新失元帅,军中扰扰,不知所为。督军杜袭与渊司马太原郭淮收敛散卒,号令诸军曰:"张将军国家名将,刘备所惮,今日事急,非张将军不能安也。"遂权宜推郃为军主。郃出,勒兵按陈,诸将皆受郃节度,众心乃定。明日,备欲渡汉水来攻,诸将以众寡不敌,欲依水为陈以拒之。郭淮曰:"此示弱而不足挫敌,非算也。不如远水为陈,引而致之,半济而后击之,备可破也。"既陈,备疑,不渡。淮遂坚守,示无还心。以状闻于魏王操,操善之,遣使假郃节,复以淮为司马。

二月,壬子晦,日有食之。

三月,魏王操自长安出斜谷,军遮要以临汉中。刘备曰:"曹公虽来,无能为也,我必有汉川矣。"乃敛众拒险,终不交锋。操运米北山下,黄忠引兵欲取之,过期不还。翊军将军赵云将数十骑出营视之,值操扬兵大出,云猝与相遇,遂前突其陈,且斗且却。魏兵散而复合,追至营下,云入营,更大开门,偃旗息鼓。魏兵疑云有伏,引去。云雷鼓震天,惟以劲弩于后射魏兵。魏兵惊骇,自相蹂践,堕汉水中死者甚多。备明旦自来,至云营,视昨战处,曰:"子龙一身都是胆也!"

操与备相守积月,魏军士多亡。夏,五月,操悉引出汉中诸军还长安,刘备遂有汉中。

操恐刘备北取武都氐以逼关中,问雍州刺史张既,既曰:"可劝使北出就谷以避贼,前至者厚其宠赏,则先者知利,后必慕之。"操从之,使既之武都,徙氐五万余落出居扶风、天水界。

武威颜俊、张掖和鸾、酒泉黄华、西平麹演等,各据其郡,自号将军,更相攻击。俊遣使送母及子诣魏王操为质以求助。操问张既,既曰:"俊等外假国威,内生傲悖,计定势足,后即反耳。今方事定蜀,且宜两存而斗之,犹卞庄子之刺虎,坐收其敝也。"王曰:"善。"岁余,鸾遂杀俊,武威王祕又杀鸾。

刘备遣宜都太守扶风孟达从秭归北攻房陵,杀房陵太守蒯祺。又遣养子副军中郎将刘封自汉中乘沔水下,统达军,与达会攻上庸,上庸太守申耽举郡降。备加耽征北将军,领上庸太守,以耽弟仪为建信将军、西城太守。

秋,七月,刘备自称汉中王,设坛场于沔阳,陈兵列众,群臣陪位,读奏讫,乃拜受玺绶,御王冠。因驿拜章,上还所假左将军、宜城亭侯印绶。立子禅为王太子。拔牙门将军义阳魏延为镇远将军,领汉中太守,以镇汉川。备还治成都,以许靖为太傅,法正为尚书令,关羽为前将军,张飞为右将军,马超为左将军,黄忠为后将军,余皆进位有差。

遣益州前部司马犍为费诗即授关羽印绶,羽闻黄忠位与己并,怒曰:"大丈夫终不与老兵同列!"不肯受拜。诗谓羽曰:"夫立王业者,所用非一。昔萧、曹与高祖少小亲旧,而陈、韩亡命后至,论其班列,韩最居上,未闻萧、曹以此为怨。今汉中王以一时之功隆崇汉(室)〔升〕,然意之轻重,宁当与君侯齐乎!且王与君侯,譬犹一体,同休等戚,祸福共之。愚谓君侯不宜计官号之高下,爵禄之多少为意也。仆一介之使,衔命之人,君侯不受拜,如是便还,但相为惜此举动,恐有后悔耳。"羽大感悟,遽即受拜。

诏以魏王操夫人卞氏为王后。

孙权攻合肥。时诸州兵戍淮南。扬州刺史温恢谓兖州刺史裴潜曰:"此间虽有贼,然不足忧。今水潦方生,而子孝县军,无有远备,关羽骁猾,正恐征南有变耳。"已而关羽果使南郡太守糜芳守江陵,将军傅士仁守公安,羽自率众攻曹仁于樊。仁使左将军于禁、立义将军庞德等屯樊北。八月,大霖雨,汉水溢,平地数丈,于禁等七军皆没。禁与诸将登高避水,羽乘大船就攻之,禁等穷迫,遂降。庞德在堤上,被甲持弓,箭不虚发。自平旦力战,至日过中,羽攻益急,矢尽,短兵接,德战益怒,气愈壮,而水浸盛,吏士尽降。德乘小船欲还仁营,水盛船覆,失弓矢,独抱船覆水中,为羽所得,立而不跪。羽谓曰:"卿兄在汉中,我欲以卿为将,不早降何为?"德骂羽曰:"竖子,何谓降也!魏王带甲百万,威振天下。汝刘备庸才耳,岂能敌邪!我宁为国家鬼,不为贼将也。"羽杀之。魏王操闻之流涕曰:"吾知于禁三十年,何意临危处难,反不及庞德邪!"封德二子为列侯。

羽急攻樊城,城得水,往往崩坏,众皆恟惧。或谓曹仁曰:"今日之危,非力所支,可及羽围未合,乘轻船夜走。"汝南太守满庞曰:"山水速疾,冀其不久。闻羽遣别将已在郏下,自许以南,百姓扰扰,羽所以不敢遂进者,恐吾军挜其后耳。今若遁去,洪河以南,非复国家有也,君宜待之。"仁曰:"善。"乃沉白马与军人盟誓,同心固守。城中人马才数千人,城不没者数板。羽乘船临城,立围数重,外内断绝。羽又遣别将围将军吕常于襄阳。荆州刺史胡修、南乡太守傅方皆降于羽。

初,沛国魏讽有惑众才,倾动邺都,魏相国钟繇辟以为西曹掾。荥阳任览,与讽友善。同郡郑袤,泰之子也,每谓览曰:"讽奸雄,终必为乱。"九月,讽潜结徒党,与长乐卫尉陈祎谋袭邺。未及期,祎惧而告之。太子丕诛讽,连坐死者数千人,钟繇坐免官。

初,丞相主簿杨脩与丁仪兄弟谋立曹植为魏嗣,五官将丕患之,以车载废簏内朝歌长吴质,与之谋。脩以白魏王操,操未及推验。丕惧,告质,质曰:"无害也。"明日,复以簏载绢以入,脩复白之,推验,无人,操由是疑焉。其后植以骄纵见疏,而植故连缀脩不止,脩亦不敢自绝。每当就植,虑事有阙,忖度操意,豫作答教十余条,敕门下,"教出,随所问答之",于是教裁出,答已入,操怪其捷,推问,始泄。操亦以脩袁术之甥,恶之,乃发脩前后漏泄言教,交关诸侯,收杀之。

魏王操以杜袭为留府长史,驻关中。关中营帅许攸拥部曲不归附,而有慢言,操大怒,先欲伐之。群臣多谏:"宜招怀攸,共讨强敌。"操横刀于膝,作色不听。袭入欲谏,操逆谓之曰:"吾计已定,卿勿复言。"袭曰:"若殿下计是邪,臣方助殿下成之;若殿下计非邪,虽成,宜改之。殿下逆臣令勿言,何待下之不阐乎?"操曰:"许攸慢吾,如何可置?"袭曰:"殿下谓许攸何如人邪?"操曰:"凡人也。"袭曰:"夫惟贤知贤,惟圣知圣,凡人安能知非凡人邪?方今豺狼当路而狐狸是先,人将谓殿下避强攻弱,进不为勇,退不为仁。臣闻千钧之弩,不为鼷鼠发机;万石之钟,不以莛撞起音。今区区之许攸,何足以劳神武哉!"操曰:"善。"遂厚抚攸,攸即归服。

冬,十月,魏王操至雒阳。

陆浑民孙狼等作乱,杀县主簿,南附关羽。羽授狼印,给兵,还为寇贼,自许以南,往往遥应羽,羽威震华夏。魏王操议徙许都以避其锐,丞相军司马司马懿、西曹属蒋济言于操曰:"于禁等为水所没,非战攻之失,于国家大计未足有损。刘备、孙权,外亲内疏,关羽得志,权必不愿也。可遣人劝权蹑其后,许割江南以封权,则樊围自解。"操从之。

初,鲁肃尝劝孙权以曹操尚存,宜且抚辑关羽,与之同仇,不可失也。及吕蒙代肃屯陆口,以为羽素骁雄,有兼并之心,且居国上流,其势难久,密言于权曰:"今令征虏守南郡,潘璋住白帝,蒋钦将游兵万人,循江上下,应敌所在,蒙为国家前据襄阳,如此,何忧于操,何赖于羽?且羽君臣矜其诈力,所在反覆,不可以腹心待也。今羽所以未便东向者,以至尊圣明,蒙等尚存也。今不于强壮时图之,一旦僵仆,欲复陈力,其可得邪?"权曰:"今欲先取徐州,然后取羽,何如?"对曰:"今操远在河北,抚集幽、冀,未暇东顾。徐土守兵,闻不足言,往自可克。然地势陆通,骁骑所骋,至尊今日取徐州,操后旬必来争,虽以七八万人守之,犹当怀忧。不如取羽,全据长江,形势益张,易为守也。"权善之。

权尝为其子求昏于羽,羽骂其使,不许昏,权由是怒。及羽攻樊,吕蒙上疏曰:"羽讨樊而多留备兵,必恐蒙图其后故也。蒙常有病,乞分士众还建业,以治疾为名。羽闻之,必撤备兵,尽赴襄阳。大军浮江昼夜驰上,袭其空虚,则南郡可下而羽可禽也。"遂称病笃。权乃露檄召蒙还,阴与图计。蒙下至芜湖,定威校尉陆逊谓蒙曰:"关羽接境,如何远下,后不当可忧也?"蒙曰:"诚如来言,然我病笃。"逊曰:"羽矜其骁气,陵轹于人,始有大功,意骄志逸,但务北进,未嫌于我,有相闻病，必益无备。今出其不意，自可禽制。下见至尊，宜好为计。"蒙曰："羽素勇猛，既难为敌，且已据荆州，恩信大行，兼始有功，胆势益盛，未易图也。"蒙至都，权问："谁可代卿者？"蒙对曰："陆逊意思深长，才堪负重，观其规虑，终可大任。而未有远名，非羽所忌，无复是过也。若用之，当令外自韬隐，内察形便，然后可克。"权乃召逊，拜偏将军、右部督，以代蒙。逊至陆口，为书与羽，称其功美，深自谦抑，为尽忠自托之意。羽意大安，无复所嫌，稍撤兵以赴樊。逊具启形状，陈其可禽之要。

羽得于禁等人马数万，粮食乏绝，擅取权湘关米。权闻之，遂发兵袭羽。权欲令征虏将军孙皎与吕蒙为左右部大督，蒙曰："若至尊以征虏能，宜用之；以蒙能，宜用蒙。昔周瑜、程普为左右部督，督兵攻江陵，虽事决于瑜，普自恃久将，且俱是督，遂共不睦，几败国事，此目前之戒也。"权寤，谢蒙曰："以卿为大督，命皎为后继可也。"

魏王操之出汉中也，使平寇将军徐晃屯宛以助曹仁，及于禁陷没，晃前至阳陵陂。关羽遣兵屯偃城，晃既到，诡道作都堑，示欲截其后，羽兵烧屯走。晃得偃城，连营稍前。操使赵俨以议郎参曹仁军事，与徐晃俱前。余救兵未到，晃所督不足解围，而诸将呼责晃，促救仁。俨谓诸将曰："今贼围素固，水潦犹盛，我徒卒单少，而仁隔绝，不得同力，此举适所以敝内外耳。当今不若前军逼围，遣谍通仁，使知外救，以励将士。计北军不过十日，尚足坚守。然后表里俱发，破贼必矣。如有缓救之戮，余为诸君当之。"诸将皆喜。晃营距羽围三丈所，作地道及箭飞书与仁，消息数通。

孙权为笺与魏王操，请以讨羽自效，及乞不漏，令羽有备。操问群臣，群臣咸言宜密之。董昭曰："军事尚权，期于合宜。宜应权以密，而内露之。羽闻权上，若还自护，围则速解，便获其利。可使两贼相对衔持，坐待其敝。秘而不露，使权得志，非计之上。又，围中将吏不知有救，计粮怖惧。傥有他意，为难不小。露之为便。且羽为人强梁，自恃二城守固，必不速退。"操曰："善。"即敕徐晃以权书射著围里及羽屯中，围里闻之，志气百倍，羽果犹豫不能去。

魏王操自雒阳南救曹仁，群下皆谓："王不亟行，今败矣。"侍中桓阶独曰："大王以仁等为足以料事势不也？"曰："能。""大王恐二人遗力邪？"曰："不然。""然则何为自往？"曰："吾恐虏众多，而徐晃等势不便耳。"阶曰："今仁等处重围之中而守死无贰者，诚以大王远为之势也。夫居万死之地，必有死争之心。内怀死争，外有强救，大王案六军以示余力，何忧于败而欲自往？"操善其言，乃驻军摩陂，前后遣殷署、朱盖等凡十二营诣晃。

关羽围头有屯，又别屯四冢，晃乃扬声当攻围头屯而密攻四冢。〔羽见四冢〕

欲坏,自将步骑五千出战,晃击之,退走。羽围堑鹿角十重,晃追羽,与俱入围中,破之,傅方、胡脩皆死。羽遂撤围退,然舟船犹据沔水,襄阳隔绝不通。

吕蒙至寻阳,尽伏其精兵䑲𦩘中,使白衣摇橹,作商贾人服,昼夜兼行,羽所置江边屯候,尽收缚之,是故羽不闻知。糜芳、士仁素皆嫌羽轻己,羽之出军,芳、仁供给军资不悉相及,羽言"还,当治之",芳、仁咸惧。于是蒙令故骑都尉虞翻为书说仁,为陈成败,仁得书即降。翻谓蒙曰:"此谲兵也,当将仁行,留兵备城。"遂将仁至南郡。糜芳城守,蒙以仁示之,芳遂开门出降。蒙入江陵,释于禁之囚,得关羽及将士家属,皆抚慰之,约令军中:"不得干历人家,有所求取。"蒙麾下士,与蒙同郡人,取民家一笠以覆官铠,官铠虽公,蒙犹以为犯军令,不可以乡里故而废法,遂垂涕斩之。于是军中震栗,道不拾遗。蒙旦暮使亲近存恤耆老,问所不足,疾病者给医药,饥寒者赐衣粮。羽府藏财宝,皆封闭以待权至。

关羽闻南郡破,即走南还。曹仁会诸将议,咸曰:"今因羽危惧,可追禽也。"赵俨曰:"权邀羽连兵之难,欲掩制其后,顾羽还救,恐我承其两疲,故顺辞求效,乘衅因变以观利钝耳。今羽已孤进,更宜存之以为权害。若深入追之,权则改虞于彼,将生患于我矣,王必以此为深虑。"仁乃解严。魏王操闻羽走,恐诸将追之,果疾敕仁如俨所策。

关羽数使人与吕蒙相闻,蒙辄厚遇其使,周游城中,家家致问,或手书示信。羽人还,私相参讯,咸知家门无恙,见待过于平时,故羽吏士无斗心。

会权至江陵,荆州将吏悉皆归附,独治中从事武陵潘濬称疾不见。权遣人以床就家舆致之,濬伏面著床席不起,涕泣交横,哀哽不能自胜。权呼其字与语,慰谕恳恻,使亲近以手巾拭其面,濬起,下地拜谢。即以为治中,荆州军事一以咨之。武陵部从事齐樊伷诱导诸夷,图以武陵附汉中王备。外白差督督万人往讨之,权不听,特召问濬,濬答:"以五千兵往,足以擒伷。"权曰:"卿何以轻之?"濬曰:"伷是南阳旧姓,颇能弄唇吻,而实无才略。臣所以知之者,伷昔尝为州人设馔,比至日中,食不可得,而十余自起,此亦侏儒观一节之验也。"权大笑,即遣濬将五千人往,果斩平之。权以吕蒙为南郡太守,封孱陵侯,赐钱一亿,黄金五百斤;以陆逊领宜都太守。

十一月,汉中王备所置宜都太守樊友委郡走,诸城长吏及蛮夷君长皆降于逊。逊请金、银、铜印以假授初附,击蜀将詹晏等及秭归大姓拥兵者,皆破降之,前后斩获、招纳凡数万计。权以逊为右护军、镇西将军,进封娄侯,屯夷陵,守峡口。

关羽自知孤穷,乃西保麦城。孙权使诱之,羽伪降,立幡旗为象人于城上,因遁走,兵皆解散,才十余骑。权先使朱然、潘璋断其径路。十二月,璋司马马忠获羽及其子平于章乡,斩之,遂定荆州。

初,偏将军吴郡全琮,上疏陈关羽可取之计,权恐事泄,寝而不答。及已禽羽,权置酒公安,顾谓琮曰:"君前陈此,孤虽不相答,今日之捷,抑亦君之功也。"于是封琮阳华亭侯。权复以刘璋为益州牧,驻秭归,未几,璋卒。

吕蒙未及受封而疾发,权迎置于所馆之侧,所以治护者万方。时有加针,权为之惨戚。欲数见其颜色,又恐劳动,常穿壁瞻之,见小能下食,则喜顾左右言笑,不然则咄唶,夜不能寐。病中瘳,为下赦令,群臣毕贺,已而竟卒,年四十二。权哀痛殊甚,为置守冢三百家。

权后与陆逊论周瑜、鲁肃及蒙曰:"公瑾雄烈,胆略兼人,遂破孟德,开拓荆州,邈焉寡俦。子敬因公瑾致达于孤,孤与宴语,便及大略帝王之业,此一快也。后孟德因获刘琮之势,张言方率数十万众水步俱下,孤普请诸将,咨问所宜,无适先对,至张子布、秦文表俱言宜遣使修檄迎之,子敬即驳言不可,劝孤急呼公瑾,付任以众,逆而击之,此二快也。后虽劝吾借玄德地,是其一短,不足以损其二长也。周公不求备于一人,故孤忘其短而贵其长,常以比方邓禹也。子明少时,孤谓不辞剧易,果敢有胆而已;及身长大,学问开益,筹略奇至,可以次于公瑾,但言议英发不及之耳。图取关羽,胜于子敬。子敬答孤书云:'帝王之起,皆有驱除,羽不足忌。'此子敬内不能办,外为大言耳,孤亦恕之,不苟责也。然其作军屯营,不失令行禁止,部界无废负,路无拾遗,其法亦美矣。"

孙权与于禁乘马并行,虞翻呵禁曰:"汝降虏,何敢与吾君齐马首乎!"抗鞭欲击禁,权呵止之。

孙权之称藩也,魏王操召张辽等诸军悉还救樊,未至而围解。徐晃振旅还摩陂,操迎晃七里,置酒大会。王举酒谓晃曰:"全樊、襄阳,将军之功也。"亦厚赐桓阶,以为尚书。操嫌荆州残民及其屯田在汉川者,皆欲徙之。司马懿曰:"荆楚轻脆易动,关羽新破,诸为恶者藏窜观望,徙其善者,既伤其意,将令去者不敢复还。"操曰:"是也。"是后诸亡者悉还出。

魏王操表孙权为骠骑将军,假节,领荆州牧,封南昌侯。权遣校尉梁寓入贡,又遣朱光等归,上书称臣于操,称说天命。操以权书示外曰:"是儿欲踞吾著炉火上邪!"侍中陈群等皆曰:"汉祚已终,非适今日。殿下功德巍巍,群生注望,故孙权在远称臣。此天人之应,异气齐声,殿下宜正大位,复何疑哉!"操曰:"若天命在吾,吾为周文王矣。"

> 臣光曰:教化,国家之急务也,而俗吏慢之;风俗,天下之大事也,而庸君忽之。夫惟明智君子,深识长虑,然后知其为益之大而收功之远也。

> 光武遭汉中衰,群雄糜沸,奋起布衣,绍恢前绪,征伐四方,日不暇给,乃

能敦尚经术,宾延儒雅,开广学校,修明礼乐,武功既成,文德亦洽。继以孝明、孝章,遹追先志,临雍拜老,横经问道。自公卿、大夫至于郡县之吏,咸选用经明行修之人,虎贲卫士皆习《孝经》,匈奴子弟亦游太学,是以教立于上,俗成于下。其忠厚清修之士,岂唯取重于搢绅,亦见慕于众庶;愚鄙污秽之人,岂唯不容于朝廷,亦见弃于乡里。自三代既亡,风化之美,未有若东汉之盛者也。

及孝和以降,贵戚擅权,嬖幸用事,赏罚无章,贿赂公行,贤愚浑淆,是非颠倒,可谓乱矣。然犹绵绵不至于亡者,上则有公卿、大夫袁安、杨震、李固、杜乔、陈蕃、李膺之徒面引廷争,用公义以扶其危,下则有布衣之士符融、郭泰、范滂、许(邵)〔劭〕之流,立私论以救其败。是以政治虽浊而风俗不衰,至有触冒斧钺,僵仆于前,而忠义奋发,继起于后,随踵就戮,视死如归。夫岂特数子之贤哉?亦光武、明、章之遗化也。

当是之时,苟有明君作而振之,则汉氏之祚犹未可量也。不幸承陵夷颓敝之余,重以桓、灵之昏虐,保养奸回,过于骨肉,殄灭忠良,甚于寇仇,积多士之愤,蓄四海之怒。于是何进召戎,董卓乘衅,袁绍之徒从而构难,遂使乘舆播越,宗庙丘墟,王室荡覆,烝民涂炭,大命陨绝,不可复救。然州郡拥兵专地者,虽互相吞噬,犹未尝不以尊汉为辞。以魏武之暴戾强伉,加有大功于天下,其蓄无君之心久矣,乃至没身不敢废汉而自立,岂其志之不欲哉?犹畏名义而自抑也。由是观之,教化安可慢,风俗安可忽哉!

资治通鉴卷第六十九

翰林学士兼侍读学士朝散大夫右谏议大夫知制诰判尚书都省兼提举万寿
观公事柱国河内郡开国侯食邑一千三百户食实封二百户赐紫金鱼袋臣 司马光 奉敕编集

魏纪一起上章困敦（庚子），尽玄黓摄提格（壬寅），凡三年。

世祖文皇帝上

黄初元年（庚子、220）

春，正月，武王至洛阳。庚子，薨。王知人善察，难眩以伪，识拔奇才，不拘微贱，随能任使，皆获其用。与敌对陈，意思安闲，如不欲战然，及至决机乘胜，气势盈溢。勋劳宜赏，不吝千金；无功望施，分毫不与。用法峻急，有犯必戮，或对之流涕，然终无所赦。雅性节俭，不好华丽。故能芟刈群雄，几平海内。

是时太子在邺，军中骚动。群僚欲秘不发丧，谏议大夫贾逵以为事不可秘，乃发丧。或言宜易诸城守，悉用谯、沛人。魏郡太守广陵徐宣厉声曰："今者远近一统，人怀效节，何必专任谯、沛，以沮宿卫者之心！"乃止。青州兵擅击鼓相引去，众人以为宜禁止之，不从者讨之。贾逵曰："不可。"为作长檄，令所在给其禀食。鄢陵侯彰从长安来赴，问逵先王玺绶所在。逵正色曰："国有储副，先王玺绶，非君侯所宜问也。"凶问至邺，太子号哭不已。中庶子司马孚谏曰："君王晏驾，天下恃殿下为命。当上为宗庙，下为万国，奈何效匹夫孝也！"太子良久乃止，曰："卿言是也。"时群臣初闻王薨，相聚哭，无复行列。孚厉声于朝曰："今君王违世，天下震动，当早拜嗣君，以镇万国，而但哭邪！"乃罢群臣，备禁卫，治丧事。孚，懿之弟也。群臣以为太子即位，当须诏命。尚书陈矫曰："王薨于外，天下惶惧。太子宜割哀即位，以系远近之望。且又爱子在侧，彼此生变，则社稷危矣。"即具官备礼，一日皆办。明旦，以王后令，策太子即王位，大赦。汉帝寻遣御史大夫华歆奉策诏，授太子丞相印、绶，魏王玺、绶，领冀州牧。于是尊王后曰王太后。

改元延康。

二月，丁未朔，日有食之。

壬戌，以太中大夫贾诩为太尉，御史大夫华歆为相国，大理王朗为御史大夫。

丁卯，葬武王于高陵。

王弟鄢陵侯彰等皆就国。临菑监国谒者灌均，希指奏："临菑侯植醉酒悖慢，劫胁使者。"王贬植为安乡侯，诛右刺奸掾沛国丁仪及弟黄门侍郎廙并其男口，皆植之党也。

　　　　鱼豢论曰：谚言："贫不学俭，卑不学恭。"非人性分殊也，势使然耳。假令太祖防遏植等在于畴昔，此贤之心，何缘有窥望乎？彰之挟恨，尚无所至；至于植者，岂能兴难！乃令杨修以倚注遇害，丁仪以希意族灭，哀夫！

　　初置散骑常侍、侍郎各四人。其宦人为官者不得过诸署令，为金策，藏之石室。时当选侍中、常侍，王左右旧人讽主者，便欲就用，不调余人。司马孚曰："今嗣王新立，当进用海内英贤，如何欲因际会，自相荐举邪！官失其任，得者亦不足贵也。"遂他选。

　　尚书陈群，以天朝选用不尽人才，乃立九品官人之法。州郡皆置中正以定其选，择州郡之贤有识鉴者为之，区别人物，第其高下。

　　夏，五月，戊寅，汉帝追尊王祖太尉曰太王，夫人丁氏曰太王后。

　　王以安定太守邹岐为凉州刺史。西平麴演结旁郡作乱以拒岐。张掖张进执太守杜通，酒泉黄华不受太守辛机，皆自称太守以应演。武威三种胡复叛。武威太守毌丘兴告急于金城太守、护羌校尉扶风苏则，则将救之，郡人皆以为贼势方盛，宜须大军。时将军郝昭、魏平先屯金城，受诏不得西度。则乃见郡中大吏及昭等谋曰："今贼虽盛，然皆新合，或有胁从，未必同心。因衅击之，善恶必离，离而归我，我增而彼损矣。既获益众之实，且有倍气之势，率以进讨，破之必矣。若待大军，旷日弥久，善人无归，必合于恶，善恶就合，势难卒离。虽有诏命，违而合权，专之可也。"昭等从之，乃发兵救武威，降其三种胡，与毌丘兴击张进于张掖。麴演闻之，将步骑三千迎则，辞来助军，而实欲为变。则诱而斩之，出以徇军，其党皆散走。则遂与诸军围张掖，破之，斩进。黄华惧，乞降，河西平。

　　初，燉煌太守马艾卒官，郡人推功曹张恭行长史事，恭遣其子就诣朝廷请太守。会黄华、张进叛，欲与燉煌并势，执就，劫以白刃。就终不回，私与恭疏曰："大人率厉燉煌，忠义显然，岂以就困厄之中而替之哉！今大军垂至，但当促兵以掎之耳。愿不以下流之爱，使就有恨于黄壤也。"恭即引兵攻酒泉，别遣铁骑二百及官属，缘酒泉北塞，东迎太守尹奉。黄华欲救张进，而西顾恭兵，恐击其后，故不得往而降，就卒平安，奉得之郡，诏赐恭爵关内侯。

　　六月，庚午，王引军南巡。

　　秋，七月，孙权遣使奉献。

　　蜀将军孟达屯上庸，与副军中郎将刘封不协，封侵陵之，达率部曲四千余家来降。达有容止才观，王甚器爱之，引与同辇，以达为散骑常侍、建武将军，封平阳亭侯。合房陵、上庸、西城三郡为新城，以达领新城太守，委以西南之任。行军长史刘晔曰："达有苟得之心，而恃才好术，必不能感恩怀义。新城与孙、刘接连，若有变态,为国生患。"王不听。遣征南将军夏侯尚、右将军徐晃与达共袭刘封。上庸太守申耽叛封来降,封破,走还成都。初,封本罗侯寇氏之子,汉中王初至荆州,以未有继嗣,养之为子。诸葛亮虑封刚猛,易世之后,终难制御,劝汉中王因此际除之,遂赐封死。

武都氐王杨仆率种人内附。

甲午,王次于谯,大飨六军及谯父老于邑东,设伎乐百戏,吏民上寿,日夕而罢。

> 孙盛曰:三年之丧,自天子达于庶人。故虽三季之末,七雄之敝,犹未有废衰斩于旬朔之间,释麻杖于反哭之日者也。逮于汉文,变易古制,人道之纪,一旦而废,固已道薄于当年,风颓于百代矣。魏王既追汉制,替其大礼,处莫重之哀而设飨宴之乐,居贻厥之始而堕王化之基,及至受禅,显纳二女,是以知王龄之不遐,卜世之期促也。

王以丞相祭酒贾逵为豫州刺史。是时天下初定,刺史多不能摄郡。逵曰:"州本以六条诏书察二千石以下,故其状皆言严能鹰扬,有督察之才,不言安静宽仁,有恺悌之德也。今长吏慢法,盗贼公行,州知而不纠,天下复何取正乎?"其二千石以下,阿纵不如法者,皆举奏免之。外修军旅,内治民事,兴陂田,通运渠,吏民称之。王曰:"逵真刺史矣。"布告天下,当以豫州为法;赐逵爵关内侯。

左中郎将李伏、太史丞许芝表言:"魏当代汉,见于图纬,其事众甚。"群臣因上表劝王顺天人之望,王不许。

冬,十月,乙卯,汉帝告祠高庙,使行御史大夫张音持节奉玺绶诏册,禅位于魏。王三上书辞让,乃为坛于繁阳,辛未,升坛受玺绶,即皇帝位,燎祭天地、岳渎,改元,大赦。

十一月,癸酉,奉汉帝为山阳公,行汉正朔,用天子礼乐;封公四子为列侯。追尊太王曰太皇帝;武王曰武皇帝,庙号太祖;尊王太后曰皇太后。以汉诸侯王为崇德侯,列侯为关中侯。群臣封爵、增位各有差。改相国为司徒,御史大夫为司空。山阳公奉二女以嫔于魏。

帝欲改正朔,侍中辛毗曰:"魏氏遵舜、禹之统,应天顺民;至于汤、武,以战伐定天下,乃改正朔。孔子曰'行夏之时',《左氏传》曰'夏数为得天正',何必期于相反。"帝善而从之。时群臣并颂魏德,多抑损前朝,散骑常侍卫臻独明禅授之义,称扬汉美。帝数目臻曰:"天下之珍,当与山阳公共之。"帝欲追封太后父母,尚书陈群奏曰:"陛下以圣德应运受命,创业革制,当永为后式。案典籍之文,无妇人分土命爵之制。在礼典,妇因夫爵。秦违古法,汉氏因之,非先王之令典也。"帝曰:"此议是也,其勿施行。"仍著定制,藏之台阁。

十二月,初营洛阳宫。戊午,帝如洛阳。

帝谓侍中苏则曰:"前破酒泉、张掖,西域通使燉煌,献径寸大珠,可复求市益得不?"则对曰:"若陛下化洽中国,德流沙幕,即不求自至。求而得之,不足贵也。"帝嘿然。

帝召东中郎将蒋济为散骑常侍。时有诏赐征南将军夏侯尚曰:"卿腹心重将,特当任使,作威作福,杀人活人。"尚以示济。济至,帝问以所闻见,对曰:"未有他善,但见亡国之语耳。"帝忿然作色而问其故,济具以答,因曰:"夫'作威作福',《书》之明诫。天子无戏言,古人所慎,惟陛下察之。"帝即遣追取前诏。

帝欲徙冀州士卒家十万户实河南。时天旱,蝗,民饥,群司以为不可,而帝意甚盛。侍中辛毗与朝臣俱求见,帝知其欲谏,作色以待之,皆莫敢言。毗曰:"陛下欲徙士家,其计安出?"帝曰:"卿谓我徙之非邪?"毗曰:"诚以为非也。"帝曰:"吾不与卿议也。"毗曰:"陛下不以臣不肖,置之左右,厕之谋议之官,安得不与臣议邪? 臣所言非私也,乃社稷之虑也,安得怒臣!"帝不答,起入内;毗随而引其裾,帝遂奋衣不还,良久乃出,曰:"佐治,卿持我何太急邪?"毗曰:"今徙,既失民心,又无以食也,故臣不敢不力争。"帝乃徙其半。帝尝出射雉,顾群臣曰:"射雉乐哉!"毗对曰:"于陛下甚乐,于群下甚苦。"帝默然,后遂为之稀出。

二年(辛丑、221)

春,正月,以议郎孔羡为宗圣侯,奉孔子祀。

三月,加辽东太守公孙恭车骑将军。

初复五铢钱。

蜀中传言汉帝已遇害,于是汉中王发丧制服,谥曰孝愍皇帝。群下竞言符瑞,劝汉中王称尊号。前部司马费诗上疏曰:"殿下以曹操父子逼主篡位,故乃羁旅万里,纠合士众,将以讨贼。今大敌未克,而先自立,恐人心疑惑。昔高祖与楚约,先破秦者王之。及屠咸阳,获子婴,犹怀推让。况今殿下未出门庭,便欲自立邪! 愚臣诚不为殿下取也。"王不悦,左迁诗为部永昌从事。夏,四月,丙午,汉中王即皇帝位于武担之南,大赦,改元章武。以诸葛亮为丞相,许靖为司徒。

　　臣光曰:天生烝民,其势不能自治,必相与戴君以治之。苟能禁暴除害以保全其生,赏善罚恶使不至于乱,斯可谓之君矣。是以三代之前,海内诸侯,何啻万国,有民人、社稷者,通谓之君。合万国而君之,立法度,班号令,而天下莫敢违者,乃谓之王。王德既衰,强大之国能帅诸侯以尊天子者,则谓之霸。故自古天下无道,诸侯力争,或旷世无王者,固亦多矣。秦焚书坑儒,汉兴,学者始推五德生、胜,以秦为闰位,在木火之间,霸而不王,于是正闰之论兴矣。及汉室颠覆,三国鼎峙。晋氏失驭,五胡云扰。宋、魏以降,南北分治，各有国史，互相排黜，南谓北为索虏，北谓南为岛夷。朱氏代唐，四方幅裂，朱邪入汴，比之穷、新，运历年纪，皆弃而不数，此皆私己之偏辞，非大公之通论也。

臣愚诚不足以识前代之正闰，窃以为苟不能使九州合为一统，皆有天子之名而无其实者也。虽华夷仁暴，大小强弱，或时不同，要皆与古之列国无异，岂得独尊奖一国谓之正统，而其余皆为僭伪哉！若以自上相授受者为正邪，则陈氏何所授？拓跋氏何所受？若以居中夏者为正邪，则刘、石、慕容、苻、姚、赫连所得之土，皆五帝、三王之旧都也。若以有道德者为正邪，则蕞尔之国，必有令主，三代之季，岂无僻王！是以正闰之论，自古及今，未有能通其义，确然使人不可移夺者也。臣今所述，止欲叙国家之兴衰，著生民之休戚，使观者自择其善恶得失，以为劝戒，非若《春秋》立褒贬之法，拨乱世反诸正也。正闰之际，非所敢知，但据其功业之实而言之。周、秦、汉、晋、隋、唐，皆尝混壹九州，传祚于后，子孙虽微弱播迁，犹承祖宗之业，有绍复之望，四方与之争衡者，皆其故臣也，故全用天子之制以临之。其余地丑德齐，莫能相一，名号不异，本非君臣者，皆以列国之制处之，彼此钧敌，无所抑扬，庶几不诬事实，近于至公。然天下离析之际，不可无岁、时、月、日以识事之先后。据汉传于魏而晋受之，晋传于宋以至于陈而隋取之，唐传于梁以至于周而大宋承之，故不得不取魏、宋、齐、梁、陈、后梁、后唐、后晋、后汉、后周年号，以纪诸国之事，非尊此而卑彼，有正闰之辨也。昭烈之汉，虽云中山靖王之后，而族属疏远，不能纪其世数名位，亦犹宋高祖称楚元王后，南唐烈祖称吴王恪后，是非难辨，故不敢以光武及晋元帝为比，使得绍汉氏之遗统也。

孙权自公安徙鄂，更名鄂曰武昌。

五月，辛巳，汉主立夫人吴氏为皇后。后，偏将军懿之妹，故刘璋兄瑁之妻也。立子禅为皇太子。娶车骑将军张飞女为太子妃。

太祖之入邺也，帝为五官中郎将，见袁熙妻中山甄氏美而悦之，太祖为之聘焉，生子叡。及即皇帝位，安平郭贵嫔有宠，甄夫人留邺不得见，失意，有怨言。郭贵嫔谮之，帝大怒。六月，丁卯，遣使赐夫人死。

帝以宗庙在邺，祀太祖于洛阳建始殿，如家人礼。

戊辰晦，日有食之。有司奏免太尉，诏曰："灾异之作，以谴元首，而归过股肱，岂禹、汤罪己之义乎？其令百官各虔厥职，后有天地之眚，勿复劾三公。"

汉主立其子永为鲁王，理为梁王。

汉主耻关羽之没，将击孙权。翊军将军赵雲曰："国贼，曹操，非孙权也。若先灭魏，则权自服。今操身虽毙，子丕篡盗，当因众心，早图关中，居河、渭上流以讨凶逆,关东义士必裹粮策马以迎王师。不应置魏,先与吴战。兵势一交,不得卒解,非策之上也。"群臣谏者甚众,汉主皆不听。广汉处士秦宓陈天时必无利,坐下狱幽闭,然后贷出。

初,车骑将军张飞,雄壮威猛,亚于关羽。羽善待卒伍而骄于士大夫,飞爱礼君子而不恤军人。汉主常戒飞曰:"卿刑杀既过差,又日鞭挝健儿,而令在左右,此取祸之道也。"飞犹不悛。汉主将伐孙权,飞当率兵万人自阆中会江州。临发,其帐下将张达、范彊杀飞,以其首顺流奔孙权。汉主闻飞营都督有表,曰:"噫,飞死矣!"

> 陈寿评曰:关羽、张飞皆称万人之敌,为世虎臣。羽报效曹公,飞义释严颜,并有国士之风。然羽刚而自矜,飞暴而无恩,以短取败,理数之常也。

秋,七月,汉主自率诸军击孙权,权遣使求和于汉。南郡太守诸葛瑾遗汉主笺曰:"陛下以关羽之亲,何如先帝?荆州大小,孰与海内?俱应仇疾,谁当先后?若审此数,易于反掌矣。"汉主不听。时或言瑾别遣亲人与汉主相闻者,权曰:"孤与子瑜,有死生不易之誓,子瑜之不负孤,犹孤之不负子瑜也。"然谤言流闻于外,陆逊表明瑾必无此,宜有以散其意。权报曰:"子瑜与孤从事积年,恩如骨肉,深相明究。其为人,非道不行,非义不言。玄德昔遣孔明至吴,孤尝语子瑜曰:'卿与孔明同产,且弟随兄,于义为顺,何以不留孔明?孔明若留从卿者,孤当以书解玄德,意自随人耳。'子瑜答孤言:'弟亮已失身于人,委质定分,义无二心。弟之不留,犹瑾之不往也。'其言足贯神明,今岂当有此乎!前得妄语文疏,即封示子瑜,并手笔与之。孤与子瑜可谓神交,非外言所间。知卿意至,辄封来表,以示子瑜,使知卿意。"

汉主遣将军吴班、冯习攻破权将李异、刘阿等于巫,进军秭归,兵四万余人。武陵蛮夷皆遣使往请兵。权以镇西将军陆逊为大都督、假节,督将军朱然、潘璋、宋谦、韩当、徐盛、鲜于丹、孙桓等五万人拒之。

皇弟鄢陵侯彰、宛侯据、鲁阳侯宇、谯侯林、赞侯兖、襄邑侯峻、弘农侯幹、寿春侯彪、历城侯徽、平舆侯茂皆进爵为公,安乡侯植改封鄄城侯。

筑陵云台。

初,帝诏群臣令料刘备当为关羽出报孙权否,众议咸云:"蜀小国耳,名将唯羽。羽死军破,国内忧惧,无缘复出。"侍中刘晔独曰:"蜀虽狭弱,而备之谋欲以威武自强,势必用众以示有余。且关羽与备,义为君臣,恩犹父子。羽死,不能为兴军报乱,于终始之分不足矣。"

八月,孙权遣使称臣,卑辞奉章,并送于禁等还。朝臣皆贺,刘晔独曰:"权无故求降，必内有急。权前袭杀关羽，刘备必大兴师伐之。外有强寇，众心不安，又恐中国往承其衅，故委地求降，一以却中国之兵，二假中国之援，以强其众而疑敌人耳。天下三分，中国十有其八。吴、蜀各保一州，阻山依水，有急相救，此小国之利也。今还自相攻，天亡之也，宜大兴师，径渡江袭之。蜀攻其外，我袭其内，吴之亡不出旬月矣。吴亡则蜀孤，若割吴之半以与蜀，蜀固不能久存，况蜀得其外，我得其内乎！"帝曰："人称臣降而伐之，疑天下欲来者心，不若且受吴降而袭蜀之后也。"对曰："蜀远吴近，又闻中国伐之，便还军，不能止也。今备已怒，兴兵击吴，闻我伐吴，知吴必亡，将喜而进与我争割吴地，必不改计抑怒救吴也。"帝不听，遂受吴降。

于禁须发皓白，形容憔悴，见帝，泣涕顿首。帝慰喻以荀林父、孟明视故事，拜安远将军，令北诣邺谒高陵。帝使豫于陵屋画关羽战克、庞德愤怒、禁降服之状。禁见，惭恚发病死。

臣光曰：于禁将数万众，败不能死，生降于敌，既而复归。文帝废之可也，杀之可也，乃画陵屋以辱之，斯为不君矣！

丁巳，遣太常邢贞奉策即拜孙权为吴王，加九锡。刘晔曰："不可。先帝征伐天下，十兼其八，威震海内，陛下受禅即真，德合天地，声暨四远。权虽有雄才，故汉票骑将军、南昌侯耳，官轻势卑。士民有畏中国心，不可强迫与成所谋也。不得已受其降，可进其将军号，封十万户侯，不可即以为王也。夫王位，去天子一阶耳，其礼秩服御相乱也。彼直为侯，江南士民未有君臣之分。我信其伪降，就封殖之，崇其位号，定其君臣，是为虎傅翼也。权既受王位，却蜀兵之后，外尽礼以事中国，使其国内皆闻，内为无礼以怒陛下；陛下赫然发怒，兴兵讨之，乃徐告其民曰：'我委身事中国，不爱珍货重宝，随时贡献，不敢失臣礼，而无故伐我，必欲残我国家，俘我民人以为仆妾。'吴民无缘不信其言也。信其言而感怒，上下同心，战加十倍矣。"又不听。诸将以吴内附，意皆纵缓，独征南大将军夏侯尚益修攻守之备。山阳曹伟，素有才名，闻吴称藩，以白衣与吴王交书求赂，欲以交结京师，帝闻而诛之。

吴人城武昌。

初，帝欲以杨彪为太尉，彪辞曰："尝为汉朝三公，值世衰乱，不能立尺寸之益，若复为魏臣，于国之选，亦不为荣也。"帝乃止。冬，十月，己亥，公卿朝朔旦，并引彪，待以客礼，赐延年杖、冯几，使著布单衣、皮弁以见。拜光禄大夫，秩中二千石，朝见，位次三公。又令门施行马，置吏卒，以优崇之。年八十四而卒。

以谷贵，罢五铢钱。

凉州卢水胡治元多等反，河西大扰。帝召邹岐还，以京兆尹张既为凉州刺史,遣护军夏侯儒、将军费曜等继其后。胡七千余骑逆拒既于鹯阴口,既扬声军从鹯阴,乃潜由且次出武威。胡以为神,引还显美。既已据武威,曜乃至,儒等犹未达。既劳赐将士,欲进军击胡,诸将皆曰:“士卒疲倦,虏众气锐,难与争锋。”既曰:“今军无见粮,当因敌为资。若虏见兵合,退依深山,追之则道险穷饿,兵还则出候寇钞。如此,兵不得解,所谓一日纵敌,患在数世也。”遂前军显美。十一月,胡骑数千,因大风欲放火烧营,将士皆恐。既夜藏精卒三千人为伏,使参军成公英督千余骑挑战,敕使阳退。胡果争奔之,因发伏截其后,首尾进击,大破之,斩首获生以万数,河西悉平。

后西平麹光反,杀其郡守。诸将欲击之,既曰:“唯光等造反,郡人未必悉同。若便以军临之,吏民、羌、胡必谓国家不别是非,更使皆相持著,此为虎傅翼也。光等欲以羌、胡为援,今先使羌、胡钞击,重其赏募,所虏获者,皆以畀之。外沮其势,内离其交,必不战而定。”乃移檄告谕诸羌,为光等所诖误者原之,能斩贼帅送首者当加封赏。于是光部党斩送光首,其余皆安堵如故。

邢贞至吴,吴人以为宜称上将军、九州伯,不当受魏封。吴王曰:“九州伯,于古未闻也。昔沛公亦受项羽封为汉王,盖时宜耳,复何损邪?”遂受之。吴王出都亭候邢贞,贞入门,不下车。张昭谓贞曰:“夫礼无不敬,法无不行。而君敢自尊大,岂以江南寡弱,无方寸之刃故乎!”贞即遽下车。中郎将琅邪徐盛忿愤,顾谓同列曰:“盛等不能奋身出命,为国家并许、洛,吞巴、蜀,而令吾君与贞盟,不亦辱乎!”因涕泣横流。贞闻之,谓其徒曰:“江东将相如此,非久下人者也。”

吴王遣中大夫南阳赵咨入谢。帝问曰:“吴王何等主也?”对曰:“聪明、仁智、雄略之主也。”帝问其状,对曰:“纳鲁肃于凡品,是其聪也;拔吕蒙于行陈,是其明也;获于禁而不害,是其仁也;取荆州兵不血刃,是其智也;据三州虎视于天下,是其雄也;屈身于陛下,是其略也。”帝曰:“吴王颇知学乎?”咨曰:“吴王浮江万艘,带甲百万,任贤使能,志存经略,虽有余闲,博览书传,历史籍,采奇异,不效书生寻章摘句而已。”帝曰:“吴可征不?”对曰:“大国有征伐之兵,小国有备御之固。”帝曰:“吴难魏乎?”对曰:“带甲百万,江、汉为池,何难之有!”帝曰:“吴如大夫者几人?”对曰:“聪明特达者八九十人,如臣之比,车载斗量,不可胜数。”

帝遣使求雀头香、大贝、明珠、象牙、犀角、玳瑁、孔雀、翡翠、斗鸭、长鸣鸡于吴。吴群臣曰:“荆、扬二州,贡有常典。魏所求珍玩之物,非礼也,宜勿与。”吴王曰:“方有事于西北,江表元元,恃主为命。彼所求者,于我瓦石耳,孤何惜焉?且彼在谅闇之中,而所求若此,宁可与言礼哉!”皆具以与之。

吴王以其子登为太子,妙选师友,以南郡太守诸葛瑾之子恪、绥远将军张昭之子休、大理吴郡顾雍之子谭、偏将军庐江陈武之子表皆为中庶子,入讲诗书,出从骑射,谓之四友。登接待僚属,略用布衣之礼。

十二月,帝行东巡。

帝欲封吴王子登为万户侯,吴王以登年幼,上书辞不受,复遣西曹掾吴郡沈珩入谢,并献方物。帝问曰:"吴嫌魏东向乎?"珩曰:"不嫌。"曰:"何以?"曰:"信恃旧盟,言归于好,是以不嫌。若魏渝盟,自有豫备。"又问:"闻太子当来,宁然乎?"珩曰:"臣在东朝,朝不坐,宴不与,若此之议,无所闻也。"帝善之。

吴王于武昌临钓台饮酒,大醉,使人以水洒群臣曰:"今日酣饮,惟醉堕台中,乃当止耳。"张昭正色不言,出外,车中坐。王遣人呼昭还入,谓曰:"为共作乐耳,公何为怒乎?"昭对曰:"昔纣为糟丘酒池,长夜之饮,当时亦以为荣,不以为恶也。"王默然,惭,遂罢酒。

吴王与群臣饮,自起行酒,虞翻伏地,阳醉不持。王去,翻起坐。王大怒,手剑欲击之,侍坐者莫不惶遽。惟大司农刘基起抱王,谏曰:"大王以三爵之后,手杀善士,虽翻有罪,天下孰知之?且大王以能容贤蓄众,故海内望风;今一朝弃之,可乎?"王曰:"曹孟德尚杀孔文举,孤于虞翻何有哉?"基曰:"孟德轻害士人,天下非之。大王躬行德义,欲与尧、舜比隆,何得自喻于彼乎?"翻由是得免。王因敕左右:"自今酒后言杀,皆不得杀。"基,繇之子也。

初,太祖既克蹋顿,而乌桓浸衰,鲜卑大人步度根、轲比能、素利、弥加、厥机等因阎柔上贡献,求通市,太祖皆表宠以为王。轲比能本小种鲜卑,以勇健廉平为众所服,由是能威制余部,最为强盛。自云中、五原以东抵辽水,皆为鲜卑庭,轲比能与素利、弥加割地统御,各有分界。轲比能部落近塞,中国人多亡叛归之;素利等在辽西、右北平、渔阳塞外,道远,故不为边患。帝以平虏校尉牵招为护鲜卑校尉,南阳太守田豫为护乌桓校尉,使镇抚之。

三年(壬寅、222)

春,正月,丙寅朔,日有食之。

庚午,帝行如许昌。

诏曰:"今之计、孝,古之贡士也,若限年然后取士,是吕尚、周晋不显于前世也。其令郡国所选,勿拘老幼,儒通经术,吏达文法,到皆试用。有司纠故不以实者。"

二月,鄯善、龟兹、于阗王各遣使奉献。是后西域复通,置戊己校尉。

汉主自秭归将进击吴,治中从事黄权谏曰:"吴人悍战,而水军沿流,进易退难。臣请为先驱以当寇,陛下宜为后镇。"汉主不从,以权为镇北将军,使督江北诸军,自率诸将,自江南缘山截岭,军于夷道猇亭。吴将皆欲迎击之。陆逊曰:"备举军东下,锐气始盛,且乘高守险,难可卒攻。攻之纵下,犹难尽克,若有不利,损我大势,非小故也。今但且奖厉将士,广施方略,以观其变。若此间是平原旷野,当恐有颠沛交逐之忧,今缘山行军,势不得展,自当罢于木石之间,徐制其敝耳。"诸将不解,以为逊畏之,各怀愤恨。

汉人自佷山通武陵,使侍中襄阳马良以金锦赐五谿诸蛮夷,授以官爵。

三月,乙丑,立皇子齐公叡为平原王,皇弟鄢陵公彰等皆进爵为王。甲戌,立皇子霖为河东王。

甲午,帝行如襄邑。

夏,四月,戊申,立鄄城侯植为鄄城王。是时,诸侯王皆寄地空名而无其实,王国各有老兵百余人以为守卫,隔绝千里之外,不听朝聘,为设防辅监国之官以伺察之。虽有王侯之号而侪于匹夫,皆思为布衣而不能得。法既峻切,诸侯王过恶日闻,独北海王衮谨慎好学,未尝有失。文学、防辅相与言曰:"受诏察王举措,有过当奏,及有善,亦宜以闻。"遂共表称陈衮美。衮闻之,大惊惧,责让文学曰:"修身自守,常人之行耳,而诸君乃以上闻,是适所以增其负累也。且如有善,何患不闻,而遽共如是,是非所以为益也。"

癸亥,帝还许昌。

五月,以江南八郡为荆州,江北诸郡为郢州。

汉人自巫峡建平连营至夷陵界,立数十屯,以冯习为大督,张南为前部督,自正月与吴相拒,至六月不决。汉主遣吴班将数千人于平地立营,吴将帅皆欲击之,陆逊曰:"此必有谲,且观之。"汉主知其计不行,乃引伏兵八千从谷中出。逊曰:"所以不听诸君击班者,揣之必有巧故也。"逊上疏于吴王曰:"夷陵要害,国之关限,虽为易得,亦复易失。失之非徒损一郡之地,荆州可忧,今日争之,当令必谐。备干天常,不守窟穴而敢自送,臣虽不才,凭奉威灵,以顺讨逆,破坏在近,无可忧者。臣初嫌之水陆俱进,今反舍船就步,处处结营,察其布置,必无他变。伏愿至尊高枕,不以为念也。"

闰月,逊将进攻汉军,诸将并曰:"攻备当在初,今乃令入五六百里,相守经七八月,其诸要害皆已固守,击之必无利矣。"逊曰:"备是猾虏,更尝事多,其军始集,思虑精专,未可干也。今住已久,不得我便,兵疲意沮,计不复生,掎角此寇,正在今日。"乃先攻一营,不利,诸将皆曰:"空杀兵耳。"逊曰:"吾已晓破之之术。"乃敕各持一把茅,以火攻拔之。一尔势成,通率诸军,同时俱攻,斩张南、冯习及胡王沙摩柯等首,破其四十余营。汉将杜路、刘宁等穷逼请降。

汉主升马鞍山,陈兵自绕,逊督促诸军,四面蹙之,土崩瓦解,死者万数。汉主夜遁,驿人自担烧铙铠断后,仅得入白帝城。其舟船、器械,水、步军资,一时略尽,尸骸塞江而下。汉主大惭恚曰:"吾乃为陆逊所折辱,岂非天邪!"将军义阳傅肜为后殿,兵众尽死,肜气益烈。吴人谕之使降,肜骂曰:"吴狗,安有汉将军而降者!"遂死之。从事祭酒程畿溯江而退,众曰:"后追将至,宜解舫轻行。"畿曰:"吾在军,未习为敌之走也。"亦死之。

初,吴安东中郎将孙桓别击汉前锋于夷道,为汉所围,求救于陆逊。逊曰:"未可。"诸将曰:"孙安东,公族,见围已困,奈何不救?"逊曰:"安东得士众心,城牢粮足,无可忧也。待吾计展,欲不救安东,安东自解。"及方略大施,汉果奔溃。桓后见逊曰:"前实怨不见救,定至今日,乃知调度自有方耳。"

初,逊为大都督,诸将或讨逆时旧将,或公室贵戚,各自矜恃,不相听从。逊按剑曰:"刘备天下知名,曹操所惮,今在境界,此强对也。诸君并荷国恩,当相辑睦,共剪此虏,上报所受,而不相顺,何也?仆虽书生,受命主上,国家所以屈诸君使相承望者,以仆尺寸可称,能忍辱负重故也。各在其事,岂复得辞!军令有常,不可犯也。"及至破备,计多出逊,诸将乃服。吴王闻之曰:"公何以初不启诸将违节度者邪?"对曰:"受恩深重,此诸将或任腹心,或堪爪牙,或是功臣,皆国家所当与共克定大事者,臣窃慕相如、寇恂相下之义,以济国事。"王大笑称善,加逊辅国将军,领荆州牧,改封江陵侯。

初,诸葛亮与尚书令法正好尚不同,而以公义相取,亮每奇正智术。及汉主伐吴而败,时正已卒,亮叹曰:"孝直若在,必能制主上东行;就使东行,必不倾危矣。"汉主在白帝,徐盛、潘璋、宋谦等各竞表言"备必可禽,乞复攻之"。吴王以问陆逊。逊与朱然、骆统上言曰:"曹丕大合士众,外托助国讨备,内实有奸心,谨决计辄还。"

初,帝闻汉兵树栅连营七百余里,谓群臣曰:"备不晓兵,岂有七百里营可以拒敌者乎!'苞原隰险阻而为军者为敌所禽',此兵忌也。孙权上事今至矣。"后七日,吴破汉书到。

秋,七月,冀州大蝗,饥。

汉主既败走,黄权在江北,道绝,不得还,八月,率其众来降。汉有司请收权妻子,汉主曰:"孤负黄权,权不负孤也。"待之如初。帝谓权曰:"君舍逆效顺,欲追踪陈、韩邪?"对曰:"臣过受刘主殊遇,降吴不可,还蜀无路,是以归命。且败军之将,免死为幸,何古人之可慕也!"帝善之,拜为镇南将军,封育阳侯,加侍中,使陪乘。蜀降人或云汉诛权妻子,帝诏权发丧。权曰:"臣与刘、葛推诚相信,明臣本志。窃疑未实,请须。"后得审问,果如所言。马良亦死于五谿。

九月,甲午,诏曰:"夫妇人与政,乱之本也。自今以后,群臣不得奏事太后,后族之家不得当辅政之任,又不得横受茅土之爵。以此诏传之后世,若有背违,天下共诛之。"卞太后每见外亲,不假以颜色,常言:"居处当节俭,不当望赏,念自佚也。外舍当怪吾遇之太薄,吾自有常度故也。吾事武帝四五十年,行俭日久,不能自变为奢。有犯科禁者,吾且能加罪一等耳,莫望钱米恩贷也。”

帝将立郭贵嫔为后,中郎栈潜上疏曰:“夫后妃之德,盛衰治乱所由生也。是以圣哲慎立元妃,必取先代世族之家,择其令淑,以统六宫,虔奉宗庙。《易》曰:‘家道正而天下定。’由内及外,先王之令典也。《春秋》书宗人衅夏云:‘无以妾为夫人之礼。’齐桓誓命于葵丘,亦曰:‘无以妾为妻。’今后宫嬖宠,常亚乘舆,若因爱登后,使贱人暴贵,臣恐后世下陵上替,开张非度,乱自上起也。”帝不从。庚子,立皇后郭氏。

初,吴王遣于禁护军浩周、军司马东里衮诣帝,自陈诚款,辞甚恭悫。帝问周等:“权可信乎?”周以为权必臣服,而衮谓其不可必服。帝悦周言,以为有以知之,故立为吴王,复使周至吴。周谓吴王曰:“陛下未信王遣子入侍,周以阖门百口明之。”吴王为之流涕沾襟,指天为誓。周还而侍子不至,但多设虚辞。帝欲遣侍中辛毗、尚书桓阶往与盟誓,并责任子,吴王辞让不受。帝怒,欲伐之,刘晔曰:“彼新得志,上下齐心,而阻带江湖,不可仓卒制也。”帝不从。

九月,命征东大将军曹休、前将军张辽、镇东将军臧霸出洞口,大将军曹仁出濡须,上军大将军曹真、征南大将军夏侯尚、左将军张郃、右将军徐晃围南郡。吴建威将军吕范督五军,以舟军拒休等,左将军诸葛瑾、平北将军潘璋、将军杨粲救南郡,神将军朱桓以濡须督拒曹仁。

冬,十月,甲子,表首阳山东为寿陵,作终制,务从俭薄,不藏金玉,一用瓦器。令以此诏藏之宗庙,副在尚书、秘书、三府。

吴王以扬越蛮夷多未平集,乃卑辞上书,求自改厉,“若罪在难除,必不见置,当奉还土地民人,寄命交州,以终余年”。又与浩周书云:“欲为登求昏宗室。”又云:“以登年弱,欲遣孙长绪、张子布随登俱来。”帝报曰:“朕之与君,大义已定,岂乐劳师远临江、汉?若登身朝到,夕召兵还耳。”于是吴王改元黄武,临江拒守。

帝自许昌南征,复郢州为荆州。十一月,辛丑,帝如宛。曹休在洞口,自陈:“愿将锐卒虎步江南,因敌取资,事必克捷,若其无臣,不须为念。”帝恐休便渡江,驿马止之。侍中董昭侍侧,曰:“窃见陛下有忧色,独以休济江故乎?今者渡江,人情所难,就休有此志,势不独行,当须诸将。臧霸等既富且贵,无复他望,但欲终其天命,保守禄祚而已,何肯乘危自投死地,以求徼幸?苟霸等不进,休意自沮。臣恐陛下虽有救渡之诏,犹必沉吟,未便从命也。”顷之,会暴风吹吴吕范等船,绠缆悉断,直诣休等营下,斩首获生以千数,吴兵进散。帝闻之,敕诸军促渡。军未时进,吴救船遂至,收军还江南。曹休使臧霸追之,不利,将军尹卢战死。

庚申晦,日有食之。

吴王使太中大夫郑泉聘于汉,汉太中大夫宗玮报之,吴、汉复通。

汉主闻魏师大出,遗陆逊书曰:"贼今已在江、汉,吾将复东,将军谓其能然否?"逊答曰:"但恐军新破,创夷未复始求通亲,且当自补,未暇穷兵耳。若不推算,欲复以倾覆之余远送以来者,无所逃命。"

汉汉嘉太守黄元叛。

吴将孙盛督万人据江陵中洲,以为南郡外援。

资治通鉴卷第七十

翰林学士兼侍读学士朝散大夫右谏议大夫知制诰判尚书都省兼提举万寿
观公事柱国河内郡开国侯食邑一千三百户食实封二百户赐紫金鱼袋臣 司马光 奉敕编集

魏纪二 起昭阳单阏（癸未），尽强圉协洽（丁未），凡五年。

世祖文皇帝下

黄初四年（癸卯、223）

春，正月，曹真使张郃击破吴兵，遂夺据江陵中洲。

二月，诸葛亮至永安。

曹仁以步骑数万向濡须，先扬声欲东攻羡溪，朱桓分兵赴之。既行，仁以大军径进。桓闻之，追还羡溪兵，兵未到而仁奄至。时桓手下及所部兵在者才五千人，诸将业业，各有惧心，桓喻之曰："凡两军交对，胜负在将，不在众寡。诸君闻曹仁用兵行师，孰与桓邪？兵法所以称'客倍而主人半'者，谓俱在平原无城隍之守，又谓士卒勇怯齐等故耳。今仁既非智勇，加其士卒甚怯，又千里步涉，人马罢困，桓与诸君共据高城，南临大江，北背山陵，以逸待劳，为主制客，此百战百胜之势。虽曹丕自来，尚不足忧，况仁等邪！"桓乃偃旗鼓，外示虚弱以诱致仁。仁遣其子泰攻濡须城，分遣将军常雕、王双等乘油船别袭中洲。中洲者，桓部曲妻子所在也。蒋济曰："贼据西岸，列船上流，而兵入洲中，是为自内地狱，危亡之道也。"仁不从，自将万人留橐皋，为泰等后援。桓遣别将击雕等而身自拒泰，泰烧营退。桓遂斩常雕，生虏王双，临陈杀溺死者千余人。

初，吕蒙病笃，吴王问曰："卿如不起，谁可代者？"蒙对曰："朱然胆守有余，愚以为可任。"朱然者，九真太守朱治姊子也，本姓施氏，治养以为子，时为昭武将军。蒙卒，吴王假然节，镇江陵。及曹真等围江陵，破孙盛，吴王遣诸葛瑾等将兵往解围，夏侯尚击却之。江陵中外断绝，城中兵多肿病，堪战者裁五千人。真等起土山，凿地道，立楼橹临城，弓矢雨注，将士皆失色，然晏如无恐意，方厉吏士，伺间隙，攻破魏两屯。魏兵围然凡六月，江陵令姚泰领兵备城北门，见外兵盛，城中人少，谷食且尽，惧不济，谋为内应，然觉而杀之。

时江水浅狭，夏侯尚欲乘船将步骑入渚中安屯，作浮桥，南北往来，议者多以为城必可拔。董昭上疏曰："武皇帝智勇过人，而用兵畏敌，不敢轻之若此也。夫兵好进恶退，常然之数。平地无险，犹尚艰难，就当深入，还道宜利，兵有进退，不可如意。今屯渚中,至深也;浮桥而济,至危也;一道而行,至狭也。三者兵家所忌,而今行之。贼频攻桥,误有漏失,渚中精锐非魏之有,将转化为吴矣。臣私戚之,忘寝与食,而议者恬然不以为忧,岂不惑哉!加江水向长,一旦暴增,何以防御?就不破贼,尚当自完,奈何乘危,不以为惧?惟陛下察之。"帝即诏尚等促出,吴人两头并前,魏兵一道引去,不时得泄,仅而获济。吴将潘璋已作获筏,欲以烧浮桥,会尚退而止。后旬日,江水大涨,帝谓董昭曰:"君论此事,何其审也!"会天大疫,帝悉召诸军还。

三月,丙申,车驾还洛阳。

初,帝问贾诩曰:"吾欲伐不从命以一天下,吴、蜀何先?"对曰:"攻取者先兵权,建本者尚德化。陛下应期受禅,抚临率土,若绥之以文德而俟其变,则平之不难矣。吴、蜀虽蕞尔小国,依山阻水,刘备有雄才,诸葛亮善治国,孙权识虚实,陆逊见兵势,据险守要,泛舟江湖,皆难卒谋也。用兵之道,先胜后战,量敌论将;故举无遗策。臣窃料群臣,无备、权对,虽以天威临之,未见万全之势也。昔舜舞干戚而有苗服,臣以为当今宜先文后武。"帝不纳,军竟无功。

丁未,陈忠侯曹仁卒。

初,黄元为诸葛亮所不善,闻汉主疾病,惧有后患,故举郡反,烧临邛城。时亮东行省疾,成都单虚,元益无所惮。益州治中从事杨洪,启太子遣将军陈曶、郑绰讨元。众议以为元若不能围成都,当由越巂据南中。洪曰:"元素性凶暴,无他恩信,何能办此?不过乘水东下,冀主上平安,面缚归死;如其有异,奔吴求活耳。但敕曶、绰于南安峡口邀遮,即便得矣。"元军败,果顺江东下,曶、绰生获,斩之。

汉主病笃,命丞相亮辅太子,以尚书令李严为副。汉主谓亮曰:"君才十倍曹丕,必能安国,终定大事。若嗣子可辅,辅之;如其不才,君可自取。"亮涕泣曰:"臣敢不竭股肱之力,效忠贞之节,继之以死!"汉主又为诏敕太子曰:"人五十不称夭,吾年已六十有余,何所复恨,但以卿兄弟为念耳。勉之,勉之!勿以恶小而为之,勿以善小而不为。惟贤惟德,可以服人。汝父德薄,不足效也。汝与丞相从事,事之如父。"夏,四月,癸巳,汉主殂于永安,谥曰昭烈。丞相亮奉丧还成都,以李严为中都护,留镇永安。

五月,太子禅即位,时年十七。尊皇后曰皇太后。大赦,改元建兴。封丞相亮为武乡侯,领益州牧,政事无巨细,咸决于亮。亮乃约官职,修法制,发教与群下曰:"夫参署者,集众思,广忠益也。若远小嫌,难相违覆,旷阙损矣。违覆而得中,犹弃敝蹻而获珠玉。然人心苦不能尽,惟徐元直处兹不惑。又,董幼宰参署七年,事有不至,至于十反,来相启告。苟能慕元直之十一,幼宰之勤渠,有忠于国,则亮可以少过矣。"又曰:"昔初交州平,屡闻得失;后交元直,勤见启诲;前参事于幼宰,每言则尽;后从事于伟度,数有谏止。虽资性鄙暗,不能悉纳,然与此四子终始好合,亦足以明其不疑于直言也。"伟度者,亮主簿义阳胡济也。

亮尝自校簿书,主簿杨颙直入,谏曰:"为治有体,上下不可相侵。请为明公以作家譬之。今有人,使奴执耕稼,婢典炊爨,鸡主司晨,犬主吠盗,牛负重载,马涉远路,私业无旷,所求皆足,雍容高枕,饮食而已。忽一旦尽欲以身亲其役,不复付任,劳其体力,为此碎务,形疲神困,终无一成。岂其智之不如奴婢鸡狗哉?失为家主之法也。是故古人称'坐而论道,谓之王公;作而行之,谓之士大夫。'故丙吉不问横道死人而忧牛喘,陈平不肯知钱谷之数,云'自有主者',彼诚达于位分之体也。今明公为治,乃躬自校簿书,流汗终日,不亦劳乎!"亮谢之。及颙卒,亮垂泣三日。

六月,甲戌,任城威王彰卒。

甲申,魏寿肃侯贾诩卒。

大水。

吴贺齐袭蕲春,虏太守晋宗以归。

初,益州郡耆帅雍闿杀太守正昂,因士燮以求附于吴,又执太守成都张裔以与吴,吴以闿为永昌太守。永昌功曹吕凯、府丞王伉率吏士闭境拒守,闿不能进,使郡人孟获诱扇诸夷,诸夷皆从之。牂柯太守朱褒、越嶲夷王高定皆叛应闿。诸葛亮以新遭大丧,皆抚而不讨,务农殖谷,闭关息民,民安食足而后用之。

秋,八月,丁卯,以廷尉钟繇为太尉,治书执法高柔代为廷尉。是时三公无事,又希与朝政,柔上疏曰:"公辅之臣,皆国之栋梁,民所具瞻,而置之三事,不使知政,遂各偃息养高,鲜有进纳,诚非朝廷崇用大臣之义,大臣献可替否之谓也。古者刑政有疑,辄议于槐、棘之下。自今之后,朝有疑议及刑狱大事,宜数以咨访三公。三公朝朔、望之日,又可特延入讲论得失,博尽事情,庶有补起天听,光益大化。"帝嘉纳焉。

辛未,帝校猎于荥阳,遂东巡。九月,甲辰,如许昌。

汉尚书义阳邓芝言于诸葛亮曰:"今主上幼弱,初即尊位,宜遣大使重申吴好。"亮曰:"吾思之久矣,未得其人耳,今日始得之。"芝问:"其人为谁?"亮曰:"即使君也。"乃遣芝以中郎将修好于吴。冬,十月,芝至吴。时吴王犹未与魏绝,狐疑,不时见芝。芝乃自表请见曰:"臣今来,亦欲为吴,非但为蜀也。"吴王见之,曰:"孤诚愿与蜀和亲,然恐蜀主幼弱,国小势逼,为魏所乘,不自保全耳。"芝对曰:"吴、蜀二国,四州之地。大王命世之英,诸葛亮亦一时之杰也。蜀有重险之固,吴有三江之阻。合此二长,共为唇齿,进可并兼天下,退可鼎足而立,此理之自然也。大王今若委质于魏,魏必上望大王之入朝,下求太子之内侍,若不从命,则奉辞伐叛,蜀亦顺流见可而进,如此,江南之地非复大王之有也。"吴王默然良久曰:"君言是也。"遂绝魏,专与汉连和。

是岁,汉主立妃张氏为皇后。

五年(甲辰、224)

春,三月,帝自许昌还洛阳。

初平以来,学道废坠。夏,四月,初立太学,置博士,依汉制设"五经"课试之法。

吴王使辅义中郎将吴郡张温聘于汉,自是吴、蜀信使不绝。时事所宜,吴王常令陆逊语诸葛亮,又刻印,置逊所。王每与汉主及诸葛亮书,常过示逊,轻重可否,有所不安,便令改定,以印封之。

汉复遣邓芝聘于吴,吴王谓之曰:"若天下太平,二主分治,不亦乐乎!"芝对曰:"天无二日,土无二王。如并魏之后,大王未深识天命,君各茂其德,臣各尽其忠,将提枹鼓,则战争方始耳。"吴王大笑曰:"君之诚款,乃当尔邪!"

秋,七月,帝东巡,如许昌。帝欲大兴军伐吴,侍中辛毗谏曰:"方今天下新定,土广民稀,而欲用之,臣诚未见其利。先帝屡起锐师,临江而旋。今六军不增于故,而复修之,此未易也。今日之计,莫若养民屯田,十年然后用之,则役不再举矣。"帝曰:"如卿意,更当以虏遗子孙邪?"对曰:"昔周文王以纣遗武王,惟知时也。"帝不从,留尚书仆射司马懿镇许昌。八月,为水军,亲御龙舟,循蔡、颍,浮淮如寿春。九月,至广陵。

吴安东将军徐盛建计,植木衣苇,为疑城假楼,自石头至于江乘,联绵相接数百里,一夕而成,又大浮舟舰于江。时江水盛长,帝临望,叹曰:"魏虽有武骑千群,无所用之,未可图也。"帝御龙舟,会暴风漂荡,几至覆没。帝问群臣:"权当自来否?"咸曰:"陛下亲征,权恐怖,必举国而应。又不敢以大众委之臣下,必当自来。"刘晔曰:"彼谓陛下欲以万乘之重牵己,而超越江湖者在于别将,必勒兵待事,未有进退也。"大驾停住积日,吴王不至,帝乃旋师。是时,曹休表得降贼辞:"孙权已在濡须口。"中领军卫臻曰:"权恃长江,未敢亢衡,此必畏怖伪辞耳。"考核降者,果守将所作也。

吴张温少以俊才有盛名,顾雍以为当今无辈,诸葛亮亦重之。温荐引同郡暨艳为选部尚书。艳好为清议,弹射百僚,覈奏三署,率皆贬高就下,降损数等,其守故者,十未能一;其居位贪鄙,志节污卑者,皆以为军吏,置营府以处之;多扬人暗昧之失以显其谪。同郡陆逊、逊弟瑁及侍御史朱据皆谏止之。瑁与艳书曰:"夫圣人嘉善矜愚,忘过记功,以成美化。加今王业始建,将一大统,此乃汉高弃瑕录用之时也。若令善恶异流,贵汝、颖月旦之评,诚可以厉俗明教,然恐未易行也。宜远模仲尼之泛爱,近则郭泰之容济,庶有益于大道也。"据谓艳曰:"天下未定,举清厉浊,足以沮劝,若一时贬黜,惧有后咎。"艳皆不听。于是怨愤盈路,争言艳及选曹郎徐彪专用私情,憎爱不由公理。艳、彪皆坐自杀。温素与艳、彪同意,亦坐斥还本郡以给厮吏,卒于家。始,温方盛用事,余姚虞俊叹曰:"张惠恕才多智少,华而不实,怨之所聚,有覆家之祸。吾见其兆矣。"无几何而败。

冬,十月,帝还许昌。

十一月,戊申晦,日有食之。

鲜卑轲比能诱步度根兄扶罗韩杀之,步度根由是怨轲比能,更相攻击。步度根部众稍弱,将其众万余落保太原、雁门;是岁,诣阙贡献。而轲比能众遂强盛,出击东部大人素利。护乌丸校尉田豫乘虚掎其后,轲比能使别帅琐奴拒豫,豫击破之。轲比能由是携贰,数为边寇,幽、并苦之。

六年(乙巳,225)

春,二月,诏以陈群为镇军大将军,随车驾董督众军,录行尚书事;司马懿为抚军大将军,留许昌,督后台文书。三月,帝行如召陵,通讨虏渠。乙巳,还许昌。

并州刺史梁习讨轲比能,大破之。

汉诸葛亮率众讨雍闿等,参军马谡送之数十里。亮曰:"虽共谋之历年,今可更惠良规。"谡曰:"南中恃其险远,不服久矣,虽今日破之,明日复反耳。今公方倾国北伐以事强贼,彼知官势内虚,其叛亦速。若殄尽遗类以除后患,既非仁者之情,且又不可仓卒也。夫用兵之道,攻心为上,攻城为下,心战为上,兵战为下,愿公服其心而已。"亮纳其言。谡,良之弟也。

辛未,帝以舟师复征吴,群臣大议,宫正鲍勋谏曰:"王师屡征而未有所克者,盖以吴、蜀唇齿相依,凭阻山水,有难拔之势故也。往年龙舟飘荡,隔在南岸,圣躬蹈危,臣下破胆,此时宗庙几至倾覆,为百世之戒。今又劳兵袭远,日费千金,中国虚耗,令黠虏玩威,臣窃以为不可。"帝怒,左迁勋为治书执法。勋,信之子也。夏,五月,戊申,帝如谯。

吴丞相北海孙劭卒。初,吴当置丞相,众议归张昭,吴王曰:"方今多事,职大者责重,非所以优之也。"及劭卒,百僚复举昭,吴王曰:"孤岂为子布有爱乎?领丞相事烦,而此公性刚,所言不从,怨咎将兴,非所以益之也。"六月,以太常顾雍为丞相、平尚书事。

雍为人寡言,举动时当,吴王尝叹曰:"顾君不言,言必有中。"至饮宴欢乐之际,左右恐有酒失,而雍必见之,是以不敢肆情。吴王亦曰:"顾公在座,使人不乐。"其见惮如此。初领尚书令,封阳遂乡侯,拜侯还寺,而家人不知,后闻,乃惊。

及为相,其所选用文武将吏,各随能所任,心无适莫。时访逮民间,及政职所宜,辄密以闻。若见纳用,则归之于上,不用,终不宣泄。吴王以此重之。然于公朝有所陈及,辞色虽顺而所执者正。军国得失,自非面见,口未尝言。王常令中书郎诣雍,有所咨访,若合雍意,事可施行,即与相反覆,究而论之,为设酒食。如不合意,雍即正色改容,默然不言,无所施设。郎退告王,王曰:"顾公欢悦,是事合宜也;其不言者,是事未平也。孤当重思之。"江边诸将,各欲立功自效,多陈便宜,有所掩袭。王以访雍。雍曰:"臣闻兵法戒于小利,此等所陈,欲邀功名而为其身,非为国也,陛下宜禁制。苟不足以曜威损敌,所不宜听也。"王从之。

利成郡兵蔡方等反,杀太守徐质,推郡人唐咨为主,诏屯骑校尉任福等讨平之。咨自海道亡入吴,吴人以为将军。

秋,七月,立皇子鉴为东武阳王。

汉诸葛亮至南中,所在战捷。亮由越嶲入,斩雍闿及高定。使庲降督益州李恢由益州入,门下督巴西马忠由牂柯入,击破诸县,复与亮合。孟获收闿余众以拒亮。获素为夷、汉所服,亮募生致之,既得,使观于营陈之间,问曰:"此军何如?"获曰:"向者不知虚实,故败。今蒙赐观营陈,若只如此,即定易胜耳。"亮笑,纵使更战,七纵七禽,而亮犹遣获。获止不去,曰:"公,天威也,南人不复反矣。"亮遂至滇池。

益州、永昌、牂柯、越嶲四郡皆平,亮即其渠率而用之。或以谏亮,亮曰:"若留外人,则当留兵,兵留则无所食,一不易也。加夷新伤破,父兄死丧,留外人而无兵者,必成祸患,二不易也。又,夷累有废杀之罪,自嫌衅重,若留外人,终不相信,三不易也。今吾欲使不留兵,不运粮,而纲纪粗定,夷、汉粗安故耳。"亮于是悉收其俊杰孟获等以为官属,出其金、银、丹、漆、耕牛、战马以给军国之用。自是终亮之世,夷不复反。

八月,帝以舟师自谯循涡入淮。尚书蒋济表言水道难通,帝不从。冬,十月,如广陵故城,临江观兵,戎卒十余万,旌旗数百里,有渡江之志。吴人严兵固守。时大寒,冰,舟不得入江。帝见波涛汹涌,叹曰:"嗟乎,固天所以限南北也!"遂归。孙韶遣将高寿等率敢死之士五百人,于径路夜要帝,帝大惊。寿等获副车、羽盖以还。于是战船数千皆滞不得行,议者欲就留兵屯田,蒋济以为:"东近湖,北临淮,若水盛时,贼易为寇,不可安屯。"帝从之,车驾即发。还,到精湖,水稍尽,尽留船付济。船连延在数百里中,济更凿地作四五道,蹴船令聚;豫作土豚遏断湖水,皆引后船,一时开遏入淮中,乃得还。

十一月,东武阳王鉴薨。

十二月,吴番阳贼彭绮攻没郡县,众数万人。

七年（丙午、226）

春，正月，壬子，帝还洛阳，谓蒋济曰："事不可不晓。吾前决谓分半烧船于山阳湖中，卿于后致之，略与吾俱至谯。又每得所陈，实入吾意。自今讨贼计画，善思论之。"

汉丞相亮欲出军汉中，前将军李严当知后事，移屯江州，留护军陈到驻永安，而统属于严。

吴陆逊以所在少谷，表令诸将增广农亩。吴王报曰："甚善。令孤父子亲受田，车中八牛，以为四耦，虽未及古人，亦欲与众均等其劳也。"

帝之为太子也，郭夫人弟有罪，魏郡西部都尉鲍勋治之，太子请，不能得，由是恨勋。及即位，勋数直谏，帝益忿之。帝伐吴还，屯陈留界。勋为治书执法，太守孙邕见，出过勋。时营垒未成，但立标埒，邕邪行不从正道，军营令史刘曜欲推之，勋以堑垒未成，解止不举。帝闻之，诏曰："勋指鹿作马，收付廷尉。"廷尉法议："正刑五岁。"三官驳："依律，罚金二斤。"帝大怒曰："勋无活分，而妆等欲纵之！收三官已下付刺奸，当令十鼠同穴。"钟繇、华歆、陈群、辛毗、高柔、卫臻等并表勋父信有功于太祖，求请勋罪，帝不许。高柔固执不从诏命，帝怒甚，召柔诣台，遣使者承指至廷尉诛勋。勋死，乃遣柔还寺。

票骑将军都阳侯曹洪，家富而性吝啬，帝在东宫，尝从洪贷绢百匹，不称意，恨之。遂以舍客犯法，下狱当死，群臣并救，莫能得。卞太后责怒帝曰："梁、沛之间，非子廉无有今日。"又谓郭后曰："令曹洪今日死，吾明日敕帝废后矣。"于是郭后泣涕屡请，乃得免官，削爵土。

初，郭后无子，帝使母养平原王叡，以叡母甄夫人被诛，故未建为嗣。叡事后甚谨，后亦爱之。帝与叡猎，见子母鹿，帝亲射杀其母，命叡射其子。叡泣曰："陛下已杀其母，臣不忍复杀其子。"帝即放弓矢，为之恻然。夏，五月，帝疾笃，乃立叡为太子。丙辰，召中军大将军曹真、镇军大将军陈群、抚军大将军司马懿，并受遗诏辅政。丁巳，帝殂。

> 陈寿评曰：文帝天资文藻，下笔成章，博闻强识，才艺兼该。若加之旷大之度，励以公平之诚，迈志存道，克广德心，则古之贤主，何远之有哉！

太子即皇帝位，尊皇太后曰太皇太后，皇后曰皇太后。初，明帝在东宫，不交朝臣，不问政事，惟潜思书籍。即位之后，群下想闻风采。居数日，独见侍中刘晔，语尽日。众人侧听，晔既出，问："何如？"曰："秦始皇、汉孝武之俦，才具微不及耳。"

帝初莅政，陈群上疏曰："夫臣下雷同，是非相蔽，国之大患也。若不和睦则有仇党，有仇党则毁誉无端，毁誉无端则真伪失实，此皆不可不深察。"

癸未,追谥甄夫人曰文昭皇后。

壬辰,立皇弟蕤为阳平王。

六月,戊寅,葬文帝于首阳陵。

吴王闻魏有大丧,秋,八月,启将攻江夏郡,太守文聘坚守。朝议欲发兵救之,帝曰:"权习水战,所以敢下船陆攻者,冀掩不备也。今已与聘相拒。夫攻守势倍,终不敢久也。"先是,朝廷遣治书侍御史荀禹慰劳边方,禹到江夏,发所经县兵及所从步骑千人乘山举火,吴王退走。

辛巳,立皇子冏为清河王。

吴左将军诸葛瑾等寇襄阳,司马懿击破之,斩其部将张霸,曹真又破其别将于寻阳。

吴丹杨、吴、会山民复为寇,攻没属县。吴王分三郡险地为东安郡,以绥南将军全琮领太守。琮至,明赏罚,招诱降附,数年,得万余人。吴王召琮还牛渚,罢东安郡。

冬,十月,清河王冏卒。

吴陆逊陈便宜,劝吴王以施德缓刑,宽赋息调。又云:"忠谠之言,不能极陈,求容小臣,数以利闻。"王报曰:"《书》载'予违汝弼',而云不敢极陈,何得为忠谠哉?"于是令有司尽写科条,使郎中褚逢赍以就逊及诸葛瑾,意所不安,令损益之。

十二月,以钟繇为太傅,曹休为大司马,都督扬州如故,曹真为大将军,华歆为太尉,王朗为司徒,陈群为司空,司马懿为票骑大将军。歆让位于管宁,帝不许。征宁为光禄大夫,敕青州给安车吏从,以礼发遣,宁复不至。

是岁,吴交阯太守士燮卒,吴王以燮子徽为安远将军,领九真太守,以校尉陈时代燮。交州刺史吕岱以交阯绝远,表分海南三郡为交州,以将军戴良为刺史,海东四郡为广州,岱自为刺史,遣良与时南入。而徽自署交阯太守,发宗兵拒良,良留合浦。交阯桓邻,燮举吏也,叩头谏徽,使迎良。徽怒,笞杀邻。邻兄治合宗兵击,不克。吕岱上疏请讨徽,督兵三千人,晨夜浮海而往。或谓岱曰:"徽藉累世之恩,为一州所附,未易轻也。"岱曰:"今徽虽怀逆计,未知吾之卒至,若我潜军轻举,掩其无备,破之必也。稽留不速,使得生心,婴城固守,七郡百蛮云合响应,虽有智者,谁能图之?"遂行,过合浦,与良俱进。岱以燮弟子辅为师友从事,遣往说徽。徽率其兄弟六人出降,岱皆斩之。

> 孙盛论曰:夫柔远能迩,莫善于信。吕岱师友士辅,使通信誓,徽兄弟肉袒,推心委命,岱因灭之,以要功利,君子是以知吕氏之祚不延者也。

徽大将军甘醴及桓治率吏民共攻岱,岱奋击,破之。于是除广州,复为交州如故。岱进讨九真,斩获以万数。又遣从事南宣威命,暨徽外扶南、林邑、堂明诸王,各遣使入贡于吴。

烈祖明皇帝上之上

太和元年(丁未、227)

春,吴解烦督胡综、番阳太守周鲂击彭绮,生获之。

初,绮自言举义兵,为魏讨吴,议者以为因此伐吴,必有所克。帝以问中书令太原孙资,资曰:"番阳宗人,前后数有举义者,众弱谋浅,旋辄乖散。昔文皇帝尝密论贼形势,言洞浦杀万人,得船千数,数日间,船人复会;江陵被围历月,权裁以千数百兵住东门,而其土地无崩解者,是有法禁上下相维之明验也。以此推绮,惧未能为权腹心大疾也。"至是,绮果败亡。

二月,立文昭皇后寝园于邺。王朗往视园陵,见百姓多贫困,而帝方营修宫室,朗上疏谏曰:"昔大禹欲拯天下之大患,故先卑其宫室,俭其衣食;句践欲广其御儿之疆,亦约其身以及家,俭其家以施国;汉之文、景欲恢弘祖业,故割意于百金之台,昭俭于弋绨之服,霍去病中才之将,犹以匈奴未灭,不治第宅。明恤远者略近,事外者简内也。今建始之前,足用列朝会;崇华之后,足用序内官;华林、天渊,足用展游宴。若且先成象魏,修城池,其余一切须丰年,专以勤耕农为务,习戎备为事,则民充兵强而寇戎宾服矣。"

三月,蜀丞相亮率诸军北驻汉中,使长史张裔、参军蒋琬统留府事。临发,上疏曰:"先帝创业未半而中道崩殂,今天下三分,益州疲敝,此诚危急存亡之秋也。然侍卫之臣不懈于内,忠志之士忘身于外者,盖追先帝之殊遇,欲报之于陛下也。诚宜开张圣听,以光先帝遗德,恢弘志士之气,不宜妄自菲薄,引喻失义,以塞忠谏之路也。

宫中、府中,俱为一体,陟罚臧否,不宜异同。若有作奸犯科及为忠善者,宜付有司论其刑赏,以昭陛下平明之理,不宜偏私,使内外异法也。侍中、侍郎郭攸之、费祎、董允等,此皆良实,志虑忠纯,是以先帝简拔以遗陛下。愚以为宫中之事,事无大小,悉以咨之,然后施行,必能裨补阙漏,有所广益。将军向宠,性行淑均,晓畅军事,试用于昔日,先帝称之曰能,是以众议举宠为督。愚以为营中之事,悉以咨之,必能使行阵和睦,优劣得所。亲贤臣,远小人,此先汉所以兴隆也;亲小人,远贤臣,此后汉所以倾颓也。先帝在时,每与臣论此事,未尝不叹息痛恨于桓、灵也。侍中、尚书、长史、参军,此悉端良、死节之臣,愿陛下亲之信之,则汉室之隆,可计日而待也。

臣本布衣,躬耕南阳,苟全性命于乱世,不求闻达于诸侯。先帝不以臣卑鄙,猥自枉屈,三顾臣于草庐之中,谘臣以当世之事;由是感激,遂许先帝以驱驰。后值倾覆，受任于败军之际，奉命于危难之间，尔来二十有一年矣。先帝知臣谨慎，故临崩寄臣以大事也。受命以来，夙夜忧叹，恐托付不效，以伤先帝之明，故五月渡泸，深入不毛。今南方已定，兵甲已足，当奖率三军，北定中原，庶竭驽钝，攘除奸凶，兴复汉室，还于旧都。此臣所以报先帝而忠陛下之职分也。至于斟酌损益，进尽忠言，则攸之、祎、允之任也。愿陛下托臣以讨贼兴复之效，不效，则治臣之罪以告先帝之灵，责攸之、祎、允等之慢以彰其咎。陛下亦宜自谋，以谘诹善道，察纳雅言，深追先帝遗诏。臣不胜受恩感激，今当远离，临表涕零，不知所言。"遂行，屯于沔北阳平石马。

亮辟广汉太守姚伷为掾，伷并进文武之士，亮称之曰："忠益者莫大于进人，进人者各务其所尚。今姚掾并存刚柔以广文武之用，可谓博雅矣。愿诸掾各希此事以属其望。"

帝闻诸葛亮在汉中，欲大发兵就攻之，以问散骑常侍孙资，资曰："昔武皇帝征南郑，取张鲁，阳平之役，危而后济。又自往拔出夏侯渊军，数言'南郑直为天狱，中斜谷道为五百里石穴耳'，言其深险，喜出渊军之辞也。又，武皇帝圣于用兵，察蜀贼栖于山岩，视吴虏窜于江湖，皆桡而避之，不责将士之力，不争一朝之忿，诚所谓见胜而战，知难而退也。今若进军就南郑讨亮，道既险阻，计用精兵及转运、镇守南方四州，遏御水贼，凡用十五六万人，必当复更有所发兴。天下骚动，费力广大，此诚陛下所宜深虑。夫守战之力，力役参倍。但以今日见兵命大将据诸要险，威足以震摄强寇，镇静疆场，将士虎睡，百姓无事。数年之间，中国日盛，吴、蜀二虏必自罢敝。"帝乃止。

初，文帝罢五铢钱，使以谷帛为用，人间巧伪渐多，竞湿谷以要利，薄绢以为市，虽处以严刑，不能禁也。司马芝等举朝大议，以为："用钱非徒丰国，亦所以省刑，今不若更铸五铢为便。"夏，四月，乙亥，复行五铢钱。

甲申，初营宗庙于洛阳。

六月，以司马懿都督荆、豫州诸军事，率所领镇宛。

冬，十二月，立贵嫔河内毛氏为皇后。初，帝为平原王，纳河内虞氏为妃，及即位，虞氏不得立为后，太皇卞太后慰勉焉。虞氏曰："曹氏自好立贱，未有能以义举者也。然后职内事，君听外政，其道相由而成，苟不能以善始，未有能令终者也，殆必由此亡国丧祀矣！"虞氏遂绌还邺宫。

初，太祖、世祖皆议复肉刑，以军事不果。及帝即位，太傅钟繇上言："宜如孝景之令，其当弃市欲斩右趾者，许之；其黥、劓、左趾、宫刑者，自如孝文易以髡笞，可以岁生三千人。"诏公卿以下议，司徒朗以为："肉刑不用已来，历年数百。今复行之，恐所减之文未彰于万民之目，而肉刑之问已宣于寇仇之耳，非所以来远人也。今可按谳所欲轻之死罪,使减死髡刑,嫌其轻者,可倍其居作之岁数。内有以生易死不訾之恩,外无以刖易钛骇耳之声。"议者百余人,与朗同者多。帝以吴、蜀未平,且寝。

是岁,吴昭武将军韩当卒,其子综淫乱不轨,惧得罪,闰月,将其家属、部曲来奔。

初,孟达既为文帝所宠,又与桓阶、夏侯尚亲善,及文帝殂,阶、尚皆卒,达心不自安。诸葛亮闻而诱之,达数与通书,阴许归蜀。达与魏兴太守申仪有隙,仪密表告之。达闻之,惶惧,欲举兵叛。司马懿以书慰解之,达犹豫未决,懿乃潜军进讨。诸将言:"达与吴、汉交通,宜观望而后动。"懿曰:"达无信义,此其相疑之时也,当及其未定促决之。"乃倍道兼行,八日到其城下。吴、汉各遣偏将向西城安桥、木阑塞以救达,懿分诸将以距之。初,达与亮书曰:"宛去洛八百里,去吾一千二百里,闻吾举事,当表上天子,比相反覆,一月间也,则吾城已固,诸军足办。吾所在深险,司马公必不自来;诸将来,吾无患矣。"及兵到,达又告亮曰:"吾举事八日而兵至城下,何其神速也!"

资治通鉴卷第七十一

翰林学士兼侍读学士朝散大夫右谏议大夫知制诰判尚书都省兼提举万寿
观公事柱国河内郡开国侯食邑一千三百户食实封二百户赐紫金鱼袋臣 司马光 奉敕编集

魏纪三 起著雍涒滩（戊申），尽上章阉茂（庚戌），凡三年。

烈祖明皇帝上之下

太和二年（戊申、228）

春，正月，司马懿攻新城，旬有六日，拔之，斩孟达。申仪久在魏兴，擅承制刻印，多所假授，懿召而执之，归于洛阳。

初，征西将军夏侯渊之子楙尚太祖女清河公主，文帝少与之亲善，及即位，以为安西将军，都督关中，镇长安，使承渊处。

诸葛亮将入寇，与群下谋之，丞相司马魏延曰：“闻夏侯楙，主婿也，怯而无谋。今假延精兵五千，负粮五千，直从褒中出，循秦岭而东，当子午而北，不过十日，可到长安。楙闻延奄至，必弃城逃走。长安中惟御史、京兆太守耳。横门邸阁与散民之谷，足周食也。比东方相合聚，尚二十许日，而公从斜谷来，亦足以达。如此，则一举而咸阳以西可定矣。”亮以为此危计，不如安从坦道，可以平取陇右，十全必克而无虞，故不用延计。

亮扬声由斜谷道取郿，使镇东将军赵云、扬武将军邓芝为疑军，据箕谷。帝遣曹真都督关右诸军军郿。亮身率大军攻祁山，戎陈整齐，号令明肃。始，魏以汉昭烈既死，数岁寂然无闻，是以略无备豫，而卒闻亮出，朝野恐惧。于是天水、南安、安定皆叛应亮，关中响震，朝臣未知计所出。帝曰：“亮阻山为固，今者自来，正合兵书致人之术，破亮必也。”乃勒兵马步骑五万，遣右将军张郃督之，西拒亮。丁未，帝行如长安。

初，越巂太守马谡才器过人，好论军计，诸葛亮深加器异。汉昭烈临终谓亮曰：“马谡言过其实，不可大用，君其察之。”亮犹谓不然，以谡为参军，每引见谈论，自昼达夜。

及出军祁山，亮不用旧将魏延、吴懿等为先锋，而以谡督诸军在前，与张郃战于街亭。谡违亮节度，举措烦扰，舍水上山，不下据城。张郃绝其汲道，击，大破之，士卒离散。亮进无所据，乃拔西县千余家还汉中。收谡下狱，杀之。亮自临祭，为之流涕，抚其遗孤，恩若平生。蒋琬谓亮曰：“昔楚杀得臣，文公喜可知也。

天下未定而戮智计之士，岂不惜乎！"亮流涕曰："孙武所以能制胜于天下者，用法明也；是以扬干乱法，魏绛戮其仆。四海分裂，兵交方始，若复废法，何用讨贼邪！"

谡之未败也，神将军巴西王平连规谏谡，谡不能用。及败，众尽星散，惟平所领千人鸣鼓自守，张郃疑其有伏兵，不往逼也，于是平徐徐收合诸营遗迸，率将士而还。亮既诛马谡及将军李盛，夺将军黄袭等兵，平特见崇显，加拜参军，统五部兼当营事，进位讨寇将军，封亭侯。亮上疏请自贬三等，汉主以亮为右将军，行丞相事。

是时赵云、邓芝兵亦败于箕谷，云敛众固守，故不大伤，云亦坐贬为镇军将军。亮问邓芝曰："街亭军退，兵将不复相录，箕谷军退，兵将初不相失，何故？"芝曰："赵云身自断后，军资什物，略无所弃，兵将无缘相失。"云有军资余绢，亮使分赐将士，云曰："军事无利，何为有赐？其物请悉入赤岸库，须十月为冬赐。"亮大善之。

或劝亮更发兵者，亮曰："大军在祁山、箕谷，皆多于贼，而不破贼，乃为贼所破，此病不在兵少也，在一人耳。今欲减兵省将，明罚思过，校变通之道于将来；若不能然者，虽兵多何益！自今已后，诸有忠虑于国，但勤攻吾之阙，则事可定，贼可死，功可跷足而待矣。"于是考微劳，甄壮烈，引咎责躬，布所失于境内，厉兵讲武，以为后图，戎士简练，民忘其败矣。

亮之出祁山也，天水参军姜维诣亮降。亮美维胆智，辟为仓曹掾，使典军事。

曹真讨安定等三郡，皆平。真以诸葛亮惩于祁山，后必出从陈仓，乃使将军郝昭等守陈仓，治其城。

夏，四月，丁酉，帝还洛阳。

帝以燕国徐邈为凉州刺史。邈务农积谷，立学明训，进善黜恶。与羌、胡从事，不问小过；若犯大罪，先告部帅，使知应死者，乃斩以徇。由是服其威信，州界肃清。

五月，大旱。

吴王使鄱阳太守周鲂密求山中旧族名帅为北方所闻知者，令谲挑扬州牧曹休。鲂曰："民帅小丑，不足杖任，事或漏泄，不能致休。乞遣亲人赍笺以诱休，言被谴惧诛，欲以郡降北，求兵应接。"吴王许之。时频有郎官诣鲂诘问诸事，鲂因诣郡门下，下发谢。休闻之，率步骑十万向皖以应鲂。帝又使司马懿向江陵，贾逵向东关，三道俱进。

秋，八月，吴王至皖，以陆逊为大都督，假黄钺，亲执鞭以见之。以朱桓、全琮为左右督，各督三万人以击休。休知见欺，而恃其众，欲遂与吴战。朱桓言于吴王曰："休本以亲戚见任,非智勇名将也。今战必败,败必走,走当由夹石、挂车,此两道皆险阨,若以万兵柴路,则彼众可尽,而休可生虏。臣请将所部以断之,若蒙天威,得以休自效,便可乘胜长驱,进取寿春,割有淮南,以规许、洛,此万世一时,不可失也。"权以问陆逊,逊以为不可,乃止。尚书蒋济上疏曰:"休深入虏地,与权精兵对,而朱然等在上流,乘休后,臣未见其利也。"前将军满宠上疏曰:"曹休虽明果而希用兵,今所从道,背湖旁江,易进难退,此兵之绝地也。若入无彊口,宜深为之备。"宠表未报,休与陆逊战于石亭。逊自为中部,令朱桓、全琮为左右翼,三道俱进,冲休伏兵,因驱走之,追亡逐北,径至夹石,斩获万余,牛马骡驴车乘万两,军资器械略尽。

初,休表求深入以应周鲂,帝命贾逵引兵东与休合。逵曰:"贼无东关之备,必并军于皖,休深入与贼战,必败。"乃部署诸将,水陆并进,行二百里,获吴人,言休战败,吴遣兵断夹石。诸将不知所出,或欲待后军,逵曰:"休兵败于外,路绝于内,进不能战,退不得还,安危之机,不及终日。贼以军无后继,故至此,今疾进,出其不意,此所谓先人以夺其心也,贼见吾兵必走。若待后军,贼已断险,兵虽多何益!"乃兼道进军,多设旗鼓为疑兵。吴人望见逵军,惊走,休乃得还。逵据夹石,以兵粮给休,休军乃振。初,逵与休不善,及休败,赖逵以免。

九月,乙酉,立皇子穆为繁阳王。

长平壮侯曹休上书谢罪,帝以宗室不问。休惭愤,疽发于背,庚子,卒。帝以满宠都督扬州以代之。

护乌桓校尉田豫击鲜卑郁筑鞬,郁筑鞬妻父轲比能救之,以三万骑围豫于马城。上谷太守阎志,柔之弟也,素为鲜卑所信,往解谕之,乃解围去。

冬,十一月,兰陵成侯王朗卒。

汉诸葛亮闻曹休败,魏兵东下,关中虚弱,欲出兵击魏,群臣多以为疑。亮上言于汉主曰:"先帝深虑以汉、贼不两立,王业不偏安,故托臣以讨贼。以先帝之明,量臣之才,固当知臣伐贼,才弱敌强,然不伐贼,王业亦亡,惟坐而待亡,孰与伐之? 是故托臣而弗疑也。臣受命之日,寝不安席,食不甘味,思惟北征,宜先入南,故五月渡泸,深入不毛。臣非不自惜也,顾王业不可偏全于蜀都,故冒危难以奉先帝之遗意也,而议者谓为非计。今贼适疲于西,又务于东,兵法乘劳,此进趋之时也。谨陈其事如左:

高帝明并日月,谋臣渊深,然涉险被创,危然后安。今陛下未及高帝,谋臣不如良、平,而欲以长计取胜,坐定天下,此臣之未解一也。刘繇、王朗各据州郡,论安言计,动引圣人,群疑满腹,众难塞胸,今岁不战,明年不征,使孙策坐大,遂并江东,此臣之未解二也。曹操智计殊绝于人,其用兵也,仿佛孙、吴,然困于南阳,险于乌巢,危于祁连,逼于黎阳,几败伯山,殆死潼关,然后伪定一时耳,况臣才弱,而欲以不危而定之,此臣之未解三也。曹操五攻昌霸不下,四越巢湖不成,任用李服而李服图之,委夏侯而夏侯败亡,先帝每称操为能,犹有此失,况臣驽下,何能必胜?此臣之未解四也。自臣到汉中,中间期年耳,然丧赵雲、阳群、马玉、阎芝、丁立、白寿、刘郃、邓铜等及曲长、屯将七十余人,突将、无前、賨叟、青羌、散骑、武骑一千余人,皆数十年之内所纠合四方之精锐,非一州之所有,若复数年,则损三分之二,当何以图敌?此臣之未解五也。今民穷兵疲,而事不可息,事不可息,则住与行,劳费正等,而不及虚图之,欲以一州之地与贼支久,此臣之未解六也。

夫难平者事也,昔先帝败军于楚,当此时,曹操拊手,谓天下已定。然后先帝东连吴、越,西取巴、蜀,举兵北征,夏侯授首,此操之失计而汉事将成也。然后吴更违盟,关羽毁败,秭归蹉跌,曹丕称帝。凡事如是,难可逆见。臣鞠躬尽力,死而后已,至于成败利钝,非臣之明所能逆睹也。”

十二月,亮引兵出散关,围陈仓,陈仓已有备,亮不能克。亮使郝昭乡人靳详于城外遥说昭,昭于楼上应之曰:“魏家科法,卿所练也;我之为人,卿所知也。我受国恩多而门户重,卿无可言者,但有必死耳。卿还谢诸葛,便可攻也。”详以昭语告亮,亮又使详重说昭,言“人兵不敌,无为空自破灭。”昭谓详曰:“前言已定矣。我识卿耳,箭不识也。”详乃去。亮自以有众数万,而昭兵才千余人,又度东救未能便到,乃进兵攻昭,起云梯冲车以临城。昭于是以火箭逆射其梯,梯然,梯上人皆烧死。昭又以绳连石磨压其冲车,冲车折。亮乃更为井阑百尺以射城中,以土丸填堑,欲直攀城,昭又于内筑重墙。亮又为地突,欲踊出于城里,昭又于城内穿地横截之。昼夜相攻拒二十余日。

曹真遣将军费耀等救之。帝召张郃于方城,使击亮。帝自幸河南城,置酒送郃,问郃曰:“迟将军到,亮得无已得陈仓乎?”郃知亮深入无谷,屈指计曰:“比臣到,亮已走矣。”郃晨夜进道,未至,亮粮尽,引去。将军王双追之,亮击斩双。诏赐郝昭爵关内侯。

初,公孙康卒,子晃、渊等皆幼,官属立其弟恭。恭劣弱,不能治国,渊既长,胁夺恭位,上书言状。侍中刘晔曰:“公孙氏汉时所用,遂世官相承,水则由海,陆则阻山,外连胡夷,绝远难制。而世权日久,今若不诛,后必生患。若怀贰阻兵,然后致诛,于事为难。不如因其新立,有党有仇,先其不意,以兵临之,开设赏募,可不劳师而定也。”帝不从,拜渊扬烈将军、辽东太守。

吴王以扬州牧吕范为大司马,印绶未下而卒。初,孙策使范典财计,时吴王年少,私从有求,范必关白,不敢专许,当时以此见望。吴王守阳羡长,有所私用,策或料覆,功曹周谷辄为傅著簿书,使无谴问,王临时悦之。及后统事,以范忠诚,厚见信任,以谷能欺更簿书,不用也。

三年(己酉、229)

春,汉诸葛亮遣其将陈戒攻武都、阴平二郡,雍州刺史郭淮引兵救之。亮自出至建威,淮退,亮遂拔二郡以归。汉主复策拜亮为丞相。

夏,四月,丙申,吴王即皇帝位,大赦,改元黄龙。百官毕会,吴主归功于周瑜。绥远将军张昭举笏欲褒赞功德,未及言,吴主曰:“如张公之计,今已乞食矣。”昭大惭,伏地流汗。吴主追尊父坚为武烈皇帝,兄策为长沙桓王,立子登为皇太子,封长沙桓王子绍为吴侯。

以诸葛恪为太子左辅,张休为右弼,顾谭为辅正、陈表为翼正都尉,而谢景、范慎、羊衜等皆为宾客,于是东宫号为多士。太子使侍中胡综作《宾友目》曰:“英才卓越,超逾伦匹,则诸葛恪;精识时机,达幽究微,则顾谭;凝辩宏达,言能释结,则谢景;究学甄微,游夏同科,则范慎。”羊衜私驳综曰:“元逊才而疏,子嘿精而很,叔发辩而浮,孝敬深而狭。”衜卒以此言为恪等所恶,其后四人皆败,如衜所言。

吴主使以并尊二帝之议往告于汉。汉人以为交之无益而名体弗顺,宜显明正义,绝其盟好。丞相亮曰:“权有僭逆之心久矣,国家所以略其衅情者,求掎角之援也。今若加显绝,仇我必深,更当移兵东戍,与之角力,须并其土,乃议中原。彼贤才尚多,将相辑穆,未可一朝定也。顿兵相守,坐而须老,使北贼得计,非算之上者。昔孝文卑辞匈奴,先帝优与吴盟,皆应权通变,深思远益,非若匹夫之忿者也。今议者咸以权利在鼎足,不能并力,且志望已满,无上岸之情,推此,皆似是而非也。何者?其智力不侔,故限江自保,权之不能越江,犹魏贼之不能渡汉,非力有余,而利不取也。若大军致讨,彼高当分裂其地以为后规,下当略民广境,示武于内,非端坐者也。若就其不动而睦于我,我之北伐,无东顾忧,河南之众不得尽西,此之为利,亦已深矣。权僭逆之罪,未宜明也。”乃遣卫尉陈震使于吴,贺称尊号。吴主与汉人盟,约中分天下,以豫、青、徐、幽属吴,兖、冀、并、凉属汉,其司州之土,以函谷关为界。

张昭以老病上还官位及所统领,更拜辅吴将军,班亚三司,改封娄侯,食邑万户。昭每朝见,辞气壮厉,义形于色,曾已直言逆旨,中不进见。后汉使来,称汉德美,而群臣莫能屈,吴主叹曰:“使张公在坐,彼不折则废,安复自夸乎?”明日,遣中使劳问,因请见昭。昭避席谢,吴主跪止之。昭坐定,仰曰:“昔太后、桓王不以老臣属陛下,而以陛下属老臣,是以思尽臣节以报厚恩,而意虑浅短,违逆盛旨。然臣愚心所以事国,志在忠益,毕命而已。若乃变心易虑,以偷荣取容,此臣所不能也。"吴主辞谢焉。

元城哀王礼卒。

六月,癸卯,繁阳王穆卒。

戊申,追尊高祖大长秋曰高皇帝,夫人吴氏曰高皇后。

秋,七月,诏曰:"礼,王后无嗣,择建支子以继大宗,则当纂正统而奉公义,何得复顾私亲哉!汉宣继昭帝后,加悼考以皇号;哀帝以外藩援立,而董宏等称引亡秦,惑误时朝,既尊恭皇,立庙京都,又宠藩妾,使比长信,叙昭穆于前殿,并四位于东宫,僭差无度,人神弗祐,而非罪师丹忠正之谏,用致丁、傅焚如之祸。自是之后,相踵行之。昔鲁文逆祀,罪由夏父;宋国非度,讥在华元。其令公卿有司,深以前世行事为戒,后嗣万一有由诸侯入奉大统,则当明为人后之义;敢为佞邪导谀时君,妄建非正之号以干正统,谓考为皇,称妣为后,则股肱大臣,诛之无赦。其书之金策,藏之宗庙,著于令典。"

九月,吴主迁都建业,皆因故府,不复增改,留太子登及尚书九官于武昌,使上大将军陆逊辅太子,并掌荆州及豫章三郡事,董督军国。

南阳刘廙尝著《先刑后礼论》,同郡谢景称之于逊,逊呵景曰:"礼之长于刑久矣,廙以细辩而诡先圣之教,君今侍东宫,宜遵仁义以彰德音,若彼之谈,不须讲也。"

太子与西陵都督步骘书,求见启诲,骘于是条于时事业在荆州界者及诸僚吏行能以报之,因上疏奖劝曰:"臣闻人君不亲小事,使百官有司各任其职,故舜命九贤,则无所用心,不下庙堂而天下治也。故贤人所在,折冲万里,信国家之利器,崇替之所由也。愿明太子重以经意,则天下幸甚。"

张纮还吴迎家,道病卒。临困,授子靖留笺曰:"自古有国有家者,咸欲修德政以比隆盛世,至于其治,多不馨香,非无忠臣贤佐也,由主不胜其情,弗能用耳。夫人情惮难而趋易,好同而恶异,与治道相反。《传》曰:'从善如登,从恶如崩。'言善之难也。人君承奕世之基,据自然之势,操八柄之威,甘易同之欢,无假取于人,而忠臣挟难进之术,吐逆耳之言,其不合也,不亦宜乎!离则有衅,巧辩缘间,眩于小忠,恋于恩爱,贤愚杂错,黜陟失叙,其所由来,情乱之也。故明君寤之,求贤如饥渴,受谏而不厌,抑情损欲,以义割恩,则上无偏谬之授,下无希冀之望矣。"吴主省书,为之流涕。

冬,十月,改平望观曰听讼观。帝常言:"狱者,天下之性命也。"每断大狱,常诣观临听之。初,魏文侯师李悝著《法经》六篇,商君受之以相秦。萧何定《汉律》,益为九篇,后稍增至六十篇。又有《令》三百余篇,《决事比》九百六卷,世有增损,错糅无常,后人各为章句,马、郑诸儒十有余家,以至于魏,所当用者合二万六千二百七十二条,七百七十三万余言,览者益难。帝乃诏但用郑氏章句。尚书卫觊奏曰:"刑法者,国家之所贵重而私议之所轻贱;狱吏者,百姓之所县命而选用者之所卑下。王政之敝,未必不由此也。请置律博士。"帝从之。又诏司空陈群、散骑常侍刘劭等删约汉法,制《新律》十八篇,《州郡令》四十五篇,《尚书官令》、《军中令》合百八十余篇,于《正律》九篇为增,于旁章科令为省矣。

十一月,洛阳庙成,迎高、太、武、文四神主于邺。

十二月,雍丘王植徙封东阿。

汉丞相亮徙府营于南山下原上,筑汉城于沔阳,筑乐城于成固。

四年(庚戌、230)

春,吴主使将军卫温、诸葛直将甲士万人,浮海求夷洲、亶洲,欲俘其民以益众。陆逊、全琮皆谏,以为:"桓王创基,兵不一旅。今江东见众,自足图事,不当远涉不毛,万里袭人,风波难测。又民易水土,必致疾疫,欲益更损,欲利反害。且其民犹禽兽,得之不足济事,无之不足亏众。"吴主不听。

尚书琅邪诸葛诞、中书郎南阳邓飏等相与结为党友,更相题表,以散骑常侍夏侯玄等四人为四聪,诞辈八人为八达。玄,尚之子也。中书监刘放子熙,中书令孙资子密,吏部尚书卫臻子烈,三人咸不及比,以父居势位,容之为三豫。行司徒事董昭上疏曰:"凡有天下者,莫不贵尚敦朴忠信之士,深疾虚伪不真之人者,以其毁教乱治,败俗伤化也。近魏讽伏诛建安之末,曹伟斩戮黄初之始。伏惟前后圣诏,深疾浮伪,欲以破散邪党,常用切齿;而执法之吏皆畏其权势,莫能纠擿,毁坏风俗,侵欲滋甚。窃见当今年少,不复以学问为本,专更以交游为业;国士不以孝悌清修为首,乃以趋势游利为先。合党连群,互相褒叹,以毁訾为罚戮,用党誉为爵赏,附己者则叹之盈言,不附者则为作瑕衅。至乃相谓:'今世何忧不度邪,但求人道不勤,罗之不博耳;人何患其不知己,但当吞之以药而柔调耳。'又闻或有使奴客名作在职家人,冒之出入,往来禁奥,交通书疏,有所探问。凡此诸事,皆法之所不取,刑之所不赦,虽讽、伟之罪,无以加也。"帝善其言。二月,壬午,诏曰:"世之质文,随教而变。兵乱以来,经学废绝,后生进趣,不由典谟。岂训导未洽,将进用者不以德显乎? 其郎吏学通一经,才任牧民,博士课试,擢其高第者,亟用;其浮华不务道本者,罢退之。"于是免诞、飏等官。

夏,四月,定陵成侯钟繇卒。

六月,戊子,太皇太后卞氏殂。秋,七月,葬武宣皇后。

大司马曹真以"汉人数入寇,请由斜谷伐之。诸将数道并进,可以大克"。帝从之,诏大将军司马懿溯汉水由西城入,与真会汉中,诸将或由子午谷、或由武威入。司空陈群谏曰:"太祖昔到阳平攻张鲁,多收豆麦以益军粮,鲁未下而食犹乏。今既无所因,且斜谷阻险,难以进退,转运必见钞截,多留兵守要则损战士,不可不熟虑也。"帝从群议。真复表从子午道,群又陈其不便,并言军事用度之计。诏以群议下真,真据之遂行。

八月,辛巳,帝行东巡。乙未,如许昌。

汉丞相亮闻魏兵至,次于成固赤坂以待之。召李严使将二万人赴汉中,表严子丰为江州都督,督军典严后事。

会天大雨三十余日,栈道断绝,太尉华歆上疏曰:"陛下以圣德当成、康之隆,愿先留心于治道,以征伐为后事。为国者以民为基,民以衣食为本。使中国无饥寒之患,百姓无离上之心,则二贼之衅可坐而待之。"帝报曰:"贼凭恃山川,二祖劳于前世,犹不克平,朕岂敢自多,谓必灭之哉!诸将以为不一探取,无由自敝,是以观兵以窥其衅。若天时未至,周武还师,乃前事之鉴,朕敬不忘所戒。"

少府杨阜上疏曰:"昔武王白鱼入舟,君臣变色,动得吉瑞,犹尚忧惧,况有灾异而不战悚者哉!今吴、蜀未平,而天屡降变,诸军始进,便有天雨之患,稽阁山险,已积日矣。转运之劳,担负之苦,所费已多,若有不继,必违本图。《传》曰:'见可而进,知难而退,军之善政也。'徒使六军困于山谷之间,进无所略,退又不得,非王兵之道也。"

散骑常侍王肃上疏曰:"前志有之;'千里馈粮,士有饥色,樵苏后爨,师不宿饱。'此谓平涂之行军者也。又况于深入阻险,凿路而前,则其为劳必相百也。今又加之以霖雨,山坂峻滑,众迫而不展,粮远而难继,实行军者之大忌也。闻曹真发已逾月而行裁半谷,治道工夫,战士悉作。是贼偏得以逸待劳,乃兵家之所惮也。言之前代,则武王伐纣,出关而复还;论之近事,则武、文征权,临江而不济。岂非所谓顺天知时,通于权变者哉!兆民知上圣以水雨艰剧之故,休而息之,后日有衅,乘而用之,则所谓悦以犯难,民忘其死者矣。"肃,朗之子也。

九月,诏曹真等班师。

冬,十月,乙卯,帝还洛阳。时左仆射徐宣总统留事,帝还,主者奏呈文书。帝曰:"吾省与仆射省何异!"竟不视。

十二月,辛未,改葬文昭皇后于朝阳陵。

吴主扬声欲至合肥,征东将军满宠表召兖、豫诸军皆集,吴寻退还,诏罢其兵。宠以为:"今贼大举而还,非本意也,此必欲伪退以罢吾兵,而倒还乘虚,掩不备也。"表不罢兵。后十余日,吴果更来,到合肥城,不克而还。

汉丞相亮以蒋琬为长史。亮数外出,琬常足食兵,以相供给。亮每言:"公琰托志忠雅,当与吾共赞王业者也。"

青州人隐蕃逃奔入吴,上书于吴主曰:"臣闻纣为无道,微子先出;高祖宽明,陈平先入。臣年二十二,委弃封域,归命有道,赖蒙天灵,得自全致。臣至止有日,而主者同之降人,未见精别,使臣微言妙旨不得上达,於邑三叹,曷惟其已。谨诣阙拜章,乞蒙引见。"吴主即召入。蕃进谢,答问及陈时务,甚有辞观。侍中右领军胡综侍坐,吴主问:"何如?"综对曰:"蕃上书,大语有似东方朔,巧捷诡辩有似祢衡,而才皆不及。"吴主又问:"可堪何官?"综对曰:"未可以治民,且试都辇小职。"吴主以蕃盛语刑狱,用为廷尉监。左将军朱据、廷尉郝普数称蕃有王佐之才,普尤与之亲善,常怨叹其屈。于是蕃门车马云集,宾客盈堂,自卫将军全琮等皆倾心接待,惟羊衟及宣诏郎豫章杨迪拒绝不与通。潘濬子翥,亦与蕃周旋,馈饷之。濬闻,大怒,疏责翥曰:"吾受国厚恩,志报以命,尔辈在都,当念恭顺,亲贤慕善。何故与降虏交,以粮饷之? 在远闻此,心震面热,惆怅累旬。疏到,急就往使受杖一百,促责所饷。"当时人咸怪之。顷之,蕃谋作乱于吴,事觉,亡走,捕得,伏诛。吴主切责郝普,普惶惧,自杀。朱据禁止,历时乃解。

武陵五谿蛮夷叛吴,吴主以南土清定,召交州刺史吕岱还屯长沙沤口。

资治通鉴卷第七十二

翰林学士兼侍读学士朝散大夫右谏议大夫知制诰判尚书都省兼提举万寿观公事柱国河内郡开国侯食邑一千三百户食实封二百户赐紫金鱼袋臣 司马光 奉敕编集

魏纪四起重光大渊献（辛亥），尽阏逢摄提格（甲寅），凡四年。

烈祖明皇帝中之上

太和五年（辛亥、231）

春，二月，吴主假太常潘濬节，使与吕岱督诸军五万人讨五谿蛮。濬姨兄蒋琬为诸葛亮长史，武陵太守卫旍奏濬遣密使与琬相闻，欲有自托之计。吴主曰："承明不为此也。"即封旍表以示濬，而召旍还，免官。

卫温、诸葛直军行经岁，士卒疾疫死者什八九，亶洲绝远，卒不可得至，得夷洲数千人还。温、直坐无功，诛。

汉丞相亮命李严以中都护署府事。严更名平。亮率诸军入寇，围祁山，以木牛运。于是大司马曹真有疾，帝命司马懿西屯长安，督将军张郃、费曜、戴陵、郭淮等以御之。

三月，邵陵元侯曹真卒。

自十月不雨，至于是月。

司马懿使费曜、戴陵留精兵四千守上邽，余众悉出，西救祁山。张郃欲分兵驻雍、郿，懿曰："料前军能独当之者，将军言是也。若不能当而分为前后，此楚之三军所以为黥布禽也。"遂进。亮分兵留攻祁山，自逆懿于上邽。郭淮、费曜等徼亮，亮破之，因大芟刈其麦，与懿遇于上邽之东。懿敛军依险，兵不得交，亮引还。

懿等寻亮后至于卤城。张郃曰："彼远来逆我，请战不得，谓我利在不战，欲以长计制之也。且祁山知大军已在近，人情自固，可止屯于此，分为奇兵，示出其后，不宜进前而不敢逼，坐失民望也。今亮孤军食少，亦行去矣。"懿不从，故寻亮。既至，又登山掘营，不肯战。贾诩、魏平数请战，因曰："公畏蜀如虎，奈天下笑何！"懿病之。诸将咸请战。夏，五月，辛巳，懿乃使张郃攻无当监何平于南围，自案中道向亮。亮使魏延、高翔、吴班逆战，魏兵大败，汉人获甲首三千，懿还保营。

六月，亮以粮尽退军，司马懿遣张郃追之。郃进至木门，与亮战，蜀人乘高布伏，弓弩乱发，飞矢中郃右膝而卒。

秋，七月，乙酉，皇子殷生，大赦。

黄初以来，诸侯王法禁严切，吏察之急，至于亲姻皆不敢相通问。东阿王植上疏曰："尧之为教，先亲后疏，自近及远。周文王刑于寡妻，至于兄弟，以御于家邦。伏惟陛下资帝唐钦明之德，体文王翼翼之仁，惠洽椒房，恩昭九族，群后百寮，番休递上，执政不废于公朝，下情得展于私室，亲理之路通，庆吊之情展，诚可谓恕己治人，推惠施恩者矣。至于臣者，人道绝绪，禁锢明时，臣窃自伤也。不敢乃望交气类，修人事，叙人伦。近且婚媾不通，兄弟乖绝，吉凶之问塞，庆吊之礼废。恩纪之违，甚于路人；隔阂之异，殊于胡越。今臣以一切之制，永无朝觐之望，至于注心皇极，结情紫闼，神明知之矣。然天实为之，谓之何哉！退惟诸王常有戚戚具尔之心，愿陛下沛然垂诏，使诸国庆问，四节得展，以叙骨肉之欢恩，全怡怡之笃义。妃妾之家，膏沐之遗，岁得再通，齐义于贵宗，等惠于百司。如此，则古人之所叹，风雅之所咏，复存于圣世矣。

臣伏自惟省，无锥刀之用。及观陛下之所拔授，若以臣为异姓，窃自料度，不后于朝士矣。若得辞远游，戴武弁，解朱组，佩青绂，驸马、奉车，趣得一号，安宅京室，执鞭珥笔，出从华盖，入侍辇毂，承答圣问，拾遗左右，乃臣丹诚之至愿，不离于梦想者也。远慕《鹿鸣》君臣之宴，中咏《常棣》匪他之诚，下思《伐木》友生之义，终怀《蓼莪》罔极之哀。每四节之会，块然独处，左右惟仆隶，所对惟妻子，高谈无所与陈，精义无所与展，未尝不闻乐而拊心，临觞而叹息也。臣伏以为犬马之诚不能动人，譬人之诚不能动天，崩城、陨霜，臣初信之，以臣心况，徒虚语耳。若葵藿之倾叶太阳，虽不为回光，然向之者诚也。窃自比葵藿，若降天地之施，垂三光之明者，实在陛下。臣闻《文子》曰：'不为福始，不为祸先。'今之否隔，友于同忧，而臣独倡言者，窃不愿于圣世使有不蒙施之物，欲陛下崇光被时雍之美，宣缉熙章明之德也。"

诏报曰："盖教化所由，各有隆敝，非皆善始而恶终也，事使之然。今令诸国兄弟情礼简怠，妃妾之家膏沐疏略，本无禁锢诸国通问之诏也，矫枉过正，下吏惧谴，以至于此耳。已敕有司，如王所诉。"

植复上疏曰："昔汉文发代，疑朝有变，宋昌曰：'内有朱虚、东牟之亲，外有齐、楚、淮南、琅邪，此则磐石之宗，愿王勿疑。'臣伏惟陛下远览姬文二虢之援，中虑周成召、毕之辅，下存宋昌磐石之固。臣闻羊质虎皮，见草则悦，见豺则战，忘其皮之虎也。今置将不良，有似于此。故语曰：'患为之者不知，知之者不得为也。'昔管、蔡放诛，周、召作弼；叔鱼陷刑，叔向赞国。三监之衅，臣自当之；二南之辅，求必不远。华宗贵族，藩王之中，必有应斯举者。夫能使天下倾耳注目者，当权者是也，故谋能移主，威能慑下。豪右执政，不在亲戚，权之所在，虽疏必重，势之所去,虽亲必轻。盖取齐者田族,非吕宗也;分晋者赵、魏,非姬姓也。惟陛下察之。苟吉专其位,凶离其患者,异姓之臣也。欲国之安,祈家之贵,存共其荣,殁同其祸者,公族之臣也。今反公族疏而异姓亲,臣窃惑焉。今臣与陛下践冰履炭,登山浮涧,寒温燥湿,高下共之,岂得离陛下哉!不胜愤懑,拜表陈情。若有不合,乞且藏之书府,不便灭弃,臣死之后,事或可思。若有毫厘少挂圣意者,乞出之朝堂,使夫博古之士,纠臣表之不合义者。如是,则臣愿足矣。"帝但以优文答报而已。

八月,诏曰:"先帝著令,不欲使诸王在京都者,谓幼主在位,母后摄政,防微以渐,关诸盛衰也。朕惟不见诸王十有二载,悠悠之怀,能不兴思!其令诸王及宗室公侯各将适子一人朝明年正月。后有少主、母后在宫者,自如先帝令。"

汉丞相亮之攻祁山也,李平留后,主督运事。会天霖雨,平恐运粮不继,遣参军狐忠、督军成藩喻指,呼亮来还,亮承以退军。平闻军退,乃更阳惊,说"军粮饶足,何以便归!"欲杀督运岑述以解己不办之责。又表汉主,说"军伪退,欲以诱贼与战"。亮具出其前后手笔书疏,本末违错。平辞穷情竭,首谢罪负。于是亮表平前后过恶,免官,削爵土,徙梓潼郡。复以平子丰为中郎将、参军事,出教敕之曰:"吾与君父子戮力以奖汉室,表都护典汉中,委君于东关,谓至心感动,终始可保,何图中乖乎!若都护思负一意,君与公琰推心从事,否可复通,逝可复还也。详思斯戒,明吾用心。"

亮又与蒋琬、董允书曰:"孝起前为吾说正方腹中有鳞甲,乡党以为不可近。吾以为鳞甲者但不当犯之耳,不图复有苏、张之事出于不意,可使孝起知之。"孝起者,卫尉南阳陈震也。

冬,十月,吴主使中郎将孙布诈降以诱扬州刺史王凌,吴主伏兵于阜陵以俟之。布遣人告凌云:"道远不能自致,乞兵见迎。"凌腾布书,请兵马迎之。征东将军满宠以为必诈,不与兵,而为凌作报书曰:"知识邪正,欲避祸就顺,去暴归道,甚相嘉尚。今欲遣兵相迎,然计兵少则不足相卫,多则事必远闻。且先密计以成本志,临时节度其宜。"会宠被书入朝,敕留府长史,"若凌欲往迎,勿与兵也"。凌于后索兵不得,乃单遣一督将步骑七百人往迎之,布夜掩击,督将逆走,死伤过半。凌,允之兄子也。

先是凌表宠年过耽酒,不可居方任。帝将召宠,给事中郭谋曰:"宠为汝南太守、豫州刺史二十余年,有勋方岳,及镇淮南,吴人惮之。若不如所表,将为所窥,可令还朝,问以东方事以察之。"帝从之。既至,体气康强,帝慰劳遣还。

十一月,戊戌晦,日有食之。

十二月,戊午,博平敬侯华歆卒。

丁卯,吴大赦,改明年元曰嘉禾。

六年（壬子、232）

春,正月,吴主少子建昌侯虑卒。太子登自武昌入省吴主,因自陈久离定省,子道有阙;又陈陆逊忠勤,无所顾忧。乃留建业。

二月,诏改封诸侯王,皆以郡为国。

帝爱女淑卒,帝痛之甚,追谥平原懿公主,立庙洛阳,葬于南陵,取甄后从孙黄与之合葬,追封黄为列侯,为之置后,袭爵。帝欲自临送葬,又欲幸许。司空陈群谏曰:"八岁下殇,礼所不备,况未期月,而以成人礼送之,加为制服,举朝素衣,朝夕哭临,自古以来,未有此比。而乃复自往视陵,亲临祖载。愿陛下抑割无益有损之事,此万国之至望也。又闻车驾欲幸许昌,二宫上下,皆悉俱东,举朝大小,莫不惊怪。或言欲以避衰,或言欲以便移殿舍,或不知何故。臣以为吉凶有命,祸福由人,移走求安,则亦无益。若必当移避,缮治金墉城西宫及孟津别宫,皆可权时分止,何为举宫暴露野次?公私烦费,不可计量。且吉士贤人,犹不妄徙其家,以宁乡邑,使无恐惧之心,况乃帝王万国之主,行止动静,岂可轻脱哉?"少府杨阜曰:"文皇帝、武宣皇后崩,陛下皆不送葬,所以重社稷,备不虞也。何至孩抱之赤子而送葬也哉?"帝皆不听。三月,癸酉,行东巡。

吴主遣将军周贺、校尉裴潜乘海之辽东,从公孙渊求马。

初,虞翻性疏直,数有酒失,又好抵忤人,多见谤毁。吴主尝与张昭论及神仙,翻指昭曰:"彼皆死人,而语神仙,世岂有仙人也!"吴主积怒非一,遂徙翻交州。及周贺等之辽东,翻闻之,以为五谿宜讨,辽东绝远,听使来属,尚不足取,今去人财以求马,既非国利,又恐无获。欲谏不敢,作表以示吕岱,岱不报。为爱憎所白,复徙苍梧猛陵。

夏,四月,壬寅,帝如许昌。

五月,皇子殷卒。

秋,七月,以卫尉董昭为司徒。

九月,帝行如摩陂,治许昌宫,起景福、承光殿。

公孙渊阴怀贰心,数与吴通。帝使汝南太守田豫督青州诸军自海道,幽州刺史王雄自陆道讨之。散骑常侍蒋济谏曰:"凡非相吞之国,不侵叛之臣,不宜轻伐。伐之而不能制,是驱使为贼也。故曰:'虎狼当路,不治狐狸。'先除大害,小害自已。今海表之地,累世委质,岁选计、孝,不乏职贡。议者先之,正使一举便克,得其民不足益国,得其财不足为富;傥不如意,是为结怨失信也。"帝不听。豫等往,皆无功,诏令罢军。

豫以吴使周贺等垂还,岁晚风急,必畏漂浪,东道无岸,当赴成山,成山无藏船之处,遂辄以兵屯据成山。贺等还至成山,遇风,豫勒兵击贺等,斩之。吴主闻之,始思虞翻之言,乃召翻于交州。会翻已卒,以其丧还。

十一月,庚寅,陈思王植卒。

十二月,帝还许昌宫。

侍中刘晔为帝所亲重。帝将伐蜀,朝臣内外皆曰不可。晔入与帝议,则曰可伐;出与朝臣言,则曰不可。晔有胆智,言之皆有形。中领军杨暨,帝之亲臣,又重晔,执不可伐之议最坚,每从内出,辄过晔,晔讲不可之意。后暨与帝论伐蜀事,暨切谏,帝曰:"卿书生,焉知兵事!"暨谢曰:"臣言诚不足采,侍中刘晔,先帝谋臣,常曰蜀不可伐。"帝曰:"晔与吾言蜀可伐。"暨曰:"晔可召质也。"诏召晔至,帝问晔,终不言。后独见,晔责帝曰:"伐国,大谋也,臣得与闻大谋,常恐眯梦漏泄以益臣罪,焉敢向人言之?夫兵,诡道也,军事未发,不厌其密。陛下显然露之,臣恐敌国已闻之矣。"于是帝谢之。晔见出,责暨曰:"夫钓者中大鱼,则纵而随之,须可制而后牵,则无不得也。人主之威,岂徒大鱼而已!子诚直臣,然计不足采,不可不精思也。"暨亦谢之。

或谓帝曰:"晔不尽忠,善伺上意所趋而合之。陛下试与晔言,皆反意而问之,若皆与所问反者,是晔常与圣意合也。每问皆同者,晔之情必无所复逃矣。"帝如言以验之,果得其情,从此疏焉。晔遂发狂,出为大鸿胪,以忧死。

> 《傅子》曰:巧诈不如拙诚,信矣。以晔之明智权计,若居之以德义,行之以忠信,古之上贤,何以加诸?独任才智,不敦诚悫,内失君心,外困于俗,卒以自危,岂不惜哉!

晔尝潜谮尚书令陈矫专权,矫惧,以告其子骞。骞曰:"主上明圣,大人大臣,今若不合,不过不作公耳。"后数日,帝意果解。

尚书郎乐安廉昭以才能得幸,昭好抉摘群臣细过以求媚于上。黄门侍郎杜恕上疏曰:"伏见廉昭奏左丞曹璠以罚当关不依诏,坐判问。又云:'诸当坐者别奏。'尚书令陈矫自奏不敢辞罚,亦不敢陈理,志意恳恻。臣窃愍然为朝廷惜之。古之帝王所以能辅世长民者,莫不远得百姓之欢心,近尽群臣之智力。今陛下忧劳万机,或亲灯火,而庶事不康,刑禁日弛。原其所由,非独臣不尽忠,亦主不能使也。百里奚愚于虞而智于秦,豫让苟容中行而著节智伯,斯则古人之明验矣。若陛下以为今世无良才,朝廷乏贤佐,岂可追望稷、契之遐踪,坐待来世之俊乂乎!今之所谓贤者,尽有大官而享厚禄矣,然而奉上之节未立,向公之心不一者,委任之责不专,而俗多忌讳故也。臣以为忠臣不必亲,亲臣不必忠。今有疏者毁人而陛下疑其私报所憎,誉人而陛下疑其私爱所亲,左右或因之以进憎爱之说,遂使疏者不敢毁誉,以至政事损益,亦皆有嫌。陛下当思所以阐广朝臣之心,笃厉有道之节,使之自同古人,垂名竹帛,反使如廉昭者扰乱其间,臣惧大臣遂将容身保位,坐观得失,为来世戒也。

昔周公戒鲁侯曰:'无使大臣怨乎不以。'言不贤则不可为大臣,为大臣则不可不用也。《书》数舜之功,称去四凶,不言有罪无问大小则去也。今者朝臣不自以为不能,以陛下为不任也;不自以为不知,以陛下为不问也。陛下何不遵周公之所以用,大舜之所以去,使侍中、尚书坐则侍帷幄,行则从华辇,亲对诏问,各陈所有,则群臣之行皆可得而知,忠能者进,暗劣者退,谁敢依违而不自尽?以陛下之圣明,亲与群臣论议政事,使群臣人得自尽,贤愚能否,在陛下之所用。以此治事,何事不办?以此建功,何功不成?每有军事,诏书常曰:'谁当忧此者邪?吾当自忧耳。'近诏又曰:'忧公忘私者必不然。但先公后私即自办也。'伏读明诏,乃知圣思究尽下情,然亦怪陛下不治其本而忧其末也。人之能否,实有本性,虽臣亦以为朝臣不尽称职也。明主之用人也,使能者不敢遗其力,而不能者不得处非其任。选举非其人,未必为有罪也;举朝共容非其人,乃为怪耳。陛下知其不尽力也,而代之忧其职,知其不能也,而教之治其事,岂徒主劳而臣逸哉?虽圣贤并世,终不能以此为治也。

陛下又患台阁禁令之不密,人事请属之不绝,作迎客出入之制,以恶吏守寺门,斯实未得为禁之本也。昔汉安帝时,少府窦嘉辟廷尉郭躬无罪之兄子,犹见举奏,章劾纷纷。近司隶校尉孔羡辟大将军狂悖之弟,而有司嘿尔,望风希指,甚于受属,选举不以实者。嘉有亲戚之宠,躬非社稷重臣,犹尚如此,以今况古,陛下自不督必行之罚以绝阿党之原耳。出入之制,与恶吏守门,非治世之具也。使臣之言少蒙察纳,何患于奸不削灭,而养若廉昭等乎!夫纠摘奸宄,忠事也,然而世憎小人行之者,以其不顾道理而苟求容进也。若陛下不复考其终始,必以违众迕世为奉公,密行白人为尽节,焉有通人大才而更不能为此邪?诚顾道理而弗为耳。使天下皆背道而趋利,则人主之所最病者也,陛下将何乐焉!"恕,畿之子也。

帝尝卒至尚书门,陈矫跪问帝曰:"陛下欲何之?"帝曰:"欲案行文书耳。"矫曰:"此自臣职分,非陛下所宜临也。若臣不称其职,则请就黜退,陛下宜还。"帝惭,回车而反。帝尝问矫:"司马公忠贞,可谓社稷之臣乎?"矫曰:"朝廷之望也,社稷则未知也。"

吴陆逊引兵向庐江,论者以为宜速救之。满宠曰:"庐江虽小,将劲兵精,守则经时。又,贼舍船二百里来,后尾空绝,不来尚欲诱致,今宜听其遂进,但恐走不可及耳。"乃整军趋杨宜口,吴人闻之,夜遁。

是时,吴人岁有来计。满宠上疏曰:"合肥城南临江湖,北远寿春,贼攻围之,得据水为势;官兵救之,当先破贼大辈,然后围乃得解。贼往甚易,而兵往救之甚难,宜移城内之兵,其西三十里,有奇险可依,更立城以固守,此为引贼平地而掎其归路,于计为便。"护军将军蒋济议以为:"既示天下以弱,且望贼烟火而坏城,此为未攻而自拔。一至于此,劫略无限,必淮北为守。"帝未许。宠重表曰:"孙子言:'兵者,诡道也,故能而示之不能,骄之以利,示之以慑。'此为形实不必相应也。又曰:'善动敌者形之。'今贼未至而移城却内,所谓形而诱之也。引贼远水,择利而动,举得于外,则福生于内矣。"尚书赵咨以宠策为长,诏遂报听。

青龙元年(癸丑、233)

春,正月,甲申,青龙见摩陂井中。二月,帝如摩陂观龙,改元。

公孙渊遣校尉宿舒、郎中令孙综奉表称臣于吴,吴主大悦,为之大赦。三月,吴主遣太常张弥、执金吾许晏、将军贺达将兵万人,金宝珍货,九锡备物,乘海授渊,封渊为燕王。举朝大臣自顾雍以下皆谏,以为:"渊未可信而宠待太厚,但可遣吏兵护送舒、综而已。"吴主不听。张昭曰:"渊背魏惧讨,远来求援,非本志也。若渊改图,欲自明于魏,两使不反,不亦取笑于天下乎?"吴主反覆难昭,昭意弥切。吴主不能堪,案刀而怒曰:"吴国士人入宫则拜孤,出宫则拜君,孤之敬君,亦为至矣,而数于众中折孤,孤常恐失计。"昭孰视吴主曰:"臣虽知言不用,每竭愚忠者,诚以太后临崩,呼老臣于床下,遗诏顾命之言故在耳。"因涕泣横流。吴主掷刀于地,与之对泣。然卒遣弥、晏往。昭忿言之不用,称疾不朝。吴主恨之,土塞其门,昭又于内以土封之。

夏,五月,戊寅,北海王蕤卒。

闰月,庚寅朔,日有食之。

六月,洛阳宫鞠室灾。

鲜卑轲比能诱保塞鲜卑步度根与深结和亲,自勒万骑迎其累重于陉北。并州刺史毕轨表辄出军,以外威比能,内镇步度根。帝省表曰:"步度根已为比能所诱,有自疑心。今轨出军,慎勿越塞过句注也。"比诏书到,轨已进军屯阴馆,遣将军苏尚、董弼追鲜卑。轲比能遣子将千余骑迎步度根部落,与尚、弼相遇,战于楼烦,二将没,步度根与泄归泥部落皆叛出塞,与轲比能合寇边。帝遣骁骑将军秦朗将中军讨之,轲比能乃走幕北,泄归泥将其部众来降。步度根寻为轲比能所杀。

公孙渊知吴远难恃,乃斩张弥、许晏等首,传送京师,悉没其兵资珍宝。冬,十二月,诏拜渊大司马,封乐浪公。吴主闻之,大怒曰:"朕年六十,世事难易,靡所不尝。近为鼠子所前却,令人气踊如山。不自截鼠子头以掷于海,无颜复临万国。就令颠沛,不以为恨!"

陆逊上疏曰:"陛下以神武之姿,诞膺期运,破操乌林,败备西陵,禽羽荆州,斯三虏者当世雄杰,皆摧其锋。圣化所绥,万里草偃,方荡平华夏,总一大猷。今不忍小忿而发雷霆之怒,违垂堂之戒,轻万乘之重,此臣之所惑也。臣闻之,行万里者不中道而辍足,图四海者不怀细以害大。强寇在境,荒服未庭,陛下乘桴远征,必致窥阄,戚至而忧,悔之无及。若使大事时捷,则渊不讨自服。今乃远惜辽东众之与马,奈何独欲捐江东万安之本业而不惜乎?"

尚书仆射薛综上疏曰:"昔汉元帝欲御楼船,薛广德请刎颈以血染车。何则?水火之险至危,非帝王所宜涉也。今辽东戎貊小国,无城隍之固,备御之术,器械铢钝,犬羊无政,往必禽克,诚如明诏。然其方土寒埆,谷稼不殖,民习鞍马,转徙无常。卒闻大军之至,自度不敌,鸟惊兽骇,长驱奔窜,一人匹马,不可得见,虽获空地,守之无益,此不可一也。加又洪流滉漾,有成山之难,海行无常,风波难免,倏忽之间,人船异势。虽有尧、舜之德;智无所施,贲、育之勇,力不得设,此不可二也。加以郁雾冥其上,咸水蒸其下,善生流肿,转相洿染,凡行海者,稀无斯患,此不可三也。天生神圣,当乘时平乱,康此民物。今逆虏将灭,海内垂定,乃违必然之图,寻至危之阻,忽九州之固,肆一朝之忿,既非社稷之重计,又开辟以来所未尝有,斯诚群僚所以倾身侧息,食不甘味,寝不安席者也。"

选曹尚书陆瑁上疏曰:"北寇与国,壤地连接,苟有间隙,应机而至。夫所以为越海求马,曲意于渊者,为赴目前之急,除腹心之疾也。而更弃本追末,捐近治远,忿以改规,激以动众,斯乃猾虏所愿闻,非大吴之至计也。又兵家之术,以功役相疲,劳逸相待,得失之间,所觉辄多。且沓渚去渊,道里尚远,今到其岸,兵势三分,使强者进取,次当守船,又次运粮,行人虽多,难得悉用。加以单步负粮,经远深入,贼地多马,邀截无常。若渊狙诈,与北未绝,动众之日,唇齿相济。若实子然无所凭赖,其畏怖远迸,或难卒灭。使天诛稽于朔野,山虏承间而起,恐非万安之长虑也。"吴主未许。

瑁重上疏曰:"夫兵革者,固前代所以诛暴乱,威四夷也。然其役皆在奸雄已除,天下无事,从容庙堂之上,以余议议之耳。至于中夏鼎沸,九域盘互之时,率须深根固本,爱力惜费,未有正于此时舍近治远,以疲军旅者也。昔尉佗叛逆,僭号称帝,于时天下乂安,百姓康阜,然汉文犹以远征不易,告喻而已。今凶桀未殄,疆场犹警,未宜以渊为先。愿陛下抑威任计,暂宁六师,潜神嘿规,以为后图,天下幸甚。"吴主乃止。

吴主数遣人慰谢张昭,昭固不起。吴主因出,过其门呼昭,昭辞疾笃。吴主烧其门,欲以恐之,昭亦不出。吴主使人灭火,住门良久。昭诸子共扶昭起,吴主载以还宫,深自克责。昭不得已,然后朝会。

初，张弥、许晏等至襄平，公孙渊欲图之，乃先分散其吏兵，中使秦旦、张群、杜德、黄彊等及吏兵六十人置玄菟。玄菟在辽东北二百里，太守王赞，领户二百，旦等皆舍于民家，仰其饮食，积四十许日。旦与群等议曰："吾人远辱国命，自弃于此，与死无异。今观此郡，形势甚弱，若一旦同心，焚烧城郭，杀其长吏，为国报耻，然后伏死，足以无恨。孰与偷生苟活，长为囚虏乎？"群等然之。于是阴相结约，当用八月十九日夜发。其日中时，为郡中张松所告，赞便会士众，闭城门，旦、群、德、彊等皆逾城得走。时群病疽创著膝，不及辈旅，德常扶接与俱，崎岖山谷，行六七百里，创益困，不复能前，卧草中，相守悲泣。群曰："吾不幸创甚，死亡无日，卿诸人宜速进道，冀有所达。空相守俱死于穷谷之中，何益也？"德曰："万里流离，死生共之，不忍相委。"于是推旦、彊使前，德独留守群，采菜果食之。旦、彊别数日，得达句丽，因宣吴主诏于句丽王位宫及其主簿，给言有赐，为辽东所劫夺。位宫等大喜，即受诏，命使人随旦还迎群、德，遣皂衣二十五人，送旦等还吴，奉表称臣，贡貂皮千枚，鹖鸡皮十具。旦等见吴主，悲喜不能自胜。吴主壮之，皆拜校尉。

是岁，吴主出兵欲围新城，以其远水，积二十余日，不敢下船。满宠谓诸将曰："孙权得吾移城，必于其众中有自大之言，今大举来，欲要一切之功，虽不敢至，必当上岸耀兵以示有余。"乃潜遣步骑六千，伏肥水隐处以待之。吴主果上岸耀兵，宠伏军卒起击之，斩首数百，或有赴水死者。吴主又使全综攻六安，亦不克。

蜀庲降都督张翼，用法严峻，南夷豪帅刘胄叛。丞相亮以参军巴西马忠代翼，召翼令还。其人谓翼宜速归即罪。翼曰："不然。吾以蛮夷蠢动，不称职，故还耳。然代人未至，吾方临战场，当运粮积谷，为灭贼之资，岂可以黜退之故而废公家之务乎？"于是统摄不懈，代到乃发。马忠因其成基，破胄，斩之。

诸葛亮劝农讲武，作木牛、流马，运米集斜谷口，治斜谷邸阁。息民休士，三年而后用之。

二年（甲寅、234）

春，二月，亮悉大众十万由斜谷入寇，遣使约吴同时大举。

三月，庚寅，山阳公卒，帝素服发丧。

己酉，大赦。

夏，四月，大疫。

崇华殿灾。

诸葛亮至郿，军于渭水之南。司马懿引军渡渭，背水为垒以拒之，谓诸将曰："亮若出武功，依山而东，诚为可忧。若西上五丈原，诸将无事矣。"亮果屯五丈原。

雍州刺史郭淮言于懿曰:"亮必争北原,宜先据之。"议者多谓不然,淮曰:"若亮跨渭登原,连兵北山,隔绝陇道,摇荡民夷,此扣国之利也。"懿乃使淮屯北原。堑垒未成,汉兵大至,淮逆击却之。

亮以前者数出,皆以运粮不继,使己志不伸,乃分兵屯田,为久驻之基,耕者杂于渭滨居民之间,而百姓安堵,军无私焉。

五月,吴主入居巢湖口,向合肥新城,众号十万;又遣陆逊、诸葛瑾将万余人入江夏、沔口,向襄阳;将军孙韶、张承入淮,向广陵、淮阴。六月,满宠欲率诸军救新城,殄夷将军田豫曰:"贼悉众大举,非图小利,欲质新城以致大军耳。宜听使攻城,挫其锐气,不当与争锋也。城不可拔,众必罢怠;罢怠然后击之,可大克也。若贼见计,必不攻城,势将自走。若便进兵,适入其计矣。"

时东方吏士皆分休,宠表请中军兵,并召所休将士,须集击之。散骑常侍广平刘劭议以为:"贼众新至,心专气锐,宠以少人自战其地,若便进击,必不能制。宠请待兵,未有所失也。以为可先遣步兵五千,精骑三千,先军前发,扬声进道,震曜形势。骑到合肥,疏其行队,多其旌鼓,曜其城下,引出贼后,拟其归路,要其粮道。贼闻大军来,骑断其后,必震怖遁走,不战自破矣。"帝从之。

宠欲拔新城守,致贼寿春,帝不听,曰:"昔汉光武遣兵据略阳,终以破隗嚣,先帝东置合肥,南守襄阳,西固祁山,贼来辄破于三城之下者,地有所必争也。纵权攻新城,必不能拔。敕诸将坚守,吾将自往征之,比至,恐权走也。"乃使征蜀护军秦朗督步骑二万助司马懿御诸葛亮,敕懿:"但坚壁拒守以挫其锋,彼进不得志,退无与战,久停则粮尽,虏略无所获,则必走。走而追之,全胜之道也。"秋,七月,壬寅,帝御龙舟东征。

满宠募壮士焚吴攻具,射杀吴主之弟子泰。又吴吏士多疾病。帝未至数百里,疑兵先至。吴主始谓帝不能出,闻大军至,遂遁,孙韶亦退。

陆逊遣亲人韩扁奉表诣吴主,逻者得之。诸葛瑾闻之甚惧,书与逊云:"大驾已还,贼得韩扁,具知吾阔狭,且水干,宜当急去。"逊未答,方催人种葑、豆,与诸将弈棋、射戏如常。瑾曰:"伯言多智略,其必当有以。"乃自来见逊。逊曰:"贼知大驾已还,无所复忧,得专力于吾。又已守要害之处,兵将意动,且当自定以安之,施设变术,然后出耳。今便示退,贼当谓吾怖,仍来相蹙,必败之势也。"乃密与瑾立计,令瑾督舟船,逊悉上兵马以向襄阳城。魏人素惮逊名,遽还赴城。瑾便引船出,逊徐整部伍,张拓声势,步趋船,魏人不敢逼。行到白围,托言往猎,潜遣将军周峻、张梁等击江夏、新市、安陆、石阳,斩获千余人而还。

群臣以为司马懿方与诸葛亮相守未解,车驾可西幸长安。帝曰:"权走,亮胆破,大军足以制之,吾无忧矣。"遂进军至寿春,录诸将功,封赏各有差。

八月,壬申,葬汉孝献皇帝于禅陵。

辛巳,帝还许昌。

司马懿与诸葛亮相守百余日,亮数挑战,懿不出。亮乃遗懿巾帼妇人之服。懿怒,上表请战,帝使卫尉辛毗杖节为军师以制之。护军姜维谓亮曰:"辛佐治杖节而到,贼不复出矣。"亮曰:"彼本无战情,所以固请战者,以示武于其众耳。将在军,君命有所不受,苟能制吾,岂千里而请战邪!"

亮遣使者至懿军,懿问其寝食及事之烦简,不问戎事。使者对曰:"诸葛公夙兴夜寐,罚二十已上,皆亲览焉;所啖食不至数升。"懿告人曰:"诸葛孔明食少事烦,其能久乎?"

亮病笃,汉主使尚书仆射李福省侍,因谘以国家大计。福至,与亮语已,别去,数日复还。亮曰:"孤知君还意,近日言语虽弥日,有所不尽,更来〔亦〕〔求〕决耳。公所问者,公琰其宜也。"福谢:"前实失不谘请,如公百年后,谁可任大事者?故辄还耳。"又问其次:"琬之后,谁可任者?"亮曰:"文伟可以继之。"又问其次,亮不答。

是月,亮卒于军中。长史杨仪整军而出。百姓奔告司马懿,懿追之。姜维令仪反旗鸣鼓,若将向懿者,懿敛军退,不敢逼。于是仪结陈而去,入谷然后发丧。百姓为之谚曰:"死诸葛走生仲达。"懿闻之,笑曰:"吾能料生,不能料死故也。"懿案行亮之营垒处所,叹曰:"天下奇才也。"追至赤岸,不及而还。

初,汉前军师魏延,勇猛过人,善养士卒。每随亮出,辄欲请兵万人,与亮异道会于潼关,如韩信故事,亮制而不许。延常谓亮为怯,叹恨己才用之不尽。杨仪为人干敏,亮每出军,仪常规画分部,筹度粮谷,不稽思虑,斯须便了,军戎节度,取办于仪。延性矜高,当时皆避下之,唯仪不假借延,延以为至忿,有如水火。亮深惜二人之才,不忍有所偏废也。

费祎使吴,吴主醉,问祎曰:"杨仪、魏延,牧竖小人也,虽尝有鸣吠之益于时务,然既已任之,势不得轻。若一朝无诸葛亮,必为祸乱矣。诸君愦愦,不知防虑于此,岂所谓贻厥孙谋乎!"祎对曰:"仪、延之不协,起于私忿耳,而无黥、韩难御之心也。今方扫除强贼,混一函夏,功以才成,业由才广,若舍此不任,防其后患,是犹备有风波而逆废舟楫,非长计也。"

亮病困,与仪及司马费祎、姜维等作身殁之后退军节度,令延断后,姜维次之;若延或不从命,军便自发。亮卒,仪秘不发丧,令祎往揣延意指。延曰:"丞相虽亡,吾自见在。府亲官属,便可将丧还葬,吾自当率诸军击贼;云何以一人死废天下之事邪?且魏延何人,当为杨仪所部勒,作断后将乎!"自与祎共作行留部分,令袆手书与己连名,告下诸将。袆绐延曰:"当为君还解杨长史,长史文吏,稀更军事,必不违命也。"袆出门,奔马而去。延寻悔之,已不及矣。

延使人觇仪等,欲案亮成规,诸营相次引军还,延大怒,搀仪未发,率所领径先南归,所过烧绝阁道。延、仪各相表叛逆,一日之中,羽檄交至。汉主以问侍中董允、留府长史蒋琬,琬、允咸保仪而疑延。仪等令槎山通道,昼夜兼行,亦继延后。延先至,据南谷口,遣兵逆击仪等,仪等令将何平于前御延。平叱先登曰:"公亡,身尚未寒,汝辈何敢乃尔!"延士众知曲在延,莫为用命,皆散。延独与其子数人逃亡,奔汉中,仪遣将马岱追斩之,遂夷延三族。蒋琬率宿卫诸营赴难北行,行数十里,延死问至,乃还。始,延欲杀仪等,冀时论以己代诸葛辅政,故不北降魏而南还击仪,实无反意也。

诸军还成都,大赦,谥诸葛亮曰忠武侯。初,亮表于汉主曰:"成都有桑八百株,薄田十五顷,子弟衣食自余饶,臣不别治生以长尺寸。若臣死之日,不使内有余帛,外有赢财,以负陛下。"卒如其所言。

丞相长史张裔常称亮曰:"公赏不遗远,罚不阿近,爵不可以无功取,刑不可以贵势免,此贤愚之所以佥忘其身者也!"

陈寿评曰:诸葛亮之为相国也,抚百姓,示仪轨,约官职,从权制,开诚心,布公道。尽忠益时者,虽仇必赏,犯法怠慢者,虽亲必罚,服罪输情者,虽重必释,游辞巧饰者,虽轻必戮。善无微而不赏,恶无纤而不贬。庶事精练,物理其本,循名责实,虚伪不齿。终于邦域之内,咸畏而爱之,刑政虽峻而无怨者,以其用心平而劝戒明也。可谓识治之良才,管、萧之亚匹矣。

初,长水校尉廖立,自谓才名宜为诸葛亮之副,常以职位游散,怏怏怨谤无已,亮废立为民,徙之汶山。及亮卒,立垂泣曰:"吾终为左衽矣!"李平闻之,亦发病死。平常冀亮复收己,得自补复,策后人不能故也。

习凿齿论曰:昔管仲夺伯氏骈邑三百,没齿而无怨言,圣人以为难。诸葛亮之使廖立垂泣,李严致死,岂徒无怨言而已哉!夫水至平而邪者取法,鉴至明而丑者亡怒,水鉴之所以能穷物而无怨者,以其无私也。水鉴无私,犹以免谤,况大人君子怀乐生之心,流矜恕之德,法行于不可不用,刑加乎自犯之罪,爵之而非私,诛之而不怒,天下有不服者乎!

蜀人所在求为诸葛亮立庙,汉主不听,百姓遂因时节私祭之于道陌上。步兵校尉习隆等上言:"请近其墓,立一庙于沔阳,断其私祀。"汉主从之。

汉主以左将军吴懿为车骑将军,假节,督汉中;以丞相长史蒋琬为尚书令,总统国事,寻加琬行都护,假节,领益州刺史。时新丧元帅,远近危悚,琬出类拔萃,处群僚之右,既无戚容,又无喜色,神守举止,有如平日,由是众望渐服。

　　吴人闻诸葛亮卒,恐魏承衰取蜀,增巴丘守兵万人,一欲以为救援,二欲以事分割。汉人闻之,亦增永安之守以防非常。汉主使右中郎将宗预使吴,吴主问曰:"东之与西,譬犹一家,而闻西更增白帝之守,何也?"对曰:"臣以为东益巴丘之戍,西增白帝之守,皆事势宜然,俱不足以相问也。"吴主大笑,嘉其抗尽,礼之亚于邓芝。

　　吴诸葛恪以丹阳山险,民多果劲,虽前发兵,徒得外县平民而已,其余深远,莫能禽尽,屡自求为官出之,三年可得甲士四万。众议咸以:"丹阳地势险阻,与吴郡、会稽、新都、番阳四郡邻接,周旋数千里,山谷万重。其幽邃民人,未尝入城邑,对长吏,皆仗兵野逸,白首于林莽,逋亡宿恶,咸共逃窜。山出铜铁,自铸甲兵。俗好武习战,高尚气力,其升山赴险,抵突丛棘,若鱼之走渊,猿狖之腾木也。时观间隙,出为寇盗,每致兵征伐,寻其窟藏。其战则蜂至,败则鸟窜,自前世以来,不能羁也。"皆以为难。恪父瑾闻之,亦以事终不逮,叹曰:"恪不大兴吾家,将赤吾族也。"恪盛陈其必捷,吴主乃拜恪抚越将军,领丹阳太守,使行其策。

　　冬,十一月,洛阳地震。

　　吴潘濬讨武陵蛮,数年,斩获数万。自是群蛮衰弱,一方宁静。十一月,濬还武昌。

资治通鉴卷第七十三

翰林学士兼侍读学士朝散大夫右谏议大夫知制诰判尚书都省兼提举万寿观公事柱国河内郡开国侯食邑一千三百户食实封二百户赐紫金鱼袋臣 司马光 奉敕编集

魏纪五起旃蒙单阏(乙卯),尽强圉大荒落(丁巳),凡三年。

烈祖明皇帝中之下

青龙三年(乙卯、235)

春,正月,戊子,以大将军司马懿为太尉。

丁巳,皇太后郭氏殂。帝数问甄后死状于太后,由是太后以忧殂。

汉杨仪既杀魏延,自以为有大功,宜代诸葛亮秉政,而亮平生密指,以仪狷狭,意在蒋琬。仪至成都,拜中军师,无所统领,从容而已。初,仪事昭烈帝为尚书,琬时为尚书郎。后虽俱为丞相参军、长史,仪每从行,当其劳剧,自谓年宦先琬,才能逾之,于是怨愤形于声色,叹咤之音发于五内。时人畏其言语不节,莫敢从也。惟后军师费祎往慰省之,仪对祎恨望,前后云云。又语祎曰:"往者丞相亡没之际,吾若举军以就魏氏,处世宁当落度如此邪!令人追悔,不可复及。"祎密表其言。汉主废仪为民,徙汉嘉郡。仪至徙所,复上书诽谤,辞指激切。遂下郡收仪,仪自杀。

三月,庚寅,葬文德皇后。

夏,四月,汉主以蒋琬为大将军、录尚书事,后军师费祎代琬为尚书令。

帝好土功,既作许昌宫,又治洛阳宫,起昭阳太极殿,筑总章观,高十余丈,力役不已,农桑失业。司空陈群上疏曰:"昔禹承唐、虞之盛,犹卑宫室而恶衣服。况今丧乱之后,人民至少,比汉文、景之时,不过一大郡。加边境有事,将士劳苦,若有水旱之患,国家之深忧也。昔刘备自成都至白水,多作传舍,兴费人役,太祖知其疲民也。今中国劳力,亦吴、蜀之所愿。此安危之机也,惟陛下虑之。"帝答曰:"王业、宫室,亦宜并立。灭贼之后,但当罢守御耳,岂可复兴役邪?是固君之职,萧何之大略也。"群曰:"昔汉祖唯与项羽争天下,羽已灭,宫室烧焚,是以萧何建武库、太仓,皆是要急,然高祖犹非其壮丽。今二虏未平,诚不宜与古同也。夫人之所欲,莫不有辞,况乃天王,莫之敢违。前欲坏武库,谓不可不坏也;后欲置之,谓不可不置也。若必作之,固非臣下辞言所屈;若少留神,卓然回意,亦非臣下之所及也。汉明帝欲起德阳殿,钟离意谏,即用其言,后乃复作之;殿成,谓群

774

臣曰：'钟离尚书在，不得成此殿也。'夫王者岂惮一臣，盖为百姓也。今臣曾不能少凝圣德，不及意远矣。"帝乃为之少有减省。

帝耽于内宠，妇官秩石拟百官之数，自贵人以下至掖庭洒扫者，凡数千人，选女子知书可付信者六人，以为女尚书，使典省外奏事，处当画可。廷尉高柔上疏曰："昔汉文惜十家之资，不营小台之娱；去病虑匈奴之害，不遑治第之事。况今所损者非惟百金之费，所忧者非徒北狄之患乎！可粗成见所营立，以充朝宴之仪。讫罢作者，使得就农。二方平定，复可徐兴。《周礼》，天子后妃以下百二十人，嫔嫱之仪，既已盛矣。窃闻后庭之数，或复过之，圣嗣不昌，殆能由此。臣愚以为可妙简淑媛以备内官之数，其余尽遣还家，且以育精养神，专静为宝。如此，则《螽斯》之征可庶而致矣。"帝报曰："辄克昌言，他复以闻。"

是时猎法严峻，杀禁地鹿者身死，财产没官，有能觉告者，厚加赏赐。柔复上疏曰："中间以来，百姓供给众役，亲田者既减，加顷复有猎禁，群鹿犯暴，残食生苗，处处为害，所伤不赀。民虽障防，力不能御。至如荥阳左右，周数百里，岁略不收。方今天下生财者甚少，而麋鹿之损者甚多，卒有兵戎之役，凶年之灾，将无以待之。惟陛下宽放民间，使得捕鹿，遂除其禁，则众庶永济，莫不悦豫矣。"

帝又欲平北芒，令于其上作台观，望见孟津。卫尉辛毗谏曰："天地之性，高高下下。今而反之，既非其理，加以损费人功，民不堪役。且若九河盈溢，洪水为害，而丘陵皆夷，将何以御之？"帝乃止。

少府杨阜上疏曰："陛下奉武皇帝开拓之大业，守文皇帝克终之元绪，诚宜思齐往古圣贤之善治，总观季世放荡之恶政。曩使桓、灵不废高祖之法度，文、景之恭俭，太祖虽有神武，于何所施，而陛下何由处斯尊哉？今吴、蜀未定，军旅在外，诸所缮治，惟陛下务从约节。"帝优诏答之。

阜复上疏曰："尧尚茅茨而万国安其居，禹卑宫室而天下乐其业。及至殷、周，或堂崇三尺，度以九筵耳。桀作璇室、象廊，纣为倾宫、鹿台，以丧其社稷；楚灵以筑章华而身受祸；秦始皇作阿房，二世而灭。夫不度万民之力以从耳目之欲，未有不亡者也。陛下当以尧、舜、禹、汤、文、武为法则，夏桀、殷纣、楚灵、秦皇为深诫，而乃自暇自逸，惟宫台是饰，必有颠覆危亡之祸矣。君作元首，臣为股肱，存亡一体，得失同之。臣虽驽怯，敢忘争臣之义？言不切至，不足以感寤陛下。陛下不察臣言，恐皇祖、烈考之祚坠于地。使臣身死有补万一，则死之日犹生之年也。谨叩棺沐浴，伏俟重诛。"奏御，帝感其忠言，手笔诏答。

帝尝著帢，被缥绫半袖。阜问帝曰："此于礼何法服也？"帝默然不答。自是不法服不见阜。

阜又上疏欲省宫人诸不见幸者，乃召御府吏问后宫人数。吏守旧令，对曰：

"禁密,不得宣露。"卓怒,杖吏一百,数之曰:"国家不与九卿为密,反与小吏为密乎?"帝愈严惮之。

散骑常侍蒋济上疏曰:"昔句践养胎以待用,昭王恤病以雪仇,故能以弱燕服强齐,羸越灭劲吴。今二敌强盛,当身不除,百世之责也。以陛下圣明神武之略,舍其缓者,专心讨贼,臣以为无难矣。"中书侍郎东莱王基上疏曰:"臣闻古人以水喻民曰:'水所以载舟,亦所以覆舟。'颜渊曰:'东野子之御,马力尽矣而求进不已,殆将败矣。'今事役劳苦,男女离旷,愿陛下深察东野之敝,留意舟水之喻,息奔驷于未尽,节力役于未困。昔汉有天下,至孝文时唯有同姓诸侯,而贾谊忧之曰:'置火积薪之下而寝其上,因谓之安。'今寇贼未殄,猛将拥兵,检之则无以应敌,久之则难以遗后,当盛明之世,不务以除患,若子孙不竞,社稷之忧也。使贾谊复起,必深切于曩时矣。"帝皆不听。

殿中监督役,擅收兰台令史,右仆射卫臻奏案之。诏曰:"殿舍不成,吾所留心,卿推之,何也?"臻曰:"古制侵官之法,非恶其勤事也,诚以所益者小,所堕者大也。臣每察校事,类皆如此,若又纵之,惧群司将遂越职,以至陵夷矣。"

尚书涿郡孙礼固请罢役,帝诏曰:"钦纳谠言。"促遣民作。监作者复奏留一月,有所成讫。礼径至所作,不复重奏,称诏罢民,帝奇其意而不责。帝虽不能尽用群臣直谏之言,然皆优容之。

秋,七月,洛阳崇华殿灾。帝问侍中领太史令泰山高堂隆曰:"此何咎也?于礼宁有祈禳之义乎?"对曰:"《易传》曰:'上不俭,下不节,孽火烧其室。'又曰:'君高其台,天火为灾。'此人君务饰宫室,不知百姓空竭,故天应之以旱,火从高殿起也。"诏问隆:"吾闻汉武帝时柏梁灾,而大起宫殿以厌之,其义云何?"对曰:"夷越之巫所为,非圣贤之明训也。《五行志》曰:'柏梁灾,其后有江充巫蛊事。'如《志》之言,越巫建章无所厌也。令宜罢散民役。宫室之制,务从约节,清扫所灾之处,不敢于此有所立作,则萐莆、嘉禾必生此地。若乃疲民之力,竭民之财,非所以致符瑞而怀远人也。"

八月,庚午,立皇子芳为齐王,询为秦王。帝无子,养二王为子,宫省事秘,莫有知其所由来者。或云:芳,任城王楷之子也。

丁巳,帝还洛阳。

诏复立崇华殿,更名曰九龙。通引毂水过九龙殿前,为玉井绮栏,蟾蜍含受,神龙吐出。使博士扶风马钧作司南车,水转百戏。

陵霄阙始构,有鹊巢其上,帝问高堂隆,对曰:"《诗》曰:'惟鹊有巢,惟鸠居之。'今兴宫室,起陵霄阙,而鹊巢之,此宫未成身不得居之象也。天意若曰:'宫室未成,将有他姓制御之。'斯乃上天之戒也。夫天道无亲,惟与善人,太戊、武丁睹灾竦惧，故天降之福。今若休罢百役，增崇德政，则三王可四，五帝可六，岂惟商宗转祸为福而已哉！"帝为之动容。

帝性严急，其督修宫室有稽限者，帝亲召问，言犹在口，身首已分。散骑常侍领秘书监王肃上疏曰："今宫室未就，见作者三四万人。九龙可以安圣体，其内足以列六宫，惟泰极以前，功夫尚大。愿陛下取常食禀之士，非急要者之用，选其丁壮，择留万人，使一期而更之，咸知息代有日，则莫不悦以即事，劳而不怨矣。计一岁有三百六十万夫，亦不为少。当一岁成者，听且三年。分遣其余，使皆即农，无穷之计也。夫信之于民，国家大宝也。前车驾当幸洛阳，发民为营，有司命以营成而罢。既成，又利其功力，不以时遣。有司徒营目前之利，不顾经国之体。臣愚以为自今已后，傥复使民，宜明其令，使必如期。以次有事，宁复更发，无或失信。凡陛下临时之所行刑，皆有罪之吏，宜死之人也。然众庶不知，谓为仓卒。故愿陛下下之于吏，而暴其罪，钧其死也，无使污于宫掖而为远近所疑。且人命至重，难生易杀，气绝而不续者也，是以圣贤重之。昔汉文帝欲杀犯跸者，廷尉张释之曰：'方其时，上使诛之则已。今下廷尉，廷尉，天下之平，不可倾也。'臣以为大失其义，非忠臣所宜陈也。廷尉者，天子之吏也，犹不可以失平，而天子之身反可以惑谬乎？斯重于为己而轻于为君，不忠之甚也，不可不察。"

中山恭王衮疾病，令官属曰："男子不死于妇人之手，亟以时成东堂。"堂成，舆疾往居之。又令世子曰："汝幼为人君，知乐不知苦，必将以骄奢为失者也。兄弟有不良之行，当造膝谏之。谏之不从，流涕喻之；喻之不改，乃白其母。犹不改，当以奏闻，并辞国土。与其守宠罹祸，不若贫贱全身也。此亦谓大罪恶耳，其微过细故，当掩覆之。"冬，十月，己酉，衮卒。

十一月，丁酉，帝行如许昌。

是岁，幽州刺史王雄使勇士韩龙刺杀鲜卑轲比能。自是种落离散，互相侵伐，强者远遁，弱者请服，边陲遂安。

张掖柳谷口水溢涌，宝石负图，状象灵龟，立于川西，有石马七及凤皇、麒麟、白虎、牺牛、璜珙、八卦、列宿、孛彗之象，又有文曰"大讨曹"。诏书班天下，以为嘉瑞。任令于绰连赍以问钜鹿张臶，臶密谓绰曰："夫神以知来，不追已往，祥兆先见，而后废兴从之。今汉已久亡，魏已得之，何所追兴祥兆乎！此石，当今之变异而将来之符瑞也。"

帝使人以马易珠玑、翡翠、玳瑁于吴，吴主曰："此皆孤所不用，而可以得马，孤何爱焉？"皆以与之。

四年（丙辰、236）

春，吴人铸大钱，一当五百。

三月，吴张昭卒，年八十一。昭容貌矜严，有威风，吴主以下，举邦惮之。

夏，四月，汉主至湔，登观阪，观汶水之流，旬日而还。

武都氐王符健请降于汉，其弟不从，将四百户来降。

五月，乙卯，乐平定侯董昭卒。

冬，十月，己卯，帝还洛阳宫。

甲申，有星孛于大辰，又孛于东方。高堂隆上疏曰："凡帝王徙都立邑，皆先定天地、社稷之位，敬恭以奉之。将营宫室，则宗庙为先，厩库为次，居室为后。今圜丘、方泽、南北郊、明堂、社稷神位未定，宗庙之制又未如礼，而崇饰居室，士民失业，外人咸云'宫人之用与军国之费略齐'，民不堪命，皆有怨怒。《书》曰：'天聪明自我民聪明，天明畏自我民明威。'言天之赏罚，随民言，顺民心也。夫采椽卑宫，唐、虞、大禹之所以垂皇风也；玉台琼室，夏癸、商辛之所以犯昊天也。今宫室过盛，天彗章灼，斯乃慈父恳切之训。当崇孝子祇耸之礼，不宜有忽，以重天怒。"隆数切谏，帝颇不悦。侍中卢毓进曰："臣闻君明则臣直，古之圣王惟恐不闻其过，此乃臣等所以不及隆也。"帝乃解。毓，植之子也。

十二月，癸巳，颍阴靖侯陈群卒。群前后数陈得失，每上封事，辄削其草，时人及其子弟莫能知也。论者或讥群居位拱默，正始中，诏撰群臣上书以为《名臣奏议》，朝士乃见群谏事，皆叹息焉。

> 袁子论曰：或云："少府杨阜岂非忠臣哉？见人主之非则勃然触之，与人言未尝不道。"答曰："夫仁者爱人，施之君谓之忠，施于亲谓之孝。今为人臣，见人主失道，直诋其非而播扬其恶，可谓直士，未为忠臣也。故司空陈群则不然，谈论终日，未尝言人主之非；书数十上，外人不知。君子谓群于是乎长者矣。"

乙未，帝行如许昌。

诏公卿举才德兼备者各一人，司马懿以兖州刺史太原王昶应选。昶为人谨厚，名其兄子曰默，曰沈，名其子曰浑，曰深，为书戒之曰："吾以四者为名，欲使汝曹顾名思义，不敢违越也。夫物速成则疾亡，晚就则善终。朝华之草，夕而零落；松柏之茂，隆寒不衰。是以君子戒于阙党也。夫能屈以为伸，让以为得，弱以为强，鲜不遂矣。夫毁誉者，爱恶之原而祸福之机也。孔子曰：'吾之于人，谁毁谁誉。'以圣人之德犹尚如此，况庸庸之徒而轻毁誉哉？人或毁己，当退而求之于身。若己有可毁之行，则彼言当矣；若己无可毁之行，则彼言妄矣。当则无怨于彼，妄则无害于身，又何反报焉？谚曰：'救寒莫如重裘，止谤莫如自修。'斯言信矣。"

景初元年（丁巳、237）

春，正月，壬辰，山茌县言黄龙见。高堂隆以为："魏得土德，故其瑞黄龙见，宜改正朔,易服色,以神明其政,变民耳目。"帝从其议。三月,下诏改元,以是月为孟夏四月,服色尚黄,牺牲用白,从地正也。更名《太和历》曰《景初历》。

五月,己巳,帝还洛阳。

己丑,大赦。

六月,戊申,京都地震。

己亥,以尚书令陈矫为司徒,左仆射卫臻为司空。

有司奏以武皇帝为魏太祖,文皇帝为魏高祖,帝为魏烈祖,三祖之庙,万世不毁。

> 孙盛论曰:夫谥以表行,庙以存容,未有当年而逆制祖宗,未终而豫自尊显。魏之群司于是乎失正矣。

秋,七月,丁卯,东乡贞侯陈矫卒。

公孙渊数对国中宾客出恶言,帝欲讨之,以荆州刺史河东毌丘俭为幽州刺史。俭上疏曰:"陛下即位已来,未有可书。吴、蜀恃险,未可卒平,聊可以此方无用之士克定辽东。"光禄大夫卫臻曰:"俭所陈皆战国细术,非王者之事也。吴频岁称兵,寇乱边境,而犹按甲养士,未果致讨者,诚以百姓疲劳故也。渊生长海表,相承三世,外抚戎夷,内修战射,而俭欲以偏军长驱,朝至夕卷,知其妄矣。"帝不听,使俭率诸军及鲜卑、乌桓屯辽东南界,玺书徵渊。渊遂发兵反,逆俭于辽隧。会天雨十余日,辽水大涨,俭与战不利,引军还右北平。渊因自立为燕王,改元绍汉,置百官,遣使假鲜卑单于玺,封拜边民,诱呼鲜卑以侵扰北方。

汉张后殂。

九月,冀、兖、徐、豫大水。

西平郭夫人有宠于帝,毛后爱弛。帝游后园,曲宴极乐。郭夫人请延皇后,帝弗许,因禁左右使不得宣。后知之,明日,谓帝曰:"昨日游宴北园,乐乎?"帝以左右泄之,所杀十余人。庚辰,赐后死,然犹加谥曰悼。癸丑,葬愍陵。迁其弟曾为散骑常侍。

冬,十月,帝用高堂隆之议,营洛阳南委粟山为圆丘,诏曰:"昔汉氏之初,承秦灭学之后,采摭残缺,以备郊祀,四百余年,废无禘礼。曹氏世系,出自有虞,今祀皇皇帝天于圆丘,以始祖虞舜配;祭皇皇后地于方丘,以舜妃伊氏配;祀皇天之神于南郊,以武帝配;祭皇地之祇于北郊,以武宣皇后配。"

庐江主簿吕习密使人请兵于吴,欲开门为内应。吴主使卫将军全琮督前将军朱桓等赴之,既至,事露,吴军还。

诸葛恪至丹阳,移书四部属城长吏,令各保其疆界,明立部伍,其从化平民,悉令屯居。乃内诸将,罗兵幽阻,但缮藩篱,不与交锋,候其谷稼将熟,辄纵兵芟刈,使无遗种。旧谷既尽,新谷不收,平民屯居,略无所入,于是山民饥穷,渐出降首。恪乃复敕下曰:"山民去恶从化,皆当抚慰,徙出外县,不得嫌疑,有所拘执。"臼阳长胡伉得降民周遗,遗旧恶民,困迫暂出,伉缚送言府。恪以伉违教,遂斩以徇。民闻伉坐执人被戮,知官惟欲出之而已,于是老幼相携而出,岁期人数,皆如本规。恪自领万人,余分给诸将。吴主嘉其功,拜恪威北将军,封都乡侯,徙屯庐江皖口。

是岁,徙长安钟簴、橐佗、铜人、承露盘于洛阳。盘折,声闻数十里。铜人重,不可致,留于霸城。大发铜铸铜人二,号曰翁仲,列坐于司马门外。又铸黄龙、凤皇各一,龙高四丈,凤高三丈余,置内殿前。起土山于芳林园西北陬,使公卿群僚皆负土,树松、竹、杂木、善草于其上,捕山禽杂兽致其中。司徒军议掾董寻上疏谏曰:"臣闻古之直士,尽言于国,不避死亡,故周昌比高祖于桀、纣,刘辅譬赵后于人婢。天生忠直,虽白刃沸汤,往而不顾者,诚为时主爱惜天下也。建安以来,野战死亡,或门殚户尽,虽有存者,遗孤老弱。若今宫室狭小,当广大之,犹宜随时,不妨农务,况乃作无益之物,黄龙、凤皇、九龙、承露盘,此皆圣明之所不兴也,其功三倍于殿舍。陛下既尊群臣,显以冠冕,被以文绣,载以华舆,所以异于小人;而使穿方举土,面目垢黑,沾体涂足,衣冠之鸟,毁国之光以崇无益,甚非谓也。孔子曰:'君使臣以礼,臣事君以忠。'无忠无礼,国何以立! 臣知言出必死,而臣自比于牛之一毛,生既无益,死亦何损? 秉笔流涕,心与世辞。臣有八子,臣死之后,累陛下矣!"将奏,沐浴以待命。帝曰:"董寻不畏死邪!"主者奏收寻,有诏勿问。

高堂隆上疏曰:"今之小人,好说秦、汉之奢靡以荡圣心;求取亡国不度之器,劳役费损以伤德政。非所以兴礼乐之和,保神明之休也。"帝不听。

隆又上书曰:"昔洪水滔天二十二载,尧、舜君臣,南面而已。今无若时之急,而使公卿大夫并与厮徒共供事役,闻之四夷,非嘉声也,垂之竹帛,非令名也。今吴、蜀二贼,非徒白地、小虏、聚邑之寇,乃僭号称帝,欲与中国争衡。今若有人来告:'权、禅并修德政,轻省租赋,动咨耆贤,事遵礼度。'陛下闻之,岂不惕然恶其如此,以为难卒讨灭而为国忧乎? 若使告者曰:'彼二贼并为无道,崇侈无度,役其士民,重其赋敛,下不堪命,吁嗟日甚。'陛下闻之,岂不幸彼疲敝而取之不难乎? 苟如此,则可易心而度,事义之数亦不远矣。亡国之主自谓不亡,然后至于亡;贤圣之君自谓亡,然后至于不亡。今天下雕敝,民无儋石之储,国无终年之蓄,外有强敌,六军暴边,内兴土功,州郡骚动,若有寇警,则臣惧版筑之士不能投命虏庭矣。又,将吏奉禄,稍见折减,方之于昔,五分居一,诸受休者又绝禀赐,不应输者今皆出半,此为官入兼多于旧,其所出与参少于昔。而度支经用,更每不足,牛肉小赋,前后相继。反而推之,凡此诸费,必有所在。且夫禄赐谷帛,人主所以惠养吏民而为之司命者也,若今有废,是夺其命矣。既得之而又失之,此生怨之府也。"帝览之,谓中书监、令曰:"观隆此奏,使朕惧哉!"

尚书卫觊上疏曰:"今议者多好悦耳,其言政治则比陛下于尧、舜,其言征伐则比二虏于狸鼠。臣以为不然。四海之内,分而为三,群士陈力,各为其主,是与六国分治无以为异也。当今千里无烟,遗民困苦,陛下不善留意,将遂雕敝,难可复振。武皇帝之时,后宫食不过一肉,衣不用锦绣,茵蓐不缘饰,器物无丹漆,用能平定天下,遗福子孙,此皆陛下之所览也。当今之务,宜君臣上下,计校府库,量入为出,犹恐不及,而工役不辍,侈靡日崇,帑藏日竭。昔汉武信神仙之道,谓当得云表之露以餐玉屑,故立仙掌以承高露。陛下通明,每所非笑。汉武有求于露而犹尚见非,陛下无求于露而空设之,不益于好而糜费功夫,诚皆圣虑所宜裁制也。"

时有诏录夺士女前已嫁为吏民妻者,还以配士,听以生口自赎,又简选其有姿首者内之掖庭。太子舍人沛国张茂上书谏曰:"陛下,天之子也,百姓吏民,亦陛下子也。今夺彼以与此,亦无以异于夺兄之妻妻弟也,于父母之恩偏矣,又,诏书听得以生口年纪、颜色与妻相当者自代,故富者则倾家尽产,贫者举假贷贳,贵买生口以赎其妻。县官以配士为名而实内之掖庭,其丑恶乃出与士。得妇者未必喜,而失妻者必有忧,或穷或愁,皆不得志。夫君有天下而不得万姓之欢心者,鲜不危殆。且军师在外数十万人,一日之费非徒千金,举天下之赋以奉此役,犹将不给,况复有宫庭非员无录之女,椒房母后之家,赏赐横与,内外交引,其费半军。昔汉武帝掘地为海,封土为山,赖是时天下为一,莫敢与争者耳。自衰乱以来,四五十载,马不舍鞍,士不释甲,强寇在疆,图危魏室。陛下不战战业业,念崇节约,而乃奢靡是务,中尚方作玩弄之物,后园建承露之盘,斯诚快耳目之观,然亦足以骋寇仇之心矣。惜乎,舍尧、舜之节俭,而为汉武帝之侈事,臣窃为陛下不取也。"帝不听。

高堂隆疾笃,口占上疏曰:"曾子有言曰:'人之将死,其言也善。'臣寝疾有增无损,常恐奄忽,忠款不昭,臣之丹诚,愿陛下少垂省览。臣观三代之有天下,圣贤相承,历数百载,尺土莫非其有,一民莫非其臣。然癸、辛之徒,纵心极欲,皇天震怒,宗国为墟,纣枭白旗,桀放鸣条,天子之尊,汤、武有之。岂伊异人,皆明王之胄也。黄初之际,天兆其戒,异类之鸟,育长燕巢口爪胸赤,此魏室之大异也,宜防鹰扬之臣于萧墙之内。可选诸王,使君国典兵,往往棋跱,镇抚皇畿,翼亮帝室。夫皇天无亲,惟德是辅。民咏德政,则延期过历;下有怨叹,则辍录授能。由此观之,天下乃天下之天下,非独陛下之天下也。"帝手诏深慰劳之。未几而卒。

　　陈寿评曰：高堂隆学业修明，志存匡君，因变陈戒，发于恳诚，忠矣哉！及至必改正朔，俾魏祖虞，所谓意过其通者欤！

　　帝深疾浮华之士，诏吏部尚书卢毓曰："选举莫取有名，名如画地作饼，不可啖也。"毓对曰："名不足以致异人，而可以得常士。常士畏教慕善，然后有名，非所当疾也。愚臣既不足以识异人，又主者正以循名案常为职，但当有以验其后耳。古者敷奏以言，明试以功。今考绩之法废，而以毁誉相进退，故真伪浑杂，虚实相蒙。"帝纳其言。诏散骑常侍刘邵作考课法。邵作《都官考课法》七十二条，又作《说略》一篇，诏下百官议。

　　司隶校尉崔林曰："案《周官》考课，其文备矣，自康王以下，遂以陵夷，此即考课之法存乎其人也。及汉之季，其失岂在乎佐吏之职不密哉？方今军旅或猥或卒，增减无常，固难一矣。且万目不张举其纲，众毛不整振其领。皋陶仕虞，伊尹臣殷，不仁者远。若大臣能任其职，式是百辟，则孰敢不肃，乌在考课哉！"

　　黄门侍郎杜恕曰："明试以功，三考黜陟，诚帝王之盛制也。然历六代而考绩之法不著，关七圣而课试之文不垂，臣诚以为其法可粗依，其详难备举故也。语曰：'世有乱人而无乱法。'若使法可专任，则唐、虞可不须稷、契之佐，殷、周无贵伊、吕之辅矣。今奏考功者，陈周、汉之云为，缀京房之本旨，可谓明考课之要矣。于以崇揖让之风，兴济济之治，臣以为未尽善也。其欲使州郡考士，必由四科，皆有事效，然后察举，试辟公府，为亲民长吏，转以功次补郡守者，或就增秩赐爵，此最考课之急务也。臣以为便当显其身，用其言，使具为课州郡之法，法具施行，立必信之赏，施必行之罚。至于公卿及内职大臣，亦当俱以其职考课之。古之三公，坐而论道，内职大臣，纳言补阙，无善不纪，无过不举。且天下至大，万机至众，诚非一明所能遍照。故君为元首，臣作股肱，明其一体相须而成也。是以古人称廊庙之材，非一木之枝，帝王之业，非一士之略。由是言之，焉有大臣守职办课可以致雍熙者哉！诚使容身保位，无放退之辜，而尽节在公，抱见疑之势，公义不修而私议成俗，虽仲尼为课，犹不能尽一才，又况于世俗之人乎！"

　　司空掾北地傅嘏曰："夫建官均职，清理民物，所以立本也。循名考实，纠励成规，所以治末也。本纲未举而造制末程，国略不崇而考课是先，惧不足以料贤愚之分，精幽明之理也。"议久之不决，事竟不行。

　　臣光曰：为治之要，莫先于用人，而知人之道，圣贤所难也。是故求之于毁誉，则爱憎竞进而善恶浑淆；考之于功状，则巧诈横生而真伪相冒。要之，其本在于至公至明而已矣。为人上者至公至明，则群下之能否焯然形于目中，无所复逃矣。苟为不公不明，则考课之法，适足以为曲私欺罔之资也。

　　何以言之？公明者，心也；功状者，迹也。己之心不能治，而以考人之迹,不亦难乎!为人上者,诚能不以亲疏贵贱异其心,喜怒好恶乱其志,欲知治经之士,则视其记览博洽,讲论精通,斯为善治经矣;欲知治狱之士,则视其曲尽情伪,无所冤抑,斯为善治狱矣;欲知治财之士,则视其仓库盈实,百姓富给,斯为善治财矣;欲知治兵之士,则视其战胜攻取,敌人畏服,斯为善治兵矣。至于百官,莫不皆然。虽询谋于人而决之在己,虽考求于迹而察之在心,研核其实而斟酌其宜,至精至微,不可以口述,不可以书传也,安得豫为之法而悉委有司哉!

或者亲贵虽不能而任职,疏贱虽贤才而见遗;所喜所好者败官而不去,所怒所恶者有功而不录;询谋于人,则毁誉相半而不能决;考求于迹,则文具实亡而不能察。虽复为之善法,繁其条目,谨其簿书,安能得其真哉!

或曰:人君之治,大者天下,小者一国,内外之官以千万数,考察黜陟,安得不委有司而独任其事哉?曰:非谓其然也。凡为人上者,不特人君而已。太守居一郡之上,刺史居一州之上,九卿居属官之上,三公居百执事之上,皆用此道以考察黜陟在下之人,为人君者亦用此道以考察黜陟公卿、刺史、太守,奚烦劳之有哉!

或曰:考绩之法,唐、虞所为,京房、刘邵述而修之耳,乌可废哉?曰:唐、虞之官,其居位也久,其受任也专,其立法也宽,其责成也远。是故鲧之治水,九载绩用弗成,然后治其罪;禹之治水,九州攸同,四陈既宅,然后赏其功。非若京房、刘邵之法,校其米盐之课,责其旦夕之效也。事固有名同而实异者,不可不察也。考绩非可行于唐、虞而不可行于汉、魏,由京房、刘邵不得其本而奔趋其末故也。

初,右仆射卫臻典选举,中护军蒋济遗臻书曰:"汉祖遇亡虏为上将,周武拔渔父为太师。布衣厮养,可登王公,何必守文,试而后用?"臻曰:"不然。子欲同牧野于成、康,喻断蛇于文、景,好不经之举,开拔奇之津,将使天下驰骋而起矣。"卢毓论人及选举,皆先性行而后言才,黄门郎冯翊李丰尝以问毓,毓曰:"才所以为善也,故大才成大善,小才成小善。今称之有才而不能为善,是才不中器也。"丰服其言。

资治通鉴卷第七十四

翰林学士兼侍读学士朝散大夫右谏议大夫知制诰判尚书都省兼提举万寿观公事柱国河内郡开国侯食邑一千三百户食实封二百户赐紫金鱼袋臣 司马光 奉敕编集

魏纪六 起著雍敦牂(戊午),尽旃蒙赤奋若(乙丑),凡八年。

烈祖明皇帝下

景初二年(戊午、238)

春,正月,帝召司马懿于长安,使将兵四万讨辽东。议臣或以为四万兵多,役费难供。帝曰:"四千里征伐,虽云用奇,亦当任力,不当稍计役费也。"帝谓懿曰:"公孙渊将何计以待君?"对曰:"渊弃城豫走,上计也;据辽东拒大军,其次也;坐守襄平,此成禽耳。"帝曰:"然则三者何出?"对曰:"唯明智能审量彼我,乃豫有所割弃。此既非渊所及,又谓今往孤远,不能支久,必先拒辽水,后守襄平也。"帝曰:"还往几日?"对曰:"往百日,攻百日,还百日,以六十日为休息,如此,一年足矣。"

公孙渊闻之,复遣使称臣,求救于吴。吴人欲戮其使,羊衜曰:"不可,是肆匹夫之怒而捐霸王之计也。不如因而厚之,遣奇兵潜往以要其成。若魏伐不克,而我军远赴,是恩结遐夷,义形万里;若兵连不解,首尾离隔,则我虏其傍郡,驱略而归,亦足以致天之罚,报雪曩事矣。"吴主曰:"善。"乃大勒兵谓渊使曰:"请俟后问,当从简书,必与弟同休戚。"又曰:"司马懿所向无前,深为弟忧之。"

帝问于护军将军蒋济曰:"孙权其救辽东乎?"济曰:"彼知官备已固,利不可得,深入则非力所及,浅入则劳而无获;权虽子弟在危,犹将不动,况异域之人,兼以往者之辱乎!今所以外扬此声者,谲其行人,疑之于我,我之不克,冀其折节事己耳。然沓渚之间,去渊尚远,若大军相守,事不速决,则权之浅规,或得轻兵掩袭,未可测也。"

帝问吏部尚书卢毓:"谁可为司徒者?"毓荐处士管宁。帝不能用,更问其次,对曰:"敦笃至行,则太中大夫韩暨;亮直清方,则司隶校尉崔林;贞固纯粹,则太常常林。"二月,癸卯,以韩暨为司徒。

汉主立皇后张氏,前后之妹也。立王贵人子璿为皇太子,瑶为安定王。

大司农河南孟光问太子读书及情性好尚于秘书郎郤正,正曰:"奉亲虔恭,夙夜匪解,有古世子之风,接待群僚,举动出于仁恕。"光曰:"如君所道,皆家户所有耳。吾今所问，欲知其权略智调何如也。"正曰："世子之道，在于承志竭欢，既不得妄有施为，智调藏于胸怀，权略应时而发，此之有无，焉可豫知也？"光知正慎宜，不为放谈，乃曰："吾好直言，无所回避。今天下未定，智意为先，智意自然，不可力强致也。储君读书，宁当效吾等竭力博识以待访问，如博士探策讲试以求爵位邪！当务其急者。"正深谓光言为然。正，俭之孙也。

吴人铸当千大钱。

夏，四月，庚子，南乡恭侯韩暨卒。

庚戌，大赦。

六月，司马懿军至辽东，公孙渊使大将军卑衍、杨祚将步骑数万屯辽隧，围堑二十余里。诸将欲击之，懿曰："贼所以坚壁，欲老吾兵也，今攻之，正堕其计。且贼大众在此，其巢窟空虚，直指襄平，破之必矣。"乃多张旗帜，欲出其南，衍等尽锐趣之。懿潜济水，出其北，直趣襄平。衍等恐，引兵夜走。诸军进至首山，渊复使衍等逆战，懿击，大破之，遂进围襄平。

秋，七月，大霖雨，辽水暴涨，运船自辽口径至城下。雨月余不止，平地水数尺。三军恐，欲移营，懿令军中："敢有言徙者斩！"都督令史张静犯令，斩之，军中乃定。贼恃水，樵牧自若，诸将欲取之，懿皆不听。司马陈珪曰："昔攻上庸，八部并进，昼夜不息，故能一旬之半，拔坚城，斩孟达。今者远来而更安缓，愚窃惑焉。"懿曰："孟达众少而食支一年，将士四倍于达而粮不淹月，以一月图一年，安可不速？以四击一，正令失半而克，犹当为之，是以不计死伤，与粮竞也。今贼众我寡，贼饥我饱，水雨乃尔，功力不设，虽当促之，亦何所为。自发京师，不忧贼攻，但恐贼走。今贼粮垂尽而围落未合，掠其牛马，抄其樵采，此故驱之走也。夫兵者诡道，善因事变。贼凭众恃雨，故虽饥困，未肯束手，当示无能以安之。取小利以惊之，非计也。"朝廷闻师遇雨，咸欲罢兵。帝曰："司马懿临危制变，禽渊可计日待也。"

雨霁，懿乃合围，作土山地道，楯橹钩冲，昼夜攻之，矢石如雨。渊窘急，粮尽，人相食，死者甚多。其将杨祚等降。八月，渊使相国王建、御史大夫柳甫请解围却兵，当君臣面缚。懿命斩之，檄告渊曰："楚、郑列国，而郑伯犹肉袒牵羊迎之。孤天子上公，而建等欲孤解围退舍，岂得礼邪！二人老耄，传言失指，已相为斩。若意有未已，可更遣年少有明决者来。"渊复遣侍中卫演乞克日送任，懿谓演曰："军事大要有五：能战当战，不能战当守，不能守当走，余二事，惟有降与死耳。汝不肯面缚，此为决就死也，不须送任。"壬午，襄平溃，渊与子脩将数百骑突围东南走，大兵急击之，斩渊父子于梁水之上。懿既入城，诛其公卿以下及兵民七千余人，筑为京观。辽东、带方、乐浪、玄菟四郡皆平。

渊之将反也,将军纶直、贾范等苦谏,渊皆杀之,懿乃封直等之墓,显其遗嗣,释渊叔父恭之囚。中国人欲还旧乡者,恣听之。遂班师。

初,渊兄晃为恭任子在洛阳,先渊未反,数陈其变,欲令国家讨渊。及渊谋逆,帝不忍市斩,欲就狱杀之。廷尉高柔上疏曰:"臣窃闻晃先数自归,陈渊祸萌,虽为凶族,原心可恕。夫仲尼亮司马牛之忧,祁奚明叔向之过,在昔之美义也。臣以为晃信有言,宜贷其死;苟自无言,便当市斩。今进不赦其命,退不彰其罪,闭著图圄,使自引分,四方观国,或疑此举也。"帝不听,竟遣使赍金屑饮晃及其妻子,赐以棺衣,殡敛于宅。

九月,吴改元赤乌。

吴步夫人卒。

初,吴主为讨虏将军,在吴,娶吴郡徐氏。太子登所生庶贱,吴主令徐氏母养之。徐氏妒,故无宠。及吴主西徙,徐氏留处吴。而临淮步夫人宠冠后庭,吴主欲立为皇后,而群臣议在徐氏,吴主依违者十余年。会步氏卒,群臣奏追赠皇后印绶,徐氏竟废,卒于吴。

吴主使中书郎吕壹典校诸官府及州郡文书,壹因此渐作威福,深文巧诋,排陷无辜,毁短大臣,纤介必闻。太子登数谏,吴主不听,群臣莫敢复言,皆畏之侧目。

壹诬白故江夏太守刁嘉谤讪国政,吴主怒,收嘉,系狱验问。时同坐人皆怖畏壹,并言闻之。侍中北海是仪独云无闻,遂见穷诘累日,诏旨转厉,群臣为之屏息。仪曰:"今刀锯已在臣颈,臣何敢为嘉隐讳,自取夷灭,为不忠之鬼!顾以闻知当有本末。"据实答问,辞不倾移,吴主遂舍之,嘉亦得免。

上大将军陆逊、太常潘濬忧壹乱国,每言之,辄流涕。壹白丞相顾雍过失,吴主怒,诘责雍。黄门侍郎谢厷语次问壹:"顾公事何如?"壹曰:"不能佳。"厷又问:"若此公免退,谁当代之?"壹未答。厷曰:"得无潘太常得之乎?"壹良久曰:"君语近之也。"厷曰:"潘太常常切齿于君,但道无因耳。今日代顾公,恐明日便击君矣。"壹大惧,遂解散雍事。潘濬求朝,诣建业,欲尽辞极谏。至,闻太子登已数言之而不见从,濬乃大请百寮,欲因会手刃杀壹,以身当之,为国除患。壹密闻知,称疾不行。

西陵督步骘上疏曰:"顾雍、陆逊、潘濬,志在竭诚,寝食不宁,念欲安国利民,建久长之计,可谓心膂股肱,社稷之臣矣。宜各委任,不使他官监其所司,课其殿最。此三臣思虑不到则已,岂敢欺负所天乎?"

左将军朱据部曲应受三万缗,工王遂诈而受之,壹疑据实取,考问主者,死于杖下。据哀其无辜,厚棺敛之。壹又表据吏为据隐,故厚其殡。吴主数责问据,据无以自明，藉草待罪。数日，典军吏刘助觉，言王遂所取。吴主大感寤，曰："朱据见枉，况吏民乎!"乃穷治壹罪，赏助百万。

丞相雍至廷尉断狱，壹以囚见，雍和颜色，问其辞状，临出，又谓壹曰："君意得无欲有所道乎?"壹叩头无言。时尚书郎怀叙面詈辱壹，雍责叙曰："官有正法，何至于此!"有司奏壹大辟，或以为宜加焚裂，用彰元恶。吴主以访中书令会稽阚泽，泽曰："盛明之世，不宜复有此刑。"吴主从之。

壹既伏诛，吴主使中书郎袁礼告谢诸大将，因问时事所当损益。礼还，复有诏责诸葛瑾、步骘、朱然、吕岱等曰："袁礼还，云：'与子瑜、子山、义封、定公相见，并咨以时事当有所先后，各自以不掌民事，不肯便有所陈，悉推之伯言、承明。伯言、承明见礼，泣涕恳恻，辞旨辛苦，至乃怀执危怖，有不自安之心。'闻之怅然，深自刻怪。何者? 夫惟圣人能无过行，明者能自见耳。人之举厝，何能悉中，独当己有以伤拒众意，忽不自觉，故诸君有嫌难耳。不尔，何缘乃至于此乎? 与诸君从事，自少至长，发有二色，以谓表里足以明露，公私分计，足用相保。义虽君臣，恩犹骨肉，荣福喜戚，相与共之。忠不匿情，智无遗计，事统是非，诸君岂得从容而已哉! 同船济水，将谁与易? 齐桓有善，管子未尝不叹，有过未尝不谏，谏而不得，终谏不止。今孤自省无桓公之德，而诸君谏诤未出于口，仍执嫌难。以此言之，孤于齐桓良优，未知诸君于管子何如耳?"

冬，十一月，壬午，以司空卫臻为司徒，司隶校尉崔林为司空。

十二月，汉蒋琬出屯汉中。

乙丑，帝不豫。

辛巳，立郭夫人为皇后。

初，太祖为魏公，以赞令刘放、参军事孙资皆为秘书郎。文帝即位，更命秘书曰中书，以放为监，资为令，遂掌机密。帝即位，尤见宠任，皆加侍中、光禄大夫，封本县侯。是时，帝亲览万机，数兴军旅，腹心之任，皆二人管之。每有大事，朝臣会议，常令决其是非，择而行之。中护军蒋济上疏曰："臣闻大臣太重者国危，左右太亲者身蔽，古之至戒也。往者大臣秉事，外内扇动。陛下卓然自览万机，莫不祗肃。夫大臣非不忠也，然威权在下，则众心慢上，势之常也。陛下既已察之于大臣，愿无忘之于左右。左右忠正远虑，未必贤于大臣，至于便辟取合，或能工之。今外所言，辄云中书。虽使恭慎，不敢外交，但有此名，犹惑世俗。况实握事要，日在目前，傥因疲倦之间，有所割制，众臣见其能推移于事，即亦因时而向之。一有此端，私招朋援，臧否毁誉，必有所兴，功负赏罚，必有所易。直道而上者或壅，曲附左右者反达。因微而入，缘形而出，意所狎信，不复猜觉。此宜圣智所当早闻，外以经意，则形际自见。或恐朝臣畏言不合而受左右之怨，莫适以闻。

臣窃亮陛下潜神默思,公听并观,若事有未尽于理而物有未周于用,将改曲易调,远与黄、唐角功,近昭武、文之绩,岂牵近习而已哉!然人君不可悉任天下之事,必当有所付。若委之一臣,自非周公旦之忠,管夷吾之公,则有弄机败官之敝。当今柱石之士虽少,至于行称一州,智效一官,忠信竭命,各奉其职,可并驱策,不使圣明之朝有专吏之名也。"帝不听。

及寝疾,深念后事,乃以武帝子燕王宇为大将军,与领军将军夏侯献、武卫将军曹爽、屯骑校尉曹肇、骁骑将军秦朗等对辅政。爽,真之子;肇,休之子也。帝少与燕王宇善,故以后事属之。

刘放、孙资久典机任,献、肇心内不平。殿中有鸡栖树,二人相谓曰:"此亦久矣,其能复几?"放、资惧有后害,阴图间之。燕王性恭良,陈诚固辞。帝引放、资入卧内,问曰:"燕王正尔为?"对曰:"燕王实自知不堪大任故耳。"帝曰:"谁可任者?"时惟曹爽独在帝侧,放、资因荐爽,且言:"宜召司马懿与相参。"帝曰:"爽堪其事不?"爽流汗不能对。放蹑其足,耳之曰:"臣以死奉社稷。"帝从放、资言,欲用爽、懿,既而中变,敕停前命。放、资复入见说帝,帝又从之。放曰:"宜为手诏。"帝曰:"我困笃,不能。"放即上床,执帝手强作之,遂赍出,大言曰:"有诏免燕王宇等官,不得停省中。"皆流涕而出。甲申,以曹爽为大将军。帝嫌爽才弱,复拜尚书孙礼为大将军长史以佐之。

是时,司马懿在汲,帝令给使辟邪赍手诏召之。先是,燕王为帝画计,以为关中事重,宜遣懿便道自轵关西还长安,事已施行。懿斯须得二诏,前后相违,疑京师有变,乃疾驱入朝。

三年(己未、239)

春,正月,懿至,入见,帝执其手曰:"吾以后事属君,君与曹爽辅少子。死乃可忍,吾忍死待君,得相见,无所复恨矣。"乃召齐、秦二王以示懿,别指齐王芳谓懿曰:"此是也,君谛视之,勿误也。"又教齐王令前抱懿颈。懿顿首流涕。是日,立齐王为皇太子。帝寻殂。

帝沉毅明敏,任心而行,料简功能,屏绝浮伪。行师动众,论决大事,谋臣将相,咸服帝之大略。性特强识,虽左右小臣,官簿性行,名迹所履,及其父兄子弟,一经耳目,终不遗忘。

> 孙盛论曰:闻之长老,魏明帝天姿秀出,立发垂地,口吃少言,而沉毅好断。初,诸公受遗辅导,帝皆以方任处之,政自己出。优礼大臣,开容善直,虽犯颜极谏,无所摧戮,其君人之量如此之伟也。然不思建德垂风,不固维城之基,至使大权偏据,社稷无卫,悲夫!

太子即位,年八岁。大赦。尊皇后曰皇太后。加曹爽、司马懿侍中,假节钺,都督中外诸军、录尚书事。诸所兴作宫室之役,皆以遗诏罢之。

爽、懿各领兵三千人更宿殿内,爽以懿年位素高,常父事之,每事谘访,不敢专行。

初,并州刺史东平毕轨及邓飏、李胜、何晏、丁谧皆有才名而急于富贵,趋时附势,明帝恶其浮华,皆抑而不用。曹爽素与亲善,及辅政,骤加引擢,以为腹心。晏,进之孙;谧,斐之子也。晏等咸共推戴爽,以为重权不可委之于人。丁谧为爽画策,使爽白天子发诏,转司马懿为太傅,外以名号尊之,内欲令尚书奏事,先来由己,得制其轻重也。爽从之。二月,丁丑,以司马懿为太傅,以爽弟羲为中领军,训为武卫将军,彦为散骑常侍、侍讲,其余诸弟皆以列侯侍从,出入禁闼,贵宠莫盛焉。

爽事太傅,礼貌虽存,而诸所兴造,希复由之。爽徙吏部尚书卢毓为仆射,而以何晏代之,以邓飏、丁谧为尚书,毕轨为司隶校尉。晏等依势用事,附会者升进,违忤者罢退,内外望风,莫敢忤旨。黄门侍郎傅嘏谓爽弟羲曰:"何平叔外静而内躁,铦巧好利,不念务本。吾恐必先惑子兄弟,仁人将远而朝政废矣。"晏等遂与嘏不平,因微事免嘏官。又出卢毓为廷尉,毕轨复枉奏毓免官,众论多讼之,乃复以为光禄勋。孙礼亮直不挠,爽心不便,出为扬州刺史。

三月,以征东将军满宠为太尉。

夏,四月,吴督军使者羊衜击辽东守将,俘人民而去。

汉蒋琬为大司马,东曹掾犍为杨戏,素性简略,琬与言论,时不应答。或谓琬曰:"公与戏语而不应,其慢甚矣!"琬曰:"人心不同,各如其面,面从后言,古人所诫。戏欲赞吾是邪,则非其本心,欲反吾言,则显吾之非,是以默然,是戏之快也。"又督农杨敏尝毁琬曰:"作事愦愦,诚不及前人。"或以白琬,主者请推治敏,琬曰:"吾实不如前人,无可推也。"主者乞问其愦愦之状,琬曰:"苟其不如,则事不理,事不理,则愦愦。"后敏坐事系狱,众人犹惧其必死,琬心无适莫,敏得免重罪。

秋,七月,帝始亲临朝。

八月,大赦。

冬,十月,吴太常潘濬卒。吴主以镇南将军吕岱代濬,与陆逊共领荆州文书。岱时年已八十,体素精勤,躬亲王事,与逊同心协规,有善相让,南士称之。

十二月,吴将廖式杀临贺太守严纲等,自称平南将军,攻零陵、桂阳,摇动交州诸郡,众数万人。吕岱自表辄行,星夜兼路,吴主遣使追拜交州牧,及遣诸将唐咨等骆驿相继,攻讨一年,破之,斩式及其支党,郡县悉平。岱复还武昌。

吴都乡侯周胤将兵千人屯公安,有罪,徙庐陵,诸葛瑾、步骘为之请。吴主曰:"昔胤年少,初无功劳,横受精兵,爵以侯将,盖念公瑾以及于胤也。而胤恃此,酗淫自恣,前后告谕,曾无悛改。孤于公瑾,义犹二君,乐胤成就,岂有已哉?迫胤罪恶,未宜便还,且欲苦之,使自知耳。以公瑾之子,而二君在中间,苟使能改,亦何患乎!"瑜兄子偏将军峻卒,全琮请使峻子护领其兵。吴主曰:"昔走曹操,拓有荆州,皆是公瑾,常不忘之。初闻峻亡,仍欲用护,闻护性行危险,用之适为作祸,故更止之。孤念公瑾,岂有已哉?"

十二月,诏复以建寅之月为正。

邵陵厉公上

正始元年(庚申、240)

春,旱。

越巂蛮夷数叛汉,杀太守,是后太守不敢之郡,寄治安定县,去郡八百余里。汉主以巴西张嶷为越巂太守,嶷招慰新附,诛讨强猾,蛮夷畏服,郡界悉平,复还旧治。

冬,吴饥。

二年(辛酉、241)

春,吴人将伐魏。零陵太守殷札言于吴主曰:"今天弃曹氏,丧诛累见,虎争之际而幼童莅事。陛下身自御戎,取乱侮亡,宜涤荆、扬之地,举强赢之数,使强者执戟,赢者转运。西命益州,军于陇右,授诸葛瑾、朱然大众,直指襄阳,陆逊、朱桓别征寿春,大驾入淮阳,历青、徐。襄阳、寿春,困于受敌,长安以西,务御蜀军,许、洛之众,势必分离,掎角并进,民必内应。将帅对向,或失便宜,一军败绩,则三军离心;便当秣马脂车,陵蹈城邑,乘胜逐北,以定华夏。若不悉军动众,循前轻举,则不足大用,易于屡退,民疲威消,时往力竭,非上策也。"吴主不能用。

夏,四月,吴全琮略淮南,决芍陂,诸葛恪攻六安,朱然围樊,诸葛瑾攻柤中。征东将军王凌、扬州刺史孙礼与全琮战于芍陂,琮败走。荆州刺史胡质以轻兵救樊,或曰:"贼盛,不可迫。"质曰:"樊城卑兵少,故当进军为之外援,不然,危矣。"遂勒兵临围,城中乃安。

五月,吴太子登卒。

吴兵犹在荆州,太傅懿曰:"柤中民夷十万,隔在水南,流离无主,樊城被攻,历月不解,此危事也,请自讨之。"六月,太傅懿督诸军救樊。吴军闻之,夜遁。追至三州口,大获而还。

闰月,吴大将军诸葛瑾卒。瑾长子恪先已封侯,吴主以恪弟融袭爵,摄兵业,驻公安。

汉大司马蒋琬以诸葛亮数出秦川,道险,运粮难,卒无成功,乃多作舟船,欲乘汉、沔东下,袭魏兴、上庸。会旧疾连动,未时得行。汉人咸以为事有不捷,还路甚难,非长策也,汉主遣尚书令费祎、中监军姜维等喻指。琬乃上言:"今魏跨带九州,根蒂滋蔓,平除未易。若东西并力,首尾掎角,虽未能速得如志,且当分裂蚕食,先摧其党。然吴期二三,连不克果。辄与费祎等议,以凉州胡塞之要,进退有资,且羌、胡乃心思汉如渴,宜以姜维为凉州刺史。若维征行,衔制河右,臣当帅军为维镇继。今涪水陆四通,惟急是应,若东北有虞,赴之不难,请徙屯涪。"汉主从之。

朝廷欲广田畜谷于扬、豫之间,使尚书郎汝南邓艾行陈、项已东至寿春。艾以为:"昔太祖破黄巾,因为屯田,积谷许都以制四方。今三隅已定,事在淮南,每大军出征,运兵过半,功费巨亿。陈、蔡之间,土下田良,可省许昌左右诸稻田,并水东下。令淮北屯二万人,淮南三万人,什二分休,常有四万人,且田且守。益开河渠以增溉灌,通漕运。计除众费,岁完五百万斛以为军资,六七年间,可积三千万斛于淮上,此则十万之众五年食也。以此乘吴,无不克矣。"太傅懿善之。是岁,始开广漕渠,每东南有事,大兴军众,泛舟而下,达于江、淮,资食有储而无水害。

管宁卒。宁名行高洁,人望之者,邈然若不可及,即之熙熙和易。能因事导人于善,人无不化服。及卒,天下知与不知,闻之无不嗟叹。

三年(壬戌、242)

春,正月,汉姜维率偏军自汉中还住涪。

吴主立其子和为太子,大赦。

三月,昌邑景侯满宠卒。秋,七月,乙酉,以领军将军蒋济为太尉。

吴主遣将军聂友、校尉陆凯将兵三万击儋耳、珠崖。

八月,吴主封子霸为鲁王。霸,和母弟也,宠爱崇特,与和无殊。尚书仆射是仪领鲁王傅,上疏谏曰:"臣窃以鲁王天挺懿德,兼资文武,当今之宜,宜镇四方,为国藩辅。宣扬德美,广耀威灵,乃国家之良规,海内所瞻望。且二宫宜有降杀,以正上下之序,明教化之本。"书三四上,吴主不听。

四年(癸亥、243)

春,正月,帝加元服。

吴诸葛恪袭六安,掩其人民而去。

夏,四月,立皇后甄氏,大赦。后,文昭皇后兄俨之孙也。

五月,朔,日有食之,既。

冬,十月,汉蒋琬自汉中还住涪,疾益甚,以汉中太守王平为前监军、镇北大将军,督汉中。

十一月,汉主以尚书令费祎为大将军、录尚书事。

吴丞相顾雍卒。

吴诸葛恪远遣谍人观相径要,欲图寿春。太傅懿将兵入舒,欲以攻恪,吴主徙恪屯于柴桑。

步骘、朱然各上疏于吴主曰:"自蜀还者,咸言蜀欲背盟,与魏交通,多作舟船,缮治城郭。又,蒋琬守汉中,闻司马懿南向,不出兵乘虚以掎角之,反委汉中,还近成都。事已彰灼,无所复疑,宜为之备。"吴主答曰:"吾待蜀不薄,聘享盟誓,无所负之,何以致此!司马懿前来入舒,旬日便退,蜀在万里,何知缓急而便出兵乎?昔魏欲入汉川,此间始严,亦未举动,会闻魏还而止,蜀宁可复以此有疑邪?人言苦不可信,朕为诸君破家保之。"

征东将军、都督扬、豫诸军事王昶上言:"地有常险,守无常势。今屯宛去襄阳三百余里,有急不足相赴。"遂徙屯新野。

宗室曹冏上书曰:"古之王者,必建同姓以明亲亲,必树异姓以明贤贤。亲亲之道专用,则其渐也微弱;贤贤之道偏任,则其敝也劫夺。先圣知其然也,故博求亲疏而并用之,故能保其社稷,历纪长久。今魏尊尊之法虽明,亲亲之道未备,或任而不重,或释而不任。臣窃惟此,寝不安席,谨撰合所闻,论其成败曰:

昔夏、商、周历世数十,而秦二世而亡。何则?三代之君与天下共其民,故天下同其忧。秦王独制其民,故倾危而莫救也。秦观周之敝,以为小弱见夺,于是废五等之爵,立郡县之官,内无宗子以自毗辅,外无诸侯以为藩卫,譬犹芟刈股肱,独任胸腹。观者为之寒心,而始皇晏然自以为子孙帝王万世之业也,岂不悖哉!故汉祖奋三尺之剑,驱乌集之众,五年之中,遂成帝业。何则?伐深根者难为功,摧枯朽者易为力,理势然也。

汉监秦之失,封殖子弟,及诸吕擅权,图危刘氏,而天下所以不倾动者,徒以诸侯强大,盘石胶固故也。然高祖封建,地过古制,故贾谊以为欲天下之治安,莫若众建诸侯而少其力,文帝不从。至于孝景,猥用晁错之计,削黜诸侯,遂有七国之患。盖兆发高帝,衅钟文、景,由宽之过制,急之不渐故也。所谓'末大必折,尾大难掉',尾同于体,犹或不从,况乎非体之尾,其可掉哉!武帝从主父之策,下推恩之令,自是之后,遂以陵夷,子孙微弱,衣食租税,不预政事。至于哀、平,王氏秉权,假周公之事而为田常之乱,宗室王侯,或乃为之符命,颂莽恩德,岂不哀哉!由斯言之,非宗子独忠孝于惠、文之间,而叛逆于哀、平之际也,徒权轻势弱,不能有定耳。赖光武皇帝挺不世之姿,擒王莽于已成,绍汉嗣于既绝,斯岂非宗子之力也?而曾不监秦之失策,袭周之旧制,至于桓、灵,阉宦用事,君孤立于上,臣弄权于下,由是天下鼎沸,奸宄并争,宗庙焚为灰烬,宫室变为榛薮。

太祖皇帝龙飞凤翔,扫除凶逆。大魏之兴,于今二十有四年矣。观五代之存亡而不用其长策,睹前车之倾覆而不改于辙迹。子弟王空虚之地,君有不使之民,宗室窜于间阎,不闻邦国之政,权均匹夫,势齐凡庶。内无深根不拔之固,外无盘石宗盟之助,非所以安社稷,为万世之业也。且今之州牧、郡守,古之方伯、诸侯,皆跨有千里之土,兼军武之任,或比国数人,或兄弟并据,而宗室子弟曾无一人间厕其间,与相维制,非所以强干弱枝,备万一之虞也。今之用贤,或超为名都之主,或为偏师之帅,而宗室有文者必限小县之宰,有武者必致百人之上,非所以劝进贤能、褒异宗室之礼也。语曰:'百足之虫,至死不僵。'以其扶之者众也。此言虽小,可以譬大。是以圣王安不忘危,存不忘亡,故天下有变而无倾危之患矣。"冏冀以此论感寤曹爽,爽不能用。

五年(甲子、244)

春,正月,吴主以上大将军陆逊为丞相,其州牧、都护、领武昌事如故。

征西将军、都督雍、凉诸军事夏侯玄,大将军爽之姑子也。玄辟李胜为长史,胜及尚书邓飏欲令爽立威名于天下,劝使伐蜀,太傅懿止之,不能得。三月,爽(至)西〔至〕长安,发卒十余万人,与玄自骆谷入汉中。

汉中守兵不满三万,诸将皆恐,欲守城不出以待涪兵。王平曰:"汉中去涪垂千里,贼若得关,便为深祸。今宜先遣刘护军据兴势,平为后拒;若贼分向黄金,平帅千人下自临之,比尔间涪军亦至,此计之上也。"诸将皆疑,惟护军刘敏与平意同,遂帅所领据兴势,多张旗帜,弥亘百余里。

闰月,汉主遣大将军费祎督诸军救汉中,将行,光禄大夫来敏诣祎别,求共围棋。于时羽檄交至,人马擐甲,严驾已讫,祎与敏对戏,色无厌倦。敏曰:"向聊观试君耳。君信可人,必能办贼者也。"

夏,四月,丙辰朔,日有食之。

大将军爽兵距兴势不得进,关中及氐、羌转输不能供,牛马骡驴多死,民夷号泣道路,涪军及费祎兵继至。参军杨伟为爽陈形势,宜急还,不然,将败。邓飏、李胜与伟争于爽前。伟曰:"飏、胜将败国家事,可斩也。"爽不悦。

太傅懿与夏侯玄书曰:"《春秋》责大德重。昔武皇帝再入汉中,几至大败,君所知也。今兴势至险,蜀已先据,若进不获战,退见邀绝,覆军必矣,将何以任其责!"玄惧,言于爽,五月,引军还。费祎进据三岭以截爽,爽争险苦战,仅乃得过,失亡甚众,关中为之虚耗。

秋,八月,秦王询卒。

冬,十二月,安阳孝侯崔林卒。

是岁,汉大司马琬以病固让州职于大将军祎,汉主乃以祎为益州刺史,以侍中董允守尚书令,为祎之副。

时战国多事,公务烦猥,祎为尚书令,识悟过人,每省读文书,举目暂视,已究其意旨,其速数倍于人,终亦不忘。常以朝晡听事,其间接纳宾客,饮食嬉戏,加之博弈,每尽人之欢,事亦不废。及董允代祎,欲斅祎之所行,旬日之中,事多愆滞。允乃叹曰:"人才力相远若此,非吾之所及也。"乃听事终日而犹有不暇焉。

六年(乙丑、245)

春,正月,以票骑将军赵俨为司空。

吴太子和与鲁王同宫,礼秩如一,群臣多以为言,吴主乃命分宫别僚,二子由是有隙。

卫将军全琮遣其子寄事鲁王,以书告丞相陆逊,逊报曰:"子弟苟有才,不忧不用,不宜私出以要荣利;若其不佳,终为取祸。且闻二宫势敌,必有彼此,此古人之厚忌也。"寄果阿附鲁王,轻为交构。逊书与琮曰:"卿不师日磾而宿留阿寄,终为足下门户致祸矣。"琮既不纳逊言,更以致隙。

鲁王曲意交结当时名士。偏将军朱绩以胆力称,王自至其廨,就之坐,欲与结好,绩下地住立,辞而不当。绩,然之子也。

于是自侍御、宾客造为二端,仇党疑贰,滋延大臣,举国中分。吴主闻之,假以精学,禁断宾客往来。督军使者羊衜上疏曰:"闻明诏省夺二宫备卫,抑绝宾客,使四方礼敬不复得通,远近悚然,大小失望。或谓二宫不遵典式,就如所嫌,犹宜补察,密加斟酌,不使远近得容异言。臣惧积疑成谤,久将宣流,而西北二隅,去国不远,将谓二宫有不顺之愆,不审陛下何以解之?"

吴主长女鲁班适左护军全琮,少女小虎适票骑将军朱据。全公主与太子母王夫人有隙,吴主欲立王夫人为后,公主阻之;恐太子立怨己,心不自安,数谮毁太子。吴主寝疾,遣太子祷于长沙桓王庙,太子妃叔父张休居近庙,邀太子过所居。全公主使人觇视,因言"太子不在庙中,专就妃家计议",又言"王夫人见上寝疾,有喜色",吴主由是发怒。夫人以忧死,太子宠益衰。

鲁王之党杨竺、全寄、吴安、孙奇等共谮毁太子,吴主惑焉。陆逊上疏谏曰:"太子正统,宜有盘石之固;鲁王藩臣,当使宠秩有差。彼此得所,上下获安。"书三四上,辞情危切,又欲诣都,口陈嫡庶之义。吴主不悦。

太常顾谭,逊之甥也,亦上疏曰:"臣闻有国有家者,必明嫡庶之端,异尊卑之礼,使高下有差,等级逾邈,如此则骨肉之恩全,觊觎之望绝。昔贾谊陈治安之计,论诸侯之势,以为势重,虽亲必有逆节之累,势轻,虽疏必有保全之福。故淮南亲弟,不终飨国,失之于势重也;吴芮疏臣,传祚长沙,得之于势轻也。昔汉文帝使慎夫人与皇后同席,袁盎退夫人之位,帝有怒色,及盎辨上下之义,陈人彘之戒,帝既悦怿,夫人亦悟。今臣所陈,非有所偏,诚欲以安太子而便鲁王也。"由是鲁王与谭有隙。

芍陂之役,谭弟承及张休皆有功,全琮子端、绪与之争功,潜承、休于吴主,吴主徙谭、承、休于交州,又追赐休死。

太子太傅吾粲请使鲁王出镇夏口,出杨竺等不得令在京师,又数以消息语陆逊,鲁王与杨竺共潜之,吴主怒,收粲下狱,诛。数遣中使责问陆逊,逊愤恚而卒。其子抗为建武校尉,代领逊众,送葬东还,吴主以杨竺所白逊二十事问抗,抗事事条答,吴主意乃稍解。

夏,六月,都乡穆侯赵俨卒。

秋,七月,吴将军马茂谋杀吴主及大臣以应魏,事泄,并党与皆族诛。

八月,以太常高柔为司空。

汉甘太后殂。

吴主遣校尉陈勋将屯田及作士三万人凿句容中道,自小其至云阳西城,通会市,作邸阁。

冬,十一月,汉大司马琬卒。

十二月,汉费祎至汉中,行围守。

汉尚书令董允卒,以尚书吕义为尚书令。

董允秉心公亮,献可替否,备尽忠益,汉主甚严惮之。宦人黄皓,便僻佞慧,汉主爱之。允上则正色规主,下则数责于皓。皓畏允,不敢为非。终允之世,皓位不过黄门丞。

费祎以选曹郎汝南陈祗代允为侍中,祗矜厉有威容,多技艺,挟智数,故祎以为贤,越次而用之。祗与皓相表里,皓始预政,累迁至中常侍,操弄威柄,终以覆国。自陈祗有宠,而汉主追怨董允日深,谓为自轻,由祗阿意迎合而皓浸润构间故也。

资治通鉴卷第七十五

翰林学士兼侍读学士朝散大夫右谏议大夫知制诰判尚书都省兼提举万寿观公事柱国河内郡开国侯食邑一千三百户食实封二百户赐紫金鱼袋臣　司马光　奉敕编集

魏纪七起柔兆摄提格(丙寅),尽玄黓涒滩(壬申),凡七年。

邵陵厉公中

正始七年(丙寅、246)

春,二月,吴车骑将军朱然寇柤中,杀略数千人而去。

幽州刺史毌丘俭以高句骊王位宫数为侵叛,督诸军讨之,位宫败走,俭遂屠丸都,斩获首虏以千数。句骊之臣得来数谏位宫,位宫不从,得来叹曰:“立见此地将生蓬蒿。”遂不食而死。俭令诸军不坏其墓,不伐其树,得其妻子皆放遣之。位宫单将妻子逃窜,俭引军还。未几,复击之,位宫遂奔买沟。俭遣玄菟太守王颀追之,过沃沮千有余里,至肃慎氏南界,刻石纪功而还,所诛、纳八千余口。论功受赏,侯者百余人。

秋,九月,吴主以票骑将军步骘为丞相,车骑将军朱然为左大司马,卫将军全琮为右大司马。分荆州为二部:以镇南将军吕岱为上大将军,督右部,自武昌以西至蒲圻;以威北将军诸葛恪为大将军,督左部,代陆逊镇武昌。

汉大赦,大司农河南孟光于众中责费祎曰:“夫赦者,偏枯之物,非明世所宜有也。衰敝穷极,必不得已,然后乃可权而行之耳。今主上仁贤,百僚称职,何有旦夕之急,而数施非常之恩,以惠奸宄之恶乎!”祎但顾谢,踧踖而已。

初,丞相亮时,有言公惜赦者,亮答曰:“治世以大德,不以小惠,故匡衡、吴汉不愿为赦。先帝亦言:‘吾周旋陈元方、郑康成间,每见启告治乱之道悉矣,曾不语赦也。若刘景升、季玉父子,岁岁赦宥,何益于治!’”由是蜀人称亮之贤,知祎不及焉。

　　陈寿评曰:诸葛亮为政,军旅数兴而赦不妄下,不亦卓乎!

吴人不便大钱,乃罢之。

汉主以凉州刺史姜维为卫将军,与大将军费祎并录尚书事。汶山平康夷反,维讨平之。

汉主数出游观,增广声乐。太子家令巴西谯周上疏谏曰:“昔王莽之败,豪杰并起以争神器,才智之士思望所归,未必以其势之广狭,惟其德之薄厚也。于时更始、公孙述等多已广大,然莫不快情恣欲,怠于为善。世祖初入河北,冯异等劝之曰:'当行人所不能为者。'遂务理冤狱,崇节俭,北州歌叹,声布四远。于是邓禹自南阳追之,吴汉、寇恂素未之识,举兵助之,其余望风慕德,邳彤、耿纯、刘植之徒,至于舆病赍棺,襁负而至,不可胜数,故能以弱为强,而成帝业。及在洛阳,尝欲小出,铫期进谏,即时还车。及颍川盗起,寇恂请世祖身往临贼,闻言即行。故非急务,欲小出不敢,至于急务,欲自安不为,帝者之欲善也如此!故《传》曰'百姓不徒附',诚以德先之也。今汉遭厄运,天下三分,雄哲之士思望之时也,臣愿陛下复行人所不能为者以副人望!且承事宗庙,所以率民尊上也。今四时之祀或有不临,而池苑之观或有仍出,臣之愚滞,私不自安。夫忧责在身者,不暇尽乐,先帝之志,堂构未成,诚非尽乐之时。愿省减乐官、后宫,凡所增造,但奉修先帝所施,下为子孙节俭之教。"汉主不听。

八年(丁卯、247)

春,正月,吴全琮卒。

二月,日有食之。

时尚书何晏等朋附曹爽,好变改法度。太尉蒋济上疏曰:"昔大舜佐治,戒在比周;周公辅政,慎于其朋。夫为国法度,惟命世大才,乃能张其纲维以垂于后,岂中下之吏所宜改易哉?终无益于治,适足伤民。宜使文武之臣,各守其职,率以清平,则和气祥瑞可感而致也。"

吴主诏徙武昌宫材瓦缮修建业宫。有司奏言:"武昌宫已二十八岁,恐不堪用,宜下所在,通更伐致。"吴主曰:"大禹以卑宫为美。今军事未已,所在赋敛,若更通伐,妨损农桑,徙武昌材瓦,自可用也。"乃徙居南宫。三月,改作太初宫,令诸将及州郡皆义作。

大将军爽用何晏、邓飏、丁谧之谋,迁太后于永宁宫;专擅朝政,多树亲党,屡改制度。太傅懿不能禁,与爽有隙。五月,懿始称疾,不与政事。

吴丞相步骘卒。

帝好褻近群小,游宴后园。秋,七月,尚书何晏上言:"自今御幸式乾殿及游豫后园,宜皆从大臣,询谋政事,讲论经义,为万世法。"冬,十二月,散骑常侍、谏议大夫孔乂上言:"今天下已平,陛下可绝后园习骑乘马,出必御辇乘车,天下之福,臣子之愿也。"帝皆不听。

吴主大发众集建业,扬声欲入寇。扬州刺史诸葛诞使安丰太守王基策之,基曰:"今陆逊等已死,孙权年老,内无贤嗣,中无谋主。权自出则惧内衅卒起,痈疽发溃;遣将则旧将已尽,新将未信。此不过欲补绽支党,还自保护耳。"已而吴果不出。

是岁，雍、凉羌胡叛降汉，汉姜维将兵出陇右以应之，与雍州刺史郭淮、讨蜀护军夏侯霸战于洮西。胡王白虎文、治无戴等率部落降维，维徙之入蜀。淮进击羌胡余党，皆平之。

九年（戊辰、248）

春，二月，中书令孙资，癸巳，中书监刘放，三月，甲午，司徒卫臻各逊位，以侯就第，位特进。

夏，四月，以司空高柔为司徒，光禄大夫徐邈为司空。邈叹曰："三公论道之官，无其人则缺，岂可以老病忝之哉！"遂固辞不受。

五月，汉费祎出屯汉中。自蒋琬及祎，虽身居于外，庆赏威刑，皆遥先谘断，然后乃行。祎雅性谦素，当国功名，略与琬比。

秋，九月，以车骑将军王凌为司空。

涪陵夷反，汉车骑将军邓芝讨平之。

大将军爽，骄奢无度，饮食衣服，拟于乘舆；尚方珍玩，充牣其家；又私取先帝才人以为伎乐。作窟室，绮疏四周，数与其党何晏等纵酒其中。弟羲深以为忧，数涕泣谏止之，爽不听。爽兄弟数俱出游，司农沛国桓范谓曰："总万机，典禁兵，不宜并出，若有闭城门，谁复内人者？"爽曰："谁敢尔邪！"

初，清河、平原争界，八年不能决。冀州刺史孙礼请天府所藏烈祖封平原时图以决之。爽信清河之诉，云图不可用，礼上疏自辨，辞颇刚切。爽大怒，劾礼怨望，结刑五岁。久之，复为并州刺史，往见太傅懿，有忿色而无言。懿曰："卿得并州少邪？恚理分界失分乎？"礼曰："何明公言之乖也！礼虽不德，岂以官位往事为意邪！本谓明公齐踪伊、吕，匡辅魏室，上报明帝之托，下建万世之勋。今社稷将危，天下凶凶，此礼之所以不悦也。"因涕泣横流。懿曰："且止，忍不可忍。"

冬，河南尹李胜出为荆州刺史，过辞太傅懿。懿令两婢侍，持衣衣落，指口言渴，婢进粥，懿不持杯而饮，粥皆流出沾胸。胜曰："众情谓明公旧风发动，何意尊体乃尔！"懿使声气才属，说："年老枕疾，死在旦夕。君当屈并州，并州近胡，好为之备。恐不复相见，以子师、昭兄弟为托。"胜曰："当还忝本州，非并州。"懿乃错乱其辞曰："君方到并州？"胜复曰："当忝荆州。"懿曰："年老意荒，不解君言。今还为本州，盛德壮烈，好建功勋。"胜退，告爽曰："司马公尸居余气，形神已离，不足虑矣。"他日，又向爽等垂泣曰："太傅病不可复济，令人怆然。"故爽等不复设备。

何晏闻平原管辂明于术数，请与相见。十二月，丙戌，辂往诣晏，晏与之论《易》。时邓飏在坐，谓辂曰："君自谓善《易》，而语初不及《易》中辞义，何也？"辂曰："夫善《易》者不言《易》也。"晏含笑赞之曰："可谓要言不烦也。"因谓辂曰："试为作一卦,知位当至三公不?"又问:"连梦见青蝇数十,来集鼻上,驱之不去,何也?"辂曰:"昔元、凯辅舜,周公佐周,皆以和惠谦恭,享有多福,此非卜筮所能明也。今君侯位尊势重,而怀德者鲜,畏威者众,殆非小心求福之道也。又,鼻者天中之山,'高而不危,所以长守贵。'今青蝇臭恶而集之,位峻者颠,轻豪者亡,不可不深思也。愿君侯裒多益寡,非礼不履,然后三公可至,青蝇可驱也。"飏曰:"此老生之常谭。"辂曰:"夫老生者见不生,常谭者见不谭。"辂还邑舍,具以语其舅,舅责辂言太切至。辂曰:"与死人语,何所畏邪?"舅大怒,以辂为狂。

吴交阯、九真夷贼攻没城邑,交部骚动。吴主以衡阳督军都尉陆胤为交州刺史、安南校尉。胤入境,喻以恩信,降者五万余家,州境复清。

太傅懿阴与其子中护军师、散骑常侍昭谋诛曹爽。

嘉平元年(己巳、249)

春,正月,甲午,帝谒高平陵,大将军爽与弟中领军羲、武卫将军训、散骑常侍彦皆从。太傅懿以皇太后令,闭诸城门,勒兵据武库,授兵出屯洛水浮桥,召司徒高柔假节行大将军事,据爽营,太仆王观行中领军事,据羲营。因奏爽罪恶于帝曰:"臣昔从辽东还,先帝诏陛下、秦王及臣升御床,把臣臂,深以后事为念。臣言'太祖、高祖亦属臣以后事,此自陛下所见,无所忧苦。万一有不如意,臣当以死奉明诏'。今大将军爽,背弃顾命,败乱国典,内则僭拟,外则专权,破坏诸营,尽据禁兵,群官要职,皆置所亲,殿中宿卫,易以私人,根据槃互,纵恣日甚。又以黄门张当为都监,伺察至尊,离间二宫,伤害骨肉。天下汹汹,人怀危惧,陛下便为寄坐,岂得久安?此非先帝诏陛下及臣升御床之本意也。臣虽朽迈,敢忘往言?太尉臣济等皆以爽为有无君之心,兄弟不宜典兵宿卫;奏永宁宫,皇太后令敕臣如奏施行。臣辄敕主者及黄门令'罢爽、羲、训吏兵,以侯就第,不得逗留,以稽车驾。敢有稽留,便以军法从事!'臣辄力疾将兵屯洛水浮桥,伺察非常。"爽得懿奏事,不通,迫窘不知所为,留车驾宿伊水南,伐木为鹿角,发屯田兵数千人以为卫。

懿使侍中高阳、许允及尚书陈泰说爽宜早自归罪,又使爽所信殿中校尉尹大目谓爽,唯免官而已,以洛水为誓。泰,群之子也。

初,爽以桓范乡里老宿,于九卿中特礼之,然不甚亲也。及懿起兵,以太后令召范,欲使行中领军。范欲应命,其子止之曰:"车驾在外,不如南出。"范乃出。至平昌城门,城门已闭。门候司蕃,故范举吏也,范举手中版以示之,矫曰:"有诏召我,卿促开门!"蕃欲求见诏书,范呵之曰:"卿非我故吏邪,何以敢尔?"乃开之。范出城,顾谓蕃曰:"太傅图逆,卿从我去!"蕃徒行不能及,遂避侧。懿谓蒋济曰:"智囊往矣。"济曰:"范则智矣,然驽马恋栈豆,爽必不能用也。"

范至,劝爽兄弟以天子诣许昌,发四方兵以自辅。爽疑未决,范谓羲曰:"此事昭然,卿用读书何为邪? 于今日卿等门户,求贫贱复可得乎? 且匹夫质一人,尚欲望活,卿与天子相随,令于天下,谁敢不应也!"俱不言。范又谓羲曰:"卿别营近在阙南,洛阳典农治在城外,呼召如意。今诣许昌,不过中宿,许昌别库,足相被假;所忧当在谷食,而大司农印章在我身。"羲兄弟默然不从,自甲夜至五鼓,爽乃投刀于地曰:"我亦不失作富家翁。"范哭曰:"曹子丹佳人,生汝兄弟,犊犢耳! 何图今日坐汝等族灭也!"

爽乃通懿奏事,白帝下诏免己官,奉帝还宫。爽兄弟归家,懿发洛阳吏卒围守之,四角作高楼,令人在楼上察视爽兄弟举动。爽挟弹到后园中,楼上人便唱言:"故大将军东南行!"爽愁闷不知为计。

戊戌,有司奏:"黄门张当私以所择才人与爽,疑有奸。"收当付廷尉考实,辞云:"爽与尚书何晏、邓飏、丁谧、司隶校尉毕轨、荆州刺史李胜等阴谋反逆,须三月中发。"于是收爽、羲、训、晏、飏、谧、轨、胜并桓范皆下狱,劾以大逆不道,与张当俱夷三族。

初,爽之出也,司马鲁芝留在府,闻有变,将营骑斫津门出赴爽。及爽解印绶,将出,主簿杨综止之曰:"公挟主握权,舍此以至东市乎?"有司奏收芝,综治罪,太傅懿曰:"彼各为其主也,宥之。"顷之,以芝为御史中丞,综为尚书郎。

鲁芝将出,呼参军辛敞欲与俱去。敞,毗之子也,其姊宪英为太常羊耽妻,敞与之谋曰:"天子在外,太傅闭城门,人云将不利国家,于事可得尔乎?"宪英曰:"以吾度之,太傅此举,不过诛曹爽耳。"敞曰:"然则事就乎?"宪英曰:"得无殆就! 爽之才非太傅之偶也。"敞曰:"然则敞可以无出乎?"宪英曰:"安可以不出! 职守,人之大义也。凡人在难,犹或恤之;为人执鞭而弃其事,不祥莫大焉。且为人任,为人死,亲昵之职也,从众而已。"敞遂出。事定之后,敞叹曰:"吾不谋于姊,几不获于义。"

先是,爽辟王沈及太山羊祜,沈劝祜应命。祜曰:"委质事人,复何容易!"沈遂行。及爽败,沈以故吏免,乃谓祜曰:"吾不忘卿前语。"祜曰:"此非始虑所及也。"

爽从弟文叔妻夏侯令女,早寡而无子,其父文宁欲嫁之,令女刀截两耳以自誓,居常依爽。爽诛,其家上书绝昏,强迎以归,复将嫁之。令女窃入寝室,引刀自断其鼻,其家惊惋,谓之曰:"人生世间,如轻尘栖弱草耳,何至自苦乃尔! 且夫家夷灭已尽,守此欲谁为哉!"令女曰:"吾闻仁者不以盛衰改节,义者不以存亡易心。曹氏前盛之时,尚欲保终,况今衰亡,何忍弃之! 此禽兽不行,吾岂为乎?"司马懿闻而贤之,听使乞子字养为曹氏后。

何晏等方用事,自以为一时才杰,人莫能及。晏尝为名士品目曰:"唯深也,故能通天下之志,夏侯泰初是也。唯幾也,故能成天下之务,司马子元是也。唯神也,不疾而速,不行而至,吾闻其语,未见其人。"盖欲以神况诸己也。

选部郎刘陶,晔之子也,少有口辩,邓飏之徒称之以为伊、吕。陶尝谓傅玄曰:"仲尼不圣。何以知之?智者于群愚,如弄一丸于掌中,而不能得天下,何以为圣!"玄不复难,但语之曰:"天下之变无常也,今见卿穷。"及曹爽败,陶退居里舍,乃谢其言之过。

管辂之舅谓辂曰:"尔前何以知何、邓之败?"辂曰:"邓之行步,筋不束骨,脉不制肉,起立倾倚,若无手足,此为鬼躁。何之视候则魂不守宅,血不华色,精爽烟浮,容若槁木,此为鬼幽。二者皆非遐福之象也。"

何晏性自喜,粉白不去手,行步顾影。尤好老、庄之书,与夏侯玄、荀粲及山阳王弼之徒,竞为清谈,祖尚虚无,谓"六经"为圣人糟粕。由是天下士大夫争慕效之,遂成风流,不可复制焉。粲,彧之子也。

丙午,大赦。

丁未,以太傅懿为丞相,加九锡,懿固辞不受。

初,右将军夏侯霸为曹爽所厚,以其父渊死于蜀,常切齿有报仇之志,为讨蜀护军,屯于陇西,统属征西。征西将军夏侯玄,霸之从子,爽之外弟也。爽既诛,司马懿召玄诣京师,以雍州刺史郭淮代之。霸素与淮不叶,以为祸必相及,大惧,遂奔汉。汉主谓曰:"卿父自遇害于行间耳,非我先人之手刃也。"遇之甚厚。姜维问于霸曰:"司马懿既得彼政,当复有征伐之志不?"霸曰:"彼方营立家门,未遑外事。有钟士季者,其人虽少,若管朝政,吴、蜀之忧也。"士季者,钟繇之子尚书郎会也。

三月,吴左大司马朱然卒。然长不盈七尺,气候分明,内行修洁,终日钦钦,常若在战场,临急胆定,过绝于人。虽世无事,每朝夕严鼓,兵在营者,咸行装就队,以此玩敌,使不知所备,故出辄有功。然寝疾增笃,吴主昼为减膳,夜为不寐,中使医药口食之物,相望于道。然每遣使表疾病消息,吴主辄召见,口自问讯,入赐酒食,出赐布帛。及卒,吴主为之哀恸。

夏,四月,乙丑,改元。

曹爽之在伊南也,昌陵景侯蒋济与之书,言太傅之旨,不过免官而已。爽诛,济进封都乡侯,上疏固辞,不许。济病其言之失,遂发病,丙子,卒。

秋,汉卫将军姜维寇雍州,依麴山筑二城,使牙门将句安、李歆等守之,聚羌胡质任,侵逼诸郡。征西将军郭淮与雍州刺史陈泰御之。泰曰:"麴城虽固,去蜀险远,当须运粮,羌夷患维劳役,必未肯附。今围而取之,可不血刃而拔其城。虽其有救,山道阻险,非行兵之地也。"淮乃使泰率讨蜀护军徐质、南安太守邓艾进兵围麴城，断其运道及城外流水。安等挑战，不许，将士困窘，分粮聚雪以引日月。维引兵救之，出自牛头山，与泰相对。泰曰："兵法贵在不战而屈人。今绝牛头，维无反道，则我之禽也。"敕诸军各坚垒勿与战，遣使白淮，使淮趣牛头截其还路。淮从之，进军洮水。维惧，遁走，安等孤绝，遂降。淮因西击诸羌。

邓艾曰："贼去未远，或能复还，宜分诸军以备不虞。"于是留艾屯白水北。三日，维遣其将廖化自白水南向艾结营。艾谓诸将曰："维今卒还，吾军人少，法当来渡而不作桥。此维使化持吾，令不得还。维必自东袭取洮城。"洮城在水北，去艾屯六十里，艾即夜潜军径到。维果来渡，而艾先至据城，得以不败，汉军遂还。

兖州刺史令狐愚，司空王淩之甥也，屯于平阿，甥舅并典重兵，专淮南之任。淩与愚阴谋，以帝暗弱，制于强臣，闻楚王彪有智勇，欲共立之，迎都许昌。九月，愚遣其将张式至白马，与楚王相闻。淩又遣舍人劳精诣洛阳，语其子广。广曰："凡举大事，应本人情。曹爽以骄奢失民，何平叔虚华不治，丁、毕、桓、邓虽并有宿望，皆专竞于世。加变易朝典，政令数改，所存虽高而事不下接，民习于旧，众莫之从。故虽势倾四海，声震天下，同日斩戮，名士减半，而百姓安之，莫之或哀，失民故也。今司马懿情虽难量，事未有逆，而擢用贤能，广树胜己，修先朝之政令，副众心之所求。爽之所以为恶者，彼莫不必改，夙夜匪懈，以恤民为先。父子兄弟，并握兵要，未易亡也。"淩不从。

冬，十一月，令狐愚复遣张式诣楚王，未还，会愚病卒。

十二月，辛卯，即拜王淩为太尉。庚子，以司隶校尉孙礼为司空。

光禄大夫徐邈卒。邈以清节著名，卢钦尝著书称邈曰："徐公志高行洁，才博气猛。其施之也，高而不狷，洁而不介，博而守约，猛而能宽。圣人以清为难，而徐公之所易也。"或问钦："徐公当武帝之时，人以为通，自为凉州刺史，及还京师，人以为介，何也？"钦答曰："往者毛孝先、崔季珪用事，贵清素之士，于时皆变易车服以求名高，而徐公不改其常，故人以为通。比来天下奢靡，转相仿效，而徐公雅尚自若，不与俗同，故前日之通，乃今日之介也。是世人之无常，而徐公之有常也。"钦，毓之子也。

二年（庚午、250）

夏，五月，以征西将军郭淮为车骑将军。

初，会稽潘夫人有宠于吴主，生少子亮，吴主爱之。全公主既与太子和有隙，欲豫自结，数称亮美，以其夫之兄子尚女妻之。吴主以鲁王霸结朋党以害其兄，心亦恶之，谓侍中孙峻曰："子弟不睦，臣下分部，将有袁氏之败，为天下笑。若使一人立者，安得不乱乎！"遂有废和立亮之意，然犹沉吟者历年。峻，静之曾孙也。

秋，吴主遂幽太子和。骠骑将军朱据谏曰："太子，国之本根。加以雅性仁孝,天下归心。昔晋献用骊姬而申生不存,汉武信江充而戾太子冤死,臣窃惧太子不堪其忧,虽立思子之宫,无所复及矣。"吴主不听。据与尚书仆射屈晃率诸将吏泥头自缚,连日诣阙请和。吴主登白爵观,见,甚恶之,敕据、晃等"无事匆匆"。无难督陈正、五营督陈象各上书切谏,据、晃亦固谏不已。吴主大怒,族诛正、象,牵据、晃入殿。据、晃犹口谏,叩头流血,辞气不挠,吴主杖之各一百,左迁据为新都郡丞,晃斥归田里,群司坐谏诛放者以十数。遂废太子和为庶人,徙故鄣,赐鲁王霸死。杀杨竺,流其尸于江,又诛全寄、吴安、孙奇,皆以其党霸谮和故也。初,杨竺少获声名,而陆逊谓之终败,劝竺兄穆令与之别族。及竺败,穆以数谏戒竺得免死。朱据未至官,中书令孙弘以诏书追赐死。

冬,十月,庐江太守谯郡文钦伪叛,以诱吴偏将军朱异,欲使异自将兵迎己。异知其诈,表吴主,以为钦不可迎。吴主曰:"方今北土未一,钦欲归命,宜且迎之。若嫌其有谲者,但当设计网以罗之,盛重兵以防之耳。"乃遣偏将军吕据督二万人与异并力至北界,钦果不降。异,桓之子;据,范之子也。

十一月,大利景侯孙礼卒。

吴主立子亮为太子。

吴主遣军十万作堂邑涂塘以淹北道。

十二月,甲辰,东海定王霖卒。

征南将军王昶上言:"孙权流放良臣,适庶分争,可乘衅击吴。"朝廷从之,遣新城太守南阳州泰袭巫、秭归,荆州刺史王基向夷陵,昶向江陵。昶引竹组为桥,渡水击之,吴大将施绩,夜遁入江陵。昶欲引致平地与战,乃先遣五军案大道发还,使吴望见而喜,又以所获铠马甲首环城以怒之,设伏兵以待之。绩果来追,昶与战,大破之,斩其将钟离茂、许旻。

汉姜维复寇西平,不克。

三年(辛未、251)

春,正月,王基、州泰击吴兵,皆破之,降者数千口。

三月,以尚书令司马孚为司空。

夏,四月,甲申,以王昶为征南大将军。

壬辰,大赦。

太尉王凌闻吴人塞涂水,欲因此发兵,大严诸军,表求讨贼,诏报不听。凌遣将军杨弘以废立事告兖州刺史黄华,华、弘连名以白司马懿,懿将中军乘水道讨凌,先下赦赦凌罪,又为书谕凌,已而大军掩至百尺。凌自知势穷,乃乘船单出迎懿,遣掾王彧谢罪,送印绶、节钺。懿军到丘头,凌面缚水次,懿承诏遣主簿解其缚。

凌既蒙赦，加恃旧好，不复自疑，径乘小船欲趋懿。懿使人逆止之，住船淮中，相去十余丈。凌知见外，乃遥谓懿曰："卿直以折简召我，我当敢不至邪？而乃引军来乎！"懿曰："以卿非肯逐折简者故也。"凌曰："卿负我！"懿曰："我宁负卿，不负国家。"遂遣步骑六百送凌西诣京师。凌试索棺钉，以观懿意，懿命给之。五月，甲寅，凌行到项，遂饮药死。

懿进至寿春，张式等皆自首。懿穷治其事，诸相连者悉夷三族。发凌、愚冢，剖棺暴尸于所近市三日，烧其印绶、朝服，亲土埋之。

初，令狐愚为白衣时，常有高志，众人谓愚必兴令狐氏。族父弘农太守邵独以为："愚性倜傥，不修德而愿大，必灭我宗。"愚闻之，心甚不平。及邵为虎贲中郎将，而愚仕进已多所更历，所在有名称。愚从容谓邵曰："先时闻大人谓愚为不继，今竟云何邪？"邵熟视而不答，私谓妻子曰："公治性度，犹如故也。以吾观之，终当败灭，但不知我久当坐之不邪，将逮汝曹耳。"邵没后十余年而愚族灭。

愚在兖州，辟山阳单固为别驾，与治中杨康并为愚腹心。及愚卒，康应司徒辟，至洛阳，露愚阴事，愚由是败。懿至寿春，见单固，问曰："令狐反乎？"曰："无有。"杨康白事，事与固连，遂收捕固及家属皆系廷尉，考实数十，固固云无有。懿录杨康，与固对相诘，固辞穷，乃骂康曰："老佣！既负使君，又灭我族，顾汝当活邪！"康初自冀封侯，后以辞颇参错，亦并斩之。临刑，俱出狱，固又骂康曰："老奴！汝死自分耳。若令死者有知，汝何面目以行地下乎！"

诏以扬州刺史诸葛诞为镇东将军，都督扬州诸军事。

吴主立潘夫人为皇后，大赦，改元太元。

六月，赐楚王彪死。尽录诸王公置邺，使有司察之，不得与人交关。

秋，七月，壬戌，皇后甄氏殂。

辛未，以司马孚为太尉。

八月，戊寅，舞阳宣文侯司马懿卒。诏以其子卫将军师为抚军大将军，录尚书事。

初，南匈奴自谓其先本汉室之甥，因冒姓刘氏。太祖留单于呼厨泉于邺，分其众为五部，居并州境内。左贤王豹，单于於扶罗之子也，为左部帅，部族最强。城阳太守邓艾上言："单于在内，羌夷失统，合散无主。今单于之尊日疏，而外土之威日重，则胡虏不可不深备也。闻刘豹部有叛胡，可因叛割为二国，以分其势。去卑功显前朝，而子不继业，宜加其子显号，使居雁门。离国弱寇，追录旧勋，此御边长计也。"又陈"羌胡与民同处者，宜以渐出之，使居民表，以崇廉耻之教，塞奸宄之路"。司马师皆从之。

吴立节中郎将陆抗屯柴桑，诣建业治病。病差，当还，吴主涕泣与别，谓曰：

"吾前听用谗言,与汝父大义不笃,以此负汝。前后所问,一焚灭之,莫令人见也。"

是时,吴主颇寤太子和之无罪,冬,十一月,吴主祀南郊还,得风疾,欲召和还,全公主及侍中孙峻、中书令孙弘固争之,乃止。

吴主以太子亮幼少,议所付托,孙峻荐大将军诸葛恪可付大事。吴主嫌恪刚很自用,峻曰:"当今朝臣之才,无及恪者。"乃召恪于武昌。恪将行,上大将军吕岱戒之曰:"世方多难,子每事必十思。"恪曰:"昔季文子三思而后行,夫子曰:'再思可矣。'今君令恪十思,明恪之劣也。"岱无以答,时咸谓之失言。

> 虞喜论曰:夫托以天下,至重也;以人臣行主威,至难也;兼二至而管万机,能胜之者鲜矣。吕侯国之元者,志度经远,甫以十思戒之,而便以示劣见拒,此元逊之疏,机神不俱者也。若因十思之义,广谘当世之务,闻善速于雷动,从谏急于风移,岂得殒首殿堂,死于凶竖之刃?世人奇其英辩,造次可观,而哂吕侯无对为陋,不思安危终始之虑,是乐春藻之繁华,而忘秋实之甘口也。昔魏人伐蜀,蜀人御之,精严垂发,而费祎方与来敏对棋,意无厌倦。敏以为必能办贼,言其明略内定,貌无忧色也。况长宁以为君子临事而惧,好谋而成,蜀为蕞尔之国,而方向大敌,所规所图,唯守与战,何可矜己有余,晏然无戚?斯乃祎性之宽简,不防细微,卒为降人郭循所害,岂非兆见于彼而祸成于此哉?往闻长宁之甄文伟,今睹元逊之逆吕侯,二事体同,皆足以为世鉴也。

恪至建业,见吴主于卧内,受诏床下,以大将军领太子太傅,孙弘领少傅。诏有司诸事一统于恪,惟杀生大事,然后以闻。为制群官百司拜揖之仪,各有品序。又以会稽太守北海滕胤为太常。胤,吴主婿也。

十二月,以光禄勋荥阳郑冲为司空。

汉费祎还成都,望气者云:"都邑无宰相位。"乃复北屯汉寿。

是岁,汉尚书令吕乂卒,以侍中陈祗守尚书令。

四年(壬申、252)

春,正月,癸卯,以司马师为大将军。

吴主立故太子和为南阳王,使居长沙;仲姬子奋为齐王,居武昌;王夫人子休为琅邪王,居虎林。

二月。立皇后张氏,大赦。后,故凉州刺史既之孙,东莞太守缉之女也。召缉拜光禄大夫。

吴人改元神凤,大赦。

吴潘后性刚戾,吴主疾病,后使人问孙弘以吕后称制故事。左右不胜其虐,伺其昏睡，缢杀之，托言中恶。后事泄，坐死者六七人。

吴主病困，召诸葛恪、孙弘、滕胤及将军吕据、侍中孙峻入卧内，属以后事。夏，四月，吴主殂。孙弘素与诸葛恪不平，惧为恪所治，秘不发丧，欲矫诏诛恪。孙峻以告恪，恪请弘咨事，于坐中杀之，乃发丧。谥吴主曰大皇帝。太子亮即位，大赦，改元建兴。闰月，以诸葛恪为太傅，滕胤为卫将军，吕岱为大司马。恪乃命罢视听，息校官，原逋责，除关税，崇恩泽，众莫不悦。恪每出入，百姓延颈思见其状。

恪不欲诸王处滨江兵马之地，乃徙齐王奋于豫章，琅邪王休于丹阳。奋不肯徙，又数越法度，恪为笺以遗奋曰：“帝王之尊，与天同位，是以家天下，臣父兄。仇雠有善，不得不举，亲戚有恶，不得不诛，所以承天理物，先国后身，盖圣人立制，百代不易之道也。昔汉初兴，多王子弟，至于太强，辄为不轨，上则几危社稷，下则骨肉相残，其后惩戒，以为大讳。自光武以来，诸王有制，惟得自娱于宫内，不得临民，干与政事，其与交通，皆有重禁，遂以全安，各保福祚。此则前世得失之验也。大行皇帝览古戒今，防牙遏萌，虑于千载，是以寝疾之日，分遣诸王各早就国，诏策勤渠，科禁严峻，其所戒敕，无所不至。诚欲上安宗庙，下全诸王，使百世相承，无凶国害家之悔也。大王宜上惟太伯顺父之志，中念河间献王、东海王彊恭顺之节，下存前世骄恣荒乱之王以为警戒。

而闻顷至武昌以来，多违诏敕，不拘制度，擅发诸将兵治护宫室。又左右常从有罪过者，当以表闻，公付有司，而擅私杀，事不明白。中书杨融，亲受诏敕，所当恭肃，乃云‘正自不听禁，当如我何！’闻此之日，小大惊怪，莫不寒心。里语曰：‘明鉴所以照形，古事所以知今。’大王宜深以鲁王为戒，改易其行，战战兢兢，尽礼朝廷，如此则无求不得。若弃忘先帝法教，怀轻慢之心，臣下宁负大王，不敢负先帝遗诏，宁为大王所怨疾，岂敢忘尊主之威，而令诏敕不行于藩臣邪！向使鲁王早纳忠直之言，怀惊惧之虑，则享祚无穷，岂有灭亡之祸哉！夫良药苦口，唯病者能甘之；忠言逆耳，唯达者能受之。今者恪等偻偻，欲为大王除危殆于萌牙，广福庆之基原，是以不自知言至，愿蒙三思。”王得笺，惧，遂移南昌。

初，吴大帝筑东兴堤以遏巢湖，其后入寇淮南，败，以内船，遂废不复治。冬，十月，太傅恪会众于东兴，更作大堤，左右结山，侠筑两城，各留千人，使将军全端守西城，都尉留略守东城，引军而还。

镇东将军诸葛诞言于大将军师曰：“今因吴内侵，使文舒逼江陵，仲恭向武昌，以羁吴之上流，然后简精卒攻其两城，比救至，可大获也。”是时征南大将军王昶、征东将军胡遵、镇南将军毌丘俭等各献征吴之计。朝廷以三征计异，诏问尚书傅嘏。嘏对曰：“议者或欲泛舟径济，横行江表；或欲四道并进，攻其城垒；或欲大佃疆场,观衅而动,诚皆取贼之常计也。然自治兵以来,出入三载,非掩袭之军也。贼之为寇,几六十年矣,君臣相保,吉凶共患,又丧其元帅,上下忧危,设令列船津要,坚城据险,横行之计,其殆难捷。今边壤之守,与贼相远,贼设罗落,又特重密,间谍不行,耳目无闻。夫军无耳目,校察未详,而举大众以临巨险,此为希幸徼功,先战而后求胜,非全军之长策也。唯有进军大佃,最差完牢。可诏昶、遵等择地居险,审所错置,及令三方一时前守。夺其肥壤,使还堨土,一也;兵出民表,寇钞不犯,二也;招怀近路,降附日至,三也;罗落远设,间构不来,四也;贼退其守,罗落必浅,佃作易立,五也;坐食积谷,士不运输,六也;衅隙时闻,讨袭速决,七也。凡此七者,军事之急务也。不据则贼擅便资,据之则利归于国,不可不察也。夫屯垒相逼,形势已交,智勇得陈,巧拙得用,策之而知得失之计,角之而知有余不足,虏之情伪,将焉所逃? 夫以小敌大,则役烦力竭;以贫敌富,则敛重财匮。故曰'敌逸能劳之,饱能饥之',此之谓也。"司马师不从。

十一月,诏王昶等三道击吴。十二月,王昶攻南郡,毌丘俭向武昌,胡遵、诸葛诞率众七万攻东兴。甲寅,吴太傅恪将兵四万,晨夜兼行,救东兴。胡遵等敕诸军作浮桥以度,陈于堤上,分兵攻两城。城在高峻,不可卒拔。诸葛恪使冠军将军丁奉与吕据、留赞、唐咨为前部,从山西上。奉谓诸军曰:"今诸军行缓,若贼据便地,则难以争锋,我请趋之。"乃辟诸军使下道,奉自率麾下三千人径进。时北风,奉举帆二日,即至东关,遂据徐塘。时天雪,寒,胡遵等方置酒高会。奉见其前部兵少,谓其下曰:"取封侯爵赏,正在今日!"乃使兵皆解铠,去矛戟,但兜鍪刀楯,裸身缘堨。魏人望见,大笑之,不即严兵。吴兵得上,便鼓噪,斫破魏前屯,吕据等继至。魏军惊扰散走,争渡浮桥,桥坏绝,自投于水,更相蹈藉。前部督韩综、乐安太守桓嘉等皆没,死者数万。综故吴叛将,数为吴害,吴大帝常切齿恨之,诸葛恪命送其首以白大帝庙。获车乘、牛马、驴骡各以千数,资器山积,振旅而归。

初,汉姜维寇西平,获中郎郭脩,汉人以为左将军。脩欲刺汉主,不得亲近,每因上寿,且拜且前,为左右所遏,事辄不果。

资治通鉴卷第七十六

翰林学士兼侍读学士朝散大夫右谏议大夫知制诰判尚书都省兼提举万寿
观公事柱国河内郡开国侯食邑一千三百户食实封二百户赐紫金鱼袋臣 司马光 奉敕编集

魏纪八 起昭阳作噩(癸酉),尽旃蒙大渊献(乙亥),凡三年。

邵陵厉公下

嘉平五年(癸酉、253)

春,正月,朔,蜀大将军费祎与诸将大会于汉寿,郭脩在坐,祎欢饮沉醉,脩起刺祎,杀之。祎资性泛爱,不疑于人。越巂太守张嶷尝以书戒之曰:"昔岑彭率师,来歙杖节,咸见害于刺客。今明将军位尊权重,待信新附太过,宜鉴前事,少以为警。"祎不从,故及祸。

诏追封郭脩为长乐乡侯,使其子袭爵。

王昶、毌丘俭闻东军败,各烧屯走。朝议欲贬黜诸将,大将军师曰:"我不听公休,以至于此。此我过也,诸将何罪?"悉宥之。师弟安东将军昭时为监军,唯削昭爵而已。以诸葛诞为镇南将军,都督豫州,毌丘俭为镇东将军,都督扬州。

是岁,雍州刺史陈泰求敕并州并力讨胡,师从之。未集,而雁门、新兴二郡胡以远役,遂惊反。师又谢朝士曰:"此我过也,非陈雍州之责。"是以人皆愧悦。

> 习凿齿论曰:司马大将军引二败以为己过,过消而业隆,可谓智矣。若乃讳败推过,归咎万物,常执其功而隐其丧,上下离心,贤愚解体,谬之甚矣!君人者,苟统斯理而以御国,行失而名扬,兵挫而战胜,虽百败可也,况于再乎!

光禄大夫张缉言于师曰:"恪虽克捷,见诛不久。"师曰:"何故?"缉曰:"威震其主,功盖一国,求不死,得乎!"

二月,吴军还自东兴。进封太傅恪阳都侯,加荆、扬州牧,督中外诸军事。恪遂有轻敌之心,复欲出军。诸大臣以为数出罢劳,同辞谏恪,恪不听。中散大夫蒋延固争,恪命扶出。因著论以谕众曰:"凡敌国欲相吞,即仇雠欲相除也。有仇而长之,祸不在己,则在后人,不可不为远虑也。昔秦但得关西耳,尚以并吞六国。今以魏比古之秦,土地数倍;以吴与蜀,比古六国,不能半也。然今所以能敌之者,但以操时兵众,于今适尽,而后生者未悉长大,正是贼衰少未盛之时。加司马懿先诛王凌,续自陨毙,其子幼弱而专彼大任,虽有智计之士,未得施用。当今伐之,是其厄会。圣人急于趋时,诚谓今日。若顺众人之情,怀偷安之计,以为长江之险可以传世,不论魏之终始,而以今日遂轻其后,此吾所以长叹息者也。今闻众人或以百姓尚贫,欲务闲息,此不知虑其大危,而爱其小勤者也。昔汉祖幸已自有三秦之地,何不闭关守险,以自娱乐,空出攻楚,身被创痍,介胄生虮虱,将士厌困苦,岂甘锋刃而忘安宁哉?虑于长久不得两存者耳。每鉴荆邯说公孙述以进取之图,近见家叔父表陈与贼争竞之计,未尝不喟然叹息也。凤夜反侧,所虑如此,故聊疏愚言,以达二三君子之末。若一朝陨没,志画不立,贵令来世知我所忧,可思于后耳。"众人虽皆以为不可,然莫敢复难。

丹阳太守聂友素与恪善,以书谏恪曰:"大行皇帝本有过东关之计,计未施行。今公辅赞大业,成先帝之志,寇远自送,将士凭赖威德,出身用命,一旦有非常之功,岂非宗庙神灵社稷之福邪!宜且案兵养锐,观衅而动。今乘此势欲复大出,天时未可而苟任盛意,私心以为不安。"恪题论后,为书答友曰:"足下虽有自然之理,然未见大数。熟省此论,可以开悟矣。"

滕胤谓恪曰:"君受伊、霍之托,入安本朝,出摧强敌,名声振于海内,天下莫不震动,万姓之心,冀得蒙君而息。今猥以劳役之后,兴师出征,民疲力屈,远主有备,若攻城不克,野略无获,是丧前劳而招后责也。不如案甲息师,观隙而动。且兵者大事,事以众济,众苟不悦,君独安?"恪曰:"诸云不可,皆不见计算,怀居苟安者也。而子复以为然,吾何望乎?夫以曹芳暗劣,而政在私门,彼之民臣,固有离心。今吾因国家之资,藉战胜之威,则何往而不克哉!"

三月,恪大发州郡二十万众复入寇,以滕胤为都下督,掌统留事。

夏,四月,大赦。

汉姜维自以练西方风俗,兼负其才武,欲诱诸羌、胡以为羽翼,谓自陇以西,可断而有。每欲兴军大举,费祎常裁制不从,与其兵不过万人,曰:"吾等不如丞相亦已远矣,丞相犹不能定中夏,况吾等乎!不如且保国治民,谨守社稷,如其功业,以俟能者,无为希冀侥幸,决成败于一举。若不如志,悔之无及。"及祎死,维得行其志,乃将数万人出石营,围狄道。

吴诸葛恪入寇淮南,驱略民人。诸将或谓恪曰:"今引军深入,疆场之民,必相率远遁,恐兵劳而功少,不如止围新城。新城困,救必至,至而图之,乃可大获。"恪从其计,五月,还军围新城。

诏太尉司马孚督诸军二十万往赴之。大将军师问于虞松曰:"今东西有事,二方皆急,而诸将意沮,若之何?"松曰:"昔周亚夫坚壁昌邑而吴、楚自败,事有似弱而强,不可不察也。今恪悉其锐众,足以肆暴,而坐守新城,欲以致一战耳。若攻城不拔,请战不可,师老众疲,势将自走,诸将之不径进,乃公之利也。姜维有重兵而县军应恪,投食我麦,非深根之寇也。且谓我并力于东,西方必虚,是以径进。今若使关中诸军倍道急赴,出其不意,殆将走矣。"师曰:"善。"乃使郭淮、陈泰悉关中之众,解狄道之围;敕毌丘俭等案兵自守,以新城委吴。陈泰进至洛门,姜维粮尽,退还。

扬州牙门将涿郡张特守新城。吴人攻之连月,城中兵合三千人,疾病战死者过半,而恪起土山急攻,城将陷,不可护。特乃谓吴人曰:"今我无心复战也。然魏法,被攻过百日而救不至者,虽降,家不坐。自受敌以来,已九十余日矣。此城中本有四千余人,战死者已过半,城虽陷,尚有半人不欲降,我当还为相语,条别善恶,明日早送名,且以我印绶去为信。"乃投其印绶与之。吴人听其辞而不取印绶。特乃投夜彻诸屋材栅,补其缺为二重,明日,谓吴人曰:"我但有斗死耳!"吴人大怒,进攻之,不能拔。

会大暑,吴士疲劳,饮水,泄下,流肿,病者大半,死伤涂地。诸营吏日白病者多,恪以为诈,欲斩之,自是莫敢言。恪内惟失计,而耻城不下,忿形于色。将军朱异以军事迕恪,恪立夺其兵,斥还建业。都尉蔡林数陈军计,恪不能用,策马来奔。诸将伺知吴兵已疲,乃进救兵。秋,七月,恪引军去,士卒伤病,流曳道路,或顿仆坑壑,或见略获,存亡哀痛,大小嗟呼。而恪晏然自若,出住江渚一月,图起田于浔阳,诏召相衔,徐乃旋师。由此众庶失望,怨讟兴矣。

汝南太守邓艾言于司马师曰:"孙权已没,大臣未附,吴名宗大族皆有部曲,阻兵仗势,足以违命。诸葛恪新秉国政,而内无其主,不念抚恤上下,以立根基,竞于外事,虐用其民,悉国之众,顿于坚城,死者万数,载祸而归,此恪获罪之日也。昔子胥、吴起、商鞅、乐毅皆见任时君,主没犹败,况恪才非四贤,而不虑大患,其亡可待也。"

八月,吴军还建业,诸葛恪陈兵导从,归入府馆,即召中书令孙嘿,厉声谓曰:"卿等何敢数妄作诏!"嘿惶惧辞出,因病还家。

恪征行之后,曹所奏署令长职司,一更罢选,愈治威严,多所罪责,当进见者无不竦息。又改易宿卫,用其亲近,复敕兵严,欲向青、徐。

孙峻因民之多怨,众之所嫌,构恪于吴主,云欲为变。冬,十月,孙峻与吴主谋置酒请恪。恪将入之夜,精爽扰动,通夕不寐,又家数有妖怪,恪疑之。旦日,驻车宫门,峻已伏兵于帷中,恐恪不时入,事泄,乃自出见恪曰:"使君若尊体不安,自可须后,峻当具白主上。"欲以尝知恪意。恪曰:"当自力入。"散骑常侍张约、朱恩等密书与恪曰:"今日张设非常,疑有他故。"恪以书示滕胤,胤劝恪还。恪曰:"儿辈何能为!正恐因酒食中人耳。"恪入,剑履上殿,进谢还坐。设酒,恪疑未饮。孙峻曰:"使君病未善平,有常服药酒,可取之。"恪意乃安。别饮所赍酒,数行,吴主还内。峻起如厕,解长衣,著短服,出曰:"有诏收诸葛恪。"恪惊起,拔剑未得,而峻刀交下。张约从旁斫峻,裁伤左手,峻应手斫约,断右臂。武卫之士皆趋上殿,峻曰:"所取者恪也,今已死。"悉令复刃,乃除地更饮。恪二子竦、建闻难,载其母欲来奔,峻使人追杀之。以苇席裹恪尸,篾束腰,投之石子冈。又遣无难督施宽就将军施绩、孙壹军,杀恪弟奋威将军融于公安,及其三子。恪外甥都乡侯张震、常侍朱恩,皆夷三族。

临淮臧均表乞收葬恪曰:"震雷电激,不崇一朝,大风冲发,希有极日,然犹继以云雨,因以润物。是则天地之威,不可经日浃辰,帝王之怒,不宜讫情尽意。臣以狂愚,不知忌讳,敢冒破灭之罪,以邀风雨之会。伏念故太傅诸葛恪,罪积恶盈,自致夷灭,父子三首,枭市积日,观者数万,詈声成风。国之大刑,无所不震,长老孩幼,无不毕见。人情之于品物,乐极则哀生,见恪贵盛,世莫与贰,身处台辅,中间历年,今之诛夷,无异禽兽,观讫情反,能不憯然!且已死之人,与土壤同域,凿掘斫刺,无所复加。愿圣朝稽则乾坤,怒不极旬,使其乡邑若故吏民,收以士伍之服,惠以三寸之棺。昔项籍受殡葬之施,韩信获收敛之恩,斯则汉高发神明之誉也。惟陛下敦三皇之仁,垂哀矜之心,使国泽加于辜戮之骸,复受不已之恩,于以扬声遐方,沮劝天下,岂不大哉!昔栾布矫命彭越,臣窃恨之,不先请主上,而专名以肆情,其得不诛,实为幸耳。今臣不敢章宣愚情以露天恩,谨伏手书,冒昧陈闻,乞圣明哀察。"于是吴主及孙峻听恪故吏敛葬。

初,恪少有盛名,大帝深器重之,而恪父瑾常以为戚,曰:"非保家之主也。"父友奋威将军张承亦以为恪必败诸葛氏。陆逊尝谓恪曰:"在我前者吾必奉之同升,在我下者则扶接之。今观君气陵其上,意蔑乎下,非安德之基也。"汉侍中诸葛瞻,亮之子也;恪再攻淮南,越巂太守张嶷与瞻书曰:"东主初崩,帝实幼弱,太傅受寄托之重,亦何容易!亲有周公之才,犹有管、蔡流言之变,霍光受任,亦有燕、盖、上官逆乱之谋,赖成、昭之明以免斯难耳。昔每闻东主杀生赏罚,不任下人,又今垂没之命,卒召太傅,属以后事,诚实可虑。加吴楚剽急,乃昔所记,而太傅离少主,履敌庭,恐非良计长算也。虽云东家纲纪肃然,上下辑睦,百有一失,非明者之虑也。取古则今,今则古也,自非郎君进忠言于太傅,谁复有尽言者邪!旋军广农,务行德惠,数年之中,东西并举,实为不晚,愿深采察。"恪果以此败。

吴群臣共议上奏,推孙峻为太尉,滕胤为司徒。有媚峻者言曰:"万机宜在公族,若承嗣为亚公,声名素重,众心所附,不可量也。"乃表峻为丞相、大将军,督中外诸军事,又不置御史大夫,由是士人失望。滕胤女为恪子竦妻,胤以此辞位。孙峻曰:"鲧、禹罪不相及,滕侯何为?"峻与胤虽内不沾洽,而外相苞容,进胤爵高密侯,共事如前。

齐王奋闻诸葛恪诛,下住芜湖,欲至建业观变。傅相谢慈等谏,奋杀之,坐废为庶人,徙章安。

南阳王和妃张氏,诸葛恪之甥也。先是恪有徙都之意,使治武昌宫,民间或言恪欲迎和立之。及恪被诛,丞相峻因此夺和玺绶,徙新都,又遣使者赐死。初,和妾何氏生子皓,诸姬子德、谦、俊。和将死,与张妃别,妃曰:"吉凶当相随,终不独生。"亦自杀。何姬曰:"若皆从死,谁当字孤?"遂抚育皓及其三弟,皆赖以获全。

高贵乡公上

正元元年(甲戌、254)

春,二月,杀中书令李丰。初,丰年十七、八,已有清名,海内翕然称之。其父太仆恢不愿其然,敕使闭门断客。曹爽专政,司马懿称疾不出,丰为尚书仆射,依违二公间,故不与爽同诛。丰子韬,以选尚齐长公主。司马师秉政,以丰为中书令。是时,太常夏侯玄有天下重名,以曹爽亲故,不得在势任,居常怏怏,张缉以后父去郡家居,亦不得意。丰皆与之亲善。师虽擢用丰,丰私心常在玄。丰在中书二岁,帝数独召丰与语,不知所说。师知其议己,请丰相见以诘丰,丰不以实告,师怒,以刀镮筑杀之,送尸付廷尉,遂收丰子韬及夏侯玄、张缉等皆下廷尉,钟毓案治,云:"丰与黄门监苏铄,永宁署令乐敦,冗从仆射刘贤等谋曰:'拜贵人日,诸营兵皆屯门,陛下临轩,因此同奉陛下,将群僚人兵,就诛大将军。陛下傥不从人,便当劫将去耳。'"又云:"谋以玄为大将军,缉为骠骑将军,玄、缉皆知其谋。"庚戌,诛韬、玄、缉、铄、敦、贤,皆夷三族。

夏侯霸之入蜀也,邀玄欲与之俱,玄不从。及司马懿薨,中领军高阳许允谓玄曰:"无复忧矣。"玄叹曰:"士宗,卿何不见事乎!此人犹能以通家年少遇我,子元、子上不吾容也。"及下狱,玄不肯下辞,钟毓自临治之。玄正色责毓曰:"吾当何罪!卿为令史责人也,卿便为吾作。"毓以玄名士,节高不可屈,而狱当竟,夜为作辞,令与事相附,流涕以示玄。玄视,颔之而已。及就东市,颜色不变,举动自若。

李丰弟翼,为兖州刺史,司马师遣使收之。翼妻荀氏谓翼曰:"中书事发,可及诏书未至赴吴,何为坐取死亡!左右可共同赴水火者为谁?"翼思未答,妻曰:"君在大州,不知可与同死生者,虽去亦不免。"翼曰:"二儿小,吾不去。今但从坐,身死耳,二儿必免。"乃止,死。

初,李恢与尚书仆射杜畿及东安太守郭智善,智子冲,有内实而无外观,州里弗称也。冲尝与李丰俱见畿，既退，畿叹曰："孝懿无子，非徒无子，殆将无家。君谋为不死也，其子足继其业。"时人皆以畿为误。及丰死，冲为代郡太守，卒继父业。

正始中，夏侯玄、何晏、邓飏俱有盛名，欲交尚书郎傅嘏，嘏不受。嘏友人荀粲怪而问之，嘏曰："太初志大其量，能合虚声而无实才。何平叔言远而情近，好辩而无诚，所谓利口覆邦国之人也。邓玄茂有为而无终，外要名利，内无关钥，贵同恶异，多言而妒前；多言多衅，妒前无亲。以吾观此三人者，皆将败家。远之犹恐祸及，况昵之乎！"嘏又与李丰不善，谓同志曰："丰饰伪而多疑，矜小智而昧于权利，若任机事，其死必矣。"

辛亥，大赦。

三月，废皇后张氏。夏，四月，立皇后王氏，奉车都尉夔之女也。

狄道长李简密书请降于汉。六月，姜维寇陇西。

中领军许允素与李丰、夏侯玄善。秋，允为镇北将军、假节、都督河北诸军事。帝以允当出，诏会群臣，帝特引允以自近；允当与帝别，涕泣歔欷。允未发，有司奏允前放散官物，收付廷尉，徙乐浪，未至，道死。

吴孙峻骄矜淫暴，国人侧目。司马桓虑谋杀峻，立太子登之子吴侯英，不克，皆死。

帝以李丰之死，意殊不平。安东将军司马昭镇许昌，诏召之使击姜维。九月，昭领兵入见，帝幸平乐观以临军过。左右劝帝因昭辞，杀之，勒兵以退大将军，已书诏于前，帝惧，不敢发。

昭引兵入城，大将军师乃谋废帝。甲戌，师以皇太后令召群臣会议，以帝荒淫无度，亵近倡优，不可以承天绪，群臣皆莫敢违。乃奏收帝玺绶，归藩于齐。使郭芝入白太后，太后方与帝对坐，芝谓帝曰："大将军欲废陛下，立彭城王据。"帝乃起去。太后不悦。芝曰："太后有子不能教，今大将军意已成，又勒兵于外以备非常，但当顺旨，将复何言！"太后曰："我欲见大将军，口有所说。"芝曰："何可见邪？但当速取玺绶。"太后意折，乃遣傍侍御取玺绶著坐侧。芝出报师，师甚喜。又遣使者授帝齐王印绶，使出就西宫。帝与太后垂涕而别，遂乘王车，从太极殿南出，群臣送者数十人，司马孚悲不自胜，余多流涕。

师又使使者请玺绶于太后。太后曰："彭城王，我之季叔也，今来立，我当何之！且明皇帝当永绝嗣乎？高贵乡公，文皇帝之长孙，明皇帝之弟子，于礼，小宗有后大宗之义，其详议之。"丁丑，师更召群臣，以太后令示之，乃定迎高贵乡公髦于元城。髦者，东海定王霖之子也，时年十四，使太常王肃持节迎之。师又使请玺绶，太后曰："我见高贵乡公，小时识之，我自欲以玺绶手授之。"冬，十月，己丑，高贵乡公至玄武馆,群臣奏请舍前殿,公以先帝旧处,避止西厢;群臣又请以法驾迎,公不听。庚寅,公入于洛阳,群臣迎拜西掖门南,公下舆答拜,傧者请曰:"仪不拜。"公曰:"吾人臣也。"遂答拜。至止车门下舆,左右曰:"旧乘舆入。"公曰:"吾被皇太后征,未知所为。"遂步至太极东堂,见太后。其日,即皇帝位于太极前殿,百僚陪位者皆欣欣焉。大赦,改元。为齐王筑宫于河内。

汉姜维自狄道进拔河间、临洮。将军徐质与战,杀其荡寇将军张嶷,汉兵乃还。

初,扬州刺史文钦,骁果绝人,曹爽以乡里故爱之。钦恃爽势,多所陵傲。乃爽诛,钦已内惧,又好增虏级以邀功赏,司马师常抑之,由是怨望。镇东将军毌丘俭素与夏侯玄、李丰善,玄等死,俭亦不自安,乃以计厚待钦。俭子治书侍御史甸谓俭曰:"大人居方岳重任,国家倾覆而晏然自守,将受四海之责矣。"俭然之。

二年(乙亥、255)

春,正月,俭、钦矫太后诏,起兵于寿春,移檄州郡,以讨司马师。又表言:"相国懿忠正,有大勋于社稷,宜宥及后世,请废师,以侯就第,以弟昭代之。太尉孚,忠孝小心,护军望,忠公亲事,皆宜亲宠,授以要任。"望,孚之子也。俭又遣使邀镇南将军诸葛诞,诞斩其使。俭、钦将五六万众渡淮,西至项。俭坚守,使钦在外为游兵。

司马师问计于河南尹王肃,肃曰:"昔关羽虏于禁于汉滨,有北向争天下之志,后孙权袭取其将士家属,羽士众一旦瓦解。今淮南将士父母妻子皆在内州,但急往御卫,使不得前,必有关羽土崩之势矣。"时师新割目瘤,创甚,或以为大将军不宜自行,不如遣太尉孚拒之。唯王肃与尚书傅嘏、中书侍郎钟会劝师自行,师疑未决。嘏曰:"淮、楚兵劲,而俭等负力远斗,其锋未易当也。若诸将战有利钝,大势一失,则公事败矣。"师蹶然起曰:"我请舆疾而东。"戊午,师率中外诸军以讨俭、钦,以弟昭兼中领军,留镇洛阳,召三方兵会于陈、许。

师问计于光禄勋郑袤,袤曰:"毌丘俭好谋而不达事情,文钦勇而无算。今大军出其不意,江、淮之卒,锐而不能固,宜深沟高垒以挫其气,此亚夫之长策也。"师称善。

师以荆州刺史王基为行监军,假节,统许昌军。基言于师曰:"淮南之逆,非吏民思乱也,俭等诳诱迫胁,畏目下之戮,是以尚屯聚耳。若大兵一临,必土崩瓦解,俭、钦之首不终朝而致于军门矣。"师从之。以基为前军,既而复敕基停驻。基以为:"俭等举军足以深入,而久不进者,是其诈伪已露,众心疑沮也。今不张示威形以副民望,而停军高垒,有似畏懦,非用兵之势也。若俭、钦虏略民人以自益,又州郡兵家为贼所得者,更怀离心,俭等所迫胁者,自顾罪重,不敢复还,此为错兵无用之地，而成奸宄之源。吴寇因之，则淮南非国家之有，谯、沛、汝、豫危而不安，此计之大失也。军宜速进据南顿，南顿有大邸阁，计足军人四十日粮。保坚城，因积谷，先人有夺人之心，此平贼之要也。"基屡请，乃听，进据灅水。

闰月，甲申，师次于灅桥，俭将史招、李续相次来降。王基复言于师曰："兵闻拙速，未睹巧之久也。方今外有强寇，内有叛臣，若不时决，则事之深浅未可测也。议者多言将军持重。将军持重是也，停军不进非也。持重非不行之谓也，进而不可犯耳。今保壁垒以积实资房而远运军粮，甚非计也。"师犹未许。基曰："将在军，君令有所不受。彼得则利，我得亦利，是谓争地，南顿是也。"遂辄进据南顿，俭等从项亦欲往争，发十余里，闻基先到，乃复还保项。

癸未，征西将军郭淮卒，以雍州刺史陈泰代之。

吴丞相峻率骠骑将军吕据、左将军会稽留赞袭寿春，司马师命诸军皆深壁高垒，以待东军之集。诸将请进军攻项，师曰："诸〔君〕得其一，未知其二。淮南将士本无反志，俭、钦说诱与之举事，谓远近必应，而事起之日，淮北不从，史招、李续前后瓦解，内乖外叛，自知必败。困兽思斗，速战更合其志，虽云必克，伤人亦多。且俭等欺诳将士，诡变万端，小与持久，诈情自露，此不战而克之术也。"乃遣诸葛诞督豫州诸军自安风向寿春；征东将军胡遵督青、徐诸军出谯、宋之间，绝其归路；师屯汝阳。毌丘俭、文钦进不得斗，退恐寿春见袭，计穷不知所为。淮南将士家皆在北，众心沮散，降者相属，惟淮南新附农民为之用。

俭之初起，遣健步赍书至兖州，兖州刺史邓艾斩之，将兵万余人，兼道前进，先趋乐嘉城，作浮桥以待师。俭使文钦将兵袭之。师自汝阳潜兵就艾于乐嘉，钦猝见大军，惊愕未知所为。钦子鸯，年十八，勇力绝人，谓钦曰："及其未定，击之可破也。"于是分为二队，夜夹攻军。鸯率壮士先至鼓噪，军中震扰。师惊骇。所病目突出，恐众知之，啮被皆破。钦失期不应，会明，鸯见兵盛，乃引还。师谓诸将曰："贼走矣，可追之。"诸将曰："钦父子骁猛，未有所屈，何苦而走？"师曰："夫一鼓作气，再而衰。鸯鼓噪失应，其势已屈，不走何待？"钦将引而东，鸯曰："不先折其势，不得去也。"乃与骁骑十余摧锋陷陈，所向皆披靡，遂引去。师使左长史司马班率骁将八千翼而追之，鸯以匹马入数千骑中，辄杀伤百余人，乃出，如此者六七，追骑莫敢逼。

殿中人尹大目小为曹氏家奴，常在天子左右，师将与俱行。大目知师一目已出，启云："文钦本是明公腹心，但为人所误耳，又天子乡里，素与大目相信，乞为公追解语之，令还与公复好。"师许之。大目单身乘大马，被铠胄，追钦，遥相与语。大目心实欲为曹氏，谬言："君侯何苦不可复忍数日中也！"欲使钦解其旨。钦殊不悟，乃更厉声骂大目曰："汝先帝家人，不念报恩，而反与司马师作逆，不顾上天,天不祐汝!"张弓傅矢欲射大目。大目涕泣曰:"世事败矣,善自努力。"

是日,毌丘俭闻钦退,恐惧,夜走,众遂大溃。钦还至项,以孤军无继,不能自立,欲还寿春,寿春已溃,遂奔吴。吴孙峻至东兴,闻俭等败,壬寅,进至橐皋,文钦父子诣军降。毌丘俭走,比至慎县,左右人兵稍弃俭去,俭藏水边草中。甲辰,安风津民张属就杀俭,传首京师,封属为侯。诸葛诞至寿春,寿春城中十余万口,惧诛,或流迸山泽,或散走入吴。诏以诞为镇东大将军、仪同三司,都督扬州诸军事。

夷毌丘俭三族。俭党七百余人系狱,侍御史杜友治之,惟诛首事者十余人,余皆奏免之。俭孙女适刘氏,当死,以孕系廷尉。司隶主簿程咸议曰:"女适人者,若已产育,则成他家之母,于防则不足惩奸乱之源,于情则伤孝子之恩。男不遇罪于他族,而女独婴戮于二门,非所以哀矜女弱,均法制之大分也。臣以为在室之女,可从父母之刑;既醮之妇,使从夫家之戮。"朝廷从之,仍著于律令。

舞阳忠武侯司马师疾笃,还许昌,留中郎将参军事贾充监诸军事。充,逵之子也。卫将军昭自洛阳往省师,师令昭总统诸军。辛亥,师卒于许昌。中书侍郎钟会从师典知密事,中诏敕尚书傅嘏,以东南新定,权留卫将军昭屯许昌为内外之援,令嘏率诸军还。会与嘏谋,使嘏表上,辄与昭俱发,还到洛水南屯住。二月,丁巳,诏以司马昭为大将军、录尚书事。会由是常有自矜之色,嘏戒之曰:"子志大其量,而勋业难为也,可不慎哉!"

吴孙峻闻诸葛诞已据寿春,乃引兵还。以文钦为都护、镇北大将军、幽州牧。

三月,立皇后卞氏,大赦。后,武宣皇后弟秉之曾孙女也。

秋,七月,吴将军孙仪、张怡、林恂谋杀孙峻,不克,死者数十人。全公主谮朱公主于峻,曰"与仪同谋",峻遂杀朱公主。

峻使卫尉冯朝城广陵,功费甚众,举朝莫敢言,唯滕胤谏止之,峻不从,功卒不成。

汉姜维复议出军,征西大将军张翼廷争,以为:"国小民劳,不宜黩武。"维不听,率车骑将军夏侯霸及翼同进。八月,维将数万人至枹罕,趋狄道。

征西将军陈泰敕雍州刺史王经进屯狄道,须泰军到,东西合势乃进。泰军陈仓,经所统诸军于故关与汉人战不利,经辄渡洮水。泰以经不坚据狄道,必有他变,率诸军以继之。经已与维战于洮西,大败,以万余人还保狄道城,余皆奔散,死者万计。张翼谓维曰:"可以止矣,不宜复进,进或毁此大功,为蛇画足。"维大怒,遂进围狄道。

辛未,诏长水校尉邓艾行安西将军,与陈泰并力拒维。戊辰,复以太尉孚为后继。泰进军陇西,诸将皆曰:"王经新败,蜀众大盛,将军以乌合之卒,继败军之后,当乘胜之锋,殆必不可。古人有言:'蝮蛇螫手,壮士解腕。'《孙子》曰:'兵有所不击,地有所不守。'盖小有所失而大有所全故也。不如据险自保,观衅待敌,然后进救,此计之得者也。"泰曰:"姜维提轻兵深入,正欲与我争锋原野,求一战之利。王经当高壁深垒,挫其锐气,今乃与战,使贼得计。经既破走,维若以战克之威,进兵东向,据栎阳积谷之实,放兵收降,招纳羌、胡,东争关、陇,传檄四郡,此我之所恶也。而乃以乘胜之兵,挫峻城之下,锐气之卒,屈力致命,攻守势殊,客主不同。兵书曰:'修橹轒辒,三月乃成,拒堙三月而后已。'诚非轻军远入之利也。今维孤军远侨,粮谷不继,是我速进破贼之时,所谓疾雷不及掩耳,自然之势也。洮水带其表,维等在其内,今乘高据势,临其项领,不战必走。寇不可纵,围不可久,君等何言如是?"遂进军度高城岭,潜行,夜至狄道东南高山上,多举烽火,鸣鼓角。狄道城中将士见救至,皆愤踊。维不意救兵卒至,缘山急来攻之,泰与交战,维退。泰引兵扬言欲向其还路,维惧,九月,甲辰,维遁走,城中将士乃得出。王经叹曰:"粮不至旬,向非救兵速至,举城屠裂,覆丧一州矣。"泰慰劳将士,前后遣还,更差军守,并治城垒,还屯上邽。

泰每以一方有事,辄以虚声扰动天下,故希简上事,驿书不过六百里。大将军昭曰:"陈征西沉勇能断,荷方伯之重,救将陷之城,而不求益兵,又希简上事,必能办贼故也。都督大将,不当尔邪!"

姜维退驻钟提。

初,吴大帝不立太庙,以武烈尝为长沙太守,立庙于临湘,使太守奉祠而已。冬,十二月,始作太庙于建业,尊大帝为太祖。

资治通鉴卷第七十七

翰林学士兼侍读学士朝散大夫右谏议大夫知制诰判尚书都省兼提举万寿观公事上柱国河内郡开国侯食邑一千三百户食实封二百户赐紫金鱼袋臣　司马光　奉敕编集

魏纪九 起柔兆困敦（丙子），尽重光大荒落（辛巳），凡六年。

高贵乡公下

甘露元年（丙子、256）

春，正月，汉姜维进位大将军。

二月，丙辰，帝宴群臣于太极东堂，与诸儒论夏少康、汉高祖优劣，以少康为优。

夏，四月，庚戌，赐大将军昭衮冕之服，赤舄副焉。

丙辰，帝幸太学，与诸儒论《书》《易》及《礼》，诸儒莫能及。帝常与中护军司马望、侍中王沈、散骑常侍裴秀、黄门侍郎钟会等讲宴于东堂，并属文论，特加礼异，谓秀为儒林丈人，沈为文籍先生。帝性急，请召欲速，以望职在外，特给追锋车、虎贲五人，每有集会，辄奔驰而至。秀，潜之子也。

六月，丙午，改元。

姜维在钟提，议者多以为维力已竭，未能更出。安西将军邓艾曰："洮西之败，非小失也，士卒雕残，仓廪空虚，百姓流离。今以策言之，彼有乘胜之势，我有虚弱之实，一也。彼上下相习，五兵犀利，我将易兵新，器仗未复，二也。彼以船行，吾以陆军，劳逸不同，三也。狄道、陇西、南安、祁山各当有守，彼专为一，我分为四，四也。从南安、陇西因食羌谷，若趣祁山，熟麦千顷，为之外仓，五也。贼有黠计，其来必矣。"

秋，七月，姜维复率众出祁山，闻邓艾已有备，乃回，从董亭趣南安，艾据武城山以拒之。维与艾争险，不克，其夜，渡渭东行，缘山趣上邽。艾与战于段谷，大破之。以艾为镇西将军，都督陇右诸军事。维与其镇西大将军胡济期会上邽，济失期不至，故败，士卒星散，死者甚众，蜀人由是怨维。维上书谢，求自贬黜，乃以卫将军行大将军事。

八月，庚午，诏司马昭加号大都督，奏事不名，假黄钺。

癸酉，以太尉司马孚为太傅。

九月，以司徒高柔为太尉。

文钦说吴人以伐魏之利,孙峻使钦与骠骑将军吕据及车骑将军刘纂、镇南将军朱异、前将军唐咨自江都入淮、泗,以图青、徐。峻饯之于石头,遇暴疾,以后事付从父弟偏将军綝。丁亥,峻卒。吴人以綝为侍中、武卫将军、都督中外诸军事,召吕据等还。

己丑,吴大司马吕岱卒,年九十六。始岱亲近吴郡徐原,慷慨有才志,岱知其可成,赐巾褠,与共言论,后遂荐拔,官至侍御史。原性忠壮,好直言,岱时有得失,原辄谏争,又公论之,人或以告岱,岱叹曰:"是我所以贵德渊者也。"及原死,岱哭之甚哀,曰:"徐德渊,吕岱之益友,今不幸,岱复于何闻过?"谈者美之。

吕据闻孙綝代孙峻辅政,大怒,与诸督将连名共表荐滕胤为丞相,綝更以胤为大司马,代吕岱驻武昌。据引兵还,使人报胤,欲共废綝。冬,十月,丁未,綝遣从兄宪将兵逆据于江都,使中使敕文钦、刘纂、唐咨共击取据,又遣侍中左将军华融、中书丞丁晏告喻胤宜速去意。胤自以祸及,因留融、晏,勒兵自卫,召典军杨崇、将军孙咨,告以綝为乱,迫融等使有书难綝。綝不听,表言胤反,许将军刘丞以封爵,使率兵骑攻围胤。胤又劫融等使诈为诏发兵,融等不从,皆杀之。或劝胤引兵至苍龙门:"将士见公出,必委綝就公。"时夜已半,胤恃与据期,又难举兵向宫,乃约令部曲,说吕侯已在近道,故皆为胤尽死,无离散者。胤颜色不变,谈笑如常。时大风,比晓,据不至,綝兵大会,遂杀胤及将士数十人,夷胤三族。己酉,大赦,改元太平。或劝吕据奔魏者,据曰:"吾耻为叛臣。"遂自杀。

以司空郑冲为司徒,左仆射卢毓为司空。毓固让骠骑将军王昶、光禄大夫王观、司隶校尉琅邪王祥,诏不许。

祥性至孝,继母朱氏遇之无道,祥愈恭谨。朱氏子览,年数岁,每见祥被楚挞,辄涕泣抱持母,母以非理使祥,览辄与祥俱往。及长,娶妻,母虐使祥妻,览妻亦趋而共之,母患之,为之少止。祥渐有时誉,母深疾之,密使鸩祥。览知之,径起取酒,祥争而不与,母遽夺反之。自后,母赐祥馔,览辄先尝,母惧览致毙,遂止。汉末遭乱,祥隐居三十余年,不应州郡之命,母终,毁瘁,杖而后起。徐州刺史吕虔檄为别驾,委以州事,州界清静,政化大行。时人歌之曰:"海沂之康,实赖王祥;邦国不空,别驾之功。"

十一月,吴孙綝迁大将军。綝负贵倨傲,多行无礼。峻从弟宪尝与诛诸葛恪,峻厚遇之,官至右将军、无难督,平九官事。綝遇宪薄于峻时,宪怒,与将军王惇谋杀綝。事泄,綝杀惇,宪服药死。

二年(丁丑、257)

春,三月,大梁成侯卢毓卒。

夏,四月,吴主临正殿,大赦,始亲政事。孙綝表奏,多见难问,又科兵子弟十八已下，十五以上三千余人，选大将子弟年少有勇力者，使将之，日于苑中教习，曰："吾立此军，欲与之俱长。"又数出中书视大帝时旧事，问左右侍臣曰："先帝数有特制，今大将军问事，但令我书可邪？"尝食生梅，使黄门至中藏取蜜，蜜中有鼠矢，召问藏吏，藏吏叩头。吴主曰："黄门从尔求蜜邪？"吏曰："向求，实不敢与。"黄门不服。吴主令破鼠矢，矢中燥，因大笑，谓左右曰："若矢先在蜜中，中外当俱湿，今外湿里燥，此必黄门所为也。"诘之，果服，左右莫不惊悚。

征东大将军诸葛诞素与夏侯玄、邓飏等友善，玄等死，王凌、毋丘俭相继诛灭，诞内不自安，乃倾帑藏振施，曲赦有罪，以收众心，畜养扬州轻侠数千人以为死士。因吴人欲向徐塓，请十万众以守寿春，又求临淮筑城以备吴寇。司马昭初秉政，长史贾充请遣参佐慰劳四征，且观其志。昭遣充至淮南，充见诞，论说时事，因曰："洛中诸贤，皆愿禅代，君以为如何？"诞厉声曰："卿非贾豫州子乎？世受魏恩，岂可欲以社稷输人乎！若洛中有难，吾当死之。"充默然。还，言于昭曰："诸葛诞再在扬州，得士众心。今召之，必不来，然反疾而祸小；不召，则反迟而祸大，不如召之。"昭从之。甲子，诏以诞为司空，召赴京师。诞得诏书，愈恐，疑扬州刺史乐綝间己，遂杀綝，敛淮南及淮北郡县屯田口十余万官兵，扬州新附胜兵者四五万人，聚谷足一年食，为闭门自守之计。遣长史吴纲将小子靓至吴，称臣请救，并请以牙门子弟为质。

吴滕胤、吕据之妻，皆夏口督孙壹之妹也。六月，孙綝使镇南将军朱异自虎林将兵袭壹。异至武昌，壹将部曲来奔。乙巳，诏拜壹车骑将军、交州牧，封吴侯，开府辟召，仪同三司，衮冕赤舄，事从丰厚。

司马昭奉帝及太后讨诸葛诞。

吴纲至吴，吴人大喜，使将军全怿、全端、唐咨、王祚将三万众，与文钦同救诞。以诞为左都护、假节、大司徒、骠骑将军、青州牧，封寿春侯。怿，琮之子；端，其从子也。

六月，甲子，车驾次项。司马昭督诸军二十六万进屯丘头，以镇南将军王基行镇东将军、都督扬、豫诸军事，与安东将军陈骞等围寿春。基始至，围城未合，文钦、全怿等从城东北因山乘险，得将其众突入城。昭敕基敛军坚壁。基累求进讨，会吴朱异率三万人进屯安丰，为文钦外势，诏基引诸军转据北山。基谓诸将曰："今围垒转固，兵马向集，但当精修守备，以待越逸，而更移兵守险，使得放纵，虽有智者，不能善其后矣。"遂守便宜，上疏曰："今与贼家对敌，当不动如山，若迁移依险，人心摇荡，于势大损。诸军并据深沟高垒，众心皆定，不可倾动，此御兵之要也。"书奏，报听。于是基等四面合围，表里再重，堑垒甚峻。文钦等数出犯围，逆击，走之。司马昭又使奋武将军监青州诸军事石苞督兖州刺史州泰、徐州刺史胡质等简锐卒为游军,以备外寇。泰击破朱异于阳渊,异走,泰追之,杀伤二千人。

秋,七月,吴大将军綝大发卒出屯镬里,复遣朱异帅将军丁奉、黎斐等五人前解寿春之围。异留辎重于都陆,进屯黎浆,石苞、州泰又击破之。太山太守胡烈以奇兵五千袭都陆,尽焚异资粮,异将余兵,食葛叶,走归孙綝。綝使异更死战,异以士卒乏食,不从綝命。綝怒,九月,己巳,綝斩异于镬里。辛未,引兵还建业。綝既不能拔出诸葛诞,而丧败士众,自戮名将,由是吴人莫不怨之。

司马昭曰:"异不得至寿春,非其罪也,而吴人杀之,欲以谢寿春而坚诞意,使其犹望救耳。今当坚围,备其越逸,而多方以误之。"乃纵反间,扬言"吴救方至,大军乏食,分遣羸疾就谷淮北,势不能久"。诞等益宽恣食,俄而城中乏粮,外救不至。将军蒋班、焦彝,皆诞腹心谋主也,言于诞曰:"朱异等以大众来而不能进,孙綝杀异而归江东,外以发兵为名,内实坐须成败。今宜及众心尚固,士卒思用,并力决死,攻其一面,虽不能尽克,犹有可全者。空坐守死,无为也。"文钦曰:"公今举十余万之众归命于吴,而钦与全端等皆同居死地,父兄子弟尽在江表,就孙綝不欲求,主上及其亲戚岂肯听乎?且中国无岁无事,军民并疲,今守我一年,内变将起,奈何舍此,欲乘危徼幸乎!"班、彝固劝之,钦怒。诞欲杀班、彝,二人惧,十一月,弃诞逾城来降。

全怿兄子辉、仪在建业,与其家内争讼,携其母将部曲数十家来奔。于是怿与兄子靖及全端弟翩、绪皆将兵在寿春城中,司马昭用黄门侍郎钟会策,密为辉、仪作书,使辉、仪所亲信赍入城告怿等,说"吴中怒怿等不能拔寿春,欲尽诛诸将家,故逃来归命"。十二月,怿等率其众数千人开门出降,城中震惧,不知所为。诏拜怿平东将军,封临湘侯,端等封拜各有差。

汉姜维闻魏分关中兵以赴淮南,欲乘虚向秦川,率数万人出骆谷,至沈岭。时长城积谷甚多,而守兵少,征西将军都督雍、凉诸军事司马望及安西将军邓艾进兵据之,以拒维。维壁于芒水,数挑战,望、艾不应。

是时,维数出兵,蜀人愁苦,中散大夫谯周作《仇国论》以讽之曰:"或问往古能以弱胜强者,其术如何? 曰:吾闻之,处大无患者常多慢,处小有忧者常思善;多慢则生乱,思善则生治,理之常也。故周文养民,以少取多,句践恤众,以弱毙强,此其术也。或曰:曩者项强汉弱,相与战争,项羽与汉约分鸿沟,各归息民,张良以为民志既定,则难动也,率兵追羽,终毙项氏。岂必由文王之事乎? 曰:当商、周之际,王侯世尊,君臣久固,民习所专;深根者难拔,据固者难迁。当此之时,虽汉祖安能杖剑鞭马取天下乎? 及秦罢侯置守之后,民疲秦役,天下土崩,或岁改主,或月易公,鸟惊兽骇,莫知所从,于是豪强并争,虎裂狼分,疾搏者获多,迟后者见吞。今我与彼皆传国易世矣,既非秦末鼎沸之时,实有六国并据之势,故可为文王,难为汉祖。夫民之疲劳则骚扰之兆生,上慢下暴则瓦解之形起。谚曰:'射幸数跌,不如审发。'是故智者不为小利移目,不为意似改步,时可而后动,数合而后举,故汤、武之师不再战而克,诚重民劳而度时审也。如遂极武黩征,土崩势生,不幸遇难,虽有智者,将不能谋之矣。"

三年(戊寅、258)

春,正月,文钦谓诸葛诞曰:"蒋班、焦彝谓我不能出而走,全端、全怿又率众逆降,此敌无备之时也,可以战矣。"诞与唐咨等皆以为然,遂大为攻具,昼夜五六日攻南围,欲决围而出。围上诸军临高发石车火箭,逆烧破其攻具,矢石雨下,死伤蔽地,血流盈堑,复还城。城内食转竭,出降者数万口。钦欲尽出北方人,省食,与吴人坚守,诞不听,由是争恨。钦素与诞有隙,徒以计合,事急愈相疑。钦见诞计事,诞遂杀钦。钦子鸯、虎将兵在小城中,闻钦死,勒兵赴之,众不为用,遂单走逾城出,自归于司马昭。军吏请诛之,昭曰:"钦之罪不容诛,其子固应就戮,然鸯、虎以穷归命,且城未拔,杀之是坚其心也。"乃赦鸯、虎,使将数百骑巡城,呼曰:"文钦之子犹不见杀,其余何惧?"又表鸯、虎皆为将军,赐爵关内侯。城内皆喜,且日益饥困。司马昭身自临围,见城上持弓者不发,曰:"可攻矣。"乃四面进军,同时鼓噪登城。二月,乙酉,克之。诞窘急,单马将其麾下突小城欲出,司马胡奋部兵击斩之,夷其三族。诞麾下数百人,皆拱手为列,不降,每斩一人,辄降之,卒不变,以至于尽。吴将于诠曰:"大丈夫受命其主,以兵救人,既不能克,又束手于敌,吾弗取也。"乃免胄冒陈而死。唐咨、王祚等皆降。吴兵万众,器仗山积。

司马昭初围寿春,王基、石苞等皆欲急攻之,昭以为:"寿春城固而众多,攻之必力屈,若有外寇,表里受敌,此危道也。今三叛相聚于孤城之中,天其或者使同就戮,吾当以全策縻之。但坚守三面,若吴贼陆道而来,军粮必少,吾以游兵轻骑绝其转输,可不战而破也。吴贼破,钦等必成擒矣。"乃命诸军按甲以守之,卒不烦攻而破。议者又以为:"淮南仍为叛逆,吴兵室家在江南不可纵,宜悉坑之。"昭曰:"古之用兵,全国为上,戮其元恶而已。吴兵就得亡还,适可以示中国之大度耳。"一无所杀,分布三河近郡以安处之。拜唐咨安远将军,其余裨将,咸假位号,众皆悦服,其淮南将士吏民为诞所胁略者,皆赦之。听文鸯兄弟收敛父丧。给其车牛,致葬旧墓。

昭遗王基书曰:"初议者云云,求移者甚众,时未临履,亦谓宜然。将军深算利害,独秉固志,上违诏命,下拒众议,终至制敌禽贼,虽古人所述,不是过也。"昭欲遣诸军轻兵深入,招迎唐咨等子弟,因衅有灭吴之势。王基谏曰:"昔诸葛恪乘东关之胜,竭江表之兵以围新城,城既不拔,而众死者太半。姜维因洮西之利,轻兵深入,粮饷不继,军覆上邽。夫大捷之后,上下轻敌,轻敌则虑难不深。今贼新败于外,又内患未弭,是其修备设虑之时也。且兵出逾年,人有归志,今俘馘十万,罪人斯得,自历代征伐,未有全兵独克如今之盛者也。武皇帝克袁绍于官渡,自以所获已多,不复追奔,惧挫威也。"昭乃止,以基为征东将军、都督扬州诸军事,进封东武侯。

> 习凿齿曰:君子谓司马大将军于是役也,可谓能以德攻矣。夫建业者异道,各有所尚而不能兼并也。故穷武之雄毙于不仁,存义之国丧于懦退。今一征而禽三叛,大虏吴众,席卷淮浦,俘馘十万,可谓壮矣。而未及安坐,赏王基之功;种惠吴人,结异类之情;宠嵇葬钦,忘畴昔之隙;不咎诞众,使扬土怀愧。功高而人乐其成,业广而敌怀其德。武昭既敷,文算又洽,推此道也,天下其孰能当之哉!

司马昭之克寿春,钟会谋画居多,昭亲待日隆,委以腹心之任,时人比之子房。

汉姜维闻诸葛诞死,退还成都,复拜大将军。

夏,五月,诏以司马昭为相国,封晋公,食邑八郡,加九锡,昭前后九让,乃止。

秋,七月,吴主封故齐王奋为章安侯。

八月,以骠骑将军王昶为司空。

诏以关内侯王祥为三老,郑小同为五更,帝率群臣幸太学,行养老乞言之礼。小同,玄之孙也。

吴孙綝以吴主亲览政事,多所难问,甚惧。返自镬里,遂称疾不朝,使弟威远将军据入仓龙门宿卫,武卫将军恩、偏将军幹、长水校尉闿分屯诸营,欲以自固。吴主恶之,乃推朱据二子死意,全公主惧曰:"我实不知,皆朱据二子熊、损所白。"是时熊为虎林督、损为外部督,吴主皆杀之。损妻,即孙峻妹也。綝谏,不从,由是益惧。

吴主阴与全公主及将军刘丞谋诛綝。全后父尚为太常、卫将军,吴主谓尚子黄门侍郎纪曰:"孙綝专势,轻小于孤。孤前敕之使速上岸,为唐咨等作援,而留湖中,不上岸一步。又委罪于朱异,擅杀功臣,不先表闻。筑第桥南,不复朝见。此为自在,无复所畏,不可久忍。今规取之,卿父作中军都督,使密严整士马,孤当自出临桥,率宿卫虎骑、左右无难一时围之,作版诏敕綝所领皆解散,不得举手。正尔,自当得之。卿去,但当使密耳。卿宣诏卿父,勿令卿母知之,女人既不晓大事,且綝同堂姊,邂逅漏泄,误孤非小也。"纪承诏以告尚。尚无远虑,以语纪母,母使人密语綝。

九月，戊午，綝夜以兵袭尚，执之，遣弟恩杀刘承于苍龙门外，比明，遂围宫。吴主大怒，上马带鞬执弓欲出，曰："孤大皇帝適子，在位已五年，谁敢不从者！"侍中近臣及乳母共牵攀止之，不得出，叹咤不食，骂全后曰："尔父愦愦，败我大事！"又遣呼纪，纪曰："臣父奉诏不谨，负上，无面目复见。"因自杀。綝使光禄勋孟宗告太庙，废吴主为会稽王。召群臣议曰："少帝荒病昏乱，不可以处大位，承宗庙，已告先帝废之。诸君若有不同者，下异议。"皆震怖，曰："唯将军令。"綝遣中书郎李崇夺吴主玺绶，以吴主罪班告远近。尚书桓彝不肯署名，綝怒，杀之。典军施正劝綝迎立琅邪王休，綝从之。己未，綝使宗正楷与中书郎董朝迎琅邪王于会稽。遣将军孙耽送会稽王亮之国，亮时年十六。徙全尚于零陵，寻追杀之，迁全公主于豫章。

冬，十月，戊午，琅邪王行至曲阿，有老公遮王叩头曰："事久变生，天下喁喁，愿陛下速行。"王善之，是日，进及布塞亭。孙綝以琅邪王未至，欲入居宫中，召百官会议，皆惶怖失色，徒唯唯而已。选曹郎虞汜曰："明公为国伊、周，处将相之任，擅废立之威，将上安宗庙，下惠百姓，大小踊跃，自以伊、霍复见。今迎王未至而欲入宫，如是，群下摇荡，众听疑惑，非所以永终忠孝，扬名后世也。"綝不怿而止。汜，翻之子也。

綝命弟恩行丞相事，率百僚以乘舆法驾迎琅邪王于永昌亭，筑宫，以武帐为便殿，设御坐。己卯，王至便殿，止东厢。孙恩奉上玺符，王三让，乃受。群臣以次奉引，王就乘舆，百官陪位。綝以兵千人迎于半野，拜于道侧，王下车答拜。即日，御正殿，大赦，改元永安。孙綝称"草莽臣"，诣阙上书，上印绶、节钺，求避贤路。吴主引见慰谕，下诏以綝为丞相、荆州牧，增邑五县。以恩为御史大夫、卫将军、中军督，封县侯。孙据、幹、闿皆拜将军，封侯。又以长水校尉张布为辅义将军，封永康侯。

先是，丹阳太守李衡数以事侵琅邪王，其妻习氏谏之，衡不听。琅邪王上书乞徙他郡，诏徙会稽。及琅邪王即位，李衡忧惧，谓妻曰："不用卿言，以至于此。吾欲奔魏，何如？"妻曰："不可。君本庶民耳，先帝相拔过重，既数作无礼，而复逆自猜嫌，逃叛求活，以此北归，何面目见中国人乎？"衡曰："计何所出？"妻曰："琅邪王素好善慕名，方欲自显于天下，终不以私嫌杀君明矣。可自囚诣狱，表列前失，显求受罪。如此，乃当逆见优饶，非但直活而已。"衡从之。吴主诏曰："丹阳太守李衡，以往事之嫌，自拘司败。夫射钩、斩袪，在君为君，其遣衡还郡，勿令自疑。"又加威远将军，授以棨戟。

己丑，吴主封故南阳王和子皓为乌程侯。

群臣奏立皇后、太子，吴主曰："朕以寡德，奉承洪业，莅事日浅，恩泽未敷，后妃之号,嗣子之位,非所急也。"有司固请,吴主不许。

孙綝奉牛酒诣吴主,吴主不受,赍诣左将军张布;酒酣,出怨言曰:"初废少主时,多劝吾自为之者,吾以陛下贤明,故迎之。帝非我不立,今上礼见拒,是与凡臣无异,当复改图耳。"布以告吴主,吴主衔之,恐其有变,数加赏赐。戊戌,吴主诏曰:"大将军掌中外诸军事,事统烦多,其加卫将军、御史大夫恩侍中,与大将军分省诸事。"或有告綝怀怨(悔)〔悔〕上,欲图反者,吴主执以付綝,綝杀之,由是益惧,因孟宗求出屯武昌,吴主许之。綝尽敕所督中营精兵万余人,皆令装载,又取武库兵器,吴主咸令给与。綝求中书两郎典知荆州诸军事,主者奏中书不应外出,吴主特听之。其所请求,一无违者。

将军魏邈说吴主曰:"綝居外,必有变。"武卫士施朔又告綝谋反。吴主将讨綝,密问辅义将军张布,布曰:"左将军丁奉,虽不能吏书,而计略过人,能断大事。"吴主召奉告之,且问以计画。奉曰:"丞相兄弟支党甚盛,恐人心不同,不可卒制,可因腊会有陛兵以诛之。"吴主从之。

十二月,丁卯,建业中谣言明会有变,綝闻之,不悦。夜,大风,发屋扬沙,綝益惧。戊辰,腊会,綝称疾不至。吴主强起之,使者十余辈,綝不得已,将入,众止焉。綝曰:"国家屡有命,不可辞。可豫整兵,令府内起火,因是可得速还。"遂入,寻而火起,綝求出,吴主曰:"外兵自多,不足烦丞相也。"綝起离席,奉、布目左右缚之。綝叩头曰:"愿徙交州。"吴主曰:"卿何以不徙滕胤、吕据于交州乎!"綝复曰:"愿没为官奴。"吴主曰:"卿何不以胤、据为奴乎!"遂斩之。以綝首令其众曰:"诸与綝同谋者,皆赦之。"放仗者五千人。孙闿乘船欲降北,追杀之。夷綝三族,发孙峻棺,取其印绶,斫其木而埋之。

己巳,吴主以张布为中军督。改葬诸葛恪、滕胤、吕据等,其罹恪等事远徙者,一切召还。朝臣有乞为诸葛恪立碑者,吴主诏曰:"盛夏出军,士卒伤损,无尺寸之功,不可谓能。受托孤之任,死于竖子之手,不可谓智。"遂寝。

初,汉昭烈留魏延镇汉中,皆实兵诸围以御外敌,敌若来攻,使不得入。及兴势之役,王平捍拒曹爽,皆承此制。及姜维用事,建议以为:"错守诸围,适可御敌,不获大利。不若使闻敌至,诸围皆敛兵聚谷,退就汉、乐二城,听敌入平,重关头镇守以捍之,令游军旁出以伺其虚。敌攻关不克,野无散谷,千里运粮,自然疲乏。引退之日,然后诸城并出,与游军并力搏之,此殄敌之术也。"于是汉主令督汉中胡济却住汉寿,监军王含守乐城,护军蒋斌守汉城。

四年(己卯、259)

春,正月,黄龙二见宁陵井中。先是,顿丘、冠军、阳夏井中屡有龙见,群臣以为吉祥,帝曰:"龙者,君德也,上不在天,下不在田,而数屈于井,非嘉兆也。"作

《潜龙诗》以自讽,司马昭见而恶之。

夏,六月,京陵穆侯王昶卒。

汉主封其子谌为北地王,恂为新兴王,虔为上党王。尚书令陈祗以巧佞有宠于汉主,姜维虽位在祗上,而多率众在外,希亲朝政,权任不及祗。秋,八月,丙子,祗卒。汉主以仆射义阳董厥为尚书令,尚书诸葛瞻为仆射。

冬,十一月,车骑将军孙壹为婢所杀。

是岁,以王基为征南将军,都督荆州诸军事。

元皇帝上

景元元年(庚辰、260)

春,正月,朔,日有食之。

夏,四月,诏有司率遵前命,复进大将军昭位相国,封晋公,加九锡。

帝见威权日去,不胜其忿。五月,己丑,召侍中王沈、尚书王经、散骑常侍王业,谓曰:“司马昭之心,路人所知也。吾不能坐受废辱,今日当与卿自出讨之。”王经曰:“昔鲁昭公不忍季氏,败走失国,为天下笑。今权在其门,为日久矣。朝廷四方皆为之致死,不顾逆顺之理,非一日也。且宿卫空阙,兵甲寡弱,陛下何所资用,而一旦如此,无乃欲除疾而更深之邪!祸殆不测,宜见重详。”帝乃出怀中黄素诏投地曰:“行之决矣!正使死何惧,况不必死邪!”于是入白太后。沈、业奔走告昭,呼经欲与俱,经不从。帝遂拔剑升辇,率殿中宿卫苍头官僮鼓噪而出。昭弟屯骑校尉伷遇帝于东止车门,左右呵之,伷众奔走。中护军贾充自外入,逆与帝战于南阙下,帝自用剑。众欲退,骑督成倅弟太子舍人济问充曰:“事急矣,当云何?”充曰:“司马公畜养汝等,正为今日。今日之事,无所问也。”济即抽戈前刺帝,殒于辇下。昭闻之,大惊,自投于地。太傅孚奔往,枕帝股而哭,甚哀,曰:“杀陛下者,臣之罪也。”

昭入殿中,召群臣会议。尚书左仆射陈泰不至,昭使其舅尚书荀颛召之,泰曰:“世之论者,以泰方于舅,今舅不如泰也。”子弟内外咸逼之,乃入,见昭,悲恸。昭亦对之泣曰:“玄伯,卿何以处我?”泰曰:“独有斩贾充,少可以谢天下耳。”昭久之曰:“卿更思其次。”泰曰:“泰言惟有进于此,不知其次。”昭乃不复更言。颛,彧之子也。

太后下令,罪状高贵乡公,废为庶人,葬以民礼。收王经及其家属付廷尉。经谢其母,母颜色不变,笑而应曰:“人谁不死,正恐不得其所。以此并命,何恨之有!”及就诛,故吏向雄哭之,哀动一市。王沈以功封安平侯。庚寅,太傅孚等上言,请以王礼葬高贵乡公,太后许之。

使中护军司马炎迎燕王宇之子常道乡公璜于邺,以为明帝嗣。炎,昭之子也。

辛卯,群公奏太后自今令书皆称诏制。

癸卯,司马昭固让相国、晋公、九锡之命,太后诏许之。

戊申,昭上言:"成济兄弟大逆不道。"夷其族。

六月,癸丑,太后诏常道乡公更名奂。甲寅,常道乡公入洛阳,是日,即皇帝位,年十五,大赦,改元。

丙辰,诏进司马昭爵位九锡如前,昭固让,乃止。

癸亥,以尚书左仆射王观为司空。

吴都尉严密建议作浦里塘,群臣皆以为难,唯卫将军陈留濮阳兴以为可成,遂会诸军民就作,功费不可胜数,士卒多死亡,民大愁怨。

会稽郡谣言王亮当还为天子,而亮宫人告亮使巫祷祠,有恶言,有司以闻。吴主黜亮为候官侯,遣之国;亮自杀,卫送者皆伏罪。

冬,十月,阳乡肃侯王观卒。

十一月,诏尊燕王,待以殊礼。

十二月,甲午,以司隶校尉王祥为司空。

尚书王沈为豫州刺史。初到,下教敕属城及士民曰:"若有能陈长吏可否,说百姓所患者,给谷五百斛。若说刺史得失,朝政宽猛者,给谷千斛。"主簿陈廞、褚䂮入白曰:"教旨思闻苦言,示以劝赏。窃恐拘介之士或惮赏而不言,贪昧之人将慕利而妄举。苟不宜行,赏不虚行,则远听者未知当否之所在,徒见言之不用,谓设而不行。愚以告下之事,可小须后。"沈又教曰:"夫兴益于上,受分于下,斯乃君子之操,何不言之有!"褚䂮复白曰:"尧、舜、周公所以能致忠谏者,以其款诚之心著也。冰炭不言而冷热之质自明者,以其有实也。若好忠直,如冰炭之自然,则谔谔之言将不求而自至。若德不足以配唐、虞,明不足以并周公,实不可以同冰炭,虽悬重赏,忠谏之言未可致也。"沈乃止。

二年(辛巳、261)

春,三月,襄阳太守胡烈表言:"吴将邓由、李光等十八屯同谋归化,遣使送质任,欲令郡兵临江迎拔。"诏王基部分诸军径造沮水以迎之。"若由等如期到者,便当因此震荡江表。"基驰驿遗司马昭书,说由等可疑之状,"且当清澄,未宜便举重兵深入应之"。又曰:"夷陵东西道皆险狭,竹木丛蔚,卒有要害,弩马不陈。今者筋角濡弱,水潦方降,废盛农之务,徼难必之利,此事之危者也。姜维之趣上邽,文钦之据寿春,皆深入求利,以取覆没,此近事之鉴戒也。嘉平已来,累有内难,当今之宜,当务镇安社稷,抚宁上下,力农务本,怀柔百姓,未宜动众以求外利也。"昭累得基书,意狐疑,敕诸军已上道者,且权停住所在,须候节度。基复遗昭书曰:"昔汉祖纳郦生之说,欲封六国,寤张良之谋而趣销印。基谋虑浅短,诚不及留侯,亦惧襄阳有食其之谬。"昭于是罢兵,报基书曰:"凡处事者多曲相从顺,鲜能确然共尽理实,诚感忠爱,每见规示,辄依来旨,已罢军严。"既雨由等果不降。烈,奋之弟也。

秋,八月,甲寅,复命司马昭进爵位如前,不受。

冬,十月,汉主以董厥为辅国大将军,诸葛瞻为都护、卫将军,共平尚书事,以侍中樊建为尚书令。时中常侍黄皓用事,厥、瞻皆不能矫正,士大夫多附之,唯建不与皓往来。秘书令郤正久在内职,与皓比屋,周旋三十余年,澹然自守,以书自娱,既不为皓所爱,亦不为皓所憎,故官不过六百石,而亦不罹其祸。汉主弟甘陵王永憎皓,皓潜之,使十年不得朝见。

吴主使五官中郎将薛珝聘于汉,及还,吴主问汉政得失,对曰:"主暗而不知其过,臣下容身以求免罪,入其朝不闻直言,经其野民皆菜色。臣闻燕雀处堂,子母相乐,自以为至安也,突决栋焚,而燕雀怡然不知祸之将及,其是之谓乎!"珝,综之子也。

是岁,鲜卑索头部大人拓跋力微始遣其子沙漠汗入贡,因留为质。力微之先,世居北荒,不交南夏。至可汗毛,始强大,统国三十六,大姓九十九。后五世至可汗推寅,南迁大泽。又七世至可汗邻,使其兄弟七人及族人乙旃氏、车焜氏分统部众为十族。邻老,以位授其子诘汾,使南迁,遂居匈奴故地。诘汾卒,力微立,复徙居定襄之盛乐,部众浸盛,诸部皆畏服之。

资治通鉴卷第七十八

翰林学士兼侍读学士朝散大夫右谏议大夫知制诰判尚书都省兼提举万寿
观公事上柱国河内郡开国侯食邑一千三百户食实封二百户赐紫金鱼袋臣　司马光　奉敕编集

魏纪十 起玄黓敦牂(壬午),尽阏逢涒滩(甲申),凡三年。

元皇帝下

景元三年(壬午、262)

秋,八月,乙酉,吴主立皇后朱氏,朱公主之女也。戊子,立子霅为太子。

汉大将军姜维将出军,右车骑将军廖化曰:"兵不戢,必自焚,伯约之谓也。智不出敌而力少于寇,用之无厌,将何以存!"冬,十月,维入寇洮阳,邓艾与战于侯和,破之,维退住沓中。初,维以羁旅依汉,身受重任,兴兵累年,功绩不立。黄皓用事于中,与右大将军阎宇亲善,阴欲废维树宇。维知之,言于汉主曰:"皓奸巧专恣,将败国家,请杀之。"汉主曰:"皓趋走小臣耳,往董允每切齿,吾常恨之,君何足介意!"维见皓枝附叶连,惧于失言,逊辞而出,汉主敕皓诣维陈谢。维由是自疑惧,返自洮阳,因求种麦沓中,不敢归成都。

吴主以濮阳兴为丞相,廷尉丁密、光禄勋孟宗为左右御史大夫。初,兴为会稽太守,吴主在会稽,兴遇之厚,左将军张布尝为会稽王左右督将,故吴主即位,二人皆贵宠用事。布典宫省,兴关军国,以佞巧更相表里,吴人失望。

吴主喜读书,欲与博士祭酒韦昭、博士盛冲讲论,张布以昭、冲切直,恐其入侍,言己阴过,固谏止之。吴主曰:"孤之涉学,群书略遍,但欲与昭等讲习旧闻,亦何所损?君特当恐昭等道臣下奸恶,故不欲令入耳。如此之事,孤已自备之,不须昭等然后乃解也。"布惶恐陈谢,且言惧妨政事。吴主曰:"王务、学业,其流各异,不相妨也。此无所为非,而君以为不宜,是以孤有所及耳。不图君今日在事,更行此于孤也,良甚不取。"布拜表叩头。吴主曰:"聊相开悟耳,何至叩头乎!如君之忠诚,远近所知,吾今日之巍巍,皆君之功也。《诗》云:'靡不有初,鲜克有终。'终之实难,君其终之。"然吴主恐布疑惧,卒如布意,废其讲业,不复使昭等入。

谯郡嵇康,文辞壮丽,好言老、庄而尚奇任侠,与陈留阮籍、籍兄子咸、河内山涛、河南向秀、琅邪王戎、沛人刘伶特相友善,号竹林七贤。皆崇尚虚无,轻蔑礼法,纵酒昏酣,遗落世事。

阮籍为步兵校尉,其母卒,籍方与人围棋,对者求止,籍留与决赌。既与饮酒二斗,举声一号,吐血数升,毁瘠骨立。居丧,饮酒无异平日。司隶校尉何曾恶之,面质籍于司马昭座曰:"卿纵情、背礼、败俗之人,今忠贤执政,综核名实,若卿之曹,不可长也。"因谓昭曰:"公方以孝治天下,而听阮籍以重哀饮酒食肉于公座,何以训人!宜摈之四裔,无令污染华夏。"昭爱籍才,常拥护之。曾,夔之子也。

阮咸素幸姑婢,姑将婢去,咸方对客,遽借客马而追之,累骑而还。

刘伶嗜酒,常乘鹿车,携一壶酒,使人荷锸随之,曰:"死便埋我。"当时士大夫皆以为贤,争慕效之,谓之放达。

钟会方有宠于司马昭,闻嵇康名而造之,康箕踞而锻,不为之礼。会将去,康曰:"何所闻而来,何所见而去?"会曰:"闻所闻而来,见所见而去。"遂深衔之。

山涛为吏部郎,举康自代,康与涛书,自说不堪流俗,而非薄汤、武。昭闻而怒之。康与东平吕安亲善,安兄巽诬安不孝,康为证其不然。会因谮:"康尝欲助毌丘俭,且安、康有盛名于世,而言论放荡,害时乱教,宜因此除之。"昭遂杀安及康。康尝诣隐者汲郡孙登,登曰:"子才多识寡,难乎免于今之世矣。"

司马昭患姜维数为寇,官骑路遗求为刺客入蜀,从事中郎荀勖曰:"明公为天下宰,宜杖正义以伐违贰,而以刺客除贼,非所以刑于四海也。"昭善之。勖,爽之曾孙也。

昭欲大举伐汉,朝臣多以为不可,独司隶校尉钟会劝之。昭谕众曰:"自定寿春已来,息役六年,治兵缮甲,以拟二虏。今吴地广大而下湿,攻之用功差难,不如先定巴蜀,三年之后,因顺流之势,水陆并进,此灭虢取虞之势也。计蜀战士九万,居守成都及备他境不下四万,然则余众不过五万。今绊姜维于沓中,使不得东顾,直指骆谷,出其空虚之地以袭汉中,以刘禅之暗,而边城外破,士女内震,其亡可知也。"乃以钟会为镇西将军,都督关中。征西将军邓艾以为蜀未有衅,屡陈异议,昭使主簿师纂为艾司马以谕之,艾乃奉命。

姜维表汉主:"闻钟会治兵关中,欲规进取,宜并遣左右车骑张翼、廖化,督诸军分护阳安关口及阴平之桥头,以防未然。"黄皓信巫鬼,谓敌终不自致,启汉主寝其事,群臣莫知。

四年(癸未、263)

春,二月,复命司马昭进爵位如前,又辞不受。

吴交阯太守孙谞贪暴,为百姓所患,会吴主遣察战邓荀至交阯,荀擅调孔爵三十头送建业,民惮远役,因谋作乱。夏,五月,郡吏吕兴等杀谞及荀,遣使来请太守及兵,九真、日南皆应之。

诏诸军大举伐汉,遣征西将军邓艾督三万余人自狄道趣甘松、沓中,以连缀姜维;雍州刺史诸葛绪督三万余人自祁山趣武街桥头,绝维归路;钟会统十余万众分从斜谷、骆谷、子午谷趣汉中。以廷尉卫瓘持节监艾、会军事,行镇西军司。瓘,觊之子也。

会过幽州刺史王雄之孙戎,问:"计将安出?"戎曰:"道家有言,'为而不恃。'非成功难,保之难也。"或以问参相国军事平原刘寔曰:"钟、邓其平蜀乎?"寔曰:"破蜀必矣,而皆不还。"客问其故,寔笑而不答。

秋,八月,军发洛阳,大赉将士,陈师誓众。将军邓敦谓蜀未可讨,司马昭斩以徇。

汉人闻魏兵且至,乃遣廖化将兵诣沓中,为姜维继援,张翼、董厥等诣阳安关口,为诸围外助。大赦,改元炎兴。敕诸围皆不得战,退保汉、乐二城,城中各有兵五千人。翼、厥北至阴平,闻诸葛绪将向建威,留住月余待之。钟会率诸军平行至汉中。九月,钟会使前将军李辅统万人围王含于乐城,护军荀恺围蒋斌于汉城。会径过,西趣阳安口,遣人祭诸葛亮墓。

初,汉武兴督蒋舒在事无称,汉朝令人代之,使助将军傅佥守关口,舒由是恨。钟会使护军胡烈为前锋,攻关口。舒诡谓佥曰:"今贼至不击而闭城自守,非良图也。"佥曰:"受命保城,惟全为功,今违命出战,若丧师负国,死无益矣。"舒曰:"子以保城获全为功,我以出战克敌为功,请各行其志。"遂率其众出。佥谓其战也,不设备。舒率其众迎降胡烈,烈乘虚袭城,佥格斗而死。佥,肜之子也。钟会闻关口已下,长驱而前,大得库藏积谷。

邓艾遣天水太守王颀直攻姜维营,陇西太守牵弘邀其前,金城太守杨欣趣甘松。维闻钟会诸军已入汉中,引兵还。欣等追蹑于彊川口,大战,维败走。闻诸葛绪已塞道屯桥头,乃从孔函谷入北道,欲出绪后。绪闻之,却还三十里。维入北道三十余里,闻绪军却,寻还,从桥头过,绪趣截维,较一日不及。维遂还至阴平,合集士众,欲赴关城。未到,闻其已破,退趣白水,遇廖化、张翼、董厥等。合兵守剑阁以拒会。

安国元侯高柔卒。

冬,十月,汉人告急于吴。甲申,吴主使大将军丁奉督诸军向寿春;将军留平就施绩于南郡,议兵所向;将军丁封、孙异如沔中,以救汉。

诏以征蜀诸将献捷交至,复命大将军昭进位,爵赐一如前诏,昭乃受命。

昭辟任城魏舒为相国参军。初,舒少时迟钝质朴,不为乡亲所重,从叔父吏部郎衡,有名当世,亦不知之,使守水碓,每叹曰:"舒堪数百户长,我愿毕矣。"舒亦不以介意,不为皎厉之事。唯太原王乂谓舒曰:"卿终当为台辅。"常振其匮乏,舒受而不辞。年四十余,郡举上计掾,察孝廉。宗党以舒无学业,劝令不就,可以为高。舒曰:"若试而不中,其负在我,安可虚窃不就之高以为己荣乎?"于是自课,百日习一经,因而对策升第,累迁后将军钟毓长史。毓每与参佐射,舒常为画筹而已,后遇朋人不足,以舒满数,舒容范闲雅,发无不中,举坐愕然,莫有敌者。毓叹而谢曰:"吾之不足以尽卿才,有如此射矣,岂一事哉!"及为相国参军,府朝碎务,未尝见是非,至于废兴大事,众人莫能断者,舒徐为筹之,多出众议之表。昭深器重之。

癸卯,立皇后卞氏,昭烈将军秉之孙也。

邓艾进至阴平,简选精锐,欲与诸葛绪自江油趣成都。绪以本受节度邀姜维,西行非本诏,遂引军向白水,与钟会合。会欲专军势,密白绪畏懦不进,槛车征还,军悉属会。

姜维列营守险,会攻之,不能克,粮道险远,军食乏,欲引还。邓艾上言:"贼已摧折,宜遂乘之。若从阴平由邪径经汉德阳亭趣涪,出剑阁西百里,去成都三百余里,奇兵冲其腹心,出其不意,剑阁之守必还赴涪,则会方轨而进,剑阁之军不还,则应涪之兵寡矣。"遂自阴平行无人之地七百余里,凿山通道,造作桥阁。山高谷深,至为艰险,又粮运将匮,濒于危殆。艾以毡自裹,推转而下。将士皆攀木缘崖,鱼贯而进。先登至江油,蜀守将马邈降。诸葛瞻督诸军拒艾,至涪,停住不进。尚书郎黄崇,权之子也,屡劝瞻宜速行据险,无令敌得入平地,瞻犹豫未纳,崇再三言之,至于流涕,瞻不能从。艾遂长驱而前,击破瞻前锋,瞻退住绵竹。艾以书诱瞻曰:"若降者,必表为琅邪王。"瞻怒,斩艾使,列阵以待艾。艾遣子惠唐亭侯忠等出其右,司马师纂等出其左。忠、纂战不利,并引还,曰:"贼未可击。"艾怒曰:"存亡之分,在此一举,何不可之有!"叱忠、纂等,将斩之。忠、纂驰还更战,大破,斩瞻及黄崇。瞻子尚叹曰:"父子荷国重恩,不早斩黄皓,使败国殄民,用生何为!"策马冒阵而死。

汉人不意魏兵卒至,不为城守调度,闻艾已入平土,百姓扰扰,皆迸山野,不可禁制。汉主使群臣会议,或以为蜀之与吴,本为与国,宜可奔吴;或以为南中七郡,阻险斗绝,易以自守,宜可奔南。光禄大夫谯周以为:"自古以来,无寄他国为天子者,今若入吴国,亦当臣服。且治政不殊,则大能吞小,此数之自然也。由此言之,则魏能并吴,吴不能并魏明矣。等为称臣,为小孰与为大?再辱之耻,何与一辱?且若欲奔南,则当早为之计,然后可果;今大敌已近,祸败将及,群小之心,无一可保,恐发足之日,其变不测,何至南之有乎!"或曰:"今艾已不远,恐不受降,如之何?"周曰:"方今东吴未宾,事势不得不受,受之不得不礼。若陛下降魏,魏不裂土以封陛下者,周请身诣京都,以古义争之。"众人皆从周议。

汉主犹欲入南,狐疑未决。周上疏曰:"南方远夷之地,平常无所供为,犹数反叛,自丞相亮以兵威逼之,穷乃率从。今若至南,外当拒敌,内供服御,费用张广,他无所取,耗损诸夷,其叛必矣。"汉主乃遣侍中张绍等奉玺绶以降于艾。北地王谌怒曰:"若理穷力屈,祸败将及,便当父子君臣背城一战,同死社稷,以见先帝可也,奈何降乎!"汉主不听。是日,谌哭于昭烈之庙,先杀妻子而后自杀。

张绍等见邓艾于雒,艾大喜,报书褒纳。汉主遣太仆蒋显别敕姜维使降钟会,又遣尚书郎李虎送士民簿于艾,户二十八万,口九十四万,甲士十万二千,吏四万人。艾至成都城北,汉主率太子诸王及群臣六十余人,面缚舆榇诣军门。艾持节解缚焚榇,延请相见。检御将士,无得虏略,绥纳降附,使复旧业。辄依邓禹故事,承制拜汉主禅行骠骑将军,太子奉车、诸王驸马都尉。汉群司各随高下拜为王官,或领艾官属。以师纂领益州刺史,陇西太守牵弘等领蜀中诸郡。艾闻黄皓奸险,收闭,将杀之,皓赂艾左右,卒以得免。

姜维等闻诸葛瞻败,未知汉主所向,乃引军东入于巴。钟会进军至涪,遣胡烈等追维。维至郪。得汉主敕命,乃令兵悉放仗,送节传于胡烈,自从东道与廖化、张翼、董厥等同诣会降。将士咸怒,拔刀斫石。于是诸郡县围守皆被汉主敕罢兵降。钟会厚待姜维等,皆权还其印绶节盖。

吴人闻蜀已亡,乃罢丁奉等兵。吴中书丞吴郡华覈诣宫门上表曰:"伏闻成都不守,臣主播越,社稷倾覆,失委附之土,弃贡献之国,臣以草芥,窃怀不宁,陛下圣仁,恩泽远抚,卒闻如此,必垂哀悼。臣不胜忡怅之情,谨拜表以闻。"

魏之伐蜀也,吴人或谓襄阳张悌曰:"司马氏得政以来,大难屡作,百姓未服,今又劳力远征,败于不暇,何以能克!"悌曰:"不然。曹操虽功盖中夏,民畏其威而不怀其德也。丕、叡承之,刑繁役重,东西驱驰,无有宁岁。司马懿父子累有大功,除其烦苛而布其平惠,为之谋主而救其疾苦,民心归之亦已久矣。故淮南三叛,而腹心不扰;曹髦之死,四方不动。任贤使能,各尽其心,其本根固矣,奸计立矣。今蜀阉宦专朝,国无政令,而玩戎黩武,民劳卒敝,竞于外利,不修守备。彼强弱不同,智算亦胜,因危而伐,殆无不克。噫!彼之得志,我之忧也。"吴人笑其言,至是乃服。

吴人以武陵五溪夷与蜀接界,蜀亡,惧其叛乱,乃以越骑校尉钟离牧领武陵太守。魏已遣汉葭县长郭纯试守武陵太守,率涪陵民入迁陵界,屯于赤沙,诱动诸夷进攻酉阳,郡中震惧。牧问朝吏曰:"西蜀倾覆,边境见侵,何以御之?"皆对曰:"今二县山险,诸夷阻兵,不可以军惊扰,惊扰则诸夷盘结,宜以渐安,可遣恩信吏宣教慰劳。"牧曰:"不然。外境内侵,诳诱人民,当及其根柢未深而扑取之,此救火贵速之势也。"敕外趣严。抚夷将军高尚谓牧曰:"昔潘太常督兵五万,然后讨五谿夷,是时刘氏连和,诸夷率化。今既无往日之援,而郭纯已据迁陵,而明府欲以三千兵深入,尚未见其利也。"牧曰:"非常之事,何得循旧!"即率所领晨夜进道,缘山险行垂二千里,斩恶民怀异心者魁帅百余人,及其支党凡千余级。纯等散走,五谿皆平。

十二月,庚戌,以司徒郑冲为太保。

壬子,分益州为梁州。

癸丑,特赦益州士民,复除租税之半五年。

乙卯,以邓艾为太尉,增邑二万户,钟会为司徒,增邑万户。

皇太后郭氏殂。

邓艾在成都,颇自矜伐,谓蜀士大夫曰:"诸君赖遭艾,故得有今日耳。如遇吴汉之徒,已殄灭矣。"艾以书言于晋公昭曰:"兵有先声而后实者,今因平蜀之势以乘吴,吴人震恐,席卷之时也。然大举之后,将士疲劳,不可便用,且徐缓之。留陇右兵二万人,蜀兵二万人,煮盐兴冶,为军农要用,并作舟船,豫为顺流之事。然后发使告以利害,吴必归化,可不征而定也。今宜厚刘禅以致孙休,封禅为扶风王,锡其资财,供其左右。郡有董卓坞,为之宫舍。爵其子为公侯,食郡内县,以显归命之宠。开广陵、城阳以待吴人,则畏威怀德,望风而从矣。"昭使监军卫瓘谕艾:"事当须报,不宜辄行。"艾重言曰:"衔命征行,奉指授之策,元恶既服,至于承制拜假,以安初附,谓合权宜。今蜀举众归命,地尽南海,东接吴、会,宜早镇定。若待国命,往复道途,延引日月。《春秋》之义,'大夫出疆,有可以安社稷、利国家,专之可也。'今吴未宾,势与蜀连,不可拘常,以失事机。《兵法》:'进不求名,退不避罪。'艾虽无古人之节,终不自嫌以损国家计也。"

钟会内有异志,姜维知之,欲构成扰乱,乃说会曰:"闻君自淮南已来,算无遗策,晋道克昌,皆君之力。今复定蜀,威德振世,民高其功,主畏其谋,欲以此安归乎?何不法陶朱公泛舟绝迹,全功保身邪!"会曰:"君言远矣,我不能行。且为今之道,或未尽于此也。"维曰:"其他则君智力之所能,无烦于老夫矣。"由是情好欢甚,出则同舆,坐则同席。会因邓艾承制专事,乃与卫瓘密白艾有反状。会善效人书,于剑阁要艾章表、白事,皆易其言,令辞指悖傲,多自矜伐。又毁晋公昭报书,手作以疑之。

咸熙元年(甲申、264)

春,正月,壬辰,诏以槛车征邓艾。晋公昭恐艾不从命,敕钟会进军成都,又遣贾充将兵入斜谷。昭自将大军从帝幸长安,以诸王公皆在邺,乃以山涛为行军司马,镇邺。

初,钟会以才能见任,昭夫人王氏言于昭曰:"会见利忘义,好为事端,宠过必乱,不可大任。"及会将伐汉,西曹属邵悌言于晋公曰:"今遣钟会率十万余众伐蜀,愚谓会单身无任,不若使余人行也。"晋公笑曰:"我宁不知此邪?蜀数为边寇,师老民疲,我今伐之,如指掌耳,而众言蜀不可伐。夫人心豫怯则智勇并竭,智勇并竭而强使之,适所以为敌禽耳。惟钟会与人意同,今遣会伐蜀,蜀必可灭。灭蜀之后,就如卿虑,何忧其不能办邪?夫蜀已破亡,遗民震恐,不足与共图事;中国将士各自思归,不肯与同也。会若作恶,只自灭族耳。卿不须忧此,慎勿使人闻也。"及晋公将之长安,悌复曰:"钟会所统兵五六倍于邓艾,但可敕会取艾,不须自行。"晋公曰:"卿忘前言邪,而云不须行乎?虽然,所言不可宣也。我要自当以信意待人,但人不当负我耳,我岂可先人生心哉!近日贾护军问我:'颇疑钟会不?'我答言:'如今遣卿行,宁可复疑卿邪?'贾亦无以易我语也。我到长安,则自了矣。"

钟会遣卫瓘先至成都收邓艾,会以瓘兵少,欲令艾杀瓘,因以为艾罪。瓘知其意,然不可得距,乃夜至成都,檄艾所统诸将,称:"奉诏收艾,其余一无所问。若来赴官军,爵赏如先,敢有不出,诛及三族!"比至鸡鸣,悉来赴瓘,唯艾帐内在焉。平旦,开门,瓘乘使者车,径入至艾所居,艾尚卧未起,遂执艾父子,置艾于槛车。诸将图欲劫艾,整仗趣瓘营,瓘轻出迎之,伪作表草,将申明艾事,诸将信之而止。

丙子,会至成都,送艾赴京师。会所惮惟艾,艾父子既禽,会独统大众,威震西土,遂决谋反。会欲使姜维将五万人出斜谷为前驱,会自将大众随其后。既至长安,令骑士从陆道,步兵从水道,顺流浮渭入河,以为五日可到孟津,与骑兵会洛阳,一旦天下可定也。会得晋公书云:"恐邓艾或不就征,今遣中护军贾充将步骑万人径入斜谷,屯乐城,吾自将十万屯长安,相见在近。"会得书惊,呼所亲语之曰:"但取邓艾,相国知我独办之;今来大重,必觉我异矣,便当速发。事成,可得天下;不成,退保蜀、汉,不失作刘备也!"

丁丑,会悉请护军、郡守、牙门骑督以上及蜀之故官,为太后发哀于蜀朝堂,矫太后遗诏,使会起兵废司马昭,皆班示坐上人,使下议讫,书版署置,更使所亲信代领诸军。所请群官,悉闭著益州诸曹屋中,城门宫门皆闭,严兵围守。卫瓘诈称疾笃,出就外廨。会信之,无所复惮。

姜维欲使会尽杀北来诸将,己因杀会,尽坑魏兵,复立汉主,密书与刘禅曰:"愿陛下忍数日之辱,臣欲使社稷危而复安,日月幽而复明。"会欲从维言诛诸将,犹豫未决。

会帐下督丘建本属胡烈,会爱信之。建愍烈独坐,启会,使听内一亲兵出取饮食,诸牙门随例各内一人。烈绐语亲兵及疏与其子渊曰:"丘建密说消息,会已作大坑,白棓数千,欲悉呼外兵入,人赐白帕,拜散将,以次棓杀,内坑中。"诸牙门亲兵亦咸说此语,一夜,转相告,皆遍。己卯,日中,胡渊率其父兵雷鼓出门,诸军不期皆鼓噪而出,曾无督促之者,而争先赴城。时会方给姜维铠杖,白外有匈匈声,似失火者,有顷,白兵走向城。会惊,谓维曰:"兵来似欲作恶,当云何?"维曰:"但当击之耳。"会遣兵悉杀所闭诸牙门郡守,内人共举机以拄门,兵斫门,不能破。斯须,城外倚梯登城,或烧城屋,蚁附乱进,矢下如雨,牙门、郡守各缘屋出,与其军士相得。姜维率会左右战,手杀五六人,众格斩维,争前杀会。会将士死者数百人,杀汉太子璿及姜维妻子,军众钞略,死丧狼籍。卫瓘部分诸将,数日乃定。

邓艾本营将士追出艾于槛车,迎还。卫瓘自以与会共陷艾,恐其为变,乃遣护军田续等将兵袭艾,遇于绵竹西,斩艾父子。艾之入江油也,田续不进,艾欲斩续,既而舍之。及瓘遣续,谓曰:"可以报江油之辱矣。"镇西长史杜预言于众曰:"伯玉其不免乎!身为名士,位望已高,既无德音,又不御下以正,将何以堪其责乎?"瓘闻之,不候驾而谢预。预,恕之子也。邓艾余子在洛阳者悉伏诛。徙其妻及孙于西城。

钟会兄毓尝密言于晋公曰:"会挟术难保,不可专任。"及会反,毓已卒,晋公思钟繇之勋与毓之贤,特原毓子峻、迪,官爵如故。会功曹向雄收葬会尸,晋公召而责之曰:"往者王经之死,卿哭于东市而我不问。钟会躬为叛逆,又辄收葬,若复相容,其如王法何!"雄曰:"昔先王掩骼埋胔,仁流朽骨,当时岂先卜其功罪而后收葬哉!今王诛既加,于法已备,雄感义收葬,教亦无阙。法立于上,教弘于下,以此训物,不亦可乎?何必使雄背死违生,以立于世。明公雠对枯骨,捐之中野,岂仁贤之度哉!"晋公悦,与宴谈而遣之。

二月,丙辰,车驾还洛阳。

庚申,葬明元皇后。

初,刘禅使巴东太守襄阳罗宪将兵二千人守永安,闻成都败,吏民惊扰,宪斩称成都乱者一人,百姓乃定。及得禅手敕,乃帅所统临于都亭三日。吴闻蜀败,起兵西上,外托救援,内欲袭宪。宪曰:"本朝倾覆,吴为唇齿,不恤我难而背盟徼利,不义甚矣。且汉已亡,吴何得久?我宁能为吴降虏乎!"保城缮甲,告誓将士,厉以节义,莫不愤激。吴人闻钟、邓败,百城无主,有兼蜀之志,而巴东固守,兵不得过,乃使抚军步协率众而西。宪力弱不能御,遣参军杨宗突围北出,告急于安东将军陈骞,又送文武印绶、任子诣晋公。协攻永安,宪与战,大破之。吴主怒,复遣镇军陆抗等帅众三万人增宪之围。

三月,丁丑,以司空王祥为太尉,征北将军何曾为司徒,左仆射荀颙为司空。

己卯,进晋公爵为王,增封十郡。王祥、何曾、荀颛共诣晋王,颛谓祥曰:"相王尊重,何侯与一朝之臣皆已尽敬,今日便当相率而拜,无所疑也。"祥曰:"相国虽尊,要是魏之宰相,吾等魏之三公,王、公相去一阶而已,安有天子三公可辄拜人者!损魏朝之望,亏晋王之德,君子爱人以礼,我不为也。"及入,颛遂拜,而祥独长揖。王谓祥曰:"今日然后知君见顾之重也。"

刘禅举家东迁洛阳,时扰攘仓卒,禅之大臣无从行者,惟秘书令郤正及殿中督汝南张通舍妻子单身随禅,禅赖正相导宜适,举动无阙,乃慨然叹息,恨知正之晚。

初,汉建宁太守霍弋都督南中,闻魏兵至,欲赴成都,刘禅以备敌既定,不听。成都不守,弋素服大临三日,诸将咸劝弋宜速降,弋曰:"今道路隔塞,未详主之安危,去就大故,不可苟也。若魏以礼遇主上,则保境而降不晚也。若万一危辱,吾将以死拒之,何论迟速邪!"得禅东迁之问,始率六郡将守上表曰:"臣闻人生于三,事之如一,惟难所在,则致其命。今臣国败主附,守死无所,是以委质,不敢有贰。"晋王善之,拜南中都尉,委以本任。

丁亥,封刘禅为安乐公,子孙及群臣封侯者五十余人。晋王与禅宴,为之作故蜀技,旁人皆为之感怆,而禅喜笑自若。王谓贾充曰:"人之无情,乃至于是!虽使诸葛亮在,不能辅之久全,况姜维邪?"他日,王问禅曰:"颇思蜀否?"禅曰:"此间乐,不思蜀也。"郤正闻之,谓禅曰:"若王后问,宜泣而答曰:'先人坟墓,远在岷、蜀,乃心西悲,无日不思。'因闭其目。"会王复问,禅对如前,王曰:"何乃似郤正语邪!"禅惊视曰:"诚如尊命。"左右皆笑。

夏,四月,新附督王稚浮海入吴句章,略其长吏及男女二百余口而还。

五月,庚申,晋王奏复五等爵,封骑督以上六百余人。

甲戌,改元。

癸未,追命舞阳文宣侯懿为晋宣王,忠武侯师为景王。

罗宪被攻凡六月,救援不到,城中疾病太半。或说宪弃城走,宪曰:"吾为城主,百姓所仰,危不能安,急而弃之,君子不为也,毕命于此矣。"陈骞言于晋王,遣荆州刺史胡烈将步骑二万攻西陵以救宪。秋,七月,吴师退。晋王使宪因仍旧任,加陵江将军,封万年亭侯。

晋王奏使司空荀颛定礼仪,中护军贾充正法律,尚书仆射裴秀议官制,太保郑冲总而裁焉。

吴分交州置广州。

吴主寝疾,口不能言,乃手书呼丞相濮阳兴入,令子霱出拜之。休把兴臂,指霱以托之。癸未,吴主殂,谥曰景帝。群臣尊朱后为皇太后。

吴人以蜀初亡，交阯携叛，国内恐惧，欲得长君，左典军万彧尝为乌程令，与乌程侯皓相善，称"皓才识明断，长沙桓王之俦也，又加之好学，奉遵法度"。屡言之于丞相兴、左将军布，兴、布说朱太后，欲以皓为嗣。朱后曰："我寡妇人，安知社稷之虑，苟吴国无陨，宗庙有赖可矣。"于是遂迎立皓，改元元兴，大赦。

八月，庚寅，命中抚军司马炎副贰相国事。

初，钟会之伐汉也，辛宪英谓其夫之从子羊祜曰："会在事纵恣，非持久处下之道，吾畏其有他志也。"会请其子郎中琇为参军，宪英忧曰："他日吾为国忧，今日难至吾家矣。"琇固请于晋王，王不听。宪英谓琇曰："行矣，戒之，军旅之间，可以济者，其惟仁恕乎！"琇竟以全归。癸巳，诏以琇尝谏会反，赐爵关内侯。

九月，戊午，以司马炎为抚军大将军。

辛未，诏以吕兴为安南将军，都督交州诸军事，以南中监军霍弋遥领交州刺史，得以便宜选用长吏。弋表遣建宁爨谷为交阯太守，率牙门董元、毛炅、孟幹、孟通、爨能、李松、王素等将兵助兴。未至，兴为其功曹李统所杀。

吴主贬朱太后为景皇后，追谥父和曰文皇帝，尊母何氏为太后。

冬，十月，丁亥，诏以寿春所获吴相国参军事徐绍为散骑常侍，水曹掾孙彧为给事黄门侍郎，以使于吴，其家人在此者悉听自随，不必使还，以开广大信。晋王因致书吴主，谕以祸福。

初，晋王娶王肃之女，生炎及攸，以攸继景王后，攸性孝友，多材艺，清和平允，名闻过于炎。晋王爱之，常曰："天下者，景王之天下也，吾摄居相位，百年之后，大业宜归攸。"炎立发委地，手垂过膝，尝从容问裴秀曰："人有相否？"因以异相示之。秀由是归心。羊琇与炎善，为炎画策，察时政所宜损益，皆令炎豫记之，以备晋王访问。晋王欲以攸为世子，山涛曰："废长立少，违礼不祥。"贾充曰："中抚军有君人之德，不可易也。"何曾、裴秀曰："中抚军聪明神武，有超世之才，人望既茂，天表如此，固非人臣之相也。"晋王由是意定，丙午，立炎为世子。

吴主封太子瑾及其三弟皆为王，立妃滕氏为皇后。

初，吴主之立，发优诏，恤士民，开仓廪，振贫乏，科出宫女以配无妻者，禽兽养于苑中者皆放之，当时翕然称为明主。及既得志，粗暴骄盈，多忌讳，好酒色，大小失望。濮阳兴、张布窃悔之。或谮诸吴主，十一月，朔，兴、布入朝，吴主执之，徙于广州，道杀之，夷三族。以后父滕牧为卫将军，录尚书事。牧，胤之族人也。

是岁，罢屯田官。

资治通鉴卷第七十九

端明殿学士兼翰林侍读学士朝散大夫右谏议大夫充集贤殿修撰权判西京留司御史台上柱国河内郡开国侯食邑一千三百户食实封四百户赐紫金鱼袋臣　司马光　奉敕编集

晋纪一起旃蒙作噩(乙酉)，尽玄黓执徐(壬辰)，凡八年。

世祖武皇帝上之上

泰始元年(乙酉、265)

春，三月，吴主使光禄大夫纪陟、五官中郎将洪璆与徐绍、孙彧偕来报聘。绍行至濡须，有言绍誉中国之美者，吴主怒，追还，杀之。

夏，四月，吴改元甘露。

五月，魏帝加文王殊礼，进王妃曰后，世子曰太子。

癸未，大赦。

秋，七月，吴主逼杀景皇后，迁景帝四子于吴，寻又杀其长者二人。

八月，辛卯，文王卒，太子嗣为相国、晋王。

九月，乙未，大赦。

戊子，以魏司徒何曾为晋丞相。癸亥，以票骑将军司马望为司徒。

乙亥，葬文王于崇阳陵。

冬，吴西陵督步阐表请吴主徙都武昌，吴主从之，使御史大夫丁固、右将军诸葛靓守建业。阐，骘之子也。

十二月，壬戌，魏帝禅位于晋。甲子，出舍于金墉城。太傅司马孚拜辞，执帝手，流涕歔欷不自胜，曰："臣死之日，固大魏之纯臣也。"丙寅，王即皇帝位，大赦，改元。丁卯，奉魏帝为陈留王，即宫于邺，优崇之礼，皆仿魏初故事。魏氏诸王皆降为侯。追尊宣王为宣皇帝，景王为景皇帝，文王为文皇帝。尊王太后曰皇太后。封皇叔祖父孚为安平王，叔父干为平原王、亮为扶风王、伷为东莞王、骏为汝阴王、肜为梁王、伦为琅邪王、弟攸为齐王、鉴为乐安王、机为燕王，又封群从司徒望等十七人皆为王。以石苞为大司马，郑冲为太傅，王祥为太保，何曾为太尉，贾充为车骑将军，王沈为骠骑将军。其余文武增位进爵有差。乙亥，以安平王孚为太宰，都督中外诸军事。未几，又以车骑将军陈骞为大将军，与司徒义阳王望、司空荀𫖮，凡八公，同时并置。帝惩魏氏孤立之敝，故大封宗室，授以职任。又诏诸王皆得自选国中长吏，卫将军齐王攸独不敢，皆令上请。

诏除魏宗室禁锢,罢部曲将及长吏纳质任。

帝承魏氏刻薄奢侈之后,欲矫以仁俭。太常丞许奇,允之子也,帝将有事于太庙,朝议以奇父受诛,不宜接近左右,请出为外官,帝乃追述允之凤望,称奇之才,擢为祠部郎。有司言御牛青丝绁断,诏以青麻代之。

初置谏官,以散骑常侍傅玄、皇甫陶为之。玄,幹之子也。玄以魏末士风颓敝,上疏曰:"臣闻先王之御天下,教化隆于上,清议行于下。近者魏武好法术而天下贵刑名,魏文慕通达而天下贱守节,其后纲维不摄,放诞盈朝,遂使天下无复清议。陛下龙兴受禅,弘尧、舜之化,惟未举清远有礼之臣以敦风节,未退虚鄙之士以惩不恪,臣是以犹敢有言。"上嘉纳其言,使玄草诏进之,然亦不能革也。

初,汉征西将军司马钧生豫章太守量,量生颍川太守儁,儁生京兆尹防,防生宣帝。

二年(丙戌、266)

春,正月,丁亥,即用魏庙祭征西府君以下并景帝凡七室。

辛丑,尊景帝夫人羊氏曰景皇后,居弘训宫。

丙午,立皇后弘农杨氏。后,魏通事郎文宗之女也。

群臣奏:"五帝即天帝也,王气时异,故名号有五。自今明堂、南郊宜除五帝座。"从之。帝,王肃外孙也,故郊祀之礼,有司多从肃议。

二月,除汉宗室禁锢。

三月,戊戌,吴遣大鸿胪张俨、五官中郎将丁忠来吊祭。

吴散骑常侍庐江王蕃,体气高亮,不能承颜顺指,吴主不悦,散骑常侍万彧、中书丞陈声从而谮之。丁忠使还,吴主大会群臣,蕃沉醉顿伏。吴主疑其诈,舆蕃出外。顷之,召还。蕃好治威仪,行止自若。吴主大怒,呵左右于殿下斩之,出,登来山,使亲近掷蕃首,作虎跳狼争咋啮之,首皆碎坏。

丁忠说吴主曰:"北方无守战之备,弋阳可袭而取。"吴主以问群臣,镇西大将军陆凯曰:"北方新并巴、蜀,遣使求和,非求援于我也,欲蓄力以俟时耳。敌势方强,而欲侥幸求胜,未见其利也。"吴主虽不出兵,然遂与晋绝。凯,逊之族子也。

夏,五月,壬子,博陵元公王沈卒。

六月,丙午晦,日有食之。

文帝之丧,臣民皆从权制,三日除服。既葬,帝亦除之,然犹素冠疏食,哀毁如居丧者。秋,八月,帝将谒崇阳陵,群臣奏言,秋暑未平,恐帝悲思摧伤。帝曰:"朕得奉瞻山陵,体气自佳耳。"又诏曰:"汉文不使天下尽哀,亦帝王至谦之志。当见山陵,何心无服!其议以衰绖从行。群臣自依旧制。"尚书令裴秀奏曰:"陛下既除而复服,义无所依;若君服而臣不服,亦未之敢安也。"诏曰:"患情不能跂及耳,衣服何在!诸君勤勤之至,岂苟相违。"遂止。

中军将军羊祜谓傅玄曰:"三年之丧,虽贵遂服,礼也,而汉文除之,毁礼伤义。今主上至孝,虽夺其服,实行丧礼。若因此复先王之法,不亦善乎!"玄曰:"以日易月,已数百年,一旦复古,难行也。"祜曰:"不能使天下如礼,且使主上遂服,不犹愈乎!"玄曰:"主上不除而天下除之,此为但有父子,无复君臣也。"乃止。

戊辰,群臣奏请易服复膳,诏曰:"每感念幽冥,而不得终苴绖之礼,以为沉痛。况当食稻衣锦乎!适足激切其心,非所以相解也。朕本诸生家,传礼来久,何至一旦便易此情于所天!相从已多,可试省孔子答宰我之言,无事纷纭也。"遂以疏素终三年。

　　臣光曰:三年之丧,自天子达于庶人,此先王礼经,百世不易者也。汉文师心不学,变古坏礼,绝父子之恩,亏君臣之义。后世帝王不能笃于哀戚之情,而群臣诡谀,莫肯厘正。至于晋武独以天性矫而行之,可谓不世之贤君,而裴、傅之徒,固陋庸臣,习常玩故,不能将顺其美,惜哉!

吴改元宝鼎。

吴主以陆凯为左丞相,万彧为右丞相。吴主恶人视己,群臣侍见,莫敢举目。陆凯曰:"君臣无不相识之道,若猝有不虞,不知所赴。"吴主乃听凯自视,而它人如故。

吴主居武昌,扬州之民溯流供给,甚苦之,又奢侈无度,公私穷匮。凯上疏曰:"今四边无事,当务养民丰财,而更穷奢极欲,无灾而民命尽,无为而国财空,臣窃痛之。昔汉室既衰,三家鼎立,今曹、刘失道,皆为晋有,此目前之明验也。臣愚,但为陛下惜国家耳。武昌土地危险墝确,非王者之都。且童谣云:'宁饮建业水,不食武昌鱼;宁还建业死,不止武昌居。'以此观之,足明民心与天意矣。今国无一年之蓄,民有离散之怨,国有露根之渐,而官吏务为苛急,莫之或恤。大帝时,后宫列女及诸织络数不满百,景帝以来,乃有千数,此耗财之甚者也。又左右之臣,率非其人,群党相扶,害忠隐贤,此皆蠹政病民者也。臣愿陛下省息百役,罢去苛扰,料出宫女,清选百官,则天悦民附,国家永安矣。"吴主虽不悦,以其宿望,特优容之。

九月,诏:"自今虽诏有所欲,及已奏得可,而于事不便者,皆不可隐情。"

戊戌,有司奏:"大晋受禅于魏,宜一用前代正朔、服色,如虞遵唐故事。"从之。

冬,十月,丙午朔,日有食之。

永安山贼施但,因民劳怨,聚众数千人,劫吴主庶弟永安侯谦作乱,比至建业,众万余人,未至三十里住,择吉日入城。遣使以谦命召丁固、诸葛靓,固、靓斩其使，发兵逆战于牛屯。但兵皆无甲胄，即时败散。谦独坐车中，生获之。固不敢杀，以状白吴主，吴主并其母及弟俊皆杀之。初，望气者云："荆州有王气，当破扬州。"故吴主徙都武昌。及但反，自以为得计，遣数百人鼓噪入建业，杀但妻子，云"天子使荆州兵来破扬州贼"。

十一月，初并圆丘、方丘之祀于南北郊。

罢山阳公国督军，除其禁制。

十二月，吴主还都建业，使后父卫将军、录尚书事滕牧留镇武昌。朝士以牧尊戚，颇推令谏争，滕后之宠由是渐衰，更遣牧居苍梧，虽爵位不夺，其实迁也，在道以忧死。何太后常保佑滕后，太史又言中宫不可易，吴主信巫觋，故得不废，常供养升平宫，不复进见，诸姬佩皇后玺绂者甚众，滕后受朝贺表疏而已。吴主使黄门遍行州郡，料取将吏家女，其二千石大臣子女，皆岁岁言名，年十五、六一简阅，简阅不中，乃得出嫁。后宫以千数，而采择无已。

三年（丁亥、267）

春，正月，丁卯，立子衷为皇太子。诏以"近世每立太子必有赦，今世运将平，当示之以好恶，使百姓绝多幸之望。曲惠小人，朕无取焉。"遂不赦。

司隶校尉上党李憙劾奏故立进令刘友、前尚书山涛、中山王睦、尚书仆射武陔各占官稻田，请免涛、睦等官，陔已亡，请贬其谥。诏曰："友侵剥百姓以谬惑朝士，其考竟以惩邪佞。涛等不贰其过，皆勿有所问。憙亢志在公，当官而行，可谓邦之司直矣。光武有云：'贵戚且敛手，以避二鲍。'其申敕群寮，各慎所司，宽宥之恩，不可数遇也。"睦，宣帝之弟子也。

> 臣光曰：政之大本，在于刑赏，刑赏不明，政何以成！晋武帝赦山涛而褒李憙，其于刑、赏两失之。使憙所言为是，则涛不可赦；所言为非，则憙不足褒。褒之使言，言而不用，怨结于下，威玩于上，将安用之！且四臣同罪，刘友伏诛而涛等不问，避贵施贱，可谓政乎！创业之初而政本不立，将以垂统后世，不亦难乎！

帝以李憙为太子太傅，征犍为李密为洗马。密以祖母老，固辞，许之。密与人交，每公议其得失而切责之，常言："吾独立于世，顾影无俦，然而不惧者，以无彼此于人故也。"

吴大赦，以右丞相万彧镇巴丘。

夏，六月，吴主作昭明宫，二千石以下皆自入山督伐木。大开苑囿，起土山、楼观，穷极伎巧，功役之费以亿万计。陆凯谏，不听。中书丞华覈上疏曰："汉之世，九州晏然，贾谊独以为如抱火厝于积薪之下而寝其上。今大敌据九州之地，有太半之众，欲与国家为相吞之计，非徒汉之淮南、济北而已也。比于贾谊之世,孰为缓急?今仓库空匮,编户失业,而北方积谷养民,专心东向。又,交阯沦没,岭表动摇,胸背有嫌,首尾多难,乃国朝之厄会也。若舍此急务,尽力功作,卒有风尘不虞之变,当委版筑而应烽燧,驱怨民而赴白刃,此乃大敌所因以为资者也。"时吴俗奢侈,薮又上疏曰:"今事多而役繁,民贫而俗奢,百工作无用之器,妇人为绮靡之饰,转相仿效,耻独无有。兵民之家,犹复逐俗,内无甔石之储,而出有绫绮之服,上无尊卑等级之差,下有耗财费力之损,求其富给,庸可得乎?"吴主皆不听。

秋,七月,王祥以睢陵公罢。

九月,甲申,诏增吏俸。

以何曾为太保,义阳王望为太尉,荀颛为司徒。

禁星气、谶纬之学。

吴主以孟仁守丞相,奉法驾东迎其父文帝神于明陵,中使相继,奉问起居。巫觋言见文帝被服颜色如平生。吴主悲喜,迎拜于东门之外。既入庙,比七日三祭,设诸倡伎,昼夜娱乐。

是岁,遣鲜卑拓跋沙漠汗归其国。

四年(戊子、268)

春,正月,丙戌,贾充等上所刊修律令。帝亲自临讲,使尚书郎裴楷执读。楷,秀之从弟也。侍中卢珽、中书侍郎范阳张华请抄新律死罪条目,悬之亭传以示民,从之。

又诏河南尹杜预为黜陟之课,预奏:"古者黜陟,拟议于心,不泥于法。末世不能纪远而专求密微,疑心而信耳目,疑耳目而信简书,简书愈繁,官方愈伪。魏氏考课,即京房之遗意,其文可谓至密,然失于苛细以违本体,故历代不能通也。岂若申唐尧之旧制,取大舍小,去密就简,俾之易从也。夫曲尽物理,神而明之,存乎其人。去人而任法,则以文伤理。莫若委任达官,各考其所统,岁第其人,言其优劣。如此六载,主者总集,采案其言,六优者超擢,六劣者废免,优多劣少者平叙,劣多优少者左迁。其间所对不钧,品有难易,主者固当准量轻重,微加降杀,不足曲以法尽也。其有优劣徇情,不叶公论者,当委监司随而弹之。若令上下公相容过,此为清议大颓,虽有考课之法,亦无益也。"事竟不行。

丁亥,帝耕籍田于洛水之北。

戊子,大赦。

二月,吴主以左御史大夫丁固为司徒,右御史大夫孟仁为司空。

三月,戊子,皇太后王氏殂。帝居丧之制,一遵古礼。

夏,四月,戊戌,睢陵元公王祥卒,门无杂吊之宾。其族孙戎叹曰:"太保当正始之世,不在能言之流。及间与之言,理致清远,岂非以德掩其言乎!"

己亥,葬文明皇后。有司又奏:"既虞,除衰服。"诏曰:"受终身之爱而无数年之报,情所不忍也。"有司固请,诏曰:"患在不能笃孝,勿以毁伤为忧。前代礼典,质文不同,何必限以近制,使达丧阙然乎!"群臣请不已,乃许之。然犹素冠疏食以终三年,如文帝之丧。

秋,七月,众星西流如雨而陨。

己卯,帝谒崇阳陵。

九月,青、徐、兖、豫四州大水。

大司马石苞久在淮南,威惠甚著。淮北监军王琛恶之,密表苞与吴人交通。会吴人将入寇,苞筑垒遏水以自固,帝疑之。羊祜深为帝言苞必不然,帝不信,乃下诏以苞不料贼势,筑垒遏水,劳扰百姓,策免其官,遣义阳王望帅大军以征之。苞辟河内孙铄为掾,铄先与汝阴王骏善,骏时镇许昌,铄过见之。骏知台已遣军袭苞,私告之曰:"无与于祸。"铄既出,驰诣寿春,劝苞放兵,步出都亭待罪,苞从之。帝闻之,意解。苞诣阙,以乐陵公还第。

吴主出东关,冬,十月,使其将施绩入江夏,万彧寇襄阳。诏义阳王望统中军步骑二万屯龙陂,为二方声援。会荆州刺史胡烈拒绩,破之,望引兵还。

吴交州刺史刘俊、大都督脩则、将军顾容前后三攻交阯,交阯太守杨稷皆拒破之,郁林、九真皆附于稷。稷遣将军毛炅、董元攻合浦,战于古城,大破吴兵,杀刘俊、脩则,余兵散还合浦。稷表炅为郁林太守,元为九真太守。

十一月,吴丁奉、诸葛靓出芍陂,攻合肥,安东将军汝阴王骏拒却之。

以义阳王望为大司马,荀颉为太尉,石苞为司徒。

五年(己丑、269)

春,正月,吴主立子瑾为皇太子。

二月,分雍、凉、梁州置秦州,以胡烈为刺史。先是,邓艾纳鲜卑降者数万,置于雍、凉之间,与民杂居,朝廷恐其久而为患,以烈素著名于西方,故使镇抚之。

青、徐、兖三州大水。

帝有灭吴之志,壬寅,以尚书左仆射羊祜都督荆州诸军事,镇襄阳;征东大将军卫瓘都督青州诸军事,镇临菑;镇东大将军东莞王伷都督徐州诸军事,镇下邳。

祜绥怀远近,甚得江、汉之心。与吴人开布大信,降者欲去,皆听之。减戍逻之卒,以垦田八百余顷。其始至也,军无百日之粮,及其季年,乃有十年之积。祜在军,常轻裘缓带,身不被甲,铃阁之下,侍卫不过十数人。

济阴太守巴西文立上言:"故蜀之名臣子孙流徙中国者,宜量才叙用,以慰巴、蜀之心,倾吴人之望。"帝从之。己未,诏曰:"诸葛亮在蜀,尽其心力,其子瞻临难而死义,其孙京宜随才署吏。"又诏曰:"蜀将傅佥父子死于其主。天下之善一也,岂由彼此以为异哉! 佥息著、募没入奚官,宜免为庶人。"

帝以文立为散骑常侍。汉故尚书犍为程琼,雅有德业,与立深交。帝闻其名,以问立,对曰:"臣至知其人,但年垂八十,禀性谦退,无复当时之望,故不以上闻耳。"琼闻之,曰:"广休可谓不党矣,此吾所以善夫人也。"

秋,九月,有星孛于紫宫。

冬,十月,吴大赦,改元建衡。

封皇子景度为城阳王。

初,汝南何定尝为吴大帝给使,及吴主即位,自表先帝旧人,求还内侍。吴主以为楼下都尉,典知酤籴事,遂专为威福。吴主信任之,委以众事。左丞相陆凯面责定曰:"卿见前后事主不忠,倾乱国政,宁有得以寿终者邪! 何以专为奸邪,尘秽天听? 宜自改厉。不然,方见卿有不测之祸。"定大恨之。凯竭心公家,忠恳内发,表疏皆指事不饰。及疾病,吴主遣中书令董朝问所欲言,凯陈:"何定不可信用,宜授以外任。奚熙小吏,建起浦里田,亦不可听。姚信、楼玄、贺邵、张悌、郭逴、薛莹、滕脩及族弟喜、抗,或清白忠勤,或资才卓茂,皆社稷之良辅,愿陛下重留神思,访以时务,使各尽其忠,拾遗万一。"邵,齐之孙;莹,综之子;玄,沛人;脩,南阳人也。凯寻卒。吴主素衔其切直,且日闻何定之谮,久之,竟徙凯家于建安。

吴主遣监军虞汜、威南将军薛珝、苍梧太守丹阳陶璜从荆州道,监军李勖、督军徐存从建安海道,皆会于合浦,以击交阯。

十二月,有司奏东宫施敬二傅,其仪不同。帝曰:"夫崇敬师傅,所以尊道重教也,何言臣不臣乎! 其令太子申拜礼。"

六年(庚寅、270)

春,正月,吴丁奉入涡口,扬州刺史牵弘击走之。

吴万彧自巴丘还建业。

夏,四月,吴左大司马施绩卒。以镇军大将军陆抗都督信陵、西陵、夷道、乐乡、公安诸军事,治乐乡。

抗以吴主政事多阙,上疏曰:"臣闻德均则众者胜寡,力侔则安者制危,此六国所以并于秦,西楚所以屈于汉也。今敌之所据,非特关右之地、鸿沟以西,而国家外无连衡之援,内非西楚之强,庶政陵迟,黎民未乂。议者所恃,徒以长江、峻山,限带封域,此乃守国之末事,非智者之所先也。臣每念及此,中夜抚枕,临餐忘食。夫事君之义,犯而勿欺,谨陈时宜十七条以闻。"吴主不纳。

李勖以建安道不利,杀导将冯斐,引军还。初,何定尝为子求婚于勖,勖不许,乃白晧枉杀冯斐,擅彻军还,诛晧及徐存,并其家属,仍焚晧尸。定又使诸将各上御犬,一犬至直缣数十匹,缨绁直钱一万,以捕兔供厨。吴人皆归罪于定,而吴主以为忠勤,赐爵列侯。陆抗上疏曰:"小人不明理道,所见既浅,虽使竭情尽节,犹不足任,况其奸心素笃,而憎爱移易哉!"吴主不从。

六月,戊午,胡烈讨鲜卑秃发树机能于万斛堆,兵败被杀。都督雍、凉州诸军事扶风王亮遣将军刘旂救之,旂观望不进。亮坐贬为平西将军,旂当斩。亮上言:"节度之咎,由豪而出,乞丐旂死。"诏曰:"若罪不在旂,当有所在。"乃免亮官。

遣尚书乐陵石鉴行安西将军,都督秦州诸军事,讨树机能。树机能兵盛,鉴使秦州刺史杜预出兵击之。预以虏乘胜马肥,而官军县乏,宜并力大运刍粮,须春进讨。鉴奏预稽乏军兴,槛车征诣廷尉,以赎论。既而鉴讨树机能,卒不能克。

秋,七月,乙巳,城阳王景度卒。

丁未,以汝阴王骏为镇西大将军,都督雍、凉等州诸军事,镇关中。

冬,十一月,立皇子柬为汝南王。

吴主从弟前将军秀为夏口督,吴主恶之,民间皆言秀当见图。会吴主遣何定将兵五千人猎夏口,秀惊,夜将妻子、亲兵数百人来奔。十二月,拜秀票骑将军、开府仪同三司,封会稽公。

是岁,吴大赦。

初,魏人居南匈奴五部于并州诸郡,与中国民杂居,自谓其先汉氏外孙,因改姓刘氏。

七年(辛卯、271)

春,正月,匈奴右贤王刘猛叛出塞。

豫州刺史石鉴坐击吴军虚张首级,诏曰:"鉴备大臣,吾所取信,而乃下同为诈,义得尔乎! 今遣归田里,终身不得复用。"

吴人刁玄诈增谶文云:"黄旗紫盖,见于东南,终有天下者,荆、扬之君。"吴主信之。是月晦,大举兵出华里,载太后、皇后及后宫数千人,从牛渚西上。东观令华覈等固谏,不听。行遇大雪,道涂陷坏,兵士被甲持仗,百人共引一车,寒冻殆死,皆曰:"若遇敌,便当倒戈。"吴主闻之,乃还。帝遣义阳王望统中军二万、骑三千屯寿春以备之,闻吴师退,乃罢。

三月,丙戌,钜鹿元公裴秀卒。

夏,四月,吴交州刺史陶璜袭九真太守董元,杀之。杨稷以其将王素代之。

北地胡寇金城,凉州刺史牵弘讨之。众胡皆内叛,与树机能共围弘于青山,弘军败而死。

初,大司马陈骞言于帝曰:"胡烈、牵弘皆勇而无谋,强于自用,非绥边之材也,将为国耻。"时弘为扬州刺史,多不承顺骞命,帝以为骞与弘不协而毁之,于是征弘,既至,寻复以为凉州刺史。骞窃叹息,以为必败。二人果失羌戎之和,兵败身没,征讨连年,仅而能定,帝乃悔之。

五月,立皇子宪为城阳王。

辛丑,义阳成王望卒。

侍中、尚书令、车骑将军贾充,自文帝时宠任用事,帝之为太子,充颇有力,故益有宠于帝。充为人巧谄,与太尉、行太子太傅荀𫖮、侍中、中书监荀勖、越骑校尉安平冯纮相为党友,朝野恶之。帝问侍中裴楷以方今得失,对曰:"陛下受命,四海承风,所以未比德于尧、舜者,但以贾充之徒尚在朝耳。宜引天下贤人,与弘政道,不宜示人以私。"侍中乐安任恺、河南尹颍川庾纯皆与充不协,充欲解其近职,乃荐恺忠贞,宜在东宫。帝以恺为太子少傅,而侍中如故。会树机能乱秦、雍,帝以为忧,恺曰:"宜得威望重臣有智略者以镇抚之。"帝曰:"谁可者?"恺因荐充,纯亦称之。秋,七月,癸酉,以充为都督秦、凉二州诸军事,侍中、车骑将军如故,充患之。

吴大都督薛珝与陶璜等兵十万,共攻交阯,城中粮尽援绝,为吴所陷,虏杨稷、毛炅等。璜爱炅勇健,欲活之,炅谋杀璜,璜乃杀之。脩则之子允,生剖其腹,割其肝,曰:"复能作贼不?"炅犹骂曰:"恨不杀汝孙皓,汝父何死狗也!"稷素欲逃归南中,吴人获之,九真、日南皆降于吴。吴大赦,以陶璜为交州牧。璜讨降夷獠,州境皆平。

八月,丙申,城阳王宪卒。

分益州南中四郡置宁州。

九月,吴司空孟仁卒。

冬,十月,丁丑朔,日有食之。

十一月,刘猛寇并州,并州刺史刘钦等击破之。

贾充将之镇,公卿饯于夕阳亭。充私问计于荀勖,勖曰:"公为宰相,乃为一夫所制,不亦鄙乎!然是行也,辞之实难,独有结婚太子,可不辞而自留矣。"充曰:"然孰可寄怀?"勖曰:"勖请言之。"因谓冯纮曰:"贾公远出,吾等失势。太子婚尚未定,何不劝帝纳贾公之女乎?"纮亦然之。初,帝将纳卫瓘女为太子妃,充妻郭槐赂杨后左右,使后说帝,求纳其女。帝曰:"卫公女有五可,贾公女有五不可。卫氏种贤而多子,美而长、白;贾氏种妒而少子,丑而短、黑。"后固以为请,荀𫖮、荀勖、冯纮皆称充女绝美,且有才德,帝遂从之。留充复居旧任。

十二月,以光禄大夫郑袤为司空,袤固辞不受。

是岁,安乐思公刘禅卒。

吴以武昌都督广陵范慎为太尉。右将军司马丁奉卒。

吴改明年元曰凤凰。

八年（壬辰、272）

春，正月，监军何桢讨刘猛，屡破之，潜以利诱其左部帅李恪，恪杀猛以降。

二月，辛卯，皇太子纳贾妃。妃年十五，长于太子二岁，妒忌多权诈，太子嬖而畏之。

壬辰，安平献王孚卒，年九十三。孚性忠慎，宣帝执政，孚常自退损。后逢废立之际，未尝预谋。景、文二帝以孚属尊，亦不敢逼。及帝即位，恩礼尤重。元会，诏孚乘舆上殿，帝于阼阶迎拜。既坐，亲奉觞上寿，如家人礼。帝每拜，孚跪而止之。孚虽见尊宠，不以为荣，常有忧色。临终，遗令曰："有魏贞士河内司马孚，字叔达，不伊不周，不夷不惠，立身行道，终始若一。当衣以时服，敛以素棺。"诏赐东园温明秘器，诸所施行，皆依汉东平献王故事。其家遵孚遗旨，所给器物，一不施用。

帝与右将军皇甫陶论事，陶与帝争言，散骑常侍郑徽表请罪之，帝曰："忠谠之言，唯患不闻。徽越职妄奏，岂朕之意！"遂免徽官。

夏，汶山白马胡侵掠诸种，益州刺史皇甫晏欲讨之。典学从事蜀郡何旅等谏曰："胡夷相残，固其常性，未为大患。今盛夏出军，水潦将降，必有疾疫，宜须秋、冬图之。"晏不听。胡康木子烧香言军出必败，晏以为沮众，斩之。军至观阪，牙门张弘等以汶山道险，且畏众怒，因夜作乱，杀晏，军中惊扰，兵曹从事犍为杨仓勒兵力战而死。弘遂诬晏，云"率己共反"，故杀之，传首京师。晏主簿蜀郡何攀，方居母丧，闻之，诣洛证晏不反，弘等纵兵抄掠。广汉主簿李毅言于太守弘农王濬曰："皇甫侯起自诸生，何求而反？且广汉与成都密迩，而统于梁州者，朝廷欲以制益州之衿领，正防今日之变也。今益州有乱，乃此郡之忧也。张弘小竖，众所不与，宜即时赴讨，不可失也。"濬欲先上请，毅曰："杀主之贼，为恶尤大，当不拘常制，何请之有！"濬乃发兵讨弘。诏以濬为益州刺史。濬击弘，斩之，夷三族。封濬关内侯。

初，濬为羊祜参军，祜深知之。祜兄子暨白濬："为人志大奢侈，不可专任，宜有以裁之。"祜曰："濬有大才，将以济其所欲，必可用也。"更转为车骑从事中郎。濬在益州，立威信，蛮夷多归附之。俄迁大司农。时帝与羊祜阴谋伐吴，祜以为伐吴宜藉上流之势，密表留濬复为益州刺史，使治水军。寻加龙骧将军，监益、梁诸军事。

诏濬罢屯田兵，大作舟舰。别驾何攀以为"屯田兵不过五六百人，作船不能猝办，后者未成，前者已腐。宜召诸郡兵合万余人造之，岁终可成"。濬欲先上须报,攀曰:"朝廷猝闻召万兵,必不听;不如辄召,设当见却,功夫已成,势不得止。"濬从之,令攀典造舟舰器仗。于是作大舰,长百二十步,受二千余人,以木为城,起楼橹,开四出门,其上皆得驰马往来。

时作船木柿,蔽江而下,吴建平太守吴郡吾彦取流柿以白吴主曰:"晋必有攻吴之计,宜增建平兵,以塞其冲要。"吴主不从。彦乃为铁锁横断江路。

王濬虽受中制募兵,而无虎符,广汉太守敦煌张敩收濬从事列上。帝召敩还,责曰:"何不密启而便收从事?"敩曰:"蜀、汉绝远,刘备尝用之矣。辄收,臣犹以为轻。"帝善之。

壬辰,大赦。

秋,七月,以贾充为司空,侍中、尚书令、领兵如故。充与侍中任恺皆为帝所宠任,充欲专名势,而忌恺,于是朝士各有所附,朋党纷然。帝知之,召充、恺宴于式乾殿而谓之曰:"朝廷宜一,大臣当和。"充、恺各拜谢。既而充、恺以帝已知而不责,愈无所惮,外相崇重,内怨益深。充乃荐恺为吏部尚书,恺侍觐转希,充因与荀勖、冯紞承间共谮之,恺由是得罪,废于家。

八月,吴主征昭武将军、西陵督步阐。阐世在西陵,猝被征,自以失职,且惧有谗,九月,据城来降,遣兄子玑、璿诣洛阳为任。诏以阐为都督西陵诸军事、卫将军、开府仪同三司、侍中,领交州牧,封宜都公。

冬,十月,辛未朔,日有食之。

敦煌太守尹璩卒。凉州刺史杨欣表敦煌令梁澄领太守。功曹宋质辄废澄,表议郎令狐丰为太守。杨欣遣兵击之,为质所败。

吴陆抗闻步阐叛,亟遣将军左奕、吾彦等讨之。帝遣荆州刺史杨肇迎阐于西陵,车骑将军羊祜帅步军出江陵,巴东监军徐胤帅水军击建平,以救阐。陆抗敕西陵诸军筑严围,自赤谿至于故市,内以围阐,外以御晋兵,昼夜催切,如敌已至,众甚苦之。诸将谏曰:"今宜及三军之锐,急攻阐,比晋救至,必可拔也。何事于围,以敝士民之力?"抗曰:"此城处势既固,粮谷又足,且凡备御之具,皆抗所宿规,今反攻之,不可猝拔。北兵至而无备,表里受难,何以御之?"诸将皆欲攻阐,抗欲服众心,听令一攻,果无利。围备始合,而羊祜兵五万至江陵。诸将咸以抗不宜上,抗曰:"江陵城固兵足,无可忧者。假令敌得江陵,必不能守,所损者小。若晋据西陵,则南山群夷皆当扰动,其患不可量也。"乃自帅众赴西陵。

初,抗以江陵之北,道路平易,敕江陵督张咸作大堰遏水,渐渍平土以绝寇叛。羊祜欲因所遏水以船运粮,扬声将破堰以通步军。抗闻之,使咸亟破之。诸将皆惑,屡谏不听。祜至当阳,闻堰败,乃改船以车运粮,大费功力。

十一月,杨肇至西陵。陆抗令公安督孙遵循南岸御羊祜,水军督留虑拒徐胤,抗自将大军凭围对肇。将军朱乔营都督俞赞亡诣肇。抗曰:"赞军中旧吏,知吾虚实。吾常虑夷兵素不简练,若敌攻围,必先此处。"即夜易夷兵,皆以精兵守之。明日,肇果攻故夷兵处。抗命击之,矢石雨下,肇众伤死者相属。十二月,肇计屈,夜遁。抗欲追之,而虑步阐畜力伺间,兵不足分,于是但鸣鼓戒众,若将追者。肇众凶惧,悉解甲挺走,抗使轻兵蹑之,肇兵大败,祐等皆引军还。抗遂拔西陵,诛阐及同谋将吏数十人,皆夷三族,自余所请赦者数万口。东还乐乡,貌无矜色,谦冲如常。吴主加抗都护。羊祜坐贬平南将军,杨肇免为庶人。

吴主既克西陵,自谓得天助,志益张大,使术士尚广筮取天下,对曰:"吉。庚子岁,青盖当入洛阳。"吴主喜,不修德政,专为兼并之计。

贾充与朝士宴饮,河南尹庾纯醉,与充争言。充曰:"父老不归供养,卿为无天地!"纯曰:"高贵乡公何在?"充惭怒,上表解职。纯亦上表自劾。诏免纯官,仍下五府正其臧否。石苞以为纯荣官忘亲,当除名,齐王攸等以为纯于礼律未有违。诏从攸议,复以纯为国子祭酒。

吴主之游华里也,右丞相万彧与右大司马丁奉、左将军留平密谋曰:"若至华里不归,社稷事重,不得不自还。"吴主颇闻之,以彧等旧臣,隐忍不发。是岁,吴主因会,以毒酒饮彧,传酒人私减之。又饮留平,平觉之,服他药以解,得不死。彧自杀,平忧懑,月余亦死。徙彧子弟于庐陵。

初,彧请选忠清之士以补近职,吴主以大司农楼玄为宫下镇,主殿中事。玄正身帅众,奉法而行,应对切直,吴主浸不悦。

中书令领太子太傅贺邵上疏谏曰:"自顷年以来,朝列纷错,真伪相贸,忠良排坠,信臣被害。是以正士摧方而庸臣苟媚,先意承指,各希时趣,人执反理之评,士吐诡道之论,遂使清流变浊,忠臣结舌。陛下处九天之上,隐百里之室,言出风靡,令行景从,亲洽宠媚之臣,日闻顺意之辞,将谓此辈实贤而天下已平也。臣闻兴国之君乐闻其过,荒乱之主乐闻其誉;闻其过者过日消而福臻,闻其誉者誉日损而祸至。陛下严刑法以禁直辞,黜善士以逆谏口,杯酒造次,死生不保,仕者以退为幸,居者以出为福,诚非所以保光洪绪,熙隆道化也。何定本仆隶小人,身无行能,而陛下爱其佞媚,假以威福。夫小人求入,必进奸利。定间者妄兴事役,发江边戍兵以驱麋鹿,老弱饥冻,大小怨叹。《传》曰:'国之兴也,视民如赤子;其亡也,以民为草芥。'今法禁转苛,赋调益繁,中官、近臣所在兴事,而长吏畏罪,苦民求办。是以人力不堪,家户离散,呼嗟之声,感伤和气。今国无一年之储,家无经月之蓄,而后宫之中坐食者万有余人。又,北敌注目,伺国盛衰,长江之限,不可久恃,苟我不能守,一苇可杭也。愿陛下丰基强本,割情从道,则成、康之治兴,圣祖之祚隆矣。"吴主深恨之。

于是左右共诬楼玄、贺邵相逢，驻共耳语大笑，谤讪政事，俱被诘责。送玄付广州，邵原复职。既而复徙玄于交阯，竟杀之。久之，何定奸秽发闻，亦伏诛。

羊祜归自江陵，务修德信以怀吴人。每交兵，刻日方战，不为掩袭之计。将帅有欲进谲计者，辄饮以醇酒，使不得言。祜出军行吴境，刈谷为粮，皆计所侵，送绢偿之。每会众江、沔游猎，常止晋地，若禽兽先为吴人所伤而为晋兵所得者，皆送还之。于是吴边人皆悦服。祜与陆抗对境，使命常通。抗遗祜酒，祜饮之不疑。抗疾，求药于祜，祜以成药与之，抗即服之。人多谏抗，抗曰："岂有鸩人羊叔子哉！"抗告其边戍曰："彼专为德，我专为暴，是不战而自服也。各保分界而已，无求细利。"吴主闻二境交和，以诘抗，抗曰："一邑一乡不可以无信义，况大国乎！臣不如此，正是彰其德，于祜无伤也。"

吴主用诸将之谋，数侵盗晋边。陆抗上疏曰："昔有夏多罪而殷汤用师，纣作淫虐而周武授钺。苟无其时，虽复大圣，亦宜养威自保，不可轻动也。今不务力农富国，审官任能，明黜陟，慎刑赏，训诸司以德，抚百姓以仁，而听诸将徇名，穷兵黩武，动费万计，士卒雕瘁，寇不为衰而我已大病矣。今争帝王之资而昧十百之利，此人臣之奸便，非国家之良策也。昔齐、鲁三战，鲁人再克，而亡不旋踵。何则？大小之势异也。况今师所克获，不补所丧哉？"吴主不从。

羊祜不附结中朝权贵，荀勖、冯纨之徒皆恶之。从甥王衍尝诣祜陈事，辞甚清辩。祜不然之，衍拂衣去。祜顾谓宾客曰："王夷甫方当以盛名处大位，然败俗伤化，必此人也。"及攻江陵，祜以军法将斩王戎。衍，戎之从弟也，故二人皆憾之，言论多毁祜，时人为之语曰："二王当国，羊公无德。"

资治通鉴卷第八十

端明殿学士兼翰林侍读学士朝散大夫右谏议大夫充集贤殿修撰权判西京留司御史台上柱国河内郡开国侯食邑一千三百户食实封四百户赐紫金鱼袋臣 司马光 奉敕编集

晋纪二起昭阳大荒落(癸巳),尽屠维大渊献(己亥),凡七年。

世祖武皇帝上之下

泰始九年(癸巳、273)

春,正月,辛酉,密陵元侯郑袤卒。

二月,癸巳,乐陵武公石苞卒。

三月,立皇子祗为东海王。

吴以陆抗为大司马、荆州牧。

夏,四月,戊辰朔,日有食之。

初,邓艾之死,人皆冤之,而朝廷无为之辨者。及帝即位,议郎敦煌段灼上疏曰:"邓艾心怀至忠而荷反逆之名,平定巴、蜀而受三族之诛。艾性刚急,矜功伐善,不能协同朋类,故莫肯理之。臣窃以为艾本屯田掌犊人,宠位已极,功名已成,七十老公,复何所求! 正以刘禅初降,远郡未附,矫令承制,权安社稷。钟会有悖逆之心,畏艾威名,因其疑似,构成其事。艾被诏书,即遣强兵,束身就缚,不敢顾望,诚自知奉见先帝,必无当死之理也。会受诛之后,艾官属将吏,愚戆相聚,自共追艾,破坏槛车,解其囚执。艾在困地,狼狈失据,未尝与腹心之人有平素之谋,独受腹背之诛,岂不哀哉! 陛下龙兴,阐弘大度,谓可听艾归葬旧墓,还其田宅,以平蜀之功,继封其后,使艾阖棺定谥,死无所恨,则天下徇名之士,思立功之臣,必投汤火,乐为陛下死矣!"帝善其言而未能从。会帝问给事中樊建以诸葛亮之治蜀,曰:"吾独不得如亮者而臣之乎?"建稽首曰:"陛下知邓艾之冤而不能直,虽得亮,得无如冯唐之言乎!"帝笑曰:"卿言起我意。"乃以艾孙朗为郎中。

吴人多言祥瑞者,吴主以问侍中韦昭,昭曰:"此家人筐箧中物耳。"昭领左国史,吴主欲为其父作纪,昭曰:"文皇不登帝位,当为传,不当为纪。"吴主不悦,渐见责怒。昭忧惧,自陈衰老,求去侍、史二官,不听。时有疾病,医药监护,持之益急。吴主饮群臣酒,不问能否,率以七升为限。至昭,独以茶代之,后更见逼强。又酒后常使侍臣嘲弄公卿,发摘私短,以为欢。时有忿失,辄见收缚,至于诛戮。昭以为外相毁伤,内长尤恨,使群臣不睦,不为佳事,故但难问经义而已。吴主以为不奉诏命,意不忠尽,积前后嫌忿,遂收昭付狱。昭因狱吏上辞,献所著书,冀以此求免。而吴主怪其书垢故,更被诘责,遂诛昭,徙其家于零陵。

五月,以何曾领司徒。

六月,乙未,东海王祗卒。

秋,七月,丁酉朔,日有食之。

诏选公卿以下女备六宫,有蔽匿者以不敬论。采择未毕,权禁天下嫁娶。帝使杨后择之,后惟取洁白长大而舍其美者。帝爱卞氏女,欲留之。后曰:"卞氏三世后族,不可屈以卑位。"帝怒,乃自择之,中选者以绛纱系臂,公卿之女为三夫人、九嫔,二千石、将、校女补良人以下。

九月,吴主悉封其子弟为十一王,王给三千兵。大赦。

是岁,郑冲以寿光公罢。

吴主爱姬遣人至市夺民物,司市中郎将陈声素有宠于吴主,绳之以法。姬诉于吴主,吴主怒,假他事烧锯断声头,投其身于四望之下。

十年(甲午、274)

春,正月,乙未,日有食之。

闰月,癸酉,寿光成公郑冲卒。

丁亥,诏曰:"近世以来,多由内宠以登后妃,乱尊卑之序;自今不得以妾媵为正嫡。"

分幽州置平州。

三月,癸亥,日有食之。

诏又取良家及小将吏女五千余人入宫选之,母子号哭于宫中,声闻于外。

夏,四月,己未,临淮康公荀颛卒。

吴左夫人王氏卒。吴主哀念,数月不出,葬送甚盛。时何氏以太后故,宗族骄横。吴主舅子何都貌类吴主,民间讹言:"吴主已死,立者何都也。"会稽又讹言:"章安侯奋当为天子。"奋母仲姬墓在豫章,豫章太守张俊为之扫除。临海太守奚熙与会稽太守郭诞书,非议国政,诞但白熙书,不白妖言。吴主怒,收诞系狱,诞惧,功曹邵畴曰:"畴在,明府何忧!"遂诣吏自列曰:"畴厕身本郡,位极朝右,以噂𠴲之语,本非事实,疾其丑声,不忍闻见,欲含垢藏疾,不彰之翰墨,镇躁归静,使之自息。故诞屈其所是,默以见从。此之为愆,实由于畴。不敢逃死,归罪有司。"因自杀。吴主乃免诞死,送付建安作船。遣其舅三郡督何植收奚熙。熙发兵自守,其部曲杀熙,送首建业。又车裂张俊,皆夷三族。并诛章安侯奋及其五子。

秋,七月,丙寅,皇后杨氏殂。初,帝以太子不慧,恐不堪为嗣,常密以访后。

后曰："立子以长不以贤,岂可动也!"镇军大将军胡奋女为贵嫔,有宠于帝,后疾笃,恐帝立贵嫔为后,致太子不安,枕帝膝泣曰："叔父骏女芷有德色,愿陛下以备六宫。"帝流涕许之。

以前太常山涛为吏部尚书。涛典选十余年,每一官缺,辄择才资可为者启拟数人,得诏旨有所向,然后显奏之。帝之所用,或非举首,众情不察,以涛轻重任意,言之于帝,帝益亲爱之。涛甄拔人物,各为题目而奏之,时称《山公启事》。

涛荐嵇绍于帝,请以为秘书郎,帝发诏征之。绍以父康得罪,屏居私门,欲辞不就。涛谓之曰："为君思之久矣,天地四时,犹有消息,况于人乎!"绍乃应命,帝以为秘书丞。

初,东关之败,文帝问僚属曰："近日之事,谁任其咎?"安东司马王仪,脩之子也,对曰："责在元帅。"文帝怒曰："司马欲委罪孤邪!"引出斩之。仪子衰痛父非命,隐居教授,三征七辟,皆不就。未尝西向而坐,庐于墓侧,旦夕攀柏悲号,涕泪著树,树为之枯。读《诗》至"哀哀父母,生我劬劳",未尝不三复流涕,门人为之废《蓼莪》。家贫,计口而田,度身而蚕。人或馈之,不受;助之,不听。诸生密为刈麦,衰辄弃之。遂不仕而终。

臣光曰:昔舜诛鲧而禹事舜,不敢废至公也。嵇康、王仪,死皆不以其罪,二子不仕晋室可也。嵇绍苟无荡阴之忠,殆不免于君子之讥乎!

吴大司马陆抗疾病,上疏曰："西陵、建平,国之蕃表,既处上流,受敌二境。若敌泛舟顺流,星奔电迈,非可恃援他部以救倒县也。此乃社稷安危之机,非徒封疆侵陵小害也。臣父逊昔在西垂上言:'西陵国之西门,虽云易守,亦复易失。若有不守,非但失一郡,荆州非吴有也。如其有虞,当倾国争之。'臣前乞屯精兵三万,而主者循常,未肯差赴。自步阐以后,益更损耗。今臣所统千里,外御强对,内怀百蛮,而上下见兵,财有数万,羸敝日久,难以待变。臣愚以为诸王幼冲,无用兵马以妨要务;又,黄门宦官开立占募,兵民避役,逋逃入占。乞特诏简阅,一切料出,以补疆场受敌常处,使臣所部足满八万,省息众务,并力备御,庶几无虞。若其不然,深可忧也。臣死之后,乞以西方为属。"及卒,吴主使其子晏、景、玄、机、雲分将其兵。机、雲皆善属文,名重于世。

初,周鲂之子处,膂力绝人,不修细行,乡里患之。处尝问父老曰："今时和岁丰,而人不乐,何邪?"父老叹曰："三害不除,何乐之有!"处曰："何谓也?"父老曰:"南山白额虎,长桥蛟,并子为三矣。"处曰:"若所患止此,吾能除之。"乃入山求虎,射杀之,因投水,搏杀蛟。遂从机、雲受学,笃志读书,砥节砺行,比及期年,州府交辟。

八月,戊申,葬元皇后于峻阳陵。帝及群臣除丧即吉,博士陈逵议,以为:"今时所行,汉帝权制,太子无有国事,自宜终服。"尚书杜预以为:"古者天子、诸侯三年之丧,始同齐、斩,既葬除服,谅闇以居,心丧终制。故周公不言高宗服丧三年而云谅闇,此服心丧之文也。叔向不讥景王除丧而讥其宴乐已早,明既葬应除,而违谅闇之节也。君子之于礼,存诸内而已。礼非玉帛之谓,丧岂衰麻之谓乎?太子出则抚军,守则监国,不为无事,宜卒哭除衰麻,而以谅闇终三年。"帝从之。

　　臣光曰:规矩主于方圆,然庸工无规矩则方圆不可得而制也;衰麻主于哀戚,然庸人无衰麻则哀戚不可得而勉也。《素冠》之诗,正为是矣。杜预巧饰《经》《传》以附人情,辩则辩矣,臣谓不若陈逵之言质略而敦实也。

　　九月,癸亥,以大将军陈骞为太尉。

　　杜预以孟津渡险,请建河桥于富平津。议者以为:"殷、周所都,历圣贤而不作者,必不可立故也。"预固请为之。及桥成,帝从百寮临会,举觞属预曰:"非君,此桥不立。"对曰:"非陛下之明,臣亦无所施其巧。"

　　是岁,邵陵厉公曹芳卒。

　　初,芳之废迁金墉也,太宰中郎陈留范粲素服拜送,哀动左右。遂称疾不出,阳狂不言,寝所乘车,足不履地。子孙有婚宦大事,辄密谘焉,合者则色无变,不合则眠寝不安,妻子以此知其旨。子乔等三人,并弃学业,绝人事,侍疾家庭,足不出邑里。及帝即位,诏以二千石禄养病,加赐帛百匹,乔以父疾笃,辞不敢受。粲不言凡三十六年,年八十四,终于所寝之车。

　　吴比三年大疫。

咸宁元年(乙未、275)

　　春,正月,戊午朔,大赦,改元。

　　吴掘地得银尺,上有刻文。吴主大赦,改元天册。

　　吴中书令贺邵,中风不能言,去职数月,吴主疑其诈,收付酒藏,掠考千数,卒无一言,乃烧锯断其头,徙其家属于临海。又诛楼玄子孙。

　　夏,六月,鲜卑拓跋力微复遣其子沙漠汗入贡,将还,幽州刺史卫瓘表请留之,又密以金赂其诸部大人离间之。

　　秋,七月,甲申晦,日有食之。

　　冬,十二月,丁亥,追尊宣帝庙曰高祖,景帝曰世宗,文帝曰太祖。

　　大疫,洛阳死者以万数。

二年(丙申、276)

　　春,令狐丰卒,弟宏继立,杨欣讨斩之。

　　帝得疾,甚剧,及愈,群臣上寿。诏曰:"每念疫气死亡者,为之怆然。岂以一身之休息,忘百姓之艰难邪?"诸上礼者,皆绝之。

初,齐王攸有宠于文帝,每见攸,辄抚床呼其小字曰:"此桃符座也。"几为太子者数矣。临终,为帝叙汉淮南王、魏陈思王事而泣,执攸手以授帝。太后临终,亦流涕谓帝曰:"桃符性急,而汝为兄不慈,我若不起,必恐汝不能相容,以是属汝,勿忘我言。"及帝疾甚,朝野皆属意于攸。攸妃,贾充之长女也,河南尹夏侯和谓充曰:"卿二婿,亲疏等耳。立人当立德。"充不答。攸素恶荀勖及左卫将军冯统倾诏,勖乃使统说帝曰:"陛下前日疾若不愈,齐王为公卿百姓所归,太子虽欲高让,其得免乎! 宜遣还藩,以安社稷。"帝阴纳之,乃徙和为光禄勋,夺充兵权,而位遇无替。

吴施但之乱,或谮京下督孙楷于吴主曰:"楷不时赴讨,怀两端。"吴主数诘让之,征为宫下镇、骠骑将军。楷自疑惧,夏,六月,将妻子来奔,拜车骑将军,封丹阳侯。

秋,七月,吴人或言于吴主曰:"临平湖自汉末蔽塞,长老言:'此湖塞,天下乱;此湖开,天下平。'近无故忽更开通,此天下当太平,青盖入洛之祥也。"吴主以问奉禁都尉历阳陈训,对曰:"臣止能望气,不能达湖之开塞。"退而告其友曰:"青盖入洛者,将有衔璧之事,非吉祥也。"

或献小石刻"皇帝"字,云得于湖边。吴主大赦,改元天玺。

湘东太守张咏不出算缗,吴主就在所斩之,徇首诸郡。会稽太守车浚公清有政绩,值郡旱饥,表求振贷。吴主以为收私恩,遣使枭首。尚书熊睦微有所谏,吴主以刀镮撞杀之,身无完肌。

八月,己亥,以何曾为太傅,陈骞为大司马,贾充为太尉,齐王攸为司空。

吴历阳山有七穿骈罗,穿中黄赤,俗谓之石印,云:"石印封发,天下当太平。"历阳长上言石印发,吴主遣使者以太牢祠之。使者作高梯登其上,以朱书石曰:"楚九州渚,吴九州都。扬州士,作天子,四世治,太平始。"还以闻。吴主大喜,封其山神为王,大赦,改明年元曰天纪。

冬,十月,以汝阴王骏为征西大将军,羊祜为征南大将军,皆开府辟召,仪同三司。

祜上疏请伐吴,曰:"先帝西平巴、蜀,南和吴、会,庶几海内得以休息。而吴复背信,使边事更兴。夫期运虽天所授,而功业必因人而成,不一大举扫灭,则兵役无时得息也。蜀平之时,天下皆谓吴当并亡,自是以来,十有三年矣。夫谋之虽多,决之欲独。凡以险阻得全者,谓其势均力敌耳。若轻重不齐,强弱异势,虽有险阻,不可保也。蜀之为国,非不险也,皆云一夫荷戟,千人莫当。及进兵之日,曾无藩篱之限,乘胜席卷,径至成都,汉中诸城,皆鸟栖而不敢出,非无战心,诚力不足以相抗也。及刘禅请降,诸营堡索然俱散。今江、淮之险不如剑阁,孙皓之暴过于刘禅,吴人之困甚于巴、蜀,而大晋兵力盛于往时。不于此际平壹四海,而更阻兵相守,使天下困于征戍,经历盛衰,不可长久也。今若引梁、益之兵水陆俱下,荆、楚之众进临江陵,平南、豫州直指夏口,徐、扬、青、兖并会秣陵,以一隅之吴当天下之众,势分形散,所备皆急。巴、汉奇兵出其空虚,一处倾坏,则上下震荡,虽有智者不能为吴谋矣。吴缘江为国,东西数千里,所敌者大,无有宁息。孙皓恣情任意,与下多忌,将疑于朝,士困于野,无有保世之计,一定之心。平常之日,犹怀去就,兵临之际,必有应者,终不能齐力致死已可知也。其俗急速,不能持久,弓弩戟楯不如中国,唯有水战是其所便。一入其境,则长江非复所保,还趣城池,去长入短,非吾敌也。官军县进,人有致死之志,吴人内顾,各有离散之心。如此,军不逾时,克可必矣。”帝深纳之。而朝议方以秦、凉为忧,祜复表曰:“吴平则胡自定,但当速济大功耳。”议者多有不同,贾充、荀勖、冯𬘭尤以伐吴为不可。祜(难)〔叹〕曰:“天下不如意事十常居七八。天与不取,岂非更事者恨于后时哉!”唯度支尚书杜预、中书令张华与帝意合,赞成其计。

丁卯,立皇后杨氏,大赦。后,元皇后之从妹也,美而有妇德。帝初聘后,后叔父珧上表曰:“自古一门二后,未有能全其宗者,乞藏此表于宗庙,异日如臣之言,得以免祸。”帝许之。

十二月,以后父镇军将军骏为车骑将军,封临晋侯。尚书褚䂮、郭弈皆表骏小器,不可任社稷之重,帝不从。骏骄傲自得,胡奋谓骏曰:“卿恃女更益豪邪?历观前世,与天家婚,未有不灭门者,但早晚事耳。”骏曰:“卿女不在天家乎?”奋曰:“我女与卿女作婢耳,何能为损益乎!”

三年(丁酉、277)

春,正月,丙子朔,日有食之。

立皇子裕为始平王。庚寅,裕卒。

三月,平虏护军文鸯督凉、秦、雍州诸军讨树机能,破之,诸胡二十万口来降。

夏,五月,吴将邵颉、夏祥帅众七千余人来降。

秋,七月,中山王睦坐招诱逋亡,贬为丹水县侯。

有星孛于紫宫。

卫将军杨珧等建议,以为:“古者封建诸侯,所以藩卫王室。今诸王公皆在京师,非扞城之义。又,异姓诸将居边,宜参以亲戚。”帝乃诏诸王各以户邑多少为三等,大国置三军五千人,次国二军三千人,小国一军一千一百人。诸王为都督者,各徙其国使相近。八月,癸亥,徙扶风王亮为汝南王,出为镇南大将军,都督豫州诸军事;琅邪王伦为赵王,督邺城守事;勃海王辅为太原王,监并州诸军事;以东莞王伷在徐州,徙封琅邪王;汝阴王骏在关中,徙封扶风王;又徙太原王颙为河间王,汝南王柬为南阳王。辅,孚之子;颙,孚之孙也。其无官者,皆遣就国。诸王公恋京师,皆涕泣而去。又封皇子玮为始平王,允为濮阳王,该为新都王,遐为清河王。

其异姓之臣有大功者,皆封郡公、郡侯。封贾充为鲁郡公,追封王沈为博陵郡公。

徙封巨平侯羊祜为南城郡侯,祜固辞不受。祜每拜官爵,常多避让,至心素著,故特见申于分列之外。祜历事二世,职典枢要,凡谋议损益,皆焚其草,世莫得闻,所进达之人皆不知所由。常曰:"拜官公朝,谢恩私门,吾所不敢也。"

兖、豫、徐、青、荆、益、梁七州大水。

冬,十二月,吴夏口督孙慎入江夏、汝南,略千余家而去。诏遣侍臣诘羊祜不追讨之意,并欲移荆州。祜曰:"江夏去襄阳八百里,比知贼问,贼已去经日,步军安能追之?劳师以免责,非臣志也。昔魏武帝置都督,类皆与州相近,以兵势好合恶离故也。疆场之间,一彼一此,慎守而已。若辄徙州,贼出无常,亦未知州之所宜据也。"

是岁,大司马陈骞自扬州入朝,以高平公罢。

吴主以会稽张俶多所谮白,甚见宠任,累迁司直中郎将,封侯。其父为山阴县卒,知俶不良,上表曰:"若用俶为司直,有罪,乞不从坐。"吴主许之。俶表置弹曲二十人,专纠司不法,于是吏民各以爱憎互相告讦,狱犴盈溢,上下嚣然。俶大为奸利,骄奢暴横,事发,父子皆车裂。

卫瓘遣拓跋沙漠汗归国。自沙漠汗入质,力微可汗诸子在侧者多有宠。及沙漠汗归,诸部大人共谮而杀之。既而力微疾笃,乌桓王库贤亲近用事,受卫瓘赂,欲扰动诸部,乃砺斧于庭,谓诸大人曰:"可汗恨汝曹谮杀太子,欲尽收汝曹长子杀之。"诸大人惧,皆散走。力微以忧卒,时年一百四。子悉禄立,其国遂衰。

初,幽、并二州皆与鲜卑接,东有务桓,西有力微,多为边患。卫瓘密以计间之,务桓降而力微死。朝廷嘉瓘功,封其弟为亭侯。

四年(戊戌、278)

春,正月,庚午朔,日有食之。

司马督东平马隆上言:"凉州刺史杨欣失羌戎之和,必败。"夏,六月,欣与树机能之党若罗拔能等战于武威,败死。

弘训皇后羊氏殂。

羊祜以病求入朝,既至,帝命乘辇入殿,不拜而坐。祜面陈伐吴之计,帝善之。以祜病,不宜数入,更遣张华就问筹策。祜曰:"孙皓暴虐已甚,于今可不战而克。若皓不幸而没,吴人更立令主,虽有百万之众,长江未可窥也,将为后患矣!"华深然之。祜曰:"成吾志者,子也。"帝欲使祜卧护诸将,祜曰:"取吴不必臣行,但既平之后,当劳圣虑耳。功名之际,臣不敢居。若事了,当有所付授,愿审择其人也。"

秋,七月,己丑,葬景献皇后于峻平陵。

司、冀、兖、豫、荆、扬州大水,螟伤稼。诏问主者:"何以佐百姓?"度支尚书杜预上疏,以为:"今者水灾,东南尤剧,宜敕兖、豫等诸州留汉氏旧陂,缮以蓄水外,余皆决沥,令饥者尽得鱼菜螺蚌之饶,此目下日给之益也。水去之后,填淤之田,亩收数钟,此又明年之益也。典牧种牛有四万五千余头,不供耕驾,至有老不穿鼻者,可分以给民,使及春耕,谷登之后,责其租税,此又数年以后之益也。"帝从之,民赖其利。预在尚书七年,损益庶政,不可胜数,时人谓之"杜武库",言其无所不有也。

九月,以何曾为太宰。辛巳,以侍中、尚书令李胤为司徒。

吴主忌胜己者,侍中、中书令张尚,纮之孙也,为人辩捷,谈论每出其表,吴主积以致恨。后问:"孤饮酒可以方谁?"尚曰:"陛下有百觚之量。"吴主曰:"尚知孔丘不王,而以孤方之。"因发怒,收尚。公卿已下百余人,诣宫叩头,请尚罪,得减死,送建安作船,寻就杀之。

冬,十月,征征北大将军卫瓘为尚书令。是时,朝野咸知太子昏愚,不堪为嗣,瓘每欲陈启而未敢发。会侍宴陵雲台,瓘阳醉,跪帝床前曰:"臣欲有所启。"帝曰:"公所言何邪?"瓘欲言而止者三,因以手抚床曰:"此座可惜!"帝意悟,因谬曰:"公真大醉邪?"瓘于此不复有言。帝悉召东宫官属,为设宴会,而密封尚书疑事,令太子决之。贾妃大惧,情外人代对,多引古义。给使张泓曰:"太子不学,陛下所知,而答诏多引古义,必责作草主,更益谴负。不如直以意对。"妃大喜,谓泓曰:"便为我好答,富贵与汝共之。"泓即具草,令太子自写。帝省之,甚悦,先以示瓘,瓘大踧踖,众人乃知瓘尝有言也。贾充密遣人语妃云:"卫瓘老奴,几破汝家!"

吴人大佃皖城,欲谋入寇。都督扬州诸军事王浑遣扬州刺史应绰攻破之,斩首五千级,焚其积谷百八十余万斛,践稻苗四千余顷,毁船六百余艘。

十一月,辛巳,太医司马程据献雉头裘,帝焚之于殿前。甲申,敕内外敢有献奇技异服者,罪之。

羊祜疾笃,举杜预自代。辛卯,以预为镇南大将军、都督荆州诸军事。祜卒,帝哭之甚哀。是日,大寒,涕泪沾须鬓皆为冰。祜遗令不得以南城侯印入柩。帝曰:"祜固让历年,身没让存,今听复本封,以彰高美。"南州民闻祜卒,为之罢市,巷哭声相接。吴守边将士亦为之泣。祜好游岘山,襄阳人建碑立庙于其地,岁时祭祀,望其碑者无不流涕,因谓之堕泪碑。

杜预至镇,简精锐,袭吴西陵督张政,大破之。政,吴之名将也,耻以无备取败,不以实告吴主。预欲间之,乃表还其所获。吴主果召政还,遣武昌监留宪代之。

十二月,丁未,朗陵公何曾卒。曾厚自奉养,过于人主。司隶校尉东莱刘毅数劾奏曾侈汰无度,帝以其重臣,不问。及卒,博士新兴秦秀议曰:"曾骄奢过度,名被九域。宰相大臣,人之表仪,若生极其情,死又无贬,王公贵人复何畏哉!谨按《谥法》,'名与实爽曰缪,怙乱肆行曰丑',宜谥缪丑公。"帝策谥曰孝。

前司隶校尉傅玄卒。玄性峻急,每有奏劾,或值日暮,捧白简,整簪带,竦踊不寐,坐而待旦。由是贵游震慑,台阁生风。玄与尚书左丞博陵崔洪善,洪亦清厉骨鲠,好面折人过,而退无后言,人以是重之。

鲜卑树机能久为边患,仆射李憙请发兵讨之,朝议皆以为出兵重事,虏不足忧。

五年(己亥、279)

春,正月,树机能攻陷凉州。帝甚悔之,临朝而叹曰:"谁能为我讨此虏者?"司马督马隆进曰:"陛下能任臣,臣能平之。"帝曰:"必能平贼,何为不任,顾方略何如耳。"隆曰:"臣愿募勇士三千人,无问所从来,帅之以西,虏不足平也。"帝许之。乙丑,以隆为讨虏护军,武威太守。公卿皆曰:"见兵已多,不宜横设赏募,隆小将妄言,不足信也。"帝不听。隆募能引弓四钧、挽弩九石者取之,立标简试,自旦至日中,得三千五百人。隆曰:"足矣。"又请自至武库选仗,武库令与隆忿争,御史中丞劾奏隆。隆曰:"臣当毕命战场,武库令乃给以魏时朽仗,非陛下所以使臣之意也。"帝命惟隆所取,仍给三年军资而遣之。

初,南单于呼厨泉以兄於扶罗子豹为左贤王,及魏武帝分匈奴为五部,以豹为左部帅。豹子渊,幼而俊异,师事上党崔游,博习经史。尝谓同门生上党朱纪、雁门范隆曰:"吾常耻随、陆无武,绛、灌无文。随、陆遇高帝而不能建封侯之业,绛、灌遇文帝而不能兴庠序之教,岂不惜哉!"于是兼学武事。及长,猿臂善射,膂力过人,姿貌魁伟。为任子在洛阳,王浑及子济皆重之,屡荐于帝,帝召与语,悦之。济曰:"渊有文武长才,陛下任以东南之事,吴不足平也。"孔恂、杨珧曰:"非我族类,其心必异。渊才器诚少比,然不可重任也。"及凉州覆没,帝问将于李憙,对曰:"陛下诚能发匈奴五部之众,假刘渊一将军之号,使将之而西,树机能之首可指日而枭也。"孔恂曰:"渊果枭树机能,则凉州之患方更深耳。"帝乃止。

东莱王弥家世二千石,弥有学术勇略,善骑射,青州人谓之"飞豹"。然喜任侠,处士陈留董养见而谓之曰:"君好乱乐祸,若天下有事,不作士大夫矣。"渊与弥友善,谓弥曰:"王、李以乡曲见知,每相称荐,适足为吾患耳。"因歔欷流涕。齐王攸闻之,言于帝曰:"陛下不除刘渊,臣恐并州不得久安。"王浑曰:"大晋方以信怀殊俗,奈何以无形之疑杀人侍子乎?何德度之不弘也!"帝曰:"浑言是也。"会豹卒,以渊代为左部帅。

夏,四月,大赦。

除部曲督以下质任。

吴桂林太守脩允卒,其部曲应分给诸将。督将郭马、何典、王族等累世旧军,不乐离别,会吴主料实广州户口,马等因民心不安,聚众攻杀广州督虞授,马自号都督交、广二州诸军事,使典攻苍梧,族攻始兴。秋,八月,吴以军师张悌为丞相,牛渚都督何植为司徒,执金吾滕脩为司空。未拜,更以脩为广州牧,帅万人从东道讨郭马。马杀南海太守刘略,逐广州刺史徐旗。吴主又遣徐陵督陶濬将七千人,从西道与交州牧陶璜共击马。

吴有鬼目菜生工人黄耇家,有买菜生工人吴平家。东观案图书,名鬼目曰芝草,买菜曰平虑草。吴主以耇为侍芝郎,平为平虑郎,皆银印青绶。

吴主每宴群臣,咸令沉醉。又置黄门郎十人为司过,宴罢之后,各奏其阙失,迕视谬言,罔有不举,大者即加刑戮,小者记录为罪,或剥人面,或凿人眼。由是上下离心,莫为尽力。

益州刺史王濬上疏曰:"孙皓荒淫凶逆,宜速征伐。若一旦皓死,更立贤主,则强敌也。臣作船七年,日有朽败;臣年七十,死亡无日。三者一乖,则难图也。诚愿陛下无失事机。"帝于是决意伐吴。会安东将军王浑表孙皓欲北上,边戍皆戒严,朝廷乃更议明年出师。王濬参军何攀奉使在洛,上疏称:"皓必不敢出,宜因戒严,掩取甚易。"

杜预上表曰:"自闰月以来,贼但敕严,下无兵上。以理势推之,贼之穷计,力不两完,必保夏口以东,以延视息,无缘多兵西上,空其国都。而陛下过听,便用委弃大计,纵敌患生,诚可惜也。向使举而有败,勿举可也。今事为之制,务从完牢,若或有成,则开太平之基,不成不过费损日月之间,何惜而不一试之!若当须后年,天时人事,不得如常,臣恐其更难也。今有万安之举,无倾败之虑,臣心实了,不敢以暧昧之见自取后累。惟陛下察之。"旬月未报,预复上表曰:"羊祜不先博谋于朝臣,而密与陛下共施此计,故益令朝臣多异同之议。凡事当以利害相校,今此举之利十有八九,而其害一二,止于无功耳。必使朝臣言破败之形,亦不可得,直是计不出己,功不在身,各耻其前言之失而固守之也。自顷朝廷事无大小,异意锋起,虽人心不同,亦由恃恩不虑后患,故轻相同异也。自秋已来,讨贼之形颇露,今若中止,孙皓或怖而生计,徙都武昌,更完修江南诸城,远其居民,城不可攻,野无所掠,则明年之计或无所及矣。"帝方与张华围棋,预表适至,华推枰敛手曰:"陛下圣武,国富兵强,吴主淫虐,诛杀贤能,当今讨之,可不劳而定,愿勿以为疑!"帝乃许之。以华为度支尚书,量计运漕。贾充、荀勖、冯𬘭固争之,帝大怒,充免冠谢罪。仆射山涛退而告人曰:"自非圣人,外宁必有内忧,今释吴为外惧,岂非算乎!"

冬,十一月,大举伐吴,遣镇军将军琅邪王伷出涂中,安东将军王浑出江西,建威将军王戎出武昌,平南将军胡奋出夏口,镇南大将军杜预出江陵,龙骧将军王濬、巴东监军鲁国唐彬下巴、蜀,东西凡二十余万。命贾充为使持节、假黄钺、大都督,以冠军将军杨济副之。充固陈伐吴不利,且自言衰老,不堪元帅之任。诏曰:"君若不行,吾便自出。"充不得已,乃受节钺,将中军南屯襄阳,为诸军节度。

马隆西渡温水,树机能等以众数万据险拒之。隆以山路狭隘,乃作扁箱车,为木屋施于车上,转战而前,行千余里,杀伤甚众。自隆之西,音问断绝,朝廷忧之,或谓已没。后隆使夜到,帝抚掌欢笑,诘朝,召群臣谓曰:"若从诸卿言,无凉州矣。"乃诏假隆节,拜宣威将军。隆至武威,鲜卑大人猝跋韩且万能等帅万余落来降。十二月,隆与树机能大战,斩之,凉州遂平。

诏问朝臣以政之损益,司徒左长史傅咸上书,以为:"公私不足,由设官太多。旧都督有四,今并监军,乃盈于十。禹分九州,今之刺史,几向一倍。户口比汉十分之一,而置郡县更多。虚立军府,动有百数,而无益宿卫。五等诸侯,坐置官属。诸所廪给,皆出百姓。此其所以困乏者也。当今之急,在于并官息役,上下务农而已。"咸,玄之子也。时又议省州、郡、县半吏以赴农功,中书监荀勖以为:"省吏不如省官,省官不如省事,省事不如清心。昔萧、曹相汉,载其清静,民以宁壹,所谓清心也。抑浮说,简文案,略细苛,宥小失,有好变常以徼利者,必行其诛,所谓省事也。以九寺并尚书,兰台付三府,所谓省官也。若直作大例,凡天下之吏皆减其半,恐文武众官,郡国职业,剧易不同,不可以一概施之。若有旷阙,皆须更复,或激而滋繁,亦不可不重也。"

资治通鉴卷第八十一

端明殿学士兼翰林侍读学士朝散大夫右谏议大夫充集贤殿修撰权判西京留司御史台上柱国河内郡开国侯食邑一千三百户食实封四百户赐紫金鱼袋臣 司马光 奉敕编集

晋纪三起上章困敦(庚子),尽著雍涒滩(戊申),凡九年。

世祖武皇帝中

太康元年(庚子、280)

春,正月,吴大赦。

杜预向江陵,王浑出横江,攻吴镇、戍,所向皆克。二月,戊午,王濬、唐彬击破丹阳监盛纪。吴人于江碛要害之处,并以铁锁横截之,又作铁锥,长丈余,暗置江中,以逆拒舟舰。濬作大筏数十,方百余步,缚草为人,被甲持仗,令善水者以筏先行,遇铁锥,锥辄著筏而去。又作大炬,长十余丈,大数十围,灌以麻油,在船前,遇锁,然炬烧之,须臾,融液断绝,于是船无所碍。庚申,濬克西陵,杀吴都督留宪等。壬戌,克荆门、夷道二城,杀夷道监陆晏。杜预遣牙门周旨等帅奇兵八百泛舟夜渡江,袭乐乡,多张旗帜,起火巴山。吴都督孙歆惧,与江陵督伍延书曰:“北来诸军,乃飞渡江也。”旨等伏兵乐乡城外,歆遣军出拒王濬,大败而还。旨等发伏兵随歆军而入,歆不觉,直至帐下,虏歆而还。乙丑,王濬击杀吴水军都督陆景。杜预进攻江陵,甲戌,克之,斩伍延。于是沅、湘以南,接于交、广,州郡皆望风送印绶。预杖节称诏而绥抚之。凡所斩获吴都督、监军十四,牙门、郡守百二十余人。胡奋克江安。

乙亥,诏:“王濬、唐彬既定巴丘,与胡奋、王戎共平夏口、武昌,顺流长鹜,直造秣陵。杜预当镇静零、桂,怀辑衡阳。大兵既过,荆州南境固当传檄而定。预等各分兵以益濬、彬,太尉充移屯项。”

王戎遣参军襄阳罗尚、南阳刘乔将兵与王濬合攻武昌,吴江夏太守刘朗、督武昌诸军虞昺皆降。昺,翻之子也。

杜预与众军会议,或曰:“百年之寇,未可尽克,方春水生,难于久驻,宜俟来冬,更为大举。”预曰:“昔乐毅藉济西一战以并强齐,今兵威已振,譬如破竹,数节之后,皆迎刃而解,无复著手处也。”遂指授群帅方略,径造建业。

吴主闻王浑南下,使丞相张悌督丹阳太守沈莹、护军孙震、副军师诸葛靓帅众三万渡江逆战。至牛渚,沈莹曰:“晋治水军于蜀久矣,上流诸军,素无戒备,名将皆死,幼少当任,恐不能御也。晋之水军必至于此,宜畜众力以待其来,与之一战,若幸而胜之,江西自清。今渡江与晋大军战,不幸而败,则大事去矣。"悌曰:"吴之将亡,贤愚所知,非今日也。吾恐蜀兵至此,众心骇惧,不可复整。及今渡江,犹可决战。若其败丧,同死社稷,无所复恨。若其克捷,北敌奔走,兵势万倍,便当乘胜南上,逆之中道,不忧不破也。若如子计,恐士众散尽,坐待敌到,君臣俱降,无复一人死难者,不亦辱乎!"

三月,悌等济江,围浑部将城阳都尉张乔于杨荷。乔众才七千,闭栅请降。诸葛靓欲屠之,悌曰:"强敌在前,不宜先事其小,且杀降不祥。"靓曰:"此属以救兵未至,力少不敌,故且伪降以缓我,非真伏也。若舍之而前,必为后患。"悌不从,抚之而进。悌与扬州刺史汝南周浚,结陈相对,沈莹帅丹阳锐卒、刀楯五千,三冲晋兵,不动。莹引退,其众乱,将军薛胜、蒋班因其乱而乘之,吴兵以次奔溃,将帅不能止,张乔自后击之,大败吴兵于版桥。诸葛靓帅数百人遁去,使过迎张悌,悌不肯去,靓自往牵之曰:"存亡自有大数,非卿一人所支,奈何故自取死?"悌垂涕曰:"仲思,今日是我死日也。且我为儿童时,便为卿家丞相所识拔,常恐不得其死,负名贤知顾。今以身徇社稷,复何道邪?"靓再三牵之,不动,乃流泪放去,行百余步,顾之,已为晋兵所杀,并斩孙震、沈莹等七千八百级,吴人大震。

初,诏书使王濬下建平,受杜预节度,至建业,受王浑节度。预至江陵,谓诸将曰:"若濬得建平,则顺流长驱,威名已著,不宜令受制于我。若不能克,则无缘得施节度。"濬至西陵,预与之书曰:"足下既摧其西藩,便当径取建业,讨累世之逋寇,释吴人于涂炭,振旅还都,亦旷世一事也。"濬大悦,表呈预书。及张悌败死,扬州别驾何恽谓周浚曰:"张悌举全吴精兵殄灭于此,吴之朝野莫不震慑。今王龙骧既破武昌,乘胜东下,所向辄克,土崩之势见矣。谓宜速引兵渡江,直指建业,大军猝至,夺其胆气,可不战禽也。"浚善其谋,使白王浑。恽曰:"浑暗于事机,而欲慎己免咎,必不我从。"浚固使白之,浑果曰:"受诏但令屯江北以抗吴军,不使轻进,贵州虽武,岂能独平江东乎!今者违命,胜不足多,若其不胜,为罪已重。且诏令龙骧受我节度,但当具君舟楫,一时俱济耳。"恽曰:"龙骧克万里之寇,以既成之功来受节度,未之闻也。且明公为上将,见可而进,岂得一一须诏令乎!今乘此渡江,十全必克,何疑何虑而淹留不进。此鄙州上下所以恨恨也。"浑不听。

王濬自武昌顺流径趣建业,吴主遣游击将军张象帅舟师万人御之,象众望旗而降。濬兵甲满江,旌旗烛天,威势甚盛,吴人大惧。

吴主之嬖臣岑昏,以倾险谀佞,致位九列,好兴功役,为众患苦。及晋兵将至,殿中亲近数百人叩头请于吴主曰:"北军日近而兵不举刃,陛下将如之何?"吴主曰:"何故?"对曰:"正坐岑昏耳。"吴主独言:"若尔,当以奴谢百姓。"众因曰:"唯!"遂并起收昏。吴主骆驿追止,已屠之矣。

陶濬将讨郭马,至武昌,闻晋兵大入,引兵东还。至建业,吴主引见,问水军消息,对曰:"蜀船皆小,今得二万兵,乘大船以战,自足破之。"于是合众,授濬节钺。明日当发,其夜,众悉逃溃。

时王浑、王濬及琅邪王伷皆临近境,吴司徒何植、建威将军孙晏悉送印节诣浑降。吴主用光禄勋薛莹、中书令胡冲等计,分遣使者奉书于浑、濬、伷以请降。又遗其群臣书,深自咎责,且曰:"今大晋平治四海,是英俊展节之秋,勿以移朝改朔,用损厥志。"使者先送玺绶于琅邪王伷。壬寅,王濬舟师过三山,王浑遣信要濬暂过论事,濬举帆直指建业,报曰:"风利,不得泊也。"是日,濬戎卒八万,方舟百里,鼓噪入于石头,吴主皓面缚舆榇,诣军门降。濬解缚焚榇,延请相见。收其图籍,克州四,郡四十三,户五十二万三千,兵二十三万。

朝廷闻吴已平,群臣皆贺上寿。帝执爵流涕曰:"此羊太傅之功也。"骠骑将军孙秀不贺,南向流涕曰:"昔讨逆弱冠以一校尉创业,今后主举江南而弃之,宗庙山陵,于此为墟。悠悠苍天,此何人哉!"

吴之未下也,大臣皆以为未可轻进,独张华坚执以为必克。贾充上表称:"吴地未可悉定,方夏,江、淮下湿,疾疫必起,宜召诸军还,以为后图。虽腰斩张华不足以谢天下。"帝曰:"此是吾意,华但与吾同耳。"荀勖复奏,宜如充表,帝不从。杜预闻充奏乞罢兵,驰表固争,使至轘辕而吴已降。充惭惧,诣阙请罪,帝抚而不问。

夏,四月,甲申,诏赐孙皓爵归命侯。

乙酉,大赦,改元。大酺五日。遣使者分诣荆、扬抚慰,吴牧、守已下皆不更易,除其苛政,悉从简易,吴人大悦。

滕脩讨郭马未克,闻晋伐吴,帅众赴难,至巴丘,闻吴亡,缟素流涕,还,与广州刺史闾丰、苍梧太守王毅各送印绶请降。孙皓遣陶璜之子融持手书谕璜,璜流涕数日,亦送印绶降。帝皆复其本职。

王濬之东下也,吴城戍皆望风款附,独建平太守吾彦婴城不下,闻吴亡,乃降。帝以彦为金城太守。

初,朝廷尊宠孙秀、孙楷,欲以招来吴人。及吴亡,降秀为伏波将军,楷为渡辽将军。

琅邪王伷遣使送孙皓及其宗族诣洛阳。五月,丁亥朔,皓至,与其太子瑾等泥头面缚,诣东阳门。诏遣谒者解其缚,赐衣服、车乘、田三十顷,岁给钱谷、绵绢甚厚。拜瑾为中郎,诸子为王者皆为郎中,吴之旧望,随才擢叙。孙氏将吏渡江者复十年,百姓复二十年。

庚寅，帝临轩，大会文武有位及四方使者，国子学生皆预焉。引见归命侯皓及吴降人，皓登殿稽颡。帝谓皓曰："朕设此座以待卿久矣。"皓曰："臣于南方，亦设此座以待陛下。"贾充谓皓曰："闻君在南方凿人目，剥人面皮，此何等刑也？"皓曰："人臣有弑其君及奸回不忠者，则加此刑耳。"充默然甚愧，而皓颜色无怍。

帝从容问散骑常侍薛莹孙皓所以亡，对曰："皓昵近小人，刑罚放滥，大臣诸将，人不自保，此其所以亡也。"它日，又问吾彦，对曰："吴主英俊，宰辅贤明。"帝笑曰："若是，何故亡？"彦曰："天禄永终，历数有属，故为陛下禽耳。"帝善之。

王濬之入建业也，其明日，王浑乃济江，以濬不待己至，先受孙皓降，意甚愧忿，将攻濬。何攀劝濬送皓与浑，由是事得解。何恽以浑与濬争功，与周浚笺曰："《书》贵克让，《易》大谦光。前破张悌，吴人失气，龙骧因之，陷其区宇。论其前后，我实缓师，既失机会，不及于事，而今方竞其功。彼既不吞声，将亏雍穆之弘，兴矜争之鄙，斯愚情之所不取也。"浚得笺，即谏止浑。浑不纳，表濬违诏不受节度，诬以罪状。浑子济，尚常山公主，宗党强盛。有司奏请槛车征濬，帝弗许，但以诏书责让濬以不从浑命，违制昧利。濬上书自理曰："前被诏书，令臣直造秣陵，又令受太尉充节度。臣以十五日至三山，见浑军在北岸，遣书邀臣；臣水军风发，乘势径造贼城，无缘回船过浑。臣以日中至秣陵，暮乃被浑所下当受节度之符，欲令臣明十六日悉将所领还围石头，又索蜀兵及镇南诸军人名定见。臣以为皓已来降，无缘空围石头；又，兵人定见，不可仓猝得就，皆非当今之急，不可承用，非敢忽弃明制也。皓众叛亲离，匹夫独坐，雀鼠贪生，苟乞一活耳。而江北诸军不知虚实，不早缚取，自为小误。臣至便得，更见怨疾，并云：'守贼百日，而令他人得之。'臣愚以为事君之道，苟利社稷，死生以之。若其顾嫌疑以避咎责，此是人臣不忠之利，实非明主社稷之福也。"

浑又腾周浚书云："濬军得吴宝物。"又云："濬牙门将李高放火烧皓伪宫。"濬复表曰："臣孤根独立，结恨强宗。夫犯上干主，其罪可救，乖忤贵臣，祸在不测。伪中郎将孔摅说，去二月武昌失守，水军行至，皓案行石头还，左右人皆跳刀大呼云：'要当为陛下一死战决之。'皓乃大喜，谓必能然，便尽出金宝，以赐与之。小人无状，得便持走。皓惧，乃图降首。降使适去，左右劫夺财物，略取妻妾，放火烧宫。皓逃身窜首，恐不脱死。臣至，遣参军主者救断其火耳。周浚先入皓宫，浑又先登皓舟，臣之入观，皆在其后。皓宫之中，乃无席可坐，若有遗宝，则浚与浑先得之矣。浚等云臣屯聚蜀人，不时送皓，欲有反状。又恐动吴人，言臣皆当诛杀，取其妻子，冀其作乱，得骋私忿。谋反大逆，尚以见加，其余谤嗜，故其宜耳。今年平吴，诚为大庆，于臣之身，更受咎累。"

濬至京师，有司奏濬违诏，大不敬，请付廷尉科罪，诏不许。又奏濬赦后烧贼船百三十五艘,辄敕付廷尉禁推,诏勿推。

浑、濬争功不已,帝命守廷尉广陵刘颂校其事,以浑为上功,濬为中功。帝以颂折法失理,左迁京兆太守。

庚辰,增贾充邑八千户,以王濬为辅国大将军,封襄阳县侯;杜预为当阳县侯;王戎为安丰县侯;封琅邪王伷二子为亭侯;增京陵侯王浑邑八千户,进爵为公;尚书关内侯张华进封广武县侯,增邑万户;荀勖以专典诏命功,封一子为亭侯。其余诸将及公卿以下,赏赐各有差。帝以平吴,策告羊祜庙,乃封其夫人夏侯氏为万岁乡君,食邑五千户。

王濬自以功大,而为浑父子及党与所挫抑,每进见,陈其攻伐之劳及见枉之状,或不胜忿愤,径出不辞。帝每容恕之。益州护军范通谓濬曰:“卿功则美矣,然恨所以居美者,未尽善也。卿旋旆之日,角巾私第,口不言平吴之事,若有问者,辄曰:‘圣人之德,群帅之力,老夫何力之有!’此蔺生所以屈廉颇也,王浑能无愧乎!”濬曰:“吾始惩邓艾之事,惧祸及身,不得无言,其终不能遣诸胸中,是吾褊也。”时人咸以濬功重报轻,为之愤邑。博士秦秀等并上表讼濬之屈,帝乃迁濬镇军大将军。王浑尝诣濬,濬严设备卫,然后见之。

杜预还襄阳,以为天下虽安,忘战必危,乃勤于讲武,申严戍守。又引滍、淯水以浸田万余顷,开扬口通零、桂之漕,公私赖之。预身不跨马,射不穿札,而用兵制胜,诸将莫及。预在镇,数饷遗洛中贵要。或问其故,预曰:“吾但恐为害,不求益也。”

王浑迁征东大将军,复镇寿阳。

诸葛靓逃窜不出。帝与靓有旧,靓姊为琅邪王妃,帝知靓在姊间,因就见焉。靓逃于厕,帝又逼见之,谓曰:“不谓今日复得相见。”靓流涕曰:“臣不能漆身皮面,复睹圣颜,诚为惭恨!”诏以为侍中,固辞不拜,归于乡里,终身不向朝廷而坐。

六月,复封丹水侯睦为高阳王。

秋,八月,己未,封皇弟延祚为乐平王,寻薨。

九月,庚寅,贾充等以天下一统,屡请封禅,帝不许。

冬,十月,前将军青州刺史淮南胡威卒。威为尚书,尝谏时政之宽。帝曰:“尚书郎以下,吾无所假借。”威曰:“臣之所陈,岂在丞、郎、令史,正谓如臣等辈,始可以肃化明法耳。”

是岁,以司隶所统郡置司州,凡州十九,郡国一百七十三,户二百四十五万九千八百四十。

诏曰:“昔自汉末,四海分崩,刺史内亲民事,外领兵马。今天下为一,当韬戢干戈,刺史分职,皆如汉氏故事,悉去州郡兵,大郡置武吏百人,小郡五十人。”交州牧陶璜上言:"交、广东西数千里,不宾属者六万余户,至于服从官役,才五千余家。二州唇齿,唯兵是镇。又,宁州诸夷,接据上流,水陆并通,州兵未宜约损,以示单虚。"仆射山涛亦言"不宜去州郡武备"。帝不听。及永宁以后,盗贼群起,州郡无备,不能禽制,天下遂大乱,如涛所言。然其后刺史复兼兵民之政,州镇愈重矣。

汉、魏以来,羌、胡、鲜卑降者,多处之塞内诸郡。其后数因忿恨,杀害长吏,渐为民患。侍御史西河郭钦上疏曰:"戎狄强犷,历古为患,魏初民少,西北诸郡,皆为戎居,内及京兆、魏郡、弘农,往往有之。今虽服从,若百年之后有风尘之警,胡骑自平阳、上党不三日而至孟津,北地、西河、太原、冯翊、安定、上郡尽为狄庭矣。宜及平吴之威,谋臣猛将之略,渐徙内郡杂胡于边地,峻四夷出入之防,明先王荒服之制,此万世之长策也。"帝不听。

二年(辛丑、281)

春,三月,诏选孙皓宫人五千人入宫。帝既平吴,颇事游宴,怠于政事,掖庭殆将万人。常乘羊车,恣其所之,至便宴寝。宫人竞以竹叶插户,盐汁洒地,以引帝车。而后父杨骏及弟珧、济始用事,交通请谒,势倾内外,时人谓之"三杨",旧臣多被疏退。山涛数有规讽,帝虽知而不能改。

初,鲜卑莫护跋始自塞外入居辽西棘城之北,号曰慕容部。莫护跋生木延,木延生涉归,迁于辽东之北,世附中国,数从征讨有功,拜大单于。冬,十月,涉归始寇昌黎。

十一月,壬寅,高平武公陈骞薨。

是岁,扬州刺史周浚移镇秣陵。吴民之未服者,屡为寇乱,浚皆讨平之。宾礼故老,搜求俊义,威惠并行,吴人悦服。

三年(壬寅、282)

春,正月,丁丑朔,帝亲祀南郊。礼毕,喟然问司隶校尉刘毅曰:"朕可方汉之何帝?"对曰:"桓、灵。"帝曰:"何至于此?"对曰:"桓、灵卖官,钱入官库;陛下卖官,钱入私门。以此言之,殆不如也。"帝大笑曰:"桓、灵之世,不闻此言,今朕有直臣,固为胜之。"

毅为司隶,纠绳豪贵,无所顾忌。皇太子鼓吹入东掖门,毅劾奏之。中护军、散骑常侍羊琇,与帝有旧恩,典禁兵,豫机密十余年,恃宠骄侈,数犯法。毅劾奏琇罪当死,帝遣齐王攸私请琇于毅,毅许之。都官从事广平程卫径驰入护军营,收琇属吏,考问阴私,先奏琇所犯狼籍,然后言于毅。帝不得已,免琇官。未几,复使以白衣领职。琇,景献皇后之从父弟也;后将军王恺,文明皇后之弟也;散骑常侍、侍中石崇,苞之子也。三人皆富于财,竞以奢侈相高。恺以粞澳釜,崇以蜡代薪。恺作紫丝步障四十里,崇作锦步障五十里。崇涂屋以椒,恺用赤石脂。帝每助恺,尝以珊瑚树赐之,高二尺许,恺以示崇,崇便以铁如意碎之。恺怒,以为疾己之宝。崇曰:"不足多恨,今还卿。"乃命左右悉取其家珊瑚树,高三四尺者六七株,如恺比者甚众。恺恍然自失。

车骑司马傅咸上书曰:"先王之治天下,食肉衣帛,皆有其制。窃谓奢侈之费,甚于天灾。古者人稠地狭,而有储蓄,由于节也。今者土广人稀,而患不足,由于奢也。欲时人崇俭,当诘其奢;奢不见诘,转相高尚,无有穷极矣。"

尚书张华,以文学才识,名重一时,论者皆谓华宜为三公。中书监荀勖、侍中冯𬤊以伐吴之谋深疾之。会帝问华:"谁可托后事者?"华对以"明德至亲,莫如齐王。"由是忤旨,勖因而谮之。甲午,以华都督幽州诸军事。华至镇,抚循夷、夏,誉望益振,帝复欲征之。冯𬤊侍帝,从容语及钟会,𬤊曰:"会之反,颇由太祖。"帝变色曰:"卿是何言邪!"𬤊免冠谢曰:"臣闻善御者必知六辔缓急之宜,故孔子以仲由兼人而退之,冉求退弱而进之,汉高祖尊宠五王而夷灭,光武抑损诸将而克终。非上有仁暴之殊,下有愚智之异也,盖抑扬与夺使之然耳。钟会才智有限,而太祖夸奖无极,居以重势,委以大兵,使会自谓算无遗策,功在不赏,遂构凶逆耳。向令太祖录其小能,节以大礼,抑之以威权,纳之以轨则,则乱心无由生矣。"帝曰:"然。"𬤊稽首曰:"陛下既然臣之言,宜思坚冰之渐,勿使如会之徒复致倾覆。"帝曰:"当今岂复有如会者?"𬤊因屏左右而言曰:"陛下谋画之臣,著大功于天下,据方镇、总戎马者,皆在陛下圣虑矣。"帝默然,由是止不征华。

三月,安北将军严询败慕容涉归于昌黎,斩获万计。

鲁公贾充老病,上遣皇太子省视起居。充自忧谥传,从子模曰:"是非久自见,不可掩也。"夏,四月,庚午,充薨。世子黎民早卒,无嗣,妻郭槐欲以充外孙韩谧为世孙,郎中令韩咸、中尉曹轸谏曰:"礼无异姓为后之文,今而行之,是使先公受讥于后世而怀愧于地下也。"槐不听。咸等上书,求改立嗣,事寝不报。槐遂表陈之,云充遗意。帝许之,仍诏:"自非功如太宰,始封、无后者,皆不得以为比。"及太常议谥,博士秦秀曰:"充悖礼溺情,以乱大伦。昔鄫养外孙莒公子为后,《春秋》书'莒人灭鄫'。绝父祖之血食,开朝廷之乱原。按《谥法》'昏乱纪度曰荒',请谥荒公。"帝不从,更谥曰武。

闰月,丙子,广陆成侯李胤薨。

齐王攸德望日隆,荀勖、冯𬤊、杨珧皆恶之。𬤊言于帝曰:"陛下诏诸侯之国,宜从亲者始。亲者莫如齐王,今独留京师,可乎?"勖曰:"百僚内外皆归心齐王,陛下万岁后,太子不得立矣。陛下试诏齐王之国,必举朝以为不可,则臣言验矣。"帝以为然。冬,十二月,甲申,诏曰:"古者九命作伯,或入毗朝政,或出御方岳,其揆一也。侍中、司空齐王攸,佐命立勋,勤劳王室,其以为大司马、都督青州诸军事,侍中如故,仍加崇典礼,主者详案旧制施行。"以汝南王亮为太尉、录尚书事、领太子太傅,光禄大夫山涛为司徒,尚书令卫瓘为司空。

征东大将军王浑上书,以为:"攸至亲盛德,侔于周公,宜赞皇朝,与闻政事。今出攸之国,假以都督虚号,而无典戎干方之实,亏友于款笃之义,惧非陛下追述先帝、文明太后待攸之宿意也。若以同姓宠之太厚,则有吴、楚逆乱之谋,汉之吕、霍、王氏,皆何人也!历观古今,苟事之轻重所在,无不为害,唯当任正道而求忠良耳。若以智计猜物,虽亲见疑,至于疏者,庸可保乎!愚以为太子太保缺,宜留攸居之,与汝南王亮、杨珧共干朝事。三人齐位,足相持正,既无偏重相倾之势,又不失亲亲仁覆之恩,计之尽善者也。"于是扶风王骏、光禄大夫李憙、中护军羊琇、侍中王济、甄德皆切谏。帝并不从。济使其妻常山公主及德妻长广公主俱入,稽颡涕泣,请帝留攸。帝怒,谓侍中王戎曰:"兄弟至亲,今出齐王,自是朕家事,而甄德、王济连遣妇来生哭人邪!"乃出济为国子祭酒,德为大鸿胪。羊琇与北军中候成粲谋见杨珧,手刃杀之。珧知之,辞疾不出,讽有司奏琇,左迁太仆。琇愤怨,发病卒。李憙亦以年老逊位,卒于家。憙在朝,姻亲故人,与之分衣共食,而未尝私以王官,人以此称之。

是岁,散骑常侍薛莹卒。或谓吴郡陆喜曰:"莹于吴士当为第一乎?"喜曰:"莹在四五之间,安得为第一!夫以孙皓无道,吴国之士,沉默其体,潜而勿用者,第一也。避尊居卑,禄以代耕者,第二也。侃然体国,执正不惧者,第三也。斟酌时宜,时献微益者,第四也。温恭修慎,不为谄首者,第五也。过此以往,不足复数。故彼上士多沦没而远悔吝,中士有声位而近祸殃。观莹之处身本末,又安得为第一乎!"

四年(癸卯、283)

春,正月,甲申,以尚书右仆射魏舒为左仆射,下邳王晃为右仆射。晃,孚之子也。

戊午,新沓康伯山涛薨。

帝命太常议崇锡齐王之物。博士庾旉、太叔广、刘暾、缪蔚、郭颐、秦秀、傅珍上表曰:"昔周选建明德以左右王室,周公、康叔、聃季,皆入为三公,明股肱之任重,守地之位轻也。汉诸王侯,位在丞相、三公上,其入赞朝政者,乃有兼官,其出之国,亦不复假台司虚名为隆宠也。今使齐王贤邪,则不宜以母弟之亲尊居鲁、卫之常职;不贤邪,不宜大启土宇,表建东海也。古礼,三公无职,坐而论道,不闻以方任婴之。惟宣王救急朝夕,然后命召穆公征淮夷,故其诗曰:'徐方不回,王曰旋归。'宰相不得久在外也。今天下已定,六合为家,将数延三事,与论太平之基,而更出之,去王城二千里,违旧章矣。"旉,纯之子;暾,毅之子也。旉既具草,先以呈纯,纯不禁。

事过太常郑默、博士祭酒曹志,志怆然叹曰:"安有如此之才,如此之亲,不得树本助化,而远出海隅!晋室之隆,其殆矣乎!"乃奏议曰:"古之夹辅王室,同姓则周公,异姓则太公,皆身居朝廷,五世反葬。及其衰也,虽有五霸代兴,岂与周、召之治同日而论哉!自羲皇以来,岂一姓所能独有!当推至公之心,与天下共其利害,乃能享国久长。是以秦、魏欲独擅其权而才得没身,周、汉能分其利而亲疏为用,此前事之明验也。志以为当如博士等议。"帝览之,大怒曰:"曹志尚不明吾心,况四海乎!"且谓:"博士不答所问而答所不问,横造异论。"下有司策免郑默。于是尚书朱整、褚䂮等奏:"志等侵官离局,迷罔朝廷,崇饰恶言,假托无讳,请收志等付廷尉科罪。"诏免志官,以公还第;其余皆付廷尉科罪。

庾纯诣廷尉自首:"䂮以议草见示,愚浅听之。"诏免纯罪。廷尉刘颂奏䂮等大不敬,当弃市。尚书奏请报听廷尉行刑。尚书夏侯骏曰:"官立八座,正为此时。"乃独为驳议。左仆射下邳王晃亦从骏议。奏留中七日,乃诏曰:"䂮是议主,应为戮首。但䂮家人自首,宜并广等七人皆丐其死命,并除名。"

二月,诏以济南郡益齐国。己丑,立齐王攸子长乐亭侯寔为北海王,命攸备物典策,设轩辕之乐,六佾之舞,黄钺朝车,乘舆之副从焉。

三月,辛丑朔,日有食之。

齐献王攸愤怨发病,乞守先后陵。帝不许,遣御医诊视。诸医希旨,皆言无疾。河南尹向雄谏曰:"陛下子弟虽多,然有德望者少。齐王卧居京邑,所益实深,不可不思也。"帝不纳,雄愤恚而卒。攸疾转笃,帝犹催上道。攸自强入辞,素持容仪,疾虽困,尚自整厉,举止如常,帝益疑其无疾。辞出数日,欧血而薨。帝往临丧,攸子冏号踊,诉父病为医所诬。诏即诛医,以冏为嗣。

初,帝爱攸甚笃,为荀勖、冯紞等所构,欲为身后之虑,故出之。及薨,帝哀恸不已。冯紞侍侧,曰:"齐王名过其实,天下归之。今自薨殒,社稷之福也,陛下何哀之过!"帝收泪而止。诏攸丧礼依安平献王故事。

攸举动以礼,鲜有过事,虽帝亦敬惮之。每引之同处,必择言而后发。

夏,五月,己亥,琅邪武王伷薨。

冬,十一月,以尚书左仆射魏舒为司徒。

河南及荆、扬等六州大水。

归命侯孙皓卒。

是岁,鲜卑慕容涉归卒。弟删篡立,将杀涉归子廆,廆亡匿于辽东徐郁家。

五年(甲辰、284)

春,正月,己亥,有青龙二见武库井中。帝观之,有喜色。百官将贺,尚书左仆射刘毅表曰:"昔龙降夏庭,卒为周祸。《易》称'潜龙勿用,阳在下也。'寻案旧典,无贺龙之礼。"帝从之。

初,陈群以吏部不能审核天下之士,故令郡国各置中正,州置大中正,皆取本土之人任朝廷官、德充才盛者为之,使铨次等级以为九品,有言行修著则升之,道义亏缺则降之,吏部凭之以补授百官。行之浸久,中正或非其人,奸敝日滋。刘毅上疏曰:"今立中正,定九品,高下任意,荣辱在手,操人主之威福,夺天朝之权势,公无考校之负,私无告讦之忌,用心百态,营求万端,廉让之风灭,争讼之俗成,臣窃为圣朝耻之。盖中正之设,于损政之道有八:高下逐强弱,是非随兴衰,一人之身,旬日异状,上品无寒门,下品无势族,一也。置州都者,本取州里清议咸所归服,将以镇异同,一言议也。今重其任而轻其人,使驳违之论横于州里,嫌仇之隙结于大臣,二也。本立格之体,为九品者,谓才德有优劣,伦辈有首尾也。今乃使优劣易地,首尾倒错,三也。陛下赏善罚恶,无不裁之以法,独置中正,委以一国之重,曾无赏罚之防,又禁人不得诉讼,使之纵横任意,无所顾惮,诸受枉者,抱怨积直,不获上闻,四也。一国之士,多者千数,或流徙异邦,或取给殊方,面犹不识,况尽其才! 而中正知与不知,皆当品状,采誉于台府,纳毁于流言,任己则有不识之蔽,听受则有彼此之偏,五也。凡求人才者,欲以治民也,今当官著效者或附卑品,在官无绩者更获高叙,是为抑功实而隆空名,长浮华而废考绩,六也。凡官不同人,事不同能。今不状其才之所宜而但第为九品,以品取人,或非才能之所长,以状取人,则为本品之所限,徒结白论而品状相妨,七也。九品所下不彰其罪,所上不列其善,各任爱憎,以植其私,天下之人焉得不懈德行而锐人事,八也。由此论之,职名中正,实为奸府;事名九品,而有八损。古今之失,莫大于此。愚臣以为宜罢中正,除九品,弃魏氏之敝法,更立一代之美制。"太尉汝南王亮、司空卫瓘亦上疏曰:"魏氏承丧乱之后,人士流移,考详无地,故立九品之制,粗且为一时选用之本耳。今九域同规,大化方始,臣等以为宜皆荡除末法,咸用土断,自公卿以下,以所居为正,无复县客,远属异土,尽除中正九品之制,使举善进才,各由乡论,则华竞自息,各求于己矣。"始平王文学江夏李重上疏,以为:"九品既除,宜先开移徙,听相并就,则土断之实行矣。"帝虽善其言而终不能改也。

冬,十二月,庚午,大赦。

闰月,当阳成侯杜预卒。

是岁,塞外,匈奴胡太阿厚帅部落二万九千三百人来降,帝处之塞内西河。

罢宁州入益州,置南夷校尉以护之。

六年(乙巳、285)

春,正月,尚书左仆射刘毅致仕,寻卒。

戊辰,以王浑为尚书左仆射,浑子济为侍中。浑主者处事不当,济明法绳之。济从兄佑,素与济不协,因毁济不能容其父,帝由是疏济,后坐事免官。济性豪侈,帝谓侍中和峤曰:"我将骂济而后官之,如何?"峤曰:"济俊爽,恐不可屈。"帝乃召济,切让之,既而曰:"颇知愧不?"济曰:"'尺布'、'斗粟'之谣,常为陛下愧之。他人能令亲者疏,臣不能令亲者亲,以此愧陛下耳。"帝默然。峤,洽之孙也。

青、梁、幽、冀州旱。

秋,八月,丙戌朔,日有食之。

冬,十二月,庚子,襄阳武侯王濬卒。

是岁,慕容删为其下所杀,部众复迎涉归子廆而立之。涉归与宇文部素有隙,廆请讨之,朝廷弗许。廆怒,入寇辽西,杀略甚众。帝遣幽州军讨廆,战于肥如,廆众大败。自是每岁犯边,又东击扶馀,扶馀王依虑自杀,子弟走保沃沮。廆夷其国城,驱万余人而归。

七年(丙午、286)

春,正月,甲寅朔,日有食之。魏舒称疾,固请逊位,以剧阳子罢。舒所为,必先行而后言,逊位之际,莫有知者。卫瓘与舒书曰:"每与足下共论此事,日日未果,可谓'瞻之在前,忽焉在后'矣。"

夏,慕容廆寇辽东,故扶馀王依虑子依罗求帅见人还复旧国,请援于东夷校尉何龛,龛遣督护贾沈将兵送之。廆遣其将孙丁帅骑邀之于路,沈力战,斩丁,遂复扶馀。

秋,匈奴胡都大博及萎莎胡各帅种落十万余口诣雍州降。

九月,戊寅,扶风武王骏薨。

冬,十一月,壬子,以陇西王泰都督关中诸军事。泰,宣帝弟馗之子也。

是岁,鲜卑拓跋悉鹿卒,弟绰立。

八年(丁未、287)

春,正月,戊申朔,日有食之。

太庙殿陷,秋,九月,改营太庙,作者六万人。

是岁,匈奴都督大豆得一育鞠等复帅种落万一千五百口来降。

九年(戊申、288)

春,正月,壬申朔,日有食之。

夏,六月,庚子朔,日有食之。

郡国三十三大旱。

秋,八月,壬子,星陨如雨。

地震。

资治通鉴卷第八十二

端明殿学士兼翰林侍读学士朝散大夫右谏议大夫充集贤殿修撰权判西京留司御史台上柱国河内郡开国侯食邑一千三百户食实封四百户赐紫金鱼袋臣　司马光　奉敕编集

晋纪四 起屠维作噩(己酉)，尽著雍敦牂(戊午)，凡十年。

世祖武皇帝下

太康十年(己酉、289)

夏，四月，太庙成。乙巳，祫祭。大赦。

慕容廆遣使请降，五月，诏拜廆鲜卑都督。廆谒见何龛，以士大夫礼，巾衣诣门。龛严兵以见之，廆乃改服戎衣而入。人问其故，廆曰："主人不以礼待客，客何为哉！"龛闻之，甚惭，深敬异之。时鲜卑宇文氏、段氏方强，数侵掠廆，廆卑辞厚币以事之。段国单于阶以女妻廆，生皝、仁、昭。廆以辽东僻远，徙居徒河之青山。

冬，十月，复明堂及南郊五帝位。

十一月，丙辰，尚书令济北成侯荀勖卒。勖有才思，善伺人主意，以是能固其宠。久在中书，专管机事。及迁尚书，甚罔怅。人有贺之者，勖曰："夺我凤皇池，诸君何贺邪！"

帝极意声色，遂至成疾。杨骏忌汝南王亮，排出之。甲申，以亮为侍中、大司马、假黄钺、大都督、督豫州诸军事，镇许昌；徙南阳王柬为秦王，都督关中诸军事；始平王玮为楚王，都督荆州诸军事；濮阳王允为淮南王，都督扬、江二州诸军事；并假节之国。立皇子乂为长沙王，颖为成都王，晏为吴王，炽为豫章王，演为代王，皇孙遹为广陵王。又封淮南王子迪为汉王，楚王子仪为毗陵王，徙扶风王畅为顺阳王，畅弟歆为新野公。畅，骏之子也。琅邪王觐弟澹为东武公，繇为东安公。觐，伷之子也。

初，帝以才人谢玖赐太子，生皇孙遹。宫中尝夜失火，帝登楼望之，遹年五岁，牵帝裾入暗中曰："暮夜仓猝，宜备非常，不可令照见人主。"帝由是奇之。尝对群臣称遹似宣帝，故天下咸归仰之。帝知太子不才，然恃遹明慧，故无废立之心。复用王佑之谋，以太子母弟柬、玮、允分镇要害。又恐杨氏之逼，复以佑为北军中候，典禁兵。帝为皇孙遹高选僚佐，以散骑常侍刘寔志行清素，命为广陵王傅。

寔以时俗喜进趣，少廉让，尝著《崇让论》，欲令初除官通谢章者，必推贤让能，乃得通之。一官缺则择为人所让最多者用之，以为："人情争则欲毁己所不如，让则竞推于胜己。故世争则优劣难分，时让则贤智显出。当此时也，能退身修己，则让之者多矣，虽欲守贫贱，不可得也。驰骛进趋而欲人见让，犹却行而求前也。"

淮南相刘颂上疏曰："陛下以法禁宽纵，积之有素，未可一旦直绳御下，此诚时宜也。然至于矫世救弊，自宜渐就清肃。譬犹行舟，虽不横截迅流，然当渐靡而往，稍向所趋，然后得济也。自泰始以来，将三十年，凡诸事业，不茂既往。以陛下明圣，犹未反叔世之敝，以成始初之隆，传之后世，不无虑乎！使夫异时大业，或有不安，其忧责犹在陛下也。

臣闻为社稷计，莫若封建亲贤。然宜审量事势，使诸侯率义而动者，其力足以维带京邑。若包藏祸心者，其势不足独以有为。其齐此甚难，陛下宜与达古今之士，深共筹之。周之诸侯，有罪诛放其身，而国祚不泯；汉之诸侯，有罪或无子者，国随以亡。今宜反汉之敝，循周之旧，则下固而上安矣。

天下至大，万事至众，人君至少，同于天日，是以圣王之化，执要于己，委务于下，非惮劳而好逸，诚以政体宜然也。夫居事始以别能否，甚难察也；因成败以分功罪，甚易识也。今陛下每精于造始而略于考终，此政功所以未善也。人主诚能居易执要，考功罪于成败之后，则群下无所逃其诛赏矣。

古者六卿分职，冢宰为师。秦、汉已来，九列执事，丞相都总。今尚书制断，诸卿奉成，于古制为太重。可出众事付外寺，使得专之，尚书统领大纲，若丞相之为，岁终课功，校簿赏罚而已，斯亦可矣。今动皆受成于上，上之所失，不得复以罪下，岁终事功不建，不知所责也。

夫细过谬妄，人情之所必有，而悉纠以法，则朝野无立人矣。近世以来为监司者，类大纲不振而微过必举，盖由畏避豪强而又惧职事之旷，则谨密网以罗微罪，使奏劾相接，状似尽公，而桡法在其中矣。是以圣手不善碎密之案，必责凶猾之奏，则害政之奸，自然禽矣。

夫创业之勋，在于立教定制，使遗风系人心，馀烈匡幼弱，后世凭之，虽昏犹明，虽愚若智，乃足尚也。至夫修饰官署，凡诸作役，恒伤泰过，不患不举，此将来所不须于陛下而自能者也。今勤所不须以伤所凭，窃以为过矣。"帝皆不能用。

诏以刘渊为匈奴北部都尉。渊轻财好施，倾心接物，五部豪杰、幽冀名儒多往归之。

奚轲男女十万口来降。

孝惠皇帝上之上

永熙元年（庚戌、290）

春，正月，辛酉朔，改元太熙。

己巳，以王浑为司徒。

司空、侍中、尚书令卫瓘子宣，尚繁昌公主。宣嗜酒，多过失，杨骏恶瓘，欲逐之，乃与黄门谋共毁宣，劝武帝夺公主。瓘惭惧，告老逊位。诏进瓘位太保，以公就第。

剧阳康子魏舒薨。

三月，甲子，以右光禄大夫石鉴为司空。

帝疾笃，未有顾命，勋旧之臣多已物故，侍中、车骑将军杨骏独侍疾禁中。大臣皆不得在左右，骏因辄以私意改易要近，树其心腹。会帝小间，见其新所用者，正色谓骏曰："何得便尔！"时汝南王亮尚未发，乃令中书作诏，以亮与骏同辅政，又欲择朝士有闻望者数人佐之。骏从中书借诏观之，得便藏去，中书监华廙恐惧，自往索之，终不与。会帝复迷乱，皇后奏以骏辅政，帝颔之。夏，四月，辛丑，皇后召华廙及中书令何劭，口宣帝旨作诏，以骏为太尉、太子太傅、都督中外诸军事、侍中、录尚书事。诏成，后对廙、劭以呈帝，帝视而无言。廙，歆之孙；劭，曾之子也。遂趣汝南王亮赴镇。帝寻小间，问："汝南王来未？"左右言未至，帝遂困笃，己酉，崩于含章殿。帝宇量弘厚，明达好谋，容纳直言，未尝失色于人。

太子即皇帝位，大赦，改元。尊皇后曰皇太后，立妃贾氏为皇后。

杨骏入居太极殿，梓宫将殡，六宫出辞，而骏不下殿，以虎贲百人自卫。

诏石鉴与中护军张劭监作山陵。

汝南王亮畏骏，不敢临丧，哭于大司马门外。出营城外，表求过葬而行。或告亮欲举兵讨骏者，骏大惧，白太后，令帝为手诏与石鉴、张劭，使帅陵兵讨亮。劭，骏甥也，即帅所领趣鉴速发；鉴以为不然，保持之。亮问计于廷尉何勖，勖曰："今朝野皆归心于公，公不讨人而畏人讨邪！"亮不敢发，夜，驰赴许昌，乃得免。骏弟济及甥河南尹李斌皆劝骏留亮，骏不从。济谓尚书左丞傅咸曰："家兄若征大司马，退身避之，门户庶几可全。"咸曰："宗室外戚，相待为安。但召大司马还，共崇至公以辅政，无为避也。"济又使侍中石崇见骏言之，骏不从。

五月，辛未，葬武帝于峻阳陵。

杨骏自知素无美望，欲依魏明帝即位故事，普进封爵以求媚于众。左军将军傅祇与骏书曰："未有帝王始崩，臣下论功者也。"骏不从。祇，嘏之子也。丙子，诏中外群臣皆增位一等，预丧事者增二等，二千石已上皆封关中侯，复租调一年。

散骑常侍石崇、散骑侍郎何攀共上奏,以为:"帝正位东宫二十余年,今承大业,而班赏行爵,优于泰始革命之初及诸将平吴之功,轻重不称。且大晋卜世无穷,今之开制,当垂于后,若有爵必进,则数世之后,莫非公侯矣。"不从。

诏以太尉骏为太傅、大都督、假黄钺,录朝政,百官总己以听。傅咸谓骏曰:"谅闇不行久矣。今圣上谦冲,委政于公,而天下不以为善,惧明公未易当也。周公大圣,犹致流言,况圣上春秋非成王之年乎!窃谓山陵既毕,明公当审思进退之宜,苟有以察其忠款,言岂在多。"骏不从。咸数谏骏,骏渐不平,欲出咸为郡守。李斌曰:"斥逐正人,将失人望。"乃止。杨济遗咸书曰:"谚云:'生子痴,了官事。'官事未易了也。想虑破头,故具有白。"咸复书曰:"卫公有言:'酒色杀人,甚于作直。'坐酒色死,人不为悔,而逆畏以直致祸,此由心不能正,欲以苟且为明哲耳。自古以直致祸者,当由矫枉过正,或不忠笃,欲以亢厉为声,故致忿耳,安有悾悾忠益而返见怨疾乎!"

杨骏以贾后险悍,多权略,忌之,故以其甥段广为散骑常侍,管机密;张劭为中护军,典禁兵。凡有诏命,帝省讫,入呈太后,然后行之。

骏为政,严碎专复,中外多恶之。冯翊太守孙楚谓骏曰:"公以外戚居伊、霍之任,当以至公、诚信、谦顺处之。今宗室强盛,而公不与共参万机,内怀猜忌,外树私昵,祸至无日矣。"骏不从。楚,资之孙也。

弘训少府蒯钦,骏之姑子也,数以直言犯骏,他人皆为之惧,钦曰:"杨文长虽暗,犹知人之无罪不可妄杀,不过疏我。我得疏,乃可以免。不然,与之俱族矣。"

骏辟匈奴东部人王彰为司马,彰逃避不受。其友新兴张宣子怪而问之,彰曰:"自古一姓二后,未有不败。况杨太傅昵近小人,疏远君子,专权自恣,败无日矣。吾逾海出塞以避之,犹恐及祸,奈何应其辟乎!且武帝不惟社稷大计,嗣子既不克负荷,受遗者复非其人,天下之乱可立待也。"

秋,八月,壬午,立广陵王遹为皇太子。以中书监何劭为太子太师,卫尉裴楷为少师,吏部尚书王戎为太傅,前太常张华为少傅,卫将军杨济为太保,尚书和峤为少保。拜太子母谢氏为淑媛。贾后常置谢氏于别室,不听与太子相见。初,和峤尝从容言于武帝曰:"皇太子有淳古之风,而末世多伪,恐不了陛下家事。"武帝默然。后与荀勖等同侍武帝,武帝曰:"太子近入朝差长进,卿可俱诣之,粗及世事。"既还,勖等并称太子明识雅度,诚如明诏。峤曰:"圣质如初。"武帝不悦而起。及帝即位,峤从太子通入朝,贾后使毒问曰:"卿昔谓我不了家事,今日定如何?"峤曰:"臣昔事先帝,曾有斯言;言之不效,国之福也。"

冬,十月,辛酉,以石鉴为太尉,陇西王泰为司空。以刘渊为建威将军、匈奴五部大都督。

元康元年（辛亥、291）

春，正月，乙酉朔，改元永平。

初，贾后之为太子妃也，尝以妒，手杀数人，又以戟掷孕妾，子随刃堕。武帝大怒，修金墉城，将废之。荀勖、冯紞、杨珧及充华赵粲共营救之，曰："贾妃年少，妒者妇人常情，长自当差。"杨后曰："贾公闾有大勋于社稷，妃亲其女，正复妒忌，岂可遽忘其先德邪！"妃由是得不废。后数诫厉妃，妃不知后之助己，返以后为构己于武帝，更恨之。

及帝即位，贾后不肯以妇道事太后，又欲干预政事，而为太傅骏所抑。殿中中郎渤海孟观、李肇，皆骏所不礼也，阴构骏，云将危社稷。黄门董猛，素给事东宫，为寺人监，贾后密使猛与观、肇谋诛骏，废太后。又使肇报汝南王亮，使举兵讨骏，亮不可。肇报都督荆州诸军事楚王玮，玮欣然许之，乃求入朝。骏素惮玮勇锐，欲召之而未敢，因其求朝，遂听之。二月，癸酉，玮及都督扬州诸军事淮南王允来朝。

三月，辛卯，孟观、李肇启帝，夜作诏，诬骏谋反，中外戒严，遣使奉诏废骏，以侯就第。命东安公繇帅殿中四百人讨骏，楚王玮屯司马门，以淮南相刘颂为三公尚书，屯卫殿中。段广跪言于帝曰："杨骏孤公无子，岂有反理？愿陛下审之。"帝不答。

时骏居曹爽故府，在武库南，闻内有变，召众官议之。太傅主簿朱振说骏曰："今内有变，其趣可知，必是阉竖与贾后设谋，不利于公。宜烧云龙门以胁之，索造事者首，开万春门，引东宫及外营兵拥皇太子入宫，取奸人，殿内震惧，必斩送之。不然，无以免难。"骏素怯懦，不决，乃曰："云龙门，魏明帝所造，功费甚大，奈何烧之！"侍中傅祗白骏，请与尚书武茂入宫观察事势，因谓群僚曰："宫中不宜空。"遂揖而下阶。众皆走，茂犹坐，祗顾曰："君非天子臣邪？今内外隔绝，不知国家所在，何得安坐！"茂乃惊起。骏党左军将军刘豫陈兵在门，遇右军将军裴頠，问太傅所在，頠绐之曰："向于西掖门遇公乘素车，从二人西出矣。"豫曰："吾何之？"頠曰："宜至廷尉。"豫从頠言，遂委而去。寻诏頠代豫领左军将军，屯万春门。頠，秀之子也。

皇太后题帛为书，射之城外，曰："救太傅者有赏。"贾后因宣言太后同反。寻而殿中兵出，烧骏府，又令弩士于阁上临骏府而射之，骏兵皆不得出。骏逃于马厩，就杀之。孟观等遂收骏弟珧、济、张劭、李斌、段广、刘豫、武茂及散骑常侍杨邈、中书令蒋俊、东夷校尉文鸯，皆夷三族，死者数千人。

珧临刑，告东安公繇曰："表在石函，可问张华。"众谓宜依钟毓例为之申理。繇不听，而贾氏族党趣使行刑。珧号叫不已，刑者以刀破其头。繇，诸葛诞之外孙也,故忌文鸯,诬以为骏党而诛之。是夜,诛赏皆自繇出,威振内外。王戎谓繇曰:"大事之后,宜深远权势。"繇不从。

壬辰,赦天下,改元。

贾后矫诏,使后军将军荀恺送太后于永宁宫,特全太后母高都君庞氏之命,听就太后居。寻复讽群公有司奏曰:"皇太后阴渐奸谋,图危社稷,飞箭系书,要募将士,同恶相济,自绝于天。鲁侯绝文姜,《春秋》所许,盖奉祖宗,任至公于天下。陛下虽怀无已之情,臣下不敢奉诏。"诏曰:"此大事,更详之。"有司又奏:"宜废皇太后为峻阳庶人。"中书监张华议:"皇太后非得罪于先帝,今党其所亲,为不母于圣世,宜依汉废赵太后为孝成后故事,贬皇太后之号,还称武皇后,居异宫,以全始终之恩。"左仆射荀恺与太子少师下邳王晃等议曰:"皇太后谋危社稷,不可复配先帝,宜贬尊号,废诣金墉城。"于是有司奏请从晃等议,废太后为庶人。诏可。又奏:"杨骏造乱,家属应诛,诏原其妻庞命,以尉太后之心。今太后废为庶人,请以庞付廷尉行刑。"诏不许。有司复固请,乃从之。庞临刑,太后抱持号叫,截发稽颡,上表诣贾后称妾,请全母命,不见省。董养游太学,升堂叹曰:"朝廷建斯堂,将何以为乎! 每览国家赦书,谋反大逆皆赦,至于杀祖父母、父母不赦者,以为王法所不容故也。奈何公卿处议,文饰礼典,乃至此乎! 天人之理既灭,大乱将作矣。"

有司收骏官属,欲悉诛之。侍中傅祗启曰:"昔鲁芝为曹爽司马,斩关赴爽,宣帝用为青州刺史。骏之僚佐,不可悉加罪。"诏赦之。

壬寅,征汝南王亮为太宰,与太保卫瓘皆录尚书事,辅政。以秦王柬为大将军,东平王楙为抚军大将军,楚王玮为卫将军、领北军中候,下邳王晃为尚书令,东安公繇为尚书左仆射,进爵为王。楙,望之子也。封董猛为武安侯,三兄皆为亭侯。

亮欲取悦众心,论诛杨骏之功,督将侯者千八十一人。御史中丞傅咸遗亮书曰:"今封赏熏赫,震动天地,自古以来,未之有也。无功而获厚赏,则人莫不乐国之有祸,是祸原无穷也。凡作此者,由东安公。人谓殿下既至,当有以正之。正之以道,众亦何怒! 众之所怒者,在于不平耳。而今皆更倍论,莫不失望。"亮颇专权势,咸复谏曰:"杨骏有震主之威,委任亲戚,此天下所以喧哗。今之处重,宜反此失,静默颐神,有大得失,乃维持之,自非大事,一皆抑遣。比过尊门,冠盖车马,填塞街衢,此之翕习,既宜弭息。又夏侯长容无功而暴擢为少府,论者谓长容,公之姻家,故至于此。流闻四方,非所以为益也。"亮皆不从。

贾后族兄车骑司马模、从舅右卫将军郭彰、女弟之子贾谧与楚王玮、东安王繇,并预国政。贾后暴戾日甚,繇密谋废后,贾氏惮之。繇兄东武公澹,素恶繇,屡谮之于太宰亮曰:"繇专行诛赏,欲擅朝政。"庚戌,诏免繇官,又坐有悖言,废徙带方。

于是贾谧、郭彰权势愈盛,宾客盈门。谧虽骄奢,而好学,喜延士大夫。郭彰、石崇、陆机、机弟雲、和郁及荥阳潘岳、清河崔基、勃海欧阳建、兰陵缪徵、京兆杜斌、挚虞、琅邪诸葛诠、弘农王粹、襄城杜育、南阳邹捷、齐国左思、沛国刘瑰、周恢、安平牵秀、颍川陈眕、高阳许猛、彭城刘讷、中山刘舆、舆弟琨,皆附于谧,号曰二十四友。郁,峤之弟也。崇与岳尤谄事谧,每候谧及广城君郭槐出,皆降车路左,望尘而拜。

太宰亮、太保瓘以楚王玮刚愎好杀,恶之,欲夺其兵权,以临海侯裴楷代玮为北军中候。玮怒,楷闻之,不敢拜。亮复与瓘谋,遣玮与诸王之国,玮益忿怨。玮长史公孙宏、舍人岐盛,皆有宠于玮,劝玮自昵于贾后,后留玮领太子太傅。盛素善于杨骏,卫瓘恶其反覆,将收之。盛乃与宏谋,因积弩将军李肇矫称玮命,谮亮、瓘于贾后,云将谋废立。后素怨瓘,且患二公执政,已不得专恣,夏,六月,后使帝作手诏赐玮曰:"太宰、太保欲为伊、霍之事,王宜宣诏,令淮南、长沙、成都王屯诸宫门,免亮及瓘官。"夜,使黄门赍以授玮。玮欲覆奏,黄门曰:"事恐漏泄,非密诏本意也。"玮亦欲因此复私怨,遂勒本军,复矫诏召三十六军,告以"二公潜图不轨,吾今受诏都督中外诸军,诸在直卫者,皆严加警备,其在外营,便相帅径诣行府,助顺讨逆。"又矫诏"亮、瓘官属,一无所问,皆罢遣之。若不奉诏,便军法从事。"遣公孙宏、李肇以兵围亮府,侍中、清河王遐收瓘。

亮帐下督李龙,白"外有变,请拒之",亮不听。俄而兵登墙大呼,亮惊曰:"吾无贰心,何故至此! 诏书其可见乎?"宏等不许,趣兵攻之。长史刘准谓亮曰:"观此必是奸谋,府中俊乂如林,犹可力战。"又不听。遂为肇所执,叹曰:"我之赤心,可破示天下也。"与世子矩俱死。

卫瓘左右亦疑遐矫诏,请拒之,须自表得报,就戮未晚,瓘不听。初,瓘为司空,帐下督荣晦有罪,斥遣之。至是,晦从遐收瓘,辄杀瓘及子孙共九人,遐不能禁。

岐盛说玮"宜因兵势,遂诛贾、郭,以正王室,安天下。"玮犹豫未决。会天明,太子少傅张华使董猛说贾后曰:"楚王既诛二公,则天下威权尽归之矣,人主何以自安! 宜以玮专杀之罪诛之。"贾后亦欲因此除玮,深然之。是时内外扰乱,朝廷恟惧,不知所出。张华白帝,遣殿中将军王宫赍驺虞幡出麾众曰:"楚王矫诏,勿听也。"众皆释仗而走。玮左右无复一人,窘迫不知所为。遂执之,下廷尉。乙丑,斩之。玮出怀中青纸诏,流涕以示监刑尚书刘颂曰:"幸托体先帝,而受枉乃如此乎!"公孙宏、岐盛并夷三族。

玮之起兵也,陇西王泰严兵将助玮,祭酒丁绥谏曰:"公为宰相,不可轻动。且夜中仓猝,宜遣人参审定问。"泰乃止。

卫瓘女与国臣书曰:"先公名谥未显,每怪一国蔑然无言,《春秋》之失,其咎安在?"于是太保主簿刘繇等执黄幡,挝登闻鼓,上言曰:"初,矫诏者至,公即奉送章绶,单车从命。如矫诏之文唯免公官,而故给使荣晦,辄收公父子及孙,一时斩戮。乞验尽情伪,加以明刑。"乃诏族诛荣晦,追复亮爵位,谥曰文成。封瓘兰陵郡公,谥曰成。

于是贾后专朝,委任亲党,以贾模为散骑常侍,加侍中。贾谧与后谋,以张华庶姓,无逼上之嫌,而儒雅有筹略,为众望所依,欲委以朝政。疑未决,以问裴颜,颜赞成之。乃以华为侍中、中书监,颜为侍中,又以安南将军裴楷为中书令,加侍中,与右仆射王戎并管机要。华尽忠帝室,弥缝遗阙,贾后虽凶险,犹知敬重华;贾模与华、颜同心辅政,故数年之间,虽暗主在上,而朝野安静,华等之功也。

秋,七月,分荆、扬十郡为江州。

八月,辛未,立陇西王泰世子越为东海王。

九月,甲午,秦献王柬薨。

辛丑,征征西大将军梁王肜为卫将军、录尚书事。

二年(壬子、292)

春,二月,己酉,故杨太后卒于金墉城。是时,太后尚有侍御十余人,贾后悉夺之,绝膳八日而卒。贾后恐太后有灵,或诉冤于先帝,乃覆而殡之,仍施诸厌劾符书、药物等。

秋,八月,壬子,赦天下。

三年(癸丑、293)

夏,六月,弘农雨雹,深三尺。

鲜卑宇文莫槐为其下所杀,弟普拨立。

拓跋绰卒,弟子弗立。

四年(甲寅、294)

春,正月,丁酉,安昌元公石鉴薨。

夏,五月,匈奴郝散反,攻上党,杀长吏。秋,八月,郝散帅众降,冯翊都尉杀之。

是岁,大饥。

司隶校尉傅咸卒。咸性刚简,风格峻整,初为司隶校尉,上言:"货赂流行,所宜深绝。"时朝政宽弛,权豪放恣,咸奏免河南尹澹等官,京师肃然。

慕容廆徙居大棘城。

拓跋弗卒,叔父禄官立。

五年(乙卯、295)

夏,六月,东海雨雹,深五寸。

荆、扬、兖、豫、青、徐六州大水。

冬,十月,武库火,焚累代之宝及二百万人器械。十二月,丙戌,新作武库,大调兵器。

拓跋禄官分其国为三部:一居上谷之北、濡源之西,自统之;一居代郡参合陂之北,使兄沙漠汗之子猗㐌统之;一居定襄之盛乐故城,使猗㐌弟猗卢统之。猗卢善用兵,西击匈奴、乌桓诸部,皆破之。代人卫操与从子雄及同郡箕澹往依拓跋氏,说猗㐌、猗卢招纳晋人。猗㐌悦之,任以国事,晋人附者稍众。

六年(丙辰、296)

春,正月,赦天下。

下邳献王晃薨。以中书监张华为司空,太尉陇西王泰行尚书令,徙封高密王。

夏,郝散弟度元与冯翊、北地马兰羌、卢水胡俱反,杀北地太守张损,败冯翊太守欧阳建。

征西大将军赵王伦信用嬖人琅邪孙秀,与雍州刺史济南解系争军事,更相表奏,欧阳建亦表伦罪恶。朝廷以伦挠乱关右,征伦为车骑将军,以梁王肜为征西大将军、都督雍、凉二州诸军事。系与其弟御史中丞结,皆表请诛秀以谢氐、羌。张华以告梁王肜,使诛之,肜许诺。秀友人辛冉为之说肜曰:“氐、羌自反,非秀之罪。”秀由是得免。伦至洛阳,用秀计,深交贾、郭,贾后大爱信之。伦因求录尚书事,又求尚书令,张华、裴颜固执以为不可,伦、秀由是怨之。

秋,八月,解系为郝度元所败,秦雍氐、羌悉反,立氐帅齐万年为帝,围泾阳。御史中丞周处,弹劾不避权戚,梁王肜尝违法,处按劾之。冬,十一月,诏以处为建威将军,与振威将军卢播俱隶安西将军夏侯骏,以讨齐万年。中书令陈准言于朝曰:“骏及梁王皆贵戚,非将帅之才,进不求名,退不畏罪。周处吴人,忠直勇果,有仇无援。宜诏积弩将军孟观,以精兵万人为处前锋,必能殄寇。不然,梁王当使处先驱,而不救以陷之,其败必也。”朝廷不从。齐万年闻处来,曰:“周府君尝为新平太守,有文武才,若专断而来,不可当也。或受制于人,此成禽耳。”

关中饥、疫。

初,略阳清水氐杨驹始居仇池。仇池方百顷,其旁平地二十余里,四面斗绝而高,为羊肠蟠道三十六回而上。至其孙千万附魏,封为百顷王。千万孙飞龙浸强盛,徙居略阳。飞龙以其甥令狐茂搜为子,茂搜避齐万年之乱,十二月,自略阳帅部落四千家还保仇池,自号辅国将军、右贤王。关中人士避乱者多依之,茂搜迎接抚纳,欲去者,卫护资送之。

是岁,以扬烈将军巴西赵廞为益州刺史,发梁、益兵粮助雍州讨氐、羌。

七年(丁巳、297)

春,正月,齐万年屯梁山,有众七万,梁王肜、夏侯骏使周处以五千兵击之。处曰:"军无后继,必败,不徒亡身,为国取耻。"肜、骏不听,逼遣之。癸丑,处与卢播、解系攻万年于六陌。处军士未食,肜促令速进,自旦战至暮,斩获甚众,弦绝矢尽,救兵不至。左右劝处退,处按剑曰:"是吾效节致命之日也。"遂力战而死。朝廷虽以尤肜,而亦不能罪也。

秋,七月,雍、秦二州大旱,疾疫,米斛万钱。

丁丑,京陵元公王浑薨。九月,以尚书右仆射王戎为司徒,太子太师何劭为尚书左仆射。

戎为三公,与时浮沉,无所匡救,委事僚寀,轻出游放。性复贪吝,园田遍天下,每自执牙筹,昼夜会计,常若不足。家有好李,卖之恐人得种,常钻其核。凡所赏拔,专事虚名。阮咸之子瞻尝见戎,戎问曰:"圣人贵名教,老、庄明自然,其旨同异?"瞻曰:"将无同。"戎咨嗟良久,遂辟之。时人谓之"三语掾"。

是时,王衍为尚书令,南阳乐广为河南尹,皆善清谈,宅心事外,名重当世,朝野之人,争慕效之。衍与弟澄,好题品人物,举世以为仪准。衍神情明秀,少时,山涛见之,嗟叹良久,曰:"何物老妪,生宁馨儿!然误天下苍生者,未必非此人也。"乐广性冲约清远,与物无竞。每谈论,以约言析理,厌人之心,而其所不知,默如也。凡论人,必先称其所长,则所短不言自见。王澄及阮咸、咸从子脩、泰山胡毋辅之、陈国谢鲲、城阳王尼、新蔡毕卓,皆以任放为达,至于醉狂裸体,不以为非。胡毋辅之尝酣饮,其子谦之窥而厉声呼其父字曰:"彦国年老,不得为尔!"辅之欢笑,呼入共饮。毕卓尝为吏部郎,比舍郎酿熟,卓因醉,夜至瓮间盗饮之,为掌酒者所缚,明旦视之,乃毕吏部也。乐广闻而笑之,曰:"名教内自有乐地,何必乃尔!"

初,何晏等祖述老、庄,立论以为:"天地万物,皆以无为本。无也者,开物成务,无往不存者也。阴阳恃以化生,贤者恃以成德。故无之为用,无爵而贵矣。"王衍之徒皆爱重之。由是朝廷士大夫皆以浮诞为美,弛废职业。裴𬱟著《崇有论》以释其蔽曰:"夫利欲可损而未可绝有也,事务可节而未可全无也。盖有饰为高谈之具者,深列有形之累,盛称空无之美。形器之累有征,空无之义难检,辩巧之文可悦,似象之言足惑,众听眩焉,溺其成说。虽颇有异此心者,辞不获济,屈于所习,因谓虚无之理,诚不可盖。一唱百和,往而不反,遂薄综世之务,贱功利之用,高浮游之业,卑经实之贤。人情所徇,名利从之,于是文者衍其辞,讷者赞其旨。立言藉于虚无,谓之玄妙;处官不亲所职,谓之雅远;奉身散其廉操,谓之旷达。故砥砺之风,弥以陵迟。放者因斯,或悖吉凶之礼,忽容止之表,渎长幼之序,混贵贱之级,甚者至于裸裎亵慢,无所不至,士行又亏矣。

夫万物之有形者,虽生于无,然生以有为已分,则无是有之所遗者也。故养既化之有,非无用之所能全也;治既有之众,非无为之所能修也。心非事也,而制事必由于心,然不可谓心为无也;匠非器也,而制器必须于匠,然不可谓匠非有也。是以欲收重渊之鳞,非偃息之所能获也;隕高墉之禽,非静拱之所能捷也。由此而观,济有者皆有也,虚无奚益于已有之群生哉!"然习俗已成,颓论亦不能救也。

拓跋猗㐌度漠北巡,因西略诸国,积五岁,降附者三十余国。

八年(戊午、298)

春,三月,壬戌,赦天下。

秋,九月,荆、豫、徐、扬、冀五州大水。

初,张鲁在汉中,賨人李氏自巴西宕渠往依之。魏武帝克汉中,李氏将五百余家归之,拜为将军,迁于略阳北土,号曰巴氐。其孙特、庠、流,皆有材武,善骑射,性任侠,州党多附之。

及齐万年反,关中荐饥,略阳、天水等六郡民流移就谷入汉川者数万家,道路有疾病穷乏者,特兄弟常营护振救之,由是得众心。流民至汉中,上书求寄食巴、蜀,朝议不许,遣侍御史李苾持节慰劳,且监察之,不令入剑阁。苾至汉中,受流民赂,表言:"流民十万余口,非汉中一郡所能振赡。蜀有仓储,人复丰稔,宜令就食。"朝廷从之。由是散在梁、益,不可禁止。李特至剑阁,太息曰:"刘禅有如此地,面缚于人,岂非庸才邪!"闻者异之。

张华、陈准以赵王、梁王,相继在关中,皆雍容骄贵,师老无功,乃荐孟观沉毅有文武材用,使讨齐万年。观身当矢石,大战十数,皆破之。

资治通鉴卷第八十三

端明殿学士兼翰林侍读学士朝散大夫右谏议大夫充集贤殿修撰权判西京留　司马光 奉敕编集
司御史台上柱国河内郡开国侯食邑一千三百户食实封四百户赐紫金鱼袋臣

晋纪五 起屠维协洽(己未)，尽上章涒滩(庚申)，凡二年。

孝惠皇帝上之下

元康九年(己未、299)

春，正月，孟观大破氐众于中亭，获齐万年。

太子洗马陈留江统以为戎、狄乱华，宜早绝其原，乃作《徙戎论》以警朝廷曰："夫夷、蛮、戎、狄，地在要荒，禹平九土，而西戎即叙。其性气贪婪，凶悍不仁。四夷之中，戎、狄为甚，弱则畏服，强则侵叛。当其强也，以汉之高祖困于白登，孝文军于霸上。及其弱也，以元、成之微，而单于入朝。此其已然之效也。是以有道之君牧夷、狄也，惟以待之有备，御之有常，虽稽颡执贽，而边城不弛固守，强暴为寇，而兵甲不加远征，期令境内获安，疆场不侵而已。

及至周室失统，诸侯专征，封疆不固，而利害异心，戎、狄乘间，得入中国。或招诱安抚，以为己用。自是四夷交侵，与中国错居。及秦始皇并天下，兵威旁达，攘胡走越，当是时，中国无复四夷也。

汉建武中，马援领陇西太守，讨叛羌，徙其余种于关中，居冯翊、河东空地。数岁之后，族类蕃息，既恃其肥强，且苦汉人侵之。永初之元，群羌叛乱，覆没将守，屠破城邑，邓骘败北，侵及河内。十年之中，夷、夏俱敝，任尚、马贤仅乃克之。自此之后，余烬不尽，小有际会，辄复侵叛，中世之寇，惟此为大。魏兴之初，与蜀分隔，疆场之戎，一彼一此。武帝徙武都氐于秦州，欲以弱寇强国，扞御蜀虏，此盖权宜之计，非万世之利也。今者当之，已受其敝矣。

夫关中土沃物丰，帝王所居，未闻戎、狄宜在此土也。非我族类，其心必异。而因其衰敝，迁之畿服，士庶玩习，侮其轻弱，使其怨恨之气毒于骨髓。至于蕃育众盛，则坐生其心。以贪悍之性，挟愤怒之情，候隙乘便，辄为横逆。而居封域之内，无障塞之隔，掩不备之人，收散野之积，故能为祸滋蔓，暴害不测。此必然之势，已验之事也。当今之宜，宜及兵威方盛，众事未罢，徙冯翊、北地、新平、安定界内诸羌，著先零、罕开、析支之地；徙扶风、始平、京兆之氐，出还陇右，著阴平、武都之界。廪其道路之粮，令足自致，各附本种，反其旧土，使属国、抚夷就安集

885

之。戎、晋不杂,并得其所,纵有猾夏之心,风尘之警,则绝远中国,隔阂山河,虽为寇暴,所害不广矣。

难者曰:氐寇新平,关中饥疫,百姓愁苦,咸望宁息。而欲使疲悴之众,徙自猜之寇,恐势尽力屈,绪业不卒,前害未及弭而后变复横出矣。答曰:子以今者群氐为尚挟余资,悔恶反善,怀我德惠而来柔附乎?将势穷道尽,智力俱困,惧我兵诛以至于此乎?曰无有余力,势穷道尽故也。然则我能制其短长之命,而令其进退由己矣。夫乐其业者不易事,安其居者无迁志。方其自疑危惧,畏怖促遽,故可制以兵威,使之左右无违也。迨其死亡散流,离逖未鸠,与关中之人,户皆为仇,故可遏迁远处,令其心不怀土也。夫圣贤之谋事也,为之于未有,治之于未乱,道不著而平,德不显而成。其次则能转祸为福,因败为功,值困必济,遇否能通。今子遭敝事之终而不图更制之始,爱易辙之勤而遵覆车之轨,何哉?且关中之人百余万口,率其少多,戎、狄居半,处之与迁,必须口实。若有穷乏,糁粒不继者,故当倾关中之谷以全其生生之计,必无挤于沟壑而不为侵掠之害也。今我迁之,传食而至,附其种族,自使相赡,而秦地之人得其半谷,此为济行者以禀粮,遗居者以积仓,宽关中之逼,去盗贼之原,除旦夕之损,建终年之益。若惮暂举之小劳而忘永逸之弘策,惜日月之烦苦而遗累世之寇敌,非所谓能创业垂统,谋及子孙者也。

并州之胡,本实匈奴桀恶之寇也。建安中,使右贤王去卑诱质呼厨泉,听其部落散居六郡。咸熙之际,以一部太强,分为三率。泰始之初,又增为四。于是刘猛内叛,连结外虏,近者郝散之变,发于穀远。今五部之众,户至数万,人口之盛,过于西戎。其天性骁勇,弓马便利,倍于氐、羌。若有不虞风尘之虑,则并州之域可为寒心。

正始中,毌丘俭讨句骊,徙其余种于荥阳。始徙之时,户落百数,子孙孳息,今以千计,数世之后,必至殷炽。今百姓失职,犹或亡叛,犬马肥充,则有噬啮,况于夷、狄,能不为变!但顾其微弱,势力不逮耳。

夫为邦者,忧不在寡而在不安。以四海之广,士民之富,岂须夷虏在内,然后取足哉!此等皆可申谕发遣,还其本域,慰彼羁旅怀土之思,释我华夏纤介之忧。惠此中国,以绥四方,德施永世,于计为长也。"朝廷不能用。

散骑常侍贾谧侍讲东宫,对太子倨傲,成都王颖见而叱之。谧怒,言于贾后,出颖为平北将军,镇邺。征梁王肜为大将军、录尚书事,以河间王颙为镇西将军,镇关中。初,武帝作石函之制,非至亲不得镇关中,颙轻财爱士,朝廷以为贤,故用之。

夏,六月,戊戌,高密文献王泰薨。

贾后淫虐日甚,私于太医令程据等。又以箧箱载道上年少入宫,复恐其漏泄,往往杀之。贾模恐祸及己,甚忧之。裴𬱟与模及张华议废后,更立谢淑妃。模、华皆曰:"主上自无废黜之意,而吾等专行之,倘上心不以为然,将若之何?且诸王方强,朋党各异,恐一旦祸起,身死国危,无益社稷。"𬱟曰:"诚如公言。然中宫逞其昏虐,乱可立待也。"华曰:"卿二人于中宫皆亲戚,言或见信,宜数为陈祸福之戒,庶无大悖,则天下尚未至于乱,吾曹得以优游卒岁而已。"𬱟旦夕说其从母广城君,令戒谕贾后以亲厚太子。贾模亦数为后言祸福,后不能用,反以模为毁己而疏之。模不得志,忧愤而卒。

秋,八月,以裴𬱟为尚书仆射。𬱟虽贾后亲属,然雅望素隆,四海唯恐其不居权位。寻诏𬱟专任门下事,𬱟上表固辞,以"贾模适亡,复以臣代之,崇外戚之望,彰偏私之举,为圣朝累。"不听。或谓𬱟曰:"君可以言,当尽言于中宫;言而不从,当远引而去。倘二者不立,虽有十表,难以免矣。"𬱟慨然久之,竟不能从。

帝为人戆騃,尝在华林园闻虾蟆,谓左右曰:"此鸣者,为官乎,为私乎?"时天下荒馑,百姓饿死,帝闻之,曰:"何不食肉糜?"由是权在群下,政出多门,势位之家,更相荐托,有如互市。贾、郭恣横,货赂公行。南阳鲁褒作《钱神论》以讥之曰:"钱之为体,有乾坤之象,亲之如兄,字曰孔方。无德而尊,无势而热,排金门,入紫闼,危可使安,死可使活,贵可使贱,生可使杀。是故忿争非钱不胜,幽滞非钱不拔,怨仇非钱不解,令闻非钱不发。洛中朱衣、当涂之士,爱我家兄,皆无已已,执我之手,抱我终始。凡今之人,惟钱而已!"

又,朝臣务以苛察相高,每有疑议,群下各立私意,刑法不壹,狱讼繁滋。裴𬱟上表曰:"先王刑赏称物,轻重无二,故下听有常,群吏安业。去元康四年大风,庙阙屋瓦有数枚倾落,免太常荀寓,事轻责重,有违常典。五年二月有大风,兰台主者惩惧前事,求索阿栋之间,得瓦小邪十五处,遂禁止太常,复兴刑狱。今年八月,陵上荆一枝围七寸二分者被斫,司徒、太常奔走道路,虽知事小,而按劾难测,骚扰驱驰,各竞免负,于今太常禁止未解。夫刑书之文有限,而舛违之故无方,故有临时议处之制,诚不能皆得循常也。至于此等,皆为过当,恐奸吏因缘,得为浅深也。"既而曲议犹不止,三公尚书刘颂复上疏曰:"自近世以来,法渐多门,令甚不一,吏不知所守,下不知所避,奸伪者因以售其情,居上者难以检其下,事同议异,狱奸不平。夫君臣之分,各有所司。法欲必奉,故令主者守文;理有穷塞,故使大臣释滞;事有时宜,故人主权断。主者守文,若释之执犯跸之平也;大臣释滞,若公孙弘断郭解之狱也;人主权断,若汉祖戮丁公之为也。天下万事,自非此类,不得出妄议,皆以律令从事。然后法信于下,人听不惑,吏不容奸,可以言政矣。"乃下诏:"郎、令史复出法驳案者,随事以闻。"然亦不能革也。

颂迁吏部尚书，建九班之制，欲令百官居职希迁，考课能否，明其赏罚。贾、郭用权，仕者欲速，事竟不行。

裴颜荐平阳韦忠于张华，华辟之，忠辞疾不起。人问其故，忠曰："张茂先华而不实，裴逸民欲而无厌，弃典礼而附贼后，此岂大丈夫之所为哉！逸民每有心托我，我常恐其溺于深渊而余波及我，况可褰裳而就之哉！"

关内侯敦煌索靖，知天下将乱，指洛阳宫门铜驼叹曰："会见汝在荆棘中耳！"

冬，十一月，甲子朔，日有食之。

初，广城君郭槐，以贾后无子，常劝后使慈爱太子。贾谧骄纵，数无礼于太子，广城君恒切责之。广城君欲以韩寿女为太子妃，太了亦欲婚韩氏以自固，寿妻贾午及后皆不听，而为太子聘王衍少女。太子闻衍长女美，而后为贾谧聘之，心不能平，颇以为言。及广城君病，临终，执后手，令尽心于太子，言甚切至。又曰："赵粲、贾午，必乱汝家事，我死后，勿复听入。深记吾言。"后不从，更与粲、午谋害太子。

太子幼有令名，及长，不好学，惟与左右嬉戏。贾后复使黄门辈诱之为奢靡威虐，由是名誉浸减，骄慢益彰。或废朝侍而纵游逸，于宫中为市，使人屠酤，手揣斤两，轻重不差。其母本屠家女也，故太子好之。东宫月俸钱五十万，太子常探取二月，用之犹不足。又令西园卖葵菜、蓝子、鸡、面等物而收其利。又好阴阳小数，多所拘忌。洗马江统上书陈五事："一曰虽有微苦，宜力疾朝侍。二曰宜勤见保傅，咨询善道。三曰画室之功，可且减省，后园刻镂杂作，一皆罢遣。四曰西园卖葵、蓝之属，亏败国体，贬损令闻。五曰缮墙正瓦，不必拘挛小忌。"太子皆不从。中舍人杜锡，恐太子不得安其位，每尽忠谏，劝太子修德业，保令名，言辞恳切。太子患之，置针著锡常所坐毡中，刺之流血。锡，预之子也。

太子性刚，知贾谧恃中宫骄贵，不能假借之。谧时为侍中，至东宫，或舍之，于后庭游戏。詹事裴权谏曰："谧，后所亲昵，一旦交构，则事危矣。"不从。谧谮太子于后曰："太子多畜私财以结小人者，为贾氏故也。若宫车晏驾，彼居大位，依杨氏故事，诛臣等，废后于金墉，如反手耳。不如早图之，更立慈顺者，可以自安。"后纳其言，乃宣扬太子之短，布于远近。又诈为有娠，内藥物、产具，取妹夫韩寿子慰祖养之，欲以代太子。

于时朝野咸知贾后有害太子之意，中护军赵俊请太子废后，太子不听。左卫率东平刘卞，以贾后之谋问张华，华曰："不闻。"卞曰："卞自须昌小吏，受公成拔以至今日。士感知己，是以尽言，而公更有疑于卞邪！"华曰："假令有此，君欲如何？"卞曰："东宫俊乂如林，四率精兵万人。公居阿衡之任，若得公命，皇太子因朝人录尚书事，废贾后于金墉城，两黄门力耳。"华曰："今天子当阳，太子，人子也,吾又不受阿衡之命,忽相与行此,是无君父而以不孝示天下也。虽能有成,犹不免罪,况权戚满朝,威柄不一,成可必乎?"贾后常使亲党微服听察于外,颇闻卞言,乃迁卞为雍州刺史。卞知言泄,饮药而死。

十二月,太子长子彪病,太子为彪求王爵,不许。彪病笃,太子为之祷祀求福。贾后闻之,乃诈称帝不豫,召太子入朝。既至,后不见,置于别室,遣婢陈舞以帝命赐太子酒三升,使尽饮之。太子辞以不能饮三升,舞逼之曰:"不孝邪!天赐汝酒而不饮,酒中有恶物邪!"太子不得已,强饮至尽,遂大醉。后使黄门侍郎潘岳作书草,令小婢承福以纸笔及草,因太子醉,称诏使书之,文曰:"陛下宜自了,不自了,吾当入了之。中宫又宜速自了,不自了,吾当手了之。并与谢妃共要,刻期两发,勿疑犹豫,以致后患。茹毛饮血于三辰之下,皇天许当扫除患害,立道文为王,蒋氏为内主。愿成,当三牲祠北君。"太子醉迷不觉,遂依而写之。其字半不成,后补成之,以呈帝。

壬戌,帝幸式乾殿,召公卿入,使黄门令董猛以太子书及青纸诏示之曰:"通书如此,今赐死。"遍示诸公王,莫有言者。张华曰:"此国之大祸。自古以来,常因废黜正嫡以致丧乱。且国家有天下日浅,愿陛下详之。"裴𫖮以为宜先检校传书者,又请比校太子手书,不然,恐有诈妄。贾后乃出太子启事十余纸,众人比视,亦无敢言非者。贾后使董猛矫以长广公主辞白帝曰:"事宜速决,而群臣各不同,其不从诏者,宜以军法从事。"议至日西,不决。后见华等意坚,惧事变,乃表免太子为庶人,诏许之。于是使尚书和郁等持节诣东宫,废太子为庶人。太子改服出,再拜受诏,步出承华门,乘粗犊车,东武公澹以兵仗送太子及妃王氏、三子彪、臧、尚同幽于金墉城。王衍自表离婚,许之,妃恸哭而归。杀太子母谢淑媛及彪母保林蒋俊。

永康元年(庚申、300)

春,正月,癸亥朔,赦天下,改元。

西戎校尉司马阎缵舆棺诣阙上书,以为:"汉戾太子称兵拒命,言者犹曰罪当笞耳。今遍受罪之日,不敢失道,犹为轻于戾太子。宜重选师傅,先加严诲,若不悛改,弃之未晚也。"书奏,不省。缵,圃之孙也。

贾后使黄门自首欲与太子为逆。诏以黄门首辞班示公卿,遣东武公澹以千兵防卫太子,幽于许昌宫,令持书御史刘振持节守之,诏宫臣不得辞送。洗马江统、潘滔、舍人王敦、杜蕤、鲁瑶等冒禁至伊水,拜辞涕泣。司隶校尉满奋收缚统等送狱。其系河南狱者,乐广悉解遣之;系洛阳县狱者,犹未释。都官从事孙琰说贾谧曰:"所以废徙太子,以其为恶故耳。今宫臣冒罪拜辞,而加以重辟,流闻四方,乃更彰太子之德也,不如释之。"谧乃语洛阳令曹摅使释之,广亦不坐。敦,览之孙；摅，肇之孙也。太子至许，遗王妃书，自陈诬枉，妃父衍不敢以闻。

丙子，皇孙彪卒。

三月，尉氏雨血，妖星见南方，太白昼见，中台星拆。张华少子韪劝华逊位，华不从，曰："天道幽远，不如静以待之。"

太子既废，众情愤怒。(有)〔右〕卫督司马雅、常从督许超，皆尝给事东宫，与殿中郎士猗等谋废贾后，复太子。以张华、裴頠安常保位，难与行权，右军将军赵王伦执兵柄，性贪冒，可假以济事。乃说孙秀曰："中宫凶妒无道，与贾谧等共诬废太子。今国无嫡嗣，社稷将危，大臣将起大事。而公名奉事中宫，与贾、郭亲善，太子之废，皆云豫知，一朝事起，祸必相及。何不先谋之乎！"秀许诺，言于伦，伦纳焉。遂告通事令史张林及省事张衡等，使为内应。

事将起，孙秀言于伦曰："太子聪明刚猛，若还东宫，必不受制于人。明公素党于贾后，道路皆知之，今虽建大功于太子，太子谓公特逼于百姓之望，翻覆以免罪耳，虽含忍宿怨，必不能深德明公，若有瑕衅，犹不免诛。不若迁延缓期，贾后必害太子，然后废贾后，为太子报仇，岂徒免祸而已，乃更可以得志。"伦然之。

秀因使人行反间，言殿中人欲废皇后，迎太子。贾后数遣宫婢微服于民间听察，闻之甚惧。伦、秀因劝谧等早除太子以绝众望。癸未，贾后使太医令程据和毒药，矫诏使黄门孙虑至许昌毒太子。太子自废黜，恐被毒，常自煮食于前。虑以告刘振，振乃徙太子于小坊中，绝其食，宫人犹窃于墙上过食与之。虑逼太子以药，太子不肯服，虑以药杵椎杀之。有司请以庶人礼葬，贾后表请以广陵王礼葬之。

夏，四月，辛卯朔，日有食之。

赵王伦、孙秀将讨贾后，告右卫伎飞督闾和，和从之，期以癸巳丙夜一筹，以鼓声为应。癸巳，秀使司马雅告张华曰："赵王欲与公共匡社稷，为天下除害，使雅以告。"华拒之。雅怒曰："刃将加颈，犹为是言邪！"不顾而出。

及期，伦矫诏敕三部司马曰："中宫与贾谧等杀吾太子，今使车骑入废中宫，汝等皆当从命，事毕，赐爵关中侯，不从者诛三族。"众皆从之。又矫诏开门夜入，陈兵道南，遣翊军校尉齐王冏将百人排阁而入。华林令骆休为内应，迎帝幸东堂。以诏召贾谧于殿前，将诛之。谧走入西钟下，呼曰："阿后救我！"就斩之。贾后见齐王冏，惊曰："卿何为来？"冏曰："有诏收后。"后曰："诏当从我出，何诏也？"后至上阁，遥呼帝曰："陛下有妇，使人废之，亦行自废矣。"是时，梁王肜亦预其谋，后问冏曰："起事者谁？"冏曰："梁、赵。"后曰："系狗当系颈，反系其尾，何得不然！"遂废后为庶人，幽之于建始殿。收赵粲、贾午等付暴室考竟。诏尚书收捕贾氏亲党，召中书监、侍中、黄门侍郎、八座皆夜入殿。尚书始疑诏有诈，郎师景露版奏请手诏,伦等斩之以徇。

伦阴与秀谋篡位,欲先除朝望,且报宿怨,乃执张华、裴颜、解系、解结等于殿前。华谓张林曰:"卿欲害忠臣邪?"林称诏诘之曰:"卿为宰相,太子之废,不能死节,何也?"华曰:"式乾之议,臣谏事具存,可覆按也。"林曰:"谏而不从,何不去位?"华无以对。遂皆斩之,仍夷三族。解结女适裴氏,明日当嫁而祸起,裴氏欲认活之,女曰:"家既若此,我何以活为!"亦坐死。朝廷由是议革旧制,女不从死。甲午,伦坐端门,遣尚书和郁持节送贾庶人于金墉,诛刘振、董猛、孙虑、程据等,司徒王戎及内外官坐张、裴亲党黜免者甚众。阎缵抚张华尸恸哭曰:"早语君逊位而不肯,今果不免,命也。"

于是赵王伦称诏赦天下,自为使持节、都督中外诸军事、相国、侍中,一依宣、文辅魏故事,置府兵万人。以其世子散骑常侍荂领冗从仆射,子馥为前将军,封济阳王;虔为黄门郎,封汝阴王;诩为散骑侍郎,封霸城侯。孙秀等皆封大郡,并据兵权,文武官封侯者数千人,百官总己以听于伦。伦素庸愚,复受制于孙秀。秀为中书令,威权振朝廷,天下皆事秀而无求于伦。

诏追复故太子通位号,使尚书和郁帅东宫官属迎太子丧于许昌,追封通子彪为南阳王,封通弟臧为临淮王,尚为襄阳王。

有司奏:"尚书令王衍备位大臣,太子被诬,志在苟免,请禁锢终身。"从之。

相国伦欲收人望,选用海内名德之士,以前平阳太守李重、荥阳太守荀组为左、右长史,东平王堪、沛国刘谟为左、右司马,尚书郎阳平束晳为记室,淮南王文学荀崧、殿中郎陆机为参军。组,勖之子;崧,彧之玄孙也。李重知伦有异志,辞疾不就,伦逼之不已,忧愤成疾,扶曳受拜,数日而卒。

丁酉,以梁王肜为太宰,左光禄大夫何劭为司徒,右光禄大夫刘寔为司空。

太子通之废也,将立淮南王允为太弟,议者不合。会赵王伦废贾后,乃以允为骠骑将军、开府仪同三司,领中护军。

己亥,相国伦矫诏遣尚书刘弘赍金屑酒赐贾后死于金墉城。

五月,己巳,诏立临淮王臧为皇太孙,还妃王氏以母之。太子官属即转为太孙官属,相国伦行太孙太傅。

己卯,谥故太子曰愍怀。六月,壬寅,葬于显平陵。

清河康王遐薨。

中护军淮南王允,性沉毅,宿卫将士皆畏服之。允知相国伦及孙秀有异志,阴养死士,谋讨之。伦、秀深惮之。秋,八月,转允为太尉,外示优崇,实夺其兵权。允称疾不拜。秀遣御史刘机逼允,收其官属以下,劾以拒诏,大逆不敬。允视诏,乃秀手书也,大怒,收御史,将斩之,御史走免,斩其令史二人。厉色谓左右曰："赵王欲破我家！"遂帅国兵及帐下七百人直出，大呼曰："赵王反，我将讨之，从我者左袒。"于是归之者甚众。允将赴宫，尚书左丞王舆闭掖门，允不得入，遂围相府。允所将兵皆精锐，伦与战，屡败，死者千余人。太子左率陈徽勒东宫兵鼓噪于内以应允。允结陈于承华门前，弓弩齐发，射伦，飞矢雨下。主书司马眭秘以身蔽伦，箭中其背而死。伦官属皆隐树而立，每树辄中数百箭，自辰至未。中书令陈淮，徽之兄也，欲应允，言于帝曰："宜遣白虎幡以解斗。"乃使司马督护伏胤将骑四百持幡从宫中出。侍中汝阴王虔在门下省，阴与胤誓曰："富贵当与卿共之。"胤乃怀空板出，诈言有诏助淮南王。允不之觉，开阵内之，下车受诏，胤因杀之，并杀允子秦王郁、汉王迪，坐允夷灭者数千人。曲赦洛阳。

初，孙秀尝为小吏，事黄门郎潘岳，岳屡挞之。卫尉石崇之甥欧阳建素与相国伦有隙，崇有爱妾曰绿珠，孙秀使求之，崇不与。及淮南王允败，秀因称石崇、潘岳、欧阳建奉允为乱，收之。崇叹曰："奴辈利吾财耳。"收者曰："知财为祸，何不早散之？"崇不能答。初，潘岳母常消责岳曰："汝当知足，而干没不已乎？"及败，岳谢母曰："负阿母。"遂与崇、建皆族诛，籍没崇家。相国伦收淮南王母弟吴王晏，欲杀之。光禄大夫傅祗争之于朝堂，众皆谏止伦，伦乃贬晏为宾徒县王。

齐王冏以功迁游击将军，冏意不满，有恨色。孙秀觉之，且惮其在内，乃出为平东将军，镇许昌。

以光禄大夫陈准为太尉，录尚书事，未几，薨。

孙秀议加相国伦九锡，百官莫敢异议。吏部尚书刘颂曰："昔汉之锡魏，魏之锡晋，皆一时之用，非可通行。周勃、霍光，其功至大，皆不闻有九锡之命也。"张林积忿不已，以颂为张华之党，将杀之。孙秀曰："杀张、裴已伤时望，不可复杀颂。"林乃止。以颂为光禄大夫。遂下诏加伦九锡，复加其子荂抚军将军，虔中军将军，诩为侍中。又加孙秀侍中、辅国将军，相国司马、右率如故。张林等并居显要。增相府兵为二万人，与宿卫同，并所隐匿之兵，数逾三万。

九月，改司徒为丞相，以梁王肜为之，肜固辞不受。

伦及诸子皆顽鄙无识，秀狡黠贪淫，所与共事者，皆邪佞之士，惟竞荣利，无深谋远略，志趣乖异，互相憎疾。秀子会为射声校尉，形貌短陋，如奴仆之下者，秀使尚帝女河东公主。

冬，十一月，甲子，立皇后羊氏，赦天下。后，尚书郎泰山羊玄之女也。外祖平南将军乐安孙旂，与孙秀善，故秀立之。拜玄之光禄大夫、特进、散骑常侍，封兴晋侯。

诏征益州刺史赵廞为大长秋，以成都内史中山耿滕为益州刺史。廞，贾后之姻亲也。闻征，甚惧，且以晋室衰乱，阴有据蜀之志，乃倾仓廪，赈流民，以收众心。以李特兄弟材武，其党类皆巴西人，与廞同郡，厚遇之，以为爪牙。特等凭恃廞势，专聚众为盗，蜀人患之。滕数密表："流民刚剽，蜀人懦弱，主不能制客，必为乱阶，宜使还本居。若留之险地，恐秦、雍之祸更移于梁、益矣。"廞闻而恶之。

州被诏书，遣文武千余人迎滕。是时，成都治少城，益州治太城，廞犹在太城，未去。滕欲入州，功曹陈恂谏曰："今州、郡构怨日深，入城必有大祸，不如留少城以观其变，檄诸县合村保以备秦氏，陈西夷行至，且当待之。不然，退保犍为，西渡江源，以防非常。"滕不从。是月，帅众入州，廞遣兵逆之，战于西门，滕败死。郡吏皆窜走，惟陈恂面缚诣廞请滕丧，廞义而许之。

廞又遣兵逆西夷校尉陈揔。揔至江阳，闻廞有异志，主簿蜀郡赵模曰："今州郡不协，必生大变，当速行赴之。府是兵要，助顺讨逆，谁敢动者！"揔更缘道停留，比至南安鱼涪津，已遇廞军，模白揔："散财募士以拒战，若克州军，则州可得；不克，顺流而退，必无害也。"揔曰："赵益州忿耿侯，故杀之，与吾无嫌，何为如此！"模曰："今州起事，必当杀君以立威，虽不战，无益也。"言至垂涕，揔不听，众遂自溃。揔逃草中，模著揔服格战，廞兵杀模，见其非是，更搜求得揔，杀之。

廞自称大都督、大将军、益州牧，署置僚属，改易守令，王官被召，无敢不往。李庠帅妹婿李含、天水任回、上官晶、扶风李攀、始平费他、氐苻成、隗伯等四千骑归廞。廞以庠为威寇将军，封阳泉亭侯，委以心膂，使招合六郡壮勇至万余人，以断北道。

资治通鉴卷第八十四

端明殿学士兼翰林侍读学士朝散大夫右谏议大夫充集贤殿修撰权判西京留司御史台上柱国河内郡开国侯食邑一千三百户食实封四百户赐紫金鱼袋臣 司马光 奉敕编集

晋纪六 起重光作噩（辛酉），尽玄黓阉茂（壬戌），凡二年。

孝惠皇帝中之上

永宁元年（辛酉、301）

春，正月，以散骑常侍安定张轨为凉州刺史。轨以时方多难，阴有保据河西之志，故求为凉州。时州境盗贼纵横，鲜卑为寇，轨至，以宋配、氾瑗为谋主，悉讨破之，威著西土。

相国伦与孙秀使牙门赵奉诈传宣帝神语云："伦宜早入西宫。"散骑常侍义阳王威，望之孙也，素谄事伦，伦以威兼侍中，使威逼夺帝玺绶，作禅诏，又使尚书令满奋持节，奉玺绶禅位于伦。左卫将军王舆、前军将军司马雅等帅甲士入殿，晓谕三部司马，示以威赏，无敢违者。张林等屯守诸门。乙丑，伦备法驾入宫，即帝位，赦天下，改元建始。帝自华林西门出居金墉城，伦使张衡将兵守之。

丙寅，尊帝为太上皇，改金墉曰永昌宫。废皇太孙为濮阳王。立世子荂为皇太子，封子馥为京兆王，虔为广平王，诩为霸城王，皆侍中将兵。以梁王肜为宰衡，何劭为太宰，孙秀为侍中、中书监、骠骑将军、仪同三司，义阳王威为中书令，张林为卫将军。其余党与，皆为卿、将，超阶越次，不可胜纪，下至奴卒，亦加爵位。每朝会，貂蝉盈坐，时人为之谚曰："貂不足，狗尾续。"是岁，天下所举贤良、秀才、孝廉皆不试，郡国计吏及太学生年十六以上者皆署吏；守令赦日在职者皆封侯；郡纲纪并为孝廉，县纲纪并为廉吏。府库之储，不足以供赐与。应侯者多，铸印不给，或以白板封之。

初，平南将军孙旂之子弼、弟子髦、辅、琰皆附会孙秀，与之合族，旬月间致位通显。及伦称帝，四子皆为将军，封郡侯，以旂为车骑将军、开府。旂以弼等受伦官爵过差，必为家祸，遣幼子回责之，弼等不从。旂不能制，恸哭而已。

癸酉，杀濮阳哀王臧。

孙秀专执朝政，伦所出诏令，秀辄改更与夺，自书青纸为诏，或朝行夕改，百官转易如流。张林素与秀不相能，且怨不得开府，潜与太子荂笺，言："秀专权不合众心，而功臣皆小人，挠乱朝廷，可悉诛之。"荂以书白伦，伦以示秀。秀劝伦收林,杀之,夷其三族。秀以齐王冏、成都王颖、河间王颙,各拥强兵,据方面,恶之,乃尽用其亲党为三王参佐,加冏镇东大将军,颖征北大将军,皆开府仪同三司,以宠安之。

李庠骁勇得众心,赵廞浸忌之而未言。长史蜀郡杜淑、张粲说廞曰:"将军起兵始尔,而遽遣李庠握强兵于外,非我族类,其心必异,此倒戈授人也,宜早图之。"会庠劝廞称尊号,淑、粲因白廞以庠大逆不道,引斩之,并其子姪十余人。时李特、李流皆将兵在外,廞遣人慰抚之曰:"庠非所宜言,罪应死。兄弟罪不相及。"复以特、流为督将。特、流怨廞,引兵归绵竹。

廞牙门将涪陵许弇求为巴东监军,杜淑、张粲固执不许。弇怒,手杀淑、粲于廞阁下,淑、粲左右复杀弇。三人,皆廞之腹心也,廞由是遂衰。

廞遣长史犍为费远、蜀郡太守李苾、督护常俊督万余人断北道,屯绵竹之石亭。李特密收兵得七千余人,夜袭远等军,烧之,死者什八九,遂进攻成都。费远、李苾及军祭酒张微夜斩关走,文武尽散。廞独与妻子乘小船走,至广都,为从者所杀。特入成都,纵兵大掠,遣使诣洛阳,陈廞罪状。

初,梁州刺史罗尚闻赵廞反,表:"廞素非雄才,蜀人不附,败亡可计日而待。"诏拜尚平西将军、益州刺史,督牙门将王敦、蜀郡太守徐俭、广汉太守辛冉等七千余人入蜀。特等闻尚来,甚惧,使其弟骧于道奉迎,并献珍玩。尚悦,以骧为骑督。特、流复以牛酒劳尚于绵竹,王敦、辛冉说尚曰:"特等专为盗贼,宜因会斩之。不然,必为后患。"尚不从。冉与特有旧,谓特曰:"故人相逢,不吉当凶矣。"特深自猜惧。三月,尚至成都。汶山羌反,尚遣王敦讨之,为羌所杀。

齐王冏谋讨赵王伦,未发,会离狐王盛、颍川处穆聚众于浊泽,百姓从之,日以万数。伦以其将管袭为齐王军司,讨盛、穆,斩之。冏因收袭,杀之,与豫州刺史何勖、龙骧将军董艾等起兵,遣使告成都王颖、河间王颙、常山王乂及南中郎将新野公歆,移檄征、镇、州、郡、县、国,称:"逆臣孙秀,迷误赵王,当共诛讨。有不从命者,诛及三族。"

使者至邺,成都王颖召邺令卢志谋之。志曰:"赵王篡逆,人神共愤,殿下收英俊以从人望,杖大顺以讨之,百姓必不召自至,攘臂争进,蔑不克矣。"颖从之,以志为谘议参军,仍补左长史。志,毓之孙也。颖以兖州刺史王彦、冀州刺史李毅、督护赵骧、石超等为前锋,远近响应。至朝歌,众二十余万。超,苞之孙也。常山王乂在其国,与太原内史刘暾各帅众为颖后继。

新野公歆得冏檄,未知所从。嬖人王绥曰:"赵亲而强,齐疏而弱,公宜从赵。"参军孙洵大言于众曰:"赵王凶逆,天下当共诛之,何亲疏强弱之有!"歆乃从冏。

前安西参军夏侯奭，在始平，合众数千人以应囧，遣使邀河间王颙。颙用长史陇西李含谋，遣振武将军河间张方讨擒奭及其党，腰斩之。囧檄至，颙执囧使送于伦，遣张方将兵助伦。方至华阴，颙闻二王兵盛，复召方还，更附二王。

囧檄至扬州，州人皆欲应囧。刺史郗隆，虑之玄孙也，以兄子鉴及诸子悉在洛阳，疑未决，悉召僚吏谋之。主簿淮南赵诱、前秀才虞潭皆曰："赵王篡逆，海内所疾，今义兵四起，其败必矣。为明使君计，莫若自将精兵，径赴许昌，上策也。遣将将兵会之，中策也。量遣小军，随形助胜，下策也。"隆退，密与别驾顾彦谋之，彦曰："诱等下策，乃上计也。"治中留宝、主簿张褒、西曹留承闻之，请见，曰："不审明使君今当何施？"隆曰："我俱受二帝恩，无所偏助，欲守州而已。"承曰："天下者，世祖之天下也。太上承代已久，今上取之，不平，齐王顺时举事，成败可见。使君不早发兵应之，狐疑迁延，变难将生，此州岂可保也！"隆不应。潭，翻之孙也。隆停檄六日不下，将士愤怒。参军王邃镇石头，将士争往归之，隆遣从事于牛渚禁之，不能止。将士遂奉邃攻隆，隆父子及顾彦皆死，传首于囧。

安南将军、监沔北诸军事孟观，以为紫宫帝坐无他变，伦必不败，乃为之固守。

伦、秀闻三王兵起，大惧，诈为囧表曰："不知何贼猝见攻围，臣懦弱不能自固，乞中军见救，庶得归死。"以其表宣示内外；遣上军将军孙辅、折冲将军李严帅兵七千自延寿关出，征虏将军张泓、左军将军蔡璜、前军将军闾和帅兵九千自堮阪关出，镇军将军司马雅、扬威将军莫原帅兵八千自成皋关出，以拒囧。遣孙秀子会督将军士猗、许超帅宿卫兵三万以拒颖。召东平王楙为卫将军，都督诸军，又遣京兆王馥、广平王虔帅兵八千为三军继援。伦、秀日夜祷祈，厌胜以求福，使巫觋选战日，又使人于嵩山著羽衣，诈称仙人王乔，作书述伦祚长久，欲以惑众。

闰月，丙戌朔，日有食之。自正月至于是月，五星互经天，纵横无常。

张泓等进据阳翟，与齐王囧合战，屡破之。囧军颍阴，夏，四月，泓乘胜逼之，囧遣兵逆战。诸军不动，而孙辅、徐建军夜乱，径归洛自首曰："齐王兵盛，不可当，泓等已没矣。"赵王伦大恐，秘之，而召其子虔及许超还。会泓破囧露布至，伦乃复遣之。泓等悉帅诸军济颍攻囧营，囧出兵击其别将孙髦、司马谭等，破之，泓等乃退。孙秀诈称已破囧营，擒得囧，令百官皆贺。

成都王颖前锋至黄桥，为孙会、士猗、许超所败，杀伤万余人，士众震骇。颖欲退保朝歌，卢志、王彦曰："今我军失利，敌新得志，有轻我之心。我若退缩，士气沮衄，不可复用。且战何能无胜负，不若更选精兵，星行倍道，出敌不意，此用兵之奇也。"颖从之。伦赏黄桥之功，士猗、许超与孙会皆持节，由是各不相从，军政不一，且恃胜轻颖而不设备。颖帅诸军击之，大战于溴水，会等大败，弃军南走。颖乘胜长驱济河。

自冏等起兵,百官将士皆欲诛伦、秀,秀惧,不敢出中书省。及闻河北军败,忧懑不知所为。孙会、许超、士猗等至,与秀谋,或欲收余卒出战,或欲焚宫室,诛不附己者,挟伦南就孙旂、孟观,或欲乘船东走入海,计未决。辛酉,左卫将军王舆与尚书广陵公漼帅营兵七百余人自南掖门入宫,三部司马为应于内,攻孙秀、许超、士猗于中书省,皆斩之,遂杀孙奇、孙弼及前将军谢惔等。漼,佗之子也。王舆屯云龙门,召八坐皆入殿中,使伦为诏曰:"吾为孙秀所误,以怒三王。今已诛秀,其迎太上皇复位,吾归老于农亩。"传诏以驺虞幡敕将士解兵。黄门将伦自华林东门出,及太子荂皆还汶阳里第。遣甲士数千迎帝于金墉城,百姓咸称万岁。帝自端门入,升殿,群臣顿首谢罪。诏送伦、荂等付金墉城。广平王虔自河北还,至九曲,闻变,弃军,将数十人归里第。

癸亥,赦天下,改元,大酺五日,分遣使者慰劳三王。梁王肜等表:"赵王伦父子凶逆,宜伏诛。"丁卯,遣尚书袁敞持节赐伦死,收其子荂、馥、虔、诩,皆诛之。凡百官为伦所用者皆斥免,台、省、府、卫,仅有存者。是日,成都王颖至。己巳,河间王颙至。颖使赵骧、石超助齐王〔冏〕讨张泓等于阳翟,泓等皆降。自兵兴六十余日,战斗死者近十万人。斩张衡、闾和、孙髦于东市,蔡璜自杀。五月,诛义阳王威。襄阳太守宗岱承冏檄斩孙旂,永饶冶令空桐机斩孟观,皆传首洛阳,夷三族。

立襄阳王尚为皇太孙。

六月,乙卯,齐王冏帅众入洛阳,顿军通章署,甲士数十万,威震京都。

戊辰,赦天下。

复封宾徒王晏为吴王。

甲戌,诏以齐王冏为大司马,加九锡,备物典策,如宣、景、文、武辅魏故事;成都王颖为大将军,都督中外诸军事,假黄钺,录尚书事,加九锡,入朝不趋,剑履上殿;河间王颙为侍中、太尉,加三赐之礼;常山王乂为抚军大将军,领左军。进广陵公漼爵为王,领尚书,加侍中;进新野公歆爵为王,都督荆州诸军事,加镇南大将军。齐、成都、河间三府,各置掾属四十人,武号森列,文官备员而已,识者知兵之未戢也。己卯,以梁王肜为太宰,领司徒。

光禄大夫刘蕃女为赵世子荂妻,故蕃及二子散骑侍郎舆、冠军将军琨皆为赵王伦所委任。大司马冏以琨父子有才望,特宥之,以舆为中书郎,琨为尚书左丞。又以前司徒王戎为尚书令,刘暾为御史中丞,王衍为河南尹。

新野王歆将之镇,与冏同乘谒陵,因说冏曰:"成都王至亲,同建大勋,今宜留之与辅政。若不能尔,当夺其兵权。"常山王乂与成都王颖俱拜陵,乂谓颖曰:"天下者,先帝之业,王宜维正之。"闻其言者莫不忧惧。卢志谓颖曰:"齐王众号百万,与张泓等相持不能决,大王径前济河,功无与贰。然今齐王欲与大王共辅朝政。志闻两雄不俱立,宜因太妃微疾,求还定省,委重齐王,以收四海之心,此计之上也。"颖从之。帝见颖于东堂,慰劳之。颖拜谢曰:"此大司马冏之勋,臣无豫焉。"因表称冏功德,宜委以万机,自陈母疾,请归藩。即辞出,不复还营,便谒太庙,出自东阳城门,遂归邺。遣信与冏别,冏大惊,驰出送颖,至七里涧,及之。颖住车言别,流涕滂沱,惟以太妃疾苦为忧,不及时事。由是士民之誉皆归颖。

冏辟新兴刘殷为军谘祭酒,洛阳令曹摅为记室督,尚书郎江统、阳平太守河内苟晞参军事,吴国张翰为东曹掾,孙惠为户曹掾,前廷尉正顾荣及顺阳王豹为主簿。惠,贾之曾孙;荣,雍之孙也。殷幼孤贫,养曾祖母,以孝闻,人以谷帛遗之,殷受而不谢,直云:"待后贵当相酬耳。"及长,博通经史,性倜傥有大志,俭而不陋,清而不介,望之颓然而不可侵也。冏以何勖为中领军,董董典枢机,又封其将佐有功者葛旟、路秀、卫毅、刘真、韩泰皆为县公,委以心膂,号曰"五公"。

成都王颖至邺,诏遣使者就申前命。颖受大将军,让九锡殊礼。表论兴义功臣,皆封公侯。又表称:"大司马前在阳翟,与贼相持既久,百姓困敝,乞运河北邸阁米十五万斛,以振阳翟饥民。"造棺八千余枚,以成都国秩为衣服,敛祭黄桥战士,旌显其家,加常战亡二等。又命温县瘗赵王伦战士万四千余人。皆卢志之谋也。颖形美而神昏,不知书,然气性敦厚,委事于志,故得成其美焉。诏复遣使谕颖入辅,并使受九锡。颖嬖人孟玖不欲还洛,又程太妃爱恋邺都,故颖终辞不拜。

初,大司马冏疑中书郎陆机为赵王伦撰禅诏,收欲杀之,大将军颖为之辩理,得免死,因表为平原内史,以其弟云为清河内史。机友人顾荣及广陵戴渊,以中国多难,劝机还吴,机以受颖全济之恩,且谓颖有时望,可与立功,遂留不去。

秋,七月,复封常山王义为长沙王,迁开府、骠骑将军。

东莱王蕤,凶暴使酒,数陵侮大司马冏,又从冏求开府不得而怨之,密表冏专权,与左卫将军王舆谋废冏。事觉,八月,诏废蕤为庶人,诛舆三族,徙蕤于上庸,上庸内史陈钟承冏旨潜杀之。

赦天下。

东武公澹坐不孝徙辽东,九月,征其弟东安王繇复旧爵,拜尚书左仆射。繇举东平王楙为平东将军、都督徐州诸军事,镇下邳。

初,朝廷符下秦、雍州,使召还流民入蜀者,又遣御史冯该、张昌督之。李特兄辅自略阳至蜀,言中国方乱,不足复还。特然之,累遣天水阎式诣罗尚求权停至秋,又纳赂于尚及冯该,尚、该许之。朝廷论讨赵廞功,拜特宣威将军,弟流奋武将军,皆封侯。玺书下益州,条列六郡流民与特同讨廞者,将加封赏。广汉太守辛冉欲以灭厩为己功,寝朝命,不以实上,众咸怨之。

　　罗尚遣从事督遣流民,限七月上道。时流民布在梁、益,为人佣力,闻州郡逼遣,人人愁怨,不知所为。且水潦方盛,年谷未登,无以为行资。特复遣阎式诣尚,求停至冬,辛冉及犍为太守李苾以为不可。尚举别驾蜀郡杜弢秀才,式为弢说逼移利害,弢亦欲宽流民一年,尚用冉、苾之谋,不从。弢乃致秀才板,出还家。冉性贪暴,欲杀流民首领,取其资货,乃与苾白尚,言:“流民前因赵厩之乱,多所剽掠,宜因移设关以夺取之。”尚移书令梓潼太守张演于诸要施关,搜索宝货。

　　特数为流民请留,流民皆感而恃之,多相帅归特。特乃结大营于绵竹以处流民,移辛冉求自宽。冉大怒,遣人分榜通衢,购募特兄弟,许以重赏。特见之,悉取以归,与弟骧改其购云:“能送六郡之豪李、任、阎、赵、杨、上官及氐、叟侯王一首,赏百匹。”于是流民大惧,归特者愈众,旬月间过二万人。流亦聚众数千人。

　　特又遣阎式诣罗尚求申期,式见营栅冲要,谋捭流民,叹曰:“民心方危,今而速之,乱将作矣。”又知辛冉、李苾意不可回,乃辞尚还绵竹。尚谓式曰:“子且以吾意告诸流民,今听宽矣。”式曰:“明公惑于奸说,恐无宽理。弱而不可轻者民也,今趣之不以理,众怒难犯,恐为祸不浅。”尚曰:“然。吾不欺子,子其行矣。”式至绵竹,言于特曰:“尚虽云尔,然未可信也。何者?尚威刑不立,冉等各拥强兵,一旦为变,亦非尚所能制,深宜为备。”特从之。冬,十月,特分为二营,特居北营,流居东营,缮甲厉兵,戒严以待之。

　　冉、苾相与谋曰:“罗侯贪而无断,日复一日,令流民得展奸计。李特兄弟并有雄才,吾属将为所虏矣。宜为决计,罗侯不足复问也。”乃遣广汉都尉曾元、牙门张显、刘并等潜帅步骑三万袭特营。罗尚闻之,亦遣督护田佐助元。元等至,特安卧不动,待其众半入,发伏击之,死者甚众。杀田佐、曾元、张显,传首以示尚、冉。尚谓将佐曰:“此虏成去矣,而广汉不用吾言以张贼势,今若之何!”

　　于是六郡流民李含等共推特行镇北大将军,承制封拜;以其弟流行镇东大将军,号东督护,以相镇统;又以兄辅为骠骑将军,弟骧为骁骑将军,进兵攻冉于广汉。尚遣李苾、费远帅众救冉,畏特,不敢进。冉出战,屡败,溃围奔德阳。特入据广汉,以李超为太守,进兵攻尚于成都。尚以书谕阎式,式复书曰:“辛冉倾巧,曾元小竖,李叔平非将帅之材。式前为节下及杜景文论留、徙之宜,人怀桑梓,孰不愿之!但往日初至,随谷庸赁,一室五分,复值秋潦,乞须冬熟,而终不见听。绳之太过,穷鹿抵虎。流民不肯延颈受刀,以致为变。即听式言,宽使治严,不过去九月尽集,十月进道,令达乡里,何有如此也!”

　　特以兄辅、弟骧、子始、荡、雄及李含、含子国、离、任回、李攀、攀弟恭、上官晶、任臧、杨褒、上官惇等为将帅,阎式、李远等为僚佐。罗尚素贪残,为百姓患。

特与蜀民约法三章,施舍振贷,礼贤拔滞,军政肃然,蜀民大悦。尚频为特所败,乃阻长围,缘郫水作营,连延七百里,与特相拒,求救于梁州及南夷校尉。

十二月,颍昌康公何劭薨。

封大司马冏子冰为乐安王,英为济阳王,超为淮南王。

太安元年(壬戌、302)

春,三月,冲太孙尚薨。

夏,五月,乙酉,梁孝王肜薨。

以右光禄大夫刘寔为太傅,寻以老病罢。

河间王颙遣督护衙博讨李特,军于梓潼;朝廷复以张微为广汉太守,军于德阳;罗尚遣督护张龟军于繁城。特使其子镇军将军荡等袭博,而自将击龟,破之。荡败博兵于阳沔,梓潼太守张演委城走,巴西丞毛植以郡降。荡进攻博于葭萌,博走,其众尽降。河间王颙更以许雄为梁州刺史。特自称大将军、益州牧、都督梁、益二州诸军事。

大司马冏欲久专大政,以帝子孙俱尽,大将军颖有次立之势;清河王覃,遐之子也,方八岁,乃上表请立之。癸卯,立覃为皇太子,以冏为太子太师,东海王越为司空,领中书监。

秋,八月,李特攻张微,微击破之,遂进攻特营。李荡引兵救之,山道险狭,荡力战而前,遂破微兵。特欲还涪,荡及司马王幸谏曰:"微军已败,智勇俱竭,宜乘锐气遂袭之。"特复进攻微,杀之,生禽微子存,以微丧还之。

特以其将骞硕守德阳。李骧军毗桥,罗尚遣军击之,屡为骧所败,骧遂进攻成都,烧其门。李流军成都之北,尚遣精勇万人攻骧,骧与流合击,大破之,还者什一二。许雄数遣军攻特,不胜,特势益盛。

建宁大姓李叡、毛诜逐太守杜俊,朱提大姓李猛逐太守雍约,以应特,众各数万。南夷校尉李毅讨破之,斩诜;李猛奉笺降,而辞意不逊,毅诱而杀之。冬,十一月,丙戌,复置宁州,以毅为刺史。

齐武闵王冏既得志,颇骄奢擅权,大起府第,坏公私庐舍以百数,制与西宫等,中外失望。侍中嵇绍上疏曰:"存不忘亡,《易》之善戒也。臣愿陛下无忘金墉,大司马无忘颍上,大将军无忘黄桥,则祸乱之萌无由而兆矣。"又与冏书,以为:"唐、虞茅茨,夏禹卑宫。今大兴第舍及为三王立宅,岂今日之所急邪!"冏逊辞谢之,然不能从。

冏耽于宴乐,不入朝见。坐拜百官,符敕三台,选举不均,嬖宠用事。殿中御史桓豹奏事,不先经冏府,即加考竟。南阳处士郑方上书谏冏曰:"今大王安不虑危,燕乐过度,一失也。宗室骨肉,当无纤介,今则不然,二失也。蛮夷不静,大王谓功业已隆，不以为念，三失也。兵革之后，百姓穷困，不闻振救，四失也。大王与义兵盟约，事定之后，赏不逾时，而今犹有有功未论者，五失也。"冏谢曰："非子，孤不闻过。"

孙惠上书曰："天下有五难、四不可，而明公皆居之。冒犯锋刃，一难也；聚致英豪，二难也；与将士均劳苦，三难也；以弱胜强，四难也；兴复皇业，五难也。大名不可久荷，大功不可久任，大权不可久执，大威不可久居。大王行其难而不以为难，处其不可而谓之可，惠窃所不安。明公宜思成身退之道，崇亲推近，委重长沙、成都二王，长揖归藩，则太伯、子臧不专美于前矣。今乃忘高亢之可危，贪权势以受疑，虽邀游高台之上，逍遥重墉之内，愚窃谓危亡之忧，过于在颍、翟之时也。"冏不能用。惠辞疾去。冏谓曹摅曰："或劝吾委权还国，何如？"摅曰："物禁太盛，大王诚能居高虑危，襄裳去之，斯善之善者也。"冏不听。

张翰、顾荣皆虑及祸，翰因秋风起，思菰菜、莼羹、鲈鱼鲙，叹曰："人生贵适志耳，富贵何为！"即引去。荣故酣饮，不省府事，长史葛旟以其废职，白冏徙荣为中书侍郎。颍川处士庾衮闻冏期年不朝，叹曰："晋室卑矣，祸乱将兴！"帅妻子逃于林虑山中。

王豹致笺于冏曰："伏思元康已来，宰相在位，未有一人获终者，乃事势使然，非皆为不善也。今公克平祸乱，安国定家，乃复寻覆车之轨，欲冀长存，不亦难乎！今河间树根于关右，成都盘桓于旧魏，新野大封于江、汉，三王各以方刚强盛之年，并典戎马，处要害之地，而明公以难赏之功，挟震主之威，独据京都，专执大权，进则亢龙有悔，退则据于蒺藜，冀此求安，未见其福也。"因请悉遣王侯之国，依周、召之法，以成都王为北州伯，治邺；冏自为南州伯，治宛；分河为界，各统王侯，以夹辅天子。冏优令答之。长沙王乂见豹笺，谓冏曰："小子离间骨肉，何不铜驼下打杀！"冏乃奏豹谗内间外，坐生猜嫌，不忠不义，鞭杀之。豹将死，曰："县吾头大司马门，见兵之攻齐也。"

冏以河间王颙本附赵王伦，心常恨之。梁州刺史安定皇甫商，与颙长史李含不平。含被征为翊军校尉，时商参冏军事，夏侯奭兄亦在冏府。含心不自安，又与冏右司马赵骧有隙，遂单马奔颙，诈称受密诏，使颙诛冏，因说颙曰："成都王至亲，有大功，推让还藩，甚得众心。齐王越亲而专政，朝廷侧目。今檄长沙王使讨齐，齐王必诛长沙，吾因以为齐罪而讨之，必可禽也。去齐立成都，除逼建亲，以安社稷，大勋也。"颙从之。是时，武帝族弟范阳王虓都督豫州诸军事。颙上表陈冏罪状，且言："勒兵十万，欲与成都王颖、新野王歆、范阳王虓共会洛阳，请长沙王乂废冏还第，以颖代冏辅政。"颙遂举兵，以李含为都督，帅张方等趋洛阳，复遣使邀颖。颖将应之，卢志谏，不听。

十二月，丁卯，颙表至，冏大惧，会百官议之，曰："孤首唱义兵，臣子之节，信著神明。今二王信谗作难，将若之何？"尚书令王戎曰："公勋业诚大，然赏不及劳，故人怀贰心。今二王兵盛，不可当也。若以王就第，委权崇让，庶可求安。"冏从事中郎葛旟怒曰："三台纳言，不恤王事，赏报稽缓，责不在府。谗言逆乱，当共诛讨，奈何虚承伪书，遽令公就第乎！汉、魏以来，王侯就第，宁有得保妻子者邪？议者可斩。"百官震悚失色，戎伪药发堕厕，得免。

李含屯阴盘，张方帅兵二万军新安，檄长沙王乂使讨冏。冏遣董艾袭乂，乂将左右百余人驰入宫，闭诸门，奉天子攻大司马府，董艾陈兵宫西，纵火烧千秋神武门。冏使人执驺虞幡唱云："长沙王矫诏。"乂又称"大司马谋反"。是夕，城内大战，飞矢雨集，火光属天。帝幸上东门，矢集御前，群臣死者相枕。连战三日，冏众大败，大司马长史赵渊杀何勖，因执冏以降。冏至殿前，帝恻然，欲活之。乂叱左右趣牵出，斩于阊阖门外，徇首六军。同党皆夷三族，死者二千余人。囚冏子超、冰、英于金墉城，废冏弟北海王寔。赦天下，改元。李含等闻冏死，引兵还长安。

长沙王乂虽在朝廷，事无巨细，皆就邺谘大将军颖。颖以孙惠为参军，陆云为右司马。

是岁，陈留王曥，谥曰魏元皇帝。

鲜卑宇文单于莫圭部众强盛，遣其弟屈云攻慕容廆，廆击其别帅素怒延，破之。素怒延耻之，复发兵十万，围廆于棘城。廆众皆惧，廆曰："素怒延兵虽多而无法制，已在吾算中矣。诸君但为力战，无所忧也。"遂出击，大破之，追奔百里，俘斩万计。辽东孟晖，先没于宇文部，帅其众数千家降于廆，廆以为建威将军。廆以其臣慕舆句勤恪廉靖，使掌府库，句心计默识，不案簿书，始终无漏。以慕舆河明敏精审，使典狱讼，覆讯清允。

资治通鉴卷第八十五

端明殿学士兼翰林侍读学士朝散大夫右谏议大夫充集贤殿修撰权判西京留 司御史台上柱国河内郡开国侯食邑一千三百户食实封四百户赐紫金鱼袋臣 司马光 奉敕编集

晋纪七 起昭阳大渊献(癸亥),尽阏逢困敦(甲子),凡二年。

孝惠皇帝中之下

太安二年(癸亥、303)

春,正月,李特潜渡江击罗尚,水上军皆散走。蜀郡太守徐俭以少城降,特入据之,惟取马以供军,余无侵掠。赦其境内,改元建初。罗尚保太城,遣使求和于特。蜀民相聚为坞者,皆送款于特,特遣使就抚之;以军中粮少,乃分六郡流民于诸坞就食。李流言于特曰:"诸坞新附,人心未固,宜质其大姓子弟,聚兵自守,以备不虞。"又与特司马上官惇书曰:"纳降如待敌,不可易也。"前将军雄亦以为言。特怒曰:"大事已定,但当安民,何为更逆加疑忌,使之离叛乎!"

朝廷遣荆州刺史宗岱、建平太守孙阜帅水军三万以救罗尚。岱以阜为前锋,进逼德阳。特遣李荡及蜀郡太守李璜就德阳太守任臧共拒之。岱、阜军势甚盛,诸坞皆有贰志。益州兵曹从事蜀郡任叡言于罗尚曰:"李特散众就食,骄怠无备,此天亡之时也。宜密约诸坞,刻期同发,内外击之,破之必矣。"尚使叡夜缒出城,宣旨于诸坞,期以二月十日同击特。叡因诣特诈降,特问城中虚实,叡曰:"粮储将尽,但余货帛耳。"叡求出省家,特许之,遂还报尚。二月,尚遣兵掩袭特营,诸坞皆应之,特兵大败,斩特及李辅、李远,皆焚尸,传首洛阳。流民大惧,李流、李荡、李雄收余众还保赤祖。流自称大将军、大都督、益州牧,保东营,荡、雄保北营。孙阜破德阳,获骞硕,任臧退屯涪陵。

三月,罗尚遣督护何冲、常深等攻李流,涪陵民药绅等亦起兵攻流。流与李骧拒深,使李荡、李雄拒绅。何冲乘虚攻北营,氐苻成、隗伯在营中,叛应之。荡母罗氏擐甲拒战,伯手刃伤其目,罗氏气益壮。营垂破,会流等破深、绅,引兵还,与冲等战,大破之。成、伯帅其党突出诣尚。流等乘胜进抵成都,尚复闭城自守。荡驰马逐北,中矛而死。

朝廷遣侍中燕国刘沈假节统罗尚、许雄等军,讨李流。行至长安,河间王颙留沈为军师,遣席薳代之。

李流以李特、李荡继死,宗岱、孙阜将至,甚惧。李含劝流降,流从之。李骧、

903

李雄迭谏,不纳。夏,五月,流遣其子世及含子胡为质于阜军。胡兄离为梓潼太守,闻之,自郡驰还,欲谏不及,退与雄谋袭阜军,雄曰:"为今计,当如是。而二翁不从,奈何?"离曰:"当劫之耳。"雄大喜,乃共说流民曰:"吾属前已残暴蜀民,今一旦束手,便为鱼肉,惟有同心袭阜以取富贵耳。"众皆从之。雄遂与离袭击阜军,大破之。会宗岱卒于垫江,荆州军遂退。流甚惭,由是奇雄才,军事悉以任之。

新野庄王歆,为政严急,失蛮夷心,义阳蛮张昌聚党数千人,欲为乱。荆州以壬午诏书发武勇赴益州讨李流,号"壬午兵"。民惮远征,皆不欲行。诏书督遣严急,所经之界停留五日者,二千石免官。由是郡县官长皆亲出驱逐,展转不远,辄复屯聚为群盗。时江夏大稔,民就食者数千口。张昌因之诳惑百姓,更姓名曰李辰,募众于安陆石岩山,诸流民及避戍役者多往从之。太守弓钦遣兵讨之,不胜。昌遂攻郡,钦兵败,与部将朱伺奔武昌。歆遣骑督靳满讨之,满复败走。

昌遂据江夏,造妖言云:"当有圣人出为民主。"得山都县吏丘沈,更其姓名曰刘尼,诈云汉后,奉以为天子,曰:"此圣人也。"昌自为相国,诈作凤皇、玉玺之瑞,建元神凤,郊祀、服色悉依汉故事。有不应募者,族诛之,士民莫敢不从。又流言云:"江、淮已南皆反,官军大起,当悉诛之。"互相扇动,人情惶惧,江、沔间所在起兵以应昌,旬月间众至三万,皆著绛帽,以马尾作髥。诏遣监军华宏讨之,败于障山。

歆上言:"妖贼犬羊万计,绛头毛面,挑刀走戟,其锋不可当。请台敕诸军,三道救助。"朝廷以屯骑校尉刘乔为豫州刺史,宁朔将军沛国刘弘为荆州刺史。又诏河间王颙遣雍州刺史沈将州兵万人并征西府五千人出蓝田关以讨昌。颙不奉诏,沈自领州兵至蓝田,颙又逼夺其众。于是刘乔屯汝南,刘弘及前将军赵骧、平南将军羊伊屯宛。昌遣其将黄林帅二万人向豫州,刘乔击却之。

初,歆与齐王冏善,冏败,歆惧,自结于大将军颖。及张昌作乱,歆表请讨之。时长沙王乂已与颖有隙,疑歆与颖连谋,不听歆出兵,昌众日盛。从事中郎孙洵谓歆曰:"公为岳牧,受阃外之托,拜表辄行,有何不可!而使奸凶滋蔓,祸衅不测,岂藩翰王室,镇静方夏之义乎!"歆将出兵,王绥曰:"昌等小贼,偏裨自足制之,何必违诏命,亲矢石也!"昌至樊城,歆乃出拒之,众溃,为昌所杀。诏以刘弘代歆为镇南将军,都督荆州诸军事。六月,弘以南蛮长史庐江陶侃为大都护,参军蒯恒为义军督护,牙门将皮初为都战帅,进据襄阳。张昌并军围宛,败赵骧军,杀羊伊。刘弘退屯梁。昌进攻襄阳,不克。

李雄攻杀汶山太守陈图,遂取郫城。

秋,七月,李流徙屯郫。蜀民皆保险结坞,或南入宁州,或东下荆州,城邑皆空,野无烟火,流虏掠无所得,士众饥乏。唯涪陵千余家,依青城山处士范长生,平西参军涪陵徐𫍯说罗尚,求为汶山太守,邀结长生,与共讨流。尚不许,𫍯怒,出降于流,流以𫍯为安西将军。𫍯说长生,使资给流军粮,长生从之。流军由是复振。

初,李含以长沙王乂微弱,必为齐王冏所杀,因欲以为冏罪而讨之,遂废帝,立大将军颖,以河间王颙为宰相,己得用事。既而冏为乂所杀,颖、颙犹守藩,不如所谋。颖恃功骄奢,百度弛废,甚于冏时,犹嫌乂在内,不得逞其欲,欲去之。时皇甫商复为乂参军,商兄重为秦州刺史。含说颙曰:"商为乂所任,终不为人用,宜早除之。可表迁重为内职,因其过长安执之。"重知之,露檄上尚书,发陇上兵以讨含。乂以兵少息,遣使诏重罢兵,征含为河南尹。含就征而重不奉诏,颙遣金城太守游楷、陇西太守韩稚等合四郡兵攻之。颙密使含与侍中冯荪、中书令卞粹谋杀乂,皇甫商以告乂,收含、荪、粹,杀之。骠骑从事琅邪诸葛玫、前司徒长史武邑牵秀皆出奔邺。

张昌党石冰寇扬州,败刺史陈徽,诸郡尽没。又攻破江州。别将陈贞等攻武陵、零陵、豫章、武昌、长沙,皆陷之。临淮人封云起兵寇徐州以应冰。于是荆、江、扬、豫、徐五州之境,多为昌所据。昌更置牧守,皆桀盗小人,专以劫掠为务。

刘弘遣陶侃等攻昌于竟陵,刘乔遣其将李杨等向江夏。侃等屡与昌战,大破之,前后斩首数万级,昌逃于下儁山,其众悉降。

初,陶侃少孤贫,为郡督邮,长沙太守万嗣过庐江,见而异之,命其子结友而去。后察孝廉,至洛阳,豫章国郎中令杨晫荐之于顾荣,侃由是知名。既克张昌,刘弘谓侃曰:"吾昔为羊公参军,谓吾后当居身处。今观卿,必继老夫矣。"

弘之退屯于梁也,征南将军范阳王虓遣前长水校尉张奕领荆州。弘至,奕不受代,举兵拒弘。弘讨奕,斩之。时荆部守宰多缺,弘请补选,诏许之。弘叙功铨德,随才授任,人皆服其公当。弘表皮初补襄阳太守,朝廷以初虽有功而望浅,更以弘婿前东平太守夏侯陟为襄阳太守。弘下教曰:"夫治一国者,宜以一国为心。必若姻亲然后可用,则荆州十郡,安得十女婿然后为政哉!"乃表:"陟姻亲,旧制不得相监。皮初之勋,宜见酬报。"诏听之。弘于是劝课农桑,宽刑省赋,公私给足,百姓爱悦。

河间王颙闻李含等死,即起兵讨长沙王乂。大将军颖上表请讨张昌,许之,闻昌已平,因欲与颙共攻乂。卢志谏曰:"公前有大功而委权辞宠,时望美矣。今宜顿军关外,文服入朝,此霸主之事也。"参军魏郡邵续曰:"人之有兄弟,如左右手。明公欲当天下之敌而先去其一手,可乎!"颖皆不从。八月,颙、颖共表:"乂论功不平,与右仆射羊玄之、左将军皇甫商专擅朝政,杀害忠良,请诛玄之、商,遣义还国。"诏曰:"颙敢举大兵,内向京辇,吾当亲帅六军以诛奸逆。其以义为太尉、都督中外诸军事以御之。"

颙以张方为都督,将精兵七万,自函谷东趋洛阳。颖引兵屯朝歌,以平原内史陆机为前将军、前锋都督,督北中郎将王粹、冠军将军牵秀、中护军石超等军二十余万,南向洛阳。机以羁旅事颖,一旦顿居诸将之右,王粹等心皆不服。白沙督孙惠与机亲厚,劝机让都督于粹。机曰:"彼将谓吾首鼠两端,适所以速祸也。"遂行。颖列军自朝歌至河桥,鼓声闻数百里。

乙丑,帝如十三里桥。太尉义使皇甫商将万余人拒张方于宜阳。己巳,帝还军宣武场。庚午,舍于石楼。九月,丁丑,屯于河桥。壬子,张方袭皇甫商,败之。甲申,帝军于芒山。丁亥,幸偃师。辛卯,舍于豆田。大将军颖进屯河南,阻清水为垒。癸巳,羊玄之忧惧而卒,帝旋军城东。丙申,幸缑氏,击牵秀,走之。大赦。张方入京城,大掠,死者万计。

李流疾笃,谓诸将曰:"骁骑仁明,固足以济大事,然前军英武,殆天所相,可共受事于前军。"流卒,众推李雄为大都督、大将军、益州牧,治郫城。雄使武都朴泰绐罗尚,使袭郫城,云己为内应。尚使隗伯将兵攻郫,泰约举火为应,李骧伏兵于道,泰出长梯于外。隗伯兵见火起,争缘梯上,骧纵兵击,大破之。追奔夜至城下,诈称万岁,曰:"已得郫城矣。"入少城,尚乃觉之,退保太城。隗伯创甚,雄生获之,赦不杀。李骧攻犍为,断尚运道。获太守龚恢,杀之。

石超进逼缑氏。冬,十月,壬寅,帝还宫。丁未,败牵秀于东阳门外。大将军颖遣将军马咸助陆机。戊申,太尉义奉帝与机战于建春门。义司马王瑚使数千骑系戟于马,以突咸陈,咸军乱,执而斩之。机军大败,赴七里涧,死者如积,水为之不流。斩其大将贾崇等十六人,石超遁去。

初,宦人孟玖有宠于大将军颖,玖欲用其父为邯郸令,左长史卢志等皆不敢违,右司马陆云固执不许,曰:"此县,公府掾资,岂有黄门父居之邪!"玖深怨之。玖弟超,领万人为小督,未战,纵兵大掠,陆机录其主者。超将铁骑百余人,直入机麾下夺之,顾谓机曰:"貉奴,能作督不!"机司马吴郡孙拯劝机杀之,机不能用。超宣言于众曰:"陆机将反。"又还书与玖,言机持两端,故军不速决。及战,超不受机节度,轻兵独进,败没。玖疑机杀之,潜之于颖曰:"机有贰心于长沙。"牵秀素谄事玖,将军王阐、郝昌、帐下督阳平公师藩皆玖所引用,相与共证之。颖大怒,使秀将兵收机。参军事王彰谏曰:"今日之举,强弱异势,庸人犹知必克,况机之明达乎!但机吴人,殿下用之太过,北土旧将皆疾之耳。"颖不从。机闻秀至,释戎服,著白帢,与秀相见,为笺辞颖,既而叹曰:"华亭鹤唳,可复闻呼!"秀遂杀之。颖又收机弟清河内史云、平东祭酒耽及孙拯,皆下狱。

记室江统、陈留蔡克、颍川枣嵩等上疏，以为："陆机浅谋致败，杀之可也。至于反逆，则众共知其不然。宜先检校机反状，若有征验，诛云等未晚也。"统等恳请不已，颖迟回者三日。蔡克入，至颖前，叩头流血，曰："云为孟玖所怨，远近莫不闻。今果见杀，窃为明公惜之。"僚属随克入者数十人，流涕固请，颖恻然有宥云之色。孟玖扶颖入，催令杀云、耽，夷机三族。狱吏考掠孙拯数百，两踝骨见，终言机冤。吏知拯义烈，谓拯曰："二陆之枉，谁不知之，君可不爱身乎？"拯仰天叹曰："陆君兄弟，世之奇士，吾蒙知爱，今既不能救其死，忍复从而诬之乎！"玖等知拯不可屈，乃令狱吏诈为拯辞。颖既杀机，意常悔之，及见拯辞，大喜，谓玖等曰："非卿之忠，不能穷此奸。"遂夷拯三族。拯门人费慈、宰意二人诣狱明拯冤，拯譬遣之曰："吾义不负二陆，死自吾分。卿何为尔邪！"曰："君既不负二陆，仆又安可负君！"固言拯冤，玖又杀之。

太尉乂奉帝攻张方，方兵望见乘舆，皆退走，方遂大败，死者五千余人。方退屯十三里桥，众惧，欲夜遁，方曰："胜负兵家之常，善用兵者能因败为成。今我更前作垒，出其不意，此奇策也。"乃夜潜进逼洛城七里，筑垒数重，外引廪谷以足军食。乂既战胜，以为方不足忧。闻方垒成，十一月，引兵攻之，不利。朝议以乂、颖兄弟，可辞说而释，乃使中书令王衍等往说颖，令与乂分陕而居，颖不从。乂因致书于颖，为陈利害，欲与之和解。颖复书："请斩皇甫商等首，则引兵还邺。"乂不可。

颖进兵逼京师，张方决千金堨，水碓皆涸。乃发王公奴婢手春给兵，一品已下不从征者，男子十三以上皆从役，又发奴助兵；公私穷蹙，米石万钱。诏命所行，一城而已。骠骑主簿范阳祖逖言于乂曰："刘沈忠义果毅，雍州兵力足制河间，宜启上为诏与沈，使发兵袭颙。颙窘急，必召张方以自救，此良策也。"乂从之。沈奉诏驰檄四境，诸郡多起兵应之。沈合七郡之众凡万余人，趣长安。

乂又使皇甫商间行，赍帝手诏，命游楷等罢兵，敕皇甫重进军讨颙。商行至新平，遇其从甥，从甥素憎商，以告颙，颙捕商，杀之。

十二月，议郎周玘、前南平内史长沙王矩起兵江东以讨石冰，推前吴兴太守吴郡顾祕都督扬州九郡诸军事，传檄州郡，杀冰所署将吏。于是前侍御史贺循起兵于会稽，庐江内史广陵华谭及丹杨葛洪、甘卓皆起兵以应祕。玘，处之子；循，邵之子；卓，宁之曾孙也。

冰遣其将羌毒帅兵数万拒玘，玘击斩之。冰自临淮退趋寿春。征东将军刘准闻冰至，惶惧不知所为。广陵度支庐江陈敏统众在寿春，谓准曰："此等本不乐远戍，逼迫成贼，乌合之众，其势易离，敏请督帅运兵为公破之。"准乃益敏兵，使击之。

闰月,李雄急攻罗尚。尚军无食,留牙门张罗守城,夜,由牛鞞水东走,罗开门降。雄入成都,军士饥甚,乃帅众就谷于郪,掘野芋而食之。许雄坐讨贼不进,征即罪。

安北将军、都督幽州诸军事王浚,以天下方乱,欲结援夷狄,乃以一女妻鲜卑段务勿尘,一女妻素怒延,又表以辽西郡封务勿尘为辽西公。浚,沈之子也。

毛诜之死也,李叡奔五苓夷帅于陵丞,于陵丞诣李毅为叡请命,毅许之。叡至,毅杀之。于陵丞怒,帅诸夷反攻毅。

尚书令乐广女为成都王妃,或谮诸太尉乂;乂以问广,广神色不动,徐曰:"广岂以五男易一女哉!"乂犹疑之。

永兴元年(甲子、304)

春,正月,丙午,乐广以忧卒。

长沙厉王乂屡与大将军颖战,破之,前后斩获六、七万人。而乂未尝亏奉上之礼,城中粮食日窘,而士卒无离心。张方以为洛阳未可克,欲还长安。而东海王越虑事不济,癸亥,潜与殿中诸将夜收乂送别省。甲子,越启帝,下诏免乂官,置金墉城。大赦,改元。城既开,殿中将士见外兵不盛,悔之,更谋劫出乂以拒颖。越惧,欲杀乂以绝众心。黄门侍郎潘滔曰:"不可,将自有静之者。"乃遣人密告张方。丙寅,方取乂于金墉城。至营,炙而杀之,方军士亦为之流涕。

公卿皆诣邺谢罪。大将军颖入京师,复还镇于邺。诏以颖为丞相,加东海王越守尚书令。颖遣奋武将军石超等帅兵五万屯十二城门,殿中宿所忌者,颖皆杀之,悉代去宿卫兵。表卢志为中书监,留邺,参署丞相府事。

河间王颙顿军于郑,为东军声援,闻刘沈兵起,还镇渭城,遣督护虞夔逆战于好畤。夔兵败,颙惧,退入长安,急召张方。方掠洛中官私奴婢万余人而西。军中乏食,杀人杂牛马肉食之。

刘沈渡渭而军,与颙战,颙屡败。沈使安定太守衙博、功曹皇甫澹以精甲五千袭长安,入其门,力战至颙帐下。沈兵来迟,冯翊太守张辅见其无继,引兵横击之,杀博及澹,沈兵遂败,收余卒而退。张方遣其将敦伟夜击之,沈军惊溃,沈与麾下南走,追获之。沈谓颙曰:"知己之惠轻,君臣之义重,沈不可以违天子之诏,量强弱以苟全。投袂之日,期之必死,菹醢之戮,其甘如荠。"颙怒,鞭之而后腰斩。新平太守江夏张光数为沈画计,颙执而诘之,光曰:"刘雍州不用鄙计,故令大王得有今日。"颙壮之,引与欢宴,表为右卫司马。

罗尚逃至江阳,遣使表状,诏尚权统巴东、巴郡、涪陵以供军赋。尚遣别驾李兴诣镇南将军刘弘求粮,弘纲纪以运道阻远,且荆州自空乏,欲以零陵米五千斛与尚。弘曰:"天下一家,彼此无异,吾今给之,则无西顾之忧矣。"遂以三万斛给之,尚赖以自存。李兴愿留为弘参军,弘夺其手版而遣之。又遣治中何松领兵屯巴东为尚后继。于时流民在荆州者十余万户,羁旅贫乏,多为盗贼,弘大给其田及种粮,擢其贤才,随资叙用,流民遂安。

二月,乙酉,丞相颖表废皇后羊氏,幽于金墉城,废皇太子覃为清河王。

陈敏与石冰战数十合,冰众十倍于敏,敏击之,所向皆捷,遂与周玘合攻冰于建康。三月,冰北走,投封云,云司马张统斩冰及云以降,扬、徐二州平。周玘、贺循皆散众还家,不言功赏。朝廷以陈敏为广陵相。

河间王颙表请立丞相颖为太弟。戊申,诏以颖为皇太弟,都督中外诸军事,丞相如故。大赦。乘舆服御皆迁于邺,制度一如魏武帝故事。以颙为太宰、大都督、雍州牧,前太傅刘寔为太尉。寔以老,固让不拜。

太弟颖僭侈日甚,嬖幸用事,大失众望。司空东海王越,与右卫将军陈眕,及长沙王故将上官巳等谋讨之。秋,七月,丙申朔,陈眕勒兵入云龙门,以诏召三公百僚入殿中,戒严讨颖,石超奔邺。戊戌,大赦,复皇后羊氏及太子覃。己亥,越奉帝北征。以越为大都督。征前侍中嵇绍诣行在。侍中秦准谓绍曰:"今往,安危难测,卿有佳马乎?"绍正色曰:"臣子扈卫乘舆,死生以之,佳马何为!"

越檄召四方兵,赴者云集,比至安阳,众十余万,邺中震恐。颖会群僚问计,东安王繇曰:"天子亲征,宜释甲缟素出迎请罪。"颖不从,遣石超帅众五万拒战。折冲将军乔智明劝颖奉迎乘舆,颖怒曰:"卿名晓事,投身事孤,今主上为群小所逼,卿奈何欲使孤束手就刑邪!"

陈眕二弟匡、规自邺赴行在,云邺中皆已离散,由是不甚设备。己未,石超军奄至,乘舆败绩于荡阴,帝伤颊,中三矢,百官侍御皆散。嵇绍朝服,下马登辇,以身卫帝,兵人引绍于辕中斫之。帝曰:"忠臣也,勿杀!"对曰:"奉太弟令,惟不犯陛下一人耳。"遂杀绍,血溅帝衣。帝堕于草中,亡六玺。石超奉帝幸其营,帝馁甚,超进水,左右奉秋桃。颖遣卢志迎帝,庚申,入邺。大赦,改元曰建武。左右欲浣帝衣,帝曰:"嵇侍中血,勿浣也。"

陈眕、上官巳等奉太子覃守洛阳。司空越奔下邳,徐州都督东平王楙不纳,越径还东海。太弟颖以越兄弟宗室之望,下令招之,越不应命。前奋威将军孙惠上书劝越邀结藩方,同奖王室,越以惠为记室参军,与参谋议。北军中候荀晞奔范阳王虓,虓承制以晞行兖州刺史。

初,三王之起兵讨赵王伦也,王浚拥众挟两端,禁所部士民不得赴三王召募。太弟颖欲讨之而未能,浚心亦欲图颖。颖以右司马和演为幽州刺史,密使杀浚。演与乌桓单于审登与浚游蓟城南清泉,因而图之。会天暴雨,兵器沾湿,不果而还。审登以为浚得天助,乃以演谋告浚。浚与审登密严兵,约并州刺史东嬴公腾共围演,杀之,自领幽州营兵。腾,越之弟也。太弟颖称诏征浚,浚与鲜卑段务勿尘、乌桓羯朱及东嬴公腾同起兵讨颖,颖遣北中郎将王斌及石超击之。

太弟颖怨东安王繇前议,八月,戊辰,收繇,杀之。初,繇兄琅邪恭王觐薨,子睿嗣。睿沈敏有度量,为左将军,与东海参军王导善。导,敦之从父弟也,识量清远,以朝廷多故,每劝睿之国。及繇死,睿从帝在邺,恐及祸,将逃归。颖先敕诸关津,无得出贵人,睿至河阳,为津吏所止。从者宋典自后来,以鞭拂睿而笑曰:"舍长,官禁贵人,汝亦被拘邪?"吏乃听过。至洛阳,迎太妃夏侯氏俱归国。

丞相从事中郎王澄发孟玖奸利事,劝太弟颖诛之,颖从之。

上官巳在洛阳,残暴纵横。守河南尹周馥,浚之从父弟也,与司隶满奋等谋诛之,事泄,奋等死,馥走,得免。司空越之讨太弟颖也,太宰颙遣右将军,冯翊太守张方将兵二万救之,闻帝已入邺,因命方镇洛阳。巳与别将苗愿拒之,大败而还。太子覃夜袭巳、愿,巳、愿出走,方入洛阳。覃于广阳门迎方而拜,方下车扶止之,复废覃及羊后。

初,太弟颖表匈奴左贤王刘渊为冠军将军,监五部军事,使将兵在邺。渊子聪,骁勇绝人,博涉经史,善属文,弯弓三百斤,弱冠游京师,名士莫不与交。颖以聪为积弩将军。

渊从祖右贤王宣谓其族人曰:"自汉亡以来,我单于徒有虚号,无复尺土,自余王侯,降同编户。今吾众虽衰,犹不减二万,奈何敛手受役,奄过百年!左贤王英武超世,天苟不欲兴匈奴,必不虚生此人也。今司马氏骨肉相残,四海鼎沸,复呼韩邪之业,此其时矣。"乃相与谋,推渊为大单于,使其党呼延攸诣邺告之。

渊白颖,请归会葬,颖弗许。渊令攸先归,告宣等使招集五部及杂胡,声言助颖,实欲叛之。及王浚、东嬴公腾起兵,渊说颖曰:"今二镇跋扈,众十余万,恐非宿卫及近郡士众所能御也,请为殿下还说五部,以赴国难。"颖曰:"五部之众,果可发否?就能发之,鲜卑、乌桓未易当也。吾欲奉乘舆还洛阳,以避其锋,徐传檄天下,以逆顺制之,君意如何?"渊曰:"殿下武皇帝之子,有大勋于王室,威恩远著,四海之内,孰不愿为殿下尽死力者,何难发之有!王浚竖子,东嬴疏属,岂能与殿下争衡邪!殿下一发邺宫,示弱于人,洛阳不可得至;虽至洛阳,威权不复在殿下也。愿殿下抚勉士众,靖以镇之,渊请为殿下以二部摧东嬴,三部枭王浚,二竖之首可指日而悬也。"颖悦,拜渊为北单于、参丞相军事。

渊至左国城,刘宣等上大单于之号,二旬之间,有众五万,都于离石。以聪为鹿蠡王。遣左於陆王宏帅精骑五千,会颖将王粹拒东嬴公腾。粹已为腾所败,宏无及而归。

王浚、东嬴公腾合兵击王斌,大破之。浚以主簿祁弘为前锋,败石超于平棘,乘胜进军。候骑至邺,邺中大震,百僚奔走,士卒分散。卢志劝颖奉帝还洛阳。时甲士尚有万五千人,志夜部分,至晓将发,而程太妃恋邺不欲去,颖狐疑未决。俄而众溃,颖遂将帐下数十骑与志奉帝御犊车南奔洛阳。仓猝上下无赍,中黄门被囊中赍私钱三千,诏贷之,于道中买饭,夜则御中黄门布被,食以瓦盆。至温,将谒陵,帝丧履,纳从者之履,下拜流涕。及济河,张方自洛阳遣其子罴帅骑三千,以所乘车奉迎帝。至芒山下,方自帅万余骑迎帝。方将拜谒,帝下车自止之。帝还宫,奔散者稍还,百官粗备。辛巳,大赦。

王浚入邺,士众暴掠,死者甚众。使乌桓羯朱追太弟颖,至朝歌,不及。浚还蓟,以鲜卑多掠人妇女,命:"有敢挟藏者斩!"于是沉于易水者八千人。

东嬴公腾乞师于拓跋猗㐌以击刘渊,猗㐌与弟猗卢合兵击渊于西河,破之,与腾盟于汾东而还。

刘渊闻太弟颖去邺,叹曰:"不用吾言,逆自奔溃,真奴才也。然吾与之有言矣,不可以不救。"将发兵击鲜卑、乌桓,刘宣等谏曰:"晋人奴隶御我,今其骨肉相残,是天弃彼而使我复呼韩邪之业也。鲜卑、乌桓,我之气类,可以为援,奈何击之!"渊曰:"善。大丈夫当为汉高、魏武,呼韩邪何足效哉!"宣等稽首曰:"非所及也。"

荆州兵擒斩张昌,同党皆夷三族。

李雄以范长生有名德,为蜀人所重,欲迎以为君而臣之,长生不可。诸将固请雄即尊位,冬,十月,雄即成都王位,大赦,改元曰建兴。除晋法,约法七章。以其叔父骧为太傅,兄始为太保,李离为太尉,李云为司徒,李璜为司空,李国为太宰,阎(武)〔式〕为尚书令,杨褒为仆射。尊母罗氏为王太后,追尊父特为成都景王。雄以李国、李离有智谋,凡事必咨而后行,然国、离事雄弥谨。

刘渊迁都左国城,胡、晋归之者愈众。渊谓群臣曰:"昔汉有天下久长,恩结于民。吾,汉氏之甥,约为兄弟,兄亡弟绍,不亦可乎?"乃建国号曰汉。刘宣等请上尊号,渊曰:"今四方未定,且可依高祖称汉王。"于是即汉王位,大赦,改元曰元熙。追尊安乐公禅为孝怀皇帝,作汉三祖、五宗神主而祭之。立其妻呼延氏为王后。以右贤王宣为丞相,崔游为御史大夫,左於陆王宏为太尉,范隆为大鸿胪,朱纪为太常,上党崔懿之、后部人陈元达皆为黄门郎,族子曜为建武将军,游固辞不就。

元达少有志操,渊尝招之,元达不答。及渊为汉王,或谓元达曰:"君其惧乎?"元达笑曰:"吾知其人久矣,彼亦亮吾之心。但恐不过三、二日,驿书必至。"其暮,渊果征元达。元达事渊,屡进忠言,退而削草,虽子弟莫得知也。

曜生而眉白,目有赤光,幼聪慧,有胆量,早孤,养于渊。及长,仪观魁伟,性拓落高亮,与众不群,好读书,善属文,铁厚一寸,射而洞之。常自比乐毅及萧、曹,时人莫之许也,惟刘聪重之,曰:"永明,汉世祖、魏武之流,数公何足道哉!"

帝既还洛阳,张方拥兵专制朝政,太弟颖不得复豫事。豫州都督范阳王虓、徐州都督东平王楙等上言:"颖弗克负荷,宜降封一邑,特全其命。太宰宜委以关右之任,自州郡以下,选举授任,一皆仰成。朝之大事,废兴损益,每辄畴咨。张方为国效节,而不达变通,未即西还,宜遣还郡。所加方官,请悉如旧。司徒戎、司空越,并忠国小心,宜干机事,委以朝政。王浚有定社稷之勋,宜特崇重,遂抚幽朔,长为北藩。臣等竭力扞城,藩屏皇家,则陛下垂拱,四海自正矣。"

张方在洛既久,兵士剽掠殆竭,众情喧喧,无复留意,议欲奉帝迁都长安,恐帝及公卿不从,欲须帝出而劫之。乃请帝谒庙,帝不许。十一月,乙未,方引兵入殿,以所乘车迎帝,帝驰避后园竹中。军人引帝出,逼使上车,帝垂泣从之。方于马上稽首曰:"今寇贼纵横,宿卫单少,愿陛下幸臣垒,臣尽死力,以备不虞。"时群臣皆逃匿,唯中书监卢志侍侧,曰:"陛下今日之事,当一从右将军。"帝遂幸方垒,令方具车载宫人、宝物。军人因妻略后宫,分争府藏,割流苏、武帐为马帴。魏、晋以来蓄积,扫地无遗。方将焚宗庙、宫室以绝人返顾之心,卢志曰:"昔董卓无道,焚烧洛阳,怨毒之声,百年犹存,何为袭之!"乃止。

帝停方垒三日,方拥帝及太弟颖、豫章王炽等趋长安,王戎出奔郏。太宰颙帅官属步骑三万迎于霸上,颙前拜谒,帝下车止之。帝入长安,以征西府为宫。唯尚书仆射荀藩、司隶刘暾、河南尹周馥等在洛阳为留台,承制行事,号东、西台。藩,勖之子也。丙午,留台大赦,改元复为永安。辛丑,复皇后羊氏。

罗尚移屯巴郡,遣兵掠蜀中,获李骧妻昝氏及子寿。

十二月,丁亥,诏太弟颖以成都王还第,更立豫章王炽为皇太弟。帝兄弟二十五人,时存者惟颖、炽及吴王晏。晏材质庸下;炽冲素好学,故太宰颙立之。诏以司空越为太傅,与颙夹辅帝室,王戎参录朝政。又以光禄大夫王衍为尚书左仆射。高密王略为镇南将军,领司隶校尉,权镇洛阳;东中郎将模为宁北将军,都督冀州诸军事,镇邺。百官各还本职。令州郡蠲除苛政,爱民务本,清通之后,当还东京。大赦,改元。略、模,皆越之弟也。王浚既去邺,越使模镇之。颙以四方乖离,祸难不已,故下此诏和解之,冀获少安。越辞太傅不受。又诏以太宰颙都督中外诸军事。张方为中领军、录尚书事,领京兆太守。

东赢公腾遣将军聂玄击汉王渊,战于大陵,玄兵大败。

渊遣刘曜寇太原,取泫氏、屯留、长子、中都。又遣冠军将军乔晞寇西河,取介休。介休令贾浑不降,晞杀之,将纳其妻宗氏,宗氏骂晞而哭,晞又杀之。渊闻之,大怒曰:"使天道有知,乔晞望有种乎!"追还,降秩四等,收浑尸,葬之。

资治通鉴卷第八十六

端明殿学士兼翰林侍读学士朝散大夫右谏议大夫充集贤殿修撰权判西京留司御史台上柱国河内郡开国侯食邑一千三百户食实封四百户赐紫金鱼袋臣　司马光　奉敕编集

晋纪八 起旃蒙赤奋若(乙丑)，尽著雍执徐(戊辰)，凡四年。

孝惠皇帝下

永兴二年(乙丑、305)

夏，四月，张方废羊后。

游楷等攻皇甫重，累年不能克，重遣其养子昌求救于外。昌诣司空越，越以太宰颙新与山东连和，不肯出兵。昌乃与故殿中人杨篇诈称越命，迎羊后于金墉城。入宫，以后令发兵讨张方，奉迎大驾。事起仓猝，百官初皆从之，俄知其诈，相与诛昌。颙请遣御史宣诏喻重令降，重不奉诏。先是城中不知长沙厉王及皇甫商已死，重获御史驺人，问曰："我弟将兵来，欲至未?"驺人曰："已为河间王所害。"重失色，立杀驺人。于是城中知无外救，共杀重以降。颙以冯翊太守张辅为秦州刺史。

六月，甲子，安丰元侯王戎薨于郏。

张辅至秦州，杀天水太守封尚，欲以立威。又召陇西太守韩稚，稚子朴勒兵击辅，辅军败，死。凉州司马杨胤言于张轨曰："韩稚擅杀刺史，明公杖钺一方，不可以不讨。"轨从之，遣中督护氾瑗帅众二万讨稚，稚诣轨降。未几，鲜卑若罗拔能寇凉州，轨遣司马宋配击之，斩拔能，俘十余万口，威名大振。

汉王渊攻东嬴公腾，腾复乞师于拓跋猗㐌，卫操劝猗㐌助之。猗㐌帅轻骑数千救腾，斩汉将綦毋豚。诏假猗㐌大单于，加操右将军。甲申，猗㐌卒，子普根代立。

东海中尉刘洽以张方劫迁车驾，劝司空越起兵讨之。秋，七月，越传檄山东征、镇、州、郡云："欲纠帅义旅，奉迎天子，还复旧都。"东平王楙闻之惧，长史王脩说楙曰："东海，宗室重望，今兴义兵，公宜举徐州以授之，则免于难，且有克让之美矣。"楙从之。越乃以司空领徐州都督，楙自为兖州刺史，诏即遣使者刘虔授之。是时，越兄弟并据方任，于是范阳王虓及王浚等共推越为盟主，越辄选置刺史以下，朝士多赴之。

成都王颖既废，河北人多怜之。颖故将公师藩等自称将军，起兵于赵、魏，众至数万。初,上党武乡羯人石勒,有胆力,善骑射。并州大饥,建威将军阎粹说东嬴公腾执诸胡于山东,卖充军实。勒亦被掠,卖为茌平人师懽奴,懽奇其状貌而免之。懽家邻于马牧,勒乃与牧帅汲桑结壮士为群盗。及公师藩起,桑与勒帅数百骑赴之。桑始命勒以石为姓,勒为名。藩攻陷郡县,杀二千石、长史,转前,攻邺。平昌公模甚惧,范阳王虓遣其将苟晞救邺,与广平太守谯国丁绍共击藩,走之。

八月,辛丑,大赦。

司空越以琅邪王睿为平东将军,监徐州诸军事,留守下邳。睿请王导为司马,委以军事。越帅甲卒三万,西屯萧县,范阳王虓自许屯于荥阳。越承制以豫州刺史刘乔为冀州刺史,以范阳王虓领豫州刺史,乔以虓非天子命,发兵拒之。虓以刘琨为司马,越以刘蕃为淮北护军,刘舆为颍川太守。乔上尚书,列舆兄弟罪恶,因引兵攻许,遣其长子祐将兵拒虓于萧县之灵壁,越兵不能进。东平王楙在兖州,征求不已,郡县不堪命。范阳王虓遣苟晞还兖州,徙楙都督青州。楙不受命,背山东诸侯,与刘乔合。

太宰颙闻山东兵起,甚惧。以公师藩为成都王颖起兵,壬午,表颖为镇军大将军、都督河北诸军事,给兵千人。以卢志为魏郡太守,随颖镇邺,欲以抚安之。又遣建武将军吕朗屯洛阳。

颙发诏,令东海王越等各就国,越等不从。会得刘乔上事,冬,十月,丙子,下诏称:“刘舆迫胁范阳王虓,造构凶逆。其令镇南大将军刘弘、平南将军彭城王释、征东大将军刘准,各勒所统,与刘乔并力。以张方为大都督,统精卒十万,与吕朗共会许昌,诛舆兄弟。”释,宣帝弟子穆王权之孙也。丁丑,颙使成都王颖领将军楼褒等,前车骑将军石超领北中郎将王阐等,据河桥,为刘乔继援。进乔镇东将军,假节。

刘弘遗乔及司空越书,欲使之解怨释兵,同奖王室,皆不听。弘又上表曰:“自顷兵戈纷乱,猜祸锋生,疑隙构于群王,灾难延于宗子。今夕为忠,明旦为逆,翩其反而,互为戎首。载籍以来,骨肉之祸未有如今者也,臣窃悲之。今边陲无备豫之储,中华有杼轴之困,而股肱之臣,不惟国体,职竞寻常,自相楚剥。万一四夷乘虚为变,此亦猛虎交斗自效于卞庄者矣。臣以为宜速发明诏诏越等,令两释猜嫌,各保分局。自今以后,其有不被诏书,擅兴兵马者,天下共伐之。”时太宰颙方拒关东,倚乔为助,不纳其言。

乔乘虚袭许,破之。刘琨将兵救许,不及,遂与兄舆及范阳王虓俱奔河北。琨父母为乔所执。刘弘以张方残暴,知颙必败,乃遣参军刘盘为都护,帅诸军受司空越节度。

时天下大乱,弘专督江、汉,威行南服。谋事有成者,则曰"某人之功",如有负败,则曰"老子之罪"。每有兴发,手书守相,丁宁款密,所以人皆感悦,争赴之,咸曰:"得刘公一纸书,贤于十部从事。"前广汉太守辛冉说弘以从横之事,弘怒,斩之。

有星孛于北斗。

平昌公模遣将军宋胄趣河桥。

十一月,立节将军周权,诈被檄,自称平西将军,复立羊后。洛阳令何乔攻权,杀之,复废羊后。太宰颙矫诏,以羊后屡为奸人所立,遣尚书田淑敕留台赐后死。诏书累至,司隶校尉刘暾等上奏,固执以为:"羊庶人门户残破,废放空宫,门禁峻密,无缘得与奸人构乱。众无愚智,皆谓其冤。今杀一枯穷之人,而令天下伤惨,何益于治!"颙怒,遣吕朗收暾。暾奔青州,依高密王略。然羊后亦以是得免。

十二月,吕朗等东屯荥阳,成都王颖进据洛阳。

刘琨说冀州刺史太原温羡,使让位于范阳王虓。虓领冀州,遣琨诣幽州乞师于王浚,浚以突骑资之,击王阐于河上,杀之。琨遂与虓引兵济河,斩石超于荥阳。刘乔自考城引退。虓遣琨及督护田徽东击东平王楙于廪丘,楙走还国。琨、徽引兵东迎越,击刘祐于谯,祐败死,乔众遂溃,乔奔平氏。司空越进屯阳武,王浚遣其将祁弘帅突骑鲜卑、乌桓为越先驱。

初,陈敏既克石冰,自谓勇略无敌,有割据江东之志。其父怒曰:"灭我门者,必此儿也!"遂以忧卒。敏以丧去职。司空越起敏为右将军、前锋都督。越为刘祐所败,敏请东归收兵,遂据历阳叛。吴王常侍甘卓,弃官东归,至历阳,敏为子景娶卓女,使卓假称皇太弟令,拜敏扬州刺史。敏使弟恢及别将钱端等南略江州,弟斌东略诸郡,江州刺史应邈、扬州刺史刘机、丹杨太守王旷皆弃官走。

敏遂据有江东,以顾荣为右将军,贺循为丹杨内史,周玘为安丰太守,凡江东豪桀、名士,咸加收礼,为将军、郡守者四十余人。或有老疾,就加秩命。循诈为狂疾,得免,乃以荣领丹杨内史。玘亦称疾,不之郡。敏疑诸名士终不为己用,欲尽诛之。荣说敏曰:"中国丧乱,胡夷内侮,观今日之势,不能复振,百姓将无遗种。江南虽经石冰之乱,人物尚全,荣常忧无孙、刘之主有以存之。今将军神武不世,勋效已著,带甲数万,舳舻山积,若能委信君子,使各得尽怀,散蒂芥之嫌,塞谗谄之口,则上方数州,可传檄而定;不然,终不济也。"敏乃止。敏命僚佐推己为都督江东诸军事、大司马、楚公,加九锡,列上尚书,称被中诏,自江入洮、汉,奉迎銮驾。

太宰颙以张光为顺阳太守,帅步骑五千诣荆州讨敏。刘弘遣江夏太守陶侃、武陵太守苗光屯夏口，又遣南平太守汝南应詹督水军以继之。

侃与敏同郡，又同岁举吏。随郡内史扈怀言于弘曰："侃居大郡，统强兵，脱有异志，则荆州无东门矣。"弘曰："侃之忠能，吾得之已久，必无是也。"侃闻之，遣子洪及兄子臻诣弘以自固，弘引为参军，资而遣之，曰："贤叔征行，君祖母年高，便可归也。匹夫之交，尚不负心，况大丈夫乎！"

敏以陈恢为荆州刺史，寇武昌，弘加侃前锋督护以御之。侃以运船为战舰，或以为不可。侃曰："用官船击官贼，何为不可！"侃与恢战，屡破之；又与皮初、张光、苗光共破钱端于长岐。

南阳太守卫展说弘曰："张光，太宰腹心，公既与东海，宜斩光以明向背。"弘曰："宰辅得失，岂张光之罪！危人自安，君子弗为也。"乃表光殊勋，乞加迁擢。

是岁，离石大饥，汉王渊徙屯黎亭，就邸阁谷。留太尉宏守离石，使大司农卜豫运粮以给之。

光熙元年（丙寅、306）

春，正月，戊子朔，日有食之。

初，太弟中庶子兰陵缪播有宠于司空越；播从弟右卫率胤，太宰颙前妃之弟也。越之起兵，遣播、胤诣长安说颙，令奉帝还洛，约与颙分陕为伯。颙素信重播兄弟，即欲从之。张方自以罪重，恐见诛首，谓颙曰："今据形胜之地，国富兵强，奉天子以号令，谁敢不从，奈何拱手受制于人！"颙乃止。及刘乔败，颙惧，欲罢兵，与山东和解，恐张方不从，犹豫未决。

方素与长安富人郅辅亲善，以为帐下督。颙参军河间毕垣，尝为方所侮，因说颙曰："张方久屯霸上，闻山东兵盛，盘桓不进，宜防其未萌。其亲信郅辅具知其谋。"缪播、缪胤复说颙："宜急斩方以谢，山东可不劳而定。"颙使人召辅，垣迎说辅曰："张方欲反，人谓卿知之。王若问卿，何辞以对？"辅惊曰："实不闻方反，为之奈何？"垣曰："王若问卿，但言尔尔。不然，必不免祸。"辅入，颙问之曰："张方反，卿知之乎？"辅曰："尔。"颙曰："遣卿取之，可乎？"又曰："尔。"颙于是使辅送书于方，因杀之。辅既昵于方，持刀而入，守阁者不疑。方火下发函，辅斩其头。还报，颙以辅为安定太守。送方头于司空越以请和，越不许。

宋胄袭河桥，楼褒西走。平昌公模遣前锋督护冯嵩会宋胄逼洛阳。成都王颖西奔长安，至华阴，闻颙已与山东和亲，留不敢进。吕朗屯荥阳，刘琨以张方首示之，遂降。甲子，司空越遣祁弘、宋胄、司马纂帅鲜卑西迎车驾，以周馥为司隶校尉、假节，都督诸军，屯渑池。

三月，惄令刘柏根反，众以万数，自称惄公。王弥帅家僮从之，柏根以弥为长史，弥从父弟桑为东中郎将。柏根寇临淄，青州都督高密王略使刘暾将兵拒之，暾兵败,奔洛阳,略走保聊城。王浚遣将讨柏根,斩之。王弥亡入长广山为群盗。

宁州频岁饥疫,死者以十万计。五苓夷强盛,州兵屡败。吏民流入交州者甚众,夷遂围州城。李毅疾病,救援路绝,乃上疏言:"不能式遏寇虐,坐待殄毙。若不垂矜恤,乞降大使,及臣尚存,加臣重辟;若臣已死,陈尸为戮。"朝廷不报。积数年,子钊自洛往省之,未至,毅卒。毅女秀,明达有父风,众推秀领宁州事。秀奖厉战士,婴城固守。城中粮尽,炙鼠拔草而食之。伺夷稍怠,辄出兵掩击,破之。

范长生诣成都,成都王雄门迎,执板,拜为丞相,尊之曰范贤。

夏,四月,己巳,司空越引兵屯温。初,太宰颙以为张方死,东方兵必可解。既而东方兵闻方死,争入关,颙悔之,乃斩郅辅,遣弘农太守彭随、北地太守刁默将兵拒祁弘等于湖。五月,壬辰,弘等击随、默,大破之,遂西入关。又败颙将马瞻、郭伟于霸水,颙单马逃入太白山。弘等入长安,所部鲜卑大掠,杀二万余人,百官奔散,入山中,拾橡实食之。己亥,弘等奉帝乘牛车东还。以太弟太保梁柳为镇西将军,守关中。六月,丙辰朔,帝至洛阳,复羊后。辛未,大赦,改元。

马瞻等入长安,杀梁柳,与始平太守梁迈共迎太宰颙于南山。弘农太守裴廙、秦国内史贾龛、安定太守贾疋等起兵击颙,斩马瞻、梁迈。疋,诩之曾孙也。司空越遣督护麋晃将兵击颙,至郑,颙使平北将军牵秀屯冯翊。颙长史杨腾,诈称颙命,使秀罢兵,腾遂杀秀,关中皆服于越,颙保城而已。

成都王雄即皇帝位,大赦,改元曰晏平,国号大成。追尊父特曰景皇帝,庙号始祖;尊王太后曰皇太后。以范长生为天地太师,复其部曲,皆不豫征税。诸将恃恩,互争班位,尚书令阎式上疏,请考汉、晋故事,立百官制度,从之。

秋,七月,乙酉朔,日有食之。

八月,以司空越为太傅,录尚书事;范阳王虓为司空,镇邺;平昌公模为镇东大将军,镇许昌;王浚为骠骑大将军,都督东夷、河北诸军事,领幽州刺史。越以吏部郎颍川庾敳为军谘祭酒,前太弟中庶子胡毋辅之为从事中郎,黄门侍郎河南郭象为主簿,鸿胪丞阮脩为行参军,谢鲲为掾。辅之荐乐安光逸于越,越亦辟之。敳等皆尚虚玄,不以世务婴心,纵酒放诞;敳殖货无厌,象薄行,好招权;越皆以其名重于世,故辟之。

祁弘之入关也,成都王颖自武关奔新野。会新城元公刘弘卒,司马郭劢作乱,欲迎颖为主,治中顺阳郭舒奉弘子璠以讨劢,斩之。诏南中郎将刘陶收颖。颖北渡河,奔朝歌,收故将士,得数百人,欲赴公师藩。九月,顿丘太守冯嵩执之,送邺,范阳王虓不忍杀而幽之。公师藩自白马南渡河,兖州刺史苟晞讨斩之。

进东嬴公腾爵为东燕王,平昌公模为南阳王。

冬,十月,范阳王虓薨。长史刘舆以成都王颖素为邺人所附,秘不发丧,伪令人为台使称诏,夜,赐颖死,并杀其二子。颖官属先皆逃散,惟卢志随从,至死不怠,收而殡之。太傅越召志为军谘祭酒。

越将召刘舆,或曰:"舆犹腻也,近则污人。"及至,越疏之。舆密视天下兵簿及仓库、牛马、器械、水陆之形,皆默识之。时军国多事,每会议,自长史潘滔以下,莫知所对。舆应机辨画,越倾膝酬接,即以为左长史,军国之务,悉以委之。舆说越遣其弟琨镇并州,以为北面之重。越表琨为并州刺史,以东燕王腾为车骑将军、都督邺城诸军事,镇邺。

十一月,己巳,夜,帝食饼中毒,庚午,崩于显阳殿。羊后自以于太弟炽为嫂,恐不得为太后,将立清河王覃。侍中华混谏曰:"太弟在东宫已久,民望素定,今日宁可易乎!"即露板驰告太傅越,召太弟入宫。后已召覃至尚书阁,疑变,托疾而返。癸酉,太弟即皇帝位,大赦。尊皇后曰惠皇后,居弘训宫。追尊母王才人曰皇太后,立妃梁氏为皇后。

怀帝始遵旧制,于东堂听政。每至宴会,辄与群官论众务,考经籍。黄门侍郎傅宣叹曰:"今日复见武帝之世矣。"

十二月,壬午朔,日有食之。

太傅越以诏书征河间王颙为司徒,颙乃就征。南阳王模遣其将梁臣邀之于新安,车上扼杀之,并杀其三子。

辛丑,以中书监温羡为左光禄大夫,领司徒;尚书左仆射王衍为司空。

己酉,葬惠帝于太阳陵。

刘琨至上党,东燕王腾即自井陉东下。时并州饥馑,数为胡寇所掠,郡县莫能自保。州将田甄、甄弟兰、任祉、祁济、李恽、薄盛等及吏民万余人,悉随腾就谷冀州,号为"乞活",所余之户不满二万,寇贼纵横,道路断塞。琨募兵上党,得五百人,转斗而前。至晋阳,府寺焚毁,邑野萧条,琨抚循劳徕,流民稍集。

孝怀皇帝上

永嘉元年(丁卯、307)

春,正月,癸丑,大赦,改元。

吏部郎周穆,太傅越之姑子也,与其妹夫御史中丞诸葛玫说越曰:"主上之为太弟,张方意也。清河王本太子,公宜立之。"越不许。重言之,越怒,斩之。

二月,王弥寇青、徐二州,自称征东大将军,攻杀二千石。太傅越以公车令东莱鞠羡为本郡太守,以讨弥,弥击杀之。

陈敏刑政无章,不为英俊所附,子弟凶暴,所在为患,顾荣、周玘等忧之。庐江内史华谭遗荣等书曰:"陈敏盗据吴、会,命危朝露。诸君或剖符名郡,或列为近臣,而更辱身奸人之朝,降节叛逆之党,不亦羞乎! 吴武烈父子皆以英杰之才,继承大业。今以陈敏凶狡,七弟顽冗,欲蹑桓王之高踪,蹈大皇之绝轨,远度诸贤,犹当未许也。皇舆东返,俊彦盈朝,将举六师以清建业,诸贤何颜复见中州之士邪!"荣等素有图敏之心,及得书,甚惭,密遣使报征东大将军刘准,使发兵临江,己为内应,剪发为信。准遣扬州刺史刘机等出历阳讨敏。

敏使其弟广武将军昶将兵数万屯乌江,历阳太守宏屯牛渚。敏弟处知顾荣等有贰心,劝敏杀之,敏不从。

昶司马钱广,周玘同郡人也,玘密使广杀昶,因宣言州下已杀敏,敢动者诛三族。广勒兵朱雀桥南,敏遣甘卓讨广,坚甲精兵尽委之。顾荣虑敏疑之,故往就敏。敏曰:"卿当四出镇卫,岂得就我邪!"荣乃出,与周玘共说甘卓曰:"若江东之事可济,当共成之。然卿观兹事势,当有济理不? 敏既常才,政令反覆,计无所定,其子弟各已骄矜,其败必矣。而吾等安然受其官禄,事败之日,使江西诸军函首送洛,题曰:'逆贼顾荣、甘卓之首',此万世之辱也。"卓遂诈称疾,迎女,断桥,收船南岸,与玘、荣及前松滋侯相丹杨纪瞻共攻敏。

敏自帅万余人讨卓,军人隔水语敏众曰:"本所以戮力陈公者,正以顾丹杨、周安丰耳。今皆异矣,汝等何为!"敏众狐疑未决,荣以白羽扇麾之,众皆溃去。敏单骑北走,追获之于江乘,叹曰:"诸人误我,以至今日!"谓弟处曰:"我负卿,卿不负我!"遂斩敏于建业,夷三族。于是会稽等郡尽杀敏诸弟。

时平东将军周馥代刘准镇寿春。三月,己未朔,馥传敏首至京师。诏征顾荣为侍中,纪瞻为尚书郎。太傅越辟周玘为参军,陆玩为掾。玩,机之从弟也。荣等至徐州,闻北方愈乱,疑不进,越与徐州刺史裴盾书曰:"若荣等顾望,以军礼发遣。"荣等惧,逃归。盾,楷之兄子,越妃兄也。

西阳夷寇江夏,太守杨珉请督将议之。诸将争献方略,骑督朱伺独不言。珉曰:"朱将军何以不言?"伺曰:"诸人以舌击贼,伺惟以力耳。"珉又问:"将军前后击贼,何以常胜?"伺曰:"两敌共对,惟当忍之。彼不能忍,我能忍,是以胜耳。"珉善之。

诏追复杨太后尊号,丁卯,改葬之,谥曰武悼。

庚午,立清河王覃弟豫章王诠为皇太子。辛未,大赦。

帝亲览大政,留心庶事,太傅越不悦,求出藩。庚辰,越出镇许昌。

以高密王略为征南大将军,都督荆州诸军事,镇襄阳;南阳王模为征西大将军,都督秦、雍、梁、益四州诸军事,镇长安;东燕王腾为新蔡王,都督司、冀二州诸军事,仍镇邺。

公师藩既死,汲桑逃还苑中,更聚众劫掠郡县,自称大将军,声言为成都王报仇。以石勒为前驱,所向辄克,署勒扫虏将军,遂进攻邺。时邺中府库空竭,而新蔡武哀王腾资用甚饶。腾性吝啬,无所振惠,临急,乃赐将士米各数升,帛各丈尺,以是人不为用。夏,五月,桑大破魏郡太守冯嵩,长驱入邺,腾轻骑出奔,为桑将李丰所杀。桑出成都王颖棺,载之车中,每事启而后行。遂烧邺宫,火旬日不灭。杀士民万余人,大掠而去。济自延津,南击兖州。太傅越大惧,使苟晞及将军王赞等讨之。

秦州流民邓定、訇氏等据成固,寇掠汉中,梁州刺史张殷遣巴西太守张燕讨之。邓定等饥窘,诈降于燕,且赂之,燕为之缓师。定密遣訇氏求救于成,成主雄遣太尉离、司徒云、司空璜将兵二万救定,与燕战,大破之,张殷及汉中太守杜孟治弃城走。积十余日,离等引还,尽徙汉中民于蜀。汉中人句方、白落帅吏民还守南郑。

石勒与苟晞等相持于平原、阳平间,数月,大小三十余战,互有胜负。秋,七月,己酉朔,太傅越屯官渡,为晞声援。

己未,以琅邪王睿为安东将军、都督扬州江南诸军事、假节,镇建业。

八月,己卯朔,苟晞击汲桑于东武阳,大破之。桑退保清渊。

分荆州、江州八郡为湘州。

九月,戊申,琅邪王睿至建业。睿以安东司马王导为谋主,推心亲信,每事咨焉。睿名论素轻,吴人不附,居久之,士大夫莫有至者,导患之。会睿出观禊,导使睿乘肩舆,具威仪,导与诸名胜皆骑从,纪瞻、顾荣等见之惊异,相帅拜于道左。导因说睿曰:“顾荣、贺循,此土之望,宜引之以结人心。二子既至,则无不来矣。”睿乃使导躬造循、荣,二人皆应命而至。以循为吴国内史,荣为军司,加散骑常侍,凡军府政事,皆与之谋议。又以纪瞻为军祭酒,卞壶为从事中郎,周玘为仓曹属,琅邪刘超为舍人,张闿及鲁国孔衍为参军。壶,粹之子;闿,昭之曾孙也。王导说睿:“谦以接士,俭以足用,用清静为政,抚绥新旧。”故江东归心焉。睿初至,颇以酒废事,导以为言。睿命酌,引觞覆之,于此遂绝。

苟晞追击汲桑,破其八垒,死者万余人。桑与石勒收余众,将奔汉,冀州刺史〔谯国〕丁绍邀之于赤桥,又破之。桑奔马牧,勒奔乐平。太傅越还许昌,加苟晞抚军将军、都督青、兖诸军事,丁绍宁北将军、监冀州诸军事,皆假节。

晞屡破强寇,威名甚盛,善治繁剧,用法严峻。其从母依之,晞奉养甚厚。从母子求为将,晞不许,曰:“吾不以王法贷人,将无后悔邪!”固求之,晞乃以为督护。后犯法,晞杖节斩之,从母叩头救之,不听。既而素服哭之曰:“杀卿者,兖州刺史,哭弟者,苟道将也。”

胡部大张匐督、冯莫突等拥众数千,壁于上党,石勒往从之,因说匐督等曰:"刘单于举兵击晋,部大拒而不从,自度终能独立乎?"曰:"不能。"勒曰:"然则安可不早有所属! 今部落皆已受单于赏募,往往聚议,欲叛部大而归单于矣。"匐督等以为然。冬,十月,匐督等随勒单骑归汉,汉王渊署匐督为亲汉王,莫突为都督部大,以勒为辅汉将军、平晋王以统之。

乌桓张伏利度有众二千,壁于乐平,渊屡招,不能致。勒伪获罪于渊,往奔伏利度。伏利度喜,结为兄弟,使勒帅诸胡寇掠,所向无前,诸胡畏服。勒知众心之附己,乃因会执伏利度,谓诸胡曰:"今起大事,我与伏利度谁堪为主?"诸胡咸推勒。勒于是释伏利度,帅其众归汉。渊加勒督山东征讨诸军事,以伏利度之众配之。

十一月,戊申朔,日有食之。

甲寅,以尚书右仆射和郁为征北将军,镇邺。

乙亥,以王衍为司徒。衍说太傅越曰:"朝廷危乱,当赖方伯,宜得文武兼资以任之。"乃以弟澄为荆州都督,族弟敦为青州刺史,语之曰:"荆州有江、汉之固,青州有负海之险,卿二人在外而吾居中,足以为三窟矣。"澄至镇,以郭舒为别驾,委以府事。澄日夜纵酒,不亲庶务,虽寇戎交急,不以为怀。舒常切谏,以为宜爱民养兵,保全州境,澄不从。

十二月,戊寅,乞活田甄、田兰、薄盛等起兵,为新蔡王腾复仇,斩汲桑于乐陵。弃成都王颖棺于故井中,颖故臣收葬之。

甲午,以前太傅刘寔为太尉,寔以老固辞,不许。庚子,以光禄大夫高光为尚书令。

前北军中候吕雍、度支校尉陈颜等谋立清河王覃为太子,事觉,太傅越矫诏囚覃于金墉城。

初,太傅越与苟晞亲善,引升堂,结为兄弟。司马潘滔说越曰:"兖州冲要,魏武以之创业。苟晞有大志,非纯臣也,久令处之,则患生心腹矣。若迁于青州,厚其名号,晞必悦。公自牧兖州,经纬诸夏,藩卫本朝,此所谓为之于未乱者也。"越以为然。癸卯,越自为丞相,领兖州牧,都督兖、豫、司、冀、幽、并诸军事。以晞为征东大将军、开府仪同三司,加侍中、假节、都督青州诸军事,领青州刺史,封东平郡公。越、晞由是有隙。

晞至青州,以严刻立威,日行斩戮,州人谓之"屠伯"。顿丘太守魏植为流民所逼,众五六万,大掠兖州,晞出屯无盐以讨之。以弟纯领青州,刑杀更甚于晞。晞讨植,破之。

初,阳平刘灵,少贫贱,力制奔牛,走及奔马,时人虽异之,莫能举也。灵抚膺叹曰:"天乎,何当乱也!"及公师藩起,灵自称将军,寇掠赵、魏。会王弥为苟纯所败,灵亦为王赞所败,遂俱遣使降汉。汉拜弥镇东大将军、青徐二州牧、都督缘海诸军事,封东莱公;以灵为平北将军。

李钊至宁州,州人奉钊领州事。治中毛孟诣京师,求刺史,累上奏,不见省。孟曰:"君亡亲丧,幽闭穷城,万里诉哀,精诚无感,生不如死!"欲自刭,朝廷怜之,以魏兴太守王逊为宁州刺史,仍诏交州出兵救李钊。交州刺史吾彦遣其子咨将兵救之。

慕容廆自称鲜卑大单于。拓跋禄官卒,弟猗卢总摄三部,与廆通好。

二年(戊辰、308)

春,正月,丙午朔,日有食之。

丁未,大赦。

汉王渊遣抚军将军聪等十将南据太行,辅汉将军石勒等十将东下赵、魏。

二月,辛卯,太傅越杀清河王覃。

庚子,石勒寇常山,王浚击破之。

凉州刺史张轨病风,口不能言,使其子茂摄州事。陇西内史晋昌张越,凉州大族,欲逐轨而代之,与其兄酒泉太守镇及西平太守曹祛谋遣使诣长安告南阳王模,称轨废疾,请以秦州刺史贾龛代之。龛将受之,其兄让龛曰:"张凉州一时名士,威著西州,汝何德以代之!"龛乃止。镇、祛上疏,更请刺史,未报,遂移檄废轨,以军司杜耽摄州事,使耽表越为刺史。

轨下教,欲避位,归老宜阳。长史王融、参军孟畅蹋折镇檄,排阁入言曰:"晋室多故,明公抚宁西夏,张镇兄弟敢肆凶逆,当鸣鼓诛之。"遂出,戒严。会轨长子寔自京师还,乃以寔为中督护,将兵讨镇。遣镇甥太府主簿令狐亚先往说镇,为陈利害,镇流涕曰:"人误我!"乃诣寔归罪。寔南击曹祛,走之。

朝廷得镇、祛疏,以侍中爰瑜为凉州刺史。治中杨澹驰诣长安,割耳盘上,诉轨之被诬。南阳王模表请停瑜,武威太守张琠亦上表留轨,诏依模所表,且命诛曹祛。轨于是命寔帅步骑三万讨祛,斩之。张越奔邺,凉州乃定。

三月,太傅越自许昌徙镇鄄城。

王弥收集亡散,兵复大振。分遣诸将攻掠青、徐、兖、豫四州,所过攻陷郡县,多杀守令,有众数万。苟晞与之连战,不能克。夏,四月,丁亥,弥入许昌。

太傅越遣司马王斌帅甲士五千人卫京师,张轨亦遣督护北宫纯将兵卫京师。五月,弥入自轘辕,败官军于伊北,京师大震,宫城门昼闭。壬戌,弥至洛阳,屯于津阳门。诏以王衍都督征讨诸军事。甲子,衍与王斌等出战,北宫纯募勇士百余人突陈,弥兵大败。乙丑,弥烧建春门而东,衍遣左卫将军王秉追之,战于七里涧,又败之。弥走渡河,与王桑自轵关如平阳。汉王渊遣侍中兼御史大夫郊迎,令曰:"孤亲行将军之馆,拂席洗爵,敬待将军。"及至,拜司隶校尉,加侍中、特进,以桑为散骑侍郎。

北宫纯等与汉刘聪战于河东,败之。

诏封张轨西平郡公,轨辞不受。时州郡之使,莫有至者,轨独遣使贡献,岁时不绝。

秋,七月,甲辰,汉王渊寇平阳,太守宋抽弃郡走,河东太守路述战死;渊徙都蒲子。上郡鲜卑陆逐延、氐酋单徵并降于汉。

八月,丁亥,太傅越自鄄城徙屯濮阳。未几,又徙屯荥阳。

九月,汉王弥、石勒寇邺,和郁弃城走。诏豫州刺史裴宪屯白马以拒弥,车骑将军王堪屯东燕以拒勒,平北将军曹武屯大阳以备蒲子。宪,楷之子也。

冬,十月,甲戌,汉王渊即皇帝位,大赦,改元永凤。十一月,以其子和为大将军,聪为车骑大将军,族子曜为龙骧大将军。

壬寅,并州刺史刘琨使上党太守刘惇帅鲜卑攻壶关,汉镇东将军綦毋达战败亡归。

丙午,汉都督中外诸军事、大司马、领丞相右贤王宣卒。

石勒、刘灵帅众三万寇魏郡、汲郡、顿丘,百姓望风降附者五十余垒,皆假垒主将军、都尉印绶,简其强壮五万为军士,老弱安堵如故。己酉,勒执魏郡太守王粹于三台,杀之。

十二月,辛未朔,大赦。

乙亥,汉主渊以大将军和为大司马,封梁王;尚书令欢乐为大司徒,封陈留王;后父御史大夫呼延翼为大司空,封雁门郡公。宗室以亲疏悉封郡县王,异姓以功伐悉封郡县公侯。

成尚书令杨褒卒。褒好直言,成主雄初得蜀,用度不足,诸将有以献金银得官者,褒谏曰:"陛下设官爵,当网罗天下英豪,何有以官买金邪!"雄谢之。雄尝醉,推中书令杖太官令,褒进曰:"天子穆穆,诸侯皇皇。安有天子而为酗也!"雄惭而止。

成平寇将军李凤屯晋寿,屡寇汉中,汉中民东走荆沔。诏以张光为梁州刺史。荆州寇盗不禁,诏起刘璠为顺阳内史,江、汉间翕然归之。

资治通鉴卷第八十七

端明殿学士兼翰林侍读学士朝散大夫右谏议大夫充集贤殿修撰权判西京留
司御史台上柱国河内郡开国侯食邑一千三百户食实封四百户赐紫金鱼袋臣　司马光 奉敕编集

晋纪九 起屠维大荒落(己巳)，尽重光协洽(辛未)，凡三年。

孝怀皇帝中

永嘉三年(己巳、309)

春，正月，辛丑朔，荧惑犯紫微。汉太史令宣于脩之，言于汉主渊曰："不出三
年，必克洛阳。蒲子崎岖，难以久安。平阳气象方昌，请徙都之。"渊从之。大赦，
改元河瑞。

三月，戊申，高密孝王略薨。以尚书左仆射山简为征南将军、都督荆、湘、交、
广四州诸军事，镇襄阳。简，涛之子也，嗜酒，不恤政事；表"顺阳内史刘璠得众
心，恐百姓劫璠为主"。诏征璠为越骑校尉。南州由是遂乱，父老莫不追思刘弘。

丁巳，太傅越自荥阳入京师。中书监王敦谓所亲曰："太傅专执威权，而选用
表请，尚书犹以旧制裁之，今日之来，必有所诛。"

帝之为太弟也，与中庶子缪播亲善，及即位，以播为中书监，缪胤为太仆卿，
委以心膂；帝舅散骑常侍王延、尚书何绥、太史令高堂冲，并参机密。越疑朝臣贰
于己，刘舆、潘滔劝越悉诛播等。越乃诬播等欲为乱，乙丑，遣平东将军王秉，帅
甲士三千入宫，执播等十余人于帝侧，付廷尉，杀之。帝叹息流涕而已。

绥，曾之孙也。初，何曾侍武帝宴，退谓诸子曰："主上开创大业，吾每宴见，
未尝闻经国远图，惟说平生常事，非贻厥孙谋之道也。及身而已，后嗣其殆乎！
汝辈犹可以免。"指诸孙曰："此属必及于难。"及绥死，兄嵩哭之曰："我祖其殆圣
乎！"曾日食万钱，犹云无下箸处。子劭，日食二万。绥及弟机、羡，汰侈尤甚，与
人书疏，词礼简傲。河内王尼见绥书，谓人曰："伯蔚居乱世而矜豪乃尔，其能免
乎！"人曰："伯蔚闻卿言，必相危害。"尼曰："伯蔚比闻我言，自已死矣。"及永嘉之
末，何氏无遗种。

　　臣光曰：何曾讥武帝偷惰，取过目前，不为远虑，知天下将乱，子孙必与
　　其忧，何其明也！然身为僭侈，使子孙承流，卒以骄奢亡族，其明安在哉！且
　　身为宰相，知其君之过，不以告而私语于家，非忠臣也。

太傅越以王敦为扬州刺史。

刘寔连年请老,朝廷不许。尚书左丞刘坦上言:"古之养老,以不事为优,不以吏之为重,谓宜听寔所守。"丁卯,诏寔以侯就第。以王衍为太尉。

太傅越解兖州牧,领司徒。越以顷来兴事,多由殿省,乃奏宿卫有侯爵者皆罢之。时殿中武官并封侯,由是出者略尽,皆泣涕而去。更使右卫将军何伦、左卫将军王秉领东海国兵数百人宿卫。

左积弩将军朱诞奔汉,具陈洛阳孤弱,劝汉主渊攻之。渊以诞为前锋都督,以灭晋大将军刘景为大都督,将兵攻黎阳,克之;又败王堪于延津,沉男女三万余人于河。渊闻之,怒曰:"景何面复见朕!且天道岂能容之!吾所欲除者,司马氏耳,细民何罪?"黜景为平虏将军。

夏,大旱,江、汉、河、洛皆竭,可涉。

汉安东大将军石勒寇钜鹿、常山,众至十余万,集衣冠人物,别为君子营。以赵郡张宾为谋主,刁膺、夔安、孔苌、支雄、桃豹、逯明为爪牙。并州诸胡羯多从之。

初,张宾好读书,阔达有大志,常自比张子房。及石勒徇山东,宾谓所亲曰:"吾历观诸将,无如此胡将军者,可与共成大业。"乃提剑诣军门,大呼请见,勒亦未之奇也。宾数以策干勒,已而皆如所言,勒由是奇之,署为军功曹,动静咨之。

汉主渊以王弥为侍中、都督青、徐、兖、豫、荆、扬六州诸军事、征东大将军、青州牧,与楚王聪共攻壶关,以石勒为前锋都督。刘琨遣护军黄肃、韩述救之,聪败述于西涧,勒败肃于封田,皆杀之。

太傅越遣淮南内史王旷、将军施融、曹超将兵拒聪等。旷济河,欲长驱而前,融曰:"彼乘险间出,我虽有数万之众,犹是一军独受敌也。且当阻水为固,以量形势,然后图之。"旷怒曰:"君欲沮众邪!"融退,曰:"彼善用兵,旷暗于事势,吾属今必死矣。"旷等逾太行与聪遇,战于长平之间,旷兵大败,融、超皆死。

聪遂破屯留、长子,凡斩获万九千级。上党太守庞淳以壶关降汉。刘琨以都尉张倚领上党太守,据襄垣。

初,匈奴刘猛死,右贤王去卑之子诰升爰代领其众。诰升爰卒,子虎立,居新兴,号铁弗氏,与白部鲜卑皆附于汉。刘琨自将击虎,刘聪遣兵袭晋阳,不克。

五月,汉主渊封子裕为齐王,隆为鲁王。

秋,八月,汉主渊命楚王聪等进攻洛阳,诏平北将军曹武等拒之,皆为聪所败。聪长驱至宜阳,自恃骤胜,怠不设备。九月,弘农太守垣延诈降,夜袭聪军,聪大败而还。

王浚遣祁弘与鲜卑段务勿尘击石勒于飞龙山,大破之,勒退屯黎阳。

冬,十月,汉主渊复遣楚王聪、王弥、始安王曜、汝阴王景帅精骑五万寇洛阳,大司空雁门刚穆公呼延翼帅步卒继之。丙辰,聪等至宜阳。朝廷以汉兵新败,不意其复至,大惧。辛酉,聪屯西明门。北宫纯等夜帅勇士千余人出攻汉壁,斩其征虏将军呼延颢。壬戌,聪南屯洛水。乙丑,呼延翼为其下所杀,其众自大阳溃归。渊敕聪等还师,聪表称晋兵微弱,不可以翼、颢死故还师,固请留攻洛阳,渊许之。太傅越婴城自守。戊寅,聪亲祈嵩山,留平晋将军安阳哀王厉、冠军将军呼延朗督摄留军。太傅参军孙询说越乘虚出击朗,斩之,厉赴水死。王弥谓聪曰:"今军既失利,洛阳守备犹固,运车在陕,粮食不支数日。殿下不如与龙骧还平阳,襄粮发卒,更为后举,下官亦收兵谷,待命于兖、豫,不亦可乎!"聪自以请留,未敢还。宣于脩之言于渊曰:"岁在辛未,乃得洛阳。今晋气犹盛,大军不归,必败。"渊乃召聪等还。

天水人尹琦等杀成太尉李离、尚书令阎式,以梓潼降罗尚。成主雄遣太傅骧、司徒雲、司空璜攻之,不克,雲、璜战死。

初,谯周有子居巴西,成巴西太守马脱杀之,其子登诣刘弘请兵以复仇。弘表登为梓潼内史,使自募巴、蜀流民,得二千人西上。至巴郡,从罗尚求益兵,不得。登进攻宕渠,斩马脱,食其肝。会梓潼降,登进据涪城。雄自攻之,为登所败。

十一月,甲申,汉楚王聪、始安王曜归于平阳。王弥南出轘辕,流民之在颍川、襄城、汝南、南阳、河南者数万家,素为居民所苦,皆烧城邑,杀二千石、长吏以应弥。

石勒寇信都,杀冀州刺史王斌。王浚自领冀州。诏车骑将军王堪、北中郎将裴宪将兵讨勒,勒引兵还,拒之。魏郡太守刘矩以郡降勒。勒至黎阳,裴宪弃军奔淮南,王堪退保仓垣。

十二月,汉主渊以陈留王欢乐为太傅,楚王聪为大司徒,江都王延年为大司空。遣都护大将军曲阳王贤与征北大将军刘灵、安北将军赵固、平北将军王桑,东屯内黄。王弥表左长史曹嶷行安东将军,东徇青州,且迎其家,渊许之。

初,东夷校尉勃海李臻,与王浚约共辅晋室,浚内有异志,臻恨之。和演之死也,别驾昌黎王诞亡归李臻,说臻举兵讨浚。臻遣其子成将兵击浚。辽东太守庞本,素与臻有隙,乘虚袭杀臻,遣人杀成于无虑。诞亡归慕容廆。诏以勃海封释代臻为东夷校尉,庞本复谋杀之,释子悛劝释伏兵请本,收斩之,悉诛其家。

四年(庚午、310)

春,正月,乙丑朔,大赦。

汉主渊立单徵女为皇后,梁王和为皇太子,大赦。封子义为北海王,以长乐王洋为大司马。

汉镇东大将军石勒济河,拔白马,王弥以三万众会之,共寇徐、豫、兖州。二月,勒袭鄄城,杀兖州刺史袁孚,遂拔仓垣,杀王堪。复北济河,攻冀州诸郡,民从之者九万余口。

成太尉李国镇巴西,帐下文石杀国,以巴西降罗尚。

太傅越征建威将军吴兴钱璯及扬州刺史王敦。璯谋杀敦以反,敦奔建业,告琅邪王睿。璯遂反,进寇阳羡,睿遣将军郭逸等讨之。周玘纠合乡里,与逸等共讨璯,斩之。玘三定江南,睿以玘为吴兴太守,于其乡里置义兴郡以旌之。

曹嶷自大梁引兵而东,所至皆下,遂克东平,进攻琅邪。

夏,四月,王浚将祁弘败汉冀州刺史刘灵于广宗,杀之。

成主雄谓其将张宝曰:“汝能得梓潼,吾以李离之官赏汝。”宝乃先杀人而亡奔梓潼,訇琦等信之,委以心腹。会罗尚遣使至梓潼,琦等出送之,宝从后闭门,琦等奔巴西。雄以宝为太尉。

幽、并、司、冀、秦、雍六州大蝗,食草木、牛马毛皆尽。

秋,七月,汉楚王聪、始安王曜、石勒及安北大将军赵(国)〔固〕围河内太守裴整于怀,诏征虏将军宋抽救怀。勒与平北大将军王桑逆击抽,杀之。河内人执整以降,汉主渊以整为尚书左丞。河内督将郭默收整余众,自为坞主,刘琨以默为河内太守。

罗尚卒于巴郡,诏以长沙太守下邳皮素代之。

庚午,汉主渊寝疾。辛未,以陈留王欢乐为太宰,长乐王洋为太傅,江都王延年为太保,楚王聪为大司马、大单于,并录尚书事。置单于台于平阳西。以齐王裕为大司徒,鲁王隆为尚书令,北海王乂为抚军大将军、领司隶校尉,始安王曜为征讨大都督、领单于左辅,廷尉乔智明为冠军大将军、领单于右辅,光禄大夫刘殷为左仆射,王育为右仆射,任顗为吏部尚书,朱纪为中书监,护军马景领左卫将军,永安王安国领右卫将军,安昌王盛、安邑王钦、西阳王璿皆领武卫将军,分典禁兵。初,盛少时,不好读书,唯读《孝经》《论语》,曰:“诵此能行,足矣,安用多诵而不行乎!”李熹见之,叹曰:“望之如可易,及至,肃如严君,可谓君子矣!”渊以其忠笃,故临终委以要任。丁丑,渊召太宰欢乐等入禁中,受遗诏辅政。己卯,渊卒,太子和即位。

和性猜忌无恩。宗正呼延攸,翼之子也,渊以其无才行,终身不迁官;侍中刘乘,素恶楚王聪;卫尉西昌王锐,耻不预顾命;乃相与谋,说和曰:“先帝不惟轻重之势,使三王总强兵于内,大司马拥十万众屯于近郊,陛下便为寄坐耳。宜早为之计。”和,攸之甥也,深信之。辛巳夜,召安昌王盛、安邑王钦等告之。盛曰:“先帝梓宫在殡,四王未有逆节,一旦自相鱼肉,天下谓陛下何!且大业甫尔,陛下勿信谗夫之言以疑兄弟。兄弟尚不可信,他人谁足信哉!"攸、锐怒之曰:"今日之议,理无有二,领军是何言乎!"命左右刃之。盛既死,钦惧曰:"惟陛下命。"壬午,锐帅马景攻楚王聪于单于台,攸帅永安王安国攻齐王裕于司徒府,乘帅安邑王钦攻鲁王隆,使尚书田密、武卫将军刘璿攻北海王乂。密、璿挟乂斩关归于聪,聪命贯甲以待之。锐知聪有备,驰还,与攸、乘共攻隆、裕。攸、乘疑安国、钦有异志,杀之。是日,斩裕,癸未,斩隆。甲申,聪攻西明门,克之。锐等走入南宫,前锋随之。乙酉,杀乂于光极西室,收锐、攸、乘,枭首通衢。

群臣请聪即帝位,聪以北海王乂,单后之子也,以位让之。乂涕泣固请,聪久而许之,曰:"乂及群公正以祸难尚殷,贪孤年长故耳。此家国之事,孤何敢辞!俟乂年长,当以大业归之。"遂即位。大赦,改元光兴。尊单氏曰皇太后,其母张氏曰帝太后。以乂为皇太弟、领大单于、大司徒。立其妻呼延氏为皇后。呼延氏,渊后之从父妹也。封其子粲为河内王,易为河间王,翼为彭城王,悝为高平王,仍以粲为抚军大将军、都督中外诸军事。以石勒为并州刺史,封汲郡公。

略阳临渭氐酋蒲洪,骁勇多权略,群氐畏服之。汉主聪遣使拜洪平远将军,洪不受,自称护氐校尉、秦州刺史、略阳公。

九月,辛未,葬汉主渊于永光陵,谥曰光文皇帝,庙号高祖。

雍州流民多在南阳,诏书遣还乡里。流民以关中荒残,皆不愿归,征南将军山简、南中郎将杜蕤各遣兵送之,促期令发。京兆王如遂潜结壮士,夜袭二军,破之。于是冯翊严嶷、京兆侯脱各聚众攻城镇,杀令长以应之,未几,众至四五万,自号大将军、领司、雍二州牧,称藩于汉。

冬,十月,汉河内王粲、始安王曜及王弥帅众四万寇洛阳,石勒帅骑二万会粲于大阳,败监军裴邈于渑池,遂长驱入洛川。粲出辕,掠梁、陈、汝、颍间。勒出成皋关,壬寅,围陈留太守王讚于仓垣,为讚所败,退屯文石津。

刘琨自将讨刘虎及白部,遣使卑辞厚礼说鲜卑拓跋猗卢以请兵。猗卢使其弟弗之子郁律帅骑二万助之,遂破刘虎、白部,屠其营。琨与猗卢结为兄弟,表猗卢为大单于,以代郡封之为代公。时代郡属幽州,王浚不许,遣兵击猗卢,猗卢拒破之。浚由是与琨有隙。

猗卢以封邑去国悬远,民不相接,乃帅部落万余家自云中入雁门,从琨求陉北之地。琨不能制,且欲倚之为援,乃徙楼烦、马邑、阴馆、繁畤、崞五县民于陉南,以其地与猗卢。由是猗卢益盛。

琨遣使言于太傅越,请出兵共讨刘聪、石勒,越忌苟晞及豫州刺史冯嵩,恐为后患,不许。琨乃谢猗卢之兵,遣归国。

刘虎收余众,西度河,居朔方肆卢川,汉主聪以虎宗室,封楼烦公。

壬子,以刘琨为平北大将军,王浚为司空,进鲜卑段务勿尘为大单于。

京师饥困日甚,太傅越遣使以羽檄征天下兵,使入援京师。帝谓使者曰:"为我语诸征、镇,今日尚可救,后则无及矣。"既而卒无至者。征南将军山简遣督护王万将兵入援,军于涅阳,为王如所败。如遂大掠沔、汉,进逼襄阳,简婴城自守。荆州刺史王澄自将,欲援京师,至浔口,闻简败,众散而还。朝议多欲迁都以避难,王衍以为不可,卖车牛以安众心。山简为严嶷所逼,自襄阳徙屯夏口。

石勒引兵济河,将趣南阳,王如、侯脱、严嶷等闻之,遣众一万屯襄城以拒勒。勒击之,尽俘其众,进屯宛北。是时,侯脱据宛,王如据穰。如素与脱不协,遣使重赂勒,结为兄弟,说勒使攻脱。勒攻宛,克之。严嶷引兵救宛,不及而降。勒斩脱,囚嶷,送于平阳,尽并其众。遂南寇襄阳,攻拔江西垒壁三十余所。还,趣襄城,王如遣弟璃袭勒,勒迎击,灭之,复徇江西。

太傅越既杀王延等,大失众望,又以胡寇益盛,内不自安,乃戎服入见,请讨石勒,且镇集兖、豫。帝曰:"今胡虏侵逼郊畿,人无固志。朝廷社稷,倚赖于公,岂可远出以孤根本!"对曰:"臣出,幸而破贼,则国威可振,犹愈于坐待困穷也。"十一月,甲戌,越帅甲士四万向许昌,留妃裴氏、世子毗及龙骧将军李恽、右卫将军何伦守卫京师,防察宫省;以潘滔为河南尹,总留事。越表以行台自随,用太尉衍为军司,朝贤素望,悉为佐吏,名将劲卒,咸入其府。于是宫省无复守卫,荒馑日甚,殿内死人交横,盗贼公行,府寺营署,并掘堑自守。越东屯项,以冯嵩为左司马,自领豫州牧。

竟陵王楙白帝遣兵袭何伦,不克,帝委罪于楙,楙逃窜,得免。

扬州都督周馥以洛阳孤危,上书请迁都寿春。太傅越以馥不先白己而直上书,大怒,召馥及淮南太守裴硕。馥不肯行,令硕帅兵先进。硕诈称受越密旨,袭馥,为馥所败,退保东城。

诏加张轨镇西将军、都督陇右诸军事。光禄大夫傅祗、太常挚虞遗轨书,告以京师饥匮。轨遣参军杜勋献马五百匹,毯布三万匹。

成太傅骧攻谯登于涪城。罗尚子宇及参佐素恶登,不给其粮。益州刺史皮素怒,欲治其罪。十二月,素至巴郡,罗宇等使人夜杀素,建平都尉暴重杀宇,巴郡乱。骧知登食尽援绝,攻涪愈急。士民皆熏鼠食之,饿死甚众,无一人离叛者。骧子寿先在登所,登乃归之。三府官属表巴东监军南阳韩松为益州刺史,治巴东。

初,帝以王弥、石勒侵逼京畿,诏苟晞督帅州郡讨之。会曹嶷破琅邪,北收齐地,兵势甚盛,苟纯闭城自守。晞还救青州,与巍连战,破之。

是岁,宁州刺史王逊到官,表李钊为朱提太守。时宁州外逼于成,内有夷寇,城邑丘墟。逊恶衣菜食,招集离散,劳徕不倦,数年之间,州境复安。诛豪右不奉法者十余家,以五苓夷昔为乱首,击灭之,内外震服。

汉主聪自以越次而立,忌其嫡兄恭,因恭寝,穴其壁间,刺而杀之。

汉太后单氏卒,汉主聪尊母张氏为皇太后。单氏年少美色,聪烝焉。太弟义屡以为言,单氏惭恚而死。义宠由是渐衰,然以单氏故,尚未之废也。呼延后言于聪曰:“父死子继,古今常道。陛下承高祖之业,太弟何为者哉!陛下百年后,粲兄弟必无种矣。”聪曰:“然,吾当徐思之。”呼延氏曰:“事留变生。太弟见粲兄弟浸长,必有不安之志,万一有小人交构其间,未必不祸发于今日也。”聪心然之。义舅光禄大夫单冲泣谓义曰:“疏不间亲。主上有意于河内王矣。殿下何不避之?”义曰:“河瑞之末,主上自惟嫡庶之分,以大位让义。义以主上齿长,故相推奉。天下者,高祖之天下,兄终弟及,何为不可!粲兄弟既壮,犹今日也。且子弟之间,亲疏讵几,主上宁可有此意乎?”

五年(辛未、311)

春,正月,壬申,苟晞为曹嶷所败,弃城奔高平。

石勒谋保据江、汉,参军都尉张宾以为不可。会军中饥疫,死者太半,乃渡沔,寇江夏,癸酉,拔之。

乙亥,成太傅骧拔涪城,获谯登;太保始拔巴西,杀文石。于是成主雄大赦,改元玉衡。谯登至成都,雄欲宥之,登词气不屈,雄杀之。

巴蜀流民布在荆、湘间,数为土民所侵苦,蜀人李骧聚众据乐乡反,南平太守应詹与醴陵令杜弢共击破之。王澄使成都内史王机讨骧,骧请降,澄伪许而袭杀之,以其妻子为赏,沉八千余人于江,流民益怨忿。

蜀人杜畴等复反,湘州参军冯素与蜀人汝班有隙,言于刺史荀眺曰:“巴、蜀流民皆欲反。”眺信之,欲尽诛流民。流民大惧,四五万家一时俱反,以杜弢州里重望,共推为主。弢自称梁、益二州牧、领湘州刺史。

裴硕求救于琅邪王睿,睿使扬威将军甘卓等攻周馥于寿春。馥众溃,奔项,豫州都督新蔡王确执之,馥忧愤而卒。确,腾之子也。

扬州刺史刘陶卒。琅邪王睿复以安东军谘祭酒王敦为扬州刺史,寻加都督征讨诸军事。

庚辰,平原王幹薨。

二月,石勒攻新蔡,杀新蔡庄王确于南顿,进拔许昌,杀平东将军王康。

氐苻成、隗文复叛,自宜都趣巴东,建平都尉暴重讨之。重因杀韩松,自领三府事。

东海孝献王越既与苟晞有隙，河南尹潘滔、尚书刘望等复从而谮之。晞怒，表求滔等首，阳言："司马元超为宰相不平，使天下淆乱，苟道将岂可以不义使之？"乃移檄诸州，自称功伐，陈越罪状。帝亦恶越专权，多违诏命；所留将士何伦等，抄掠公卿，逼辱公主；密赐晞手诏，使讨之。晞数与帝文书往来，越疑之，使游骑于成皋间伺之，果获晞使及诏书。乃下檄罪状晞，以从事中郎杨瑁为兖州刺史，使与徐州刺史裴盾共讨晞。晞遣骑收潘滔，滔夜遁，得免，执尚书刘曾、侍中程延，斩之。越忧愤成疾，以后事付王衍。三月，丙子，薨于项，秘不发丧。众共推衍为元帅，衍不敢当；以让襄阳王范，范亦不受。范，玮之子也。于是衍等相与奉越丧还葬东海。何伦、李恽等闻越薨，奉裴妃及世子毗自洛阳东走，城中士民争随之。帝追贬越为县王，以苟晞为大将军、大都督，督青、徐、兖、豫、荆、扬六州诸军事。

益州将吏共杀暴重，表巴郡太守张罗行三府事。罗与隗文等战，死，文等驱掠吏民，西降于成。三府文武共表平西司马蜀郡王异行三府事，领巴郡太守。

初，梁州刺史张光会诸郡守于魏兴，共谋进取。张燕唱言："汉中荒败，迫近大贼，克复之事，当俟英雄。"光以燕受邓定赂，致失汉中，今复沮众，呵出斩之。治兵进战，累年乃得至汉中，绥抚荒残，百姓悦服。

夏，四月，石勒帅轻骑追太傅越之丧，及于苦县宁平城，大败晋兵，纵骑围而射之，将士十余万人相践如山，无一人得免者。执太尉衍、襄阳王范、任城王济、武陵庄王澹、西河王喜、梁怀王禧、齐王超、吏部尚书刘望、廷尉诸葛铨、豫州刺史刘乔、太傅长史庾敳等，坐之幕下，问以晋故。衍具陈祸败之由，云计不在己，且自言少无宦情，不豫世事，因劝勒称尊号，冀以自免。勒曰："君少壮登朝，名盖四海，身居重任，何得言无宦情邪！破坏天下，非君而谁！"命左右扶出。众人畏死，多自陈述。独襄阳王范神色俨然，顾呵之曰："今日之事，何复纷纭！"勒谓孔苌曰："吾行天下多矣，未尝见此辈人，当可存乎？"苌曰："彼皆晋之王公，终不为吾用。"勒曰："虽然，要不可加以锋刃。"夜，使人排墙杀之。济，宣帝弟子景王陵之子；禧，澹之子也。剖越柩，焚其尸，曰："乱天下者此人也，吾为天下报之，故焚其骨以告天地。"

何伦等至洧仓，遇勒，战败，东海世子毗及宗室四十八王皆没于勒。何伦奔下邳，李恽奔广宗。裴妃为人所掠卖，久之，渡江。初，琅邪王睿之镇建业，裴妃意也，故睿德之，厚加存抚，以其子冲继越后。

汉赵固、王桑攻裴盾，杀之。

杜弢攻长沙。五月，荀眺弃城奔广州，弢追擒之。于是弢南破零、桂，东掠武昌,杀二千石长吏甚众。

以太子太傅傅祗为司徒,尚书令荀藩为司空,加王浚大司马、侍中、大都督、督幽、冀诸军事,南阳王模为太尉、大都督,张轨为车骑大将军,琅邪王睿为镇东大将军,兼督扬、江、湘、交、广五州诸军事。

初,太傅越以南阳王模不能绥抚关中,表征为司空。将军淳于定说模使不就征,模从之。表遣世子保为平西中郎将,镇上邽,秦州刺史裴苞拒之。模使帐下都尉陈安攻苞,苞奔安定,太守贾疋纳之。

荀晞表请迁都仓垣,使从事中郎刘会将船数十艘、宿卫五百人、谷千斛迎帝。帝将从之,公卿犹豫,左右恋资财,遂不果行。既而洛阳饥困,人相食,百官流亡者什八九。帝召公卿议,将行而卫从不备。帝抚手叹曰:"如何曾无车舆!"乃使傅祗出诣河阴,治舟楫,朝士数十人导从。帝步出西掖门,至铜驼街,为盗所掠,不得进而还。度支校尉东郡魏浚,帅流民数百家保河阴之硖石,时劫掠得谷麦,献之,帝以为扬威将军、平阳太守,度支如故。

汉主聪使前军大将军呼延晏将兵二万七千寇洛阳,比及河南,晋兵前后十二败,死者三万余人。始安王曜、王弥、石勒皆引兵会之,未至,晏留辎重于张方故垒,癸未,先至洛阳,甲申,攻平昌门,丙戌,克之,遂焚东阳门及诸府寺。六月,丁亥朔,晏以外继不至,俘掠而去。帝具舟于洛水,将东走,晏尽焚之。庚寅,荀藩及弟光禄大夫组奔镮辕。辛卯,王弥至宣阳门。壬辰,始安王曜至西明门。丁酉,王弥、呼延晏克宣阳门,入南宫,升太极前殿,纵兵大掠,悉收宫人、珍宝。帝出华林园门,欲奔长安,汉兵追执之,幽于端门。曜自西明门入屯武库。戊戌,曜杀太子诠、吴孝王晏、竟陵王楙、右仆射曹馥、尚书闾丘冲、河南尹刘默等,士民死者三万余人。遂发掘诸陵,焚宫庙、官府皆尽。曜纳惠帝羊皇后,迁帝及六玺于平阳。石勒引兵出镮辕,屯许昌。光禄大夫刘蕃、尚书卢志奔并州。

丁未,汉主聪大赦,改元嘉平。以帝为特进、左光禄大夫,封平阿公,以侍中庾珉、王儁为光禄大夫。珉,敳之兄也。

初,始安王曜以王弥不待己至,先入洛阳,怨之。弥说曜曰:"洛阳天下之中,山河四塞,城池、宫室不假修营,宜白主上自平阳徙都之。"曜以天下未定,洛阳四面受敌,不可守,不用弥策而焚之。弥骂曰:"屠各子,岂有帝王之意邪!"遂与曜有隙,引兵东屯项关。前司隶校尉刘暾说弥曰:"今九州糜沸,群雄竞逐,将军于汉建不世之功,又与始安王相失,将何以自容! 不如东据本州,徐观天下之势,上可以混壹四海,下不失鼎峙之业,策之上者也。"弥心然之。

司徒傅祗建行台于河阴,司空荀藩在阳城,河南尹华荟在成皋,汝阴太守平阳李矩为之立屋,输谷以给之。荟,歆之曾孙也。

藩与弟组、族子中护军崧，荟与弟中领军恒，建行台于密，传檄四方，推琅邪王睿为盟主。藩承制以崧为襄城太守，矩为荥阳太守，前冠军将军河南褚翜为梁国内史。扬威将军魏浚屯洛北石梁坞，刘琨承制假浚河南尹，浚诣荀藩谘谋军事，藩邀李矩同会，矩夜赴之。矩官属皆曰："浚不可信，不宜夜往。"矩曰："忠臣同心，何所疑乎！"遂往，相与结欢而去。浚族子该，聚众据一泉坞，藩以为武威将军。

豫章王端，太子诠之弟也，东奔仓垣，荀晞率群官奉以为皇太子，置行台。端承制以晞领太子太傅，都督中外诸军，录尚书事，自仓垣徙屯蒙城。

抚军将军秦王业，吴孝王之子，荀藩之甥也，年十二，南奔密，藩等奉之，南趣许昌。前豫州刺史天水阎鼎，聚西州流民数千人于密，欲还乡里。荀藩以鼎有才而拥众，用鼎为豫州刺史，以中书令李绚、司徒左长史彭城刘畴、镇军长史周顗、司马李述等为之参佐。顗，浚之子也。

时海内大乱，独江东差安，中国士民避乱者多南渡江。镇东司马王导说琅邪王睿收其贤俊，与之共事。睿从之，辟掾属百余人，时人谓之"百六掾"。以前颍川太守勃海刁协为军谘祭酒，前东海太守王承、广陵相卞壸为从事中郎，江宁令诸葛恢、历阳参军陈国陈颎为行参军，前太傅掾庾亮为西曹掾。承，浑之弟子；恢，靓之子；亮，衮之弟子也。

江州刺史华轶，歆之曾孙也，自以受朝廷之命而为琅邪王睿所督，多不受其教令。郡县多谏之，轶曰："吾欲见诏书耳。"及睿承荀藩檄，承制署置官司，改易长吏，轶与豫州刺史裴宪皆不从命。睿遣扬州刺史王敦、历阳内史甘卓与扬烈将军庐江周访合兵击轶。轶兵败，奔安成，访追斩之，及其五子。裴宪奔幽州。睿以甘卓为湘州刺史，周访为寻阳太守，又以扬武将军陶侃为武昌太守。

秋，七月，王浚设坛告类，立皇太子，布告天下，称受中诏承制封拜，备置百官，列署征、镇，以荀藩为太尉，琅邪王睿为大将军。浚自领尚书令，以裴宪及其婿枣嵩为尚书，以田徽为兖州刺史，李恽为青州刺史。

南阳王模使牙门赵染戍蒲坂，染求冯翊太守不得而怒，帅众降汉，汉主聪以染为平西将军。八月，聪遣染与安西将军刘雅帅骑二万攻模于长安，河内王粲、始安王曜帅大众继之。染败模兵于潼关，长驱至下邽。凉州将北宫纯自长安帅其众降汉。汉兵围长安，模遣淳于定出战而败。模仓库虚竭，士卒离散，遂降于汉。赵染送模于河内王粲。九月，粲杀模。关西饥馑，白骨蔽野，士民存者百无一二。聪以始安王曜为车骑大将军、雍州牧，更封中山王，镇长安。以王弥为大将军，封齐公。

荀晞骄奢苛暴，前辽西太守阎亨，缵之子也，数谏晞，晞杀之。从事中郎明预有疾，自舆入谏。晞怒曰："我杀阎亨，何关人事，而舆病骂我！"预曰："明公以礼待预，故预以礼自尽。今明公怒预，其如远近怒明公何！桀为天子，犹以骄暴而亡，况人臣乎！愿明公且置之怒，思预之言。"晞不从。由是众心离怨，加以疾疫、饥馑。石勒攻王讚于阳夏，擒之，遂袭蒙城，执晞及豫章王端，锁晞颈，以为左司马。汉主聪拜勒幽州牧。

王弥与勒，外相亲而内相忌，刘暾说弥使召曹嶷之兵以图勒。弥为书，使召嶷，且邀勒共向青州。暾至东阿，勒游骑获之，勒潜杀暾而弥不知。会弥将徐邈、高梁辄引所部兵去，弥兵渐衰。弥闻勒擒苟晞，心恶之，以书贺勒曰："公获苟晞而用之，何其神也！使晞为公左，弥为公右，天下不足定也。"勒谓张宾曰："王公位重而言卑，其图我必矣。"宾因劝勒乘弥小衰，诱而取之。时勒方与乞活陈午相攻于蓬关，弥亦与刘瑞相持甚急。弥请救于勒，勒未之许。张宾曰："公常恐不得王公之便，今天以王公授我矣。陈午小竖，不足忧，王公人杰，当早除之。"勒乃引兵击瑞，斩之。弥大喜，谓勒实亲己，不复疑也。冬，十月，勒请弥燕于己吾。弥将往，长史张嵩谏，不听。酒酣，勒手斩弥而并其众，表汉主聪，称弥叛逆。聪大怒，遣使让勒"专害公辅，有无君之心"，然犹加勒镇东大将军、督并、幽二州诸军事、领并州刺史，以慰其心。苟晞、王讚潜谋叛勒，勒杀之，并晞弟纯。

勒引兵掠豫州诸郡，临江而还，屯于葛陂。

初，勒之为人所掠卖也，与其母王氏相失。刘琨得之，遣使并其从子虎送于勒，因遗勒书曰："将军用兵如神，所向无敌，所以周流天下而无容足之地，百战百胜而无尺寸之功者，盖得主则为义兵，附逆则为贼众故也。成败之数，有似呼吸，吹之则寒，嘘之则温。今相授侍中、车骑大将军、领护匈奴中郎将、襄城郡公，将军其受之。"勒报书曰："事功殊途，非腐儒所知。君当逞节本朝，吾自夷，难为效。"遗琨名马、珍宝，厚礼其使，谢而绝之。

时虎年十七，残忍无度，为军中患。勒白母曰："此儿凶暴无赖，使军人杀之，声名可惜，不若自除之。"母曰："快牛为犊，多能破车，汝小忍之。"及长，便弓马，勇冠当时。勒以为征虏将军，每屠城邑，鲜有遗类。然御众严而不烦，莫敢犯者，指授攻讨，所向无前，勒遂宠任之。勒攻荥阳太守李矩，矩击却之。

初，南阳王模以从事中郎索綝为冯翊太守。綝，靖之子也。模死，綝与安夷护军金城麹允、频阳令梁肃俱奔安定。时安定太守贾疋与诸氐，羌皆送任子于汉，綝等遇之于阴密，拥还临泾，与疋谋兴复晋室，疋从之。乃共推疋为平西将军，帅众五万向长安。雍州刺史麹特、新平太守竺恢皆不降于汉，闻疋起兵，与扶风太守梁综帅众十万会之。综，肃之兄也。汉河内王粲在新丰，使其将刘雅、赵梁攻新平,不克。索𬘬救新平,大小百战,雅等败退。中山王曜与疋等战于黄丘,曜众大败。疋遂袭汉梁州刺史彭荡仲,杀之。麴特等击破粲于新丰,粲还平阳。于是疋等兵势大振,关西胡、晋翕然响应。

阎鼎欲奉秦王业入关,据长安以号令四方;河阴令傅畅,祗之子也,亦以书劝之,鼎遂行。荀藩、刘畴、周顗、李述等,皆山东人,不欲西行,中涂逃散。鼎遣兵追之,不及,杀李组等。鼎与业自宛趣武关,遇盗于上洛,士卒败散,收其余众,进至蓝田。使人告贾疋,疋遣兵迎之。十二月,入于雍城,使梁综将兵卫之。

周顗奔琅邪王睿,睿以顗为军谘祭酒。前骑都尉谯国桓彝亦避乱过江,见睿微弱,谓顗曰:"我以中州多故,来此求全,而单弱如此,将何以济!"既而见王导,共论世事,退谓顗曰:"向见管夷吾,无复忧矣。"

诸名士相与登新亭游宴,周顗中坐叹曰:"风景不殊,举目有江河之异。"因相视流涕。王导愀然变色曰:"当共戮力王室,克复神州,何至作楚囚对泣邪!"众皆收泪谢之。

陈𬱖遗王导书曰:"中华所以倾弊者,正以取才失所,先白望而后实事,浮竞驱驰,互相荐荐,言重者先显,言轻者后叙,遂相波扇,乃至陵迟。加有庄、老之俗,倾惑朝廷,养望者为弘雅,政事者为俗人,王职不恤,法物坠丧。夫欲制远,先由近始。今宜改张,明赏信罚,拔卓茂于密县,显朱邑于桐乡,然后大业可举,中兴可冀耳。"导不能从。

刘琨长于招怀而短于抚御,一日之中,虽归者数千,而去者亦相继。琨遣子遵请兵于代公猗卢,又遣族人高阳内史希合众于中山,幽州所统代郡、上谷、广宁之民多归之,众至三万。王浚怒,遣燕相胡矩督诸军,与辽西公段疾陆眷共攻希,杀之,驱略三郡士女而去。疾陆眷,务勿尘之子也。猗卢遣其子六脩将兵助琨戍新兴。

琨牙门将邢延以碧石献琨,琨以与六脩,六脩复就延求之,不得,执延妻子。延怒,以所部兵袭六脩,六脩走,延遂以新兴附汉,请兵以攻并州。

李臻之死也,辽东附塞鲜卑素喜连、木丸津托为臻报仇,攻陷诸县,杀掠士民,屡败郡兵,连年为寇。东夷校尉封释不能讨,请与连和,连、津不从。民失业,归慕容廆者甚众,廆禀给遣还,愿留者即抚存之。

廆少子鹰扬将军翰言于廆曰:"自古有为之君,莫不尊天子以从民望,成大业。今连、津外以庞本为名,内实幸灾为乱。封使君已诛本请和,而寇暴不已。中原离乱,州师不振,辽东荒散,莫之救恤,单于不若数其罪而讨之。上则兴复辽东,下则并吞二部,忠义彰于本朝,私利归于我国,此霸王之基也。"廆笑曰:"孺子乃能及此乎!"遂帅众东击连、津,以翰为前锋,破斩之,尽并二部之众。得所掠民三千余家,及前归廆者悉以付郡,辽东赖以复存。

封释疾病,属其孙弈于廆。释卒,廆召弈与语,说之,曰:"奇士也。"补小都督。释子冀州主簿悛、幽州参军抽来奔丧。廆见之,曰:"此家柭柭千斤犍也。"以道不通,丧不得还,皆留仕廆,廆以抽为长史,悛为参军。

王浚以妻舅崔毖为东夷校尉。毖,琰之曾孙也。

资治通鉴卷第八十八

端明殿学士兼翰林侍读学士朝散大夫右谏议大夫充集贤殿修撰权判西京留司御史台上柱国河内郡开国侯食邑一千三百户食实封四百户赐紫金鱼袋臣 司马光 奉敕编集

晋纪十起玄黓涒滩（壬申），尽昭阳作噩（癸酉），凡二年。

孝怀皇帝下

永嘉六年（壬申、312）

春，正月，汉呼延后卒，谥曰武元。

汉镇北将军靳冲、平北将军卜珝寇并州，辛未，围晋阳。

甲戌，汉主聪以司空王育、尚书令任颉女为左、右昭仪，中军大将军王彰、中书监范隆、左仆射马景女皆为夫人，右仆射朱纪女为贵妃，皆金印紫绶。聪将纳太保刘殷女，太弟义固谏。聪以问太宰延年、太傅景，皆曰："太保自云刘康公之后，与陛下殊源，纳之何害！"聪悦，拜殷二女英、娥为左、右贵嫔，位在昭仪上。又纳殷女孙四人皆为贵人，位次贵妃。于是六刘之宠倾后宫，聪希复出外，事皆中黄门奏决。

故新野王歆牙门将胡亢聚众于竟陵，自号楚公，寇掠荆土，以歆南蛮司马新野杜曾为竟陵太守。曾勇冠三军，能被甲游于水中。

二月，壬子朔，日有食之。

石勒筑垒于葛陂，课农造舟，将攻建业。琅邪王睿大集江南之众于寿春，以镇东长史纪瞻为扬威将军，都督诸军以讨之。

会大雨，三月不止，勒军中饥疫，死者太半，闻晋军将至，集将佐议之。右长史刁膺请先送款于睿，求扫平河朔以自赎，俟其军退，徐更图之，勒愀然长啸。中坚将军夔安请就高避水，勒曰："将军何怯邪！"孔苌等三十余将请各将兵分道夜攻寿春，斩吴将头，据其城，食其粟，要以今年破丹杨，定江南。勒笑曰："是勇将之计也。"各赐铠马一匹。顾谓张宾曰："于君意何如？"宾曰："将军攻陷京师，囚执天子，杀害王公，妻略妃主，擢将军之发不足以数将军之罪，奈何复相臣奉乎！去年既杀王弥，不当来此。今天降霖雨于数百里中，示将军不应留此也。邺有三台之固，西接平阳，山河四塞，宜北徙据之，以经营河北，河北既定，天下无处将军之右者矣。晋之保寿春，畏将军往攻之耳，彼闻吾去，喜于自全，何暇追袭吾后，为吾不利邪！将军宜使辎重从北道先发，将军引大兵向寿春，辎重既远，大兵徐

937

还，何忧进退无地乎！"勒攘袂鼓髯曰："张君计是也。"责刁膺曰："君既相辅佐，当共成大功，奈何遽劝孤降！此策应斩。然素知君怯，特相宥耳。"于是黜膺为将军，擢宾为右长史，号曰"右侯"。

勒引兵发葛陂，遣石虎帅骑二千向寿春，遇晋运船，虎将士争取之，为纪瞻所败。瞻追奔百里，前及勒军，勒结陈待之。瞻不敢击，退还寿春。

汉主聪封帝为会稽郡公，加仪同三司。聪从容谓帝曰："卿昔为豫章王，朕与王武子造卿，武子称朕于卿，卿言闻其名久矣，赠朕柘弓、银研，卿颇记否？"帝曰："臣安敢忘之，但恨尔日不早识龙颜。"聪曰："卿家骨肉何相残如此？"帝曰："大汉将应天受命，故为陛下自相驱除，此殆天意，非人事也。且臣家若能奉武皇帝之业，九族敦睦，陛下何由得之！"聪喜，以小刘贵人妻帝，曰："此名公之孙也，卿善遇之。"

代公猗卢遣兵救晋阳，三月，乙未，汉兵败走。卜珝之卒先奔，靳冲擅收珝，斩之。聪大怒，遣使持节斩冲。

聪纳其舅子辅汉将军张寔二女徽光、丽光为贵人，太后张氏之意也。

凉州主簿马鲂说张轨："宜命将出师，翼戴帝室。"轨从之，驰檄关中，共尊辅秦王，且言："今遣前锋督护宋配帅步骑二万，径趋长安。西中郎将寔帅中军三万，武威太守张琠帅胡骑二万，络绎继发。"

夏，四月，丙寅，征南将军山简卒。

汉主聪封其子敷为渤海王，骥为济南王，鸾为燕王，鸿为楚王，劢为齐王，权为秦王，操为魏王，持为赵王。

聪以鱼蟹不供，斩左都水使者襄陵王摅，作温明、徽光二殿未成，斩将作大匠望都公靳陵。观渔于汾水，昏夜不归。中军大将军王彰谏曰："比观陛下所为，臣实痛心疾首。今愚民归汉之志未专，思晋之心犹甚，刘琨咫尺，刺客纵横，帝王轻出，一夫敌耳。愿陛下改往修来，则亿兆幸甚。"聪大怒，命斩之。王夫人叩头乞哀，乃囚之。太后张氏以聪刑罚过差，三日不食，太弟义、单于粲舆榇切谏。聪怒曰："吾岂桀、纣，而汝辈生来哭人！"太宰延年、太保殷等公卿、列侯百余人，皆免冠涕泣曰："陛下功高德厚，旷世少比，往也唐、虞，今则陛下。而顷来以小小不供，亟斩王公，直言迕旨，遽囚大将。此臣等窃所未解，故相与忧之，忘寝与食。"聪慨然曰："朕昨大醉，非其本心，微公等言之，朕不闻过。"各赐帛百匹，使侍中持节赦彰曰："先帝赖君如左右手，君著勋再世，朕敢忘之？此段之过，希君荡然。君能尽怀忧国，朕所望也。今进君骠骑将军、定襄郡公，后有不逮，幸数匡之。"

王弥既死，汉安北将军赵固、平北将军王桑恐为石勒所并，欲引兵归平阳。军中乏粮，士卒相食，乃自破硗津西渡，攻掠河北郡县。刘琨以其兄子演为魏郡太守,镇邺,固、桑恐演邀之,遣长史临深为质于琨。琨以固为雍州刺史,桑为豫州刺史。

贾疋等围长安数月,汉中山王曜连战皆败,驱掠士女八万余口,奔于平阳。秦王业自雍入于长安。五月,汉主聪贬曜为龙骧大将军,行大司马。聪使河内王粲攻傅祗于三渚,右将军刘参攻郭默于怀。会祗病薨,城陷,粲迁祗子孙并其士民二万余户于平阳。

六月,汉主聪欲立贵嫔刘英为皇后,张太后欲立贵人张徽光,聪不得已,许之。英寻卒。

汉大昌文献公刘殷卒。殷为相,不犯颜忤旨,然因事进规,补益甚多。汉主聪每与群臣议政事,殷无所是非,群臣出,殷独留,为聪敷畅条理,商榷事宜,聪未尝不从之。殷常戒子孙曰:"事君当务几谏。凡人尚不可面斥其过,况万乘乎!夫几谏之功,无异犯颜,但不彰君之过,所以为优耳。"官至侍中、太保、录尚书,赐剑履上殿、入朝不趋、乘舆入殿。然殷在公卿间,常恂恂有卑让之色,故能处骄暴之国,保其富贵,不失令名,以寿考自终。

汉主聪以河间王易为车骑将军,彭城王翼为卫将军,并典兵宿卫。高平王悝为征南将军,镇离石;济南王骥为征西将军,筑西平城以居之;魏王操为征东将军,镇蒲子。

赵固、王桑自怀求迎于汉,汉主聪遣镇远将军梁伏疵将兵迎之。未至,长史临深、将军牟穆帅众一万叛归刘演。固随疵而西,桑引其众东奔青州,固遣兵追杀之于曲梁,桑将张凤帅其余众归演。聪以固为荆州刺史、领河南太守,镇洛阳。

石勒自葛陂北行,所过皆坚壁清野,虏掠无所获,军中饥甚,士卒相食。至东燕,闻汲郡向冰聚众数千壁枋头,勒将济河,恐冰邀之。张宾曰:"闻冰船尽在渎中未上,宜遣轻兵间道袭取,以济大军。大军既济,冰必可擒也。"秋,七月,勒使支雄、孔苌自文石津缚筏潜渡,取其船。勒引兵自棘津济河,击冰,大破之,尽得其资储,军势复振,遂长驱至邺。刘演保三台以自固,临深、牟穆等复帅其众降于勒。

诸将欲攻三台,张宾曰:"演虽弱,众犹数千,三台险固,攻之未易猝拔,舍而去之,彼将自溃。方今王彭祖、刘越石,公之大敌也,宜先取之,演不足顾也。且天下饥乱,明公虽拥大兵,游行羁旅,人无定志,非所以保万全,制四方也。不若择便地而据之,广聚粮储,西禀平阳以图幽、并,此霸王之业也。邯郸、襄国,形胜之地,请择一而都之。"勒曰:"右侯之计是也。"遂进据襄国。

宾复言于勒曰:"今吾居此,彭祖、越石所深忌也,恐城堑未固,资储未广,二寇交至。宜亟收野谷,且遣使至平阳,具陈镇此之意。"勒从之,分命诸将攻冀州,郡县壁垒多降，运其谷以输襄国。且表于汉主聪，聪以勒为都督冀、幽、并、营四州诸军事、冀州牧，进封上党公。

刘琨移檄州郡，期以十月会平阳，击汉。琨素奢豪，喜声色。河南徐润以音律得幸于琨，琨以为晋阳令。润骄恣，干预政事，护军令狐盛数以为言，且劝琨杀之，琨不从。润谮盛于琨，琨收盛，杀之。琨母曰："汝不能驾御豪杰以恢远略，而专除胜己，祸必及我。"

盛子泓奔汉，具言虚实。汉主聪大喜，遣河内王粲、中山王曜将兵寇并州，以令狐泥为乡导。琨闻之，东出，收兵于常山及中山，使其将郝诜、张乔将兵拒粲，且遣使求救于代公猗卢。诜、乔俱败死。粲、曜乘虚袭晋阳，太原太守高乔、并州别驾郝聿以晋阳降汉。八月，庚戌，琨还救晋阳，不及，帅左右数十骑奔常山。辛亥，粲、曜入晋阳。壬子，令狐泥杀琨父母。

粲、曜送尚书卢志、侍中许遐、太子右卫率崔玮于平阳。聪复以曜为车骑大将军，以前将军刘丰为并州刺史，镇晋阳。九月，聪以卢志为太弟太师，崔玮为太傅，许遐为太保，高乔、令狐泥皆为武卫将军。

己卯，汉卫尉梁芬奔长安。

辛巳，贾疋等奉秦王业为皇太子，建行台于长安，登坛告类，建宗庙、社稷，大赦。以阎鼎为太子詹事，总摄百揆。加贾疋征西大将军，以秦州刺史南阳王保为大司马。命司空荀藩督摄远近，光禄大夫荀组领司隶校尉、行豫州刺史，与藩共保开封。

秦州刺史裴苞据险以拒凉州兵，张寔、宋配等击破之，苞奔柔凶坞。

冬，十月，汉主聪封其子恒为代王，逞为吴王，朗为颍川王，皋为零陵王，旭为丹杨王，京为蜀王，坦为九江王，晃为临川王。以王育为太保，王彰为太尉，任颙为司徒，马景为司空，朱纪为尚书令，范隆为左仆射，呼延晏为右仆射。

代公猗卢遣其子六脩及兄子普根、将军卫雄、范班、箕澹帅众数万为前锋以攻晋阳，猗卢自帅众二十万继之，刘琨收散卒数千为之乡导。六脩与汉中山王曜战于汾东，曜兵败，坠马，中七创。讨虏将军傅虎以马授曜，曜不受，曰："卿当乘以自免，吾创已重，自分死此。"虎泣曰："虎蒙大王识拔至此，常思效命，今其时矣。且汉室初基，天下可无虎，不可无大王也！"乃扶曜上马，驱令渡汾，自还战死。曜入晋阳，夜，与大将军粲、镇北大将军丰掠晋阳之民，逾蒙山而归。十一月，猗卢追之，战于蓝谷，汉兵大败，擒刘丰，斩邢延等三千余级，伏尸数百里。猗卢因大猎寿阳山，陈阅皮肉，山为之赤。刘琨自营门步入拜谢，固请进军。猗卢曰："吾不早来，致卿父母见害，诚以相愧。今卿已复州境，吾远来，士马疲弊，且待后举，刘聪未可灭也。"遗琨马、牛、羊各千余匹，车百乘而还，留其将箕澹、段繁等戍晋阳。

琨徙居阳曲，招集亡散。卢谌为刘粲参军，亡归琨，汉人杀其父志及弟谧、诜。赠傅虎幽州刺史。

十二月，汉主聪立皇后张氏，以其父寔为左光禄大夫。

彭仲荡之子天护帅群胡攻贾疋，天护阳不胜而走，疋追之，夜坠涧中，天护执而杀之。汉以天护为凉州刺史。众推始平太守麹允领雍州刺史。阎鼎与京兆太守梁综争权，鼎遂杀综。麹允与抚夷护军索綝、冯翊太守梁肃合兵攻鼎，鼎出奔雍，为氐窦首所杀。

广平游纶、张豺拥众数万，据苑乡，受王浚假署。石勒遣夔安、支雄等七将攻之，破其外垒。浚遣督护王昌帅诸军及辽西公段疾陆眷、疾陆眷弟匹磾、文鸯、从弟末杯部众五万攻勒于襄国。

疾陆眷屯于渚阳，勒遣诸将出战，皆为疾陆眷所败。疾陆眷大造攻具，将攻城，勒众甚惧。勒召将佐谋之曰："今城堑未固，粮储不多，彼众我寡，外无救援，吾欲悉众与之决战，何如？"诸将皆曰："不如坚守以疲敌，待其退而击之。"张宾、孔苌曰："鲜卑之种，段氏最为勇悍，而末杯尤甚，其锐卒皆在末杯所。今闻疾陆眷刻日攻北城，其大众远来，战斗连日，谓我孤弱，不敢出战，意必懈惰。宜且勿出，示之以怯，凿北城为突门二十余道，俟其来至，列守未定，出其不意，直冲末杯帐，彼必震骇，不暇为计，破之必矣。末杯败，则其余不攻而溃矣。"勒从之，密为突门。既而疾陆眷攻北城，勒登城望之，见其将士或释仗而寝，乃命孔苌督锐卒自突门出击之，城上鼓噪以助其势。苌攻末杯帐，不能克而退。末杯逐之，入其垒门，为勒众所获，疾陆眷等军皆退走。苌乘胜追击，枕尸三十余里，获铠马五千匹。疾陆眷收其余众，还屯渚阳。

勒质末杯，遣使求和于疾陆眷，疾陆眷许之。文鸯谏曰："今以末杯一人之故而纵垂亡之虏，得无为王彭祖所怨，招后患乎！"疾陆眷不从，复以铠马、金银赂勒，且以末杯三弟为质而请末杯。诸将皆劝勒杀末杯，勒曰："辽西鲜卑健国也，与我素无仇雠，为王浚所使耳。今杀一人而结一国之怨，非计也。归之，必深德我，不复为浚用矣。"乃厚以金帛报之，遣石虎与疾陆眷盟于渚阳，结为兄弟。疾陆眷引归，王昌等不能独留，亦引兵还蓟。勒召末杯，与之燕饮，誓为父子，遣还辽西。末杯在涂，日南向而拜者三。由是段氏专心附勒，王浚之势遂衰。

游纶、张豺请降于勒。勒攻信都，杀冀州刺史王象。浚复以邵举行冀州刺史，保信都。

是岁大疫。

王澄少与兄衍名冠海内，刘琨谓澄曰："卿形虽散朗，而内实动侠，以此处世，难得其死。"及在荆州,悦成都内史王机,谓为己亚,使之内综心膂,外为爪牙。澄屡为杜弢所败,望实俱损,犹傲然自得,无忧惧之意,但与机日夜纵酒博弈,由是上下离心。南平太守应詹屡谏,不听。

澄自出军击杜弢,军于作塘。故山简参军王冲拥众迎应詹为刺史,詹以冲无赖,弃之,还南平,冲乃自称刺史。澄惧,使其将杜蕤守江陵,徙治孱陵,寻又奔沓中。别驾郭舒谏曰:"使君临州虽无异政,然一州人心所系,今西收华容之兵,足以擒此小丑,奈何自弃,遽为奔亡乎?"澄不从,欲将东下。舒曰:"舒为万里纪纲,不能匡正,令使君奔亡,诚不忍渡江。"乃留屯沌口。琅邪王睿闻之,召澄为军谘祭酒,以军谘祭酒周颛代之,澄乃赴召。

颛始至州,建平流民傅密等叛迎杜弢,弢别将王真袭沔阳,颛狼狈失据。征讨都督王敦遣武昌太守陶侃、寻阳太守周访、历阳内史甘卓共击弢,敦进屯豫章,为诸军继援。

王澄过诣敦,自以名声素出敦右,犹以旧意侮敦。敦怒,诬其与杜弢通信,遣壮士扼杀之。王机闻澄死,惧祸,以其父毅、兄矩皆尝为广州刺史,就敦求广州,敦不许。会广州将温邵等叛刺史郭讷,迎机为刺史,机遂将奴客门生千余人入广州。讷遣兵拒之,将士皆机父兄时部曲,不战迎降,讷乃避位,以州授之。

王如军中饥乏,官军讨之,其党多降,如计穷,遂降于王敦。

镇东军司顾荣、前太子洗马卫玠皆卒。玠,瓘之孙也,美风神,善清谈,常以为人有不及,可以情恕,非意相干,可以理遣,故终身不见喜愠之色。

江阳太守张启杀行益州刺史王异而代之。启,翼之孙也,寻病卒。三府文武共表涪陵太守向沈行西夷校尉,南保涪陵。

南安赤亭羌姚弋仲东徙榆眉,戎、夏襁负随之者数万,自称护羌校尉、雍州刺史、扶风公。

孝愍皇帝上

建兴元年(癸酉、313)

春,正月,丁丑朔,汉主聪宴群臣于光极殿,使怀帝著青衣行酒。庾珉、王儁等不胜悲愤,因号哭,聪恶之。有告珉等谋以平阳应刘琨者,二月,丁未,聪杀珉、儁等故晋臣十余人,怀帝亦遇害。大赦,复以会稽刘夫人为贵人。

> 荀崧曰:怀帝天姿清劭,少著英猷,若遇承平,足为守文佳主。而继惠帝扰乱之后,东海专政,故无幽、厉之衅而有流亡之祸矣。

乙亥,汉太后张氏卒,谥曰光献。张后不胜哀,丁丑,亦卒,谥曰武孝。

己卯,汉定襄忠穆公王彰卒。

三月，汉主聪立贵嫔刘娥为皇后，为之起鹓仪殿。廷尉陈元达切谏，以为："天生民而树之君，使司牧之，非以兆民之命穷一人之欲也。晋氏失德，大汉受之，苍生引领，庶几息肩。是以光文皇帝身衣大布，居无重茵，后妃不衣锦绮，乘舆马不食粟，爱民故也。陛下践阼以来，已作殿观四十余所，加之军旅数兴，馈运不息，饥馑、疾疫，死亡相继，而益思营缮，岂为民父母之意乎！今有晋遗类，西据关中，南擅江表，李雄奄有巴、蜀，王浚、刘琨窥觎肘腋，石勒、曹嶷贡禀渐疏。陛下释此不忧，乃更为中宫作殿，岂目前之所急乎！昔太宗居治安之世，粟帛流衍，犹爱百金之费，息露台之役。陛下承荒乱之余，所有之地，不过太宗之二郡，战守之备，非特匈奴、南越而已，而宫室之侈乃至于此。臣所以不敢不冒死而言也。"聪大怒曰："朕为天子，营一殿，何问汝鼠子乎！乃敢妄言沮众。不杀此鼠子，朕殿不成！"命左右："曳出斩之！并其妻子同枭首东市，使群鼠共穴。"时聪在逍遥园李中堂，元达先锁腰而入，即以锁锁堂下树，呼曰："臣所言者，社稷之计，而陛下杀臣。朱雲有言：'臣得与龙逢、比干游，足矣。'"左右曳之不能动。

大司徒任顗、光禄大夫朱纪、范隆、骠骑大将军河间王易等叩头出血曰："元达为先帝所知，受命之初，即引置门下，尽忠竭虑，知无不言。臣等窃禄偷安，每见之未尝不发愧。今所言虽狂直，愿陛下容之。因谏诤而斩列卿，其如后世何！"聪默然。

刘后闻之，密敕左右停刑，手疏上言："今宫室已备，无烦更营，四海未壹，宜爱民力。廷尉之言，社稷之福也。陛下宜加封赏，而更诛之，四海谓陛下何如哉！夫忠臣进谏者固不顾其身也，而人主拒谏者亦不顾其身也。陛下为妾营殿而杀谏臣，使忠良结舌者由妾，远近怨怒者由妾，公私困弊者由妾，社稷阽危者由妾，天下之罪皆萃于妾，妾何以当之！妾观自古败国丧家，未始不由妇人，心常疾之，不意今日身自为之，使后世视妾如妾之视昔人也。妾诚无面目复奉巾栉，愿赐死此堂，以塞陛下之过。"聪览之变色。

任顗等叩头流涕不已。聪徐曰："朕比年已来，微得风疾，喜怒过差，不复自制。元达，忠臣也，朕未之察。诸公乃能破首明之，诚得辅弼之义也。朕愧戢于心，何敢忘之！"命顗等冠履就坐，引元达上，以刘氏表示之，曰："外辅如公，内辅如后，朕复何忧！"赐顗等谷帛各有差，更命逍遥园曰纳贤园，李中堂曰愧贤堂。聪谓元达曰："卿当畏朕，而反使朕畏卿邪！"

西夷校尉向沈卒，众推汶山太守兰维为西夷校尉。维帅吏民北出，欲向巴东，成将李恭、费黑邀击，获之。

夏，四月，丙午，怀帝凶问至长安，皇太子举哀，因加元服。壬申，即皇帝位，大赦，改元。以卫将军梁芬为司徒，雍州刺史麹允为尚书左仆射、录尚书事，京兆太守索綝为尚书右仆射、领吏部、京兆尹。是时长安城中，户不盈百，蒿棘成林，公私有车四乘，百官无章服、印绶，唯桑版署号而已。寻以索綝为卫将军、领太尉，军国之事，悉以委之。

汉中山王曜、司隶校尉乔智明寇长安，平西将军赵染帅众赴之，诏麹允屯黄白城以拒之。

石勒使石虎攻邺，邺溃，刘演奔廪丘，三台流民皆降于勒。勒以桃豹为魏郡太守以抚之。久之，以石虎代豹镇邺。

初，刘琨用陈留太守焦求为兖州刺史，苟藩又用李述为兖州刺史，述欲攻求，琨召求还。及邺城失守，琨复以刘演为兖州刺史，镇廪丘。前中书侍郎郗鉴，少以清节著名，帅高平千余家避乱保峄山，琅邪王睿就用鉴为兖州刺史，镇邹山。三人各屯一郡，兖州吏民莫知所从。

琅邪王睿以前庐江内史华谭为军谘祭酒。谭尝在寿春依周馥。睿谓谭曰："周祖宣何故反？"谭曰："周馥虽死，天下尚有直言之士。馥见寇贼滋蔓，欲移都以纾国难，执政不悦，兴兵讨之，馥死未逾时而洛都沦没。若谓之反，不亦诬乎！"睿曰："馥位为征镇，握强兵，召之不入，危而不持，亦天下之罪人也。"谭曰："然。危而不持，当与天下共受其责，非但馥也。"

睿参佐多避事自逸，录事参军陈颛言于睿曰："洛中承平之时，朝士以小心恭恪为凡俗，以偃蹇倨肆为优雅，流风相染，以至败国。今僚属皆承西台余弊，养望自高，是前车已覆而后车又将寻之也。请自今临使称疾者，皆免官。"睿不从。三王之诛赵王伦也，制《己亥格》以赏功，自是循而用之。颛上言："昔赵王篡逆，惠皇失位，三王起兵讨之，故厚赏以怀向义之心。今功无大小，皆以格断，乃至金紫佩士卒之身，符策委仆隶之门，非所以重名器，正纪纲也，请一切停之。"颛出于寒微，数为正论，府中多恶之，出颛为谯郡太守。

吴兴太守周玘，宗族强盛，琅邪王睿颇疑惮之。睿左右用事者，多中州亡官失守之士，驾御吴人，吴人颇怨。玘自以失职，又为刁协所轻，耻恚愈甚，乃阴与其党谋诛执政，以诸南士代之。事泄，玘忧愤而卒，将死，谓其子勰曰："杀我者，诸伧子也。能复之，乃吾子也。"

石勒攻李恽于上白，斩之。王浚复以薄盛为青州刺史。

王浚使枣嵩督诸军屯易水，召段疾陆眷，欲与之共击石勒。疾陆眷不至，浚怒，以重币赂拓拔猗卢，并檄慕容廆等共讨疾陆眷。猗卢遣右贤王六脩将兵会之，为疾陆眷所败。廆遣慕容翰攻段氏，取徒河、新城，至阳乐，闻六脩败而还，翰因留镇徒河，壁青山。

初，中国士民避乱者，多北依王浚，浚不能存抚，又政法不立，士民往往复去之。段氏兄弟专尚武勇，不礼士大夫。唯慕容廆政事修明，爱重人物，故士民多归之。廆其英俊，随才授任，以河东裴嶷、北平阳耽、庐江黄泓、代郡鲁昌为谋主，广平游邃、北海逄羡、北平西方虔、西河宋奭及封抽、裴开为股肱，平原宋该、安定皇甫岌、岌弟真、兰陵缪恺、昌黎刘斌及封弈、封裕典机要。裕，抽之子也。

　　裴嶷清方有干略，为昌黎太守，兄武为玄菟太守。武卒，嶷与武子开以其丧归，过廆，廆敬礼之，及去，厚加资送。行及辽西，道不通，嶷欲还就廆。开曰："乡里在南，奈何北行？且等为流寓，段氏强，慕容氏弱，何必去此而就彼也。"嶷曰："中国丧乱，今往就之，是相帅而入虎口也。且道远，何由可达！若俟其清通，又非岁月可冀。今欲求托足之地，岂可不慎择其人。汝观诸段，岂有远略，且能待国士乎！慕容公修仁行义，有霸王之志，加以国丰民安，今往从之，高可以立功名，下可以庇宗族，汝何疑焉！"开乃从之。既至，廆大喜。阳耽清直沉敏，为辽西太守，慕容翰破段氏于阳乐，获之，廆礼而用之。游邃、逄羡、宋奭，皆尝为昌黎太守，与黄泓俱避地于蓟，后归廆。王浚屡以手书召邃兄畅，畅欲赴之，邃曰："彭祖刑政不修，华、戎离叛，以邃度之，必不能久，兄且磐桓以俟之。"畅曰："彭祖忍而多疑，顷者流民北来，命所在追杀之。今手书殷勤，我稽留不往，将累及卿。且乱世宗族宜分，以冀遗种。"遂从之，卒与浚俱没。宋该与平原杜群、刘翔先依王浚，又依段氏，皆以为不足托，帅诸流寓同归于廆。东夷校尉崔毖请皇甫岌为长史，卑辞说谕，终莫能致，廆招之，岌与弟真即时俱至。辽东张统据乐浪、带方二郡，与高句丽王乙弗利相攻，连年不解。乐浪王遵说统帅其民千余家归廆，廆为之置乐浪郡，以统为太守，遵参军事。

　　王如余党涪陵李运、巴西王建等自襄阳将三千余家入汉中，梁州刺史张光遣参军晋邈将兵拒之。邈受运、建赂，劝光纳其降，光从之，使居成固。既而邈见运、建及其徒多珍宝，欲尽取之，复说光曰："运、建之徒，不修农事，专治器仗，其意难测，不如悉掩杀之。不然，必为乱。"光又从之。五月，邈将兵攻运、建，杀之。建婿杨虎收余众击光，屯于厄水。光遣其子孟苌讨之，不克。

　　壬辰，以琅邪王睿为左丞相、大都督，督陕东诸军事；南阳王保为右丞相、大都督、督陕西诸军事。诏曰："今当扫除鲸鲵，奉迎梓宫。令幽、并两州勒卒三十万直造平阳，右丞相宜帅秦、凉、梁、雍之师三十万径诣长安，左丞相帅所领精兵二十万径造洛阳，同赴大期，克成元勋。"

　　汉中山王曜屯蒲坂。

　　石勒使孔苌击定陵，杀田徽。薄盛帅所部降勒，山东郡县，相继为勒所取。汉主聪以勒为侍中、征东大将军。乌桓亦叛王浚，潜附于勒。

　　六月，刘琨与代公猗卢会于陉北，谋击汉。秋，七月，琨进据蓝谷，猗卢遣拓跋普根屯于北屈。琨遣监军韩据自西河而南,将攻西平。汉主聪遣大将军粲等拒琨,骠骑将军易等拒普根,荡晋将军兰阳等助守西平。琨等闻之,引兵还。聪使诸军仍屯所在,为进取之计。

帝遣殿中都尉刘蜀诏左丞相睿以时进军,与乘舆会除中原。八月,癸亥,蜀至建康,睿辞以方平定江东,未暇北伐。以镇东长史刁协为丞相左长史,从事中郎彭城刘隗为司直,邵陵内史广陵戴邈为军谘祭酒,参军丹杨张闿为从事中郎,尚书郎颍川钟雅为记室参军,谯国桓宣为舍人,豫章熊远为主簿,会稽孔愉为掾。刘隗雅习文史,善伺候睿意,故睿特亲爱之。

熊远上书,以为:"军兴以来,处事不用律令,竞作新意,临事立制,朝作夕改,至于主者不敢任法,每辄关谘,非为政之体也。愚谓凡为驳议者,皆当引律令、经传,不得直以情言,无所依准,以亏旧典。若开塞随宜,权道制物,此是人君之所得行,非臣子所宜专用也。"睿以时方多事,不能从。

初,范阳祖逖,少有大志,与刘琨俱为司州主簿,同寝,中夜闻鸡鸣,蹴琨觉曰:"此非恶声也。"因起舞。及渡江,左丞相睿以为军谘祭酒。逖居京口,纠合骁健,言于睿曰:"晋室之乱,非上无道而下怨叛也,由宗室争权,自相鱼肉,遂使戎狄乘隙,毒流中土。今遗民既遭残贼,人思自奋,大王诚能命将出师,使如逖者统之以复中原,郡国豪杰,必有望风响应者矣。"睿素无北伐之志,以逖为奋威将军、豫州刺史,给千人廪,布三千匹,不给铠仗,使自召募。逖将其部曲百余家渡江,中流,击楫而誓曰:"祖逖不能清中原而复济者,有如大江!"遂屯淮阴,起冶铸兵,募得二千余人而后进。

胡亢性猜忌,杀其骁将数人。杜曾惧,潜引王冲之兵使攻亢。亢悉精兵出拒之,城中空虚,曾因杀亢而并其众。

周颢屯浔水城,为杜弢所困,陶侃使明威将军朱伺救之,弢退保泠口。侃曰:"弢必步向武昌。"乃自径道还郡以待之。弢果来攻,侃使朱伺逆击,大破之,弢遁归长沙。周颢出浔水投王敦于豫章,敦留之。陶侃使参军王贡告捷于敦,敦曰:"若无陶侯,便失荆州矣。"乃表侃为荆州刺史,屯沔江。左丞相睿召周颢,复以为军谘祭酒。

初,氐王杨茂搜之子难敌,遣养子贩易于梁州,私卖良人子一人,张光鞭杀子。难敌怨曰:"使君初来,大荒之后,兵民之命仰我氐活,氐有小罪,不能贳也?"及光与杨虎相攻,各求救于茂搜,茂搜遣难敌救光。难敌求货于光,光不与。杨虎厚赂难敌,且曰:"流民珍货,悉在光所,今伐我,不如伐光。"难敌大喜。光与虎战,使张孟苌居前,难敌继后。难敌与虎夹击孟苌,大破之,孟苌及其弟援皆死。光婴城自守。九月,光愤激成疾,僚属劝光退据魏兴,光按剑曰:"吾受国重任,不能讨贼,今得死如登仙,何谓退也!"声绝而卒。州人推其少子迈领州事,又与氐战没,众推始平太守胡子序领梁州。

荀藩薨于开封。

汉中山王曜、赵染攻麹允于黄白城,允累战皆败,诏以索綝为征东大将军,将兵助允。

王贡自王敦所还,至竟陵,矫陶侃之命,以杜曾为前锋大都督,击王冲,斩之,悉降其众。侃召曾,曾不至。贡恐以矫命获罪,遂与曾反击侃。冬,十月,侃兵大败,仅以身免。敦表侃以白衣领职。侃复帅周访等进击杜弢,大破之,敦乃奏复侃官。

汉赵染谓中山王曜曰:"麹允帅大众在外,长安空虚,可袭也。"曜使染帅精骑五千袭长安,庚寅夜,入外城。帝奔射雁楼。染焚龙尾及诸营,杀掠千余人,辛卯旦,退屯逍遥园。壬辰,将军麹鉴自阿城帅众五千救长安。癸巳,染引还,鉴追之,与曜遇于零武,鉴兵大败。

杨虎、杨难敌急攻梁州,胡子序弃城走,难敌自称刺史。

汉中山王曜恃胜而不设备,十一月,麹允引兵袭之,汉兵大败,杀其冠军将军乔智明。曜引归平阳。

王浚以其父字处道,自谓应"当涂高"之谶,谋称尊号。前勃海太守刘亮、北海太守王抟、司空掾高柔切谏,浚皆杀之。燕国霍原,志节清高,屡辞征辟。浚以尊号事问之,原不答。浚诬原与群盗通,杀而枭其首。于是士民骇怨,而浚矜豪日甚,不亲政事,所任皆苛刻小人,枣嵩、朱硕贪横尤甚。北州谣曰:"府中赫赫朱丘伯,十囊五囊入枣郎。"调发殷烦,下不堪命,多叛入鲜卑。从事韩咸监护柳城,盛称慕容廆能接纳士民,欲以讽浚,浚怒,杀之。

浚始者唯恃鲜卑、乌桓以为强,既而皆叛之。加以蝗旱连年,兵势益弱。石勒欲袭之,未知虚实,将遣使觇之,参佐请用羊祜、陆抗故事,致书于浚。勒以问张宾,宾曰:"浚名为晋臣,实欲废晋自立,但患四海英雄莫之从耳。其欲得将军,犹项羽之欲得韩信也。将军威振天下,今卑辞厚礼,折节事之,犹惧不信,况为羊、陆之亢敌乎!夫谋人而使人觉其情,难以得志矣。"勒曰:"善。"十二月,勒遣舍人王子春、董肇多赍珍宝,奉表于浚曰:"勒本小胡,遭世饥乱,流离屯厄,窜命冀州,窃相保聚,以救性命。今晋祚沦夷,中原无主。殿下州乡贵望,四海所宗,为帝王者,非公复谁?勒所以捐躯起兵,诛讨暴乱者,正为殿下驱除尔。伏愿殿下应天顺人,早登皇祚。勒奉戴殿下如天地父母,殿下察勒微心,亦当视之如子也。"又遗枣嵩书,厚赂之。

浚以段疾陆眷新叛,士民多弃己去,闻勒欲附之,甚喜,谓子春曰:"石公一时英杰,据有赵、魏,乃欲称藩于孤,其可信乎?"子春曰:"石将军才力强盛,诚如圣旨。但以殿下中州贵望,威行夷、夏,自古胡人为辅佐名臣则有矣,未有为帝王者也。石将军非恶帝王不为而让于殿下,顾以帝王自有历数,非智力之所取,虽强取之,必不为天人之所与故也。项羽虽强,终为汉有。石将军之比殿下,犹阴精之与太阳,是以远鉴前事,归身殿下,此乃石将军之明识所以远过于人也,殿下又何怪乎!"浚大悦,封子春、筝皆为列侯,遣使报聘,以厚币酬之。

游纶兄统,为浚司马,镇范阳,遣使私附于勒;勒斩其使以送浚。浚虽不罪统,益信勒为忠诚,无复疑矣。

是岁,左丞相睿遣世子绍镇广陵,以丞相掾蔡谟为参军。谟,克之子也。

汉中山王曜围河南尹魏浚于石梁,兖州刺史刘演、河内太守郭默遣兵救之,曜分兵逆战于河北,败之,浚夜走,获而杀之。

代公猗卢城盛乐以为北都,治故平城为南都,又作新平城于灅水之阳,使右贤王六脩镇之,统领南部。

资治通鉴卷第八十九

端明殿学士兼翰林侍读学士朝散大夫右谏议大夫充集贤殿修撰权判西京留司御史台上柱国河内郡开国侯食邑一千三百户食实封四百户赐紫金鱼袋臣 司马光 奉敕编集

晋纪十一起阏逢阉茂(甲戌),尽柔兆困敦(丙子),凡三年。

孝愍皇帝下

建兴二年(甲戌、314)

春,正月,辛未,有如日陨于地。又有三日相承,出西方而东行。

丁丑,大赦。

有流星出牵牛,入紫微,光烛地,坠于平阳北,化为肉,长三十步,广二十七步。汉主聪恶之,以问公卿。陈元达以为:"女宠太盛,亡国之征。"聪曰:"此阴阳之理,何关人事!"聪后刘氏贤明,聪所为不道,刘氏每规正之。己丑,刘氏卒,谥曰武宣。自是嬖宠竞进,后宫无序矣。

聪置丞相等七公。又置辅汉等十六大将军,各配兵二千,以诸子为之。又置左右司隶,各领户二十余万,万户置一内史。单于左右辅,各主六夷十万落,万落置一都尉。左、右选曹尚书,并典选举。自司隶以下六官,皆位亚仆射。以其子粲为丞相、领大将军、录尚书事,进封晋王。江都王延年录尚书六条事,汝阴王景为太师,王育为太傅,任颛为太保,马景为大司徒,朱纪为大司空,中山王曜为大司马。

壬辰,王子春等及王浚使者至襄国,石勒匿其劲卒精甲、羸师虚府以示之,北面拜使者而受书。浚遗勒麈尾,勒阳不敢执,悬之于壁,朝夕拜之,曰:"我不得见王公,见其所赐如见公也。"复遣董肇奉表于浚,期以三月中旬亲诣幽州奉上尊号,亦修笺于枣嵩,求并州牧、广平公。

勒问浚之政事于王子春,子春曰:"幽州去岁大水,人不粒食,浚积粟百万,不能赈赡,刑政苛酷,赋役殷烦,忠贤内离,夷狄外叛。人皆知其将亡,而浚意气自若,曾无惧心,方更置立台阁,布列百官,自谓汉高、魏武不足比也。"勒抚几笑曰:"王彭祖真可擒也。"浚使者还蓟,具言"石勒形势寡弱,款诚无二。"浚大悦,益骄怠,不复设备。

杨虎掠汉中吏民以奔成,梁州人张咸等起兵逐杨难敌。难敌去,咸以其地归成,于是汉嘉、涪陵、汉中之地皆为成有。成主雄以李凤为梁州刺史,任回为宁州刺史,李恭为荆州刺史。

雄虚己好贤,随才授任,命太傅骧养民于内,李凤等招怀于外,刑政宽简,狱无滞囚。兴学校,置史官。其赋民,男丁岁谷三斛,女丁半之,疾病又半之。户调绢不过数丈,绵数两。事少役希,民多富实,新附者皆给复除。是时天下大乱,而蜀独无事,年谷屡熟,乃至闾门不闭,路不拾遗。汉嘉夷王冲归、朱提审焰、建宁爨量皆归之。巴郡尝告急,云有晋兵。雄曰:"吾常忧琅邪微弱,遂为石勒所灭,以为耿耿,不图乃能举兵,使人欣然。"然雄朝无仪品,爵位滥溢,吏无禄秩,取给于民,军无部伍,号令不肃,此其所短也。

二月,壬寅,以张轨为太尉、凉州牧,封西平郡公;王浚为大司马、都督幽、冀诸军事;荀组为司空、领尚书左仆射兼司隶校尉,行留台事;刘琨为大将军、都督并州诸军事。朝廷以张轨老病,拜其子寔为副刺史。

石勒纂严,将袭王浚,而犹豫未发。张宾曰:"夫袭人者,当出其不意。今军严经日而不行,岂非畏刘琨及鲜卑、乌桓为吾后患乎?"勒曰:"然。为之奈何?"宾曰:"彼三方智勇无及将军者,将军虽远出,彼必不敢动,且彼未谓将军便能悬军千里取幽州也。轻军往返,不出二旬,藉使彼虽有心,比其谋议出师,吾已还矣。且刘琨、王浚,虽同名晋臣,实为仇敌。若修笺于琨,送质请和,琨必喜我之服而快浚之亡,终不救浚而袭我也。用兵贵神速,勿后时也。"勒曰:"吾所未了,右侯已了之,吾复何疑!"

遂以火宵行,至柏人,杀主簿游纶,以其兄统在范阳,恐泄军谋故也。遣使奉笺送质于刘琨,自陈罪恶,请讨浚以自效。琨大喜,移檄州郡,称"己与猗卢方议讨勒,勒走伏无地,求拔幽都以赎罪。今便当遣六修南袭平阳,除僭伪之逆类,降知死之逋羯,顺天副民,翼奉皇家,斯乃曩年积诚灵祐之所致也。"

三月,勒军达易水,王浚督护孙纬驰遣白浚,将勒兵拒之,游统禁之。浚将佐皆曰:"胡贪而无信,必有诡计,请击之。"浚怒曰:"石公来,正欲奉戴我耳,敢言击者斩!"众不敢复言。浚设飨以待之。壬申,勒晨至蓟,叱门者开门,犹疑有伏兵,先驱牛羊数千头,声言上礼,实欲塞诸街巷。浚始惧,或坐或起。勒既入城,纵兵大掠,浚左右请御之,浚犹不许。勒升其听事,浚乃走出堂皇,勒众执之。勒召浚妻,与之并坐,执浚立于前。浚骂曰:"胡奴调乃公,何凶逆如此!"勒曰:"公位冠元台,手握强兵,坐观本朝倾覆,曾不救援,乃欲自尊为天子,非凶逆乎!又委任奸贪,残虐百姓,贼害忠良,毒遍燕土,此谁之罪也!"使其将王洛生以五百骑先送浚于襄国。浚自投于水,束而出之,斩于襄国市。

勒杀浚麾下精兵万人,浚将佐等争诣军门谢罪,馈赂交错,前尚书裴宪、从事中郎荀绰独不至。勒召而让之曰:"王浚暴虐,孤讨而诛之,诸人皆来庆谢,二君独与之同恶,将何以逃其戮乎!"对曰:"宪等世仕晋朝,荷其荣禄,浚虽凶粗,犹是晋之藩臣,故宪等从之,不敢有贰。明公苟不修德义,专事威刑,则宪等死自其分,又何逃乎! 请就死。"不拜而出。勒召而谢之,待以客礼。绰,晷之孙也。勒数朱硕、枣嵩等以纳贿乱政,为幽州患,责游统以不忠所事,皆斩之。籍浚将佐、亲戚家资,皆至巨万,惟裴宪、荀绰止有书百余帙,盐米各十余斛而已。勒曰:"吾不喜得幽州,喜得二子。"以宪为从事中郎,绰为参军。分遣流民,各还乡里。勒停蓟二日,焚浚宫殿,以故尚书燕国刘翰行幽州刺史、戍蓟,置守宰而还。孙纬遮击之,勒仅而得免。

勒至襄国,遣使奉王浚首献捷于汉,汉以勒为大都督、督陕东诸军事、骠骑大将军,东单于,增封十二郡。勒固辞,受二郡而已。

刘琨请兵于拓跋猗卢以击汉,会猗卢所部杂胡万余家谋应石勒,猗卢悉诛之,不果赴琨约。琨知石勒无降意,乃大惧,上表曰:"东北八州,勒灭其七,先朝所授,存者惟臣。勒据襄国,与臣隔山,朝发夕至,城坞骇惧,虽怀忠愤,力不从愿耳。"

刘翰不欲从石勒,乃归段匹磾,匹磾遂据蓟城。王浚从事中郎阳裕,耽之兄子也,逃奔令支,依段疾陆眷。会稽朱左车、鲁国孔纂、泰山胡母翼自蓟逃奔昌黎,依慕容廆。是时中国流民归廆者数万家,廆以冀州人为冀阳郡,豫州人为成周郡,青州人为营丘郡,并州人为唐国郡。

初,王浚以邵续为乐陵太守,屯厌次。浚败,续附于石勒,勒以续子义为督护。浚所署勃海太守东莱刘胤弃郡依续,谓续曰:"凡立大功,必杖大义。君,晋之忠臣,奈何从贼以自污乎!"会段匹磾以书邀续同归左丞相睿,续从之。其人皆曰:"今弃勒归匹磾,其如义何?"续泣曰:"我岂得顾子而为叛臣哉!"杀异议者数人。勒闻之,杀义。续遣刘胤使江东,睿以胤为参军,以续为平原太守。石勒遣兵围续,匹磾使其弟文鸯救之,勒引去。

襄国大饥,谷二升直银一斤,肉一斤直银一两。

杜弢将王真袭陶侃于〔休〕〔林〕障,侃奔湴中。周访救侃,击弢兵,破之。

夏,五月,西平武穆公张轨寝疾,遗令:"文武将佐,务安百姓,上思报国,下以宁家。"己丑,轨薨。长史张玺等表世子寔摄父位。

汉中山王曜、赵染寇长安。六月,曜屯渭汭,染屯新丰,索綝将兵出拒之。染有轻綝之色,长史鲁徽曰:"晋之君臣,自知强弱不敌,将致死于我,不可轻也。"染曰:"以司马模之强,吾取之如拉朽。索綝小竖,岂能污吾马蹄、刀刃邪!"晨,帅轻骑数百逆之,曰:"要当获綝而后食。"綝与战于城西,染兵败而归,悔曰:"吾不用鲁徽之言以至此,何面目见之!"先命斩徽。徽曰:"将军愎愎以取败,乃复忌前害胜,诛忠良以逞忿,犹有天地,将军其得死于枕席乎!"诏加索𬘡骠骑大将军、尚书左仆射、录尚书,承制行事。

曜、染复与将军殷凯帅众数万向长安,麹允逆战于冯翊,允败,收兵,夜袭凯营,凯败死。曜乃还攻河内太守郭默于怀,列三屯围之。默食尽,送妻子为质,请籴于曜,籴毕,复婴城固守。曜怒,沉默妻子于河而攻之。默欲投李矩于新郑,矩使其甥郭诵迎之,兵少,不敢进。会刘琨遣参军张肇帅鲜卑五百余骑诣长安,道阻不通,还过矩营,矩说肇,使击汉兵。汉兵望见鲜卑,不战而走,默遂帅众归矩。汉主聪召曜还屯蒲坂。

秋,赵染攻北地,麹允拒之,染中弩而死。

石勒始命州郡阅实户口,户出帛二匹,谷二斛。

冬,十月,以张寔为都督凉州诸军事、凉州刺史、西平公。

十一月,汉主聪以晋王粲为相国、大单于,总百揆。粲少有俊才,自为宰相,骄奢专恣,远贤亲佞,严刻愎谏,国人始恶之。

周勰以其父遗言,因吴人之怨,谋作乱,使吴兴功曹徐馥矫称叔父丞相从事中郎札之命,收合徒众,以讨王导、刁协,豪杰翕然附之,孙皓族人弼亦起兵于广德以应之。

三年(乙亥、315)

春,正月,徐馥杀吴兴太守袁琇,有众数千,欲奉周札为主。札闻之,大惊,以告义兴太守孔侃。勰知札意不同,不敢发。馥党惧,攻馥,杀之,孙弼亦死。札子续亦聚众应馥,左丞相睿议发兵讨之。王导曰:"今少发兵则不足以平寇,多发兵则根本空虚。续族弟黄门侍郎莚,忠果有谋,请独使莚往,足以诛续。"睿从之。莚昼夜兼行,至郡,将入,遇续于门,谓续曰:"当与君共诣孔府君,有所论。"续不肯入,莚牵逼与俱。坐定,莚谓孔侃曰:"府君何以置贼在坐?"续衣中常置刀,即操刀逼莚,莚叱郡传教吴曾格杀之。莚因欲诛勰,札不听,委罪于从兄邵而诛之。莚不归家省母,遂长驱而去,母狼狈追之。睿以札为吴兴太守,莚为太子右卫率。以周氏吴之豪望,故不穷治,抚勰如旧。

诏平东将军宋哲屯华阴。

成主雄立后任氏。

二月,丙子,以琅邪王睿为丞相、大都督、督中外诸军事,南阳王保为相国,荀组为太尉、领豫州牧,刘琨为司空、都督并、冀、幽三州诸军事。琨辞司空不受。

南阳王模之败也,都尉陈安往归世子保于秦州,保命安将千余人讨叛羌,宠待甚厚。保将张春疾之,谮安,云有异志,请除之,保不许。春辄伏刺客以刺安,安被创,驰还陇城,遣使诣保,贡献不绝。

诏进拓跋猗卢爵为代王，置官属，食代、常山二郡。猗卢请并州从事雁门莫含于刘琨，琨遣之。含不欲行，琨曰："以并州单弱，吾之不材，而能自存于胡、羯之间者，代王之力也。吾倾身竭资，以长子为质而奉之者，庶几乎朝廷雪大耻也。卿欲为忠臣，奈何惜共事之小诚而忘徇国之大节乎！往事代王，为之腹心，乃一州之所赖也。"含遂行。猗卢甚重之，常与参大计。

猗卢用法严，国人犯法者，或举部就诛，老幼相携而行，人问："何之?"曰："往就死。"无一人敢逃匿者。

王敦遣陶侃、甘卓等讨杜弢，前后数十战，弢将士多死，乃请降于丞相睿，睿不许。弢遗南平太守应詹书，自陈昔与詹"共讨乐乡，本同休戚。后在湘中，惧死求生，遂相结聚。倘以旧交之情，为明枉直，使得输诚朝府，厕列义徒，或北清中原，或西取李雄，以赎前愆，虽死之日，犹生之年也。"詹为启呈其书，且言"弢，益州秀才，素有清望，为乡人所逼。今悔恶归善，宜命使抚纳，以息江、湘之民。"睿乃使前南海太守王运受弢降，赦其反逆之罪，以弢为巴东监军。弢既受命，诸将犹攻之不已。弢不胜愤怒，遂杀运复反，遣其将杜弘、张彦杀临川内史谢摛，遂陷豫章。三月，周访击彦，斩之，弘奔临贺。

汉大赦，改元建元。

雨血于汉东宫延明殿，太弟义恶之，以问太傅崔玮、太保许遐。玮、遐说义曰："主上往日以殿下为太弟者，欲以安众心耳，其志在晋王久矣，王公已下莫不希旨附之。今复以晋王为相国，羽仪威重，逾于东宫，万机之事，无不由之，诸王皆置营兵以为羽翼，事势已去。殿下非徒不得立也，朝夕且有不测之危，不如早为之计。今四卫精兵不减五千，相国轻佻，正烦一刺客耳。大将军无日不出，其营可袭而取，余王并幼，固易夺也。苟殿下有意，二万精兵指顾可得，鼓行入云龙门，宿卫之士，孰不倒戈以迎殿下者！大司马不虑其为异也。"义弗从。东宫舍人荀裕告玮、遐劝义谋反，汉主聪收玮、遐于诏狱，假以他事杀之。使冠威将军卜抽将兵监守东宫，禁义不听朝会。义忧惧不知所为，上表乞为庶人，并除诸子之封，褒美晋王，请以为嗣，抽抑而弗通。

汉青州刺史曹嶷尽得齐、鲁间郡县，自镇临淄，有众十余万，临河置戍。石勒表称："嶷有专据东方之志，请讨之。"汉主聪恐勒灭嶷，不可复制，弗许。

聪纳中护军靳准二女月光、月华，立月光为上皇后，刘贵妃为左皇后，月华为右皇后。左司隶陈元达极谏，以为："并立三后，非礼也。"聪不悦，以元达为右光禄大夫，外示优崇，实夺其权。于是太尉范隆等皆请以位让元达，聪乃复以元达为御史大夫、仪同三司。月光有秽行，元达奏之，聪不得已废之，月光惭恚自杀，聪恨元达。

夏，四月，大赦。

六月，盗发汉霸、杜二陵及薄太后陵，得金帛甚多，朝廷以用度不足，诏收其余以实内府。

辛巳，大赦。

汉大司马曜攻上党，八月，癸亥，败刘琨之众于襄垣。曜欲进攻阳曲，汉主聪遣使谓之曰："长安未平，宜以为先。"曜乃还屯蒲坂。

陶侃与杜弢相攻，弢使王贡出挑战，侃遥谓之曰："杜弢为益州小吏，盗用库钱，父死不奔丧。卿本佳人，何为随之？天下宁有白头贼邪？"贡初横脚马上，闻侃言，敛容下脚。侃知可动，复遣使谕之，截发为信，贡遂降于侃。弢众溃，遁走，道死。侃与南平太守应詹进克长沙，湘州悉平。丞相睿承制赦其所部，进王敦镇东大将军，加都督江、扬、荆、湘、交、广六州诸军事、江州刺史。敦始自选置刺史以下，浸益骄横。

初，王如之降也，敦从弟棱爱如骁勇，请敦配己麾下。敦曰："此辈险悍难畜，汝性猖急，不能容养，更成祸端。"棱固请，乃与之。棱置左右，甚加宠遇。如数与敦诸将角射争斗，棱杖之，如深以为耻。及敦潜畜异志，棱每谏之。敦怒其异己，密使人激如令杀棱。如因闲宴，请剑舞为欢，棱许之。如舞剑渐前，棱恶而呵之，如直前杀棱。敦闻之，阳惊，亦捕如诛之。

初，朝廷闻张光死，以侍中第五猗为安南将军，监荆、梁、益、宁四州诸军事、荆州刺史，自武关出。杜曾迎猗于襄阳，为兄子娶猗女，遂聚兵万人，与猗分据汉、沔。

陶侃既破杜弢，乘胜进击曾，有轻曾之志。司马鲁恬谏曰："凡战，当先料其将。今使君诸将无及曾者，未易可逼也。"侃不从，进围曾于石城。曾军多骑兵，密开门突侃陈，出其后，反击之，侃兵死者数百人。曾将趋顺阳，下马拜侃，告辞而去。

时荀崧都督荆州江北诸军事，屯宛，曾引兵围之。崧兵少食尽，欲求救于故吏襄城太守石览。崧小女灌，年十三，帅勇士数十人，逾城突围夜出，且战且前，遂达览所，又为崧书，求救于南中郎将周访。访遣子抚帅兵三千，与览共救崧，曾乃遁去。

曾复致笺于崧，求讨丹水贼以自效，崧许之。陶侃遗崧书曰："杜曾凶狡，所谓'鸱枭食母之物'。此人不死，州土未宁，足下当识吾言。"崧以宛中兵少，藉曾为外援，不从。曾复帅流亡二千余人围襄阳，数日，不克而还。

王敦嬖人吴兴钱凤，疾陶侃之功，屡毁之。侃将还江陵，欲诣敦自陈。朱伺及安定皇甫方回谏曰："公入必不出。"侃不从。既至，敦留侃不遣，左转广州刺史,以其从弟丞相军谘祭酒廙为荆州刺史。荆州将吏郑攀、马儁等诣敦,上书留侃,敦怒,不许。攀等以侃始灭大贼,而更被黜,众情愤惋,又以廙忌戾难事,遂帅其徒三千人屯浔口,西迎杜曾。廙为攀等所袭,奔于江安。杜曾与攀等北迎第五猗以拒廙。廙督诸军讨曾,复为曾所败。敦意攀承侃风旨,被甲持矛将杀侃,出而复还者数四。侃正色曰:"使君雄断,当栽天下,何此不决乎!"因起如厕。谘议参军梅陶、长史陈颁言于敦曰:"周访与侃亲姻,如左右手,安有断人左手而右手不应者乎!"敦意解,乃设盛馔以饯之,侃便夜发,敦引其子瞻为参军。

初,交州刺史顾祕卒,州人以祕子寿领州事。帐下督梁硕起兵攻寿,杀之,硕遂专制交州。王机自以盗据广州,恐王敦讨之,更求交州。会杜弘诣机降,敦欲因机以讨硕,乃以降杜弘为机功,转交州刺史。机至郁林,硕迎前刺史脩则子湛行州事以拒之。机不得进,乃更与杜弘及广州将温邵、交州秀才刘沈谋复还据广州。陶侃至始兴,州人皆言宜观察形势,不可轻进。侃不听,直至广州,诸郡县皆已迎机矣。杜弘遣使伪降,侃知其谋,进击弘,破之,遂执刘沈于小桂。遣督护许高讨王机,走之。机病死于道,高掘其尸,斩之。诸将皆请乘胜击温邵,侃笑曰:"吾威名已著,何事遣兵!但一函纸自定耳。"乃下书谕之。邵惧而走,追获于始兴。杜弘诣王敦降,广州遂平。

侃在广州无事,辄朝运百甓于斋外,暮运于斋内。人问其故,答曰:"吾方致力中原,过尔优逸,恐不堪事,故自劳耳。"

王敦以杜弘为将,宠任之。

九月,汉主聪使大鸿胪赐石勒弓矢,策命勒为陕东伯,得专征伐,拜刺史、将军、守宰,封列侯,岁尽集上。

汉大司马曜寇北地,诏以麹允为大都督、骠骑将军以御之。冬,十月,以索綝为尚书仆射、都督宫城诸军事。曜进拔冯翊,太守梁肃奔万年。曜转寇上郡,麹允去黄白城,军于灵武,以兵弱,不敢进。

帝屡征兵于丞相保,保左右皆曰:"蝮蛇螫手,壮士断腕。今胡寇方盛,且宜断陇道以观其变。"从事中郎裴诜曰:"今蛇已螫头,头可断乎!"保乃以镇军将军胡崧行前锋都督,须诸军集乃发。麹允欲奉帝往就保,索綝曰:"保得天子,必逞其私志。"乃止。于是自长安以西,不复贡奉朝廷,百官饥乏,采稆以自存。

凉州军士张冰得玺,文曰"皇帝行玺",献于张寔,僚属皆贺。寔曰:"是非人臣所得留。"遣使归于长安。

四年(丙子、316)

春,正月,司徒梁芬议追尊吴王晏,右仆射索綝等引魏明帝诏以为不可,乃赠太保,谥曰孝。

汉中常侍王沈、宣怀、中宫仆射郭猗等，皆宠幸用事。汉主聪游宴后宫，或三日不醒，或百日不出，自去冬不视朝，政事一委相国粲，唯杀生、除拜乃使沈等入白之。沈等多不白，而自以其私意决之，故勋旧或不叙，而奸佞小人有数日至二千石者。军旅岁起，将士无钱帛之赏，而后宫之家，赐及僮仆，动至数千万。沈等车服、第舍逾于诸王，子弟中表为守令者三十余人，皆贪残为民害。靳准阘宗谄事之。

郭猗与准皆有怨于太弟义，猗谓相国粲曰："殿下光文帝之世孙，主上之嫡子，四海莫不属心，奈何欲以天下与太弟乎！且臣闻太弟与大将军谋因三月上巳大宴作乱，事成，许以主上为太上皇，大将军为皇太子，又许卫军为大单于。三王处不疑之地，并握重兵，以此举事，无不成者。然二主贪一时之利，不顾父兄，事成之后，主上岂有全理！殿下兄弟，固不待言，东宫、相国、单于，当在武陵兄弟，何肯与人也！今祸期甚迫，宜早图之。臣屡言于主上，主上笃于友爱，以臣刀锯之余，终不之信。愿殿下勿泄，密表其状。殿下傥不信臣言，可召大将军从事中郎王皮、卫军司马刘惇，假之恩意，许其归首以问之，必可知也。"粲许之。猗密谓皮、惇曰："二王逆状，主上及相国具知之矣，卿同之乎？"二人惊曰："无之。"猗曰："兹事已决，吾怜卿亲旧并见族耳。"因歔欷流涕。二人大惧，叩头求哀。猗曰："吾为卿计，卿能用之乎？相国问卿，卿但云'有之'。若责卿不先启，卿即云'臣诚负死罪，然仰惟主上宽仁，殿下敦睦，苟言不见信，则陷于诬谮不测之诛，故不敢言也'。"皮、惇许诺。粲召问之，二人至不同时，而其辞若一，粲以为信然。

靳准复说粲曰："殿下宜自居东宫，以领相国，使天下早有所系。今道路之言，皆云大将军、卫将军欲奉太弟为变，期以季春。若使太弟得天下，殿下无容足之地矣。"粲曰："为之奈何？"准曰："人告太弟为变，主上必不信。宜缓东宫之禁，使宾客得往来。太弟雅好待士，必不以此为嫌，轻薄小人不能无迎合太弟之意为之谋者。然后下官为殿下露表其罪，殿下收其宾客与太弟交通者考问之，狱辞既具，则主上无不信之理也。"粲乃命卜抽引兵去东宫。

少府陈休、左卫将军卜崇，为人清直，素恶沈等，虽在公座，未尝与语，沈等深疾之。侍中卜幹谓休、崇曰："王沈等势力足以回天地，卿辈自料亲贤孰与窦武、陈蕃？"休、崇曰："吾辈年逾五十，职位已崇，唯欠一死耳。死于忠义，乃为得所。安能俯首伛眉以事阉竖乎！去矣卜公，勿复有言！"

二月，汉主聪出临上秋阁，命收陈休、卜崇及特进綦毋达、太中大夫公师彧、尚书王琰、田歆、大司农朱诞并诛之，皆宦官所恶也。卜幹泣谏曰："陛下方侧席求贤，而一旦戮卿大夫七人，皆国之忠良，无乃不可乎！藉使休等有罪，陛下不下之有司，暴明其状，天下何从知之！诏尚在臣所，未敢宣露，愿陛下熟思之。"因叩头流血。王沈叱幹曰："卜侍中欲拒诏乎?"聪拂衣而入,免幹为庶人。

太宰河间王易、大将军勃海王敷、御史大夫陈元达、金紫光禄大夫西河王延等皆诣阙表谏曰:"王沈等矫弄诏旨,欺诬日月,内谄陛下,外佞相国,威权之重,侔于人主,多树奸党,毒流海内。知休等忠臣,为国尽节,恐发其奸状,故巧为诬陷。陛下不察,遽加极刑,痛彻天地,贤愚伤惧。今遗晋未殄,巴、蜀不宾,石勒谋据赵、魏,曹嶷欲王全齐,陛下心腹四支,何处无患!乃复以沈等助乱,诛巫咸,戮扁鹊,臣恐遂成膏肓之疾,后虽救之,不可及已。请免沈等官,付有司治罪。"聪以表示沈等,笑曰:"群儿为元达所引,遂成痴也。"沈等顿首泣曰:"臣等小人,过蒙陛下识拔,得洒扫闺阁,而王公、朝士疾臣等如仇,又深恨陛下。愿以臣等膏鼎镬,则朝廷自然雍穆矣。"聪曰:"此等狂言常然,卿何足恨乎!"聪问沈等于相国粲,粲盛称沈等忠清,聪悦,封沈等为列侯。

太宰易又诣阙上疏极谏,聪大怒,手坏其疏。三月,易忿恚而卒。易素忠直,陈元达倚之为援,得尽谏净。及卒,元达哭之恸,曰:"'人之云亡,邦国殄瘁。'吾既不复能言,安用默默苟生乎!"归而自杀。

初,代王猗卢爱其少子比延,欲以为嗣,使长子六脩出居新平城,而黜其母。六脩有骏马,日行五百里,猗卢夺之,以与比延。六脩来朝,猗卢使拜比延,六脩不从。猗卢乃坐比延于其步辇,使人导从出游。六脩望见,以为猗卢,伏谒路左,至,乃比延,六脩惭怒而去。猗卢召之不至,大怒,帅众讨之,为六脩所败。猗卢微服逃民间,有贱妇人识之,遂为六脩所弑。拓跋普根先守外境,闻难来赴,攻六脩,灭之。

普根代立,国中大乱,新旧猜嫌,迭相诛灭。左将军卫雄、信义将军箕澹,久佐猗卢,为众所附,谋归刘琨,乃言于众曰:"闻旧人忌新人悍战,欲尽杀之,将奈何?"晋人及乌桓皆惊惧,曰:"死生随二将军!"乃与琨质子遵帅晋人及乌桓三万家、马牛羊十万头归于琨。琨大喜,亲诣平城抚纳之,琨兵由是复振。

夏,四月,普根卒。其子始生,普根母惟氏立之。

张寔下令:"所部吏民有能举其过者,赏以布帛羊米。"贼曹佐高昌隗瑾曰:"今明公为政,事无巨细,皆自决之,或兴师发令,府朝不知,万一违失,谤无所分。群下畏威,受成而已。如此,虽赏之千金,终不敢言也。谓宜不损聪明,凡百政事,皆延访群下,使各尽所怀,然后采而行之,则嘉言自至,何必赏也。"寔悦,从之,增瑾位三等。寔遣将军王该帅步骑五千入援长安,且送诸郡贡计。诏拜寔都督陕西诸军事,以寔弟茂为秦州刺史。

石勒使石虎攻刘演于廪丘,幽州刺史段匹磾使其弟文鸯救之。虎拔廪丘,演奔文鸯军,虎获演弟启以归。

宁州刺史王逊，严猛喜诛杀。五月，平夷太守雷炤、平乐太守董霸，帅三千余家叛，降于成。

六月，丁巳朔，日有食之。

秋，七月，汉大司马曜围北地太守麹昌，大都督麹允将步骑三万救之。曜绕城纵火，烟起蔽天，使反间绐允曰："郡城已陷，往无及也。"众惧而溃。曜追败允于磻石谷，允奔还灵武，曜遂取北地。

允性仁厚，无威断，喜以爵位悦人。新平太守竺恢、始平太守杨像、扶风太守竺爽、安定太守焦嵩，皆领征、镇，杖节，加侍中、常侍，村坞主帅，小者犹假银青将军之号。然恩不及下，故诸将骄恣而士卒离怨。关中危乱，允告急于焦嵩，嵩素侮允，曰："须允困，当救之。"

曜进至泾阳，渭北诸城悉溃。曜获建威将军鲁充、散骑常侍梁纬、少府皇甫阳。曜素闻充贤，募生致之，既见，赐之酒曰："吾得子，天下不足定也！"充曰："身为晋将，国家丧败，不敢求生。若蒙公恩，速死为幸。"曜曰："义士也。"赐之剑，令自杀。梁纬妻辛氏，美色，曜召见，将妻之，辛氏大哭曰："妾夫已死，义不独生，且一妇人而事二夫，明公又安用之！"曜曰："贞女也。"亦听自杀，皆以礼葬之。

汉主聪立故张后侍婢樊氏为上皇后。三后之外，佩皇后玺绶者复有七人。嬖宠用事，刑赏紊乱。大将军敷数涕泣切谏，聪怒曰："汝欲乃公速死邪，何以朝夕生来哭人！"敷忧愤，发病卒。

河东平阳大蝗，民流殍者什五六。石勒遣其将石越帅骑二万屯并州，招纳流民，民归之者二十万户。聪遣使让勒，勒不受命，潜与曹嶷相结。

八月，汉大司马曜逼长安。

九月，汉主宴群臣于光极殿，引见太弟乂。乂容貌憔悴，鬓发苍然，涕泣陈谢。聪亦为之恸哭，乃纵酒极欢，待之如初。

焦嵩、竺恢、宋哲皆引兵救长安，散骑常侍华辑监京兆、冯翊、弘农、上洛四郡兵，屯霸上，皆畏汉兵强，不敢进。相国保遣胡崧将兵入援，击汉大司马曜于灵台，破之。崧恐国威复振则麹、索势盛，乃帅城西诸郡兵屯渭北不进，遂还槐里。

曜攻陷长安外城，麹允、索綝退守小城以自固。内外断绝，城中饥甚，米斗直金二两，人相食，死者太半，亡逃不可制，唯凉州义众千人，守死不移。太仓有麹数十饼，麹允屑之为粥以供帝，既而亦尽。冬，十一月，帝泣谓允曰："今穷厄如此，外无救援，当忍耻出降，以活士民。"因叹曰："误我事者，麹、索二公也。"使侍中宗敞送降笺于曜。索綝潜留敞，使其子说曜曰："今城中食犹足支一年，未易克也，若许綝以车骑、仪同、万户郡公者，请以城降。"曜斩而送之，曰："帝王之师，以义行也。孤将兵十五年，未尝以诡计败人，必穷兵极势，然后取之。今索綝所言如此,天下之恶一也,辄相为戮之。若兵食审未尽者,便可勉强固守;如其粮竭兵微,亦宜早寤天命。"

甲午,宗敞至曜营。乙未,帝乘羊车,肉袒、衔璧、舆榇出东门降。群臣号泣,攀车执帝手,帝亦悲不自胜。御史中丞冯翊吉朗叹曰:"吾智不能谋,勇不能死,何忍君臣相随,北面事贼虏乎!"乃自杀。曜焚榇受璧,使宗敞奉帝还宫。丁酉,迁帝及公卿以下于其营。辛丑,送至平阳。壬寅,汉主聪临光极殿,帝稽首于前。麴允伏地恸哭,扶不能起,聪怒,囚之,允自杀。聪以帝为光禄大夫,封怀安侯。以大司马曜为假黄钺、大都督、督陕西诸军事、大宰,封秦王。大赦,改元麟嘉。以麴允忠烈,赠车骑将军,谥节愍侯。以索綝不忠,斩于都市。尚书梁允、侍中梁濬等及诸郡守皆为曜所杀,华辑奔南山。

干宝论曰:昔高祖宣皇帝以雄才硕量,应时而起,性深阻有若城府,而能宽绰以容纳;行数术以御物,而知人善采拔。于是百姓与能,大象始构。世宗承基,太祖继业,咸黜异图,用融前烈。至于世祖,遂享皇极,仁以厚下,俭以足用,和而不弛,宽而能断,掩唐、虞之旧域,班正朔于八荒,于时有"天下无穷人"之谚,虽太平未洽,亦足以明民乐其生矣。

武皇既崩,山陵未干而变难继起。宗子无维城之助,师尹无具瞻之贵,朝为伊、周,夕成桀、跖。国政迭移于乱人,禁兵外散于四方,方岳无钧石之镇,关门无结草之固。戎、羯称制,二帝失尊,何哉?树立失权,托付非才,四维不张,而苟且之政多也。

夫基广则难倾,根深则难拔,理节则不乱,胶结则不迁。昔之有天下者所以能长久,用此道也。周自后稷爱民,十六王而武始君之,其积基树本,如此其固。今晋之兴也,其创基立本,固异于先代矣。加以朝寡纯德之人,乡乏不贰之老,风俗淫僻,耻尚失所,学者以庄、老为宗而黜"六经",谈者以虚荡为辩而贱名检,行身者以放浊为通而狭节信,进仕者以苟得为贵而鄙居正,当官者以望空为高而笑勤恪。是以刘颂屡言治道,傅咸每纠邪正,皆谓之俗吏;其倚杖虚旷,依阿无心者,皆名重海内。若夫文王日昃不暇食,仲山甫夙夜匪懈者,盖共嗤黜以为灰尘矣。由是毁誉乱于善恶之实,情慝奔于货欲之涂。选者为人择官,官者为身择利。世族贵戚之子弟,陵迈超越,不拘资次。悠悠风尘,皆奔竞之士;列官千百,无让贤之举。子真著《崇让》而莫之省,子雅制九班而不得用。其妇女不知女工,任情而动,有逆于舅姑,有杀戮妾媵,父兄弗之罪也,天下莫之非也。礼法刑政,于此大坏。"国之将亡,本必先颠,"其此之谓乎!

故观阮籍之行,而觉礼教崩弛之所由;察庾纯、贾充之争,而见师尹之多僻；考平吴之功，而知将帅之不让；思郭钦之谋，而痛戎狄之有衅；览傅玄、刘毅之言，而得百官之邪；核傅咸之奏、《钱神》之论，而睹宠赂之彰。民风国势，既已如此，虽以中庸之才，守文之主治之，犹惧致乱，况我惠帝以放荡之德临之哉！怀帝承乱得位，羁以强臣；愍帝奔播之后，徒守虚名。天下之势既去，非命世之雄才，不能复取之矣！

石勒围乐平太守韩据于坫城，据请救于刘琨。琨新得拓跋猗卢之众，欲因其锐气以讨勒。箕澹、卫雄谏曰："此虽晋民，久沦异域，未习明公之恩信，恐其难用。不若且内收鲜卑之余谷，外抄胡贼之牛羊，闭关守险，务农息兵，待其服化感义，然后用之，则功无不济矣。"琨不从，悉发其众，命澹帅步骑二万为前驱，琨屯广牧，为之声援。

石勒闻澹至，将逆击之。或曰："澹士马精强，其锋不可当，不若且引兵避之，深沟高垒，以挫其锐，必获万全。"勒曰："澹兵虽众，远来疲弊，号令不齐，何精强之有！今寇敌垂至，何可舍去！大军一动，岂易中还！若澹乘我之退而逼之，顾逃溃不暇，焉得深沟高垒乎！此自亡之道也。"立斩言者。以孔苌为前锋都督，令三军："后出者斩！"勒据险要，设疑兵于山上，前设二伏，出轻骑与澹战，阳为不胜而走。澹纵兵追之，入伏中。勒前后夹击澹军，大破之，获铠马万计。澹、雄帅骑千余奔代郡，韩据弃城走，并土震骇。

十二月，乙卯朔，日有食之。

司空长史李弘以并州降石勒。刘琨进退失据，不知所为，段匹磾遣信邀之。己未，琨帅众从飞狐奔蓟。匹磾见琨，甚相亲重，与之结婚，约为兄弟。勒分徙阳曲、乐平民于襄国，置守宰而还。

孔苌攻箕澹于代郡，杀之。

苌等攻贼帅马严、冯䏊，久而不克。司、冀、并、兖流民数万户在辽西，迭相招引，民不安业。勒问计于濮阳侯张宾，宾曰："严、䏊本非公之深仇，流民皆有恋本之志，今班师振旅，选良牧守使招怀之，则幽、冀之寇可不日而清，辽西流民将相帅而至矣。"勒乃召苌等归，以武遂令李回为易北督护，兼高阳太守。马严士卒素服回威德，多叛严归之，严惧而出走，赴水死。冯䏊帅其众降。回徙居易京，流民归之者相继于道。勒喜，封回为弋阳子，增张宾邑千户，进位前将军，宾固辞不受。

丞相睿闻长安不守，出师露次，躬擐甲胄，移檄四方，刻日北征。以漕运稽期，丙寅，斩督运令史淳于伯。刑者以刀拭柱，血逆流上，至柱末二丈余而下，观者咸以为冤。丞相司直刘隗上言："伯罪不至死，请免从事中郎周莚等官。"于是右将军王导等上疏引咎，请解职。睿曰："政刑失中，皆吾暗塞所致。"一无所问。

　　隗性刚讦,当时名士多被弹劾,睿率皆容贷,由是众怨皆归之。南中郎将王含,敦之兄也,以族强位显,骄傲自恣,一请参佐及守长至二十许人,多非其才。隗劾奏含,文致甚苦,事虽被寝,而王氏深忌疾之。

　　丞相睿以邵续为冀州刺史。续女婿广平刘遐聚众河、济之间,睿以遐为平原内史。

　　托跋普根之子又卒,国人立其从父郁律。

资治通鉴卷第九十

端明殿学士兼翰林侍读学士朝散大夫右谏议大夫充集贤殿修撰权判西京留司御史台上柱国河内郡开国侯食邑一千三百户食实封四百户赐紫金鱼袋臣　司马光　奉敕编集

晋纪十二 起强圉赤奋若(丁丑),尽著雍摄提格(戊寅),凡二年。

中宗元皇帝上

建武元年(丁丑、317)

春,正月,汉兵东略弘农,太守宋哲奔江东。

黄门郎史淑、侍御史王冲自长安奔凉州,称愍帝出降前一日,使淑等赍诏赐张寔,拜寔大都督、凉州牧、侍中、司空,承制行事,且曰:"朕已诏琅邪王时摄大位,君其协赞琅邪,共济多难。"淑等至姑臧,寔大临三日,辞官不受。

初,寔叔父肃为西海太守,闻长安危逼,请为先锋入援,寔以其老,弗许。及闻长安不守,肃悲愤而卒。

寔遣太府司马韩璞、抚戎将军张阆等帅步骑一万东击汉,命讨虏将军陈安、故太守贾骞、陇西太守吴绍各统郡兵为前驱。又遗相国保书曰:"王室有事,不忘投躯。前遣贾骞瞻公举动,中被符命,救骞还军。俄闻寇逼长安,胡崧不进,麹允持金五百,请救于崧,遂决遣骞等进军度岭。会闻朝廷倾覆,为忠不遂,愤痛之深,死有余责。今更遣璞等,唯公命是从。"璞等卒不能进而还,至南安,诸羌断路,相持百余日,粮竭矢尽。璞杀车中牛以飨士,泣谓之曰:"汝曹念父母乎?"曰:"念。""念妻子乎?"曰:念。"欲生还乎?"曰:"欲。""从我令乎?"曰:"诺。"乃鼓噪进战。会张阆帅金城兵继至,夹击,大破之,斩首数千级。

先是,长安谣曰:"秦川中,血没腕,唯有凉州倚柱观。"及汉兵覆关中,氐、羌掠陇右,雍、秦之民,死者什八九,独凉州安全。

二月,汉主聪使从弟畅帅步骑三万攻荥阳,太守李矩屯韩王故垒,相去七里,遣使招矩。时畅兵猝至,矩未及为备,乃遣使诈降于畅。畅不复设备,大飨,渠帅皆醉。矩欲夜袭之,士卒皆恇惧,矩乃遣其将郭诵祷于子产祠,使巫扬言曰:"子产有教,当遣神兵相助。"众皆踊跃争进。矩选勇敢千人,使诵将之,掩击畅营,斩首数千级,畅仅以身免。

辛巳,宋哲至建康,称受愍帝诏,令丞相琅邪王睿统摄万机。三月,琅邪王素服出次,举哀三日。于是西阳王羕及官属等共上尊号,王不许。羕等固请不已,王慨然流涕曰:"孤,罪人也。诸贤见逼不已,当归琅邪耳。"呼私奴,命驾将归国。荥等乃请依魏、晋故事,称晋王,许之。辛卯,即晋王位,大赦,改元。始备百官,立宗庙,建社稷。

有司请立太子,王爱次子宣城公裒,欲立之,谓王导曰:"立子当以德。"导曰:"世子、宣城,俱有朗俊之美,而世子年长。"王从之。丙辰,立世子绍为王太子。封裒为琅邪王,奉恭王后,仍以裒都督青、徐、兖三州诸军事,镇广陵。以西阳王荥为太保,封谯刚王逊之子承为谯王。逊,宣帝之弟子也。又以征南大将军王敦为大将军、江州牧,扬州刺史王导为骠骑将军、都督中外诸军事、领中书监、录尚书事,丞相左长史刁协为尚书左仆射,右长史周𫖮为吏部尚书,军谘祭酒贺循为中书令,右司马戴渊、王邃为尚书,司直刘隗为御史中丞,行参军刘超为中书舍人,参军事孔愉长兼中书郎。自余参军悉拜奉车都尉,掾属拜驸马都尉,行参军舍人拜骑都尉。王敦辞州牧,王导以敦统六州,辞中外都督,贺循以老病辞中书令,王皆许之,以循为太常。是时,承丧乱之后,江东草创,刁协久宦中朝,谙练旧事,贺循为世儒宗,明习礼学,凡有疑议,皆取决焉。

刘琨、段匹磾相与歃血同盟,期以翼戴晋室。辛丑,琨檄告华、夷,遣兼左长史、右司马温峤,匹磾遣左长史荣邵,奉表及盟文诣建康劝进。峤,羡之弟子也。峤之从母为琨妻,琨谓峤曰:"晋祚虽衰,天命未改,吾当立功河朔,使卿延誉江南。行矣,勉之!"

王以鲜卑大都督慕容廆为都督辽左杂夷流民诸军事、龙骧将军、大单于、昌黎公,廆不受。征虏将军鲁昌说廆曰:"今两京覆没,天子蒙尘,琅邪王承制江东,为四海所系属。明公虽雄据一方,而诸部犹阻兵未服者,盖以官非王命故也。谓宜通使琅邪,劝承大统,然后奉诏令以伐有罪,谁敢不从!"处士辽东高诩曰:"霸王之资,非义不济。今晋室虽微,人心犹附之,宜遣使江东,示有所尊,然后杖大义以征诸部,不患无辞矣。"廆从之,遣长史王济浮海诣建康劝进。

汉相国粲使其党王平谓太弟乂曰:"适奉中诏,云京师将有变,宜衷甲以备非常。"乂信之,命宫臣皆衷甲以居。粲驰遣告靳准、王沈。准以白汉主聪曰:"太弟将为乱,已衷甲矣。"聪大惊曰:"宁有是邪!"王沈等皆曰:"臣等闻之久矣,屡言之,而陛下不之信也。"聪使粲以兵围东宫。粲使准、沈收乂羌酋长十余人,穷问之,皆悬首高格,烧铁灼目,酋长自诬与乂谋反。聪谓沈等曰:"吾今而后知卿等之忠也。当念知无不言,勿恨往日言而不用也。"于是诛东宫官属及乂素所亲厚,准、沈等素所憎怨者大臣数十人,坑士卒万五千余人。夏,四月,废乂为北部王,粲寻使准贼杀之。乂形神秀爽,宽仁有器度,故士心多附之。聪闻其死,哭之恸,曰:"吾兄弟止馀二人而不相容,安得使天下知吾心邪!"氐、羌叛者甚众,以靳准行车骑大将军,讨平之。

五月,壬午,日有食之。

六月,丙寅,温峤等至建康,王导、周𫖮、庾亮等皆爱峤才,争与之交。是时,太尉、豫州牧荀组、冀州刺史邵续、青州刺史曹嶷、宁州刺史王逊、东夷校尉崔毖等皆上表劝进,王不许。

初,流民张平、樊雅各聚众数千人在谯,为坞主。王之为丞相也,遣行参军谯国桓宣往说平、雅,平、雅皆请降。及豫州刺史祖逖出屯芦洲,遣参军殷乂诣平、雅。乂意轻平,视其屋,曰:“可作马厩。”见大镬,曰:“可铸铁器。”平曰:“此乃帝王镬,天下清平方用之,奈何毁之!”乂曰:“卿未能保其头,而爱镬邪!”平大怒,于坐斩乂,勒兵固守。逖攻之,岁余不下,乃诱其部将谢浮,使杀之。逖进据太丘。樊雅犹据谯城,与逖相拒。逖攻之不克,请兵于南中郎将王含。桓宣时为含参军,含遣宣将兵五百助逖。逖谓宣曰:“卿信义已著于彼,今复为我说雅。”宣乃单马从两人诣雅曰:“祖豫州方欲平荡刘、石,倚卿为援。前殷乂轻薄,非豫州意也。”雅即诣逖降。逖既入谯城,石勒遣石虎围谯,王含复遣桓宣救之,虎解去。逖表宣为谯国内史。

己巳,晋王传檄天下,称:“石虎敢帅犬羊,渡河纵毒,今遣琅邪王裒等九军,锐卒三万,水陆四道,径造贼场,受祖逖节度。”寻复召裒还建康。

秋,七月,大旱。司、冀、并、青、雍州大蝗。河、汾溢,漂千余家。

汉主聪立晋王粲为皇太子,领相国、大单于,总摄朝政如故。大赦。

段匹磾推刘琨为大都督,檄其兄辽西公疾陆眷及叔父涉复辰、弟末杯等会于固安,共讨石勒。末杯说疾陆眷、涉复辰曰:“以父兄而从子弟,耻也。且幸而有功,匹磾独收之,吾属何有哉!”各引兵还。琨、匹磾不能独留,亦还蓟。

以荀组为司徒。

八月,汉赵固袭卫将军华荟于临颍,杀之。

初,赵固与长史周振有隙,振密谮固于汉主聪。李矩之破刘畅也,于帐中得聪诏,令畅既克矩,还过洛阳,收固斩之,以振代固。矩送以示固,固斩振父子,帅骑一千来降,矩复令固守洛阳。

郑攀等相与拒王廙,众心不壹,散还横桑口,欲入杜曾。王敦遣武昌太守赵诱、襄阳太守朱轨击之,攀等惧,请降。杜曾亦请击第五猗于襄阳以自赎。

廙将赴荆州,留长史刘浚镇扬口垒。竟陵内史朱伺谓廙曰:“曾,猾贼也,外示屈服,欲诱官军使西,然后兼道袭扬口耳。宜大部分,未可便西。”廙性矜厉自用,以伺为老怯,遂西行。曾等果还趋扬口,廙乃遣伺归,裁至垒,即为曾所围。刘浚自守北门,使伺守南门。马儁从曾来攻垒,儁妻子先在垒中,或欲皮其面以示之。伺曰："杀其妻子，未能解围，但益其怒耳。"乃止。曾攻陷北门，伺被伤，退入船，开船底以出，沉行五十步，乃得免。曾遣人说伺曰："马儁德卿全其妻子，今尽以卿家内外百口付儁，儁已尽心收视，卿可来也。"伺报曰："吾年六十余，不能复与卿作贼，吾死亦当南归，妻子付汝裁之。"乃就王廙于甑山，病创而卒。

戊寅，赵诱、朱轨及陵江将军黄峻与曾战于女观湖，诱等皆败死。曾乘胜径造沔口，威震江、沔。

王使豫章太守周访击之。访有众八千，进至沌阳。曾锐气甚盛，访使将军李恒督左甄，许朝督右甄，访自领中军。曾先攻左、右甄，访于阵后射雉以安众心，令其众曰："一甄败，鸣三鼓；两甄败，鸣六鼓。"赵诱子胤，将父余兵属左甄，力战，败而复合，驰马告访。访怒，叱令更进，胤号哭还战。自旦至申，两甄皆败。访选精锐八百人，自行酒饮之，敕不得妄动，闻鼓音乃进。曾兵未至三十步，访亲鸣鼓，将士�腾跃奔赴，曾遂大溃，杀千余人。访夜追之，诸将请待明日，访曰："曾骁勇能战，向者彼劳我逸，故克之。宜及其衰乘之，可灭也。"乃鼓行而进，遂定汉、沔。曾走保武当。王廙始得至荆州。访以功迁梁州刺史，屯襄阳。

冬，十月，丁未，琅邪王衷薨。

十一月，己酉朔，日有食之。

丁卯，以刘琨为侍中、太尉。

征南军司戴邈上疏，以为："丧乱以来，庠序隳废，议者或谓平世尚文，遭乱尚武，此言似之，而实不然。夫儒道深奥，不可仓猝而成，比天下平素，然后修之，则废坠已久矣。又，贵游之子，未必有斩将搴旗之才，从军征戍之役，不及盛年使之讲肄道义，良可惜也。世道久丧，礼俗日弊，犹火之消膏，莫之觉也。今王业肇建，万物权舆，谓宜笃道崇儒，以励风化。"王从之，始立太学。

汉主聪出畋，以愍帝行车骑将军，戎服执戟前导。见者指之曰："此故长安天子也。"聚而观之，故老有泣者。太子粲言于聪曰："昔周武王岂乐杀纣乎？正恐同恶相求，为患故也。今兴兵聚众者，皆以子业为名，不如早除之。"聪曰："吾前杀庾珉辈，而民心犹如是，吾未忍复杀也，且小观之。"十二月，聪飨群臣于光极殿，使愍帝行酒洗爵，已而更衣，又使之执盖，晋臣多涕泣，有失声者。尚书郎陇西辛宾起，抱帝大哭，聪命引出，斩之。

赵固与河内太守郭默侵汉河东，至绛，右司隶部民奔之者三万余人。骑兵将军刘勋追击之，杀万余人，固、默引归。太子粲帅将军刘雅生等步骑十万屯小平津，固扬言曰："要当生缚刘粲以赎天子。"粲表于聪曰："子业若死，民无所望，则不为李矩、赵固之用，不攻而自灭矣。"戊戌，愍帝遇害于平阳。粲遣雅生攻洛阳，固奔阳城山。

是岁,王命课督农功,二千石长吏以入谷多少为殿最,诸军各自佃作,即以为禀。

氐王杨茂搜卒,长子难敌立,与少子坚头分领部曲;难敌号左贤王,屯下辨,坚头号右贤王,屯河池。

河南王吐谷浑卒。吐谷浑者,慕容廆之庶兄也,父涉归分户一千七百以隶之。及廆嗣位,二部马斗,廆遣使让吐谷浑曰:“先公分建有别,奈何不相远异,而令马有斗伤!”吐谷浑怒曰:“马是六畜,斗乃其常,何至怒及于人!欲远别甚易,恐后会为难耳。当今去汝万里之外。”遂帅其众西徙。廆悔之,遣其长史乙那娄冯追谢之。吐谷浑曰:“先公尝称卜筮之言云:‘吾二子皆当强盛,祚流后世。’我,孽子也,理无并大;今因马而别,殆天意乎!”遂不复还,西傅阴山而居。属永嘉之乱,因度陇而西,据洮水之西,极于白兰,地方数千里。鲜卑谓兄为阿干,廆追思之,为之作《阿干之歌》。吐谷浑有子六十人,长子吐延嗣。吐延长大有勇力,羌、胡皆畏之。

大兴元年(戊寅、318)

春,正月,辽西公疾陆眷卒,其子幼,叔父涉复辰自立。段匹磾自蓟往奔丧,段末柸宣言:“匹磾之来,欲为篡也。”匹磾至右北平,涉复辰发兵拒之。末柸乘虚袭涉复辰,杀之,并其子弟党与,自称单于。迎击匹磾,败之,匹磾走还蓟。

三月,癸丑,愍帝凶问至建康,王斩缞居庐。百官请上尊号,王不许。纪瞻曰:“晋氏统绝,于今二年,陛下当承大业;顾望宗室,谁复与让!若光践大位,则神、民有所凭依;苟为逆天时,违人事,大势一去,不可复还。今两都燔荡,宗庙无主,刘聪窃号于西北,而陛下方高让于东南,此所谓揖让而救火也。”王犹不许,使殿中将军韩绩彻去御坐。瞻叱绩曰:“帝坐上应列星,敢动者斩!”王为之改容。

奉朝请周嵩上疏曰:“古之王者,义全而后取,让成而后得,是以享世长久,重光万载也。今梓宫未返,旧京未清,义夫泣血,士女遑遑。宜开延嘉谋,训卒厉兵,先雪社稷大耻,副四海之心,则神器将安适哉!”由是忤旨,出为新安太守,又坐怨望抵罪。嵩,颉之弟也。

丙辰,王即皇帝位,百官皆陪列。帝命王导升御床共坐,导固辞曰:“若太阳下同万物,苍生何由仰照!”帝乃止。大赦,改元,文武增位二等。帝欲赐诸吏投刺劝进者加位一等,民投刺者皆除吏,凡二十余万人。散骑常侍熊远曰:“陛下应天继统,率土归戴,岂独近者情重,远者情轻!不若依汉法遍赐天下爵,于恩为普,且可以息检核之烦,塞巧伪之端也。”帝不从。

庚午,立王太子绍为皇太子。太子仁孝,喜文辞,善武艺,好贤礼士,容受规谏,与庾亮、温峤等为布衣之交。亮风格峻整,善谈老、庄,帝器重之,聘亮妹为太子妃。帝以贺循行太子太傅,周颉为少傅,庾亮以中书郎侍讲东宫。帝好刑名家,以《韩非》书赐太子。庾亮谏曰:"申、韩刻薄伤化,不足留圣心。"太子纳之。

帝复遣使授慕容廆龙骧将军、大单于、昌黎公,廆辞公爵不受。廆以游邃为龙骧长史,刘翔为主簿,命邃创定府朝仪法。裴嶷言于廆曰:"晋室衰微,介居江表,威德不能及远,中原之乱,非明公不能拯也。今诸部虽各拥兵,然皆顽愚相聚,宜以渐并取,以为西讨之资。"廆曰:"君言大,非孤所及也。然君中朝名德,不以孤僻陋而教诲之,是天以君赐孤而祐其国也。"乃以嶷为长史,委以军国之谋。诸部弱小者,稍稍击取之。

李矩使郭默、郭诵救赵固,屯于洛汭。诵潜遣其将耿稚等夜济河袭汉营,汉贝丘王翼光觇知之,以告太子粲,请为之备。粲曰:"彼闻赵固之败,自保不暇,安敢来此邪!毋为惊动将士。"俄而稚等奄至,十道进攻,粲众惊溃,死伤太半,粲走保阳乡。稚等据其营,获器械、军资不可胜数。及旦,粲见稚等兵少,更与刘雅生收余众攻之,汉主聪使太尉范隆帅骑助之,与稚等相持,苦战二十余日,不能下。李矩进兵救之,汉兵临河拒守,矩兵不得济。稚等杀其所获牛马,焚其军资,突围,奔虎牢。诏以矩都督河南三郡诸军事。

汉螽斯则百堂灾,烧杀汉主聪之子会稽王康等二十一人。

聪以其子济南王骥为大将军、都督中外诸军事、录尚书,齐王劢为大司徒。

焦嵩、陈安举兵逼上邽,相国保遣使告急于张寔,寔遣金城太守窦涛督步骑二万赴之。军至新阳,闻愍帝崩,保谋称尊号。破羌都尉张诜言于寔曰:"南阳王,国之疏属,忘其大耻而亟欲自尊,必不能成功。晋王近亲,且有名德,当帅天下以奉之。"寔从之,遣牙门蔡忠奉表诣建康,比至,帝已即位。寔不用江东年号,犹称建兴。

夏,四月,丁丑朔,日有食之。

加王敦江州牧,王导骠骑大将军、开府仪同三司。

导遣八部从事行扬州郡国,还,同时俱见。诸从事各言二千石官长得失,独顾和无言。导问之,和曰:"明公作辅,宁使网漏吞舟,何缘采听风闻,以察察为政邪!"导咨嗟称善。和,荣之族子也。

成丞相范长生卒,成主雄以长生子侍中贲为丞相。长生博学,多艺能,年近百岁,蜀人奉之如神。

汉中常侍王沈养女有美色,汉主聪立以为左皇后。尚书令王鉴、中书监崔懿之、中书令曹恂谏曰:"臣闻王者立后,比德乾坤,生承宗庙,没配后土,必择世德名宗,幽闲令淑,乃副四海之望,称神祇之心。孝成帝以赵飞燕为后,使继嗣绝灭,社稷为墟,此前鉴也。自麟嘉以来,中宫之位,不以德举。借使沈之弟女,刑余小丑,犹不可以尘污淑房,况其家婢邪!六宫妃嫔,皆公子公孙,奈何一旦以婢主之!臣恐非国家之福也。"聪大怒,使中常侍宣怀谓太子粲曰:"鉴等小子,狂言侮慢,无复君臣上下之礼,其速考实。"于是收鉴等送市,皆斩之。金紫光禄大夫王延驰将入谏,门者弗通。

鉴等临刑,王沈以杖叩之曰:"庸奴,复能为恶乎?乃公何与汝事!"鉴瞋目叱之曰:"竖子!灭大汉者,正坐汝鼠辈与靳准耳。要当诉汝于先帝,取汝于地下治之。"准谓鉴曰:"吾受诏收君,有何不善,君言汉灭由吾也?"鉴曰:"汝杀皇太弟,使主上获不友之名。国家畜养汝辈,何得不灭!"懿之谓准曰:"汝心如枭镜,必为国患,汝既食人,人亦当食汝。"聪又立宣怀养女为中皇后。

司徒荀组在许昌,逼于石勒,帅其属数百人渡江。诏组与太保西阳王羕并录尚书事。

段匹磾之奔疾陆眷丧也,刘琨使其世子群送之。匹磾败,群为段末柸所得。末柸厚礼之,许以琨为幽州刺史,欲与之袭匹磾,密遣使赍群书,请琨为内应,为匹磾逻骑所得。时琨别屯征北小城,不知也,来见匹磾。匹磾以群书示琨曰:"意亦不疑公,是以白公耳。"琨曰:"与公同盟,庶雪国家之耻,若儿书密达,亦终不以一子之故负公而忘义也。"匹磾雅重琨,初无害琨意,将听还屯。其弟叔军谓匹磾曰:"我胡夷耳,所以能服晋人者,畏吾众也。今我骨肉乖离,是其良图之日,若有奉琨以起,吾族尽矣。"匹磾遂留琨。琨之庶长子遵惧诛,与琨左长史杨桥等闭门自守,匹磾攻拔之。代郡太守辟闾嵩、后将军韩据复潜谋袭匹磾,事泄,匹磾执嵩、据及其徒党,悉诛之。五月,癸丑,匹磾称诏收琨,缢杀之,并杀其子侄四人。琨从事中郎卢谌、崔悦等帅琨余众奔辽西,依段末柸,奉刘群为主;将佐多奔石勒。悦,林之曾孙也。朝廷以匹磾尚强,冀其能平河朔,乃不为琨举哀。温峤表:"琨尽忠帝室,家破身亡,宜在褒恤。"卢谌、崔悦因末柸使者,亦上表为琨讼冤。后数岁,乃赠琨太尉、侍中,谥曰愍。于是夷、晋以琨死故,皆不附匹磾。

末柸遣其弟攻匹磾,匹磾帅其众数千将奔邵续,勒将石越邀之于盐山,大败之,匹磾复还保蓟。末柸自称幽州刺史。

初,温峤为刘琨奉表诣建康,其母崔氏固止之,峤绝裾而去。既至,屡求返命,朝廷不许,会琨死,除散骑侍郎。峤闻母亡,阻乱不得奔丧、临葬,固让不拜,苦请北归。诏曰:"凡行礼者,当使理可经通。今桀逆未枭,诸军奉迎梓宫犹未得进,峤以一身,于何济其私难而不从王命邪!"峤不得已受拜。

初,曹嶷既据青州,乃叛汉来降。又以建康悬远,势援不接,复与石勒相结,勒授嶷东州大将军、青州牧,封琅邪公。

六月,甲申,以刁协为尚书令,荀崧为左仆射。协性刚悍,与物多忤,与侍中刘隗俱为帝所宠任,欲矫时弊,每崇上抑下,排沮豪强,故为王氏所疾,诸刻碎之政,皆云隗、协所建。协又使酒放肆,侵毁公卿,见者皆侧目惮之。

戊戌,封皇子晞为武陵王。

刘虎自朔方侵拓跋郁律西部。秋,七月,郁律击虎,大破之,虎走出塞,从弟路孤帅其部落降于郁律。于是郁律西取乌孙故地,东兼勿吉以西,士马精强,雄于北方。

汉主聪寝疾,征大司马曜为丞相,石勒为大将军,皆录尚书事,受遗诏辅政。曜、勒固辞。乃以曜为丞相,领雍州牧,勒为大将军,领幽、冀二州牧,勒辞不受。以上洛王景为太宰,济南王骥为大司马,昌国公顗为太师,朱纪为太傅,呼延晏为太保,并录尚书事;范隆守尚书令、仪同三司,靳准为大司空、领司隶校尉,皆选决尚书奏事。癸亥,聪卒。甲子,太子粲即位。尊皇后靳氏为皇太后,樊氏号弘道皇后,武氏号弘德皇后,王氏号弘孝皇后。立其妻靳氏为皇后,子元公为太子。大赦,改元汉昌。葬聪于宣光陵,谥曰昭武皇帝,庙号烈宗。靳太后等皆年未盈二十,粲多行无礼,无复哀戚。

靳准阴有异志,私谓粲曰:"如闻诸公欲行伊、霍之事,先诛太保及臣,以大司马统万机,陛下宜早图之。"粲不从。准惧,复使二靳氏言之,粲乃从之。收其太宰景、大司马骥、骥母弟车骑大将军吴王逞、太师顗、大司徒齐王劢,皆杀之。朱纪、范隆奔长安。八月,粲治兵于上林,谋讨石勒。以丞相曜为相国、都督中外诸军事,仍镇长安;靳准为大将军、录尚书事。粲常游宴后宫,军国之事,一决于准。准矫诏以从弟明为车骑将军,康为卫将军。

准将作乱,谋于王延。延弗从,驰将告之,遇靳康,却延以归。准遂勒兵升光极殿,使甲士执粲,数而杀之,谥曰隐帝。刘氏男女,无少长皆斩东市。发永光、宣光二陵,斩聪尸,焚其宗庙。准自号大将军、汉天王,称制,置百官,谓安定胡嵩曰:"自古无胡人为天子者,今以传国玺付汝,还如晋家。"嵩不敢受,准怒,杀之。遣使告司州刺史李矩曰:"刘渊,屠各小丑,因晋之乱,矫称天命,使二帝幽没。辄帅众扶侍梓宫,请以上闻。"矩驰表于帝,帝遣太常韩胤等奉迎梓宫。汉尚书北宫纯等招集晋人,堡于东宫,靳康攻灭之。准欲以王延为左光禄大夫,延骂曰:"屠各逆奴,何不速杀我!以吾左目置西阳门,观相国之入也,右目置建春门,观大将军之入也。"准杀之。

相国曜闻乱,自长安赴之。石勒帅精锐五万以讨准,据襄陵北原。准数挑战,勒坚壁以挫之。

冬,十月,曜至赤壁,太保呼延晏等自平阳归之,与太傅朱纪等共上尊号。曜即皇帝位,大赦,惟靳准一门不在赦例,改元光初。以朱纪领司徒,呼延晏领司空,太尉范隆以下悉复本位。以石勒为大司马、大将军,加九锡,增封十郡,进爵为赵公。

勒进攻淮于平阳,巴及羌、羯降者十余万落,勒皆徙之于所部郡县。汉主曜使征北将军刘雅、镇北将军刘策屯汾阴,与勒共讨淮。

十一月,乙卯,日夜出,高三丈。

诏以王敦为荆州牧,加陶侃都督交州诸军事;敦固辞州牧,乃听为刺史。

庚申,诏群公卿士各陈得失。御史中丞熊远上疏,以为:"胡贼猾夏,梓宫未返,而不能遣军进讨,一失也。群官不以仇贼未报为耻,务在调戏、酒食而已,二失也。选官用人,不料实德,惟在白望,不求才干,惟事请托;当官者以治事为俗吏,奉法为苛刻,尽礼为谄谀,从容为高妙,放荡为达士,骄蹇为简雅,三失也。世之所恶者,陆沉泥滓;时之所善者,翱翔云霄。是以万机未整,风俗伪薄。朝廷群司,以从顺为善,相违见贬,安得朝有辨争之臣,士无禄仕之志乎!古之取士,敷奏以言;今光禄不试,甚违古义。又举贤不出世族,用法不及权贵,是以才不济务,奸无所惩。若此道不改,求以救乱,难矣!"

先是,帝以离乱之际,欲慰悦人心,州郡秀、孝至者,不试,普皆署吏。尚书陈頵亦上言:"宜渐循旧制,试以经策。"帝从之,仍诏:"不中科者,刺史、太守免官。"于是秀、孝皆不敢行,其有到者,亦皆托疾,比三年无就试者。帝欲特除孝廉已到者官,尚书郎孔坦奏议,以为:"近郡惧累君父,皆不敢行;远郡冀于不试,冒昧来赴。今若偏加除署,是为谨身奉法者失分,侥幸投射者得官,颓风伤教,恐从此始。不若一切罢归,而为之延期,使得就学,则法均而令信矣。"帝从之,听孝廉申至七年乃试。坦,愉之从子也。

靳淮使侍中卜泰送乘舆、服御请和于石勒,勒因泰,送于汉主曜。曜谓泰曰:"先帝末年,实乱大伦。司空行伊、霍之权,使朕及此,其功大矣。若早迎大驾者,当悉以政事相委,况免死乎!卿为朕入城,具宣此意。"泰还平阳,淮自以杀曜母兄,沈吟未从。十二月,左、右车骑将军乔泰、王腾、卫将军靳康等相与杀淮,推尚书令靳明为主,遣卜泰奉传国六玺降汉。石勒大怒,进军攻明。明出战,大败,乃婴城固守。

丁丑,封皇子焕为琅邪王。焕,郑夫人之子,生二年矣,帝爱之,以其疾笃,故王之。己卯,薨。帝以成人之礼葬之,备吉凶仪服,营起园陵,功费甚广。琅邪国右常侍会稽孙霄上疏谏曰:"古者凶荒杀礼,况今海内丧乱,宪章旧制,犹宜节省。而礼典所无,顾崇饰如是乎!竭已罢之民,营无益之事,殚已困之财,修无用之费,此臣之所不安也。"帝不从。

彭城内史周抚杀沛国内史周默,以其众降石勒。诏下邳内史刘遐领彭城内史,与徐州刺史蔡豹、泰山太守徐龛共讨之。豹,质之玄孙也。

石虎帅幽、冀之兵会石勒攻平阳,靳明屡败,遣使求救于汉。汉主曜使刘雅、刘策迎之,明帅平阳士女万五千人奔汉。曜西屯粟邑,收靳氏男女,无少长皆斩之。曜迎其母胡氏之丧于平阳,葬于粟邑,号曰阳陵,谥曰宣明皇太后。石勒焚平阳宫室,使裴宪、石会修永光、宣光二陵,收汉主粲已下百余口葬之,置戍而归。

成梁州刺史李凤数有功,成主雄兄子稚在晋寿,疾之。凤以巴西叛,雄自至涪,使太傅骧讨凤,斩之。以李寿为前将军,督巴西军事。

资治通鉴卷第九十一

端明殿学士兼翰林侍读学士朝散大夫右谏议大夫充集贤殿修撰权判西京留司御史台上柱国河内郡开国侯食邑一千三百户食实封四百户赐紫金鱼袋臣　司马光　奉敕编集

晋纪十三 起屠维单阏（己卯），尽重光大荒落（辛巳），凡三年。

中宗元皇帝中

大兴二年（己卯、319）

春，二月，刘遐、徐龛击周抚于寒山，破斩之。初，掖人苏峻帅乡里数千家结垒以自保，远近多附之。曹嶷恶其强，将攻之，峻帅众浮海来奔。帝以峻为鹰扬将军，助刘遐讨周抚，有功，诏以遐为临淮太守，峻为淮陵内史。

石勒遣左长史王脩献捷于汉，汉主曜遣兼司徒郭汜授勒太宰、领大将军，进爵赵王，加殊礼，出警入跸，如曹公辅汉故事。拜王脩及其副刘茂皆为将军，封列侯。脩舍人曹平乐从脩至粟邑，因留仕汉，言于曜曰："大司马遣脩等来，外表至诚，内觇大驾强弱，俟其复命，将袭乘舆。"时汉兵实疲弊，曜信之。乃追汜还，斩脩于市。三月，勒还至襄国。刘茂逃归，言脩死状。勒大怒曰："孤事刘氏，于人臣之职有加矣。彼之基业，皆孤所为，今既得志，还欲相图。赵王、赵帝，孤自为之，何待于彼邪！"乃诛曹平乐三族。

帝令群臣议郊祀，尚书令刁协等以为宜须还洛乃修之。司徒荀组等曰："汉献帝都许，即行郊祀，何必洛邑！"帝从之，立郊丘于建康城之巳地。辛卯，帝亲祀南郊。以未有北郊，并地祇合祭之，诏："琅邪恭王宣称皇考。"贺循曰："《礼》，子不敢以己爵加于父。"乃止。

初，蓬陂坞主陈川自称陈留太守。祖逖之攻樊雅也，川遣其将李头助之。头力战有功，逖厚遇之。头每叹曰："得此人为主，吾死无恨。"川闻而杀之。头党冯宠帅其众降逖，川益怒，大掠豫州诸郡，逖遣兵击破之。夏，四月，川以浚仪叛，降石勒。

周抚之败走也，徐龛部将于药追斩之，及朝廷论功，而刘遐先之。龛怒，以泰山叛，降石勒，自称兖州刺史。

汉主曜还，都长安，立妃羊氏为皇后，子熙为皇太子。封子袭为长乐王，阐为太原王，冲为淮南王，敞为齐王，高为鲁王，徽为楚王，诸宗室皆进封郡王。羊氏，即故惠帝后也。曜尝问之曰："吾何如司马家儿？"羊氏曰："陛下开基之圣主，彼亡国之暗夫,何可并言?彼贵为帝王,有一妇、一子及身三耳,曾不能庇。妾于尔时,实不欲生,意谓世间男子皆然。自奉巾帨已来,始知天下自有丈夫耳。"曜甚宠之,颇干预国事。

南阳王保自称晋王,改元建康,置百官,以张寔为征西大将军、开府仪同三司。陈安自称秦州刺史,降于汉,又降于成。上邽大饥,士众困迫,张春奉保之南安祁山。寔遣韩璞帅步骑五千救之,陈安退保绵诸,保归上邽。未几,保复为安所逼,寔遣其将宋毅救之,安乃退。

江东大饥,诏百官各上封事。益州刺史应詹上疏曰:"元康以来,贼经尚道,以玄虚宏放为夷达,以儒术清俭为鄙俗。宜崇奖儒官,以新俗化。"

祖逖攻陈川于蓬关,石勒遣石虎将兵五万救之,战于浚仪,逖兵败,退屯梁国。勒又遣桃豹将兵至蓬关,逖退屯淮南。虎徙川部众五千户于襄国,留豹守川故城。

石勒遣石虎击鲜卑日六延于朔方,大破之,斩首二万级,俘虏三万余人。孔苌攻幽州诸郡,悉取之。段匹磾士卒饥散,欲移保上谷,代王郁律勒兵将击之,匹磾弃妻子奔乐陵,依邵续。

曹嶷遣使赂石勒,请以河为境,勒许之。

梁州刺史周访击杜曾,大破之。马儁等执曾以降,访斩之,并获荆州刺史第五猗,送于武昌。访以猗本中朝所署,加有时望,白王敦不宜杀,敦不听而斩之。初,敦患杜曾难制,谓访曰:"若擒曾,当相论为荆州。"及曾死而敦不用。王廙在荆州,多杀陶侃将佐,以皇甫方回为侃所敬,责其不诣己,收斩之。士民怨怒,上下不安。帝闻之,征廙为散骑常侍,以周访代廙为荆州刺史。王敦忌访威名,意难之。从事中郎郭舒说敦曰:"鄙州虽荒弊,乃用武之国,不可以假人,宜自领之,访为梁州足矣。"敦从之。六月,丙子,诏加访安南将军,余如故。访大怒,敦手书譬解,并遗玉环、玉碗以申厚意。访抵之于地,曰:"吾岂贾竖,可以宝悦邪!"访在襄阳,务农训兵,阴有图敦之志,守宰有缺辄补,然后言上。敦患之,而不能制。

魏该为胡寇所逼,自宜阳帅众南迁新野,助周访讨杜曾有功,拜顺阳太守。

赵固死,郭诵留屯阳翟,石生屡攻之,不能克。

汉主曜立宗庙、社稷、南北郊于长安,诏曰:"吾之先,兴于北方。光文立汉宗庙以从民望。今宜改国号,以单于为祖。亟议以闻。"群臣奏:"光文始封卢奴伯,陛下又王中山。中山,赵分也,请改国号为赵。"从之。以冒顿配天,光文配上帝。

徐龛寇掠济、岱,破东莞。帝问将帅可以讨龛者于王导,导以为太子左卫率太山羊鉴,龛之州里冠族,必能制之。鉴深辞才非将帅,郗鉴亦表鉴非才,不可使,导不从。秋,八月,以羊鉴为征虏将军、征讨都督,督徐州刺史蔡豹、临淮太守刘遐、鲜卑段文鸯等讨之。

冬,石勒左、右长史张敬、张宾,左、右司马张屈六、程遐等,劝勒称尊号,勒不许。十一月,将佐等复请勒称大将军、大单于、领冀州牧、赵王,依汉昭烈在蜀、魏武在邺故事,以河内等二十四郡为赵国,太守皆为内史,准《禹贡》,复冀州之境,以大单于镇抚百蛮,罢并、朔、司三州,通置部司以监之。勒许之。戊寅,即赵王位,大赦,依春秋时列国称元年。

初,勒以世乱,律令烦多,命法曹令史贯志,采集其要,作《辛亥制》五千文;施行十余年,乃用律令。以理曹参军上党续咸为律学祭酒,咸用法详平,国人称之。以中垒将军支雄、游击将军王阳领门臣祭酒,专主胡人辞讼,重禁胡人,不得陵侮衣冠华族,号胡为国人。遣使循行州郡,劝课农桑。朝会始用天子礼乐,衣冠、仪物,从容可观矣。加张宾大执法,专总朝政。以石虎为单于元辅、都督禁卫诸军事,寻加骠骑将军、侍中、开府,赐爵中山公。自余群臣,授位进爵各有差。

张宾任遇优显,群臣莫及,而谦虚敬慎,开怀下士,屏绝阿私,以身帅物,入则尽规,出则归美。勒甚重之,每朝,常为之正容貌,简辞令,呼曰"右侯"而不敢名。

十二月,乙亥,大赦。

平州刺史崔毖,自以中州人望,镇辽东,而士民多归慕容廆,心不平。数遣使招之,皆不至,意廆拘留之,乃阴说高句丽、段氏、宇文氏,使共攻之,约灭廆,分其地。毖所亲勃海高瞻力谏,毖不从。

三国合兵伐廆,诸将请击之,廆曰:"彼为崔毖所诱,欲邀一切之利。军势初合,其锋甚锐,不可与战,当固守以挫之。彼乌合而来,既无统壹,莫相归服,久必携贰,一则疑吾与毖诈而覆之,二则三国自相猜忌。待其人情离贰,然后击之,破之必矣。"

三国进攻棘城,廆闭门自守,遣使独以牛酒犒宇文氏。二国疑宇文氏与廆有谋,各引兵归。宇文大人悉独官曰:"二国虽归,吾当独取之。"

宇文氏士卒数十万,连营四十里。廆使召其子翰于徒河。翰遣使白廆曰:"悉独官举国为寇,彼众我寡,易以计破,难以力胜。今城中之众,足以御寇,翰请为奇兵于外,伺其间而击之,内外俱奋,使彼震骇不知所备,破之必矣。今并兵为一,彼得专意攻城,无复它虞,非策之得者也。且示众以怯,恐士气不战先沮矣。"廆犹疑之。辽东韩寿言于廆曰:"悉独官有凭陵之志,将骄卒惰,军不坚密,若奇兵卒起,掎其无备,必破之策也。"廆乃听翰留徒河。

悉独官闻之,曰:"翰素名骁果,今不入城,或能为患,当先取之,城不足忧。"乃分遣数千骑袭翰。翰知之,诈为段氏使者,逆于道曰:"慕容翰久为吾患,闻当击之,吾已严兵相待,宜速进也。"使者既去,翰即出城,设伏以待之。宇文氏之骑见使者，大喜驰行，不复设备，进入伏中。翰奋击，尽获之，乘胜径进，遣间使语廆出兵大战。廆使其子皝与长史裴嶷将精锐为前锋，自将大兵继之。悉独官初不设备，闻廆至，惊，悉众出战。前锋始交，翰将千骑从旁直入其营，纵火焚之，众皆惶扰，不知所为，遂大败，悉独官仅以身免。廆尽俘其众，获皇帝玉玺三纽。

崔毖闻之惧，使其兄子焘诣棘城伪贺。会三国使者亦至，请和，曰："非我本意，崔平州教我耳。"廆以示焘，临之以兵，焘惧，首服。廆乃遣焘归谓毖曰："降者上策，走者下策也。"引兵随之。毖与数十骑弃家奔高句丽，其众悉降于廆。廆以其子仁为征虏将军，镇辽东，官府、市里，案堵如故。

高句丽将如奴子据于河城，廆遣将军张统掩击，擒之，俘其众千余家，以崔焘、高瞻、韩恒、石琮归于棘城，待以客礼。恒，安平人；琮，鉴之孙也。廆以高瞻为将军，瞻称疾不就，廆数临候之，抚其心曰："君之疾在此，不在它也。今晋室丧乱，孤欲与诸君共清世难，翼戴帝室。君中州望族，宜同斯愿，奈何以华、夷之异，介然疏之哉！夫立功立事，惟问志略何如耳，华、夷何足问乎！"瞻犹不起，廆颇不平。龙骧主簿宋该，与瞻有隙，劝廆除之，廆不从。瞻以忧卒。

初，鞠羡既死，苟晞复以羡子彭为东莱太守。会曹嶷徇青州，与彭相攻，嶷兵虽强，郡人皆为彭死战，嶷不能克。久之，彭叹曰："今天下大乱，强者为雄。曹亦乡里，为天所相，苟可依凭，即为民主，何必与之力争，使百姓肝脑涂地！吾去此，则祸自息矣。"郡人以为不可，争献拒嶷之策，彭一无所用，与乡里千余家浮海归崔毖。北海郑林客于东莱、彭、嶷之相攻，林情无彼此。嶷贤之，不敢侵掠，彭与之俱去。比至辽东，毖已败，乃归慕容廆。廆以彭参龙骧军事。遗郑林车牛粟帛，皆不受，躬耕于野。

朱该劝廆献捷江东，廆使该为表，裴嶷奉之，并所得三玺诣建康献之。

高句丽数寇辽东，廆遣慕容翰、慕容仁伐之。高句丽王乙弗利逆来求盟，翰、仁乃还。

是岁，蒲洪降赵，赵主曜以洪为率义侯。

屠各路松多起兵于新平、扶风以附晋王保，保使其将杨曼、王连据陈仓，张颚、周庸据阴密，路松多据草壁，秦陇氐、羌多应之。赵主曜遣诸将攻之，不克。曜自将击之。

三年（庚辰、320）

春，正月，曜攻陈仓，王连战死，杨曼奔南氐。曜进拔草壁，路松多奔陇城，又拔阴密。晋王保惧，迁于桑城。曜还长安，以刘雅为大司徒。

张春谋奉晋王保奔凉州，张寔遣其将阴监将兵迎之，声言翼卫，其实拒之。

段末柸攻段匹磾，破之。匹磾谓邵续曰："吾本夷狄，以慕义破家。君不忘久要,请相与共击末杯。"续许之。遂相与追击末杯,大破之。匹磾与弟文鸯攻蓟。后赵王勒知续势孤,遣中山公虎将兵围厌次,孙苌攻续别营十一,皆下之。二月,续自出击虎,虎伏骑断其后,遂执续,使降其城。续呼兄子竺等谓曰:"吾志欲报国,不幸至此。汝等努力奉匹磾为主,勿有贰心。"匹磾自蓟还,未至厌次,闻续已没,众惧而散,复为虎所遮,文鸯以亲兵数百力战,始得入城,与续子缉、兄子存、竺等婴城固守。虎送续于襄国,勒以为忠,释而礼之,以为从事中郎。因下令:"自今克敌,获士人,毋得擅杀,必生致之。"

吏部郎刘胤闻续被攻,言于帝曰:"北方藩镇尽矣,惟余邵续而已。如使复为石虎所灭,孤义士之心,阻归本之路。愚谓宜发兵救之。"帝不能从。闻续已没,乃下诏以续位任授其子缉。

赵将尹安、宋始、宋恕、赵慎四军屯洛阳,叛,降后赵。后赵将石生引兵赴之,安等复叛,降司州刺史李矩。矩使颍川太守郭默将兵入洛。石生虏宋始一军,北渡河。于是河南之民皆相帅归矩,洛阳遂空。

三月,裴嶷至建康,盛称慕容廆之威德,贤隽皆为之用,朝廷始重之。帝谓嶷曰:"卿中朝名臣,当留江东,朕别诏龙骧送卿家属。"嶷曰:"臣少蒙国恩,出入省闼,若得复奉辇毂,臣之至荣。但以旧京沦没,山陵穿毁,虽名臣宿将,莫能雪耻,独慕容龙骧竭忠王室,志除凶逆,故使臣万里归诚。今臣来而不返,必谓朝廷以其僻陋而弃之,孤其向义之心,使懈体于讨贼,此臣之所甚惜,是以不敢徇私而忘公也。"帝曰:"卿言是也。"乃遣使随嶷拜廆安北将军、平州刺史。

闰月,以周颛为尚书左仆射。

晋王保将张春、杨次与别将杨韬不协,劝保诛之,且请击陈安,保皆不从。夏,五月,春、次幽保,杀之。保体肥大,重八百斤,喜睡,好读书,而暗弱无断,故及于难。保无子,张春立宗室子瞻为世子,称大将军。保众散,奔凉州者万余人。陈安表于赵主曜,请讨瞻等。曜以安为大将军,击瞻,杀之,张春奔枹罕。安执杨次,于保柩前斩之,因以祭保。安以天子礼葬保于上邽,谥曰元王。

羊鉴讨徐龛,顿兵下邳,不敢前。蔡豹败龛于檀丘,龛求救于后赵。后赵王勒遣其将王伏都救之,又使张敬将兵为之后继。勒多所邀求,而伏都淫暴,龛患之。张敬至东平,龛疑其袭己,乃斩伏都等三百余人,复来请降。勒大怒,命张敬据险以守之。帝亦恶龛反覆,不受其降,敕鉴、豹以时进讨。鉴犹疑惮不进,尚书令刁协劾奏鉴,免死除名,以蔡豹代领其兵。王导以所举失人,乞自贬,帝不许。

六月,后赵孔苌攻段匹磾,恃胜而不设备,段文鸯袭击,大破之。

京兆人刘弘客居凉州天梯山,以妖术惑众,从受道者千余人,西平元公张寔左右皆事之。帐下阎涉、牙门赵印,皆弘乡人,弘谓之曰:"天与我神玺,应王凉州。"涉、印信之，密与寔左右十余人谋杀寔，奉弘为主。寔弟茂知其谋，请诛弘。寔令牙门将史初收之，未至，涉等怀刃而入，杀寔于外寝。弘见史初至，谓曰："使君已死，杀我何为！"初怒，截其舌而囚之，辕于姑臧市，诛其党与数百人。左司马阴元等以寔子骏尚幼，推张茂为凉州刺史、西平公，赦其境内，以骏为抚军将军。

丙辰，赵将解虎及长水校尉尹车谋反，与巴酋句徐、库彭等相结，事觉，虎、车皆伏诛。赵主曜囚徐、彭等五十余人于阿房，将杀之。光禄大夫游子远谏曰："圣王用刑，惟诛元恶而已，不宜多杀。"争之，叩头流血。曜怒，以为助逆而囚之，尽杀徐、彭等，尸诸市十日，乃投于水。于是巴众尽反，推巴酋句渠知为主，自称大秦，改元曰平赵。四山氐、羌、巴、羯应之者三十余万，关中大乱，城门昼闭。子远又从狱中上表谏争，曜手毁其表曰："大荔奴不忧命在须臾，犹敢如此，嫌死晚邪？"叱左右速杀之。中山王雅、郭汜、朱纪、呼延晏等谏曰："子远幽囚，祸在不测，犹不忘谏争，忠之至也。陛下纵不能用，奈何杀之！若子远朝诛，臣等亦当夕死，以彰陛下之过。天下将皆舍陛下而去，陛下谁与居乎！"曜意解，乃赦之。

曜敕内外戒严，将自讨渠知。子远又谏曰："陛下诚能用臣策，一月可定，大驾不必亲征也。"曜曰："卿试言之。"子远曰："彼非有大志，欲图非望也，直畏陛下威刑，欲逃死耳。陛下莫若廓然大赦，与之更始，应前日坐虎、车等事，其家老弱没入奚官者，皆纵遣之，使之自相招引，听其复业。彼既得生路，何为不降！若其中自知罪重，屯结不散者，愿假臣弱兵五千，必为陛下枭之。不然，今反者弥山被谷，虽以天威临之，恐非岁月可除也。"曜大悦，即日大赦，以子远为车骑大将军、开府仪同三司、都督雍、秦征讨诸军事。子远屯于雍城，降者十余万。移军安定，反者皆降，惟句氏宗党五千余家保于阴密，进攻灭之，遂引兵巡陇右。先是氐、羌十余万落据险不服，其酋虚除权渠自号秦王。子远进造其壁，权渠出兵拒之，五战皆败。权渠欲降，其子伊馀大言于众曰："往者刘曜自来，犹无若我何，况此偏师，何谓降也！"帅劲卒五万，晨压子远垒门。诸将欲击之，子远曰："伊馀勇悍，当今无敌，所将之兵，复精于我，又其父新败，怒气方盛，其锋不可当也。不如缓之，使气竭而后击之。"乃坚壁不战。伊馀有骄色，子远伺其无备，夜，勒兵蓐食，旦，值大风尘昏，子远悉众出掩之，生擒伊馀，尽俘其众。权渠大惧，被发、劓面请降。子远启曜，以权渠为征西将军、西戎公，分徙伊馀兄弟及其部落二十余万口于长安。曜以子远为大司徒、录尚书事。

曜立太学，选民之神志可教者千五百人，择儒臣以教之。作酆明观及西宫，起陵霄台于滈池，又于霸陵西南营寿陵。侍中乔豫、和苞上疏谏，以为："卫文公承乱亡之后，节用爱民，营建宫室，得其时制，故能兴康叔之业，延九百之祚。前奉诏书营酆明观，市道细民咸讥其奢，曰：'以一观之功，足以平凉州矣。'今又欲拟阿房而建西宫,法琼台而起陵霄,其为劳费,亿万�№明。若以资军旅,乃可兼吴、蜀而壹齐、魏矣。又闻营建寿陵,周围四里,深三十五丈,以铜为椁,饰以黄金,功费若此,殆非国内之所能办也。秦始皇下锢三泉,土未干而发毁。自古无不亡之国,不掘之墓,故圣王之俭葬,乃深远之虑也。陛下奈何于中兴之日,而蹈亡国之事乎!"曜下诏曰:"二侍中恳恳有古人之风,可谓社稷之臣矣。其悉罢宫室诸役,寿陵制度,一遵霸陵之法。封豫安昌子,苟平舆子,并领谏议大夫。仍布告天下,使知区区之朝,欲闻其过也。"又省汾水囿以赋贫民。

祖逖将韩潜与后赵将桃豹分据陈川故城,豹居西台,潜居东台,豹由南门,潜由东门,出入相守四旬,逖以布囊盛土如米状,使千余人运上台,又使数人担米,息于道。豹兵逐之,弃担而走。豹兵久饥,得米,以为逖士众丰饱,益惧。后赵将刘夜堂以驴千头运粮馈豹,逖使韩潜及别将冯铁邀击于汴水,尽获之。豹宵遁,屯东燕城,逖使潜进屯封丘以逼之。冯铁据二台,逖镇雍丘,数遣兵邀击后赵兵,后赵镇戍归逖者甚多,境土渐蹙。

先是,赵固、上官巳、李矩、郭默互相攻击,逖驰使和解之,示以祸福,遂皆受逖节度。秋,七月,诏加逖镇西将军。逖在军,与将士同甘苦,约己务施,劝课农桑,抚纳新附,虽疏贱者皆结以恩礼。河上诸坞,先有任子在后赵者,皆听两属,时遣游军伪抄之,明其未附。坞主皆感恩,后赵有异谋,辄密以告。由是多所克获,自河以南,多叛后赵归于晋。

逖练兵积谷,为取河北之计。后赵王勒患之,乃下幽州为逖修祖、父墓,置守冢二家,因与逖书,求通使及互市。逖不报书,而听其互市,收利十倍。逖牙门童建杀新蔡内史周密,降于后赵,勒斩之,送首于逖,曰:"叛臣逃吏,吾之深仇,将军之恶,犹吾恶也。"逖深德之。自是后赵人叛归逖者,逖皆不纳,禁诸将不使侵暴后赵之民,边境之间,稍得休息。

八月,辛未,梁州刺史周访卒。访善于抚纳士众,皆为致死。知王敦有不臣之心,私常切齿,敦由是终访之世,未敢为逆。敦遣从事中郎郭舒监襄阳军,帝以湘州刺史甘卓为梁州刺史,督沔北诸军事,镇襄阳。舒既还,帝征为右丞,敦留不遣。

后赵王勒遣中山公虎帅步骑四万击徐龛,龛送妻子为质,乞降,勒许之。蔡豹屯卞城,石虎将击之,豹退守下邳,为徐龛所败,虎引兵城封丘而旋。徙士族三百家置襄国崇仁里,置公族大夫以领之。

后赵王勒用法甚严,讳"胡"尤峻。宫殿既成,初有门户之禁。有醉胡乘马突入止车门,勒大怒,责宫门小执法冯翥。翥惶惧忘讳,对曰:"向有醉胡乘马驰入,甚呵御之,而不可与语。"勒笑曰:"胡人正自难与言。"恕而不罪。

勒使张宾领选,初定五品,后更定九品。命公卿及州郡岁举秀才、至孝、廉清、贤良、直言、武勇之士各一人。

西平公张茂立兄子骏为世子。

蔡豹既败,将诣建康归罪,北中郎将王舒止之。帝闻豹退,遣使收之。舒夜以兵围豹,豹以为它寇,帅麾下击之,闻有诏,乃止。舒执豹送建康,冬,十月,丙辰,斩之。

王敦杀武陵内史向硕。

帝之始镇江东也,敦与从弟导同心翼戴,帝亦推心任之,敦总征讨,导专机政,群从子弟,布列显要,时人为之语曰:"王与马,共天下。"后敦自恃有功,且宗族强盛,稍益骄恣,帝畏而恶之,乃引刘隗、刁协等以为腹心,稍抑损王氏之权,导亦渐见疏外。中书郎孔愉陈导忠贤,有佐命之勋,宜加委任,帝出愉为司徒左长史。导能任真推分,澹如也,有识皆称其善处兴废。而敦益怀不平,遂构嫌隙。

初,敦辟吴兴沈充为参军,充荐同郡钱凤于敦,敦以为铠曹参军。二人皆巧谄凶狡,知敦有异志,阴赞成之,为之画策,敦宠信之,势倾内外。敦上疏为导讼屈,辞语怨望。导封以还敦,敦复遣奏之。左将军谯王承,忠厚有志行,帝亲信之。夜,召承,以敦疏示之,曰:"王敦以顷年之功,位任足矣,而所求不已,言至于此,将若之何?"承曰:"陛下不早裁之,以至今日,敦必为患。"

刘隗为帝谋,出心腹以镇方面。会敦表以宣城内史沈充代甘卓为湘州刺史,帝谓承曰:"王敦奸逆已著,朕为惠皇,其势不远。湘州据上流之势,控三州之会,欲以叔父居之,何如?"承曰:"臣奉承诏命,惟力是视,何敢有辞!然湘州经蜀寇之余,民物凋弊,若得之部,比及三年,乃可即戎。苟未及此,虽复灰身,亦无益也。"十二月,诏曰:"晋室开基,方镇之任,亲贤并用,其以谯王承为湘州刺史。"长沙邓骞闻之,叹曰:"湘州之祸,其在斯乎!"承行至武昌,敦与之宴,谓承曰:"大王雅素佳士,恐非将帅之才也。"承曰:"公未见耳,铅刀岂无一割之用!"敦谓钱凤曰:"彼不知惧而学壮语,足知其不武,无能为也。"乃听之镇。时湘土荒残,公私困弊,承躬自俭约,倾心绥抚,甚有能名。

高句丽寇辽东,慕容仁与战,大破之,自是不敢犯仁境。

四年(辛巳、321)

春,二月,徐龛复请降。

张茂筑灵钧台,基高九仞。武陵阎曾夜叩府门呼曰:"武公遣我来,言'何故劳民筑台!'"有司以为妖,请杀之。茂曰:"吾信劳民。曾称先君之命以规我,何谓妖乎!"乃为之罢役。

三月,癸亥,日中有黑子。著作佐郎河东郭璞以帝用刑过差,上疏,以为:"阴阳错缪,皆繁刑所致。赦不欲数,然子产知铸刑书非政之善,不得不作者,须以救弊故也。今之宜赦,理亦如之。"

后赵中山公虎攻幽州刺史段匹磾于厌次,孔苌攻其统内诸城,悉拔之。段文鸯言于匹磾曰:"我以勇闻,故为民所倚望。今视民被掠而不救,是怯也。民失所望,谁复为我致死!"遂帅壮士数十骑出战,杀后赵兵甚众。马乏,伏不能起。虎呼之曰:"兄与我俱夷狄,久欲与兄同为一家。今天不违愿,于此得相见,何为复战?请释仗。"文鸯骂曰:"汝为寇贼,当死日久,吾兄不用吾策,故令汝得至此。我宁斗死,不为汝屈!"遂下马苦战,槊折,执刀战不已,自辰至申。后赵兵四面解马罗披自郭,前执文鸯,文鸯力竭被执,城内夺气。

匹磾欲单骑归朝,邵续之弟乐安内史泪勒兵不听。泪复欲执台使王英送于虎,匹磾正色责之曰:"卿不能遵兄之志,逼吾不得归朝,亦已甚矣。复欲执天子使者,我虽夷狄,所未闻也。"泪与兄子缉、竺等舆榇出降。匹磾见虎曰:"我受晋恩,志在灭汝,不幸至此,不能为汝敬也。"后赵王勒及虎素与匹磾结为兄弟,虎即起拜之。勒以匹磾为冠军将军,文鸯为左中郎将,散诸流民三万余户,复其本业,置守宰以抚之。于是幽、冀、并三州皆入于后赵。匹磾不为勒礼,常著朝服,持晋节。久之,与文鸯、邵续皆为后赵所杀。

五月,庚申,诏免中州良民遭难为扬州诸郡僮客者,以备征役。尚书令刁协之谋也,由是众益怨之。

终南山崩。

秋,七月,甲戌,以尚书仆射戴渊为征西将军、都督司、兖、豫、并、雍、冀六州诸军事、司州刺史,镇合肥;丹杨尹刘隗为镇北将军、都督青、徐、幽、平四州诸军事、青州刺史,镇淮阴。皆假节领兵,名为讨胡,实备王敦也。

隗虽在外,而朝廷机事,进退士大夫,帝皆与之密谋。敦遗隗书曰:"顷承圣上顾盼足下,今大贼未灭,中原鼎沸,欲与足下及周生之徒戮力王室,共静海内。若其泰也,则帝祚于是乎隆;若其否也,则天下永无望矣。"隗答曰:"'鱼相忘于江湖,人相忘于道术。''竭股肱之力,效之以忠贞。'吾之志也。"敦得书,甚怒。

壬午,以骠骑将军王导为侍中、司空、假节、录尚书、领中书监。帝以敦故,并疏忌导。御史中丞周嵩上疏,以为:"导忠素竭诚,辅成大业,不宜听孤臣之言,惑疑似之说,放逐旧德,以佞伍贤,亏既往之恩,招将来之患。"帝颇感寤,导由是得全。

八月,常山崩。

豫州刺史祖逖,以戴渊吴士,虽有才望,无弘致远识,且已翦荆棘,收河南地,而渊雍容,一旦来统之,意甚怏怏。又闻王敦与刘、刁构隙,将有内难,知大功不遂,感激发病。九月,壬寅,卒于雍丘。豫州士女若丧父母,谯、梁间皆为立祠。王敦久怀异志,闻逖卒,益无所惮。

冬,十月,壬午,以逖弟约为平西将军、豫州刺史,领逖之众。约无绥御之才,不为士卒所附。

初,范阳李产避乱依逖,见约志趣异常,谓所亲曰:“吾以北方鼎沸,故远来就此,冀全宗族。今观约所为,有不可测之志。吾托名姻亲,当早自为计,无事复陷身于不义也,尔曹不可以目前之利而忘久长之策。”乃帅子弟十余人间行归乡里。

十一月,皇孙衍生。

后赵王勒悉召武乡耆旧诣襄国,与之共坐欢饮。初,勒微时,与李阳邻居,数争沤麻池相殴,阳由是独不敢来。勒曰:“阳,壮士也,沤麻布衣之恨,孤方兼容天下,岂仇匹夫乎!”遂召与饮,引阳臂曰:“孤往日厌卿老拳,卿亦饱孤毒手。”因拜参军都尉。以武乡比丰、沛,复之三世。

勒以民始复业,资储未丰,于是重制禁酿,郊祀宗庙,皆用醴酒,行之数年,无复酿者。

十二月,以慕容廆为都督幽、平二州、东夷诸军事、车骑将军、平州牧,封辽东公,单于如故,遣谒者即授印绶,听承制置官司守宰。廆于是备置僚属,以裴嶷、游邃为长史,裴开为司马,韩寿为别驾,阳耽为军谘祭酒,崔焘为主簿,黄泓、郑林参军事。廆立子皝为世子。作东横,以平原刘讚为祭酒,使皝与诸生同受业,廆得暇,亦亲临听之。皝雄毅多权略,喜经术,国人称之。廆徙慕容翰镇辽东,慕容仁镇平郭。翰抚安民夷,甚有威惠;仁亦次之。

拓跋猗㐌妻惟氏,忌代王郁律之强,恐不利于其子,乃杀郁律而立其子贺傉,大人死者数十人。郁律之子什翼犍,幼在襁褓,其母王氏匿于裤中,祝之曰:“天苟存汝,则勿啼。”久之,不啼,乃得免。惟氏专制国政,遣使聘后赵,后赵人谓之“女国使”。

端明殿学士兼翰林侍读学士朝散大夫右谏议大夫充集贤殿修撰权判西京留
司御史台上柱国河内郡开国侯食邑一千三百户食实封四百户赐紫金鱼袋臣　司马光　奉敕编集

晋纪十四 起玄黓敦牂（壬午），尽昭阳协洽（癸未），凡二年。

中宗元皇帝下

永昌元年（壬午、322）

春，正月，郭璞复上疏，请因皇孙生，下赦令，帝从之。乙卯，大赦，改元。

王敦以璞为记室参军。璞善卜筮，知敦必为乱，已预其祸，甚忧之。大将军
掾颍川陈述卒，璞哭之极哀，曰："嗣祖，焉知非福也！"

敦既与朝廷乖离，乃羁縻朝士有时望者，置己幕府，以羊曼及陈国谢鲲为长
史。曼，祜之兄孙也。曼、鲲终日酣醉，故敦不委以事。敦将作乱，谓鲲曰："刘隗
奸邪，将危社稷，吾欲除君侧之恶，何如？"鲲曰："隗诚始祸，然城狐社鼠。"敦怒
曰："君庸才，岂达大体！"出为豫章太守，又留不遣。

戊辰，敦举兵于武昌，上疏罪状刘隗，称："隗佞邪谗贼，威福自由，妄兴事役，
劳扰士民，赋役烦重，怨声盈路。臣备位宰辅，不可坐视成败，辄进军致讨。隗首
朝悬，诸军夕退。昔太甲颠覆厥度，幸纳伊尹之忠，殷道复昌。愿陛下深垂三思，
则四海乂安，社稷永固矣。"沈充亦起兵于吴兴以应敦，敦以充为大都督、督护东
吴诸军事。敦至芜湖，又上表罪状刁协。帝大怒，乙亥，诏曰："王敦凭恃宠灵，敢
肆狂逆，方朕太甲，欲见幽囚。是可忍也，孰不可忍！今亲帅六军，以诛大逆，有
杀敦者，封五千户侯。"敦兄光录勋含乘轻舟逃归于敦。

太子中庶子温峤谓仆射周颛曰："大将军此举似有所在，当无滥邪？"颛曰：
"不然。人主自非尧、舜，何能无失，人臣安可举兵以胁之！举动如此，岂得云非
乱乎！处仲狼抗无上，其意宁有限邪！"

敦初起兵，遣使告梁州刺史甘卓，约与之俱下，卓许之。及敦升舟，而卓不
赴，使参军孙双诣武昌谏止敦。敦惊曰："甘侯前与吾语云何，而更有异？正当虑
吾危朝廷耳！吾今但除奸凶，若事济，当以甘侯作公。"双还报，卓意狐疑。或说
卓："且伪许敦，待敦至都而讨之。"卓曰："昔陈敏之乱，吾先从而后图之，论者谓
吾惧逼而思变，心常愧之。今若复尔，何以自明！"卓使人以敦旨告顺阳太守魏
该，该曰："我所以起兵拒胡贼者，正欲忠于王室耳。今王公举兵向天子，非吾所

宜与也。”遂绝之。

敦遣参军桓罴说谯王承，请承为军司。承叹曰：“吾其死矣！地荒民寡，势孤援绝，将何以济！然得死忠义，夫复何求！”承檄长沙虞悝为长史，会悝遭母丧，承往吊之，曰：“吾欲讨王敦，而兵少粮乏，且新到，恩信未洽。卿兄弟，湘中之豪俊，王室方危，金革之事，古人所不辞，将何以教之？”悝曰：“大王不以悝兄弟猥劣，亲屈临之，敢不致死！然鄙州荒弊，难以进讨，宜且收众固守，传檄四方，敦势必分，分而图之，庶几可捷也。”承乃囚桓罴，以悝为长史，以其弟望为司马，督护诸军，与零陵太守尹奉、建昌太守长沙王循、衡阳太守淮陵刘翼、春陵令长沙易雄，同举兵讨敦。雄移檄远近，列敦罪恶，于是一州之内皆应承。惟湘东太守郑澹不从，承使虞望讨斩之，以徇四境。澹，敦姊夫也。

承遣主簿邓骞至襄阳，说甘卓曰：“刘大连虽骄蹇失众心，非有害于天下。大将军以其私憾，称兵向阙，此忠臣义士竭节之时也。公受任方伯，奉辞伐罪，乃桓、文之功也。”卓曰：“桓、文则非吾所能，然志在徇国，当共详思之。”参军李梁说卓曰：“昔隗嚣跋扈，窦融保河西以奉光武，卒受其福。今将军有重望于天下，但当案兵坐以待之，使大将军事捷，当委将军以方面；不捷，朝廷必以将军代之。何忧不富贵，而释此庙胜，决存亡于一战邪？”骞谓梁曰：“光武当创业之初，故隗、窦可以文服从容顾望。今将军之于本朝，非窦融之比也。襄阳之于太府，非河西之固也。使大将军克刘隗，还武昌，增石城之戍，绝荆、湘之粟，将军欲安归乎？势在人手，而曰我处庙胜，未之闻也。且为人臣，国家有难，坐视不救，于义安乎！”卓尚疑之。骞曰：“今既不为义举，又不承大将军檄，此必至之祸，愚智所见也。且议者之所难，以彼强而我弱。今大将军兵不过万余，其留者不能五千，而将军见众既倍之矣。以将军之威名，帅此府之精锐，杖节鸣鼓，以顺讨逆，岂王含所能御哉！溯流之众，势不自救，将军之举武昌，若摧枯拉朽，尚何顾虑邪！武昌既定，据其军实，镇抚二州，以恩意招怀士卒，使还者如归，此吕蒙所以克关羽也。今释必胜之策，安坐以待危亡，不可以言智矣。”

敦恐卓于后为变，又遣参军丹杨乐道融往邀之，必欲与之俱东。道融虽事敦，而忿其悖逆，乃说卓曰：“主上亲临万机，自用谯王为湘州，非专任刘隗也。而王氏擅权日久，卒见分政，便谓失职，背恩肆逆，举兵向阙。国家遇君至厚，今与之同，岂不违负大义！生为逆臣，死为愚鬼，永为宗党之耻，不亦惜乎！为君之计，莫若伪许应命，而驰袭武昌，大将军士众闻之，必不战自溃，大勋可就矣。”卓雅不欲从敦，闻道融之言，遂决，曰：“吾本意也。”乃与巴东监军柳纯、南平太守夏侯承、宜都太守谭该等露檄数敦逆状，帅所统致讨。遣参军司马赞、孙双奉表诣台，罗英至广州约陶侃同进。戴渊在江西，先得卓书，表上之，台内皆称万岁。陶侃得卓信,即遣参军高宝帅兵北下。武昌城中传卓军至,人皆奔散。

敦遣从母弟南蛮校尉魏乂、将军李恒帅甲卒二万攻长沙。长沙城池不完,资储又阙,人情震恐。或说谯王承南投陶侃,或退据零、桂。承曰:"吾之起兵,志欲死于忠义,岂可贪生苟免,为奔败之将乎!事之不济,令百姓知吾心耳。"乃婴城固守。未几,虞望战死,甘卓欲留邓骞为参军,骞不可。卓乃遣参军虞冲与骞偕至长沙,遗谯王承书,劝之固守,当以兵出沔口,断敦归路,则湘围自解。承复书称:"江左中兴,草创始尔,岂图恶逆萌自宠臣。吾以宗室受任,志在陨命,而至止尚浅,凡百茫然。足下能卷甲电赴,犹有所及;若其狐疑,则求我于枯鱼之肆矣。"卓不能从。

二月,甲午,封皇子昱为琅邪王。

后赵王勒立子弘为世子。遣中山公虎将精卒四万击徐龛,龛坚守不战,虎筑长围守之。

赵主曜自将击杨难敌,难敌逆战,不胜,退保仇池。仇池诸氐、羌及故晋王保将杨韬、陇西太守梁勋皆降于曜。曜迁陇西万余户于长安,进攻仇池。会军中大疫,曜亦得疾,将引兵还,恐难敌蹑其后,乃遣光国中郎将王犷说难敌,谕以祸福,难敌遣使称藩。曜以难敌为假黄钺、都督益、宁、南秦、凉、梁、巴六州、陇上、西域诸军事、上大将军,益、宁、南秦三州牧、武都王。

秦州刺史陈安求朝于曜,曜辞以疾。安怒,以为曜已卒,大掠而归。曜疾甚,乘马舆而还。使其将呼延寔监辎重于后,安邀击,获之,谓寔曰:"刘曜已死,子尚谁佐?吾当与子共定大业。"寔叱之曰:"汝受人宠禄而叛之,自视智能何如主上?吾见汝不日枭首于上邽市,何谓大业!宜速杀我!"安怒,杀之,以寔长史鲁凭为参军。安遣其弟集帅骑三万追曜,卫将军呼延瑜逆击,斩之。安乃还上邽,遣将袭沂城,拔之。陇上氐、羌皆附于安,有众十余万,自称大都督、假黄钺、大将军、雍、凉、秦、梁四州牧、凉王,以赵募为相国。鲁凭对安大哭曰:"吾不忍见陈安之死也。"安怒,命斩之。凭曰:"死自吾分,悬吾头于上邽市,观赵之斩陈安也。"遂杀之。曜闻之,恸哭曰:"贤人,民之望也。陈安于求贤之秋而多杀贤者,吾知其无所为也。"

休屠王石武以桑城降赵,赵以武为秦州刺史,封酒泉王。

帝征戴渊、刘隗入卫建康。隗至,百官迎于道,隗岸帻大言,意气自若。及入见,与刁协劝帝尽诛王氏,帝不许,隗始有惧色。

司空导帅其从弟中领军邃、左卫将军廙、侍中侃、彬及诸宗族二十余人,每旦诣台待罪。周顗将入,导呼之曰:"伯仁,以百口累卿!"顗直入不顾。既见帝,言导忠诚,申救甚至,帝纳其言。顗喜饮酒,至醉而出,导犹在门,又呼之。顗不与言,顾左右曰:"今年杀诸贼奴,取金印如斗大,系肘后。"既出,又上表明导无罪,言甚切至。导不之知,甚恨之。

帝命还导朝服,召见之。导稽首曰:"逆臣贼子,何代无之,不意今者近出臣族!"帝跣而执其手曰:"茂弘,方寄卿以百里之命,是何言邪!"

三月,以导为前锋大都督,加戴渊骠骑将军。诏曰:"导以大义灭亲,可以吾为安东时节假之。"以周颛为尚书左仆射,王邃为右仆射。帝遣王廙往谕止敦,敦不从而留之,廙更为敦用。征虏将军周札,素矜险好利,帝以为右将军、都督石头诸军事。敦将至,帝使刘隗军金城,札守石头,帝亲被甲徇师于郊外。以甘卓为镇南大将军、侍中、都督荆、梁二州诸军事,陶侃领江州刺史,使各帅所统以蹑敦后。

敦至石头,欲攻刘隗。杜弘言于敦曰:"刘隗死士众多,未易可克,不如攻石头。周札少恩,兵不为用,攻之必败,札败则隗自走矣。"敦从之,以弘为前锋,攻石头,札果开门纳弘。敦据石头,叹曰:"吾不复得为盛德事矣。"谢鲲曰:"何为其然也!但使自今已往,日忘日去耳。"

帝命刁协、刘隗、戴渊帅众攻石头,王导、周颛、郭逸、虞潭等三道出战,协等兵皆大败。太子绍闻之,欲自帅将士决战,升车将出,中庶子温峤执鞚谏曰:"殿下国之储副,奈何以身轻天下!"抽剑斩鞅,乃止。

敦拥兵不朝,放士卒劫掠,宫省奔散,惟安东将军刘超案兵直卫,及侍中二人侍帝侧。帝脱戎衣,著朝服,顾而言曰:"欲得我处,当早言,何至害民如此!"又遣使谓敦曰:"公若不忘本朝,于此息兵,则天下尚可共安;如其不然,朕当归琅邪以避贤路。"

刁协、刘隗既败,俱入宫,见帝于太极东除。帝执协、隗手,流涕呜咽,劝令避祸。协曰:"臣当守死,不敢有贰。"帝曰:"今事逼矣,安可不行!"乃令给协、隗人马,使自为计。协老,不堪骑乘,素无恩纪,募从者,皆委之,行至江乘,为人所杀,送首于敦。隗奔后赵,官至太子太傅而卒。

帝令公卿百官诣石头见敦,敦谓戴渊曰:"前日之战,有余力乎?"渊曰:"岂敢有余,但力不足耳!"敦曰:"吾今此举,天下以为何如?"渊曰:"见形者谓之逆,体诚者谓之忠。"敦笑曰:"卿可谓能言。"又谓周颛:"伯仁,卿负我?"颛曰:"公戎车犯顺,下官亲帅六军,不能其事,使王旅奔败,以此负公。"

辛未,大赦。以敦为丞相、都督中外诸军、录尚书事、江州牧,封武昌郡公,并让不受。

初,西都覆没,四方皆劝进于帝。敦欲专国政,忌帝年长难制,欲更议所立,王导不从。及敦克建康,谓导曰:"不用吾言,几至覆族。"

敦以太子有勇略，为朝野所向，欲诬以不孝而废之，大会百官，问温峤曰："皇太子以何德称？"声色俱厉。峤曰："钩深致远，盖非浅局所量。以礼观之，可谓孝矣。"众皆以为信然，敦谋遂沮。

帝召周颢于广室，谓之曰："近日大事，二宫无恙，诸人平安，大将军固副所望邪？"颢曰："二宫自由明诏，臣等尚未可知。"护军长史郝嘏等劝颢避敦，颢曰："吾备位大臣，朝廷丧败，宁可复草间求活，外投胡、越邪！"敦参军吕猗，尝为台郎，性奸谄，戴渊为尚书，恶之。猗说敦曰："周颢、戴渊，皆有高名，足以惑众，近者之言，曾无怍色，公不除之，恐必有再举之忧。"敦素忌二人之才，心颇然之，从容问王导曰："周、戴南北之望，当登三司无疑也。"导不答。又曰："若不三司，止应令、仆邪？"又不答。敦曰："若不尔，正当诛尔。"又不答。丙子，敦遣部将陈郡邓岳收颢及渊。先是，敦谓谢鲲曰："吾当以周伯仁为尚书令，戴若思为仆射。"是日，又问鲲："近来人情何如？"鲲曰："明公之举，虽欲大存社稷，然悠悠之言，实未达高义。若果能举用周、戴，则群情帖然矣。"敦怒曰："君粗疏邪！二子不相当，吾已收之矣。"鲲愕然自失。参军王峤曰："'济济多士，文王以宁。'奈何戮诸名士！"敦大怒，欲斩峤，众莫敢言。鲲曰："明公举大事，不戮一人。峤以献替忤旨，便以衅鼓，不亦过乎！"敦乃释之，黜为领军长史。峤，浑之族孙也。

颢被收，路经太庙，大言曰："贼臣王敦，倾覆社稷，枉杀忠臣，神祇有灵，当速杀之！"收人以戟伤其口，血流至踵，容止自若，观者皆为流涕。并戴渊杀之于石头南门之外。

帝使侍中王彬劳敦。彬素与颢善，先往哭颢，然后见敦。敦怪其容惨，问之。彬曰："向哭伯仁，情不能已。"敦怒曰："伯仁自致刑戮，且凡人遇汝，汝何哀而哭之？"彬曰："伯仁长者，兄之亲友，在朝虽无謇愕，亦非阿党，而枉后加之极刑，所以伤恸也。"因勃然数敦曰："兄抗旌犯顺，杀戮忠良，图为不轨，祸及门户矣！"辞气慷慨，声泪俱下。敦大怒，厉声曰："尔狂悖乃至此，以吾为不能杀汝邪！"时王导在坐，为之惧，劝彬起谢。彬曰："脚痛不能拜。且此复何谢！"敦曰："脚痛孰若颈痛？"彬殊无惧容，竟不肯拜。

王导后料检中书故事，乃见颢救己之表，执之流涕曰："吾虽不杀伯仁，伯仁由我而死。幽冥之中，负此良友！"

沈充拔吴国，杀内史张茂。

初，王敦闻甘卓起兵，大惧。卓兄子卬为敦参军，敦使卬归说卓曰："君此自是臣节，不相责也。吾家计急，不得不尔。想便旋军襄阳，当更结好。"卓虽慕忠义，性多疑少决，军于猪口，欲待诸方同出军，稽留累旬不前。敦既得建康，乃遣台使以驺虞幡驻卓军。卓闻周颢、戴渊死，流涕谓卬曰："吾之所忧，正为今日。

且使圣上元吉,太子无恙,吾临敦上流,亦未敢遽危社稷。适吾径据武昌,敦势逼,必劫天子以绝四海之望。不如还襄阳,更思后图。"即命旋军。都尉秦康与乐道融说卓曰:"今分兵断彭泽,使敦上下不得相赴,其众自然离散,可一战擒也。将军起义兵而中止,窃为将军不取。且将军之下,士卒各求其利,欲求西还,亦恐不可得也。"卓不从。道融昼夜泣谏,卓不听,道融忧愤而卒。卓性本宽和,忽更强塞,径还襄阳,意气骚扰,举动失常,识者知其将死矣。

王敦以西阳王羕为太宰,加王导尚书令,王廙为荆州刺史,改易百官及诸军镇,转徙黜免者以百数。或朝行暮改,惟意所欲。敦将还武昌,谢鲲言于敦曰:"公至都以来,称疾不朝,是以虽建勋而人心实有未达。今若朝天子,使君臣释然,则物情皆悦服矣。"敦曰:"君能保无变乎?"对曰:"鲲近日入觐,主上侧席,迟得见公,宫省穆然,必无虞也。公若入朝,鲲请侍从。"敦勃然曰:"正复杀君等数百人,亦复何损于时!"竟不朝而去。夏,四月,敦还武昌。

初,宜都内史天门周级闻谯王承起兵,使其兄子该潜诣长沙,申款于承。魏乂等攻湘州急,承遣该及从事邵陵周崎间出求救,皆为逻者所得。乂使崎语城中,称大将军已克建康,甘卓还襄阳,外援理绝。崎伪许之,既至城下,大呼曰:"援兵寻至,努力坚守!"乂杀之。又考该至死,竟不言其故,周级由是获免。

乂等攻战日逼,敦又送所得台中人书疏,令乂射以示承。城中知朝廷不守,莫不怅惋。相持且百日,刘翼战死,士卒死伤相枕。癸巳,乂拔长沙,承等皆被执。乂将杀虞悝,子弟对之号泣。悝曰:"人生会当有死,今阖门为忠义之鬼,亦复何恨!"

乂以槛车载承及易雄送武昌,佐吏皆奔散,惟主簿桓雄、西曹书佐韩阶、从事武延,毁服为僮从承,不离左右。乂见桓雄姿貌举止非凡人,惮而杀之。韩阶、武延执志愈固。荆州刺史王廙承敦旨,杀承于道中,阶、延送承丧至都,葬之而去。易雄至武昌,意气忼慨,曾无惧容。敦遣人以檄示雄而数之,雄曰:"此实有之,惜雄位微力弱,不能救国难耳。今日之死,固所愿也。"敦惮其辞正,释之,遣就舍。众人皆贺之,雄笑曰:"吾安得生!"既而敦遣人潜杀之。

魏乂求邓骞甚急,乡人皆为之惧,骞笑曰:"此欲用我耳,彼新得州,多杀忠良,故求我以厌人望也。"乃往诣乂。乂喜曰:"君,古之解扬也。"以为别驾。

诏以陶侃领湘州刺史,王敦上侃复还广州,加散骑常侍。

甲午,前赵羊后卒,谥曰献文。

甘卓家人皆劝卓备王敦,卓不从,悉散兵佃作,闻谏,辄怒。襄阳太守周虑密承敦意,诈言湖中多鱼,劝卓遣左右悉出捕鱼。五月,乙亥,虑引兵袭卓于寝室,杀之,传首于敦,并杀其诸子。敦以从事中郎周抚督沔北诸军事,代卓镇沔中。

抚,访之子也。

敦既得志,暴慢滋甚,四方贡献多入其府,将相岳牧皆出其门。以沈充、钱凤为谋主,唯二人之言是从,所潜无不死者。以诸葛瑶、邓岳、周抚、李恒、谢雍为爪牙。充等并凶险骄恣,大起营府,侵人田宅,剽掠市道,识者咸知其将败焉。

秋,七月,后赵中山公虎拔泰山,执徐龛送襄国,后赵王勒盛之以囊,于百尺楼上扑杀之,命王伏都等妻子剖而食之,坑其降卒三千人。

兖州刺史郗鉴在邹山三年,有众数万。战争不息,百姓饥馑,掘野鼠、蛰燕而食之,为后赵所逼,退屯合肥。尚书右仆射纪瞻,以鉴雅望清德,宜从容台阁,上疏请征之,乃征拜尚书。徐、兖间诸坞多降于后赵,后赵置守宰以抚之。

王敦自领宁、益二州都督。

冬,十月,己丑,荆州刺史武陵康侯王廙卒。

王敦以下邳内史王邃都督青、徐、幽、平四州诸军事,镇淮阴;卫将军王含都督沔南诸军事,领荆州刺史;武昌太守丹杨王谅为交州刺史。使谅收交州刺史脩湛、新昌太守梁硕杀之。谅诱湛,斩之。硕举兵围谅于龙编。

祖逖既卒,后赵屡寇河南,拔襄城、城父,围谯。豫州刺史祖约不能御,退屯寿春。后赵遂取陈留,梁、郑之间复骚然矣。

十一月,以临颍元公荀组为太尉,辛酉,薨。

罢司徒,并丞相府。王敦以司徒官属为留府。

帝忧愤成疾,闰月,己丑,崩。司空王导受遗诏辅政。帝恭俭有余而明断不足,故大业未复而祸乱内兴。庚寅,太子即皇帝位,大赦,尊所生母荀氏为建安君。

十二月,赵主曜葬其父母于粟邑,大赦。陵下周二里,上高百尺,计用六万夫,作之百日乃成。役者夜作,继以脂烛,民甚苦之。游子远谏,不听。

后赵濮阳景侯张宾卒,后赵王勒哭之恸,曰:“天不欲成吾事邪,何夺吾右侯之早也!”程遐代为右长史。遐,世子弘之舅也,勒每与遐议,有所不合,辄叹曰:“右侯舍我去,乃令我与此辈共事,岂非酷乎!”因流涕弥日。

张茂使将军韩璞帅众取陇西、南安之地,置秦州。

慕容廆遣其世子皝袭段末柸,入令支,掠其居民千余家而还。

肃宗明皇帝上

太宁元年(癸未、323)

春,正月,成李骧、任回寇台登,将军司马玖战死,越巂太守李钊、汉嘉太守王载皆以郡降于成。

二月,庚戌,葬元帝于建平陵。

三月,戊寅朔,改元。

饶安、东光、安陵三县灾,烧七千余家,死者万五千人。

后赵寇彭城、下邳,徐州刺史卞敦与征北将军王邃退保盱眙。敦,壸之从父兄也。

王敦谋篡位,讽朝廷征己,帝手诏征之。夏,四月,加敦黄钺、班剑,奏事不名,入朝不趋,剑履上殿。敦移镇姑孰,屯于湖,以司空导为司徒,敦自领扬州牧。敦欲为逆,王彬谏之甚苦。敦变色,目左右,将收之。彬正色曰:"君昔岁杀兄,今又杀弟邪?"敦乃止,以彬为豫章太守。

后赵王勒遣使结好于慕容廆,廆执送建康。

成李骧等进攻宁州,刺史襄中壮公王逊使将军姚岳等拒之,战于蟒蛇,成兵大败。岳追至泸水,成兵争济,溺死者千余人。岳以道远,不敢济而还。逊以岳不穷追,大怒,鞭之,怒甚,冠裂而卒。逊在州十四年,威行殊俗,州人立其子坚行州府事。诏除坚宁州刺史。

广州刺史陶侃遣兵救交州,未至,梁硕拔龙编,夺刺史王谅节,谅不与,硕断其右臂。谅曰:"死且不避,断臂何为!"逾旬而卒。

六月,壬子,立妃庾氏为皇后。以后兄中领军亮为中书监。

梁硕据交州,凶暴失众心。陶侃遣参军高宝攻硕,斩之。诏以侃领交州刺史,进号征南大将军、开府仪同三司。未几,吏部郎阮放求为交州刺史,许之。放行至宁浦,遇高宝,为宝设馔,伏兵杀之。宝兵击放,放走,得免。至州少时,病卒。放,咸之族子也。

陈安围赵征西将军刘贡于南安,休屠王石武自桑城引兵趣上邽以救之,与贡合击安,大破之。安收余骑八千,走保陇城。秋,七月,赵主曜自将围陇城,别遣兵围上邽。安频出战,辄败。右军将军刘干攻平襄,克之,陇上诸县悉降。安留其将杨伯支、姜冲儿守陇城,自帅精骑突围,出奔陕中。曜遣将平先等追之。安左挥七尺大刀,右运丈八蛇矛,近则刀矛俱发,辄殪五六人,远则左右驰射而走。先亦勇捷如飞,与安搏战,三交,遂夺其蛇矛。会日暮雨甚,安弃马与左右匿于山中,赵兵索之,不知所在。明日,安遣其将石容觇赵兵,赵辅威将军呼延青人获之,拷问安所在,容卒不肯言,青人杀之。雨霁,青人寻其迹,获安于涧曲,斩之。安善抚将士,与同甘苦,及死,陇上人思之,为作《壮士之歌》。杨伯支斩姜冲儿,以陇城降。别将宋亭斩赵募,以上邽降。曜徙秦州大姓杨、姜诸族二千余户于长安。氐、羌皆送任请降。以赤亭羌酋姚弋仲为平西将军,封平襄公。

帝畏王敦之逼,欲以郗鉴为外援,拜鉴兖州刺史,都督扬州江西诸军事,镇合肥。王敦忌之,表鉴为尚书令。八月,诏征鉴还。道经姑孰,敦与之论西朝人士,曰:"乐彦辅短才耳。考其实,岂胜满武秋邪?"鉴曰:"彦辅道韵平淡,愍怀之废,柔而能正。武秋失节之士,安得拟之!"敦曰:"当是时,危机交急。"鉴曰:"丈夫当死生以之。"敦恶其言,不复相见,久留不遣。敦党皆劝敦杀之,敦不从。鉴还台,遂与帝谋讨敦。

后赵中山公虎帅步骑四万击安东将军曹嶷,青州郡县多降之,遂围广固。嶷出降,送襄国杀之,坑其众二万。虎欲尽杀嶷众,青州刺史刘徵曰:"今留徵,使牧民也,无民焉牧?徵将归耳。"虎乃留男女七百口配徵,使镇广固。

赵主曜自陇上西击凉州,遣其将刘咸攻韩璞于冀城,呼延晏攻宁羌护军阴鉴于桑壁,曜自将戎卒二十八万军于河上,列营百余里,金鼓之声动地,河水为沸,张茂临河诸戍,皆望风奔溃。曜扬声欲百道俱济,直抵姑臧,凉州大震。参军马岌劝茂亲出拒战,长史汜祎怒,请斩之。岌曰:"汜公糟粕书生,刺举小才,不思家国大计。明公父子欲为朝廷诛刘曜有年矣,今曜自至,远近之情,共观明公此举,当立信勇之验,以副秦、陇之望。力虽不敌,势不可以不出。"茂曰:"善。"乃出屯石头。茂谓参军陈珍曰:"刘曜举三秦之众,乘胜席卷而来,将若之何?"珍曰:"曜兵虽多,精卒至少,大抵皆氐、羌乌合之众,恩信未洽,且有山东之虞,安能舍其腹心之疾,旷日持久,与我争河西之地邪!若二旬不退,珍请得弊卒数千,为明公擒之。"茂喜,使珍将兵救韩璞。赵诸将争欲济河,赵主曜曰:"吾军势虽盛,然畏威而来者三分有二,中军疲困,其实难用。今但案甲勿动,以吾威声震之,若出中旬张茂之表不至者,吾为负卿矣。"茂寻遣使称藩,献马、牛、羊、珍宝不可胜纪。曜拜茂侍中、都督凉、南北秦、梁、益、巴、汉、陇右、西域杂夷、匈奴诸军事、太师、凉州牧,封凉王,加九锡。

杨难敌闻陈安死,大惧,与弟坚头南奔汉中。赵镇西将军刘厚追击之,大获而还。赵主曜以大鸿胪田崧为镇南大将军、益州刺史,镇仇池。难敌送任请降于成,成安北将军李稚受难敌赂,不送难敌于成都。赵兵退,即遣还武都,难敌遂据险不服。稚自悔失计,亟请讨之。雄遣稚兄侍中、中领军玝与稚出白水,征东将军李寿及玝弟珪出阴平,以击难敌。群臣谏,不听。难敌遣兵拒之,寿、珪不得进,而玝、稚长驱至下辨。难敌遣兵断其归路,四面攻之。玝、稚深入无继,皆为难敌所杀,死者数千人。玝,荡之长子,有才望,雄欲以为嗣,闻其死,不食者数日。

初,赵主曜长子俭,次子胤,胤年十岁,长七尺五寸,汉主聪奇之,谓曜曰:"此儿神气,非义真之比也,当以为嗣。"曜曰:"藩国之嗣,能守祭祀足矣,不敢乱长幼之序。"聪曰:"卿之勋德,当世受专征之任,非他臣之比也,吾当更以一国封义真。"乃封俭为临海王,立胤为世子。既长,多力善射,骁捷如风。靳准之乱,没于黑匿郁鞠部。陈安既败,胤自言于郁鞠,郁鞠大惊,礼而归之。曜悲喜,谓群臣曰:"义光虽已为太子,然冲幼儒谨,恐不堪今之多难。义孙,故世子也,材器过人,且涉历艰难。吾欲法周文王、汉光武,以固社稷而安义光,何如?"太傅呼延晏等皆曰:"陛下为国家无穷之计,岂惟臣等赖之,实宗庙四海之庆。"左光禄大夫卜泰、太子太保韩广进曰:"陛下以废立为是,不应更问群臣;若以为疑,固乐闻异同之言。臣窃以为废太子非也。昔文王定嗣于未立之前则可也,光武以母失恩而废其子,岂足为圣朝之法!向以东海为嗣,未必不如明帝也。胤文武才略,诚高绝于世,然太子孝友仁慈,亦足为承平贤主。况东宫者,民、神所系,岂可轻动!陛下诚欲如是,臣等有死而已,不敢奉诏。"曜默然。胤进曰:"父之于子,当爱之如一,今黜熙而立臣,臣何敢自安!陛下苟以臣为颇堪驱策,岂不能辅熙以承圣业乎!必若以臣代熙,臣请效死于此,不敢闻命。"因歔欷流涕。曜亦以熙羊后所生,不忍废也,乃追谥前妃卜氏为元悼皇后。泰,即胤之舅也,曜嘉其公忠,以为上光禄大夫、仪同三司、领太子太傅。封胤为永安王,拜侍中、卫大将军、都督二宫禁卫诸军事、开府仪同三司、录尚书事,命熙于胤尽家人之礼。

张茂大城姑臧,修灵钧台。别驾吴绍谏曰:"明公所以修城筑台者,盖惩既往之患耳。愚以为苟恩未洽于人心,虽处层台,亦无所益,适足以疑群下忠信之志,失士民系托之望,示怯弱之形,启邻敌之谋,将何以佐天子、霸诸侯乎!愿亟罢兹役,以息劳费。"茂曰:"亡兄一旦失身于物,岂无忠臣义士欲尽节者哉!顾祸生不意,虽有智勇,无所施耳。王公设险,勇夫重闭,古之道也。今国家未靖,不可以太平之理责人于屯遭之世也。"卒为之。

王敦从子允之,方总角,敦爱其聪警,常以自随。敦常夜饮,允之辞醉先卧。敦与钱凤谋为逆,允之悉闻其言,即于卧处大吐,衣面并污。凤出,敦果照视,见允之卧于吐中,不复疑之。会其父舒拜廷尉,允之求归省父,悉以敦、凤之谋白舒。舒与王导俱启帝,阴为之备。

敦欲强其宗族,陵弱帝室,冬,十一月,徙王含为征东将军、都督扬州江西诸军事,王舒为荆州刺史、监荆州沔南诸军事,王彬为江州刺史。

后赵王勒以参军樊坦为章武内史,勒见其衣冠弊坏,问之。坦率然对曰:"顷为羯贼所掠,资财荡尽。"勒笑曰:"羯贼乃尔无道邪!今当相偿。"坦大惧,叩头泣谢。勒赐车马、衣服、装钱三百万而遣之。

是岁,越嶲斯叟攻成将任回,成主雄遣征南将军费黑讨之。

会稽内史周札,一门五侯,宗族强盛,吴士莫与为比,王敦忌之。敦有疾,钱凤劝敦早除周氏,敦然之。周嵩以兄顗之死,心常愤愤。敦无子,养王含子应为嗣,嵩尝于众中言应不宜统兵,敦恶之。嵩与札兄子莚皆为敦从事中郎。会道士李脱以妖术惑众,士民颇信事之。

资治通鉴卷第九十三

端明殿学士兼翰林侍读学士朝散大夫右谏议大夫充集贤殿修撰权判西京留司御史台上柱国河内郡开国侯食邑一千三百户食实封四百户赐紫金鱼袋臣 司马光 奉敕编集

晋纪十五 起阏逢涒滩(甲申),尽强圉大渊献(丁亥),凡四年。

肃宗明皇帝下

太宁二年(甲申、324)

春,正月,王敦诬周嵩、周莚与李脱谋为不轨,收嵩、莚于军中,杀之;遣参军贺鸾就沈充于吴,尽杀周札诸子;进兵袭会稽,札拒战而死。

后赵将兵都尉石瞻寇下邳、彭城,取东莞、东海,刘遐退保泗口。

司州刺史石生击赵河南太守尹平于新安,斩之,掠五千余户而归。自是二赵构隙,日相攻掠,河东、弘农之间,民不聊生矣。

石生寇许、颍,俘获万计。攻郭诵于阳翟,诵与战,大破之,生退守康城。后赵汲郡内史石聪闻生败,驰救之,进攻司州刺史李矩、颍川太守郭默,皆破之。

成主雄,后任氏无子,有姜子十余人,雄立其兄荡之子班为太子,使任后母之。群臣请立诸子,雄曰:"吾兄,先帝之嫡统,有奇材大功,事垂克而早世,朕常悼之。且班仁孝好学,必能负荷先烈。"太傅骧、司徒王达谏曰:"先王立嗣必子者,所以明定分而防篡夺也。宋宣公、吴馀祭,足以观矣。"雄不听。骧退而流涕曰:"乱自此始矣!"班为人谦恭下士,动遵礼法,雄每有大议,辄令豫之。

夏,五月,甲申,张茂疾病,执世子骏手泣曰:"吾家世以孝友忠顺著称,今虽天下大乱,汝奉承之,不可失也。"且下令曰:"吾官非王命,苟以集事,岂敢荣之!死之日,当以白帢入棺,勿以朝服敛。"是日,薨。愍帝使者史淑在姑臧,左长史氾祎、右长史马谟等使淑拜骏大将军、凉州牧、西平公,赦其境内。前赵主曜遣使赠茂太宰,谥曰成烈王;拜骏上大将军、凉州牧、凉王。

王敦疾甚,矫诏拜王应为武卫将军以自副,以王含为骠骑大将军、开府仪同三司。钱凤谓敦曰:"脱有不讳,便当以后事付应邪?"敦曰:"非常之事,非常人所能为。且应年少,岂堪大事!我死之后,莫若释兵散众,归身朝廷,保全门户,上计也。退还武昌,收兵自守,贡献不废,中计也。及吾尚存,悉众而下,万一侥幸,下计也。"凤谓其党曰:"公之下计,乃上策也。"遂与沈充定谋,俟敦死即作乱。又以宿卫尚多,奏令三番休二。

初,帝亲任中书令温峤,敦恶之,请峤为左司马。峤乃缪为勤敬,综其府事,时进密谋以附其欲。深结钱凤,为之声誉,每曰:"钱世仪精神满腹。"峤素有藻鉴之名,凤甚悦,深与峤结好。会丹杨尹缺,峤言于敦曰:"京尹咽喉之地,公宜自选其才,恐朝廷用人,或不尽理。"敦然之,问峤:"谁可者?"峤曰:"愚谓无如钱凤。"凤亦推峤,峤伪辞之。敦不听,六月,表峤为丹杨尹,且使觇伺朝廷。峤恐既去而钱凤于后间止之,因敦饯别,峤起行酒,至凤,凤未及饮,峤伪醉,以手版击凤帻坠,作色曰:"钱凤何人,温太真行酒而敢不饮!"敦以为醉,两释之。峤临去,与敦别,涕泗横流,出阁复入者再三。行后,凤谓敦曰:"峤于朝廷甚密,而与庾亮深交,未可信也。"敦曰:"太真昨醉,小加声色,何得便尔相谮。"峤至建康,尽以敦逆谋告帝,请先为之备,又与庾亮共画讨敦之谋。敦闻之,大怒曰:"吾乃为小物所欺!"与司徒导书曰:"太真别来几日,作如此事!当募人生致之,自拔其舌。"

帝将讨敦,以问光禄勋应詹,詹劝成之,帝意遂决。丁卯,加司徒导大都督、领扬州刺史,以温峤都督东安北部诸军事,与右将军卞敦守石头,应詹为护军将军、都督前锋及朱雀桥南诸军事,郗鉴行卫将军、都督从驾诸军事,庾亮领左卫将军,以吏部尚书卞壶行中军将军。郗鉴以为军号无益事实,固辞不受,请召临淮太守苏峻、兖州刺史刘遐同讨敦。诏征峻、遐及徐州刺史王邃、豫州刺史祖约、广陵太守陶瞻等入卫京师。帝屯于中堂。

司徒导闻敦疾笃,帅子弟为敦发哀,众以为敦信死,咸有奋志。于是尚书腾诏下敦府,列敦罪恶曰:"敦辄立兄息以自承代,未有宰相继体而不由王命者也。顽凶相奖,无所顾忌,志骋凶丑,以窥神器。天不长奸,敦以陨毙,凤承凶宄,弥复煽逆。今遣司徒导等虎旅三万,十道并进;平西将军邃等精锐三万,水陆齐势;朕亲统诸军,讨凤之罪。有能杀凤送首,封五千户侯。诸文武为敦所授用者,一无所问,无或猜嫌,以取诛灭。敦之将士,从敦弥年,违离家室,朕甚愍之。其单丁在军,皆遣归家,终身不调,其余皆与假三年,休讫还台,当与宿卫同例三番。"

敦见诏,甚怒,而病转笃,不能自将。将举兵伐京师,使记室郭璞筮之,璞曰:"无成。"敦素疑璞助温峤、庾亮,及闻卦凶,乃问璞曰:"卿更筮吾寿几何?"璞曰:"思向卦,明公起事,必祸不久。若住武昌,寿不可测。"敦大怒曰:"卿寿几何?"曰:"命尽今日日中。"敦乃收璞,斩之。

敦使钱凤及冠军将军邓岳、前将军周抚等帅众向京师。王含谓敦曰:"此乃家事,吾当自行。"于是以含为元帅。凤等问曰:"事克之日,天子云何?"敦曰:"尚未南郊,何得称天子!便尽卿兵势,保护东海王及裴妃而已。"乃上疏,以诛奸臣温峤等为名,秋,七月,壬申朔,王含等水陆五万奄至江宁南岸,人情恟惧。温峤移屯水北,烧朱雀桁以挫其锋,含等不得渡。帝欲亲将兵击之,闻桁已绝,大怒。

峤曰：“今宿卫寡弱，征兵未至，若贼豕突，危及社稷，宗庙且恐不保，何爱一桥乎！”

司徒导遗含书曰：“近承大将军困笃，或云已有不讳。寻知钱凤大严，欲肆奸逆，谓兄当抑制不逞，还藩武昌。今乃与犬羊俱下，兄之此举，谓可得如大将军昔年之事乎？昔年佞臣乱朝，人怀不宁，如导之徒，心思外济。今则不然。大将军来屯于湖，渐失人心，君子危怖，百姓劳弊。临终之日，委重安期，安期断乳几日，又于时望，便可袭宰相之迹邪？自开辟以来，颇有宰相以孺子为之者乎？诸有耳者，皆知将为禅代，非人臣之事也。先帝中兴，遗爱在民；圣主聪明，德洽朝野。兄乃欲妄萌逆节，凡在人臣，谁不愤叹！导门户小大受国厚恩，今日之事，明日张胆为六军之首，宁为忠臣而死，不为无赖而生矣。”含不答。

或以为“王含、钱凤众力百倍，苑城小而不固，宜及军势未成，大驾自出拒战”。郗鉴曰：“群逆纵逸，势不可当，可以谋屈，难以力竞。且含等号令不一，抄盗相寻，吏民惩往年暴掠，皆人自为守。乘逆顺之势，何忧不克！且贼无经略远图，惟恃豕突一战，旷日持久，必启义士之心，令智力得展。今以此弱力敌彼强寇，决胜负于一朝，定成败于呼吸，万一蹉跌，虽有申胥之徒，义存投袂，何补于既往哉！”帝乃止。

帝帅诸军出屯南皇堂。癸酉夜，募壮士，遣将军段秀、中军司马曹浑等帅甲卒千人渡水，掩其未备。平旦，战于越城，大破之，斩其前锋将何康。秀，匹磾之弟也。

敦闻含败，大怒曰：“我兄老婢耳，门户衰，世事去矣！”顾谓参军吕宝曰：“我当力行。”因作势而起，困乏，复卧，乃谓其舅少府羊鉴及王应曰：“我死，应便即位，先立朝廷百官，然后营葬事。”敦寻卒，应秘不发丧，裹户以席，蜡涂其外，埋于厅事中，与诸葛瑶等日夜纵酒淫乐。

帝使吴兴沈桢说沈充，许以为司空。充曰：“三司具瞻之重，岂吾所任！币厚言甘，古人所畏也。且丈夫共事，终始当同，岂可中道改易，人谁容我乎！”遂举兵趣建康。宗正卿虞潭以疾归会稽，闻之，起兵余姚以讨充，帝以潭领会稽内史。前安东将军刘超、宣城内史钟雅皆起兵以讨充。义兴人周蹇杀王敦所署太守刘芳，平西将军祖约逐敦所署淮南太守任台。

沈充帅众万余人与王含军合，司马顾飓说充曰：“今举大事，而天子已扼其咽喉，锋摧气沮，相持日久，必致祸败。今若决破栅塘，因湖水以灌京邑，乘水势，纵舟师以攻之，此上策也。藉初至之锐，并东、西军之力，十道俱进，众寡过倍，理必摧陷，中策也。转祸为福，召钱凤计事，因斩之以降，下策也。”充皆不能用，飓逃归于吴。

丁亥,刘遐、苏峻等帅精卒万人至,帝夜见,劳之,赐将士各有差。沈充、钱凤欲因北军初到疲困击之,乙未夜,充、凤从竹格渚渡淮,护军将军应詹、建威将军赵胤等拒战,不利。充、凤至宣阳门,拔栅,将战,刘遐、苏峻自南塘横击,大破之,赴水死者三千人。遐又破沈充于青溪。

寻阳太守周光闻敦举兵,帅千余人来赴。既至,求见敦。王应辞以疾。光退曰:"今我远来而不得见,公其死乎?"遂见其兄抚曰:"王公已死,兄何为与钱凤作贼!"众皆愕然。

丙申,王含等烧营夜遁。丁酉,帝还宫,大赦,惟敦党不原。命庾亮督苏峻等追沈充于吴兴,温峤督刘遐等追王含、钱凤于江宁,分命诸将追其党与。刘遐军人颇纵虏掠,峤责之曰:"天道助顺,故王含翦绝,岂可因乱为乱也!"遐惶恐拜谢。

王含欲奔荆州,王应曰:"不如江州。"含曰:"大将军平素与江州云何,而欲归之?"应曰:"此乃所以宜归也。江州当人强盛时,能立同异,此非常人所及。今睹困厄,必有愍恻之心。荆州守文,岂能意外行事邪!"含不从,遂奔荆州。王舒遣军迎之,沉含父子于江。王彬闻应当来,密具舟以侍之,不至,深以为恨。钱凤走至阖庐洲,周光斩之,诣阙自赎。沈充走失道,误入故将吴儒家。儒诱充内重壁中,因笑谓充曰:"三千户侯矣。"充曰:"尔以义存我,我家必厚报汝。若以利杀我,我死,汝族灭矣。"儒遂杀之,传首建康。敦党悉平。充子劲当坐诛,乡人钱举匿之,得免,其后劲竟灭吴氏。

有司发王敦瘗,出尸,焚其衣冠,踞而斩之,与沈充首同悬于南桁。郗鉴言于帝曰:"前朝诛杨骏等,皆先极官刑,后听私殡。臣以为王诛加于上,私义行于下,宜听敦家收葬,于义为弘。"帝许之。司徒导等皆以讨敦功受封赏。

周抚与邓岳俱亡,周光欲资给其兄而取岳。抚怒曰:"我与伯山同亡,何不先斩我!"会岳至,抚出门遥谓之曰:"何不速去!今骨肉尚欲相危,况他人乎!"岳回舟而走,与抚共入西阳蛮中。明年,诏原敦党,抚、岳出首,得免死禁锢。

故吴内史张茂妻陆氏,倾家产,帅茂部曲为先登以讨沈充,报其夫仇。充败,陆氏诣阙上书,为茂谢不克之责,诏赠茂太仆。

有司奏:"王彬等敦之亲族,皆当除名。"诏曰:"司徒导以大义灭亲,犹将百世宥之,况彬等皆公之近亲乎!"悉无所问。

有诏:"王敦纲纪除名,参佐禁锢。"温峤上疏曰:"王敦刚愎不仁,忍行杀戮,朝廷所不能制,骨肉所不能谏。处其朝者,恒惧危亡,故人士结舌,道路以目,诚贤人君子道穷数尽,遵养时晦之辰也。原其私心,岂遑晏处,如陆玩、刘胤、郭璞之徒常与臣言,备知之矣。必其赞导凶悖,自当正以典刑;如其枉陷奸党,谓宜施之宽贷。臣以玩等之诚,闻于圣听,当受同贼之责;苟默而不言,实负其心。惟陛下仁圣裁之。"郗鉴以为先王立君臣之教,贵于伏节死义。王敦佐吏,虽多逼迫,然进不能止其逆谋,退不能脱身远遁,准之前训,宜加义责。帝卒从峤议。

冬,十月,以司徒导为太保、领司徒,加殊礼,西阳王羕领太尉,应詹为江州刺史,刘遐为徐州刺史,代王邃镇淮阴,苏峻为历阳内史,加庾亮护军将军,温峤前将军。导固辞不受。应詹至江州,吏民未安,詹抚而怀之,莫不悦服。

十二月,凉州将辛晏据枹罕,不服,张骏将讨之。从事刘庆谏曰:"霸王之师,必须天时人事相得,然后乃起。辛晏凶狂安忍,其亡可必,奈何以饥年大举,盛寒攻城乎!"骏乃止。

骏遣参军王骘聘于赵,赵主曜谓之曰:"贵州款诚和好,卿能保之乎?"骘曰:"不能。"侍中徐邈曰:"君来结好,而云不能保,何也?"骘曰:"齐桓贯泽之盟,忧心兢兢,诸侯不召自至。葵丘之会,振而矜之,叛者九国。赵国之化,常如今日可也,若政教陵迟,尚未能察迩者之变,况鄙州乎!"曜曰:"此凉州之君子也,择使可谓得人矣。"厚礼而遣之。

是岁,代王贺傉始亲国政,以诸部多未服,乃筑城于东木根山,徙居之。

三年(乙酉、325)

春,二月,张骏承元帝凶问,大临三日。会黄龙见嘉泉,氾祎等请改年以章休祥,骏不许。辛晏以枹罕降,骏复收河南之地。

赠故谯王承、甘卓、戴渊、周𫖳、虞望、郭璞、王澄等官。周札故吏为札讼冤,尚书卞壸议,以为:"札守石头,开门延寇,不当赠谥。"司徒导以为:"往年之事,敦奸逆未彰,自臣等有识以上,皆所未悟,与札无异。既悟其奸,札便以身许国,寻取枭夷。臣谓宜与周、戴同例。"郗鉴以为:"周、戴死节,周札延寇,事异赏均,何以劝沮! 如司徒议,谓往年有识以上皆与札无异,则谯王、周、戴皆应受责,何赠谥之有! 今三臣既褒,则札宜受贬明矣。"导曰:"札与谯王、周、戴,虽所见有异同,皆人臣之节也。"鉴曰:"敦之逆谋,履霜日久,缘札开门,令王师不振。若教前者之举,义同桓、文,则先帝可为幽、厉邪!"然卒用导议,赠札卫尉。

后赵王勒加宇文乞得归官爵,使之击慕容廆。廆遣世子皝、索头、段国共击之,以辽东相裴嶷为右翼,慕容仁为左翼。乞得归据浇水以拒皝,遣兄子悉拔雄拒仁。仁击悉拔雄,斩之,乘胜与皝攻乞得归,大破之。乞得归弃军走,皝、仁进入其国城,使轻兵追乞得归,过其国三百余里而还,尽获其国重器,畜产以百计,民之降附者数万。

三月,段末杯卒,弟牙立。

戊辰,立皇子衍为太子,大赦。

赵主曜立皇后刘氏。

北羌王盆句除附于赵,后赵将石佗自雁门出上郡袭之,俘三千余落,获牛、马、羊百余万而归。赵主曜遣中山王岳追之,曜屯于富平,为岳声援。岳与石佗战于河滨,斩之,后赵兵死者六千余人,岳悉收所虏而归。

杨难敌袭仇池,克之,执田崧,立之于前。左右令崧拜,崧瞋目叱之曰:"氐狗!安有天子牧伯而向贼拜乎!"难敌字谓之曰:"子岱,吾当与子共定大业,子忠于刘氏,岂不能忠于我乎!"崧厉色大言曰:"贼氐,汝本奴才,何谓大业!我宁为赵鬼,不为汝臣!"顾排一人,夺其剑,前刺难敌,不中,难敌杀之。

都尉鲁潜以许昌叛,降于后赵。

夏,四月,后赵将石瞻攻兖州刺史檀斌于邹山,杀之。

后赵西夷中郎将王腾袭杀并州刺史崔琨、上党内史王?,据并州降赵。

五月,以陶侃为征西大将军、都督荆、湘、雍、梁四州诸军事、荆州刺史,荆州士女相庆。侃性聪敏恭勤,终日敛膝危坐,军府众事,检摄无遗,未尝少闲。常语人曰:"大禹圣人,乃惜寸阴,至于众人,当惜分阴,岂可但逸游荒醉,生无益于时,死无闻于后,是自弃也。"诸参佐或以谈戏废事者,命取其酒器、蒱博之具,悉投之于江,将吏则加鞭扑,曰:"樗蒱者,牧猪奴戏耳!老、庄浮华,非先王之法言,不益实用。君子当正其威仪,何有蓬头跣足,自谓宏达耶!"有奉馈者,必问其所由。若力作所致,虽微必喜,慰赐参倍;若非理得之,则切厉诃辱,还其所馈。尝出游,见人持一把未熟稻,侃问:"用此何为?"人云:"行道所见,聊取之耳。"侃大怒曰:"汝既不佃,而戏贼人稻!"执而鞭之。是以百姓勤于农作,家给人足。尝造船,其木屑竹头,侃皆令籍而掌之,人咸不解所以。后正会,积雪始晴,听事前余雪犹湿,乃以木屑布地。及桓温伐蜀,又以侃所贮竹头作丁装船。其综理微密,皆此类也。

后赵将石生屯洛阳,寇掠河南,司州刺史李矩、颍川太守郭默军数败,又乏食,乃遣使附于赵。赵主曜使中山王岳将兵万五千人趣孟津,镇东将军呼延谟帅荆、司之众自崤、渑而东,欲会矩、默共攻石生。岳克孟津、石梁二戍,斩获五千余级,进围石生于金墉。后赵中山公虎帅步骑四万,入自成皋关,与岳战于洛西。岳兵败,中流矢,退保石梁。虎作堑栅环之,遏绝内外。岳众饥甚,杀马食之。虎又击呼延谟,斩之。曜自将兵救岳,虎帅骑三万逆战。赵前军将军刘黑击虎将石聪于八特阪,大破之。曜屯于金谷,夜,军中无故大惊,士卒奔溃,乃退屯渑池。夜,又惊溃,遂归长安。六月,虎拔石梁,禽岳及其将佐八十余人,氐、羌三千余人,皆送襄国,坑其士卒九千人。遂攻王腾于并州,执腾,杀之,坑其士卒七千余人。曜还长安,素服郊次,哭,七日乃入城,因愤恚成疾。郭默复为石聪所败,弃妻子南奔建康。李矩将士阴谋叛降后赵,矩不能讨,亦帅众南归,众皆道亡,惟郭诵等百余人随之,卒于鲁阳。矩长史崔宣帅其余众二千降于后赵。于是司、豫、徐、兖之地,率皆入于后赵,以淮为境矣。

赵主曜以永安王胤为大司马、大单于,徙封南阳王,置单于台于渭城,其左、右贤王以下,皆以胡、羯、鲜卑、氐、羌豪桀为之。

秋,七月,辛未,以尚书令郗鉴为车骑将军、都督徐、兖、青三州诸军事、兖州刺史,镇广陵。

闰月,以尚书左仆射荀崧为光禄大夫、录尚书事,尚书邓攸为左仆射。

右卫将军虞胤,元敬皇后之弟也,与左卫将军南顿王宗俱为帝所亲任,典禁兵,直殿内,多聚勇士以为羽翼。王导、庾亮皆忌之,颇以为言,帝待之愈厚,宫门管钥,皆以委之。帝寝疾,亮夜有所表,从宗求钥,宗不与,叱亮使曰:"此汝家门户邪!"亮益忿之。及帝疾笃,不欲见人,群臣无得进者。亮疑宗、胤及宗兄西阳王羕有异谋,排闼入升御床,见帝流涕,言羕与宗等谋废大臣,自求辅政,请黜之,帝不纳。壬午,帝引太宰羕、司徒导、尚书令卞壸、车骑将军郗鉴、护军将军庾亮、领军将军陆晔、丹杨尹温峤,并受遗诏辅太子,更入殿将兵直宿。复拜壸右将军,亮中书令,晔录尚书事。丁亥,降遗诏。戊子,帝崩。帝明敏有机断,故能以弱制强,诛剪逆臣,克复大业。

己丑,太子即皇帝位,生五年矣。群臣进玺,司徒导以疾不至。卞壸正色于朝曰:"王公岂社稷之臣邪!大行在殡,嗣皇未立,宁是人臣辞疾之时也!"导闻之,舆疾而至。大赦,增文武位二等。尊庾后为皇太后。

群臣以帝幼冲,奏请太后依汉和熹皇后故事,太后辞让数四,乃从之。秋,九月,癸卯,太后临朝称制。以司徒导录尚书事,与中书令庾亮、尚书令卞壸参辅朝政,然事之大要皆决于亮。加郗鉴车骑大将军,陆晔左光禄大夫,皆开府仪同三司。以南顿王宗为骠骑将军,虞胤为大宗正。

尚书召乐广之子谟为郡中正,庾珉族人怡为廷尉评,谟、怡各称父命不就。卞壸奏曰:"人无非父而生,职无非事而立,有父必有命,居职必有悔。有家各私其子,则为王者无民,君臣之道废矣。乐广、庾珉受宠圣世,身非己有,况及后嗣而可专哉!所居之职若顺夫群心,则战戍者之父母皆当命子以不处也。"谟、怡不得已,各就职。

辛丑,葬明帝于武平陵。

冬,十一月,癸巳朔,日有食之。

慕容廆与段氏方睦,为段牙谋,使之徙都,牙从之,即去令支,国人不乐。段疾陆眷之孙辽欲夺其位,以徙都为牙罪,十二月,帅国人攻牙,杀之,自立。段氏自务勿尘以来,日益强盛,其地西接渔阳,东界辽水,所统胡、晋三万余户,控弦四五万骑。

荆州刺史陶侃以宁州刺史王坚不能御寇,是岁,表零陵太守南阳尹奉为宁州刺史以代之。先是,王逊在宁州,蛮酋梁水太守爨量、益州太守李逷,皆叛附于成,逊讨之,不能克。奉至州,重募徼外夷刺爨量,杀之,谕降李逷,州境遂安。

代王贺傉卒,弟纥那立。

显宗成皇帝上之上

咸和元年(丙戌、326)

春,二月,大赦,改元。

赵以汝南王咸为太尉、录尚书事,光禄大夫刘绥为大司徒,卜泰为大司空。刘后疾病,赵主曜问所欲言,刘氏泣曰:“妾幼鞠于叔父昶,愿陛下贵之。叔父皑之女芳有德色,愿以备后宫。”言终而卒。曜以昶为侍中、大司徒、录尚书事,立芳为皇后。寻又以昶为太保。

三月,后赵主勒夜微行检察诸营卫,赍金帛以赂门者求出。永昌门候王假欲收捕之,从者至,乃止。旦,召假以为振忠都尉,爵关内侯。勒召记室参军徐光,光醉不至,黜为牙门。光侍直,有愠色,勒怒,并其妻子囚之。

夏,四月,后赵将石生寇汝南,执内史祖济。

六月,癸亥,泉陵公刘遐卒。癸酉,以车骑大将军郗鉴领徐州刺史;征虏将军郭默为北中郎将、监淮北诸军事,领遐部曲。遐子肇尚幼,遐妹夫田防及故将史迭等不乐他属,共以肇袭遐故位而叛。临淮太守刘矫掩袭遐营,斩防等。遐妻,邵续女也,骁果有父风。遐尝为后赵所围,妻单将数骑,拔遐出于万众之中。及田防等欲作乱,遐妻止之,不从,乃密起火,烧甲仗都尽,故防等卒败。诏以肇袭遐爵。

司徒导称疾不朝,而私送郗鉴。卞壶奏“导亏法从私,无大臣之节,请免官。”虽事寝不行,举朝惮之。壶俭素廉絜,裁断切直,当官干实,性不弘裕,不肯苟同时好,故为诸名士所少。阮孚谓之曰:“卿常无闲泰,如含瓦石,不亦劳乎?”壶曰:“诸君子以道德恢弘,风流相尚,执鄙吝者,非壶而谁!”时贵游子弟多慕王澄、谢鲲为放达,壶厉色于朝曰:“悖礼伤教,罪莫大焉! 中朝倾覆,实由于此。”欲奏推之,王导、庾亮不听,乃止。

成人讨越巂斯叟,破之。

秋,七月,癸丑,观阳烈侯应詹卒。

初,王导辅政,以宽和得众。及庾亮用事,任法裁物,颇失人心。豫州刺史祖约,自以名辈不后郗、卞,而不豫顾命,又望开府复不得,及诸表请多不见许,遂怀怨望。及遗诏褒进大臣，又不及约与陶侃，二人皆疑庾亮删之。历阳内史苏峻，有功于国，威望渐著，有锐卒万人，器械甚精，朝廷以江外寄之。而峻颇怀骄溢，有轻朝廷之志，招纳亡命，众力日多，皆仰食县官，运漕相属，稍不如意，辄肆忿言。亮既疑峻、约，又畏侃之得众，八月，以丹杨尹温峤为都督江州诸军事、江州刺史，镇武昌；尚书仆射王舒为会稽内史，以广声援；又修石头以备之。

丹杨尹阮孚以太后临朝，政出舅族，谓所亲曰："今江东创业尚浅，主幼时艰，庾亮年少，德信未孚，以吾观之，乱将作矣。"遂求出为广州刺史。孚，咸之子也。

冬，十月，立帝母弟岳为吴王。

南顿王宗自以失职怨望，又素与苏峻善；庾亮欲诛之，宗亦欲废执政。御史中丞钟雅劾宗谋反，亮使右卫将军赵胤收之。宗以兵拒战，为胤所杀，贬其族为马氏，三子绰、超、演皆废为庶人。免太宰西阳王羕，降封弋阳县王，大宗正虞胤左迁桂阳太守。宗，宗室近属；羕，先帝保傅，亮一旦剪黜，由是愈失远近之心。宗党卞阐亡奔苏峻，亮符峻送阐，峻保匿不与。宗之死也，帝不之知，久之，帝问亮曰："常日白头公何在？"亮对以谋反伏诛。帝泣曰："舅言人作贼，便杀之，人言舅作贼，当如何？"亮惧，变色。

赵将黄秀等寇�，顺阳太守魏该帅众奔襄阳。

后赵王勒用程遐之谋，营邺宫，使世子弘镇邺，配禁兵万人，车骑所统五十四营悉配之以骁骑将军领门臣祭酒王阳专统六夷以辅之。中山公虎自以功多，无去邺之意，及修三台，迁其家室，虎由是怨程遐。

十一月，后赵石聪攻寿春，祖约屡表请救，朝廷不为出兵。聪遂进寇逡遒、阜陵，杀掠五千余人。建康大震，诏加司徒导大司马、假黄钺、都督中外诸军事以御之，军于江宁。苏峻遣其将韩晃击石聪，走之，导解大司马。朝议又欲作涂塘以遏胡寇，祖约曰："是弃我也。"益怀愤恚。

十二月，济岷太守刘闿等杀下邳内史夏侯嘉，以下邳叛，降于后赵。石瞻攻河南太守王瞻于邾，拔之。彭城内史刘续复据兰陵石城，石瞻攻拔之。

后赵王勒以牙门将王波为记室参军，典定九流，始立秀、孝试经之制。

张骏畏赵人之逼，是岁，徙陇西、南安民二千余家于姑臧，又遣使修好于成，以书劝成主雄去尊号，称藩于晋。雄复书曰："吾过为士大夫所推，然本无心于帝王，思为晋室元功之臣，扫除氛埃。而晋室陵迟，德声不振，引领东望，有年月矣。会获来贶，情在暗至，有何已已。"自是聘使相继。

二年（丁亥、327）

春，正月，朱提太守杨术与成将罗恒战于台登，兵败，术死。

夏，五月，甲申朔，日有食之。

赵武卫将军刘朗帅骑三万袭杨难敌于仇池,弗克,掠三千余户而归。

张骏闻赵兵为后赵所败,乃去赵官爵,复称晋大将军、凉州牧,遣武威太守窦涛、金城太守张阆、武兴太守辛岩、扬烈将军宋辑等帅众数万,东会韩璞,攻掠赵秦州诸郡。赵南阳王胤将兵击之,屯狄道。枹罕护军辛晏告急,秋,骏使韩璞、辛岩救之。璞进度沃干岭。岩欲速战,璞曰:"夏末以来,日星数有变,不可轻动。且曜与石勒相攻,胤必不能久与我相守也。"与胤夹洮相持七十余日。冬,十月,璞遣辛岩督运于金城。胤闻之,曰:"韩璞之众,十倍于吾。吾粮不多,难以持久。今虏分兵运粮,天授我也。若败辛岩,璞等自溃。"乃帅骑三千袭岩于沃干岭,败之,遂前逼璞营,璞众大溃。胤乘胜追奔,济河,攻拔令居,斩首二万级,进据振武,河西大骇。张阆、辛晏帅其众数万降赵,骏遂失河南之地。

庾亮以苏峻在历阳,终为祸乱,欲下诏征之,访于司徒导。导曰:"峻猜险,必不奉诏,不若且苞容之。"亮言于朝曰:"峻狼子野心,终必为乱。今日征之,纵不顺命,为祸犹浅。若复经年,不可复制,犹七国之于汉也。"朝臣无敢难者,独光禄大夫卞壸争之曰:"峻拥强兵,逼近京邑,路不终朝,一旦有变,易为蹉跌。宜深思之。"亮不从。壸知必败,与温峤书曰:"元规召峻意定,此国之大事。峻已出狂意,而召之,是更速其祸也,必纵毒蠚以向朝廷。朝廷威力虽盛,不知果可擒不?王公亦同此情。吾与之争甚恳切,不能如之何。本出足下以为外援,而今更恨足下在外,不得相与共谏止之,或当相从耳。"峤亦累书止亮。举朝以为不可,亮皆不听。

峻闻之,遣司马何仍诣亮曰:"讨贼外任,远近惟命,至于内辅,实非所堪。"亮不许,召北中郎将郭默为后将军、领屯骑校尉,司徒右长史庾冰为吴国内史,皆将兵以备峻。冰,亮之弟也。于是下优诏,征峻为大司农,加散骑常侍,位特进,以弟逸代领部曲。峻上表曰:"昔明皇帝亲执臣手,使臣北讨胡寇。今中原未靖,臣何敢即安!乞补青州界一荒郡,以展鹰犬之用。"复不许。峻严装将赴召,犹豫未决。参军任让谓峻曰:"将军求处荒郡而不见许,事势如此,恐无生路,不如勒兵自守。"阜陵令匡术亦劝峻反,峻遂不应命。

温峤闻之,即欲帅众下卫建康,三吴亦欲起义兵,亮并不听,而报峤书曰:"吾忧西陲过于历阳,足下无过雷池一步也。"朝廷遣使谕峻,峻曰:"台下云我欲反,岂得活邪!我宁山头望廷尉,不能廷尉望山头。往者国家危如累卵,非我不济,狡兔既死,猎犬宜烹,但当死报造谋者耳。"

峻知祖约怨朝廷,乃遣参军徐会推崇约,请共讨庾亮。约大喜,其从子智、衍并劝成之。谯国内史桓宣谓智曰:"本以强胡未灭,将戮力讨之。使君若欲为雄霸,何不助国讨峻,则威名自举。今乃与峻俱反,此安得久乎!"智不从。宣诣约请见,约知其欲谏,拒而不内。宣遂绝约,不与之同。十一月,约遣兄子沛内史涣、女婿淮南太守许柳以兵会峻。逊妻,柳之姊也,固谏,不从。诏复以卞壸为尚书令、领右卫将军,以郗鉴内史王舒行扬州刺史事,吴兴太守虞潭督三吴等诸郡军事。

尚书左丞孔坦、司徒司马丹杨陶回言于王导,请"及峻未至,急断阜陵,守江西当利诸口,彼少我众,一战决矣。若峻未来,可往逼其城。今不先往,峻必先至,峻至则人心危骇,难与战矣。此时不可失也。"导然之,庾亮不从。十二月,辛亥,苏峻使其将韩晃、张健等袭陷姑孰,取盐米,亮方悔之。

壬子,彭城王雄、章武王休叛奔峻。雄,释之子也。

庚申,京师戒严。假庾亮节,都督征讨诸军事,以左卫将军赵胤为历阳太守,使左将军司马流将兵据慈湖以拒峻。以前射声校尉刘超为左卫将军,侍中褚翜典征讨军事。亮使弟翼以白衣领数百人备石头。

丙寅,徙琅邪王昱为会稽王,吴王岳为琅邪王。

宣城内史桓彝欲起兵以赴朝廷,其长史裨惠以郡兵寡弱,山民易扰,谓宜且案甲以待之。彝厉色曰:"'见无礼于其君者,若鹰鹯之逐鸟雀。'今社稷危逼,义无宴安。"辛未,彝进屯芜湖。韩晃击破之,因进攻宣城,彝退保广德,晃大掠诸县而还。徐州刺史郗鉴欲帅所领赴难,诏以北寇,不许。

是岁,后赵中山公虎击代王纥那,战于句注陉北,纥那兵败,徙都大甯以避之。

代王郁律之子翳槐居于其舅贺兰部,纥那遣使求之,贺兰大人蔼头拥护不遣。纥那与宇文部共击蔼头,不克。

资治通鉴卷第九十四

端明殿学士兼翰林侍读学士朝散大夫右谏议大夫充集贤殿修撰权判西京留　司马光 奉敕编集
司御史台上柱国河内郡开国侯食邑一千三百户食实封四百户赐紫金鱼袋臣

晋纪十六 起著雍困敦（戊子），尽重光单阏（辛卯），凡四年。

显宗成皇帝上之下

咸和三年（戊子、328）

春，正月，温峤入救建康，军于寻阳。

韩晃袭司马流于慈湖，流素懦怯，将战，食炙不知口处，兵败而死。

丁未，苏峻帅祖涣、许柳等众二万人，济自横江，登牛渚，军于陵口。台兵御之，屡败。二月，庚戌，峻至蒋陵覆舟山。陶回谓庾亮曰："峻知石头有重戍，不敢直下，必向小丹杨南道步来，宜伏兵邀之，可一战擒也。"亮不从。峻果自小丹杨来，迷失道，夜行，无复部分。亮闻，乃悔之。

朝士以京邑危逼，多遣家人入东避难，左卫将军刘超独迁妻孥入居宫内。

诏以卞壸都督大桁东诸军事，与侍中钟雅帅郭默、赵胤等军及峻战于西陵。壸等大败，死伤以千数。丙辰，峻攻青溪栅，卞壸帅诸军拒击，不能禁。峻因风纵火，烧台省及诸营寺署，一时荡尽。壸背痈新愈，创犹未合，力疾帅左右苦战而死。二子眕、盱随父后，亦赴敌而死。其母抚尸哭曰："父为忠臣，子为孝子，夫何恨乎！"

丹杨尹羊曼勒兵守云龙门，与黄门侍郎周导、庐江太守陶瞻皆战死。庾亮帅众将陈于宣阳门内，未及成列，士众皆弃甲走，亮与弟怿、条、翼及郭默、赵胤俱奔寻阳。将行，顾谓钟雅曰："后事深以相委。"雅曰："栋折榱崩，谁之咎也？"亮曰："今日之事，不容复言。"亮乘小船，乱兵相剥掠，亮左右射贼，误中柂工，应弦而倒，船上咸失色欲散。亮不动，徐曰："此手何可使著贼！"众乃安。

峻兵入台城，司徒导谓侍中褚翜曰："至尊当御正殿，君可启令速出。"翜即入上阁，躬自抱帝登太极前殿，导及光禄大夫陆晔、荀崧、尚书张闿共登御床，拥卫帝。以刘超为右卫将军，使与钟雅、褚翜侍立左右，太常孔愉朝服守宗庙。时百官奔散，殿省萧然。峻兵既入，叱褚翜令去。翜正立不动，呵之曰："苏冠军来觐至尊，军人岂得侵逼！"由是峻兵不敢上殿，突入后宫，宫人及太后左右侍人皆见掠夺。峻兵驱役百官，光禄勋王彬等皆被捶挞，令负担登蒋山。裸剥士女，皆以坏席苦草自障,无草者坐地以土自覆,哀号之声,震动内外。

初,姑孰既陷,尚书左丞孔坦谓人曰:"观峻之势,必破台城,自非战士,不须戎服。"及台城陷,戎服者多死,白衣者无他。

时官有布二十万匹,金银五千斤,钱亿万,绢数万匹,他物称是,峻尽费之。太官惟有烧余米数石,以供御膳。

或谓钟雅曰:"君性亮直,必不容于寇仇,盍早为之计?"雅曰:"国乱不能匡,君危不能济,各遁逃以求免,何以为臣!"

丁巳,峻称诏大赦,惟庾亮兄弟不在原例。以王导有德望,犹使以本官居己之右。祖约为侍中、太尉、尚书令,峻自为骠骑将军、录尚书事,许柳为丹杨尹,马雄为左卫将军,祖涣为骁骑将军。弋阳王羕诣峻,称述峻功,峻复以羕为西阳王、太宰、录尚书事。

峻遣兵攻吴国内史庾冰,冰不能御,弃郡奔会稽,至浙江,峻购之甚急。吴铃下卒引冰入船,以蓬覆之,吟啸鼓枻,溯流而去。每逢逻所,辄以杖叩船曰:"何处觅庾冰,庾冰正在此。"人以为醉,不疑之,冰仅免。峻以侍中蔡谟为吴国内史。

温峤闻建康不守,号恸,人有候之者,悲哭相对。庾亮至寻阳,宣太后诏,以峤为骠骑将军、开府仪同三司,又加徐州刺史郗鉴司空。峤曰:"今日当以灭贼为急,未有功而先拜官,将何以示天下!"遂不受。峤素重亮,亮虽奔败,峤愈推奉之,分兵给亮。

后赵大赦,改元太和。

三月,丙子,庾太后以忧崩。

苏峻南屯于湖。

夏,四月,后赵将石堪攻宛,南阳太守王国降之,遂进攻祖约军于淮上。约将陈光起兵攻约,约左右阎秃貌类约,光谓为约而擒之,约逾垣获免,光奔后赵。

壬申,葬明穆皇后于武平陵。

庾亮、温峤将起兵讨苏峻,而道路断绝,不知建康声闻。会南阳范汪至寻阳,言"峻政令不壹,贪暴纵横,灭亡已兆,虽强易弱,朝廷有倒悬之急,宜时进讨。"峤深纳之。亮辟汪参护军事。

亮、峤互相推为盟主,峤从弟充曰:"陶征西位重兵强,宜共推之。"峤乃遣督护王愆期诣荆州,邀陶侃与之同赴国难。侃犹以不豫顾命为恨,答曰:"吾疆场外将,不敢越局。"峤屡说,不能回,乃顺侃意,遣使谓之曰:"仁公且守,仆当先下。"使者去已二日,平南参军荥阳毛宝别使还,闻之,说峤曰:"凡举大事,当与天下共之。师克在和,不宜异同。假令可疑,犹当外示不觉,况自为携贰邪!宜急追信改书,言必应俱进。若不及前信,当更遣使。"峤意悟,即追使者,改书,侃果许之,遣督护龚登帅兵诣峤。峤有众七千,于是列上尚书,陈祖约、苏峻罪状,移告征、镇,洒泣登舟。

陶侃复追龚登。峤遗侃书曰:"夫军有进而无退,可增而不可减。近已移檄远近,言于盟府,刻后月半大举,诸郡军并在路次,惟须仁公军至,便齐进耳。仁公今召军还,疑惑远近,成败之由,将在于此。仆才轻任重,实凭仁公笃爱,远禀成规。至于首启戎行,不敢有辞,仆与仁公,如首尾相卫,唇齿相依也。恐或者不达高旨,将谓仁公缓于讨贼,此声难追。仆与仁公并受方岳之任,安危休戚,理既同之。且自顷之顾,绸缪往来,情深义重,一旦有急,亦望仁公悉众见救,况社稷之难乎!今日之忧,岂惟仆一州,文武莫不翘企。假令此州不守,约、峻树置官长于此,荆楚西逼强胡,东接逆贼,因之以饥馑,将来之危,乃当甚于此州之今日也。仁公进当为大晋之忠臣,参桓、文之功;退当以慈父之情,雪爱子之痛。今约、峻凶逆无道,痛感天地,人心齐壹,咸皆切齿。今之进讨,若以石投卵耳。苟复召兵还,是为败于几成也。愿深察所陈。"王愆期谓侃曰:"苏峻,豺狼也,如得遂志,四海虽广,公宁有容足之地乎!"侃深感悟,即戎服登舟,瞻丧至不临,昼夜兼道而进。

郗鉴在广陵,城孤粮少,逼近胡寇,人无固志。得诏书,即流涕誓众,入赴国难,将士争奋。遣将军夏侯长等间行谓温峤曰:"或闻贼欲挟天子东入会稽,当先立营垒,屯据要害,既防其越逸,又断贼粮运,然后清野坚壁以待贼。贼攻城不拔,野无所掠,东道既断,粮运自绝,必自溃矣。"峤深以为然。

五月,陶侃帅众至寻阳。议者咸谓侃欲诛庾亮以谢天下,亮甚惧,用温峤计,诣峤拜谢。侃惊,止之曰:"庾元规乃拜陶士行邪!"亮引咎自责,风止可观,侃不觉释然,曰:"君侯修石头以拟老子,今日反见求邪!"即与之谈宴终日,遂与亮、峤同趣建康。戎卒四万,旌旗七百余里,钲鼓之声,震于远近。

苏峻闻西方兵起,用参军贾宁计,自姑孰还据石头,分兵以拒侃等。

乙未,峻逼迁帝于石头,司徒导固争,不从。帝哀泣升车,宫中恸哭。时天大雨,道路泥泞,刘超、钟雅步侍左右,峻给马,不肯乘,而悲哀慷慨。峻闻而恶之,然未敢杀也。以其亲信许方等补司马督、殿中监,外托宿卫,内实防御超等。峻以仓屋为帝宫,日来帝前肆丑言。刘超、钟雅与右光禄大夫荀崧、金紫光禄大夫华恒、尚书荀邃、侍中丁潭侍从,不离帝侧。时饥馑,米贵,峻问遗,超一无所受,缱绻朝夕,臣节愈恭。虽居幽厄之中,超犹启帝,授《孝经》《论语》。

峻使左光禄大夫陆晔守留台,逼迫居民,尽聚之后苑;使匡术守苑城。

尚书左丞孔坦奔陶侃,侃以为长史。

初,苏峻遣尚书张闿权督东军,司徒导密令以太后诏谕三吴吏士,使起义兵救天子。会稽内史王舒以庾冰行奋武将军,使将兵一万,西渡浙江。于是吴兴太守虞潭、吴国内史蔡谟、前义兴太守顾众等皆举兵应之。潭母孙氏谓潭曰:"汝当舍生取义,勿以吾老为累。"尽遣其家僮从军,鬻其环珮以为军资。谟以庾冰当还旧任,即去郡以让冰。

苏峻闻东方兵起,遣其将管商、张健、弘徽等拒之,虞潭等与战,互有胜负,未能得前。

陶侃、温峤军于茄子浦,峤以南兵习水,苏峻兵便步,令将士:"有上岸者死!"会峻送米万斛馈祖约,约遣司马桓抚等迎之。毛宝帅千人为峤前锋,告其众曰:"兵法,'军令有所不从',岂可视贼可击,不上岸击之邪!"乃擅往袭抚,悉获其米,斩获万计,约由是饥乏。峤表宝为庐江太守。

陶侃表王舒监浙东军事,虞潭监浙西军事,郗鉴都督扬州八郡诸军事,令舒、潭皆受鉴节度。鉴帅众渡江,与侃等会于茄子浦,雍州刺史魏该亦以兵会之。

丙辰,侃等舟师直指石头,至于蔡洲。侃屯查浦,峤屯沙门浦。峻登烽火楼,望见士众之盛,有惧色,谓左右曰:"吾本知温峤能得众也。"

庾亮遣督护王彰击峻党张曜,反为所败。亮送节传以谢侃,侃答曰:"古人三败,君侯始二。当今事急,不宜数尔。"亮司马陈郡殷融诣侃谢曰:"将军为此,非融等所裁。"王彰至曰:"彰自为之,将军不知也。"侃曰:"昔殷融为君子,王彰为小人;今王彰为君子,殷融为小人。"

宣城内史桓彝,闻京城不守,慷慨流涕,进屯泾县。时州郡多遣使降苏峻,裨惠复劝彝宜且与通使,以纾交急之祸。彝曰:"吾受国厚恩,义在致死,焉能忍耻与逆臣通问!如其不济,此则命也。"彝遣将军俞纵守兰石,峻遣其将韩晃攻之。纵将败,左右劝纵退军。纵曰:"吾受桓侯厚恩,当以死报。吾之不可负桓侯,犹桓侯之不负国也。"遂力战而死。晃进军攻彝,六月,城陷,执彝,杀之。

诸军初至石头,即欲决战,陶侃曰:"贼众方盛,难与争锋,当以岁月,智计破之。"既而屡战无功,监军部将李根请筑白石垒,侃从之。夜筑垒,至晓而成。闻峻军严声,诸将咸惧其来攻。孔坦曰:"不然。若峻攻垒,必须东北风急,令我水军不得往救。今天清静,贼必不来。所以严者,必遣军出江乘,掠京口以东矣。"已而果然。侃使庾亮以二千人守白石,峻帅步骑万余四面攻之,不克。

王舒、虞潭等数与峻兵战,不利。孔坦曰:"本不须召郗公,遂使东门无限。今宜遣还,虽晚,犹胜不也。"侃乃令鉴与后将军郭默还据京口,立大业、曲阿、庱亭三垒以分峻之兵势,使郭默守大业。

壬辰,魏该卒。

祖约遣祖涣、桓抚袭浥口,陶侃闻之,将自击之。毛宝曰:"义军恃公,公不可动,宝请讨之。"侃从之。涣、抚过皖,因攻谯国内史桓宣。宝往救之,为涣、抚所败。箭贯宝髀,彻鞍,宝使人蹋鞍拔箭,血流满靴。还击涣、抚,破走之,宣乃得出,归于温峤。宝进攻祖约军于东关,拔合肥戍,会峤召之,复归石头。

祖约诸将阴与后赵通谋,许为内应。后赵将石聪、石堪引兵济淮,攻寿春。秋,七月,约众溃,奔历阳,聪等虏寿春二万余户而归。

后赵中山公虎帅众四万自轵关西入,击赵河东,应之者五十余县,遂进攻蒲阪。赵主曜遣河间王述发氐、羌之众屯秦州以备张骏、杨难敌,自将中外精锐水陆诸军以救蒲阪,自卫关北济,虎惧,引退。曜追之,八月,及于高候,与虎战,大破之,斩石瞻,枕尸二百余里,收其资仗亿计。虎奔朝歌。曜济自大阳,攻石生于金墉,决千金堨以灌之。分遣诸将攻汲郡、河内,后赵荥阳太守尹矩、野王太守张进等皆降之。襄国大震。

张骏治兵,欲乘虚袭长安。理曹郎中索询谏曰:"刘曜虽东征,其子胤守长安,未易轻也。借使小有所获,彼若释东方之图,还与我校,祸难之期,未可量也。"骏乃止。

苏峻腹心路永、匡术、贾宁闻祖约败,恐事不济,劝峻尽诛司徒导等诸大臣,更树腹心,峻雅敬导,不许。永等更贰于峻,导使参军袁耽潜诱永使归顺。九月,戊申,导携二子与永皆奔白石。耽,涣之曾孙也。

陶侃、温峤等与苏峻久相持不决,峻分遣诸将东西攻掠,所向多捷,人情恟惧。朝士之奔西军者皆曰:"峻狡黠有胆决,其徒骁勇,所向无敌。若天讨有罪,则峻终灭亡;止以人事言之,未易除也。"温峤怒曰:"诸君怯懦,乃更誉贼!"及累战不胜,峤亦惮之。

峤军食尽,贷于陶侃。侃怒曰:"使君前云不忧无良将及兵食,惟欲得老仆为主耳。今数战皆北,良将安在?荆州接胡、蜀二虏,当备不虞,若复无食,仆便欲西归,更思良算。徐来珍贼,不为晚也。"峤曰:"凡师克在和,古之善教也。光武之济昆阳,曹公之拔官渡,以寡敌众,杖义故也。峻、约小竖,凶逆滔天,何忧不灭!峻骤胜而骄,自谓无前,今挑之战,可一鼓而擒也。奈何舍垂立之功,设进退之计乎!且天子幽逼,社稷危殆,乃四海臣子肝脑涂地之日。峤等与公并受国恩,事若克济,则臣主同祚;如其不捷,当灰身以谢先帝耳。今之事势,义无旋踵,譬如骑虎,安可中下哉!公若违众独返,人心必沮。沮众败事,义旗将回指于公矣。"毛宝言于峤曰:"下官能留陶公。"乃往说侃曰:"公本应镇芜湖,为南北势援,前既已下,势不可还。且军政有进无退,非直整齐三军,示众必死而已,亦谓退无所据,终至灭亡。往者杜弢非不强盛,公竟灭之,何至于峻独不可破邪!贼亦畏死,非皆勇健,公可试与宝兵,使上岸断贼资粮。若宝不立效,然后公去,人心不恨矣。"侃然之,加宝督护而遣之。竟陵太守李阳说侃曰:"今大事若不济,公虽有粟,安得而食诸!"侃乃分米五万石以饷峤军。毛宝烧峻句容、湖孰积聚,峻军乏食,侃遂留不去。

张健、韩晃等急攻大业,垒中乏水,人饮粪汁。郭默惧,潜突围出外,留兵守之。郗鉴在京口,军士闻之皆失色。参军曹纳曰:"大业,京口之扞蔽也,一旦不守,则贼兵径至,不可当也。请还广陵,以俟后举。"鉴大会僚佐,责纳曰:"吾受先帝顾托之重,正复捐躯九泉,不足报塞。今强寇在近,众心危逼,君腹心之佐,而生长异端,当何以帅先义众,镇壹三军邪!"将斩之,久乃得释。

陶侃将救大业,长史殷羡曰:"吾兵不习步战,救大业而不捷,则大事去矣。不如急攻石头,则大业自解。"侃从之。羡,融之兄也。

庚午,侃督水军向石头。庾亮、温峤、赵胤帅步兵万人从白石南上,欲挑战。峻将八千人逆战,遣其子硕及其将匡孝分兵先薄赵胤军,败之。峻方劳其将士,乘醉望见胤走,曰:"孝能破贼,我更不如邪!"因舍其众,与数骑北下突陈,不得入,将回趋白木陂,马踬,侃部将彭世、李千等投之以矛,峻坠马,斩首脔割之,焚其骨,三军皆称万岁。余众大溃。峻司马任让等共立峻弟逸为主,闭城自守。温峤乃立行台,布告远近,凡故吏二千石以下,皆令赴台,于是至者云集。韩晃闻峻死,引兵趣石头。管商、弘徽攻庱亭垒,督护李闳、轻车长史滕含击破之。含,脩之孙也。商走诣庾亮降,余众皆归张健。

冬,十一月,后赵王勒欲自将救洛阳,僚佐程遐等固谏曰:"刘曜悬军千里,势不支久。大王不宜亲动,动无万全。"勒大怒,按剑叱遐等出。乃赦徐光,召而谓之曰:"刘曜乘一战之胜,围守洛阳,庸人之情皆谓其锋不可当。曜带甲十万,攻一城而百日不克,师老卒怠,以我初锐击之,可一战而擒也。若洛阳不守,曜必送死冀州,自河已北,席卷而来,吾事去矣。程遐等不欲吾行,卿以为何如?"对曰:"刘曜乘高候之势,不能进临襄国,更守金墉,此其无能为可知也。以大王威略临之,彼必望旗奔败。平定天下,在今一举,不可失也。"勒笑曰:"光言是也。"乃使内外戒严,有谏者斩。命石堪、石聪及豫州刺史桃豹等各统见众会荥阳,中山公虎进据石门,勒自统步骑四万趣金墉,济自大堨。

勒谓徐光曰:"曜盛兵成皋关,上策也;阻洛水,其次也;坐守洛阳,此成擒耳。"十二月,乙亥,后赵诸军集于成皋,步卒六万,骑二万七千。勒见赵无守兵,大喜,举手指天,复加额曰:"天也!"卷甲衔枚,诡道兼行,出于巩、訾之间。

赵主曜专与嬖臣饮博,不抚士卒,左右或谏,曜怒,以为妖言,斩之。闻勒已济河,始议增荥阳戍,杜黄马关。俄而洛水候者与后赵前锋交战,擒羯送之。曜问:"大胡自来邪?其众几何?"羯曰:"王自来,军势甚盛。"曜色变,使摄金墉之围,陈于洛西,众十余万,南北十余里。勒望见,益喜,谓左右曰:"可以贺我矣!"勒帅步骑四万入洛阳城。

己卯,中山公虎引步卒三万自城北而西,攻赵中军,石堪、石聪等各以精骑八千自城西而北,击赵前锋,大战于西阳门。勒躬贯甲胄,出自闾阖门,夹击之。曜少而嗜酒,末年尤甚,将战,饮酒数斗。常乘赤马无故踢顿,乃乘小马。比出,复饮酒斗余。至西阳门,挥陈就平,石堪因而乘之,赵兵大溃。曜昏醉退走,马陷石渠,坠于冰上,被疮十余,通中者三,为堪所执。勒遂大破赵兵,斩首五万余级。下令曰:"所欲擒者一人耳,今已获之。其敕将士抑锋止锐,纵其归命之路。"

曜见勒,曰:"石王,颇忆重门之盟否?"勒使徐光谓之曰:"今日之事,天使其然,复云何邪!"乙酉,勒班师。使征东将军石邃将兵卫送曜。邃,虎之子也。曜疮甚,载以马舆,使医李永与同载。己亥,至襄国,舍曜于永丰小城,给其妓妾,严兵围守。遣刘岳、刘震等从男女盛服以见之,曜曰:"吾谓卿等久为灰土,石王仁厚,乃全宥至于邪! 我杀石佗,愧之多矣。今日之祸,自其分耳。"留宴终日而去。勒使曜与其太子熙书,谕令速降,曜但敕熙与诸大臣"匡维社稷,勿以吾易意也。"勒见而恶之,久之,乃杀曜。

是岁,成汉献王骧卒,其子征东将军寿以丧还成都。成主雄以李玝为征北将军、梁州刺史,代寿屯晋寿。

四年(己丑、329)

春,正月,光禄大夫陆晔及弟尚书左仆射玩说匡术,以苑城附于西军,百官皆赴之,推晔督宫城军事。陶侃命毛宝守南城,邓岳守西城。

右卫将军刘超、侍中钟雅与建康令管旆等谋奉帝出赴西军,事泄,苏逸使其将平原任让将兵入宫收超、雅。帝抱持悲泣曰:"还我侍中、右卫!"让孙而杀之。初,让少无行,太常华恒为本州大中正,黜其品。及让为苏峻将,乘势多所诛杀,见恒辄恭敬,不敢纵暴。及钟、刘之死,苏逸欲并杀恒,让尽心救卫,恒乃得免。

冠军将军赵胤遣部将甘苗击祖约于历阳,戊辰,约夜帅左右数百人奔后赵,其将牵腾帅众出降。

苏逸、苏硕、韩晃并力攻台城,焚太极东堂及秘阁,毛宝登城,射杀数十人。晃谓宝曰:"君名勇果,何不出斗?"宝曰:"君名健将,何不入斗?"晃笑而退。

赵太子熙闻赵主曜被擒,大惧,与南阳王胤谋西保秦州。尚书胡勋曰:"今虽丧君,境土尚完,将士不叛,且当并力拒之。力不能拒,走未晚也。"胤怒,以为沮众,斩之,遂帅百官奔上邽,诸征、镇亦皆弃所守从之,关中大乱。将军蒋英、辛恕拥众数十万据长安,遣使降于后赵,后赵遣石生帅洛阳之众赴之。

二月,丙戌,诸军攻石头。建威长史滕含击苏逸,大破之。苏硕帅骁勇数百,渡淮而战,温峤击斩之。韩晃等惧,以其众就张健于曲阿,门隘不得出,更相蹈藉,死者万数。西军获苏逸,斩之。滕含部将曹据抱帝奔温峤船,群臣见帝,顿首号泣请罪。杀西阳王羕,并其二子播、充、孙崧及彭城王雄。陶侃与任让有旧,为请其死。帝曰:"是杀吾侍中、右卫者,不可赦也。"乃杀之。司徒导入石头,令取故节,陶侃笑曰:"苏武节似不如是。"导有惭色。丁亥,大赦。

张健疑弘徽等贰于己,皆杀之,帅舟师自延陵将入吴兴。乙未,扬烈将军王允之与战,大破之,获男女万余口。健复与韩晃、马雄等轻军西趋故郭,郗鉴遣参军李闳追之,及于平陵山,皆斩之。

是时宫阙灰烬,以建平园为宫。温峤欲迁都豫章,三吴之豪请都会稽,二论纷纭未决。司徒导曰:"孙仲谋、刘玄德俱言'建康王者之宅'。古之帝王不必以丰俭移都,苟务本节用,何忧雕弊!若农事不修,则乐土为墟矣。且北寇游魂,伺我之隙,一旦示弱,窜于蛮越,求之望实,惧非良计。今特宜镇之以静,群情自安。"由是不复徙都。以褚翜为丹杨尹。时兵火之后,民物雕残,翜收集散亡,京邑遂安。

壬寅,以湘州并荆州。

三月,壬子,论平苏峻功,以陶侃为侍中、太尉,封长沙郡公,加都督交、广、宁州诸军事;郗鉴为侍中、司空、南昌县公;温峤为骠骑将军、开府仪同三司,加散骑常侍、始安郡公;陆晔进爵江陵公。自余赐爵侯、伯、子、男者甚众。卞壶及二子眕、盱、桓彝、刘超、钟雅、羊曼、陶瞻,皆加赠谥。路永、匡术、贾宁,皆苏峻之党也,峻未败,永等去峻归朝廷,王导欲赏以官爵,温峤曰:"永等皆峻之腹心,首为乱阶,罪莫大焉。晚虽改悟,未足以赎前罪,得全首领,为幸多矣,岂可复褒宠之哉!"导乃止。

陶侃以江陵偏远,移镇巴陵。朝议欲留温峤辅政,峤以王导先帝所任,固辞还藩,又以京邑荒残,资用不给,乃留资蓄,具器用,而后旋于武昌。

帝之出石头也,庾亮见帝,稽颡哽咽,诏亮与大臣俱升御座。明日,亮复泥首谢罪,乞骸骨,欲阖门投窜山海。帝遣尚书、侍中手诏慰喻曰:"此社稷之难,非舅之责也。"亮上疏自陈:"祖约、苏峻纵肆凶逆,罪由臣发,寸斩屠戮,不足以谢七庙之灵,塞四海之责。朝廷复何理齿臣于人次,臣亦何颜自次于人理!愿陛下虽垂宽宥,全其首领,犹宜弃之,任其自存自没,则天下粗知劝戒之纲矣。"优诏不许。亮又欲遁逃山海,自暨阳东出。诏有司录夺舟船。亮乃求外镇自效,出为都督豫州、扬州之江西、宣城诸军事,豫州刺史,领宣城内史,镇芜湖。

陶侃、温峤之讨苏峻也,移檄征、镇,使各引兵入援。湘州刺史益阳侯卞敦拥兵不赴,又不给军粮,遣督护将数百人随大军而已,朝野莫不怪叹。及峻平,陶侃奏敦阻军,顾望不赴国难,请槛车收付廷尉。王导以丧乱之后,宜加宽宥,转敦安南将军、广州刺史。病不赴,征为光禄大夫、领少府。敦忧愧而卒,追赠本官,加散骑常侍,谥曰敬。

> 臣光曰:庾亮以外戚辅政,首发祸机,国破君危,窜身苟免;卞敦位列方镇,兵粮俱足,朝廷颠覆,坐观胜负。人臣之罪,孰大于此! 既不能明正典刑,又以宠禄报之,晋室无政,亦可知矣。任是责者,岂非王导乎!

徙高密王纮为彭城王。纮,雄之弟也。

夏,四月,乙未,始安忠武公温峤卒,葬于豫章。朝廷欲为之造大墓于元、明二帝陵之北,太尉侃上表曰:"峤忠诚著于圣世,勋义感于人神,使亡而有知,岂乐今日劳费之事! 愿陛下慈恩,停其移葬。"诏从之。

以平南军司刘胤为江州刺史。陶侃、郗鉴皆言胤非方伯才,司徒导不从。或谓导子悦曰:"今大难之后,纪纲弛顿,自江陵至于建康三千余里,流民万计,布在江州。江州,国之南藩,要害之地,而胤以忕侈之性,卧而对之,不有外变,必有内患矣。"悦曰:"此温平南之意也。"

秋,八月,赵南阳王胤帅众数万自上邽趣长安,陇东、武都、安定、新平、北地、扶风、始平诸郡戎、夏皆起兵应之。胤军于仲桥,石生婴城自守,后赵中山公虎帅骑二万救之。九月,虎大破赵兵于义渠,胤奔还上邽。虎乘胜追击,枕尸千里,上邽溃。虎执赵太子熙、南阳王胤及其将王公卿校以下三千余人,皆杀之。徙其台省文武、关东流民、秦雍大族九千余人于襄国,又坑五郡屠各五千余人于洛阳。进攻集木且羌于河西,克之,俘获数万,秦、陇悉平。氐王蒲洪、羌酋姚弋仲俱降于虎,虎表洪监六夷军事,弋仲为六夷左都督。徙氐、羌十五万落于司、冀州。

初,陇西鲜卑乞伏述延居于苑川,侵并邻部,士马强盛。及赵亡,述延惧,迁于麦田。述延卒,子傉大寒立;傉大寒卒,子司繁立。

江州刺史刘胤矜豪日甚,专务商贩,殖财百万,纵酒耽乐,不恤政事。冬,十二月,诏征后将军郭默为右军将军。默乐为边将,不愿宿卫,以情诉于胤。胤曰:"此非小人之所及也。"默将赴召,求资于胤,胤不与,默由是怨胤。胤长史张满等素轻默,或裸露见之,默常切齿。腊日,胤饷默豚酒,默对信投之水中。会有司奏:"今朝廷空竭,百官无禄,惟资江州运漕,而胤商旅继路,以私废公,请免胤官。"书下,胤不即归罪,方自申理。侨人盖肫掠人女为妻,张满使还其家,肫不从,而谓郭默曰:"刘江州不受免,密有异图,与张满等日夜计议,惟忌郭侯一人,欲先除之。"默以为然,帅其徒候旦门开袭胤。胤将吏欲拒默,默呵之曰:"我被诏有所讨,动者诛三族!"遂入至内寝,牵胤下,斩之。出,取胤僚佐张满等,诬以大逆,悉斩之。传胤首于京师,诈作诏书,宣示内外。掠胤女及诸妾并金宝还船,初云下都,既而停胤故府。招引谯国内史桓宣,宣固守不从。

是岁,贺兰部及诸大人共立拓跋翳槐为代王,代王纥那奔宇文部。翳槐遣其弟什翼犍质于赵以请和。

河南王吐延,雄勇多猜忌,羌酋姜聪刺之,吐延不抽剑,召其将纥扢㳟,使辅其子叶延,保于白兰,抽剑而死。叶延孝而好学,以为《礼》"公孙之子得以王父字为氏",乃自号其国曰吐谷浑。

五年(庚寅、330)

春,正月,刘胤首至建康。司徒导以郭默骁勇难制,己亥,大赦,枭胤首于大航,以默为江州刺史。太尉侃闻之,投袂起曰:"此必诈也。"即将兵讨之。默遣使送妓妾及绢,并写中诏呈侃。参佐多谏曰:"默不被诏,岂敢为此! 若欲进军,宜待诏报。"侃厉色曰:"国家年幼,诏令不出胸怀。刘胤为朝廷所礼,虽方任非才,何缘猥加极刑! 郭默恃勇,所在贪暴,以大难新除,禁(纲)〔网〕宽简,欲因际会骋其从横耳。"发使上表言状,且与导书曰:"郭默杀方州即用为方州,害宰相便为宰相乎?"导乃收胤首,答侃书曰:"默据上流之势,加有船舰成资,故苞含隐忍,使有其地,朝廷得以潜严;俟足下军到,风发相赴,岂非遵养时晦以定大事者邪!"侃笑曰:"是乃遵养时贼也。"

豫州刺史庾亮亦请讨默。诏加亮征讨都督,帅步骑二万往与侃会。

西阳太守邓岳、武昌太守刘诩皆疑桓宣与默同。豫州西曹王随曰:"宣尚不附祖约,岂肯同郭默邪!"岳、诩遣随诣宣观之,随说宣曰:"明府心虽不尔,无以自明,惟有以贤子付随耳。"宣乃遣其子戎与随俱迎陶侃。侃辟戎为掾,上宣为武昌太守。

二月,后赵群臣请后赵王勒即皇帝位,勒乃称大赵天王,行皇帝事。立妃刘氏为王后,世子弘为太子。以其子宏为骠骑大将军、都督中外诸军事、大单于,封秦王;斌为左卫将军,封太原王;恢为辅国将军,封南阳王。以中山公虎为太尉、尚书令,进爵为王;虎子邃为冀州刺史,封齐王;宣为左将军;挺为侍中,封梁王。又封石生为河东王,石堪为彭城王。以左长史郭敖为尚书左仆射,右长史程遐为右仆射、领吏部尚书,左司马夔安、右司马郭殷、从事中郎李凤、前(中)郎〔中〕令裴宪皆为尚书,参军事徐光为中书令、领秘书监。自余文武封拜各有差。

中山王虎怒,私谓齐王邃曰:"主上自都襄国以来,端拱仰成,以吾身当矢石,二十余年,南擒刘岳,北走索头,东平齐、鲁,西定秦、雍,克十有三州。成大赵之业者,我也。大单于当以授我,今乃以与黄吻婢儿,念之令人气塞,不能寝食。待主上晏驾之后,不足复留种也。"

程遐言于勒曰:"天下粗定,当显明逆顺,故汉高祖赦季布,斩丁公。大王自起兵以来,见忠于其君者辄褒之,背叛不臣者辄诛之,此天下所以归盛德也。今祖约犹存,臣窃惑之。"安西将军姚弋仲亦以为言。勒乃收约,并其亲属中外百余人悉诛之,妻妾儿女分赐诸胡。

初,祖逖有胡奴曰王安,逖甚爱之。在雍丘,谓安曰:"石勒是汝种类,吾亦无在尔一人。"厚资送而遣之。安以勇干,仕赵,为左卫将军。及约之诛,安叹曰:"岂可使祖士稚无后乎?"乃往就市观刑。逖庶子道重,始十岁,安窃取以归,匿之,变服为沙门。及石氏亡,道重复归江南。

郭默欲南据豫章,会太尉侃兵至,默出战,不利,入城固守,聚米为垒,以示有余。侃筑土山临之。三月,庚亮兵至湓口,诸军大集。夏,五月,乙卯,默将宋侯缚默父子出降。侃斩默于军门,传首建康,同党死者四十人。诏以侃都督江州,领刺史;以邓岳督交、广诸军事,领广州刺史。侃还巴陵,因移镇武昌。庚亮还芜湖,辞爵赏不受。

赵将刘徵帅众数千,浮海抄东南诸县,杀南沙都尉许儒。

张骏因前赵之亡,复收河南地,至于狄道,置五屯护军,与赵分境。六月,赵遣鸿胪孟毅拜骏征西大将军、凉州牧,加九锡。骏耻为之臣,不受,留毅不遣。

初,丁零翟斌,世居康居,后徙中国,至是入朝于赵;赵以斌为句町王。

赵群臣固请正尊号,秋,九月,赵王勒即皇帝位。大赦,改元建平。文武封进各有差。立其妻刘氏为皇后,太子弘为皇太子。

弘好属文,亲敬儒素。勒谓徐光曰:"大雅�愔愔,殊不似将家子。"光曰:"汉祖以马上取天下,孝文以玄默守之。圣人之后,必有胜残去杀者,天之道也。"勒甚悦。光因说曰:"皇太子仁孝温恭,中山王雄暴多诈,陛下一旦不讳,臣恐社稷非太子所有也。宜渐夺中山王权,使太子早参朝政。"勒心然之,而未能从。

赵荆州监军郭敬寇襄阳。南中郎将周抚监沔北军事,屯襄阳。赵主勒以驿书敕敬退屯樊城,使之偃藏旗帜,寂若无人,曰:"彼若使人观察,则告之曰:'汝宜自爱坚守,后七八日大骑将至,相策不复得走矣。'"敬使人浴马于津,周而复始,昼夜不绝。侦者还以告周抚,抚以为赵兵大至,惧,奔武昌。敬入襄阳,中州流民悉降于赵。魏该弟遐帅其部众自石城降敬。敬毁襄阳,迁其民于沔北,城樊城以戍之。赵以敬为荆州刺史。周抚坐免官。

休屠王羌叛赵,赵河东王生击破之,羌奔凉州。西平公骏惧,遣孟毅还,使其长史马诜称臣入贡于赵。

更造新宫。

甲辰,徙乐成王钦为河间王,封彭城王纮子浚为高密王。

冬,十月,成大将军寿督征南将军费黑等攻巴东建平,拔之。巴东太守杨谦、监军毌丘奥退保宜都。

六年（辛卯、331）

春，正月，赵刘徵复寇娄县，掠武进，郗鉴击却之。

三月，壬戌朔，日有食之。

夏，赵主勒如邺，将营新宫，廷尉上党续咸苦谏，勒怒，欲斩之。中书令徐光曰："咸言不可用，亦当容之，奈何一旦以直言斩列卿乎！"勒叹曰："为人君不得自专如是乎！匹夫家资满百匹，犹欲市宅，况富有四海乎！此宫终当营之，且敕停作，以成吾直臣之气。"因赐咸绢百匹，稻百斛。又诏公卿以下岁举贤良方正，仍令举人得更相荐引，以广求贤之路。起明堂、辟雍、灵台于襄国城西。

秋，七月，成大将军寿攻阴平、武都，杨难敌降之。

九月，赵主勒复营邺宫，以洛阳为南都，置行台。

冬，蒸祭太庙，诏归胙于司徒导，且命无下拜，导辞疾不敢当。初，帝即位冲幼，每见导必拜，与导手诏则云"惶恐言"，中书作诏则曰"敬问"。有司议："元会日，帝应敬导不？"博士郭熙、杜援议，以为："礼无拜臣之文，谓宜除敬。"侍中冯怀议，以为："天子临辟雍，拜三老，况先帝师傅。谓宜尽敬。"侍中荀弈议，以为："三朝之首，宜明君臣之体，则不应敬。若他日小会，自可尽礼。"诏从之。弈，组之子也。

慕容廆遣使与太尉陶侃笺，劝以兴兵北伐，共清中原。僚属宋该等共议，以"廆立功一隅，位卑任重，等差无别，不足以镇华、夷，宜表请进廆官爵。"参军韩恒驳曰："夫立功者患信义不著，不患名位不高。桓、文有匡复之功，不先求礼命以令诸侯。宜缮甲兵，除群凶，功成之后，九锡自至。比于邀君以求宠，不亦荣乎！"廆不悦，出恒为新昌令。于是东夷校尉封抽等疏上侃府，请封廆为燕王，行大将军事。侃复书曰："夫功成进爵，古之成制也。车骑虽未能为官摧勒，然忠义竭诚。今腾笺上听，可不、迟速，当在天台也。"

资治通鉴卷第九十五

端明殿学士兼翰林侍读学士朝散大夫右谏议大夫充集贤殿修撰权判西京留 司马光 奉敕编集
司御史台上柱国河内郡开国侯食邑一千三百户食实封四百户赐紫金鱼袋臣

晋纪十七 起玄黓执徐（壬辰），尽强圉作噩（丁酉），凡六年。

显宗成皇帝中之上

咸和七年（壬辰、332）

春，正月，辛未，大赦。

赵主勒大飨群臣，谓徐光曰："朕可方自古何等主？"对曰："陛下神武谋略过于汉高，后世无可比者。"勒笑曰："人岂不自知，卿言太过。朕若遇汉高祖，当北面事之，与韩、彭比肩。若遇光武，当并驱中原，未知鹿死谁手。大丈夫行事，宜礌礌落落，如日月皎然，终不效曹孟德、司马仲达欺人孤儿寡妇，狐媚以取天下也。"群臣皆顿首称万岁。

勒虽不学，好使诸生读书而听之，时以其意论古今得失，闻者莫不悦服。尝使人读《汉书》，闻郦食其劝立六国后，惊曰："此法当失，何以遂得天下？"及闻留侯谏，乃曰："赖有此耳。"

郭敬之退戍樊城也，晋人复取襄阳。夏，四月，敬复攻拔之，留戍而归。

赵右仆射程遐言于赵主勒曰："中山王勇悍权略，群臣莫及。观其志，自陛下之外，视之蔑如。加以残贼安忍，久为将帅，威振内外，其诸子年长，皆典兵权。陛下在，自当无它，恐非少主之臣也。宜早除之，以便大计。"勒曰："今天下未安，大雅冲幼，宜得强辅。中山王骨肉至亲，有佐命之功，方当委以伊、霍之任，何至如卿所言。卿正恐不得擅帝舅之权耳。吾亦当参卿顾命，勿过忧也。"遐泣曰："臣所虑者公家，陛下乃以私计拒之，忠言何自而入乎！中山王虽为皇太后所养，非陛下天属，虽有微功，陛下酬其父子恩荣亦足矣，而其志愿无极，岂将来有益者乎！若不除之，臣见宗庙不血食矣。"勒不听。

遐退，告徐光，光曰："中山王常切齿于吾二人，恐非但危国，亦将为家祸也。"它日，光承间言于勒曰："今国家无事，而陛下神色若有不怡，何也？"勒曰："吴、蜀未平，吾恐后世不以吾为受命之王也。"光曰："魏承汉运，刘备虽兴于蜀，汉岂得为不亡乎！孙权在吴，犹今之李氏也。陛下苞括二都，平荡八州，帝王之统不在陛下，复当在谁！且陛下不忧腹心之疾，而更忧四支乎！中山王藉陛下威略，所向辄克,而天下皆言其英武亚于陛下。且其资性不仁,见利忘义,父子并据权位,势倾王室,而耿耿常有不满之心。近于东宫侍宴,有轻皇太子之色。臣恐陛下万年之后,不可复制也。"勒默然,始命太子省可尚书奏事,且以中常侍严震参综可否,惟征伐断斩大事乃呈之。于是严震之权过于主相,中山王虎之门可设雀罗矣。虎愈怏怏不悦。

秋,赵郭敬南掠江西,太尉侃遣其子平西参军斌及南中郎将桓宣乘虚攻樊城,悉俘其众。敬旋救樊,宣与战于涅水,破之,皆得其所掠。侃兄子臻及竟陵太守李阳攻新野,拔之。敬惧,遁去;宣、阳遂拔襄阳。侃使宣镇襄阳,宣招怀初附,简刑罚,略威仪,劝课农桑,或载锄耒于轺轩,亲帅民芸获。在襄阳十余年,赵人再攻之,宣以寡弱拒守,赵人不能胜,时人以为亚于祖逖、周访。

成大将军寿寇宁州,以其征东将军费黑为前锋,出广汉,镇南将军任回出越巂,以分宁州之兵。

冬,十月,寿、黑至朱提,朱提太守董炳城守,宁州刺史尹奉遣建宁太守霍彪引兵助之。寿欲逆拒彪,黑曰:"城中食少,宜纵彪入城,共消其谷,何为拒之!"寿从之。城久不下,寿欲急攻之。黑曰:"南中险阻难服,当以日月制之,待其智勇俱困,然后取之,涸牢之物,何足汲汲也。"寿不从,攻,果不利,乃悉以军事任黑。

十一月,壬子朔,进太尉侃为大将军,剑履上殿,入朝不趋,赞拜不名;侃固辞不受。

十二月,庚戌,帝迁于新宫。

是岁,凉州僚属劝张骏称凉王,领秦、凉二州牧,置公卿百官如魏武、晋文故事。骏曰:"此非人臣所宜言也。敢言此者,罪不赦!"然境内皆称之为王。骏立次子重华为世子。

八年(癸巳、333)

春,正月,成大将军寿拔朱提,董炳、霍彪皆降,寿威震南中。

丙子,赵主勒遣使来修好,诏焚其币。

三月,宁州刺史尹奉降于成,成尽有南中之地,大赦,以大将军寿领宁州。

夏,五月,甲寅,辽东武宣公慕容廆卒。六月,世子皝以平北将军行平州刺史,督摄部内。赦系囚。以长史裴开为军谘祭酒,郎中令高诩为玄菟太守。皝带方太守王诞为左长史,诞以辽东太守阳鹜为才而让之,皝从之,以诞为右长史。

赵主勒寝疾,中山王虎入侍禁中,矫诏,群臣亲戚皆不得入,疾之增损,外无知者。又矫诏召秦王宏、彭城王堪还襄国。勒疾小瘳,见宏,惊曰:"吾使王处藩镇,正备今日。有召王者邪,将自来邪?有召者,当按诛之!"虎惧曰:"秦王思慕,暂还耳,今遣之。"仍留不遣。数日,复问之,虎曰:"受诏即遣,今已半道矣。"广阿有蝗,虎密使其子冀州刺史邃帅骑三千游于蝗所。

秋,七月,勒疾笃,遗命曰:"大雅兄弟,宜善相保,司马氏,汝曹之前车也。中山王宜深思周、霍,勿为将来口实。"戊辰,勒卒。中山王虎劫太子弘使临轩,收右光禄大夫程遐、中书令徐光,下廷尉,召邃使将兵入宿卫,文武皆奔散。弘大惧,自陈劣弱,让位于虎。虎曰:"君终,太子立,礼之常也。"弘涕泣固让,虎怒曰:"若不堪重任,天下自有大义,何足豫论!"弘乃即位。大赦。杀程遐、徐光。夜,以勒丧潜瘗山谷,莫知其处。己卯,备仪卫,虚葬于高平陵,谥曰明帝,庙号高祖。

赵将石聪及谯郡太守彭彪,各遣使来降。聪本晋人,冒姓石氏。朝廷遣督护乔球将兵救之,未至,聪等为虎所诛。

慕容皝遣长史勃海王济等来告丧。

八月,赵主弘以中山王虎为丞相、魏王、大单于,加九锡,以魏郡等十三郡为国,总摄百揆。虎赦其境内,立妻郑氏为魏王后,子邃为魏太子,加使持节、侍中、都督中外诸军事、大将军、录尚书事;次子宣为使持节、车骑大将军、冀州刺史,封河间王;韬为前锋将军、司隶校尉,封乐安王;遵封齐王,鉴封代王,苞封乐平王;徙平原王斌为章武王。勒文武旧臣皆补散任,虎之府寮亲党悉署台省要职。以镇军将军夔安领左仆射,尚书郭殷为右仆射。更命太子宫曰崇训宫,太后刘氏以下皆徙居之。选勒宫人及车马、服玩之美者,皆入丞相府。

宇文乞得归为其东部大人逸豆归所逐,走死于外。慕容皝引兵讨之,军于广安,逸豆归惧而请和,遂筑榆阴、安晋二城而还。

成建宁、牂柯二郡来降,李寿复击取之。

赵刘太后谓彭城王堪曰:"先帝甫晏驾,丞相遽相陵藉如此。帝祚之亡,殆不复久,王将若之何?"堪曰:"先帝旧臣皆被疏斥,军旅不复由人,宫省之内无可为者;臣请奔兖州,挟南阳王恢为盟主,据廪丘,宣太后诏于牧、守、征、镇,使各举兵以诛暴逆,庶几犹有济也。"刘氏曰:"事急矣,当速为之。"九月,堪微服轻骑袭兖州,不克,南奔谯城。丞相虎遣其将郭太追之,获堪于城父,送襄国,炙而杀之。征南阳王恢还襄国。刘氏谋泄,虎废而杀之。尊弘母程氏为皇太后。堪本田氏子,数有功,赵主勒养以为子。刘氏有胆略,勒每与之参决军事,佐勒建功业,有吕后之风,而不妒忌更过之。

赵河东王生镇关中,石朗镇洛阳。冬,十月,生、朗皆举兵以讨丞相虎。生自称秦州刺史,遣使来降。氐帅蒲洪自称雍州刺史,西附张骏。

虎留太子邃守襄国,将步骑七万攻朗于金墉。金墉溃,获朗,刖而斩之。进向长安,以梁王挺为前锋大都督。生遣将军郭权帅鲜卑涉璝众二万为前锋以拒之,生将大军继发,军于蒲阪。权与挺战于潼关,大破之,挺及丞相左长史刘隗皆死,虎还奔渑池,枕尸三百余里。鲜卑潜与虎通谋,反击生。生不知挺已死,惧,单骑奔长安。权收余众,退屯渭汭。生遂弃长安,匿于鸡头山。将军蒋英据长安拒守,虎进兵击英,斩之。生麾下斩生以降,权奔陇右。

虎分命诸将屯汧、陇,遣将军麻秋讨蒲洪。洪帅户二万降于虎,虎迎拜洪光烈将军、护氐校尉。洪至长安,说虎徙关中豪桀及氐、羌以实东方,曰:"诸氐皆洪家部曲,洪帅以从,谁敢违者!"虎从之,徙秦、雍民及氐、羌十余万户于关东。以洪为龙骧将军、流民都督,使居枋头;以羌帅姚弋仲为奋武将军、西羌大都督,使帅其众数万徙居清河之滠头。

虎还襄国,大赦。赵主弘命虎建魏台,一如魏武王辅汉故事。

慕容皝初嗣位,用法严峻,国人多不自安,主簿皇甫真切谏,不听。皝庶兄建威将军翰、母弟征虏将军仁,有勇略,屡立战功,得士心,季弟昭,有才艺,皆有宠于廆。皝忌之,翰叹曰:"吾受事于先公,不敢不尽力,幸赖先公之灵,所向有功,此乃天赞吾国,非人力也。而人谓吾之所办,以为雄才难制,吾岂可坐而待祸邪!"乃与其子出奔段氏。段辽素闻其才,冀收其用,甚爱重之。

仁自平郭来奔丧,谓昭曰:"吾等素骄,多无礼于嗣君,嗣君刚严,无罪犹可畏,况有罪乎!"昭曰:"吾辈皆体正嫡,于国有分。兄素得士心,我在内未为所疑,伺其间隙,除之不难。兄趣举兵以来,我为内应,事成之日,与我辽东。男子举事,不克则死,不能效建威偷生异域也。"仁曰:"善。"遂还平郭。闰月,仁举兵而西。

或以仁、昭之谋告皝,皝未之信,遣使按验。仁兵已至黄水,知事露,杀使者,还据平郭。皝赐昭死,遣军祭酒封弈慰抚辽东,以高诩为广武将军,将兵五千与庶弟建武将军幼、稚、广威将军军、宁远将军汗、司马辽东佟寿共讨仁。与仁战于汶城北,皝兵大败,幼、稚、军皆为仁所获。寿尝为仁司马,遂降于仁。前大农孙机等举辽东城以应仁。封弈不得入,与汗俱还。东夷校尉封抽、护军平原乙逸、辽东相太原韩矫皆弃城走。于是仁尽有辽东之地,段辽及鲜卑诸部皆与仁遥相应援。皝追思皇甫真之言,以真为平州别驾。

十二月,郭权据上邽,遣使来降,京兆、新平、扶风、冯翊、北地皆应之。

初,张骏欲假道于成以通表建康,成主雄不许。骏乃遣治中从事张淳称藩于成以假道,雄伪许之,将使盗覆诸东峡。蜀人桥赞密以告淳,淳谓雄曰:"寡君使小臣行无迹之地,万里通诚于建康者,以陛下嘉尚忠义,能成人之美故也。若欲杀臣者,当斩之都市,宣示众目:'凉州不忘旧德,通使琅邪,主圣臣明,发觉杀之。'如此,则义声远播,天下畏威。今使盗杀之江中,威刑不显,何足以示天下乎!"雄大惊曰:"安有此邪?"

司隶校尉景骞言于雄曰:"张淳壮士,请留之。"雄曰:"壮士安肯留。且试以卿意观之。"骞谓淳曰:"卿体丰大,天热,可且遣下吏,小住须凉。"淳曰:"寡君以皇舆播越,梓宫未返,生民涂炭,莫之振救,故遣淳通诚上都。所论事重,非下吏所能传,使下吏可了,则淳亦不来矣。虽火山汤海,犹将赴之,岂寒暑之足惮哉!"雄谓淳曰:"贵主英名盖世,土险兵强,何不亦称帝自娱一方?"淳曰:"寡君祖考以来,世笃忠贞,以仇耻未雪,枕戈待旦,何自娱之有!"雄甚惭,曰:"我之祖考本亦晋臣,遭天下大乱,与六郡之民避难此州,为众所推,遂有今日。琅邪若能中兴大晋于中国者,亦当帅众辅之。"厚为淳礼而遣。淳卒致命于建康。

长安之失守也,敦煌计吏耿访自汉中入江东,屡上书请遣大使慰抚凉州。朝廷以访守持书御史,拜张骏镇西大将军,选陇西贾陵等十二人配之。访至梁州,道不通,以诏书付贾陵,诈为贾客以达之。是岁,陵始至凉州,骏遣部曲督王丰等报谢。

九年(甲午、334)

春,正月,赵改元延熙。

诏以郭权为镇西将军、雍州刺史。

仇池王杨难敌卒,子毅立,自称龙骧将军、左贤王、下辨公,以叔父坚头之子盘为冠军将军、右贤王、河池公,遣使来称藩。

二月,丁卯,诏遣耿访、王丰赍印绶授张骏大将军,都督陕西、雍、秦、凉州诸军事。自是每岁使者不绝。

慕容仁以司马翟楷领东夷校尉,前平州别驾庞鉴领辽东相。

段辽遣兵袭徒河,不克,复遣其弟兰与慕容翰共攻柳城,柳城都尉石琮、城大慕舆埿并力拒守,兰等不克而退。辽怒,切责兰等,必令拔之。休息二旬,复益兵来攻。士皆重袍蒙楯,作飞梯,四面俱进,昼夜不息。琮、埿拒守弥固,杀伤千余人,卒不能拔。慕容皝遣慕容汗及司马封弈等共救之。皝戒汗曰:"贼气锐,勿与争锋。"汗性骁果,以千余骑为前锋,直进,封弈止之,汗不从。与兰遇于牛尾谷,汗兵大败,死者太半。弈整陈力战,故得不没。

兰欲乘胜穷追,慕容翰恐遂灭其国,止之曰:"夫为将当务慎重,审己量敌,非万全不可动。今虽挫其偏师,未能屈其大势。皝多权诈,好为潜伏,若悉国中之众自将以拒我,我县军深入,众寡不敌,此危道也。且受命之日,正求此捷,若违命贪进,万一取败,功名俱丧,何以返面!"兰曰:"此已成擒,无有余理,卿正虑遂灭卿国耳。今千年在东,若进而得志,吾将迎之以为国嗣,终不负卿,使宗庙不祀也。"千年者,慕容仁小字也。翰曰:"吾投身相依,无复还理,国之存亡,于我何有! 但欲为大国之计,且相为惜功名耳。"乃命所部欲独还,兰不得已而从之。

三月，成主雄分宁州置交州，以霍彪为宁州刺史，爨深为交州刺史。

赵丞相虎遣其将郭敖及章武王斌帅步骑四万西击郭权，军于华阴。夏，四月，上邽豪族杀权以降。虎徙秦州三万余户于青、并二州。长安人陈良夫奔黑羌，与北羌王薄句大等侵扰北地、冯翊。章武王斌、乐安王韬合击，破之，句大奔马兰山。郭敖乘胜逐北，为羌所败，死者什七八。斌等收军还三城。虎遣使诛郭敖。秦王宏有怨言，虎幽之。

慕容仁自称平州刺史、辽东公。

长沙桓公陶侃，晚年深以满盈自惧，不预朝权，屡欲告老归国，佐吏等苦留之。六月，侃疾笃，上表逊位。遣左长史殷羡奉送所假节、麾、幢、曲盖、侍中貂蝉、太尉章、荆、江、雍、梁、交、广、益、宁八州刺史印传、棨戟，军资、器仗、牛马、舟船皆有定簿，封印仓库，侃自加管钥。以后事付右司马王愆期，加督护统领文武。甲寅，舆车出临津就船，将归长沙，顾谓愆期曰："老子婆娑，正坐诸君。"乙卯，薨于樊溪。侃在军四十一年，明毅善断，识察纤密，人不能欺。自南陵迄于白帝，数千里中，路不拾遗。及薨，尚书梅陶与亲人曹识书曰："陶公机神明鉴似魏武，忠顺勤劳似孔明，陆抗诸人不能及也。"谢安每言："陶公虽用法而恒得法外意。"安，鲲之从子也。

成主雄生疡于头。身素多金创，及病，旧痕皆脓溃，诸子皆恶而远之，独太子班昼夜侍侧，不脱衣冠，亲为吮脓。雄召大将军建宁王寿受遗诏辅政。丁卯，雄卒，太子班即位。以建宁王录尚书事，政事皆委于寿及司徒何点、尚书令王瓌，班居中行丧礼，一无所预。

辛未，加平西将军庾亮征西将军、假节、都督江、荆、豫、益、梁、雍六州诸军事、领江、豫、荆三州刺史，镇武昌。亮辟殷浩为记室参军。浩，羡之子也，与豫章太守褚裒、丹杨丞杜乂皆以识度清远，善谈《老》《易》，擅名江东，而浩尤为风流所宗。裒，䂮之孙；乂，锡之子也。桓彝尝谓裒曰："季野有皮里《春秋》。"言其外无臧否而内有褒贬也。谢安曰："裒虽不言，而四时之气亦备矣。"

秋，八月，王济还辽东，诏遣侍御史王齐祭辽东公廆，又遣谒者徐孟策拜慕容皝镇军大将军、平州刺史、大单于、辽东公、持节、都督，承制封拜，一如廆故事。船下马石津，皆为慕容仁所留。

九月，戊寅，卫将军江陵穆公陆晔卒。

成主雄之子车骑将军越屯江阳，奔丧至成都。以太子班非雄所生，意不服，与其弟安东将军期谋作乱。班弟玝劝班遣越还江阳，以期为梁州刺史，镇葭萌。班以未葬，不忍遣，推心待之，无所疑间，遣玝出屯于涪。冬，十月，癸亥朔，越因班夜哭，弑之于殡宫，并杀班兄领军将军都，矫太后任氏令，罪状班而废之。

初，期母冉氏贱，任氏母养之。期多才艺，有令名，及班死，众欲立越，越奉期而立之。甲子，期即皇帝位。谥班曰戾太子。以越为相国，封建宁王；加大将军寿大都督，徙封汉王，皆录尚书事。以兄霸为中领军、镇南大将军；弟保为镇西大将军、汶山太守；从兄始为征东大将军，代越镇江阳。丙寅，葬雄于安都陵，谥曰武皇帝，庙号太宗。

始欲与寿共攻期，寿不敢发。始怒，反谮寿于期，请杀之。期欲藉寿以讨李珝，故不许，遣寿将兵向涪。寿先遣使告珝以去就利害，开其去路，珝遂来奔。诏以珝为巴郡太守。期以寿为梁州刺史，屯涪。

赵主弘自赍玺绶诣魏宫，请禅位于丞相虎。虎曰："帝王大业，天下自当有议，何为自论此邪！"弘流涕还宫，谓太后程氏曰："先帝种真无复遗矣！"于是尚书奏："魏台请依唐、虞禅让故事。"虎曰："弘愚暗，居丧无礼，不可以君万国，便当废之，何禅让也！"十一月，虎遣郭殷持节入宫，废弘为海阳王。弘安步就车，容色自若，谓群臣曰："庸昧不堪篡承大统，夫复何言！"群臣莫不流涕，宫人恸哭。群臣诣魏台劝进，虎曰："皇帝者盛德之号，非所敢当，且可称居摄赵天王。"幽弘及太后程氏、秦王宏、南阳王恢于崇训宫。寻皆杀之。

西羌大都督姚弋仲称疾不贺，虎累召之，乃至。正色谓虎曰："弋仲常谓大王命世英雄，奈何把臂受托而返夺之邪？"虎曰："吾岂乐此哉！顾海阳年少，恐不能了家事，故代之耳。"心虽不平，然察其诚实，亦不之罪。

虎以夔安为侍中、太尉、守尚书令，郭殷为司空，韩晞为尚书左仆射，魏郡申钟为侍中，郎闿为光禄大夫，王波为中书令。文武封拜各有差。虎行如信都，复还襄国。

慕容皝讨辽东、甲申，至襄平。辽东人王岌密信请降。师进，入城，翟楷、庞鉴单骑走，居就、新昌等县皆降。皝欲悉坑辽东民，高诩谏曰："辽东之叛，实非本图，直畏仁凶威，不得不从。今元恶犹存，始克此城，遽加夷灭，则未下之城，无归善之路矣。"皝乃止。分徙辽东大姓于棘城。以杜群为辽东相，安辑遗民。

十二月，赵徐州从事兰陵朱纵斩刺史郭祥，以彭城来降，赵将王朗攻之，纵奔淮南。

慕容仁遣兵袭新昌，督护新兴王寓击走之，遂徙新昌入襄平。

咸康元年（乙未、335）

春，正月，庚午朔，帝加元服。大赦，改元。

成、赵皆大赦，成改元玉恒，赵改元建武。

成主期立皇后阎氏，以卫将军尹奉为右丞相，骠骑将军、尚书令王瓌为司徒。

赵王虎命太子邃省可尚书奏事，唯祀郊庙、选牧守、征伐、刑杀乃亲之。虎好治宫室，鹳雀台崩，杀典匠少府任汪。复使修之，倍于其旧。遂保母刘芝封宜城君，关预朝权，受纳贿赂，求仕进者多出其门。

慕容皝置左、右司马，以司马韩矫、军祭酒封弈为之。

司徒导以羸疾，不堪朝会，三月，乙酉，帝幸其府，与群臣宴于内室，拜导并拜其妻曹氏。侍中孔坦密表切谏，以为帝初加元服，动宜顾礼，帝从之。坦又以帝委政于导，从容言曰："陛下春秋已长，圣敬日跻，宜博纳朝臣，谘诹善道。"导闻而恶之，出坦为廷尉。坦不得意，以疾去职。

丹杨尹桓景，为人谄巧，导亲爱之。会荧惑守南斗经旬，导谓领军将军陶回曰："斗，扬州之分，吾当逊位以厌天谴。"回曰："公以明德作辅，而与桓景造膝，使荧惑何以退舍！"导深愧之。

导辟太原王濛为掾，王述为中兵属。述，昶之曾孙也。濛不修小廉，而以清约见称，与沛国刘惔齐名友善。惔常称濛性至通而自然有节，濛曰："刘君知我，胜我自知。"当时称风流者，以惔、濛为首。述性沈静，每坐客辨论蜂起，而述处之恬如也。年三十，尚未知名，人谓之痴。导以门地辟之。既见，唯问在东米价，述张目不答。导曰："王掾不痴，人何言痴也？"尝见导每发言，一坐莫不赞美，述正色曰："人非尧、舜，何得每事尽善！"导改容谢之。

赵王虎南游，临江而还。有游骑十余至历阳，历阳太守袁耽表上之，不言骑多少。朝廷震惧，司徒导请出讨之。夏，四月，加导大司马、假黄钺、都督征讨诸军事。癸丑，帝观兵广莫门，分命诸将救历阳及戍慈湖、牛渚、芜湖。司空郗鉴使广陵相陈光将兵入卫京师。俄闻赵骑至少，又已去，戊午，解严。王导解大司马，袁耽坐轻妄免官。

赵征虏将军石遇攻桓宣于襄阳，不克。

大旱，会稽、馀姚米斗五百。

秋，七月，慕容皝立子儁为世子。

九月，赵王虎迁都于邺，大赦。

初，赵主勒以天竺僧佛图澄豫言成败，数有验，敬事之。及虎即位，奉之尤谨，衣以绫锦，乘以雕辇，朝会之日，太子、诸公扶翼上殿，主者唱"大和尚"，众坐皆起。使司空李农旦夕问起居，太子、诸公五日一朝。国人化之，率多事佛，澄之所在，无敢向其方面涕唾者。争造寺庙，削发出家。虎以其真伪杂糅，或避赋役为奸宄，乃下诏问中书曰："佛，国家所奉，里闾小人无爵秩者，应事佛不？"著作郎王度等议曰："王者祭祀，典礼具存。佛，外国之神，非天子诸华所应祠奉。汉氏初传其道，唯听西域人立寺都邑以奉之，汉人皆不得出家。魏世亦然。今宜禁公卿以下毋得诣寺烧香、礼拜。其赵人为沙门者，皆返初服。"虎诏曰："朕生自边鄙,忝君诸夏,至于飨祀,应从本俗。其夷、赵百姓乐事佛者,特听之。"

赵章武王斌帅精骑二万并秦、雍二州兵以讨薄句大,平之。

成太子班之舅罗演,与汉王相天水上官澹谋杀成主期,立班子。事觉,期杀演、澹及班母罗氏。

期自以得志,轻诸旧臣,信任尚书令景骞、尚书姚华、田褒、中常侍许涪等,刑赏大政,皆决于数人,希复关公卿。褒无它才,尝劝成主雄立期为太子,故有宠。由是纪纲隳紊,雄业始衰。

冬,十月,乙未朔,日有食之。

慕容仁遣王齐等南还。齐等自海道趣棘城,齐遇风不至。十二月,徐孟等至棘城,慕容皝始受朝命。

段氏、宇文氏各遣使诣慕容仁,馆于平郭城外。皝帐下督张英将百余骑间道潜行掩击之,斩宇文氏使十余人,生擒段氏使以归。

是岁,明帝母建安君荀氏卒。荀氏在禁中,尊重同于太后,诏赠豫章郡君。

代王翳槐以贺兰蔼头不恭,将召而戮之,诸部皆叛。代王纥那自宇文部入,诸部复奉之。翳槐奔邺,赵人厚遇之。

初,张轨及二子寔、茂,虽保据河右,而军旅之事无岁无之。及张骏嗣位,境内渐平。骏勤修庶政,总御文武,咸得其用,民富兵强,远近称之,以为贤君。骏遣将杨宣伐龟兹、鄯善,于是西域诸国焉耆、于阗之属,皆诣姑臧朝贡。骏于姑臧南作五殿,官属皆称臣。

骏有兼秦、雍之志,遣参军麹护上疏,以为:"勒、雄既死,虎、期继逆,兆庶离主,渐冉经世,先老消落,后生不识,慕恋之心,日远日忘。乞敕司空鉴、征西亮等泛舟江、沔,首尾齐举。"

二年(丙申、336)

春,正月,辛巳,彗星见于奎、娄。

慕容皝将讨慕容仁,司马高诩曰:"仁叛弃君亲,民神共怒,前此海未尝冻,自仁反以来,连年冻者三矣。且仁专备陆道,天其或者欲使吾乘海冰以袭之也。"皝从之。群僚皆言涉冰危事,不若从陆道。皝曰:"吾计已决,敢沮者斩!"

壬午,皝帅其弟军师将军评等自昌黎东,践冰而进,凡三百余里。至历林口,舍辎重,轻兵趣平郭。去城七里,候骑以告仁,仁狼狈出战。张英之俘二使也,仁恨不穷追,及皝至,仁以为皝复遣偏师轻出寇抄,不知皝自来,谓左右曰:"今兹当不使其匹马得返矣。"乙未,仁悉众陈于城之西北。慕容军帅所部降于皝,仁众沮动,皝从而纵击,大破之。仁走,其帐下皆叛,遂擒之。皝先为斩其帐下之叛者,然后赐仁死。丁衡、游毅、孙机等,皆仁所信用也,皝执而斩之,王冰自杀。慕容幼、慕容稚、佟寿、郭充、翟楷、庞鉴皆东走,幼中道而还,觎兵追及楷、鉴,斩之,寿、充奔高丽。自余吏民为仁所诖误者,觎皆赦之。封高诩为汝阳侯。

二月,尚书仆射王彬卒。

辛亥,帝临轩,遣使备六礼逆故当阳侯杜乂女陵阳为皇后,大赦;群臣毕贺。

夏,六月,段辽遣中军将军李咏袭慕容觎。咏趣武兴,都尉张萌击擒之。辽别遣段兰将步骑数万屯柳城西回水,宇文逸豆归攻安晋以为兰声援。觎帅步骑五万向柳城,兰不战而遁。觎引兵北趣安晋,逸豆归弃辎重走,觎遣司马封弈帅轻骑追击,大破之。觎谓诸将曰:"二虏耻无功,必将复至,宜于柳城左右设伏以待之。"乃遣封弈帅骑数千伏于马兜山。三月,段辽果将数千骑来寇抄。弈纵击,大破之,斩其将荣伯保。

前廷尉孔坦卒。坦疾笃,庾冰省之,流涕。坦慨然曰:"大丈夫将终,不问以济国安民之术,乃为儿女子相泣邪!"冰深谢之。

九月,慕容觎遣长史刘斌、兼郎中令东阳景送徐孟等还建康。

冬,十月,广州刺史邓岳遣督护王随等击夜郎、兴古,皆克之,加岳督宁州。

成主期以从子尚书仆射武陵公载有俊才,忌之,诬以谋反,杀之。

十一月,诏建威将军司马勋将兵安集汉中,成汉王寿击败之。寿遂置汉中守宰,戍南郑而还。

索头郁鞠帅众三万降于赵,赵拜郁鞠等十三人为亲赵王,散其部众于冀、青等六州。

赵王虎作太武殿于襄国,作东、西宫于邺,十二月,皆成。太武殿基高二丈八尺,纵六十五步,广七十五步,甃以文石。下穿伏室,置卫士五百人。以漆灌瓦,金珰银楹,珠帘玉壁,穷极工巧。殿上施白玉床、流苏帐,为金莲华以冠帐顶。又作九殿于显阳殿后,选士民之女以实之,服珠玉、被绮縠者万余人。教宫人占星气、马步射。置女太史,及杂伎工巧,皆与外同。以女骑千人为卤簿,皆著紫纶巾,熟锦袴,金银镂带,五文织成靴,执羽仪,鸣鼓吹,游宴以自随。于是赵大旱,金一斤直粟二斗,百姓嗷然,而虎用兵不息,百役并兴。使牙门将张弥徙洛阳钟虡、九龙、翁仲、铜驼、飞廉于邺,载以四轮缠辋车,辙广四尺,深二尺。一钟没于河,募浮没三百人入河,系以竹絙,用牛百头,鹿栌引之乃出,造万斛之舟以济之。既至邺,虎大悦,为之赦二岁刑,赉百官谷帛,赐民爵一级。又用尚方令解飞之言,于邺南投石于河,以作飞桥,功费数千万亿,桥竟不成,役夫饥甚,乃止。使令长帅民入山泽采橡及鱼以佐食,复为权豪所夺,民无所得。

初,日南夷帅范稚,有奴曰范文,常随商贾往来中国,后至林邑,教林邑王范逸作城郭、宫室、器械,逸爱信之,使为将。文遂谮逸诸子,或徙或逃。是岁,逸卒,文诈迎逸子于它国,置毒于椰酒而杀之,文自立为王。于是出兵攻大岐界、小岐界、式仆、徐狼、屈都、乾鲁、扶单等国,皆灭之,有众四五万,遣使奉表入贡。

赵左校令成公段作庭燎于杠末,高十余丈,上盘置燎,下盘置人,赵王虎试而悦之。

三年(丁酉、337)

春,正月,庚辰,赵太保夔安等文武五百余人入上尊号,庭燎油灌下盘,死者二十余人。赵王虎恶之,腰斩成公段。辛巳,虎依殷、周之制,称大赵天王,即位于南郊,大赦。立其后郑氏为天王皇后,太子邃为天王皇太子。诸子为王者皆降为郡公,宗室为王者降为县侯。百官封署各有差。

国子祭酒袁瑰、太常冯怀,以江左浸安,请兴学校,帝从之。辛卯,立太学,征集生徒。而士大夫习尚老、庄,儒术终不振。瑰,涣之曾孙也。

三月,慕容皝于乙连城东筑好城以逼乙连,留折冲将军兰勃守之。夏,四月,段辽以车数千两输乙连粟,兰勃击而取之。六月,辽又遣其从弟扬威将军屈云将精骑夜袭皝子遵于兴国城,遵击破之。

初,北平阳裕事段疾陆眷及辽五世,皆见尊礼。辽数与皝相攻,裕谏曰:"'亲仁善邻,国之宝也。'况慕容氏与我世婚,迭为甥舅,皝有才德,而我与之构怨,战无虚月,百姓雕弊,利不补害,臣恐社稷之忧将由此始。愿两追前失,通好如初,以安国息民。"辽不从,出裕为北平相。

赵太子邃素骁勇,赵王虎爱之,常谓群臣曰:"司马氏父子兄弟自相残灭,故使朕得至此,如朕有杀阿铁理否?"既而邃骄淫残忍,好妆饰美姬,斩其首,洗血置盘上,与宾客传观之,又烹其肉共食之。河间公宣、乐安公韬皆有宠于虎,邃疾之如仇。虎荒耽酒色,喜怒无常,使邃省可尚书事,每有所关白,虎恚曰:"此小事,何足白也。"时或不闻,又恚曰:"何以不白?"诮责笞棰,月至再三。邃私谓中庶子李颜等曰:"官家难称,吾欲行冒顿之事,卿从我乎?"颜等伏不敢对。秋,七月,邃称疾不视事,潜帅宫臣文武五百余骑饮于李颜别舍,因谓颜等曰:"我欲至冀州杀河间公,有不从者斩!"行数里,骑皆逃散。颜叩头固谏,邃亦昏醉而归。其母郑氏闻之,私遣中人消让邃,邃怒,杀之。佛图澄谓虎曰:"陛下不宜数往东宫。"虎将视邃疾,思澄言而还,既而瞋目大言曰:"我为天下主,父子不相信乎!"乃命所亲信女尚书往察之。邃呼前与语,因抽剑击之。虎怒,收李颜等诘问,颜具言其状,杀颜等三十余人。幽邃于东宫,既而赦之,引见太武东堂。邃朝而不谢,俄顷即出。虎使谓之曰:"太子应朝中宫,岂可遽去?"邃径出,不顾。虎大怒,废邃为庶人。其夜,杀邃及其妃张氏并男女二十六人,同埋于一棺。诛其宫臣支党二百余人。废郑后为东海太妃。立其子宣为天王皇太子,宣母杜昭仪为天王皇后。

安定侯子光,自称佛太子,云从大秦国来,当王小秦国,聚众数千人于杜南山,自称大黄帝,改元龙兴。石广讨斩之。

九月,镇军左长史封弈等劝慕容皝称燕王,皝从之。于是备置群司,以封弈为国相,韩寿为司马,裴开为奉常,阳骛为司隶,王寓为太仆,李洪为大理,杜群为纳言令,宋该、刘睦、石琮为常伯,皇甫真、阳协为冗骑常侍,宋晃、平熙、张泓为将军,封裕为记室监。洪,臻之孙;晃,奭之子也。冬,十月,丁卯,皝即燕王位,大赦。十一月,甲寅,追尊武宣公曰武宣王,夫人段氏曰武宣后。立夫人段氏为王后,世子儁为王太子,如魏武、晋文辅政故事。

段辽数侵赵边,燕王皝遣扬烈将军宋回称藩于赵,乞师以讨辽,自请尽帅国中之众以会之,并以其弟宁远将军汗为质。赵王虎大悦,厚加慰答,辞其质,遣还,密期以明年。

是岁,赵将李穆纳拓跋翳槐于大甯,其故部落多归之。代王纥那奔燕,国人复奉翳槐为代王,翳槐城盛乐而居之。

仇池氏王杨毅族兄初,袭杀毅,并有其众,自立为仇池公,称臣于赵。

资治通鉴卷第九十六

端明殿学士兼翰林侍读学士朝散大夫右谏议大夫充集贤殿修撰权判西京留
司御史台上柱国河内郡开国侯食邑一千三百户食实封四百户赐紫金鱼袋臣　司马光　奉敕编集

晋纪十八起著雍淹茂（戊戌），尽重光赤奋若（辛丑），凡四年。

显宗成皇帝中之下

咸康四年（戊戌、338）

春,正月,燕王皝遣都尉赵槃如赵,听师期。赵王虎将击段辽,募骁勇者三万
人,悉拜龙腾中郎。会辽遣段屈云袭赵幽州,幽州刺史李孟退保易京。虎乃以桃
豹为横海将军,王华为渡辽将军,帅舟师十万出漂渝津,支雄为龙骧大将军,姚弋
仲为冠军将军,帅步骑七万为前锋,以伐辽。

三月,赵槃还至棘城。燕王皝引兵攻掠令支以北诸城。段辽将追之,慕容翰
曰:“今赵兵在南,当并力御之;而更与燕斗,燕王自将而来,其士卒精锐,若万一
失利,将何以御南敌乎!”段兰怒曰:“吾前为卿所误,以成今日之患,吾不复堕卿
计中矣!”乃悉将见众追之。皝设伏以待之,大破兰兵,斩首数千级,掠五千户及
畜产万计以归。

赵王虎进屯金台。支雄长驱入蓟,段辽所署渔阳、上谷、代郡守相皆降,取四
十余城。北平相阳裕帅其民数千家登燕山以自固。诸将恐其为后患,欲攻之。
虎曰:“裕儒生,矜惜名节,耻于迎降耳,无能为也。”遂过之,至徐无。段辽以弟兰
既败,不敢复战,帅妻子、宗族、豪大千余家,弃令支,奔密云山。将行,执慕容翰
手泣曰:“不用卿言,自取败亡;我固甘心,令卿失所,深以为愧。”翰北奔宇文氏。

辽左右长史刘群、卢谌、崔悦等封府库请降。虎遣将军郭太、麻秋帅轻骑二
万追辽,至密云山,获其母妻,斩首三千级。辽单骑走险,遣其子乞特真奉表及献
名马于赵,虎受之。

虎入令支宫,论功封赏各有差。徙段国民二万余户于司、雍、兖、豫四州,士
大夫之有才行者,皆擢叙之。阳裕诣军门降,虎让之曰:“卿昔为奴虏走,今为士
人来,岂识知天命,将逃匿无地邪?”对曰:“臣昔事王公,不能匡济;逃于段氏,复
不能全。今陛下天网高张,笼络四海,幽、冀豪杰莫不风从,如臣比肩,无所独愧。
生命之命,惟陛下制之。”虎悦,即拜北平太守。

夏,四月,癸丑,以慕容皝为征北大将军、幽州牧,领平州刺史。

成主期骄虐日甚，多所诛杀，而籍没其资财、妇女，由是大臣多不自安。汉王寿素贵重，有威名，期及建宁王越等皆忌之。寿惧不免，每当入朝，常诈为边书，辞以警急。

初，巴西处士龚壮，父、叔皆为李特所杀。壮欲报仇，积年不除丧。寿数以礼辟之，壮不应，而往见寿，寿密问壮以自安之策。壮曰："巴、蜀之民本皆晋臣，节下若能发兵西取成都，称藩于晋，谁不争为节下奋臂前驱者？如此则福流子孙，名垂不朽，岂徒脱今日之祸而已！"寿然之，阴与长史略阳罗恒、巴西解思明谋攻成都。

期颇闻之，数遣许涪至寿所，伺其动静。又鸩杀寿养弟安北将军攸。寿乃诈为妹夫任调书，云期当取寿，其众信之，遂帅步骑万余人自涪袭成都，许赏以城中财物。以其将李弈为前锋。期不意其至，初不设备。寿世子势为翊军校尉，开门纳之，遂克成都，屯兵宫门。期遣侍中劳寿。寿奏建宁王越、景骞、田褒、姚华、许涪及征西将军李遐、将军李西等怀奸乱政，皆收杀之。纵兵大掠，数日乃定。寿矫以太后任氏令废期为邛都县公，幽之别宫。追谥戾太子曰哀皇帝。

罗恒、解思明、李弈等劝寿称镇西将军、益州牧、成都王，称藩于晋，送邛都公于建康，任调及司马蔡兴、侍中李艳等劝寿自称帝。寿命筮之，占者曰："可数年天子。"调喜曰："一日尚足，况数年乎！"思明曰："数年天子，孰与百世诸侯？"寿曰："朝闻道，夕死可矣。"遂即皇帝位，改国号曰汉，大赦，改元汉兴。以安车束帛征龚壮为太师，壮誓不仕，寿所赠遗，一无所受。

寿改立宗庙，追尊父骧曰献皇帝，母昝氏为皇太后。立妃阎氏为皇后，世子势为皇太子。更以旧庙为大成庙，凡诸制度，多所改易。以董皎为相国，罗恒为尚书令，解思明为广汉太守，任调为镇北将军、梁州刺史，李弈为西夷校尉，从子权为宁州刺史。公、卿、州、郡，悉用其僚佐代之，成氏旧臣、近亲及六郡士人，皆见疏斥。邛都公期叹曰："天下主乃为小县公，不如死。"五月，缢而卒。寿谥曰幽公，葬以王礼。

赵王虎以燕王皝不会赵兵攻段辽而自专其利，欲伐之。太史令赵揽谏曰："岁星守燕分，师必无功。"虎怒，鞭之。

皝闻之，严兵设备，罢六卿、纳言、常伯、冗骑常侍官。赵戎卒数十万，燕人震恐。皝谓内史高诩曰："将若之何？"对曰："赵兵虽强，然不足忧，但坚守以拒之，无能为也。"

虎遣使四出，招诱民夷，燕成周内史崔焘、居就令游泓、武原令常霸、东夷校尉封抽、护军宋晃等皆应之，凡得三十六城。泓，邃之兄子也。冀阳流寓之士共杀太守宋烛以降于赵。烛，晃之从兄也。营丘内史鲜于屈亦遣使降赵，武宁令广平孙兴晓谕吏民共收屈,数其罪而杀之,闭城拒守。朝鲜令昌黎孙泳帅众拒赵。大姓王清等密谋应赵,泳收斩之,同谋数百人惶怖请罪,泳皆释之,与同拒守。乐浪太守鞠彭以境内皆叛,选乡里壮士二百余人共赴棘城。

戊子,赵兵进逼棘城。燕王皝欲出亡,帐下将慕舆根谏曰:"赵强我弱,大王一举足则赵之气势遂成,使赵人收略国民,兵强谷足,不可复敌。窃意赵人正欲大王如此耳,奈何入其计中乎!今固守坚城,其势百倍,纵其急攻,犹足枝持,观形察变,间出求利。如事之不济,不失于走,奈何望风委去,为必亡之理乎!"皝乃止,然犹惧形于色。玄菟太守河间刘佩曰:"今强寇在外,众心恟惧,事之安危,系于一人。大王此际无所推委,当自强以厉将士,不宜示弱。事急矣,臣请出击之,纵无大捷,足以安众。"乃将敢死数百骑出冲赵兵,所向披靡,斩获而还,于是士气自倍。皝问计于封弈,对曰:"石虎凶虐已甚,民神共疾,祸败之至,其何日之有!今空国远来,攻守势异,戎马虽强,无能为患,顿兵积日,衅隙自生,但坚守以俟之耳。"皝意乃安。或说皝降,皝曰:"孤方取天下,何谓降也!"

赵兵四面蚁附缘城,慕舆根等昼夜力战,凡十余日,赵兵不能克,壬辰,引退。皝遣其子恪帅二千骑追击之,赵兵大败,斩获三万余级。赵诸军皆弃甲逃溃,惟游击将军石闵一军独全。闵父瞻,内黄人,本姓冉,赵主勒破陈午,获之,命虎养以为子。闵骁勇善战,多策略,虎爱之,比于诸孙。

虎还邺,以刘群为中书令,卢谌为中书侍郎。蒲洪以功拜使持节、都督六夷诸军事、冠军大将军,封西平郡公。石闵言于虎曰:"蒲洪雄俊,得将士死力,诸子皆有非常之才,且握强兵五万,屯据近畿,宜密除之,以安社稷。"虎曰:"吾方倚其父子以取吴、蜀,奈何杀之!"待之愈厚。

燕王皝分兵讨诸叛城,皆下之。拓境至凡城,崔焘、常霸奔邺,封抽、宋晃、游泓奔高句丽。皝赏鞠彭、慕舆根等而治诸叛者,诛灭甚众,功曹刘翔为之申理,多所全活。

赵之攻棘城也,燕右司马李洪之弟普以为棘城必败,劝洪出避祸。洪曰:"天道幽远,人事难知,且当委任,勿轻动取悔。"普固请不已,洪曰:"卿意见明审者,当自行之。吾受慕容氏大恩,义无去就,当效死于此耳。"与普流涕而诀。普遂降赵,从赵军南归,死于丧乱。洪由是以忠笃著名。

赵王虎遣渡辽将军曹伏将青州之众戍海岛,运谷三百万斛以给之;又以船三百艘运谷三十万斛诣高句丽,使典农中郎将王典帅众万余屯田海滨;又令青州造船千艘,以谋击燕。

赵太子宣帅步骑二万击朔方鲜卑斛摩头,破之,斩首四万余级。

冀州八郡大蝗,赵司隶请坐守宰,赵王虎曰:"此朕失政所致,而欲委咎守宰,岂罪己之意邪！司隶不进谠言，佐朕不逮，而欲妄陷无辜，可白衣领职。”

虎使襄城公涉归、上庸公日归帅众戍长安，二归告镇西将军石广私树恩泽，潜谋不轨。虎追广，至邺，杀之。

乙未，以司徒导为太傅，都督中外诸军事，郗鉴为太尉，庾亮为司空。六月，以导为丞相，罢司徒官以并丞相府。

导性宽厚，委任诸将赵胤、贾宁等，多不奉法，大臣患之。庾亮与郗鉴笺曰：“主上自八九岁以及成人，入则在宫人之手，出则唯武官、小人，读书无从受音句，顾问未尝遇君子。秦政欲愚其黔首，天下犹知不可，况欲愚其主哉！人主春秋既盛，宜复子明辟。不稽首归政，甫居师傅之尊，多养无赖之士；公与下官并荷托付之重，大奸不扫，何以见先帝于地下乎！”欲共起兵废导，鉴不听。南蛮校尉陶称，侃之子也，以亮谋语导。或劝导密为之备，导曰：“吾与元规休戚是同，悠悠之谈，宜绝智者之口。则如君言，元规若来，吾便角巾还第，复何惧哉！”又与称书，以为：“庾公帝之元舅，宜善事之。”征西参军孙盛密谏亮曰：“王公常有世外之怀，岂肯为凡人事邪！此必佞邪之徒欲间内外耳。”亮乃止。盛，楚之孙也。是时亮虽居外镇，而遥执朝廷之权，既据上流，拥强兵，趣势者多归之。导内不能平，常遇西风尘起，举扇自蔽，徐曰：“元规尘污人。”

导以江夏李充为丞相掾。充以时俗崇尚浮虚，乃著《学箴》。以为老子云“绝仁弃义，民复孝慈”，岂仁义之道绝，然后孝慈乃生哉？盖患乎情仁义者寡而利仁义者众，将寄责于圣人而遗累乎陈迹也。凡人见形者众，及道者鲜，逐迹逾笃，离本逾远。故作《学箴》以祛其蔽曰：“名之攸彰，道之攸废，乃损所隆，乃崇所替。非仁无以长物，非义无以齐耻，仁义固不可远，去其害仁义者而已。”

汉李弈从兄广汉太守乾告大臣谋废立。秋，七月，汉主寿使其子广与大臣盟于前殿，徙乾为汉嘉太守。以李闳为荆州刺史，镇巴郡。闳，恭之子也。

八月，蜀中久雨，百姓饥疫，寿命群臣极言得失。龚壮上封事称：“陛下起兵之初，上指星辰，昭告天地，歃血盟众，举国称藩，天应人悦，大功克集。而论者未谕，权宜称制。今淫雨百日，饥疫并臻，天其或者将以监示陛下故也。愚谓宜遵前盟，推奉建康，彼必不爱高爵重位，以报大功。虽降阶一等，而子孙无穷，永保福祚，不亦休哉！论者或言二州附晋则荣，六郡人事之不便。昔公孙述在蜀，羁客用事，刘备在蜀，楚士多贵。及吴、邓西伐，举国屠灭，宁分客主！论者不达安固之基，苟惜名位，以为刘氏守令方仕州郡，曾不知彼方国亡主易，岂同今日义举，主荣臣显哉！论者又谓臣当为法正。臣蒙陛下大恩，恣臣所安，至于荣禄，无问汉、晋，臣皆不处，复何为效法正乎！”寿省书，内惭，秘而不宣。

九月，汉仆射任颜谋反，诛。颜，任太后之弟也。汉主寿因尽诛成主雄诸子。

冬,十月,光禄勋颜含以老逊位。论者以"王导帝之师傅,名位隆重,百僚宜为降礼。"太常冯怀以问含,含曰:"王公虽贵重,理无偏敬,降礼之言,或是诸君事宜。鄙人老矣,不识时务。"既而告人曰:"吾闻伐国不问仁人。向冯祖思问佞于我,我岂有邪德乎?"郭璞尝遇含,欲为之筮。含曰:"年在天,位在人。修己而天不与者,命也;守道而人不知者,性也。自有性命,无劳蓍龟。"致仕二十余年,年九十三而卒。

代王翳槐之弟什翼犍质于赵,翳槐疾病,命诸大人立之。翳槐卒,诸大人梁盖等以新有大故,什翼犍在远,来未可必,比其至,恐有变乱,谋更立君。而翳槐次弟屈,刚猛多诈,不如屈弟孤仁厚,乃相与杀屈而立孤。孤不可,自诣邺迎什翼犍,请身留为质,赵王虎义而俱遣之。十一月,什翼犍即代王位于繁畤北,改元曰建国,分国之半以与孤。

初,代王猗卢既卒,国多内难,部落离散,拓跋氏寝衰。及什翼犍立,雄勇有智略,能修祖业,国人附之。始置百官,分掌众务。以代人燕凤为长史,许谦为郎中令。始制反逆、杀人、奸盗之法,号令明白,政事清简,无系讯连逮之烦,百姓安之。于是东自濊貊,西及破落那,南距阴山,北尽沙漠,率皆归服,有众数十万人。

十二月,段辽自密云山遣使求迎于赵,既而中悔,复遣使求迎于燕。

赵王虎遣征东将军麻秋帅众三万迎之,敕秋曰:"受降如受敌,不可轻也。"以尚书左丞阳裕,辽之故臣,使为秋司马。

燕王皝自帅诸军迎辽,辽密与燕谋覆赵军。皝遣慕容恪伏精骑七千于密云山,大败麻秋于三藏口,死者什六七。秋步走得免,阳裕为燕所执。

赵将军范阳鲜于亮失马,步缘山不能进,因止,端坐。燕兵环之,叱吟起,亮曰:"身是贵人,义不为小人所屈。汝曹能杀亟杀,不能则去!"亮仪观丰伟,声气雄厉,燕兵惮之,不敢杀,以白皝。皝以马迎之,与语,大悦,用为左常侍,以崔悆之女妻之。

皝尽得段辽之众。待辽以上宾之礼,以阳裕为郎中令。

赵王虎闻麻秋败,怒,削其官爵。

五年(己亥、339)

春,正月,辛丑,大赦。

三月,乙丑,广州刺史邓岳将兵击汉宁州,汉建宁太守孟彦执其刺史霍彪以降。

征西将军庾亮欲开复中原,表桓宣为都督沔北前锋诸军事、司州刺史,镇襄阳;又表其弟临川太守怿为监梁、雍二州诸军事、梁州刺史,镇魏兴;西阳太守翼为南蛮校尉,领南郡太守,镇江陵;皆假节。又请解豫州,以授征虏将军毛宝。诏以宝监扬州之江西诸军事、豫州刺史，与西阳太守樊峻帅精兵万人戍邾城。以建威将军陶称为南中郎将、江夏相，入沔中。称将二百人下见亮，亮素恶称轻狡，数称前后罪恶，收而斩之。后以魏兴险远，命庾怿徙屯半洲；更以武昌太守陈嚣为梁州刺史，趣汉中。遣参军李松攻汉巴郡、江阳。夏，四月，执汉荆州刺史李闳、巴郡太守黄植送建康。汉主寿以李弈为镇东将军，代闳守巴郡。

庾亮上疏言："蜀甚弱而胡尚强，欲帅大众十万移镇石城，遣诸军罗布江、沔，为伐赵之规。"帝下其议。丞相导请许之。太尉鉴议，以为："资用未备，不可大举。"

太常蔡谟议，以为："时有否泰，道有屈伸，苟不计强弱而轻动，则亡不终日，何功之有！为今之计，莫若养威以俟时。时之否系胡之强弱，胡之强弱系石虎之能否。自石勒举事，虎常为爪牙，百战百胜，遂定中原，所据之地，同于魏世。勒死之后，虎挟嗣君，诛将相，内难既平，剪削外寇，一举而拔金墉，再战而擒石生，诛石聪如拾遗，取郭权如振槁，四境之内，不失尺土。以是观之，虎为能乎，将不能也？论者以胡前攻襄阳不能拔，谓之无能为。夫百战百胜之强而以不拔一城为劣，譬诸射者百发百中而一失，可以谓之拙乎？且石遇，偏师也，桓平北，边将也，所争者疆场之土，利则进，否则退，非所急也。今征西以重镇名贤，自将大军欲席卷河南，虎必自帅一国之众来决胜负，岂得以襄阳为比哉！今征西欲与之战，何如石生？若欲城守，何如金墉？欲阻沔水，何如大江？欲拒石虎，何如苏峻？凡此数者，宜详校之。

石生猛将，关中精兵，征西之战殆不能胜也。金墉险固，刘曜十万众不能拔，征西之守殆不能胜也。又当是时，洛阳、关中皆举兵击虎，今此三镇反为其用，方之于前，倍半之势也。石生不能敌其半，而征西欲当其倍，愚所疑也。苏峻之强，不及石虎，沔水之险，不及大江。大江不能御苏峻，而欲以沔水御石虎，又所疑也。昔祖士稚在谯，佃于城北界，胡来攻，豫置军屯以御其外。谷将熟，胡果至，丁夫战于外，老弱获于内，多持炬火，急则烧谷而走。如此数年，竟不得其利。当是时，胡唯据河北，方之于今，四分之一耳。士稚不能捍其一而征西欲以御其四，又所疑也。

然此但论征西既至之后耳，尚未论道路之虑也。自沔以西，水急岸高，鱼贯溯流，首尾百里。若胡无宋襄之义，及我未阵而击之，将如之何？今王土与胡，水陆异势，便习不同。胡若送死，则敌之有余，若弃江远进，以我所短击彼所长，惧非庙胜之算也。"朝议多与谟同。乃诏亮不听移镇。

燕前军师慕容评、广威将军慕容军、折冲将军慕舆根、荡寇将军慕舆埿袭赵辽西，俘获千余家而去。赵镇远将军石成、积弩将军呼延晃、建威将军张支等追之,评等与战,斩晃、支首。

段辽谋反于燕,燕人杀辽及其党与数十人,送辽首于赵。

五月,代王什翼犍会诸大人于参合陂,议都灅源川。其母王氏曰:"吾自先世以来,以迁徙为业,今国家多难,若城郭而居,一旦寇来,无所避之。"乃止。

代人谓它国之民来附者皆为乌桓,什翼犍分之为二部,各置大人以监之。弟孤监其北,子寔君监其南。

什翼犍求昏于燕,燕王皝以其妹妻之。

秋,七月,赵王虎以太子宣为大单于,建天子旌旗。

庚申,始兴文献公王导薨,丧葬之礼视汉博陆侯及安平献王故事,参用天子之礼。

导简素寡欲,善因事就功,虽无日用之益而岁计有余。辅相三世,仓无储谷,衣不重帛。初,导与庾亮共荐丹杨尹何充于帝,请以为己副,且曰:"臣死之日,愿引充内侍,则社稷无虞矣。"由是加吏部尚书。及导薨,征庾亮为丞相、扬州刺史、录尚书事;亮固辞。辛酉,以充为护军将军,亮弟会稽内史冰为中书监、扬州刺史,参录尚书事。

冰既当重任,经纶时务,不舍昼夜,宾礼朝贤,升擢后进,由是朝野翕然称之,以为贤相。初,王导辅政,每从宽恕;冰颇任威刑,丹杨尹殷融谏之。冰曰:"前相之贤,犹不堪其弘,况如吾者哉!"范汪谓冰曰:"顷天文错度,足下宜尽消御之道。"冰曰:"玄象岂吾所测,正当勤尽人事耳。"又隐实户口,料出无名万余人,以充军实。冰好为纠察,近于繁细,后益矫违,复存宽纵,疏密自由,律令无用矣。

八月,壬午,复改丞相为司徒。

南昌文成公郗鉴疾笃,以府事付长史刘遐,上疏乞骸骨,且曰:"臣所统错杂,率多北人,或逼迁徙,或是新附,百姓怀土,皆有归本之心。臣宣国恩,示以好恶,处与田宅,渐得少安。闻臣疾笃,众情骇动,若当北渡,必启寇心。太常臣谟,平简贞正,素望所归,谓可以为都督、徐州刺史。"诏以蔡谟为太尉军司,加侍中。辛酉,鉴薨,即以谟为征北将军、都督徐、兖、青三州诸军事、领徐州刺史,假节。

时左卫将军陈光请伐赵,诏遣光攻寿阳。谟上疏曰:"寿阳城小而固。自寿阳至琅邪,城壁相望,一城见攻,众城必救。又,王师在路五十余日,前驱未至,声息久闻。贼之邮驿,一日千里,河北之骑,足以来赴。夫以白起、韩信、项籍之勇,犹发梁焚舟,背水而阵。今欲停船水渚,引兵造城,前对坚敌,顾临归路,此兵法之所诫。若进攻未拔,胡骑猝至,惧桓子不知所为,而舟中之指可掬也。今光所将皆殿中精兵,宜令所向有征无战。而顿之坚城之下,以国之爪士击寇之下邑,得之则利薄而不足损敌,失之则害重而足以益寇,惧非策之长者也。"乃止。

初，陶侃在武昌，议者以江北有邾城，宜分兵戍之，侃每不答，而言者不已。侃乃渡水猎，引将佐语之曰："我所以设险而御寇者，正以长江耳。邾城隔在江北，内无所倚，外接群夷。夷中利深，晋人贪利，夷不堪命，必引虏入寇。此乃致祸之由，非御寇也。且吴时戍此城，用三万兵，今纵有兵守之，亦无益于江南。若羯虏有可乘之会，此又非所资也。"

及庾亮镇武昌，卒使毛宝、樊峻戍邾城。赵王虎恶之，以夔安为大都督，帅石鉴、石闵、李农、张貉、李菟等五将军，兵五万人寇荆、扬北鄙，二万骑攻邾城。毛宝求救于庾亮，亮以城固，不时遣兵。

九月，石闵败晋兵于沔阴，杀将军蔡怀。夔安、李农陷沔南。朱保败晋兵于白石，杀郑豹等五将军。张貉陷邾城，死者六千人，毛宝、樊峻突围出走，赴江溺死。夔安进据胡亭，寇江夏、义阳，将军黄冲、义阳太守郑进皆降于赵。安进围石城，竟陵太守李阳拒战，破之，斩首五千余级，安乃退。遂掠汉东，拥七千余户迁于幽、冀。

是时，庾亮犹上疏欲迁镇石城，闻邾城陷，乃止。上表陈谢，自贬三等，行安西将军。有诏复位。以辅国将军庾怿为豫州刺史，监宣城、庐江、历阳、安丰四郡诸军事，假节，镇芜湖。

赵（主）〔王〕虎患贵戚豪恣，乃擢殿中御史李巨为御史中丞，特加亲任，中外肃然。虎曰："朕闻良臣如猛虎，高步旷野而豺狼避路，信哉！"

虎以抚军将军李农为使持节、监辽西、北平诸军事、征东将军、营州牧，镇令支。农帅众三万与征北大将军张举攻燕凡城。燕王皝以榼卢城大悦绾为御难将军，授兵一千，使守凡城。及赵兵至，将吏皆恐，欲弃城走。绾曰："受命御寇，死生以之。且凭城坚守，一可敌百，有敢妄言惑众者斩！"众然后定。绾身先士卒，亲冒矢石，举等攻之经旬，不能克，乃退。虎以辽西迫近燕境，数遭攻袭，乃悉徙其民于冀州之南。

汉主寿疾病，罗恒、解思明复议奉晋，寿不从。李演复上书言之，寿怒，杀演。

寿常慕汉武、魏明之为人，耻闻父兄时事，上书者不得言先世政教，自以为胜之也。舍人杜袭作诗十篇，托言应璩以讽谏。寿报曰："省诗知意。若今人所作，乃贤哲之话言。若古人所作，则死鬼之常辞耳。"

燕王皝自以称王未受晋命，冬，遣长史刘翔、参军鞠运来献捷论功，且言权假之意，并请刻期大举，共平中原。

皝击高句丽，兵及新城，高句丽王钊乞盟，乃还。又使其子恪、霸击宇文别部。霸年十三，勇冠三军。

张骏立辟雍、明堂以行礼。十一月，以世子重华行凉州事。

十二月,丁丑,赵太保桃豹卒。

丙戌,以骠骑将军琅邪王岳为侍中、司徒。

汉李弈寇巴东,守将劳杨败死。

六年(庚子、340)

春,正月,庚子朔,都亭文康侯庾亮薨。以护军将军、录尚书何充为中书令。庚戌,以南郡太守庾翼为都督江、荆、司、雍、梁、益六州诸军事、安西将军、荆州刺史,假节,代亮镇武昌。时人疑翼年少,不能继其兄。翼悉心为治,戎政严明,数年之间,公私充实,人皆称其才。

辛亥,以左光禄大夫陆玩为侍中、司空。

宇文逸豆归忌慕容翰才名,翰乃阳狂酗饮,或卧自便利,或被发歌呼,拜跪乞食。宇文举国贱之,不复省录,以故得行来自遂,山川形便,皆默记之。燕王皝以翰初非叛乱,以猜嫌出奔,虽在它国,常潜为燕计,乃遣商人王车通市于宇文部以窥翰。翰见车无言,抚膺领之而已。皝曰:"翰欲来也。"复使车迎之。翰弯弓三石余,矢尤长大,皝为之造可手弓矢,使车埋于道旁而密告之。二月,翰窃逸豆归名马,携其二子过取弓矢,逃归。逸豆归使骁骑百余追之。翰曰:"吾久客思归,既得上马,无复还理。吾向日阳愚以诳汝,吾之故艺犹在,无为相逼,自取死也。"追骑轻之,直突而前。翰曰:"吾居汝国久恨恨,不欲杀汝。汝去我百步立汝刀,吾射之,一发中者汝可还,不中者可来前。"追骑解刀立之,一发,正中其环,追骑散走。皝闻翰至,大喜,恩遇甚厚。

庚辰,有星孛于太微。

三月,丁卯,大赦。

汉人攻拔丹川,守将孟彦、刘齐、李秋皆死。

代王什翼犍始都云中之盛乐宫。

赵王虎遗汉主寿书,欲与之连兵入寇,约中分江南。寿大喜,遣散骑常侍王嘏、中常侍王广使于赵,龚壮谏,不听。寿大修船舰,缮兵聚粮。秋,九月,以尚书令马当为六军都督,征集士卒七万余人为舟师,大阅于成都,鼓噪盈江,寿登城观之,有吞噬江南之志。解思明谏曰:"我国小兵弱,吴、会险远,图之未易。"寿乃命群臣大议利害。龚壮曰:"陛下与胡通,孰若与晋通?胡,豺狼也,既灭晋,不得不北面事之。若与之争天下,则强弱不敌,危亡之势也。虞、虢之事,已然之戒,愿陛下熟虑之。"群臣皆以壮言为然,叩头泣谏,寿乃止。士卒咸称万岁。

龚壮以为人之行莫大于忠孝,既报父、叔之仇,又欲使寿事晋,寿不从。乃诈称耳聋,手不制物,辞归,以文籍自娱,终身不复至成都。

赵尚书令夔安卒。

赵王虎命司、冀、青、徐、幽、并、雍七州之民五丁取三,四丁取二,合邺城旧兵,满五十万,具船万艘,自河通海,运谷千一百万斛于乐安城。徙辽西、北平、渔阳万余户于兖、豫、雍、洛四州之地。自幽州以东至白狼,大兴屯田。悉括取民马,有敢私匿者腰斩,凡得四万余匹。大阅于宛阳,欲以击燕。

燕王皝谓诸将曰:"石虎自以乐安城防守重复,蓟城南北必不设备,今若诡路出其不意,可尽破也。"冬,皝帅诸军入自蠮螉塞袭赵,戍将当道者皆擒之,直抵蓟城。赵幽州刺史石光拥兵数万,闭城不敢出。燕兵进破武遂津,入高阳,所至焚烧积聚,略三万余家而去。石光坐懦弱征还。

赵王虎以秦公韬为太尉,与太子宣迭日省可尚书奏事,专决赏刑,不复启白。司徒申钟谏曰:"赏刑者,人君之大柄,不可以假人,所以防微杜渐,消逆乱于未然也。太子职在视膳,不当豫政。庶人邃以豫政致败,覆车未远也。且二政分权,鲜不阶祸。爱之不以道,适所以害之也。"虎不听。

中谒者令申扁以慧悟辩给有宠于虎,宣亦昵之,使典机密。虎既不省事,而宣、韬皆好酣饮、畋猎,由是除拜、生杀皆决于扁,自九卿已下率皆望尘而拜。

太子詹事孙珍病目,求方于侍中崔约,约戏之曰:"溺中则愈。"珍曰:"目何可溺?"约曰:"卿目眴眴,正耐溺中。"珍恨之,以白宣。宣于兄弟中最胡状目深,闻之怒,诛约父子。于是公卿以下畏珍侧目。

燕公斌督边州,亦好畋猎,常悬管而入。征北将军张贺度每裁谏之,斌怒,辱贺度。虎闻之,使主书礼仪持节监之。斌杀仪,又欲杀贺度,贺度严卫驰白之。虎遣尚书张离帅骑追斌,鞭之三百,免官归第,诛其亲信十余人。

张骏遣别驾马诜入贡于赵,表辞寋傲,赵王虎怒,欲斩诜。侍中石璞谏曰:"今国家所当先除者,遗晋也,河西僻陋,不足为意。今斩马诜,必征张骏,则兵力分而为二,建康复延数年之命矣。"乃止。璞,苞之曾孙也。

初,汉将李闳为晋所获,逃奔于赵,汉主寿致书于赵王虎以请之,署曰"赵王石君"。虎不悦,付外议之。中书监王波曰:"今李闳以死自誓曰:'苟得归骨于蜀,当纠帅宗族,混同王化。'若其信也,则不烦一旅,坐定梁、益。若有前却,不过失一亡命之人,于赵何损!李寿既僭大号,今以制诏与之,彼必酬返,不若复为书与之。"会挹娄国献楛矢石砮于赵,波因请以遗汉,曰:"使其知我能服远方也。"虎从之,遣李闳归,厚为之礼。闳至成都,寿下诏曰:"羯使来庭,贡其楛矢。"虎闻之,怒,黜王波,以白衣领职。

七年(辛丑、341)

春,正月,燕王皝使唐国内史阳裕等筑城于柳城之北、龙山之西,立宗庙、宫阙,命曰龙城。

二月，甲子朔，日有食之。

刘翔至建康，帝引见，问慕容镇军平安。对曰："臣受遣之日，朝服拜章。"

翔为燕王皝求大将军、燕王章玺。朝议以为："故事，大将军不处边。自汉、魏以来，不封异姓为王。所求不可许。"翔曰："自刘、石构乱，长江以北，剪为戎薮，未闻中华公卿之胄有一人能攘臂挥戈，摧破凶逆者也。独慕容镇军父子竭力，心存本朝，以寡击众，屡歼强敌，使石虎畏惧，悉徙边陲之民散居三魏，蹙国千里，以蓟城为北境。功烈如此，而惜海北之地不以为封邑，何哉？昔汉高祖不爱王爵于韩、彭，故能成其帝业；项羽玩印不忍授，卒用危亡。吾之至心，非苟欲尊其所事，窃惜圣朝疏忠义之国，使四海无所劝慕耳。"

尚书诸葛恢，翔之姊夫也，独主异议，以为："夷狄相攻，中国之利。惟器与名，不可轻许。"乃谓翔曰："借使慕容镇军能除石虎，乃是复得一石虎也，朝廷何赖焉！"翔曰："嫠妇犹知恤宗周之陨。今晋室阽危，君位侔元、凯，曾无忧国之心邪？向使靡、鬲之功不立，则少康何以祀夏！桓、文之战不捷，则周人皆为左衽矣。慕容镇军枕戈待旦，志歼凶逆，而君更唱邪惑之言，忌间忠臣。四海所以未壹，良由君辈耳。"翔留建康岁余，众议终不决。

翔乃说中常侍彧弘曰："石虎苞八州之地，带甲百万，志吞江、汉，自索头、宇文暨诸小国，无不臣服。惟慕容镇军翼戴天子，精贯白日，而更不获殊礼之命，窃恐天下移心解体，无复南向者矣。公孙渊无尺寸之益于吴，吴主封为燕王，加以九锡。今慕容镇军屡摧贼锋，威振秦、陇，虎比遣重使，甘言厚币，欲授以曜威大将军、辽西王，慕容镇军恶其非正，却而不受。今朝廷乃矜惜虚名，沮抑忠顺，岂社稷之长计乎！后虽悔之，恐无及已。"弘为之入言于帝，帝意亦欲许之。会皝上表，称"庾氏兄弟擅权召乱，宜加斥退，以安社稷。"又与庾冰书，责其当国秉权，不能为国雪耻。冰甚惧，以其绝远，非所能制，乃与何充奏从其请。乙卯，以慕容皝为使持节、大将军、都督河北诸军事、幽州牧、大单于、燕王，备物、典策，皆从殊礼。又以其世子儁为假节、安北将军、东夷校尉、左贤王，赐军资器械以千万计。又封诸功臣百余人。以刘翔为代郡太守，封临泉乡侯，加员外散骑常侍，翔固辞不受。

翔疾江南士大夫以骄奢酣纵相尚，尝因朝贵宴集，谓何充等曰："四海板荡，奄逾三纪，宗社为墟，黎民涂炭，斯乃庙堂焦虑之时，忠臣毕命之秋也。而诸君宴安江、沱，肆情纵欲，以奢靡为荣，以傲诞为贤，謇谔之言不闻，征伐之功不立，将何以尊主济民乎！"充等甚惭。

诏遣兼大鸿胪郭悕持节诣棘城册命燕王，与翔等偕北。公卿饯于江上，翔谓诸公曰："昔少康资一旅以灭有穷，勾践凭会稽以报强吴。蔓草犹宜早除，况寇仇乎！今石虎、李寿志相吞噬，王师纵未能澄清北方，且当从事巴、蜀。一旦石虎先人举事，并寿而有之，据形便之地以临东南，虽有智者，不能善其后矣。"中护军谢广曰："是吾心也。"

三月，戊戌，皇后杜氏崩。夏，四月，丁卯，葬恭皇后于兴平陵。

诏实王公以下至庶人皆正土断、白籍。

秋，七月，郭悕、刘翔等至燕，燕王皝以翔为东夷护军、领大将军长史，以唐国内史阳裕为左司马，典书令李洪为右司马，中尉郑林为军谘祭酒。

八月，辛酉，东海哀王冲薨。

九月，代王什翼犍筑盛乐城于故城南八里。

代王妃慕容氏卒。

冬，十月，匈奴刘虎寇代西部，代王什翼犍遣军逆击，大破之。虎卒，子务桓立，遣使求和于代，什翼犍以女妻之。务桓又朝贡于赵，赵以务桓为平北将军、左贤王。

赵横海将军王华帅舟师自海道袭燕安平，破之。

燕王皝以慕容恪为渡辽将军，镇平郭。自慕容翰、慕容仁之后，诸将无能继者。及恪至平郭，抚旧怀新，屡破高句丽兵，高句丽畏之，不敢入境。

十二月，兴平康伯陆玩薨。

汉主寿以其太子势领大将军、录尚书事。初，成主雄以俭约宽惠得蜀人心。及李闳、王嘏还自邺，盛称邺中繁庶，宫殿壮丽，且言赵王虎以刑杀御下，故能控制境内。寿慕之，徙旁郡民三丁以上者以实成都，大修宫室，治器玩。人有小过，辄杀以立威。左仆射蔡兴、右仆射李嶷皆坐直谏死。民疲于赋役，吁嗟满道，思乱者众矣。

资治通鉴卷第九十七

端明殿学士兼翰林侍读学士朝散大夫右谏议大夫充集贤殿修撰权判西京留 司御史台上柱国河内郡开国侯食邑一千三百户食实封四百户赐紫金鱼袋臣　司马光　奉敕编集

晋纪十九 起玄黓摄提格（壬寅），尽强圉协洽（丁未），凡六年。

显宗成皇帝下

咸康八年（壬寅、342）

春，正月，己未朔，日有食之。

乙丑，大赦。

豫州刺史庾怿以酒饷江州刺史王允之，允之觉其毒，饮犬，犬毙，密奏之。帝曰："大舅已乱天下，小舅复欲尔邪！"二月，怿饮鸩而卒。

三月，初以武悼后配食武帝庙。

庾翼在武昌，数有妖怪，欲移镇乐乡。征虏长史王述与庾冰笺曰："乐乡去武昌千有余里，数万之众，一旦移徙，兴立城壁，公私劳扰。又江州当溯流数千里，供给军府，力役增倍。且武昌实江东镇戍之中，非但扞御上流而已，缓急赴告，骏奔不难。若移乐乡，远在西陲，一朝江渚有虞，不相接救。方岳重将，固当居要害之地，为内外形势，使窥窬之心不知所向。昔秦忌亡胡之谶，卒为刘、项之资；周恶檿弧之谣，而成褒姒之乱。是以达人君子，直道而行，禳避之道，皆所不取，正当择人事之胜理，思社稷之长计耳。"朝议亦以为然。翼乃止。

夏，五月，乙卯，帝不豫。六月，庚寅，疾笃。或诈为尚书符，敕宫门无得内宰相，众皆失色。庾冰曰："此必诈也。"推问，果然。帝二子丕、弈，皆在襁褓。庾冰自以兄弟秉权日久，恐易世之后，亲属愈疏，为它人所间，每说帝以国有强敌，宜立长君，请以母弟琅邪王岳为嗣，帝许之。中书令何充曰："父子相传，先王旧典，易之者鲜不致乱。故武王不授圣弟，非不爱也。今琅邪践阼，将如孺子何！"冰不听。下诏，以岳为嗣，并以弈继琅邪哀王。壬辰，冰、充及武陵王晞、会稽王昱、尚书令诸葛恢并受顾命。癸巳，帝崩。帝幼冲嗣位，不亲庶政，及长，颇有勤俭之德。

甲午，琅邪王即皇帝位，大赦。

己亥，封成帝子丕为琅邪王，弈为东海王。

康帝亮阴不言，委政于庾冰、何充。秋，七月，丙辰，葬成帝于兴平陵。帝徒行送丧,至闾阖门,乃升素舆至陵所。既葬,帝临轩,庾冰、何充侍坐。帝曰:"朕嗣鸿业,二君之力也。"充曰:"陛下龙飞,臣冰之力也。若如臣议,不睹升平之世。"帝有惭色。己未,以充为骠骑将军、都督徐州、扬州之晋陵诸军事、领徐州刺史,镇京口,避诸庾也。

冬,十月,燕王皝迁都龙城,赦其境内。

建威将军翰言于皝曰:"宇文强盛日久,屡为国患。今逸豆归篡窃得国,群情不附,加之性识庸暗,将帅非才,国无防卫,军无部伍。臣久在其国,悉其地形,虽远附强羯,声势不接,无益救援,今若击之,百举百克。然高句丽去国密迩,常有窥觎之志,彼知宇文既亡,祸将及己,必乘虚深入,掩吾不备。若少留兵则不足以守,多留兵则不足以行。此心腹之患也,宜先除之。观其势力,一举可克。宇文自守之虏,必不能远来争利。既取高句丽,还取宇文,如返手耳。二国既平,利尽东海,国富兵强,无返顾之忧,然后中原可图也。"皝曰:"善。"将击高句丽。高句丽有二道,其北道平阔,南道险狭,众欲从北道。翰曰:"虏以常情料之,必谓大军从北道,当重北而轻南。王宜帅锐兵从南道击之,出其不意,丸都不足取也。别遣偏师出北道,纵有蹉跌,其腹心已溃,四支无能为也。"皝从之。

十一月,皝自将劲兵四万出南道,以慕容翰、慕容霸为前锋,别遣长史王寓等将兵万五千出北道,以伐高句丽。高句丽王钊果遣弟武帅精兵五万拒北道,自帅羸兵以备南道。慕容翰等先至,与钊合战,皝以大众继之。左常侍鲜于亮曰:"臣以俘虏蒙王国士之恩,不可以不报。今日,臣死日也。"独与数骑先犯高句丽陈,所向摧陷。高句丽陈动,大众因而乘之,高句丽兵大败。左长史韩寿斩高句丽将阿佛和度加,诸军乘胜追之,遂入丸都。钊单骑走,轻车将军慕舆埿追获其母周氏及妻而还。会王寓等战于北道,皆败没,由是皝不复穷追。遣使招钊,钊不出。

皝将还,韩寿曰:"高句丽之地,不可戍守。今其主亡民散,潜伏山谷,大军既去,必复鸠聚,收其余烬,犹足为患。请载其父尸,囚其生母而归,俟其束身自归,然后返之,抚以恩信,策之上也。"皝从之。发钊父乙弗利墓,载其尸,收其府库累世之宝,虏男女五万余口,烧其宫室,毁丸都城而还。

十二月,壬子,立妃褚氏为皇后。征豫章太守褚裒为侍中、尚书。裒自以后父,不愿居中任事,苦求外出,乃除建威将军、江州刺史,镇半洲。

赵王虎作台观四十余所于邺,又营长安、洛阳二宫,作者四十余万人。又欲自邺起阁道至襄国,敕河南四州治南伐之备,并、朔、秦、雍严西讨之资,青、冀、幽州为东征之计,皆三五发卒。诸州军造甲者五十余万人,船夫十七万人,为水所没、虎狼所食者三分居一。加之公侯、牧宰竞营私利,百姓失业愁困。贝丘人李弘因众心之怨,自言姓名应谶,连结党与,署置百寮。事发,诛之,连坐者数千家。

虎畋猎无度,晨出夜归,又多微行,躬察作役。侍中京兆韦谀谏曰:"陛下忽天下之重,轻行斤斧之间,猝有狂夫之变,虽有智勇,将安所施!又兴役无时,废民耘获,吁嗟盈路,殆非仁圣之所忍为也。"虎赐谀谷帛,而兴缮滋繁,游察自若。

秦公韬有宠于虎,太子宣恶之。右仆射张离领五兵尚书,欲求媚于宣,说之曰:"今诸侯吏兵过限,宜渐裁省,以壮本根。"宣使离为奏:"秦、燕、义阳、乐平四公,听置吏一百九十七人,帐下兵二百人,自是以下,三分置一,余兵五万,悉配东宫。"于是诸公咸怨,嫌衅益深矣。

青州上言:"济南平陵城北石虎一夕移于城东南,有狼狐千余迹随之,迹皆成蹊。"虎喜曰:"石虎者,朕也。自西北徙而东南者,天意欲使朕平荡江南也。其敕诸州兵明年悉集,朕当亲董六师,以奉天命。"群臣皆贺,上《皇德颂》者一百七人。制:"征士五人出车一乘,牛二头,米十五斛,绢十匹,调不办者斩。"民至鬻子以供军须,犹不能给,自经于道树者相望。

康皇帝

建元元年(癸卯、343)

春,二月,高句丽王钊遣其弟称臣入朝于燕,贡珍异以千数。燕王皝乃还其父尸,犹留其母为质。

宇文逸豆归遣其相莫浅浑将兵击燕,诸将争欲击之,燕王皝不许。莫浅浑以为皝畏之,酣饮纵猎,不复设备。皝使慕容翰出击之,莫浅浑大败,仅以身免,尽俘其众。

庾翼为人慷慨,喜功名,不尚浮华。琅邪内史桓温,彝之子也,尚南康公主,豪爽有风概,翼与之友善,相期以宁济海内。翼尝荐温于成帝曰:"桓温有英雄之才,愿陛下勿以常人遇之,常婿畜之,宜委以方、邵之任,必有弘济艰难之勋。"时杜乂、殷浩并才名冠世,翼独弗之重也,曰:"此辈宜束之高阁,俟天下太平,然后徐议其任耳。"浩累辞征辟,屏居墓所,几将十年,时人拟之管、葛。江夏相谢尚、长山令王濛常伺其出处,以卜江左兴亡。尝相与省之,知浩有确然之志,既返,相谓曰:"深源不起,当如苍生何!"尚,鲲之子也。翼请浩为司马,诏除侍中、安西军司,浩不应。翼遗浩书曰:"王夷甫立名非真,虽云谈道,实长华竞。明德君子,遇会处际,宁可然乎!"浩犹不起。

殷羡为长沙相,在郡贪残,庾冰与翼书属之。翼报曰:"殷君骄豪,亦似由有佳儿、弟,故小令物情容之。大较江东之政,以妪煦豪强,常为民蠹,时有行法,辄施之寒劣。如往年偷石头仓米一百万斛,皆是豪将辈,而直杀仓督监以塞责。山遐为馀姚长,为官出豪强所藏二千户,而众共驱之,令遐不得安席。虽皆前宰之悁谬,江东事去,实此之由。兄弟不幸,横陷此中,自不能拔足于风尘之外,当共明目而治之。荆州所统二十余郡,唯长沙最恶。恶而不黜,与杀督监者复何异邪!"遐,简之子也。

翼以灭胡取蜀为己任,遣使东约燕王皝,西约张骏,刻期大举。朝议多以为难,唯庾冰意与之同,而桓温、谯王无忌皆赞成之。无忌,承之子也。

秋,七月,赵汝南太守戴开帅数千人诣翼降。丁巳,下诏议经略中原。翼欲悉所部之众北伐,表桓宣为都督司、雍、梁三州、荆州之四郡诸军事、梁州刺史,前趣丹水;桓温为前锋小督、假节,帅众入临淮。并发所统六州奴及车牛驴马,百姓嗟怨。

代王什翼犍复求婚于燕,燕王皝使纳马千匹为礼,什翼犍不与,又倨慢无子婿礼。八月,皝遣世子儁帅前军师评等击代。什翼犍帅众避去,燕人无所见而还。

汉主寿卒,谥曰昭文,庙号中宗。太子势即位,大赦。

赵太子宣击鲜卑斛谷提,大破之,斩首三万级。

宇文逸豆归执段辽弟兰,送于赵,并献骏马万匹。赵王虎命兰帅所从鲜卑五千人屯令支。

庾翼欲移镇襄阳,恐朝廷不许,乃奏云移镇安陆。帝及朝士皆遣使譬止翼,翼遂违诏北行。至夏口,复上表请镇襄阳。翼时有众四万,诏加翼都督征讨诸军事。先是车骑将军、扬州刺史庾冰屡求出外,辛巳,以冰都督荆、江、宁、益、梁、交、广七州、豫州之四郡诸军事,领江州刺史,假节,镇武昌,以为翼继援。征徐州刺史何充为都督扬、豫、徐州之琅邪诸军事,领扬州刺史,录尚书事,辅政。以琅邪内史桓温为都督青、徐、兖三州诸军事、徐州刺史,征江州刺史褚裒为卫将军,领中书令。

冬,十一月,己巳,大赦。

二年(甲辰、344)

春,正月,赵王虎享群臣于太武殿,有白雁百余集马道之南,虎命射之,皆不获。时诸州兵集者百余万,太史令赵揽密言于虎曰:"白雁集庭,宫室将空之象,不宜南行。"虎信之,乃临宣武观,大阅而罢。

汉主势改元太和,尊母阎氏为皇太后,立妻李氏为皇后。

燕王皝与左司马高诩谋伐宇文逸豆归。诩曰:"宇文强盛,今不取,必为国患。伐之必克,然不利于将。"出而告人曰:"吾往必不返,然忠臣不避也。"于是皝自将伐逸豆归。以慕容翰为前锋将军,刘佩副之,分命慕容军、慕容恪、慕容霸及折冲将军慕舆根将兵,三道并进。高诩将发,不见其妻,使人语以家事而行。

逸豆归遣南罗大涉夜干将精兵逆战，皝遣人驰谓慕容翰曰："涉夜干勇冠三军，宜小避之。"翰曰："逸豆归扫其国内精兵以属涉夜干，涉夜干素有勇名，一国所赖也，今我克之，其国不攻自溃矣。且吾孰知涉夜干之为人，虽有虚名，实易与耳，不宜避之，以挫吾兵气。"遂进战。翰自出冲陈，涉夜干出应之，慕容霸从傍邀击，遂斩涉夜干。宇文士卒见涉夜干死，不战而溃，燕兵乘胜逐之，遂克其都城。逸豆归走死漠北，宇文氏由是散亡。皝悉收其畜产、资货，徙其部众五千余落于昌黎，辟地千余里。更命涉夜干所居城曰威德城，使弟彪戍之而还。高诩、刘佩皆中流矢卒。

诩善天文，皝尝谓曰："卿有佳书而不见与，何以为忠尽！"诩曰："臣闻人君执要，人臣执职。执要者逸，执职者劳。是以后稷播种，尧不预焉。占候、天文，晨夜甚苦，非至尊之所宜亲，殿下将安用之！"皝默然。

初，逸豆归事赵甚谨，贡献属路。及燕人伐逸豆归，赵王虎使右将军白胜、并州刺史王霸自甘松出救之。比至，宇文氏已亡，因攻威德城，不克而还，慕容彪追击，破之。

慕容翰之与宇文氏战也，为流矢所中，卧病积时不出。后渐差，于其家试骋马，或告翰称病而私习骑乘，疑欲为变。燕王皝虽藉翰勇略，然中心终忌之，乃赐翰死。翰曰："吾负罪出奔，既而复还，今日死已晚矣。然羯贼跨据中原，吾不自量，欲为国家荡壹区夏，此志不遂，没有遗恨，命矣夫！"饮药而卒。

代王什翼犍遣其大人长孙秩迎妇于燕。

夏，四月，凉州将张瓘败赵将王擢于三交城。

初，赵领军王朗言于赵王虎曰："盛冬雪寒，而皇太子使人伐宫材，引于漳水，役者数万，吁嗟满道。陛下宜因出游罢之。"虎从之。太子宣怒。会荧惑守房，宣使太史令赵揽言于虎曰："房为天王，今荧惑守之，其殃不细。宜以贵臣王姓者当之。"虎曰："谁可者？"揽曰："无贵于王领军。"虎意惜朗，使揽更言其次。揽无以对，因曰："其次唯中书监王波耳。"虎乃下诏，追罪波前议楛矢事，腰斩之，及其四子，投尸漳水。既而愍其无罪，追赠司空，封其孙为侯。

赵平北将军尹农攻燕凡城，不克而还。

汉太史令韩皓上言："荧惑守心，乃宗庙不修之谴。"汉主势命群臣议之。相国董皎、侍中王嘏以为："景、武创业，献、文承基，至亲不远，无宜疏绝。"势乃更命祀成始祖、太宗，皆谓之汉。

征西将军庾翼使梁州刺史桓宣击赵将李罴于丹水，为罴所败，翼贬宣为建威将军。宣惭愤成疾，秋，八月，庚辰，卒。翼以长子方之为义城太守，代领宣众，又以司马应诞为襄阳太守，参军司马勋为梁州刺史，戍西城。

中书令褚裒固辞枢要，闰月，丁巳，以裒为左将军、都督兖州、徐州之琅邪诸军事、兖州刺史，镇金城。

帝疾笃，庾冰、庾翼欲立会稽王昱为嗣，中书监何充建议立皇子聃，帝从之。九月，丙申，立聃为皇太子。戊戌，帝崩于式乾殿。己亥，何充以遗旨奉太子即位，大赦。由是冰、翼深恨充。尊皇后褚氏为皇太后。时穆帝方二岁，太后临朝称制。何充加中书监，录尚书事。充自陈既录尚书，不宜复监中书，许之，复加侍中。

充以左将军褚裒，太后之父，宜综朝政，上疏荐裒参录尚书，乃以裒为侍中、卫将军、录尚书事，持节、督、刺史如故。裒以近戚，惧获讥嫌，上疏固请居藩，改授都督徐、兖、青三州、扬州之二郡诸军事、卫将军、徐、兖二州刺史，镇京口。尚书奏："裒见太后，在公庭则如臣礼，私觌则严父。"从之。

冬，十月，乙丑，葬康帝于崇平陵。

江州刺史庾冰有疾，太后征冰辅政，冰辞，十一月，庚辰，卒。庾翼以家国情事，留子方之为建武将军，戍襄阳。方之年少，以参军毛穆之为建武司马以辅之。穆之，宝之子也。翼还镇夏口，诏翼复督江州，又领豫州刺史。翼辞豫州，复欲移镇乐乡，诏不许。翼仍缮修军器，大佃积谷，以图后举。

赵王虎作河桥于灵昌津，采石为中济，石下，辄随流，用功五百余万而桥不成。虎怒，斩匠而罢。

孝宗穆皇帝上之上

永和元年(乙巳、345)

春，正月，甲戌朔，皇太后设白纱帷于太极殿，抱帝临轩。

赵义阳公鉴镇关中，役烦赋重。文武有长发者，辄拔为冠缨，余以给宫人。长史取发白赵王虎，虎征鉴还邺，以乐平公苞代镇长安。发雍、洛、秦、并州十六万人治长安未央宫。

虎好猎，晚岁，体重不能跨马，乃造猎车千乘，刻期校猎。自灵昌津南至荥阳东极阳都为猎场，使御史监察其中禽兽，有犯者罪至大辟。民有美女、佳牛马，御史求之不得，皆诬以犯兽，论死者百余人。发诸州二十六万人修洛阳宫。发百姓牛二万头配朔州牧官。增置女官二十四等，东宫十二等，公侯七十余国皆九等。大发民女三万余人，料为三等以配之。太子、诸公私令采发者又将万人。郡县务求美色，多强夺人妻，杀其夫及夫自杀者三千余人。至邺，虎临轩简第，以使者为能，封侯者十二人。荆楚、扬、徐之民流叛略尽，守令坐不能绥怀，下狱诛者五十余人。金紫光禄大夫逯明因侍切谏，虎大怒，使龙腾拉杀之。

燕王皝以牛假贫民，使佃苑中，税其什之八，自有牛者税其七。记室参军封裕上书谏，以为："古者什一而税，天下之中正也。降及魏、晋，仁政衰薄，假官田官牛者不过税其什六，自有牛者中分之，犹不取其七八也。自永嘉以来，海内荡析，武宣王绥之以德，华夷之民，万里辐凑，襁负而归之者，若赤子之归父母，是以户口十倍于旧，无田者什有三四。及殿下继统，南摧强赵，东兼高句丽，北取宇文，拓地三千里，增民十万户。是宜悉罢苑围以赋新民，无牛者官赐之牛，不当更收重税也。且以殿下之民用殿下之牛，牛非殿下之有，将何在哉！如此，则戎旗南指之日，民谁不箪食壶浆以迎王师，石虎谁与处矣！川渎沟渠有废塞者，皆应通利，旱则灌溉，潦则疏泄。一夫不耕，或受之饥，况游食数万，何以得家给人足乎！今官司猥多，虚费廪禄，苟才不周用，皆宜澄汰。工商末利，宜立常员。学生三年无成，徒塞英俊之路，皆当归之于农。殿下圣德宽明，博采刍荛，参军王宪、大夫刘明并以言事忤旨，主者处以大辟，殿下虽恕其死，犹免官禁锢。夫求谏诤而罪直言，是犹适越而北行，必不获其所志矣！右长史宋该等阿媚苟容，轻劾谏士，己无骨鲠，嫉人有之，掩蔽耳目，不忠之甚者也。"皝乃下令，称："览封记室之谏，孤实惧焉。国以民为本，民以谷为命。可悉罢苑围以给民之无田者。实贫者，官与之牛，力有余愿得官牛者，并依魏、晋旧法。沟渎果有益者，令以时修治。今戎事方兴，勋伐既多，官未可减，俟中原平壹，徐更议之。工商、学生皆当裁择。夫人臣关言于人主，至难也，虽有狂妄，当择其善者而从之。王宪、刘明，虽罪应废黜，亦由孤之无大量也，可悉复本官，仍居谏司。封生蹇蹇，深得王臣之体，其赐钱五万。宣示内外，有欲陈孤过者，不拘贵贱，勿有所讳。"皝雅好文学，常亲临庠序讲授，考校学徒至千余人，颇有妄滥者，故封裕及之。

诏征卫将军褚裒，欲以为扬州刺史、录尚书事。吏部尚书刘遐、长史王胡之说裒曰："会稽王令德雅望，国之周公也，足下宜以大政授之。"裒乃固辞，归藩。壬戌，以会稽王昱为抚军大将军，录尚书六条事。

昱清虚寡欲，尤善玄言，常以刘惔、王濛及颍川韩伯为谈客，又辟郗超为抚军掾，谢万为从事中郎。超，鉴之孙也，少卓荦不羁。父愔，简默冲退而啬于财，积钱至数千万，尝开库任超所取，超散施亲故，一日都尽。万，安之弟也，清旷秀迈，亦有时名。

燕有黑龙、白龙见于龙山，交首游戏，解角而去。燕王皝亲祀以太牢，赦其境内，命所居新宫曰和龙。

都亭肃侯庾翼疽发于背，表子爰之行辅国将军、荆州刺史，委以后任，司马义阳朱焘为南蛮校尉，以千人守巴陵。秋，七月，庚午，卒。

翼部将干瓒等作乱，杀冠军将军曹据。朱焘与安西长史江虨、建武司马毛穆之、将军袁真等共诛之。彪,统之子也。

八月,豫州刺史路永叛奔赵,赵王虎使永屯寿春。

庾翼既卒,朝议皆以诸庾世在西藩,人情所安,宜依翼所请,以庾爱之代其任。何充曰:"荆楚国之西门,户口百万,北带强胡,西邻劲蜀,地势险阻,周旋万里。得人则中原可定,失人则社稷可忧,陆抗所谓'存则吴存,亡则吴亡'者也,岂可以白面少年当之哉!桓温英略过人,有文武器干,西夏之任,无出温者。"议者又曰:"庾爱之肯避温乎?如令阻兵,耻惧不浅。"充曰:"温足以制之,诸君勿忧。"

丹杨尹刘惔每奇温才,然知其有不臣之志,谓会稽王昱曰:"温不可使居形胜之地,其位号常宜抑之。"劝昱自镇上流,以己为军司,昱不听。又请自行,亦不听。

庚辰,以徐州刺史桓温为安西将军、持节、都督荆、司、雍、益、梁、宁六州诸军事、领护南蛮校尉、荆州刺史,爱之果不敢争。又以刘惔监沔中诸军事,领义成太守,代庾方之。徙方之、爱之于豫章。

桓温尝乘雪欲猎,先过刘惔,惔见其装束甚严,谓之曰:"老贼欲持此何为?"温笑曰:"我不为此,卿安得坐谈乎!"

汉主势之弟大将军广,以势无子,求为太弟,势不许。马当、解思明谏曰:"陛下兄弟不多,若复有所废,将益孤危。"固请许之。势疑其与广有谋,收当、思明斩之,夷其三族。遣太保李弈袭广于涪城,贬广为临邛侯,广自杀。思明被收,叹曰:"国之不亡,以我数人在也,今其殆矣!"言笑自若而死。思明有智略,敢谏诤,马当素得人心,及其死,士民无不哀之。

冬,十月,燕王皝使慕容恪攻高句丽,拔南苏,置戍而还。

十二月,张骏伐焉耆,降之。是岁,骏分武威等十一郡为凉州,以世子重华为刺史。分兴晋等八郡为河州,以宁戎校尉张瓘为刺史。分敦煌等三郡及西域都护等三营为沙州,以西胡校尉杨宣为刺史。骏自称大都督、大将军、假凉王,督摄三州。始置祭酒、郎中、大夫、舍人、谒者等官,官号皆仿天朝而微变其名,车服旌旗拟于王者。

赵王虎以冠军将军姚弋仲为持节、十郡六夷大都督、冠军大将军。弋仲清俭鲠直,不治威仪,言无畏避,虎甚重之,朝之大议,每与参决,公卿皆惮而下之。武城左尉,虎宠姬之弟也,尝入弋仲营,侵扰其部众。弋仲执而数之曰:"尔为禁尉,迫胁小民,我为大臣,目所亲见,不可纵也。"命左右斩之。尉叩头流血,左右固谏,乃止。

燕王皝以为古者诸侯即位,各称元年,于是始不用晋年号,自称十二年。

赵王虎使征东将军邓恒将兵数万屯乐安,治攻具,为取燕之计。燕王皝以慕容霸为平狄将军,戍徒河,恒畏之,不敢犯。

二年(丙午、346)

春,正月,丙寅,大赦。

己卯,都乡文穆侯何充卒。充有器局,临朝正色,以社稷为己任,所选皆以功效,不私亲旧。

初,夫馀居于鹿山,为百济所侵,部落衰散,西徙近燕,而不设备。燕王皝遣世子儁帅慕容军、慕容恪、慕舆根三将军,万七千骑袭夫馀。儁居中指授,军事皆以任恪。遂拔夫馀,虏其王玄及部落五万余口而还。皝以玄为镇军将军,妻以女。

二月,癸丑,以左光禄大夫蔡谟领司徒,与会稽王昱同辅政。

褚裒荐前光禄大夫顾和、前司徒左长史殷浩,三月,丙子,以和为尚书令,浩为建武将军、扬州刺史。和有母丧,固辞不起,谓所亲曰:“古人有释衰绖从王事者,以其才足干时故也。如和者,正足以亏孝道,伤风俗耳。”识者美之。浩亦固辞。会稽王昱与浩书曰:“属当厄运,危弊理极,足下沉识淹长,足以经济。若复深存抑退,苟遂本怀,吾恐天下之事于此去矣。足下去就,即时之废兴,则家国不异,足下宜深思之。”浩乃就职。

夏,四月,己酉朔,日有食之。

五月,丙戌,西平忠成公张骏薨。官属上世子重华为使持节、大都督、太尉、护羌校尉、凉州牧、西平公、假凉王,赦其境内。尊嫡母严氏为大王太后,母马氏为王太后。

赵中黄门严生恶尚书朱轨,会久雨,生潜轨不修道路,又谤讪朝政,赵王虎囚之。蒲洪谏曰:“陛下既有襄国、邺宫,又修长安、洛阳宫殿,将以何用?作猎车千乘,环数千里以养禽兽,夺人妻女十万余口以实后宫,圣帝明王之所为,固若是乎!今又以道路不修,欲杀尚书。陛下德政不修,天降淫雨,七旬乃霁。霁方二日,虽有鬼兵百万,亦未能去道路之涂潦,而况人乎!政刑如此,其如四海何!其如后代何!愿止作徒,罢苑囿,出宫女,赦朱轨,以副众望。”虎虽不悦,亦不之罪,为之罢长安、洛阳作役,而竟诛朱轨。又立私论朝政之法,听吏告其君,奴告其主。公卿以下,朝觐以目相顾,不敢复相过从谈语。

赵将军王擢击张重华,袭武街,执护军曹权、胡宣,徙七千余户于雍州。凉州刺史麻秋、将军孙伏都攻金城,太守张冲请降,凉州震动。

重华悉发境内兵,使征南将军裴恒将之以御赵。恒壁于广武,久而不战。凉州司马张耽言于重华曰:“国之存亡在兵,兵之胜败在将。今议者举将,多推宿旧。夫韩信之举,非旧德也。盖明主之举,举无常人,才之所堪,则授以大事。今强寇在境,诸将不进,人情危惧。主簿谢艾,兼资文武,可用以御赵。"重华召艾,问以方略,艾愿请兵七千人,必破赵以报。重华拜艾中坚将军,给步骑五千,使击秋。艾引兵出振武,夜有二枭鸣于牙中,艾曰:"六博得枭者胜。今枭鸣牙中,克敌之兆也。"进与赵战,大破之,斩首五千级。重华封艾为福禄伯。

麻秋之克金城也,县令敦煌车济不降,伏剑而死。秋又攻大夏,护军梁式执太守宋晏,以城应秋。秋遣晏以书诱致宛戍都尉敦煌宋矩,矩曰:"为人臣,功既不成,唯有死节耳。"先杀妻子而后自刎。秋曰:"皆义士也。"收而葬之。

冬,汉太保李奕自晋寿举兵反,蜀人多从之,众至数万。汉主势登城拒战,奕单骑突门,门者射而杀之,其众皆溃。势大赦境内,改年嘉宁。

势骄淫,不恤国事,多居禁中,罕接公卿,疏忌旧臣,信任左右,谗诌并进,刑罚苛滥,由是中外离心。蜀土先无獠,至是始从山出,自巴西至犍为、梓潼,布满山谷十余万落,不可禁制,大为民患。加以饥馑,四境之内,遂至萧条。

安西将军桓温将伐汉,将佐皆以为不可。江夏相袁乔劝之曰:"夫经略大事,固非常情所及,智者了于胸中,不必待众言皆合也。今为天下之患者,胡、蜀二寇而已,蜀虽险固,比胡为弱,将欲除之,宜先其易者。李势无道,臣民不附,且恃其险远,不修战备。宜以精卒万人轻赍疾趋,比其觉之,我已出其险要,可一战擒也。蜀地富饶,户口繁庶,诸葛武侯用之抗衡中夏,若得而有之,国家之大利也。论者恐大军既西,胡必窥觎,此似是而非。胡闻我万里远征,以为内有重备,必不敢动。纵有侵轶,缘江诸军足以拒守,必无忧也。"温从之。乔,瓌之子也。

十一月,辛未,温帅益州刺史周抚、南郡太守谯王无忌伐汉,拜表即行。委安西长史范汪以留事,加抚督梁州之四郡诸军事。使袁乔帅二千人为前锋。

朝廷以蜀道险远,温众少而深入,皆以为忧,惟刘惔以为必克。或问其故,惔曰:"以博知之。温,善博者也,不必得则不为。但恐克蜀之后,温终专制朝廷耳。"

三年(丁未、347)

春,二月,桓温军至青衣。汉主势大发兵,遣叔父右卫将军福、从兄镇南将军权、前将军昝坚等将之,自山阳趣合水。诸将欲设伏于江南以待晋兵,昝坚不从,引兵自江北鸳鸯碕渡,向犍为。

三月,温至彭模,议者欲分为两军,异道俱进,以分汉兵之势。袁乔曰:"今悬军深入万里之外,胜则大功可立,不胜则噍类无遗,当合势齐力,以取一战之捷。若分两军,则众心不一,万一偏败,大事去矣。不如全军而进,弃去釜甑,赍三日粮,以示无还心,胜可必也。"温从之,留参军孙盛、周楚将羸兵守辎重,温自将步卒直指成都。楚,抚之子也。

李福进攻彭模,孙盛等奋击,走之。温进,遇李权,三战三捷,汉兵散走归成都,镇东将军李位都迎诣温降。昝坚至犍为,乃知与温异道,还,自沙头津济,比至,温已军于成都之十里陌,坚众自溃。

势悉众出战于笮桥,温前锋不利,参军龚护战死,矢及温马首。众惧,欲退,而鼓吏误鸣进鼓,袁乔拔剑督士卒力战,遂大破之。温乘胜长驱至成都,纵火烧其城门。汉人惶惧,无复斗志。势夜开东门走,至葭萌,使散骑常侍王幼送降文于温,自称“略阳李势叩头死罪”,寻舆榇面缚诣军门。温解缚焚榇,送势及宗室十余人于建康,引汉司空谯献之等以为参佐,举贤旌善,蜀人悦之。

日南太守夏侯览贪纵,侵刻胡商,又科调船材,云欲有所讨,由是诸国恚愤。林邑王文攻陷日南,将士死者五六千,杀览,以尸祭天,檄交州刺史朱蕃,请以郡北横山为界。文既去,蕃使督护刘雄戍日南。

汉故尚书仆射王誓、镇东将军邓定、平南将军王润、将军隗文等皆举兵反,众各万余。桓温自击定,使袁乔击文,皆破之。温命益州刺史周抚镇彭模,斩王誓、王润。温留成都三十日,振旅还江陵。李势至建康,封归义侯。夏,四月,丁巳,邓定、隗文等入据成都,征虏将军杨谦弃涪城,退保德阳。

赵凉州刺史麻秋攻枹罕,晋昌太守郎坦以城大难守,欲弃外城。武成太守张悛曰:“弃外城则动众心,大事去矣。”宁戎校尉张璩从悛言,固守大城。秋帅众八万,围堑数重,云梯地突,百道皆进。城中御之,秋众死伤数万。赵王虎复遣其将刘浑等帅步骑二万会之。郎坦恨言不用,教军士李嘉潜引赵兵千余人登城。璩督诸将力战,杀二百余人,赵兵乃退。璩烧其攻具,秋退保大夏。

虎以中书监石宁为征西将军,帅并、司州兵二万余人为秋等后继。张重华将宋秦等帅户二万降于赵。重华以谢艾为使持节、军师将军,帅步骑三万进军临河。艾乘轺车,戴白帢,鸣鼓而行。秋望见,怒曰:“艾年少书生,冠服如此,轻我也。”命黑矟龙骧三千人驰击之。艾左右大扰。或劝艾宜乘马,艾不从,下车,踞胡床,指麾处分。赵人以为有伏兵,惧不敢进。别将张瑁自间道引兵截赵军后,赵军退,艾乘势进击,大破之,斩其将杜勋、汲鱼,获首虏一万三千级,秋单马奔大夏。

五月,秋与石宁复帅众十二万进屯河南,刘宁、王擢略地晋兴、广武、武街,至于曲柳。张重华使将军牛旋御之,退守枹罕,姑臧大震。重华欲亲出拒之,谢艾固谏。别驾从事索遐曰:“君者,一国之镇,不可轻动。”乃以艾为使持节、都督征讨诸军事、行卫将军,遐为军正将军,帅步骑二万拒之。别将杨康败刘宁于沙阜,宁退屯金城。

六月，辛酉，大赦。

秋，七月，林邑复陷日南，杀督护刘雄。

隗文、邓定等立故国师范长生之子贲为帝而奉之，以妖异惑众，蜀人多归之。

赵王虎复遣征西将军孙伏都、将军刘浑帅步骑二万会麻秋军，长驱济河，击张重华，遂城长最。谢艾建牙誓众，有风吹旌旗东南指，索遐曰："风为号令，今旌旗指敌，天所赞也。"艾军于神鸟，王擢与艾前锋战，败走，还河南。八月，戊午，艾进击秋，大破之，秋遁归金城。虎闻之，叹曰："吾以偏师定九州，今以九州之力困于枹罕。彼有人焉，未可图也。"艾还，讨叛虏斯骨真等万余落，皆破平之。

赵王虎据十州之地，聚敛金帛及外国所献珍异、府库财物不可胜纪，犹自以为不足，悉发前代陵墓，取其金宝。

沙门吴进言于虎曰："胡运将衰，晋当复兴，宜苦役晋人以厌其气。"虎使尚书张群发近郡男女十六万人，车十万乘，运土筑华林苑及长墙于邺北，广袤数十里。申钟、石璞、赵揽等上疏陈天文错乱，百姓雕弊。虎大怒曰："使苑墙朝成，吾夕没无恨矣。"促张群使然烛夜作。暴风大雨，死者数万人。郡国前后送苍麟十六，白鹿七，虎命司虞张曷柱调之以驾芝盖，大朝会列于殿庭。

九月，命太子宣出祈福于山川，因行游猎。宣乘大辂，羽葆华盖，建天子旌旗，十有六军，戎卒十八万，出自金明门。虎从其后宫升陵霄观望之，笑曰："我家父子如是，自非天崩地陷，当复何愁，但抱子弄孙日为乐耳！"

宣所舍，辄列人为长围，四面各百里，驱禽兽，至暮皆集其所。使文武跪立，重行围守，炬火如昼，命劲骑百余驰射其中。宣与姬妾乘辇临观，兽尽而止。或兽有迸逸，当围守者，有爵则夺马，步驱一日，无爵则鞭之一百。士卒饥冻死者万有余人，所过三州十五郡，资储皆无孑遗。

虎复命秦公韬继出，自并州至于秦、雍，亦如之。宣怒其与己钧敌，愈嫉之。宦者赵生得幸于宣，无宠于韬，微劝宣除之，于是始有杀韬之谋矣。

赵麻秋又袭张重华将张琚，败之，斩首三千余级。枹罕护军李逵帅众七千降于赵，自河以南氐、羌皆附于赵。

冬，十月，乙丑，遣侍御史俞归至凉州，授张重华侍中、大都督、督陇右、关中诸军事、大将军、凉州刺史、西平公。归至姑臧，重华欲称凉王，未肯受诏，使所亲沈猛私谓归曰："主公弈世为晋忠臣，今曾不如鲜卑，何也？朝廷封慕容皝为燕王，而主公才为大将，何以褒劝忠贤乎！明台宜移河右，共劝州主为凉王。人臣出使，苟利社稷，专之可也。"归曰："吾子失言。昔三代之王也，爵之贵者莫若上公。及周之衰，吴、楚始僭号称王，而诸侯亦不之非，盖以蛮夷畜之也。借使齐、鲁称王，诸侯岂不四面攻之乎！汉高祖封韩、彭为王，寻皆诛灭，盖权时之宜，非厚之也。圣上以贵公忠贤,故爵以上公,任以方伯,宠荣极矣,岂鲜卑夷狄所可比哉!且吾闻之,功有大小,赏有重轻。今贵公始继世而为王,若帅河右之众,东平胡、羯,修复陵庙,迎天子返洛阳,将何以加之乎?"重华乃止。

武都氐王杨初遣使来称藩,诏以初为使持节、征南将军、雍州刺史、仇池公。

十二月,振威护军萧敬文杀征虏将军杨谦,攻涪城,陷之,自称益州牧。遂取巴西,通于汉中。

资治通鉴卷第九十八

端明殿学士兼翰林侍读学士朝散大夫右谏议大夫充集贤殿修撰权判西京留司御史台上柱国河内郡开国侯食邑一千三百户食实封四百户赐紫金鱼袋臣 司马光 奉敕编集

晋纪二十 起著雍涒滩(戊申),尽上章淹茂(庚戌),凡三年。

孝宗穆皇帝上之下

永和四年(戊申、348)

夏,四月,林邑寇九真,杀士民什八九。

赵秦公韬有宠于赵王虎,欲立之,以太子宣长,犹豫未决。宣尝忤旨,虎怒曰:"悔不立韬也!"韬由是益骄,造堂于太尉府,号曰宣光殿,梁长九丈。宣见而大怒,斩匠,截梁而去。韬怒,增之至十丈。宣闻之,谓所幸杨杯、牟成、赵生曰:"凶竖傲愎敢尔!汝能杀之,吾入西宫,当尽以韬之国邑分封汝等。韬死,主上必临丧,吾因行大事,蔑不济矣。"杯等许诺。

秋,八月,韬夜与僚属宴于东明观,因宿于佛精舍。宣使杨杯等缘猕猴梯而入,杀韬,置其刀箭而去。旦日,宣奏之,虎哀惊气绝,久之方苏。将出临其丧,司空李农谏曰:"害秦公者未知何人,贼在京师,銮舆不宜轻出。"虎乃止,严兵发哀于太武殿。宣往临韬丧,不哭,直言"呵呵",使举衾观尸,大笑而去。收大将军记室参军郑靖、尹武等,将委之以罪。

虎疑宣杀韬,欲召之,恐其不入,乃诈言其母杜后哀过危惙。宣不谓见疑,入朝中宫,因留之。建兴人史科知其谋,告之。虎使收杨杯、牟成,皆亡去,获赵生,诘之,具服。虎悲怒弥甚,囚宣于席库,以铁环穿其颔而锁之,取杀韬刀箭,舐其血,哀号震动宫殿。佛图澄曰:"宣、韬皆陛下之子,今为韬杀宣,是重祸也。陛下若加慈恕,福祚犹长;若必诛之,宣当为彗星下扫邺宫。"虎不从。积柴于邺北,树标其上,标末置鹿卢,穿之以绳,倚梯柴积,送宣其下,使韬所幸宦者郝稚、刘霸拔其发,抽其舌,牵之登梯。郝稚以绳贯其颔,鹿卢绞上,刘霸断其手足,斫眼溃肠,如韬之伤。四面纵火,烟炎际天。虎从昭仪已下数千人登中台以观之。火灭,取灰分置诸门交道中。杀其妻子九人。宣小子才数岁,虎素爱之,抱之而泣,欲赦之,其大臣不听,就抱中取而杀之,儿挽虎衣大叫,至于绝带,虎因此发病。又废其后杜氏为庶人。诛其四率已下三百人,宦者五十人,皆车裂节解,弃之漳水。洿其东宫以养猪牛。东宫卫士十余万人皆谪戍凉州。先是,散骑常侍赵揽言于虎曰："宫中将有变,宜备之。"及宣杀韬,虎疑其知而不告,亦诛之。

朝廷论平蜀之功,欲以豫章郡封桓温。尚书左丞荀蕤曰："温若复平河、洛,将何以赏之?"乃加温征西大将军、开府仪同三司,封临贺郡公;加谯王无忌前将军;袁乔龙骧将军,封湘西伯。蕤,崧之子也。

温既灭蜀,威名大振,朝廷惮之。会稽王昱以扬州刺史殷浩有盛名,朝野推服,乃引为心膂,与参综朝权,欲以抗温,由是与温浸相疑贰。

浩以征北长史荀羡、前江州刺史王羲之夙有令名,擢羡为吴国内史,羲之为护军将军,以为羽翼。羡,蕤之弟;羲之,导之从子也。羲之以为内外协和,然后国家可安,劝浩及羡不宜与温构隙,浩不从。

燕王皝有疾,召世子儁属之曰："今中原未平,方资贤杰以经世务。恪智勇兼济,才堪任重,汝其委之,以成吾志。"又曰："阳士秋士行高洁,忠干贞固,可托大事,汝善待之。"九月,丙申,薨。

赵王虎议立太子,太尉张举曰："燕公斌有武略,彭城公遵有文德,惟陛下所择。"虎曰："卿言正起吾意。"戎昭将军张豺曰："燕公母贱,又尝有过,彭城公母前以太子事废,今立之,臣恐不能无微恨。陛下宜审思之。"初,虎之拔上邽也,张豺获前赵主曜幼女安定公主,有殊色,纳于虎,虎嬖之,生齐公世。豺以虎老病,欲立世为嗣,冀刘氏为太后,己得辅政,乃说虎曰："陛下再立太子,其母皆出于倡贱,故祸乱相寻。今宜择母贵子孝者立之。"虎曰："卿勿言,吾知太子处矣。"虎再与群臣议于东堂,虎曰："吾欲以纯灰三斛自涤其肠,何为专生恶子,年逾二十辄欲杀父!今世方十岁,比其二十,吾已老矣。"乃与张举、李农定议,令公卿上书请立世为太子。大司农曹莫不肯署名,虎使张豺问其故,莫顿首曰："天下重器,不宜立少,故不敢署。"虎曰："莫,忠臣也,然未达朕意。张举、李农知朕意矣,可令谕之。"遂立世为太子,以刘昭仪为后。

冬,十一月,甲辰,葬燕文明王。世子儁即位,赦境内,遣使诣建康告丧。以弟交为左贤王,左长史阳骛为郎中令。

十二月,以左光禄大夫、领司徒、录尚书事蔡谟为侍中、司徒。谟上疏固让,谓所亲曰："我若为司徒,将为后代所晒,义不敢拜也。"

五年(己酉、349)

春,正月,辛未朔,大赦。

赵王虎即皇帝位,大赦,改元太宁。诸子皆进爵为王。故东宫高力等万余人谪戍凉州,行达雍城,既不在赦例,又敕雍州刺史张茂送之,茂皆夺其马,使之步推鹿车,致粮戍所。高力督定阳梁犊因众心之怨,谋作乱东归,众闻之,皆踊抃大呼。犊乃自称晋征东大将军,帅众攻拔下辨。安西将军刘宁自安定击之,为犊所败。高力皆多力善射,一当十余人,虽无兵甲,掠民斧,施一丈柯,攻战若神,所向崩溃,戍卒皆随之,攻陷郡县,杀长吏、二千石,长驱而东,比至长安,众已十万。乐平王苞尽锐拒之,一战而败。犊遂东出潼关,进趣洛阳。赵主虎以李农为大都督,行大将军事,统卫军将军张贺度等步骑十万讨之,战于新安,农等大败。战于洛阳,又败,退壁成皋。

犊遂东掠荥阳、陈留诸郡,虎大惧,以燕王斌为大都督,督中外诸军事,统冠军大将军姚弋仲、车骑将军蒲洪等讨之。弋仲将其众八千余人至邺,求见虎。虎病,未之见,引入领军省,赐以己所御食。弋仲怒,不食,曰:"主上召我来击贼,当面见授方略,我岂为食来邪!且主上不见我,我何以知其存亡邪?"虎力疾见之,弋仲让虎曰:"儿死愁邪?何为而病?儿幼时不择善人教之,使至于为逆,既为逆而诛之,又何愁焉!且汝久病,所立儿幼,汝若不愈,天下必乱,当先忧此,勿忧贼也。犊等穷困思归,相聚为盗,所过残暴,何所能至!老羌为汝一举了之!"弋仲性猜直,人无贵贱皆"汝"之,虎亦不之责,于坐遣使持节、侍中、征西大将军赐以铠马。弋仲曰:"汝看老羌堪破贼否?"乃被铠跨马于庭中,因策马南驰,不辞而出。遂与斌等击犊于荥阳,大破之,斩犊首而还,讨其余党,尽灭之。虎命弋仲剑履上殿,入朝不趋,进封(平)西〔平〕郡公。蒲洪为侍中、车骑大将军、开府仪同三司、都督雍、秦州诸军事、雍州刺史,进封略阳郡公。

始平人(为)〔马〕勖聚兵自称将军,赵乐平王苞讨灭之,诛三千余家。

夏,四月,益州刺史周抚、龙骧将军朱焘击范贲,斩之,益州平。

诏遣谒者陈沈如燕,拜慕容儁为使持节、侍中、大都督、督河北诸军事、幽、平二州牧、大将军、大单于、燕王。

桓温遣督护滕畯帅交、广之兵击林邑王文于卢容,为文所败,退屯九真。

乙卯,赵王虎病甚,以彭城王遵为大将军,镇关右,燕王斌为丞相,录尚书事,张豺为镇卫大将军、领军将军、吏部尚书,并受遗诏辅政。

刘后恶斌辅政,恐不利于太子,与张豺谋去之。斌时在襄国,遣使诈谓斌曰:"主上疾已渐愈,王须猎者,可小停也。"斌素好猎嗜酒,遂留猎,且纵酒。刘氏与豺因矫诏称斌无忠孝之心,免官归第,使豺弟雄帅龙腾五百人守之。

乙丑,遵自幽州至邺,敕朝堂受拜,配禁兵三万遣之,遵涕泣而去。是日,虎疾小瘳,问:"遵至未?"左右对曰:"去已久矣。"虎曰:"恨不见之。"

虎临西阁,龙腾中郎二百余人列拜于前。虎问:"何求?"皆曰:"圣体不安,宜令燕王入宿卫,典兵马。"或言:"乞为皇太子。"虎曰:"燕王不在内邪?召以来!"左右言:"王酒病,不能入。"虎曰:"促持輂迎之,当付玺授。"亦竟无行者。寻惛眩而入。张豺使张雄矫诏杀斌。

戊辰，刘氏复矫诏以豹为太保、都督中外诸军，录尚书事，如霍光故事。侍中徐统叹曰："乱将作矣，吾无为预之。"仰药而死。

己巳，虎卒，太子世即位，尊刘氏为皇太后。刘氏临朝称制，以张豹为丞相，豹辞不受，请以彭城王遵、义阳王鉴为左右丞相，以慰其心，刘氏从之。

豹与太尉张举谋诛司空李农，举素与农善，密告之。农奔广宗，帅乞活数万家保上白，刘氏使张举统宿卫诸军围之。豹以张离为镇军大将军，监中外诸军事，以为己副。

彭城王遵至河内，闻丧。姚弋仲、蒲洪、刘宁及征虏将军石闵、武卫将军王鸾等讨梁犊还，遇遵于李城，共说遵曰："殿下长且贤，先帝亦有意以殿下为嗣。正以末年惛惑，为张豹所误。今女主临朝，奸臣用事，上白相持未下，京师宿卫空虚，殿下若声张豹之罪，鼓行而讨之，其谁不开门倒戈而迎殿下者！"遵从之。

五月，遵自李城举兵，还趣邺。洛州刺史刘国帅洛阳之众往会之。檄至邺，张豹大惧，驰召上白之军。丙戌，遵军于荡阴，戎卒九万，石闵为前锋。豹将出拒之，耆旧、羯士皆曰："彭城王来奔丧，吾当出迎之，不能为张豹守城也。"逾城而出，豹斩之不能止。张离亦帅龙腾二千，斩关迎遵。刘氏惧，召张豹入，对之悲哭曰："先帝梓宫未殡，而祸难至此！今嗣子冲幼，托之将军，将军将若之何？欲加遵重位，能弭之乎？"豹惶怖不知所出，但云"唯唯"。乃下诏，以遵为丞相，领大司马、大都督、督中外诸军，录尚书事，加黄钺、九锡。己丑，遵至安阳亭，张豹惧而出迎，遵命执之。庚寅，遵擐甲曜兵，入自凤阳门，升太武前殿，擗踊尽哀，退如东阁。斩张豹于平乐市，夷其三族。假刘氏令曰："嗣子幼冲，先帝私恩所授，皇业至重，非所克堪。其以遵嗣位。"于是遵即位，大赦，罢上白之围。辛卯，封世为谯王，废刘氏为太妃，寻皆杀之。

李农来归罪，使复其位。尊母郑氏为皇太后，立妃张氏为皇后，故燕王斌子衍为皇太子。以义阳王鉴为侍中、太傅，沛王冲为太保，乐平王苞为大司马，汝阴王琨为大将军，武兴公闵为都督中外诸军事、辅国大将军。

甲午，邺中暴风拔树，震雷，雨雹大如盂升。太武晖华殿灾，及诸门观阁荡然无余，乘舆服御，烧者太半，金石皆尽，火月余乃灭。

时沛王冲镇蓟，闻遵杀世自立，谓其僚佐曰："世受先帝之命，遵辄废而杀之，罪莫大焉！其敕内外戒严，孤将亲讨之。"于是留宁北将军沐坚戍幽州，帅众五万自蓟南下，传檄燕、赵，所在云集，比至常山，众十余万。军于苑乡，遇遵赦书，冲曰："皆吾弟也，死者不可复追，何为复相残乎！吾将归矣。"其将陈暹曰："彭城篡弑自尊，为罪大矣。王虽北旆，臣将南辕，俟平京师，擒彭城，然后奉迎大驾。"冲乃复进。遵驰遣王擢以书喻冲，冲弗听。遵使武兴公闵及李农等帅精卒十万讨之,战于平棘,冲兵大败,获冲于元氏,赐死,坑其士卒三万余人。

武兴公闵言于遵曰:"蒲洪,人杰也。今以洪镇关中,臣恐秦、雍之地非复国家之有。此虽先帝临终之命,然陛下践祚,自宜改图。"遵从之,罢洪都督,余如前制。洪怒,归枋头,遣使来降。

燕平狄将军慕容霸上书于燕王僬曰:"石虎穷凶极暴,天之所弃,余烬仅存,自相鱼肉。今中国倒悬,企望仁恤,若大军一振,势必投戈。"北平太守孙兴亦表言:"石氏大乱,宜以时进取中原。"僬以新遭大丧,弗许。霸驰诣龙城,言于僬曰:"难得而易失者,时也。万一石氏衰而复兴,或有英雄据其成资,岂惟失此大利,亦恐更为后患。"僬曰:"邺中虽乱,邓恒据安乐,兵强粮足,今若伐赵,东道不可由也,当由卢龙。卢龙山径险狭,虏乘高断要,首尾为患,将若之何?"霸曰:"恒虽欲为石氏拒守,其将士顾家,人怀归志,若大军临之,自然瓦解。臣请为殿下前驱,东出徒河,潜趣令支,出其不意,彼闻之,势必震骇,上不过闭门自守,下不免弃城逃溃,何暇御我哉!然则殿下可以安步而前,无复留难矣。"僬犹豫未决,以问五材将军封弈,对曰:"用兵之道,敌强则用智,敌弱则用势。是故以大吞小,犹狼之食豚也;以治易乱,犹日之消雪也。大王自上世以来,积德累仁,兵强士练。石虎极其残暴,死未瞑目,子孙争国,上下乖乱。中国之民,坠于涂炭,延颈企踵以待振拔。大王若扬兵南迈,先取蓟城,次指邺都,宣耀威德,怀抚遗民,彼孰不扶老提幼以迎大王?凶党将望旗冰碎,安能为害乎!"从事中郎黄泓曰:"今太白经天,岁集毕北,天下易主,阴国受命,此必然之验也。宜速出师,以承天意。"折冲将军慕舆根曰:"中国之民困于石氏之乱,咸思易主以救汤火之急,此千载一时,不可失也。自武宣王以来,招贤养民,务农训兵,正俟今日。今时至不取,更复顾虑,岂天意未欲使海内平定邪,将大王不欲取天下也?"僬笑而从之。以慕容恪为辅国将军,慕容评为辅弼将军,左长史阳骛为辅义将军,谓之"三辅"。慕容霸为前锋都督、建锋将军。选精兵二十余万,讲武戒严,为进取之计。

六月,葬赵王虎于显原陵,谥曰武帝,庙号太祖。

桓温闻赵乱,出屯安陆,遣诸将经营北方。赵扬州刺史王浃举寿春降,西中郎将陈逵进据寿春。征北大将军褚裒上表请伐赵,即日戒严,直指泗口。朝议以裒事任贵重,不宜深入,宜先遣偏师。裒奏言:"前已遣前锋督护王颐之等径造彭城,后遣督护糜嶷进据下邳;今宜速发,以成声势。"秋,七月,加裒征讨大都督,督徐、兖、青、扬、豫五州诸军事。裒帅众三万,径赴彭城,北方士民降附者日以千计。

朝野皆以为中原指期可复,光禄大夫蔡谟独谓所亲曰:"胡灭诚为大庆,然恐更贻朝廷之忧。"其人曰:"何谓也?"谟曰:"夫能顺天乘时济群生于艰难者,非上圣与英雄不能为也,自余则莫若度德量力。观今日之事,殆非时贤所及,必将经营分表,疲民以逞。既而材略疏短,不能副心,财殚力竭,智勇俱困,安得不忧及朝廷乎!"

鲁郡民五百余家相与起兵附晋,求援于褚裒,裒遣部将王龛、李迈将锐卒三千迎之。赵南讨大都督李农帅骑二万与龛等战于代陂,龛等大败,皆没于赵。八月,裒退屯广陵。陈逵闻之,焚寿春积聚,毁城遁还。裒上疏乞自贬,诏不许,命裒还镇京口,解征讨都督。时河北大乱,遗民二十余万口渡河欲来归附,会裒已还,威势不接,皆不能自拔,死亡略尽。

赵乐平王苞谋帅关右之众攻邺,左长史石光、司马曹曜等固谏,苞怒,杀光等百余人。苞性贪而无谋,雍州豪杰知其无成,并遣使告晋,梁州刺史司马勋帅众赴之。

杨初袭赵西城,破之。

九月,凉州官属共上张重华为丞相、凉王、雍、秦、凉三州牧。重华屡以钱帛赐左右宠臣,又喜博弈,颇废政事。征事索振谏曰:"先王夙夜勤俭以实府库,正以仇耻未雪,志平海内故也。殿下嗣位之初,强寇侵逼,赖重饵之故,得战士死力,仅保社稷。今蓄积已虚而寇仇尚在,岂可轻有耗散,以与无功之人乎!昔汉光武躬亲万机,章奏诣阙,报不终日,故能隆中兴之业。今章奏停滞,动经时月,下情不得上通,沉冤困于囹圄,殆非明主之事也。"重华谢之。

司马勋出骆谷,破赵长城戍,壁于悬钩,去长安二百里,使治中刘焕攻长安,斩京兆太守刘秀离,又拔贺城。三辅豪杰多杀守令以应勋,凡三十余壁,众五万人。赵乐平王苞乃辍攻邺之谋,使其将麻秋、姚国等将兵拒勋。赵主遵遣车骑将军王朗帅精骑二万以讨勋为名,因劫苞送邺。勋兵少,畏朗,不敢进。冬,十月,释悬钩,拔宛城,杀赵南阳太守袁景,复还梁州。

初,赵主遵之发李城也,谓武兴公闵曰:"努力!事成,以尔为太子。"既而立太子衍。闵恃功,欲专朝政,遵不听。闵素骁勇,屡立战功,夷、夏宿将皆惮之。既为都督,总内外兵权,乃抚循殿中将士,皆奏为殿中员外将军,爵关外侯。遵弗之疑,而更题名善恶以挫抑之,众咸怨怒。中书令孟准、左卫将军王鸾劝遵稍夺闵兵权,闵益恨望,准等咸劝诛之。

十一月,遵召义阳王鉴、乐平王苞、汝阴王琨、淮南王昭等入议于郑太后前,曰:"闵不臣之迹渐著,今欲诛之,如何?"鉴等皆曰:"宜然。"郑氏曰:"李城还兵,无棘奴岂有今日!小骄纵之,何可遽杀!"鉴出,遣宦者杨环驰以告闵。闵遂劫李农及右卫将军王基密谋废遵,使将军苏彦、周成帅甲士三千人执遵于南台。遵方与妇人弹棋,问成曰:"反者谁也?"成曰:"义阳王鉴当立。"遵曰:"我尚如是,鉴能几时！"遂杀之于琨华殿，并杀郑太后、张后、太子衍、孟准、王鸾及上光禄张斐。

鉴即位，大赦。以武兴公闵为大将军，封武德王，司空李农为大司马，并录尚书事。郎闿为司空，秦州刺史刘群为尚书左仆射，侍中卢谌为中书监。

秦、雍流民相帅西归，路由枋头，共推蒲洪为主，众至十余万。洪子健在邺，斩关出奔枋头。鉴惧洪之逼，欲以计遣之，乃以洪为都督关中诸军事、征西大将军、雍州牧、领秦州刺史。洪会官属，议应受与不，主簿程朴请且与赵连和，如列国分境而治。洪怒曰："吾不堪为天子邪，而云列国乎！"引朴斩之。

都乡元穆侯褚裒还至京口，闻哭声甚多，以问左右，对曰："皆代陂死者之家也。"裒惭愤发疾。十二月，己酉，卒。以吴国内史荀羡为使持节、监徐、兖二州、扬州之晋陵诸军事、徐州刺史，时年二十八，中兴方伯未有如羡之少者。

赵主鉴使乐平王苞、中书令李松、殿中将军张才夜攻石闵、李农于琨华殿，不克，禁中扰乱。鉴惧，伪若不知者，夜斩松、才于西中华门，并杀苞。

新兴王祗，虎之子也，时镇襄国，与姚弋仲、蒲洪等连兵，移檄中外，欲共诛闵、农。闵、农以汝阴王琨为大都督，与张举及侍中呼延盛帅步骑七万分讨祗等。

中领军石成、侍中石启、前河东太守石晖谋诛闵、农，闵、农皆杀之。龙骧将军孙伏都、刘铢等结羯士三千伏于胡天，亦欲诛闵、农。鉴在中台，伏都帅三十余人将升台挟鉴以攻之。鉴见伏都毁阁道，临问其故。伏都曰："李农等反，已在东掖门，臣欲帅卫士以讨之，谨先启知。"鉴曰："卿是功臣，好为官陈力，朕从台上观，卿勿虑无报也。"于是伏都、铢帅众攻闵、农，不克，屯于凤阳门。闵、农帅众数千毁金明门而入。鉴惧闵之杀己，驰招闵、农，开门内之，谓曰："孙伏都反，卿宜速讨之。"闵、农攻斩伏都等，自凤阳至琨华，横尸相枕，流血成渠。宣令内外六夷，敢称兵仗者斩。胡人或斩关、或逾城而出者，不可胜数。

闵使尚书王简、少府王郁帅众数千守鉴于御龙观，悬食以给之。下令城中曰："近日孙、刘构逆，支党伏诛，良善一无预也。今日已后，与官同心者留，不同者各任所之。敕城门不复相禁。"于是赵人百里内悉入城，胡、羯去者填门。闵知胡之不为己用，班令内外："赵人斩一胡首送凤阳门者，文官进位三等，武官悉拜牙门。"一日之中，斩首数万。闵亲帅赵人以诛胡、羯，无贵贱、男女、少长皆斩之，死者二十余万，尸诸城外，悉为野犬豺狼所食。其屯戍四方者，闵皆以书命赵人为将帅者诛之，或高鼻多须滥死者半。

燕王儁遣使至凉州，约张重华共击赵。

高句丽王钊送前东夷护军宋晃于燕，燕王儁赦之，更名曰活，拜为中尉。

六年（庚戌、350）

春，正月，赵大将军闵欲灭去石氏之迹，托以谶文有"继赵李"，更国号曰卫，易姓李氏,大赦,改元青龙。太宰赵庶、太尉张举、中军将军张春、光禄大夫石岳、抚军石宁、武卫将军张季及公侯、卿、校、龙腾等万余人出奔襄国,汝阴王琨奔冀州。抚军将军张沈据滏口,张贺度据石渎,建义将军段勤据黎阳,宁南将军杨群据桑壁,刘国据阳城,段龛据陈留,姚弋仲据滠头,蒲洪据枋头,众各数万,皆不附于闵。勤,末柸之子;龛,兰之子也。

王朗、麻秋自长安赴洛阳。秋承闵书,诛朗部胡千余人。朗奔襄国。秋帅众归邺,蒲洪使其子龙骧将军雄迎击,获之,以为军师将军。

汝阴王琨及张举、王朗帅众七万伐邺,大将军闵骑千余与战于城北。闵操两刃矛,驰骑击之,所向摧陷,斩首三千级,琨等大败而去。闵与李农帅骑三万讨张贺度于石渎。

闰月,卫主鉴密遣宦者赍书召张沈等,使乘虚袭邺。宦者以告闵、农,闵、农驰还,废鉴,杀之,并杀赵王虎三十八孙,尽灭石氏。姚弋仲子曜武将军益、武卫将军若帅禁兵数千斩关奔滠头。弋仲帅众讨闵,军于混桥。

司徒申钟等上尊号于闵,闵以让李农,农固辞。闵曰:"吾属故晋人也,今晋室犹存,请与诸君分割州郡,各称牧、守、公、侯,奉表迎晋天子还都洛阳,何如?"尚书胡睦进曰:"陛下圣德应天,宜登大位,晋氏衰微,远窜江表,岂能总驭英雄,混壹四海乎!"闵曰:"胡尚书之言,可谓识机知命矣。"乃即皇帝位,大赦,改元永兴,国号大魏。

朝廷闻中原大乱,复谋进取。己丑,以扬州刺史殷浩为中军将军、假节、都督扬、豫、徐、兖、青五州诸军事,以蒲洪为氐王、使持节、征北大将军、都督河北诸军事、冀州刺史、广川郡公,蒲健为假节、右将军、监河北征讨前锋诸军事、襄国公。

姚弋仲、蒲洪各有据关右之志。弋仲遣其子襄帅众五万击洪,洪迎击,破之,斩获三万余级。洪自称大都督、大将军、大单于、三秦王,改姓符氏。以南安雷弱儿为辅国将军;安定梁楞为前将军,领左长史;冯翊鱼遵为后将军,领右长史;京兆段陵为左将军,领左司马;王堕为右将军,领右司马;天水赵俱、陕西牛夷、北地辛牢皆为从事中郎;氐酋毛贵为单于辅相。

二月,燕王儁使慕容霸将兵二万自东道出徒河,慕舆于自西道出蠮螉塞,儁自中道出卢龙塞,以伐赵。以慕容恪、鲜于亮为前驱,命慕舆埿樵山通道。留世子晔守龙城,以内史刘斌为大司农,与典书令皇甫真留统后事。

霸军至三陉,赵征东将军邓恒惶怖,焚仓库,弃安乐遁去,与幽州刺史王午共保蓟。徒河南部都尉孙泳急入安乐,扑灭余火,籍其谷帛。霸收安乐、北平兵粮,与儁会临渠。

三月,燕兵至无终。王午留其将王佗以数千人守蓟,与邓恒走保鲁口。乙巳,儁拔蓟,执王佗,斩之。儁欲悉坑其士卒千余人,慕容霸谏曰:"赵为暴虐,王兴师伐之,将以拯民于涂炭而抚有中州也。今始得蓟而坑其士卒,恐不可以为王师之先声也。"乃释之。儁入都于蓟,中州士女降者相继。

燕兵至范阳,范阳太守李产欲为石氏拒燕,众莫为用,乃帅八城令长出降,儁复以产为太守。

产子绩为幽州别驾,弃其家从王午,在鲁口。邓恒谓午曰:"绩乡里在北,父已降燕,今虽在此,恐终难相保,徒为人累,不如去之。"午曰:"此何言也! 夫以当今丧乱,而绩乃能立义捐家,情节之重,虽古烈士无以过。乃欲以猜嫌害之,燕、赵之士闻之,谓我直相聚为贼,了无意识。众情一散,不可复集,此为坐自屠溃也。"恒乃止。午犹虑诸将不与己同心,或致非意,乃遣绩归。绩始辞午往见燕王儁,儁让之曰:"卿不识天命,弃父邀名,今日乃始来邪!"对曰:"臣眷恋旧主,志存微节,官身所在,何事非君! 殿下方以义取天下,臣未谓得见之晚也。"儁悦,善待之。

儁以弟宜为代郡城郎,孙泳为广宁太守,悉置幽州郡县守宰。

甲子,儁使中部俟釐慕舆句督蓟中留事,自将击邓恒于鲁口。军至清梁,恒将鹿勃早将数千人夜袭燕营,半已得入,先犯前锋都督慕容霸,突入幕下,霸起奋击,手杀十余人,早不能进,由是燕军得严。儁谓慕舆根曰:"贼锋甚锐,宜且避之。"根正色曰:"我众彼寡,力不相敌,故乘夜来战,冀万一获利。今求贼得贼,正当击之,复何所疑! 王但安卧,臣等自为王破之。"儁不能自安,内史李洪从儁出营外,屯高冢上。根帅左右精勇数百人从中牙直前击早,李洪徐整骑队还助之,早乃退走。众军追击四十余里,早仅以身免,所从士卒死亡略尽。儁引兵还蓟。

魏主闵复姓冉氏,尊母王氏为皇太后,立妻董氏为皇后,子智为皇太子,胤、明、裕皆为王。以李农为太宰、领太尉、录尚书事,封齐王,其子皆封县公。遣使者持节赦诸军屯,皆不从。

麻秋说苻洪曰:"冉闵、石祇方相持,中原之乱未可平也。不如先取关中,基业已固,然后东争天下,谁能敌之!"洪深然之。既而秋因宴鸩洪,欲并其众,世子健收秋斩之。洪谓健曰:"吾所以未入关者,以为中州可定,今不幸为竖子所困。中州非汝兄弟所能办,我死,汝急入关!"言终而卒。健代统其众,乃去大都督、大将军、三秦王之号,称晋官爵,遣其叔父安来告丧,且请朝命。

赵新兴王祇即皇帝位于襄国,改元永宁。以汝阴王琨为相国,六夷据州郡拥兵者皆应之。祇以姚弋仲为右丞相、亲赵王,待以殊礼。弋仲子襄,雄勇多才略,士民爱之,请弋仲以为嗣,弋仲以襄非长子,不许,请者日以千数,弋仲乃使之将兵。祇以襄为骠骑将军、豫州刺史、新昌公。又以苻健为都督河南诸军事、镇南大将军、开府仪同三司、兖州牧、略阳郡公。

夏,四月,赵主祗遣汝阴王琨将兵十万伐魏。

魏主闵杀李农及其三子,并尚书令王谟、侍中王衍、中常侍严震、赵昇。闵遣使临江告晋曰:"逆胡乱中原,今已诛之,能共讨者,可遣军来也。"朝廷不应。

五月,庐江太守袁真攻魏合肥,克之,虏其居民而还。

六月,赵汝阴王琨进据邯郸,镇南将军刘国自繁阳会之。魏卫将军王泰击琨,大破之,死者万余人。刘国还繁阳。

初,段兰卒于令支,段龛代领其众,因石氏之乱,拥部落南徙。秋,七月,龛引兵东据广固,自称齐王。

八月,代郡人赵榼帅三百余家叛燕归赵并州刺史张平。燕王儁徙广宁、上谷二郡民于徐无,代郡民于凡城。

王朗之去长安也,朗司马京兆杜洪据长安,自称晋征北将军、雍州刺史,以冯翊张琚为司马,关西夷、夏皆应之。苻健欲取之,恐洪知之,乃受赵官爵。以赵俱为河内太守,戍温;牛夷为绥集将军,戍怀。治宫室于枋头,课民种麦,示无西意,有知而不种者,健杀之以徇。既而自称晋征西大将军、都督关中诸军事、雍州刺史,以武威贾玄硕为左长史,略阳梁安为右长史,段纯为左司马,辛牢为右司马,京兆王鱼、安定程肱、胡文等为军谘祭酒,悉众而西。以鱼遵为前锋,行至盟津,为浮梁以济。遣弟辅国将军雄帅众五千自潼关入,兄子扬武将军菁帅众七千自轵关入。临别,执菁手曰:"若事不捷,汝死河北,我死河南,不复相见。"既济,焚桥,自帅大众随雄而进。

杜洪闻之,与健书,侮嫚之。以张琚弟先为征虏将军,帅众万三千逆战于潼关之北,先兵大败,走还长安。洪悉召关中之众以拒健。洪弟郁劝洪迎健,洪不从,郁帅所部降于健。

健遣苻雄徇渭北。氐酋毛受屯高陵,徐磋屯好畴,羌酋白犊屯黄白,众各数万,皆斩洪使,遣子降于健。苻菁、鱼遵所过城邑,无不降附。洪惧,固守长安。

张贺度、段勤、刘国、靳豚会于昌城,将攻邺。魏主闵自将击之,战于苍亭,贺度等大败,死者二万八千人,追斩(勒)〔靳〕豚于阴安,尽俘其众而归。闵戎卒三十余万,旌旗、钲鼓绵亘百余里,虽石氏之盛,无以过也。

故晋散骑常侍陇西辛谧,有高名,历刘、石之世,征辟皆不就,闵备礼征为太常。谧遗闵书,以为:"物极则反,致至则危。君王功已成矣,宜因兹大捷,归身晋朝,必有由、夷之廉,享松、乔之寿矣。"因不食而卒。

九月,燕王儁南徇冀州,取章武、河间。初,勃海贾坚,少尚气节,仕赵为殿中督。赵亡,坚弃魏主闵还乡里,拥部曲数千家。燕慕容评徇勃海,遣使招之,坚终不降,评与战,擒之。僬以评为章武太守,封裕为河间太守。僬与慕容恪皆爱贾坚之材,坚时年六十余,恪闻其善射,置牛百步上以试之。坚曰:"少之时能令不中,今老矣,往往中之。"乃射再发,一矢拂脊,一矢磨腹,皆附肤落毛,上下如一,观者咸服其妙。僬以坚为乐陵太守,治高城。

苻菁与张先战于渭北,擒之,三辅郡县堡壁皆降。冬,十月,苻健长驱至长安,杜洪、张琚奔司竹。

燕王僬还蓟,留诸将守之。僬还龙城,谒陵庙。

十一月,魏主闵帅步骑十万攻襄国。署其子太原王胤为大单于、骠骑大将军,以降胡一千配之为麾下。光禄大夫韦谏谏曰:"胡、羯皆我之仇敌,今来归附,苟全性命耳。万一为变,悔之何及!请诛屏降胡,去单于之号,以防微杜渐。"闵方欲抚纳群胡,大怒,诛谏及其子伯阳。

甲午,苻健入长安,以民心思晋,乃遣参军杜山伯诣建康献捷,并修好于桓温。于是秦、雍夷夏皆附之,赵凉州刺史石宁独据上邽不下,十二月,苻雄击斩之。

蔡谟除司徒,三年不就职,诏书屡下,太后遣使谕意,谟终不受。于是帝临轩,遣侍中纪据、黄门郎丁纂征谟。谟陈疾笃,使主簿谢攸陈让。自旦至申,使者十余返,而谟不至。时帝方八岁,甚倦,问左右曰:"所召人何以至今不来?临轩何时当竟?"太后以君臣俱疲,乃诏:"必不来者,宜罢朝。"中军将军殷浩奏免吏部尚书江彪官。会稽王昱令曹曰:"蔡公傲违上命,无人臣之礼。若人主卑屈于上,大义不行于下,亦不知复所以为政矣。"公卿乃奏:"谟悖慢傲上,罪同不臣,请送廷尉以正刑书。"谟惧,帅子弟素服诣阙稽颡,自到廷尉待罪。殷浩欲加谟大辟,会徐州刺史荀羡入朝,浩以问羡,羡曰:"蔡公今日事危,明日必有桓、文之举。"浩乃止。下诏免谟为庶人。

资治通鉴卷第九十九

端明殿学士兼翰林侍读学士朝散大夫右谏议大夫充集贤殿修撰权判西京留
司御史台上柱国河内郡开国侯食邑一千三百户食实封四百户赐紫金鱼袋臣　司马光　奉敕编集

晋纪二十一 起重光大渊献（辛亥），尽阏逢摄提格（甲寅），凡四年。

孝宗穆皇帝中之上

永和七年（辛亥、351）

春，正月，丁酉，日有食之。

苻健左长史贾玄硕等请依刘备称汉中王故事，表健为都督关中诸军事、大将军、大单于、秦王。健怒曰："吾岂堪为秦王邪！且晋使未返，我之官爵，非汝曹所知也。"既而密使梁安讽玄硕等上尊号，健辞让再三，然后许之。丙辰，健即天王、大单于位，国号大秦，大赦，改元皇始。追尊父洪为武惠皇帝，庙号太祖。立妻强氏为天王后，子苌为太子，靓为平原公，生为淮南公，觌为长乐公，方为高阳公，硕为北平公，腾为淮阳公，柳为晋公，桐为汝南公，廋为魏公，武为燕公，幼为赵公。以苻雄为都督中外诸军事、丞相、领车骑大将军、雍州牧、东海公，苻菁为卫大将军、平昌公，宿卫二宫；雷弱儿为太尉，毛贵为司空，略阳姜伯周为尚书令，梁楞为左仆射，王堕为右仆射，鱼遵为太子太师，强平为太傅，段纯为太保，吕婆楼为散骑常侍。伯周，健之舅；平，王后之弟；婆楼，本略阳氏酋也。

段龛请以青州内附，二月，戊寅，以龛为镇北将军，封齐公。

魏主闵攻围襄国百余日，赵主祗危急，乃去皇帝之号，称赵王，遣太尉张举乞师于燕，许送传国玺，中军将军张春乞师于姚弋仲。弋仲遣其子襄帅骑二万八千救赵，诫之曰："冉闵弃仁背义，屠灭石氏。我受人厚遇，当为复仇，老病不能自行。汝才十倍于闵，若不枭擒以来，不必复见我也。"弋仲亦遣使告于燕，燕主儁遣御难将军悦绾将兵三万往会之。

冉闵闻儁欲救赵，遣大司马从事中郎广宁常炜使于燕。儁使封裕诘之曰："冉闵石氏养息，负恩作逆，何敢辄称大号？"炜曰："汤放桀，武王伐纣，以兴商、周之业；曹孟德养于宦官，莫知所出，卒立魏氏之基。苟非天命，安能成功！推此而言，何必致问。"裕曰："人言冉闵初立，铸金为己像以卜成败，而像不成，信乎？"炜曰："不闻。"裕曰："南来者皆云如是，何故隐之？"炜曰："奸伪之人欲矫天命以惑人者，乃假符瑞，托蓍龟以自重。魏主握符玺，据中州，受命何疑，而更反真为伪，取决于金像乎!"裕曰:"传国玺果安在?"炜曰:"在邺。"裕曰:"张举言在襄国。"炜曰:"杀胡之日,在邺者殆无孑遗,时有进漏者,皆潜伏沟渎中耳,彼安知玺之所在乎?彼求救者,为妄诞之辞,无所不可,况一玺乎!"

儁犹以张举之言为信,乃积柴其旁,使裕以其私诱之,曰:"君更熟思,无为徒取灰灭。"炜正色曰:"石氏贪暴,亲帅大兵攻燕国都,虽不克而返,然志在必取。故运资粮、聚器械于东北者,非以相资,乃欲相灭也。魏主诛剪石氏,虽不为燕;臣子之心,闻仇雠之灭,义当如何?而更为彼责我,不亦异乎!吾闻死者骨肉下于土,精魂升于天。蒙吾之惠,速益薪纵火,使仆得上诉于帝足矣。"左右请杀之,儁曰:"彼不惮杀身以徇其主,忠臣也。且冉闵有罪,使臣何预焉!"使出就馆。夜,使其乡人赵瞻往劳之,且曰:"君何不以实言?王怒,欲处君于辽、碣之表,奈何?"炜曰:"吾结发以来,尚不欺布衣,况人主乎!曲意苟合,性所不能,直情尽言,虽沉东海,不敢避也。"遂卧向壁,不复与瞻言。瞻具以白儁,儁乃囚炜于龙城。

赵并州刺史张平遣使降秦,秦王以平为大将军、冀州牧。

燕王儁还蓟。

三月,姚襄及赵汝阴王琨各引兵救襄国。冉闵遣车骑将军胡睦拒襄于长芦,将军孙威拒琨于黄丘,皆败还,士卒略尽。

闵欲自出击之,卫将军王泰谏曰:"今襄国未下,外救云集,若我出战,必(覆)〔腹〕背受敌,此危道也。不若固垒以挫其锐,徐观其衅而击之。且陛下亲临行陈,如失万全,则大事去矣。"闵将止,道士法饶进曰:"陛下围襄国经年,无尺寸之功,今贼至,又避不击,将何以使将士乎?且太白入昴,当杀胡王,百战百克,不可失也。"闵攘袂大言曰:"吾战决矣,敢沮众者斩!"乃悉众出,与襄、琨战。悦绾适以燕兵至,去魏兵数里,疏布骑卒,曳柴扬尘,魏人望之�惧。襄、琨、绾三面击之,赵王祗自后冲之,魏兵大败,闵与十余骑走还邺。降胡栗特康等执大单于胤及左仆射刘琦以降赵,赵王祗杀之。胡睦及司空石璞、尚书令徐机、中书监卢谌等并将士死者凡十余万人。闵潜还,人无知者,邺中震恐,讹言闵已没。射声校尉张艾请闵亲郊以安众心,闵从之,讹言乃息。闵支解法饶父子,赠韦謏大司徒。姚襄还滠头,姚弋仲怒其不擒闵,杖之一百。

初,闵之为赵相也,悉散仓库以树私恩,与羌、胡相攻,无月不战。赵所徙青、雍、幽、荆四州之民及氐、羌、胡、蛮数百万口,以赵法禁不行,各还本土,道路交错,互相杀掠,其能达者什有二三。中原大乱,因以饥疫,人相食,无复耕者。

赵王祗使其将刘显帅众七万攻邺,军于明光宫,去邺二十三里。魏主闵恐,召王泰,欲与之谋。泰恚前言之不从,辞以疮甚。闵亲临问之,泰固称疾笃。闵怒,还宫,谓左右曰:"巴奴,乃公岂假汝为命邪!要将先灭群胡,却斩王泰。"乃悉众出战,大破显军,追奔至阳平,斩首三万余级。显惧,密使请降,求杀祇以自效,闵乃引归。会有告王泰欲叛入秦者,闵杀之,夷其三族。

秦王健分遣使者问民疾苦,搜罗俊异,宽重敛之税,弛离宫之禁,罢无用之器,去侈靡之服,凡赵之苛政不便于民者皆除之。

杜洪、张琚遣使召梁州刺史司马勋,夏,四月,勋帅步骑三万赴之,秦王健御之于五丈原。勋屡战皆败,退归南郑。健以中书令贾玄硕始者不上尊号,衔之,使人告玄硕与司马勋通,并其诸子皆杀之。

渤海人逢约因赵乱,拥众数千家,附于魏,魏以约为渤海太守。故太守刘准,隗之兄子也;土豪封放,弈之从弟也,别聚众自守。闵以准为幽州刺史,与约中分渤海。燕王儁使封弈讨约,使昌黎太守高开讨准、放。开,瞻之子也。

弈引兵直抵约垒,遣人谓约曰:"相与乡里,隔绝日久,会遇甚难。时事利害,人各有心,非所论也。愿单出一相见,以写伫结之情。"约素信重弈,即出,见弈于门外,各屏骑卒,单马交语。弈与论叙平生毕,因说之曰:"与君累世同乡,情相爱重,诚欲君享祚无穷,今既获展奉,不可不尽所怀。冉闵乘石氏之乱,奄有成资,是宜天下服其强矣,而祸乱方始,固知天命不可力争也。燕王弈世载德,奉义讨乱,所征无敌。今已都蓟,南临赵、魏,远近之民,襁负归之。民厌荼毒,咸思有道。冉闵之亡,匪朝伊夕,成败之形,昭然易见。且燕王肇开王业,虚心贤俊,君能翻然改图,则功参绛、灌,庆流苗裔,孰与为亡国将,守孤城以待必至之祸哉!"约闻之,怅然不言。弈绐使张安,有勇力,弈豫戒之,俟约气下,安突前持其马鞁,因挟之而驰。至营,弈与坐,谓曰:"君计不能自决,故相为决之,非欲取君以邀功,乃欲全君以安民也。"

高开至渤海,准、放迎降。儁以放为渤海太守,准为右司马,约参军事。以约诱于人而遇获,更其名曰钓。

刘显弑赵王祇及其丞相乐安王炳、太宰赵庶等十余人,传首于邺。骠骑将军石宁奔柏人。魏主闵焚祇首于通衢,拜显上大将军、大单于、冀州牧。

五月,赵兖州刺史刘启自鄄城来奔。

秋,七月,刘显复引兵攻邺,魏主闵击败之。显还,称帝于襄国。

八月,魏徐州刺史周成、兖州刺史魏统、荆州刺史乐弘、豫州牧张遇以廪丘、许昌等诸城来降,平南将军高崇、征虏将军吕护执洛州刺史郑系,以其地来降。

燕王儁遣慕容恪攻中山,慕容评攻王午于鲁口,魏中山太守上谷侯龛闭城拒守。恪南徇常山,军于九门,魏赵郡太守辽西李邽举郡降,恪厚抚之,将邽还围中山,侯龛乃降。恪入中山,迁其将帅、土豪数十家诣蓟,余皆安堵,军令严明,秋豪不犯。慕容评至南安,王午遣其将郑生拒战,评击斩之。

悦绾还自襄国,儁乃知张举之妄而杀之。常炜有四男二女在中山,儁释炜之囚,使诸子就见之。炜上疏谢恩,儁手令答曰:"卿本不为生计,孤以州里相存耳。今大乱之中,诸子尽至,岂非天所念邪!天且念卿,况于孤乎!"赐妾一人,谷三百斛,使居凡城。以北平太守孙兴为中山太守,兴善于绥抚,中山遂安。

库傉官伟帅部众自上党降燕。

姚弋仲遣使来请降。冬,十一月,以弋仲为使持节、六夷大都督、督江北诸军事、车骑大将军、开府仪同三司、大单于、高陵郡公,又以其子襄为持节、平北将军、都督并州诸军事、并州刺史、平乡县公。

逄钓亡归渤海,招集旧众以叛燕。乐陵太守贾坚使人告谕乡人,示以成败,钓部众稍散,遂来奔。

吐谷浑叶延卒,子碎奚立。

初,桓温闻石氏乱,上疏请出师经略中原,事久不报。温知朝廷杖殷浩以抗己,甚忿之,然素知浩之为人,亦不之惮也。以国无他衅,遂得相持弥年,虽有君臣之迹,羁縻而已,八州士众资调,殆不为国家用。屡求北伐,诏书不听。十二月,辛未,温拜表辄行,帅众四五万顺流而下,军于武昌。朝廷大惧。

殷浩欲去位以避温,又欲以驺虞幡驻温军。吏部尚书王彪之言于会稽王昱曰:"此属皆自为计,非能保社稷,为殿下计也。若殷浩去职,人情离骇,天子独坐,当此之际,必有任其责者,非殿下而谁乎!"又谓浩曰:"彼若抗表问罪,卿为之首。事任如此,猜衅已成,欲作匹夫,岂有全地邪?且当静以待之。令相王与手书,示以款诚,为陈成败,彼必旋师。若不从,则遣中诏;又不从,乃当以正义相裁。奈何无故匆匆,先自猖蹶乎!"浩曰:"决大事正自难,顷日来欲使人闷。闻卿此谋,意始得了。"彪之,彬之子也。

抚军司马高崧言于昱曰:"王宜致书,谕以祸福,自当返旆。如其不尔,便六军整驾,逆顺于兹判矣。"乃于坐为昱草书曰:"寇难宜平,时会宜接。此实为国远图,经略大算,能弘斯会,非足下而谁!但以比兴师动众,要当以资实为本。运转之艰,古人所难,不可易之于始而不熟虑。顷所以深用为疑,惟在此耳。然异常之举,众之所骇,游声噂𠴲,想足下亦少闻之。苟患失之,无所不至,或能望风振扰,一时崩散。如此则望实并丧,社稷之事去矣。皆由吾暗弱,德信不著,不能镇静群庶,保固维城,所以内愧于心,外惭良友。吾与足下,虽职有内外,安社稷,保家国,其致一也。天下安危,系之明德。当先思宁国而后图其外,使王基克隆,大义弘著,所望于足下。区区诚怀,岂可复顾嫌而不尽哉!"温即上疏惶恐致谢,回军还镇。

朝廷将行郊祀。会稽王昱问于王彪之曰:"郊祀应有赦否?"彪之曰:"自中兴以来,郊祀往往有赦,愚意常谓非宜。凶愚之人,以为郊必有赦,将生心于侥幸矣。"昱从之。

燕王儁如龙城。

丁零翟鼠帅所部降燕,封为归义王。

八年(壬子、352)

春,正月,辛卯,日有食之。

秦丞相雄等请秦王健正尊号,依汉、晋之旧,不必效石氏之初。健从之,即皇帝位,大赦,诸公皆进爵为王。且言单于所以统壹百蛮,非天子所宜领,以授太子苌。

司马勋既还汉中,杜洪、张琚屯宜秋。洪自以右族,轻琚,琚遂杀洪,自立为秦王,改元建昌。

刘显攻常山,魏主闵留大将军蒋幹使辅太子智守邺,自将八千骑救之。显大司马清河王宁以枣强降魏,闵击显,败之,追奔至襄国。显大将军曹伏驹开门纳闵,闵杀显及其公卿已下百余人,焚襄国宫室,迁其民于邺。赵汝阴王琨以其妻妾来奔,斩于建康市,石氏遂绝。

尚书左丞孔严言于殷浩曰:"比来众情,良可寒心,不知使君当何以镇之? 愚谓宜明受任之方,韩、彭专征伐,萧、曹守管籥,内外之任,各有攸司。深思廉、蔺屈身之义,平、勃交欢之谋,令穆然无间,然后可以保大定功也。观顷日降附之徒,皆人面兽心,贪而无亲,恐难以义感也。"浩不从。严,愉之从子也。

浩上疏请北出许、洛,诏许之,以安西将军谢尚、北中郎将荀羡为督统,进屯寿春。谢尚不能抚慰张遇,遇怒,据许昌叛,使其将上官恩据洛阳,乐弘攻督护戴施于仓垣,浩军不能进。三月,命荀羡镇淮阴,寻加监青州诸军事,又领兖州刺史,镇下邳。

乙巳,燕王儁还蓟,稍徙军中文武兵民家属于蓟。

姚弋仲有子四十二人,及病,谓诸子曰:"石氏待吾厚,我本欲为之尽力。今石氏已灭,中原无主,我死,汝亟自归于晋,当固执臣节,无为不义也。"弋仲卒,子襄秘不发丧,帅户六万南攻阳平、元城、发干,破之,屯于碻磝津。以太原王亮为长史,天水尹赤为司马,太原薛瓒、略阳权翼为参军。

襄与秦兵战,败,亡三万余户,南至荥阳,始发丧。又与秦将高昌、李历战于麻田,马中流矢而毙。弟苌以马授襄,襄曰:"汝何以自免?"苌曰:"但令兄济,竖子必不敢害苌。"会救至,俱免。尹赤奔秦,秦以赤为并州刺史,镇蒲阪。

襄遂帅众归晋,送其五弟为质。诏襄屯谯城,襄单骑渡淮,见谢尚于寿春。

尚闻其名,命去仗卫,幅巾待之,欢若平生。襄博学,善谈论,江东人士皆重之。

魏主闵既克襄国,因游食常山、中山诸郡。赵立义将军段勤聚胡、羯万余人保据绎幕,自称赵帝。夏,四月,甲子,燕王儁遣慕容恪等击魏,慕容霸等击勤。

魏主闵将与燕战,大将军董闰、车骑将军张温谏曰:"鲜卑乘胜锋锐,且彼众我寡,请且避之,俟其骄堕,然后益兵以击之。"闵怒曰:"吾欲以此众平幽州,斩慕容儁,今遇恪而避之,人谓我何!"司徒刘茂、特进郎闿相谓曰:"吾君此行,必不还矣,吾等何为坐待戮辱!"皆自杀。

闵军于安喜,慕容恪引兵从之。闵趣常山,恪追之,丙子,及于魏昌之廉台。闵与燕兵十战,燕兵皆不胜。闵素有勇名,所将兵精锐,燕人惮之。慕容恪巡陈,谕将士曰:"冉闵勇而无谋,一夫敌耳。其士卒饥疲,甲兵虽精,其实难用,不足破也。"闵以所将多步卒,而燕皆骑兵,引兵将趣林中。恪参军高开曰:"吾骑兵利平地,若闵得入林,不可复制。宜亟遣轻骑邀之,既合而阳走,诱致平地,然后可击也。"恪从之。魏兵还就平地,恪分军为三部,谓诸将曰:"闵性轻锐,又自以众少,必致死于我。我厚集中军之陈以待之,俟其合战,卿等从旁击之,无不克矣。"乃择鲜卑善射者五千人,以铁锁连其马,为方陈而前。闵所乘骏马曰朱龙,日行千里,闵左操双刃矛,右执钩戟,以击燕兵,斩首三百余级。望见大幢,知其为中军,直冲之,燕两军从旁夹击,大破之。围闵数重,闵溃围东走二十余里,朱龙忽毙,为燕兵所执。燕人杀魏仆射刘群,执董〔闰〕、张温,及闵皆送于蓟。闵子操奔鲁口。高开被创而卒。慕容恪进屯常山,儁命恪镇中山。

己卯,冉闵至蓟。儁大赦,立闵而责之曰:"汝奴仆下才,何得妄称帝?"闵曰:"天下大乱,尔曹夷狄禽兽之类犹称帝,况我中土英雄,何为不得称帝邪!"儁怒,鞭之三百,送于龙城。

慕容霸军至绎幕,段勤与弟思聪举城降。

甲申,儁遣慕容评及中尉侯龛帅精骑万人攻邺。癸巳,至邺,魏蒋幹及太子智闭城拒守。城外皆降于燕,刘宁及弟崇帅胡骑三千奔晋阳。

秦以张遇为征东大将军、豫州牧。

五月,秦主健攻张琚于宜秋,斩之。

邺中大饥,人相食,故赵时宫人被食略尽。蒋幹遣侍中缪嵩、詹事刘猗奉表请降,且求救于谢尚。庚寅,燕王儁遣广威将军慕容军、殿中将军慕舆根、右司马皇甫真等帅步骑二万助慕容评攻邺。

辛卯,燕人斩冉闵于龙城。会大旱、蝗,燕王儁谓闵为崇,遣使祀之,谥曰悼武天王。

初,谢尚使戴施据枋头,施闻蒋幹求救,乃自仓垣徙屯棘津,止幹使者求传国玺。刘猗使缪嵩还邺白幹,幹疑尚不能救,沉吟未决。六月,施帅壮士百余人入邺,助守三台,绐之曰:"今燕寇在外,道路不通,玺未敢送也。卿且出以付我,我当驰白天子。天子闻玺在吾所,信卿至诚,必多发兵粮以相救饷。"幹以为然,出玺付之。施宣言使督护何融迎粮,阴令怀玺送于枋头。甲子,蒋幹帅锐卒五千及晋兵出战,慕容评大破之,斩首四千级,幹脱走入城。

甲申,秦主健还长安。

谢尚、姚襄共攻张遇于许昌。秦主健遣丞相东海王雄、卫大将军平昌王菁略地关东,帅步骑二万救之。丁亥,战于颍水之诫桥,尚等大败,死者万五千人。尚奔还淮南,襄弃辎重,送尚于芍陂,尚悉以后事付襄。殷浩闻尚败,退屯寿春。秋,七月,秦丞相雄徙张遇及陈、颍、许、洛之民五万余户于关中,以右卫将军杨群为豫州刺史,镇许昌。谢尚降号建威将军。

赵故西中郎将王擢遣使请降,拜擢秦州刺史。

丁酉,以武陵王晞为太宰。

丙辰,燕王儁如中山。

王午闻魏败,时邓恒已死,午自称安国王。八月,戊辰,燕王儁遣慕容恪、封弈、阳骛攻之,午闭城自守,送冉操诣燕军,燕人掠其禾稼而还。

庚午,魏长水校尉马愿等开邺城纳燕兵,戴施、蒋幹悬缒而下,奔于仓垣。慕容评送魏后董氏、太子智、太尉申钟、司空条攸等及乘舆服御于蓟。尚书令王简、左仆射张乾、右仆射郎肃皆自杀。燕王儁诈云董氏得传国玺献之,赐号奉玺君,赐冉智爵海宾侯。以申钟为大将军右长史。命慕容评镇邺。

桓温使司马勋助周抚讨萧敬文于涪城,斩之。

谢尚自枋头迎传国玺至建康,百僚毕贺。

秦以雷弱儿为大司马,毛贵为太尉,张遇为司空

殷浩之北伐也,中军将军王羲之以书止之,不听。既而无功,复谋再举。羲之遗浩书曰:"今以区区江左,天下寒心,固已久矣,力争武功,非所当作。自顷处内外之任者,未有深谋远虑,而疲竭根本,各从所志,竟无一功可论,遂令天下将有土崩之势。任其事者,岂得辞四海之责哉!今军破于外,资竭于内,保淮之志,非所复及,莫若还保长江,督将各复旧镇,自长江以外,羁縻而已。引咎责躬,更为善治,省其赋役,与民更始,庶可以救倒悬之急也。使君起于布衣,任天下之重,当董统之任,而败丧至此,恐阖朝群贤未有与人分其谤者。若犹以前事为未工,故复求之于分外,宇宙虽广,自容何所!此愚智所不解也。"

又与会稽王昱笺曰:"为人臣者谁不愿尊其主,比隆前世,况遇难得之运哉!顾力有所不及,岂可不权轻重而处之也。今虽有可喜之会,内求诸己,而所忧乃

重于所喜。功未可期,遗黎歼尽,劳役无时,征求日重,以区区吴、越经纬天下十分之九,不亡何待!而不度德量力,不弊不已,此封内所痛心叹悼而莫敢吐诚者也。'往者不可谏,来者犹可追。'愿殿下更垂三思,先为不可胜之基,须根立势举,谋之未晚。若不行,恐麋鹿之游将不止林薮而已。愿殿下暂废虚远之怀,以救倒悬之急,可谓以亡为存,转祸为福也。"不从。

九月,浩屯泗口,遣河南太守戴施据石门,荣阳太守刘遁戍仓垣。浩以军兴,罢遣太学生徒,学校由此遂废。

冬,十月,谢尚遣冠军将军王侠攻许昌,克之。秦豫州刺史杨群退屯弘农。征尚为给事中,戍石头。

丁卯,燕王儁还蓟。

故赵将拥兵据州郡者,各遣使降燕,燕王儁以王擢为益州刺史,夔逸为秦州刺史,张平为并州刺史,李历为兖州刺史,高昌为安西将军,刘宁为车骑将军。

慕容恪屯安平,积粮,治攻具,将讨王午。丙戌,中山苏林起兵于无极,自称天子,恪自鲁口还讨林。闰月,戊子,燕王儁遣广威将军慕舆根助恪攻林,斩之。王午为其将秦兴所杀,吕护杀兴,复自称安国王。

燕群僚共上尊号于燕王儁,儁许之。十一月,丁卯,始置百官,以国相封弈为太尉,左长史阳鹜为尚书令,右司马皇甫真为尚书左仆射,典书令张悕为右仆射。其余文武,拜授有差。戊辰,儁即皇帝位,大赦。自谓获传国玺,改元元玺。追尊武宣王为高祖武宣皇帝,文明王为太祖文明皇帝。时晋使适至燕,儁谓曰:"汝还,白汝天子,我承人乏,为中国所推,已为帝矣。"改司州为中州,建留台于龙都,以玄菟太守乙逸为尚书,专委留务。

秦丞相雄攻王擢于陇西,擢奔凉州,雄还屯陇东。张重华以擢为征虏将军、秦州刺史,特宠待之。

九年(癸丑、353)

春,正月,乙卯朔,大赦。

二月,庚子,燕(王)〔主〕儁立其妃可足浑氏为皇后,世子晔为皇太子,皆自龙城迁于蓟宫。

张重华遣将军张弘、宋修会王擢帅步骑万五千伐秦。秦丞相雄、卫将军菁拒之,大败凉兵于龙黎,斩首万二千级,虏张弘、宋修,王擢弃秦州,奔姑臧。秦主健以领军将军苻愿为秦州刺史,镇上邽。

三月,交州刺史阮敷讨林邑,破五十余垒。

赵故卫尉常山李犊聚众数千人叛燕。

西域胡刘康诈称刘曜子,聚众于平阳,自称晋王。夏,四月,秦左卫将军苻飞讨擒之。

以安西将军谢尚为尚书仆射。

五月，张重华复使王擢帅众二万伐上邽，秦州郡县多应之，苻愿战败，奔长安。重华因上疏请伐秦，诏进重华凉州牧。

燕主儁遣卫将军恪讨李犊，犊降，遂东击吕护于鲁口。

六月，秦苻飞攻氐王杨初于仇池，为初所败。丞相雄、平昌王菁帅步骑四万屯于陇东。

秦主健纳张遇继母韩氏为昭仪，数于众中谓遇曰："卿，吾假子也。"遇耻之，因雄等精兵在外，阴结关中豪杰，欲灭苻氏，以其地来降。秋，七月，遇与黄门刘晃谋夜袭健，晃约开门以待之。会健使晃出外，晃固辞，不得已而行。遇不知，引兵至门，门不开。事觉，伏诛。于是孔持起池阳，刘珍、夏侯显起鄠，乔秉起雍，胡阳赤起司竹，呼延毒起灞城，众数万人，各遣使来请兵。

秦以左仆射鱼遵为司空。

九月，秦丞相雄帅众二万还长安，遣平昌王菁略定上洛，置荆州于丰阳川，以步兵校尉金城郭敬为刺史。雄与清河王法、苻飞分讨孔持等。

姚襄屯历阳，以燕、秦方强，未有北伐之志，乃夹淮广兴屯田，训厉将士。殷浩在寿春，恶其强盛，囚襄诸弟，屡遣刺客刺之，刺客皆以情告襄。安北将军魏统卒，弟憬代领部曲。浩潜遣憬帅众五千袭之，襄斩憬，并其众。浩愈恶之，使龙骧将军刘启守谯，迁襄于梁国蠡台，表授梁国内史。

魏憬子弟数往来寿春，襄益疑惧，遣参军权翼使于浩。浩曰："身与姚平北共为王臣，休戚同之，平北每举动自专，甚失辅车之理，岂所望也。"翼曰："平北英姿绝世，拥兵数万而远归晋室者，以朝廷有道，宰辅明哲故也。今将军轻信谗慝之言，与平北有隙，愚谓猜嫌之端，在此不在彼也。"浩曰："平北姿性豪迈，生杀自由，又纵小人掠夺吾马。王臣之体，固若是乎？"翼曰："平北归命圣朝，岂肯妄杀无辜！奸宄之人，亦王法所不容也，杀之何害！"浩曰："然则掠马何也？"翼曰："将军谓平北雄武难制，终将讨之，故取马欲以自卫耳。"浩笑曰："何至是也。"

初，浩阴遣人诱秦梁安、雷弱儿，使杀秦主健，许以关右之任，弱儿等伪许之，且请兵应接。浩闻张遇作乱，健兄子辅国将军黄眉自洛阳西奔，以为安等事已成。冬，十月，浩自寿春帅众七万北伐，欲进据洛阳，修复园陵。吏部尚书王彪之上会稽王昱笺，以为："弱儿等容有诈伪，浩未应轻进。"不从。浩以姚襄为前驱。襄引兵北行，度浩将至，诈令部众夜遁，阴伏甲以邀之。浩闻而追襄，至山桑，襄纵兵击之，浩大败，弃辎重，走保谯城。襄俘斩万余，悉收其资仗，使兄益守山桑，襄复如淮南。会稽王昱谓王彪之曰："君言无不中，张、陈无以过也！"

西平敬烈公张重华有疾,子曜灵才十岁,立为世子,赦其境内。重华庶兄长宁侯祚,有勇力、吏干,而倾巧善事内外,与重华嬖臣赵长、尉缉等结异姓兄弟。都尉常据请出之,重华曰:"吾方以祚为周公,使辅幼子,君是何言也!"

谢艾以枹罕之功有宠于重华,左右疾之,谮艾,出为酒泉太守。艾上疏言:"权幸用事,公室将危,乞听臣入侍。"且言:"长宁侯祚及赵长等将为乱,宜尽逐之。"十一月,己未,重华疾甚,手令征艾为卫将军,监中外诸军事,辅政;祚、长等匿而不宣。

丁卯,重华卒,世子曜灵立,称大司马、凉州刺史、西平公。赵长等矫重华遗令,以长宁侯祚为都督中外诸军事、抚军大将军,辅政。

殷浩使部将刘启、王彬之攻姚益于山桑,姚襄自淮南击之,启、彬之皆败死。襄进据芍陂。

赵末,乐陵朱秃、平原杜能、清河丁娆、阳平孙元各拥兵分据城邑,至是皆请降于燕。燕主儁以秃为青州刺史,能为平原太守,娆为立节将军,元为兖州刺史,各留抚其营。

秦丞相雄克池阳,斩孔持。十二月,清河王法、苻飞克鄠,斩刘珍、夏侯显。

姚襄济淮,屯盱眙,招掠流民,众至七万,分置守宰,劝课农桑,遣使诣建康,罪状殷浩,并自陈谢。诏以谢尚都督江西、淮南诸军事、豫州刺史,镇历阳。

凉右长史赵长等建议,以为:"时难未夷,宜立长君,曜灵冲幼,请立长宁侯祚。"张祚先得幸于重华之母马氏,马氏许之,乃废张曜灵为凉宁侯,立祚为大都督、大将军、凉州牧、凉公。祚既得志,恣为淫虐,杀重华妃裴氏及谢艾。

燕卫将军恪、抚军将军军、左将军彪等屡荐给事黄门侍郎霸有命世之才,宜总大任。是岁,燕主儁以霸为使持节、安东将军、北冀州刺史,镇常山。

十年(甲寅、354)

春,正月,张祚自称凉王,改建兴四十二年为和平元年。立妻辛氏为王后,子太和为太子。封弟天锡为长宁侯,子庭坚为建康侯,曜灵弟玄靓为凉武侯。置百官,郊祀天地,用天子礼乐。尚书马岌切谏,坐免官。郎中丁琪复谏曰:"我自武公以来,世守臣节,抱忠履谦五十余年,故能以一州之众,抗举世之虏,师徒岁起,民不告疲。殿下勋德未高于先公,而亟谋革命,臣未见其可也。彼士民所以用命,四远所以归向者,以吾能奉晋室故也。今而自尊,则中外离心,安能以一隅之地拒天下之强敌乎!"祚大怒,斩之于阙下。

故魏降将周成反,自宛袭洛阳。辛酉,河南太守戴施奔鲔渚。

秦丞相雄克司竹,胡阳赤奔霸城,依呼延毒。

中军将军、扬州刺史殷浩连年北伐,师徒屡败,粮械都尽。征西将军桓温因朝野之怨,上疏数浩之罪,请废之。朝廷不得已,免浩为庶人,徙东阳之信安。自此内外大权一归于温矣。

浩少与温齐名,而心竞不相下,温常轻之。浩既废黜,虽愁怨,不形辞色,常书空作"咄咄怪事"字。久之,温谓掾郗超曰:"浩有德有言,向为令仆,足以仪刑百揆,朝廷用违其才耳。"将以浩为尚书令,以书告之。浩欣然许焉,将答书,虑有谬误,开闭者十数,竟达空函。温大怒,由是遂绝,卒于徙所。以前会稽内史王述为扬州刺史。

二月,乙丑,桓温统步骑四万发江陵,水军自襄阳入均口,至南乡,步兵自淅川趣武关,命司马勋出子午道以伐秦。

燕卫将军恪围鲁口,三月,拔之。吕护奔野王,遣弟奉表谢罪于燕,燕以护为河内太守。

姚襄遣使降燕。

燕主俊以慕容评为镇南将军,都督秦、雍、益、梁、江、扬、荆、徐、兖、豫十州诸军事,权镇洛水;以慕容彊为前锋都督,督荆、徐二州,缘淮诸军事,进据河南。

桓温别将攻上洛,获秦荆州刺史郭敬,进击青泥,破之。司马勋掠秦西鄙,凉秦州刺史王擢攻陈仓以应温。秦主健遣太子苌、丞相雄、淮南王生、平昌王菁、北平王硕帅众五万军于峣柳以拒温。夏,四月,己亥,温与秦兵战于蓝田。秦淮南王生单骑突陈,出入以十数,杀伤晋将士甚众。温督众力战,秦兵大败。将军桓冲又败秦丞相雄于白鹿原。冲,温之弟也。温转战而前,壬寅,进至灞上。秦太子苌等退屯城南,秦主健与老弱六千固守长安小城,悉发精兵三万,遣大司马雷弱儿等与苌合兵以拒温。三辅郡县皆来降。温抚谕居民,使安堵复业。民争持牛酒迎劳,男女夹路观之,耆老有垂泣者,曰:"不图今日复睹官军!"

秦丞相雄帅骑七千袭司马勋于子午谷,破之,勋退屯女娲堡。

戊申,燕主俊封抚军将军军为襄阳王,左将军彭为武昌王;以卫将军恪为大司马、侍中、大都督、录尚书事,封太原王;镇南将军评为司徒、骠骑将军,封上庸王;封安东将军霸为吴王,左贤王友为范阳王,散骑常侍厉为下邳王,散骑常侍宜为庐江王,宁北将军度为乐浪王;又封弟桓为宜都王,逮为临贺王,徽为河间王,龙为历阳王,纳为北海王,秀为兰陵王,岳为安丰王,德为梁公,默为始安公,偻为南康公;子(咸)〔臧〕为乐安王,亮为勃海王,温为带方王,涉为渔阳王,�映为中山王;以尚书令阳骛为司空,仍守尚书令。

命冀州刺史吴王霸徙治信都。初,燕王皝奇霸之才,故名之曰霸,将以为世子,群臣谏而止,然宠遇犹逾于世子。由是俊恶之,以其尝坠马折齿,更名曰缺,寻以其应谶文,更名曰垂。迁侍中,录留台事,徙镇龙城。垂大得东北之和,俊愈恶之,复召还。

五月,江西流民郭敞等千余人执陈留内史刘仕,降于姚襄。建康震骇,以吏部尚书周闵为中军将军,屯中堂,豫州刺史谢尚自历阳还卫京师,固江备守。

王擢拔陈仓,杀秦扶风内史毛难。

北海王猛,少好学,倜傥有大志,不屑细务,人皆轻之。猛悠然自得,隐居华阴。闻桓温入关,披褐诣之,扪虱而谈当世之务,旁若无人。温异之,问曰:"吾奉天子之命,将锐兵十万为百姓除残贼,而三秦豪杰未有至者,何也?"猛曰:"公不远数千里,深入敌境,今长安咫尺而不渡灞水,百姓未知公心,所以不至。"温嘿然无以应,徐曰:"江东无卿比也!"乃署猛军谋祭酒。

温与秦丞相雄等战于白鹿原,温兵不利,死者万余人。初,温指秦麦以为粮,既而秦人悉芟麦,清野以待之,温军乏食。六月,丁丑,徙关中三千余户而归。以王猛为高官督护,欲与俱还,猛辞不就。

呼延毒帅众一万从温还。秦太子苌等随温击之,比至潼关,温军屡败,失亡以万数。

温之屯灞上也,顺阳太守薛珍劝温径进逼长安,温弗从。珍以偏师独济,颇有所获。及温退,乃还,显言于众,自矜其勇而咎温之持重,温杀之。

秦丞相雄击司马勋、王擢于陈仓,勋奔汉中,擢奔略阳。

秦以光禄大夫赵俱为洛州刺史,镇宜阳。

秦东海敬武王雄攻乔秉于雍,丙申,卒。秦主健哭之呕血,曰:"天不欲吾平四海邪?何夺吾元才之速也!"赠魏王,葬礼依晋安平献王故事。雄以佐命元勋,位兼将相,权侔人主,而谦恭泛爱,遵奉法度,故健重之,常曰:"元才,吾之周公也。"

子坚袭爵。坚性至孝,幼有志度,博学多能,交结英豪,吕婆楼、强汪及略阳梁平老皆与之善。

燕乐陵太守慕容钩,翰之子也,与青州刺史朱秃共治厌次。钩自恃宗室,每陵侮秃。秃不胜忿,秋,七月,袭钩,杀之,南奔段龛。

秦太子苌攻乔秉于雍,八月,斩之,关中悉平。秦主健赏拒桓温之功,以雷弱儿为丞相,毛贵为太傅,鱼遵为太尉,淮南王生为中军大将军,平昌王菁为司空。健勤于政事,数延公卿咨讲治道,承赵人苛虐奢侈之后,易以宽简节俭,崇儒礼士,由是秦人悦之。

燕大调兵众,因发诏之日,号曰"丙戌举"。

九月,桓温还自伐秦,帝遣侍中、黄门劳温于襄阳。

或告燕黄门侍郎宋斌等谋奉冉智为主而反,皆伏诛。斌,烛之子也。

秦太子苌之拒桓温也,为流矢所中,冬,十月,卒,谥曰献哀。

燕主儁如龙城。

桓温之入关也,王擢遣使告凉王祚,言温善用兵,其志难测。祚惧,且畏擢之叛己,遣人刺之。事泄,祚益惧,大发兵,声言东伐,实欲西保敦煌,会温还而止。既而遣秦州刺史牛霸等帅兵三千击擢,破之。十一月,擢帅众降秦,秦以擢为尚书,以上将军峡铁为秦州刺史。

秦王健叔父武都王安自晋还,为姚襄所虏,以为洛州刺史。十二月,安亡归秦,健以安为大司马、骠骑大将军、并州刺史,镇蒲坂。

是岁,秦大饥,米一升直布一匹。

资治通鉴卷第一百

端明殿学士兼翰林侍读学士朝散大夫右谏议大夫充集贤殿修撰权判西京留司御史台上柱国河内郡开国侯食邑一千三百户食实封四百户赐紫金鱼袋臣 司马光 奉敕编集

晋纪二十二 起旃蒙单阏(乙卯)，尽屠维协洽(己未)，凡五年。

孝宗穆皇帝中之下

永和十一年（乙卯、355）

春，正月，故仇池公杨毅弟宋奴使其姑子梁式王刺杀杨初，初子国诛式王及宋奴，自立为仇池公。桓温表国为镇北将军、秦州刺史。

二月，秦大蝗，百草无遗，牛马相啖毛。

夏，四月，燕主儁自和龙还蓟。先是，幽、冀之人以儁为东迁，互相惊扰，所在屯结。群臣请讨之，儁曰："群小以朕东巡，故相惑为乱耳。今朕既至，寻当自定，不足讨也。"

兰陵太守孙黑、济北太守高柱、建兴太守高瓮及秦河内太守王会、黎阳太守韩高皆以郡降燕。

秦淮南王生幼无一目，性粗暴。其祖父洪尝戏之曰："吾闻瞎儿一泪，信乎？"生怒，引佩刀自刺出血，曰："此亦一泪也。"洪大惊，鞭之。生曰："性耐刀槊，不堪鞭棰。"洪谓其父健曰："此儿狂悖，宜早除之，不然，必破人家。"健将杀之，健弟雄止之曰："儿长自应改，何可遽尔！"及长，力举千钧，手格猛兽，走及奔马，击刺骑射，冠绝一时。献哀太子卒，彊后欲立少子晋王柳，秦主健以谶文有"三羊五眼"，乃立生为太子。以司空、平昌王菁为太尉，尚书令王堕为司空，司隶校尉梁楞为尚书令。

姚襄所部多劝襄北还，襄从之。五月，襄攻冠军将军高季于外黄，会季卒，襄进据许昌。

六月，丙子，秦主健寝疾。庚辰，平昌王菁勒兵入东宫，将杀太子生而自立。时生侍疾西宫，菁以为健已卒，攻东掖门。健闻变，登端门，陈兵自卫。众见健，惶惧，皆舍仗逃散。健执菁，数而杀之，余无所问。

壬午，以大司马、武都王安都督中外诸军事。甲申，健引太师鱼遵、丞相雷弱儿、太傅毛贵、司空王堕、尚书令梁楞、左仆射梁安、右仆射段纯、吏部尚书辛牢等受遗诏辅政。健谓太子生曰："六夷酋帅及大臣执权者，若不从汝命，宜渐除之。"

臣光曰：顾命大臣，所以辅导嗣子，为之羽翼也。为之羽翼而教使剪之，能无毙乎！知其不忠，则勿任而已矣；任以大柄，又从而猜之，鲜有不召乱者也。

乙酉，健卒，谥曰景明皇帝，庙号高祖。丙戌，太子生即位，大赦，改元寿光。群臣奏曰："未逾年而改元，非礼也。"生怒，穷推议主，得右仆射段纯，杀之。

秋，七月，以吏部尚书周闵为左仆射。

或告会稽王昱曰："武陵王第中大修器仗，将谋非常。"昱以告太常王彪之，彪之曰："武陵王之志，尽于驰骋畋猎而已耳。深愿静之，以安异同之论，勿复以为言。"昱善之。

秦主生尊母彊氏曰皇太后，立妃梁氏为皇后。梁氏，安之女也。以其嬖臣太子门大夫南安赵韶为右仆射，太子舍人赵诲为中护军，著作郎董荣为尚书。

凉王祚淫虐无道，上下怨愤。祚恶河州刺史张瓘之强，遣张掖太守索孚代瓘守枹罕，使瓘讨叛胡，又遣其将易揣、张玲帅步骑万三千以袭瓘。张掖人王鸾知术数，言于祚曰："此军出，必不还，凉国将危。"并陈祚三不道。祚大怒，以鸾为妖言，斩以徇。鸾临刑曰："我死，军败于外，王死于内，必矣！"祚族灭之。瓘闻之，斩孚，起兵击祚，传檄州郡，废祚，以侯还第，复立凉宁侯曜灵。易揣、张玲军始济河，瓘击破之。揣等单骑奔还，瓘军蹑之，姑臧振恐。骁骑将军敦煌宋混兄脩，与祚有隙，惧祸。八月，混与弟澄西走，合众万余人以应瓘，还向姑臧。祚遣杨秋胡将曜灵于东苑，拉其腰而杀之，埋于沙坑，谥曰哀公。

秦主生封卫大将军黄眉为广平王，前将军飞为新兴王，皆素所善也。征大司马武都王安领太尉。以晋王柳为征东大将军、并州牧，镇蒲坂；魏王廋为镇东大将军、豫州牧，镇陕城。

中书监胡文、中书令王鱼言于生曰："比有星孛于大角，荧惑入东井。大角，帝坐；东井，秦分。于占，不出三年，国有大丧，大臣戮死。愿陛下修德以禳之。"生曰："皇后与朕对临天下，可以应大丧矣。毛太傅、梁车骑、梁仆射受遗辅政，可以应大臣矣。"九月，生杀梁后及毛贵、梁楞、梁安。贵，后之舅也。

右仆射赵韶、中护军赵诲，皆洛州刺史俱之从弟也，有宠于生，乃以俱为尚书令。俱固辞以疾，谓韶、诲曰："汝等不复顾祖宗，欲为灭门之事！毛、梁何罪，而诛之？吾何功，而代之？汝等可自为，吾其死矣！"遂以忧卒。

凉宋混军于武始大泽，为曜灵发哀。闰月，混军至姑臧，凉王祚收张瓘弟琚及子嵩，将杀之。琚、嵩闻之，募市人数百，扬言："张祚无道，我兄大军已至城东，敢举手者诛三族！"遂开西门纳混兵。领军将军赵长等惧罪，入阁呼张重华母马氏出殿，立凉武侯玄靓为主。易揣等引兵入殿，收长等，杀之。祚按剑殿上，大呼,叱左右力战。祚素失众心,莫肯为之斗者,遂为兵人所杀。混等枭其首,宣示内外,暴尸道左,城内咸称万岁。以庶人礼葬之,并杀其二子。混、琚上玄靓为大将军、凉州牧、西平公,赦境内,复称建兴四十三年。时玄靓始七岁。

张瓘至姑臧,推玄靓为凉王,自为使持节、都督中外诸军事、尚书令、凉州牧、张掖郡公,以宋混为尚书仆射。陇西人李俨据郡,不受瓘命,用江东年号,众多归之。瓘遣其将牛霸讨之,未至,西平人卫缉亦据郡叛,霸兵溃,奔还。瓘遣弟琚击缉,败之。酒泉太守马基起兵以应缉,瓘遣司马张姚、王国击斩之。

冬,十月,以豫州刺史谢尚督并、冀、幽三州,镇寿春。

镇北将军段龛与燕主儁书,抗中表之仪,非其称帝。儁怒,十一月,以太原王恪为大都督、抚军将军,阳骛副之,以击龛。

秦以辛牢守尚书令,赵韶为左仆射,尚书董荣为右仆射,中护军赵诲为司隶校尉。

十二月,高句丽王钊遣使诣燕纳质修贡,以请其母。燕主儁许之,遣殿中将军刁龛送钊母周氏归其国,以钊为征东大将军、营州刺史,封乐浪公,王如故。

上党人冯鸯逐燕太守段刚,据安民城,自称太守,遣使来降。

秦丞相雷弱儿性刚直,以赵韶、董荣乱政,每公言于朝,见之常切齿。韶、荣谮之于秦主生,生杀弱儿及其九子、二十七孙。于是诸羌皆有离心。

生虽在谅阴,游饮自若,弯弓露刃,以见朝臣,锤钳锯凿,可以害人之具,备置左右。即位未几,后妃、公卿已下至于仆隶,凡杀五百余人,截胫、拉胁、锯项、剖胎者,比比有之。

燕主儁以段龛方强,谓太原王恪曰:“若龛遣军拒河,不得渡者,可直取吕护而还。”恪分遣轻军先至河上,具舟楫以观龛志趣。龛弟罴,骁勇有智谋,言于龛曰:“慕容恪善用兵,加之众盛,若听其济河,进至城下,恐虽乞降,不可得也。请兄固守,罴帅精锐拒之于河,幸而战捷,兄帅大众继之,必有大功。若其不捷,不若早降,犹不失为千户侯也。”龛不从。罴固请不已,龛怒,杀之。

十二年(丙辰、356)

春,正月,燕太原王恪引兵济河,未至广固百余里,段龛帅众三万逆战。丙申,恪大破龛于淄水,执其弟钦,斩右长史袁范等。齐王友辟闾蔚被创,恪闻其贤,遣人求之,蔚已死,士卒降者数千人。龛脱走,还城固守,恪进军围之。

秦司空王堕性刚峻,右仆射董荣、侍中强国皆以佞幸进,堕疾之如仇,每朝,见荣未尝与之言。或谓堕曰:“董君贵幸无比,公宜小降意接之。”堕曰:“董龙是何鸡狗,而令国士与之言乎!”会有天变,荣与强国言于秦主生曰:“今天谴甚重,宜以贵臣应之。”生曰:“贵臣唯有大司马及司空耳。”荣、国曰:“大司马国之懿亲,不可杀也。"乃杀王堕。将刑,荣谓之曰:"今日复敢比董龙于鸡狗乎?"堕瞋目叱之。洛州刺史杜郁,堕之甥也,左仆射赵韶恶之,潜于生,以为贰于晋而杀之。

壬戌,生宴群臣于太极殿,以尚书令辛牢为酒监,酒酣,生怒曰:"何不强人酒而犹有坐者!"引弓射牢,杀之。群臣惧,莫敢不醉,偃仆失冠,生乃悦。

匈奴大人刘务桓卒,弟阏头立,将贰于代。二月,代王什翼犍引兵西巡,临河,阏头惧,请降。

燕太原王恪招抚段龛诸城。己丑,龛所署徐州刺史阳都公王腾举众降,恪命腾以故职还屯阳都。

秦征东大将军晋王柳遣参军阎负、梁殊使于凉,以书说凉王玄靓。负、殊至姑臧,张瓘见之,曰:"我,晋臣也,臣无境外之交,二君何以来辱?"负、殊曰:"晋王与君邻藩,虽山河阻绝,风通道会,故来修好,君何怪焉!"瓘曰:"吾尽忠事晋,于今六世矣。若与苻征东通使,是上违先君之志,下隳士民之节,其可乎!"负、殊曰:"晋室衰微,坠失天命,固已久矣,是以凉之先王北面二赵,唯知机也。今大秦威德方盛,凉王若欲自帝河右,则非秦之敌;欲以小事大,则曷若舍晋事秦,长保福禄乎!"瓘曰:"中州好食言,向者石氏使车适返,而戎骑已至,吾不敢信也。"负、殊曰:"自古帝王居中州者,政化各殊,赵为奸诈,秦敦信义,岂得一概待之乎!张先、杨初皆阻兵不服,先帝讨而擒之,赦其罪戾,宠以爵秩,固非石氏之比也。"瓘曰:"必如君言,秦之威德无敌,何不先取江南,则天下尽为秦有,征东何辱命焉!"负、殊曰:"江南文身之俗,道污先叛,化隆后服。主上以为江南必须兵服,河右可以义怀,故遣行人先申大好。若君不达天命,则江南得延数年之命,而河右恐非君之土也。"瓘曰:"我跨据三州,带甲十万,西苞葱岭,东距大河,伐人有余,况于自守,何畏于秦!"负、殊曰:"贵州山河之固,孰若肴、函?民物之饶,孰若秦、雍?杜洪、张琚因赵氏成资,兵强财富,有囊括关中、席卷四海之志,先帝戎旗西指,冰消云散,旬月之间,不觉易主。主上若以贵州不服,赫然奋怒,控弦百万,鼓行而西,未知贵州将何以待之?"瓘笑曰:"兹事当决之于王,非身所了。"负、殊曰:"凉王虽英睿凤成,然年在幼冲,君居伊、霍之任,国家安危,系君一举耳。"瓘惧,乃以玄靓之命遣使称藩于秦,秦因玄靓所称官爵而授之。

将军刘度攻秦青州刺史王朗于卢氏。燕将军慕舆长卿入轵关,攻秦幽州刺史强哲于裴氏堡。秦主生遣前将军新兴王飞拒度,建节将军邓羌拒长卿。飞未至而度退。羌与长卿战,大破之,获长卿及甲首二千余级。

桓温请移都洛阳,修复园陵,章十余上,不许。拜温征讨大都督,督司、冀二州诸军事,以讨姚襄。

三月,秦主生发三辅民治渭桥;金紫光禄大夫程肱谏,以为妨农,生杀之。

夏,四月,长安大风,发屋拔木。秦宫中惊扰,或称贼至,宫门昼闭,五日乃止。秦主生推告贼者,刳出其心。左光禄大夫强平谏曰:"天降灾异,陛下当爱民事神,缓刑崇德以应之,乃可弭也。"生怒,凿其顶而杀之。卫将军广平王黄眉、前将军新兴王飞、建节将军邓羌,以平,太后之弟,叩头固谏。生弗听,出黄眉为左冯翊,飞为右扶风,羌行咸阳太守,犹惜其骁勇,故皆弗杀。五月,太后强氏以忧恨卒,谥曰明德。

姚襄自许昌攻周成于洛阳。

六月,秦主生下诏曰:"朕受皇天之命,君临万邦,嗣统以来,有何不善,而谤讟之音,扇满天下!杀不过千,而谓之残虐。行者比肩,未足为希。方当峻刑极罚,复如朕何!"

自去春以来,潼关之西,至于长安,虎狼为暴,昼则继道,夜则发屋,不食六畜,专务食人,凡杀七百余人。民废耕桑,相聚邑居,而为害不息。秋,七月,秦群臣奏请禳灾,生曰:"野兽饥则食人,饱当自止,何禳之有!且天岂不爱民哉,正以犯罪者多,故助朕杀之耳!"

丙子,燕献怀太子晔卒。

姚襄攻洛阳,逾月不克。长史王亮谏曰:"明公英名盖世,兵强民附。今顿兵坚城之下,力屈威挫,或为它寇所乘,此危亡之道也。"襄不从。

桓温自江陵北伐,遣督护高武据鲁阳,辅国将军戴施屯河上,自帅大兵继进。与寮属登平乘楼望中原,叹曰:"遂使神州陆沉,百年丘墟,王夷甫诸人不得不任其责!"记室陈郡袁宏曰:"运有兴废,岂必诸人之过!"温作色曰:"昔刘景升有千斤大牛,啖刍豆十倍于常牛,负重致远,曾不若一羸牸,魏武入荆州,杀以享军。"

八月,己亥,温至伊水,姚襄撤围拒之,匿精锐于水北林中,遣使谓温曰:"承亲帅王师以来,襄今奉身归命,愿敕三军小却,当拜伏路左。"温曰:"我自开复中原,展敬山陵,无豫君事。欲来者便前,相见在近,何烦使人!"襄拒水而战。温结陈而前,亲被甲督战。襄众大败,死者数千人。襄帅麾下数千骑奔于洛阳北山,其夜,民弃妻子随襄者五千余人。襄勇而爱人,虽战屡败,民知襄所在,辄扶老携幼,奔驰而赴之。温军中传言襄病创已死,许、洛士女为温所得者,无不北望而泣。襄西走,温追之不及。弘农杨亮自襄所来奔,温问襄之为人,亮曰:"襄神明器宇,孙策之俦,而雄武过之。"

周成帅众出降,温屯故太极殿前,既而徙屯金墉城。己丑,谒诸陵,有毁坏者修复之,各置陵令。表镇西将军谢尚都督司州诸军事,镇洛阳。以尚未至,留颍川太守毛穆之、督护陈午、河南太守戴施以二千人戍洛阳,卫山陵,徙降民三千余家于江、汉之间,执周成以归。

姚襄奔平阳，秦并州刺史尹赤复以众降襄，襄遂据襄陵。秦大将军张平击之，襄为平所败，乃与平约为兄弟，各罢兵。

段龛遣其属段蕴来求救，诏徐州刺史荀羡将兵随蕴救之。羡至琅邪，惮燕兵之强，不敢进。王腾寇鄄城，羡进攻阳都，会霖雨，城坏，获腾，斩之。

冬，十月，癸巳朔，日有食之。

秦主生夜食枣多，旦而有疾，召太医令程延，使诊之。延曰："陛下无它疾，食枣多耳。"生怒曰："汝非圣人，安知吾食枣！"遂斩之。

燕大司马恪围段龛于广固，诸将请急攻之，恪曰："用兵之势，有宜缓者，有宜急者，不可不察。若彼我势敌，外有强援，恐有腹背之患，则攻之不可不急。若我强彼弱，无援于外，力足制之者，当羁縻守之，以待其毙。兵法十围五攻，正谓此也。龛兵尚众，未有离心，济南之战，非不锐也，但龛用之无术，以取败耳。今凭阻坚城，上下戮力，我尽锐攻之，计数旬可拔，然杀吾士卒必多矣。自有事中原，兵不暂息，吾每念之，夜而忘寐，奈何轻用其死乎！要在取之，不必求功之速也。"诸将皆曰："非所及也。"军中闻之，人人感悦。于是为高墙深堑以守之。齐民争运粮以馈燕军。

龛婴城自守，樵采路绝，城中人相食。龛悉众出战，恪破之于围里，先分骑屯诸门，龛身自冲荡，仅而得入，余兵皆没。于是城中气沮，莫有固志。十一月，丙子，龛面缚出降，并执朱秃送蓟。恪抚安新民，悉定齐地，徙鲜卑、胡、羯三千余户于蓟。燕主儁具朱秃五刑，以段龛为伏顺将军。恪留慕容尘镇广固，以尚书左丞鞠殷为东莱太守，章武太守鲜于亮为齐郡太守，乃还。

殷，彭之子也。彭时为燕大长秋，以书戒殷曰："王弥、曹嶷，必有子孙，汝善招抚，勿寻旧怨，以长乱源。"殷推求，得弥从子立、嶷孙岩于山中，请与相见，深结意分，彭复遣使遗以车马衣服，郡民由是大和。

荀羡闻段龛已败，退还下邳，留将军诸葛攸、高平太守刘庄将三千人守琅邪，参军谯国戴遂等降二千人守泰山。燕将慕容兰屯汴城，羡击斩之。

诏遣兼司空、散骑常侍车灌等持节如洛阳，修五陵。十二月，庚戌，帝及群臣皆服缌，临于太极殿三日。

司州都督谢尚以疾不行，以丹杨尹王胡之代之，未行而卒。胡之，廙之子也。

是岁，仇池公杨国从父俊杀国自立，以俊为仇池公。国子安奔秦。

升平元年（丁巳、357）

春，正月，壬戌朔，帝加元服。太后诏归政，大赦，改元，太后徙居崇德宫。

燕主儁征幽州刺史乙逸为左光禄大夫。逸夫妇共载鹿车，子璋从数十骑，服饰甚丽，奉迎于道。逸大怒，闭车不与言，到城，深责之，璋犹不悛。逸常忧其败，而璋更被擢任,历中书令、御史中丞。逸乃叹曰:"吾少自修立,克己守道,仅能免罪。璋不治节检,专为奢纵,而更居清显,此岂唯璋之忝幸,实时世之陵夷也。"

二月,癸丑,燕主儁立其子中山王�暐为太子,大赦,改元光寿。

太白入东井。秦有司奏:"太白,罚星,东井,秦分。必有暴兵起京师。"秦主生曰:"太白入井,自为渴耳,何所怪乎!"

姚襄将图关中,夏,四月,自北屈进屯杏城,遣辅国将军姚兰略地敷城,曜武将军姚益生、左将军王钦卢各将兵招纳诸羌、胡。兰,襄之从兄;益生,襄之兄也。羌、胡及秦民归之者五万余户。秦将苻飞龙击兰,擒之。襄引兵进据黄落,秦主生遣卫大将军广平王黄眉、平北将军苻道、龙骧将军东海王坚、建节将军邓羌将步骑万五千以御之。襄坚壁不战。羌谓黄眉曰:"襄为桓温、张平所败,锐气丧矣。然其为人强很,若鼓噪扬旗,直压其垒,彼必忿恚而出,可一战擒也。"五月,羌帅骑三千压其垒门而陈,襄怒,悉众出战。羌阳不胜而走,襄追之,至于三原,羌回骑击之,黄眉等以大众继至,襄兵大败。襄所乘骏马曰黧眉騧,马倒,秦兵擒而斩之,弟苌帅其众降。襄载其父弋仲之枢在军中,秦主生以王礼葬弋仲于孤磐,亦以公礼葬襄。广平王黄眉等还长安,生不之赏,数众辱黄眉。黄眉怒,谋弑生,发觉,伏诛,事连王公亲戚,死者甚众。

戊寅,燕主儁遣抚军将军垂、中军将军虔、护军将军平熙帅步骑八万攻敕勒于塞北,大破之,俘斩十余万,获马十三万匹,牛羊亿万头。

匈奴单于贺赖头帅部落三万五千口降燕,燕人处之代郡平舒城。

秦主生梦大鱼食蒲,又长安谣曰:"东海大鱼化为龙,男皆为王女为公。"生乃诛太师、录尚书事、广宁公鱼遵并其七子、十孙。金紫光禄大夫牛夷惧祸,求为荆州,生不许,以为中军将军,引见,调之曰:"牛性迟重,善持辕轭,虽无骥足,动负百石。"夷曰:"虽服大车,未经峻壁,愿试重载,乃知勋绩。"生笑曰:"何其快也,公嫌所载轻乎? 朕将以鱼公爵位处公。"夷惧,归而自杀。

生饮酒无昼夜,或连月不出。奏事不省,往往寝落,或醉中决事,左右因以为奸,赏罚无准。或至申酉乃出视朝,乘醉多所杀戮。自以眇目,讳言"残、缺、偏、只、少、无、不具"之类,误犯而死者,不可胜数。好生剥牛、羊、驴、马,㸌鸡、豚、鹅、鸭,纵之殿前,数十为群。或剥人面皮,使之歌舞,临观以为乐。尝问左右曰:"自吾临天下,汝外间何所闻?"或对曰:"圣明宰世,赏罚明当,天下唯歌太平。"怒曰:"汝媚我也。"引而斩之。它日又问,或对曰:"陛下刑罚微过。"又怒曰:"汝谤我也。"亦斩之。勋旧亲戚,诛之殆尽,群臣得保一日,如度十年。

东海王坚,素有时誉,与故姚襄参军薛瓒、权翼善。瓒、翼密说坚曰:"主上猜忍暴虐,中外离心,方今宜主秦祀者,非殿下而谁! 愿早为计,勿使它姓得之。"坚以问尚书吕婆楼,婆楼曰:"仆,刀镮上人耳,不足以办大事。仆里舍有王猛者,其人谋略不世出,殿下宜请而咨之。"坚因婆楼以招猛,一见如旧友,语及时事,坚大悦,自谓如刘玄德之遇诸葛孔明也。

六月,太史令康权言于秦主生曰:"昨夜三月并出,孛星入太微,连东井,自去月上旬,沉阴不雨,以至于今,将有下人谋上之祸。"生怒,以为妖言,扑杀之。

特进、领御史中丞梁平老等谓坚曰:"主上失德,上下嗷嗷,人怀异志,燕、晋二方,伺隙而动,恐祸发之日,家国俱亡。此殿下之事也,宜早图之。"坚心然之,畏生趫勇,未敢发。

生夜对侍婢言曰:"阿法兄弟亦不可信,明当除之。"婢以告坚及坚兄清河王法。法与梁平老及特进光禄大夫强汪帅壮士数百潜入云龙门,坚与吕婆楼帅麾下三百人鼓噪继进,宿卫将士皆舍仗归坚。生犹醉寐,坚兵至,生惊问左右曰:"此辈何人?"左右曰:"贼也。"生曰:"何不拜之!"坚兵皆笑。生又大言:"何不速拜,不拜者斩之!"坚兵引生置别室,废为越王。寻杀之,谥曰厉王。

坚以位让法,法曰:"汝嫡嗣,且贤,宜立。"坚曰:"兄年长,宜立。"坚母苟氏泣谓群臣曰:"社稷重事,小儿自知不能,它日有悔,失在诸君。"群臣皆顿首请立坚。坚乃去皇帝之号,称大秦天王,即位于太极殿。诛生幸臣中书监董荣、左仆射赵韶等二十余人。大赦,改元永兴。追尊父雄为文桓皇帝,母苟氏为皇太后,妃苟氏为皇后,世子宏为皇太子。以清河王法为都督中外诸军事、丞相、录尚书事、东海公,诸王皆降爵为公。以从祖父光禄大夫、永安公侯为太尉,晋公柳为车骑大将军、尚书令。封弟融为阳平公,双为河南公,子丕为长乐公,晖为平原公,熙为广平公,叡为钜鹿公。以汉阳李威为左仆射,梁平老为右仆射,强汪为领军将军,吕婆楼为司隶校尉,王猛为中书侍郎。

融好文学,明辩过人,耳闻则诵,过目不忘,力敌百夫,善骑射击刺,少有令誉。坚爱重之,常与共议国事。融综综内外,刑政修明,荐才扬滞,补益弘多。丕亦有文武才干,治民断狱,皆亚于融。

威,苟太后之姑子也,素与魏王雄友善,生屡欲杀坚,赖威营救得免。威得幸于苟太后,坚事之如父。威知王猛之贤,常劝坚以国事任之。坚谓猛曰:"李公知君,犹鲍叔牙之知管仲也。"猛以兄事之。

燕主儁杀段龛,坑其徒三千余人。

秋,七月,秦大将军冀州牧张平遣使请降,拜并州刺史。

八月,丁未,立皇后何氏。后,故散骑侍郎庐江何准之女也。礼如咸康而不贺。

秦王坚以权翼为给事黄门侍郎,薛讚为中书侍郎,与王猛并掌机密。九月,追复太师鱼遵等官,以礼改葬,子孙存者皆随才擢叙。

张平据新兴、雁门、西河、太原、上党、上郡之地,壁垒三百余,夷、夏十余万户,拜置征镇,欲与燕、秦为敌国。冬,十月,平寇略秦境,秦王坚以晋公柳都督并、冀州诸军事,加并州牧,镇蒲阪以御之。

十一月,癸酉,燕主儁自蓟徙都邺。

秦太后苟氏游宣明台,见东海公法之第门车马辐凑,恐终不利于秦王坚,乃与李威谋,赐法死。坚与法诀于东堂,恸哭欧血;谥曰献哀公,封其子阳为东海公,敷为清河公。

十二月,乙巳,燕主儁入邺宫,大赦。复作铜雀台。

以太常王彪之为左仆射。

秦王坚行至尚书,以文案不治,免左丞程卓官,以王猛代之。坚举异才,修废职,课农桑,恤困穷,礼百神,立学校,旌节义,继绝世,秦民大悦。

二年(戊午、358)

春,正月,司徒昱稽首归政,帝不许。

初,冯鸯既以上党来降,又附于张平,又自归于燕,既而复叛燕。二月,燕司徒上庸王评讨之,不克。

秦王坚自将讨张平,以邓羌为前锋督护,帅骑五千军于汾上,平使养子蚝御之。蚝多力趫捷,能曳牛却走,城无高下,皆可超越。与羌相持旬余,莫能相胜。三月,坚至铜壁,平尽众出战,蚝单马大呼,出入秦陈者四、五。坚募人生致之,鹰扬将军吕光刺蚝,中之,邓羌擒蚝以献,平众大溃。平惧,请降。坚拜平右将军,以蚝为虎贲中郎将。蚝,本姓弓,上党人也,坚宠待甚厚,常置左右。秦人称邓羌、张蚝皆万人敌。光,婆楼之子也。坚徙张平部民三千余户于长安。

甲戌,燕主儁遣领军将军慕舆根将兵助司徒评攻冯鸯。根欲急攻之,评曰:“鸯壁坚,不如缓之。”根曰:“不然。公至城下经月,未尝交锋。贼谓(家)国〔家〕力止于此,遂相固结,冀幸万一。今根兵初至,形势方振,贼众恐惧,皆有离心,计虑未定,从而攻之,无不克者。”遂急攻之。鸯与其党果相猜忌,鸯奔野王依吕护,其党尽降。

夏,四月,秦王坚如雍,祠五畤。六月,如河东,祀后土。

秋,八月,豫州刺史谢弈卒。弈,安之兄也。司徒昱以建武将军桓云代之。云,温之弟也。访于仆射王彪之,彪之曰:“云非不才,然温居上流,已割天下之半,其弟复处西藩,兵权萃于一门,非深根固蒂之宜。人才非可豫量,但当令不与殿下作异者耳。”昱颔之曰:“君言是也。”壬申,以吴兴太守谢万为西中郎将,监司、豫、冀、并四州诸军事、豫州刺史。

王羲之与桓温笺曰:"谢万才流经通,使之处廊庙,固是后来之秀。今以之俯顺荒余,近是违才易务矣。"又遗万书曰:"以君迈往不屑之韵,而俯同群碎,诚难为意也。然所谓通识,正当随事行藏耳。愿君每与士卒之下者同甘苦,则尽善矣。"万不能用。

徐、兖二州刺史荀羡有疾,以御史中丞郗昙为羡军司。昙,鉴之子也。

九月,庚辰,秦王坚还长安,以太尉侯守尚书令。于是秦大旱,坚减膳彻乐,命后妃以下悉去罗纨,开山泽之利,公私共之,息兵养民,旱不为灾。

王猛日亲幸用事,宗亲勋旧多疾之,特进、姑臧侯樊世,本氏豪,佐秦主健定关中,谓猛曰:"吾辈耕之,君食之邪?"猛曰:"非徒使君耕之,又将使君炊之。"世大怒曰:"要当悬汝头于长安城门,不然,吾不处世。"猛以白坚,坚曰:"必杀此老氐,然后百寮可肃。"会世入言事,与猛争论于坚前,世欲起击猛,坚怒,斩之。于是群臣见猛皆屏息。

赵之亡也,其将张平、李历、高昌皆遣使降燕,已而降晋,又降秦,各受爵位,欲中立以自固。燕主儁使司徒评讨张平于并州,司空阳骛讨高昌于东燕,乐安王臧讨李历于濮。阳骛攻昌别将于黎阳,不拔。历奔荥阳,其众皆降。并州壁垒百余降于燕,儁以右仆射悦绾为并州刺史以抚之。平所署征西将军诸葛骧等帅壁垒百三十八降于燕,儁皆复其官爵。平帅众三千奔平阳,复请降于燕。

冬,十月,泰山太守诸葛攸攻燕东郡,入武阳,燕主儁遣大司马恪统阳骛及乐安王臧之兵以击之。攸败走,还泰山,恪遂度河,略地河南,分置守宰。

燕主儁欲经营秦、晋,十二月,令州郡校实见丁,户留一丁,余悉发为兵,欲使步卒满一百五十万,期来春大集洛阳。武邑刘贵上书,极陈"百姓雕弊,发兵非法,必致土崩之变。"儁善之,乃更令三五发兵,宽其期日,以来冬集邺。

时燕调发繁数,官司各遣使者,道路旁午,郡县苦之。太尉、领中书监封弈奏请"自今非军期严急,不得遣使,自余赋发皆责成州郡,其群司所遣弹督先在外者,一切摄还。"儁从之。

燕泰山太守贾坚屯山茌,荀羡引兵击之,坚所将才七百余人,羡兵十倍于坚。坚将出战,诸将皆曰:"众少,不如固守。"坚曰:"固守亦不能免,不如战也。"遂出战,身先士卒,杀羡兵千余人,复还入城。羡进攻之,坚叹曰:"吾自结发,志立功名,而每值穷阨,岂非命乎! 与其屈辱而生,不若守节而死。"乃谓将士曰:"今危困,计无所设,卿等可去,吾将止死。"将士皆泣曰:"府君不出,众亦俱死耳。"乃扶坚上马。坚曰:"我如欲逃,必不相遣。今当为卿曹决斗,若势不能支,卿等可趣去,勿复顾我也。"乃开门直出。羡兵四集,坚立马桥上,左右射之,皆应弦而倒。羡兵众多,从堑下斫桥,坚人马俱陷,生擒之,遂拔山茌。羡谓坚曰:"君父、祖世为晋臣,奈何背本不降?"坚曰:"晋自弃中华,非吾叛也。民既无主,强则托命。既已事人,安可改节!吾束脩自立,涉赵历燕,未尝易志,君何匆匆相谓降乎!"羡复责之,坚骂曰:"竖子,儿女御乃公!"羡怒,执置雨中,数日,坚愤惋而卒。

燕青州刺史慕容尘遣司马悦明救泰山,羡兵大败,燕复取山茌。燕主儁以贾坚子活为任城太守。

荀羡疾笃,征还,以郗昙为北中郎将、都督徐、兖、青、冀、幽五州诸军事、徐、兖二州刺史,镇下邳。

燕吴王垂娶段末柸女,生子令、宝。段氏才高性烈,自以贵姓,不尊事可足浑后,可足浑氏衔之。燕主儁素不快于垂,中常侍涅皓因希旨告段氏及吴国典书令辽东高弼为巫蛊,欲以连污垂。儁收段氏及弼下大长秋、廷尉考验,段氏及弼志气确然,终无桡辞。掠治日急,垂愍之,私使人谓段氏曰:"人生会当一死,何堪楚毒如此!不若引服。"段氏叹曰:"吾岂爱死者耶!若自诬以恶逆,上辱祖宗,下累于王,固不为也。"辩答益明。故垂得免祸,而段氏竟死于狱中。出垂为平州刺史,镇辽东。垂以段氏女弟为继室,可足浑氏黜之,以其妹长安君妻垂,垂不悦,由是益恶之。

匈奴刘阏头部落多叛,惧而东走,乘冰度河,半度而冰解,后众尽归刘悉勿祈,阏头奔代。悉勿祈,务桓之子也。

三年(己未、359)

春,二月,燕主儁立子泓为济北王,冲为中山王。

燕人杀段勤,勤弟思来奔。

燕主儁宴群臣于蒲池,语及周太子晋,潸然流涕曰:"才子难得。自景先之亡,吾鬓发中白。卿等谓景先何如?"司徒左长史李绩对曰:"献怀太子之在东宫,臣为中庶子,太子志业,敢不知之。太子大德有八:至孝,一也;聪敏,二也;沉毅,三也;疾谀喜直,四也;好学,五也;多艺,六也;谦恭,七也;好施,八也。"儁曰:"卿誉之虽过,然此儿在,吾死无忧矣。景茂何如?"时太子晔侍侧,绩曰:"皇太子天资岐嶷,虽八德已闻,然二阙未补,好游畋而乐丝竹,此其所以为损也。"儁顾谓晔曰:"伯阳之言,药石之惠也,汝宜诫之。"晔甚不平。

儁梦赵主虎啮其臂,乃发虎墓,求尸不获,购以百金。邺女子李菟知而告之,得尸于东明观下,僵而不腐。儁蹋而骂之曰:"死胡,何敢怖生天子!"数其残暴之罪而鞭之,投于漳水,尸倚桥柱不流。及秦灭燕,王猛为之诛李菟,收而葬之。

秦平羌护军高离据略阳叛,永安威公侯讨之,未克而卒。夏,四月,骁骑将军邓羌、秦州刺史啖铁讨平之。

匈奴刘悉勿祈卒,弟卫辰杀其子而代之。

五月,秦王坚如河东。六月,大赦,改元甘露。

凉州牧张瓘,猜忌苛虐,专以爱憎为赏罚。郎中殷郇谏之,瓘曰:"虎生三日,自能食肉,不须人教也。"由是人情不附。辅国将军宋混,性忠鲠,瓘惮之,欲杀混及弟澄,因废凉王玄靓而代之,征兵数万,集姑臧。混知之,与澄帅壮士杨和等四十余骑奄入南城,宣告诸营曰:"张瓘谋逆,被太后令诛之。"俄而众至二千。瓘帅众出战,混击破之。瓘麾下玄胪刺混,不能穿甲,混擒之,瓘众悉降。瓘与弟琚皆自杀,混夷其宗族。玄靓以混为使持节、都督中外诸军事、骠骑大将军、酒泉郡侯,代瓘辅政。混乃请玄靓去凉王之号,复称凉州牧。混谓玄胪曰:"卿刺我,幸而不伤,今我辅政,卿其惧乎?"胪曰:"胪受瓘恩,唯恨刺节下不深耳,窃无所惧。"混义之,任为心膂。

高昌不能拒燕,秋,七月,自白马奔荥阳。

秦王坚自河东还,以骁骑将军邓羌为御史中丞。八月,以咸阳内史王猛为侍中、中书令,领京兆尹。特进、光禄大夫强德,太后之弟也,酗酒豪横,掠人财货、子女,为百姓患。猛下车收德,奏未及报,已陈尸于市,坚驰使赦之,不及。与邓羌同志,疾恶纠案,无所顾忌,数旬之间,权豪贵戚杀戮、刑免者二十余人,朝廷震栗,奸猾屏气,路不拾遗。坚叹曰:"吾始今知天下之有法也。"

泰山太守诸葛攸将水陆二万击燕,入自石门,屯于河渚。燕上庸王评、长乐太守傅颜帅步骑五万与攸战于东阿,攸兵大败。

冬,十月,诏谢万军下蔡,郗昙军高平,以击燕。万矜豪傲物,但以啸咏自高,未尝抚众。兄安深忧之,谓万曰:"汝为元帅,宜数接对诸将,以悦其心,岂有傲诞如此而能济事也!"万乃召集诸将,一无所言,直以如意指四坐云:"诸将皆劲卒。"诸将益恨之。安虑万不免,乃自队帅以下,无不亲造,厚相亲托。既而万帅众入涡、颍以援洛阳,郗昙以病退屯彭城。万以为燕兵大盛,故昙退,即引兵还,众遂惊溃。万狼狈单归,军士欲因其败而图之,以安故而止。既至,诏废万为庶人,降昙号建武将军。于是许昌、颍川、谯、沛诸城相次皆没于燕。

秦王坚以王猛为吏部尚书,寻迁太子詹事。十一月,为左仆射,余官如故。

十二月,封武陵王晞子瓘为梁王。

大旱。

辛酉,燕主儁寝疾,谓大司马太原王恪曰:"吾病必不济。今二方未平,景茂冲幼,国家多难,吾欲效宋宣公,以社稷属汝,何如?"恪曰:"太子虽幼,胜残致治之主也。臣实何人,敢干正统!"儁怒曰:"兄弟之间,岂虚饰邪!"恪曰:"陛下若以臣能荷天下之任者,岂不能辅少主乎!"儁喜曰:"汝能为周公,吾复何忧!李绩清方忠亮,汝善遇之。"召吴王垂还邺。

秦王坚以王猛为辅国将军、司隶校尉,居中宿卫,仆射、詹事、侍中、中书令、领选如故。猛上疏辞让,因荐散骑常侍阳平公融、光禄、散骑西河任群、处士京兆朱彤自代。坚不许,而以融为侍中、中书监、左仆射,任群为光禄大夫、领太子家令,朱彤为尚书侍郎、领太子庶子。猛时年三十六,岁中五迁,权倾内外,人有毁之者,坚辄罪之,于是群臣莫敢复言。以左仆射李威领护军,右仆射梁平老为使持节、都督北垂诸军事、镇北大将军,戍朔方之西;丞相司马贾雍为云中护军,戍云中之南。

燕所征郡国兵悉集邺城。

资治通鉴卷第一百一

端明殿学士兼翰林侍读学士朝散大夫右谏议大夫充集贤殿修撰权判西京留司御史台上柱国河内郡开国侯食邑一千三百户食实封四百户赐紫金鱼袋臣　司马光　奉敕编集

晋纪二十三 起上章涒滩(庚申)，尽著雍执徐(戊辰)，凡九年。

孝宗穆皇帝下

升平四年(庚申、360)

春，正月，癸巳，燕主儁大阅于邺，欲使大司马恪、司空阳骛将之入寇。会疾笃，乃召恪、骛及司徒评、领军将军慕舆根等受遗诏辅政。甲午，卒。戊子，太子暐即位，年十一。大赦，改元建熙。

秦王坚分司、隶置雍州，以河南公双为都督雍、河、凉三州诸军事、征西大将军、雍州刺史，改封赵公，镇安定。封弟忠为河南公。

仇池公杨俊卒，子世立。

二月，燕人尊可足浑后为皇太后。以太原王恪为太宰，专录朝政；上庸王评为太傅，阳骛为太保，慕舆根为太师，参辅朝政。

根性木强，自恃先朝勋旧，心不服恪，举动倨傲。时太后可足浑氏颇预外事，根欲为乱，乃言于恪曰："今主上幼冲，母后干政，殿下宜防意外之变，思有以自全。且定天下者，殿下之功也。兄亡弟及，古今成法，俟毕山陵，宜废主上为王，殿下自践尊位，以为大燕无穷之福。"恪曰："公醉邪？何言之悖也！吾与公受先帝遗诏，云何而遽有此议？"根愧谢而退。恪以告吴王垂，垂劝恪诛之。恪曰："今新遭大丧，二邻观衅，而宰辅自相诛夷，恐乖远近之望，且可忍之。"秘书监皇甫真言于恪曰："根本庸竖，过蒙先帝厚恩，引参顾命。而小人无识，自国哀以来，骄很日甚，将成祸乱。明公今日居周公之地，当为社稷深谋，早为之所。"恪不听。

根又言于可足浑氏及燕主暐曰："太宰、太傅将谋不轨，臣请帅禁兵以诛之。"可足浑氏将从之，暐曰："二公国之亲贤，先帝选之，托以孤嫠，必不肯尔，安知非太师欲为乱也！"乃止。根又思恋东土，言于可足浑氏及暐曰："今天下萧条，外寇非一，国大忧深，不如还东。"恪闻之，乃与太傅评谋，密奏根罪状，使右卫将军傅颜就内省诛根，并其妻子、党与。大赦。是时新遭大丧，诛夷狼籍，内外恟惧，太宰恪举止如常，人不见其有忧色，每出入，一人步从。或说以宜自严备，恪曰："人情方惧，当安重以镇之，奈何复自惊扰，众将何仰！"由是人心稍定。

恪虽综大任,而朝廷之礼,兢兢严谨,每事必与司徒评议之,未尝专决。虚心待士,谘询善道,量才授任,人不逾位。官属、朝臣或有过失,不显其状,随宜他叙,不令失伦,唯以此为贬。时人以为大愧,莫敢犯者。或有小过,自相责曰:"尔复欲望宰公迁官邪!"朝廷初闻燕主儁卒,皆以为中原可图。桓温曰:"慕容恪尚在,忧方大耳。"

三月,己卯,葬燕主儁于龙陵,谥曰景昭皇帝,庙号烈祖。所征郡国兵,以燕朝多难,互相惊动,往往擅自散归,自邺以南,道路断塞。太宰恪以吴王垂为使持节、征南将军、都督河南诸军事、兖州牧、荆州刺史,镇梁国之蠡台;孙希为并州刺史,傅颜为护军将军,帅骑二万,观兵河南,临淮而还,境内乃安。希,泳之弟也。

匈奴刘卫辰遣使降秦,请田内地,春来秋返,秦王坚许之。夏,四月,云中护军贾雍遣司马徐赟帅骑袭之,大获而还。坚怒曰:"朕方以恩信怀戎狄,而汝贪小利以败之,何也!"黜雍以白衣领职,遣使还其所获,慰抚之。卫辰于是入居塞内,贡献相寻。

夏,六月,代王什翼犍妃慕容氏卒。秋,七月,刘卫辰如代会葬,因求婚,什翼犍以女妻之。

八月,辛丑朔,日有食之,既。

谢安少有重名,前后征辟,皆不就,寓居会稽,以山水、文籍自娱。虽为布衣,时人皆以公辅期之,士大夫至相谓曰:"安石不出,当如苍生何!"安每游东山,常以妓女自随。司徒昱闻之,曰:"安石既与人同乐,必不得不与人同忧,召之必至。"安妻,刘惔之妹也,见家门贵盛而安独静退,谓曰:"丈夫不如此也?"安掩鼻曰:"恐不免耳。"及弟万废黜,安始有仕进之志,时已年四十余。征西大将军桓温请为司马,安乃赴召,温大喜,深礼重之。

冬,十月,乌桓独孤部、鲜卑没弈干各帅众数万降秦,秦王坚处之塞南。阳平公融谏曰:"戎狄人面兽心,不知仁义。其稽颡内附,实贪地利,非怀德也;不敢犯边,实惮兵威,非感恩也。今处之塞内,与民杂居,彼窥郡县虚实,必为边患,不如徙之塞外,以防未然。"坚从之。

十一月,封桓温为南郡公,温弟冲为丰城县公,子济为临贺县公。

燕太宰恪欲以李绩为右仆射,燕主暐不许。恪屡以为请,暐曰:"万机之事,皆委之叔父,伯阳一人,暐请独裁。"出为章武太守,以忧卒。

五年(辛酉、361)

春,正月,戊戌,大赦。

刘卫辰掠秦边民五十余口为奴婢以献于秦,秦王坚责之,使归所掠。卫辰由是叛秦,专附于代。

东安简伯郗昙卒。二月,以东阳太守范汪都督徐、兖、青、冀、幽五州诸军事,兼徐、兖二州刺史。

平阳人举郡降燕,燕以建威将军段刚为太守,遣督护韩苞将兵共守平阳。

方士丁进有宠于燕主㑺,欲求媚于太宰恪,说恪今杀太傅评,恪大怒,奏收斩之。

高昌卒,燕河内太守吕护并其众,遣使来降,拜护冀州刺史。护欲引晋兵以袭邺。三月,燕太宰恪将兵五万,冠军将军皇甫真将兵万人,共讨之。燕兵至野王,护婴城自守。护军将军傅颜请急攻之,以省大费,恪曰:"老贼经变多矣,观其守备,未易猝攻。顷攻黎阳,多杀精锐,卒不能拔,自取困辱。护内无蓄积,外无救援,我深沟高垒,坐而守之,休兵养士,离间其党,于我不劳而贼势日蹙,不过十旬,取之必矣,何为多杀士卒以求旦夕之功乎!"乃筑长围守之。

夏,四月,桓温以其弟黄门郎豁督沔中七郡诸军事,兼新野、义城二郡太守,将兵取许昌,破燕将慕容尘。

凉骠骑大将军宋混疾甚,张玄靓及其祖母马氏往省之,曰:"将军万一不幸,寡妇孤儿将何所托!欲以林宗继将军,可乎?"混曰:"臣子林宗幼弱,不堪大任。殿下傥未弃臣门,臣弟澄政事愈于臣,但恐其儒缓,机事不称耳。殿下策励而使之,可也。"混戒澄及诸子曰:"吾家受国大恩,当以死报,无恃势位以骄人。"又见朝臣,皆戒之以忠贞。及卒,行路为之挥涕。玄靓以澄为领军将军,辅政。

五月,丁巳,帝崩,无嗣。皇太后令曰:"琅邪王丕,中兴正统,义望情地,莫与为比,其以王奉大统。"于是百官备法驾,迎于琅邪第。庚申,即皇帝位,大赦。壬戌,改封东海王奕为琅邪王。秋,七月,戊午,葬穆帝于永平陵,庙号孝宗。

燕人围野王数月,吕护遣其将张兴出战,傅颜击斩之,城中日蹙。皇甫真戒部将曰:"护势穷奔突,必择虚隙而投之;吾所部士卒多羸,器甲不精,宜深为之备。"乃多课橹楯,亲察行夜者。护食尽,果夜悉精锐趋真所部,突围,不得出。太宰恪引兵击之,护众死伤殆尽,弃妻子奔荥阳。恪存抚降民,给其廪食,徙士人、将帅于邺,自余各随所乐。以护参军广平梁琛为中书著作郎。

九月,戊申,立妃王氏为皇后。后,濛之女也。穆帝何皇后称穆皇后,居永安宫。

凉右司马张邕恶宋澄专政,起兵攻澄,杀之,并灭其族。张玄靓以邕为中护军,叔父天锡为中领军,同辅政。

张平袭燕平阳,杀段刚、韩苞,又攻雁门,杀太守单南。既而为秦所攻,平复谢罪于燕以求救。燕人以平反覆,弗救也,平遂为秦所灭。

乙亥,秦大赦。

徐、兖二州刺史范汪，素为桓温所恶，温将北伐，命汪帅众出梁国。冬，十月，坐失期，免为庶人，遂废，卒于家。

子宁，好儒学，性质直，常谓王弼、何晏之罪深于桀、纣。或以为贬之太过，宁曰："王、何蔑弃典文，幽沉仁义，游辞浮说，波荡后生，使搢绅之徒翻然改辙，以至礼坏乐崩，中原倾覆，遗风余俗，至今为患。桀、纣纵暴一时，适足以丧身覆国，为后世戒，岂能回百姓之视听哉！故吾以为一世之祸轻，历代之患重，自丧之恶小，迷众之罪大也。"

吕护复叛，奔燕，燕人赦之，以为广州刺史。

凉张邕骄矜淫纵，树党专权，多所刑杀，国人患之。张天锡所亲敦煌刘肃谓天锡曰："国家事欲未静。"天锡曰："何谓也？"肃曰："今护军出入，有似长宁。"天锡惊曰："我固疑之，未敢出口。计将安出？"肃曰："正当速除之耳。"天锡曰："安得其人？"肃曰："肃即其人也。"肃时年未二十。天锡曰："汝年少，更求其助。"肃曰："赵白驹与肃二人足矣。"十一月，天锡与邕俱入朝，肃与白驹从天锡，值邕于门下，肃斫之不中，白驹继之，又不克，二人与天锡俱入宫中。邕得逸走，帅甲士三百余人攻宫门。天锡登屋大呼曰："张邕凶逆无道，既灭宋氏，又欲倾覆我家。汝将士世为凉臣，何忍以兵相向邪！今所取者，止张邕耳，它无所问。"于是邕兵悉散走，邕自刎死，尽灭其族党。玄靓以天锡为使持节、冠军大将军、都督中外诸军事，辅政。十二月，始改建兴四十九年，奉升平年号。诏以玄靓为大都督、督陇右诸军事、凉州刺史、护羌校尉、西平公。

燕大赦。

秦王坚命牧伯守宰各举孝悌、廉直、文学、政事，察其所举，得人者赏之，非其人者罪之。由是人莫敢妄举，而请托不行，士皆自励；虽宗室外戚，无才能者皆弃不用。当是之时，内外之官，率皆称职，田畴修辟，仓库充实，盗贼屏息。

是岁，归义侯李势卒。

哀皇帝

隆和元年（壬戌、362）

春，正月，壬子，大赦，改元。

甲寅，减田租，亩收二升。

燕豫州刺史孙兴请攻洛阳，曰："晋将陈祐弊卒千余，介守孤城，不足取也。"燕人从其言，遣宁南将军吕护屯河阴。

二月，辛未，以吴国内史庾希为北中郎将、徐、兖二州刺史，镇下邳；龙骧将军袁真为西中郎将、监护豫、司、并、冀四州诸军事、豫州刺史，镇汝南，并假节。希，冰之子也。

丙子，拜帝母周贵人为皇太妃，仪服拟于太后。

燕吕护攻洛阳。三月，乙酉，河南太守戴施奔宛，陈祐告急。五月，丁巳，桓温遣庾希及竟陵太守邓遐帅舟师三千人助祐守洛阳。遐，岳之子也。

温上疏请迁都洛阳，自永嘉之乱播流江表者，请一切北徙，以实河南。朝廷畏温，不敢为异，而北土萧条，人情疑惧，虽并知不可，莫敢先谏。散骑常侍领著作郎孙绰上疏曰："昔中宗龙飞，非惟信顺协于天人，实赖万里长江画而守之耳。今自丧乱已来，六十余年，河、洛丘墟，函夏萧条。士民播流江表，已经数世，存者老子长孙，亡者丘陇成行，虽北风之思感其素心，目前之哀实为交切。若迁都旋轸之日，中兴五陵，即复缅成遐域。泰山之安既难以理保，烝烝之思岂不缠于圣心哉！温今此举，诚欲大览始终，为国远图，而百姓震骇，同怀危惧，岂不以反旧之乐赊，而趋死之忧促哉！何者？植根江外，数十年矣，一朝顿欲拔之，驱蹴于空荒之地，提挈万里，逾险浮深，离坟墓，弃生业，田宅不可复售，舟车无从而得，舍安乐之国，适习乱之乡，将顿仆道涂，飘溺江川，仅有达者。此仁者所宜哀矜，国家所宜深虑也。臣之愚计，以为且宜遣将帅有威名资实者，先镇洛阳，扫平梁、许，清壹河南。运漕之路既通，开垦之积已丰，豺狼远窜，中夏小康，然后可徐议迁徙。奈何舍百胜之长理，举天下而一掷哉！"绰，楚之孙也。少慕高尚，尝著《遂初赋》以见志。温见绰表，不悦，曰："致意兴公，何不寻君《遂初赋》，而知人家国事邪！"

时朝廷忧惧，将遣侍中止温，扬州刺史王述曰："温欲以虚声威朝廷耳，非事实也。但从之，自无所至。"乃诏温曰："在昔丧乱，忽涉五纪，戎狄肆暴，继袭凶迹，眷言西顾，慨叹盈怀。知欲躬帅三军，荡涤氛秽，廓清中畿，光复旧京，非夫外身徇国，孰能若此！诸所处分，委之高算。但河、洛丘墟，所营者广，经始之勤，致劳怀也。"事果不行。

温又议移洛阳钟虡。述曰："永嘉不竞，暂都江左，方当荡平区宇，旋轸旧京。若其不尔，宜改迁园陵，不应先事钟虡。"温乃止。

朝廷以交、广辽远，改授温都督并、司、冀三州，温表辞不受。

秦王坚亲临太学，考第诸生经义，与博士讲论，自是每月一至焉。

六月，甲戌，燕征东参军刘拔刺杀征东将军、冀州刺史范阳王友于信都。

秋，七月，吕护退守小平津，中流矢而卒。燕将段崇收军北渡，屯于野王。邓遐进屯新城。八月，西中郎将袁真进屯汝南，运米五万斛以馈洛阳。

冬，十一月，代王什翼犍纳女于燕，燕人亦以女妻之。

十二月，戊午朔，日有食之。

庚希自下邳退屯山阳,袁真自汝南退屯寿阳。

兴宁元年(癸亥、363)

春,二月,己亥,大赦,改元。

三月,壬寅,皇太妃周氏薨于琅邪第。癸卯,帝就第治丧,诏司徒会稽王昱总内外众务。帝欲为太妃服三年,仆射江彪启:"于礼,应服缌麻。"又欲降服期,彪曰:"厌屈私情,所以上严祖考。"乃服缌麻。

夏,四月,燕宁东将军慕容忠攻荥阳太守刘远,远奔鲁阳。

五月,加征西大将军桓温侍中、大司马、都督中外诸军、录尚书事,假黄钺。温以抚军司马王坦之为长史。坦之,述之子也。又以征西掾郗超为参军,王珣为主簿,每事必与二人谋之。府中为之语曰:"髯参军,短主簿,能令公喜,能令公怒。"温气概高迈,罕有所推,与超言,常自谓不能测,倾身待之。超亦深自结纳。珣,导之孙也,与谢玄皆为温掾,温俱重之,曰:"谢掾年四十必拥旄杖节,王掾当作黑头公,皆未易才也。"玄,奕之子也。

以西中郎将袁真都督司、冀、并三州诸军事,北中郎将庾希都督青州诸军事。

癸卯,燕人拔密城,刘远奔江陵。

秋,八月,有星孛于角、亢。

张玄靓祖母马氏卒,尊庶母郭氏为太妃。郭氏以张天锡专政,与大臣张钦等谋诛之,事泄,钦等皆死。玄靓惧,以位让天锡,天锡不受。右将军刘肃等劝天锡自立。闰月,天锡使肃等夜帅兵入宫,弑玄靓,宣言暴卒,谥曰冲公。天锡自称使持节、大都督、大将军、凉州牧、西平公,时年十八。尊母刘美人曰太妃。遣司马纶骞奉章诣建康请命,并送御史俞归东还。

癸亥,大赦。

冬,十月,燕镇南将军慕容尘攻陈留太守袁披于长平,汝南太守朱斌乘虚袭许昌,克之。

代王什翼犍击高车,大破之,俘获万余口,马、牛、羊百余万头。

以征虏将军桓冲为江州刺史。十一月,姚襄故将张骏杀江州督护赵毗,帅其徒北叛,冲讨斩之。

二年(甲子、364)

春,正月,丙辰,燕大赦。

二月,燕太傅评、龙骧将军李洪略地河南。

三月,庚戌朔,大阅户口,令所在土断,严其法禁,谓之《庚戌制》。

帝信方士言,断谷饵药以求长生。侍中高崧谏曰:"此非万乘所宜为。陛下兹事,实日月之食。"不听。辛未,帝以药发,不能亲万机,褚太后复临朝摄政。

夏,四月,甲辰,燕李洪攻许昌、汝南,败晋兵于悬瓠,颍川太守李福战死,汝南太守朱斌奔寿春,陈郡太守朱辅退保彭城。大司马温遣西中郎将袁真等御之,温帅舟师屯合肥。燕人遂拔许昌、汝南、陈郡,徙万余户于幽、冀二州,遣镇南将军慕容尘屯许昌。

五月,戊辰,以扬州刺史王述为尚书令。加大司马温扬州牧、录尚书事。壬申,使侍中召温入参朝政,温辞不至。

王述每受职,不为虚让,其所辞必于不受。及为尚书令,子坦之白述:"故事当让。"述曰:"汝谓我不堪邪?"坦之曰:"非也,但克让自美事耳。"述曰:"既谓堪之,何为复让! 人言汝胜我,定不及也。"

六月,秦王坚遣大鸿胪拜张天锡为大将军、凉州牧、西平公。

秋,七月,丁卯,诏复征大司马温入朝。八月,温至赭圻,诏尚书车灌止之,温遂城赭圻居之,固让内录,遥领扬州牧。

秦汝南公腾谋反,伏诛。腾,秦主生之弟也。是时,生弟晋公柳等犹有五人,王猛言于坚曰:"不去五公,终必为患。"坚不从。

燕侍中慕舆龙诣龙城,徙宗庙及所留百官皆诣邺。

燕太宰恪将取洛阳,先遣人招纳士民,远近诸坞皆归之,乃使司马悦希军于盟津,豫州刺史孙兴军于成皋。

初,沈充之子劲,以其父死于逆乱,志欲立功以雪旧耻。年三十余,以刑家不得仕。吴兴太守王胡之为司州刺史,上疏称劲才行,请解禁锢,参其府事,朝廷许之。会胡之以病,不行。及燕人逼洛阳,冠军将军陈祐守之,众不过二千,劲自表求配祐效力,诏以劲补冠军长史,令自募壮士,得千余人以行。劲屡以少击燕众,摧破之。而洛阳粮尽援绝,祐自度不能守,乃以救许昌为名,九月,留劲以五百人守洛阳,祐帅众而东。劲喜曰:"吾志欲致命,今得之矣。"祐闻许昌已没,遂奔新城。燕悦希引兵略河南诸城,尽取之。

秦王坚命公国各置三卿,并余官皆听自采辟,独为置郎中令。富商赵掇等车服僭侈,诸公竞引以为卿。黄门侍郎安定程宪言于坚,请治之。坚乃下诏称:"本欲使诸公延选英儒,乃更猥滥如是! 宜令有司推检,辟召非其人者,悉降爵为侯,自今国官皆委之铨衡。自非命士已上,不得乘车马;去京师百里内,工商皂隶,不得服金银、锦绣,犯者弃市。"于是平阳、平昌、九江、陈留、安乐五公皆降爵为侯。

三年(乙丑、365)

春,正月,庚申,皇后王氏崩。

刘卫辰复叛代,代王什翼犍东渡河,击走之。

什翼犍性宽厚,郎中令许谦盗绢二匹,什翼犍知而匿之,谓左长史燕凤曰:

"吾不忍视谦之面,卿慎勿泄。若谦惭而自杀,是吾以财杀士也。"尝讨西部叛者,流矢中目,既而获射者,群臣欲脔割之,什翼犍曰:"彼各为其主斗耳,何罪。"遂释之。

大司马温移镇姑孰。二月,乙未,以其弟右将军豁监荆州、扬州之义城、雍州之京兆诸军事,领荆州刺史;加江州刺史桓冲监江州及荆、豫八郡诸军事,并假节。

司徒昱闻陈祐弃洛阳,会大司马温于洌洲,共议征讨。丙申,帝崩于西堂,事遂寝。

帝无嗣,丁酉,皇太后诏以琅邪王奕承大统。百官奉迎于琅邪第。是日,即皇帝位,大赦。

秦大赦,改元建元。

燕太宰恪、吴王垂共攻洛阳。恪谓诸将曰:"卿等常患吾不攻,今洛阳城高而兵弱,易克也,勿更畏懦而怠惰。"遂攻之。三月,克之,执扬武将军沈劲。劲神气自若,恪将宥之,中军将军慕舆虔曰:"劲虽奇士,观其志度,终不为人用。今赦之,必为后患。"遂杀之。恪略地至崤、渑,关中大震,秦王坚自将屯陕城以备之。

燕人以左中郎将慕容筑为洛州刺史,镇金墉;吴王垂为都督荆、扬、洛、徐、兖、豫、雍、益、凉、秦十州诸军事、征南大将军、荆州牧,配兵一万,镇鲁阳。

太宰恪还邺,谓僚属曰:"吾前平广固,不能济辟闾蔚,今定洛阳,使沈劲为戮,虽皆非本情,然身为元帅,实有愧于四海。"朝廷嘉劲之忠,赠东阳太守。

> 臣光曰:沈劲可谓能为子矣!耻父之恶,致死以涤之,变凶逆之族为忠义之门。《易》曰:"干父之蛊,用誉。"《蔡仲之命》曰:"尔尚盖前人之愆,惟忠惟孝。"其是之谓乎!

太宰恪为将,不事威严,专用恩信,抚士卒务综大要,不为苛令,使人人得便安。平时营中宽纵,似若可犯,然警备严密,敌至莫能近者,故未尝负败。

壬申,葬哀帝及静皇后于安平陵。

夏,四月,壬午,燕太尉武平匡公阳骛卒。以司空阳骛为太尉,侍中、光禄大夫皇甫真为司空,领中书监。骛历事四朝,年耆望重,自太宰恪以下皆拜之。而骛谦恭谨厚,过于少时,戒束子孙,虽朱紫罗列,无敢违犯其法度者。

六月,戊子,益州刺史建城襄公周抚卒。抚在益州三十余年,甚有威惠。诏以其子楗为太守楚代之。

秋,七月,己酉,徙会稽王昱复为琅邪王。

壬子,立妃庾氏为皇后。后,冰之女也。

甲申,立琅邪王昱子昌明为会稽王。昱固让,犹自称会稽王。

匈奴右贤王曹毂、左贤王刘卫辰皆叛秦。毂帅众二万寇杏城,秦王坚自将讨之,使卫大将军李威、左仆射王猛辅太子宏留守长安。八月,坚击毂,破之,斩毂弟活,毂请降,徙其豪杰六千余户于长安。建节将军邓羌讨卫辰,擒之于木根山。

九月,坚如朔方,巡抚诸胡。冬,十月,征北将军、淮南公幼帅杏城之众乘虚袭长安,李威击斩之。

鲜卑秃发椎斤卒,年一百一十,子思复鞬代统其众。椎斤,树机能从弟务丸之孙也。

梁州刺史司马勋,为政酷暴,治中、别驾及州之豪右,言语忤意,即于坐枭斩之,或亲射杀之。常有据蜀之志,惮周抚,不敢发。及抚卒,勋遂举兵反。别驾雍端、西戎司马隗粹切谏,勋皆杀之,自号梁、益二州牧、成都王。十一月,勋引兵入剑阁,攻涪,西夷校尉毌丘昕弃城走。乙卯,围益州刺史周楚于成都。大司马温表鹰扬将军江夏相义阳朱序为征讨都护以救之。

秦王坚还长安,以李威守太尉,加侍中。以曹毂为雁门公,刘卫辰为夏阳公,各使统其部落。

十二月,戊戌,以尚书王彪之为仆射。

海西公上

太和元年(丙寅、366)

春,三月,荆州刺史桓豁使督护桓罴攻南郑,讨司马勋。

燕太宰、大司马恪,太傅、司徒评,稽首归政,上章绶,请归第,燕主暐不许。

夏,五月,戊寅,皇后庾氏崩。

朱序、周楚击司马勋,破之,擒勋及其党,送大司马温。温皆斩之,传首建康。

代王什翼犍遣左长史燕凤入贡于秦。

秋,七月,癸酉,葬孝皇后于敬平陵。

秦辅国将军王猛、前将军杨安、扬武将军姚苌等帅众二万寇荆州,攻南乡郡,荆州刺史桓豁救之,八月,军于新野。秦兵掠安阳民万余户而还。

九月,甲午,曲赦梁、益二州。

冬,十月,加司徒昱丞相、录尚书事,入朝不趋,赞拜不名,剑履上殿。

张天锡遣使至秦境上,告绝于秦。

燕抚军将军下邳王厉寇兖州,拔鲁、高平数郡,置守宰而还。

初,陇西李俨以郡降秦,既而复通于张天锡。十二月,羌敛岐以略阳四千家叛秦,称臣于俨;俨于是拜置牧守,与秦、凉绝。

南阳督护赵亿据宛城降燕,太守桓澹走保新野。燕人遣南中郎将赵盘自鲁阳戍宛。

徐、兖二州刺史庾希,以后族故,兄弟贵显,大司马温忌之。

二年(丁卯、367)

春,正月,庾希坐不能救鲁、高平,免官。

二月,燕抚军将军下邳王厉、镇北将军宜都王桓袭敕勒。

秦辅国将军王猛、陇西太守姜衡、南安太守南安邵羌、扬武将军姚苌等帅众万七千讨敛岐。三月,张天锡遣前将军杨遹向金城,征东将军常据向左南,游击将军张统向白土,天锡自将三万人屯仓松,以讨李俨。敛岐部落先属姚弋仲,闻姚苌至,皆降。王猛遂克略阳,敛岐奔白马。秦王坚以苌为陇东太守。

夏,四月,燕慕容尘寇竟陵,太守罗崇击破之。

张天锡攻李俨大夏、武始二郡,下之。常据败俨兵于葵谷,天锡进屯左南。俨惧,退守枹罕,遣其兄子纯谢罪于秦,且请救。秦王坚使前将军杨安、建威将军王抚帅骑二万,会王猛以救俨。

猛遣邵羌追敛岐,王抚守侯和,姜衡守白石,猛与杨安救枹罕。天锡遣杨遹逆战于枹罕东,猛大破之,俘斩万七千级,与天锡相持城下。邵羌禽敛岐于白马,送之。猛遗天锡书曰:"吾受诏救俨,不令与凉州战,今当深壁高垒,以听后诏。旷日持久,恐二家俱弊,非良算也。若将军退舍,吾执俨而东,将军徙民西旋,不亦可乎!"天锡谓诸将曰:"猛书如此,吾本来伐叛,不来与秦战。"遂引兵归。

李俨犹未纳秦师,王猛白服乘舆,从者数十人,请与俨相见。俨开门延之,未及为备,将士继入,遂执俨。以立忠将军彭越为平西将军、凉州刺史,镇枹罕。

张天锡之西归也,李俨将贺肫说俨曰:"以明公神武,将士骁悍,奈何束手于人! 王猛孤军远来,士卒疲弊,且以我请救,必不设备,若乘其怠而击之,可以得志。"俨曰:"求救于人以免难,难既免而击之,天下其谓我何! 不若固守以老之,彼将自退。"猛责俨以不即出迎,俨以贺肫之谋告;猛斩肫,以俨归。至长安,坚以俨为光禄勋,赐爵归安侯。

燕太原桓王恪言于燕主暐曰:"吴王垂,将相之才,十倍于臣,先帝以长幼之次,故臣得先之。臣死之后,愿陛下举国以听吴王。"五月,壬辰,恪疾病,暐亲视之,问以后事。恪曰:"臣闻报恩莫大于荐贤,贤者虽在板筑,犹可为相,况至亲乎! 吴王文武兼资,管、萧之亚,陛下若任以大政,国家可安。不然,秦、晋必有窥窬之计。"言终而卒。

秦王坚闻恪卒,阴有图燕之计,欲觇其可否,命匈奴曹毂发使如燕朝贡,以西戎主簿冯翊郭辩为之副。燕司空皇甫真兄腆及从子奋、覆皆仕秦,腆为散骑常侍。辩至燕,历造公卿,谓真曰:"仆本秦人,家为秦所诛,故寄命曹王,贵兄常侍及奋、覆兄弟并相知有素。"真怒曰:"臣无境外之交,此言何以及我!君似奸人,得无因缘假托乎!"白晰,请穷治之,太傅评不许。辩还,为坚言:"燕朝政无纲纪,实可图也。鉴机识变,唯皇甫真耳。"坚曰:"以六州之众,岂得不使有智士一人哉!"

曹毂寻卒,秦分其部落为二,使其二子分统之,号东、西曹。

荆州刺史桓豁、竟陵太守罗崇攻宛,拔之,赵亿走,赵盘退归鲁阳。豁追击盘于雉城,擒之,留兵戍宛而还。

秋,七月,燕下邳王厉等破敕勒,获马牛数万头。

初,厉兵过代地,犯其穜田,代王什翼犍怒。燕平北将军武强公垫以幽州兵戍云中。八月,什翼犍攻云中,垫弃城走,振威将军慕舆贺辛战没。

九月,以会稽内史郗愔为都督徐、兖、青、幽、扬州之晋陵诸军事、徐、兖二州刺史,镇京口。

秦淮南公幼之反也,征东大将军、并州牧晋公柳,征西大将军、秦州刺史赵公双,皆与之通谋,秦王坚以双,母弟至亲,柳,健之爱子,隐而不问。柳、双复与镇东将军、洛州刺史魏公廋,安西将军、雍州刺史燕公武谋作乱,镇东主簿南安姚眺谏曰:"明公以周、邵之亲,受方面之任,国家有难,当竭力除之,况自为难乎!"廋不听。坚闻之,征柳等诣长安。冬,十月,柳据蒲坂,双据上(封)〔邽〕,廋据陕城,武据安定,皆举兵反。坚遣使谕之曰:"吾待卿等,恩亦至矣,何苦而反!今止不征,卿宜罢兵,各安其位,一切如故。各啮梨以为信。"皆不从。

代王什翼犍击刘卫辰,河冰未合,什翼犍命以苇缊约流澌。俄而冰合,然犹未坚,乃散苇于其上,冰草相结,有如浮梁,代兵乘之以渡。卫辰不意兵猝至,与宗族西走,什翼犍收其部落什六七而还。卫辰奔秦,秦王坚送卫辰还朔方,遣兵戍之。

十二月,甲子,燕太尉建宁敬公阳骛卒。以司空皇甫真为侍中、太尉,光禄大夫李洪为司空。

三年(戊辰、368)

春,正月,秦王坚遣后将军杨成世、左将军毛嵩分讨上邽、安定,辅国将军王猛、建节将军邓羌攻蒲坂,前将军杨安、广武将军张蚝攻陕城。坚命蒲、陕之军皆距城三十里,坚壁勿战,俟秦、雍已平,然后并力取之。

初,燕太宰恪有疾,以燕主暐幼弱,政不在己,太傅评多猜忌,恐大司马之任不当其人,谓暐兄乐安王臧曰:"今南有遗晋,西有强秦,二国常蓄进取之志,顾我未有隙耳。夫国之兴衰,系于辅相。大司马总统六军,不可任非其人,我死之后,以亲疏言之,当在汝及冲。汝曹虽才识明敏,然年少,未堪多难。吴王天资英杰,智略超世,汝曹若能推大司马以授之,必能混壹四海,况外寇,不足惮也;慎无冒利而忘害,不以国家为意也。"又以语太傅评。及恪卒,评不能用其言。二月,以车骑将军中山王冲为大司马。冲,晘之弟也。以荆州刺史吴王垂为侍中、车骑大将军、仪同三司。

秦魏公庾以陕城降燕,请兵应接,秦人大惧,盛兵守华阴。

燕魏尹范阳王德上疏,以为:"先帝应天受命,志平六合,陛下纂统,当继而成之。今苻氏骨肉乖离,国分为五,投诚请援,前后相寻,是天以秦赐燕也。天与不取,后受其殃,吴、越之事,足以观矣。宜命皇甫真引并、冀之众径趋蒲阪,吴王垂引许、洛之兵驰解厦围,太傅总京师虎旅为二军后继,传檄三辅,示以祸福,明立购赏,彼必望风响应,浑壹之期,于此乎在矣。"时燕人多请救陕,因图关中者,太傅评曰:"秦,大国也,今虽有难,未易可图。朝廷虽明,未如先帝,吾等智略,又非太宰之比。但能闭关保境足矣,平秦非吾事也。"

魏公庾遗吴王垂及皇甫真笺曰:"苻坚、王猛,皆人杰也,谋为燕患久矣。今不乘机取之,恐异日燕之君臣将有甬东之悔矣。"垂谓真曰:"方今为人患者必于秦,主上富于春秋,观太傅识度,岂能敌苻坚、王猛乎?"真曰:"然,吾虽知之,如言不用何!"

三月,丁巳朔,日有食之。

癸亥,大赦。

秦杨成世为赵公双将苟兴所败,毛嵩亦为燕公武所败,奔还。秦王坚复遣武卫将军王鉴、宁朔将军吕光、将军冯翊郭将、翟傉等帅众三万讨之。夏,四月,双、武乘胜至于榆眉,以苟兴为前锋。王鉴欲速战,吕光曰:"兴新得志,气势方锐,宜持重以待之。彼粮尽必退,退而击之,蔑不济矣。"二旬而兴退。光曰:"兴可击矣。"遂追之,兴败。因击双、武,大破之,斩获万五千级。武弃安定,与双皆奔上邽,鉴等进攻之。

晋公柳数出挑战,王猛不应。柳以猛为畏之,五月,留其世子良守蒲阪,帅众二万西趋长安。去蒲阪百余里,邓羌帅锐骑七千夜袭,败之。柳引军还,猛邀击之,尽俘其众。柳与数百骑入城,猛、羌进攻之。

秋,七月,王鉴等拔上邽,斩双、武,宥其妻子。以左卫将军苻雅为秦州刺史。八月,以长乐公丕为雍州刺史。

九月,王猛等拔蒲阪,斩晋公柳及其妻子。猛屯蒲阪,遣邓羌与王鉴等会攻陕城。

燕王公、贵戚多占民为荫户,国之户口少于私家,仓库空竭,用度不足。尚书左仆射广信公悦绾曰:"今三方鼎峙,各有吞并之心。而国家政法不立,豪贵恣横,至使民户殚尽,委输无入,吏断常俸,战士绝廪,官贷粟帛以自赡给;既不可闻于邻敌,且非所以为治,宜一切罢断诸荫户,尽还郡县。"燕主㬚从之,使绾专治其事,纠擿奸伏,无敢蔽匿,出户二十余万,举朝怨怒。绾先有疾,自力厘校户籍,疾遂亟。冬,十一月,卒。

十二月,秦王猛等拔陕城,获魏公廋,送长安。秦王坚问其所以反,对曰:"臣本无反心,但以弟兄屡谋逆乱,臣惧并死,故谋反耳。"坚泣曰:"汝素长者,固知非汝心也。且高祖不可以无后。"乃赐廋死,原其七子,以长子袭魏公,余子皆封县公,以嗣越厉王及诸弟之无后者。苟太后曰:"廋与双俱反,双独不得置后,何也?"坚曰:"天下者,高祖之天下,高祖之子不可以无后。至于仲群,不顾太后,谋危宗庙,天下之法,不可私也。"以范阳公抑为征东大将军、并州刺史,镇蒲坂;邓羌为建武将军、洛州刺史,镇陕城,擢姚眺为汲郡太守。

加大司马温殊礼,位在诸侯王上。

是岁,以仇池公杨世为秦州刺史,世弟统为武都太守。世亦称臣于秦,秦以世为南秦州刺史。

资治通鉴卷第一百二

端明殿学士兼翰林侍读学士朝散大夫右谏议大夫充集贤殿修撰权判西京留司御史台上柱国河内郡开国侯食邑一千三百户食实封四百户赐紫金鱼袋臣 司马光 奉敕编集

晋纪二十四 起屠维大荒落(己巳),尽上章敦牂(庚午),凡二年。

海西公下

太和四年(己巳、369)

春,三月,大司马温请与徐、兖二州刺史郗愔、江州刺史桓冲、豫州刺史袁真等伐燕。初,愔在北府,温常云:“京口酒可饮,兵可用。”深不欲愔居之。而愔暗于事机,乃遗温笺,欲共奖王室,请督所部出河上。愔子超为温参军,取视,寸寸毁裂,乃更作愔笺,自陈非将帅才,不堪军旅,老病,乞闲地自养,劝温并领己所统。温得笺大喜,即转愔冠军将军、会稽内史,温自领徐、兖二州刺史。夏,四月,庚戌,温帅步骑五万发姑孰。

甲子,燕主暐立皇后可足浑氏,太后从弟尚书令豫章公翼之女也。

大司马温自兖州伐燕。郗超曰:“道远,汴水又浅,恐漕运难通。”温不从。六月,辛丑,温至金乡,天旱,水道绝,温使冠军将军毛虎生凿钜野三百里,引汶水会于清水。虎生,宝之子也。温引舟自清水入河,舳舻数百里。郗超曰:“清水入河,难以通运。若寇不战,运道又绝,因敌为资,复无所得,此危道也。不若尽举见众直趋邺城,彼畏公威名,必望风逃溃,北归辽、碣。若能出战,则事可立决。若欲城邺而守之,则当此盛夏,难为功力,百姓布野,尽为官有,易水以南必交臂请命矣。但恐明公以此计轻锐,胜负难必,欲务持重,则莫若顿兵河、济,控引漕运,俟资储充备,至来夏乃进兵,虽如赊迟,然期于成功而已。舍此二策而连军北上,进不速决,退必愆乏。贼因此势,以日月相引,渐及秋冬,水更涩滞。且北土早寒,三军裘褐者少,恐于时所忧,非独无食而已。”温又不从。

温遣建威将军檀玄攻胡陆,拔之,获燕宁东将军慕容忠。燕主暐以下邳王厉为征讨大都督,帅步骑二万逆战于黄墟,厉兵大败,单马奔还。高平太守徐翻举郡来降。前锋邓遐、朱序败燕将傅颜于林渚。暐复遣乐安王臧统诸军拒温,臧不能抗,乃遣散骑常侍李凤求救于秦。

秋,七月,温屯武阳,燕故兖州刺史孙元帅其族党起兵应温。温至枋头,暐及太傅评大惧,谋奔和龙。吴王垂曰:“臣请击之,若其不捷,走未晚也。”暐乃以垂代乐安王臧为使持节、南讨大都督,帅征南将军范阳王德等众五万以拒温。垂表司徒左长史申胤、黄门侍郎封孚、尚书郎悉罗腾皆从军。胤,钟之子;孚,放之子也。

�又遣散骑侍郎乐嵩请救于秦,许赂以虎牢以西之地。秦王坚引群臣议于东堂,皆曰:"昔桓温伐我,至灞上,燕不我救。今温伐燕,我何救焉!且燕不称藩于我,我何为救之!"王猛密言于坚曰:"燕虽强大,慕容评非温敌也。若温举山东,进屯洛邑,收幽、冀之兵,引并、豫之粟,观兵崤、渑,则陛下大事去矣。今不如与燕合兵以退温,温退,燕亦病矣,然后我承其弊而取之,不亦善乎!"坚从之。八月,遣将军苟池、洛州刺史邓羌帅步骑二万以救燕,出自洛阳,军至颍川。又遣散骑侍郎姜抚报使于燕。以王猛为尚书令。

太子太傅封孚问于申胤曰:"温众强土整,乘流直进,今大军徒逡巡高岸,兵不接刃,未见克殄之理,事将何如?"胤曰:"以温今日声势,似能有为,然在吾观之,必无成功。何则?晋室衰弱,温专制其国,晋之朝臣未必皆与之同心。故温之得志,众所不愿也,必将乖阻以败其事。又,温骄而恃众,怯于应变。大众深入,值可乘之会,反更逍遥中流,不出赴利,欲望持久,坐取全胜,若粮廪愆悬,情见势屈,必不战自败,此自然之数也。"

温以燕降人段思为乡导,悉罗腾与温战,生擒思。温使故赵将李述徇赵、魏,腾又与虎贲中郎将染干津共击斩之,温军夺气。

初,温使豫州刺史袁真攻谯、梁,开石门以通水运,真克谯、梁而不能开石门,水运路塞。

九月,燕范阳王德帅骑一万、兰台治书侍御史刘当帅骑五千屯石门,豫州刺史李邦帅州兵五千断温粮道。当,佩之子也。德使将军慕容宙帅骑一千为前锋,与晋兵遇,宙曰:"晋人轻剽,怯于陷敌,勇于乘退,宜设饵以钓之。"乃使二百骑挑战,分余骑为三伏。挑战者兵未交而走,晋兵追之,宙帅伏以击之,晋兵死者甚众。

温战数不利,粮储复竭,又闻秦兵将至,丙申,焚舟,弃辎重、铠仗,自陆道奔还。以毛虎生督东燕等四郡诸军事,领东燕太守。

温自东燕出仓垣,凿井而饮,行七百余里。燕之诸将争欲追之,吴王垂曰:"不可。温初退惶恐,必严设警备,简精锐为后拒,击之未必得志,不如缓之。彼幸吾未至,必昼夜疾趋,俟其士众力尽气衰,然后击之,无不克矣。"乃帅八千骑徐行蹑其后。温果兼道而进。数日,垂告诸将曰:"温可击矣。"乃急追之,及温于襄邑。范阳王德先帅劲骑四千伏于襄邑东涧中,与垂夹击温,大破之,斩首三万级。秦苟池邀击温于谯,又破之,死者复以万计。孙元遂据武阳以拒燕,燕左卫将军孟高讨擒之。

冬,十月,己巳,大司马温收散卒,屯于山阳。温深耻丧败,乃归罪于袁真,奏免真为庶人,又免冠军将军邓遐官。真以温诬己,不服,表温罪状,朝廷不报。真遂据寿春叛,降燕,且请救,亦遣使如秦。温以毛虎生领淮南太守,守历阳。

燕、秦既结好,使者数往来。燕散骑侍郎太原郝晷、给事黄门侍郎梁琛相继如秦。晷与王猛有旧,猛接以平生,问晷东方之事。晷见燕政不修而秦大治,知燕将亡,阴欲自托于猛,颇泄其实。

琛至长安,秦王坚方畋于万年,欲引见琛,琛曰:"秦使至燕,燕之君臣朝服备礼,洒扫宫廷,然后敢见。今秦主欲野见之,使臣不敢闻命。"尚书郎辛劲谓琛曰:"宾客入境,惟主人所以处之,君焉得专制其礼!且天子称乘舆,所至曰行在所,何常居之有!又,《春秋》亦有遇礼,何为不可乎!"琛曰:"晋室不纲,灵祚归德,二方承运,俱受明命。而桓温猖狂,窥我王略,燕危秦孤,势不独立,是以秦主同恤时患,要结好援。东朝君臣,引领西望,愧其不竞,以为邻忧,西使之辱,敬待有加。今强寇既退,交聘方始,谓宜崇礼笃义,以固二国之欢。若忽慢使臣,是卑燕也,岂修好之义乎!夫天子以四海为家,故行曰乘舆,止曰行在。今海县瓜裂,天光分曜,安得以乘舆、行在为言哉!礼,不期而见曰遇,盖因事权行,其礼简略,岂平居容与之所为哉!客使单行,诚势屈于主人,然苟不以礼,亦不敢从也。"坚乃为之设行宫,百僚陪位,然后延客,如燕朝之仪。

事毕,坚与之私宴,问:"东朝名臣为谁?"琛曰:"太傅上庸王评,明德茂亲,光辅王室;车骑大将军吴王垂,雄略冠世,折冲御侮。其余或以文进,或以武用,官皆称职,野无遗贤。"

琛从兄弈为秦尚书郎,坚使典客馆琛于弈舍。琛曰:"昔诸葛瑾为吴聘蜀,与诸葛亮惟公朝相见,退无私面,余窃慕之。今使之即安私室,所不敢也。"乃不果馆。弈数来就邸舍,与琛卧起,间问琛东国事。琛曰:"今二方分据,兄弟并蒙荣宠,论其本心,各有所在。琛欲言东国之美,恐非西国之所欲闻;欲言其恶,又非使臣之所得论也。兄何用问为!"

坚使太子延琛相见。秦人欲使琛拜太子,先讽之曰:"邻国之君,犹其君也,邻国之储君,亦何以异乎!"琛曰:"天子之子视元士,欲其由贱以登贵也。尚不敢臣其父之臣,况它国之臣乎!苟无纯敬,则礼有往来,情岂忘恭,但恐降屈为烦耳。"乃不果拜。

王猛劝坚留琛,坚不许。

燕主暐遣大鸿胪温统拜袁真使持节、都督淮南诸军事、征南大将军、扬州刺史,封宣城公。统未逾淮而卒。

吴王垂自襄邑还邺，威名益振，太傅评愈忌之。垂奏："所募将士忘身立效，将军孙盖等椎锋陷陈，应蒙殊赏。"评皆抑而不行。垂数以为言，与评廷争，怨隙愈深。太后可足浑氏素恶垂，毁其战功，与评密谋诛之。太宰恪之子楷及垂舅兰建知之，以告垂曰："先发制人，但除评及乐安王臧，余无能为矣。"垂曰："骨肉相残而首乱于国，吾有死而已，不忍为也。"顷之，二人又告，曰："内意已决，不可不早发。"垂曰："必不可弥缝，吾宁避之于外，余非所议。"

垂内以为忧，而未敢告诸子。世子令请曰："尊比者如有忧色，岂非以主上幼冲，太傅疾贤，功高望重，愈见猜邪？"垂曰："然。吾竭力致命以破强寇，本欲保全家国，岂知功成之后，返令身无所容。汝既知吾心，何以为吾谋？"令曰："主上暗弱，委任太傅，一旦祸发，疾于骇机。今欲保族全身，不失大义，莫若逃之龙城，逊辞谢罪，以待主上之察，若周公之居东，庶几可以感寤而得还，此幸之大者也。如其不然，则内抚燕、代，外怀群夷，守肥如之险以自保，亦其次也。"垂曰："善。"

十一月，辛亥朔，垂请畋于大陆，因微服出邺，将趋龙城。至邯郸，少子麟，素不为垂所爱，逃还告状，垂左右多亡叛。太傅评白燕主暐，遣西平公强帅精骑追之，及于范阳。世子令断后，强不敢逼。会日暮，令谓垂曰："本欲保邺都以自全，今事已泄，谋不及设。秦主方招延英杰，不如往归之。"垂曰："今日之计，舍此安之！"乃散骑灭迹，傍南山复还邺，隐于赵之显原陵。俄有猎者数百骑四面而来，抗之则不能敌，逃之则无路，不知所为。会猎者鹰皆飞扬，众骑散去。垂乃杀白马以祭天，且盟从者。

世子令言于垂曰："太傅忌贤疾能，构事以来，人尤忿恨。今邺城之中，莫知尊处，如婴儿之思母，夷、夏同之，若顺众心，袭其无备，取之如指掌耳。事定之后，革弊简能，大匡朝政，以辅主上，安国存家，功之大者也。今日之便，诚不可失，愿给骑数人，足以办之。"垂曰："如汝之谋，事成诚为大福，不成悔之何及！不如西奔，可以万全。"子马奴潜谋逃归，杀之而行。至河阳，为津吏所禁，斩之而济。遂自洛阳与段夫人、世子令、令弟宝、农、隆、兄子楷、舅兰建、郎中令高弼俱奔秦，留妃可足浑氏于邺。乙泉戍主吴归追及于阌乡，世子令击之而退。

初，秦王坚闻太宰恪卒，阴有图燕之志，惮垂威名，不敢发。及闻垂至，大喜，郊迎，执手曰："天生贤杰，必相与共成大功，此自然之数也。要当与卿共定天下，告成岱宗，然后还卿本邦，世封幽州，使卿去国不失为子之孝，归朕不失事君之忠，不亦美乎！"垂谢曰："羁旅之臣，免罪为幸，本邦之荣，非所敢望！"坚复爱世子令及慕容楷之才，皆厚礼之，赏赐巨万，每进见，属目观之。关中士民素闻垂父子名，皆向慕之。王猛言于坚曰："慕容垂父子，譬如龙虎，非可驯之物，若借以风云，将不可复制，不如早除之。"坚曰："吾方收揽英雄以清四海，奈何杀之！且其始来,吾已推诚纳之矣,匹夫犹不弃言,况万乘乎!"乃以垂为冠军将军,封宾徒侯,楷为积弩将军。

燕魏尹范阳王德素与垂善,及车骑从事中郎高泰等,皆坐免官。尚书右丞申绍言于太傅评曰:"今吴王出奔,外口籍籍,宜征王僚属之贤者显进之,粗可消谤。"评曰:"谁可者?"绍曰:"高泰其领袖也。"乃以泰为尚书郎。泰,瞻之从子;绍,胤之兄也。

秦留梁琛月余,乃遣归。琛兼程而进,比至邺,吴王垂已奔秦。琛言于太傅评曰:"秦人日阅军旅,多聚粮于陕东,以琛观之,为和必不能久。今吴王又往归之,秦必有窥燕之谋。宜早为之备。"评曰:"秦岂肯受叛臣而败和好哉!"琛曰:"今二国分据中原,常有相吞之志,桓温之入寇,彼以计相救,非爱燕也,若燕有衅,彼岂忘其本志哉!"评曰:"秦主何如人?"琛曰:"明而善断。"问王猛,曰:"名不虚得。"评皆不以为然。琛又以告燕主㬀,㬀亦不然之。以告皇甫真,真深忧之,上疏言:"苻坚虽聘问相寻,然实有窥上国之心,非能慕乐德义,不忘久要也。前出兵洛川,及使者继至,国之险易虚实,彼皆得之矣。今吴王垂又往从之,为其谋主,伍员之祸,不可不备。洛阳、太原、壶关,皆宜选将益兵,以防未然。"㬀召太傅评谋之,评曰:"秦国小力弱,恃我为援,且苻坚庶几善道,终不肯纳叛臣之言,绝二国之好。不宜轻自惊扰以启寇心。"卒不为备。

秦遣黄门郎石越聘于燕,太傅评示之以奢,欲以夸燕之富盛。高泰及太傅参军河间刘靖言于评曰:"越言诞而视远,非求好也,乃观衅也。宜耀兵以示之,用折其谋。今乃示之以奢,益为其所轻矣。"评不从。泰遂谢病归。

是时太后可足浑氏侵挠国政,太傅评贪昧无厌,货贿上流,官非才举,群下怨愤。尚书左丞申胤上疏,以为:"守宰者,致治之本。今之守宰,率非其人,或武人出于行伍,或贵戚生长绮纨,既非乡曲之选,又不更朝廷之职,加之黜陟无法,贪惰者无刑罚之惧,清修者无旌赏之劝。是以百姓困弊,寇盗充斥,纲颓纪紊,莫相纠摄。又官吏猥多,逾于前世,公私纷然,不胜烦扰。大燕户口,数兼二寇,弓马之劲,四方莫及,而比者战则屡北,皆由守宰赋调不平,侵渔无已,行留俱窘,莫肯致命故也。后宫之女四千余人,僮侍厮役尚在其外,一日之费,厥直万金,士民承风,竞为奢靡。彼秦、吴僭僻,犹能条治所部,有兼并之心,而我上下因循,日失其序。我之不修,彼之愿也。谓宜精择守宰,并官省职,存恤兵家,使公私两遂,节抑浮靡,爱惜用度,赏必当功,罚必当罪。如此,则温、猛可枭,二方可取,岂特保境安民而已哉!又,索头什翼犍疲病昏悖,虽乏贡御,无能为患,而劳兵远戍,有损无益。不若移于并土,控制西河,南坚壶关,北重晋阳,西寇来则拒守,过则断后,犹愈于戍孤城守无用之地也。"疏奏,不省。

辛丑,丞相昱与大司马温会涂中,以谋后举。以温世子熙为豫州刺史、假节。

初,燕人许割虎牢以西赂秦。晋兵既退,燕人悔之,谓秦人曰:"行人失辞。有国有家者,分灾救患,理之常也。"秦王坚大怒,遣辅国将军王猛、建威将军梁成、洛州刺史邓羌帅步骑三万伐燕。十二月,进攻洛阳。

大司马温发徐、兖州民筑广陵城,徙镇之。时征役既频,加之疫疠,死者什四五,百姓嗟怨。秘书监太原孙盛作《晋春秋》,直书时事,大司马温见之,怒,谓盛子曰:"枋头诚为失利,何至乃如尊君所言!若此史遂行,自是关君门户事。"其子遽拜谢,请改之。时盛年老家居,性方严,有轨度,子孙虽班白,待之愈峻。至是诸子乃共号泣稽颡,请为百口切计。盛大怒,不许,诸子遂私改之。盛先已写别本,传之外国。及孝武帝购求异书,得之于辽东人,与见本不同,遂两存之。

五年(庚午、370)

春,正月,己亥,袁真以梁国内史沛郡朱宪及弟汝南内史斌阴通大司马温,杀之。

秦王猛遗燕荆州刺史武威王筑书曰:"国家今已塞成皋之险,杜盟津之路,大驾虎旅百万,自轵关取邺都,金墉穷戍,外无救援,城下之师,将军所监,岂三百弊卒所能支也!"筑惧,以洛阳降,猛陈师受之。燕卫大将军乐安王臧城新乐,破秦兵于石门,执秦将杨猛。

王猛之发长安也,请慕容令参其军事,以为乡导。将行,造慕容垂饮酒,从容谓垂曰:"今当远别,卿何以赠我,使我睹物思人?"垂脱佩刀赠之。猛至洛阳,赂垂所亲金熙,使诈为垂使者,谓令曰:"吾父子来此,以逃死也。今王猛疾人如仇,谗毁日深,秦主虽外相厚善,其心难知。丈夫逃死而卒不免,将为天下笑。吾闻东朝比来始更悔痛,主、后相尤。吾今还东,故遣告汝,吾已行矣,便可速发。"令疑之,踌躇终日,又不可审覆,乃将旧骑,诈为出猎,遂奔乐安王臧于石门。猛表令叛状,垂惧而出走,及蓝田,为追骑所获。秦王坚引见东堂,劳之曰:"卿家国失和,委身投朕。贤子心不忘本,犹怀首丘,亦各其志,不足深咎。然燕之将亡,非令所能存,惜其徒入虎口耳。且父子兄弟,罪不相及,卿何为过惧而狼狈如是乎!"待之如旧。燕人以令叛而复还,其父为秦所厚,疑令为反间,徙之沙城,在龙都东北六百里。

臣光曰:昔周得微子而革商命,秦得由余而霸西戎,吴得伍员而克强楚,汉得陈平而诛项籍,魏得许攸而破袁绍。彼敌国之材臣,来为己用,进取之良资也。王猛知慕容垂之心久而难信,独不念燕尚未灭,垂以材高功盛,无罪见疑,穷困归秦,未有异心,遽以猜忌杀之,是助燕为无道而塞来者之门也,如何其可哉!故秦王坚礼之以收燕望,亲之以尽燕情,宠之以倾燕众,信之以结燕心,未为过矣。猛何汲汲于杀垂,至乃为市井鬻卖之行,有如嫉其宠而谮之者,岂雅德君子所宜为哉!

乐安王臧进屯荥阳,王猛遣建威将军梁成、洛州刺史邓羌击走之。留羌镇金墉,以辅国司马桓寅为弘农太守,代羌戍陕城而还。

秦王坚以王猛为司徒,录尚书事,封平阳郡侯。猛固辞曰:"今燕、吴未平,戎车方驾,而始得一城,即受三事之赏,若克殄二寇,将何以加之!"坚曰:"苟不暂抑朕心,何以显卿谦光之美! 已诏有司权听所守,封爵酬庸,其勉从朕命。"

二月,癸酉,袁真卒。陈郡太守朱辅立真子瑾为建威将军、豫州刺史,以保寿春,遣其子乾之及司马爨亮如邺请命。燕人以瑾为扬州刺史,辅为荆州刺史。

三月,秦王坚以吏部尚书权翼为尚书右仆射。夏,四月,复以王猛为司徒,录尚书事,猛固辞,乃止。

燕、秦皆遣兵助袁瑾,大司马温遣督护竺瑶等御之。燕兵先至,瑶等与战于武丘,破之。南顿太守桓石虔克其南城。石虔,温之弟子也。

秦王坚复遣王猛督镇南将军杨安等十将步骑六万以伐燕。

慕容令自度终不得免,密谋起兵,沙场中谪戍士数千人,令皆厚抚之。五月,庚午,令杀牙门孟妫。城大涉圭惧,请自效。令信之,引置左右。遂帅(遣)〔谪〕戍士东袭威德城,杀城郎慕容仓,据城部署,遣人招东、西诸戍,翕然皆应之。镇东将军勃海王亮镇龙城,令将袭之,其弟麟以告亮,亮闭城拒守。癸酉,涉圭因侍直击令,令单马走,其党皆溃。涉圭追令至薛黎泽,擒而杀之,诣龙城白亮。亮为之诛涉圭,收令尸而葬之。

六月,乙卯,秦王坚送王猛于灞上,曰:"今委卿以关东之任,当先破壶关,平上党,长驱取邺,所谓'疾雷不及掩耳'。吾当亲督万众,继卿星发,舟车粮运,水陆俱进,卿勿以为后虑也。"猛曰:"臣杖威灵,奉成算,荡平残胡,如风扫叶,愿不烦銮舆亲犯尘雾,但愿速敕所司部置鲜卑之所。"坚大悦。

秋,七月,癸酉朔,日有食之。

秦王猛攻壶关,杨安攻晋阳。八月,燕主暐命太傅上庸王评将中外精兵三十万以拒秦。暐以秦寇为忧,召散骑侍郎李凤、黄门侍郎梁琛、中书侍郎乐嵩问曰:"秦兵众寡何如? 今大军既出,秦能战乎?"凤曰:"秦国小兵弱,非王师之敌,景略常才,又非太傅之比,不足忧也。"琛、嵩曰:"胜败在谋,不在众寡。秦远来为寇,安肯不战? 且吾当用谋以求胜,岂可冀其不战而已乎!"暐不悦。王猛克壶关,执上党太守南安王越,所过郡县,皆望风降附,燕人大震。

黄门侍郎封孚问司徒长史申胤曰:"事将何如?"胤叹曰:"邺必亡矣,吾属今兹将为秦虏。然越得岁而吴伐之,卒受其祸。今福德在燕,秦虽得志,而燕之复建,不过一纪耳。”

大司马温自广陵帅众二万讨袁瑾,以襄城太守刘波为淮南内史,将五千人镇石头。波,隗之孙也。癸丑,温败瑾于寿春,遂围之。燕左卫将军孟高将骑兵救瑾,至淮北,未渡,会秦伐燕,燕召高还。

广汉妖贼李弘,诈称汉归义侯势之子,聚众万余人,自称圣王,年号凤凰。陇西人李高,诈称成主雄之子,攻破涪城,逐梁州刺史杨亮。九月,益州刺史周楚遣子琼讨高,又使琼子梓潼太守虓讨弘,皆平之。

秦杨安攻晋阳,晋阳兵多粮足,久之未下。王猛留屯骑校尉苟长戍壶关,引兵助安攻晋阳,为地道,使虎牙将军张蚝帅壮士数百潜入城中,大呼斩关,纳秦兵。辛巳,猛、安入晋阳,执燕并州刺史东海王庄。太傅评畏猛,不敢进,屯于潞川。冬,十月,辛亥,猛留将军武都毛当戍晋阳,进兵潞川,与慕容评相持。

壬戌,猛遣将军徐成觇燕军形要,期以日中,及昏而返,猛怒,将斩之。邓羌请之曰:“今贼众我寡,诘朝将战,成,大将也,宜且宥之。”猛曰:“若不杀成,军法不立。”羌固请曰:“成,羌之郡将也,虽违期应斩,羌愿与成效战以赎之。”猛弗许。羌怒,还营,严鼓勒兵,将攻猛。猛问其故,羌曰:“受诏讨远贼,今有近贼,自相杀,欲先除之。”猛谓羌义而有勇,使语之曰:“将军止,吾今赦之。”成既免,羌诣猛谢。猛执其手曰:“吾试将军耳,将军于郡将尚尔,况国家乎! 吾不复忧贼矣。”

太傅评以猛悬军深入,欲以持久制之。评为人贪鄙,障固山泉,鬻樵及水,积钱帛如丘陵,士卒怨愤,莫有斗志。猛闻之,笑曰:“慕容评真奴才,虽亿兆之众不足畏,况数十万乎! 吾今兹破之必矣。”乃遣游击将军郭庆帅骑五千,夜从间道出评营后,烧评辎重,火见邺中。燕主暐惧,遣侍中兰伊让评曰:“王,高祖之子也,当以宗庙社稷为忧,奈何不抚战士而榷卖樵水,专以货殖为心乎! 府库之积,朕与王共之,何忧于贫! 若贼兵遂进,家国丧亡,王持钱帛欲安所置之!”乃命悉以其钱帛散之军士,且趣使战。评大惧,遣使请战于猛。

甲子,猛陈于渭源而誓之曰:“王景略受国厚恩,任兼内外,今与诸君深入贼地,当竭力致死,有进无退,共立大功,以报国家。受爵明君之朝,称觞父母之室,不亦美乎!”众皆踊跃,破釜弃粮,大呼竞进。

猛望燕兵之众,谓邓羌曰:“今日之事,非将军不能破勃敌。成败之机,在兹一举,将军勉之!”羌曰:“若能以司隶见与者,公勿以为忧。”猛曰:“此非吾所及也。必以安定太守、万户侯相处。”羌不悦而退。俄而兵交,猛召羌,羌寝弗应。猛驰就许之,羌乃大饮帐中,与张蚝、徐成等跨马运矛,驰赴燕陈,出入数四,旁若无人,所杀伤数百。及日中,燕兵大败,俘斩五万余人,乘胜追击,所杀及降者又十万余人,评单骑走还邺。

崔鸿曰：邓羌请郡将以桡法，徇私也；勒兵欲攻王猛，无上也；临战豫求司隶，邀君也。有此三者，罪孰大焉！猛能容其所短，收其所长，若驯猛虎，驭悍马，以成大功。《诗》云："采葑采菲，无以下体。"猛之谓矣！

秦兵长驱而东，丁卯，围邺。猛上疏称："臣以甲子之日，大歼丑类。顺陛下仁爱之志，使六州士庶，不觉易主，自非守迷违命，一无所害。"秦王坚报之曰："将军役不逾时，而元恶克举，勋高前古。朕今亲帅六军，星言电赴。将军其休养将士，以待朕至，然后取之。"

猛之未至也，邺旁剽劫公行，及猛至，远近帖然。号令严明，军无私犯，法简政宽，燕民各安其业，更相谓曰："不图今日复见太原王！"猛闻之，叹曰："慕容玄恭信奇士也，可谓古之遗爱矣。"设太牢以祭之。

十一月，秦王坚留李威辅太子守长安，阳平公融镇洛阳，自帅精锐十万赴邺，七日而至安阳，宴祖父时故老。猛潜如安阳谒坚，坚曰："昔周亚夫不迎汉文帝，今将军临敌而弃军，何也？"猛曰："亚夫前却人主以求名，臣窃少之。且臣奉陛下威灵，击垂亡之虏，譬如釜中之鱼，何足虑也！监国冲幼，銮驾远临，脱有不虞，悔之何及！陛下忘臣灞上之言邪！"

初，燕宜都王桓帅众万余屯沙亭，为太傅评后继，闻评败，引兵屯内黄。坚使邓羌攻信都。丁丑，桓帅鲜卑五千奔龙城。戊寅，燕散骑侍郎馀蔚帅扶馀、高句丽及上党质子五百余人，夜开邺北门，纳秦兵，燕主暐与上庸王评、乐安王臧、定襄王渊、左卫将军孟高、殿中将军艾朗等奔龙城。辛巳，秦王坚入邺宫。

慕容垂见燕公卿大夫及故时僚吏，有愠色。高弼密言于垂曰："大王凭祖宗积累之资，负英杰高世之略，遭值迍陁，栖集外邦。今虽家国倾覆，安知其不为兴运之始邪！愚谓国之旧人，宜恢江海之量，有以慰结其心，以立覆篑之基，成九仞之功，奈何以一怒捐之？愚窃为大王不取也。"垂悦，从之。

燕主暐之出邺也，卫士犹千余骑，既出城，皆散，惟十余骑从行。秦王坚使游击将军郭庆追之。时道路艰难，孟高扶侍暐，经护二王，极其勤瘁，又所在遇盗，转斗而前。数日，行至福禄，依冢解息，盗二十余人猝至，皆挟弓矢，高持刀与战，杀伤数人。高力极，自度必死，乃直前抱一贼，顿击于地，大呼曰："男儿穷矣！"余贼从旁射高，杀之。艾朗见高独战，亦还趋贼，并死。暐失马步走，郭庆追及于高阳，部将巨武将缚之，暐曰："汝何小人，敢缚天子！"武曰："我受诏追贼，何谓天子！"执以诣秦王坚。坚诘其不降而走之状，对曰："狐死首丘，欲归死于先人坟墓耳。"坚哀而释之，令还宫，帅文武出降。暐称孟高、艾朗之忠于坚，坚命厚加敛葬，拜其子为郎中。

郭庆进至龙城，太傅评奔高句丽，高句丽执评，送于秦。宜都王桓杀镇东将军渤海王亮,并其众,奔辽东。辽东太守韩稠,先已降秦,桓至,不得入,攻之,不克。郭庆遣将军朱嶷击之,桓弃众单走,嶷获而杀之。

诸州牧守及六夷渠帅并降于秦,凡得郡百五十七,户二百四十六万,口九百九十九万。以燕宫人、珍宝分赐将士。下诏大赦曰:"朕以寡薄,猥承休命,不能怀远以德,柔服四维,至使戎车屡驾,有害斯民,虽百姓之过,然亦朕之罪也。其大赦天下,与之更始。"

初,梁琛之使秦也,以侍辇苟纯为副。琛每应对,不先告纯,纯恨之,归,言于燕主暐曰:"琛在长安,与王猛甚亲善,疑有异谋。"琛又数称秦王坚及王猛之美,且言秦将兴师,宜为之备。已而秦果伐燕,皆如琛言,暐乃疑琛知其情。及慕容评败,遂收琛系狱。秦王坚入邺而释之,除中书著作郎,引见,谓之曰:"卿昔言上庸王、吴王皆将相奇材,何为不能谋画,自使亡国?"对曰:"天命废兴,岂二人所能移也!"坚曰:"卿不能见几而作,虚构燕美,忠不自防,返为身祸,可谓智乎?"对曰:"臣闻'幾者动之微,吉凶之先见者也。'如臣愚暗,实所不及。然为臣莫如忠,为子莫如孝,自非有一至之心者,莫能保忠孝之始终。是以古之烈士,临危不改,见死不避,以徇君亲。彼知幾者,心达安危,身择去就,不顾家国,臣就使知之,尚不忍为,况非所及邪!"

坚闻悦绾之忠,恨不及见,拜其子为郎中。

坚以王猛为使持节、都督关东六州诸军事、车骑大将军、开府仪同三司、冀州牧,镇邺,进爵清河郡侯,悉以慕容评第中之物赐之。赐杨安爵博平县侯;以邓羌为持节、征虏将军、安定太守,赐爵真定郡侯;郭庆为持节、都督幽州诸军事、幽州刺史,镇蓟,赐爵襄城侯。其余将士封赏各有差。

坚以京兆韦钟为魏郡太守,彭豹为阳平太守,其余州县牧、守、令、长,皆因旧而授之。以燕常山太守申绍为散骑侍郎,使与散骑侍郎京兆韦儒俱为绣衣使者,循行关东州郡,观省风俗,劝课农桑,振恤穷困,收葬死亡,旌显节行,燕政有不便于民者,皆变除之。

十二月,秦王坚迁慕容暐及燕后妃、王公、百官并鲜卑四万余户于长安。

王猛表留梁琛为主簿,领记室督。它日,猛与僚属宴,语及燕朝使者,猛曰:"人心不同。昔梁君至长安,专美本朝,乐君但言桓温军盛,郝君微说国弊。"参军冯诞曰:"今三子皆为国臣,敢问取臣之道何先?"猛曰:"郝君知几为先。"诞曰:"然则明公赏丁公而诛季布也。"猛大笑。

秦王坚自邺如枋头,宴父老,改枋头为永昌,复之终世。甲寅,至长安,封慕容暐为新兴侯;以燕故臣慕容评为给事中,皇甫真为奉车都尉,李洪为驸马都尉,皆奉朝请。李邽为尚书,封衡为尚书郎,慕容德为张掖太守,燕国平叡为宣威将军,悉罗腾为三署郎。其余封授各有差。衡,裕之子也。

燕故太史黄泓叹曰:"燕必中兴,其在吴王乎!恨吾老,不及见耳。"汲郡赵秋曰:"天道在燕,而秦灭之。不及十五年,秦必复为燕有。"

慕容桓之子凤,年十一,阴有复仇之志,鲜卑、丁零有气干者,皆倾身与之交结。权翼见而谓之曰:"儿方以才望自显,勿效尔父不识天命。"凤厉色曰:"先王欲建忠而不遂,此乃人臣之节。君侯之言,岂奖劝将来之义乎!"翼改容谢之,言于秦王坚曰:"慕容凤慷慨有才器,但狼子野心,恐终不为人用耳。"

秦省雍州。

是岁,仇池公杨世卒,子纂立,始与秦绝。叔父武都太守统与之争国,起兵相攻。

资治通鉴卷第一百三

端明殿学士兼翰林侍读学士朝散大夫右谏议大夫充集贤殿修撰权判西京留司御史台上柱国河内郡开国侯食邑一千三百户食实封四百户赐紫金鱼袋臣　司马光　奉敕编集

晋纪二十五起重光协洽（辛未），尽旃蒙大渊献（乙亥），凡五年。

太宗简文皇帝

咸安元年（辛未、371）

春，正月，袁瑾、朱辅求救于秦，秦王坚以瑾为扬州刺史，辅为交州刺史，遣武卫将军武都王鉴、前将军张蚝帅步骑二万救之。大司马温遣淮南太守桓伊、南顿太守桓石虔等击鉴、蚝于石桥，大破之，秦兵退屯慎城。伊，宣之子也。丁亥，温拔寿春，擒瑾及辅，并其宗族送建康斩之。

秦王坚徙关东豪杰及杂夷十五万户于关中，处乌桓于冯翊、北地，丁零翟斌于新安、渑池。诸因乱流移、欲还旧业者，悉听之。

二月，秦以魏郡太守韦钟为青州刺史，中垒将军梁成为兖州刺史，射声校尉徐成为并州刺史，武卫将军王鉴为豫州刺史，左将军彭越为徐州刺史，太尉司马皇甫覆为荆州刺史，屯骑校尉天水姜宇为凉州刺史，扶风内史王统为益州刺史，秦州刺史西县侯雅为使持节、都督秦、晋、凉、雍州诸军事、秦州牧，吏部尚书杨安为使持节、都督益、梁州诸军事、梁州刺史。复置雍州，治蒲阪，以长乐公丕为使持节、征东大将军、雍州刺史。成，平老之子；统，擢之子也。坚以关东初平，守令宜得人，令王猛以便宜简召英俊，补六州守令，授讫，言台除正。

三月，壬辰，益州刺史建成定公周楚卒。

秦后将军金城俱难攻兰陵太守张闵子于桃山，大司马温遣兵击却之。

秦西县侯雅、杨安、王统、徐成及羽林左监朱肜、扬武将军姚苌帅步骑七万伐仇池公杨纂。

代将长孙斤谋弑代王什翼犍，世子寔格之，伤胁，遂执斤，杀之。

夏，四月，戊午，大赦。

秦兵至鹫峡，杨纂帅众五万拒之。梁州刺史弘农杨亮遣督护郭宝、卜靖帅千余骑助纂，与秦兵战于峡中，纂兵大败，死者什三四，宝等亦没，纂收散兵遁还。西县侯雅进攻仇池，杨统帅武都之众降秦。纂惧，面缚出降，雅送纂于长安。以统为南秦州刺史，加杨安都督南秦州诸军事，镇仇池。

王猛之破张天锡于枹罕也,获其将敦煌阴据及甲士五千人。秦王坚既克杨纂,遣据帅其甲士还凉州,使著作郎梁殊,阎负送之,因命王猛为书谕天锡曰:"昔贵先公称藩刘、石者,惟审于强弱也。今论凉土之力,则损于往时,语大秦之德,则非二赵之匹,而将军翻然自绝,无乃非宗庙之福也欤!以秦之威,旁振无外,可以回弱水使东流,返江、河使西注,关东既平,将移兵河右,恐非六郡士民所能抗也。刘表谓汉南可保,将军谓西河可全,吉凶在身,元龟不远,宜深算妙虑,以求多福,无使六世之业一旦而坠地也。"天锡大惧,遣使谢罪称藩。坚拜天锡使持节、都督河右诸军事、骠骑大将军、开府仪同三司、凉州刺史、西平公。

吐谷浑王辟奚闻杨纂败,五月,遣使献马千匹、金银五百斤于秦。秦以辟奚为安远将军、漏川侯。辟奚,叶延之子也,好学,仁厚而无威断,三弟专恣,国人患之。长史钟恶地,西漏羌豪也,谓司马乞宿雲曰:"三弟纵横,势出王右,几亡国矣。吾二人位为元辅,岂得坐而视之!诘朝月望,文武并会,吾将讨焉。王之左右皆吾弟子,转目一顾,立可擒也。"宿雲请先白王,恶地曰:"王仁而无断,白之必不从。万一事泄,吾属无类矣。事已出口,何可中变!"遂于坐收三弟,杀之。辟奚惊怖,自投床下,恶地、宿雲趋而扶之曰:"臣昨梦先王(刺)〔敕〕臣云:'三弟将为逆,不可不讨。'故诛之耳。"辟奚由是发病恍惚,命世子视连曰:"吾祸及同生,何以见之于地下!国事大小,任汝治之,吾余年残命,寄食而已。"遂以忧卒。

视连立,不饮酒游畋者七年,军国之事,委之将佐。钟恶地谏,以为:"人主当自娱乐,建威布德。"视连泣曰:"孤自先世以来,以仁孝忠恕相承。先王念友爱之不终,悲愤而亡。孤虽篡业,尸存而已,声色游娱,岂所安也!威德之建,当付之将来耳。"

代世子寔病伤而卒。

秋,七月,秦王坚如洛阳。

代世子寔娶东部大人贺野(千)〔干〕之女,有遗腹子,甲戌,生男,代王什翼犍为之赦境内,名曰涉圭。

大司马温以梁、益多寇,周氏世有威名,八月,以宁州刺史周仲孙监益、梁二州诸军事,领益州刺史。仲孙,光之子也。

秦以光禄勋李俨为河州刺史,镇武(如)〔始〕。

王猛以潞川之功,请以邓羌为司隶。秦王坚下诏曰:"司隶校尉,董牧皇畿,吏责甚重,非所以优礼名将。光武不以吏事处功臣,实贵之也。羌有廉、李之才,朕方委以征伐之事,北平匈奴,南荡扬、越,羌之任也,司隶何足以婴之!其进号镇军将军,位特进。"

九月,秦王坚还长安。归安元侯李俨卒于上邽,坚复以俨子辩为河州刺史。

冬,十月,秦王坚如邺,猎于西山,旬余忘返。伶人王洛叩马谏曰:"陛下群生所系,今久猎不归,一旦患生不虞,奈太后、天下何!"坚为之罢猎还宫。王猛因进言曰:"畋猎诚非急务,王洛之言,不可忘也。"坚赐洛帛百匹,拜官箴左右,自是不复猎。

大司马温恃其材略位望,阴蓄不臣之志,尝抚枕叹曰:"男子不能流芳百世,亦当遗臭万年!"术士杜炅能知人贵贱,温问炅以己禄位所至,炅曰:"明公勋格宇宙,位极人臣。"温不悦。温欲先立功河朔以收时望,还受九锡。及枋头之败,威名顿挫。既克寿春,谓参军郗超曰:"足以雪枋头之耻乎?"超曰:"未也。"久之,超就温宿,中夜,谓温曰:"明公都无所虑乎?"温曰:"卿欲有言邪?"超曰:"明公当天下重任,今以六十之年,败于大举,不建不世之勋,不足以镇惬民望。"温曰:"然则奈何?"超曰:"明公不为伊、霍之举者,无以立大威权,镇压四海。"温素有心,深以为然,遂与之定议。以帝素谨无过,而床笫易诬,乃言"帝早有痿疾,嬖人相龙、计好、朱灵宝等参侍内寝,二美人田氏、孟氏生三男,将建储立王,倾移皇基。"密播此言于民间,时人莫能审其虚实。

十一月,癸卯,温自广陵将还姑孰,屯于白石。丁未,诣建康,讽褚太后,请废帝立丞相会稽王昱,并作令草呈之。太后方在佛屋烧香,内侍启云:"外有急奏。"太后出,倚户视奏数行,乃曰:"我本自疑此。"至半,便止,索笔益之曰:"未亡人不幸罹此百忧,感念存没,心焉如割。"

己酉,温集百官于朝堂。废立既旷代所无,莫有识其故典者,百官震栗。温亦色动,不知所为。尚书仆射王彪之知事不可止,乃谓温曰:"公阿衡皇家,当倚傍先代。"乃命取《霍光传》,礼度仪制,定于须臾。彪之朝服当阶,神彩毅然,曾无惧容,文武仪准,莫不取定,朝廷以此服之。于是宣太后令,废帝为东海王,以丞相、录尚书事会稽王昱统承皇极。百官入太极前殿,温使督护竺瑶、散骑侍郎刘亨收帝玺绶。帝著白帢单衣,步下西堂,乘犊车出神虎门,群臣拜辞,莫不歔欷。侍御史、殿中监将兵百人卫送东海第。温帅百官具乘舆法驾,迎会稽王于会稽邸。王于朝堂变服,著平巾帻、单衣,东向流涕,拜受玺绶,是日,即皇帝位,改元。温出次中堂,分兵屯卫。温有足疾,诏乘舆入殿。温撰辞,欲陈述废立本意,帝引见,便泣下数十行,温兢惧,竟不能一言而出。

太宰武陵王晞,好习武事,为温所忌,欲废之,以事示王彪之。彪之曰:"武陵亲尊,未有显罪,不可以猜嫌之间,便相废徙。公建立圣明,当崇奖王室,与伊、周同美;此大事,宜更深详。"温曰:"此已成事,卿勿复言。"乙卯,温表"晞聚纳轻剽,息综矜忍。袁真叛逆,事相连染。顷日猜惧,将成乱阶。请免晞官,以王归藩。"从之。并免其世子综、梁王瓘等官。温使魏郡太守毛安之帅所领宿卫殿中。安之,虎生之弟也。

庚戌,尊褚太后曰崇德太后。

初,殷浩卒,大司马温使人赍书吊之。浩子涓不答,亦不诣温,而与武陵王晞游。广州刺史庾蕴,希之弟也,素与温有隙。温恶殷、庾宗强,欲去之。辛亥,使其弟秘逼新蔡王晃诣西堂叩头自列,称与晞及子综、著作郎殷涓、太宰长史庾倩、掾曹秀、舍人刘彊、散骑常侍庾柔等谋反。帝对之流涕,温皆收付廷尉。倩、柔,皆蕴之弟也。癸丑,温杀东海王三子及其母。甲寅,御史中丞谯王恬承温旨,请依律诛武陵王晞。诏曰:“悲惋惶怛,非所忍闻,况言之哉!其更详议。”恬,承之孙也。乙卯,温重表固请诛晞,词甚酷切。帝乃赐温手诏曰:“若晋祚灵长,公便宜奉行前诏。如其大运去矣,请避贤路。”温览之,流汗变色,乃奏废晞及三子,家属皆徙新安郡。丙辰,免新蔡王晃为庶人,徙衡阳,殷涓、庾倩、曹秀、刘彊、庾柔皆族诛,庾蕴饮鸩死。蕴兄东阳太守友子妇,桓豁之女也,故温特赦之。庾希闻难,与弟会稽王参军邈及子攸之逃于海陵陂泽中。

温既诛殷、庾,威势翕赫,侍中谢安见温遥拜。温惊曰:“安石,卿何事乃尔!”安曰:“未有君拜于前,臣揖于后。”

戊午,大赦,增文武位二等。

己未,温如白石,上书求归姑孰。庚申,诏进温丞相,大司马如故,留京师辅政,温固辞,仍请还镇。辛酉,温自白石还姑孰。

秦王坚闻温废立,谓群臣曰:“温前败灞上,后败枋头,不能思愆自贬以谢百姓,方更废君以自说,六十之叟,举动如此,将何以自容于四海乎!谚曰:‘怒其室而作色于父。’其桓温之谓矣。”

秦车骑大将军王猛,以六州任重,言于秦王坚,请改授亲贤,及府选便宜,辄已停寝,别乞一州自效。坚报曰:“朕之于卿,义则君臣,亲逾骨肉,虽复桓、昭之有管、乐,玄德之有孔明,自谓逾之。夫人主劳于求才,逸于得士。既以六州相委,则朕无东顾之忧,非所以为优崇,乃朕自求安逸也。夫取之不易,守之亦难,苟任非其人,患生虑表,岂独朕之忧,亦卿之责也,故虚位台鼎而以分陕为先。卿未照朕心,殊乖素望。新政俟才,宜速铨补,俟东方化洽,当袭衣西归。”仍遣侍中梁谠诣邺谕旨,猛乃视事如故。

十二月,大司马温奏:“废放之人,屏之以远,不可以临黎元。东海王宜依昌邑故事,筑第吴郡。”太后诏曰:“使为庶人,情有不忍,可特封王。”温又奏:“可封海西县侯。”庚寅,封海西县公。

温威振内外,帝虽处尊位,拱默而已,常惧废黜。先是,荧惑守太微端门,逾月而海西废。辛卯,荧惑逆行入太微,帝甚恶之。中书侍郎郗超在直,帝谓超曰:

"命之修短,本所不计,故当无复近日事邪!"超曰:"大司马臣温,方内固社稷,外恢经略,非常之事,臣以百口保之。"及超请急省其父,帝曰:"致意尊公,家国之事,遂至于此!由吾不能以道匡卫,愧叹之深,言何能谕。"因咏庾阐诗云:"志士痛朝危,忠臣哀主辱。"遂泣下沾襟。帝美风仪,善容止,留心典籍,凝尘满席,湛如也。虽神识恬畅,然无济世大略,谢安以为惠帝之流,但清谈差胜耳。

郗超以温故,朝中皆畏事之。谢安尝与左卫将军王坦之共诣超,日旰未得前,坦之欲去,安曰:"独不能为性命忍须臾邪?"

秦以河州刺史李辩领兴晋太守,还镇枹罕。徙凉州治金城。张天锡闻秦有兼并之志,大惧,立坛于姑臧南,刑三牲,帅其官属,遥与晋三公盟。遣从事中郎韩博奉表送盟文,并献书于大司马温,期以明年夏同大举,会于上邽。

是岁,秦益州刺史王统攻陇西鲜卑乞伏司繁于度坚山,司繁帅骑三万拒统于苑川。统潜袭度坚山,司繁部落五万余皆降于统,其众闻妻子已降秦,不战而溃。司繁无所归,亦诣统降。秦王坚以司繁为南单于,留之长安;以司繁从叔吐雷为勇士护军,抚其部众。

二年(壬申、372)

春,二月,秦以清河房旷为尚书左丞,征旷兄默及清河崔逞、燕国韩胤为尚书郎,北平阳陟、田勰、阳瑶为著作佐郎,郝略为清河相。皆关东士望,王猛所荐也。瑶,骛之子也。

冠军将军慕容垂言于秦王坚曰:"臣叔父评,燕之恶来辈也,不宜复污圣朝,愿陛下为燕戮之。"坚乃出评为范阳太守,燕之诸王悉补边郡。

臣光曰:古之人,灭人之国而人悦,何哉?为人除害故也。彼慕容评者,蔽君专政,忌贤疾功,愚暗贪虐,以丧其国,国亡不死,逃遁见擒。秦王坚不以为诛首,又从而宠秩之,是爱一人而不爱一国之人也,其失人心多矣。是以施恩于人而人莫之恩,尽诚于人而人莫之诚,卒于功名不遂,容身无所,由不得其道故也。

三月,戊午,遣侍中王坦之征大司马温入辅,温复辞。

秦王坚诏:"关东之民学通一经、才成一艺者,在所郡县以礼送之。在官百石以上,学不通一经、才不成一艺者,罢遣还民。"

夏,四月,徙海西公于吴县西柴里,敕吴国内史刁彝防卫,又遣御史顾允监察之。彝,协之子也。

六月,癸酉,秦以王猛为丞相、中书监、尚书令、太子太傅、司隶校尉,特进、常侍、持节、将军、侯如故;阳平公融为使持节、都督六州诸军事、镇东大将军、冀州牧。

庾希、庾邈与故青州刺史武沈之子遵聚众夜入京口城,晋陵太守卞眈逾城奔曲阿。希诈称受海西公密旨诛大司马温。建康震扰,内外戒严。卞眈发诸县兵二千人击希,希败,闭城自守。温遣东海内史周少孙讨之。秋,七月,壬辰,拔其城,擒希、邈及其亲党,皆斩之。眈,壶之子也。

甲寅,帝不豫,急召大司马温入辅,一日一夜发四诏,温辞不至。初,帝为会稽王,娶王述从妹为妃,生世子道生及弟俞生。道生疏躁无行,母子皆以幽废死。余三子,郁、朱生、天流皆早夭。诸姬绝孕将十年,王使善相者视之,皆曰:“非其人。”又使视诸婢媵,有李陵容者,在织坊中,黑而长,宫人谓之“昆仑”,相者惊曰:“此其人也!”王召之侍寝,生子昌明及道子。己未,立昌明为皇太子,生十年矣。以道子为琅邪王,领会稽国,以奉帝母郑太妃之祀。遗诏:“大司马温依周公居摄故事。”又曰:“少子可辅者辅之,如不可,君自取之。”侍中王坦之自持诏入,于帝前毁之。帝曰:“天下,傥来之运,卿何所嫌!”坦之曰:“天下,宣、元之天下,陛下何得专之!”帝乃使坦之改诏曰:“家国事一禀大司马,如诸葛武侯、王丞相故事。”是日,帝崩。

群臣疑惑,未敢立嗣,或曰:“当须大司马处分。”尚书仆射王彪之正色曰:“天子崩,太子代立,大司马何容得异!若先面谘,必反为所责。”朝议乃定。太子即皇帝位,大赦。崇德太后令,以帝冲幼,加在谅闇,令温依周公居摄故事。事已施行,王彪之曰:“此异常大事,大司马必当固让,使万机停滞,稽废山陵,未敢奉令,谨具封还。”事遂不行。

温望简文临终禅位于己,不尔便当居摄。既不副所望,甚愤怨,与弟冲书曰:“遗诏使吾依武侯、王公故事耳。”温疑王坦之、谢安所为,心衔之。诏谢安征温入辅,温又辞。

八月,秦丞相猛至长安,复加都督中外诸军事。猛辞曰:“元相之重,储傅之尊,端右务繁,京牧任大,总督戎机,出纳帝命,文武两寄,巨细并关,以伊、吕、萧、邓之贤,尚不能兼,况臣猛之无似!”章三四上,秦王坚不许,曰:“朕方混壹四海,非卿谁可委者?卿之不得辞宰相,犹朕不得辞天下也。”

猛为相,坚端拱于上,百官总己于下,军国内外之事,无不由之。猛刚明清肃,善恶著白,放黜尸素,显拔幽滞,劝课农桑,练习军旅,官必当才,刑必当罪。由是国富兵强,战无不克,秦国大治。坚敕太子宏及长乐公丕等曰:“汝事王公,如事我也。”

阳平公融在冀州,高选纲纪,以尚书郎房默、河间相申绍为治中别驾,清河崔宏为州从事,管记室。融年少,为政好新奇,贵苛察,申绍数规正,导以宽和,融虽敬之,未能尽从。后绍出为济北太守,融屡以过失闻,数致谴让,乃自恨不用绍言。

融尝坐擅起学舍为有司所纠,遣主簿李纂诣长安自理,纂忧惧,道卒。融问申绍:"谁可使者?"绍曰:"燕尚书郎高泰,清辩有胆智,可使也。"先是丞相猛及融屡辟泰,泰不起,至是,融谓泰曰:"君子救人之急,卿不得复辞。"泰乃从命。至长安,丞相猛见之,笑曰:"高子伯于今乃来,何其迟也!"泰曰:"罪人来就刑,何问迟速!"猛曰:"何谓也?"泰曰:"昔鲁僖公以泮宫发颂,齐宣王以稷下垂声。今阳平公开建学宫,追踪齐、鲁,未闻明诏褒美,乃更烦有司举劾。明公阿衡圣朝,惩劝如此,下吏何所逃其罪乎!"猛曰:"是吾过也。"事遂得释。猛因叹曰:"高子伯岂阳平所宜吏乎!"言于秦王坚。坚召见,悦之,问以为治之本,对曰:"治本在得人,得人在审举,审举在核真,未有官得其人而国家不治者也。"坚曰:"可谓辞简而理博矣。"以为尚书郎。泰固请还州,坚许之。

九月,甲寅,追尊故会稽王妃王氏曰顺皇后,尊帝母李氏为淑妃。

冬,十月,丁卯,葬简文帝于高平陵。

彭城妖人卢悚自称大道祭酒,事之者八百余家。十一月,遣弟子许龙如吴,晨,到海西公门,称太后密诏,奉迎兴复。公初欲从之,纳保母谏而止。龙曰:"大事垂捷,焉用儿女子言乎?"公曰:"我得罪于此,幸蒙宽宥,岂敢妄动!且太后有诏,便应官属来,何独使汝也?汝必为乱。"因叱左右缚之,龙惧而走。甲午,悚帅众三百人,晨攻广莫门,诈称海西公还,由雲龙门突入殿庭,略取武库甲仗,门下吏士骇愕不知所为。游击将军毛安之闻难,帅众直入雲龙门,手自奋击。左卫将军殷康,中领军桓祕入止车门,与安之并力讨诛之,并党与死者数百人。海西公深虑横祸,专饮酒,恣声色,有子不育,时人怜之。朝廷以其安于屈辱,故不复为虞。

秦都督北蕃诸军事、镇北大将军、开府仪同三司、朔方桓侯梁平老卒。平老在镇十余年,鲜卑、匈奴惮而爱之。

三吴大旱,饥,人多饿死。

烈宗孝武皇帝上之上

宁康元年(癸酉、373)

春,正月,己丑朔,大赦,改元。

二月,大司马温来朝。辛巳,诏吏部尚书谢安、侍中王坦之迎于新亭。是时,都下人情恟恟,或云欲诛王、谢,因移晋室。坦之甚惧,安神色不变,曰:"晋祚存亡,决于此行。"温既至,百官拜于道侧。温大陈兵卫,延见朝士,有位望者皆战慑失色,坦之流汗沾衣,倒执手版。安从容就席,坐定,谓温曰:"安闻诸侯有道,守在四邻,明公何须壁后置人邪?"温笑曰:"正自不能不尔。"遂命左右撤之,与安笑语移日。郗超常为温谋主,安与坦之见温,温使超卧帐中听其言,风动帐开,安笑曰:"郗生可谓入幕之宾矣。"时天子幼弱,外有强臣,安与坦之尽忠辅卫,卒安晋室。

温治卢悚入宫事,收尚书陆始付廷尉,免桓祕官,连坐者甚众;迁毛安之为右卫将军。桓祕由是怨温。

三月,温有疾,停建康十四日,甲午,还姑孰。

夏,代王什翼犍使燕凤入贡于秦。

秋,七月,己亥,南郡宣武公桓温薨。

初,温疾笃,讽朝廷求九锡,屡使人趣之。谢安、王坦之故缓其事,使袁宏具草。宏以示王彪之,彪之叹其文辞之美,因曰:"卿固大才,安可以此示人!"谢安见其草,辄改之,由是历旬不就。宏密谋于彪之,彪之曰:"闻彼病日增,亦当不复支久,自可更小迟回。"宏从之。

温弟江州刺史冲,问温以谢安、王坦之所任,温曰:"渠等不为汝所处分。"其意以为,己存,彼必不敢立异,死则非冲所制;若害之,无益于冲,更失时望故也。

温以世子熙才弱,使冲领其众。于是桓祕与熙弟济谋共杀冲,冲密知之,不敢入。俄顷,温薨,冲先遣力士拘录熙、济而后临丧。祕遂被废弃,熙、济俱徙长沙。诏葬温依汉霍光及安平献王故事。冲称温遗命,以少子玄为嗣,时方五岁,袭封南郡公。

庚戌,加右将军、荆州刺史桓豁征西将军,督荆、杨、雍、交、广五州诸军事。以江州刺史桓冲为中军将军、都督扬、豫、江三州诸军事、扬、豫二州刺史,镇姑孰;竟陵太守桓石秀为宁远将军、江州刺史,镇寻阳。石秀,豁之子也。冲既代温居任,尽忠王室,或劝冲诛除时望,专执时权,冲不从。始,温在镇,死罪皆专决不请。冲以为生杀之重,当归朝廷,凡大辟皆先上,须报,然后行之。

谢安以天子幼冲,新丧元辅,欲请崇德太后临朝。王彪之曰:"前世人主幼在襁褓,母子一体,故可临朝。太后亦不能决事,要须顾问大臣。今上年出十岁,垂及冠婚,反令从嫂临朝,示人君幼弱,岂所以光扬圣德乎!诸公必欲行此,岂仆所制,所惜者大体耳。"安不欲委任桓冲,故使太后临朝,己得以专献替裁决,遂不从彪之之言。八月,壬子,太后复临朝摄政。

梁州刺史杨亮遣其子广袭仇池,与秦梁州刺史杨安战,广兵败,沮水诸戍皆委城奔溃,亮惧,退守磬险。九月,安进攻汉川。

丙申,以王彪之为尚书令,谢安为仆射,领吏部,共掌朝政。安每叹曰:"朝廷大事,众所不能决者,以谘王公,无不立决。"

以吴国内史刁彝为徐、兖二州刺史,镇广陵。

冬,秦王坚使益州刺史王统、秘书监朱肜帅卒二万出汉川,前禁将军毛当、鹰扬将军徐成帅卒三万出剑门,入寇梁、益。梁州刺史杨亮帅巴獠万余拒之,战于青谷。亮兵败,奔固西城。肜遂拔汉中。徐成攻剑门,克之。杨安进攻梓潼,梓潼太守周虓固守涪城,遣步骑数千送母、妻自汉水趣江陵,朱肜邀而获之,虓遂降于安。十一月,安克梓潼。荆州刺史桓豁遣江夏相竺瑶救梁、益,瑶闻广汉太守赵长战死,引兵退。益州刺史周仲孙勒兵拒朱肜于绵竹,闻毛当将至成都,仲孙帅骑五千奔于南中。秦遂取梁、益二州,邛、筰、夜郎皆附于秦。秦王坚以杨安为益州牧,镇成都;毛当为梁州刺史,镇汉中;姚苌为宁州刺史,屯垫江;王统为南秦州刺史,镇仇池。

秦王坚欲以周虓为尚书郎,虓曰:"蒙晋厚恩,但老母见获,失节于此。母子获全,秦之惠也。虽公侯之贵,不以为荣,况郎官乎!"遂不仕。每见坚,或箕踞而坐,呼为氐贼。尝值元会,仪卫甚盛,坚问之曰:"晋朝元会,与此何如?"虓攘袂厉声曰:"犬羊相聚,何敢比拟天朝!"秦人以虓不逊,屡请杀之,坚待之弥厚。

周仲孙坐失守免官。桓冲以冠军将军毛虎生为益州刺史,领建平太守,以虎生子球为梓潼太守。虎生与球伐秦,至巴西,以粮乏,退屯巴东。

以侍中王坦之为中书令,领丹杨尹。

是岁,鲜卑勃寒寇掠陇右,秦王坚使乞伏司繁讨之,勃寒请降,遂使司繁镇勇士川。

有彗星出于尾、箕,长十余丈,经太微,扫东井,自四月始见,及秋冬不灭。秦太史令张孟言于秦王坚曰:"尾、箕,燕分;东井,秦分也。今彗起尾、箕而扫东井,十年之后,燕当灭秦。二十年之后,代当灭燕。慕容暐父子兄弟,我之仇敌,而布列朝廷,贵盛莫二,臣窃忧之,宜剪其魁杰者以消天变。"坚不听。

阳平公融上疏曰:"东胡跨据六州,南面称帝,陛下劳师累年,然后得之,本非慕义而来,今陛下亲而幸之,使其父子兄弟森然满朝,执权履职,势倾勋旧。臣愚以为狼虎之心,终不可养,星变如此,愿少留意。"坚报曰:"朕方混六合为一家,视夷狄为赤子,汝宜息虑,勿怀耿介。夫惟修德可以攘灾,苟能内求诸己,何惧外患乎!"

二年(甲戌、374)

春,正月,癸未朔,大赦。

己酉,刁彝卒。二月,癸丑,以王坦之为都督徐、兖、青三州诸军事、徐、兖二州刺史,镇广陵。诏谢安总中书。安好声律,期功之惨,不废丝竹,士大夫效之,遂以成俗。王坦之屡以书苦谏之曰:"天下之宝,当为天下惜之。"安不能从。

三月,秦太尉建宁烈公李威卒。

夏,五月,蜀人张育、杨光起兵击秦,有众二万,遣使来请兵。秦王坚遣镇军将军邓羌帅甲士五万讨之。益州刺史竺瑶、威远将军桓石虔帅众三万攻垫江,姚苌兵败,退屯五城。瑶、石虔屯巴东。张育自号蜀王,与巴獠酋帅张重、尹万等五万余人进围成都。六月,育改元黑龙。秋,七月,张育与张重等争权,举兵相攻,秦杨安、邓羌袭击,败之,育与杨光退屯绵竹。八月,邓羌败晋兵于涪西。九月,杨安败张重、尹万于成都南,重死,斩首二万三千级。邓羌击张育、杨光于绵竹,皆斩之。益州复入于秦。

冬,十二月,有人入秦明光殿大呼曰:"甲申、乙酉,鱼羊食人,悲哉无复遗!"秦王坚命执之,不获。秘书监朱肜、秘书侍郎略阳赵整固请诛诸鲜卑,坚不听。整,宦官也,博闻强记,能属文,好直言,上书及面谏,前后五十余事。慕容垂夫人得幸于坚,坚与之同辇游于后庭,整歌曰:"不见雀来入燕室,但见浮云蔽白日。"坚改容谢之,命夫人下辇。

是岁,代王什翼犍击刘卫辰,南走。

三年(乙亥、375)

春,正月,辛亥,大赦。

夏,五月,丙午,蓝田献侯王坦之卒。临终与谢安、桓冲书,惟以国家为忧,言不及私。

桓冲以谢安素有重望,欲以扬州让之,自求外出。桓氏族党皆以为非计,莫不扼腕苦谏,郗超亦深止之,冲皆不听,处之澹然。甲寅,诏以冲都督徐、豫、兖、青、扬五州诸军事、徐州刺史,镇京口;以安领扬州刺史,并加侍中。

六月,秦清河武侯王猛寝疾,秦王坚亲为之祈南北郊及宗庙、社稷,分遣侍臣遍祷河岳诸神。猛疾少瘳,为之赦殊死以下。猛上疏曰:"不图陛下以臣之命而亏天地之德,开辟已来,未之有也。臣闻报德莫如尽言,谨以垂没之命,窃献遗款。伏惟陛下,威烈振乎八荒,声教光乎六合,九州百郡,十居其七,平燕定蜀,有如拾芥。夫善作者不必善成,善始者不必善终,是以古先哲王,知功业之不易,战战兢兢,如临深谷。伏惟陛下追踪前圣,天下幸甚。"坚览之悲恸。秋,七月,坚亲至猛第视疾,访以后事。猛曰:"晋虽僻处江南,然正朔相承,上下安和,臣没之后,愿勿以晋为图。鲜卑、西羌,我之仇敌,终为人患,宜渐除之,以便社稷。"言终而卒。坚比敛,三临哭,谓太子宏曰:"天不欲使吾平壹六合耶?何夺吾景略之速也!"葬之如汉霍光故事。

八月,癸巳,立皇后王氏,大赦。后,濛之孙也。以后父晋陵太守蕴为光禄大夫,领五兵尚书,封建昌县侯,蕴固辞不受。

九月,帝讲《孝经》,始览典籍,延儒士。谢安荐东莞徐邈补中书舍人,每被顾问,多所匡益。帝或宴集,酣乐之后,好为手诏诗章以赐侍臣,或文词率尔,所言秽杂,邈应时收敛,还省刊削,皆使可观,经帝重览,然后出之。时议以此多邈。

冬,十月,癸酉朔,日有食之。

秦王坚下诏曰:"新丧贤辅,百司或未称朕心,可置听讼观于未央南,朕五日一临,以求民隐。今天下虽未大定,权可偃武修文,以称武侯雅旨。其增崇儒教,禁老、庄、图谶之学,犯者弃市。"妙简学生,太子及公侯百僚之子皆就学受业。中外四禁、二卫、四军长上将士,皆令受学。二十人给一经生,教读音句。后宫置典学以教掖庭,选阉人及女隶敏慧者诣博士授经。尚书郎王佩读谶,坚杀之,学谶者遂绝。

资治通鉴卷第一百四

端明殿学士兼翰林侍读学士朝散大夫右谏议大夫充集贤殿修撰权判西京留 司御史台上柱国河内郡开国侯食邑一千三百户食实封四百户赐紫金鱼袋臣 司马光 奉敕编集

晋纪二十六 起柔兆困敦(丙子),尽玄黓敦牂(壬午),凡七年。

烈宗孝武皇帝上之中

太元元年(丙子、376)

春,正月,壬寅朔,帝加元服。皇太后下诏归政,复称崇德太后。甲辰,大赦,改元。丙午,帝始临朝。以会稽内史郗愔为镇军大将军、都督浙江东五郡诸军事;徐州刺史桓冲为车骑将军、都督豫、江二州之六郡诸军事,自京口徙镇姑孰。谢安欲以王蕴为方伯,故先解冲徐州。乙卯,加谢安中书监,录尚书事。

二月,辛卯,秦王坚下诏曰:"朕闻王者劳于求贤,逸于得士,斯言何其验也!往得丞相,常谓帝王易为。自丞相违世,须发中白,每一念之,不觉酸恸。今天下既无丞相,或政教沦替,可分遣侍臣周巡郡县,问民疾苦。"

三月,秦兵寇南乡,拔之,山蛮三万户降秦。

夏,五月,甲寅,大赦。

初,张天锡之杀张邕也,刘肃及安定梁景皆有功,二人由是有宠,赐姓张氏,以为己子,使预政事。天锡荒于酒色,不亲庶务,黜世子大怀而立嬖妾焦氏之子大豫,以焦氏为左夫人,人情愤怨。从弟从事中郎宪舆榇切谏,不听。

秦王坚下诏曰:"张天锡虽称藩受位,然臣道未纯,可遣使持节、武卫将军武都苟苌、左将军毛盛、中书令梁熙、步兵校尉姚苌等将兵临西河,尚书郎阎负、梁殊奉诏征天锡入朝,若有违王命,即进师扑讨。"是时,秦步骑十三万,军司段铿谓周虓曰:"以此众战,谁能敌之!"虓曰:"戎狄以来,未之有也。"坚又命秦州刺史苟池、河州刺史李辩、凉州刺史王统帅三州之众为苟苌后继。

秋,七月,阎负、梁殊至姑臧。张天锡会官属谋之,曰:"今入朝,必不返。如其不从,秦兵必至,将若之何?"禁中录事席仇曰:"以爱子为质,赂以重宝,以退其师,然后徐为之计,此屈伸之术也。"众皆怒曰:"吾世事晋朝,忠节著于海内。今一旦委身贼庭,辱及祖宗,丑莫大焉!且河西天险,百年无虞,若悉境内精兵,右招西域,北引匈奴,以拒之,何遽知其不捷也!"天锡攘袂大言曰:"孤计决矣,言降者斩!"使谓阎负、梁殊曰:"君欲生归乎,死归乎?"殊等辞气不屈。天锡怒,缚之军门,命军士交射之,曰:"射而不中,不与我同心者也。"其母严氏泣曰:"秦主以一州之地,横制天下,东平鲜卑,南取巴、蜀,兵不留行,所向无敌。汝若降之,犹可延数年之命。今以蕞尔一隅,抗衡大国,又杀其使者,亡无日矣。"天锡使龙骧将军马建帅众二万拒秦。

秦人闻天锡杀阎负、梁殊,八月,梁熙、姚苌、王统、李辩济自清石津,攻凉骁烈将军梁济于河会城,降之。甲申,苟苌济自石城津,与梁熙等会攻缠缩城,拔之。马建惧,自杨非退屯清塞。天锡又遣征东将军掌据帅众三万军于洪池,天锡自将余众五万,军于金昌城。安西将军敦煌宋皓言于天锡曰:"臣昼察人事,夜观天文,秦兵不可敌也,不如降之。"天锡怒,贬皓为宣威护军。广武太守辛章曰:"马建出于行陈,必不为国家用。"苟苌使姚苌帅甲士三千为前驱。庚寅,马建帅万人迎降,余兵皆散走。辛卯,苟苌及掌据战于洪池,据兵败,马为乱兵所杀,其属董儒授之以马,据曰:"吾三督诸军,再秉节钺,八将禁旅,十总外兵,宠任极矣。今卒困于此,此吾之死地也,尚安之乎!"乃就帐免胄,西向稽首,伏剑而死。秦兵杀军司席仂。癸巳,秦兵入清塞,天锡遣司兵赵充哲帅众拒之。秦兵与充哲战于赤岸,大破之,俘斩三万八千级,充哲死。天锡出城自战,城内又叛。天锡与数千骑奔还姑臧。甲午,秦兵至姑臧,天锡素车白马,面缚舆榇,降于军门。苟苌释缚焚榇,送于长安,凉州郡县悉降于秦。

九月,秦王坚以梁熙为凉州刺史,镇姑臧。徙豪右七千余户于关中,余皆按堵如故。封天锡为归义侯,拜北部尚书。初,秦兵之出也,先为天锡筑第于长安,至则居之。以天锡晋兴太守陇西彭和正为黄门侍郎,治中从事武兴苏膺、敦煌太守张烈为尚书郎,西平太守金城赵凝为金城太守,高昌杨幹为高昌太守,余皆随才擢叙。

梁熙清俭爱民,河右安之,以天锡武威太守敦煌索泮为别驾,宋皓为主簿。西平郭护起兵攻秦,熙以皓为折冲将军,讨平之。

桓冲闻秦攻凉州,遣兖州刺史朱序、江州刺史桓石秀与荆州督护桓罴游军沔、汉,为凉州声援。又遣豫州刺史桓伊帅众向寿阳,淮南太守刘波泛舟淮、泗,欲桡秦以救凉。闻凉州败没,皆罢兵。

初,哀帝减田租,亩收二升。乙巳,除度田收租之制,王公以下,口税米三斛,蠲在役之身。

冬,十月,移淮北民于淮南。

刘卫辰为代所逼,求救于秦,秦王坚以幽州刺史行唐公洛为北讨大都督,帅幽、冀兵十万击代。使并州刺史俱难、镇军将军邓羌、尚书赵迁、李柔、前将军朱肜、前禁将军张蚝、右禁将军郭庆帅步骑二十万,东出和龙,西出上郡,皆与洛会,以卫辰为乡导。洛,菁之弟也。

苟苌之伐凉州也,遣扬武将军马晖、建武将军杜周帅八千骑西出恩宿,邀张天锡走路,期会姑臧。晖等行泽中,值水失期,于法应斩,有司奏征下狱。秦王坚曰:“水春冬耗竭,秋夏盛涨,此乃苟苌量事失宜,非晖等罪。今天下方有事,宜宥过责功。命晖等回赴北军,击索虏以自赎。”众咸以为万里召将,非所以应速。坚曰:“晖等喜于免死,不可以常事疑也。”晖等果倍道疾驱,遂及东军。

十一月,己巳朔,日有食之。

代王什翼犍使白部、独孤部南御秦兵,皆不胜,又使南部大人刘库仁将十万骑御之。库仁者,卫辰之族,什翼犍之甥也,与秦兵战于石子岭,库仁大败。什翼犍病,不能自将,乃帅诸部奔阴山之北。高车杂种尽叛,四面寇钞,不得刍牧,什翼犍复渡漠南。闻秦兵稍退,十二月,什翼犍还云中。

初,什翼犍分国之半以授弟孤,孤卒,子斤失职怨望。世子寔及弟翰早卒,寔子珪尚幼,慕容妃之子阏婆、寿鸠、纥根、地干、力真、窟咄皆长,继嗣未定。时秦兵尚在君子津,诸子每夜执兵警卫。斤因说什翼犍之庶长子寔君曰:“王将立慕容妃之子,欲先杀汝,故顷来诸子每夜戎服,以兵绕庐帐,伺便将发耳。”寔君信之,遂杀诸弟,并弑什翼犍。是夜,诸子妇及部人奔告秦军,秦李柔、张蚝勒兵趋云中,部众逃溃,国中大乱。珪母贺氏以珪走依贺讷。讷,野干之子也。

秦王坚召代长史燕凤,问代所以乱故,凤具以状对。坚曰:“天下之恶一也。”乃执寔君及斤,至长安,车裂之。坚欲迁珪于长安,凤固请曰:“代王初亡,群下叛散,遗孙冲幼,莫相统摄。其别部大人刘库仁,勇而有智,铁弗卫辰,狡猾多变,皆不可独任。宜分诸部为二,令此两人统之,两人素有深仇,其势莫敢先发。俟其孙稍长,引而立之,是陛下有存亡继绝之德于代,使其子子孙孙永为不侵不叛之臣,此安边之良策也。”坚从之,分代民为二部,自河以东属库仁,自河以西属卫辰,各拜官爵,使统其众。贺氏以珪归独孤部,与南部大人长孙嵩、元佗等皆依库仁。行唐公洛以什翼犍子窟咄年长,迁之长安。坚使窟咄入太学读书。

下诏曰:“张天锡承祖父之资,藉百年之业,擅命河右,叛换偏隅。索头世跨朔北,中分区域,东宾秽貊,西引乌孙,控弦百万,虎视云中。爰命两师,分讨黠虏,役不淹岁,穷殄二凶,俘降百万,辟土九千,五帝之所未宾,周、汉之所未至,莫不重译来王,怀风率职。有司可速班功受爵,戎士悉复之五岁,赐爵三级。”于是加行唐公洛征西将军。以邓羌为并州刺史。

阳平国常侍慕容绍私谓其兄楷曰:“秦恃其强大,务胜不休,北戍云中,南守蜀、汉,转运万里,道殣相望,兵疲于外,民困于内,危亡近矣。冠军叔仁智度英拔,必能恢复燕祚,吾属但当爱身以待时耳。”

初,秦人既克凉州,议讨西障氐、羌,秦王坚曰:"彼种落杂居,不相统壹,不能为中国大患,宜先抚谕,征其租税;若不从命,然后讨之。"乃使殿中将军张旬前行宣慰,庭中将军魏曷飞帅骑二万七千随之。曷飞忿其恃险不服,纵兵击之,大掠而归。坚怒其违命,鞭之二百,斩前锋督护储安以谢氐、羌。氐、羌大悦,降附贡献者八万三千余落。雍州士族先因乱流寓河西者,皆听还本。

刘库仁招抚离散,恩信甚著,奉事拓跋珪恩勤周备,不以废兴易虑,常谓诸子曰:"此儿有高天下之志,必能恢隆祖业,汝曹当谨遇之。"秦王坚赏其功,加广武将军,给幢麾鼓盖。

刘卫辰耻在库仁之下,怒,杀秦五原太守而叛。库仁击卫辰,破之,追至阴山西北千余里,获其妻子。又西击库狄部,徙其部落,置之桑乾川。久之,坚以卫辰为西单于,督摄河西杂类,屯代来城。

是岁,乞伏司繁卒,子国仁立。

二年(丁丑、377)

春,高句丽、新罗、西南夷皆遣使入贡于秦。

赵故将作功曹熊邈屡为秦王坚言石氏宫室器玩之盛,坚以邈为将作长史,领尚方丞,大修舟舰、兵器,饰以金银,颇极精巧。慕容农私言于慕容垂曰:"自王猛之死,秦之法制,日以颓靡,今又重之以奢侈,殃将至矣,图谶之言,行当有验。大王宜结纳英杰以承天意,时不可失也。"垂笑曰:"天下事非尔所及。"

桓豁表兖州刺史朱序为梁州刺史,镇襄阳。

秋,七月,丁未,以尚书仆射谢安为司徒,安让不拜,复加侍中,都督扬、豫、徐、兖、青五州诸军事。

丙辰,征西大将军、荆州刺史桓豁卒。冬,十月,辛丑,以桓冲都督江、荆、梁、益、宁、交、广七州诸军事,领荆州刺史;以冲子嗣为江州刺史。又以五兵尚书王蕴都督江南诸军事,假节、领徐州刺史;征西司马领南郡相谢玄为兖州刺史,领广陵相,监江北诸军事。

桓冲以秦人强盛,欲移阻江南,奏自江陵徙镇上明,使冠军将军刘波守江陵,谘议参军杨亮守江夏。

王蕴固让徐州,谢安曰:"卿居后父之重,不应妄自菲薄,以亏时遇。"蕴乃受命。

初,中书郎郗超自以其父愔位遇应在谢安之右,而安入掌机权,愔优游散地,常愤邑形于辞色,由是与谢氏有隙。是时朝廷方以秦寇为忧,诏求文武良将可以镇御北方者,谢安以兄子玄应诏。超闻之,叹曰:"安之明,乃能违众举亲,玄之才,足以不负所举。"众咸以为不然。超曰:"吾尝与玄共在桓公府,见其使才,虽履展间未尝不得其任,是以知之。”

玄募骁勇之士,得彭城刘牢之等数人。以牢之为参军,常领精锐为前锋,战无不捷,时号“北府兵”,敌人畏之。

壬寅,护军将军、散骑常侍王彪之卒。初,谢安欲增修宫室,彪之曰:“中兴之初,即东府为宫,殊为俭陋。苏峻之乱,成帝止兰台单坐,殆不蔽寒暑,是以更营新宫。比之汉、魏则为俭,比之初过江则为侈矣。今寇敌方强,岂可大兴功役,劳扰百姓邪!”安曰:“宫室弊陋,后世谓人无能。”彪之曰:“凡任天下之重者,当保国宁家,缉熙政事,乃以修室屋为能邪!”安不能夺其议,故终彪之之世,无所营造。

十二月,临海太守郗超卒。初,超党于桓氏,以父愔忠于王室,不令知之。及病甚,出一箱书授门生曰:“公年尊,我死之后,若以哀惋害寝食者,可呈此箱。不尔,即焚之。”既而愔果哀惋成疾,门生呈箱,皆与桓温往反密计。愔大怒曰:“小子死已晚矣!”遂不复哭。

三年(戊寅、378)

春,二月,乙巳,作新宫,帝移居会稽王邸。

秦王坚遣征南大将军、都督征讨诸军事、守尚书令长乐公丕、武卫将军苟苌、尚书慕容𬀩帅步骑七万寇襄阳。以荆州刺史杨安帅樊、邓之众为前锋,征虏将军始平石越帅精骑一万出鲁阳关,京兆尹慕容垂、扬武将军姚苌帅众五万出南乡,领军将军苟池、右将军毛当、强弩将军王显帅众四万出武当,会攻襄阳。夏,四月,秦兵至沔北,梁州刺史朱序以秦无舟楫,不以为虞。既而石越帅骑五千浮渡汉水,序惶骇,固守中城。越克其外郭,获船百余艘以济余军。长乐公丕督诸将攻中城。

序母韩氏闻秦兵将至,自登城履行,至西北隅,以为不固,帅百余婢及城中女丁筑邪城于其内。及秦兵至,西北隅果溃,众移守新城,襄阳人谓之夫人城。

桓冲在上明,拥众七万,惮秦兵之强,不敢进。

丕欲急攻襄阳,苟苌曰:“吾众十倍于敌,糇粮山积,但稍迁汉、沔之民于许、洛,塞其运道,绝其援兵,譬如网中之禽,何患不获,而多杀将士,急求成功哉!”丕从之。慕容垂拔南阳,执太守郑裔,与丕会襄阳。

秋,七月,新宫成。辛巳,帝入居之。

秦兖州刺史彭超请攻沛郡太守戴逯于彭城,且曰:“愿更遣重将攻淮南诸城,为征南棋劫之势,东西并进,丹杨不足平也!”秦王坚从之,使都督东讨诸军事;后将军俱难、右禁将军毛盛、洛州刺史邵保帅步骑七万寇淮阳、盱眙。超,越之弟;保,羌之从弟也。八月,彭超攻彭城,诏右将军毛虎生帅众五万镇姑孰以御秦兵。秦梁州刺史韦钟围魏兴太守吉挹于西城。

　　九月,秦王坚与群臣饮酒,以秘书监朱肜为正,命人人以极醉为限。秘书侍郎赵整作《酒德之歌》曰:"地列酒泉,天垂酒池,杜康妙识,仪狄先知。纣丧殷邦,桀倾夏国,由此言之,前危后则。"坚大悦,命整书之以为酒戒,自是宴群臣,礼饮而已。

　　秦凉州刺史梁熙遣使入西域,扬秦威德。冬,十月,大宛献汗血马。秦王坚曰:"吾尝慕汉文帝之为人,用千里马何为!"命群臣作《止马之诗》而反之。

　　巴西人赵宝起兵梁州,自称晋西蛮校尉、巴郡太守。

　　秦豫州刺史北海公重镇洛阳,谋反。秦王坚曰:"长史吕光忠正,必不与之同。"即命光收重,槛车送长安,赦之,以公就第。重,洛之兄也。

　　十二月,秦御史中丞李柔劾奏:"长乐公丕等拥众十万,攻围小城,日费万金,久而无效,请征下廷尉。"秦王坚曰:"丕等广费无成,实宜贬戮。但师已淹时,不可虚返,其特原之,令以成功赎罪。"使黄门侍郎韦华持节切让丕等,赐丕剑曰:"来春不捷,汝可自裁,勿复持面见吾也。"

　　周虓在秦,密与桓冲书,言秦阴计,又逃奔汉中,秦人获而赦之。

四年(己卯、379)

　　春,正月,辛酉,大赦。

　　秦长乐公丕等得诏惶恐,乃命诸军并力攻襄阳。秦王坚欲自将攻襄阳,诏阳平公融以关东六州之兵会寿春,梁熙以河西之兵为后继。阳平公融谏曰:"陛下欲取江南,固当博谋熟虑,不可仓猝。若止取襄阳,又岂足亲劳大驾乎!未有动天下之众而为一城者,所谓'以随侯之珠弹千仞之雀'也。"梁熙谏曰:"晋主之暴,未如孙皓,江山险固,易守难攻。陛下必欲廓清江表,亦不过分命将帅,引关东之兵,南临淮、泗,下梁、益之卒,东出巴、峡,又何必亲屈鸾辂,远幸沮泽乎!昔汉光武诛公孙述,晋武帝擒孙皓,未闻二帝自统六师,亲执枹鼓,蒙矢石也。"坚乃止。

　　诏冠军将军南郡相刘波帅众八千救襄阳,波畏秦,不敢进。朱序屡出战,破秦兵,引退稍远,序不设备。二月,襄阳督护李伯护密遣其子送款于秦,请为内应。长乐公丕命诸军进攻之。戊午,克襄阳,执朱序,送长安。秦王坚以序能守节,拜度支尚书;以李伯护为不忠,斩之。

　　秦将军慕容越拔顺阳,执太守谯国丁穆。坚欲官之,穆固辞不受。坚以中垒将军梁成为荆州刺史,配兵一万,镇襄阳,选其才望,礼而用之。

　　桓冲以襄阳陷没,上疏送章节,请解职,不许。诏免刘波官,俄复以为冠军将军。

　　秦以前将军张蚝为并州刺史。

　　兖州刺史谢玄帅众万余救彭城,军于泗口,欲遣间使报戴逯而不可得,部曲将田泓请没水潜行趣彭城，玄遣之。泓为秦人所获，厚赂之，使云"南军已败"。泓伪许之，既而告城中曰："南军垂至，我单行来报，为贼所得，勉之！"秦人杀之。彭超置辎重于留城，谢玄扬声遣后军将军东海何谦向留城。超闻之，释彭城围，引兵还保辎重。戴遂帅彭城之众，随谦奔玄，超遂据彭城，留兖州治中徐褒守之，南攻盱眙。俱难克淮阴，留邵保戍之。

三月，壬戌，诏以"疆场多虞，年谷不登，其供御所须，事从俭约，九亲供给，众官廪俸，权可减半。凡诸役费，自非军国事要，皆宜停省。"

癸未，使右将军毛虎生帅众三万击巴中，以救魏兴。前锋督护赵福等至巴西，为秦将张绍等所败，亡七千余人。虎生退屯巴东。蜀人李乌聚众二万，围成都以应虎生，秦王坚使破虏将军吕光击灭之。夏，四月，戊申，韦钟拔魏兴，吉挹引刀欲自杀，左右夺其刀。会秦人至，执之，挹不言不食而死。秦王坚叹曰："周孟威不屈于前，丁彦远洁己于后，吉祖冲闭口而死，何晋氏之多忠臣也！"挹参军史颖逃归，得挹临终手疏，诏赠益州刺史。

秦毛当、王显帅众二万自襄阳东会俱难、彭超攻淮南。五月，乙丑，难、超拔盱眙，执高密内史毛璪之。秦兵六万围幽州刺史田洛于三阿，去广陵百里，朝廷大震，临江列戍，遣征虏将军谢石帅舟师屯涂中。石，安之弟也。

右卫将军毛安之等帅众四万屯堂邑。秦毛当、毛盛帅骑二万袭堂邑，安之等惊溃。兖州刺史谢玄自广陵救三阿，丙子，难、超战败，退保盱眙。六月，戊子，玄与田洛帅众五万进攻盱眙，难、超又败，退屯淮阴。玄遣何谦等帅舟师乘潮而上，夜焚淮桥，邵保战死，难、超退屯淮北。玄与何谦、戴遂、田洛共追之，战于君川，复大破之，难、超北走，仅以身免。谢玄还广陵，诏进号冠军将军，加领徐州刺史。

秦王坚闻之，大怒。秋，七月，槛车征超下廷尉，超自杀。难削爵为民。

以毛当为徐州刺史，镇彭城；毛盛为兖州刺史，镇胡陆；王显为扬州刺史，戍下邳。

谢安为宰相，秦人屡入寇，边兵失利，众心危惧，安每镇之以和静。其为政，务举大纲，不为小察。时人比安于王导，而谓其文雅过之。

八月，丁亥，以左将军王蕴为尚书仆射，顷之，迁丹杨尹。蕴自以国姻，不欲在内，苦求外出，复以为都督浙江东五郡诸军事、会稽内史。

是岁，秦大饥。

五年（庚辰、380）

春，正月，秦王坚复以北海公重为镇北大将军，镇蓟。

二月，作教武堂于渭城，命太学生明阴阳兵法者教授诸将。秘书监朱彤谏曰："陛下东征西伐，所向无敌，四海之地，什得其八，虽江南未服，盖不足言。是宜稍偃武事,增修文德。乃更始立学舍,教人战斗之术,殆非所以驯致升平也。且诸将皆百战之余,何患不习于兵,而更使受教于书生,非所以强其志气也。此无益于实而有损于名,惟陛下图之。"坚乃止。

秦征北将军、幽州刺史行唐公洛,勇而多力,能坐制奔牛,射洞犁耳,自以有灭代之功,求开府仪同三司,不得,由是怨愤。三月,秦王坚以洛为使持节、都督益、宁、西南夷诸军事、征南大将军、益州牧,使自伊阙趋襄阳,溯汉而上。洛谓官属曰:"孤,帝室至亲,不得入为将相,而常摈弃边鄙,今又投之西裔,复不听过京师,此必有阴计,欲使梁成沉孤于汉水耳。于诸君意何如?"幽州治中平规曰:"逆取顺守,汤、武是也。因祸为福,桓、文是也。主上虽不为昏暴,然穷兵黩武,民思有所息肩者,十室而九。若明公神旗一建,必率土云从。今跨据全燕,地尽东海,北总乌桓、鲜卑,东引句丽、百济,控弦之士不减五十余万,奈何束手就征,蹈不测之祸乎!"洛攘袂大言曰:"孤计决矣,沮谋者斩!"于是自称大将军、大都督、秦王。以平规为幽州刺史,玄菟太守吉贞为左长史,辽东太守赵赞为左司马,昌黎太守王缊为右司马,辽西太守王琳、北平太守皇甫杰,牧官都尉魏叡等为从事中郎。分遣使者征兵于鲜卑、乌桓、高句丽、百济、新罗、休忍诸国,遣兵三万助北海公重戍蓟。诸国皆曰:"吾为天子守藩,不能从行唐公为逆。"洛惧,欲止,犹豫未决。王缊、王琳、皇甫杰、魏叡知其无成,欲告之,洛皆杀之。吉贞、赵赞曰:"今诸国不从,事乖本图,明公若惮益州之行者,当遣使奉表乞留,主上亦不虑不从。"平规曰:"今事形颇露,何可中止!宜声言受诏,尽幽州之兵南出常山,阳平公必郊迎,因而执之,进据冀州,总关东之众以图西土,天下可指麾而定也。"洛从之。夏,四月,洛帅众七万发和龙。

秦王坚召群臣谋之,步兵校尉吕光曰:"行唐公以至亲为逆,此天下所共疾。愿假臣步骑五万,取之如拾遗耳。"坚曰:"重、洛兄弟,据东北一隅,兵赋全资,未可轻也。"光曰:"彼众迫于凶威,一时蚁聚耳。若以大军临之,势必瓦解,不足忧也。"坚乃遣使让洛,使还和龙,当以幽州永为世封。洛谓使者曰:"汝还白东海王,幽州褊厄,不足以容万乘,须王秦中,以承高祖之业。若能迎驾潼关者,当位为上公,爵归本国。"坚怒,遣左将军武都窦冲及吕光帅步骑四万讨之,右将军都贵驰传诣邺,将冀州兵三万为前锋,以阳平公融为征讨大都督。

北海公重悉蓟城之众与洛会,屯中山,有众十万。五月,窦冲等与洛战于中山,洛兵大败,生擒洛,送长安。北海公重走还蓟,吕光追斩之。屯骑校尉石越自东莱帅骑一万,浮海袭和龙,斩平规,幽州悉平。坚赦洛不诛,徙凉州之西海郡。

臣光曰:夫有功不赏,有罪不诛,虽尧、舜不能为治,况它人乎!秦王坚每得反者辄宥之,使其臣狃于为逆,行险徼幸,虽力屈被擒,犹不忧死,乱何自而息哉!《书》曰:"威克厥爱,允济;爱克厥威,允罔功。"《诗》云:"毋纵诡随,以谨罔极;式遏寇虐,无俾作慝。"今坚违之,能无亡乎!

朝廷以秦兵之退为谢安、桓冲之功,拜安卫将军,与冲皆开府仪同三司。

六月,甲子,大赦。

丁卯,以会稽王道子为司徒,固让不拜。

秦王坚召阳平公融为侍中、中书监、都督中外诸军事、车骑大将军、司隶校尉、录尚书事,以征南大将军、守尚书令长乐公丕为都督关东诸军事、征东大将军、冀州牧。坚以诸氏种类繁滋,秋,七月,分三原、九嵕、武都、汧、雍氏十五万户,使诸宗亲各领之,散居方镇,如古诸侯。长乐公丕领氏三千户,以仇池氏酋射声校尉杨膺为征东左司马,九嵕氏酋长水校尉齐午为右司马,各领一千五百户,为长乐世卿。长乐国郎中令略阳垣敞为录事参军,侍讲扶风韦钟为参军事,申绍为别驾。膺,丕之妃兄也;午,膺之妻父也。八月,分幽州置平州,以石越为平州刺史,镇龙城;中书令梁谠为幽州刺史,镇蓟城;抚军将军毛兴为都督河、秦二州诸军事、河州刺史,镇枹罕;长水校尉王腾为并州刺史,镇晋阳。河、并二州各配氏户三千。兴、腾并苻氏婚姻,氏之崇望也。平原公晖为都督豫、洛、荆、南兖、东豫、扬六州诸军事、镇东大将军、豫州牧,镇洛阳。移洛州刺史治丰阳。以钜鹿公叡为雍州刺史,镇蒲坂。各配氏户三千二百。

坚送丕至灞上,诸氏别其父兄,皆恸哭,哀感路人。赵整因侍宴,援琴而歌曰:"阿得脂,阿得脂,博劳舅父是仇绥,尾长翼短不能飞。远徙种人留鲜卑,一旦缓急当语谁!"坚笑而不纳。

九月,癸未,皇后王氏崩。

冬,十月,九真太守李逊据交州反。

秦王坚以左禁将军杨壁为秦州刺史,尚书赵迁为洛州刺史,南巴校尉姜宇为宁州刺史。

十一月,乙酉,葬定皇后于隆平陵。

十二月,秦以左将军都贵为荆州刺史,镇彭城。

置东豫州,以毛当为刺史,镇许昌。

是岁,秦王坚遣高密太守毛璪之等二百余人来归。

六年(辛巳、381)

春,正月,帝初奉佛法,立精舍于殿内,引诸沙门居之。尚书左丞王雅表谏,不从。雅,肃之曾孙也。

丁酉,以尚书谢石为仆射。

二月,东夷、西域六十二国入贡于秦。

夏,六月,庚子朔,日有食之。

秋,七月,甲午,交阯太守杜瑗斩李逊,交州平。

冬,十月,故武陵王晞卒于新安,追封新宁郡王,命其子遵为嗣。

十一月,己亥,以前会稽内史郗愔为司空,愔固辞不起。

秦荆州刺史都贵遣其司马阎振、中兵参军吴仲帅众二万寇竟陵,桓冲遣南平太守桓石虔、卫军参军桓石民等帅水陆二万拒之。石民,石虔之弟也。十二月,甲辰,石虔袭击振、仲,大破之,振、仲退保管城。石虔进攻之,癸亥,拔管城,获振、仲,斩首七千级,俘虏万人。诏封桓冲子谦为宜阳侯,以桓石虔领河东太守。

是岁,江东大饥。

七年(壬午、382)

春,三月,秦大司农东海公阳、员外散骑侍郎王皮、尚书郎周虓谋反,事觉,收下廷尉。阳,法之子;皮,猛之子也。秦王坚问其反状,阳曰:"臣父哀公,死不以罪,臣为父复仇耳。"坚泣曰:"哀公之死,事不在朕,卿岂不知之?"王皮曰:"臣父丞相,有佐命之勋,而臣不免贫贱,故欲图富贵耳。"坚曰:"丞相临终托卿,以十具牛为治田之资,未尝为卿求官。知子莫若父,何其明也!"周虓曰:"虓世荷晋恩,生为晋臣,死为晋鬼,复何问乎!"先是,虓屡谋反叛,左右皆请杀之;坚曰:"孟威烈士,秉志如此,岂惮死乎! 杀之适足成其名耳。"皆赦不诛,徙阳于凉州之高昌郡,皮、虓于朔方之北。虓卒于朔方。阳勇力兼人,寻复徙鄯善。及建元之末,秦国大乱,阳劫鄯善之相欲求东归,鄯善王杀之。

秦王坚徙邺铜驼、铜马、飞廉、翁仲于长安。

夏,四月,坚扶风太守王永为幽州刺史。永,皮之兄也。皮凶险无行,而永清修好学,故坚用之。以阳平公融为司徒,融固辞不受。坚方谋伐晋,乃以融为征南大将军、开府仪同三司。

五月,幽州蝗生,广袤千里。秦王坚使散骑常侍彭城刘兰发幽、冀、青、并民扑除之。

秋,八月,癸卯,大赦。

秦王坚以谏议大夫裴元略为巴西、梓潼二郡太守,使密具舟师。

九月,车师前部王弥寘、鄯善王休密驮入朝于秦,请为乡导,以伐西域之不服者,因如汉法置都护以统理之。秦王坚以骁骑将军吕光为使持节、都督西域征讨诸军事,与凌江将军姜飞、轻车将军彭晃、将军杜进、康盛等总兵十万,铁骑五千,以伐西域。阳平公融谏曰:"西域荒远,得其民不可使,得其地不可食,汉武征之,得不补失。今劳师万里之外,以蹈汉氏之过举,臣窃惜之。"不听。

桓冲使扬威将军朱绰击秦荆州刺史都贵于襄阳,焚践沔北屯田,掠六百余户而还。

冬,十月,秦王坚会群臣于太极殿,议曰:"自吾承业,垂三十载,四方略定,唯东南一隅,未沾王化。今略计吾士卒,可得九十七万,吾欲自将以讨之,何如?"秘书监朱肜曰:"陛下恭行天罚,必有征无战,晋主不衔璧军门,则走死江海,陛下返中国士民,使复其桑梓,然后回舆东巡,告成岱宗,此千载一时也。"坚喜曰:"是吾志也。"

尚书左仆射权翼曰:"昔纣为无道,三仁在朝,武王犹为之旋师。今晋虽微弱,未有大恶,谢安、桓冲皆江表伟人,君臣辑睦,内外同心。以臣观之,未可图也。"坚嘿然良久,曰:"诸君各言其志。"

太子左卫率石越曰:"今岁镇守斗,福德在吴,伐之,必有天殃。且彼据长江之险,民为之用,殆未可伐也!"坚曰:"昔武王伐纣,逆岁违卜。天道幽远,未易可知。夫差、孙皓皆保据江湖,不免于亡。今以吾之众,投鞭于江,足断其流,又何险之足恃乎!"对曰:"三国之君皆淫虐无道,故敌国取之,易于拾遗。今晋虽无德,未有大罪,愿陛下且案兵积谷,以待其衅。"于是群臣各言利害,久之不决。坚曰:"此所谓筑室道旁,无时可成。吾当内断于心耳。"

群臣皆出,独留阳平公融,谓之曰:"自古定大事者,不过一二臣而已。今众言纷纷,徒乱人意,吾当与汝决之。"对曰:"今伐晋有三难:天道不顺,一也;晋国无衅,二也;我数战兵疲,民有畏敌之心,三也。群臣言晋不可伐者,皆忠臣也,愿陛下听之。"坚作色曰:"汝亦如此,吾复何望!吾强兵百万,资仗如山,吾虽未为令主,亦非暗劣。乘累捷之势,击垂亡之国,何患不克,岂可复留此残寇,使长为国家之忧哉!"融泣曰:"晋未可灭,昭然甚明。今劳师大举,恐无万全之功。且臣之所忧,不止于此。陛下宠育鲜卑、羌、羯,布满畿甸,此属皆我之深仇。太子独与弱卒数万留守京师,臣惧有不虞之变生于腹心肘掖,不可悔也。臣之顽愚,诚不足采;王景略一时英杰,陛下常比之诸葛武侯,独不记其临没之言乎!"坚不听。于是朝臣进谏者众,坚曰:"以吾击晋,校其强弱之势,犹疾风之扫秋叶,而朝廷内外皆言不可,诚吾所不解也!"

太子宏曰:"今岁在吴分,又晋君无罪,若大举不捷,恐威名外挫,财力内竭,此群下所以疑也。"坚曰:"昔吾灭燕,亦犯岁而捷,天道固难知也。秦灭六国,六国之君岂皆暴虐乎!"

冠军、京兆尹慕容垂言于坚曰:"弱并于强,小并于大,此理势自然,非难知也。以陛下神武应期,威加海外,虎旅百万,韩、白满朝,而蕞尔江南,独违王命,岂可复留之以遗子孙哉!《诗》云:'谋夫孔多,是用不集。'陛下断自圣心足矣,何必广询朝众！晋武平吴，所仗者张、杜二三臣而已，若从朝众之言，岂有混壹之功乎！"坚大悦，曰："与吾共定天下者，独卿而已。"赐帛五百匹。

坚锐意欲取江东，寝不能旦。阳平公融谏曰："'知足不辱，知止不殆。'自古穷兵极武，未有不亡者。且国家本戎狄也，正朔会不归人。江东虽微弱仅存，然中华正统，天意必不绝之。"坚曰："帝王历数，岂有常邪，惟德之所在耳！刘禅岂非汉之苗裔邪，终为魏所灭。汝所以不如吾者，正病此不达变通耳！"

坚素信重沙门道安，群臣使道安乘间进言。十一月，坚与道安同辇游于东苑，坚曰："朕将与公南游吴、越，泛长江，临沧海，不亦乐乎！"安曰："陛下应天御世，居中土而制四维，自足以比隆尧、舜，何必栉风沐雨，经略遐方乎？且东南卑湿，沴气易构，虞舜游而不归，大禹往而不复，何足以上劳大驾也！"坚曰："天生烝民，而树之君，使司牧之，朕岂敢惮劳，使彼一方独不被泽乎！必如公言，是古之帝王皆无征伐也！"道安曰："必不得已，陛下宜驻跸洛阳，遣使者奉尺书于前，诸将总六师于后，彼必稽首入臣，不必亲涉江、淮也。"坚不听。

坚所幸张夫人谏曰："妾闻天地之生万物，圣王之治天下，皆因其自然而顺之，故功无不成。是以黄帝服牛乘马，因其性也；禹浚九川，障九泽，因其势也；后稷播殖百谷，因其时也；汤、武帅天下而攻桀、纣，因其心也。皆有因则成，无因则败。今朝野之人皆言晋不可伐，陛下独决意行之，妾不知陛下何所因也。《书》曰：'天聪明自我民聪明。'天犹因民，而况人乎！妾又闻王者出师，必上观天道，下顺人心。今人心既不然矣，请验之天道。谚云：'鸡夜鸣者不利行师，犬群嗥者宫室将空，兵动马惊，军败不归。'自秋、冬以来，众鸡夜鸣，群犬哀嗥，厩马多惊，武库兵器自动有声，此皆非出师之祥也。"坚曰："军旅之事，非妇人所当预也！"

坚幼子中山公诜最有宠，亦谏曰："臣闻国之兴亡，系贤人之用舍。今阳平公，国之谋主，而陛下违之；晋有谢安、桓冲，而陛下伐之，臣窃惑之。"坚曰："天下大事，孺子安知！"

秦刘兰讨蝗，经秋冬不能灭，十二月，有司奏请征兰下廷尉。秦王坚曰："灾降自天，非人力所能除，此由朕之失政，兰何罪乎？"是岁，秦大熟，上田亩收七十石，下者三十石，蝗不出幽州之境，不食麻豆，上田亩收百石，下者五十石。

资治通鉴卷第一百五

端明殿学士兼翰林侍读学士朝散大夫右谏议大夫充集贤殿修撰权判西京留司御史台上柱国河内郡开国侯食邑一千三百户食实封四百户赐紫金鱼袋臣　司马光　奉敕编集

晋纪二十七 起昭阳协洽（癸未），尽阏逢涒滩（甲申），凡二年。

烈宗孝武皇帝上之下

太元八年（癸未、383）

春，正月，秦吕光发长安，以鄯善王休密驮、车师前部王弥寘为乡导。

三月，丁巳，大赦。

夏，五月，桓冲帅众十万伐秦，攻襄阳。遣前将军刘波等攻沔北诸城；辅国将军杨亮攻蜀，拔五城，进攻涪城；鹰扬将军郭铨攻武当。六月，冲别将攻万岁、筑阳，拔之。秦王坚遣征南将军钜鹿公叡、冠军将军慕容垂等帅步骑五万救襄阳，兖州刺史张崇救武当，后将军张蚝、步兵校尉姚苌救涪城。叡军于新野，垂军于邓城。桓冲退屯沔南。秋，七月，郭铨及冠军将军桓石虔败张崇于武当，掠二千户以归。钜鹿公叡遣慕容垂为前锋，进临沔水。垂夜命军士人持十炬，系于树枝，光照数十里。冲惧，退还上明。张蚝出斜谷，杨亮引兵还。冲表其兄子石民领襄城太守，戍夏口，冲自求领江州刺史，诏许之。

秦王坚下诏大举入寇，民每十丁遣一兵，其良家子年二十已下，有材勇者，皆拜羽林郎。又曰："其以司马昌明为尚书左仆射，谢安为吏部尚书，桓冲为侍中，势还不远，可先为起第。"良家子至者三万余骑，拜秦州主簿金城赵盛之为少年都统。是时，朝臣皆不欲坚行，独慕容垂、姚苌及良家子劝之。阳平公融言于坚曰："鲜卑、羌虏，我之仇雠，常思风尘之变以逞其志，所陈策画，何可从也！良家少年皆富饶子弟，不闲军旅，苟为谄谀之言以会陛下之意耳。今陛下信而用之，轻举大事，臣恐功既不成，仍有后患，悔无及也！"坚不听。

八月，戊午，坚遣阳平公融督张蚝、慕容垂等步骑二十五万为前锋；以兖州刺史姚苌为龙骧将军，督益、梁州诸军事。坚谓苌曰："昔朕以龙骧建业，未尝轻以授人，卿其勉之。"左将军窦冲曰："王者无戏言，此不祥之征也。"坚默然。

慕容楷、慕容绍言于慕容垂曰："主上骄矜已甚，叔父建中兴之业，在此行也。"垂曰："然。非汝，谁与成之！"

甲子，坚发长安，戎卒六十余万，骑二十七万，旗鼓相望，前后千里。九月，坚至项城,凉州之兵始达咸阳,蜀、汉之兵方顺流而下,幽、冀之兵至于彭城,东西万里,水陆齐进,运漕万艘。阳平公融等兵三十万,先至颍口。

诏以尚书仆射谢石为征虏将军、征讨大都督,以徐、兖二州刺史谢玄为前锋都督,与辅国将军谢琰、西中郎将桓伊等众共八万拒之。使龙骧将军胡彬以水军五千援寿阳。琰,安之子也。

是时,秦兵既盛,都下震恐。谢玄入,问计于谢安,安夷然,答曰:"已别有旨。"既而寂然。玄不敢复言,乃令张玄重请。安遂命驾出游山墅,亲朋毕集,与玄围棋赌墅。安棋常劣于玄,是日玄惧,便为敌手而又不胜。安遂游陟,至夜乃还。桓冲深以根本为忧,遣精锐三千入援京师。谢安固却之,曰:"朝廷处分已定,兵甲无阙,西藩宜留以为防。"冲对佐吏叹曰:"谢安石有庙堂之量,不闲将略。今大敌垂至,方游谈不暇,遣诸不经事少年拒之,众又寡弱,天下事已可知,吾其左衽矣!"

以琅邪王道子录尚书六条事。

冬,十月,秦阳平公融等攻寿阳,癸酉,克之,执平虏将军徐元喜等。融以其参军河南郭褒为淮南太守。慕容垂拔郧城。胡彬闻寿阳陷,退保硖石,融进攻之。秦卫将军梁成等帅众五万屯于洛涧,栅淮以遏东兵。谢石、谢玄等去洛涧二十五里而军,惮成,不敢进。胡彬粮尽,潜遣使告石等曰:"今贼盛,粮尽,恐不复见大军。"秦人获之,送于阳平公融。融驰使白秦王坚曰:"贼少易擒,但恐逃去,宜速赴之。"坚乃留大军于项城,引轻骑八千,兼道就融于寿阳。遣尚书朱序来说谢石等以"强弱异势,不如速降。"序私谓石等曰:"若秦百万之众尽至,诚难与为敌。今乘诸军未集,宜速击之。若败其前锋,则彼已夺气,可遂破也。"

石闻坚在寿阳,甚惧,欲不战以老秦师。谢琰劝石从序言。十一月,谢玄遣广陵相刘牢之帅精兵五千人趣洛涧,未至十里,梁成阻涧为陈以待之。牢之直前渡水,击成,大破之,斩成及弋阳太守王咏,又分兵断其归津,秦步骑崩溃,争赴淮水,士卒死者万五千人。执秦扬州刺史王显等,尽收其器械军实。于是谢石等诸军水陆继进。秦王坚与阳平公融登寿阳城望之,见晋兵部阵严整,又望见八公山上草木,皆以为晋兵,顾谓融曰:"此亦劲敌,何谓弱也!"怃然始有惧色。

秦兵逼肥水而陈,晋兵不得渡。谢玄遣使谓阳平公融曰:"君悬军深入,而置陈逼水,此乃持久之计,非欲速战者也。若移陈小却,使晋兵得渡,以决胜负,不亦善乎!"秦诸将皆曰:"我众彼寡,不如遏之,使不得上,可以万全。"坚曰:"但引兵少却,使之半渡,我以铁骑蹙而杀之,蔑不胜矣!"融亦以为然,遂麾兵使却。秦兵遂退,不可复止,谢玄、谢琰、桓伊等引兵渡水击之。融驰骑略陈,欲以帅退者,马倒,为晋兵所杀,秦兵遂溃。玄等乘胜追击,至于青冈,秦兵大败,自相蹈藉而死者，蔽野塞川。其走者闻风声鹤唳，皆以为晋兵且至，昼夜不敢息，草行露宿，重以饥冻，死者什七八。初，秦兵小却，朱序在陈后呼曰："秦兵败矣！"众遂大奔。序因与张天锡、徐元喜皆来奔。获秦王坚所乘云母车及仪服、器械、军资、珍宝、畜产不可胜计，复取寿阳，执其淮南太守郭褒。

坚中流矢，单骑走至淮北，饥甚，民有进壶飧、豚髀者，坚食之，赐帛十匹，绵十斤。辞曰："陛下厌苦安乐，自取危困。臣为陛下子，陛下为臣父，安有子饲其父而求报乎！"弗顾而去。坚谓张夫人曰："吾今复何面目治天下乎？"潸然流涕。

是时，诸军皆溃，惟慕容垂所将三万人独全，坚以千余骑赴之。世子宝言于垂曰："家国倾覆，天命人心皆归至尊，但时运未至，故晦迹自藏耳。今秦主兵败，委身于我，是天借之便以复燕祚，此时不可失也，愿不以意气微恩忘社稷之重。"垂曰："汝言是也。然彼以赤心投命于我，若之何害之！天苟弃之，何患不亡？不若保护其危以报德，徐俟其衅而图之，既不负宿心，且可以义取天下。"奋威将军慕容德曰："秦强而并燕，秦弱而图之，此为报仇雪耻，非负宿心也。兄奈何得而不取，释数万之众以授人乎？"垂曰："吾昔为太傅所不容，置身无所，逃死于秦，秦主以国士遇我，恩礼备至。后复为王猛所卖，无以自明，秦主独能明之，此恩何可忘也！若氏运必穷，吾当怀集关东，以复先业耳，关西会非吾有也。"冠军行参军赵秋曰："明公当绍复燕祚，著于图谶，今天时已至，尚复何待！若杀秦主，据邺都，鼓行而西，三秦亦非苻氏之有也。"垂亲党多劝垂杀坚，垂皆不从，悉以兵授坚。平南将军慕容晖屯郧城，闻坚败，弃其众遁去。至荥阳，慕容德复说晖起兵以复燕祚，晖不从。

谢安得驿书，知秦兵已败，时方与客围棋，摄书置床上，了无喜色，围棋如故。客问之，徐答曰："小儿辈遂已破贼。"既罢，还内，过户限，不觉屐齿之折。

丁亥，谢石等归建康，得秦乐工，能习旧声，于是宗庙始备金石之乐。乙未，以张天锡为散骑常侍，朱序为琅邪内史。

秦王坚收集离散，比至洛阳，众十余万，百官、仪物，军容粗备。

慕容农谓慕容垂曰："尊不迫人于险，其义声足以感动天地。农闻秘记曰：'燕复兴当在河阳。'夫取果于未熟与自落，不过晚旬日之间，然其难易美恶，相去远矣！"垂心善其言，行至渑池，言于坚曰："北鄙之民，闻王师不利，轻相扇动，臣请奉诏书以镇慰安集之，因过谒陵庙。"坚许之。权翼谏曰："国兵新破，四方皆有离心，宜征集名将，置之京师，以固根本，镇枝叶。垂勇略过人，世豪东夏，顷以避祸而来，其心岂止欲作冠军而已哉！譬如养鹰，饥则附人，每闻风飙之起，常有陵霄之志。正宜谨其绦笼，岂可解纵，任其所欲哉！"坚曰："卿言是也。然朕已许之，匹夫犹不食言，况万乘乎？若天命有废兴，固非智力所能移也。"翼曰："陛下重小信而轻社稷，臣见其往而不返，关东之乱，自此始矣。"坚不听，遣将军李蛮、闵亮、尹国帅众三千送垂。又遣骁骑将军石越帅精卒三千戍邺，骠骑将军张蚝帅羽林五千戍并州，镇军将军毛当帅众四千戍洛阳。权翼密遣壮士邀垂于河桥南空仓中，垂疑之，自凉马台结草筏以渡，使典军程同衣己衣，乘己马，与僮仆趣河桥。伏兵发，同驰马获免。

十二月，秦王坚至长安，哭阳平公融而后入，谥曰哀公。大赦，复死事者家。

庚午，大赦。以谢石为尚书令。进谢玄号前将军，固让不受。

谢安婿王国宝，坦之之子也，安恶其为人，每抑而不用，以为尚书郎。国宝自以望族，故事唯作吏部，不为余曹，固辞不拜，由是怨安。国宝从妹为会稽王道子妃，帝与道子皆嗜酒，狎昵邪谄，国宝乃谮安于道子，使离间之于帝。安功名既盛，而险诐求进之徒，多毁短安，帝由是稍疏忌之。

初开酒禁，增民税米，口五石。

秦吕光行越流沙三百余里，焉耆等诸国皆降。惟龟兹王帛纯拒之，婴城固守，光进军攻之。

秦王坚之入寇也，以乞伏国仁为前将军，领先锋骑。会国仁叔父步颓反于陇西，坚遣国仁还讨之。步颓闻之，大喜，迎国仁于路。国仁置酒，大言曰："苻氏疲民逞兵，殆将亡矣，吾当与诸君共建一方之业。"及坚败，国仁遂迫胁诸部，有不从者，击而并之，众至十余万。

慕容垂至安阳，遣参军田山修笺于长乐公丕。丕闻垂北来，疑其欲为乱，然犹身自迎之。赵秋劝垂于座取丕，因据邺起兵，垂不从。丕谋袭击垂，侍郎天水姜让谏曰："垂反形未著，而明公擅杀之，非臣子之义。不如待以上宾之礼，严兵卫之，密表情状，听敕而后图之。"丕从之，馆垂于邺西。

垂潜与燕之故臣谋复燕祚，会丁零翟斌起兵叛秦，谋攻豫州牧平原公晖于洛阳，秦王坚驿书使垂将兵讨之。石越言于丕曰："王师新败，民心未安，负罪亡匿之徒，思乱者众，故丁零一唱，旬日之中，众已数千，此其验也。慕容垂，燕之宿望，有兴复旧业之心，今复资之以兵，此为虎傅翼也。"丕曰："垂在邺如藉虎寝蛟，常恐为肘腋之变，今远之于外，不犹愈乎！且翟斌凶悖，必不肯为垂下，使两虎相毙，吾从而制之，此卞庄子之术也。"乃以羸兵二千及铠仗之弊者给垂，又遣广武将军苻飞龙帅氐骑一千为垂之副，密戒飞龙曰："垂为三军之帅，卿为谋垂之将，行矣，勉之。"

垂请入邺城拜庙，丕弗许。乃潜服而入，亭吏禁之，垂怒，斩吏烧亭而去。石越言于丕曰："垂敢轻侮方镇，杀吏烧亭，反形已露，可因此除之。"丕曰："淮南之败，垂侍卫乘舆，此功不可忘也。"越曰："垂尚不忠于燕，安能尽忠于我！失今不取,必为后患。"丕不从。越退,告人曰:"公父子好为小仁,不顾大计,终当为人擒耳。"

垂留慕容农、慕容楷、慕容绍于邺,行至安阳之汤池,闵亮、李毗自邺来,以丕与苻飞龙所谋告垂。垂因激怒其众曰:"吾尽忠于苻氏,而彼专欲图吾父子,吾虽欲已,得乎!"乃托言兵少,停河内募兵,旬日间,有众八千。

平原公晖遣使让垂,趣使进兵。垂谓飞龙曰:"今寇贼不远,当昼止夜行,袭其不意。"飞龙以为然。壬午,夜,垂遣世子宝将兵居前,少子隆勒兵从己,令氐兵五人为伍;阴与宝约,闻鼓声,前后合击氐兵及飞龙,尽杀之,参佐家在西者皆遣还,并以书遗秦王坚,言所以杀飞龙之故。

初,垂从坚入邺,以其子麟屡尝告变于燕,立杀其母,然犹不忍杀麟,置之外舍,希得侍见。及杀苻飞龙,麟屡进策画,启发垂意,垂更奇之,宠待与诸子均矣。

慕容凤及燕故臣之子燕郡王腾、辽西段延等闻翟斌起兵,各帅部曲归之。平原公晖使武平武侯毛当讨斌。慕容凤曰:"凤今将雪先王之耻,请为将军斩此氐奴。"乃擐甲直进,丁零之众随之,大败秦兵,斩毛当,遂进攻陵云台戍,克之,收万余人甲仗。

癸未,慕容垂济河焚桥,有众三万,留辽东鲜卑可足浑谭集兵于河内之沙城。垂遣田山如邺,密告慕容农等使起兵相应。时日已暮,农与慕容楷留宿邺中;慕容绍先出,至蒲池,盗丕骏马数百匹以待农、楷。甲申晦,农、楷将数十骑微服出邺,遂同奔列人。

九年(甲申、384)

春,正月,乙酉朔,秦长乐公丕大会宾客,请慕容农不得,始觉有变,遣人四出求之,三日,乃知其在列人,已起兵矣。

慕容凤、王腾、段延皆劝翟斌奉慕容垂为盟主,斌从之。垂欲袭洛阳,且未知斌之诚伪,乃拒之曰:"吾来救豫州,不来赴君。君既建大事,成享其福,败受其祸,吾无预焉。"丙戌,垂至洛阳,平原公晖闻其杀苻飞龙,闭门拒之。翟斌复遣长史郭通往说垂,垂犹未许。通曰:"将军所以拒通者,岂非以翟斌兄弟山野异类,无奇才远略,必无所成故邪? 独不念将军今日凭之,可以济大业乎!"垂乃许之。于是斌帅其众来与垂会,劝垂称尊号。垂曰:"新兴侯,吾主也,当迎归返正耳。"

垂以洛阳四面受敌,欲取邺而据之,乃引兵而东。故扶馀王馀蔚为荥阳太守,及昌黎鲜卑卫驹各帅其众降垂。垂至荥阳,群下固请上尊号,垂乃依晋中宗故事,称大将军、大都督、燕王,承制行事,谓之统府。群下称臣,文表奏(诺)〔诰〕,封拜官爵,皆如王者。以弟德为车骑大将军,封范阳王;兄子楷为征西大将军,封太原王;翟斌为建义大将军,封河南王;馀蔚为征东将军,统府左司马,封扶馀王;卫驹为鹰扬将军,慕容凤为建策将军。帅众二十余万,自石门济河,长驱向邺。

慕容农之奔列人也,止于乌桓鲁利家,利为之置馔,农笑而不食。利谓其妻曰:"恶奴,郎贵人,家贫无以馔之,奈何?"妻曰:"郎有雄才大志,今无故而至,必将有异,非为饮食来也。君亟出,远望以备非常。"利从之。农谓利曰:"吾欲集兵列人以图兴复,卿能从我乎?"利曰:"死生唯郎是从。"农乃诣乌桓张骧,说之曰:"家王已举大事,翟斌等咸相推奉,远近响应,故来相告耳。"骧再拜曰:"得旧主而奉之,敢不尽死!"于是农驱列人居民为士卒,斩桑榆为兵,裂襜裳为旗,使赵秋说屠各毕聪。聪与屠各卜胜、张延、李白、郭超及东夷馀和、敕勃、易阳乌桓刘大各帅部众数千赴之。农假张骧辅国将军,刘大安远将军,鲁利建威将军。农自将攻破馆陶,收其军资器械,遣兰汗、段讚、赵秋、慕舆悕略取康台牧马数千匹。汗,燕王垂之从舅;讚,聪之子也。于是步骑云集,众至数万,骧等共推农为使持节、都督河北诸军事、骠骑大将军,监统诸将,随才部署,上下肃然。农以燕王垂未至,不敢封赏将士。赵秋曰:"军无赏,士不往,今之来者,皆欲建一时之功,规万世之利,宜承制封拜,以广中兴之基。"农从之,于是赴者相继,垂闻而善之。农西招库傉官伟于上党,东引乞特归于东阿,北召光烈将军平叡及叡兄汝阳太守幼于燕国,伟等皆应之。又遣兰汗等攻顿丘,克之。农号令整肃,军无私掠,士女喜悦。

长乐公丕使石越将步骑万余讨之。农曰:"越有智勇之名,今不南拒大军而来此,是畏王而陵我也,必不设备,可以计取之。"众请治列人城,农曰:"善用兵者,结士以心,不以异物。今起义兵,唯敌是求,当以山河为城池,何列人之足治也!"辛卯,越至列人西,农使赵秋及参军綦毋滕击越前锋,破之。参军太原赵谦言于农曰:"越甲仗虽精,人心危骇,易破也,宜急击之。"农曰:"彼甲在外,我甲在心,昼战,则士卒见其外貌而惮之,不如待暮击之,可以必克。"令军士严备以待,毋得妄动。越立栅自固,农笑谓诸将曰:"越兵精士众,不乘其初至之锐以击我,方更立栅,吾知其无能为也。"向暮,农鼓噪出,陈于城西。牙门刘木请先攻越栅,农笑曰:"凡人见美食,谁不欲之,何得独请!然汝猛锐可嘉,当以先锋惠汝。"木乃帅壮士四百腾栅而入,秦兵披靡。农督大众随之,大败秦兵,斩越,送首于垂。越与毛当,皆秦之骁将也,故秦王坚使助二子镇守,既而相继败没,人情骚动,所在盗贼群起。

庚戌,燕王垂至邺,改秦建元二十年为燕元年,服色朝仪,皆如旧章。以前岷山公库傉官伟为左长史,前尚书段崇为右长史,荥阳郑豁等为从事中郎。慕容农引兵会垂于邺,垂因其所称之官而授之。立世子宝为太子,封从弟拔等十七人及甥宇文输、舅子兰审皆为王,其余宗族及功臣封公者三十七人,侯、伯、子、男者八十九人。可足浑谭集兵得二万余人,攻野王,拔之,引兵会攻邺。平幼及弟叡、规亦帅众数万会垂于邺。

长乐公丕使姜让诮让燕王垂,且说之曰:"过而能改,今犹未晚也。"垂曰:"孤受主上不世之恩,故欲安全长乐公,使尽众赴京师,然后修复国家之业,与秦永为邻好。何故暗于机运,不以邺城见归?若迷而不复,当穷极兵势,恐单马求生,亦不可得也。"让厉色责之曰:"将军不容于家国,投命圣朝,燕之尺土,将军岂有分乎?主上与将军风殊类别,一见倾心,亲如宗戚,宠逾勋旧,自古君臣际遇,有如是之厚者乎?一旦因王师小败,遽有异图!长乐公,主上元子,受分陕之任,宁可束手输将军以百城之地乎?将军欲裂冠毁冕,自可极其兵势,奚更云云。但惜将军以七十之年,悬首白旗,高世之忠,更为逆鬼耳。"垂默然。左右请杀之,垂曰:"彼各为其主耳,何罪!"礼而归之,遗丕书及上秦王坚表,陈述利害,请送丕归长安。坚及丕怒,复书切责之。

鹰扬将军刘牢之攻秦谯城,拔之。桓冲遣上庸太守郭宝攻秦魏兴、上庸、新城三郡,拔之。将军杨佺期进据成固,击秦梁州刺史潘猛,走之。佺期,亮之子也。

壬子,燕王垂攻邺,拔其外郭,长乐公丕退守中城。关东六州郡县多送任请降于燕。癸丑,垂以陈留王绍行冀州刺史,屯广阿。

丰城宣穆公桓冲闻谢玄等有功,自以失言,惭恨成疾。二月,辛巳,卒。朝议欲以谢玄为荆、江二州刺史。谢安自以父子名位太盛,又惧桓氏失职怨望,乃以梁郡太守桓石民为荆州刺史,河东太守桓石虔为豫州刺史,豫州刺史桓伊为江州刺史。

燕王垂引丁零、乌桓之众二十余万为飞梯、地道以攻邺,不拔,乃筑长围守之,分处老弱于肥乡,筑新兴城以置辎重。

秦征东府官属疑参军高泰,燕之旧臣,有贰心,泰惧,与同郡虞曹从事吴韶逃归勃海。诏曰:"燕军近在肥乡,宜从之。"泰曰:"吾以避祸耳。去一君,事一君,吾所不为也。"申绍见而叹曰:"去就以道,可谓君子矣。"

燕范阳王德击秦枋头,取之,置戍而还。

东胡王晏据馆陶,为邺中声援,鲜卑、乌桓及郡县民据坞壁不从燕者尚众,燕王垂遣太原王楷与镇南将军陈留王绍讨之。楷谓绍曰:"鲜卑、乌桓及冀州之民,本皆燕臣,今大业始尔,人心未洽,所以小异。唯宜绥之以德,不可震之以威。吾当止一处,为军声之本,汝巡抚民夷,示以大义,彼必当听从。"楷乃屯于辟阳。绍帅骑数百往说王晏,为陈祸福,晏随绍诣楷降。于是鲜卑、乌桓及坞民降者数十万口。楷留其老弱,置守宰以抚之,发其丁壮十余万,与王晏诣邺。垂大悦,曰:

"汝兄弟才兼文武,足以继先王矣!"

三月,以卫将军谢安为太保。

秦北地长史慕容泓闻燕王垂攻邺,亡奔关东,收集鲜卑,众至数千,还屯华阴。败秦将军强永,其众遂盛,自称都督陕西诸军事、大将军、雍州牧、济北王,推垂为丞相、都督陕东诸军事、领大司马、冀州牧、吴王。

秦王坚谓权翼曰:"不用卿言,使鲜卑至此。关东之地,吾不复与之争,将若泓何?"乃以广平公熙为雍州刺史,镇蒲坂。征雍州牧钜鹿公叡为都督中外诸军事、卫大将军、录尚书事,配兵五万;以左将军窦冲为长史,龙骧将军姚苌为司马,以讨泓。

平阳太守慕容冲亦起兵于平阳,有众二万,进攻蒲坂,坚使窦冲讨之。

库傉官伟帅营部数万至邺,燕王垂封伟为安定王。

秦冀州刺史阜城侯定守信都,高城男绍在其国,高邑侯亮、重合侯谟守常山,固安侯鉴守中山。燕王垂遣前将军、乐浪王温督诸军攻信都,不克。夏,四月,丙辰,遣抚军大将军麟益兵助之。定、鉴,秦王坚之从叔;绍、谟,从弟;亮,从子也。温,燕王垂之弟子也。

慕容泓闻秦兵且至,惧,帅众将奔关东。秦钜鹿愍公叡粗猛轻敌,欲驰兵邀之。姚苌谏曰:"鲜卑皆有思归之志,故起而为乱,宜驱令出关,不可遏也。夫执鼷鼠之尾,犹能反噬于人。彼自知困穷,致死于我,万一失利,悔将何及!但可鸣鼓随之,彼将奔败不暇矣。"叡弗从,战于华泽,叡兵败,为泓所杀。苌遣龙骧长史赵都、参军姜协诣秦王坚谢罪,坚怒,杀之。苌惧,奔渭北马牧。于是天水尹纬、尹详、南安庞演等纠扇羌豪,帅其户口归苌者五万余家,推苌为盟主。苌自称大将军、大单于、万年秦王,大赦,改元白雀。以尹详、庞演为左、右长史,南安姚晃及尹纬为左、右司马,天水狄伯支等为从事中郎,羌训等为掾属,王据等为参军,王钦卢、姚方成等为将帅。

秦窦冲击慕容冲于河东,大破之,冲帅鲜卑骑八千奔慕容泓。泓众至十余万,遣使谓秦王坚曰:"吴王已定关东,可速资备大驾,奉送家兄皇帝。泓当帅关中燕人,翼卫乘舆,还返邺都,与秦以虎牢为界,永为邻好。"坚大怒,召慕容暐责之曰:"今泓书如此,卿欲去者,朕当相资。卿之宗族,可谓人面兽心,不可以国士期也。"暐叩头流血,涕泣陈谢。坚久之曰:"此自三竖所为,非卿之过。"复其位,待之如初。命暐以书招谕泓、冲及垂。暐密遣使谓泓曰:"吾笼中之人,必无还理,且燕室之罪人也,不足复顾。汝勉建大业,以吴王为相国、中山王为太宰、领大司马,汝可为大将军、领司徒,承制封拜,听吾死问,汝便即尊位。"泓于是进向长安,改元燕兴。

燕王垂以邺城犹固，会寮佐议之。右司马封衡请引漳水灌之，从之。垂行围，因饮于华林园，秦人密出兵掩之，矢下如雨，垂几不得出，冠军大将军隆将骑冲之，垂仅而得免。

竟陵太守赵统攻襄阳，秦荆州刺史都贵奔鲁阳。

五月，秦洛州刺史张五虎据丰阳来降。

梁州刺史杨亮帅众五万伐蜀，遣巴西太守费统等将水陆兵三万为前锋。亮屯巴郡，秦益州刺史王广遣巴西太守康回等拒之。

秦苻定、苻绍皆降于燕，燕慕容麟引兵西攻常山。

后秦王苌进屯北地，秦华阴、北地、新平、安定羌胡降之者十余万。

六月，癸丑朔，崇德太后褚氏崩。

秦王坚自帅步骑二万以击后秦，军于赵氏坞，使护军将军杨璧等分道攻之，后秦兵屡败，斩后秦王苌之弟镇军将军尹买。后秦军中无井，秦人塞安公谷、堰同官水以困之，后秦人恂惧，有渴死者。会天大雨，后秦营中水三尺，绕营百步之外，寸余而已，后秦军复振。秦王坚叹曰："天亦佑贼乎！"

慕容泓谋臣高盖等以泓德望不如慕容冲，且持法苛峻，乃杀泓，立冲为皇太弟，承制行事，置百官。以盖为尚书令。后秦王苌遣其子嵩为质于冲以请和。

将军刘春攻鲁阳，都贵奔还长安。

后秦王苌帅众七万击秦，秦王坚遣杨璧等拒之，为苌所败，获杨璧及右将军徐成、镇军将军毛盛等将吏数十人，苌皆礼而遣之。

燕慕容麟拔常山，秦苻亮、苻谟皆降。麟进围中山，秋，七月，克之，执苻鉴。麟威声大振，留屯中山。

秦幽州刺史王永、平州刺史苻冲帅二州之众以击燕。燕王垂遣宁朔将军平规击永，永遣昌黎太守宋敞逆战于范阳，敞兵败，规进据蓟南。

秦平原公晖帅洛阳、陕城之众七万归于长安。

益州刺史王广遣将军王蚪帅蜀汉之众三万北救长安。

秦王坚闻慕容冲去长安浸近，乃引兵归，遣抚军大将军高阳公方戍骊山，拜平原公晖为都督中外诸军事、车骑大将军、录尚书事，配兵五万以拒冲。冲与晖战于郑西，大破之。坚又遣前将军姜宇与少子河间公琳帅众三万拒冲于灞上，琳、宇皆败死，冲遂据阿房城。

秦康回兵数败，退还成都。梓潼太守垒袭以涪城来降。荆州刺史桓石民据鲁阳，遣河南太守高茂北戍洛阳。

己酉，葬康献皇后于崇平陵。

燕翟斌恃功骄纵，邀求无厌，又以邺城久不下，潜有贰心。太子宝请除之，燕王垂曰:"河南之盟,不可负也,若其为难,罪由于斌。今事未有形而杀之,人必谓我忌惮其功能。吾方收揽豪杰以隆大业,不可示人以狭,失天下之望也。藉彼有谋,吾以智防之,无能为也。"范阳王德、陈留王绍、骠骑大将军农皆曰:"翟斌兄弟恃功而骄,必为国患。"垂曰:"骄则速败,焉能为患?彼有大功,当听其自毙耳。"礼遇弥重。

斌讽丁零及其党请斌为尚书令。垂曰:"翟王之功,宜居上辅,但台既未建,此官不可遽置耳。"斌怒,密与前秦长乐公丕通谋,使丁零决堤溃水。事觉,垂杀斌及其弟檀、敏,余皆赦之。斌兄子真,夜将营众北奔邺郸,引兵还向邺围,欲与丕内外相应,太子宝与冠军大将军隆击破之,真还走邺郸。

太原王楷、陈留王绍言于垂曰:"丁零非有大志,但宠过为乱耳。今急之则屯聚为寇,缓之则自散,散而击之,无不克矣。"垂从之。

龟兹王帛纯窘急,重赂狯胡以求救,狯胡王遣其弟呐龙、侯将馗帅骑二十余万,并引温宿、尉头等诸国兵合七十余万以救龟兹。秦吕光与战于城西,大破之。帛纯出走,王侯降者三十余国。光入其城,城如长安市邑,宫室甚盛。光抚宁西域,威恩甚著,远方诸国,前世所不能服者,皆来归附,上汉所赐节传,光皆表而易之,立帛纯弟震为龟兹王。

八月,翟真自邺郸北走,燕王垂遣太原王楷、骠骑大将军农帅骑追之,甲寅,及于下邑。楷欲战,农曰:"士卒饥倦,且视贼营不见丁壮,殆有他伏。"楷不从,进战,燕兵大败。真北趋中山,屯于承营。

邺中刍粮俱尽,削松木以饲马。燕王垂谓诸将曰:"苻丕穷寇,必无降理。不如退屯新城,开丕西归之路,以谢秦王畴昔之恩,且为讨翟真之计。"丙寅夜,垂解围趋新城。遣慕容农徇清河、平原,征督租赋。农明立约束,均适有无,军令严整,无所侵暴,由是谷帛属路,军资丰给。

戊寅,南昌文穆公郗愔薨。

太保安奏请乘苻氏倾败,开拓中原,以徐、兖二州刺史谢玄为前锋都督,帅豫州刺史桓石虔等伐秦。玄至下邳,秦徐州刺史赵迁弃彭城走,玄进据彭城。

秦王坚闻吕光平西域,以光为都督玉门以西诸军事、西域校尉,道绝,不通。

秦幽州刺史王永求救于振威将军刘库仁,库仁遣其妻兄公孙希帅骑三千救之,大破平规于蓟南,乘胜长驱,进据唐城,与慕容麟相持。

九月,谢玄使彭城内史刘牢之攻秦兖州刺史张崇。辛卯,崇弃鄄城奔燕。牢之据鄄城,河南城堡皆来归附。

太保安上疏自求北征,甲午,加安都督扬、江等十五州诸军事,加黄钺。

慕容冲进逼长安,秦王坚登城观之,叹曰:"此虏何从出哉!"大呼责冲曰:"奴何苦来送死!"冲曰:"奴厌奴苦,欲取汝为代耳。"冲少有宠于坚,坚遣使以锦袍称诏遗之。冲遣詹事称皇太弟令答之曰:"孤今心在天下,岂顾一袍小惠。苟能知命,君臣束手,早送皇帝,自当宽贷苻氏,以酬曩好。"坚大怒曰:"吾不用王景略、阳平公之言,使白虏敢至于此!"

冬,十月,辛亥朔,日有食之。

乙丑,大赦。

谢玄遣阴陵太守高素攻秦青州刺史苻朗,军至琅邪,朗来降。朗,坚之从子也。

翟真在承营,与公孙希、宋敞遥相首尾。长乐公丕遣宦者冗从仆射清河光祚将兵数百赴中山,与真相结。又遣阳平太守邵兴将数千骑招集冀州故郡县,与祚期会襄国。是时,燕军疲弊,秦势复振,冀州郡县皆观望成败,赵郡人赵粟等起兵柏乡以应兴。燕王垂遣冠军大将军隆、龙骧将军张崇将兵邀击兴,命骠骑大将军农自清河引兵会之。隆与兴战于襄国,大破之,兴走至广阿,遇慕容农,执之。光祚闻之,循西山走归邺。隆遂击赵粟等,皆破之,冀州郡县复属燕。

刘库仁闻公孙希已破平规,欲大举兵以救长乐公丕,发雁门、上谷、代郡兵,屯繁畤。燕太子太保慕舆句之子文、零陵公慕舆虔之子常时在库仁所,知三郡兵不乐远征,因作乱,夜,攻库仁,杀之,窃其骏马奔燕。公孙希之众闻乱自溃,希奔翟真。库仁弟头眷代领库仁部众。

秦长乐公丕遣光祚及参军封孚召骠骑将军张蚝、并州刺史王腾于晋阳以自救,蚝、腾以众少不能赴。丕进退路穷,谋于僚佐。司马杨膺请自归于晋,丕未许。会谢玄遣龙骧将军刘牢之等据碻磝,济阳太守郭满据滑台,将军颜肱、刘袭军于河北,丕遣将宰桑据屯黎阳以拒之。刘袭夜袭据,走之,遂克黎阳。丕惧,乃遣从弟就与参军焦逵请救于玄,致书称"欲假途求粮,西赴国难,须援军既接,以邺与之。若西路不通,长安陷没,请帅所领保守邺城。"逵与参军姜让密谓杨膺曰:"今丧败如此,长安阻绝,存亡不可知。屈节竭诚以求粮援,犹惧不获,而公豪气不除,方设两端,事必无成。宜正书为表,许以王师之至,当致身南归。如其不从,可逼缚与之。"膺自以力能制丕,乃改书而遣之。

谢玄遣晋陵太守滕恬之渡河守黎阳。恬之,脩之曾孙也。朝廷以兖、青、司、豫既平,加玄都督徐、兖、青、司、冀、幽、并七州诸军事。

后秦王苌闻慕容冲攻长安,会群僚议进止,皆曰:"大王宜先取长安,建立根本,然后经营四方。"苌曰:"不然。燕人因其众有思归之心以起兵,若得其志,必不久留关中。吾当移屯岭北,广收资实,以待秦亡燕去,然后拱手取之耳。"乃留其长子兴守北地,使宁北将军姚穆守同官川,自将其众攻新平。

初,新平人杀其郡将,秦王坚缺其城角以耻之,新平民望深以为病,欲立忠义以雪之。及后秦王苌至新平,新平太守南安苟辅欲降之,郡人辽西太守冯杰、莲勺令冯羽、尚书郎赵义、汶山太守冯苗谏曰:"昔田单以一城存齐,今秦之州镇,犹连城过百,奈何遽为叛臣乎!"辅喜曰:"此吾志也,但恐久而无救,郡人横被无辜。诸君能尔,吾岂顾生哉!"于是凭城固守。后秦为土山、地道,辅亦于内为之,或战地下,或战山上,后秦之众死者万余人。辅诈降以诱苌,苌将入城,觉之而返。辅伏兵邀击,几获之,又杀万余人。

陇西处士王嘉,隐居倒虎山,有异术,能知未然,秦人神之,秦王坚、后秦王苌及慕容冲皆遣使迎之。十一月,嘉入长安,众闻之,以为坚有福,故圣人助之,三辅堡壁及四山氐、羌归坚者四万余人。坚置嘉及沙门道安于外殿,动静咨之。

燕慕容农自信都西击丁零翟辽于鲁口,破之。辽退屯无极,农屯藁城以逼之。辽,真之从兄也。

鲜卑在长安城中者犹千余人,慕容绍之兄肃,与慕容晖阴谋结鲜卑为乱。十二月,晖白坚,以其子新昏,请坚幸其家,置酒,欲伏兵杀之。坚许之,会天大雨,不果往。事觉,坚召晖及肃,肃曰:"事必泄矣,入则俱死。今城内已严,不如杀使者驰出,既得出门,大众便集。"晖不从,遂俱入。坚曰:"吾相待何如,而起此意?"晖饰辞以对。肃曰:"家国事重,何论意气!"坚先杀肃,乃杀晖及其宗族,城内鲜卑无少长、男女,皆杀之。燕王垂幼子柔,养于宦者宋牙家为牙子,故得不坐,与太子宝之子盛乘间得出,奔慕容冲。

燕慕容麟、慕容农合兵袭翟辽,大破之,辽单骑奔翟真。

燕王垂以秦长乐公丕犹据邺不去,乃更引兵围邺,开其西走之路。焦逵见谢玄,玄欲征丕任子,然后出兵。逵固陈丕款诚,并述杨膺之意,玄乃遣刘牢之、滕恬之等帅众二万救邺。丕告饥,玄水陆运米二千斛以馈之。

秦梁州刺史潘猛弃汉中,奔长安。

资治通鉴卷第一百六

端明殿学士兼翰林侍读学士朝散大夫右谏议大夫充集贤殿修撰权判西京留
司御史台上柱国河内郡开国侯食邑一千三百户食实封四百户赐紫金鱼袋臣 司马光 奉敕编集

晋纪二十八 起旃蒙作噩（乙酉），尽柔兆阉茂（丙戌），凡二年。

烈宗孝武皇帝中之上

太元十年（乙酉、385）

春，正月，秦王坚朝飨群臣。时长安饥，人相食，诸将归，吐肉以饲妻子。

慕容冲即皇帝位于阿房，改元更始。冲有自得之志，赏罚任情。慕容盛年十三，谓慕容柔曰："夫十人之长，亦须才过九人，然后得安。今中山王才不逮人，功未有成，而骄汰已甚，殆难济乎！"

后秦王苌留诸将攻新平，自引兵击安定，擒秦安西将军勃海公珍，岭北诸城悉降之。

甲寅，秦王坚与西燕主冲战于仇班渠，大破之。乙卯，战于雀桑，又破之。甲子，战于白渠，秦兵大败。西燕兵围秦王坚，殿中将军邓迈等力战却之，坚乃得免。壬申，冲遣尚书令高盖夜袭长安，入其南城，左将军窦衝、前禁将军李辩等击破之，斩首八百级，分其尸而食之。乙亥，高盖引兵攻渭北诸垒，太子宏与战于成贰壁，大破之，斩首三万。

燕带方王佐与宁朔将军平规共攻蓟，王永兵屡败。二月，永使宋敞烧和龙及蓟城宫室，帅众三万奔壶关，佐等入蓟。

慕容农引兵会慕容麟于中山，与共攻翟真。麟、农先帅数千骑至承营，观察形势。翟真望见，陈兵而出。诸将欲退，农曰："丁零非不劲勇，而翟真懦弱，今简精锐，望真所在而冲之，真走，众必散矣，乃邀门而蹙之，可尽杀也。"使骁骑将军慕容国帅百余骑冲之，真走，其众争门，自相蹹藉，死者太半，遂拔承营外郭。

癸未，秦王坚与西燕主冲战于城西，大破之，追奔至阿城。诸将请乘胜入城，坚恐为冲所掩，引兵还。

乙酉，秦益州刺史王广以蜀人江阳太守李丕为益州刺史，守成都。己丑，广帅所部奔还陇西，依其兄秦州刺史统，蜀人随之者三万余人。

刘牢之至枋头。杨膺、姜让谋泄，长乐公丕收杀之。牢之闻之，盘桓不进。

秦平原悼公晖数为西燕主冲所败，秦王坚让之曰："汝，吾之才子也，拥大众与白虏小儿战,而屡败,何用生为!"三月,晖愤恚自杀。

前禁将军李辩、都水使者陇西彭和正恐长安不守,召集西州人屯于韭园,坚召之,不至。

西燕主冲攻秦高阳愍公方于骊山,杀之,执秦尚书韦钟,以其子谦为冯翊太守,使招集三辅之民。冯翊垒主邵安民等责谦曰:"君雍州望族,今乃从贼,与之为不忠不义,何面目以行于世乎!"谦以告钟,钟自杀,谦来奔。

秦左将军苟池、右将军俱石子与西燕主冲战于骊山,兵败。西燕将军慕容永斩苟池,俱石子奔邺。永,庼弟运之孙;石子,难之弟也。秦王坚遣领军将军杨定击冲,大破之,虏鲜卑万余人而还,悉坑之。定,佛奴之孙,坚之婿也。

荥阳人郑燮以郡来降。

燕王垂攻邺,久不下,将北诣冀州,乃命抚军大将军麟屯信都,乐浪王温屯中山,召骠骑大将军农还邺。于是远近闻之,以燕为不振,颇怀去就。

农至高邑,遣从事中郎眭邃近出,违期不还。长史张攀言于农曰:"邃目下参佐,敢欺罔不还,请回军讨之。"农不应,敕备假板,以邃为高阳太守,参佐家在赵北者,悉假署遣归。凡举补太守三人,长史二十余人,退谓攀曰:"君所见殊误,当今岂可自相鱼肉! 俟吾北还,邃等自当迎于道左,君但观之。"

乐浪王温在中山,兵力甚弱,丁零四布,分据诸郡。温谓诸将曰:"以吾之众,攻则不足,守则有余。骠骑、抚军,首尾连兵,会须灭贼,但应聚粮厉兵以俟时耳。"于是抚旧招新,劝课农桑,民归附者相继,郡县壁垒争送军粮,仓库充溢。翟真夜袭中山,温击破之,自是不敢复至。温乃遣兵一万运粮以饷垂,且营中山宫室。

刘牢之攻燕黎阳太守刘抚于孙就栅,燕王垂留慕容农守邺围,自引兵救之。秦长乐公丕闻之,出兵乘虚夜袭燕营,农击败之。刘牢之与垂战,不胜,退屯黎阳。垂复还邺。

吕光以龟兹饶乐,欲留居之。天竺沙门鸠摩罗什谓光曰:"此凶亡之地,不足留也。将军但东归,中道自有福地可居。"光乃大飨将士,议进止,众皆欲还。乃以驼二万余头载外国珍宝奇玩,驱骏马万余匹而还。

夏,四月,刘牢之进兵至邺。燕王垂逆战而败,遂撤围,退屯新城。乙卯,自新城北遁。牢之不告秦长乐公丕,即引兵追之。丕闻之,发兵继进。庚申,牢之追及垂于董唐渊。垂曰:"秦、晋瓦合,相待为强。一胜则俱豪,一失则俱溃,非同心也。今两军相继,势既未合,宜急击之。"牢之军疾趋二百里,至五桥泽,争燕辎重,垂邀击,大破之,斩首数千级。牢之单马走,会秦救至,得免。

燕冠军将军宜都王凤每战,奋不顾身,前后大小二百五十七战,未尝无功。

垂戒之曰:"今大业甫济,汝当先自爱。"使为车骑将军德之副,以抑其锐。

邺中饥甚,秦长乐公丕帅众就晋谷于枋头。刘牢之入屯邺城,收集亡散,兵复少振。坐军败,征还。

燕、秦相持经年,幽、冀大饥,人相食,邑落萧条。燕之军士多饿死,燕王垂禁民养蚕,以桑椹为军粮。

垂将北趣中山,以骠骑大将军农为前驱,前所假授吏眭邃等皆来迎候,上下如初,李犫乃服农之智略。

会稽王道子好专权,复为奸谄者所构扇,与太保安有隙。安欲避之,会秦王坚来求救,安乃请自将救之。壬戌,出镇广陵之步丘,筑垒曰新城而居之。

蜀郡太守任权攻拔成都,斩秦益州刺史李丕,复取益州。

新平粮竭矢尽,外救不至,后秦王苌使人谓苟辅曰:"吾方以义取天下,岂仇忠臣邪?卿但帅城中之人还长安,吾正欲得此城耳。"辅以为然,帅民五千口出城,苌围而坑之,男女无遗。独冯翊杰子终得脱,奔长安。秦王坚追赠辅等官爵,皆谥曰节愍侯,以终为新平太守。

翟真自承营徙屯行唐,真司马鲜于乞杀真及诸翟,自立为赵王。营人共杀乞,立真从弟成为主,其众多降于燕。

五月,西燕主冲攻长安,秦王坚身自督战,飞矢满体,流血淋漓。冲纵兵暴掠,关中士民流散,道路断绝,千里无烟。有堡壁三十余,推平远将军赵敖为主,相与结盟,冒难遣兵粮助坚,多为西燕兵所杀。坚谓之曰:"闻来者率不善达,此诚忠臣之义。然今寇难殷繁,非一人之力所能济也。徒相随入虎口,何益?汝曹宜为国自爱,畜粮厉兵,以俟天时,庶几善不终否,有时而泰也。"

三辅之民为冲所略者,遣人密告坚,请遣兵攻冲,欲纵火为内应。坚曰:"甚哀诸卿忠诚。然吾猛士如虎豹,利兵如霜雪,困于乌合之虏,岂非天乎!恐徒使诸卿坐自夷灭,吾不忍也。"其人固请不已,乃遣七百骑赴之。冲营纵火者,反为风火所烧,其得免者什一二。坚祭而哭之。

卫将军杨定与冲战于城西,为冲所擒。定,秦之骁将也。坚大惧,以谶书云"帝出五将久长得",乃留太子宏守长安,谓之曰:"天其或者欲导予出外。汝善守城,勿与贼争利,吾当出陇收兵运粮以给汝。"遂帅骑数百与张夫人及中山公诜、二女宝、锦出奔五将山,宣告州郡,期以孟冬救长安。坚过垄韭园,李辩奔燕,彭和正惭,自杀。

闰月,以广州刺史罗友为益州刺史,镇成都。

庚戌,燕王垂至常山,围翟成于行唐。命带方王佐镇龙城。六月,高句丽寇辽东,佐遣司马郝景将兵救之,为高句丽所败,高句丽遂陷辽东、玄菟。

秦太子宏不能守长安，将数千骑与母、妻、宗室西奔下辨，百官逃散，司隶校尉权翼等数百人奔后秦。西燕主冲入据长安，纵兵大掠，死者不可胜计。

秋，七月，旱，饥，井皆竭。

后秦王苌自故县如新平。

秦王坚至五将山，后秦王苌遣骁骑将军吴忠帅骑围之。秦兵皆散走，独侍御十数人在侧，坚神色自若，坐而待之，召宰人进食。俄而忠至，执之，送诣新平，幽于别室。

太子宏至下辨，南秦州刺史杨璧拒之。璧妻，坚之女顺阳公主也，弃其夫从宏。宏奔武都，投氐豪强熙，假道来奔，诏处之江州。

长乐公丕帅众三万自枋头将归邺城，龙骧将军檀玄击之，战于谷口，玄兵败，丕复入邺城。

燕建节将军徐岩叛，自武邑北趣幽州。燕王垂驰使敕幽州将平规曰："固守勿战，俟吾破丁零自讨之。"规出战，为岩所败。岩入蓟，掠千余户而去，遂据令支。癸酉，翟成长史鲜于得斩成出降，垂屠行唐，尽坑成众。

太保安有疾，求还，诏许之。八月，安至建康。

甲午，大赦。

丁酉，建昌文靖公谢安薨。诏加殊礼，如大司马温故事。庚子，以司徒琅邪王道子领扬州刺史、录尚书、都督中外诸军事，以尚书令谢石为卫将军。

后秦王苌使求传国玺于秦王坚曰："苌次应历数，可以为惠。"坚瞋目叱之曰："小羌敢逼天子，五胡次序，无汝羌名。玺已送晋，不可得也。"苌复遣右司马尹纬说坚，求为禅代。坚曰："禅代，圣贤之事。姚苌叛贼，何得为之！"坚与纬语，问纬："在朕朝何官?"纬曰："尚书令史。"坚叹曰："卿，王景略之俦，宰相才也，而朕不知卿，宜其亡也。"坚自以平生遇苌有恩，尤忿之，数骂苌求死，谓张夫人曰："岂可令羌奴辱吾儿。"乃先杀宝、锦。辛丑，苌遣人缢坚于新平佛寺。张夫人、中山公诜皆自杀。后秦将士皆为之哀恸。苌欲隐其名，谥坚曰壮烈天王。

臣光曰：论者皆以为秦王坚之亡，由不杀慕容垂、姚苌故也，臣独以为不然。许劭谓魏武帝治世之能臣，乱世之奸雄。使坚治国无失其道，则垂、苌皆秦之能臣也，乌能为乱哉！坚之所以亡，由骤胜而骄故也。魏文侯问李克吴之所以亡，对曰："数战数胜。"文侯曰："数战数胜，国之福也，何故亡?"对曰："数战则民疲，数胜则主骄，以骄主御疲民，未有不亡者也。"秦王坚似之矣。

长乐公丕在邺，将西赴长安，幽州刺史王永在壶关，遣使招丕，丕乃帅邺中男女六万余口西如潞川。骠骑将军张蚝、并州刺史王腾迎之入晋阳。王永留平州刺史苻冲守壶关,自帅骑一万会丕于晋阳。丕始知长安不守,坚已死,乃发表,即皇帝位,追谥坚曰宣昭皇帝,庙号世祖,大赦,改元大安。

燕王垂以鲁王和为南中郎将,镇邺。遣慕容农出蠮螉塞,历凡城,趣龙城,会兵讨馀岩,慕容麟、慕容隆自信都徇勃海、清河。麟击勃海太守封懿,执之,因屯历口。懿,放之子也。

鲜卑刘头眷击破贺兰部于善无,又破柔然于意亲山。头眷子罗辰言于头眷曰:“比来行兵,所向无敌。然心腹之疾,愿早图之。”头眷曰:“谁也?”罗辰曰:“从兄显,忍人也,必将为乱。”头眷不听。显,库仁之子也。

顷之,显果杀头眷自立。又将杀拓跋珪,显弟亢埿妻,珪之姑也,以告珪母贺氏。显谋主梁六眷,代王什翼犍之甥也,亦使其部人穆崇、奚牧密告珪,且以其爱妻、骏马付崇曰:“事泄,当以此自明。”贺氏夜饮显酒,令醉,使珪阴与旧臣长孙犍、元他、罗结轻骑亡去。向晨,贺氏故惊厩中群马,使显起视之。贺氏哭曰:“吾子适在此,今皆不见,汝等谁杀之邪?”显以故不急追。珪遂奔贺兰部,依其舅贺讷,讷惊喜曰:“复国之后,当念老臣。”珪笑曰:“诚如舅言,不敢忘也。”

显疑梁六眷泄其谋,将囚之。穆崇宣言曰:“六眷不顾恩义,助显为逆,我掠得其妻、马,足以解忿。”显乃舍之。

贺氏从弟外朝大人贺悦举所部以奉珪。显怒,将杀贺氏,贺氏奔亢埿家,匿神车中三日,亢埿举家为之请,乃得免。

故南部大人长孙嵩帅所部七百余家叛显,将奔五原。时拓跋寔君之子渥亦聚众自立,嵩欲归之。乌渥谓嵩曰:“逆父之子,不足从也。不如归珪。”嵩从之。久之,刘显所部有乱,故中部大人庾和辰奉贺氏奔珪。

贺讷弟染干以珪得众心,忌之,使其党侯引七突杀珪。代人尉古真知之,以告珪,侯引七突不敢发。染干疑古真泄其谋,执而讯之,以两车轴夹其头,伤一目,不伏,乃免之。染干遂举兵围珪,贺氏出谓染干曰:“汝等欲于何置我,而杀吾子乎!”染干惭而去。

九月,秦主丕以张蚝为侍中、司空,王永为侍中、都督中外诸军事、车骑大将军、尚书令,王腾为中军大将军、司隶校尉,苻冲为尚书左仆射,封西平王。又以左长史杨辅为右仆射,右长史王亮为护军将军。立妃杨氏为皇后,子宁为皇太子,寿为长乐王,锵为平原王,懿为勃海王,昶为济北王。

吕光自龟兹还至宜禾,秦凉州刺史梁熙谋闭境拒之。高昌太守杨翰言于熙曰:“吕光新破西域,兵强气锐,闻中原丧乱,必有异图。河西地方万里,带甲十万,足以自保。若光出流沙,其势难敌。高梧谷口,险阻之要,宜先守之而夺其水。彼既穷渴,可以坐制。如以为远,伊吾关亦可拒也。度此二阨,虽有子房之策,无所施矣。"熙弗听。美水令犍为张统谓熙曰:"今关中大乱,京师存亡不可知。吕光之来,其志难测,将军何以拒之?"熙曰:"忧之,未知所出。"统曰:"光智略过人,今拥思归之士,乘战胜之气,其锋未易当也。将军世受大恩,忠诚夙著,立勋王室,宜在今日。行唐公洛,上之从弟,勇冠一时。为将军计,莫若奉为盟主以收众望,推忠义以帅群豪,则光虽至,不敢有异心也。资其精锐,东兼毛兴,连王统、杨璧,合四州之众,扫凶逆,宁王室,此桓、文之举也。"熙又弗听,杀洛于西海。

光闻杨翰之谋,惧,不敢进。杜进曰:"梁熙文雅有余,机鉴不足,终不能用翰之谋,不足忧也。宜及其上下离心,速进以取之。"光从之。进至高昌,杨翰以郡迎降。至玉门,熙移檄责光擅命还师,以子胤为鹰扬将军,与振威将军南安姚皓、别驾卫翰帅众五万拒光于酒泉。敦煌太守姚静、晋昌太守李纯以郡降光。光报檄凉州,责熙无赴难之志而遏归国之众。遣彭晃、杜进、姜飞为前锋,与胤战于安弥,大破擒之。于是四山胡、夷皆附于光。武威太守彭济执熙以降,光杀之。

光入姑臧,自领凉州刺史,表杜进为武威太守,自余将佐,各受职位。凉州郡县皆降于光,独酒泉太守宋皓、西郡太守索泮城守不下。光攻而执之,让泮曰:"吾受诏平西域,而梁熙绝我归路,此朝廷之罪人,卿何为附之?"泮曰:"将军受诏平西域,不受诏乱凉州,梁公何罪而将军杀之?泮但苦力不足,不能报君父之仇耳,岂肯如逆氏彭济之所为乎!主灭臣死,固其常也。"光杀泮及皓。

主簿尉祐,奸佞倾险,与彭济同执梁熙,光宠信之。祐潜杀名士姚皓等十余人,凉州人由是不悦。光以祐为金城太守,祐至允吾,袭据其城以叛。姜飞击破之,祐奔据兴城。

乞伏国仁自称大都督、大将军、单于、领秦、河二州牧,改元建义,以乙旃童埿为左相,屋引出支为右相,独孤匹蹄为左辅,武群勇士为右辅,弟乾归为上将军,分其地置武城等十二郡,筑勇士城而都之。

秦尚书令魏昌公纂自关中奔晋阳,秦主丕拜纂太尉,封东海王。

冬,十月,西燕主冲遣尚书令高盖帅众五万伐后秦,战于新平南,盖大败,降于后秦。初,盖以杨定为子,及盖败,定亡奔陇右,复收集其旧众。

苻定、苻绍、苻谟、苻亮闻秦主丕即位,皆自河北遣使谢罪。中山太守王兖,本新平氏也,固守博陵,为秦拒燕。十一月,丕以兖为平州刺史,定为冀州牧,绍为冀州都督,谟为幽州牧,亮为幽、平二州都督,并进爵郡公。左将军窦衡据兹川,有众数万,与秦州刺史王统、河州刺史毛兴、益州刺史王广、南秦州刺史杨璧、卫将军杨定皆自陇右遣使邀丕,共击后秦。丕以定为雍州牧,衡为梁州牧,加统镇西大将军,兴车骑大将军,璧征南大将军,并开府仪同三司,加广安西将军,皆进位州牧。

杨定寻徙治历城,置储蓄于百顷,自称龙骧将军、仇池公,遣使来称藩,诏因其所号假之。其后又取天水、略阳之地,自称秦州刺史、陇西王。

绎幕人蔡匡据城以叛燕,燕慕容麟、慕容隆共攻之。泰山太守任泰潜师救匡,至匡垒南八里,燕人乃觉之。诸将以匡未下而外敌奄至,甚患之。隆曰:"匡恃外救,故不时下。今计泰之兵不过数千人,及其未合击之,泰败,匡自降矣。"乃释匡击泰,大破之,斩首千余级。匡遂降,燕王垂杀之,且屠其垒。

慕容农至龙城,休士马十余日。诸将皆曰:"殿下之来,取道甚速,今至此,久留不进,何也?"农曰:"吾来速者,恐馀岩过山钞盗,侵扰良民耳。岩才不逾人,诳诱饥儿,乌集为群,非有纲纪。吾已扼其喉,久将离散,无能为也。今此田善熟,未收而行,徒自耗损。当俟收毕,往则枭之,亦不出旬日耳。"顷之,农将步骑三万至令支,岩众震骇,稍稍逾城归农。岩计穷出降,农斩之。进击高句丽,复辽东、玄菟二郡。还至龙城,上疏请缮修陵庙。

燕王垂以农为使持节、都督幽、平二州、北狄诸军事、幽州牧,镇龙城。徙平州刺史带方王佐镇平郭。农于是创立法制,事从宽简,清刑狱,省赋役,劝课农桑,居民富赡,四方流民至者前后数万口。先是幽、冀流民多入高句丽,农以骠骑司马范阳庞渊为辽东太守,招抚之。

慕容麟攻王兖于博陵,城中粮竭矢尽,功曹张猗逾城出,聚众以应麟。兖临城数之曰:"卿是秦民,吾是卿君,卿起兵应贼,自号'义兵',何名实之相违也?古人求忠臣必于孝子之门,卿母在城,弃而不顾,吾何有焉!今人取卿一切之功则可矣,宁能忘卿不忠不孝之事乎? 不意中州礼义之邦,乃有如卿者也。"十二月,麟拔博陵,执兖及苻鉴,杀之。昌黎太守宋敞帅乌桓、索头之众救兖,不及而还。秦主丕以敞为平州刺史。

燕王垂北如中山,谓诸将曰:"乐浪王招流散,实仓廪,外给军粮,内营宫室,虽萧何何以加之!"丙申,垂始定都中山。

秦苻定据信都以拒燕,燕王垂以从弟北地王精为冀州刺史,将兵攻之。

拓跋珪从曾祖纥罗与其弟建及诸部大人共请贺讷推珪为主。

十一年(丙戌、386)

春,正月,戊申,拓跋珪大会于牛川,即代王位,改元登国。以长孙嵩为南部大人,叔孙普洛为北部大人,分治其众。以上谷张衮为左长史,许谦为右司马,广宁王建、代人和跋、叔孙建、庾岳等为外朝大人,奚牧为治民长,皆掌宿卫及参军国谋议。长孙道生、贺毗等侍从左右,出纳教命。王建娶代王什翼犍之女;岳,和辰之弟;道生,嵩之从子也。

燕王垂即皇帝位。

后秦王苌如安定。

南安祕宜帅羌、胡五万余人攻乞伏国仁,国仁将兵五千逆击,大破之,宜奔还南安。

鲜于乞之杀翟真也,翟辽奔黎阳,黎阳太守滕恬之甚爱信。恬之喜畋猎,不爱士卒,辽潜施奸惠以收众心。恬之南攻鹿鸣城,辽于后闭门拒之,恬之东奔鄄城,辽追执之,遂据黎阳。豫州刺史朱序遣将军秦膺、童斌与淮、泗诸郡共讨之。

秦益州牧王广自陇右引兵攻河州牧毛兴于枹罕,兴遣建节将军卫平帅其宗人一千七百夜袭广,大破之。二月,秦州牧王统遣兵助广攻兴,兴婴城自守。

燕大赦,改元建兴,置公卿尚书百官,缮宗庙、社稷。

西燕主冲乐在长安,且畏燕主垂之强,不敢东归,课农筑室,为久安之计,鲜卑咸怨之。左将军韩延因众心不悦,攻冲,杀之,立冲将段随为燕王,改元昌平。

初,张天锡之南奔也,秦长水校尉王穆匿其世子大豫,与俱奔河西,依秃发思复鞬,思复鞬送于魏安。魏安人焦松、齐肃、张济等聚兵数千人迎大豫为主,攻吕光昌松郡,拔之,执太守王世强。光使辅国将军杜进击之,进兵败,大豫进逼姑臧。王穆谏曰:“光粮丰城固,甲兵精锐,逼之非利。不如席卷岭西,砺兵积粟,然后东向与之争,不及期年,光可取也。”大豫不从,自号抚军将军、凉州牧,改元凤凰,以王穆为长史,传檄郡县,使穆说谕岭西诸郡,建康太守李隰、祁连都尉严纯皆起兵应之,有众三万,保据杨坞。

代王珪徙居定襄之盛乐,务农息民,国人悦之。

三月,大赦。

泰山太守张愿以郡叛,降翟辽。初,谢玄欲使朱序屯梁国,玄自屯彭城,以北固河上,西援洛阳。朝议以征役既久,欲令玄置戍而还。会翟辽、张愿继叛,北方骚动,玄谢罪,乞解职,诏慰谕,令还淮阴。

燕主垂追尊母兰氏为文昭皇后,欲迁文明段后,以兰后配享太祖,诏百官议之,皆以为当然。博士刘详、董谧以为:“尧母为帝喾妃,位第三,不以贵陵姜原,明圣之道,以至公为先。文昭后宜立别庙。”垂怒,逼之,详、谧曰:“上所欲为,无问于臣。臣案经奉礼,不敢有贰。”垂乃不复问诸儒,卒迁段后,以兰后代之。又以景昭可足浑后倾覆社稷,追废之。尊烈祖昭仪段氏为景德皇后,配享烈祖。

> 崔鸿曰:齐桓公命诸侯无以妾为妻。夫之于妻,犹不可以妾代之,况子而易其母乎?《春秋》所称“母以子贵”者,君母既没,得以妾母为小君也。至于享祀宗庙,则成风终不得配庄公也。君父之所为,臣子必习而效之,犹形

声之于影响也。宝之逼杀其母，由垂为之渐也。尧、舜之让，犹为之哙之祸，况违礼而纵私者乎？昔文姜得罪于桓公，《春秋》不之废。可足浑氏虽有罪于前朝，然小君之礼成矣，垂以私憾废之，又立兄妾之无子者，皆非礼也。

刘显自善无南走马邑，其族人奴真帅所部降于代。奴真有兄犍，先居贺兰部，奴真言于代王珪，请召犍而以所部让之，珪许之。犍既领部，遣弟去斤遗贺讷金马。贺染干谓去斤曰："我待汝兄弟厚，汝今领部，宜来从我。"去斤许之。奴真怒曰："我祖父已来，世为代忠臣，故我以部让汝等，欲为义也。今汝等无状，乃谋叛国，义于何在！"遂杀犍及去斤。染干闻之，引兵攻奴真，奴真奔代。珪遣使责染干，染干乃止。

西燕左仆射慕容恒、尚书慕容永袭段随，杀之，立宜都王子颛为燕王，改元建明，帅鲜卑男女四十余万口去长安而东。恒弟护军将军韬诱颛，杀之于临晋，恒怒，舍韬去。永与武卫将军刁云帅众攻韬，韬败，奔恒营。恒立西燕主冲之子瑶为帝，改元建平，谥冲曰威皇帝。众皆去瑶奔永，永执瑶，杀之，立慕容泓子忠为帝，改元建武。忠以永为太尉，守尚书令，封河东公。永持法宽平，鲜卑安。至闻喜，闻燕主垂已称尊号，不敢进，筑燕熙城而居之。

鲜卑既东，长安空虚。前荥阳太守高陵赵毅等招杏城卢水胡郝奴帅户四千入于长安，渭北皆应之，以毅为丞相。扶风王骧有众数千，保据马嵬，奴遣弟多攻之。夏，四月，后秦王苌自安定伐之，骧奔汉中。苌执多而进，奴惧，请降，拜镇北将军、六谷大都督。

癸巳，以尚书仆射陆纳为左仆射，谯王恬为右仆射。纳，玩之子也。

毛兴袭击王广，败之，广奔秦州，陇西鲜卑匹兰执广送于后秦。兴复欲攻王统于上邽，枹罕诸氐皆厌苦兵事，乃共杀兴，推卫平为河州刺史，遣使请命于秦。

燕主垂封其子农为辽西王，麟为赵王，隆为高阳王。

代王珪初改称魏王。

张大豫自杨坞进屯姑臧城西，王穆及秃发思复鞬子奚于帅众三万屯于城南。吕光出击，大破之，斩奚于等二万余级。

秦大赦，以卫平为抚军将军、河州刺史，吕光为车骑大将军、凉州牧。使者皆没于后秦，不能达。

燕主垂以范阳王德为尚书令，太原王楷为左仆射，乐浪王温为司隶校尉。

后秦王苌即皇帝位于长安，大赦，改元建初，国号大秦。追尊其父弋仲为景元皇帝，立妻虵氏为皇后，子兴为皇太子，置百官。苌与群臣宴，酒酣，言曰："诸卿皆与朕北面秦朝，今忽为君臣，得无耻乎！"赵迁曰："天不耻以陛下为子，臣等何耻为臣！"苌大笑。

　　魏王珪东如陵石，护佛侯部帅侯辰、乙佛部帅代题皆叛走。诸将请追之，珪曰：“侯辰等累世服役，有罪且当忍之。方今国家草创，人情未壹，愚者固宜前却，不足追也。”

　　六月，庚寅，以前辅国将军杨亮为雍州刺史，镇卫山陵。荆州刺史桓石民遣将军晏谦击弘农，下之。初置湖、陕二戍。

　　西燕刁云等杀西燕主忠，推慕容永为使持节、大都督中外诸军事、大将军、大单于、雍、秦、梁、凉四州牧、录尚书事、河东王，称藩于燕。

　　燕主垂遣太原王楷、赵王麟、陈留王绍、章武王宙攻秦苻定、苻绍、苻谟、苻亮等。楷先以书与之，为陈祸福，定等皆降。垂封定等为侯，曰：“以酬秦主之德。”

　　秦主丕以都督中外诸军事、司徒、录尚书事王永为左丞相，太尉、东海王纂为大司马，司空张蚝为太尉，尚书令咸阳徐义为司空，司隶校尉王腾为骠骑大将军、仪同三司。永传檄四方公侯、牧守、垒主、民豪，共讨姚苌、慕容垂，令各帅所统，以孟冬上旬会大驾于临晋。于是天水姜延、冯翊寇明、河东王昭、新平张晏、京兆杜敏、扶风马朗、建忠将军、高平牧官都尉扶风王敏等咸承檄起兵，各有众数万，遣使诣秦。丕皆就拜将军、郡守，封列侯。冠军将军邓景拥众五千据彭池，与窦衡为首尾，以击后秦。丕以景为京兆尹。景，羌之子也。

　　后秦主苌徙安定五千余户于长安。

　　秋，七月，秦平凉太守金熙、安定都尉没弈干与后秦左将军姚方成战于孙丘谷，方成兵败。后秦主苌以其弟征房将军绪为司隶校尉，镇长安；自将至安定击熙等，大破之。金熙本东胡之种；没弈干，鲜卑多兰部帅也。

　　枹罕诸氐以卫平衰老，难为成功，议废之，而惮其宗强，累日不决。氐咻青谓诸将曰：“大事宜时定，不然，变生。诸君但请卫公为会，观我所为。”会七夕大宴，青抽剑而前曰：“今天下大乱，吾曹休戚同之，非贤主不可以济大事。卫公老，宜返初服，以避贤路。狄道长苻登是王室疏属，志略雄明，请共立之，以赴大驾。诸君有不同者，即下异议。”乃奋剑攘袂，将斩异己者，众皆从之，莫敢仰视。于是推登为使持节、都督陇右诸军事、抚军大将军、雍、河二州牧、略阳公，帅众五万，东下陇，攻南安，拔之，驰使请命于秦。登，秦主丕族子也。

　　祕宜与莫侯悌眷帅其众三万余户降于乞伏国仁，国仁拜宜东秦州刺史，悌眷梁州刺史。

　　己酉，魏王珪还盛乐。代题复以部落来降，十余日，又奔刘显。珪使其孙倍斤代领其众。刘显弟肺泥帅众降魏。

　　八月，燕主垂留太子宝守中山，以赵王麟为尚书右仆射，录留台。庚午，自帅范阳王德等南略地，使高阳王隆东徇平原。丁零鲜于乞保曲阳西山，闻垂南伐，出营望都,剽掠居民。赵王麟自出讨之,诸将皆曰:"殿下虚镇远征,万一无功而反,亏损威重,不如遣诸将讨之。"麟曰:"乞闻大驾在外,无所畏忌,必不设备,一举可取,不足忧也。"乃声言于鲁口,夜,回趣乞,比明,至其营,掩击,擒之。

翟辽寇谯,朱序击走之。

秦主不以苻登为征西大将军、开府仪同三司、南安王,持节、州牧、都督,皆因其所称而授之。又以徐义为右丞相。留王腾守晋阳,右仆射杨辅戍壶关,帅众四万,进屯平阳。

初,后秦主苌之弟硕德统所部羌居陇上,闻苌起兵,自称征西将军,聚于冀城以应之;以兄孙详为安远将军,据陇城,从孙训为安西将军,据南安之赤亭,与秦秦州刺史王统相持。苌自安定引兵会硕德攻统,天水屠各、略阳羌胡应者一万余户。秦略阳太守王皮降之。

初,秦灭代,迁代王什翼犍少子窟咄于长安,从慕容永东徙,永以窟咄为新兴太守。刘显遣其弟亢埿迎窟咄,以兵随之,逼魏南境,诸部骚动。魏王珪左右于桓等与部人谋执珪以应窟咄,幢将代人莫题等亦潜与窟咄交通。桓舅穆崇告之,珪诛桓等五人,莫题等七姓悉原不问。珪惧内难,北逾阴山,复依贺兰部。遣外朝大人辽东安同求救于燕,燕主垂遣赵王麟救之。

九月,王统以秦州降于后秦。后秦主苌以姚硕德为使持节、都督陇右诸军事、秦州刺史,镇上邦。

吕光得秦王坚凶问,举军缟素,谥曰文昭皇帝。冬,十月,大赦,改元大安。

西燕慕容永遣使诣秦主不,求假道东归。不弗许,与永战于襄陵,秦兵大败,左丞相王永、卫大将军俱石子皆死。初,东海王纂自长安来,麾下壮士三千余人,不忌之。既败,惧为纂所杀,帅骑数千南奔东垣,谋袭洛阳。扬威将军冯该自陕邀击之,杀不,执其太子宁、长乐王寿送建康,诏赦不诛,以付苻宏。纂与其弟尚书永平侯师奴帅秦众数万走据杏城,其余王公百官皆没于永。永遂进据长子,即皇帝位,改元中兴。将以秦后杨氏为上夫人,杨氏引剑刺永,为永所杀。

甲申,海西公奕薨于吴。

燕寺人吴深据清河反,燕主垂攻之,不克。

后秦主苌还安定。

秦南安王登既克南安,夷、夏归之者三万余户,遂进攻姚硕德于秦州,后秦主苌自往救之。登与苌战于胡奴阜,大破之,斩首二万余级,将军啖青射苌,中之。苌创重,走保上邦,姚硕德代之统众。

燕赵王麟军未至魏,拓跋窟咄稍前逼魏王珪,贺染干侵魏北部以应之。魏众惊扰,北部大人叔孙普洛亡奔刘卫辰。麟闻之,遽遣安同等归。魏人知燕军在近,众心少安。窟咄进屯高柳,珪引兵与麟会击之,窟咄大败,奔刘卫辰,卫辰杀之。珪悉收其众,以代人库狄干为北部大人。麟引兵还中山。

刘卫辰居朔方,士马甚盛。后秦主苌以卫辰为大将军、大单于、河西王、幽州牧,西燕主永以卫辰为大将军、朔州牧。

十一月,秦尚书寇遗奉勃海王懿、济北王昶自杏城奔南安。南安王登发丧行服,谥秦主丕曰哀平皇帝。登议立懿为主,众曰:"勃海王虽先帝之子,然年在幼冲,未堪多难。今三虏窥觎,宜立长君,非大王不可。"登乃为坛于陇东,即皇帝位,大赦,改元太初,置百官。

慕容柔、慕容盛及盛弟会皆在长子,盛谓柔、会曰:"主上已中兴幽、冀,东西未壹,吾属居嫌疑之地,为智为愚,皆将不免,不若以时东归,无为坐待鱼肉也。"遂相与亡归燕。后岁余,西燕主永悉诛燕主俦及燕主垂之子孙,男女无遗。

张大豫自西郡入临洮,掠民五千余户,保据俱城。

十二月,吕光自称使持节、侍中、中外大都督、督陇右、河西诸军事、大将军、凉州牧、酒泉公。

秦主登立世祖神主于军中,载以辒辌,建黄旗青盖,以虎贲三百人卫之,凡所欲为,必启主而后行。引兵五万,东击后秦,将士皆刻锋、铠为"死""休"字。每战以剑稍为方圆大阵,知有厚薄,从中分配,故人自为战,所向无前。

初,长安之将败也,中垒将军徐嵩、屯骑校尉胡空各聚众五千,结垒自固,既而受后秦官爵。后秦主苌以王礼葬秦主坚于二垒之间。及登至,嵩、空以众降之。登拜嵩雍州刺史,空京兆尹,改葬坚以天子之礼。

乙酉,燕主垂攻吴深垒,拔之,深单马走。垂进屯聊城之逢关陂。初,燕太子洗马太原温详来奔,以为济北太守,屯东阿。燕主垂遣范阳王德、高阳王隆攻之,详遣从弟攀守河南岸,子楷守碻磝以拒之。

燕主垂以魏王珪为西单于,封上谷王,珪不受。

资治通鉴卷第一百七

端明殿学士兼翰林侍读学士朝散大夫右谏议大夫充集贤殿修撰权判西京留司御史台上柱国河内郡开国侯食邑一千三百户食实封四百户赐紫金鱼袋臣　司马光　奉敕编集

晋纪二十九 起强圉大渊献（丁亥），尽重光单阏（辛卯），凡五年。

烈宗孝武皇帝中之下

太元十二年（丁亥、387）

春，正月，乙巳，以朱序为青、兖二州刺史，代谢玄镇彭城，序求镇淮阴，许之。以玄为会稽内史。

丁未，大赦。

燕主垂观兵河上，高阳王隆曰："温详之徒，皆白面儒生，乌合为群，徒恃长河以自固。若大军济河，必望旗震坏，不待战也。"垂从之。戊午，遣镇北将军兰汗、护军将军平幼于碻磝西四十里济河，隆以大众陈于北岸。温攀、温楷果走趣城，平幼追击，大破之。详夜将妻子奔彭城，其众三万余户皆降于燕。垂以太原王楷为兖州刺史，镇东阿。

初，垂在长安，秦王坚尝与之交手语，垂出，冗从仆射光祚言于坚曰："陛下颇疑慕容垂乎？垂非久为人下者也。"坚以告垂。及秦主丕自邺奔晋阳，祚与黄门侍郎封孚、钜鹿太守封劝皆来奔。劝，弈之子也。垂之再围邺也，秦故臣西河朱肃等各以其众来奔。诏以祚等为河北诸郡太守，皆营于济北、濮阳，羁属温详。详败，俱诣燕军降。垂赦之，抚待如旧。垂见光祚，流涕沾衿，曰："秦主待我深，吾事之亦尽。但为二公猜忌，吾惧死而负之，每一念之，中宵不寐。"祚亦悲恸。垂赐祚金帛，祚固辞，垂曰："卿犹复疑邪？"祚曰："臣昔者惟知忠于所事，不意陛下至今怀之，臣敢逃其死？"垂曰："此乃卿之忠，固吾所求也，前言戏之耳。"待之弥厚，以为中常侍。

翟辽遣其子钊寇陈、颍，朱序遣将军秦膺击走之。

秦主登立妃毛氏为皇后，勃海王懿为太弟。后，兴之女也。遣使拜东海王纂为使持节、都督中外诸军事、太师、领大司马，封鲁王，纂弟师奴为抚军大将军、并州牧，封朔方公。纂怒谓使者曰："勃海王，先帝之子，南安王何以不立而自立乎？"长史王旅谏曰："南安已立，理无中改。今寇虏未灭，不可宗室之中自为仇敌也。"纂乃受命。于是卢水胡彭沛縠、屠各董成、张龙世、新平羌雷恶地等皆附于纂,有众十余万。

后秦主苌徙秦州豪杰三万户于安定。

初,安次人齐涉聚众八千余家据新栅,降燕,燕主垂拜涉魏郡太守。既而复叛,连张愿,愿自帅万余人进屯祝阿之瓮口,招翟辽,共应涉。

高阳王隆言于垂曰:"新栅坚固,攻之未易猝拔。若久顿兵于其城下,张愿拥帅流民,西引丁零,为患方深。愿众虽多,然皆新附,未能力斗。因其自至,宜先击之。愿父子恃其骁勇,必不肯避去,可一战擒也。愿破,则涉自不能存矣。"垂从之。

二月,遣范阳王德、陈留王绍、龙骧将军张崇帅步骑二万会隆击愿。军至斗城,去瓮口二十余里,解鞍顿息。愿引兵奄至,燕人惊遽,德军退走,隆勒兵不动。愿子龟出冲陈,隆遣左右王末逆击,斩之。隆徐进战,愿兵乃退。德行里余,复整兵还,与隆合,谓隆曰:"贼气方锐,宜且缓之。"隆曰:"愿乘人不备,宜得大捷。而吾士卒皆以悬隔河津,势迫之故,人思自战,故能却之。今贼不得利,气竭势衰,皆有进退之志,不能齐备,宜亟击之。"德曰:"吾唯卿所为耳。"遂进,战于瓮口,大破之,斩首七千八百级,愿脱身保三布口。燕人进军历城,青、兖、徐州郡县壁垒多降。垂以陈留王绍为青州刺史,镇历城。德等还师,新栅人冬鸢执涉送之。垂诛涉父子,余悉原之。

三月,秦王登以窦衡为南秦州牧,杨定为益州牧,杨壁为司空、梁州牧,乞伏国仁为大将军、大单于、苑川王。

燕上谷人王敏杀太守封戢,代郡人许谦逐太守贾闰,各以郡附刘显。

燕乐浪王温为尚书右仆射。

夏,四月,戊辰,尊帝母李氏为皇太妃,仪服如太后。

后秦征西将军姚硕德为杨定所逼,退守泾阳。定与秦鲁王纂共攻之,战于泾阳,硕德大败。后秦主苌自阴密救之,纂退屯敷陆。

燕主垂自碻磝还中山,慕容柔、慕容盛、慕容会来自长子。庚辰,垂为之大赦。垂问盛:"长子人情如何,为可取乎?"盛曰:"西军扰扰,人有东归之志,陛下唯当修仁政以俟之耳。若大军一临,必投戈而来,若孝子之归慈父也。"垂悦。癸未,封柔为阳平王,盛为长乐公,会为清河公。

高平人翟畅执太守徐含远,以郡降翟辽。燕主垂谓诸将曰:"辽以一城之众,返覆二国之间,不可不讨。"五月,以章武王宙监中外诸军事,辅太子宝守中山,垂自帅诸将南攻辽,以太原王楷为前锋都督。辽众皆燕、赵之人,闻楷至,皆曰:"太原王子,吾之父母也。"相帅归之。辽惧,遣使请降。垂以辽为徐州牧,封河南公,前至黎阳,受降而还。

井陉人贾鲍,招引北山丁零翟遥等五千余人,夜袭中山,陷其外郭。章武王宙以奇兵出其外,太子宝鼓噪于内,合击,大破之,尽俘其众,唯遥、鲍单马走免。

刘显地广兵强,雄于北方。会其兄弟乖争,魏长史张衮言于魏王珪曰:"显志在并吞,今不乘其内溃而取之,必为后患。然吾不能独克,请与燕共攻之。"珪从之,复遣安同乞师于燕。

诏征会稽处士戴逵,逵累辞不就。郡县敦逼不已,逵逃匿于吴。谢玄上疏曰:"逵自求其志,今王命未回,将罹风霜之患。陛下既已爱而器之,亦宜使其身名并存,请绝召命。"帝许之。逵,遂之兄也。

秦主登以其兄同成为司徒、守尚书令,封颍川王;弟广为中书监,封安成王;子崇为尚书左仆射,封东平王。

燕主垂自黎阳还中山。

吴深杀燕清河太守丁国,章武人王祖杀太守白钦,勃海人张申据高城以叛。燕主垂命乐浪王温讨之。

苑川王国仁帅骑三万袭鲜卑大人密贵、裕苟、提伦三部于六泉。秋,七月,与没弈干、金熙战于渴浑川,没弈干、金熙大败,三部皆降。

秦主登军于瓦亭,后秦主苌攻彭沛毂堡,拔之,毂奔杏城。苌还阴密,以太子兴镇长安。

燕赵王麟讨王敏于上谷,斩之。

刘卫辰献马于燕,刘显掠之。燕主垂怒,遣太原王楷将兵助赵王麟击显,大破之,显奔马邑西山。魏王珪引兵会麟击显于弥泽,又破之,显奔西燕,麟悉收其部众,获马牛羊以千万数。

吕光将彭晃、徐炅攻张大豫于临洮,破之,大豫奔广武,王穆奔建康。八月,广武人执大豫送姑臧,斩之。穆据酒泉,自称大将军、凉州牧。

辛巳,立皇子德宗为太子,大赦。

燕主垂立刘显弟可泥为乌桓王,以抚其众,徙八千余落于中山。

秦冯翊太守兰椟帅众二万自频阳入和宁,与鲁王纂谋攻长安。纂弟师奴劝纂称尊号,纂不从,师奴杀纂而代之,椟遂与师奴绝。西燕主永攻椟,椟遣使请救于后秦。后秦主苌欲自救之,尚书令姚旻、左仆射尹纬曰:"苻登近在瓦亭,将乘虚袭吾后。"苌曰:"苻登众盛,非旦夕可制;登迟重少决,必不能轻军深入。比两月间,吾必破贼而返,登虽至,无能为也。"九月,苌军于泥源。师奴逆战,大败,亡奔鲜卑。后秦尽收其众,屠各董成等皆降。

秦主登进据胡空堡,戎、夏归之者十余万。

冬,十月,翟辽复叛燕,遣兵与王祖、张申寇抄清河、平原。

后秦主苌进击西燕主永于河西,永走。兰楼复列兵拒守,苌攻之,十二月,禽楼,遂如杏城。

后秦姚方成攻秦雍州刺史徐嵩垒,拔之,执嵩而数之。嵩骂曰:"汝姚苌罪当万死,苻黄眉欲斩之,先帝止之,授任内外,荣宠极矣。曾不如犬马识所养之恩,亲为大逆。汝羌辈岂可以人理期也!何不速杀我,早见先帝,取姚苌于地下治之!"方成怒,三斩嵩,悉坑其士卒,以妻子赏军。后秦主苌掘秦主坚尸,鞭挞无数,剥衣裸形,荐之以棘,坎土而埋之。

凉州大饥,米斗直钱五百,人相食,死者太半。

吕光西平太守康宁自称匈奴王,杀河湟太守强禧以叛。张掖太守彭晃亦叛,东结康宁,西通王穆。光欲自击晃,诸将皆曰:"今康宁在南,伺衅而动,若晃、穆未诛,康宁复至,进退狼狈,势必大危。"光曰:"实如卿言。然我今不往,是坐待其来也。若三寇连兵,东西交至,则城外皆非君有,大事去矣。今晃初叛,与宁、穆情契未密,出其仓猝,取之差易耳。"乃自帅骑三万,倍道兼行。既至,攻之二旬,拔其城,诛晃。

初,王穆起兵,遣使招敦煌处士郭瑀,瑀叹曰:"今民将左衽,吾忍不救之邪!"乃与同郡索嘏起兵应穆,运粟三万石以饷之。穆以瑀为太府左长史、军师将军,嘏为敦煌太守。既而穆听谗言,引兵攻嘏,瑀谏不听,出城大哭,举手谢城曰:"吾不复见汝矣!"还而引被覆面,不与人言,不食而卒。吕光闻之,曰:"二虏相攻,此成擒也,不可以惮屡战之劳而失永逸之机也。"遂帅步骑二万攻酒泉,克之,进屯凉兴。穆引兵东还,未至,众溃,穆单骑走,驿马令郭文斩其首送之。

十三年(戊子、388)

春,正月,康乐献武公谢玄卒。

二月,秦主登军朝那,后秦主苌军武都。

翟辽遣司马眭琼诣燕谢罪,燕主垂以其数反覆,斩琼以绝之。辽乃自称魏天王,改元建光,置百官。

燕青州刺史陈留王绍为平原太守辟闾浑所逼,退屯黄巾固。燕主垂更以绍为徐州刺史。浑,蔚之子也。因苻氏乱,据齐地来降。

三月,乙亥,燕主垂以太子宝录尚书事,授之以政,自总大纲而已。

燕赵王麟击许谦,破之,谦奔西燕。遂废代郡,悉徙其民于龙城。

吕光之定凉州也,杜进功居多,光以为武威太守,贵宠用事,群僚莫及。光甥石聪自关中来,光问之曰:"中州人言我为政何如?"聪曰:"但闻有杜进耳,不闻有舅。"光由是忌进而杀之。

光与群僚宴,语及政事,参军京兆段业曰:"明公用法太峻。"光曰:"吴起无恩而楚强，商鞅严刑而秦兴。"业曰："起丧其身，鞅亡其家，皆残酷之致也。明公方开建大业，景行尧、舜，犹惧不济，乃慕起、鞅之为治，岂此州士女所望哉！"光改容谢之。

夏，四月，戊午，以朱序为都督司、雍、梁、秦四州诸军事、雍州刺史，戍洛阳。以谯王恬代序为都督兖、冀、幽、并四州诸军事、青、兖二州刺史。

苑川王国仁破鲜卑越质叱黎于平襄，获其子诘归。

丁亥，燕主垂立夫人段氏为皇后，以太子宝领大单于。段氏，右光禄大夫仪之女；其妹适范阳王德。仪，宝之舅也。追谥前妃段氏为成昭皇后。

五月，秦太弟懿卒，谥曰献哀。

翟辽徙屯滑台。

六月，苑川王乞伏国仁卒，谥曰宣烈，庙号烈祖。其子公府尚幼，群下推国仁弟乾归为大都督、大将军、大单于、河南王，大赦，改元太初。

魏王珪破库莫奚于弱落水南。秋，七月，库莫奚复袭魏营，珪又破之。库莫奚者，本属宇文部，与契丹同类而异种，其先皆为燕王皝所破，徙居松漠之间。

秦、后秦自春相持，屡战，互有胜负，至是各解归。关西豪桀以后秦久无成功，多去而附秦。

河南王乾归立其妻边氏为王后，置百官，仿汉制。以南川侯出连乞都为丞相，梁州刺史悌眷为御史大夫，金城边芮为左长史，东秦州刺史祕宜为右长史，武始翟勍为左司马，略阳王松寿为主簿，从弟轲弹为梁州牧，弟益州为秦州牧，屈眷为河州牧。

八月，秦主登立子崇为皇太子，弁为南安王，尚为北海王。

燕护军将军平幼会章武王宙讨吴深，破之，深走保绎幕。

魏王珪密有图燕之志，遣九原公仪奉使至中山，燕主垂诘之曰："魏王何以不自来？"仪曰："先王与燕并事晋室，世为兄弟，臣今奉使，于理未失。"垂曰："吾今威加四海，岂得以昔日为比！"仪曰："燕若不修德礼，欲以兵威自强，此乃将帅之事，非使臣所知也。"仪还，言于珪曰："燕主衰老，太子暗弱，范阳王自负材气，非少主臣也。燕主既没，内难必作，于时乃可图也，今则未可。"珪善之。仪，珪母弟翰之子也。

九月，河南王乾归迁都金城。

张申攻广平，王祖攻乐陵，壬午，燕高阳王隆将兵讨之。

冬，十月，后秦主苌还安定。秦主登就食新平，帅众万余围苌营，四面大哭，苌命营中哭以应之，登乃退。

十二月，庚子，尚书令南康襄公谢石卒。

燕太原王楷、赵王麟将兵会高阳王隆于合口，以击张申。王祖帅诸垒共救之,夜犯燕军,燕人逆击走之。隆欲追之,楷、麟曰:"王祖老贼,或诈走而设伏,不如俟明。"隆曰:"此白地群盗,乌合而来,徼幸一决,非素有约束,能壹其进退也。今失利而去,众莫为用,乘势追之,不过数里,可尽禽也。申之所恃,惟在于祖,祖破,则申降矣。"乃留楷、麟守申垒,隆与平幼分道击之,比明,大获而还,悬所获之首以示申。甲寅,申出降,祖亦归罪。

秦以颍川王同成为太尉。

十四年(己丑、389)

春,正月,燕以阳平王柔镇襄国。

辽西王农在龙城五年,庶务修举,乃上表曰:"臣顷因征即镇,所统将士安逸积年,青、徐、荆、雍遗寇尚繁,愿时代还,展竭微效,生无余力,没无遗恨,臣之志也。"庚申,燕主垂召农为侍中、司隶校尉。以高阳王隆为都督幽、平二州诸军事、征北大将军、幽州牧,建留台于龙城,以隆录留台尚书事。又以护军将军平幼为征北长史,散骑常侍封孚为司马,并兼留台尚书。隆因农旧规,修而广之,辽、碣由是遂安。

后秦主苌以秦战屡胜,谓得秦王坚之神助,亦于军中立坚像而祷之曰:"臣兄襄救臣复仇,新平之祸,臣行襄之命,非臣罪也。符登,陛下疏属,犹欲复仇,况臣敢忘其兄乎!且陛下命臣以龙骧建业,臣敢违之!今为陛下立像,陛下勿追计臣过也。"秦主登升楼,遥谓苌曰:"为臣弑君,而立像求福,庸有益乎!"因大呼曰:"弑君贼姚苌何不自出,吾与汝决之!"苌不应。久之,以战未有利,军中每夜数惊,乃斩像首以送秦。

秦主登以河南王乾归为大将军、大单于、金城王。

甲寅,魏王珪袭高车,破之。

二月,吕光自称三河王,大赦,改元麟嘉,置百官。光妻石氏、子绍、弟德世自仇池来至姑臧,光立石氏为妃,绍为世子。

癸巳,魏王珪击吐突邻部于女水,大破之,尽徙其部落而还。

秦主登留辎重于大界,自将轻骑万余攻安定羌密造保,克之。

夏,四月,翟辽寇荥阳,执太守张卓。

燕以长乐公盛镇蓟城,修缮旧宫。五月,清河民孔金斩吴深,送首中山。

金城王乾归击侯年部,大破之。于是秦、凉、鲜卑、羌、胡多附乾归,乾归悉授以官爵。

后秦主苌与秦主登战,数败,乃遣中军将军姚崇袭大界,登邀击之于安丘,又败之。

燕范阳王德、赵王麟击贺讷,追奔至勿根山,讷穷迫请降,徙之上谷,质其弟染干于中山。

秋，七月，以骠骑长史王忱为荆州刺史、都督荆、益、宁三州诸军。忱，国宝之弟也。

秦主登攻后秦右将军吴忠等于平凉，克之。八月，登据苟头原以逼安定。诸将劝后秦主苌决战，苌曰："与穷寇竞胜，兵家之忌也。吾将以计取之。"乃留尚书令姚旻守安定，夜帅骑三万袭秦辎重于大界，克之，杀毛后及南安王弁、北海王尚，擒名将数十人，驱掠男女五万余口而还。毛氏美而勇，善骑射，后秦兵入其营，毛氏犹弯弓跨马，帅壮士数百力战，杀七百余人，众寡不敌，为后秦所执。苌将纳之，毛氏骂且哭曰："姚苌，汝先已杀天子，今又欲辱皇后。皇天后土，宁汝容乎？"苌杀之。诸将欲因秦军骇乱击之，苌曰："登众虽乱，怒气犹盛，未可轻也。"遂止。登收余众屯胡空堡。苌使姚硕德镇安定，徙安定千余家于阴密，遣其弟征南将军靖镇之。

九月，庚午，以左仆射陆纳为尚书令。

秦主登之东也，后秦主苌使姚硕德置秦州守宰，以从弟常戍陇城，邢奴戍冀城，姚详戍略阳。杨定攻陇、冀，克之，斩常，执邢奴，详弃略阳，奔阴密。定自称秦州牧、陇西王，秦因其所称而授之。

冬，十月，秦主登以窦冲为大司马、都督陇东诸军事、雍州牧，杨定为左丞相、都督中外诸军事、秦、梁二州牧，杨壁为都督陇右诸军事、南秦、益二州牧，约与共攻后秦。又约监河西诸军事、并州刺史杨政、都督河东诸军事、冀州刺史杨楷各帅其众会长安。政、楷皆河东人。秦主丕既败，政、楷收集流民数万户，政据河西，楷据湖、陕之间，遣使请命于秦，登因而授之。

燕乐浪悼王温为冀州刺史，翟辽遣丁零故堤诈降于温，为温帐下，乙酉，刺温，杀之，并其长史司马驱，帅守兵二百户奔西燕。辽西王农邀击于襄国，尽获之，惟堤走免。

十一月，枹罕羌彭奚念附于乞伏乾归，以奚念为北河州刺史。

初，帝既亲政事，威权已出，有人主之量。已而溺于酒色，委事于琅邪王道子。道子亦嗜酒，日夕与帝以酣歌为事。又崇尚浮屠，穷奢极费，所亲昵者皆姆母、僧尼。左右近习，争弄权柄，交通请托，贿赂公行，官赏滥杂，刑狱谬乱。尚书令陆纳望宫阙叹曰："好家居，纤儿欲撞坏之邪！"左卫领营将军会稽许营上疏曰："今台府局吏、直卫武官及仆隶婢儿取母之姓者，本无乡邑品第，皆得为郡守县令，或带职在内，及僧尼乳母，竞进亲党，又受货赂，辄临官领众。政教不均，暴滥无罪，禁令不明，劫盗公行。昔年下书敕群下尽规，而众议兼集，无所采用。臣闻佛者清远玄虚之神，今僧尼往往依傍法服，五诫粗法尚不能遵，况精妙乎？而流惑之徒，竞加敬事，又侵渔百姓，取材为惠，亦未合布施之道也。"疏奏，不省。

道子势倾内外，远近奔凑。帝渐不平，然犹外加优崇。侍中王国宝以谄佞有宠于道子，扇动朝众，讽八座启道子宜进位丞相、扬州牧，假黄钺，加殊礼。护军将军南平车胤曰："此乃成王所以尊周公也。今主上当阳，非成王之比，相王在位，岂得为周公乎！"乃称疾不署。疏奏，帝大怒，而嘉胤有守。

中书侍郎范宁、徐邈为帝所亲信，数进忠言，补正阙失，指斥奸党。王国宝，宁之甥也，宁尤疾其阿谀，劝帝黜之。陈郡袁悦之有宠于道子，国宝使悦之因尼支妙音致书于太子母陈淑媛云："国宝忠谨，宜见亲信。"帝知之，发怒，托以他事斩悦之。国宝大惧，与道子共谮范宁出为豫章太守。宁临发，上疏言："今边烽不举，而仓库空匮。古者使民，岁不过三日，今之劳扰，殆无三日之休，至有生儿不复举养，鳏寡不敢嫁娶。臣恐社稷之忧，厝火积薪，不足喻也。"宁又上言："中原士民流寓江左，岁月渐久，人安其业。凡天下之人，原其先祖，皆随世迁移，何至于今而独不可？谓宜正其封疆，户口皆以土断。又，人性无涯，奢俭由势。今并兼之室，亦多不赡，非其财力不足，盖由用之无节，争以靡丽相高，无有限极故也。礼，十九为长殇，以其未成人也。今以十六为全丁，十三为半丁，所任非复童幼之事，岂不伤天理，困百姓乎！谓宜以二十为全丁，十六为半丁，则人无夭折，生长繁滋矣。"帝多纳用之。

宁在豫章，遣十五议曹下属城，采求风政，并吏假还，讯问官长得失。徐邈与宁书曰："足下听断明允，庶事无滞，则吏慎其负，而人听不惑矣，岂须邑至里诣，饰其游声哉！非徒不足致益，乃实蚕渔之所资。岂有善人君子而干非其事，多所告白者乎！自古以来，欲为左右耳目者，无非小人，皆先因小忠而成其大不忠，先藉小信而成其大不信，遂使谗谄并进，善恶倒置，可不戒哉！足下慎选纲纪，必得国士以摄诸曹，诸曹皆得良吏以掌文案，又择公方之人以为监司，则清浊能否，与事而明。足下但平心处之，何取于耳目哉！昔明德马后未尝顾左右与言，可谓远识，况大丈夫而不能免此乎！"

十二月，后秦主苌使其东门将军任瓴诈遣使招秦主登，许开门纳之。登将从之，征东将军雷恶地将兵在外，闻之，驰骑见登，曰："姚苌多诈，不可信也。"登乃止。苌闻恶地诣登，谓诸子曰："此羌见登，事不成矣。"登以恶地勇略过人，阴惮之。恶地惧，降于后秦，苌以恶地为镇军将军。

秦以安成王广为司徒。

十五年（庚寅、390）

春，正月，乙亥，谯敬王恬薨。

西燕主永引兵向洛阳，朱序自河阴北济河，击败之，永走还上党。序追至白水,会翟辽谋向洛阳,序乃引兵还,击走之,留鹰扬将军朱党戍石门,使其子略督护洛阳,以参军赵蕃佐之,身还襄阳。

琅邪王道子恃宠骄恣,侍宴酣醉,或亏礼敬。帝浸不能平,欲选时望为藩镇以潜制道子,问于太子左卫率王雅曰:"吾欲用王恭、殷仲堪,何如?"雅曰:"王恭风神简贵,志气方严;仲堪谨于细行,以文义著称,然皆峻狭自是,且干略不长。若委以方面,天下无事,足以守职,若其有事,必为乱阶矣。"帝不从。恭,蕴之子也;仲堪,融之孙也。二月,辛巳,以中书令王恭为都督青、兖、幽、并、冀五州诸军事、兖、青二州刺史,镇京口。

三月,戊辰,大赦。

后秦主苌攻秦扶风太守齐益男于新罗堡,克之,益男走。秦主登攻后秦天水太守张业生于陇东,苌救之,登引去。

夏,四月,秦镇东将军魏揭飞自称冲天王,帅氐、胡攻后秦安北将军姚当成于杏城,镇军将军雷恶地叛应之,攻镇东将军姚汉得于李润。后秦主苌欲自击之,群臣皆曰:"陛下不忧六十里符登,乃忧六百里魏揭飞,何也?"苌曰:"登非可猝灭,吾城亦非登所猝拔。恶地智略非常,若南引揭飞,东结董成,得杏城、李润而据之,长安东北非吾有也。"乃潜引精兵一千六百赴之。揭飞、恶地有众数万,氐、胡赴之者首尾不绝。苌每见一军至,辄喜。群臣怪而问之,苌曰:"揭飞等扇诱同恶,种类甚繁,吾虽克其魁帅,余党未易猝平。今乌集而至,吾乘胜取之,可一举无余也。"揭飞等见后秦兵少,悉众攻之。苌固垒不战,示之以弱,潜遣其子中军将军崇帅骑数百出其后。揭飞兵扰乱,苌遣镇远将军王超等纵兵击之,斩揭飞及其将士万余级。恶地请降,苌待之如初。恶地谓人曰:"吾自谓智勇杰出一时,而每遇姚翁辄困,固其分也。"

苌命姚当成于所营之地,每栅孔中辄树一木以旌战功。岁余,问之,当成曰:"营地太小,已广之矣。"苌曰:"吾自结发以来,与人战,未尝如此之快,以千余兵破三万之众,营地惟小为奇,岂以大为贵哉!"

吐谷浑视连遣使献见于金城王乾归,乾归拜视连沙州牧、白兰王。

丙寅,魏王珪会燕赵王麟于意辛山,击贺兰、纥突邻、纥奚三部,破之,纥突邻、纥奚皆降于魏。

秋,七月,冯翊人郭质起兵于广乡以应秦,移檄三辅曰:"姚苌凶虐,毒被神人。吾属世蒙先帝尧、舜之仁,非常伯、纳言之子,即卿校、牧守之孙也。与其含耻而存,孰若蹈道而死!"于是三辅壁垒皆应之。独郑县人苟曜不从,聚众数千附于后秦。秦以质为冯翊太守。后秦以曜为豫州刺史。

刘卫辰遣子直力鞮攻贺兰部,贺讷困急,请降于魏。丙子,魏王珪引兵救之,直力鞮退。珪徙讷部落,处之东境。

八月,刘牢之击翟钊于鄄城,钊走河北;又败翟辽于滑台,张愿来降。

九月,北平人吴柱聚众千余,立沙门法长为天子,破北平郡,转寇广都,入白狼城。燕幽州牧高阳王隆方葬其夫人,郡县守宰皆会之,众闻柱反,请隆还城,遣大兵讨之。隆曰:"今闾阎安业,民不思乱,柱等以诈谋惑愚夫,诱胁相聚,无能为也。"遂留葬讫,遣广平太守、广都令先归,续遣安昌侯进将百余骑趋白狼城,柱众闻之,皆溃,穷捕,斩之。

以侍中王国宝为中书令,俄兼中领军。

丁未,以吴郡太守王珣为尚书右仆射。

吐谷浑视连卒,子视罴立。视罴以其父祖慈仁,为四邻所侵侮,乃督厉将士,欲建功业。冬,十月,金城王乾归遣使拜视罴沙州牧、白兰王,视罴不受。

十二月,郭质及苟曜战于郑东,质败,奔洛阳。

越质诘归据平襄,叛金城王乾归。

十六年(辛卯、391)

春,正月,燕置行台于蓟,加长乐公盛录行台〔文〕〔尚〕书事。

金城王乾归击越质诘归,诘归降,乾归以宗女妻之。

贺染干谋杀其兄讷,讷知之,举兵相攻。魏王珪告于燕,请为乡导以讨之。二月,甲戌,燕主垂遣赵王麟将兵击讷,镇北将军兰汗帅龙城之兵击染干。

三月,秦主登自雍攻后秦安东将军金荣于范氏堡,克之。遂渡渭水,攻京兆太守韦范于段氏堡,不克,进据曲牢。

夏,四月,燕兰汗破贺染干于牛都。

苟曜有众一万,密召秦主登,许为内应。登自曲牢向繁川,军于马头原。五月,后秦主苌引兵逆战,登击破之,斩其右将军吴忠。苌收众复战,姚硕德曰:"陛下慎于轻战,每欲以计取之。今战失利而更前逼贼,何也?"苌曰:"登用兵迟缓,不识虚实。今轻兵直进,遥据吾东,此必苟曜竖子与之有谋也。缓之则其谋得成,故及其交之未合,急击之,以败散其事耳。"遂进战,大破之,登退屯于郿。

秦兖州刺史强金槌据新平,降后秦,以其子遫为质。后秦主苌将数百骑入金槌营。群下谏之,苌曰:"金槌既去符登,又欲图我,将安所归乎!且彼初来款附,宜推心以结之,奈何复以不信疑之乎!"既而群氏欲取苌,金槌不从。

六月,甲辰,燕赵王麟破贺讷于赤城,禽之,降其部落数万。燕主垂命麟归讷部落,徙染干于中山。麟归,言于垂曰:"臣观拓跋珪举动,终为国患,不若摄之还朝,使其弟监国事。"垂不从。

西燕主永寇河南,太守杨佺期击破之。

秋,七月,壬申,燕主垂如范阳。

魏王珪遣其弟觚献见于燕,燕主垂衰老,子弟用事,留觚以求良马。魏王珪弗与,遂与燕绝,使长史张衮求好于西燕。觚逃归,燕太子宝追获之,垂待之如初。

秦主登攻新平,后秦主苌救之,登引去。

秦骠骑将军没弈干以其二子为质于金城王乾归,请共击鲜卑大兜。乾归与没弈干攻大兜于鸣蝉堡,克之。兜微服走,乾归收其部众而还,归没弈干二子。没弈干寻叛,东合刘卫辰。八月,乾归帅骑一万讨没弈干,没弈干奔他楼城,乾归射之,中目。

九月,癸未,以尚书右仆射王珣为左仆射,太子詹事谢琰为右仆射。太学博士范弘之论殷浩宜加赠谥,因叙桓温不臣之迹。是时桓氏犹盛,王珣,温之故吏也,以为温废昏立明,有忠贞之节;黜弘之为余杭令。弘之,汪之孙也。

冬,十月,壬辰,燕主垂还中山。

初,柔然部人世服于代,其大人郁久闾地粟袁卒,部落分为二,长子匹候跋继父居东边,次子缊纥提别居西边。秦王坚灭代,柔然附于刘卫辰。

及魏王珪即位,攻击高车等,诸部率皆服从,独柔然不事魏。戊戌,珪引兵击之,柔然举部遁走,珪追奔六百里。诸将因张衮言于珪曰:“贼远粮尽,不如早还。”珪问诸将:“若杀副马,为三日食,足乎?”皆曰:“足。”乃复倍道追之,及于大碛南床山下,大破之,虏其半部,匹候跋及别部帅屋击各收余众遁走。珪遣长孙嵩、长孙肥追之。珪谓将佐曰:“卿曹知吾前问三日粮意乎?”曰:“不知也。”珪曰:“柔然驱畜产奔走数日,至水必留。我以轻骑追之,计其道里,不过三日及之矣。”皆曰:“非所及也。”嵩追斩屋击于平望川。肥追匹候跋至涿邪山,匹候跋举众降,获缊纥提之子曷多汗、兄子社仑、斛律等宗党数百人。缊纥提将奔刘卫辰,珪追及之,缊纥提亦降,珪悉徙其部众于云中。

翟辽卒,子钊代立,改元定鼎。攻燕鄄城,燕辽西王农击却之。

三河王光遣兵乘虚伐金城王乾归,乾归闻之,引兵还,光兵亦退。

刘卫辰遣子直力鞮帅众八九万攻魏南部。十一月,己卯,魏王珪引兵五六千人拒之。壬午,大破直力鞮于铁岐山南,直力鞮单骑走,乘胜追之。戊子,自五原金津南济河,径入卫辰国,卫辰部落骇乱。辛卯,珪直抵其所居悦跋城,卫辰父子出走。壬辰,分遣诸将轻骑追之,将军伊谓禽直力鞮于木根山,卫辰为其部下所杀。十二月,珪军于盐池,诛卫辰宗党五千余人,皆投尸于河。自河以南诸部悉降,获马三十余万匹,牛羊四百余万头,国用由是遂饶。

卫辰少子勃勃亡奔薛干部,珪使人求之。薛干部帅太悉伏出勃勃以示使者曰:"勃勃国破家亡,以穷归我,我宁与之俱亡,何忍执以与魏!"乃送勃勃于没弈干,没弈干以女妻之。

戊申,燕主垂如鲁口。

秦主登攻安定,后秦主苌如阴密以拒之,谓太子兴曰:"苟曜闻吾北行,必来见汝,汝执诛之。"曜果见兴于长安,兴使尹纬让而诛之。

苌败登于安定城东,登退据路承堡。苌置酒高会,诸将皆曰:"若值魏武王,不令此贼至今,陛下将牢太过耳。"苌笑曰:"吾不如亡兄有四:身长八尺五寸,臂垂过膝,人望而畏之,一也。将十万之众,与天下争衡,望麾而进,前无横阵,二也。温古知今,讲论道艺,收罗英俊,三也。董帅大众,上下咸悦,人尽死力,四也。所以得建立功业,驱策群贤者,正望算略中有片长耳。"群臣咸称万岁。

资治通鉴卷第一百八

端明殿学士兼翰林侍读学士朝散大夫右谏议大夫充集贤殿修撰权判西京留司御史台上柱国河内郡开国侯食邑一千三百户食实封四百户赐紫金鱼袋臣　司马光　奉敕编集

晋纪三十 起玄黓执徐(壬辰),尽柔兆涒滩(丙申),凡五年。

烈宗孝武皇帝下(至上)

太元十七年(壬辰、392)

春,正月,己巳朔,大赦。

秦主登立昭仪陇西李氏为皇后。

二月,壬寅,燕主垂自鲁口如河间、渤海、平原。翟钊遣其将翟都侵馆陶,屯苏康垒。三月,垂引兵南击钊。

秦骠骑将军没弈干帅众降于后秦,后秦以为车骑将军,封高平公。

后秦主苌寝疾,命姚硕德镇李润,尹纬守长安,召太子兴诣行营。征南将军姚方成言于兴曰:“今寇敌未灭,上复寝疾。王统等皆有部曲,终为人患,宜尽除之。”兴从之,杀王统、王广、苻胤、徐成、毛盛。苌怒曰:“王统兄弟,吾之州里,实无他志,徐成等皆前朝名将,吾方用之,奈何辄杀之!”

燕主垂进逼苏康垒。夏,四月,翟都南走滑台。翟钊求救于西燕,西燕主永谋于群臣,尚书郎渤海鲍遵曰:“使两寇相弊,吾承其后,此卞庄子之策也。”中书侍郎太原张腾曰:“垂强钊弱,何弊之承! 不如速救之,以成鼎足之势。今我引兵趋中山,昼多疑兵,夜多火炬,垂必惧而自救。我冲其前,钊蹑其后,此天授之机,不可失也。”永不从。

燕大赦。

五月,丁卯朔,日有食之。

六月,燕主垂军黎阳,临河欲济,翟钊列兵南岸以拒之。辛亥,垂徙营就西津,去黎阳西四十里,为牛皮船百余艘,伪列兵仗,溯流而上。钊亟引兵趣西津,垂潜遣中垒将军桂林王镇等自黎阳津夜济,营于河南,比明而营成。钊闻之,亟还,攻镇等营;垂命镇等坚壁勿战。钊兵往来疲暍,攻营不能拔,将引去,镇等引兵出战,骠骑将军农自西津济,与镇等夹击,大破之。钊走还滑台,将妻子,收遗众,北济河,登白鹿山,凭险自守,燕兵不得进。农曰:“钊无粮,不能久居山中。”乃引兵还,留骑候之。钊果下山,还兵掩击,尽获其众,钊单骑奔长子。西燕主永以钊为车骑大将军、兖州牧,封东郡王。岁余,钊谋反,永杀之。

初,郝晷、崔逞及清河崔宏、新兴张卓、辽东霍腾、阳平路纂皆仕于秦,避秦乱来奔,诏以为冀州诸郡,各将部曲营于河南。既而受翟氏官爵,翟氏败,皆降于燕,燕主垂各随其材而用之。钊所统七郡三万余户,皆按堵如故。以章武王宙为兖、豫二州刺史,镇滑台;徙徐州民七千余户于黎阳,以彭城王脱为徐州刺史,镇黎阳。脱,垂之弟子也。垂以崔荫为宙司马。

初,陈留王绍为镇南将军,太原王楷为征西将军,乐浪王温为征东将军,垂皆以荫为之佐。荫才干明敏强正,善规谏,四王皆严惮之。所至简刑法,轻赋役,流民归之,户口滋息。

秋,七月,垂如邺,以太原王楷为冀州牧,右光禄大夫馀蔚为左仆射。

秦主登闻后秦主苌疾病,大喜,告祠世祖神主,大赦,百官进位二等,秣马厉兵,进逼安定,去城九十余里。八月,苌疾小瘳,出兵拒之。登引兵出营,将逆战,苌遣安南将军姚熙隆别攻秦营,登惧而还。苌夜引兵旁出以蹑其后。旦而候骑告曰:“贼诸营已空,不知所向。”登惊曰:“彼为何人,去令我不知,来令我不觉,谓其将死,忽然复来,朕与此羌同世,何其厄哉!”登遂还雍,苌亦还安定。

三河王光遣其弟右将军宝等攻金城王乾归,宝及将士死者万余人。又遣其子虎贲中郎将纂击南羌彭奚念,纂亦败归。光自将击奚念于枹罕,克之,奚念奔甘松。

冬,十月,辛亥,荆州刺史王忱卒。

雍州刺史朱序以老病求解职,诏以太子右卫率郗恢为雍州刺史,代序镇襄阳。恢,昙之子也。

巴蜀人在关中者皆叛后秦,据弘农以附秦。秦主登以窦衝为左丞相,衝徙屯华阴。郗恢遣将军赵睦守金墉,河南太守杨佺期帅众军湖城,击衝,走之。

十一月,癸酉,以黄门郎殷仲堪为都督荆、益、宁三州诸军事、荆州刺史,镇江陵。仲堪虽有英誉,资望犹浅,议者不以为允。到官,好行小惠,纲目不举。

南郡公桓玄负其才地,以雄豪自处,朝廷疑而不用。年二十三,始拜太子洗马。玄尝诣琅邪王道子,值其酣醉,张目谓众客曰:“桓温晚涂欲作贼,云何?”玄伏地流汗,不能起,由是益不自安,常切齿于道子。后出补义兴太守,郁郁不得志,叹曰:“父为九州伯,儿为五湖长!”遂弃官归国,上疏自讼曰:“先臣勤王匡复之勋,朝廷遗之,臣不复计。至于先帝龙飞,陛下继明,请问谈者,谁之由邪?”疏寝不报。

玄在江陵,仲堪甚敬惮之。桓氏累世临荆州,玄复豪横,士民畏之,过于仲堪。尝于仲堪听事前戏马,以稍拟仲堪。仲堪中兵参军彭城刘迈谓玄曰:“马稍有余,精理不足。"玄不悦,仲堪为之失色。玄出,仲堪谓迈曰:"卿,狂人也!玄夜遣杀卿,我岂能相救邪!"使迈下都避之。玄使人追之,迈仅而获免。

征虏参军豫章胡藩过江陵,见仲堪,说之曰:"桓玄志趣不常,每怏怏于失职,节下崇待太过,恐非将来之计也。"仲堪不悦。藩内弟同郡罗企生为仲堪功曹,藩退,谓企生曰:"殷侯倒戈以授人,必及于祸。君不早图去就,后悔无及矣。"

庚寅,立皇子德文为琅邪王,徙琅邪王道子为会稽王。

十二月,燕主垂还中山,以辽西王农为都督兖、豫、荆、徐、雍五州诸军事,镇邺。

休官权千成据显亲,自称秦州牧。

清河人李辽上表请敕兖州修孔子旧庙,给户洒扫。仍立庠序,收教学者,曰:"事有如赊而实急者,此之谓也。"表不见省。

十八年(癸巳、393)

春,正月,燕阳平孝王柔卒。

权千成为秦所逼,请降于金城王乾归,乾归以为东秦州刺史、休官大都统、显亲公。

夏,四月,庚子,燕主垂加太子宝大单于。以安定王库傉官伟为太尉,范阳王德为司徒,太原王楷为司空,陈留王绍为尚书右仆射。五月,立子熙为河间王,朗为勃海王,鉴为博陵王。

秦右丞相窦冲矜才尚人,自请封天水王,秦主登不许。六月,冲自称秦王,改元元光。

金城王乾归立其子炽磐为太子。炽磐勇略明决,过于其父。

秋,七月,秦主登攻窦冲于野人堡,冲求救于后秦。尹纬言于后秦王苌曰:"太子仁厚之称,著于远近,而英略未著,请使击苻登以著之。"苌从之。太子兴将兵攻胡空堡,登解冲围以赴之。兴因袭平凉,大获而归。苌使兴还镇长安。

魏王珪以薛干太悉伏不送刘勃勃,八月,袭其城,屠之,太悉伏奔秦。

氐帅杨佛嵩叛,奔后秦,杨佺期、赵睦追之,九月,丙戌,败佛嵩于潼关。后秦将姚崇救佛嵩,败晋兵,赵睦死。

冬,十月,后秦主苌疾甚,还长安。

燕主垂议伐西燕,诸将皆曰:"永未有衅,我连年征讨,士卒疲弊,未可也。"范阳王德曰:"永既国之枝叶,又僭举位号,惑民视听,宜先除之,以壹民心。士卒虽疲,庸得已乎!"垂曰:"司徒意正与吾同。吾比老,叩囊底智,足以取之,终不复留此贼以累子孙也。"遂戒严。

十一月,垂发中山步骑七万,遣镇西将军丹杨王(缵)〔瓒〕、龙骧将军张崇出井陉,攻西燕武乡公友于晋阳,征东将军平规攻镇东将军段平于沙亭。西燕主永遣其尚书令刁雲、车骑将军慕容钟帅众五万守潞川。友,永之弟也。十二月,垂至邺。

己亥,后秦主苌召太尉姚旻、仆射尹纬、姚晃、将军姚大目、尚书狄伯支入禁中,受遗诏辅政。苌谓太子兴曰:“有毁此诸公者,慎勿受之。汝抚骨肉以恩,接大臣以礼,待物以信,遇民以仁,四者不失,吾无忧矣。”姚晃垂涕问取苻登之策,苌曰:“今大业垂成,兴才智足办,奚所复问!”庚子,苌卒。兴秘不发丧,以其叔父绪镇安定,硕德镇阴密,弟崇守长安。

或谓硕德曰:“公威名素重,部曲最强,今易世之际,必为朝廷所疑,不如且奔秦州,观望事势。”硕德曰:“太子志度宽明,必无它虑。今苻登未灭而骨肉相攻,是自亡也。吾有死而已,终不为也。”遂往见兴,兴优礼而遣之。兴自称大将军,以尹纬为长史,狄伯支为司马,帅众伐秦。

十九年(甲午、394)

春,正月,秦主登闻后秦主苌卒,喜曰:“姚兴小儿,吾折杖笞之耳。”乃大赦,尽众而东,留司徒安成王广守雍,太子崇守胡空堡。遣使拜金城王乾归为左丞相、河南王、领秦、梁、益、凉、沙五州牧,加九锡。

初,秃发思复鞬卒,子乌孤立。乌孤雄勇有大志,与大将纷陁谋取凉州。纷陁曰:“公必欲得凉州,宜先务农讲武,礼俊贤,修政刑,然后可也。”乌孤从之。三河王光遣使拜乌孤冠军大将军、河西鲜卑大都统。乌孤与其群下谋之曰:“可受乎?”皆曰:“吾士马众多,何为属人!”石真若留不对,乌孤曰:“卿畏吕光邪?”石真若留曰:“吾本根未固,小大非敌,若光致死于我,何以待之?不如受以骄之,俟衅而动,蔑不克矣。”乌孤乃受之。

二月,秦主登攻屠各姚奴、帛蒲二堡,克之。

燕主垂留清河公会镇邺,发司、冀、青、兖兵,遣太原王楷出滏口,辽西王农出壶关,垂自出沙庭,以击西燕,标榜所趣,军各就顿。西燕主永闻之,严兵分道拒守,聚粮台壁,遣从子征东将军小逸豆归、镇东将军王次多、右将军勒马驹帅众万余人戍之。

夏,四月,秦主登自六陌趣废桥,后秦始平太守姚详据马嵬堡以拒之。太子兴遣尹纬将兵救详,纬据废桥以待秦。秦兵争水,不能得,渴死者什二三,因急攻纬。兴驰遣狄伯支谓纬曰:“苻登穷寇,宜持重以挫之。”纬曰:“先帝登遐,人情扰惧,今不因思奋之力以禽敌,大事去矣。”遂与秦战,秦兵大败。其夜,秦众溃,登单骑奔雍。太子崇及安成王广闻败,皆弃城走。登至,无所归,乃奔平凉,收集遗众,入马毛山。

燕主垂顿军邺西南,月余不进。西燕主永怪之,以为太行道宽,疑垂欲诡道取之,乃悉敛诸军屯轵关,杜太行口,惟留台壁一军。甲戌,垂引大军出滏口,入天井关。五月,乙酉,燕军至台壁,永遣从兄大尉大逸豆归救之,平规击破之。小逸豆归出战,辽西王农又击破之,斩勒马驹,禽王次多,遂围台壁。永召太行军还,自将精兵五万以拒之。刁云、慕容钟震怖,帅众降燕,永诛其妻子。己亥,垂陈于台壁南,遣骁骑将军慕容国伏千骑于涧下;庚子,与永合战,垂伪退,永众追之,行数里,国骑从涧中出,断其后,诸军四面俱进,大破之,斩首八千余级,永走归长子。晋阳守将闻之,弃城走。丹杨王瓒等进取晋阳。

后秦太子兴始发丧,即皇帝位于槐里,大赦,改元皇初,遂如安定。谥后秦主苌曰武昭皇帝,庙号太祖。

六月,壬子,追尊会稽王太妃郑氏曰简文宣太后。群臣谓宣太后应配食元帝,太子前率徐邈曰:"宣太后平素之时,不伉俪于先帝。至于子孙,岂可为祖考立配!"国学明教东莞臧焘曰:"今尊号既正,则罔极之情申,别建寝庙,则严祢之义显;系子为称,兼明贵之所由。一举而允三义,不亦善乎!"乃立庙于太庙路西。

燕主垂进军围长子。西燕主永欲奔后秦,侍中兰英曰:"昔石虎伐龙都,太祖坚守不去,卒成大燕之基。今垂七十老翁,厌苦兵革,终不能顿兵连岁以攻我也。但当城守以疲之。"永从之。

秦主登遣其子汝阴王宗为质于河南王乾归以请救,进封乾归梁王,纳其妹为梁王后。乾归遣前将军乞伏益州等帅骑一万救之。秋,七月,登引兵以迎乾归兵。后秦主兴自安定如泾阳,与登战于山南,执登,杀之。悉散其部众,使归农业,徙阴密三万户于长安,以李后赐姚晃。益州等闻之,引兵还。秦太子崇奔湟中,即帝位,改元延初。谥登曰高皇帝,庙号太宗。

后秦安南将军强熙、镇远将军杨多叛,推窦衡为主。后秦主兴自将讨之,军至武功,多兄子良国杀多而降。熙奔秦州,衡奔汧川,汧川氐仇高执送之。

三河王光以子覆为都督玉门以西诸军事、西域大都护,镇高昌,命大臣子弟随之。

八月,己巳,尊皇太妃李氏为皇太后,居崇训宫。

西燕主永困急,遣其子常山公弘等求救于雍州刺史郗恢,并献玉玺一纽。恢上言:"垂若并永,为患益深,不如两存之,可以乘机双毙。"帝以为然,诏青、兖二州刺史王恭、豫州刺史庾楷救之。楷,亮之孙也。永恐晋兵不出,又遣其太子亮来为质;平规追亮,及于高都,获之。永又告急于魏,魏王珪遣陈留公虔、将军庾岳帅骑五万东渡河,屯秀容以救之。虔,纥根之子也。晋、魏兵皆未至,大逸豆归部将伐勤等开门内燕兵,燕人执永,斩之,并斩其公卿大将刁云、大逸豆归等三十

余人,得永所统八郡七万余户及秦乘舆、服御、伎乐、珍宝甚众。燕主垂以丹杨王
瓒为并州刺史,镇晋阳;宜都王凤为雍州刺史,镇长子。永尚书仆射昌黎屈遵、尚
书阳平王德、秘书监中山李先、太子詹事勃海封则、黄门郎太山胡母亮、中书郎张
腾、尚书郎燕郡公孙表皆随才擢叙。

九月,垂自长子如邺。

冬,十月,秦主崇为梁王乾归所逐,奔陇西王杨定。定留司马邵强守秦州,帅
众二万与崇共攻乾归,乾归遣凉州牧轲弹、秦州牧益州、立义将军诘归帅骑三万
拒之。益州与定战,败于平州,轲弹、诘归皆引退。轲弹司马翟瑥奋剑怒曰:"主
上以雄武开基,所向无敌,威振秦、蜀。将军以宗室居元帅之任,当竭力致命以佐
国家。今秦州虽败,二军尚全,奈何望风退衄,将何面以见主上乎!瑥虽无任,独
不能以便宜斩将军乎!"轲弹谢曰:"向者未知众心何如耳。果能若是,吾敢爱
死!"乃帅骑进战。益州、诘归亦勒兵继之,大败定兵,杀定及崇,斩首万七千级。
乾归于是尽有陇西之地。

定无子,其叔父佛狗之子盛,先守仇池,自称征西将军、秦州刺史、仇池公,谥
定为武王,仍遣使来称藩。秦太子宣奔盛,盛分氐、羌为二十部护军,各为镇戍,
不置郡县。

燕主垂东巡阳平、平原,命辽西王农济河,与安南将军尹国略地青、兖。农攻
廪丘,国攻阳城,皆拔之。东平太守韦简战死,高平、太山、琅邪诸郡皆委城奔溃,
农进军临海,遍置守宰。

柔然曷多汗弃其父,与社仑帅众西走,魏长孙肥追之,及于上郡跋那山,斩曷
多汗。社仑收其余众数百,奔匹候跋,匹候跋处之南鄙。社仑袭匹候跋,杀之,匹
候跋子启跋、吴颉等皆奔魏。社仑掠五原以西诸部,走度漠北。

十一月,燕辽西王农败辟间浑于龙水,遂入临淄。十二月,燕主垂召农等还。

秦主兴遣使与燕结好,并送太子宝之子敏于燕,燕封敏为河东公。

梁王乾归自称秦王,大赦。

二十年(乙未、395)

春,正月,燕主垂遣散骑常侍封则报聘于秦,遂自平原狩于广川、勃海、长乐
而归。

西秦王乾归以太子炽磐领尚书令,左长史边芮为左仆射,右长史祕宜为右仆
射,置官皆如魏武、晋文故事,然犹称大单于、大将军。边芮等领府佐如故。

薛干太悉伏自长安亡归岭北,上郡以西鲜卑杂胡皆应之。

二月,甲寅,尚书令陆纳卒。

三月,庚辰朔,日有食之。

皇太子出就东宫,以丹杨尹王雅领少傅。

时会稽王道子专权奢纵,嬖人赵牙本出倡优,茹千秋本钱唐捕贼吏,皆以谄赂得进,道子以牙为魏郡太守,千秋为骠骑谘议参军。牙为道子开东第,筑山穿池,功用巨万。帝尝幸其第,谓道子曰:"府内乃有山,甚善,然修饰太过。"道子无以对。帝去,道子谓牙曰:"上若知山是人力所为,尔必死矣。"牙曰:"公在,牙何敢死!"营作弥甚。千秋卖官招权,聚货累亿。博平令吴兴闻人奭上疏言之,帝益恶道子,而逼于太后,不忍废黜,乃擢时望及所亲幸王恭、郗恢、殷仲堪、王珣、王雅等,使居内外要任以防道子。道子亦引王国宝及国宝从弟琅邪内史绪以为心腹。由是朋党竞起,无复向时友爱之欢矣。太后每和解之。中书侍郎徐邈从容言于帝曰:"汉文明主,犹悔淮南;世祖聪达,负愧齐王。兄弟之际,实为深慎。会稽王虽有酣媟之累,宜加弘贷,消散群议,外为国家之计,内慰太后之心。"帝纳之,复委任道子如故。

初,杨定之死也,天水姜乳袭据上邽。夏,四月,西秦王乾归遣乞伏益州帅骑六千讨之。左仆射边芮、民部尚书王松寿曰:"益州屡胜而骄,不可专任,必以轻敌取败。"乾归曰:"益州骁勇,诸将莫及,当以重佐辅之耳。"乃以平北将军韦虔为长史,左禁将军务和为司马。至大寒岭,益州不设部伍,听将士游畋纵饮,令曰:"敢言军事者斩!"虔等谏,不听,乳逆击,大破之。

魏王珪叛燕,侵逼附塞诸部。五月,甲戌,燕主垂遣太子宝、辽西王农、赵王麟帅众八万,自五原伐魏,范阳王德、陈留王绍别帅步骑万八千为后继。散骑常侍高湖谏曰:"魏与燕世为昏姻,彼有内难,燕实存之,其施德厚矣,结好久矣。间以求马不获而留其弟,曲在于我,奈何遽兴兵击之!拓跋涉珪沉勇有谋,幼历艰难,兵精马强,未易轻也。皇太子富于春秋,志果气锐,今委之专征,必小魏而易之,万一不如所欲,伤威毁重,愿陛下深图之。"言颇激切。垂怒,免湖官。湖,泰之子也。

六月,癸丑,燕太原元王楷卒。

西秦王乾归迁于西城。

秋,七月,三河王光帅众十万伐西秦,西秦左辅密贵周、左卫将军莫者羖羝劝西秦王乾归称藩于光,以子敕勃为质。光引兵还,乾归悔之,杀周及羖羝。

魏张衮闻燕军将至,言于魏王珪曰:"燕狃于滑台、长子之捷,竭国之资力以来,有轻我之心。宜羸形以骄之,乃可克也。"珪从之,悉徙部落畜产西渡河千余里以避之。燕军至五原,降魏别部三万余家,收穄田百余万斛,置黑城,进军临河,造船为济具。珪遣右司马许谦乞师于秦。

秃发乌孤击乙弗、折掘等诸部,皆破降之,筑廉川堡而都之。广武赵振,少好奇略,闻乌孤在廉川,弃家从之。乌孤喜曰:"吾得赵生,大事济矣。"拜左司马。三河王光封乌孤为广武郡公。

有长星见自须女,至于哭星。帝心恶之,于华林园举酒祝之曰:"长星,劝汝一杯酒。自古何有万岁天子邪!"

八月,魏王珪治兵河南。九月,进军临河。燕太子宝列兵将济,暴风起,漂其船数十艘泊南岸。魏获其甲士三百余人,皆释而遣之。

宝之发中山也,燕主垂已有疾,既至五原,珪使人邀中山之路,伺其使者,尽执之。宝等数月不闻垂起居,珪使所执使者临河告之曰:"若父已死,何不早归!"宝等忧恐,士卒骇动。

珪使陈留公虔将五万骑屯河东,东平公仪将十万骑屯河北,略阳公遵将七万骑塞燕军之南。遵,寿鸠之子也。秦主兴遣杨佛嵩将兵救魏。

燕术士靳安言于太子宝曰:"天时不利,燕必大败,速去可免。"宝不听。安退,告人曰:"吾辈皆当弃尸草野,不得归矣。"

燕、魏相持积旬,赵王麟将慕舆嵩等以垂为实死,谋作乱,奉麟为主。事泄,嵩等皆死,宝、麟等内自疑。冬,十月,辛未,烧船夜遁。时河冰未结,宝以魏兵必不能渡,不设斥候。十一月,己卯,暴风,冰合,魏王珪引兵济河,留辎重,选精锐二万余骑急追之。

燕军至参合陂,有大风,黑气如堤,自军后来,临覆军上。沙门支昙猛言于宝曰:"风气暴迅,魏兵将至之候,宜遣兵御之。"宝以去魏军已远,笑而不应。昙猛固请不已,麟怒曰:"以殿下神武,师徒之盛,足以横行沙漠,索虏何敢远来!而昙猛妄言惊众,当斩以徇!"昙猛泣曰:"苻氏以百万之师,败于淮南,正由恃众轻敌,不信天道故也。"司徒德劝宝从昙猛言,宝乃遣麟帅骑三万居军后以备非常。麟以昙猛为妄,纵骑游猎,不肯设备。宝遣骑还调魏兵,骑行十余里,即解鞍寝。

魏军晨夜兼行,乙酉,暮,至参合陂西。燕军在陂东,营于蟠羊山南水上。魏王珪夜部分诸将,掩覆燕军,士卒衔枚束马口潜进。丙戌,日出,魏军登山,下临燕营。燕军将东引,顾见之,士卒大惊扰乱。珪纵兵击之,燕兵走赴水,人马相腾,蹂压溺死者以万数。略阳公遵以兵邀其前,燕兵四五万人,一时放仗,敛手就禽,其遗迸去者不过数千人,太子宝等皆单骑仅免。杀燕右仆射陈留悼王绍,生禽鲁阳王倭奴、桂林王道成、济阴公尹国等文武将吏数千人,兵甲粮货以巨万计。道成,垂之弟子也。

魏王珪择燕臣之有才用者代郡太守广川贾闰、闰从弟骠骑长史昌黎太守彝、太史郎辽东晁崇等留之,其余欲悉给衣粮遣还,以招怀中州之人。中部大人王建曰:"燕众强盛,今倾国而来,我幸而大捷,不如悉杀之,则其国空虚,取之为易。

且获寇而纵之,无乃不可乎!"乃尽坑之。十二月,珪还云中之盛乐。

燕太子宝耻于参合之败,请更击魏。司徒德言于燕主垂曰:"虏以参合之捷,有轻太子之心,宜及陛下神略以服之,不然,将为后患。"垂乃以清河公会录留台事,领幽州刺史,代高阳王隆镇龙城;以阳城王兰汗为北中郎将,代长乐公盛镇蓟;命隆、盛悉引其精兵还中山,期以明年大举击魏。

是岁,秦主兴封其叔父绪为晋王,硕德为陇西王,弟崇为齐公,显为常山公。

二十一年(丙申、396)

春,正月,燕高阳王隆引龙城之甲入中山,军容精整,燕人之气稍振。

休官权万世帅众降西秦。

燕主垂遣征东将军平规发兵冀州。二月,规以博陵、武邑、长乐三郡兵反于鲁口,其从子冀州刺史喜谏,不听。规弟海阳令翰亦起兵于辽西以应之。垂遣镇东将军馀嵩击规,嵩败死。垂自将击规,军至鲁口,规弃众,将妻子及平喜等数十人走渡河,垂引兵还。翰引兵趣龙城,清河公会遣东阳公根等击翰,破之,翰走山南。

三月,庚子,燕主垂留范阳王德守中山,引兵密发,逾青岭,经天门,凿山通道,出魏不意,直指云中。魏陈留公虔帅部落三万余家镇平城,垂至猎岭,以辽西王农、高阳王隆为前锋以袭之。是时,燕兵新败,皆畏魏,惟龙城兵勇锐争先。虔素不设备,闰月,乙卯,燕军至平城,虔乃觉之,帅麾下出战,败死,燕军尽收其部落。魏王珪震怖,欲走,诸部闻虔死,皆有贰心,珪不知所适。

垂之过参合陂也,见积骸如山,为之设祭,军士皆恸哭,声震山谷。垂惭愤呕血,由是发疾,乘马舆而进,顿平城西北三十里。太子宝等闻之,皆引还。燕军叛者奔告于魏云:"垂已死,舆尸在军。"魏王珪欲追之,闻平城已没,乃引还阴山。

垂在平城积十日,疾转笃,乃筑燕昌城而还。夏,四月,癸未,卒于上谷之沮阳,秘不发丧。丙申,至中山。戊戌,发丧,谥曰成武皇帝,庙号世祖。壬寅,太子宝即位,大赦,改元永康。

五月,辛亥,以范阳王德为都督冀、兖、青、徐、荆、豫六州诸军事、车骑大将军、冀州牧,镇邺;辽西王农为都督并、雍、益、梁、秦、凉六州诸军事、并州牧,镇晋阳。又以安定王库傉官伟为太师,夫馀王蔚为太傅。甲寅,以赵王麟领尚书左仆射,高阳王隆领右仆射,长乐公盛为司隶校尉,宜都王凤为冀州刺史。

乙卯,以散骑常侍彭城刘该为徐州刺史,镇鄄城。

甲子,以望蔡公谢琰为尚书左仆射。

初,燕主垂先段后生子令、宝,後段后生子朗、鉴,爱诸姬子麟、农、隆、柔、熙。宝初为太子,有美称,已而荒忽,中外失望。後段后尝言于垂曰:"太子遭承平之世,足为守成之主,今国步艰难,恐非济世之才。辽西、高阳二王,陛下之贤子,宜择一人,付以大业。赵王麟奸诈强愎,异日必为国家之患,宜早图之。"宝善事垂左右,左右多誉之,故垂以为贤,谓段氏曰:"汝欲使我为晋献公乎?"段氏泣而退,告其妹范阳王妃曰:"太子不才,天下所知,吾为社稷言之,主上乃以吾为骊姬,何其苦也! 观太子必丧社稷,范阳王有非常器度,若燕祚未尽,其在王乎!"宝及麟闻而恨之。乙丑,宝使麟谓段氏曰:"后常谓主上不能守大业,今竟能不? 宜早自裁,以全段宗。"段氏怒曰:"汝兄弟不难逼杀其母,况能守先业乎! 吾岂爱死,但念国亡不久耳。"遂自杀。宝议以段后谋废适统,无母后之道,不宜成丧,群臣咸以为然。中书令眭邃扬言于朝曰:"子无废母之义,汉安恩阎后亲废顺帝,犹得配飨太庙,况先后暧昧之言,虚实未可知乎!"乃成丧。

六月,癸酉,魏王珪遣将军王建等击燕广甯太守刘亢泥,斩之,徙其部落于平城。燕上谷太守开封公详弃郡走。详,铣之曾孙也。

丁亥,魏贺太妃卒。

燕主宝定士族旧籍,分辨清浊,校阅户口,罢军营封荫之户,悉属郡县。由是士民嗟怨,始有离心。

三河王吕光即天王位,国号大凉,大赦,改元龙飞,备置百官。以世子绍为太子,封子弟为公侯者二十人,以中书令王详为尚书左仆射,著作郎段业等五人为尚书。

光遣使者拜秃发乌孤为征南大将军、益州牧、左贤王。乌孤谓使者曰:"吕王诸子贪淫,三甥暴虐,远近愁怨。吾安可违百姓之心,受不义之爵乎! 吾当为帝王之事耳。"乃留其鼓吹、羽仪,谢而遣之。

平规收合余党据高唐,燕主宝遣高阳王隆将兵讨之。东土之民,素怀隆惠,迎候者属路。秋,七月,隆进军临河,规弃高唐走。隆遣建威将军慕容进等济河追之,斩规于济北。平喜奔彭城。

纳故中书令王献之女为太子妃。献之,羲之之子也。

魏群臣劝魏王珪称尊号,珪始建天子旌旗,出警入跸,改元皇始。参军事上谷张恂劝珪进取中原,珪善之。

燕辽西王农悉将部曲数万口之并州,并州素乏储待,是岁早霜,民不能供其食,又遣诸部护军分监诸胡,由是民夷俱怨,潜召魏军。八月,己亥,魏王珪大举伐燕,步骑四十余万,南出马邑,逾句注,旌旗二千余里,鼓行而进。左将军雁门李栗将五万骑为前驱,别遣将军封真等从东道出军都,袭燕幽州。

燕征北大将军、幽、平二州牧、清河公会母贱而年长,雄俊有器艺,燕主垂爱之。宝之伐魏也,垂命会摄东宫事、总录,礼遇一如太子。及垂伐魏,命会镇龙城,委以东北之任,国官府佐,皆选一时才望。垂疾笃,遗言命宝以会为嗣。而宝爱少子濮阳公策,意不在会。长乐公盛与会同年,耻为之下,乃与赵王麟共劝宝立策,宝从之。乙亥,立妃段氏为皇后,策为皇太子,会、盛皆进爵为王。策年十一,素恚弱,会闻之,心愠恚。

九月,章武王宙奉燕主垂及成哀段后之丧葬于龙城宣平陵。宝诏宙悉徙高阳王隆参佐、部曲、家属还中山,会违诏,多留部曲不遣。宙年长属尊,会每事陵侮之,见者皆知其有异志。

戊午,魏军至阳曲,乘西山,临晋阳,遣骑环城大噪而去。燕辽西王农出战,大败,奔还晋阳,司马慕舆嵩闭门拒之。农将妻子帅数千骑东走,魏中领将军长孙肥追之,及于潞川,获农妻子。燕军尽没,农被创,独与三骑逃归中山。

魏王珪遂取并州。初建台省,置刺史太守,尚书郎以下官,悉用儒生为之。士大夫诣军门者,无少长,皆引入存慰,使人人尽言,少有才用,咸加擢叙。已未,遣辅国将军奚(收)〔牧〕略地汾川,获燕丹杨王买得及离石护军高秀和。以中书侍郎张恂等为诸郡太守,招抚离散,劝课农桑。

燕主宝闻魏军将至,议于东堂。中山尹苻谟曰:"今魏军众强,千里远斗,乘胜气锐,若纵之使入平土,不可敌也,宜杜险以拒之。"中书令眭邃曰:"魏多骑兵,往来剽速,马上赍粮,不过旬日。宜令郡县聚民千家为一堡,深沟高垒,清野以待之,彼至无所掠,不过六旬,食尽自退。"尚书封懿曰:"今魏兵数十万,天下之劲敌也,民虽筑堡,不足以自固,是聚兵及粮以资之也,且动摇民心,示之以弱。不如阻关拒战,计之上也。"赵王麟曰:"魏今乘胜气锐,其锋不可当,宜完守中山,待其弊而乘之。"于是修城积粟,为持久之备。命辽西王农出屯安喜,军事动静,悉以委麟。

帝嗜酒,流连内殿,醒治既少,外人罕得进见。张贵人宠冠后宫,后宫皆畏之。庚申,帝与后宫宴,妓乐尽侍,时贵人年近三十,帝戏之曰:"汝以年亦当废矣,吾意更属少者。"贵人潜怒,向夕,帝醉,寝于清暑殿,贵人遍饮宦者酒,散遣之,使婢以被蒙帝面,弑之,重赂左右,云"因魇暴崩"。时太子暗弱,会稽王道子昏荒,遂不复推问。王国宝夜叩禁门,欲入为遗诏,侍中王爽拒之,曰:"大行晏驾,皇太子未至,敢入者斩!"国宝乃止。爽,恭之弟也。辛酉,太子即皇帝位,大赦。

癸亥,有司奏:"会稽王道子宜进位太傅、扬州牧,假黄钺。"诏内外众事动静咨之。

安帝幼而不慧,口不能言,至于寒暑饥饱亦不能辨,饮食寝兴皆非己出。母弟琅邪王德文,性恭谨,常侍左右,为之节适,始得其宜。

　　初，王国宝党附会稽王道子，骄纵不法，屡为御史中丞褚粲所纠。国宝起斋，俅清暑殿，孝武帝甚恶之。国宝惧，遂更求媚于帝而疏道子，帝复宠昵之。道子大怒，尝于内省面责国宝，以剑掷之，旧好尽矣。及帝崩，国宝复事道子，与王绪共为邪诐，道子更惑之，倚为心腹，遂参管朝权，威震内外，并为时之所疾。

　　王恭入赴山陵，每正色直言，道子深惮之。恭罢朝，叹曰："榱栋虽新，便有《黍离》之叹！"绪说国宝，因恭入朝，劝相王伏兵杀之，国宝不许。道子欲辑和内外，乃深布腹心于恭，冀除旧恶。而恭每言及时政，辄厉声色。道子知恭不可和协，遂有相图之志。

　　或劝恭因入朝以兵诛国宝，恭以豫州刺史庾楷士马甚盛，党于国宝，惮之，不敢发。王珣谓恭曰："国宝虽终为祸乱，要之罪逆未彰，今遽先事而发，必大失朝野之望。况拥强兵，窃发于京辇，谁谓非逆！国宝若遂不改，恶布天下，然后顺众心以除之，亦无忧不济也。"恭乃止。既而谓珣曰："比来视君，一似胡广。"珣曰："王陵廷争，陈平慎默，但问岁晏何如耳。"

　　冬，十月，甲申，葬孝武帝于隆平陵。王恭还镇，将行，谓道子曰："主上谅闇，冢宰之任，伊、周所难，愿大王亲万机，纳直言，放郑声，远佞人。"国宝等愈惧。

　　魏王珪使冠军将军代人于栗碑、宁朔将军公孙兰帅步骑二万，潜自晋阳开韩信故道。己酉，珪自井陉趋中山。李先降魏，珪以为征东左长史。

　　西秦凉州牧轲弹与秦州牧益州不平，轲弹奔凉。

　　魏王珪进攻常山，拔之，获太守苟延，自常山以东，守宰或走或降，诸郡县皆附于魏，惟中山、邺、信都三城为燕守。十一月，珪命东平公仪将五万骑攻邺，冠军将军王建、左将军李栗攻信都。戊午，珪进军中山；己未，攻之。燕高阳王隆守南郭，帅众力战，自旦至晡，杀伤数千人，魏兵乃退。珪谓诸将曰："中山城固，宝必不肯出战，急攻则伤士，久围则费粮，不如先取邺、信都，然后图之。"丁卯，珪引兵而南。

　　章武王宙自龙城还，闻有魏寇，驰入蓟，与镇北将军阳城王兰乘城固守。兰，垂之从弟也。魏别将石河头攻之，不克，退屯渔阳。

　　珪军于鲁口，博陵太守申永奔河南，高阳太守崔宏奔海渚。珪素闻宏名，遣吏追求，获之，以为黄门侍郎，与给事黄门侍郎张衮对掌机要，创立制度。博陵令屈遵降魏，珪以为中书令，出纳号令，兼总文诰。

　　燕范阳王德使南安王青等夜击魏军于邺下，破之，魏军退屯新城。青等请追击之，别驾韩诨曰："古人先计而后战。魏军不可击者四：悬军远斗，利在野战，一也；深入近畿，顿兵死地，二也；前锋既败，后阵方固，三也；彼众我寡，四也。官军不宜动者三：自战其地，一也；动而不胜，众心难固，二也；城隍未修，敌来无备，三也。今魏无资粮，不如深垒固军以老之。"德从之，召青还。青，详之兄也。

十二月，魏辽西公贺赖卢帅骑二万会东平公仪攻邺。赖卢，讷之弟也。

魏别部大人没根有胆勇，魏王珪恶之。没根惧诛，己丑，将亲兵数十人降燕，燕主宝以为镇东大将军，封雁门公。没根求还袭魏，宝难与重兵，给百余骑。没根效其号令，夜入魏营，至中仗，珪乃觉之，狼狈惊走，没根以所从人少，不能坏其大众，多获首虏而还。

杨盛遣使来请命，诏拜盛镇南将军、仇池公。盛表苻宣为平北将军。

是岁，越质诘归帅户二万叛西秦降于秦，秦人处之成纪，拜镇西将军、平襄公。

秦陇西王硕德攻姜乳于上邽，乳帅众降。秦以硕德为秦州牧，镇上邽；征乳为尚书。强熙、权千成帅众三万共围上邽，硕德击破之，熙奔仇池，遂来奔。硕德西击千成于略阳，千成降。

西燕既亡，其所署河东太守柳恭等各拥兵自守。秦主兴遣晋王绪攻之，恭等临河拒守，绪不得济。初，永嘉之乱，汾阴薛氏聚其族党，阻河自固，不仕刘、石。及苻氏兴，乃以礼聘薛彊，拜镇东将军。彊引秦兵自龙门济，遂入蒲阪，恭等皆降。兴以绪为并、冀二州牧，镇蒲阪。

资治通鉴卷第一百九

端明殿学士兼翰林侍读学士朝散大夫右谏议大夫充集贤殿修撰权判西京留 司御史台上柱国河内郡开国侯食邑一千三百户食实封四百户赐紫金鱼袋臣 司马光 奉敕编集

晋纪三十一强圉作噩(丁酉),一年。

安皇帝甲

隆安元年(丁酉、397)

春,正月,己亥朔,帝加元服,改元。以左仆射王珣为尚书令;领军将军王国 宝为左仆射,领选,仍加后将军、丹杨尹。会稽王道子悉以东宫兵配国宝,使 领之。

燕范阳王德求救于秦,秦兵不出,邺中恟惧。贺赖卢自以魏王珪之舅,不受 东平公仪节度,由是与仪有隙。仪司马丁建阴与德通,从而构间之,射书入城中 言其状。甲辰,风霾,昼晦,赖卢营有火,建言于仪曰:"赖卢烧营为变矣。"仪以为 然,引兵退;赖卢闻之,亦退。建帅其众诣德降,且言仪师老可击。德遣桂阳王 镇、南安王青帅骑七千追击魏军,大破之。

燕主宝使右卫将军慕舆腾攻博陵,杀魏所置守宰。

王建等攻信都,六十余日不下,士卒多死。庚申,魏王珪自攻信都。壬戌夜, 燕宜都王凤逾城奔中山。癸亥,信都降魏。

凉王光以西秦王乾归数反覆,举兵伐之。乾归群下请东奔成纪以避之,乾归 曰:"军之胜败,在于巧拙,不在众寡。光兵虽众而无法,其弟延勇而无谋,不足惮 也。且其精兵尽在延所,延败,光自走矣。"光军于长最,遣太原公纂等帅步骑三 万攻金城。乾归帅众二万救之,未至,纂等拔金城。光又遣其将梁恭等以甲卒万 余出阳武下峡,与秦州刺史没弈干攻其东,天水公延以枹罕之众攻临洮、武始、河 关,皆克之。乾归使人绐延云:"乾归众溃,奔成纪。"延欲引轻骑追之,司马耿稚 谏曰:"乾归勇略过人,安肯望风自溃!前破王广、杨定,皆羸师以诱之。今告者 视高色动,殆必有奸。宜整陈而前,使步骑相属,俟诸军毕集,然后击之,无不克 矣。"延不从,进,与乾归遇,延战死。稚与将军姜显牧散卒,还屯枹罕。光亦引兵 还姑臧。

秃发乌孤自称大都督、大将军、大单于、西平王,大赦,改元太初。治兵广武, 攻凉金城,克之。凉王光遣将军窦苟伐之,战于街亭,凉兵大败。

　　燕主宝闻魏王珪攻信都,出屯深泽,遣赵王麟攻杨城,杀守兵三百。宝悉出珍宝及宫人募郡县群盗以击魏。

　　二月,己巳朔,珪还屯杨城。没根兄子丑提为并州监军,闻其叔父降燕,惧诛,帅所部兵还国作乱。珪欲北还,遣其国相涉延求和于燕,且请以其弟为质。宝闻魏有内难,不许,使冗从仆射兰真责珪负恩,悉发其众步卒十二万、骑三万七千屯于曲阳之柏肆,营于滹沱水北以邀之。丁丑,魏军至,营于水南。宝潜师夜济,募勇敢万余人袭魏营,宝陈于营北以为之援。募兵因风纵火,急击魏军,魏军大乱。珪惊起,弃营跣走,燕将军乞特真帅百余人至其帐下,得珪衣靴。既而募兵无故自惊,互相斫射,珪于营外望见之,乃击鼓收众,左右及中军将士稍稍来集,多布火炬于营外,纵骑冲之。募兵大败,还赴宝陈,宝引兵复渡水北。戊寅,魏整众而至,与燕相持,燕军夺气。宝引还中山,魏兵随而击之,燕兵屡败。宝惧,弃大军,帅骑二万奔还。时大风雪,冻死者相枕。宝恐为魏军所及,命士卒皆弃袍仗、兵器数十万,寸刃不返,燕之朝臣将卒降魏及为魏所系虏者甚众。

　　先是,张衮常为魏王珪言燕秘书监崔逞之材,珪得之,甚喜,以逞为尚书,使录三十六曹,任以政事。

　　魏军士有自柏肆亡归者,言大军败散,不知王处。道过晋阳,晋阳守将封真因起兵攻并州刺史曲阳侯素延,素延击斩之。

　　南安公顺守云中,闻之,欲自摄国事。幢将代人莫题曰:"此大事,不可轻尔,宜审待后问,不然,为祸不细。"顺乃止。顺,什翼犍之孙也。贺兰部帅附力眷、纥邻部帅匿物尼、纥奚部帅叱奴根皆举兵反,顺讨之,不克。珪遣安远将军庾岳帅万骑还讨三部,皆平之,国人乃安。

　　珪欲抚慰新附,深悔参合之诛,素延坐讨反者杀戮过多,免官,以奚牧为并州刺史。牧与东秦主兴书称"顿首",与之均礼。兴怒,以告珪,珪为之杀牧。

　　己卯夜,燕尚书郎慕舆皓谋弑燕主宝,立赵王麟,不克,斩关出奔魏。麟由是不自安。

　　三月,燕以仪同三司武乡张崇为司空。

　　初,燕清河王会闻魏军东下,表求赴难,燕主宝许之。会初无去意,使征南将军库傉官伟、建威将军馀崇将兵五千为前锋。崇,嵩之子也。伟等顿卢龙近百日,无食,啖马牛且尽,会不发。宝怒,累诏切责,会不得已,以治行简练为名,复留月余。时道路不通,伟欲使轻军前行通道,侦魏强弱,且张声势,诸将皆畏避不欲行。馀崇奋曰:"今巨寇滔天,京都危逼,匹夫犹思致命以救君父,诸君荷国宠任,而更惜生乎!若社稷倾覆,臣节不立,死有余辱。诸君安居于此,崇请当之。"伟喜,简给步骑五百人。崇进至渔阳,遇魏千余骑,崇谓其众曰:"彼众我寡,不击则不得免。"乃鼓噪直进,崇手杀十余人。魏骑溃去,崇亦引还,斩首获生,具言敌中阔狭,众心稍振。会乃上道徐进,是月,始达蓟城。

魏围中山既久,城中将士皆思出战。征北大将军隆言于宝曰:"涉珪虽屡获小利,然顿兵经年,凶势沮屈,士马死伤太半,人心思归,诸部离解,正是可破之时也。加之举城思奋,若因我之锐,乘彼之衰,往无不克。如其持重不决,将卒气丧,日益困逼,事久变生,后虽欲用之,不可得也。"宝然之。而卫大将军麟每沮其议,隆成列而罢者,前后数四。

宝使人请于魏王珪,欲还其弟觚,割常山以西皆与魏以求和,珪许之。既而宝悔之。己酉,珪如卢奴,辛亥,复围中山。燕将士数千人俱自请于宝曰:"今坐守穷城,终于困弊,臣等愿得一出乐战,而陛下每抑之,此为坐自摧败也。且受围历时,无他奇变,徒望积久寇贼自退。今内外之势,强弱悬绝,彼必不自退明矣,宜从众一决。"宝许之。隆退而勒兵,召诸参佐谓之曰:"皇威不振,寇贼内侮,臣子同耻,义不顾生。今幸而破贼,吉还固善;若其不幸,亦使吾志节获展。卿等有北见吾母者,为吾道此情也。"乃被甲上马,诣门俟命。麟复固止宝,众大忿恨,隆涕泣而还。

是夜,麟以兵劫左卫将军北地王精,使帅禁兵弑宝。精以义拒之,麟怒,杀精,出奔西山,依丁零余众。于是城中人情震骇。宝不知麟所之,以清河王会军在近,恐麟夺会军,先据龙城,乃召隆及骠骑大将军农,谋去中山,走保龙城。隆曰:"先帝栉风沐雨,以成中兴之业,崩未期年而天下大坏,岂得不谓之孤负邪!今外寇方盛,而内难复起,骨肉乖离,百姓疑惧,诚不可以拒敌,北迁旧都,亦事之宜。然龙川地狭民贫,若以中国之意取足其中,复朝夕望有大功,此必不可。若节用爱民,务农训兵,数年之中,公私充实,而赵、魏之间,厌苦寇暴,民思燕德,庶几返旆,克复故业。如其未能,则凭险自固,犹足以优游养锐耳。"宝曰:"卿言尽理,朕一从卿意耳。"

辽东高抚,善卜筮,素为隆所信厚,私谓隆曰:"殿下北行,终不能达,太妃亦不可得见。若使主上独往,殿下潜留于此,必有大功。"隆曰:"国有大难,主上蒙尘,且老母在北,吾得北首而死,犹无所恨。卿是何言也!"乃遍召僚佐,问其去留,唯司马鲁恭、参军成岌愿从,余皆欲留,隆并听之。

农部将谷会归说农曰:"城中之人,皆涉珪参合所杀者父兄子弟,泣血踊跃,欲与魏战,而为卫军所抑。今闻主上当北迁,皆曰:'得慕容氏一人奉而立之,以与魏战,死无所恨。'大王幸而留此,以副众望,击退魏军,抚宁畿甸,奉迎大驾,亦不失为忠臣也。"农欲杀归而惜其材力,谓之曰:"必以此以望生,不如就死!"

壬子,夜,宝与太子策、辽西王农、高阳王隆、长乐王盛等万余骑出赴会军,河间王熙、勃海王朗、博陵王鉴皆幼,不能出城,隆还入迎之,自为靮乘,俱得免。燕将(王)〔李〕沈等降魏。乐浪王惠、中书侍郎韩范、员外郎段宏、太史令刘起等帅工伎三百奔邺。

中山城中无主,百姓惶惑,东门不闭。魏王珪欲夜入城,冠军将军王建志在房掠,乃言恐士卒盗府库物,请俟明旦,珪乃止。燕开封公详从宝不及,城中立以为主,闭门拒守。珪尽众攻之,连日不拔,使人登巢车,临城谕之曰:"慕容宝已弃汝走,汝曹百姓空自取死,欲谁为乎?"皆曰:"群小无知,恐复如参合之众,故苟延旬月之命耳。"珪顾王建而唾其面,使中领将军长孙肥、左将军李栗将三千骑追宝至范阳,不及,破其新城戍而还。

甲寅,尊皇太后李氏为太皇太后。戊午,立皇后王氏。

燕主宝出中山,与赵王麟遇于阱城。麟不意宝至,惊骇,帅其众奔蒲阴,复出屯望都,土人颇供给之。慕容详遣兵掩击麟,获其妻子,麟脱走入山。

甲寅,宝至蓟,殿中亲近散亡略尽,惟高阳王隆所领数百骑为宿卫。清河王会帅骑卒二万迎于蓟南,宝怪会容止怏怏有恨色,密告隆及辽西王农。农、隆俱曰:"会年少,专任方面,习骄所致,岂有它也。臣等当以礼责之。"宝虽从之,然犹诏解会兵以属隆,隆固辞,乃减会兵分给农、隆。又遣西河公库傉官骥帅兵三千助守中山。

丙辰,宝尽徙蓟中府库北趣龙城。魏石河头引兵追之,戊午,及宝于夏谦泽。宝不欲战,清河王会曰:"臣抚教士卒,惟敌是求。今大驾蒙尘,人思效命,而虏敢自送,众心忿愤。《兵法》曰:'归师勿遏。'又曰:'置之死地而后生。'今我皆得之,何患不克!若其舍去,贼必乘人,或生余变。"宝乃从之。会整陈与魏兵战,农、隆等将南来骑冲之,魏兵大败,追奔百余里,斩首数千级。隆又独追数十里而还,谓故吏留台治书阳璆曰:"中山城中积兵数万,不得展吾意,今日之捷,令人遗恨。"因慷慨流涕。

会既败魏兵,矜很滋甚,隆屡训责之,会益忿患。会以农、隆皆尝镇龙城,属尊位重,名望素出己右,恐至龙城,权政不复在己,又知终无为嗣之望,乃谋作乱。

幽、平之兵皆怀会恩,不乐属二王,请于宝曰:"清河王勇略高世,臣等与之誓同生死,愿陛下与皇太子、诸王留蓟宫,臣等从王南解京师之围,还迎大驾。"宝左右皆恶会,言于宝曰:"清河王不得为太子,神色甚不平。且其才武过人,善收人心,陛下若从众请,臣恐解围之后,必有卫辄之事。"宝乃谓众曰:"道通年少,才不及二王,岂可当专征之任!且朕方自统六师,杖会以为羽翼,何可离左右也!"众不悦而退。

左右劝宝杀会,侍御史仇尼归闻之,告会曰:"大王所恃者父,父已异图;所杖者兵,兵已去手,欲于何所自容乎? 不如诛二王,废太子,大王自处东宫,兼将相之任,以匡复社稷,此上策也。"会犹豫,未许。

宝谓农、隆曰:"观道通志趣,必反无疑,宜早除之。"农、隆曰:"今寇敌内侮,中土纷纭,社稷之危,有如累卵。会镇抚旧都,远赴国难,其威名之重,足以震动四邻。逆状未彰而遽杀之,岂徒伤父子之恩,亦恐大损威望。"宝曰:"会逆志已成,卿等慈恕,不忍早杀,恐一旦为变,必先害诸父,然后及吾,至时勿悔自负也。"会闻之,益惧。

夏,四月,癸酉,宝宿广都黄榆谷。会遣其党仇尼归、吴提染干帅壮士二十余人分道袭农、隆,杀隆于帐下;农被重创,执仇尼归,逃入山中。会以仇尼归被执,事终显发,乃夜诣宝曰:"农、隆谋逆,臣已除之。"宝欲讨会,阳为好言以安之曰:"吾固疑二王久矣,除之甚善。"

甲戌旦,会立仗严备,乃引道。会欲弃隆丧,馀崇涕泣固请,乃听载随军。农出,自归,宝呵之曰:"何以自负邪?"命执之。行十余里,宝顾召群臣食,且议农罪。会就坐,宝目卫军将军慕舆腾使斩会,伤其首,不能杀。会走赴其军,勒兵攻宝。宝帅数百骑驰二百里,晡时,至龙城。会遣骑追至石城,不及。

乙亥,会遣仇尼归攻龙城,宝夜遣兵袭击,破之。会遣使请诛左右佞臣,并求为太子,宝不许。会尽收乘舆器服,以后宫分给将帅,署置百官,自称皇太子、录尚书事,引兵向龙城,以讨慕舆腾为名;丙子,顿兵城下。宝临西门,会乘马遥与宝语,宝责让之。会命军士向宝大噪以耀威,城中将士皆愤怒,向暮出战,大破之,会兵死伤太半,走还营。侍御郎高云夜帅敢死士百余人袭会军,会众皆溃。会将十余骑奔中山,开封公详杀之。宝杀会母及其三子。

丁丑,宝大赦,凡与会同谋者,皆除罪,复旧职。论功行赏,拜将军、封侯者数百人。辽西王农骨破见脑,宝手自裹创,仅而获济。以农为左仆射,寻拜司空、领尚书令。馀崇出自归,宝嘉其忠,拜中坚将军,使典宿卫。赠高阳王隆司徒,谥曰康。

宝以高云为建威将军,封夕阳公,养以为子。云,高句丽之支属也,燕王皝破高句丽,徙于青山,由是世为燕臣。云沉厚寡言,时人莫知,惟中卫将军长乐冯跋奇其志度,与之为友。跋父和,事西燕主永,为将军,永败,徙和龙。

仆射王国宝、建威将军王绪依附会稽王道子,纳贿穷奢,不知纪极。恶王恭、殷仲堪,劝道子裁损其兵权,中外恟恟不安。恭等各缮甲勒兵,表请北伐,道子疑之,诏以盛夏妨农,悉使解严。

恭遣使与仲堪谋讨国宝等。桓玄以仕不得志,欲假仲堪兵势以作乱,乃说仲堪曰:"国宝与君诸人素已为对,唯患相毙之不速耳。今既执大权,与王绪相表里,其所回易,无不如志。孝伯居元舅之地,必未敢害之。君为先帝所拔,超居方任,人情皆以君为虽有思致,非方伯才。彼若发诏征君为中书令,用殷觊为荆州,君何以处之?”仲堪曰:“忧之久矣,计将安出?”玄曰:“孝伯疾恶深至,君宜潜与之约,兴晋阳之甲以除君侧之恶,东西齐举,玄虽不肖,愿帅荆、楚豪桀,荷戈先驱,此桓、文之勋也。”

仲堪心然之,乃外结雍州刺史郗恢,内与从兄南蛮校尉觊、南郡相陈留江绩谋之。觊曰:“人臣当各守职分,朝廷是非,岂藩屏之所制也!晋阳之事,不敢预闻。”仲堪固邀之,觊怒曰:“吾进不敢同,退不敢异。”绩亦极言其不可。觊恐绩及祸,于坐和解之。绩曰:“大丈夫何至以死相胁邪!江仲元行年六十,但未获死所耳。”仲堪惮其坚正,以杨佺期代之。朝廷闻之,征绩为御史中丞。觊遂称散发,辞位。仲堪往省之,谓觊曰:“兄病殊为可忧。”觊曰:“我病不过身死,汝病乃当灭门。宜深自爱,勿以我为念。”郗恢亦不肯从。仲堪疑未决,会王恭使至,仲堪许之,恭大喜。甲戌,恭上表罪状国宝,举兵讨之。

初,孝武帝倚任王珣,及帝暴崩,不及受顾命,珣一旦失势,循默而已。丁丑,王恭表至,内外戒严,道子问珣曰:“二藩作逆,卿知之乎?”珣曰:“朝政得失,珣弗之预,王、殷作难,何由可知!”王国宝惶惧,不知所为,遣数百人戍竹里,夜遇风雨,各散归。王绪说国宝矫相王之命,召王珣、车胤杀之,以除时望,因挟君相发兵以讨二藩。国宝许之。珣、胤至,国宝不敢害,更问计于珣。珣曰:“王、殷与卿素无深怨,所竞不过势利之间耳。”国宝曰:“将曹爽我乎?”珣曰:“是何言欤!卿宁有爽之罪,王孝伯岂宣帝之俦邪?”又问计于胤,胤曰:“昔桓公围寿阳,弥时乃克。今朝廷遣军,恭必城守。若京口未拔而上流奄至,君将何以待之?”国宝尤惧,遂上疏解职,诣阙待罪。既而悔之,诈称诏复其本官。道子暗懦,欲求姑息,乃委罪国宝,遣骠骑谘议参军谯王尚之收国宝付廷尉。尚之,恬之子也。甲申,赐国宝死,斩绪于市,遣使诣恭,深谢愆失,恭乃罢兵还京口。国宝兄侍中恺、骠骑司马愉并请解职,道子以恺、愉与国宝异母,又素不协,皆释不问。戊子,大赦。

殷仲堪虽许王恭,犹豫不敢下。闻国宝等死,乃始抗表举兵,遣杨佺期屯巴陵。道子以书止之,仲堪乃还。

会稽世子元显,年十六,有俊才,为侍中,说道子以王、殷终必为患,请潜为之备。道子乃拜元显征虏将军,以其卫府及徐州文武悉配之。

魏王珪以军食不给,命东平公仪去邺,徙屯钜鹿,积租杨城。慕容详出步卒六千人,伺间袭魏诸屯,珪击破之,斩首五千,生擒七百人,皆纵之。

初,张掖卢水胡沮渠罗仇,匈奴沮渠王之后也,世为部帅。凉王光以罗仇为尚书,从光伐西秦。及吕延败死,罗仇弟三河太守麴粥谓罗仇曰:“主上荒耄信谗,今军败将死,正其猜忌智勇之时也。吾兄弟必不见容,与其死之无名,不若勒兵向西平,出苕藿,奋臂一呼,凉州不足定也。"罗仇曰:"诚如汝言。然吾家世以忠孝著于西土,宁使人负我,我不忍负人也。"光果听谗,以败军之罪杀罗仇及麹粥。罗仇弟子蒙逊,雄杰有策略,涉猎书史,以罗仇、麹粥之丧归葬,诸部多其族姻,会葬者凡万余人。蒙逊哭谓众曰:"吕王昏荒无道,多杀不辜。吾之上世,虎视河西,今欲与诸部雪二父之耻,复上世之业,何如?"众咸称万岁。遂结盟起兵,攻凉临松郡,拔之,屯据金山。

司徒左长史王廞,导之孙也,以母丧居吴。王恭之讨王国宝也,版廞行吴国内史,使起兵于东方。廞使前吴国内史虞啸父等入吴兴、义兴召募兵众,赴者万计。未几,国宝死,恭罢兵,符廞去职,反丧服。廞以起兵之际,诛异己者颇多,势不得止,遂大怒,不承恭命,使其子泰将兵伐恭,笺于会稽王道子,称恭罪恶。道子以其笺送恭。五月,恭遣司马刘牢之帅五千人击泰,斩之。又与廞战于曲阿,众溃,廞单骑走,不知所在。收虞啸父下廷尉,以其祖潭有功,免为庶人。

燕库傉官骥入中山,与开封公详相攻。详杀骥,尽灭库傉官氏,又杀中山尹苻谟,夷其族。中山城无定主,民恐魏兵乘之,男女结盟,人自为战。

甲辰,魏王珪罢中山之围,就谷河间,督诸郡义租。甲寅,以东平公仪为骠骑大将军、都督中外诸军事、兖、豫、雍、荆、徐、扬六州牧、左丞相,封卫王。

慕容详自谓能却魏兵,威德已振,乃即皇帝位,改元建始,置百官。以新平公可足浑潭为车骑大将军、尚书令,杀拓跋觚以固众心。

邺中官属劝范阳王德称尊号,会有自龙城来者,知燕主宝犹存,乃止。

凉王光遣太原公纂将兵击沮渠蒙逊于忽谷,破之。蒙逊逃入山中。蒙逊从兄男成为凉将军,闻蒙逊起兵,亦合众数千屯乐涫。酒泉太守垒澄讨男成,兵败,澄死。男成进攻建康,遣使说建康太守段业曰:"吕氏政衰,权臣擅命,刑杀无常,人无容处。一州之地,叛者相望,瓦解之形,昭然在目,百姓嗷然,无所依附。府君奈何以盖世之才,欲立忠于垂亡之国!男成等既唱大义,欲屈府君抚临鄙州,使涂炭之余,蒙来苏之惠,何如?"业不从。相持二旬,外救不至,郡人高逵、史惠等劝业从男成之请。业素与凉侍中房晷、仆射王详不平,惧不自安,乃许之。男成等推业为大都督、龙骧大将军、凉州牧、建康公,改元神玺。以男成为辅国将军,委以军国之任。蒙逊帅众归业,业以蒙逊为镇西将军。光命太原公纂将兵讨业,不克。

六月,西秦王乾归征北河州刺史彭奚念为镇卫将军;以镇西将军屋弘破光为河州牧;定州刺史翟瑥为兴晋太守,镇枹罕。

秋,七月,慕容详杀可足浑潭。详嗜酒奢淫,不恤士民,刑杀无度,所诛王公以下五百余人，群下离心。城中饥窘，详不听民出采稆，死者相枕，举城皆谋迎赵王麟。详遣辅国将军张骧帅五千余人督租于常山，麟自丁零入骧军，潜袭中山，城门不闭，执详，斩之。麟遂称尊号，听人四出采稆。人既饱，求与魏战，麟不从，稍复穷馁。魏王珪军鲁口，遣长孙肥帅骑七千袭中山，入其郛。麟进至泒水，为魏所败而还。

八月，丙寅朔，魏王珪徙军常山之九门。军中大疫，人畜多死，将士皆思归。珪问疫于诸将，对曰："在者才什四五。"珪曰："此固天命，将若之何！四海之民，皆可为国，在吾所以御之耳，何患无民！"群臣乃不敢言。遣抚军大将军略阳公遵袭中山，入其郛而还。

燕以辽西王农为都督中外诸军事、大司马、录尚书事。

凉散骑常侍、太常西平郭黁，善天文数术，国人信重之。会荧惑守东井，黁谓仆射王详曰："凉之分野，将有大兵。主上老病，太子暗弱，太原公凶悍，一旦不讳，祸乱必起。吾二人久居内要，彼常切齿，将为诛首矣。田胡王乞基部落最强，二苑之人，多其旧众。吾欲与公举大事，推乞基为主，二苑之众，尽我有也。得城之后，徐更议之。"详从之。黁夜以二苑之众烧洪范门，使详为内应。事泄，详被诛，黁遂据东苑以叛。民间皆言圣人起兵，事无不成，从之者甚众。

凉王光召太原公纂使讨黁。纂将还，诸将皆曰："段业必蹑军后，宜潜师夜发。"纂曰："业无雄才，凭城自守，若潜师夜去，适足张其气势耳。"乃遣使告业曰："郭黁作乱，吾今还都。卿能决者，可早出战。"于是引还。业不敢出。

纂司马杨统谓其从兄桓曰："郭黁举事，必不虚发。吾欲杀纂，推兄为主，西袭吕弘，据张掖，号令诸郡，此千载一时也。"桓怒曰："吾为吕氏臣，安享其禄，危不能救，岂可复增其难乎！吕氏若亡，吾为弘演矣。"统至番禾，遂叛归黁。弘，纂之弟也。

纂与西安太守石元良共击黁，大破之，乃得入姑臧。黁得光孙八人于东苑，及败而恚，悉投于锋上，枝分节解，饮其血以盟众，众皆掩目。

凉人张捷、宋生等招集戎、夏三千人，反于休屠城，与黁共推凉后将军杨轨为盟主。轨，略阳氐也。将军程肇谏曰："卿弃龙头而从蛇尾，非计也。"轨不从，自称大将军、凉州牧、西平公。

纂击破黁将王斐于城西，黁兵势渐衰，遣使请救于秃发乌孤。九月，乌孤使其弟骠骑将军利鹿孤帅骑五千赴之。

秦太后苟氏卒。秦主兴哀毁过礼，不亲庶政。群臣请依汉、魏故事，既葬即吉。尚书郎李嵩上疏曰："孝治天下，先王之高事也。宜遵圣性以光道训，既葬之后，素服临朝。"尹纬驳曰："嵩矫常越礼，请付有司论罪。"兴曰："嵩忠臣孝子，有何罪乎！其一如嵩议。"

鲜卑薛勃叛秦，秦主兴自将讨之。勃败，奔没弈干，没弈干执送之。

秦泫氏男姚买得谋弑秦主兴，不克而死。

秦主兴入寇湖城，弘农太守陶仲山、华山太守董迈皆降之。遂至陕城，进寇上洛，拔之。遣姚崇寇洛阳，河南太守夏侯宗之固守金墉，崇攻之不克，乃徙流民二万余户而还。

武都氐屠飞、啖铁等据方山以叛秦，兴遣姚绍等讨之，斩飞、铁。

兴勤于政事，延纳善言，京兆杜瑾等皆以论事得显拔，天水姜龛等以儒学见尊礼，给事黄门侍郎古成诜等以文章参机密。诜刚介雅正，以风教为己任。京兆韦高慕阮籍之为人，居母丧，弹琴饮酒。诜闻之而泣，持剑求高，欲杀之，高惧而逃匿。

中山饥甚，慕容麟帅二万余人出据新市。甲子晦，魏王珪进军攻之。太史令晁崇曰："不吉。昔纣以甲子亡，谓之疾日，兵家忌之。"珪曰："纣以甲子亡，周武不以甲子兴乎？"崇无以对。冬，十月，丙寅，麟退阻泒水。甲戌，珪与麟战于义台，大破之，斩首九千余级，麟与数十骑驰取妻子入西山，遂奔邺。

甲申，魏克中山，燕公卿、尚书、将吏、士卒降者二万余人。张骧、李沈等先尝降魏，复亡去，珪入城，皆赦之。得燕玺绶、图书、府库珍宝以万数，班赏群臣将士有差。追谥弟觚为秦愍王。发慕容详冢，斩其尸，收杀觚者高霸、程同，皆夷五族，以大刃剉之。丁亥，遣三万骑就卫王仪，将攻邺。

秦长水校尉姚珍奔西秦，西秦王乾归以女妻之。

河南鲜卑吐秾等十二部大人，皆附于秃发乌孤。

燕人有自中山至龙城者，言拓跋涉珪衰弱，司徒德完守邺城。会德表至，劝燕主宝南还，宝于是大简士马，将复取中原。遣鸿胪鲁邃册拜德为丞相、冀州牧，南夏公侯牧守皆听承制封拜。十一月，癸丑，燕大赦。十二月，调兵悉集，戒严在顿，遣将军启崟南视形势。

乙亥，慕容麟至邺，复称赵王，说范阳王德曰："魏既克中山，将乘胜攻邺，邺中虽有蓄积，然城大难固，且人心恇惧，不可守也。不如南趣滑台，阻河以待魏，伺衅而动，河北庶可复也。"时鲁阳王和镇滑台，和，垂之弟子也，亦遣使迎德，德许之。

资治通鉴卷第一百一十

端明殿学士兼翰林侍读学士朝散大夫右谏议大夫充集贤殿修撰权判西京留 司御史台上柱国河内郡开国侯食邑一千三百户食实封四百户赐紫金鱼袋臣 司马光 奉敕编集

晋纪三十二著雍阉茂（戊戌），一年。

安皇帝乙

隆安二年（戊戌、398）

春，正月，燕范阳王德自邺帅户四万南徙滑台。魏卫王仪入邺，收其仓库，追德至河，弗及。

赵王麟上尊号于德，德用兄垂故事，称燕王，改永康三年为元年，以统府行帝制，置百官。以赵王麟为司空、领尚书令，慕容法为中军将军，慕舆拔为尚书左仆射，丁通为右仆射。麟复谋反，德杀之。

庚子，魏王珪自中山南巡至高邑，得王永之子宪，喜曰："王景略之孙也。"以为本州中正，领选曹事，兼掌门下。至邺，置行台，以龙骧将军日南公和跋为尚书，与左丞贾彝帅吏兵五千人镇邺。

珪自邺还中山，将北归，发卒万人治直道，自望都凿恒岭至代五百余里。珪恐己既去，山东有变，复置行台于中山，命卫王仪镇之；以抚军大将军略阳公遵为尚书左仆射，镇勃海之合口。

右将军尹国督租于冀州，闻珪将北还，谋袭信都，安南将军长孙嵩执国，斩之。

燕启崙还至龙城，言中山已陷，燕主宝命罢兵。辽西王农言于宝曰："今迁都尚新，未可南征，宜因成师袭库莫奚，取其牛马以充军资，更审虚实，俟明年而议之。"宝从之。己未，北行。庚申，渡浇洛水。会南燕王德遣侍郎李延诣宝，言："涉珪西上，中国空虚。"延追宝及之，宝大喜，即日引还。

辛酉，魏王珪发中山，徙山东六州吏民杂夷十余万口以实代。博陵、勃海、章武群盗并起，略阳公遵等讨平之。

广川太守贺赖卢，性豪健，耻居冀州刺史王辅之下，袭辅，杀之，驱勒守兵，掠阳平、顿丘诸郡，南渡河，奔南燕。南燕王德以赖卢为并州刺史，封广宁王。

西秦王乾归遣乞伏益州攻凉支阳、鹯武、允吾三城，克之，虏万余人而去。

燕主宝还龙城宫，诏诸军就顿，不听罢散，文武将士皆以家属随驾。辽西王农、长乐王盛切谏,以为:"兵疲力弱,魏新得志,未可与敌,宜且养兵观衅。"宝将从之,抚军将军慕舆腾曰:"百姓可与乐成,难与图始。今师众已集,宜独决圣心,乘机进取,不宜广采异同,以沮大计。"宝乃曰:"吾计决矣,敢谏者斩!"二月,乙亥,宝出就顿,留盛统后事。己卯,燕军发龙城,慕舆腾为前军,司空农为中军,宝为后军,相去各一顿,连营百里。

壬午,宝至乙连,长上段速骨、宋赤眉等因众心之惮征役,遂作乱。速骨等皆高阳王隆旧队,共逼立隆子高阳王崇为主,杀乐浪威王宙、中牟熙公段谊及宗室诸王。河间王熙素与崇善,崇拥佑之,故独得免。燕主宝将十余骑奔司空农营,农将出迎,左右抱其腰,止之,曰:"宜小清澄,不可便出。"农引刀将斫之,遂出见宝,又驰信追慕舆腾。癸未,宝、农引兵还趣大营,讨速骨等。农营兵亦厌征役,皆弃仗走,腾营亦溃。宝、农奔还龙城。长乐王盛闻乱,引兵出迎,宝、农仅而得免。

会稽王道子忌王、殷之逼,以谯王尚之及弟休之有才略,引为腹心。尚之说道子曰:"今方镇强盛,宰相权轻,宜密树腹心于外以自藩卫。"道子从之,以其司马王愉为江州刺史,都督江州及豫州之四郡军事,用为形援,日夜与尚之谋议,以伺四方之隙。

魏王珪如繁畤宫,给新徙民田及牛。

珪畋于白登山,见熊将数子,谓冠军将军于栗䃅曰:"卿名勇健,能搏此乎?"对曰:"兽贱人贵,若搏而不胜,岂不虚毙一壮士乎!"乃驱致珪前,尽射而获之。珪顾谢之。

秀容川酋长尔朱羽健从珪攻晋阳、中山有功,拜散骑常侍,环其所居,割地三百里以封之。

柔然数侵魏边,尚书中兵郎李先请击之,珪从之,大破柔然而还。

杨轨以其司马郭纬为西平相,帅步骑二万北赴郭黁。秃发乌孤遣其弟车骑将军傉檀帅骑一万助轨。轨至姑臧,营于城北。

燕尚书顿丘王兰汗阴与段速骨等通谋,引兵营龙城之东。城中留守兵至少,长乐王盛徙内近城之民,得丁夫万余,乘城以御之。速骨等同谋才百余人,余皆为所驱胁,莫有斗志。三月,甲午,速骨等攻城,辽西桓烈王农恐不能守,且为兰汗所诱,夜,潜出赴之,冀以自全。明旦,速骨等攻城,城上拒战甚力,速骨之众死者以百数。速骨乃将农徇城,农素有忠节威名,城中之众恃以为强,忽见在城下,无不惊愕丧气,遂皆逃溃。速骨入城,纵兵杀掠,死者狼藉。宝、盛与慕舆腾、馀崇、张真、李旱、赵恩等轻骑南走。速骨幽农于殿内。长上阿交罗,速骨之谋主也,以高阳王崇幼弱,更欲立农。崇亲信馥让、出力犍等闻之,丁酉,杀罗及农。

速骨即为之诛让等。农故吏左卫将军宇文拔亡奔辽西。

庚子，兰汗袭击速骨，并其党尽杀之。废崇，奉太子策，承制大赦，遣使迎宝，及于蓟城。宝欲还，长乐王盛等皆曰："汗之忠诈未可知，今单骑赴之，万一汗有异志，悔之无及。不如南就范阳王，合众以取冀州；若其不捷，收南方之众，徐归龙都，亦未晚也。"宝从之。

离石胡帅呼延铁、西河胡帅张崇等不乐徙代，聚众叛魏，魏安远将军庾岳讨平之。

魏王珪召卫王仪入辅，以略阳公遵代镇中山。夏，四月，壬戌，以征虏将军穆崇为太尉，安南将军长孙嵩为司徒。

燕主宝从间道过邺，邺人请留，宝不许。南至黎阳，伏于河西，遣中黄门令赵思告北地王钟曰："上以二月得丞相表，即时南征，至乙连，会长上作乱，失据来此。王亟白丞相奉迎！"钟，德之从弟也，首劝德称尊号，闻而恶之，执思付狱，以状白南燕王德。德谓群下曰："卿等以社稷大计，劝吾摄政。吾亦以嗣帝播越，民神乏主，故权顺群议，以系众心。今天方悔祸，嗣帝得还，吾将具法驾奉迎，谢罪行阙，何如？"黄门侍郎张华曰："今天下大乱，非雄才无以宁济群生。嗣帝暗懦，不能绍隆先统。陛下若蹈匹夫之节，舍天授之业，威权一去，身首不保，况社稷其得血食乎！"慕舆护曰："嗣帝不达时宜，委弃国都，自取败亡，不堪多难，亦已明矣。昔蒯聩出奔，卫辄不纳，《春秋》是之。以子拒父犹可，况以父拒子乎！今赵思之言，未明虚实，臣请为陛下驰往诇之。"德流涕遣之。

护帅壮士数百人，随思而北，声言迎卫，其实图之。宝既遣思诣钟，于后得樵者，言德已称制，惧而北走。护至无所见，执思以还。德以思练习典故，欲留而用之，思曰："犬马犹知恋主，思虽刑臣，乞还就上。"德固留之，思怒曰："周室东迁，晋、郑是依。殿下亲则叔父，位为上公，不能帅群后以匡帝室，而幸本根之倾为赵王伦之事。思虽不能如申包胥之存楚，犹慕龚君宾不偷生于莽世也。"德斩之。

宝遣扶风忠公慕舆腾与长乐王盛收兵冀州，盛以腾素暴横，为民所怨，乃杀之。行至钜鹿、长乐，说诸豪杰，皆愿起兵奉宝。宝以兰汗祀燕宗庙，所为似顺，意欲还龙城，不肯留冀州，乃北行。至建安，抵民张曹家。曹素武健，请为宝合众，盛亦劝宝宜且驻留，察汗情状。宝乃遣冗从仆射李旱先往见汗，宝留顿石城。会汗遣左将军苏超奉迎，陈汗忠款。宝以汗燕主垂之舅，盛之妃父也，谓必无它，不待旱返，遂行。盛流涕固谏，宝不听，留盛在后，盛与将军张真下道避匿。

丁亥，宝至索莫汗陉，去龙城四十里，城中皆喜。汗惶怖，欲自出请罪，兄弟共谏止之。汗乃遣弟加难帅五百骑出迎，又遣兄堤闭门止仗，禁人出入。城中皆知其将为变，而无如之何。加难见宝于陉北，拜谒已，从宝俱进。颍阴烈公馀崇密言于宝曰:"观加难形色,祸变甚逼,宜留三思,奈何径前!"宝不从。行数里,加难先执崇,崇大呼骂曰:"汝家幸缘肺附,蒙国宠荣,覆宗不足以报。今乃敢谋篡逆,此天地所不容,计旦暮即屠灭,但恨我不得手脸汝曹耳!"加难杀之。引宝入龙城外邸,弑之。汗谥宝曰灵帝,杀献哀太子策及王公卿士百余人,自称大都督、大将军、大单于、昌黎王,改元青龙。以堤为太尉,加难为车骑将军,封河间王熙为辽东公,如杞、宋故事。

长乐王盛闻之,驰欲赴哀,张真止之。盛曰:"我今以穷归汗,汗性愚浅,必念婚姻,不忍杀我。旬月之间,足以展吾情志。"遂往见汗。汗妻乙氏及盛妃皆泣涕请盛于汗,盛妃复顿头于诸兄弟。汗恻然哀之,乃舍盛于宫中,以为侍中、左光禄大夫,亲待如旧。堤、加难屡请杀盛,汗不从。堤骄很荒淫,事汗多无礼,盛因而间之。由是汗兄弟浸相嫌忌。

凉太原公纂将兵击杨轨,郭麐救之,纂败还。

段业使沮渠蒙逊攻西郡,执太守吕纯以归。纯,光之弟子也。于是晋昌太守王德、敦煌太守赵郡孟敏皆以郡降业。业封蒙逊为临池侯,以德为酒泉太守,敏为沙州刺史。

六月,丙子,魏王珪命群臣议国号。皆曰:"周、秦以前,皆自诸侯升为天子,因以其国为天下号。汉氏以来,皆无尺土之资。我国家百世相承,开基代北,遂抚有方夏,今宜以代为号。"黄门侍郎崔宏曰:"昔商人不常厥居,故两称殷、商。代虽旧邦,其命惟新,登国之初,已更曰魏。夫魏者,大名,神州之上国也,宜称魏如故。"珪从之。

杨轨自恃其众,欲与凉王光决战,郭麐每以天道抑止之。凉常山公弘镇张掖,段业使沮渠男成及王德攻之,光使太原公纂将兵迎之。杨轨曰:"吕弘精兵一万,若与光合,则姑臧益强,不可取矣。"乃与秃发利鹿孤共邀击纂,纂与战,大破之,轨奔王乞基。麐性褊急残忍,不为士民所附,闻轨败走,降西秦,西秦王乾归以为建忠将军、散骑常侍。

弘引兵弃张掖东走,段业徙治张掖,将追击弘。沮渠蒙逊谏曰:"归师勿遏,穷寇勿追,此兵家之戒也。"业不从,大败而还,赖蒙逊以免。业城西安,以其将臧莫孩为太守。蒙逊曰:"莫孩勇而无谋,知进不知退,此乃为之筑冢,非筑城也。"业不从,莫孩寻为吕纂所破。

燕太原王奇,楷之子,兰汗之外孙也,汗亦不杀,以为征南将军,得入见长乐王盛。盛潜使奇逃出起兵。奇起兵于建安,众至数千,汗遣兰堤讨之。盛谓汗曰:"善驹小儿,未能办此,岂非有假托其名欲为内应者乎!太尉素骄,难信,不宜委以大众。"汗然之,罢堤兵,更遣抚军将军仇尼慕将兵讨奇。

于是龙城自夏不雨至于秋七月,汗日诣燕诸庙及宝神座顿首祷请,委罪于兰加难。堤及加难闻之,怒,且惧诛,乙巳,相与帅所部袭仇尼慕军,败之。汗大惧,遣太子穆将兵讨之。穆谓汗曰:"慕容盛我之仇雠,必与奇相表里,此乃腹心之疾,不可养也,宜先除之。"汗欲杀盛,先引见,察之。盛妃知之,密以告盛,盛称疾不出,汗亦止不杀。

李旱、卫双、刘忠、张豪、张真,皆盛素所厚也,而穆引以为腹心。旱、双得出入至盛所,潜与盛结谋。丁未,穆击堤、加难等,破之。庚戌,飨将士,汗、穆皆醉,盛夜如厕,因逾垣入于东宫,与旱等共杀穆。时军未解严,皆聚在穆舍,闻盛得出,呼跃争先,攻汗,斩之。汗子鲁公和、陈公扬分屯令支、白狼,盛遣旱、真袭诛之。堤、加难亡匿,捕得,斩之。于是内外帖然,士女相庆。宇文拔帅壮士数百来赴,盛拜拔为大宗正。

辛亥,告于太庙,令曰:"赖五祖之休,文武之力,宗庙社稷幽而复显。不独孤以眇眇之身免不同天之责,凡在臣民皆得明目当世。"因大赦,改元建平。盛谦不敢称尊号,以长乐王摄行统制。诸王皆降称公,以东阳公根为尚书左仆射、卫伦、阳璆、鲁恭、王腾为尚书,悦真为侍中,阳哲为中书监,张通为中领军,自余文武各复旧位。改谥宝曰惠闵皇帝,庙号烈宗。

初,太原王奇举兵建安,南、北之民翕然从之。兰汗遣其兄子全讨奇,奇击灭之,匹马不返,进屯乙连。盛既诛汗,命奇罢兵。奇用了零严生、乌桓王龙之谋,遂不受命,甲寅,勒兵三万余人进至横沟,去龙城十里。盛出击,大破之,执奇而还,斩其党百余人,赐奇死,桓王之嗣遂绝。群臣固请上尊号,盛弗许。

魏王珪迁都平城,始营宫室,建宗庙,立社稷。宗庙岁五祭,用分、至及腊。

桓玄求为广州,会稽王道子忌玄,不欲使居荆州,因其所欲,以玄为督交、广二州军事、广州刺史,玄受命而不行。豫州刺史庾楷以道子割其四郡使王愉督之,上疏言:"江州内地,而西府北带寇戎,不应使愉分督。"朝廷不许。楷怒,遣其子鸿说王恭曰:"尚之兄弟复秉机权,过于国宝,欲假朝威削弱方镇,惩艾前事,为祸不测。今及其谋议未成,宜早图之。"恭以为然,以告殷仲堪、桓玄。仲堪、玄许之,推恭为盟主,刻期同趣京师。

时内外疑阻,津逻严急,仲堪以斜绢为书,内箭箨中,合镝漆之,因庾楷以送恭。恭发书,绢文角戾,不复能辨仲堪手书,疑楷诈为之,且谓仲堪去年已违期不赴,今必不动,乃先期举兵。司马刘牢之谏曰:"将军,国之元舅;会稽王,天子叔父也。会稽王又当国秉政,向为将军戮其所爱王国宝、王绪,又送王廞书,其深伏将军已多矣。顷所授任,虽未允惬,亦非大失。割庾楷四郡以配王愉,于将军何损!晋阳之甲,岂可数兴乎!"恭不从,上表请讨王愉、司马尚之兄弟。

道子使人说楷曰："昔我与卿,恩如骨肉,帐中之饮,结带之言,可谓亲矣。卿今弃旧交,结新援,忘王恭畴昔陵侮之耻乎! 若欲委体而臣之,使恭得志,必以卿为反覆之人,安肯深相亲信! 首身且不可保,况富贵乎!"楷怒曰:"王恭昔赴山陵,相王忧惧无计,我知事急,寻勒兵而至,恭不敢发。去年之事,我亦俟命而动。我事相王,无相负者。相王不能拒恭,反杀国宝及绪。自尔已来,谁敢复为相王尽力者! 庾楷实不能以百口助人屠灭。"时楷已应恭檄,正征士马。信返,朝廷忧惧,内外戒严。

会稽世子元显言于道子曰:"前不讨王恭,故有今日之难。今若复从其欲,则太宰之祸至矣。"道子不知所为,悉以事委元显,日饮醇酒而已。元显聪警,颇涉文义,志气果锐,以安危为己任。附会之者,谓元显神武,有明帝之风。

殷仲堪闻恭举兵,自以去岁后期,乃勒兵趣发。仲堪素不习为将,悉以军事委南郡相杨佺期兄弟,使佺期帅舟师五千为前锋,桓玄次之,仲堪帅兵二万,相继而下。佺期自以其先汉太尉震至父亮,九世皆以才德著名,矜其门地,谓江左莫及,有以比王珣者,佺期犹恚恨。而时流以其晚过江,婚宦失类,佺期及兄广、弟思平、从弟孜敬皆粗犷,每排抑之。佺期常慷慨切齿,欲因事际以逞其志,故亦赞成仲堪之谋。

八月,佺期、玄奄至溢口,王愉无备,惶遽奔临川,玄遣偏军追获之。

燕以河间公熙为侍中、车骑大将军、中领军、司隶校尉,城阳公元为卫将军。元,宝之子也。又以刘忠为左将军,张豪为后将军,并赐姓慕容氏。李旱为中常侍、辅国将军,卫双为前将军,张顺为镇西将军、昌黎尹,张真为右将军,皆封公。

乙亥,燕步兵校尉马勤等谋反,伏诛;事连骠骑将军高阳公崇、崇弟东平公澄,皆赐死。

宁朔将军邓启方、南阳太守闾丘羡将兵二万击南燕,与南燕中军将军法、抚军将军和战于管城,启方等兵败,单骑走免。

魏王珪命有司正封畿,标道里,平权衡,审度量。遣使循行郡国,举奏守宰不法者,亲考察黜陟之。

九月,辛卯,加会稽王道子黄钺。以世子元显为征讨都督,遣卫将军王珣、右将军谢琰将兵讨王恭,谯王尚之将兵讨庾楷。

乙未,燕以东阳公根为尚书令,张通为左仆射,卫伦为右仆射;慕容豪为幽州刺史,镇肥如。

己亥,谯王尚之大破庾楷于牛渚,楷单骑奔桓玄。会稽王道子以尚之为豫州刺史,弟恢之为骠骑司马、丹杨尹,允之为吴国内史,休之为襄城太守,各拥兵马以为己援。乙巳,桓玄大破官军于白石。玄与杨佺期进至横江,尚之退走,恢之所领水军皆没。丙午,道子屯中堂,元显守石头。己酉,王珣守北郊,谢琰屯宣阳门以备之。

王恭素以才地陵物,既杀王国宝,自谓威无不行,仗刘牢之为爪牙而但以部曲将遇之,牢之负其才,深怀耻恨。元显知之,遣庐江太守高素说牢之,使叛恭,许事成即以恭位号授之。又以道子书遗牢之,为陈祸福。牢之谓其子敬宣曰:“王恭昔受先帝大恩,今为帝舅,不能翼戴王室,数举兵向京师,吾不能审恭之志,事捷之日,必能为天子相王之下乎? 吾欲奉国威灵,以顺讨逆,何如?”敬宣曰:“朝廷虽无成、康之美,亦无幽、厉之恶,而恭恃其兵威,暴蔑王室。大人亲非骨肉,义非君臣,虽共事少时,意好不协,今日讨之,于情义何有!”

恭参军何澹之知其谋,以告恭。恭以澹之素与牢之有隙,不信。乃置酒请牢之,于众中拜之为兄,精兵坚甲,悉以配之,使帅帐下督颜延为前锋。牢之至竹里,斩延以降,遣敬宣及其婿东莞太守高雅之还袭恭。恭方出城曜兵,敬宣纵骑横击之,恭兵皆溃。恭将入城,雅之已闭城门。恭单骑奔曲阿,素不习马,髀中生疮。曲阿人殷确,恭故吏也,以船载恭,将奔桓玄,至长塘湖,为人所告,获之,送京师,斩于倪塘。恭临刑,犹理须鬓,神色自若,谓监刑者曰:“我暗于信人,所以至此,原其本心,岂不忠于社稷邪! 但令百世之下知有王恭耳。”并其子弟党与皆死。以刘牢之为都督兖、青、冀、幽、并、徐、扬州晋陵诸军事以代恭。

俄而杨佺期、桓玄至石头,殷仲堪至芜湖,元显自竹里驰还京师,遣丹杨尹王恺等发京邑士民数万人据石头以拒之。佺期、玄等上表理王恭,求诛刘牢之。牢之帅北府之众驰赴京师,军于新亭。佺期、玄见之失色,回军蔡洲。朝廷未知西军虚实,仲堪等拥众数万,充斥郊畿,内外忧逼。

左卫将军桓脩,冲之子也,言于道子曰:“西军可说而解也,脩知其情矣。殷、桓之下,专恃王恭,恭既破灭,西军沮恐。今若以重利啗玄及佺期,二人必内喜,玄能制仲堪,佺期可使倒戈,取仲堪矣。”道子纳之,以玄为江州刺史。召郗恢为尚书,以佺期代恢为都督梁、雍、秦三州诸军事、雍州刺史。以脩为荆州刺史,权领左卫文武之镇,又令刘牢之以千人送之。黜仲堪为广州刺史,遣仲堪叔父太常茂宣诏,敕仲堪回军。

张骧子超收合三千余家据南皮,自号乌桓王,抄掠诸郡。魏王珪命庾岳讨之。

杨轨屯廉川,收集夷、夏,众至万余。王乞基谓轨曰:“秃发氏才高而兵盛,且乞基之主也,不如归之。”轨乃遣使降于西平王乌孤。轨寻为羌酋梁饥所败,西奔㐬海,袭乞弗鲜卑而据其地。乌孤谓群臣曰:“杨轨、王乞基归诚于我,卿等不速救,使为羌人所覆,孤甚愧之。”平西将军浑曰:“梁饥无经远大略,可一战擒也。"

饥进攻西平,西平人田玄明执太守郭倖而代之,以拒饥,遣子为质于乌孤。乌孤欲救之,群臣惮饥兵强,多以为疑。左司马赵振曰:"杨轨新败,吕氏方强,洪池以北,未可冀也,岭南五郡,庶几可取。大王若无开拓之志,振不敢言,若欲经营四方,此机不可失也。使饥得西平,华、夷震动,非我之利也。"乌孤喜曰:"吾亦欲乘时立功,安能坐守穷谷乎!"乃谓群臣曰:"梁饥若得西平,保据山河,不可复制。饥虽骁猛,军令不整,易破也。"遂进击饥,大破之。饥退屯龙支堡。乌孤进攻,拔之,饥单骑奔浇河,俘斩数万,以田玄明为西平内史。乐都太守田瑶、湟河太守张禰、浇河太守王稚皆以郡降,岭南羌、胡数万落皆附于乌孤。

西秦王乾归遣秦州牧益州、武卫将军慕兀、冠军将军翟瑥帅骑二万伐吐谷浑。

冬,十月,癸酉,燕群臣复上尊号,丙子,长乐王盛始即皇帝位,大赦,尊皇后段氏曰皇太后,太妃丁氏曰献庄皇后。初,兰汗之当国也,盛从燕主宝出亡,兰妃奉事丁后愈谨。及汗诛,盛妃当从坐,欲杀之,丁后以妃有保全之功,固争之,得免,然终不为后。

大赦。

殷仲堪得诏书,大怒,趣桓玄、杨佺期进军。玄等喜于朝命,欲受之,犹豫未决。仲堪闻之,遽自芜湖南归,遣使告谕蔡洲军士曰:"汝辈不各自散归,吾至江陵,尽诛汝余口。"佺期部率刘系帅二千人先归。玄等大惧,狼狈西还,追仲堪至寻阳,及之。仲堪既失职,倚玄等为援,玄等亦资仲堪兵,虽内相疑阻,势不得不合。乃以子弟交质,壬午,盟于寻阳,俱不受朝命,连名上疏申理王恭,求诛刘牢之及谯王尚之,并诉仲堪无罪,独被降黜。朝廷深惮之,内外骚然。乃复罢桓脩,以荆州还仲堪,优诏慰谕,以求和解,仲堪等乃受诏。御史中丞江绩劾奏桓脩专为身计,疑误朝廷,诏免脩官。

初,桓玄在荆州,所为豪纵,仲堪亲党皆劝仲堪杀之,仲堪不听。及在寻阳,资其声地,推玄为盟主,玄愈自矜倨。杨佺期为人骄悍,玄每以寒士裁之,佺期甚恨,密说仲堪以玄终为患,请于坛所袭之。仲堪忌佺期兄弟勇健,恐既杀玄,不可复制,苦禁之。于是各还所镇。玄亦知佺期之谋,阴有取佺期之志,乃屯于夏口,引始安太守济阴卞范之为长史以为谋主。是时,诏书独不赦庾楷,玄以楷为武昌太守。

初,郗恢为朝廷拒西军,玄未得江州,欲夺恢雍州,以恢为广州。恢闻之,惧,询于众,众皆曰:"杨佺期来者,谁不戮力;若桓玄来,恐难与为敌。"既而闻佺期代己,乃与闾丘羡谋阻兵拒之。佺期闻之,声言玄来入沔,以佺期为前驱。恢众信之,望风皆溃,恢请降。佺期入府,斩闻丘羡,放恢还都,至杨口,殷仲堪阴使人杀之,及其四子,托言群蛮所杀。

西秦乞伏益州与吐谷浑王视罴战于度周川,视罴大败,走保白兰山,遣子宕岂为质于西秦以请和,西秦王乾归以宗女妻之。

凉建武将军李鸾以兴城降于秃发乌孤。

十一月,以琅邪王德文为卫将军、开府仪同三司,征虏将军元显为中领军,领军将军王雅为尚书左仆射。

辛亥,魏王珪命尚书吏部郎邓渊立官制,协音律,仪曹郎清河董谧制礼仪,三公郎王德定律令,太史令晁崇考天象,吏部尚书崔宏总而裁之,以为永式。渊,羌之孙也。

杨轨、王乞基帅户数千自归于西平王乌孤。

十二月,己丑,魏王珪即皇帝位,大赦,改元天兴。命朝野皆束发加帽。追尊远祖毛以下二十七人皆为皇帝;谥六世祖力微曰神元皇帝,庙号始祖;祖什翼犍曰昭成皇帝,庙号高祖;父寔曰献明皇帝。魏之旧俗,孟夏祀天及东庙,季夏帅众却霜于阴山,孟秋祀天于西郊。至是,始依仿古制,定郊庙朝飨礼乐,然惟孟夏祀天亲行,其余多有司摄事。又用崔宏议,自谓黄帝之后,以土德王。徙六州二十二郡守宰、豪杰二千家于代都,东至代郡,西及善无,南极阴馆,北尽参合,皆为畿内,其外四方、四维置八部师以监之。

己亥,燕幽州刺史慕容豪、尚书左仆射张通、昌黎尹张顺坐谋反诛。

初,琅邪人孙泰学妖术于钱唐杜子恭,士民多奉之。王珣恶之,流泰于广州。王雅荐泰于孝武帝,云知养性之方,召还,累官至新安太守。泰知晋祚将终,因王恭之乱,以讨恭为名,收合兵众,聚货巨亿,三吴之人多从之。识者皆忧其为乱,以中领军元显与之善,无敢言者。会稽内史谢辎发其谋,己酉,会稽王道子使元显诱而斩之,并其六子。兄子恩逃入海,愚民犹以为泰蝉蜕不死,就海中资给恩。恩乃聚合亡命,得百余人,以谋复仇。

西平王秃发乌孤更称武威王。

是岁,杨盛遣使附魏,魏以盛为仇池王。

资治通鉴卷第一百一十一

端明殿学士兼翰林侍读学士朝散大夫右谏议大夫充集贤殿修撰提举西京嵩山崇福宫上柱国河内郡开国侯食邑二千八百户食实封六百户赐紫金鱼袋臣　司马光　奉敕编集

晋纪三十三 起屠维大渊献(己亥),尽上章困敦(庚子),凡二年。

安皇帝丙

隆安三年(己亥、399)

春,正月,辛酉,大赦。

戊辰,燕昌黎尹留忠谋反,诛,事连尚书令东阳公根、尚书段成,皆坐死。遣中卫将军卫双就诛忠弟幽州刺史志于凡城。以卫将军平原公元为司徒、尚书令。

庚午,魏主珪北巡,分命大将军常山王遵等三军从东道出长川,镇北将军高凉王乐真等七军从西道出牛川,珪自将大军从中道出骆駼水以袭高车。

壬午,燕右将军张真、城门校尉和翰坐谋反诛。

癸未,燕大赦,改元长乐。燕主盛每十日一自决狱,不加拷掠,多得其情。

武威王乌孤徙治乐都,以其弟西平公利鹿孤镇安夷,广武公傉檀镇西平,叔父素渥镇湟河,若留镇浇河,从弟替引镇岭南,洛回镇廉川,从叔吐若留镇浩亹。夷、夏俊杰,随才授任,内居显位,外典郡县,咸得其宜。

乌孤谓群臣曰:"陇右、河西,本数郡之地,遭乱分裂至十余国,吕氏、乞伏氏、段氏最强,今欲取之,三者何先?"杨统曰:"乞伏氏本吾之部落,终当服从。段氏书生,无能为患,且结好于我,攻之不义。吕光衰耄,嗣子微弱,纂、弘虽有才而内相猜忌,若使浩亹、廉川乘虚迭出,彼必疲于奔命,不过二年,兵劳民困,则姑臧可图也。姑臧举,则二寇不待攻而服矣。"乌孤曰:"善。"

二月,丁亥朔,魏军大破高车二十余部,获七万余口,马三十余万匹,牛羊百四十余万头。卫王仪别将三万骑绝漠千余里,破其七部,获二万余口,马五万余匹,牛羊二万余头。高车诸部大震。

林邑王范达陷日南、九真,遂寇交阯,太守杜瑷击破之。

庚戌,魏征虏将军庾岳破张超于勃海,斩之。

段业即凉王位,改元天玺。以沮渠蒙逊为尚书左丞,梁中庸为右丞。

魏主珪大猎于牛川之南,以高车人为围,周七百余里。因驱其禽兽,南抵平城,使高车筑鹿苑,广数十里。三月,己未,珪还平城。

甲子,珪分尚书三十六曹及外署,凡置三百六十曹,令八部大夫主之。吏部尚书崔宏通署三十六曹,如令、仆统事。置"五经"博士,增国子太学生员合三千人。

珪问博士李先曰:"天下何物最善,可以益人神智?"对曰:"莫若书籍。"珪曰:"书籍凡有几何,如何可集?"对曰:"自书契以来,世有滋益,以至于今,不可胜计。苟人主所好,何忧不集!"珪从之,命郡县大索书籍,悉送平城。

初,秦主登之弟广帅众三千依南燕王德,德以为冠军将军,处之乞活堡。会荧惑守东井,或言秦当复兴,广乃自称秦王,击南燕北地王钟,破之。是时,滑台孤弱,土无十城,众不过一万,钟既败,附德者多去德而附广。德乃留鲁阳王和守滑台,自帅众讨广,斩之。

燕主宝之至黎阳也,鲁阳王和长史李辩劝和纳之,和不从。辩惧,故潜引晋军至管城,欲因德出战而作乱。既而德不出,辩愈不自安。及德讨苻广,辩复劝和反,和不从,辩乃杀和,以滑台降魏。魏行台尚书和跋在邺,帅轻骑自邺赴之,既至,辩悔之,闭门拒守。跋使尚书郎邓晖说之,辩乃开门内跋,跋悉收德宫人府库。德遣兵击跋,跋逆击,破之,又破德将桂阳王镇,俘获千余人。陈、颍之民多附于魏。

南燕右卫将军慕容云斩李辩,帅将士家属二万余口出滑台赴德。德欲攻滑台,韩范曰:"向也魏为客,吾为主人;今也吾为客,魏为主人。人心危惧,不可复战,不如先据一方,自立基本,乃图进取。"张华曰:"彭城,楚之旧都,可攻而据之。"北地王钟等皆劝德攻滑台。尚书潘聪曰:"滑台四通八达之地,北有魏,南有晋,西有秦,居之未尝一日安也。彭城土旷人稀,平夷无险,且晋之旧镇,未易可取。又密迩江、淮,夏秋多水。乘舟而战者,吴之所长,我之所短也。青州沃野二千里,精兵十余万,左有负海之饶,右有山河之固,广固城曹嶷所筑,地形阻峻,足为帝王之都。三齐英杰,思得明主以立功于世久矣。辟闾浑昔为燕臣,今宜遣辩士驰说于前,大兵继踵于后,若其不服,取之如拾芥耳。既得其地,然后闭关养锐,伺隙而动,此乃陛下之关中、河内也。"德犹豫未决。

沙门竺朗素善占候,德使牙门苏抚问之,朗曰:"敬览三策,潘尚书之议,兴邦之言也。且今岁之初,彗星起奎、娄,扫虚、危,彗者,除旧布新之象,奎、娄为鲁,虚、危为齐。宜先取兖州,巡抚琅邪,至秋乃北徇齐地,此天道也。"抚又密问以年世,朗以《周易》筮之曰:"燕衰庚戌,年则一纪,世则及子。"抚还报德,德乃引师而南,兖州北鄙诸郡县皆降之。德置守宰以抚之,禁军士无得虏掠,百姓大悦,牛酒属路。

丙子,魏主珪遣建义将军庾真、越骑校尉奚斤击库狄、宥连、侯莫陈三部,皆破之,追奔至大峨谷,置戍而还。

己卯,追尊帝所生母陈夫人为德皇太后。

夏,四月,鲜卑叠掘河内帅户五千降于西秦。西秦王乾归以河内为叠掘都统,以宗女妻之。

甲午,燕大赦。

会稽王道子有疾,且无日不醉。世子元显知朝望去之,乃讽朝廷解道子司徒、扬州刺史。乙未,以元显为扬州刺史。道子醒而后知之,大怒,无如之何。元显以庐江太守会稽张法顺为谋主,多引树亲党,朝贵皆畏事之。

燕散骑常侍馀超、左将军高和等坐谋反诛。

凉太子绍、太原公纂将兵伐北凉,北凉王业求救于武威王乌孤,乌孤遣骠骑大将军利鹿孤及杨轨救之。业将战,沮渠蒙逊谏曰:“杨轨恃鲜卑之强,有窥窬之志。绍、纂深入,置兵死地,不可敌也。今不战则有泰山之安,战则有累卵之危。”业从之,案兵不战。绍、纂引兵归。

六月,乌孤以利鹿孤为凉州牧,镇西平,召车骑大将军傉檀入录府国事。

会稽世子元显自以少年,不欲顿居重任,戊子,以琅邪王德文为司徒。

魏前河间太守范阳卢溥帅其部曲数千家就食渔阳,遂据有数郡。秋,七月,己未,燕主盛遣使拜溥幽州刺史。

辛酉,燕主盛下诏曰:“法例律,公侯有罪,得以金帛赎,此不足以惩恶而利于王府,甚无谓也。自今皆令立功以自赎,勿复输金帛。”

西秦丞相南川宣公出连乞都卒。

秦齐公崇、镇东将军杨佛嵩寇洛阳,河南太守陇西辛恭靖婴城固守。雍州刺史杨佺期遣使求救于魏常山王遵,魏主珪以散骑侍郎西河张济为遵从事中郎以报之。佺期问于济曰:“魏之伐中山,戎士几何?”济曰:“四十余万。”佺期曰:“以魏之强,小羌不足灭也。且晋之与魏,本为一家,今既结好,义无所隐。此间兵弱粮寡,洛阳之救,恃魏而已。若其保全,必有厚报;若其不守,与其使羌得之,不若使魏得之。”济还报。八月,珪遣太尉穆崇将六万骑往救之。

燕辽西太守李朗在郡十年,威行境内,恐燕主盛疑之,累征不赴。以其家在龙城,未敢显叛,阴召魏兵,许以郡降魏,遣使驰诣龙城,广张寇势。盛曰:“此必诈也。”召使者诘问,果无事实。盛尽灭朗族,丁酉,遣辅国将军李旱讨之。

初,魏奋武将军张衮以才谋为魏主珪所信重,委以腹心。珪问中州士人于衮,衮荐卢溥及崔逞,珪皆用之。

珪围中山,久未下,军食乏,问计于群臣。逞为御史中丞,对曰:“桑椹可以佐粮。飞鸮食椹而改音,诗人所称也。”珪虽用其言,听民以椹当租,然以逞为侮慢,心衔之。秦人寇襄阳，雍州刺史郗恢以书求救于魏常山王遵曰："贤兄虎步中原。"珪以恢无君臣之礼，命衮及逯为复书，必贬其主。衮、逯谓帝为贵主，珪怒曰："命汝贬之，而谓之'贵主'，何如'贤兄'也！"逯之降魏也，以天下方乱，恐无复遗种，使其妻张氏与四子留冀州，逯独与幼子颐诣平城，所留妻子遂奔南燕。珪并以是责逯，赐逯死。卢溥受燕爵命，侵掠魏郡县，杀魏幽州刺史封沓干。珪谓衮所举皆非其人，黜衮为尚书令史。衮乃阖门不通人事，惟手校经籍，岁余而终。

燕主宝之败也，中书令、民部尚书封懿降于魏。珪以懿为给事黄门侍郎、都坐大官。珪问懿以燕氏旧事，懿应对疏慢，亦坐废于家。

武威王秃发乌孤醉，走马伤胁而卒，遗令立长君。国人立其弟利鹿孤，谥乌孤曰武王，庙号烈祖。利鹿孤大赦，徙治西平。

南燕王德遣使说幽州刺史辟闾浑，欲下之，浑不从。德遣北地王钟帅步骑二万击之，德进据琅邪，徐、兖之民归附者十余万。德自琅邪引兵而北，以南海王法为兖州刺史，镇梁父。进攻莒城，守将任安委城走，德以潘聪为徐州刺史，镇莒城。兰汗之乱，燕吏部尚书封孚南奔辟闾浑，浑表为勃海太守，及德至，孚出降，德大喜曰："孤得青州不为喜，喜得卿耳！"遂委以机密。北地王钟传檄青州诸郡，谕以祸福。辟闾浑徙八千余家入守广固，遣司马崔诞戍薄（荀）〔苟〕固，平原太守张豁戍柳泉，诞、豁承檄皆降于德。浑惧，携妻子奔魏，德遣射声校尉刘纲追之，及于莒城，斩之。浑子道秀自诣德，请与父俱死。德曰："父虽不忠，而子能孝。"特赦之。浑参军张瑛为浑作檄，辞多不逊，德执而让之。瑛神色自若，徐曰："浑之有臣，犹韩信之有蒯通。通遇汉祖而生，臣遭陛下而死，比之古人，窃为不幸耳。"德杀之。遂定都广固。

燕李旱行至建安，燕主盛急召之，群臣莫测其故。九月，辛未，复遣之。李朗闻其家被诛，拥二千余户以自固。及闻旱还，谓有内变，不复设备，留其子养守令支，自迎魏师于北平。壬子，旱袭令支，克之，遣广威将军孟广平追及朗于无终，斩之。

秦主兴以灾异屡见，降号称王，下诏令群公、卿士、将牧、守宰各降一等，大赦，改元弘始。存问孤贫，举拔贤俊，简省法令，清察狱讼，守令之有政迹者赏之，贪残者诛之，远近肃然。

冬，十月，甲午，燕中卫将军卫双有罪，赐死。李旱还，闻双死，惧，弃军而亡，至板陉，复还归罪。燕主盛复其爵位，谓侍中孙勃曰："旱为将而弃军，罪在不赦。然昔先帝蒙尘，骨肉离心，公卿失节，惟旱以宦者忠勤不懈，始终如一，故吾念其功而赦之耳。"

辛恭靖固守百余日，魏救未至，秦兵拔洛阳，获恭靖。恭靖见秦王兴，不拜，曰："吾不为羌贼臣！"兴囚之，恭靖逃归。自淮、汉以北，诸城多请降送任于秦。

魏主珪以穆崇为豫州刺史，镇野王。

会稽世子元显，性苛刻，生杀任意。发东土诸郡免奴为客者，号曰"乐属"，移置京师，以充兵役，东土嚣然苦之。

孙恩因民心骚动，自海岛帅其党杀上虞令，遂攻会稽。会稽内史王凝之，羲之之子也，世奉天师道，不出兵，亦不设备，日于道室稽颡跪咒。官属请出兵讨恩，凝之曰："我已请大道，借鬼兵守诸津要，各数万，贼不足忧也。"及恩渐近，乃听出兵，恩已至郡下。甲寅，恩陷会稽，凝之出走，恩执而杀之，并其诸子。凝之妻谢道蕴，弈之女也，闻寇至，举措自若，命婢肩舆，抽刀出门，手杀数人，乃被执。吴国内史桓谦、临海太守新秦王崇、义兴太守魏隐皆弃郡走。于是会稽谢铖、吴郡陆瓌、吴兴丘尫、义兴许允之、临海周胄、永嘉张永等及东阳、新安凡八郡人，一时起兵，杀长吏以应恩，旬日之中，众数十万。吴兴太守谢邈、永嘉太守司马逸、嘉兴公顾胤、南康公谢明慧、黄门郎谢冲、张琨、中书郎孔道等皆为恩党所杀。邈、冲，皆安之弟子也。时三吴承平日久，民不习战，故郡县兵皆望风奔溃。

恩据会稽，自称征东将军，逼人士为官属，号其党曰"长生人"，民有不与之同者，戮及婴孩，死者什七八。醢诸县令以食其妻子，不肯食者，辄支解之。所过掠财物，烧邑屋。焚仓廪，刊木堙井，相帅聚于会稽。妇人有婴儿不能去者，投于水中，曰："贺汝先登仙堂，我当寻后就汝。"恩表会稽王道子及世子元显之罪，请诛之。

自帝即位以来，内外乖异，石头以南皆为荆、江所据，以西皆豫州所专，京口及江北皆刘牢之及广陵相高雅之所制，朝政所行，惟三吴而已。及孙恩作乱，八郡皆为恩有，畿内诸县，盗贼处处蜂起，恩党亦有潜伏在建康者，人情危惧，常虑窃发，于是内外戒严。加道子黄钺，元显领中军将军，命徐州刺史谢琰兼督吴兴、义兴军事以讨恩。刘牢之亦发兵讨恩，拜表辄行。

西秦以金城太守辛静为右丞相。

十二月，甲午，燕燕郡太守高湖帅户三千降魏。湖，泰之子也。

丙午，燕主盛封弟渊为章武公，虔为博陵公，子定为辽西公。

丁未，燕太后段氏卒，谥曰惠德皇后。

谢琰击斩许允之，迎魏隐还郡，进击丘尫，破之，与刘牢之转斗而前，所向辄克。琰留屯乌程，遣司马高素助牢之，进临浙江。诏以牢之都督吴（都）〔郡〕诸军事。

初，彭城刘裕，生而母死，父翘侨居京口，家贫，将弃之。同郡刘怀敬之母，裕之从母也，生怀敬未期，走往救之，断怀敬乳而乳之。及长，勇健有大志。仅识文字,以卖履为业,好樗蒱,为乡闾所贱。刘牢之击孙恩,引裕参军事,使将数十人觇贼。遇贼数千人,即迎击之,从者皆死,裕坠岸下。贼临岸欲下,裕奋长刀仰斫杀数人,乃得登岸,仍大呼逐之,贼皆走,裕所伤甚众。刘敬宣怪裕久不返,引兵寻之,见裕独驱数千人,咸共叹息。因进击贼,大破之,斩获千余人。

初,恩闻八郡响应,谓其属曰:“天下无复事矣,当与诸君朝服至建康。”既而闻牢之临江,曰:“我割浙江以东,不失作句践。”戊申,牢之引兵济江,恩闻之,曰:“孤不羞走。”遂驱男女二十余万口东走,多弃宝物、子女于道,官军竞取之,恩由是得脱,复逃入海岛。高素破恩党于山阴,斩恩所署吴郡太守陆瓌、吴兴太守丘尪、馀姚令吴兴沈穆夫。

东土遭乱,企望官军之至,既而牢之等纵军士暴掠,士民失望,郡县城中无复人迹,月余乃稍有还者。朝廷忧恩复至,以谢琰为会稽太守、都督五郡军事,帅徐州文武戍海浦。

以元显录尚书事。时人谓道子为东录,元显为西录。西府车骑填凑,东第门可张罗矣。元显无良师友,所亲信者率皆佞谀之人,或以为一时英杰,或以为风流名士。由是元显日益骄侈,讽礼官立议,以己德隆望重,既录百揆,百揆皆应尽敬。于是公卿以下,见元显皆拜。时军旅数起,国用虚竭,自司徒以下,日廪七升,而元显聚敛不已,富逾帝室。

殷仲堪恐桓玄跋扈,乃与杨佺期结昏为援。佺期屡欲攻玄,仲堪每抑止之。玄恐终为殷、杨所灭,乃告执政,求广其所统。执政亦欲交构,使之乖离,乃加玄都督荆州四郡军事,又以玄兄伟代佺期兄广为南蛮校尉。佺期忿惧。杨广欲拒桓伟,仲堪不听,出广为宜都、建平二郡太守。杨孜敬先为江夏相,玄以兵袭而劫之,以为谘议参军。

佺期勒兵建牙,声云援洛,欲与仲堪共袭玄。仲堪虽外结佺期,而内疑其心,苦止之,犹虑弗能禁,遣从弟遹屯于北境,以遏佺期。佺期既不能独举,又不测仲堪本意,乃解兵。

仲堪多疑少决,谘议参军罗企生谓其弟遵生曰:“殷侯仁而无断,必及于难。吾蒙知遇,义不可去,必将死之。”

是岁,荆州大水,平地三丈,仲堪竭仓廪以赈饥民。桓玄欲乘其虚而伐之,乃发兵西上,亦声言救洛,与仲堪书曰:“佺期受国恩而弃山陵,宜共罪之。今当入沔讨除佺期,已顿兵江口。若见与无贰,可收杨广杀之;如其不尔,便当帅兵入江。”时巴陵有积谷,玄先遣兵袭取之。梁州刺史郭铨当之官,路经夏口,玄诈称朝廷遣铨为己前锋,乃授以江夏之众,使督诸军并进,密报兄伟令为内应。伟遑遽不知所为,自赍疏示仲堪。仲堪执伟为质,令与玄书,辞甚苦至。玄曰:“仲堪为人无决,常怀成败之计,为儿子作虑,我兄必无忧也。"

仲堪遣殷遹帅水军七千至西江口,玄使郭铨、苻宏击之,遹等败走。玄顿巴陵,食其谷。仲堪遣杨广及弟子道护等拒之,皆为玄所败,江陵震骇。城中乏食,以胡麻廪军士。玄乘胜至零口,去江陵二十里,仲堪急召杨佺期以自救。佺期曰:"江陵无食,何以待敌?可来见就,共守襄阳。"仲堪志在全军保境,不欲弃州逆走,乃绐之曰:"比来收集,已有储矣。"佺期信之,帅步骑八千,精甲耀日。至江陵,仲堪唯以饭饷其军。佺期大怒曰:"今兹败矣!"不见仲堪,与其兄广共击玄。玄畏其锐,退军马头。明日,佺期引兵急击郭铨,几获之,会玄兵至,佺期大败,单骑奔襄阳。仲堪出奔酂城。玄遣将军冯该追佺期及广,皆获而杀之,传首建康。佺期弟思平、从弟尚保、孜敬逃入蛮中。仲堪闻佺期死,将数百人将奔长安,至冠军城,该追获之,还至柞溪,逼令自杀,并杀殷道护。仲堪奉天师道,祷请鬼神,不吝财贿,而啬于周急。好为小惠以悦人,病者自为诊脉分药,用计倚伏烦密,而短于鉴略,故至于败。

仲堪之走也,文武无送者,惟罗企生从之。路经家门,弟遵生曰:"作如此分离,何可不一执手!"企生旋马授手,遵生有力,因牵下之,曰:"家有老母,去将何之?"企生挥泪曰:"今日之事,我必死之,汝等奉养,不失子道。一门之中,有忠与孝,亦复何恨!"遵生抱之愈急,仲堪于路待之,见企生无脱理,策马而去。及玄至,荆州人士无不诣玄者,企生独不往,而营理仲堪家事。或曰:"如此,祸必至矣。"企生曰:"殷侯遇我以国士,为弟所制,不得随之共殄丑逆,复何面目就桓求生乎!"玄闻之,怒,然待企生素厚,先遣人谓曰:"若谢我,当释汝。"企生曰:"吾为殷荆州(史)〔吏〕,荆州败,不能救,尚何谢为!"玄乃收之,复遣人问企生欲何言。企生曰:"文帝杀嵇康,嵇绍为晋忠臣。从公乞一弟,以养老母。"玄乃杀企生而赦其弟。

凉王光疾甚,立太子绍为天王,自号太上皇帝。以太原公纂为太尉,常山公弘为司徒。谓绍曰:"今国家多难,三邻伺隙,吾没之后,使纂统六军,弘管朝政,汝恭己无为,委重二兄,庶几可济。若内相猜忌,则萧墙之变旦夕至矣。"又谓纂、弘曰:"永业才非拨乱,直以立嫡有常,猥居元首。今外有强寇,人心未宁,汝兄弟缉睦,则祚流万世。若内自相图,则祸不旋踵矣。"纂、弘泣曰:"不敢。"又执纂手戒之曰:"汝性粗暴,深为吾忧。善辅永业,勿听谗言。"是日,光卒。绍秘不发丧,纂排阁入哭,尽哀而出。绍惧,以位让之,曰:"兄功高年长,宜承大统。"纂曰:"陛下国之冢嫡,臣敢奸之?"绍固让,纂不许。骠骑将军吕超谓绍曰:"纂为将积年,威震内外,临丧不哀,步高视远,必有异志,宜早除之。"绍曰:"先帝言犹在耳,奈何弃之! 吾以弱年负荷大任,方赖二兄以宁家国。纵其图我,我视死如归,终不忍有此意也。卿勿复言。"纂见绍于湛露堂,超执刀侍侧,目纂请收之,绍弗许。超,光弟宝之子也。

弘密遣尚书姜纪谓纂曰:"主上暗弱,未堪多难。兄威恩素著,宜为社稷计,不可徇小节也。"纂于是夜帅壮士数百,逾北城,攻广夏门,弘帅东苑之众斧洪范门。左卫将军齐从守融明观,逆问之曰:"谁也?"众曰:"太原公。"从曰:"国有大故,主上新立,太原公行不由道,夜入禁城,将为乱邪?"因抽剑直前,斫纂中额。纂左右禽之,纂曰:"义士也,勿杀。"绍遣虎贲中郎将吕开帅禁兵拒战于端门,吕超帅卒二千赴之。众素惮纂,皆不战而溃。纂入自青角门,升谦光殿。绍登紫阁自杀,吕超奔广武。

纂惮弘兵强,以位让弘。弘曰:"弘以绍弟也而承大统,众心不顺,是以违先帝遗命而废之,惭负黄泉。今复逾兄而立,岂弘之本志乎!"纂乃使弘出告众曰:"先帝临终,受诏如此。"群臣皆曰:"苟社稷有主,谁敢违者!"纂遂即天王位,大赦,改元咸宁。谥光曰懿武皇帝,庙号太祖,谥绍曰隐王。以弘为大都督、督中外诸军事、大司马、车骑大将军、司隶校尉、录尚书事,改封番禾郡公。

纂谓齐从曰:"卿前斫我,一何甚也!"从泣曰:"隐王,先帝所立,陛下虽应天顺人,而微心未达,唯恐陛下不死,何谓甚也!"纂赏其忠,善遇之。

纂叔父征东将军方镇广武,纂遣使谓方曰:"超实忠臣,义勇可嘉,但不识国家大体,权变之宜。方赖其用,以济世难,可以此意谕之。"超上疏陈谢,纂复其爵位。

是岁,燕主盛以河间公熙为都督中外诸军事、尚书左仆射,领中领军。

刘卫辰子文陈降魏,魏主珪妻以宗女,拜上将军,赐姓宿氏。

四年(庚子、400)

春,正月,壬子朔,燕主盛大赦,自贬号为庶人天王。

魏材官将军和(跋)〔突〕袭卢溥于辽西,戊午,克之,禽溥及其子焕,送平城,车裂之。燕主盛遣广威将军孟广平救溥,不及,斩魏辽西守宰而还。

乙亥,大赦。

西秦王乾归迁都苑川。

秃发利鹿孤大赦,改元建和。

高句丽王安事燕礼慢;二月,丙申,燕王盛自将兵三万袭之,以骠骑大将军熙为前锋,拔新城、南苏二城,开境七百余里,徙五千余户而还。熙勇冠诸将,盛曰:"叔父雄果,有世祖之风,但弘略不如耳。"

初,魏主珪纳刘头眷之女,宠冠后庭,生子嗣。及克中山,获燕主宝之幼女。将立皇后,用其国故事,铸金人以卜之,刘氏所铸不成,慕容氏成,三月,戊午,立慕容氏为皇后。

桓玄既克荆、雍，表求领荆、江二州。诏以玄为都督荆、司、雍、秦、梁、益、宁七州诸军事、荆州刺史，以中护军桓脩为江州刺史。玄上疏固求江州，于是进玄督八州及扬、豫八部诸军事，复领江州刺史。玄辄以兄伟为雍州刺史，朝廷不能违。又以从子振为淮南太守。

凉王纂以大司马弘功高地逼，忌之。弘亦自疑，遂以东苑之兵作乱，攻纂。纂遣其将焦辨击之，弘众溃，出走。纂纵兵大掠，悉以东苑妇女赏军，弘之妻子亦在中。纂笑谓群臣曰："今日之战何如？"侍中房晷对曰："天祸凉室，忧患仍臻。先帝始崩，隐王废黜，山陵甫讫，大司马称兵，京师流血，昆弟接刃。虽弘自取夷灭，亦由陛下无棠棣之恩。当省己责躬，以谢百姓，乃更纵兵大掠，囚辱士女。衅自弘起，百姓何罪！且弘妻，陛下之弟妇；弘女，陛下之侄也，奈何使无赖小人辱为婢妾。天地神明，岂忍见此！"遂歔欷流涕。纂改容谢之，召弘妻子置于东宫，厚抚之。

弘将奔秃发利鹿孤，道过广武，诣吕方，方见之，大哭曰："天下甚宽，汝何为至此！"乃执弘送狱，纂遣力士康龙就拉杀之。

纂立妃杨氏为后，以后父桓为尚书左仆射、凉都尹。

辛卯，燕襄平令段登等谋反，诛。

凉王纂将伐武威王利鹿孤，中书令杨颖谏曰："利鹿孤上下用命，国未有衅，不可伐也。"不从。利鹿孤使其弟傉檀拒之，夏，四月，傉檀败凉兵于三堆，斩首二千余级。

初，陇西李暠好文学，有令名。尝与郭黁及同母弟敦煌宋繇同宿，黁起谓繇曰："君当位极人臣，李暠终当有国家，有骝马生白额驹，此其时也。"及孟敏为沙州刺史，以暠为效谷令。宋繇事北凉王业，为中散常侍。孟敏卒，敦煌护军冯翊郭谦、沙州治中敦煌索仙等以暠温毅有惠政，推为敦煌太守。暠初难之，会宋繇自张掖告归，谓暠曰："段王无远略，终必无成。兄忘郭黁之言邪？白额驹今已生矣。"暠乃从之，遣使请命于业，业因以暠为敦煌太守。

右卫将军敦煌索嗣言于业曰："李暠不可使处敦煌。"业以嗣代暠为敦煌太守，使帅五百骑之官。嗣未至二十里，移暠迎己。暠惊疑，将出迎之，效谷令张邈及宋繇止之曰："段王暗弱，正是英豪有为之日。将军据一国成资，奈何拱手授人！嗣自恃本郡，谓人情附己，不意将军猝能拒之，可一战擒也。"暠从之。先遣繇见嗣，啗以甘言。繇还，谓暠曰："嗣志骄兵弱，易取也。"暠乃遣邈、繇与其二子歆、让逆击之，嗣败走，还张掖。暠素与嗣善，尤恨之，表业请诛嗣。沮渠男成亦恶嗣，劝业除之。业乃杀嗣，遣使谢暠，进暠都督凉兴已西诸军事、镇西将军。

吐谷浑视罴卒,世子树洛干方九岁,弟乌纥堤立,妻树洛干之母念氏,生慕璝、慕延。乌纥堤懦弱荒淫,不能治国,念氏专制国事,有胆智,国人畏服之。

燕前将军段玑,太后段氏之兄子也,为段登辞所连及,五月,壬子,逃奔辽西。

丙寅,卫将军东亭献侯王珣卒。

己巳,魏主珪东如涿鹿,西如马邑,观漯源。

戊寅,燕段玑复还归罪,燕王盛赦之,赐号曰思悔侯,使尚公主,入直殿内。

谢琰以资望镇会稽,不能绥怀,又不为武备。诸将咸谏曰:"贼近在海浦,伺人形便,宜开其自新之路。"琰不从,曰:"苻坚之众百万,尚送死淮南,孙恩小贼,败死入海,何能复出!若其果出,是天欲杀之也。"既而恩寇浃口,入余姚,破上虞,进及邢浦。琰遣参军刘宣之击破之,恩退走。少日,复寇邢浦,官军失利,恩乘胜径进。己卯,至会稽。琰尚未食,曰:"要当先灭此贼而后食。"因跨马出战,兵败,为帐下都督张猛所害。吴兴太守庾桓恐郡民复应恩,杀男女数千人,恩转寇临海。朝廷大震,遣冠军将军桓不才、辅国将军孙无终、宁朔将军高雅之拒之。

秦征西大将军陇西公硕德将兵五(千)〔万〕伐西秦,入自南安峡。西秦王乾归帅诸将拒之,军于陇西。

杨轨、田玄明谋杀武威王利鹿孤,利鹿孤杀之。

六月,庚辰朔,日有食之。

以琅邪王师何澄为尚书左仆射。澄,准之子也。

甲子,燕大赦。

凉王纂将袭北凉,姜纪谏曰:"盛夏农事方殷,且宜息兵。今远出岭西,秃发氏乘虚袭京师,将若之何!"不从。进围张掖,西掠建康。秃发傉檀闻之,将万骑袭姑臧,纂弟陇西公纬凭北城以自固。傉檀置酒朱明门上,鸣钟鼓,飨将士,曜兵于青阳门,掠八千余户而去。纂闻之,引兵还。

秋,七月,壬子,太皇太后李氏崩。

丁卯,大赦。

西秦王乾归使武卫将军慕兀等屯守,秦军樵采路绝,秦王兴潜引兵救之。乾归闻之,使慕兀帅中军二万屯柏杨,镇军将军罗敦帅外军四万屯侯辰谷,乾归自将轻骑数千前候秦兵。会大风昏雾,与中军相失,为追骑所逼,入于外军。旦,与秦战,大败,走归苑川,其部众三万六千皆降于秦。兴进军枹罕。

乾归奔金城,谓诸豪帅曰:"吾不才,叨窃名号,已逾一纪,今败散如此,无以待敌,欲西保允吾。若举国而去,必不得免;卿等留此,各以其众降秦,以全宗族,勿吾随也。"皆曰:"死生愿从陛下。"乾归曰:"吾今将寄食于人,若天未亡我,庶几异日克复旧业,复与卿等相见。今相随而死,无益也。"乃大哭而别。乾归独引数百骑奔允吾,乞降于武威王利鹿孤,利鹿孤遣广武公傉檀迎之,置于晋兴,待以上宾之礼。镇北将军秃发俱延言于利鹿孤曰:"乾归本吾之属国,因乱自尊,今势穷归命,非其诚款。若逃归姚氏,必为国患,不如徙置乙弗之间,使不得去。"利鹿孤曰:"彼穷来归我,而逆疑其心,何以劝来者!"俱延,利鹿孤之弟也。

秦兵既退,南羌梁戈等密招乾归,乾归将应之。其臣屋引阿洛以告晋兴太守阴畅,畅驰白利鹿孤,利鹿孤遣其弟吐雷帅骑三千屯扞天岭。乾归惧为利鹿孤所杀,谓其太子炽盘曰:"吾父子居此,必不为利鹿孤所容。今姚氏方强,吾将归之,若尽室俱行,必为追骑所及,吾以汝兄弟及汝母为质,彼必不疑,吾在长安,彼终不敢害汝也。"乃送炽盘等于西平。八月,乾归南奔枹罕,遂降于秦。

丁亥,尚书左仆射王雅卒。

九月,癸丑,地震。

凉吕方降于秦,广武民三千余户奔武威王利鹿孤。

冬,十一月,高雅之与孙恩战于馀姚,雅之败,走山阴,死者什七八。诏以刘牢之都督会稽等五郡,帅众击恩,恩走入海。牢之东屯上虞,使刘裕戍句章。吴国内史袁崧筑沪渎垒以备恩。崧,乔之孙也。

会稽世子元显求领徐州,诏以元显为开府仪同三司、都督扬、豫、徐、兖、青、幽、冀、并、荆、江、司、雍、梁、益、交、广十六州诸军事、领徐州刺史,封其子彦玮为东海王。

乞伏乾归至长安,秦王兴以为都督河南诸军事、河州刺史、归义侯。

久之,乞伏炽盘欲逃诣乾归,武威王利鹿孤追获之。利鹿孤将杀炽盘,广武公傉檀曰:"子而归父,无足深责,宜宥之以示大度。"利鹿孤从之。

秦王兴遣晋将刘嵩等二百余人来归。

北凉晋昌太守唐瑶叛,移檄六郡,推李暠为冠军大将军、沙州刺史、凉公、领敦煌太守。暠赦其境内,改元庚子。以瑶为征东将军,郭谦为军谘祭酒,索仙为左长史,张邈为右长史,尹建兴为左司马,张体顺为右司马。遣从事中郎宋繇东伐凉兴,并击玉门已西诸城,皆下之。

酒泉太守王德亦叛北凉,自称河州刺史。北凉王业使沮渠蒙逊讨之。德焚城,将部曲奔唐瑶,蒙逊追至沙头,大破之,虏其妻子、部落而还。

十二月,戊寅,有星孛于天津。会稽世子元显以星变解录尚书事,复加尚书令。吏部尚书车胤以元显骄恣,白会稽王道子,请禁抑之。元显闻而未察,以问道子曰:"车武子屏人言及何事?"道子弗答。固问之,道子怒曰:"尔欲幽我,不令我与朝士语耶!"元显出,谓其徒曰:"车胤间我父子。"密遣人责之。胤惧,自杀。

壬辰,燕主盛立燕台,统诸部杂夷。

魏太史屡奏天文乖乱，魏主珪自览占书，多云改王易政，乃下诏风励群下，以帝王继统，皆有天命，不可妄干。又数变易官名，欲以厌塞灾异。

仪曹郎董谧献《服饵仙经》，珪置仙人博士，立仙坊，煮炼百药，封西山以供薪蒸。药成，令死罪者试服之，多死，不验，而珪犹信之，访求不已。

珪常以燕主垂诸子分据势要，使权柄下移，遂至败亡，深非之。博士公孙表希旨，上《韩非》书，劝珪以法制御下。左将军李栗性简慢，常对珪舒放不肃，咳唾任情，珪积其宿过，遂诛之，群下震栗。

丁酉，燕王盛尊献庄后丁氏为皇太后，立辽西公定为皇太子，大赦。

是岁，南燕王德即皇帝位于广固，大赦，改元建平。更名备德，欲使吏民易避。追谥燕主暐曰幽皇帝。以北地王钟为司徒，慕舆拔为司空，封孚为左仆射，慕舆护为右仆射。立妃段氏为皇后。

资治通鉴卷第一百一十二

端明殿学士兼翰林侍读学士朝散大夫右谏议大夫充集贤殿修撰权判西京留司御史台上柱国河内郡开国侯食邑一千三百户食实封四百户赐紫金鱼袋臣　司马光　奉敕编集

晋纪三十四 起重光赤奋若（辛丑），尽玄黓摄提格（壬寅），凡二年。

安皇帝丁

隆安五年（辛丑、401）

春，正月，武威王利鹿孤欲称帝，群臣皆劝之。安国将军鍮勿崘曰："吾国自上世以来，被发左衽，无冠带之饰，逐水草迁徙，无城郭室庐，故能雄视沙漠，抗衡中夏。今举大号，诚顺民心。然建都立邑，难以避患，储蓄仓库，启敌人心。不如处晋民于城郭，劝课农桑以供资储，帅国人以习战射，邻国弱则乘之，强则避之，此久长之良策也。且虚名无实，徒足为世之质也，将安用之！"利鹿孤曰："安国之言是也。"乃更称河西王，以广武公傉檀为都督中外诸军事、凉州牧、录尚书事。

二月，丙子，孙恩出浃口，攻句章，不能拔。刘牢之击之，恩复走入海。

秦王兴使乞伏乾归还镇苑川，尽以其故部众配之。

凉王纂嗜酒好猎，太常杨颖谏曰："陛下应天受命，当以道守之。今疆宇日蹙，崎岖二岭之间，陛下不兢兢夕惕以恢弘先业，而沉湎游畋，不以国家为事，臣窃危之。"纂逊辞谢之，然犹不悛。

番禾太守吕超擅击鲜卑思盘，思盘遣其弟乞珍诉于纂，纂命超及思盘皆入朝。超惧，至姑臧，深自结于殿中监杜尚。纂见超，责之曰："卿恃兄弟桓桓，乃敢欺吾，要当斩卿，天下乃定。"超顿首谢。纂本以恐愒超，实无意杀之。因引超、思盘及群臣同宴于内殿。超兄中领军隆数劝纂酒，纂醉，乘步挽车将超等游禁中。至琨华堂东阁，车不得过，纂亲将窦川、骆腾倚剑于壁，推车过阁。超取剑击纂，纂下车禽超，超刺纂洞胸，川、腾与超格战，超杀之。纂后杨氏命禁兵讨超，杜尚止之，皆舍仗不战。将军魏益多入，取纂首，杨氏曰："人已死，如土石，无所复知，何忍复残其形骸乎！"益多骂之，遂取纂首以徇，曰："纂违先帝之命，杀太子而自立，荒淫暴虐。番禾太守超顺人心而除之，以安宗庙，凡我士庶，同兹休庆。"

纂叔父巴西公佗、陇西公纬皆在北城，或说纬曰："超为逆乱，公以介弟之亲，仗大义而讨之，姜纪、焦辨在南城，杨桓、田诚在东苑，皆吾党也，何患不济！"纬严兵欲与佗共击超。佗妻梁氏止之曰："纬、超俱兄弟之子，何为舍超助纬，自为祸首乎!"佗乃谓纬曰:"超举事已成,据武库,拥精兵,图之甚难。且吾老矣,无能为也。"超弟邈有宠于纬,说纬曰:"篡贼杀兄弟,隆、超顺人心而讨之,正欲尊立明公耳。方今明公先帝之长子,当主社稷,人无异望,夫复何疑!"纬信之,乃与隆、超结盟,单马入城,超执而杀之。让位于隆,隆有难色。超曰:"今如乘龙上天,岂可中下!"隆遂即天王位,大赦,改元神鼎。尊母卫氏为太后,妻杨氏为后。以超为都督中外诸军事、辅国大将军、录尚书事,封安定公。谥篡曰灵帝。

篡后杨氏将出宫,超恐其挟珍宝,命索之。杨氏曰:"尔兄弟不义,手刃相屠,我且夕死人,安用宝为!"超又问玉玺所在,杨氏曰:"已毁之矣。"后有美色,超将纳之,谓其父右仆射桓曰:"后若自杀,祸及卿宗!"桓以告杨氏。杨氏曰:"大人卖女与氏以图富贵,一之谓甚,其可再乎!"遂自杀,谥曰穆后。桓奔河西王利鹿孤,利鹿孤以为左司马。

三月,孙恩北趣海盐,刘裕随而拒之,筑城于海盐故治。恩日来攻城,裕屡击破之,斩其将姚盛。城中兵少不敌,裕夜偃旗匿众,明晨开门,使羸疾数人登城。贼遥问刘裕所在,曰:"夜已走矣。"贼信之,争入城。裕奋击,大破之。恩知城不可拔,乃进向沪渎,裕复弃城追之。

海盐令鲍陋遣子嗣之帅吴兵一千,请为前驱。裕曰:"贼兵甚精,吴人不习战,若前驱失利,必败我军。可在后为声势。"嗣之不从。裕乃多伏旗鼓,前驱既交,诸伏皆出。裕举旗鸣鼓,贼以为四面有军,乃退。嗣之追之,战没。裕且战且退,所领死伤且尽,至向战处,令左右脱取死人衣以示闲暇。贼疑之,不敢逼。裕大呼更战,贼惧而退,裕乃引归。

河西王利鹿孤伐凉,与凉王隆战,大破之,徙二千余户而归。

夏,四月,辛卯,魏人罢邺行台,以所统六郡置相州,以庚岳为刺史。

乞伏乾归至苑川,以边芮为长史,王松寿为司马,公卿、将帅皆降为僚佐、偏裨。

北凉王业惮沮渠蒙逊勇略,欲远之,蒙逊亦深自晦匿。业以门下侍郎马权代蒙逊为张掖太守,权素豪隽,为业所亲重,常轻侮蒙逊。蒙逊潜之于业曰:"天下不足虑,惟当忧马权耳。"业遂杀权。

蒙逊谓沮渠男成曰:"段公无鉴断之才,非拨乱之主。向所惮者惟索嗣、马权,今皆已死,蒙逊欲除之以奉兄,何如?"男成曰:"业本孤客,为吾家所立,恃吾兄弟,犹鱼之有水。夫人亲信我而图之,不祥。"蒙逊乃求为西安太守。业喜其出外,许之。

蒙逊与男成约同祭兰门山,而阴使司马许咸告业曰:"男成欲以取假日为乱,若求祭兰门山,臣言验矣。"至期,果然。业收男成,赐死。男成曰:"蒙逊先与臣谋反,臣以兄弟之故,隐而不言。今以臣在,恐部众不从,故约臣祭山而返诬臣,其意欲王之杀臣也。乞诈言臣死,暴臣罪恶,蒙逊必反,臣然后奉王命而讨之,无不克矣。"业不听,杀之。蒙逊泣告众曰:"男成忠于段王,而段王无故枉杀之,诸君能为报仇乎?且始者共立段王,欲以安众耳,今州土纷乱,非段王所能济也。"男成素得众心,众皆愤泣争奋,比至氐池,众逾一万。镇军将军臧莫孩帅所部降之,羌、胡多起兵应蒙逊者。蒙逊进壁侯坞。

业先疑右将军田昂,囚之,至是召昂,谢而赦之,使与武卫将军梁中庸共讨蒙逊。别将王丰孙言于业曰:"西平诸田,世有反者,昂貌恭而心险,不可信也。"业曰:"吾疑之久矣,但非昂无可以讨蒙逊者。"昂至侯坞,帅骑五百降于蒙逊,业军遂溃,中庸亦诣蒙逊降。

五月,蒙逊至张掖,田昂兄子承爱斩关内之,业左右皆散。蒙逊至,业谓蒙逊曰:"孤孑然一己,为君家所推,愿丐余命,使得东还,与妻子相见。"蒙逊斩之。业,儒素长者,无他权略,威禁不行,群下擅命,尤信卜筮、巫觋,故至于败。

沮渠男成之弟富占、将军俱傑帅户五百降于河西王利鹿孤。傑,石子之子也。

孙恩陷沪渎,杀吴国内史袁崧,死者四千人。

凉王隆多杀豪望以立威名,内外嚣然,人不自保。魏安人焦朗遣使说秦陇西公硕德曰:"吕氏自武皇弃世,兄弟相攻,政纲不立,竞为威虐,百姓饥馑,死者过半。今乘其篡夺之际,取之易于返掌,不可失也。"硕德言于秦王兴,帅步骑六万伐凉,乞伏乾归帅骑七千从之。

六月,甲戌,孙恩浮海奄至丹徒,战士十余万,楼舡千余艘,建康震骇。乙亥,内外戒严,百官入居省内。冠军将军高素等守石头,辅国将军刘袭栅断淮口,丹阳尹司马恢之戍南岸,冠军将军桓谦等备白石,左卫将军王嘏等屯中堂。征豫州刺史谯王尚之入卫京师。

刘牢之自山阴引兵邀击恩,未至而恩已过,乃使刘裕自海盐入援。裕兵不满千人,倍道兼行,与恩俱至丹徒。裕众既少,加以涉远疲劳,而丹徒守军莫有斗志。恩帅众鼓噪,登蒜山,居民皆荷担而立。裕帅所领奔击,大破之,投崖赴水死者甚众,恩狼狈仅得还船。然恩犹恃其众,寻复整兵径向京师。后将军元显帅兵拒战,频不利。会稽王道子无他谋略,唯日祷蒋侯庙。恩来渐近,百姓恟惧。谯王尚之帅精锐驰至,径屯积弩堂。恩楼船高大,溯风不得疾行,数日乃至白石。恩本以诸军分散,欲掩不备,既而知尚之在建康,复闻刘牢之已还,至新洲,不敢进而去,浮海北走郁洲。恩别将攻陷广陵,杀三千人。宁朔将军高雅之击恩于郁洲,为恩所执。

桓玄厉兵训卒,常伺朝廷之隙,闻孙恩逼京师,建牙聚众,上疏请讨之。元显大惧。会恩退,元显以诏书止之,玄乃解严。

梁中庸等共推沮渠蒙逊为大都督、大将军、凉州牧、张掖公,赦其境内,改元永安。蒙逊署从兄伏奴为张掖太守、和平侯,弟拏为建忠将军、都谷侯,田昂为西郡太守,臧莫孩为辅国将军,房晷、梁中庸为左、右长史,张骘、谢正礼为左右司马。擢任贤才,文武咸悦。

河西王利鹿孤命群臣极言得失。西曹从事史暠曰:"陛下命将出征,往无不捷。然不以绥宁为先,唯以徙民为务,民安土重迁,故多离叛,此所以斩将拔城而地不加广也。"利鹿孤善之。

秋,七月,魏兖州刺史长孙肥将步骑二万南徇许昌,东至彭城,将军刘该降之。

秦陇西公硕德自金城济河,直趣广武,河西王利鹿孤摄广武守军以避之。秦军至姑臧,凉王隆遣辅国大将军超、龙骧将军邈等逆战,硕德大破之,生擒邈,俘斩万计。隆婴城固守,巴西公佗帅东苑之众二万五千降于秦。西凉公暠、河西王利鹿孤、沮渠蒙逊各遣使奉表入贡于秦。

初,凉将姜纪降于河西王利鹿孤,广武公傉檀与论兵略,甚爱重之,坐则连席,出则同车,每谈论,以夜继昼。利鹿孤谓傉檀曰:"姜纪信有美才,然视候非常,必不久留于此,不如杀之。纪若入秦,必为人患。"傉檀曰:"臣以布衣之交待纪,纪必不相负也。"八月,纪将数十骑奔秦军,说硕德曰:"吕隆孤城无援,明公以大军临之,其势必请降,然彼徒文降而已,未肯遂服也。请给纪步骑三千,与王松忽因焦朗、华纯之众,伺其衅隙,隆不足取也。不然,今秃发在南,兵强国富,若兼姑臧而据之,威势益盛,沮渠蒙逊、李暠不能抗也,必将归之,如此,则为国家之大敌矣。"硕德乃表纪为武威太守,配兵二千,屯据晏然。

秦王兴闻杨桓之贤而征之,利鹿孤不敢留。

诏以刘裕为下邳太守,讨孙恩于郁洲,累战,大破之。恩由是衰弱,复缘海南走,裕亦随而邀击之。

燕王盛惩其父宝以懦弱失国,务峻威刑,又自矜聪察,多所猜忌,群臣有纤介之嫌,皆先事诛之。由是宗亲、勋旧,人不自保。丁亥,左将军慕容国与殿上将军秦舆、段赞谋帅禁兵袭盛,事发,死者五百余人。壬辰夜,前将军段玑与秦舆之子兴、段赞之子泰潜于禁中鼓噪大呼。盛闻变,帅左右出战,贼众逃溃。玑被创,匿厢屋间。俄有一贼从暗中击盛,盛被伤,辇升前殿,申约禁卫,事定而卒。

中垒将军慕容拔、冗从仆射郭仲白太后丁氏,以为国家多难,宜立长君。时众望在盛弟司徒、尚书令、平原公元,而河间公熙素得幸于丁氏,丁氏乃废太子定,密迎熙入宫。明旦,群臣入朝,始知有变,因上表劝进于熙。熙以让元,元不敢当。癸巳,熙即天王位,捕获段玑等,皆夷三族。甲午,大赦。丙申,平原公元以嫌赐死。闰月,辛酉,葬盛于兴平陵,谥曰昭武皇帝,庙号中宗。丁氏送葬未还,中领军慕容提、步军校尉张佛等谋立故太子定,事觉,伏诛,定亦赐死。丙寅,大赦,改元光始。

秦陇西公硕德围姑臧累月,东方之人在城中者多谋外叛,魏益多复诱扇之,欲杀凉王隆及安定公超,事发,坐死者三百余家。硕德抚纳夷、夏,分置守宰,节食聚粟,为持久之计。

凉之群臣请与秦连和,隆不许。安定公超曰:"今资储内竭,上下嗷嗷,虽使张、陈复生,亦无以为策。陛下当思权变屈伸,何爱尺书、单使为卑辞以退敌!敌去之后,修德政以息民,若卜世未穷,何忧旧业之不复!若天命去矣,亦可以保全宗族。不然,坐守困穷,终将何如?"隆乃从之,九月,遣使请降于秦。硕德表隆为镇西大将军、凉州刺史、建康公。隆遣子弟及文武旧臣慕容筑、杨颖等五十余家入质于长安。硕德军令严整,秋毫不犯,祭先贤,礼名士,西土悦之。

沮渠蒙逊所部酒泉、凉宁二郡叛降于西凉,又闻吕隆降秦,大惧,遣其弟建忠将军挐、牧府长史张潜见硕德于姑臧,请帅其众东迁。硕德喜,拜潜张掖太守,挐建康太守。潜劝蒙逊东迁。挐私谓蒙逊曰:"姑臧未拔,吕氏犹存,硕德粮尽将还,不能久也。何为自弃土宇,受制于人乎!"臧莫孩亦以为然。

蒙逊遣子奚念为质于河西王利鹿孤,利鹿孤不受,曰:"奚念年少,可遣挐也。"冬,十月,蒙逊复遣使上疏于利鹿孤曰:"臣前遣奚念,具披诚款,而圣旨未昭,复征弟挐。臣窃以为苟有诚信,则子不为轻;若其不信,则弟不为重。今寇难未夷,不获奉诏,愿陛下亮之。"利鹿孤怒,遣张松侯俱延、兴城侯文支将骑一万袭蒙逊,至万岁临松,执蒙逊从弟鄯善苟子,虏其民六千余户。蒙逊从叔孔遮入朝于利鹿孤,许以挐为质,利鹿孤乃归其所掠,召俱延等还。文支,利鹿孤之弟也。

南燕主备德宴群臣于延贤堂,酒酣,谓群臣曰:"朕可方自古何等主?"青州刺史鞠仲曰:"陛下中兴圣主,少康、光武之俦。"备德顾左右赐仲帛千匹,仲以所赐多,辞之。备德曰:"卿知调朕,朕不知调卿邪!卿所对非实,故朕亦以虚言赏卿耳。"韩范进曰:"天子无戏言。今日之论,君臣俱失。"备德大悦,赐范绢五十匹。

备德母及兄纳皆在长安,备德遣平原人杜弘往访之。弘曰:"臣至长安,若不奉太后动止,当西如张掖,以死为效。臣父雄年逾六十,乞本县之禄,以申乌鸟之情。"中书令张华曰:"杜弘未行而求禄,要君之罪大矣。"备德曰:"弘为君迎母,为父求禄,忠孝备矣,何罪之有!"以雄为平原令。弘至张掖,为盗所杀。

十一月,刘裕追孙恩至沪渎、海盐,又破之,俘斩以万数,恩遂自浃口远窜入海。

十二月，辛亥，魏主珪遣常山王遵、定陵公和跋帅众五万袭没弈干于高平。

乙卯，魏虎威将军宿沓干伐燕，攻令支。乙丑，燕中领军宇文拔救之。壬午，宿沓干拔令支而戍之。

吕超攻姜纪，不克，遂攻焦朗。朗遣其弟子嵩为质于河西王利鹿孤以请迎，利鹿孤遣车骑将军俱檀赴之。比至，超已退，朗闭门拒之。俱檀怒，将攻之，镇北将军俱延谏曰："安土重迁，人之常情。朗孤城无食，今年不降，后年自服，何必多杀士卒以攻之！若其不捷，彼必去从他国。弃州境士民以资邻敌，非计也，不如以善言谕之。"俱檀乃与朗连和，遂曜兵姑臧，壁于胡阬。

俱檀知吕超必来斫营，畜火以待之。超夜遣中垒将军王集帅精兵二千斫俱檀营，俱檀徐严不起。集入垒中，内外皆举火，光照如昼，纵兵击之，斩集及甲首三百余级。吕隆惧，伪与俱檀通好，请于苑内结盟。俱檀遣俱延入盟，俱延疑其有伏，毁苑墙而入。超伏兵击之，俱延失马步走，淩江将军郭祖力战拒之，俱延乃得免。俱檀怒，攻其昌松太守孟祎于显美。隆遣广武将军苟安国、宁远将军石可帅骑五百救之，安国等惮俱檀之强，遁还。

桓玄表其兄伟为江州刺史，镇夏口；司马刁畅为辅国将军、督八郡军事，镇襄阳；遣其将皇甫敷、冯该戍湓口。移沮、漳蛮二千户于江南，立武宁郡；更招集流民，立绥安郡。诏征广州刺史刁逵、豫章太守郭昶之，玄皆留不遣。

玄自谓有晋国三分之二，数使人上己符瑞，欲以惑众。又致笺于会稽王道子曰："贼造近郊，以风不得进，以雨不致火，食尽故去耳，非力屈也。昔国宝死后，王恭不乘此威入统朝政，足见其心非侮于明公也，而谓之不忠。今之贵要腹心，有时流清望者谁乎？岂可云无佳胜，直是不能信之耳。尔来一朝一夕，遂成今日之祸。在朝君子皆畏祸不言，玄忝任在远，是以披写事实。"元显见之，大惧。

张法顺谓元显曰："桓玄承藉世资，素有豪气，既并殷、扬，专有荆楚，第下之所控引，止三吴耳。孙恩为乱，东土涂地，公私困竭，玄必乘此纵其奸凶，窃用忧之。"元显曰："为之奈何？"法顺曰："玄始得荆州，人情未附，方务绥抚，未暇他图。若乘此际使刘牢之为前锋，而第下以大军继进，玄可取也。"元显以为然。会武昌太守庾楷以玄与朝廷构怨，恐事不成，祸及于己，密使人自结于元显，云"玄大失人情，众不为用，若朝廷遣军，己当为内应。"元显大喜，遣张法顺至京口，谋于刘牢之，牢之以为难。法顺还，谓元显曰："观牢之言色，必贰于我，不如召入杀之。不尔，败人大事。"元显不从。于是大治水军，征兵装舰，以谋讨玄。

元兴元年(壬寅、402)

春，正月，庚午朔，下诏罪状桓玄，以尚书令元显为骠骑大将军、征讨大都督、都督十八州诸军事、加黄钺,又以镇北将军刘牢之为前锋都督,前将军谯王尚之为后部,因大赦,改元,内外戒严;加会稽王道子太傅。

元显欲尽诛诸桓。中护军桓脩,骠骑长史王诞之甥也,诞有宠于元显,因陈脩等与玄志趣不同,元显乃止。诞,导之曾孙也。

张法顺言于元显曰:"桓谦兄弟每为上流耳目,宜斩之以杜奸谋。且事之济不,系在前军,而牢之反覆,万一有变,则祸败立至。可令牢之杀谦兄弟,以示无贰心。若不受命,当逆为其所。"元显曰:"今非牢之,无以敌玄。且始事而诛大将,人情不安。"再三不可。又以桓氏世为荆土所附,桓冲特有遗惠,而谦,冲之子也,乃自骠骑司马除都督荆、益、宁、梁四州诸军事、荆州刺史,欲以结西人之心。

丁丑,燕慕容拔攻魏令支戍,克之,宿沓干走,执魏辽西太守那颉。燕以拔为幽州刺史,镇令支,以中坚将军辽西阳豪为本郡太守。丁亥,以章武公渊为尚书令,博陵公虔为尚书左仆射,尚书王腾为右仆射。

戊子,魏材官将军和突攻黜弗、素古延等诸部,破之。初,魏主珪遣北部大人贺狄干献马千匹求昏于秦,秦王兴闻珪已立慕容后,止狄干而绝其昏;没弈干、黜弗、素古延,皆秦之属国也,而魏攻之,由是秦、魏有隙。庚寅,珪大阅士马,命并州诸郡积谷于平阳之乾壁,以备秦。

柔然社仑方睦于秦,遣将救黜弗、素古延,辛卯,和突逆击,大破之。社仑帅其部落远遁漠北,夺高车之地而居之。斛律部帅倍侯利击社仑,大为所败,倍侯利奔魏。社仑于是西北击匈奴遗种日拔也鸡,大破之,遂吞并诸部,士马繁盛,雄于北方。其地西至焉耆,东接朝鲜,南临大漠,旁侧小国皆羁属焉,自号豆代可汗。始立约束,以千人为军,军有将;百人为幢,幢有帅。攻战先登者赐以虏获,畏懦者以石击其首而杀之。

秃发傉檀克显美,执孟祎而责之,以其不早降。祎曰:"祎受吕氏厚恩,分符守土,若明公大军甫至,望旗归附,恐获罪于执事矣。"傉檀释而礼之,徙二千余户而归,以祎为左司马。祎辞曰:"吕氏将亡,圣朝必取河右,人无愚智皆知之。但祎为人守城不能全,复忝显任,于心窃所未安。若蒙明公之惠,使得就戮姑臧,死且不朽。"傉檀义而归之。

东土遭孙恩之乱,因以饥馑,漕运不继。桓玄禁断江路,商旅俱绝,公私匮乏,以秸、橡给士卒。玄谓朝廷方多忧虞,必未暇讨己,可以蓄力观衅。及大军将发,从兄太傅长史石生密以书报之,玄大惊,欲完聚保江陵。长史卞范之曰:"明公英威振于远近,元显口尚乳臭,刘牢之大失物情,若兵临近畿,示以祸福,土崩之势可翘足而待,何有延敌入境,自取穷蹙者乎!"玄从之,留桓伟守江陵,抗表传檄,罪状元显,举兵东下。檄至,元显大惧。二月,丙午,帝饯元显于西池,元显下船而不发。

癸丑,魏常山王遵等至高平,没弈干弃其部众,帅数千骑与刘勃勃奔秦州。魏军追至瓦亭,不及而还,尽获其府库蓄积,马四万余匹,杂畜九万余口,徙其民于代都,余种分进。平阳太守贰尘复侵秦河东,长安大震,关中诸城昼闭,秦人简兵训卒以谋伐魏。

秦王兴立子泓为太子,大赦。泓孝友宽和,喜文学,善谈咏,而懦弱多病,兴欲以为嗣,而狐疑不决,久乃立之。

姑臧大饥,米斗直钱五千,人相食,饥死者十余万口。城门昼闭,樵采路绝,民请出城为胡虏奴婢者,日有数百。吕隆恶其沮动众心,尽坑之,积尸盈路。

沮渠蒙逊引兵攻姑臧,隆遣使求救于河西王利鹿孤。利鹿孤遣广武公傉檀帅骑一万救之,未至,隆击破蒙逊军,蒙逊请与隆盟,留谷万余斛遗之而还。傉檀至昌松,闻蒙逊已退,乃徙凉泽段冢民五百余户而还。

中散骑常侍张融言于利鹿孤曰:“焦朗兄弟据魏安,潜通姚氏,数为反覆,今不取,后必为朝廷忧。”利鹿孤遣傉檀讨之,朗面缚出降,傉檀送于西平,徙其民于乐都。

桓玄发江陵,虑事不捷,常为西还之计。及过寻阳,不见官军,意甚喜,将士之气亦振。庾楷谋泄,玄囚之。

丁巳,诏遣齐王柔之以驺虞幡宣告荆、江二州,使罢兵,玄前锋杀之。柔之,宗之子也。

丁卯,玄至姑孰,使其将冯该等攻历阳,襄城太守司马休之婴城固守。玄军断洞浦,焚豫州舟舰。豫州刺史谯王尚之帅步卒九千阵于浦上,遣武都太守杨秋屯横江,秋降于玄军。尚之众溃,逃于涂中,玄捕获之。司马休之出战而败,弃城走。

刘牢之素恶骠骑大将军元显,恐桓玄既灭,元显益骄恣,又恐己功名愈盛,不为元显所容,且自恃材武,拥强兵,欲假玄以除执政,复伺玄之隙而自取之,故不肯讨玄。元显日夜昏酣,以牢之为前锋,牢之骤诣门,不得见,及帝出饯元显,遇之公坐而已。

牢之军溧洲,参军刘裕请击玄,牢之不许。玄使牢之族舅何穆说牢之曰:“自古戴震主之威,挟不赏之功而能自全者,谁邪? 越之文种,秦之白起,汉之韩信,皆事明主,为之尽力,功成之日,犹不免诛夷,况为凶愚者之用乎! 君如今日战胜则倾宗,战败则覆族,欲以此安归乎? 不若翻然改图,则可以长保富贵矣。古人射钩、斩袪,犹不害为辅佐,况玄与君无宿昔之怨乎!”时谯王尚之已败,人情愈恐,牢之颇纳穆言,与玄交通。东海中尉东海何无忌,牢之之甥也,与刘裕极谏,不听。其子骠骑从事中郎敬宣谏曰："今国家衰危，天下之重在大人与玄。玄藉父、叔之资，据有全楚，割晋国三分之二，一朝纵之使陵朝廷，玄威望既成，恐难图也，董卓之变，将在今矣。"牢之怒曰："吾岂不知！今日取玄如反覆手耳，但平玄之后，令我奈骠骑何！"三月，乙巳朔，牢之遣敬宣诣玄请降。玄阴欲诛牢之，乃与敬宣宴饮，陈名书画观之，以安悦其意。敬宣不之觉，玄佐吏莫不相视而笑。玄板敬宣为谘议参军。

元显将发，闻玄已至新亭，弃船，退屯国子学。辛未，陈于宣阳门外。军中相惊，言玄已至南桁，元显引兵欲还宫。玄遣人拔刀随后大呼曰："放仗！"军人皆崩溃，元显乘马走入东府，唯张法顺一骑随之。元显问计于道子，道子但对之涕泣。玄遣太傅从事中郎毛泰收元显送新亭，缚于舫前而数之。元显曰："为王诞、张法顺所误耳。"

壬申，复隆安年号。帝遣侍中劳玄于安乐渚。玄入京师，称诏解严，以玄总百揆，都督中外诸军事、丞相、录尚书事、扬州牧、领徐、荆、江三州刺史，假黄钺。玄以桓伟为荆州刺史，桓谦为尚书左仆射，桓修为徐、兖二州刺史，桓石生为江州刺史，卞范之为丹阳尹。

初，玄之举兵，侍中王谧奉诏诣玄，玄亲礼之。及玄辅政，以谧为中书令。谧，导之孙也。新安太守殷仲文，觊之弟也，玄姊为仲文妻。仲文闻玄克京师，弃郡投玄，玄以为谘议参军。刘迈往见玄，玄曰："汝不畏死，而敢来邪？"迈曰："射钩斩袪，并迈为三。"玄悦，以为参军。

癸酉，有司奏会稽王道子酗纵不孝，当弃市，诏徙安成郡；斩元显及东海王彦璋、谯王尚之、庾楷、张法顺、毛泰等于建康市。桓修为王诞固请，得流岭南。

玄以刘牢之为会稽内史。牢之曰："始尔，便夺我兵，祸其至矣。"刘敬宣请归谕牢之使受命，玄遣之。敬宣劝牢之袭玄，牢之犹豫不决，移屯班渎，私告刘裕曰："今当北就高雅之于广陵，举兵以匡社稷，卿能从我去乎？"裕曰："将军以劲卒数万，望风降服，彼新得志，威震天下，朝野人情皆已去矣，广陵岂可得至邪？裕当反服还京口耳。"何无忌谓裕曰："我将何之？"裕曰："吾观镇北必不免，卿可随我还京口。桓玄若守臣节，当与卿事之；不然，当与卿图之。"

于是牢之大集僚佐，议据江北以讨玄。参军刘袭曰："事之不可者莫大于反。将军往年反王兖州，近日反司马郎君，今复反桓公，一人三反，何以自立！"语毕，趋出，佐吏多散走。牢之惧，使敬宣之京口迎家，失期不至。牢之以为事已泄，为玄所杀，乃帅部曲北走，至新洲，缢而死。敬宣至，不暇哭，即渡江奔广陵。将吏共殡敛牢之，以其丧归丹徒。玄令斫棺斩首，暴尸于市。

大赦，改元大亨。

桓玄让丞相、荆、江、徐三州,改授太尉、都督中外诸军事、扬州牧、领豫州刺史,总百揆,以琅邪王德文为太宰。

司马休之、刘敬宣、高雅之俱奔洛阳,各以子弟为质于秦以求救。秦王兴与之符信,使于关东募兵,得数千人,复还屯彭城间。

孙恩寇临海,临海太守辛景击破之,恩所虏三吴男女,死亡殆尽。恩恐为官军所获,乃赴海死,其党及妓妾从死者以百数,谓之"水仙"。余众数千人复推恩妹夫卢循为主。循,谌之曾孙也,神采清秀,雅有材艺。少时,沙门惠远尝谓之曰:"君虽体涉风素,而志存不轨,如何?"太尉玄欲抚安东土,乃以循为永嘉太守。循虽受命,而寇暴不已。

甲戌,燕大赦。

河西王秃发利鹿孤寝疾,遗令以国事授弟傉檀。初,秃发思复鞬爱重傉檀,谓诸子曰:"傉檀器识,非汝曹所及也。"故诸兄不以传子而传于弟。利鹿孤在位,垂拱而已,军国大事皆委于傉檀。利鹿孤卒,傉檀袭位,更称凉王,改元弘昌,迁于乐都,谥利鹿孤曰康王。

夏,四月,太尉玄出屯姑孰,辞录尚书事,诏许之,而大政皆就谘焉,小事则决于尚书令桓谦及卞范之。

自隆安以来,中外之人厌于祸乱。及玄初至,黜奸佞,擢俊贤,京师欣然,冀得少安。既而玄奢豪纵逸,政令无常,朋党互起,陵侮朝廷,裁损乘舆供奉之具,帝几不免饥寒,由是众心失望。三吴大饥,户口减半,会稽减什三四,临海、永嘉殆尽,富室皆衣罗纨,怀金玉,闭门相守饿死。

乞伏炽磐自西平逃归苑川,南凉王傉檀归其妻子。乞伏乾归使炽磐入朝于秦,秦主兴以炽磐为兴晋太守。

五月,卢循自临海入东阳,太尉玄遣抚军中兵参军刘裕将兵击之,循败,走永嘉。

高句丽攻宿军,燕平州刺史慕容归弃城走。

秦主兴大发诸军,遣义阳公平、尚书右仆射狄伯支等将步骑四万伐魏,兴自将大军继之,以尚书令姚晃辅太子泓守长安,没弈干权镇上邽,广陵公钦权镇洛阳。平攻魏乾壁六十余日,拔之。秋,七月,魏主珪遣毗陵王顺及豫州刺史长孙肥将六万骑为前锋,自将大军继发以击之。

八月,太尉玄讽朝廷以玄平元显功封豫章公,平殷、杨功封桂阳公,并本封南郡如故。玄以豫章封其子昇,桂阳封其兄子俊。

魏主珪至永安,秦义阳公平遣骁将帅精骑二百觇魏军,长孙肥逆击,尽禽之。平退走,珪追之,乙巳,及于柴壁。平婴城固守,魏军围之。秦王兴将兵四万七千

救之,将据天渡运粮以馈平。魏博士李先曰:"兵法:高者为敌所栖,深者为敌所
囚。今秦皆犯之,宜及兴未至,遣奇兵先据天渡,柴壁可不战而取也。"珪命增筑
重围,内以防平之出,外以拒兴之入。广武将军安同曰:"汾东有蒙坑,东西三百
余里,蹊径不通。兴来,必从汾西直临柴壁,如此,虏声势相接,重围虽固,不能制
也。不如为浮梁,渡汾西,筑围以拒之。虏至,无所施其智力矣。"珪从之。兴至
蒲阪,惮魏之强,久乃进兵。甲子,珪帅步骑三万逆击兴于蒙坑之南,斩首千余
级,兴退走四十余里,平亦不敢出。珪乃分兵四据险要,使秦兵不得近柴壁。兴
屯汾西,凭壑为垒,束柏材从汾上流纵之,欲以毁浮梁,魏人皆钩取以为薪蒸。

冬,十月,平粮竭矢尽,夜,悉众突西南围求出。兴列兵汾西,举烽鼓噪以为应。
兴欲平力战突免,平望兴攻围引接,但叫呼相和,莫敢逼围。平不得出,计穷,乃
帅麾下赴水死,诸将多从平赴水。珪使善游者钩捕之,无得免者。执狄伯支及越
骑校尉唐小方等四十余人,余众二万余人皆敛手就禽。兴坐视其穷,力不能救,
举军恸哭,声震山谷。数遣使求和于魏,珪不许,乘胜进攻蒲阪,秦晋公绪固守不
战。会柔然谋伐魏,珪闻之,戊申,引兵还。

或告太史令晁崇及弟黄门侍郎懿潜召秦兵,珪至晋阳,赐崇、懿死。

秦徙河西豪右万余户于长安。

太尉玄杀吴兴太守高素、将军竺谦之及谦之从兄朗之、刘袭并袭弟季武,皆
刘牢之北府旧将也。袭兄冀州刺史轨邀司马休之、刘敬宣、高雅之等共据山阳,
欲起兵攻玄,不克而走,将军袁虔之、刘寿、高长庆、郭恭等皆往从之。将奔魏,至
陈留南,分为二辈:轨、休之、敬宣奔南燕,虔之、寿、长庆、恭奔秦。

魏主珪初闻休之等当来,大喜。后怪其不至,令兖州访求,获其从者,问其
故,皆曰:"魏朝威声远被,是以休之等咸欲归附。既而闻崔逞被杀,故奔二国。"
珪深悔之。自是士人有过,颇见优容。

南凉王傉檀攻吕隆于姑臧。

燕王熙纳故中山尹苻谟二女,长曰娀娥,为贵人,幼曰训英,为贵嫔,贵嫔尤
有宠。丁太后怨恚,与兄子尚书信谋废熙立章武公渊,事觉,熙逼丁太后令自杀,
葬以后礼,谥曰献幽皇后。十一月,戊辰,杀渊及信。

辛未,熙畋于北原,石城令高和与尚方兵于后作乱,杀司隶校尉张显,入掠宫
殿,取库兵,胁营署,闭门乘城。熙驰还,城上人皆投仗开门,尽诛反者,唯和走
免。甲戌,大赦。

魏以庾岳为司空。

十二月,辛亥,魏主珪还雲中。

柔然可汗社仑闻珪伐秦,自参合陂侵魏,至豺山,及善无北泽,魏常山王遵以

万骑追之,不及而还。

太尉玄使御史杜林防卫会稽文孝王道子至安成,林承玄旨,鸩道子,杀之。

沮渠蒙逊所署西郡太守梁中庸叛,奔西凉。蒙逊闻之,笑曰:"吾待中庸,恩如骨肉,而中庸不我信,但自负耳,孤岂在此一人邪!"乃尽归其孥。

西凉公暠问中庸曰:"我何如索嗣?"中庸曰:"未可量也。"暠曰:"嗣才度若敌我者,我何能于千里之外以长绳绞其颈邪?"中庸曰:"智有短长,命有成败。殿下之与索嗣,得失之理,臣实未之能详。若以身死为负,计行为胜,则公孙瓒岂贤于刘虞邪?"暠默然。

袁虔之等至长安,秦王兴问曰:"桓玄才略何如其父? 卒能成功乎?"虔之曰:"玄乘晋室衰乱,盗据宰衡,猜忌安忍,刑赏不公,以臣观之,不如其父远矣。玄今已执大柄,其势必将篡逆,正可为它人驱除耳。"兴善之,以虔之为广州刺史。

是岁,秦王兴立昭仪张氏为皇后,封子懿、弼、洸、宣、谌、愔、璞、质、逵、裕、国儿皆为公,遣使拜秃发傉檀为车骑将军、广武公,沮渠蒙逊为镇西将军、沙州刺史、西海侯,李暠为安西将军、高昌侯。

秦镇远将军赵曜帅众二万西屯金城,建节将军王松忽帅骑助吕隆守姑臧。松忽至魏安,傉檀弟文真击而虏之。傉檀大怒,送松忽还长安,深自陈谢。

资治通鉴卷第一百一十三

端明殿学士兼翰林侍读学士朝散大夫右谏议大夫充集贤殿修撰权判西京留司御史台上柱国河内郡开国侯食邑一千三百户食实封四百户赐紫金鱼袋臣　司马光　奉敕编集

晋纪三十五起昭阳单阏(癸卯),尽阏逢执徐(甲辰),凡二年。

安皇帝戊

元兴二年(癸卯、403)

春,正月,卢循使司马徐道覆寇东阳。二月,辛丑,建武将军刘裕击破之。道覆,循之姊夫也。

乙卯,以太尉玄为大将军。

丁巳,玄杀冀州刺史孙无终。

玄上表请帅诸军扫平关、洛,既而讽朝廷下诏不许,乃云:"奉诏故止。"玄初欲饬装,先命作轻舸,载服玩、书画。或问其故,玄曰:"兵凶战危,脱有意外,当使轻而易运。"众皆笑之。

夏,四月,癸巳朔,日有食之。

南燕主备德故吏赵融自长安来,始得母兄凶问,备德号恸吐血,因而寝疾。

司隶校尉慕容达谋反,遣牙门皇璆帅众攻端门,殿中帅侯赤眉开门应之。中黄门孙进扶备德逾城,匿于进舍。段宏等闻宫中有变,勒兵屯四门。备德入宫,诛赤眉等,达出奔魏。

备德优迁徙之民,使之长复不役,民缘此迭相荫冒,或百室合户,或千丁共籍,以避课役。尚书韩诔请加隐核,备德从之,使诔巡行郡县,得荫户五万八千。

泰山贼王始聚众数万,自称太平皇帝,署置公卿,南燕桂林王镇讨禽之。临刑,或问其父及兄弟安在,始曰:"太上皇蒙尘于外,征东、征西为乱兵所害。"其妻怒之曰:"君正坐此口,奈何尚尔!"始曰:"皇后不知,自古岂有不亡之国! 朕则崩矣,终不改号。"

五月,燕王熙作龙腾苑,方十余里,役徒二万人。筑景云山于苑内,基广五百步,峰高十七丈。

秋,七月,戊子,魏主珪北巡,作离宫于豺山。

平原太守和跋奢豪喜名,珪恶而杀之,使其弟毗等就与诀。跋曰:"漉北土瘠,可迁水南,勉为生计。"且使之背己,曰:"汝何忍视吾之死也!"毗等谕其意,诈称使者,逃入秦。珪怒,灭其家。中垒将军邓渊从弟尚书晖与跋善,或谮诸珪曰:"毗之出亡,晖实送之。"珪疑渊知其谋,赐渊死。

南凉王傉檀及沮渠蒙逊互出兵攻吕隆,隆患之。秦之谋臣言于秦王兴曰:"隆藉先世之资,专制河外,今虽饥窘,尚能自支,若将来丰赡,终不为吾有。凉州险绝,土田饶沃,不如因其危而取之。"兴乃遣使征吕超入侍。隆念姑臧终无以自存,乃因超请迎于秦。兴遣尚书左仆射齐难、镇西将军姚诘、左贤王乞伏乾归、镇远将军赵曜帅步骑四万迎隆于河西,南凉王傉檀摄昌松、魏安二戍以避之。八月,齐难等至姑臧,隆素车白马迎于道旁。隆劝难击沮渠蒙逊,蒙逊使臧莫孩拒之,败其前军。难乃与蒙逊结盟,蒙逊遣弟挐入贡于秦。难以司马王尚行凉州刺史,配兵三千镇姑臧,以将军阎松为仓松太守,郭将为番禾太守,分戍二城,徙隆宗族、僚属及民万户于长安。兴以隆为散骑常侍,超为安定太守,自余文武随才擢叙。

初,郭黁常言"代吕者王",故其起兵,先推王详,后推王乞基;及隆东迁,王尚卒代之。黁从乞伏乾归降秦,以为灭秦者晋也,遂来奔,秦人追得,杀之。

沮渠蒙逊伯父中田护军亲信、临松太守孔笃,皆骄恣为民患,蒙逊曰:"乱吾法者,二伯父也。"皆逼之使自杀。

秦遣使者梁构至张掖,蒙逊问曰:"秃发傉檀为公而身为侯,何也?"构曰:"傉檀凶狡,款诚未著,故朝廷以重爵虚名羁縻之。将军忠贯白日,当入赞帝室,岂可以不信相待。圣朝爵必称功,如尹纬、姚晃,佐命之臣,齐难、徐洛,一时猛将,爵皆不过侯伯,将军何以先之乎?昔窦融殷勤固让,不欲居旧臣之右,不意将军忽有此问!"蒙逊曰:"朝廷何不即封张掖,而更远封西海邪?"构曰:"张掖,将军已自有之,所以远授西海者,欲广大将军之国耳。"蒙逊悦,乃受命。

荆州刺史桓伟卒,大将军玄以桓脩代之。从事中郎曹靖之说玄曰:"谦、脩兄弟专据内外,权势太重。"玄乃以南郡相桓石康为荆州刺史。石康,豁之子也。

刘裕破卢循于永嘉,追至晋安,屡破之,循浮海南走。

何无忌潜诣裕,劝裕于山阴起兵讨桓玄。裕谋于土豪孔靖,靖曰:"山阴去都道远,举事难成;且玄未篡位,不如待其已篡,于京口图之。"裕从之。靖,愉之孙也。

九月,魏主珪如南平城,规度灅南,将建新都。

侍中殷仲文、散骑常侍卞范之劝大将军玄早受禅,阴撰九锡文及册命。以桓谦为侍中、开府、录尚书事,王谧为中书监、领司徒,桓胤为中书令,加桓脩抚军大将军。胤,冲之孙也。丙子,册命玄为相国,总百揆,封十郡,为楚王,加九锡,楚国置丞相以下官。

桓谦私问彭城内史刘裕曰："楚王勋德隆重,朝廷之情,咸谓宜有揖让,卿以为何如?"裕曰:"楚王,宣武之子,勋德盖世。晋室微弱,民望久移,乘运禅代,有何不可?"谦喜曰:"卿谓之可即可耳。"

新野人庾仄,殷仲堪之党也,闻桓伟死,石康未至,乃起兵袭雍州刺史冯该于襄阳,走之。仄有众七千,设坛,祭七庙,云欲讨桓玄,江陵震动。石康至州,发兵攻襄阳,仄败,奔秦。

高雅之表南燕主备德请伐桓玄曰:"纵未能廓清吴、会,亦可收江北之地。"中书侍郎韩范亦上疏曰:"今晋室衰乱,江、淮南北,户口无几,戎马单弱。重以桓玄悖逆,上下离心。以陛下神武,发步骑一万临之,彼必土崩瓦解,兵不留行矣。得而有之,秦、魏不足敌也。拓地定功,正在今日。失时不取,彼之豪杰诛灭桓玄,更修德政,岂惟建康不可得,江北亦无望矣。"备德曰:"朕以旧邦覆没,欲先定中原,乃平荡荆、扬,故未南征耳。其令公卿议之。"因讲武城西,步卒三十七万人,骑五万三千匹,车万七千乘。公卿皆以为玄新得志,未可图,乃止。

冬,十月,楚王玄上表请归藩,使帝作手诏固留之。又诈言钱塘临平湖开,江州甘露降,使百僚集贺,用为己受命之符。又以前世皆有隐士,耻于己时独无,求得西朝隐士安定皇甫谧六世孙希之,给其资用,使隐居山林;征为著作郎,使希之固辞不就,然后下诏旌礼,号曰高士。时人谓之"充隐"。又欲废钱用谷、帛及复肉刑,制作纷纭,志无一定,变更回复,卒无所施行。性复贪鄙,人士有法书、好画及佳园宅,必假蒲博而取之,尤爱珠玉,未尝离手。

乙卯,魏主珪立其子嗣为齐王,加位相国;绍为清河王,加征南大将军;熙为阳平王;曜为河南王。

丁巳,魏将军伊谓帅骑二万袭高车余种袁纥、乌频。十一月,庚午,大破之。

诏楚王玄行天子礼乐,妃为王后,世子为太子。丁丑,卞范之为禅诏,使临川王宝逼帝书之。宝,晞之曾孙也。庚辰,帝临轩,遣兼太保、领司徒王谧奉玺绶,禅位于楚。壬午,帝出居永安宫。癸未,迁太庙神主于琅邪国,穆章何皇后及琅邪王德文皆徙居司徒府。百官诣姑孰劝进。十二月,庚寅朔,玄筑坛于九井山北,壬辰,即皇帝位。册文多非薄晋室,或谏之,玄曰:"揖让之文,正可陈之于下民耳,岂可欺上帝乎!"大赦,改元永始。以南康之平固县封帝为平固王,降何后为零陵县君,琅邪王德文为石阳县公,武陵王遵为彭泽县侯。追尊父温为宣武皇帝,庙号太祖,南康公主为宣皇后,封子昇为豫章王。以会稽内史王愉为尚书仆射,愉子相国左长史绥为中书令。绥,桓氏之甥也。戊戌,玄入建康宫,登御坐,而床忽陷,群下失色。殷仲文曰:"将由圣德深厚,地不能载。"玄大悦。梁王珍之国臣孔朴奉珍之奔寿阳。珍之,晞之曾孙也。

戊申,燕王熙尊燕主垂之贵嫔段氏为皇太后。段氏,熙之慈母也。己酉,立苻贵嫔为皇后,大赦。

辛亥,桓玄迁帝于寻阳。

燕以卫尉悦真为青州刺史,镇新城;光禄大夫卫驹为并州刺史,镇凡城。

癸丑,纳桓温神主于太庙。桓玄临听讼观阅囚徒,罪无轻重,多得原放。有干舆乞者,时或恤之。其好行小惠如此。

是岁,魏主珪始命有司制冠服,以品秩为差。然法度草创,多不稽古。

三年(甲辰、404)

春,正月,桓玄立其妻刘氏为皇后。刘氏,乔之曾孙也。玄以其祖彝以上名位不显,不复追尊立庙。散骑常侍徐广曰:"敬其父则子悦,请依故事立七庙。"玄曰:"礼,太祖东向,左昭右穆。晋立七庙,宣帝不得正东向之位,何足法也!"秘书监卞承之谓广曰:"若宗庙之祭果不及祖,有以知楚德之不长矣。"广,邈之弟也。

玄自即位,心常不自安。二月,己丑朔,夜,涛水入石头,流杀人甚多,讙哗震天。玄闻之惧,曰:"奴辈作矣!"

玄性苛细,好自矜伐。主者奏事,或一字不体,或片辞之谬,必加纠摘,以示聪明。尚书答诏误书"春蒐"为"春菟",自左丞王纳之以下,凡所关署,皆被降黜。或手注直官,或自用令史,诏令纷纭,有司奉答不暇,而纪纲不治,奏案停积,不能知也。又性好游畋,或一日数出。迁居东宫,更缮宫室,土木并兴,督迫严促,朝野骚然,思乱者众。

玄遣使加益州刺史毛璩散骑常侍、左将军。璩执留玄使,不受其命。璩,宝之孙也。玄以桓希为梁州刺史,分命诸将戍三巴以备之。璩传檄远近,列玄罪状,遣巴东太守柳约之、建平太守罗述、征虏司马甄季之击破希等,仍帅众进屯白帝。

刘裕从徐、兖二州刺史、安成王桓脩入朝。玄谓王谧曰:"裕风骨不常,盖人杰也。"每游集,必引接殷勤,赠赐甚厚。玄后刘氏,有智鉴,谓玄曰:"刘裕龙行虎步,视瞻不凡,恐终不为人下,不如早除之。"玄曰:"我方平荡中原,非裕莫可用者。俟关、河平定,然后别议之耳。"

玄以桓弘为青州刺史,镇广陵;刁逵为豫州刺史,镇历阳。弘,脩之弟;逵,彝之子也。

刘裕与何无忌同舟还京口,密谋兴复晋室。刘迈弟毅家于京口,亦与无忌谋讨玄。无忌曰:"桓氏强盛,其可图乎?"毅曰:"天下自有强弱,苟为失道,虽强易弱,正患主难得耳。"无忌曰:"天下草泽之中非无英雄也。"毅曰:"所见唯有刘下邳。"无忌笑而不答,还以告裕,遂与毅定谋。

初,太原王元德及弟仲德为苻氏起兵攻燕主垂,不克,来奔,朝廷以元德为弘农太守。仲德见桓玄称帝,谓人曰:"自古革命诚非一族,然今之起者恐不足以成大事。"

平昌孟昶为青州主簿,桓弘使昶至建康,玄见而悦之,谓刘迈曰:"素士中得一尚书郎,卿与其州里,宁相识否?"迈素与昶不善,对曰:"臣在京口,不闻昶有异能,唯闻父子纷纷更相赠诗耳。"玄笑而止。昶闻而恨之,既还京口,裕谓昶曰:"草间当有英雄起,卿颇闻乎?"昶曰:"今日英雄有谁,正当是卿耳!"

于是裕、毅、无忌、元德、仲德、昶及裕弟道规、任城魏詠之、高平檀凭之、琅邪诸葛长民、河内太守陇西辛扈兴、振威将军东莞童厚之,相与合谋起兵。道规为桓弘中兵参军,裕使毅就道规及昶于江北,共杀弘,据广陵;长民为刁逵参军,使长民杀逵,据历阳;元德、扈兴、厚之在建康,使之聚众攻玄为内应,刻期齐发。

孟昶妻周氏富于财,昶谓之曰:"刘迈毁我于桓公,使我一生沦陷,我决当作贼。卿幸早离绝,脱得富贵,相迎不晚也。"周氏曰:"君父母在堂,欲建非常之谋,岂妇人所能谏!事之不成,当于奚官中奉养大家,义无归志也。"昶怅然久之而起。周氏追昶坐,曰:"观君举措,非谋及妇人者,不过欲得财物耳。"因指怀中儿示之曰:"此儿可卖,亦当不惜。"遂倾资以给之。昶弟颐妻,周氏之从妹也,周氏绐之曰:"昨夜梦殊不祥,门内绛色物宜悉取以为厌胜。"妹信而与之,遂尽缝以为军士袍。

何无忌夜于屏风里草檄文,其母,刘牢之姊也,登橙密窥之,泣曰:"吾不及东海吕母明矣。汝能如此,吾复何恨!"问所与同谋者,曰:"刘裕。"母尤喜,因为言玄必败、举事必成之理以劝之。

乙卯,裕托以游猎,与无忌收合徒众,得百余人。丙辰,诘旦,京口城开,无忌著传诏服,称敕使,居前,徒众随之齐入,即斩桓脩以徇。脩司马刁弘帅文武佐吏来赴,裕登城谓之曰:"郭江州已奉乘舆返正于寻阳,我等并被密诏,诛除逆党。今日贼玄之首,已当枭于大航矣。诸君非大晋之臣乎,今来欲何为?"弘等信之,收众而退。

裕问无忌曰:"今急须一府主簿,何由得之?"无忌曰:"无过刘道民。"道民者,东莞刘穆之也。裕曰:"吾亦识之。"即驰信召焉。时穆之闻京口諠噪声,晨起,出陌头,属与信会。穆之直视不言者久之,既而返室,坏布裳为袴,往见裕。裕曰:"始举大义,方造艰难,须一军吏甚急,卿谓谁堪其选?"穆之曰:"贵府始建,军吏实须其才,仓猝之际,略当无见逾者。"裕笑曰:"卿能自屈,吾事济矣。"即于坐署主簿。

孟昶劝桓弘其日出猎,天未明,开门出猎人,昶与刘毅、刘道规帅壮士数十人直入，弘方啜粥，即斩之，因收众济江。裕使毅诛刁弘。

先是，裕遣同谋周安穆入建康报刘迈，迈虽酬许，意甚惶惧。安穆虑事泄，乃驰归。玄以迈为竟陵太守，迈欲亟之郡，是夜，玄与迈书曰："北府人情云何？卿近见刘裕何所道？"迈谓玄已知其谋，晨起，白之。玄大惊，封迈为重安侯。既而嫌迈不执安穆，使得逃去，乃杀之，悉诛元德、扈兴、厚之等。

众推刘裕为盟主，总督徐州事，以孟昶为长史，守京口，檀凭之为司马。彭城人应募者，裕悉使郡主簿刘钟统之。丁巳，裕帅二州之众千七百人，军于竹里，移檄远近，声言益州刺史毛璩已定荆楚，江州刺史郭昶之奉迎主上返正于寻阳，镇北参军王元德等并帅部曲保据石头，扬武将军诸葛长民已据历阳。

玄移还上宫，召侍官皆入止省中。加扬州刺史新安王桓谦征讨都督，以殷仲文代桓脩为徐、兖二州刺史。谦等请亟遣兵击裕，玄曰："彼兵锐甚，计出万死，若有蹉跌，则彼气成而吾事去矣。不如屯大众于覆舟山以待之。彼空行二百里，无所得，锐气已挫，忽见大军，必惊愕。我案兵坚阵，勿与交锋，彼求战不得，自然散走。此策之上也。"谦等固请击之，乃遣顿丘太守吴甫之、右卫将军皇甫敷相继北上。

玄忧惧特甚。或曰："裕等乌合微弱，势必无成，陛下何虑之深？"玄曰："刘裕足为一世之雄，刘毅家无担石之储，樗蒲一掷百万，何无忌酷似其舅，共举大事，何谓无成！"

南凉王傉檀畏秦之强，乃去年号，罢尚书丞郎官，遣参军关尚使于秦。秦王兴曰："车骑献款称藩，而擅兴兵造大城，岂为臣之道乎？"尚曰："王公设险以守其国，先王之制也。车骑僻在遐藩，密迩勃寇，盖为国家重门之防，不图陛下忽以为嫌。"兴善之。傉檀求领凉州，兴不许。

初，袁真杀朱宪，宪弟绰逃奔桓温。温克寿阳，绰辄发真棺，戮其尸。温怒，将杀之，桓冲请而免之。绰事冲如父，冲薨，绰呕血而卒。刘裕克京口，以绰子龄石为建武参军。三月，戊午朔，裕军与吴甫之遇于江乘。将战，龄石言于裕曰："龄石世受桓氏厚恩，不欲以兵刃相向，乞在军后。"裕义而许之。甫之，玄骁将也，其兵甚锐。裕手执长刀，大呼以冲之，众皆披靡，即斩甫之。进至罗落桥，皇甫敷帅数千人逆战，宁远将军檀凭之败死。裕进战弥厉，敷围之数重，裕倚大树挺战。敷曰："汝欲作何死！"拔戟将刺之，裕瞋目叱之，敷辟易。裕党俄至，射敷中额而踣，裕援刀直进。敷曰："君有天命，以子孙为托。"裕斩之，厚抚其孤。裕以檀凭之所领兵配参军檀祗。祗，凭之之从子也。

玄闻二将死，大惧，召诸道术人推算及为厌胜。问群臣曰："朕其败乎？"吏部郎曹靖之对曰："民怨神怒，臣实惧焉。"玄曰："民或可怨，神何为怒？"对曰："晋氏宗庙,飘泊江滨,大楚之祭,上不及祖,此其所以怒也。"玄曰:"卿何不谏?"对曰:"辇上君子皆以为尧、舜之世,臣何敢言!"玄默然。使桓谦及游击将军何澹之屯东陵,侍中、后将军卞范之屯覆舟山西,众合二万。

己未,裕军食毕,悉弃其余粮,进至覆舟山东,使羸弱登山,张旗帜为疑兵,数道并前,布满山谷。玄侦候者还,云"裕军四塞,不知多少"。玄益忧恐,遣武卫将军庾(赜)〔颐〕之帅精卒副援诸军。谦等士卒多北府人,素畏伏裕,莫有斗志。裕与刘毅等分为数队,进突谦陈,裕以身先之,将士皆殊死战,无不一当百,呼声动天地。时东北风急,因纵火焚之,烟炎熛天,鼓噪之音震动京邑,谦等诸军大溃。

玄时虽遣军拒裕,而走意已决,潜使领军将军殷仲文具舟于石头,闻谦等败,帅亲信数千人,声言赴战,遂将其子昇、兄子濬出南掖门。遇前相国参军胡藩,执马鞚谏曰:"今羽林射手犹有八百,皆是义故,西人受累世之恩,不驱令一战,一旦舍此,欲安之乎!"玄不对,但举策指天,因鞭马而走,西趋石头,与仲文等浮江南走。经日不食,左右进粗饭,玄咽不能下,昇抱其胸而抚之,玄悲不自胜。

裕入建康,王仲德抱元德子方回出候裕,裕于马上抱方回与仲德对哭。追赠元德给事中,以仲德为中兵参军。裕止桓谦故营,遣刘钟据东府。庚申,裕屯石头城,立留台百官,焚桓温神主于宣阳门外,造晋新主,纳于太庙。遣诸将追玄,尚书王嘏帅百官奉迎乘舆,诛玄宗族在建康者。裕使臧熹入宫,收图书、器物,封闭府库。有金饰乐器,裕问熹:"卿得无欲此乎?"熹正色曰:"皇上幽逼,播越非所,将军首建大义,勚劳王家,虽复不肖,实无情于乐。"裕笑曰:"聊以戏卿耳。"熹,焘之弟也。

壬戌,玄司徒王谧与众议推裕领扬州,裕固辞。乃以谧为侍中、领司徒、扬州刺史、录尚书事,谧推裕为使持节、都督扬、徐、兖、豫、青、冀、幽、并八州诸军事、徐州刺史,刘毅为青州刺史,何无忌为琅邪内史,孟昶为丹杨尹,刘道规为义昌太守。

裕始至建康,诸大处分皆委于刘穆之,仓猝立定,无不允惬。裕遂托以腹心,动止谘焉。穆之亦竭节尽诚,无所遗隐。时晋政宽弛,纲纪不立,豪族陵纵,小民穷蹙,重以司马元显政令违舛,桓玄虽欲厘整,而科条繁密,众莫之从。穆之斟酌时宜,随方矫正,裕以身范物,先以威禁,内外百官皆肃然奉职,不盈旬日,风俗顿改。

初,诸葛长民至豫州,失期,不得发。刁逵执长民,槛车送桓玄。至当利而玄败,送人共破槛出长民,还趣历阳。逵弃城走,为其下所执,斩于石头,子侄无少长皆死,唯赦其季弟给事中骋。逵故吏匿其弟子雍送洛阳,秦王兴以为太子中庶子。裕以魏詠之为豫州刺史,镇历阳,诸葛长民为宣城内史。

初,裕名微位薄,轻狡无行,盛流皆不与相知,惟王谧独奇贵之,谓裕曰:"卿当为一代英雄。"裕尝与刁逵樗蒲,不时输直,逵缚之马柳。谧见之,责逵而释之,代之还直。由是裕深憾逵而德谧。

  萧方等曰:夫蛟龙潜伏,鱼虾亵之。是以汉高赦雍齿,魏武免梁鹄,安可以布衣之嫌而成万乘之隙也!今王谧为公,刁逵亡族,酬恩报怨,何其狭哉!

尚书左仆射王愉及子荆州刺史绥谋袭裕,事泄,族诛。绥弟子慧龙为僧彬所匿,得免。

魏以中土萧条,诏县户不满百者罢之。

丁卯,刘裕迁镇东府。

桓玄至寻阳,郭昶之给其器用、兵力。辛未,玄逼帝西上,刘毅帅何无忌、刘道规等诸军追之。玄留龙骧将军何澹之、前将军郭铨与郭昶之守湓口。玄于道自作《起居注》,叙讨刘裕事,自谓经略举无遗策,诸军违节度,以致奔败。专覃思著述,不暇与群下议时事。《起居注》既成,宣示远近。

丙戌,刘裕称受帝密诏,以武陵王遵承制总百官行事,加侍中、大将军,因大赦,惟桓玄一族不宥。

刘敬宣、高雅之结青州大姓及鲜卑豪帅谋杀南燕主备德,推司马休之为主。备德以刘轨为司空,甚宠信之。雅之欲邀轨同谋,敬宣曰:"刘公衰老,有安齐之志,不可告也。"雅之卒告之,轨不从。谋颇泄,敬宣等南走,南燕人收轨,杀之,追及雅之,又杀之。敬宣、休之至淮、泗间,闻桓玄败,遂来归,刘裕以敬宣为晋陵太守。

南燕主备德闻桓玄败,命北地王钟等将兵欲取江南,会备德有疾而止。

夏,四月,己丑,武陵王遵入居东宫,内外毕敬,迁除百官称制书,教称令书。以司马休之监荆、益、梁、宁、秦、雍六州诸军事、领荆州刺史。

庚寅,桓玄挟帝至江陵,桓石康纳之。玄更置百官,以卞范之为尚书仆射。自以奔败之后,恐威令不行,乃更增峻刑罚,众益离怨。殷仲文谏,玄怒曰:"今以诸将失律,天文不利,故还都旧楚,而群小纷纷,妄兴异议,方当纠之以猛,未可施之以宽也。"荆、江诸郡闻玄播越,有上表奔问起居者,玄皆不受,更令所在贺迁新都。

初,王谧为玄佐命元臣,玄之受禅,谧手解帝玺绂。及玄败,众谓谧宜诛,刘裕特保全之。刘毅尝因朝会,问谧玺绂所在。谧内不自安,逃奔曲阿。裕笺白武陵王,迎还复位。

桓玄兄子歆引氐帅杨秋寇历阳,魏咏之帅诸葛长民、刘敬宣、刘钟共击破之,斩杨秋于练固。

玄使武卫将军庚稚祖、江夏太守桓道恭帅数千人就何澹之等共守溢口。何无忌、刘道规至桑落洲，庚戌，澹之等引舟师逆战。澹之常所乘舫羽仪旗帜甚盛，无忌曰："贼帅必不居此，欲诈我耳，宜亟攻之。"众曰："澹之不在其中，得之无益。"无忌曰："今众寡不敌，战无全胜。澹之既不居此舫，战士必弱，我以劲兵攻之，必得之。得之，则彼势沮而我气倍，因而薄之，破贼必矣。"道规曰："善。"遂往攻而得之，因传呼曰："已得何澹之矣！"澹之军中惊扰。无忌之众亦以为然，乘胜进攻澹之等，大破之。无忌等克溢口，进据寻阳，遣使奉送宗庙主祏还京师。加刘裕都督江州诸军事。

桑落之战，胡藩所乘舰为官军所烧，藩全铠入水，潜行三十许步，乃得登岸。时江陵路已绝，乃还豫章。刘裕素闻藩为人忠直，引参领军军事。

桓玄收集荆州兵，曾未三旬，有众二万，楼船、器械甚盛。甲寅，玄复帅诸军挟帝东下，以符宏领梁州刺史，为前锋。又使散骑常侍徐放先行，说刘裕等曰："若能旋军散甲，当与之更始，各授位任，令不失分。"

刘裕以诸葛长民都督淮北诸军事，镇山阳；以刘敬宣为江州刺史。

柔然可汗社仑从弟悦代大那谋杀社仑，不克，奔魏。

燕王熙于龙腾苑起逍遥宫，连房数百，凿曲光海，盛夏，士卒不得休息，暍死者大半。

西凉世子谭卒。

刘毅、何无忌、刘道规、下邳太守平昌孟怀玉帅众自寻阳西上，五月，癸酉，与桓玄遇于峥嵘洲。毅等兵不满万人，而玄战士数万，众惮之，欲退还寻阳。道规曰："不可。彼众我寡，强弱异势。今若畏懦不进，必为所乘，虽至寻阳，岂能自固！玄虽窃名雄豪，内实恇怯，加之已经奔败，众无固心。决机两阵，将雄者克，不在众也。"因麾众先进，毅等从之。玄常漾舸于舫侧以备败走，由是众莫有斗心。毅等乘风纵火，尽锐争先，玄众大溃，烧辎重夜遁，郭铨诣毅降。玄故将刘统、冯稚等聚党四百人，袭破寻阳城，毅遣建威将军刘怀肃讨平之。怀肃，怀敬之弟也。

玄挟帝单舸西走，留永安何皇后及王皇后于巴陵。殷仲文时在玄舰，求出别船收集散卒，因叛玄，奉二后奔夏口，遂还建康。

己卯，玄与帝入江陵。冯该劝使更下战，玄不从，欲奔汉中就桓希，而人情乖沮，号令不行。庚辰，夜中，处分欲发，城内已乱，乃与亲近腹心百余人乘马出城西走。至城门，左右于暗中斫玄，不中，其徒更相杀害，前后交横。玄仅得至船，左右分散，惟卜范之在侧。

辛巳，荆州别驾王康产奉帝入南郡府舍，太守王腾之帅文武为侍卫。

玄将之汉中,屯骑校尉毛脩之,璩之弟子也,诱玄入蜀,玄从之。宁州刺史毛璠,璩之弟也,卒于官。璩使其兄孙祐之及参军费恬帅数百人送璠丧归江陵,壬午,遇玄于枚回洲。祐之、恬迎击玄,矢下如雨,玄嬖人丁仙期、万盖等以身蔽玄,皆死。益州督护汉嘉冯迁抽刀前欲击玄,玄拔头上玉导与之,曰:"汝何人,敢杀天子!"迁曰:"我杀天子之贼耳。"遂斩之。又斩桓石康、桓濬、庾颐之,执桓昇送江陵,斩于市。乘舆返正于江陵,以毛脩之为骁骑将军。甲申,大赦,诸以畏逼从逆者,一无所问。戊寅,奉神主于太庙。刘毅等传送玄首,枭于大桁。

毅等既战胜,以为大事已定,不急追蹑,又遇风,船未能进,玄死几一旬,诸军犹未至。时桓谦匿于沮中,扬武将军桓振匿于华容浦,玄故将王稚徽戍巴陵,遣人报振云:"桓歆已克京邑,冯稚复克寻阳,刘毅诸军并中路败退。"振大喜,聚党得二百人,袭江陵,桓谦亦聚众应之。闰月,己丑,复陷江陵,杀王康产、王腾之。振见帝于行宫,跃马奋戈,直至阶下,问桓昇所在。闻其已死,瞋目谓帝曰:"臣门户何负国家,而屠灭若是!"琅邪王德文下床谓曰:"此岂我兄弟意邪!"振欲杀帝,谦苦禁之,乃下马,敛容致拜而出。壬辰,振为玄举哀,立丧庭,谥曰武悼皇帝。

癸巳,谦等帅群臣奉玺绶于帝曰:"主上法尧禅舜,今楚祚不终,百姓之心复归于晋矣。"以琅邪王德文领徐州刺史,振为都督八州诸军事、荆州刺史,谦复为侍中、卫将军,加江、豫二州刺史,帝侍御左右,皆振之腹心。

振少薄行,玄不以子侄齿之。至是,叹曰:"公昔不早用我,遂致此败。若使公在,我为前锋,天下不足定也。今独作此,安归乎?"遂纵意酒色,肆行诛杀。谦劝振引兵下战,己守江陵,振素轻谦,不从其言。

刘毅至巴陵,诛王稚徽。何无忌、刘道规进攻桓谦于马头,桓蔚于龙泉,皆破之。蔚,祕之子也。

无忌欲乘胜直趣江陵,道规曰:"兵法屈申有时,不可苟进。诸桓世居西楚,群小皆为竭力,振勇冠三军,难与争锋。且可息兵养锐,徐以计策縻之,不忧不克。"无忌不从。振逆战于灵溪,冯该以兵会之,无忌等大败,死者千余人。退还寻阳,与刘毅等上笺请罪。刘裕以毅节度诸军,免其青州刺史。桓振以桓蔚为雍州刺史,镇襄阳。

柳约之、罗述、甄季之闻桓玄死,自白帝进军,至枝江,闻何无忌等败于灵溪,亦引兵退。俄而述、季之皆病,约之诣桓振伪降,欲谋袭振,事泄,振杀之。约之司马时延祖、涪陵太守文处茂收其余众,保涪陵。

六月,毛璩遣将攻汉中,斩桓希,璩自领梁州。

秋,七月,戊申,永安皇后何氏崩。

燕苻昭仪有疾,龙城人王荣自言能疗之。昭仪卒,燕王熙立荣于公车门,支解而焚之。

八月,癸酉,葬穆章皇后于永平陵。

魏置六谒官,准古六卿。

九月,刁骋谋反,伏诛,刁氏遂亡。刁氏素富,奴客纵横,专固山泽,为京口之患。刘裕散其资蓄,令民称力而取之,弥日不尽。时州郡饥弊,民赖之以济。

乞伏乾归及杨盛战于竹岭,为盛所败。

西凉公暠立子歆为世子。

魏主珪临昭阳殿改补百官,引朝臣文武,亲加铨择,随才授任。列爵四等:王封大郡,公封小郡,侯封大县,伯封小县。其品第一至第四,旧臣有功无爵者追封之,宗室疏远及异姓袭封者降爵有差。又置散官五等,其品第五至第九。文官造士才能秀异、武官堪为将帅者,其品亦比第五至第九。百官有阙,则取于其中以补之。其官名多不用汉、魏之旧,仿上古龙官,鸟官。谓诸曹之使为凫鸭,取其飞之迅疾也;谓候官伺察者为白鹭,取其延颈远望也。余皆类此。

卢循寇南海,攻番禺。广州刺史濮阳吴隐之拒守百余日,冬,十月,壬戌,循夜袭城而陷之,烧府舍、民室俱尽,执吴隐之。循自称平南将军,摄广州事,聚烧骨为共冢,葬于洲上,得髑髅三万余枚。又使徐道覆攻始兴,执始兴相阮腆之。

刘裕领青州刺史。刘敬宣在寻阳,聚粮缮船,未尝无备,故何无忌等虽败退,赖以复振。桓玄兄子亮自称江州刺史,寇豫章,敬宣击破之。

刘毅、何无忌、刘道规复自寻阳西上,至夏口。桓振遣镇东将军冯该守东岸,扬武将军孟山图据鲁山城,辅国将军桓仙客守偃月垒,众合万人,水陆相援。毅攻鲁山城,道规攻偃月垒,无忌遏中流,自辰至午,二城俱溃,生禽山图、仙客,该走石城。

辛巳,魏大赦,改元天赐。筑西宫。十一月,魏主珪如西宫,命宗室置宗师,八国置大师、小师,州郡亦各置师,以辨宗党,举才行,如魏、晋中正之职。

燕王熙与苻后游畋,北登白鹿山,东逾青岭,南临沧海而还,士卒为虎狼所杀及冻死者五千余人。

十二月,刘毅等进克巴陵。毅号令严整,所过百姓安悦。刘裕复以毅为兖州刺史。桓振以桓放之为益州刺史,屯西陵,文处茂击破之,放之走还江陵。

高句丽侵燕。

戊辰,魏主珪如犲山宫。

是岁,晋民避乱,襁负之淮北者道路相属。

资治通鉴卷第一百一十四

端明殿学士兼翰林侍读学士朝散大夫右谏议大夫充集贤殿修撰权判西京留
司御史台上柱国河内郡开国侯食邑一千三百户食实封四百户赐紫金鱼袋臣 司马光 奉敕编集

晋纪三十六 起旃蒙大荒落(乙巳),尽著雍涒滩(戊申),凡四年。

安皇帝己

义熙元年(乙巳、405)

春,正月,南阳太守扶风鲁宗之起兵袭襄阳,桓蔚走江陵。己丑,刘毅等诸军
至马头。桓振挟帝出屯江津,遣使求割江、荆二州,奉送天子,毅等不许。辛卯,
宗之击破振将温楷于柞溪,进屯纪南。振留桓谦、冯该守江陵,引兵与宗之战,大
破之。刘毅等击破冯该于豫章口,桓谦弃城走。毅等入江陵,执卞范之等,斩之。
桓振还,望见火起,知城已陷,其众皆溃,振逃于涢川。

乙未,诏大处分悉委冠军将军刘毅。戊戌,大赦,改元,惟桓氏不原。以桓冲
忠于王室,特宥其孙胤。以鲁宗之为雍州刺史,毛璩为征西将军、都督益、梁、秦、
凉、宁五州诸军事,璩弟瑾为梁、秦二州刺史,瑗为宁州刺史。刘怀肃追斩冯该于
石城,桓谦、桓怡、桓蔚、桓谧、何澹之、温楷皆奔秦。怡,弘之弟也。

燕王熙伐高句丽。戊申,攻辽东。城且陷,熙命将士:"毋得先登,俟铲平其
城,朕与皇后乘辇而入。"由是城中得严备,卒不克而还。

秦王兴以鸠摩罗什为国师,奉之如神,亲帅群臣及沙门听什讲佛经,又命
罗什翻译西域《经》《论》三百余卷,大营塔寺,沙门坐禅者常以千数。公卿以下皆
奉佛,由是州郡化之,事佛者十室而九。

乞伏乾归击吐谷浑大孩,大破之,俘万余口而还,大孩走死胡园。视罴世子
树洛干帅其余众数千家奔莫何川,自称车骑大将军、大单于、吐谷浑王。树洛干
轻徭薄赋,信赏必罚,吐谷浑复兴,沙、漒诸戎皆附之。

西凉公暠自称大将军、大都督、领秦、凉二州牧,大赦,改元建初,遣舍人黄始
梁兴间行奉表诣建康。

二月,丁巳,留台备法驾迎帝于江陵,刘毅、刘道规留屯夏口,何无忌奉帝
东还。

初,毛璩闻桓振陷江陵,帅众三万顺流东下,将讨之,使其弟西夷校尉瑾、蜀
郡太守瑗出外水,参军巴西谯纵、侯晖出涪水。蜀人不乐远征,晖至五城水口,与

巴西阳昧谋作乱。纵为人和谨,蜀人爱之。晖、昧共逼纵为主,纵不可,走投于水。引出,以兵逼纵登舆,纵又投地,叩头固辞,晖缚纵于舆。还,袭毛瑾于涪城,杀之,推纵为梁、秦二州刺史。璩至略城,闻变,奔还成都,遣参军王琼将兵讨之,为纵弟明子所败,死者什八九。益州营户李腾开城纳纵兵,杀璩及弟瑗,灭其家。纵称成都王,以从弟洪为益州刺史,以明子为巴州刺史,屯白帝。于是蜀大乱,汉中空虚,氐王杨盛遣其兄子平南将军抚据之。

癸亥,魏主珪还自犲山,罢尚书三十六曹。

三月,桓振自郧城袭江陵,荆州刺史司马休之战败,奔襄阳,振自称荆州刺史。建威将军刘怀肃自云杜引兵驰赴,与振战于沙桥。刘毅遣广武将军唐兴助之,临阵斩振,复取江陵。

甲午,帝至建康。乙未,百官诣阙请罪,诏令复职。

尚书殷仲文以朝廷音乐未备,言于刘裕,请治之。裕曰:“今日不暇给,且性所不解。”仲文曰:“好之自解。”裕曰:“正以解则好之,故不习耳。”

庚子,以琅邪王德文为大司马,武陵王遵为太保,刘裕为侍中、车骑将军、都督中外诸军事,徐、青二州刺史如故,刘毅为左将军,何无忌为右将军、督豫州、扬州五郡军事、豫州刺史,刘道规为辅国将军、督淮北诸军事、并州刺史,魏詠之为征虏将军、吴国内史。裕固让不受,加录尚书事,又不受,屡请归藩。诏百僚敦劝,帝亲幸其第。裕惶惧,复诣阙陈请,乃听归藩。以魏詠之为荆州刺史,代司马休之。

初,刘毅尝为刘敬宣宁朔参军,时人或以雄杰许之。敬宣曰:“夫非常之才自有调度,岂得便谓此君为人豪邪?此君之性,外宽而内忌,自伐而尚人,若一旦遭遇,亦当以陵上取祸耳。”毅闻而恨之。及敬宣为江州,辞以无功,不宜授任先于毅等,裕不许。毅使人言于裕曰:“刘敬宣不豫建义。猛将劳臣,方须叙报,如敬宣之比,宜令在后。若使君不忘平生,正可为员外常侍耳。闻已授郡,实为过优,寻复为江州,尤用骇惋。”敬宣愈不自安,自表解职,乃召还为宣城内史。

夏,四月,刘裕旋镇京口,改授都督荆、司等十六州诸军事,加领兖州刺史。

卢循遣使贡献。时朝廷新定,未暇征讨,壬申,以循为广州刺史,徐道覆为始兴相。循遗刘裕益智粽,裕报以续命汤。循以前琅邪内史王诞为平南长史。诞说循曰:“诞本非戎旅,在此无用。素为刘镇军所厚,若得北归,必蒙寄任,公私际会,仰答厚恩。”循甚然之。刘裕与循书,令遣吴隐之还,循不从。诞复说循曰:“将军今留吴公,公私非计。孙伯符岂不欲留华子鱼邪?但以一境不容二君耳。”于是循遣隐之与诞俱还。

初,南燕主备德仕秦为张掖太守,其兄纳与母公孙氏居于张掖,备德之从秦王坚寇淮南也,留金刀与其母别。备德与燕主垂举兵于山东,张掖太守苻昌收纳及备德诸子,皆诛之,公孙氏以老获免,纳妻段氏方娠,未决。狱掾呼延平,备德之故吏也,窃以公孙氏及段氏逃于羌中。段氏生子超,十岁而公孙氏病,临卒,以金刀授超曰:“汝得东归,当以此刀还汝叔也。”呼延平又以超母子奔凉。及吕隆降秦,超随凉州民徙长安。平卒,段氏为超娶其女为妇。

超恐为秦人所录,乃阳狂行乞。秦人贱之,惟东平公绍见而异之,言于秦王兴曰:“慕容超姿干瑰伟,殆非真狂,愿微加官爵以縻之。”兴召见,与语,超故为谬对,或问而不答。兴谓绍曰:“谚云‘妍皮不裹痴骨’,徒妄语耳。”乃罢遣之。

备德闻纳有遗腹子在秦,遣济阴人吴辩往视之,辩因乡人宗正谦卖卜在长安,以告超。超不敢告其母妻,潜与谦变姓名逃归南燕。行至梁父,镇南长史悦寿以告兖州刺史慕容法。法曰:“昔汉有卜者诈称卫太子,今安知非此类也!”不礼之。超由是与法有隙。

备德闻超至,大喜,遣骑三百迎之。超至广固,以金刀献于备德,备德恸哭,悲不自胜。封超为北海王,拜侍中、骠骑大将军、司隶校尉、开府,妙选时贤,为之僚佐。备德无子,欲以超为嗣。超入则侍奉尽欢,出则倾身下士,由是内外誉望翕然归之。

五月,桂阳太守章武王秀及益州刺史司马轨之谋反,伏诛。秀妻,桓振之妹也,故自疑而反。

桓玄余党桓亮、苻宏等拥众寇乱郡县者以十数,刘毅、刘道规、檀祗等分兵讨灭之,荆、湘、江、豫皆平。诏毅为都督淮南等五郡军事、豫州刺史,何无忌为都督江东五郡军事、会稽内史。

北青州刺史刘该反,引魏为援,清河、阳平二郡太守孙全聚众应之。六月,魏豫州刺史索度真、大将斛斯兰寇徐州,围彭城。刘裕遣其弟南彭城内史道怜、东海太守孟龙符将兵救之,斩该及全,魏兵败走。龙符,怀玉之弟也。

秦陇西公硕德伐仇池,屡破杨盛兵。将军敛俱攻汉中,拔成固,徙流民三千余家于关中。秋,七月,杨盛请降于秦。秦以盛为都督益、宁二州诸军事、征南大将军、益州牧。

刘裕遣使求和于秦,且求南乡等诸郡,秦王兴许之。群臣咸以为不可,兴曰:“天下之善一也。刘裕拔起细微,能讨诛桓玄,兴复晋室,内釐庶政,外修封疆,吾何惜数郡,不以成其美乎!”遂割南乡、顺阳、新野、舞阴等十二郡归于晋。

八月,燕辽西太守邵颜有罪,亡命为盗。九月,中常侍郭仲讨斩之。

汝水竭,南燕主备德恶之,俄而寝疾。北海王超请祷之,备德曰:“人主之命,短长在天,非汝水所能制也。”固请,不许。

戊午，备德引见群臣于东阳殿，议立超为太子。俄而地震，百僚惊恐，备德亦不自安，还宫。是夜，疾笃，瞑不能言。段后大呼："今召中书作诏立超，可乎？"备德开目颔之。乃立超为皇太子，大赦。备德寻卒。为十余棺，夜，分出四门，潜瘗山谷。

己未，超即皇帝位，大赦，改元太上。尊段后为皇太后。以北地王钟都督中外诸军、录尚书事，慕容法为征南大将军、都督徐、兖、扬、南兖四州诸军事，加慕容镇开府仪同三司，以尚书令封孚为太尉，鞠仲为司空，封嵩为尚书左仆射。癸亥，虚葬备德于东阳陵，谥曰献武皇帝，庙号世宗。

超引所亲公孙五楼为腹心。备德故大臣北地王钟、段宏等皆不自安，求补外职。超以钟为青州牧，宏为徐州刺史。公孙五楼为武卫将军、领屯骑校尉，内参政事。封孚谏曰："臣闻亲不处外，羁不处内。钟，国之宗臣，社稷所赖；宏，外戚懿望，百姓具瞻。正应参襄百揆，不宜远镇外方。今钟等出藩，五楼内辅，臣窃未安。"超不从。钟、宏心皆不平，相谓曰："黄犬之皮，恐终补狐裘也。"五楼闻而恨之。

魏咏之卒，江陵令罗脩谋举兵袭江陵，奉王慧龙为主。刘裕以并州刺史刘道规为都督荆、宁等六州诸军事、荆州刺史。脩不果发，奉慧龙奔秦。

乞伏乾归伐仇池，为杨盛所败。

西凉公暠与长史张邈谋徙都酒泉以逼沮渠蒙逊，以张体顺为建康太守，镇乐涫，以宋繇为敦煌护军，与其子敦煌太守让镇敦煌，遂迁于酒泉。

暠手令戒诸子，以为："从政者当审慎赏罚，勿任爱憎，近忠正，远佞谀，勿使左右窃弄威福。毁誉之来，当研核真伪；听讼折狱，必和颜任理。谨勿逆诈亿必，轻加声色，务广咨询，勿自专用。吾莅事五年，虽未能息民，然含垢匿瑕，朝为寇仇，夕委心膂，粗无负于新旧。事任公平，坦然无类，初不容怀，有所损益，计近则如不足，经远乃为有余，庶亦无愧前人也。"

十二月，燕王熙袭契丹。

二年（丙午、406）

春，正月，甲申，魏主珪如犲山宫。诸州置三刺史，郡置三太守，县置三令长。刺史、令长各之州县，太守虽置而未临民。功臣为州者皆征还京师，以爵归第。

益州刺史司马荣期击谯明子于白帝，破之。

燕王熙至陉北，畏契丹之众，欲还，苻后不听，戊申，遂弃辎重，轻兵袭高句丽。

南燕主超猜虐日甚，政出权幸，盘于游畋，封孚、韩𧨢屡谏不听。超尝临轩问孚曰："朕可方前世何主？"对曰："桀、纣。"超惭怒，孚徐步而出，不为改容。鞠仲谓孚曰:"与天子言,何得如是! 宜还谢。"孚曰:"行年七十,惟求死所耳!"竟不谢。超以其时望,优容之。

桓玄之乱,河间王昙之子国璠、叔璠奔南燕。二月,甲戌,国璠等攻陷弋阳。

燕军行三千余里,士马疲冻,死者属路。攻高句丽木底城,不克而还。夕阳公云伤于矢,且畏燕王熙之虐,遂以疾去官。

三月,庚子,魏主珪还平城。夏,四月,庚申,复如豺山宫。甲午,还平城。

柔然社仑侵魏边。

五月,燕主宝之子博陵公虔、上党公昭,皆以嫌疑赐死。

六月,秦陇西公硕德自上邽入朝,秦王兴为之大赦,及归,送之至雍乃还。兴事晋公绪及硕德皆如家人礼,车马、服玩,先奉二叔,而自服其次,国家大政,皆咨而后行。

秃发傉檀伐沮渠蒙逊,蒙逊婴城固守。傉檀至赤泉而还,献马三千匹、羊三万口于秦。秦王兴以为忠,以傉檀为都督河右诸军事、车骑大将军、凉州刺史,镇姑臧,征王尚还长安。凉州人申屠英等遣主簿胡威诣长安,请留尚,兴弗许。威见兴,流涕言曰:"臣州奉戴王化,于兹五年,土宇僻远,威灵不接,士民尝胆扠血,共守孤城,仰恃陛下圣德,俯杖良牧仁政,克自保全,以至今日。陛下奈何乃以臣等贸马三千匹、羊三万口,贱人贵畜,无乃不可! 若军国须马,直烦尚书一符,臣州三千余户,各输一马,朝下夕办,何难之有! 昔汉武倾天下之资力,开拓河西,以断匈奴右臂。今陛下无故弃五郡之地忠良华族,以资暴虏,岂惟臣州士民坠于涂炭,恐方为圣朝盱食之忧。"兴悔之,使西平人车普驰止王尚,又遣使谕傉檀。会傉檀已帅步骑三万军于五涧,普先以状告之,傉檀遽逼遣王尚。尚出自清阳门,傉檀入自凉风门。

别驾宗敞送尚还长安,傉檀谓敞曰:"吾得凉州三千余家,情之所寄,唯卿一人,奈何舍我去乎?"敞曰:"今送旧君,所以忠于殿下也。"傉檀曰:"吾新牧贵州,怀远安迩之略如何?"敞曰:"凉土虽弊,形胜之地。殿下惠抚其民,收其贤俊以建功名,其何求不获!"因荐本州文武名士十余人,傉檀嘉纳之。王尚至长安,兴以为尚书。

傉檀燕群僚于宣德堂,仰视叹曰:"古人有言:'作者不居,居者不作。'信矣。"武威孟祎曰:"昔张文王始为此堂,于今百年,十有二主矣,惟履信思顺者可以久处。"傉檀善之。

魏主珪规度平城,欲拟邺、洛、长安,修广宫室。以济阳太守莫题有巧思,召见,与之商功。题久侍稍惫,珪怒,赐死。题,含之孙也。于是发八部五百里内男丁筑灅南宫,阙门高十余丈,穿沟池,广苑囿,规立外城,方二十里,分置市里,三十日罢。

秋，七月，魏太尉宜都丁公穆崇薨。

八月，秃发傉檀以兴城侯文支镇姑臧，自还乐都，虽受秦爵命，然其车服礼仪，皆如王者。

甲辰，魏主珪如豺山宫，遂之石漠。九月，度漠北。癸巳，南还长川。

刘裕闻谯纵反，遣龙骧将军毛脩之将兵与司马荣期、文处茂、时延祖共讨之。脩之至宕渠，荣期为其参军杨承祖所杀，承祖自称巴州刺史，脩之退还白帝。

秃发傉檀求好于西凉，西凉公暠许之。

沮渠蒙逊袭酒泉，至安珍。暠战败，城守，蒙逊引还。

南燕公孙五楼欲擅朝权，谮北地王钟于南燕主超，请诛之。南燕主备德之卒也，慕容法不奔丧，超遣使让之。法惧，遂与钟及段宏谋反。超闻之，征钟，钟称疾不至，超收其党侍中慕容统等，杀之。征南司马卜珍告左仆射封嵩数与法往来，疑有奸，超收嵩下廷尉。太后惧，泣告超曰："嵩数遣黄门令牟常说吾云：'帝非太后所生，恐依永康故事。'我妇人识浅，恐帝见杀，即以语法，法为谋见误，知复何言。"超乃车裂嵩。西中郎将封融奔魏。

超遣慕容镇攻青州，慕容昱攻徐州，右仆射济阳王凝及韩范攻兖州。昱拔莒城，段宏奔魏。封融与群盗袭石塞城，杀镇西大将军徐郁，国中振恐。济阳王凝谋杀韩范，袭广固，范知之，勒兵攻凝，凝奔梁父。范并将其众，攻梁父，克之。法出奔魏，凝出奔秦。慕容镇克青州，钟杀其妻子，为地道以出，与高都公始皆奔秦。秦以钟为始平太守，凝为侍中。

南燕主超好变更旧制，朝野多不悦。又欲复肉刑，增置烹镬之法，众议不合而止。

冬，十月，封孚卒。

尚书论建义功，奏封刘裕豫章郡公，刘毅南平郡公，何无忌安城郡公，自余封赏有差。

梁州刺史刘稚反，刘毅遣将讨禽之。

庚申，魏主珪还平城。

乙亥，以左将军孔安国为尚书左仆射。

十一月，秃发傉檀迁于姑臧。

乞伏乾归入朝于秦。

十二月，以何无忌为都督荆、江、豫三州八郡军事、江州刺史。

是岁，桓石绥与司马国璠、陈袭聚众胡桃山为寇，刘毅遣司马刘怀肃讨破之。石绥，石生之弟也。

三年(丁未、407)

春,正月,辛丑朔,燕大赦,改元建始。

秦王兴以乞伏乾归浸强难制,留为主客尚书,以其世子炽磐行西夷校尉,监其部众。

二月,己酉,刘裕诣建康,固辞新所除官,欲诣廷尉,诏从其所守,裕乃还丹徒。

魏主珪立其子脩为河间王,处文为长乐王,连为广平王,黎为京兆王。

殷仲文素有才望,自谓宜当朝政,悒悒不得志。出为东阳太守,尤不乐。何无忌素慕其名,东阳,无忌所统,仲文许便道修谒,无忌喜,钦迟之。而仲文失志恍惚,遂不过府。无忌以为薄己,大怒。会南燕入寇,无忌言于刘裕曰:"桓胤、殷仲文乃腹心之疾,北虏不足忧也。"闰月,刘裕府将骆冰谋作乱,事觉,裕斩之。因言冰与仲文、桓石松、曹靖之、卞承之、刘延祖潜相连结,谋立桓胤为主,皆族诛之。

燕王熙为其后苻氏起承华殿,负土于北门,土与谷同价。宿军典军杜静载棺诣阙极谏,熙斩之。苻氏尝季夏思冻鱼,仲冬须生地黄,熙下有司切责不得而斩之。

夏,四月,癸丑,苻氏卒,熙哭之恸绝,久而复苏。丧之如父母,服斩衰,食粥。命百官于宫内设位而哭,使人案检哭者,无泪则罪之,群臣皆含辛以为泪。高阳王妃张氏,熙之嫂也,美而有巧思,熙欲以为殉,乃毁其襪靴,中得弊氊,遂赐死。右仆射韦璆等皆恐为殉,沐浴俟命。公卿以下至兵民,户率营陵,费殚府藏。陵周围数里,熙谓监作者曰:"善为之,朕将继往。"

丁酉,燕太后段氏去尊号,出居外宫。

氐王杨盛以平北将军苻宣为梁州督护,将兵入汉中,秦梁州别驾吕莹等起兵应之。刺史王敏攻之,莹等求援于盛,盛遣军临沔口,敏退屯武兴。盛复通于晋,晋以盛为都督陇右诸军事、征西大将军、开府仪同三司,盛因以宣行梁州刺史。

五月,壬戌,燕尚书郎苻进谋反,诛。进,定之子也。

魏主珪北巡,至濡源。

魏常山王遵以罪赐死。

初,魏主珪灭刘卫辰,其子勃勃奔秦,秦高平公没弈干以女妻之。勃勃魁岸,美风仪,性辩慧,秦王兴见而奇之,与论军国大事,宠遇逾于勋旧。兴弟邕谏曰:"勃勃不可近也。"兴曰:"勃勃有济世之才,吾方与之平天下,奈何逆忌之!"乃以为安远将军,使助没弈干镇高平,以三城、朔方杂夷及卫辰部众三万配之,使伺魏间隙。邕固争以为不可,兴曰:"卿何以知其为人?"邕曰:"勃勃奉上慢,御众残,贪猾不仁,轻为去就,宠之逾分,恐终为边患。"兴乃止。久之,竟以勃勃为安北将军、五原公,配以三交五部鲜卑及杂虏二万余落,镇朔方。

魏主珪归所虏秦将唐小方于秦。秦王兴请归贺狄干,仍送良马千匹以赎狄伯支,珪许之。

勃勃闻秦复与魏通而怒,乃谋叛秦。柔然可汗社仑献马八千匹于秦,至大城,勃勃掠取之,悉集其众三万余人伪畋于高平川,因袭杀没弈干而并其众。

勃勃自谓夏后氏之苗裔,六月,自称大夏天王、大单于,大赦,改元龙升,置百官。以其兄右地代为丞相,封代公;力俟提为大将军,封魏公;叱干阿利为御史大夫,封梁公;弟阿利罗引为司隶校尉,若门为尚书令,叱以鞬为左仆射,乙斗为右仆射。

贺狄干久在长安,常幽闭,因习读经史,举止如儒者。及还,魏主珪见其言语衣服皆类秦人,以为慕而效之,怒,并其弟归杀之。

秦王兴以太子泓录尚书事。

秋,七月,戊戌朔,日有食之。

汝南王遵之坐事死。遵之,亮之五世孙也。

癸亥,燕王熙葬其后苻氏于徽平陵,丧车高大,毁北门而出,熙被发徒跣,步从二十余里。甲子,大赦。

初,中卫将军冯跋及弟侍御郎素弗皆得罪于熙,熙欲杀之,跋兄弟亡命山泽。熙赋役繁数,民不堪命。跋、素弗与其从弟万泥谋曰:"吾辈还首无路,不若因民之怨,共举大事,可以建公侯之业。事之不捷,死未晚也。"遂相与乘车,使妇人御,潜入龙城,匿于北部司马孙护之家。及熙出送葬,跋等与左卫将军张兴及苻进余党作乱。跋素与慕容云善,乃推云为主。云以疾辞,跋曰:"河间淫虐,人神共怒,此天亡之时也。公高氏名家,何能为人养子,而弃难得之运乎?"扶之而出。跋弟乳陈等帅众攻弘光门,鼓噪而进,禁卫皆散走,遂入宫授甲,闭门拒守。中黄门赵洛生走告于熙,熙曰:"鼠盗何能为!朕当还诛之。"乃置后柩于南苑,收发贯甲,驰还赴难。夜,至龙城,攻北门,不克,宿于门外。乙丑,云即天王位,大赦,改元正始。

熙退入龙腾苑,尚方兵褚头逾城从熙,称营兵同心效顺,唯俟军至。熙闻之,惊走而出,左右莫敢迫。熙从沟下潜遁,良久,左右怪其不还,相与寻之,唯得衣冠,不知所适。中领军慕容拔谓中常侍郭仲曰:"大事垂捷,而帝无故自惊,深可怪也。然城内企迟,至必成功,不可稽留。吾当先往趣城,卿留待帝,得帝,速来;若帝未还,吾得如意安抚城中,徐迎未晚。"乃分将壮士二千余人登北城。将士谓熙至,皆投仗请降。既而熙久不至,拔兵无后继,众心疑惧,复下城赴苑,遂皆溃去。拔为城中人所杀。丙寅,熙微服匿于林中,为人所执,送于云,云数而杀之,并其诸子。云复姓高氏。

幽州刺史上庸公懿以令支降魏,魏以懿为平州牧、昌黎王。懿,评之孙也。

魏主珪自濡源西如参合陂,乃还平城。

秃发傉檀复贰于秦,遣使邀乞伏炽磐,炽磐斩其使,送长安。

南燕主超母妻犹在秦,超遣御史中丞封恺使于秦以请之。秦王兴曰:"昔苻氏之败,太乐诸伎悉入于燕。燕今称藩,送伎或送吴口千人,所请乃可得也。"超与群臣议之,左仆射段晖曰:"陛下嗣守社稷,不宜以私亲之故遂降尊号。且太乐先代遗音,不可与也,不如掠吴口与之。"尚书张华曰:"侵掠邻国,兵连祸结,此既能往,彼亦能来,非国家之福也。陛下慈亲在人掌握,岂可靳惜虚名,不为之降屈乎! 中书令韩范尝与秦王俱为苻氏太子舍人,若使之往,必得如志。"超从之,乃使韩范聘于秦,称藩奉表。

慕容凝言于兴曰:"燕王得其母妻,不复可臣,宜先使送伎。"兴乃谓范曰:"朕归燕王家属必矣,然今天时尚热,当俟秋凉。"八月,秦使员外散骑常侍韦宗聘于燕。超与群臣议见宗之礼,张华曰:"陛下前既奉表,今宜北面受诏。"封逞曰:"大燕七圣重光,奈何一旦为竖子屈节!"超曰:"吾为太后屈,愿诸君勿复言!"遂北面受诏。

毛脩之与汉嘉太守冯迁合兵击杨承祖,斩之。脩之欲进讨谯纵,益州刺史鲍陋不可。脩之上表言:"人之所以重生,实有生理可保。臣之情地,生涂已竭,所以借命朝露者,庶凭天威诛夷仇逆。今屡有可乘之机,而陋每违期不赴,臣虽效死寇庭,而救援理绝,将何以济!"刘裕乃表襄城太守刘敬宣帅众五千伐蜀,以刘道规为征蜀都督。

魏主珪如豺山宫。候官告:"司空庾岳服饰鲜丽,行止风采,拟则人君。"珪收岳,杀之。

北燕王云以冯跋为都督中外诸军事、开府仪同三司、录尚书事,冯万泥为尚书令,冯素弗为昌黎尹,冯弘为征东大将军,孙护为尚书左仆射,张兴为辅国大将军。弘,跋之弟也。

九月,谯纵称藩于秦。

秃发傉檀将五万余人伐沮渠蒙逊,蒙逊与战于均石,大破之。蒙逊进攻西郡太守杨统于日勒,降之。

冬,十月,秦河州刺史彭奚念叛,降于秃发傉檀,秦以乞伏炽磐行河州刺史。

南燕主超使左仆射张华、给事中宗正元献太乐伎一百二十人于秦,秦王兴乃还超母妻,厚其资礼而遣之,超亲帅六宫迎于马耳关。

夏王勃勃破鲜卑薛千等三部,降其众以万数,进攻秦三城已北诸戍,斩秦将杨丕、姚石生等。诸将皆曰:"陛下欲经营关中,宜先固根本,使人心有所凭系。高平山川险固,土田饶沃,可以定都。"勃勃曰:"卿知其一,未知其二。吾大业草创,士众未多,姚兴亦一时之雄,诸将用命,关中未可图也。我今专固一城,彼必并力于我,众非其敌,亡可立待。不如以骁骑风驰,出其不意,救前则击后,救后则击前,使彼疲于奔命,我则游食自若,不及十年,岭北、河东尽为我有。待兴既死,嗣子暗弱,徐取长安,在吾计中矣。"于是侵掠岭北,岭北诸城门不昼启。兴乃叹曰:"吾不用黄儿之言,以至于此!"

勃勃求婚于秃发傉檀,傉檀不许。十一月,勃勃帅骑二万击傉檀,至于支阳,杀伤万余人,驱掠二万七千余口、牛马羊数十万而还。傉檀帅众追之,焦朗曰:"勃勃天姿雄健,御军严整,未可轻也。不如从温围北渡,趣万斛堆,阻水结营,扼其咽喉,百战百胜之术也。"傉檀将贺连怒曰:"勃勃败亡之余,乌合之众,奈何避之,示之以弱?宜急追之。"傉檀从之。勃勃于阳武下峡凿凌埋车以塞路,勒兵逆击傉檀,大破之,追奔八十余里,杀伤万计,名臣勇将死者什六七。傉檀与数骑奔南山,几为追骑所得。勃勃积尸而封之,号曰髑髅台。勃勃又败秦将张佛生于青石原,俘斩五千余人。

傉檀惧外寇之逼,徙三百里内民皆入姑臧,国人骇怨。屠各成七儿因之作乱,一夕聚众至数千人。殿中都尉张猛大言于众曰:"主上阳武之败,盖恃众故也。责躬悔过,何损于明,而诸君遽从此小人为不义之事!殿中兵今至,祸在目前矣。"众闻之,皆散。七儿奔晏然,追斩之。军谘祭酒梁裒、辅国司马边宪等谋反,傉檀皆杀之。

魏主珪还平城。

十二月,戊子,武冈文恭侯王谧薨。

是岁,西凉公暠以前表未报,复遣沙门法泉间行奉表诣建康。

四年(戊申、408)

春,正月,甲辰,以琅邪王德文领司徒。

刘毅等不欲刘裕入辅政,议以中领军谢混为扬州刺史。或欲令裕于丹徒领扬州,以内事付孟昶。遣尚书右丞皮沈以二议谘裕,沈先见裕记室录事参军刘穆之,具道朝议。穆之伪起如厕,密疏白裕曰:"皮沈之言不可从。"裕既见沈,且令出外,呼穆之问之。穆之曰:"晋朝失政日久,天命已移。公兴复皇祚,勋高位重,今日形势,岂得居谦,遂为守藩之将耶?刘、孟诸公,与公俱起布衣,共立大义,以取富贵。事有前后,故一时相推,非为委体心服,宿定臣主之分也。力敌势均,终相吞噬。扬州根本所系,不可假人。前者以授王谧,事出权道,今若复以他授,便应受制于人。一失权柄,无由可得,将来之危,难可熟念。今朝议如此,宜相酬答,必云在我,措辞又难。唯应云:'神州治本,宰辅崇要,此事既大,非可悬论,便暂入朝,共尽同异。'公至京邑,彼必不敢越公更授余人明矣。"裕从之。朝廷乃征裕为侍中、车骑将军、开府仪同三司、扬州刺史、录尚书事,徐、兖二州刺史如故。裕表解兖州,以诸葛长民为青州刺史,镇丹徒;刘道怜为并州刺史,戍石头。

庚申,武陵忠敬王遵薨。

魏主珪如豺山宫,遂至宁川。

南燕主超尊其母段氏为皇太后,妻呼延氏为皇后。超祀南郊,有兽如鼠而赤,大如马,来至坛侧。须臾,大风,昼晦,羽仪帷幄皆毁裂。超惧,以问太史令成公绥,对曰:"陛下信用奸佞,诛戮贤良,赋敛繁多,事役殷重之所致也。"超乃大赦,黜公孙五楼等。俄而复用之。

北燕王云立妻李氏为皇后,子彭城为太子。

三月,庚申,葬燕主熙及苻后于徽平陵,谥熙曰昭文皇帝。

高句丽遣使聘北燕,且叙宗族,北燕王云遣侍御史李拔报之。

夏,四月,尚书左仆射孔安国卒。甲午,以吏部尚书孟昶代之。

北燕大赦。

五月,北燕以尚书令冯万泥为幽、冀二州牧,镇肥如;中军将军冯乳陈为并州牧,镇白狼;抚军大将军冯素弗为司隶校尉,司隶校尉务银提为尚书令。

谯纵遣使称藩于秦,又与卢循潜通。纵上表请桓谦于秦,欲与之共击刘裕。秦王兴以问谦,谦曰:"臣之累世,著恩荆、楚,若得因巴、蜀之资,顺流东下,士民必翕然响应。"兴曰:"小水不容巨鱼,若纵之才力自足办事,亦不假君以为鳞翼。宜自求多福。"遂遣之。谦至成都,虚怀引士;纵疑之,置于龙格,使人守之。谦泣谓诸弟曰:"姚主之言神矣!"

秦王兴以秃发傉檀外内多难,欲因而取之,使尚书郎韦宗往觇之。傉檀与宗论当世大略,纵横无穷。宗退,叹曰:"奇才英器,不必华夏,明智敏识,不必读书,吾乃今知九州之外,'五经'之表,复自有人也。"归,言于兴曰:"凉州虽弊,傉檀权谲过人,未可图也。"兴曰:"刘勃勃以乌合之众犹能破之,况我举天下之兵以加之乎!"宗曰:"不然。形移势变,返覆万端,陵人者易败,戒惧者难攻。傉檀之所以败于勃勃者,轻之也。今我以大军临之,彼必惧而求全。臣窃观群臣才略,无傉檀之比者,虽以天威临之,亦未敢保其必胜也。"兴不听,使其子中军将军广平公弼、后军将军敛成、镇远将军乞伏乾归帅步骑三万袭傉檀,左仆射齐难帅骑二万讨勃勃。吏部尚书尹昭谏曰:"傉檀恃其险远,故敢违慢,不若诏沮渠蒙逊及李暠讨之,使自相困毙,不必烦中国之兵也。"亦不听。

兴遗傉檀书曰："今遣齐难讨勃勃,恐其西逸,故令弼等于河西邀之。"傉檀以为然,遂不设备。弼济自金城,姜纪言于弼曰："今王师声言讨勃勃,傉檀犹豫,守备未严,愿给轻骑五千,掩其城门,则山泽之民皆为吾有,孤城无援,可坐克也。"弼不从。进至漠口,昌松太守苏霸闭城拒之,弼遣人谕之使降,霸曰："汝弃信誓而伐与国,吾有死而已,何降之有!"弼进攻,斩之,长驱至姑臧。傉檀婴城固守,出奇兵击弼,破之,弼退据西苑。城中人王钟等谋为内应,事泄,傉檀欲诛首谋者而赦其余,前军将军伊力延侯曰："今强寇在外,而奸人窃发于内,危孰甚焉!不悉坑之,何以惩后!"傉檀从之,杀五千余人。命郡县悉散牛羊于野,敛成纵兵钞掠。傉檀遣镇北大将军俱延、镇军将军敬归等击之,秦兵大败,斩首七千余级。姚弼固垒不出,傉檀攻之,未克。

秋,七月,兴遣卫大将军常山公显帅骑二万为诸军后继,至高平,闻弼败,倍道赴之。显遣善射者孟钦等五人挑战于凉风门,弦未及发,傉檀材官将军宋益等迎击,斩之。显乃委罪敛成,遣使谢傉檀,慰抚河外,引兵还。傉檀遣使者徐宿诣秦谢罪。

夏王勃勃闻秦兵且至,退保河曲。齐难以勃勃既远,纵兵野掠。勃勃潜师袭之,俘斩七千余人。难引兵退走,勃勃追至木城,禽之,虏其将士万三千人。于是岭北夷、夏附于勃勃者以万数,勃勃皆置守宰以抚之。

司马叔璠自蕃城寇邹山,鲁郡太守徐邕弃城走,车骑长史刘钟击却之。

北燕王云封慕容归为辽东公,使主燕祀。

刘敬宣既入峡,遣巴东太守温祚以二千人出外水,自帅益州刺史鲍陋、辅国将军文处茂、龙骧将军时延祖由垫江转战而前。谯纵求救于秦,秦王兴遣平西将军姚赏、南梁州刺史王敏将兵二万赴之。敬宣军至黄虎,去成都五百里。纵辅国将军谯道福悉众拒崄,相持六十余日。敬宣不得进,食尽,军中疾疫,死者太半,乃引军还。敬宣坐免官,削封三分之一,荆州刺史刘道规以督统降号建威将军。九月,刘裕以敬宣失利,请逊位,诏降为中军将军,开府如故。刘毅欲以重法绳敬宣,裕保护之,何无忌谓毅曰："奈何以私憾伤至公!"毅乃止。

乞伏炽磐以秦政浸衰,且畏秦之攻袭,冬,十月,招结诸部二万余人筑城于嵻峎山而据之。

十一月,秃发傉檀复称凉王,大赦,改元嘉平,置百官。立夫人折掘氏为王后,世子武台为太子,录尚书事。左长史赵晁、右长史郭倖为尚书左、右仆射,昌松侯俱延为太尉。

南燕汝水竭,河冻皆合,而渑水不冰。南燕主超恶之,问于李宣,对曰："渑水无冰,良由逼带京城,近日月也。"超大悦,赐朝服一具。

十二月,乞伏炽磐攻彭奚念于枹罕,为奚念所败而还。

是岁,魏主珪杀高邑公莫题。初,拓跋窟咄之伐珪也,题以珪年少,潜以箭遗窟咄曰:"三岁犊岂能胜重载邪!"珪心衔之。至是,或告题居处倨傲、拟则人主者,珪使人以箭示题而谓之曰:"三岁犊果何如?"题父子对泣。诘朝,收斩之。